westermann

Autoren: Monika Nelles, Dirk Overbeck, Markus Schajek, Christian Schmidt

Herausgeber: Andreas Blank, Helge Meyer

Unter Mitarbeit von: Andreas Blank, Helge Meyer, Peter Pade

Industriekaufleute

1. Ausbildungsjahr – nach Lernfeldern

3. Auflage

Bestellnummer 04750

Zusatzmaterialien zu „Industriekaufleute, 1. Ausbildungsjahr - nach Lernfeldern"

Für Lehrerinnen und Lehrer:

Lösungen: 978-3-427-04752-0
Lösungen Download: 978-3-427-04751-3
Lösungen zum Arbeitsbuch: 978-3-427-04760-5
Lösungen zum Arbeitsbuch Download: 978-3-427-04759-9
Lehrerlizenz BiBox Dauerlizenz: 978-3-427-04753-7
Kollegiumslizenz BiBox Dauerlizenz: 978-3-427-04754-4

inkl. E-Book

Für Schülerinnen und Schüler

Arbeitsbuch: 978-3-427-04758-2

Schülerlizenz BiBox Schuljahr: 978-3-427-04756-8

inkl. E-Book

Verzeichnis der Gesetzesabkürzungen

AktG	Aktiengesetz	**HGB**	Handelsgesetzbuch
AO	Abgabenordnung	**JArbSchG**	Jugendarbeitsschutzgesetz
ArbSichG	Arbeitssicherheitsgesetz	**KSchG**	Kündigungsschutzgesetz
ArbStättV	Arbeitsstättenverordnung	**KStG**	Körperschaftsteuergesetz
BBiG	Berufsbildungsgesetz	**MarkenG**	Markengesetz
BetrVG	Betriebsverfassungsgesetz	**MaschSchG**	Maschinenschutzgesetz
BGB	Bürgerliches Gesetzbuch	**MitbestG**	Mitbestimmungsgesetz
EStG	Einkommensteuergesetz	**MontanMG**	Montan-Mitbestimmungsgesetz
GewO	Gewerbeordnung		
GewStG	Gewerbesteuergesetz	**MuSchG**	Mutterschutzgesetz
GG	Grundgesetz	**PatG**	Patentgesetz
GHS-Verordnung	Globally Harmonised System of Classification and Labelling of Chemicals	**SchulG**	Schulgesetz
		SigG	Signaturgesetz
		StGB	Strafgesetzbuch
GmbHG	GmbH-Gesetz	**UStG**	Umsatzsteuergesetz

westermann GRUPPE

© 2021 Bildungsverlag EINS GmbH, Köln, www.westermann.de

Das Werk und seine Teile sind urheberrechtlich geschützt. Jede Nutzung in anderen als den gesetzlich zugelassenen bzw. vertraglich zugestandenen Fällen bedarf der vorherigen schriftlichen Einwilligung des Verlages. Nähere Informationen zur vertraglich gestatteten Anzahl von Kopien finden Sie auf www.schulbuchkopie.de.

Für Verweise (Links) auf Internet-Adressen gilt folgender Haftungshinweis: Trotz sorgfältiger inhaltlicher Kontrolle wird die Haftung für die Inhalte der externen Seiten ausgeschlossen. Für den Inhalt dieser externen Seiten sind ausschließlich deren Betreiber verantwortlich. Sollten Sie daher auf kostenpflichtige, illegale oder anstößige Inhalte treffen, so bedauern wir dies ausdrücklich und bitten Sie, uns umgehend per E-Mail davon in Kenntnis zu setzen, damit beim Nachdruck der Verweis gelöscht wird.

Druck und Bindung: Westermann Druck GmbH, Braunschweig

ISBN 978-3-427-**04750**-6

Vorwort

Liebe Schülerinnen und Schüler,
liebe Kolleginnen und Kollegen,

mit der dreibändigen Lehrbuchreihe „Industriekaufleute" haben wir uns die Zielsetzungen des bundeseinheitlichen Rahmenlehrplans für die Ausbildung zur Industriekauffrau/zum Industriekaufmann zu eigen gemacht und die dort geforderte **Lernfeld-, Handlungs- und Geschäftsprozessorientierung** konsequent umgesetzt.

Ein problemorientiertes und zunehmend selbstgesteuertes Lernen wird durch die jedem Kapitel voran stehenden Ausgangssituationen, die unterschiedliche fachliche Aspekte thematisieren, ebenso erreicht wie durch die zahlreichen **Übungsaufgaben**. Am Ende eines jeden Lernfeldes sorgen **Wiederholungs- und Prüfungsaufgaben** dafür, dass eine gezielte Vorbereitung auf Klausuren und die Abschlussprüfung erleichtert wird.

Aufgrund der Verschiedenheit der Ausbildungsbetriebe haben wir die Lehrbuchreihe an einem **Modellunternehmen**, der Sommerfeld Bürosysteme GmbH, ausgerichtet. Zahlreiche **Beispiele, Praxistipps** und **Internet-Links** ergänzen und erweitern die Arbeit mit dem Modellunternehmen und ermöglichen, dass die Entscheidungen, die innerhalb der Sommerfeld Bürosysteme GmbH zu treffen sind, mit denen der jeweiligen Ausbildungsbetriebe verglichen und Unterschiede sowie Gemeinsamkeiten herausgearbeitet werden können.

Immer dort, wo Sie das Web-Symbol sehen, können Sie auf der Webseite des Verlags (www.westermann.de) ergänzende Informationen abrufen (beachten Sie hierzu auch die Anzeige auf der Umschlaginnenseite).

Als sinnvolle Ergänzung ist zu jedem Jahrgangsband der Lehrbuchreihe ein Arbeitsbuch erhältlich. Die nach Lernfeldern strukturierten Arbeitsbücher enthalten Lernsituationen zu jedem Themenbereich, welche die Umsetzung eines problem- und handlungsorientierten Unterrichts erleichtern und selbstständiges schülerorientiertes Arbeiten ermöglichen. Zusätzlich finden Sie im Arbeitsbuch ergänzende Übungen und zu jedem Lernfeld ein umfangreiches Kapitel mit Aufgaben zur Prüfungsvorbereitung. Hinweise auf die Lernsituationen der Arbeitsbücher finden Sie im vorliegenden Lehrbuch passgenau dort, wo Sie im Unterricht eingesetzt werden können.

Legende der verwendeten Symbole:

Verweis auf ein Lernfeld in der jeweiligen Lernfeldfarbe

Verweis Arbeitsbuch 1. Ausbildungsjahr mit Angabe der Lernsituation

Verweis Arbeitsbuch 2. Ausbildungsjahr mit Angabe der Lernsituation

Verweis Arbeitsbuch 3. Ausbildungsjahr mit Angabe der Lernsituation

Im vorliegenden **Band 1** sind enthalten:

Lernfeld 1: In Ausbildung und Beruf orientieren
Lernfeld 2: Marktorientierte Geschäftsprozesse eines Industriebetriebes erfassen
Lernfeld 3: Werteströme erfassen und dokumentieren
Lernfeld 4: Wertschöpfungsprozesse analysieren und beurteilen
Lernfeld 5: Leistungserstellungsprozesse planen, steuern und kontrollieren

Wir wünschen Ihnen viel Spaß und viel Erfolg bei der Nutzung dieses Lehrbuches!

Das Autorenteam

Inhaltsverzeichnis

Verzeichnis der Gesetzesabkürzungen 2

Vorwort 3

Einleitung: Ein Unternehmen stellt sich vor

Methoden: Zielgerichtet und effektiv lernen und arbeiten

1	Grundsätzliches zum Lernen und Arbeiten in Gruppen	23
2	Methoden für die Gruppenarbeit	30
3	Methoden zur Informationsbeschaffung und zum Lernen	37
4	Präsentationen erfolgreich gestalten	45

Lernfeld 1
In Ausbildung und Beruf orientieren

1	Die Stellung des Industriebetriebes in der Gesamtwirtschaft erkunden	51
2	Mit der Ausbildung beginnen	56
2.1	Berufliche Handlungskompetenz und das System der dualen Berufsausbildung	56
2.2	Berufsbildungsgesetz und Ausbildungsordnung	61
3	Gesetze und Verordnungen zum Schutz der Auszubildenden und Arbeitnehmer kennenlernen	71
4	Mitwirkungs- und mitbestimmungsrechtliche Regelungen reflektieren	80
5	Rechtliche Grundbegriffe berücksichtigen	91
5.1	Rechtsquellen, Rechtsnormen und Gerichtsbarkeiten	91
5.2	Rechtssubjekte	98
5.3	Rechtsobjekte	105
5.4	Rechtsgeschäfte, Willenserklärungen und wichtige Vertragsarten des Wirtschaftslebens	110
5.5	Vertragsfreiheit, Form, Nichtigkeit und Anfechtbarkeit der Rechtsgeschäfte	115
6	Handelsrechtliche Rahmenbedingungen kennenlernen	**122**
6.1	Kaufmannseigenschaft und Firma	122
6.2	Handelsregister	130

7	Typische Rechtsformen von Industrieunternehmen erkunden	136
7.1	Unternehmensgründung, Unternehmensformen und Einzelunternehmung	136
7.2	Personengesellschaften	141
7.3	Kapitalgesellschaften	151
7.3.1	Gesellschaft mit beschränkter Haftung (GmbH)	151
7.3.2	Aktiengesellschaft (AG)	159

Wiederholungs- und Prüfungsaufgaben zu Lernfeld 1 .... **169**

Lernfeld 2:
Marktorientierte Geschäftsprozesse eines Industriebetriebes erfassen

1	Zielsetzungen und Zielkonflikte in der Industrieunternehmung berücksichtigen	178
2	Unternehmensphilosophie und -strategie kennenlernen	184
3	Organisations- und Managementprozesse zur Zielerreichung einbinden	190
4	Geschäfts- und Wertschöpfungsprozesse verstehen	202
4.1	Definition und Merkmale von Prozessen in Unternehmen	202
4.2	Wertschöpfungsprozesse und nicht wertschöpfende Prozesse	210
4.3	Prozesskategorien	214
4.4	Dimensionen und Gestaltungselemente von Geschäftsprozessen sowie Kosten- und Nutzeneffekte berücksichtigen	220
4.5	Instrumente und Verfahren zur Modellierung von Geschäftsprozessen anwenden	230

Wiederholungs- und Prüfungsaufgaben zu Lernfeld 2 .... **237**

Lernfeld 3:
Wertströme und Werte erfassen und dokumentieren

1	Grundlagen des Rechnungswesens kennen	240
2	Rechtsrahmen der Finanzbuchhaltung beachten	246
3	Inventur, Inventar und Bilanz unterscheiden	251
3.1	Eine Inventur planen und durchführen	251
3.2	Ein Inventar erstellen	260
3.3	Eine Bilanz erstellen und Informationen aus ihr ableiten	268
4	Geschäftsprozesse anhand von Belegen auf Bestandskonten buchen	276
4.1	Wertveränderungen des Vermögens und des Kapitals in der Bilanz anhand von Belegen begründen	276
4.2	Bilanz in Bestandskonten auflösen und Wertveränderungen auf Bestandskonten buchen	287

4.3	Bestandskonten abschließen...	298
4.4	Bei der Erfassung von Belegen systematisch vorgehen und Organisationshilfen nutzen	305
5	**Geschäftsprozesse anhand von Belegen auf Erfolgskonten buchen** ...	**315**
5.1	Aufwendungen und Erträge im Leistungsprozess abbilden.................	315
5.2	Das Ergebnis des Leistungsprozesses im Gewinn- und Verlustkonto (GuV) ermitteln	322
5.3	Den Einsatz vorrätiger Werkstoffe im Leistungsprozess erfassen...........	327
6	**Umsatzsteuer buchen und entrichten**	**333**
7	**Abschreibungen erfassen**	**346**
8	**Inventurbestände (Ist) und Buchbestände (Soll) abgleichen**	**358**
8.1	Materialbestandsveränderungen buchen...................................	358
8.2	Bestandsveränderungen an unfertigen und fertigen Erzeugnissen buchen...	365

Wiederholungs- und Prüfungsaufgaben zu Lernfeld 3................. 372

Lernfeld 4:
Wertschöpfungsprozesse analysieren und beurteilen

1	**Kosten- und Leistungsrechnung als Vollkostenrechnung im Industrieunternehmen**...	**375**
1.1	Notwendigkeit der Kosten- und Leistungsrechnung begründen..............	375
1.2	Abgrenzungsrechnung zur Ermittlung des Betriebsergebnisses durchführen..	380
1.2.1	Kosten und neutraler Aufwand, Leistungen und neutrale Erträge unterscheiden	380
1.2.2	Das Betriebsergebnis mithilfe der Abgrenzungsrechnung ermitteln	387
1.2.3	Kostenrechnerische Korrekturen in der Abgrenzungsrechnung erfassen.....	393
1.2.4	Kosten nach Kostenarten unterscheiden	410
1.3	Gemeinkosten mithilfe der Kostenstellenrechnung auf die Kostenstellen verteilen	419
1.4	Kosten in der Kostenträgerrechnung den Kostenträgern zurechnen	430
1.5	Kostenträgerzeitrechnung mit Ist- und Normalkosten	453
2	**Deckungsbeitragsrechnung als Teilkostenrechnung**	**461**
2.1	Markt- statt Kostenorientierung in der Kostenrechnung....................	461
2.2	Teilkostenrechnung als Entscheidungsinstrument bei der Produktions- und Absatzplanung	473
3	**Flexible Plankostenrechnung als Instrument des Controllings**	**485**
4	**Prozesskostenrechnung**	**496**
5	**Target Costing (Zielkostenrechnung) als Kostenmanagementsystem** ...	**504**

Wiederholungs- und Prüfungsaufgaben zu Lernfeld 4................. 509

Lernfeld 5:
Leistungserstellungsprozesse planen, steuern und kontrollieren

1	Die Abhängigkeit des Leistungsprogramms vom Absatz und den Zielen der Unternehmung darstellen	512
2	Fertigungsorganisation und Fertigungsverfahren unterscheiden und bewerten	519
2.1	Kapazität und Beschäftigung	519
2.2	Fertigungsprogrammbreite und Fertigungstiefe	533
2.3	Fertigungsverfahren	543
2.4	Organisationsformen der Fertigung	549
2.5	Technisierung der Fertigung	558
2.6	Optimale Losgröße	563
3	Produktentstehung und -auflösung beschreiben	568
4	Produktionsplanung und -steuerung, Rahmenbedingungen und Verfahren kennenlernen	582
4.1	Arbeitsstudien	582
4.2	Fertigungsplanung	597
4.3	Fertigungssteuerung	607
5	Durch Controlling die Leistungserstellung absichern	617
5.1	Prozesse auf dem Weg zur Qualitätssicherung............................	617
5.2	Sicherung der Termineinhaltung	635
6	Maßnahmen zur kontinuierlichen Verbesserung von Fertigungsprozessen und Produkten berücksichtigen	638

Wiederholungs- und Prüfungsaufgaben zu Lernfeld 5. .... **655**

Sachwortverzeichnis **664**

Bildquellenverzeichnis **671**

Ein Unternehmen stellt sich vor

Jedes Unternehmen ist gleichzeitig Kunde bei anderen Unternehmen (**Lieferer**) und hat selbst Abnehmer (**Kunden**). Industrieunternehmen beschaffen Roh-, Hilfs- und Betriebsstoffe sowie Fertigteile von verschiedenen Unternehmen, aus denen sie neue Produkte herstellen, die sie dann ihren Kunden anbieten.

Damit Sie die vielfältigen Probleme und Methoden der Wirtschafts- und Sozialprozesse, der Geschäftsprozesse und der Steuerung und Kontrolle leichter kennenlernen, haben wir für Sie ein mittelständisches Unternehmen als Modellbetrieb gewählt, die **Sommerfeld Bürosysteme GmbH**, Büro- und Einrichtungsmöbelfabrik. An typischen Situationen dieses Unternehmens lernen Sie die wesentlichen Themen kennen, mit denen sich die Wirtschafts- und Sozialprozesse, die Geschäftsprozesse und die Steuerung und Kontrolle beschäftigen. Sie erfahren, wie betriebswirtschaftliche Entscheidungen zustande kommen und welche Methoden eingesetzt werden, damit ein Unternehmen Erfolg hat.

Betrachten Sie die Sommerfeld Bürosysteme GmbH als „Ihren Ausbildungsbetrieb", um betriebswirtschaftliches Denken und Handeln zu lernen. Hierzu sollen Sie zunächst einige Details über dieses Unternehmen erfahren.

Sie erfahren, wo die Sommerfeld Bürosysteme GmbH ihren Sitz hat, wie das Unternehmen aufgebaut ist, welche Abteilungen vorhanden sind und welche Menschen in diesem Unternehmen arbeiten. Einigen der Mitarbeiter werden Sie in Ihrem Unterricht häufig begegnen und sie in typischen Situationen beobachten.

Sie finden auch einen Auszug aus dem Katalog der Produkte, die von der Sommerfeld Bürosysteme GmbH vertrieben werden, sowie einen Auszug aus der Kunden- und Liefererdatei. Außerdem wird der Gesellschaftsvertrag der Sommerfeld Bürosysteme GmbH vorgestellt. Schließlich erfahren Sie, in welchen Verbänden die Sommerfeld Bürosysteme GmbH Mitglied ist und wie ihr Betriebsrat und ihre Jugendvertretung zusammengesetzt sind.

Auf diese Informationen werden Sie bei Ihrer Lernarbeit häufiger zurückgreifen. Deshalb haben wir sie zusammengefasst und am Anfang des Lehrbuches zur ständigen Nutzung aufgeführt.

Szenario

Daniela Schaub, Hera Dubowski, Rudolf Heller und Heinrich Peters sind Auszubildende zur Industriekauffrau bzw. zum Industriekaufmann bei der Sommerfeld Bürosysteme GmbH, einer Möbelfabrik in Essen, und Schüler einer Unterstufe für diesen Ausbildungsberuf an einem Berufskolleg in Essen.

Ein Unternehmen stellt sich vor

Am ersten Tag des Unterrichts einigen sich die Schüler der Klasse, ihre Ausbildungsbetriebe vorzustellen. Diese Vorstellung soll in einem kleinen Projekt bearbeitet werden:

„Wir stellen unseren Ausbildungsbetrieb vor."

Arbeitsaufträge

- Innerhalb der Klasse haben sich mehrere Gruppen gebildet. Einige Schüler, die in Unternehmen der gleichen Branche arbeiten, haben sich zusammengetan und ein Unternehmen ausgewählt, das sie vorstellen wollen. Daniela Schaub, Hera Dubowski, Rudolf Heller und Heinrich Peters stellen ihren Ausbildungsbetrieb, die Sommerfeld Bürosysteme GmbH, vor. Zu diesem Zweck haben sie sich Unterlagen von der Sommerfeld Bürosysteme GmbH besorgt (vgl. S. 9 ff.).
Helfen Sie Daniela, Hera, Rudolf und Heinrich bei der Vorstellung der Sommerfeld Bürosysteme GmbH.

- Der zuständige Lehrer bittet außerdem um die Beantwortung nachstehender Fragen. Benutzen Sie zur Beantwortung dieser Fragen das Sachwortverzeichnis des vorliegenden Buches.
  1. Erläutern Sie das Organigramm der Sommerfeld Bürosysteme GmbH.
  2. Stellen Sie die wesentlichen Grundfunktionen (Aufgaben) der Sommerfeld Bürosysteme GmbH dar.
  3. Beschreiben Sie die betrieblichen Ziele, die die Sommerfeld Bürosysteme GmbH verfolgt.
  4. Erläutern Sie den Ablauf der Leistungserstellung bei einem Liefererbetrieb der Sommerfeld Bürosysteme GmbH.
  5. Überprüfen Sie, auf welchen Absatzwegen die Sommerfeld Bürosysteme GmbH ihre Leistungen (Produkte/Dienstleistungen) vertreibt.
  6. Geben Sie an, welche Unternehmensphilosophie die Sommerfeld Bürosysteme GmbH bei ihrer Tätigkeit verfolgt.
  7. Finden Sie heraus, welche Bedeutung die Entsorgung von Materialien bei der Sommerfeld Bürosysteme GmbH hat.
  8. Erläutern Sie, aus welchen Produkten sich das Produktionsprogramm der Sommerfeld Bürosysteme GmbH zusammensetzt.
  9. Versuchen Sie, herauszufinden, ob die Sommerfeld Bürosysteme GmbH ökologische Ziele berücksichtigt.
  10. Finden Sie heraus, welche Fertigungsverfahren bei der Sommerfeld Bürosysteme GmbH Anwendung finden.

Unternehmensgeschichte

In der Mitte des Ruhrgebietes zwischen Oberhausen und Bochum gründete der Tischlermeister Christian Sommer 1973 in Essen die **Sitzmöbelfabrik Christian Sommer e. K.**, die Stühle im gutbürgerlichen Geschmack und von hoher handwerklicher Qualität produzierte. Im Jahre 1978 trat der Tischlermeister Friedrich Feld in das bestehende Unternehmen als Mitgesellschafter ein, wobei das Unternehmen seitdem als **Sitzmöbelfabrik Sommer OHG** firmierte. 1983 trat Johannes Farthmann als Kommanditist (Teilhafter) in das als **Sitzmöbelfabrik Sommer KG** umfirmierte Unternehmen ein. 1998 wandelten die beiden Gründersöhne Dipl.-Kfm. Lambert Feld und Hartmut Sommer zusammen mit der Dipl.-Ing. Claudia Farthmann das Unternehmen in die **Sommerfeld Bürosysteme GmbH** um. Damit begann der eigentliche Aufstieg des Unternehmens zu einem der führenden Hersteller von Büro- und Einrichtungsmöbeln in Deutschland. Das Unternehmen hat mittlerweile den Ruf eines Pioniers der zeitgemäßen Möbelgestaltung erlangt.

Eine wesentliche **Grundmaxime** des Unternehmens ist die **Forderung nach hoher Dauerhaftigkeit der Produkte und die Absage an verschwenderischen Überfluss**. In einer Zeit also, in der „Ex-und-hopp" als erstrebenswertes Konsumverhalten galt, erkannten Designer dessen Fragwürdigkeit und zogen gemeinsam mit wenigen fortschrittlichen Unternehmen, zu denen auch die Sommerfeld Bürosysteme GmbH zählt, daraus die Konsequenz. Daraus entstand in der Sommerfeld Bürosysteme GmbH der Begriff „**Wahrhaftigkeit der Produkte**" als verpflichtende Maxime.

Ohne um die ökologischen Zusammenhänge zu wissen, produzierte die Sommerfeld Bürosysteme GmbH vor über zwei Jahrzehnten Möbel, die ein wesentliches ökologisches Grunderfordernis erfüllen – hohe Gebrauchsdauer bei reduziertem Materialaufwand. Zu den Forderungen nach Form und Funktion ist vor einigen Jahren die **Umweltverträglichkeit** als dritte Vorgabe für die Designer und Konstrukteure gekommen.

Mit der Produktphilosophie bildete sich bei der Sommerfeld Bürosysteme GmbH auch ein neues Verständnis für das soziale Verhalten im Unternehmen aus, das auf gegenseitiges Vertrauen gegründet ist. Der **Führungsstil** ist kooperativ und durch die Regel „Keine Anweisung ohne Begründung" charakterisiert.

Es war naheliegend, dass ein Unternehmen, das in der Produktentwicklung ebenso wie in seiner Haltung als Arbeitgeber neue Wege geht, sich in seiner Umweltverantwortung nicht abwartend verhält, sondern bestrebt ist, die Entwicklung aktiv mit voranzutreiben. Ziel ist es bei der Sommerfeld Bürosysteme GmbH, ein umfassendes **Öko-Controlling** zu implementieren, um durch alternative Werkstoffe, wirtschaftlichen Einsatz von Energien und die Optimierung der Herstellverfahren sowohl die Produkte als auch die Produktion kontinuierlich umweltverträglicher zu gestalten. Hierbei wird die folgende **Unternehmensphilosophie** zugrunde gelegt: „In diesem Jahrtausend werden nur die Unternehmen überleben, die zwei Voraussetzungen haben: ökologische Produkte und die Zustimmung der Menschen."

Der Geschäftssitz

Produktionsstätte und Büroräume der Sommerfeld Bürosysteme GmbH liegen in 45141 Essen, in der Gladbecker Straße 85–91. Hier hat das Unternehmen Lagerräume und Werkstätten für die Fertigung errichtet. Die Büroräume befinden sich in einem Nebengebäude, das Eigentum der Sommerfeld Bürosysteme GmbH ist.

Über die Steeler Straße ist das Autobahndreieck Essen-Ost mit den Autobahnen A 430 und A 52 und über die Gladbecker Straße die A 42 in wenigen Minuten zu erreichen. Der Güterbahnhof Essen Nord befindet sich ebenfalls in unmittelbarer Nähe.

Ein Unternehmen stellt sich vor   11

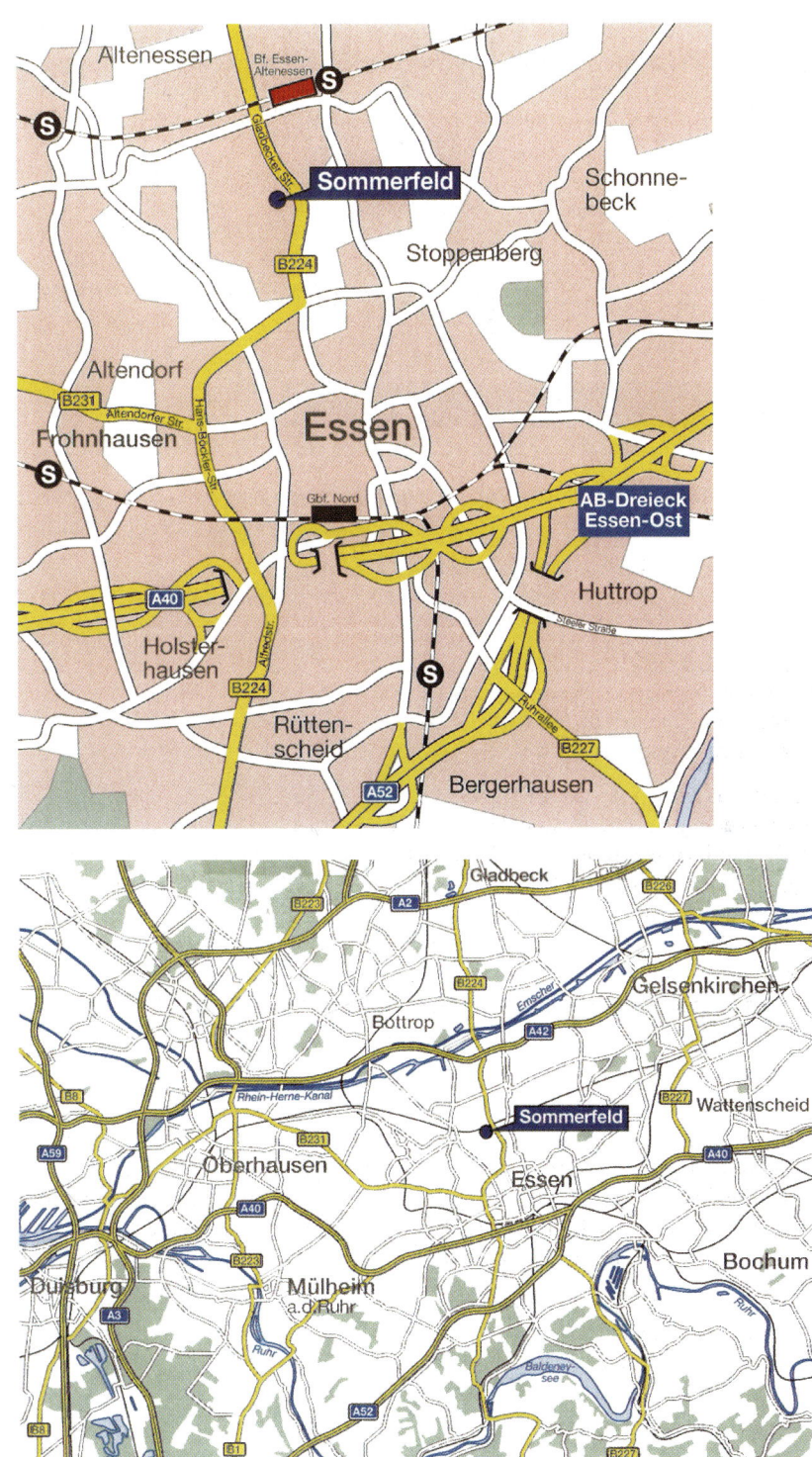

Arbeitnehmerinnen und Arbeitnehmer können mit den Bus- und S-Bahnlinien 7, 8 und 20 bis fast vor die Werktore fahren. Auf dem Werksgelände befinden sich nur wenige Parkplätze für Mitarbeiter und Kunden, da die Geschäftsleitung der Sommerfeld Bürosysteme GmbH über die Ausgabe von Jobtickets für die öffentlichen Verkehrsmittel ihre Mitarbeiter zu umweltbewusstem Verhalten anhalten möchte.

Telefon, Telefax, E-Mail und Internet

Telefon: 0201 163456/0
Telefax: 0201 1634589

E-Mail: info@sommerfeld.de
Internet: www.sommerfeld.de

Die Bankverbindungen

Geldinstitut	IBAN	BIC
Deutsche Bank Essen	DE96360700500025203488	DEUTDEDEXXX
Postbank Dortmund	DE81440100460286778341	PNBKDEFF440

Steuer-, USt-Identnummer, Betriebs-Nr. für Sozialversicherung, Handelsregistereintragung, Geschäftsjahr 1. Januar d. J. – 31. Dezember d. J.

Finanzamt: Essen-Nord; Steuer-Nr. 110/1202/0189; USt-Identnummer DE129666846
Betriebs-Nr. für die Sozialversicherung: 77865759
Handelsregistereintragung: Amtsgericht Essen HR B 564-0541

Maschinen und maschinelle Anlagen

- Universalmaschinen
- Spezialmaschinen
- Montagebänder

Fertigungsart

- Einzelfertigung
- Serienfertigung

Stoffe und Teile

- Rohstoffe: Spanplatten, Tischlerplatten, Sperrholzplatten, Polsterbezüge
- Hilfsstoffe: Schrauben und Kleinteile, Klebstoffe, Lacke
- Betriebsstoffe: Schmierstoffe, Fette, Polierscheiben
- Vorprodukte: verchromte Tischbeine, Leisten für Stellwände und Schreibtische, Gasfedern für Bürostühle, Stahlrohrgestelle

Beschäftigte

- 231 Beschäftigte insgesamt
- davon 11 Auszubildende

Die Verbände

Gemäß § 1 IHK-Gesetz ist die Sommerfeld Bürosysteme GmbH Zwangsmitglied der Industrie- und Handelskammer Essen. Als mittelständischer Handwerksbetrieb ist sie ebenfalls Mitglied der Handwerkskammer. Das Unternehmen ist im Landesverband Holzindustrie und Kunststoffverarbeitung Nordrhein e. V. organisiert, die organisierten Arbeitnehmer sind Mitglied in der IG Metall.

Betriebsrat, Jugend- und Auszubildendenvertretung

Vorsitzende des Betriebsrates der Sommerfeld Bürosysteme GmbH ist Ute Stefer, ihre Stellvertreterin Jessica Lange. Darüber hinaus gehören dem Betriebsrat die Mitarbeiterinnen und Mitarbeiter Roya Mehmet, Dave Gilbert und Raffael Zorn an. Jugend- und Auszubildendenvertreterin ist Diana Feld, Stellvertreter ist Siegfried Holl.

Sicherheits-, Umwelt-, Qualitäts- und Datenschutzbeauftragte der Sommerfeld Bürosysteme GmbH

Sicherheitsbeauftragte: Jutta Schindler Umweltbeauftragte: Petra Lauer
Qualitätsbeauftragter: Werner Wolf Datenschutzbeauftragte: Stefanie Schwarz

Der Gesellschaftsvertrag (Auszug)

Gesellschaftsvertrag der Sommerfeld Bürosysteme GmbH

durch die Gesellschafterversammlung am 1. Juli .. in 45141 Essen, Gladbecker Straße 85–91, festgelegt:

§ 1 Die Firma der Gesellschaft lautet Sommerfeld Bürosysteme GmbH.
§ 2 Der Geschäftssitz der Gesellschaft ist in 45141 Essen.
§ 3 Die Gesellschaft betreibt die Herstellung und den Vertrieb von Einrichtungssystemen für den Empfang, das Büro, Konferenzen und Aufenthalt. Nach Möglichkeit sollen umweltverträgliche Materialien und Produktionsverfahren berücksichtigt werden.
§ 4 Das Produktionsprogramm kann durch ergänzende Produkte erweitert werden. Hierzu ist der einstimmige Beschluss der Gesellschafter erforderlich. Änderungen des Betriebszweckes, der Betriebsorganisation und der Branche sind nur mit einer 3/4-Mehrheit der Gesellschafter möglich. Die Gesellschaft kann andere Unternehmen gleicher oder ähnlicher Art übernehmen, vertreten und sich an solchen Unternehmen beteiligen.
§ 5 Das Stammkapital der Gesellschaft beträgt 4 000 000,00 €.
§ 6 Das Stammkapital wird aufgebracht:
  1. Gesellschafterin Dipl.-Ing. Claudia Farthmann mit einem Nennbetrag der Geschäftsanteile von 1 000 000,00 €,
  2. Gesellschafter Dipl.-Kfm. Lambert Feld mit einem Nennbetrag der Geschäftsanteile von 1 500 000,00 €,
  3. Gesellschafter Hartmut Sommer mit einem Nennbetrag der Geschäftsanteile von 1 500 000,00 €. Die Nennbeträge der Geschäftsanteile sind in bar oder in Sachwerten zu leisten. Sie sind sofort in voller Höhe fällig.
§ 7 Ein Nennbetrag der Geschäftsanteile muss mindestens 1,00 € betragen. Höhere Nennbeträge der Geschäftsanteile müssen auf volle Euro lauten. Die Gesellschafter leisten ihre Geschäftsanteile in bar.
§ 8 Die Gesellschafterversammlung beruft einstimmig die Geschäftsführung.

§ 9 Die Gesellschaft hat mindestens zwei Geschäftsführer. Sie wird von der Geschäftsführung geleitet und gerichtlich und außergerichtlich vertreten. Die Geschäftsführung ist vom Selbstkontrahierungsverbot des § 181 BGB befreit.

§ 10 Die Gesellschafter treten jährlich einmal zu einer ordentlichen Versammlung zusammen. Die Geschäftsführer laden mit einwöchiger Frist unter Angabe von Tagungsort, Tagungszeit und Tagesordnung ein. Die Gesellschafterversammlung findet regelmäßig am Gesellschaftssitz statt. Die Versammlung wird vom Vorsitzenden geleitet. Er wird durch einfache Mehrheit der Gesellschafter gewählt.

§ 11 Die Rechte der Gesellschafterversammlung werden bis auf Widerruf auf die Geschäftsführung übertragen. Für den Widerruf ist eine Mehrheit von 3/4 der Stimmen erforderlich. Abgestimmt wird nach Geschäftsanteilen. Je 1,00 € eines Geschäftsanteils gewähren eine Stimme.

§ 12 Ist nicht schon gesetzlich eine gerichtliche oder notarielle Beurkundung vorgeschrieben, müssen alle das Gesellschaftsverhältnis betreffende Vereinbarungen der Gesellschafter untereinander und mit der Gesellschaft schriftlich erfolgen. Mündliche Absprachen haben keine Gültigkeit. Die Gesellschafterversammlung beschließt nach freiem Ermessen über die Verteilung des jährlichen Reingewinns.

§ 13 Jeder Gesellschafter kann aus wichtigem Grund seinen Austritt aus der Gesellschaft erklären. Der Austritt ist nur zum Ende eines Geschäftsjahres zulässig. Er hat durch Einschreibebrief mit einer Frist von sechs Monaten zu erfolgen. Bei Kündigung der Gesellschafter oder Austritt wird die Gesellschaft nicht aufgelöst.

§ 14 Die Gesellschaft wird mit den Erben fortgesetzt. Ist ein Gesellschafter nicht ausschließlich von anderen Gesellschaftern oder seinen gesetzlichen Erben beerbt worden, kann der Geschäftsanteil des verstorbenen Gesellschafters gegen Entgelt eingezogen werden.

§ 15 Das Entgelt für einen eingezogenen oder sonst aufgrund obiger Vorschriften anstatt der Einziehung zu übertragenden Geschäftsanteil bestimmt sich nach dem von der Finanzbehörde zuletzt festgestellten Wert des Geschäftsanteils.

§ 16 Bekanntmachungen der Gesellschaft nach den gesetzlichen Bestimmungen erfolgen ausschließlich in elektronischer Form.

§ 17 Zuständiges Gericht für alle Streitigkeiten aus diesem Vertrag ist nur das Gericht am Sitz der Gesellschaft.

[...]

§ 20 Außerhalb des Gesellschaftsvertrages wurde folgender Beschluss gefasst: Als Geschäftsführer gemäß § 9 des Gesellschaftsvertrages werden bestimmt:
1. Frau Dipl.-Ing. Claudia Farthmann
2. Herr Dipl.-Kfm. Lambert Feld
3. Hartmut Sommer

Die Gesellschaft wird durch zwei Geschäftsführer oder durch einen Geschäftsführer gemeinsam mit einem Prokuristen vertreten.

§ 21 Vorstehendes Protokoll wurde den Gesellschaftern vom Notar vorgelesen, von ihnen genehmigt und eigenhändig wie folgt gegengezeichnet:

Claudia Farthmann   *Lambert Feld*   *Hartmut Sommer*

zu 1.   zu 2.   zu 3.

Das Produktionsprogramm (Auszug)

Katalog-seite	Produktbezeichnung	Bestell- Nr.	Listenver-kaufspreis, netto/€[1]
Produktgruppe 1: Warten und Empfang			
3	Tubis Hockerbank ungepolstert Gestell eloxiert	764/10	2 050,00
4	Tubis Polsterbank Gestell eloxiert	763/62	2 895,00
6	Basis Polsterbank mit Ablageplatten, Kegelfuß	772/9	2 839,50
7	Basis Polstersessel, Tragarm verchromt	771/0	1 182,00
9	Programm 840 Tisch Esche furniert	844/1	503,50
10	Programm 840 Verbindungsplatte Esche furniert	846/1	175,00
12	Cubis Polstersessel Gestell eloxiert	831/5	1 109,00
13	Cubis Tisch Gestell eloxiert	830/10	465,00
14	Cana Polsterbank Liege	890/6	2 754,00
15	Ceno Stapler Besucherstuhl	900/1	170,00
16	Stapelstuhl Piano	301/03	160,00
Produktgruppe 2: Am Schreibtisch			
17	FS-Linie Drehstuhl	211/44	421,00
18	FS-Linie Besprechungs-/Besucherstuhl	211/64	416,50
19	FS-Linie Freischwinger	212/55	336,50
20	Picto Besucherstuhl	203/3	403,00
21	Picto Drehstuhl ohne Armlehnen	205/3	443,00
23	Picto Drehstuhl mit Armlehnen	206/8	638,00
24	Picto Freischwinger	207/3	293,50
26	Modus Drehsessel	283/7	989,50
27	Modus Besprechungs-/Besucherstuhl	281/7	942,50
28	Modus Freischwinger	277/7	375,00
29	Quickship Stitz 2 Stehstuhlstütze	201/1	268,00
30	Conrack Regalsystem	204/2	220,00
31	Drehhocker Allegro	201/00	310,00
Produktgruppe 3: Konferenz			
32	Confair Armlehnstuhl stapelbar	444/4	316,00
33	Confair Schreibpult stapelbar	444/1	234,50
34	Confair Flipchart faltbar (Handelsware)	442/1	362,00
35	Confair Pinwand (Handelsware)	443/1	345,50
36	Contas Systemtisch dreieckig	530/10	415,00
37	Contas Systemtisch quadratisch	530/11	476,50
38	Contas Systemtisch rechteckig	530/15	561,50
39	Versal Sessel stapelbar	251/4	517,50
40	Linus Sessel	373/3	428,50
41	Logon Systemtisch	380/2	310,00
Produktgruppe 4: Pause, Speisen, Aufenthalt			
45	Kendo Stehsitz	332/3	252,50
46	Kendo Stuhl stapelbar	333/3	252,50
47	Kendo Tisch quadratisch	330/11	545,50
49	Kendo Tisch rechteckig	330/15	633,00
50	Avera Hocker	401/3	178,50
51	Avera Armlehnstuhl	404/5	347,00
53	Avera Tisch quadratisch	400/4	446,50
54	ConsulTable Tisch rund	400/2	423,50
55	Konzentra Besprechungs- und Besucherstuhl	430/2	260,00

Die Handelswaren

- Bürobedarfsartikel
- Möbelpolitur

---

[1] *Verkaufspreise für den Fachhandel, gültig ab 1. Januar, unverbindlich empfohlene Einzelverkaufspreise ohne Umsatzsteuer*

Einleitung

Organigramm der Sommerfeld Bürosysteme GmbH (Auszug)

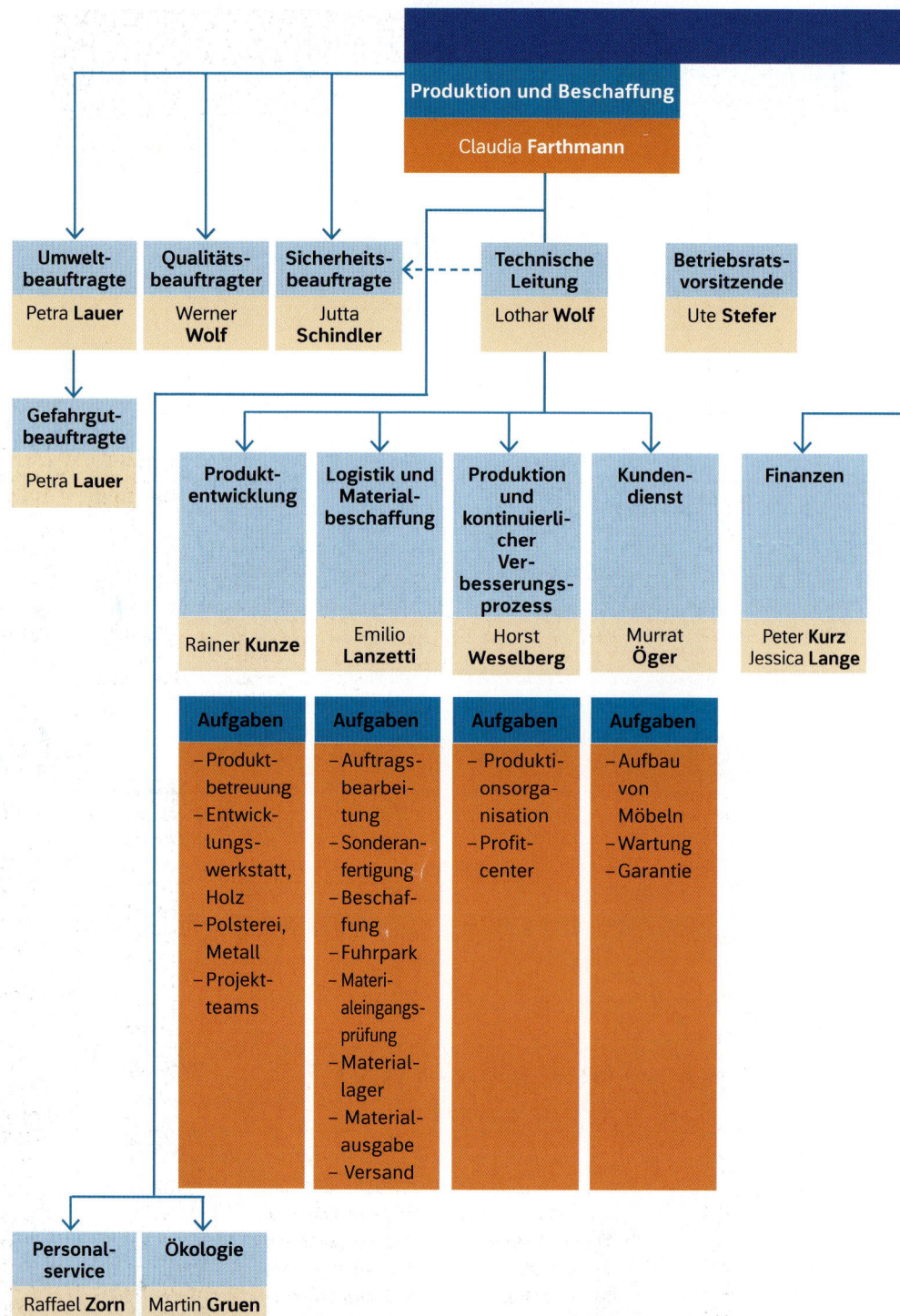

Ein Unternehmen stellt sich vor

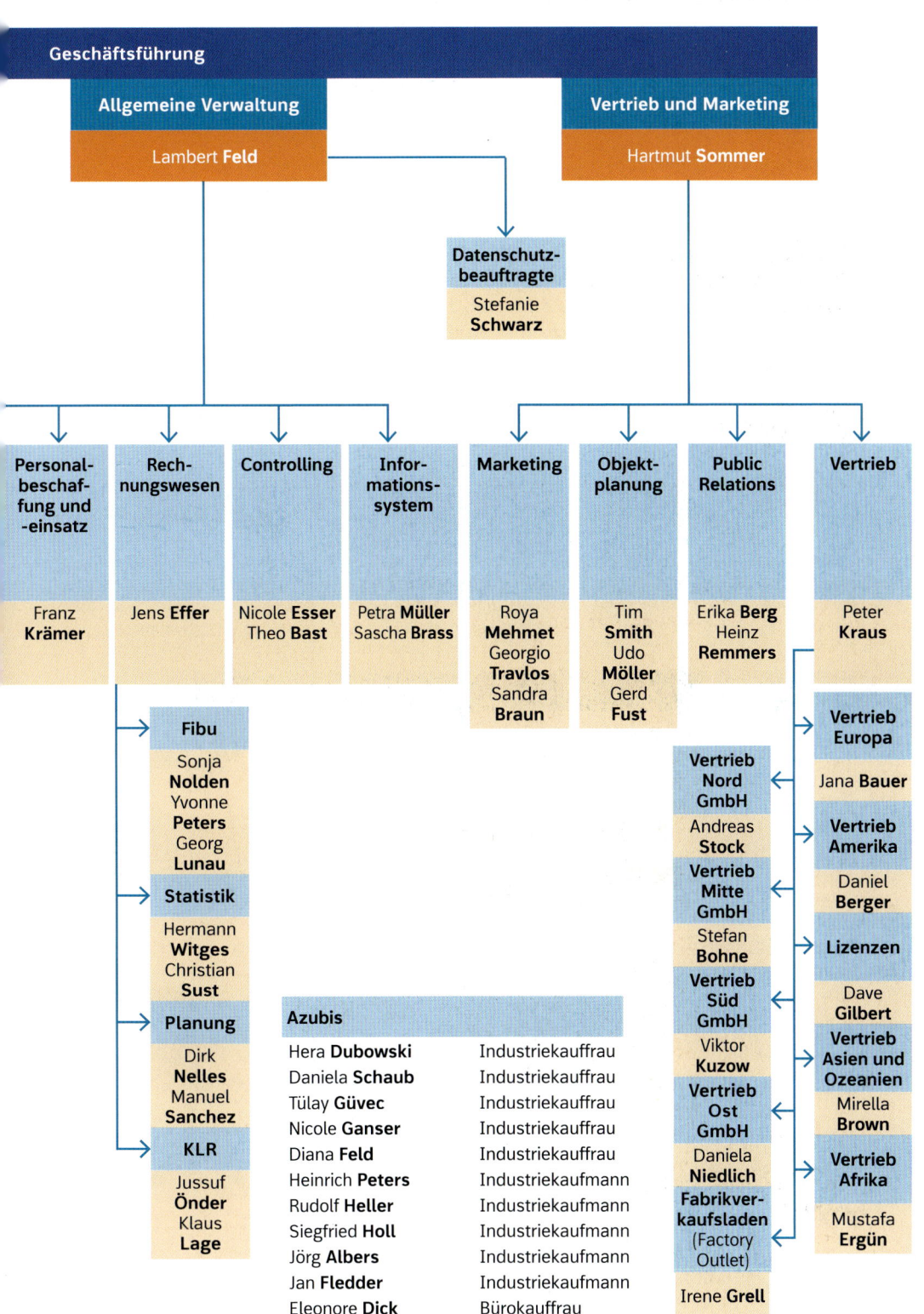

Konkurrenzbetriebe

Schäfer & Co KG, Büroeinrichtungssysteme Kaarster Weg 124–126, 40547 Düsseldorf
Feld OHG, Büromöbel, Büromaschinen Innstr. 48–52, 81679 München
Otto Rompf GmbH, Büromöbel Badstr. 63, 06132 Halle
ABE Aktuell Büro-Einrichtungen KG Arkonastr. 16, 24106 Kiel

Produktauswahl (Selection)

Das Sommerfeld-Programm umfasst durchgängige, international ausgezeichnete Produktfamilien für die Einrichtungsbereiche Warten und Empfang, Am Schreibtisch, Konferenz und Pause, Speisen, Aufenthalt sowohl im gewerblichen Bereich als auch für zu Hause. Langlebigkeit und eine auf das Wesentliche reduzierte Formensprache kennzeichnen die Produkte schon seit Jahrzehnten. Dazu kommen heute konkrete ökologische Vorzüge durch Materialauswahl, Konstruktion und Herstellungsverfahren.

Warten und Empfang

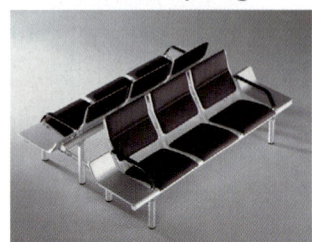
Tubis

Cubis Programm 830

Cubis Programm 830

Cubis

Cana

Ceno

Am Schreibtisch

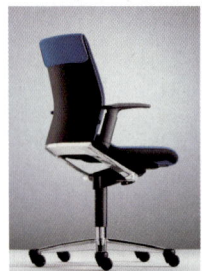
Modus

FS-Linie

Picto

Stitz 2 *Conrack Regalsystem*

Konferenz

Confair *Contas* *Versal*

Linus *Logon*

Pause, Speisen, Aufenthalt

Kendo *Avera* *ConsulTable*

Liefererdatei der Sommerfeld Bürosysteme GmbH (Auszug)

Firma	Lieferer-Nr. Kreditoren-Nr.	Adresse	Ansprechpartner	Tel./Fax E-Mail Internet	Kreditinstitut IBAN/BIC	Produkte	Lieferbedingungen	Zahlungsbedingungen	Umsatz lfd. Jahr in €
Farbenwerke Wilhelm Weil AG	44001 K70001	Grünstr. 98 51371 Leverkusen	Frau Gentgen	0214 655621 0214 655629 info@farbenwerke.de www.farbenwerke.de	SEB Leverkusen DE12370100110674563870 ESSEDE5F372	Lacke, Grundierung, Härter, Beize, Lösemittel, Kleber, Beschichtungsmittel	Auftragswert bis 1 000,00 €: 50,00 €, über 1 000,00 €: 42,00 € Fracht Verpackungspauschale: 30,00 €	Ziel: 20 Tage Skonto: 7 Tage/2 %	290 000,00
Wellpappe GmbH & Co KG Alfred Weigelt	44002 K70002	Wolffstr. 90 22525 Hamburg	Herr Öztürk	040 1122330 040 1122339 info@wellpappe.de www.wellpappe.de	Commerzbank Hamburg DE41200400000387304811 COBADEHHXXX	Produktverpackungen, Transportverpackungen	bis 100 kg: 31,00 €, bis 250 kg: 60,00 €, bis 500 kg 100,00 €, bis 1 000 kg: 175 kg, über 1 000 kg nach Vereinbarung	Ziel: 20 Tage Skonto: 7 Tage/2 %	120 000,00
Metallwerke Bauer & Söhne OHG	44003 K70003	Baststr. 188 44265 Dortmund	Herr Siebert	0231 6683550 0231 6683357 info@metallwerke.de www.metallwerke.de	Postbank Dortmund DE86440100460324066506 PBNKDEFF440	Stahlrohrgestelle, Alugusstelle, Alupressprofile, Schrauben	Lieferpauschale: 40,00 €	Ziel: 50 Tage Skonto: 14 Tage/2 %	5 420 000,00
Jansen BV, Chemiewerke	44004 K70004	Jan de Verwersstraat 10 NL-5900 AV Venlo	Frau de Mol	04780 866350 04780 866401 info@jansen.chemiewerke.nl www.jansen.chemiewerke.nl	Crédit Lyonnais Bank Nederland NL94270100600092233723 CRLYNLFFXXX	Kunststoffteile aller Art, Silikon, Öle, Gasfedern, Gasgeneratoren	4 % vom Warenwert, maximal 200,00 €	Ziel: 30 Tage Skonto: -	1 330 000,00
Latex AG, Herstellung von Gummiwaren	44005 K70005	Neckarstr. 89-121 12053 Berlin	Frau Demming	030 445546 030 445548 info@latex-berlin.de www.latex-berlin.de	Berliner Sparkasse DE66410050000009845 3223 BELADEBEXXX	Naturkautschuk, synthetischer Kautschuk, Rollen, Räder	unfrei, Fracht: 100,00 € pauschal, Rollgeld 40,00 €, Verpackungspauschale 80,00 €	Ziel: 60 Tage Skonto: 14 Tage/3 %	2 150 000,00
Heinrich Schulte. K.	44006 K70006	Fabrikstr. 24-30 04129 Leipzig	Frau Asbach	0341 554645 0341 554849 info@schulte-steine.de www.schulte-steine.de	Deutsche Bank Leipzig DE85860700000091111723 DEUTDE8LXXX	Glasplatten, Marmorteile, Kunststeine	bis Auftragswert 1 000,00 €: 50,00 € sonst frei Haus	Ziel: 30 Tage Skonto: 10 Tage/2 %	1 500 000,00
Andreas Schneider Holzwerke KG	44007 K70007	Palzstr. 16 59073 Hamm	Frau Sydow	02381 417118 02381 985410 info@schneider-holzwerke.de www.schneider-holzwerke.de	Volksbank Hamm DE26410601200098789723 GENODEM1HMN	Massivholzteile, Sperrholzplatten, Span- und Tischlerplatten	ab Bestellwert von 2 000,00 € frei Haus, sonst 3 % vom Warenwert, mindestens jedoch 60,00 €	Ziel: 14 Tage Skonto: -	3 200 000,00
Wollux GmbH Peter Findeisen	44008 K70008	Zinckestr. 19 39122 Magdeburg	Herr Kern	0391 334231 0391 334232 info@wollux.de www.wollux.de	Commerzbank Magdeburg DE54810400000674563870 COBADEFF810	Bezugs- und Polstermaterialien und Zubehör für Möbel	frei Haus	Ziel: 30 Tage Skonto: 10 Tage/3 %	800 000,00
Primus GmbH Großhandel für Bürobedarf	44009 K70009	Koloniestr. 2-4 47057 Duisburg	Herr Winkler	0203 4453690 0203 4453698 info@primus-bueroeinrichtung.de www.primus-bueroeinrichtung.de	Sparkasse Duisburg DE12350500000360005 8796 DUISDE33XXX	Bürobedarf aller Art	ab Auftragswert 500,00 € porto- und frachtfrei	Ziel: 30 Tage Skonto: 10 Tage/2 %	220 000,00

Kundendatei der Sommerfeld Bürosysteme GmbH (Auszug)

Firma	Kunden-Nr.	Adresse	Ansprech-partner	Tel./Fax, E-Mail, Internet	Kreditinstitut, IBAN/BIC	Umsatz lfd. Jahr in €	Offene Rechnungen	Rabattsätze
Deutsche Versicherung AG	D 24001	Am Brunnen 18-22 45133 Essen	Herr Baum	0201 667531 0201 6675380201 info@deutsche.versicherung.de www.deutsche.versicherung.de	Volksbank Ruhr Mitte DE14422600010111222870 GENODEM1GBU	7 500 000,00	0	25
Deutsche Bank AG Frankfurt	D24002	Taunusstr. 16-34 60329 Frankfurt am Main	Frau Jansen	069 443228 069 443217 info@deutsche.bank.frankfurt.de www.deutsche.bank.frankfurt.de	Deutsche Bank Frankfurt DE48500700240043978623 DEUTDEDBFRA	2 259 000,00	1	15
Bürofachhandel Karl Schneider GmbH	D 24003	Brunostr. 45 45889 Gelsenkirchen	Herr Schneider	0209 56499 0209 54490 info@schneider.buerohandel.de www.schneider.buerohandel.de	Postbank Dortmund DE76440100460432056204 PBNKDEFF440	1 550 000,00	1	15
Krankenhaus Einrichtungs-GmbH Leipzig	D 24004	Dachstr. 30-40 04329 Leipzig	Frau Straub	0341 556476 0341 556448 info@krankenhauseinrichtung.de www.krankenhauseinrichtung.de	Commerzbank Leipzig DE93860400000089366223 COBADEFF860	105 000,00	1	5
Flughafen Köln/Bonn GmbH	D 24005	Waldstraße 247 51147 Köln	Frau Simon	0221 89438 0221 89444 info@flughafen.koeln.bonn.de www.flughafen.koeln.bonn.de	Deutsche Bank Köln DE28370700600674563870 DEUTDEKXXX	2 400 000,00	2	15
Bürofachhandel Martina van den Bosch BV	D 24006	Vinckenhofstraat 45 NL 5900 EB Venlo	Frau van den Bosch	0031 77 341769 0031 77 341764 info@bosch.buerohandel.nl www.bosch-buerohandel.nl	Fortis Bank Nederland NL59300100200656631 20 FORTNLFFXXX	1 450 000,00	0	15
Bürobedarfs-großhandel Thomas Peters e. K.	D 24007	Cäcilienstr.86 46147 Oberhausen	Frau Brieger	0208 111360 0208 111345 info@peters-buerobedarf.de www.peters.buerobedarf.de	Commerzbank Oberhausen DE02365400460006789763 COBADEFF365	75 000 000,00	3	25
Bürofachhandel Ergoline GmbH	D 24008	Maxstr. 121 13347 Berlin	Herr Bolle	030 3382708 030 3387308 info@ergoline.buerohandel.de www.ergoline.buerohandel.de	Postbank Berlin DE17100100100306543720 PBNKDEFF100	9 000 000,00	0	30
Büroeinrichtung Fachhandel Enrico Zamani	D 24009	Poststr. 17 CH 3000 Bern 8	Herr Zamani	0041 31 8967348 0041 31 8967342 info@zamani.bueroeinrichtung.ch www.zamani-bueroeinrichtung.ch	Postbank Bern CH651002001007665 39882 GEBACH33XXX	1 700 000,00	0	15
Raumkultur Peter Nicolai e. K.	D 24010	Erlenstr. 38 22529 Hamburg	Herr Sehrer	040 1938465 040 1938470 info@nicolai.raumkultur.de www.nicolai.raumkultur.de	Hanseatic Bank DE11201207000738402382 HSTBDEHHXXX	2 600 000,00	0	15
Ergonomische Büromöbel Müller GmbH	D 24011	Brodstr. 24 81829 München	Frau Mauser	089 3875432 089 3875440 info@mueller.bueromoebel.de www.mueller.bueromoebel.de	Deutsche Bank München DE06700700100192038752 DEUTDEMMXXX	240 000,00	0	5

Am ersten Berufsschultag füllt **Daniela Schaub** folgenden Fragebogen aus, um sich ihren Mitschülern vorzustellen:

Name:	Daniela Schaub, Auszubildende zur Industriekauffrau
Ausbildungsbetrieb:	Sommerfeld Bürosysteme GmbH Essen
Ausbildungsdauer:	3 Jahre (1. Ausbildungsjahr)
Geburtsdatum:	10.03.20.. (19 Jahre)
Geburtsort:	München
Wohnort:	45474 Mühlheim Talstr. 5
Schulabschluss:	Abitur
Größte Fehler:	schlafe gern lange höre zu laut Musik bin manchmal zu ungeduldig
Was ich vor der Ausbildung gemacht habe:	Grundschule, Realschule, Wirtschaftsgymnasium
Warum ich mich für diese Ausbildung entschieden habe:	bin am Design von Möbeln aller Art interessiert wollte auf keinen Fall in den Verkauf gute Aufstiegschancen im Unternehmen
Mein erster Eindruck von der Ausbildung:	anstrengend, macht aber viel Spaß, insbesondere der Kontakt zu den Mitarbeitern

Rudolf Heller ist in derselben Berufsschulklasse wie Daniela Schaub und füllt ebenfalls den Fragebogen aus:

Name:	Rudolf Heller
Ausbildungsbetrieb:	Sommerfeld Bürosysteme GmbH Essen
Ausbildungsdauer:	3 Jahre (1. Ausbildungsjahr)
Geburtsdatum:	21.09.20.. (19 Jahre)
Geburtsort:	Leipzig
Wohnort:	45355 Essen Dachstr. 15
Schulabschluss:	Fachhochschulreife
Größte Fehler:	bin zu eifersüchtig kann schlecht ruhig sitzen rede zu viel
Was ich vor der Ausbildung gemacht habe:	Grundschule, Mittlere Reife an der Kopernikus Realschule Leipzig, Höhere Handelsschule
Warum ich mich für diese Ausbildung entschieden habe:	habe Lust auf eine praktische Tätigkeit Empfehlung meiner Mutter
Mein erster Eindruck von der Ausbildung:	nette Kollegen, aber anstrengend

Zielgerichtet und effektiv lernen und arbeiten

Methoden

1 Grundsätzliches zum Lernen und Arbeiten in Gruppen

Herr Krämer, zuständig für Personalbeschaffung und -einsatz, und Frau Mehmet aus der Abteilung Marketing haben alle Auszubildenden zu einem Meeting gebeten. Frau Mehmet berichtet, dass Frau Martina van den Bosch, Inhaberin des gleichnamigen Bürofachhandels, der Sommerfeld Bürosysteme GmbH in acht Wochen einen Besuch abstatten wird. „Frau van den Bosch repräsentiert einen bedeutenden Kunden in den Niederlanden. Sie ist zudem sehr engagiert in der dortigen Berufsausbildung und möchte mehr über die Ausbildung in Deutschland erfahren." Herr Krämer ergänzt: „Wir möchten, dass Sie als Auszubildende zwei Gruppen bilden und Frau van den Bosch unser Unternehmen und das duale System der Berufsausbildung präsentieren. Wir sind sicher, dass Sie diese Aufgabe meistern, und stellen Ihnen jede Unterstützung zur Verfügung. Dennoch möchten wir, dass Sie selbstständig entscheiden, was Sie darstellen und wie Sie die Präsentation gestalten!"

Arbeitsaufträge

- Diskutieren Sie die Entscheidung von Herrn Krämer und Frau Mehmet, diese wichtige Aufgabe den Auszubildenden zu übertragen. Bringen Sie in diesem Zusammenhang Ihre Erfahrungen mit Gruppenarbeiten ein.
- Beschreiben Sie die Bedeutung von Gruppenarbeiten in Ihrem Ausbildungsbetrieb.
- Machen Sie begründete Vorschläge, wie die zehn Auszubildenden bei der Einteilung der beiden Gruppen vorgehen sollten.

Grundlagen der Gruppenarbeit

> Mehrere Personen bearbeiten über eine gewisse Zeit, nach gewissen Regeln und Normen, eine aus mehreren Teilaufgaben bestehende Arbeitsaufgabe, um gemeinsame Ziele zu erreichen; sie arbeiten dabei unmittelbar zusammen und fühlen sich als Gruppe.
> Quelle: Antoni, Conny H. (Hrsg.): Gruppenarbeit in Unternehmen. Konzepte, Erfahrungen, Perspektiven. Weinheim, Beltz Verlag, 1994, S. 25.

Diese **Definition von Gruppenarbeit** macht deutlich, dass Gruppenarbeit sehr viel mehr bedeutet als ein schlichtes gemeinsames Bearbeiten von Aufgaben.

Beispiel: Daniela Schaub soll mit drei ihrer Mitschülerinnen in der Berufsschule sechs Aufgaben aus dem Rechnungswesen lösen. Jede bearbeitet alle Aufgaben und sie vergleichen anschließend die Ergebnisse. Ein solches Vorgehen kann sicher nicht als Gruppenarbeit im eigentlichen Sinne angesehen werden.

Die **Merkmale**, die eine Gruppenarbeit auszeichnen, werden in der folgenden Abbildung verdeutlicht (vgl. Antoni, ebd.):

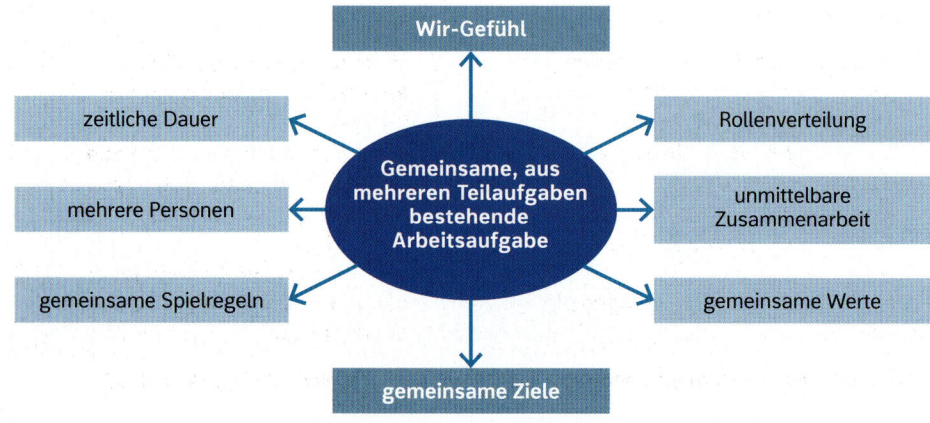

Erfolgreiche Gruppenarbeit hat vielfältige Vorteile. Diese gelten für schulisches und betriebliches Lernen und Arbeiten gleichermaßen.

Aber auch das kennen Sie: Gruppenarbeit ist oftmals mit Problemen verbunden. Diese können Sie jedoch häufig im Vorfeld verhindern bzw. bei ihrem Auftauchen beseitigen:

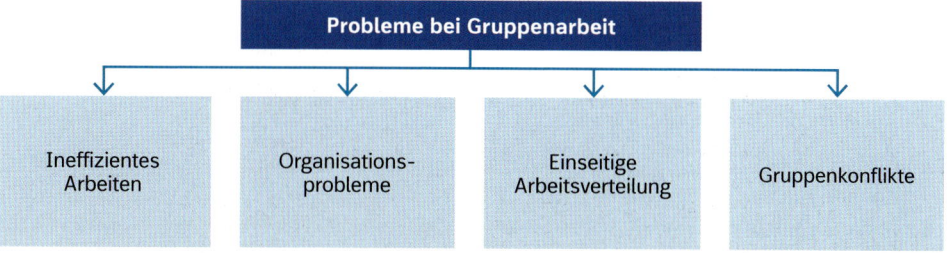

> **PRAXISTIPP!**
>
> *Machen Sie sich die Chancen, aber auch die Probleme der Gruppenarbeit immer wieder bewusst. Nur so können Sie Schwierigkeiten vermeiden bzw. ausräumen.*

Bedingungen für eine erfolgreiche Gruppenarbeit

Ob Ihre Gruppenarbeit erfolgreich verläuft, hängt von der gesamten Gruppe, dem zu bearbeitenden Thema und natürlich von Ihnen selbst ab. Was der oder die Einzelne alles falsch machen kann, wird in den folgenden „11 Minusregeln" verdeutlicht:

11 Minusregeln, um eine Gruppe zu ruinieren

1. Rede nie von dir selber, bleibe immer nur sachlich und ernst
2. Rede in jede Pause hinein
3. Gerechtigkeit ist nicht zu erreichen, sei ungerecht
4. Ignoriere Konflikte in der Gruppe
5. Erzähle eine Anekdote nach der anderen
6. Greife nie in das Gruppengeschehen ein
7. Fühle dich immer persönlich angegriffen und antworte mit Kurzreferat
8. Gehe zum Lachen in den Keller
9. Gib überall deinen Senf dazu
10. Erteile ungefragt, aber heftig, Ratschläge
11. Scheue dich nie, Gesprächsteilnehmer zu korrigieren und zu unterbrechen

Quelle: Knoll, Jörg.: Kleingruppenmethoden. Weinheim und Basel, Beltz Verlag, 1993, S. 33.

Methoden: Zielgerichtet und effektiv lernen und arbeiten

> **PRAXISTIPP!**
>
> Bevor du die Fehler bei anderen suchst, schaue zunächst kritisch auf dich selbst und versuche dein eigenes Verhalten zu korrigieren/zu verbessern.

Abgesehen von dem Verhalten der einzelnen Gruppenmitglieder gibt es weitere **Bedingungen**, die den **Erfolg Ihrer Gruppenarbeit** und die **Freude** daran maßgeblich beeinflussen:

Kommunikation	Was die Gruppe braucht	Klarheit
– Probleme analysieren – Planung abstimmen – Entscheidungen treffen – Konflikte lösen	▶▶▶▶	– Aufgabenstellung – Planung – Organisation (Zeitwächter, Protokollführer, Präsentierer)

Gerade bei Gesprächen, die das (Fehl-) Verhalten eines Einzelnen zum Gegenstand haben, ist es wichtig, dass Sie **konstruktive** – also aufbauende – **Rückmeldungen** geben, statt jemanden zu belehren oder gar zu beschimpfen. Dieses „Feedback-Geben" und „Feedback-Nehmen" ist jedoch eine anspruchsvolle Aufgabe, wie die nachfolgenden Feedbackregeln zeigen:

12 Regeln für ein Feedback

1. Gib Feedback, wenn der andere es auch hören kann.
2. Feedback soll so ausführlich und konkret wie möglich sein.
3. Teile deine Wahrnehmungen als Wahrnehmungen, Vermutungen als Vermutungen und Gefühle als Gefühle mit.
4. Feedback soll den anderen nicht analysieren.
5. Feedback soll auch gerade positive Gefühle und Wahrnehmungen umfassen.
6. Feedback soll umkehrbar sein.
7. Feedback soll die Informationskapazität des anderen berücksichtigen.
8. Feedback soll sich auf begrenztes, konkretes Verhalten beziehen.
9. Feedback soll möglichst unmittelbar erfolgen.
10. Du solltest Feedback nur annehmen, wenn du dazu auch in der Lage bist.
11. Wenn du Feedback annimmst – höre zunächst nur ruhig zu.
12. Feedback-Geben bedeutet, Information zu geben, und nicht, den anderen zu verändern.

Vgl. Schwäbisch, Lutz; Siems, Martin R.: Anleitung zum sozialen Lernen, 1992, S. 76 ff.

> **PRAXISTIPP!**
>
> Geben Sie Feedback, um anderen zu helfen, ihre Stärken zu erkennen und sich selbst weiterzuentwickeln.

Methoden zur Auswertung von Gruppenarbeitsprozessen

Neben einem selbstkritischen Blick auf Ihr Arbeitsergebnis sollten Sie während und nach Ihrer Gruppenarbeit den Arbeitsprozess beurteilen, also die Frage, „wie" Ihre Gruppe zusammengearbeitet hat. Dies ist für das Gelingen bzw. die Verbesserung von zukünftigen Gruppenarbeiten wesentlich. Zu diesem Zweck können Sie eine Vielzahl von Methoden nutzen, von denen hier zwei vorgestellt werden:

Einpunktabfrage

Bei der Einpunktabfrage kann jedes Gruppenmitglied mit einem Klebepunkt eine Beurteilung der Gruppenarbeit auf zwei Ebenen abgeben. Zum einen – horizontal – auf der Sachebene, wo es um die Bewertung des Arbeitsergebnisses geht. Zum anderen – vertikal – auf der Beziehungsebene, wo der Gruppenarbeitsprozess im Mittelpunkt steht.

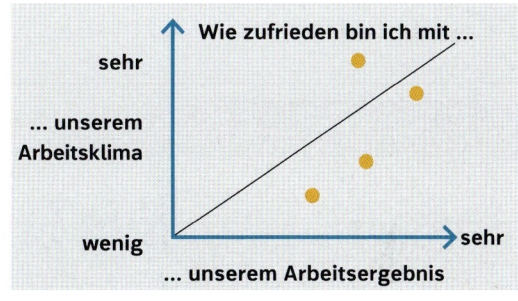

Beispiel: In der oben abgebildeten Einpunktabfrage bewertet die Gruppe das Arbeitsergebnis durchweg als positiv; mit dem Arbeitsklima sind hingegen nur zwei Gruppenmitglieder zufrieden, sodass es auf dieser Ebene Klärungsbedarf gibt.

Die Einpunktabfrage können Sie in **mehreren Arbeitssitzungen** verwenden, wodurch auch der Entwicklungsprozess Ihrer Gruppe deutlich wird. Die Arbeitssitzungen werden dann mit farblich verschiedenen Klebepunkten voneinander abgegrenzt.

Gruppenprozessanalyse

Gruppenprozessanalyse

Bitte geben Sie an, inwieweit Sie mit den unten stehenden Aussagen übereinstimmen. Tun Sie dies zunächst individuell. Nachdem jedes Gruppenmitglied für sich die Punkte 1 bis 14 ausgefüllt hat, zeichnen Sie bitte das unten stehende Schema auf einen großen Bogen Papier. Dann gibt jedes Mitglied seine Meinung mit einem Strich im entsprechenden Feld an, damit Sie ein Bild des Gruppengefühls erhalten. Falls dieses Bild in Ihnen den Wunsch nach einer Diskussion über eventuelle Ursachen weckt, dann diskutieren Sie darüber. Es könnte sich bewähren, dieses Schema an der Wand hängen zu lassen, um im Verlauf der Gruppenarbeit auftretende Veränderungen zu diskutieren.

1. Die Gruppe analysierte die Probleme richtig.
2. Wir waren uns darüber im Klaren, was wir erreichen wollten.
3. Ich war mit der Art zufrieden, wie wir dem Problem auf den Leib rückten.
4. Wir überprüften während der Arbeit laufend die Zweckmäßigkeit unseres Vorgehens.

A	B	C	D	E	F

	A	B	C	D	E	F

5. Alle Ideen der Gruppenmitglieder wurden festgehalten.
6. Wir unterstützten uns während der Gruppenarbeit gegenseitig.
7. Ich hörte aufmerksam zu, wenn andere sprachen.
8. Die anderen hörten aufmerksam zu, wenn ich etwas zu sagen hatte.
9. Meine Fähigkeiten kamen voll zur Geltung und wurden von der Gruppe genutzt.
10. Die Fähigkeiten der anderen kamen voll zur Geltung und wurden von der Gruppe genutzt.
11. Ich fühlte mich in meiner Rolle ruhig und wohl.
12. Die Gruppe wurde nicht durch ein oder mehrere Mitglieder dominiert.
13. Es gab keine Konkurrenzkämpfe zwischen Gruppenmitgliedern, die die Effizienz der Arbeit reduzierten.
14. Das Interesse am Problem war groß.

A = Dieser Aussage kann ich vorbehaltlos zustimmen.
B = Dieser Aussage kann ich nur mit einigen Vorbehalten zustimmen.
C = Ich bin nicht ganz sicher, doch würde ich dieser Aussage eher zustimmen.
D = Ich bin nicht ganz sicher, doch würde ich diese Aussage eher ablehnen.
E = Diese Aussage muss ich mit einigen Zugeständnissen ablehnen.
F = Diese Aussage muss ich vollständig ablehnen.

Quelle: Philipp, Elmar: Teamentwicklung in der Schule. Weinheim und Basel, Beltz Verlag, S. 107.

Bei beiden Methoden ist es oftmals sinnvoll, die Bewertungen von den Gruppenmitgliedern anonym vornehmen zu lassen. Die Auswertung der Ergebnisse und das Vereinbaren von Konsequenzen müssen selbstverständlich in der Gruppe geschehen.

Zusammenfassung

Grundsätzliches zum Lernen und Arbeiten in Gruppen

- *Projekt- und Teamfähigkeit* gewinnt in modernen Unternehmen zunehmend an Bedeutung. *Gruppenarbeit* in Schule und Betrieb kann helfen, diese Fähigkeiten weiterzuentwickeln.

- *Erfolgreiche Gruppenarbeit* bietet zahlreiche Vorteile, die zu einer höheren **Arbeitszufriedenheit und -qualität** führen.

- Das Gelingen von Gruppenarbeit ist an zahlreiche **Bedingungen** gebunden, die das Verhalten der einzelnen Mitglieder, die Kommunikation innerhalb der Gruppe und die Arbeitsorganisation betreffen.

- Methoden wie die *Einpunktabfrage* oder die *Gruppenprozessanalyse* helfen, Arbeitsprozesse in Gruppen auszuwerten und zukünftig erfolgreicher zu gestalten.

Aufgaben

1. Erläutern Sie die **Bedeutung der Gruppenarbeit** im Rahmen der Ausbildung zum Industriekaufmann/zur Industriekauffrau.

2. Beschreiben Sie anhand von Beispielen fünf **Merkmale** der **Gruppenarbeit**.

3. Formulieren Sie in der Gruppe **10 Positivregeln** für den Einzelnen. Halten Sie Ihre Ergebnisse auf einem Plakat fest und präsentieren Sie die Regeln in der Klasse.

4. Führen Sie eine **Podiumsdiskussion** zum Thema „Sinn und Unsinn der Gruppenarbeit" durch. Nachdem in Gruppen Argumente für jeweils eine Position (Befürworter bzw. Gegner der Gruppenarbeit) gesammelt wurden und ein Sprecher je Gruppe gewählt wurde, gehen Sie bei der Podiumsdiskussion wie folgt vor:

    Darstellungsrunde
    - Der/Die Leiter/-in eröffnet die Diskussion, nennt das Thema der Diskussion und stellt die Teilnehmer nacheinander vor. Der zuletzt genannte Teilnehmer erhält als Erster das Wort.
    - Die einzelnen Diskussionsteilnehmer stellen nacheinander ihre Positionen dar. Sie dürfen dabei nicht unterbrochen werden. Die Redezeit ist allerdings auf zwei Minuten begrenzt, dann gibt der Leiter das Wort weiter.

    Diskussionsrunde
    - Die Teilnehmer an der Podiumsdiskussion können nun miteinander „streiten", das heißt, sie gehen auf die Argumente der „Gegenseite" ein und versuchen sie zu entkräften oder durch schlagkräftigere eigene Argumente zu übertreffen.
    - Dem Leiter kommt in dieser Phase eine wichtige Stellung zu. Er erteilt und entzieht den einzelnen Teilnehmern das Wort. Es ist darauf zu achten, dass die Gesprächsanteile gerecht verteilt werden und dass die Redebeiträge zeitlich begrenzt werden. Hierbei ist es hilfreich, wenn der Leiter eine Redeliste führt.

    Plenumsrunde
    - Wenn die Positionen auf dem Podium ausreichend ausgetauscht und diskutiert worden sind, hat der Rest der Klasse Gelegenheit, mit Fragen an einzelne Teilnehmer oder auch mit eigenen Beiträgen die Diskussion zu bereichern.
    - Auch in dieser Phase muss der Leiter auf eine gerechte Verteilung der Redeanteile achten.

5. Halten Sie in Gruppen nacheinander sogenannte **„Stegreifreden"**: Die Gruppe gibt ein beliebiges Thema vor (z. B. „Gelb", „Tanzen", „Umweltschutz", „Fußball", „Sommer", „duales System der Berufsausbildung", etc.) und der/die Redner/-in hat maximal 30 Sekunden Zeit, sich auf dieses Thema gedanklich vorzubereiten. Er/Sie soll dann einen Vortrag halten, der höchstens drei Minuten dauern darf. Der Rest der Gruppe gibt dem/der Redner/-in anschließend ein Feedback zum Vortragsverhalten. Beachten Sie dabei die Regeln zum Feedback-Geben und Feedback-Nehmen.

2 Methoden für die Gruppenarbeit

Hera Dubowski hat mit vier weiteren Auszubildenden eine Gruppe gebildet, die eine Präsentation der Sommerfeld Bürosysteme GmbH durchführen soll. Für diese Aufgabe hat die Gruppe vier Wochen Zeit. In der ersten Gruppensitzung wird Hera zur Gruppenleiterin gewählt; ansonsten herrscht in der Gruppe aber allgemeine Ratlosigkeit, wie sie ihre schwierige Aufgabe bewältigen soll. Hera meint: „Lasst uns versuchen, einen Plan zu entwerfen, in welchen Schritten wir jetzt vorgehen wollen. Wenn was Vernünftiges dabei raus- kommen soll, sind vier Wochen wahrlich keine lange Zeit!"

Arbeitsaufträge

- Erstellen Sie einen groben Ablaufplan zur Vorbereitung und Durchführung einer Präsentation zur Vorstellung Ihres Ausbildungsbetriebes.

Allgemeines Vorgehen bei der Lösung von Problemen

Das nachfolgende Schema zeigt Ihnen eine Struktur der wesentlichen Schritte („Meilensteine") auf, mit denen Sie umfangreichere Probleme systematisch bearbeiten und lösen können:

Problemlösungsschema

Die Kernidee des Schemas ist, die Arbeit an komplexen Problemen in sinnvoller Weise zu strukturieren. Da die einzelnen Phasen des Prozesses aufeinander aufbauen, sollte der Ablauf in seiner Grobstruktur erhalten bleiben.

1) Problembestimmung

- Hier geht es um die genaue Beschreibung der Problemstellung.
- Die Gruppe muss darüber Einigkeit erzielen.
- Das Problem sollte für alle sichtbar schriftlich festgehalten werden.
- Leitfrage in dieser Phase ist: „Was genau ist unser Problem?"

2) Analyse

- In dieser Phase sollen die in der komplexen Problemstellung enthaltenen Teilprobleme gesammelt werden.
- Jedes Gruppenmitglied sollte seine Sicht der Dinge ungehindert einbringen dürfen.
- Eine Diskussion findet nicht statt; es werden alle Beiträge gesammelt und unter Umständen zusammengefasst.

3) Sammeln von Lösungsvorschlägen

- Es beginnt die Arbeit an Lösungsvorschlägen, die sich auf die in Phase zwei ermittelten Teilprobleme richten sollen.
- Falls möglich, kann die Arbeit an einzelnen Teilproblemen in Kleingruppen oder in Partnerarbeit erfolgen.
- Auch in dieser Phase ist die Kritik an Ideen einzelner Gruppenmitglieder verboten.
- Es können aber auch hier die Einzelideen zusammengefasst werden.

4) Auswahl einer Lösung

- Von den in Phase drei gesammelten Lösungsvorschlägen wird einer durch die Gruppe ausgewählt.
- Dabei ist es hilfreich, wenn die Gruppe zuvor Kriterien (z. B. Aufwand, Kosten) festlegt, nach denen die Lösungsvorschläge bewertet werden.
- Die Lösungen zu den einzelnen Teilproblemen ergeben dann eine Art Maßnahmenkatalog.

5) Umsetzung

- Die Lösung(en) muss/müssen umgesetzt werden. Hierzu sollte sich die Gruppe (schriftlich) festlegen:
- Wer ist (mit wem) für die Umsetzung einer Maßnahme verantwortlich?
- Bis wann soll die Umsetzung erfolgt sein?

6) Ergebnisbeurteilung

- Nach erfolgter Umsetzung muss das Ergebnis beurteilt werden.
- Wenn das Ergebnis zufriedenstellend ist, ist das Problem gelöst.
- Wenn nicht, dann beginnt der Prozess von Neuem. Dabei ist es in aller Regel sinnvoll, wieder bei Phase eins zu beginnen (und nicht in Phase vier).

Alternative Methoden zur Unterstützung von Gruppenarbeiten

Zur Unterstützung Ihrer Gruppenarbeit steht Ihnen eine Vielzahl von Methoden zur Verfügung. Die richtige Auswahl einer geeigneten Methode ist nicht immer einfach. Grundsätzlich gilt jedoch, dass Sie möglichst viele Methoden erproben sollten, um deren Eignung für bestimmte Zwecke beurteilen zu können. Hier lohnt sich auch eine Internetrecherche. Mit den Suchworten „Methoden" und „Gruppenarbeit" erhält man Zugriff auf zahlreiche Methodensammlungen.

Das Brainstorming

„Gehirnsturm" übersetzt man wörtlich und kann sich darunter nicht so recht etwas vorstellen. Es ist ein Verfahren zur **Ideenfindung** und wird häufig zu Beginn von Gruppenarbeitsprozessen eingesetzt. Brainstorming ersetzt weder Allgemeinbildung noch Fachwissen, aber es kann Ihnen helfen, kreative Ideen hervorzubringen. Wesentlich ist, dass **jede Idee** beim Brainstorming **willkommen** ist und keine Ideenbewertung stattfindet. Damit die Vorteile zur Geltung kommen, sollten Sie auf die strikte Einhaltung bestimmter einfacher **Regeln** achten:

Regel 1: Keine Kritik
Das Ziel des Brainstormings ist die Ideenfindung. Ideenkiller sind z. B. „Das geht doch nicht!", „Hört sich gut an, aber ...", „Viel zu teuer" aber auch „Das wurde schon gesagt".

Regel 2: Möglichst viele und wilde Ideen
Quantität geht beim Brainstorming vor Qualität. Originalität und Humor, sinnlose, verrückte und alberne Beiträge sind erwünscht.

Regel 3: Fortführen von Ideenansätzen
„Ideenklau", „Trittbrettfahren", „Rucksackideen", sonst verpönt, sind hier einmal ausdrücklich zum höheren Zweck eines gemeinsamen Ideensuchens erwünscht.

Zur **Vorbereitung** für ein Brainstorming sollten Sie als Ort eine störungsfreie Umgebung wählen. Um alle Ideen aufnehmen zu können, müssen Ihnen Papier/Tafel und Stifte/Kreide zur Verfügung stehen. Schließlich sollten alle Teilnehmer mit dem Ziel und den Regeln des Brainstormings vertraut gemacht werden.

Der **Ablauf** gestaltet sich dann wie folgt: Zu Beginn wird das Problem noch einmal formuliert. Dies kann auch durch den Aufgabensteller/Lehrer geschehen. Außerdem muss ein Moderator (achtet auf die Einhaltung der Regeln) und ein Protokollant (hält alle Ideen **sichtbar** fest) bestimmt werden. Damit das Notieren der Ideen nicht den Ideenfluss hemmt, werden am besten gleich zwei Protokollanten bestimmt. Das Brainstorming dauert 15 bis 30 Minuten. Besser ist ein Abbruch, solange der Ideenfluss noch sprudelt, als sein trauriges Versiegen abzuwarten.

> **PRAXISTIPP!**
>
> *Lassen Sie sich nicht beirren. Bei Ideensammlungen haben alle Ideen ihren Platz – auch die verrücktesten. Lassen Sie sich nicht auf Wertungen und Diskussionen ein.*

Für die **Auswertung** ist zu beachten, dass ein Brainstorming sehr selten direkt verwertbare Ergebnisse hervorbringt. Die gesammelten Ideen oder Ideenansätze müssen Sie nun ordnen, gliedern, noch einmal überdenken und schließlich bewerten.

Beispiel: Für das Thema „Umweltschutz" führt die Gruppe ein Brainstorming durch, das von Heinrich Peters moderiert wird. Es wird eine Vielzahl von Ideen gesammelt, die unterschiedliche Bereiche (z. B. Umweltschutz in der Produktion, Umweltschutz am Arbeitsplatz) betreffen und noch geordnet werden müssen.

Der morphologische Kasten

Der morphologische[1] Kasten ist eine Methode, bei der Sie zunächst eine komplexe **Problemstellung** in leichter zu bearbeitende **Teilprobleme** zerlegen, bevor Sie dann nach **Ideen** bzw. **Lösungsansätzen** suchen. Insofern dient diese Methode nicht allein einer offenen Ideensammlung wie das Brainstorming, sondern bildet einen Problemlösungsprozess in knapper Form ab.

---

[1] *Morphologie: Wissenschaft von den Gestalten und Formen.*

Der **Ablauf** kann in drei Schritten abgebildet werden:

Schritt 1:	Möglichst exakte Beschreibung eines komplexen Problems und Zerlegung in Teilprobleme bzw. mögliche Ursachen. Diese werden in der entsprechenden Spalte festgehalten.
Schritt 2:	Bearbeitung der Teilprobleme/Ursachen durch Sammlung sämtlicher Lösungsmöglichkeiten.
Schritt 3:	Ermittlung der Gesamtlösung durch Kombination der Teillösungen.

MORPHOLOGISCHER KASTEN

Gesamtproblem: _____

Teilproblem/Ursache	Teillösung	Teillösung	Teillösung

Beispiel: Die Gruppe, die das Thema „duales System der Berufsausbildung" präsentieren soll, hat massive Probleme: Die Arbeit macht den Gruppenmitgliedern keine Freude und auch die Arbeitsergebnisse sind bislang dürftig. Die Gruppe ist kurz davor, aufzugeben.

Schritt 1:	Das Problem wird in mögliche Teilprobleme/Ursachen zerlegt: Gruppenarbeiten können z. B. scheitern, wenn ... ... der Arbeitsauftrag unklar ist, ... die Art des Umgangs miteinander ungeeignet ist, ... die Arbeitsbedingungen störend sind, ... eine gute Arbeitsorganisation fehlt, ... die Arbeiten ungleich verteilt sind.
Schritt 2:	Zu den einzelnen Teilproblemen/Ursachen werden mögliche Lösungen gesammelt.
Schritt 3:	Die beste Gesamtlösung könnte z. B. wie folgt aussehen: Die Gruppe bittet zunächst **Herrn Krämer** um Rat, damit der Arbeitsauftrag nochmals ganz klar verdeutlicht wird. Sämtliche Gruppensitzungen finden im **selben Raum** zu einem festen Termin statt. Es werden **Gesprächsregeln** vereinbart und auf ein Plakat geschrieben, die alle einzuhalten haben. Zur Verbesserung der Arbeitsorganisation werden **Zwischenziele** vereinbart, die in den Sitzungen erreicht werden müssen. Schließlich soll eine gerechte und für alle sichtbare Arbeitsverteilung durch die Erstellung eines **Tätigkeitskataloges** erreicht werden.

MORPHOLOGISCHER KASTEN

Gesamtproblem: Scheitern der Gruppenarbeit

Teilproblem/Ursache	Teillösung	Teillösung	Teillösung
Arbeitsauftrag unklar	Diskussion über den Arbeitsauftrag und die Ziele führen.	Jeder klärt seinen eigenen Auftrag für sich.	Herrn Krämer um Rat wegen des Auftrages bitten.
Arbeitsbedingungen (Raum, Termine) sind unbefriedigend	Musik und Kaffee bei den Sitzungen	Festen Raum im Betrieb und Termin für Gruppentreffen wählen.	Jeder lädt die Gruppe abwechselnd zu sich ein.
Umgang miteinander simmt nicht	Gesprächsregeln vereinbaren, aufhängen und auf Einhaltung achten.	Ausschluss des/der Querulanten von Sitzungen	Wahl eines „Schiedsrichters" bei Streitigkeiten
Arbeitsorganisation – wir reden immer über „irgendwas"	Erhöhung der Sitzungszeit auf drei Stunden	Arbeit mit zwei Zeitwächtern	Vereinbarung von Zwischenzielen bei jedem Treffen
Arbeitsverteilung ist ungerecht	Jeder erstellt abwechselnd Sitzungsprotokolle.	Tätigkeitskatalog (wer, macht was, bis wann?) erstellen und aufhängen.	Es werden Punkte für gemachte Arbeiten vergeben.

> **PRAXISTIPP!**
>
> *Zerlegen Sie zunächst ein Problem, dann haben Sie es schon halb gelöst.*

Mindmapping

Das Mindmapping wurde von dem Engländer Tony Buzan entwickelt.[1] Es handelt sich um eine sehr effiziente Lern- und Arbeitstechnik, die der Funktionsweise des menschlichen Gehirns besonders entgegenkommt. Die Erstellung einer Mindmap ist einfach.

Die folgenden Empfehlungen sollen Ihnen als Hilfestellung und Anregung dienen. Letztlich sind Mindmaps immer individuelle Produkte und daher haben Ihre eigenen Vorlieben bei der Erstellung Vorrang.

Grundstruktur

Das **Thema** der Mindmap schreiben Sie in den Mittelpunkt eines quer gelegten Blattes und heben es durch eine Umrahmung optisch hervor. Von dort erstellen Sie zunächst **Hauptäste**, die das Thema in seine Teilbereiche untergliedern.

---

[1] Vgl. Buzan, Tony; North, Vanda: Business Mind-Mapping, Verlag Carl Ueberreuter, Wien, 1999 sowie Bachmann, Winfried; Friedrich, Michael: Chaos – die neue Kraft im Selbstmanagement. Das Kreative Brainwriting als innovatives Ordnungskonzept. Jungfermann Verlag Paderborn 1994.

Von diesen Hauptästen erstellen Sie weitere **Verzweigungen**, die Ihre Gedanken zu dem jeweiligen Teilbereich aufnehmen. Die Verzweigungen können Sie dann beliebig fortsetzen.

Empfehlungen und Hilfestellungen
- Nutzen Sie Schlüsselwörter und Bilder. Ganze Sätze sollten vermieden werden.
- Die Wortlänge sollte der Zweiglänge entsprechen.
- Schreiben Sie deutlich (Druckschrift), insbesondere wenn andere die Map „lesen" sollen.
- Verbinden Sie stets die Zweige, sodass Ihre Gedankenketten nicht unterbrochen werden.
- Nutzen Sie grafische Mittel zur Veranschaulichung.

Beispiele:
- **Pfeile**, um Querverbindungen zwischen Gedanken darzustellen.
- **Symbole** (Sternchen, Fragezeichen etc.), um etwas zusätzlich hervorzuheben.
- Der Einsatz von **Farbe**. So kann man z. B. Haupt- und Nebenäste oder einen ganzen Gedankenkomplex farblich abheben.

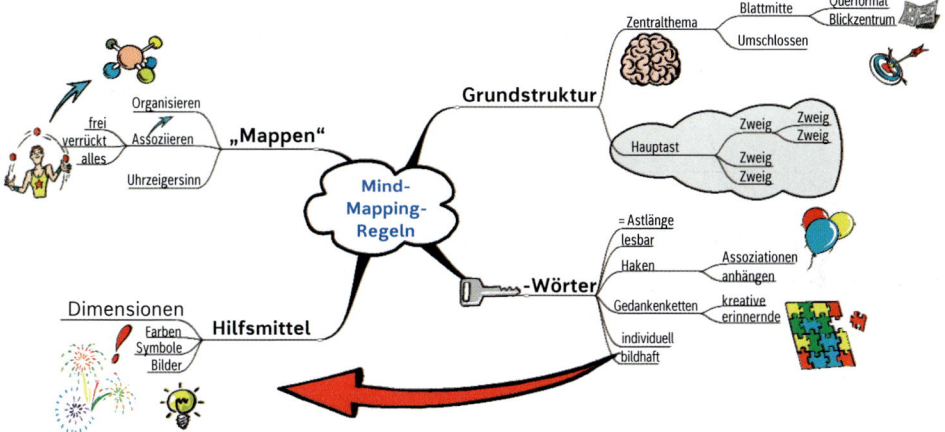

Vorteile
- Ihr zentrales Thema steht auch tatsächlich im Zentrum der Aufzeichnung und nicht als leicht zu verlierende Überschrift am Anfang.
- Der „rote Faden" bleibt durch die Grundstruktur einer Mindmap stets erhalten. Wichtige Ideen finden sich in der Nähe des Zentrums, weniger wichtige eher am Rande.
- Die nach allen Seiten offene Struktur einer Map ermöglicht es, nahezu beliebig viele Ergänzungen vorzunehmen, ohne dass der Überblick verloren geht.
- Durch die Nutzung von Schlüsselworten können sehr viele Gedanken in kurzer Zeit auf engstem Raum dargestellt werden.
- Jede Map ist einzigartig. Sie können sich daher leichter und nachhaltiger an die Map erinnern.

Anwendungsbereiche für das Mindmapping

- **Ideensammlung**: „Was fällt mir/fällt uns alles ein zum Thema x?"
- **Ermittlung des persönlichen Wissensstandes**: „Was weiß ich/wissen wir noch zum Thema y?"
- **Vorbereitung von Referaten**: „Wie gliedere ich mein Referat? Welcher Aspekt gehört wohin?"
- **Mitschreiben von Vorträgen**: zum Beispiel von Mitschülern oder Lehrern.
- **Unterstützung von Präsentationen**: Mindmaps sind eine sehr gute Hilfe für Vortragende und können auch als visuelle Hilfe für die Zuhörer eingesetzt werden. Hierzu eignen sich insbesondere Mindmaps, die mithilfe entsprechender Software am PC erstellt wurden.
- **Textbearbeitung**: Zusammenfassen und Strukturieren der wichtigsten Inhalte.
- **Prüfungsvorbereitung**: Die Methode macht den meisten Menschen einfach Spaß und kann daher die oftmals unangenehme Belastung positiv beeinflussen.
- **Problembearbeitung in Gruppen**: Selbst komplexe Gruppenarbeiten können durch das Mindmapping sinnvoll unterstützt werden. Hierbei hat sich ein Stufenschema bewährt, in dem eine sinnvolle Kombination zwischen Einzel- und Gruppenarbeitsphasen angestrebt wird:

Das Team-Modell

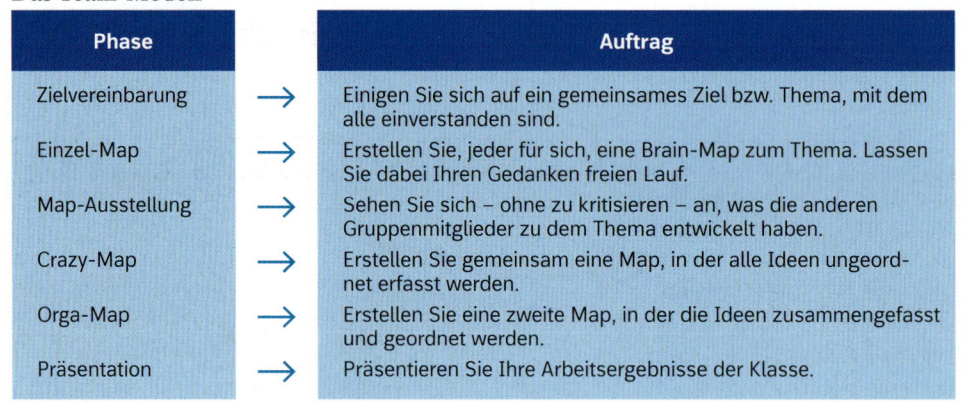

Phase		Auftrag
Zielvereinbarung	→	Einigen Sie sich auf ein gemeinsames Ziel bzw. Thema, mit dem alle einverstanden sind.
Einzel-Map	→	Erstellen Sie, jeder für sich, eine Brain-Map zum Thema. Lassen Sie dabei Ihren Gedanken freien Lauf.
Map-Ausstellung	→	Sehen Sie sich – ohne zu kritisieren – an, was die anderen Gruppenmitglieder zu dem Thema entwickelt haben.
Crazy-Map	→	Erstellen Sie gemeinsam eine Map, in der alle Ideen ungeordnet erfasst werden.
Orga-Map	→	Erstellen Sie eine zweite Map, in der die Ideen zusammengefasst und geordnet werden.
Präsentation	→	Präsentieren Sie Ihre Arbeitsergebnisse der Klasse.

Zusammenfassung

Methoden für die Gruppenarbeit

- Um Probleme systematisch zu lösen oder Projekte zu bearbeiten, bietet sich Ihnen die Nutzung eines **Problemlösungsschemas** an, in dem die wesentlichen Schritte systematisch strukturiert werden.
- Je nach Gruppe, Rahmenbedingungen und Zweck der Gruppenarbeit bieten Ihnen das **Brainstorming**, der **morphologische Kasten** und das **Mindmapping** eine hilfreiche methodische Unterstützung.

Aufgaben

1. Erläutern Sie, warum es gerade bei Gruppenarbeiten sinnvoll ist, bei der Problemlösung planvoll vorzugehen.

2. Entwickeln Sie – in Einzel-, Partner- oder Gruppenarbeit – eine Mindmap zum Thema „Das duale System der Berufsausbildung" und halten Sie anhand Ihrer Mindmap einen Kurzvortrag zu diesem Thema in der Klasse. Orientieren Sie sich dabei an dem folgenden „Gerüst":

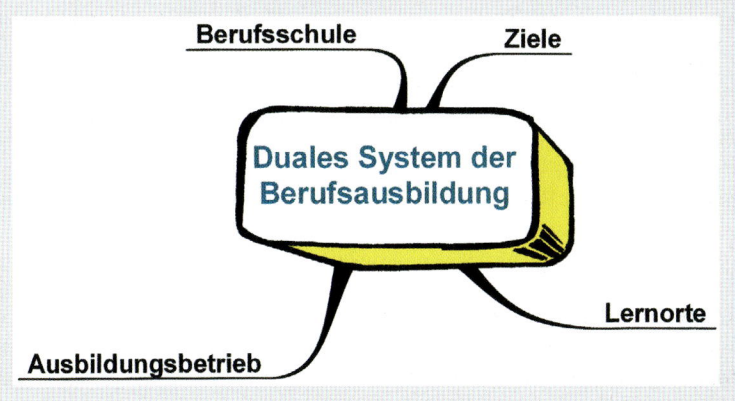

```
        Berufsschule           Ziele

              Duales System der
              Berufsausbildung

                                    Lernorte
      Ausbildungsbetrieb
```

3 Methoden zur Informationsbeschaffung und zum Lernen

Hera Dubowski hat mit ihrer Gruppe eine Planung für die Unternehmenspräsentation für die Kundin Frau van den Bosch aus den Niederlanden entworfen. Im nächsten Schritt gilt es, Informationen zu sammeln, z. B. zu den Themen „Berufsausbildung in den Niederlanden", „Umweltmarketing" und „Präsentationstechniken". Hierzu will die Gruppe außer den innerbetrieblichen Informationsquellen Artikel aus Fachzeitschriften, Fachbücher und natürlich das Internet nutzen. Schnell ist eine riesige Menge an Material gesammelt. Hera meint dazu etwas ratlos: „Wie sollen wir diesen Berg an Informationen denn jetzt bewältigt bekommen?"

Arbeitsaufträge

- Beschreiben Sie Ihre Vorgehensweise, um die wichtigsten Informationen aus einem Fachartikel herauszufiltern.

- Stellen Sie Vor- und Nachteile der Informationssuche im Internet gegenüber.

Techniken zur aktiven Bearbeitung von Sachtexten

Im Gegensatz zu Dingen, die Sie in Ihrer Freizeit lesen, wie z. B. Zeitschriften, Romane oder Gedichte, kommt es bei der Arbeit mit **Sachtexten** darauf an, dass Sie die wesentlichen **Informationen** herausfiltern. Bei ausformulierten Sätzen ist der Großteil der Worte jedoch ohne Informationsgehalt und daher nicht erinnerungswürdig. Daher kommt der Reduktion (= Verringerung auf das Wesentliche) eine entscheidende Bedeutung zu. Zur **Textreduktion** gibt es eine Vielzahl von **Techniken**, die – richtig angewandt – im **Ergebnis** zur einer effektiveren Textverarbeitung und zu einer nachhaltigen **Informationsspeicherung** führen.

Grundtechniken
Hierbei geht es um das Herausstellen von wesentlichen Begriffen – den sogenannten **Schlüsselworten**:

Markieren → **Unterstreichen** → *Herausschreiben*

Häufig werden diese Techniken falsch eingesetzt, z. B. wenn Sie ganze Sätze oder gar Absätze markieren oder unterstreichen. Stattdessen sollten Sie nur die Worte markieren, unterstreichen oder herausschreiben, die einen hohen **Informationsgehalt** haben im Hinblick auf das zu lösende Problem oder die zu bearbeitende Fragestellung. Solche Worte sind in aller Regel **Substantive** und **Verben**. Wenn Sie sich auf die wesentlichen Substantive nach dem Grundsatz „weniger ist mehr" beschränken, werden diese Worte zu Schlüsselworten, mit denen Sie die damit verbundene Information aus dem Gedächtnis „aufschließen" können. Zu umfangreiche Markierungen bieten Ihrem Auge und Ihrem Gedächtnis hingegen keinerlei **Entlastung**, sodass Sie ganze Textpassagen mehrmals lesen müssen, was unnötig Zeit kostet und zudem ziemlich langweilig ist.

Das Exzerpt
Ein Exzerpt ist eine umfangreichere Möglichkeit des Herausschreibens von Wesentlichem. Es ist ein schriftlicher, mit dem **Sachtext** übereinstimmender **Auszug**. Hier werden nicht nur einzelne Worte, sondern die wesentlichen Aussagen, Erklärungen oder Meinungen erfasst. Es geht dabei nicht um eine Kommentierung des Sachtextes, sondern um seine möglichst präzise **Wiedergabe**. Gleichwohl gilt auch hier der Grundsatz, dass Sie nur die Stellen herausschreiben sollen, die im Hinblick auf die zu bearbeitende Aufgabe von Belang sind.

Texterfassung mit dem Mindmapping
Das bereits dargestellte Mindmapping können Sie auch bei der Texterfassung nutzen.

Wollen Sie, ähnlich wie beim Exzerpt, den **Inhalt** und die **Struktur** des Textes möglichst präzise erfassen, so bietet es sich an, die Struktur des Textes auch in die Mindmap zu übernehmen, indem Sie **Kapitelüberschriften** als **Hauptäste** verwenden und die Schlüsselworte des Textes in die Mindmap übernehmen.

Beispiel: Zur Vorbereitung der Präsentation des „dualen Systems der Berufsausbildung in Deutschland" findet die Gruppe Informationen im Internet zur Beraufsausbildung in den Niederlanden, die man zu anschaulichen Vergleichen für die Kundin Frau van den Bosch sicher nutzen kann. Diese Informationen werden in einer Mindmap zusammengefasst:

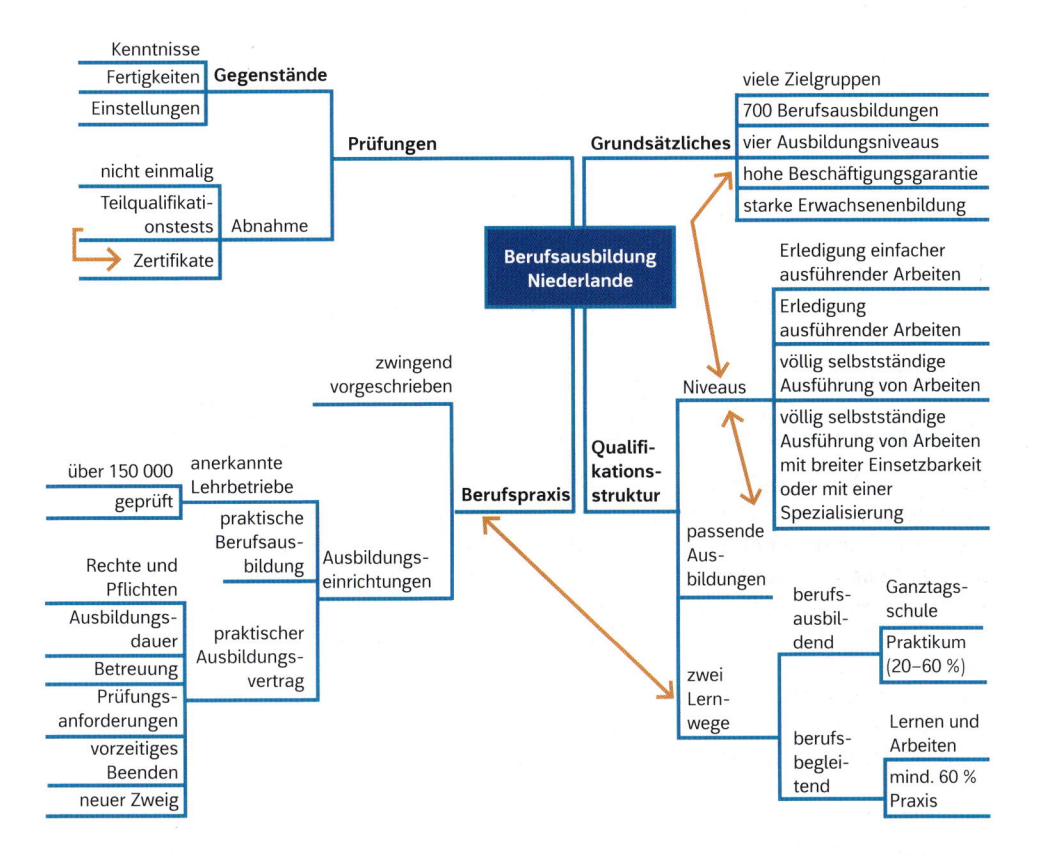

```
                    Kenntnisse
                    Fertigkeiten   Gegenstände                              viele Zielgruppen
                    Einstellungen                                           700 Berufsausbildungen
                                       Prüfungen      Grundsätzliches      vier Ausbildungsniveaus
    nicht einmalig                                                          hohe Beschäftigungsgarantie
    Teilqualifikati-                                                        starke Erwachsenenbildung
          onstests  Abnahme                                                 Erledigung einfacher
             Zertifikate                                                    ausführender Arbeiten
                                                                            Erledigung
                                                                            ausführender Arbeiten
                                       zwingend                             völlig selbstständige
                                       vorgeschrieben        Niveaus        Ausführung von Arbeiten
                                                 [Berufsausbildung          völlig selbstständige
                                                   Niederlande]             Ausführung von Arbeiten
                                                                            mit breiter Einsetzbarkeit
                                                         Qualifi-           oder mit einer
  über 150 000   anerkannte                              kations-           Spezialisierung
                 Lehrbetriebe                            struktur
      geprüft                                 Berufspraxis       passende
                    praktische                                   Aus-
                    Berufsaus-   Ausbildungs-                    bildungen     berufs-    Ganztags-
  Rechte und        bildung      einrichtungen                                 ausbil-    schule
  Pflichten                                                                    dend       Praktikum
  Ausbildungs-     praktischer                                                            (20–60 %)
  dauer            Ausbildungs-                                 zwei
  Betreuung        vertrag                                      Lern-
  Prüfungs-                                                     wege           berufs-    Lernen und
  anforderungen                                                                beglei-    Arbeiten
  vorzeitiges                                                                  tend       mind. 60 %
  Beenden                                                                                 Praxis
  neuer Zweig
```

Wenn der Text Ihnen nur als **Anregung** zur Entwicklung **eigener Gedanken** nutzen soll, sollten Sie auch eigene Schlüsselworte in der Mindmap verwenden und eine eigene Struktur entwickeln.

In beiden Fällen hat das KreaBrain den **Vorteil**, dass durch die konsequente Verwendung und **Vernetzung** von Schlüsselworten eine **große Menge** an **Informationen** auf sehr geringem Raum abgebildet wird. Zudem müssen Sie, als Ersteller einer Mindmap, einen **fremden** Text in ein **eigenes Bild** überführen. Diese **kreative Eigenleistung** fördert Ihre Lernleistung und den Erinnerungswert in hohem Maße, sodass Sie oftmals den Inhalt eines Sachtextes mithilfe einer Mindmap nach Wochen und Monaten noch reproduzieren können.

Informationssuche im Internet

Um sich im World Wide Web (www) zu bewegen („surfen"), braucht man neben der notwendigen Hardware (z. B. LAN-Anschluss/WLAN-Router) und einem Internet-Dienstanbieter (z. B. T-Online) einen sogenannten Webbrowser. Es sind viele Webbrowser auf dem Markt, die sich in Bedienung und Funktionsumfang sehr ähnlich sind. Beispielhaft soll hier die Oberfläche des Internet Explorers von Microsoft vorgestellt werden.

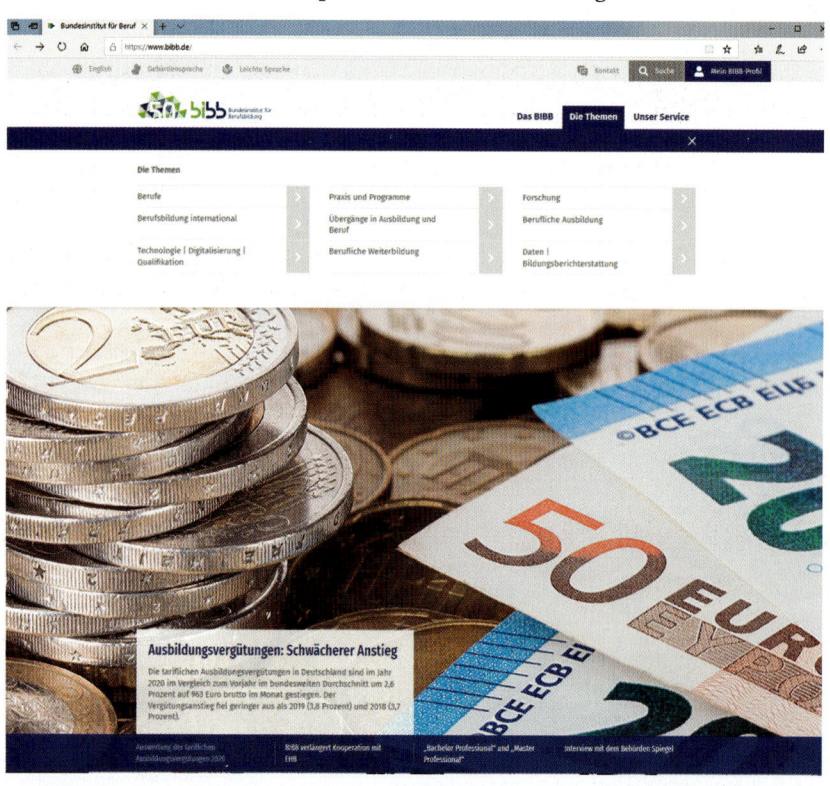

Titelleiste	Menüleiste	Werkzeugleiste	Adressenfeld	Link
Enthält den Namen der Seite	Zum Aufruf von Programmfunktionen	Schaltflächen für wichtige Funktionen	Zur Eingabe und Ansicht	Bilder oder (hervorgehobene) Worte, die bei Mausklick eine Verbindung zu einer anderen Seite herstellen

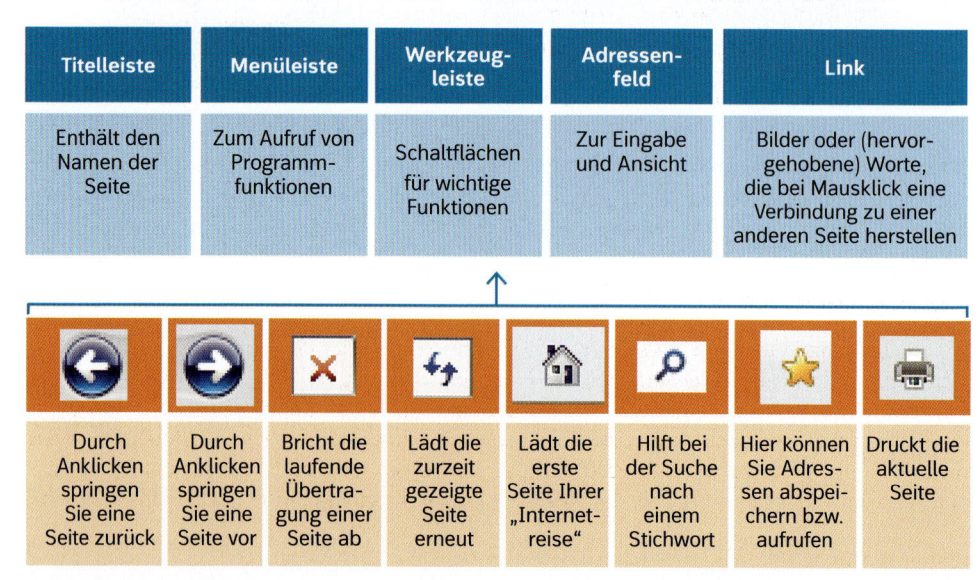

Durch Anklicken springen Sie eine Seite zurück	Durch Anklicken springen Sie eine Seite vor	Bricht die laufende Übertragung einer Seite ab	Lädt die zurzeit gezeigte Seite erneut	Lädt die erste Seite Ihrer „Internetreise"	Hilft bei der Suche nach einem Stichwort	Hier können Sie Adressen abspeichern bzw. aufrufen	Druckt die aktuelle Seite

Informationssuche mit Suchmaschinen

Suchmaschinen sind spezielle Computer bzw. Programme im Netz, die helfen, Informationen zu einem vom Benutzer bestimmten Stichwort zu finden. Sämtliche Suchmaschinen haben eine Eingabemaske, in die man das gesuchte Stichwort schreibt. Bereits nach kurzer Zeit werden dann alle Informationsquellen (innerhalb des durchsuchten Webbereiches) angezeigt, bei denen zu diesem Stichwort etwas vorliegt. Hier die Adressen einiger Suchmaschinen:

Suchmaschinen	Adressen	Suchmaschinen	Adressen
Google	google.de	DuckDuckGo	duckduckgo.com
Fireball	fireball.de	Yahoo	yahoo.com

Suchmaschinen sind recht ähnlich aufgebaut. Das folgende Beispiel zeigt die Eingabemaske der Suchmaschine Google. Die eingegebenen Suchbegriffe sind „Ausbildung" und „Industriekaufmann".

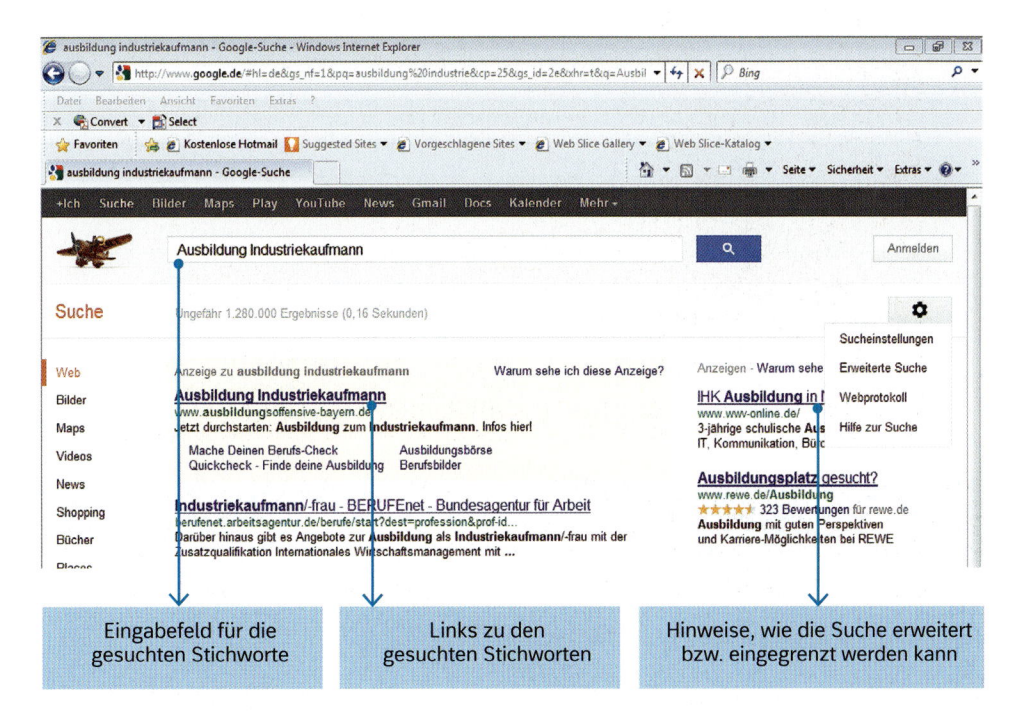

Eingabefeld für die gesuchten Stichworte	Links zu den gesuchten Stichworten	Hinweise, wie die Suche erweitert bzw. eingegrenzt werden kann

Informationsauswahl

Die Qualität und Glaubwürdigkeit von Informationen aus dem Internet ist überaus unterschiedlich. Nicht alle Internetseiten sind seriös und es gibt keine **Kontrollinstanz** für Veröffentlichungen im Internet. Man wird daher auch auf unbewusste oder bewusste **Fehlinformationen** treffen, die zuweilen auch mit **betrügerischen Absichten** verbunden sind. Wie eine Seite in ihrer **Aufmachung** zu beurteilen ist hängt vom jeweiligen Nutzer und dessen Interessen (z. B. nüchterne Informationen, Anschauung über Bilder,

Unterhaltung über Animationen etc.) ab. Dennoch gibt es einige **Prüfkriterien** anhand derer man die Seriosität einer Seite und damit auch die Glaubwürdigkeit und Güte der dort hinterlegten Informationen abschätzen kann:

Allgemeine Glaubwürdigkeit
▪ Wer betreibt die Seite/wer ist Autor/in der Informationen? ▪ Handelt es sich um eine bekannte/renommierte Quelle, etwa eine angesehene Fachzeitschrift oder eine staatliche Institution? → Informationen dazu, gibt es eventuell im (vorgeschriebenen) Impressum der Website

Formale Kriterien	Inhaltliche Kriterien
▪ **Sorgfalt**: Rechtschreibefehler, Brüche im Schreibstil und/oder den Formatierungen sollte es nicht geben. ▪ **Benutzerfreundlichkeit**: Ist es leicht sich zu orientieren und auf den unterschiedlichen Ebenen einer Website zu navigieren? Ist die Navigation schnell oder wird sie durch unnötige Effekte oder Werbung gestört? ▪ **Aktualität**: Websites sollten regelmäßig aktualisiert oder überarbeitet werden. ▪ **Quellen**: Werden Informationen durch Quellenverweise, korrekte Zitierweise und/ oder Links belegt?	▪ **Genauigkeit**: Sind die Informationen präzise und eindeutig? ▪ **Umfang**: Sind die Informationen hinreichend oder bleiben viele wichtige Fragen offen? Gibt es eine Link-Sammlung? Werden weniger wichtige Aspekte zu umfänglich dargestellt? Eng damit zusammen hängt die Frage der... ▪ **Zielgruppengerechtheit**: Wird deutlich, an wen sich das Informationsangebot richtet? Ist es entsprechend ausgerichtet – etwa in der Verwendung von Fachbegriffen, Sachlichkeit, Verständlichkeit?

Ein **Intranet** hingegen verbindet die Computer eines Betriebes oder aller Filialen eines Unternehmens. Die Kommunikation zwischen den Unternehmen wird dadurch erheblich schneller, die Unternehmen werden flexibler, eine breitere Datenbasis steht zur Verfügung und es entstehen Zeit- und Kostenersparnisse. In Verbindung mit der Internettechnologie sind die angeschlossenen Computer selbstverständlich auch von außen ansprechbar.

Beispiel: Die Bürofachhandel Karl Schneider GmbH benötigt in allen Filialen in Deutschland täglich zwischen 100 und 200 Bürostühle. Früher übermittelte der Einkaufsdisponent die Bestellung per Fax an die Lieferanten. Heute werden die Verkäufe über das Intranet in allen Filialen täglich erfasst und die Bestellungen erfolgen automatisch per E-Mail.

Techniken zur vertiefenden Wiederholung von Lerninhalten

Die Lernkartei
Die Lernkartei basiert auf dem Prinzip der vertiefenden Wiederholung.

- **Schritt 1**: Der zu lernende Stoff wird zerlegt, indem Sie auf der Vorderseite jeder Karteikarte eine Frage, Aufgabe oder Vokabel etc. formulieren. Die Rückseite enthält die Antwort, Lösung oder Übersetzung. <u>Wichtig</u>: pro Karte nur eine Frage/Aufgabe.

    Beispiel: Zur Vorbereitung eines Tests zum Thema „Lernen im dualen System" arbeitet Daniela Schaub mit der Lernkartei: Auf der Vorderseite einer Karte steht: „Über welche sechs Bereiche enthält die Ausbildungsordnung Regelungen?" Auf der Rückseite steht: „Ausbildungsdauer, Ausbildungsberufsbild, Ausbildungsrahmenplan, betrieblicher Ausbildungsplan, Ausbildungsnachweis, Prüfungen".

- **Schritt 2**: Es beginnt Ihr Übungs- bzw. Kontrollprozess. Sie lesen die Vorderseite der ersten Karte. Wenn Sie die Lösung wissen, wandert die Karte in Abteilung 2 der Lernkartei. Ist dies nicht der Fall, bleibt die Karte in Abteilung 1. Sie darf erst weiterwandern, wenn Ihnen die Lösung bekannt ist. Ziel ist es, alle Karten in Abteilung 5 zu befördern.

Alle Karten werden auf diese Weise zumindest fünfmal wiederholt; Karten, die „nachsitzen" mussten, noch entsprechend häufiger.

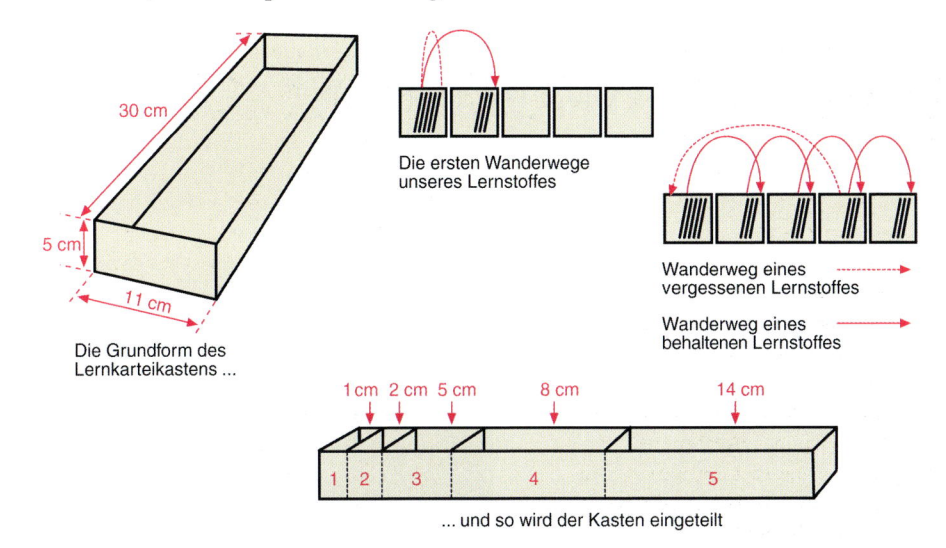

Die Grundform des Lernkarteikastens ... (30 cm x 11 cm x 5 cm)

Die ersten Wanderwege unseres Lernstoffes

Wanderweg eines vergessenen Lernstoffes
Wanderweg eines behaltenen Lernstoffes

... und so wird der Kasten eingeteilt (1 cm, 2 cm, 5 cm, 8 cm, 14 cm; Abteilungen 1, 2, 3, 4, 5)

Die Lernkartei hat vielfältige **Vorteile**:

- Die **Lerngeschwindigkeit** und die Anzahl der Wiederholungen werden durch Sie selbst bestimmt.
- Den **Lernprozess** können Sie beliebig oft unterbrechen und wieder aufnehmen.
- Die Lernkartei bietet Ihnen eine permanente, unmittelbare und sichtbare **Lernkontrolle** über Ihren aktuellen Wissensstand.
- Die Methode erweist sich als überaus geeignet zur **Vorbereitung auf Prüfungen**, bei denen die Reproduktion von Wissensinhalten im Vordergrund steht.

Das Lernplakat

Lernplakate sind selbst erstellte, einprägsame Darstellungen der wesentlichen Inhalte aus einem **Lerngebiet**. Sie dienen Ihnen zur vertiefenden Wiederholung, z. B. bei der Vorbereitung auf eine Klassenarbeit oder andere Prüfungen.

Erstellung von Lernplakaten

In jedem guten **Lehrbuch** finden Sie heutzutage brauchbare **Übersichten** zu den wichtigsten Lerninhalten. Diese können Sie auch für ein Lernplakat nutzen. Einprägsamer sind aber in jedem Fall **selbst erstellte Übersichten**, da Sie bei der Erstellung bereits den größten Teil lernen werden.

Für Lernplakate nutzt man oft **große Blätter** (DIN A3 und größer) und dicke farbige Stifte, sodass die Informationen auf dem Plakat auch aus einiger Entfernung lesbar sind.

Lernplakate sind im Prinzip große **Pfuschzettel**, bei deren Erstellung ja auch sehr viel gelernt wird. Für Pfuschzettel und Lernplakat gilt gleichermaßen:

- Wichtige Stichworte (Schlüsselworte) oder kurze Sätze sind ganzen Textpassagen vorzuziehen.
- Wenn möglich: Ganz auf Text verzichten, denn: „Ein Bild sagt mehr als tausend Worte."
- Die Verwendung möglichst vieler Bilder, Grafiken, Diagramme und Symbole dient auch der Darstellung von Zusammenhängen.
- Wenn Text eingesetzt wird, dann sollte er gut lesbar sein.

Nutzung von Lernplakaten

Lernplakate dienen Ihnen zur vertiefenden Wiederholung. Daher ist es sinnvoll, sie an Orten aufzuhängen, an denen Sie sich oft aufhalten und wo Sie keiner anderen Tätigkeit nachgehen, bei der man eine hohe Konzentration benötigt (z. B. über dem Spülbecken, Innenseite der Toilettentür, Pausenraum). So können Sie das Plakat immer wieder und im Grunde beiläufig betrachten und sich einprägen.

PRAXISTIPP!

Sie sollten sich die Informationen auf dem Plakat nicht nur anschauen, sondern sich immer wieder selbst (oder auch anderen) die Schlüsselworte und deren Zusammenhänge klarmachen. So wird das höchste Lernergebnis erzielt.

Zusammenfassung

Methoden zur Informationsbeschaffung und zum Lernen

- Zur aktiven **Bearbeitung von Sachtexten** stehen Ihnen zahlreiche Methoden zur Verfügung: Neben den **Grundtechniken** z. B. das **Exzerpt** und das **Mindmapping**. Durch alle Methoden können Sie die wesentlichen Informationen eines Textes besser herausfiltern und nachhaltiger erinnern.
- Das **Internet** ist für Sie eine schier unerschöpfliche Quelle bei der Suche nach Informationen. Der zielgerichtete Einsatz von **Suchmaschinen** ist dabei eine unverzichtbare Voraussetzung.
- Zur vertiefenden Wiederholung von Lerninhalten und insbesondere zum Faktenlernen stellen die **Lernkartei** und das **Lernplakat** effektive Methoden dar.

Aufgaben

1. Fertigen Sie ein **Exzerpt** zur Mitwirkung und Mitbestimmung des Betriebsrates an.
2. Finden Sie im **Internet** Informationen zu großen Industrieunternehmen (z. B. Daimler AG, Bayer AG, SAP AG etc.). Ermitteln Sie
   a) das Grundkapital,
   b) den aktuellen Kurswert der Aktie,
   c) die Mitarbeiterzahl im In- und Ausland,
   d) die Konzernstruktur,
   e) ausgewählte Kennziffern (Umsätze, Gewinn etc.).
3. Erstellen Sie 15 Karten für eine **Lernkartei** zum Thema „Kapitalgesellschaften". Achten Sie darauf, dass die Fragen geschlossen sind und eindeutige Antworten haben. Fragen Sie sich anhand der Karten in Partnerarbeit gegenseitig ab.
4. Entwerfen Sie in Gruppen ein einprägsames **Lernplakat** zum Thema „Mitwirkung und Mitbestimmung". Die Plakate werden in der Klasse veröffentlicht und nach Stärken und Schwächen beurteilt.

4 Präsentationen erfolgreich gestalten

Nach drei Wochen haben Hera Dubowski und ihre Gruppe alle benötigten Informationen gesammelt und bearbeitet. Nun gilt es, die Präsentation vorzubereiten, die von allen mit etwas Nervosität erwartet wird. Die Gruppe kann dabei auf eine Vielzahl von Medien und Materialien zurückgreifen. „Wir sollten alles mit ‚PowerPoint' machen", meint Heinrich Peters, der sich mit dem Programm auch gut auskennt. Hera erwidert: „Schön und gut – lasst uns aber bitte noch zuvor andere Möglichkeiten prüfen. Ich denke, allein durch ‚PowerPoint' ist der Erfolg unserer Präsentation noch nicht gesichert."

Arbeitsauftrag

Legen Sie eine Tabelle an, in der unterschiedliche Präsentationsmedien, wie z. B. Beamer, Flipchart und Pinnwand, deren jeweilige Vorteile und die wesentlichen Regeln zum Einsatz dieser Medien aufgelistet werden.

Präsentationsvorbereitung

Jede Präsentation kann in drei Phasen gegliedert werden:

Einstieg → **Hauptteil** → **Schluss**

Jede dieser Phasen erfüllt bestimmte, wichtige Funktionen und bedarf daher einer intensiven Planung.

Wirkungsvoller Einstieg

Jeder Mensch benötigt zu Beginn einer Präsentation ein wenig Zeit, um **Konzentration** aufzubauen. Außerdem ist es für den Zuhörer angenehm, wenn er weiß, mit wem er oder sie es zu tun hat und was inhaltlich von der Präsentation zu erwarten ist. Gelingt es Ihnen dann noch, durch eine interessante **Leitfrage** oder eine lustige Bemerkung eine **positive Stimmung** und **Interesse** herzustellen, ist ein idealer Einstieg für die Zuhörer und die Präsentatoren geschaffen.

Klarer Hauptteil

Der **zielgerichteten Auswahl** der **Präsentationsinhalte** kommt eine Schlüsselstellung zu. Oftmals fällt es schwer, mühsam erarbeitetes Material oder Informationen in der Präsentation nicht einzusetzen. Dieser Verzicht ist jedoch unumgänglich, um die **Aufnahmefähigkeit** der Zuhörer nicht zu überfordern. Stattdessen sollten Sie **ausgewählte Inhalte** so aufbereiten, dass dem Zuhörer ein klares Bild vermittelt wird und der Zusammenhang zwischen den Präsentationsteilen deutlich bleibt.

Runder Schluss

Damit Ihre Zuhörer am Ende der Präsentation noch eine **Gedächtnisstütze** und den **Gesamtzusammenhang** verdeutlicht bekommen, empfiehlt sich zur Abrundung eine **Zusammenfassung** der wesentlichen Inhalte. Zudem können Sie offene Fragen, die möglicherweise noch in der Zukunft geklärt werden sollen, darstellen und damit zu einem Gespräch ermuntern. Schließlich ist es eine Geste des Anstandes, sich bei den Zuhörern für ihre Aufmerksamkeit zu bedanken.

> **PRAXISTIPP!**
>
> *Bereiten Sie Präsentationen sorgfältig vor. Das steigert die Qualität und gibt Ihnen Sicherheit.*

Tipps für die Durchführung einer Präsentation

Jede Präsentation und insbesondere solche, die vor einem fremden Publikum stattfinden, sind psychologisch schwer zu bewältigende Situationen, bei denen sich wohl keiner von mehr oder weniger großer Nervosität und **Lampenfieber** freisprechen kann. Neben einer sorgfältigen Vorbereitung sollten Sie bei der Durchführung der Präsentation einige Hinweise beachten, die für die Zuhörer und für Sie selbst eine erhebliche **Entlastung** und damit eine **Entspannung** herbeiführen können.

Eröffnung einer Präsentation

Bereits vor der eigentlichen Eröffnung einer Präsentation können Sie zu ihrem Gelingen beitragen, indem Sie sich dem Anlass und der Zielgruppe entsprechend angemessen kleiden, wobei Sie darauf achten sollten, dass Sie sich in „Ihrer Haut" wohlfühlen. Gerade wenn Sie als Team präsentieren, ist es leicht, sich z. B. mit ein paar lustigen Bemerkungen vor einer Präsentation **positiv einzustimmen**. Aus einer **entspannten Stimmung** heraus gelingt eher ein **souveräner Start**, denn bekanntlich sind die ersten Sekunden eines Vortrags die schwersten. Daher wird auch empfohlen zu Beginn eines Vortrages zunächst einmal **Blickkontakt** zu einem vertrauten und/oder sympathischen

Menschen im Publikum aufzunehmen, bevor man dann den Blick schweifen lässt. Schließlich sollten Sie die Präsentation **pünktlich** beginnen.

Beispiel: Vor der Präsentation trifft sich Heras Gruppe, um alles vorzubereiten. Als sie eine Viertelstunde vor dem Beginn alles erledigt haben, reißt Heinrich noch ein paar Witze, sodass Hera, die die Präsentation eröffnet, immer noch lächelnd vor das Publikum tritt. Dort sitzen auch die restlichen Gruppenmitglieder, um Hera den Einstieg zu erleichtern.

Hilfen für einen gelungenen Vortrag

Die Befolgung der folgenden Regeln kann die Wirkung Ihres Vortrages erheblich steigern.[1]

- Schon die Rücksicht auf die Zuhörer erfordert lautes und **deutliches Sprechen** (ohne zu brüllen). Des Weiteren ist es angenehm, wenn Sie die **Stimmhöhe** und die **Sprechgeschwindigkeit** variieren.

- Ein ganz wesentliches Mittel ist der bewusste Einsatz von **Sprechpausen**. Wenn Sie den Vortrag für ein bis drei Sekunden unterbrechen, haben die Zuhörer Zeit, das Gehörte zu verarbeiten, und Sie haben Gelegenheit, Ihre nächsten Sätze kurz „vorzudenken".

- Abwechslungsreiches und für den Zuhörer angenehmes Sprechen kann in der Regel nur erreicht werden, wenn Sie möglichst **frei vortragen** und nicht vorlesen. Hierzu können Sie sich einfacher **Hilfsmittel** bedienen: Die wesentlichen Schlüsselworte können Sie z. B. auf **Karteikarten** festhalten. So stellen Sie sicher, dass die wesentlichen Inhalte vorgetragen werden, ohne dass die Monotonie des Vorlesens droht. Ein sehr geeignetes Hilfsmittel ist auch die Erstellung einer **Mindmap** (vgl. S. 35) als Vortragsvorlage, indem Sie die wesentlichen Schlüsselworte in ihrer logischen Struktur auf einem Blatt abbilden. So behalten Sie stets den Überblick und den „roten Faden".

- Neben dem Sprechverhalten sollten Sie auch die **Sprache** im Vortrag zuhörerfreundlich wählen. So sind Formulierungsunarten (z. B. „äh") zu vermeiden, die letztlich nichts anderes sind als störende Fülllaute von an sich positiven Sprechpausen. Außerdem sollten die Sätze einfach (Hauptsätze) und interessant sein (kein Schriftdeutsch). Damit sich die Zuhörer leichter ein Bild vom Gesagten machen können, ist der Einsatz von anschaulichen **Beispielen** sinnvoll.

- Zum Aufbau und zur Erhaltung einer positiven Beziehung zu den Zuhörern sind vor allem Ihre **körpersprachlichen Signale** bedeutsam. Hierzu gehören neben einer aufrechten und offenen **Körperhaltung** vor allem Ihr **Blickkontakt** zu den Zuhörern, der Sprecher und Hörer auf der Beziehungsebene verbindet, sowie ein freundlicher Gesichtsausdruck.

---

[1] Vgl. Scheerer, Harald: Reden müsste man können. Gabal Verlag, Offenbach 2000.

Beispiel: Viele Redensarten wie „Ein Lächeln ist der kürzeste Weg zwischen zwei Menschen" oder „Ein freundliches Gesicht schlägt man nicht" weisen auf den enormen Effekt einer sympathischen Ausstrahlung hin.

Sinnvolle Visualisierung

Neben einem gelungenen Vortrag sollten Sie eine Präsentation stets durch eine sinnvolle Visualisierung unterstützen. Visualisierungen entlasten die Zuhörer, da sie Informationen vorstellbarer und begreifbarer machen – **ein Bild sagt mehr als tausend Worte**. Gleichzeitig wird Ihr Vortrag auf natürliche Weise unterbrochen und belebt, sodass die gesamte Präsentation anregender und besser zu erinnern ist. Schließlich helfen Visualisierungen auch Ihnen, da zum Beispiel Gliederungen oder wesentliche Informationen deutlich hervorgehoben werden und so Ihr Vortrag zuverlässig und flüssig strukturiert werden kann.

Beispiel: Heras Gruppe visualisiert die Gliederung ihrer Präsentation auf Flipchart-Papier, das auf eine Pinnwand geheftet wird. Sowohl die Vortragenden als auch die Zuhörer haben so einen permanenten Überblick, an welcher Stelle man sich gerade befindet.

Für alle eingesetzten **Medien** gilt, dass der **Blickkontakt** zu den Zuhörern stets erhalten bleiben sollte. Wenn Sie sich dem Medium zuwenden – sei es eine Projektionsfläche, ein Flipchart oder eine Pinnwand – sind Sie schlecht zu verstehen und verlieren den Kontakt zum Publikum.

> **PRAXISTIPP!**
>
> *Die Gefahr bei der Arbeit mit einem Overhead-Projektor und Transparentfolien (bzw. Präsentationen via Beamer) besteht in erster Linie darin, dass sämtliche Informationen auf die Folien gebracht werden und Sie letztlich eine hohe Zahl an Folien vorlesen. Um eine solche, sehr ermüdende „Folienflut" zu vermeiden, empfiehlt es sich, nur ausgewählte Inhalte in knapper Form (Schlüsselworte, prägnante oder provozierende Aussagen) oder Bilder, Grafiken und Diagramme zu projizieren, die im Vortrag erläutert werden.*

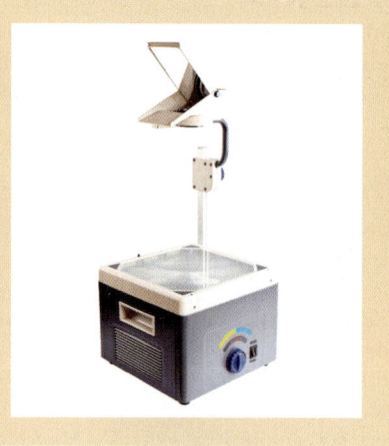

Mit einem **PC oder Notebook**, speziellen **Programmen** (wie z. B. MS-PowerPoint) und einem **Beamer** stehen Ihnen für Präsentationen fast grenzenlose Möglichkeiten zur Verfügung, Visualisierungen an einer **Projektionsfläche** zusätzlich anzureichern. Einzelne Informationen können Sie auf unterschiedliche Weise ein- und ausblenden; visuelle und auditive Effekte können Sie für eine besondere Lenkung der Aufmerksamkeit nutzen; Verbindungen zwischen einzelnen Präsentationsteilen können Sie per Mausklick herstellen und vieles mehr.

Die **Vorteile** dieser technischen Möglichkeiten sind immens. Oft verleiten sie jedoch auch dazu, dass zum einen – ähnlich wie beim „Folienvortrag" – zu viele Informationen visualisiert werden und zum anderen können die visuellen und auditiven Effekte bei übertriebenem Einsatz die Konzentration des Publikums auf die Präsentationsinhalte stören.

> **PRAXISTIPP!**
>
> *Nutzen Sie technische Effekte nur dann, wenn Sie sicher sind, dass der Inhalt Ihrer Präsentation unterstützt und nicht in den Hintergrund gedrängt wird.*

Auswertung einer Präsentation

Größere Präsentationen, die z. B. von einer Gruppe durchgeführt werden, können im Vorfeld durchaus einmal geprobt werden, um die Bewährung des vorbereiteten Ablaufs, den zeitlichen Umfang einzelner Präsentationsteile oder auch die Eignung der eingesetzten Medien zu testen.

Unabhängig davon, ob Sie einen „Probelauf" oder den „Ernstfall" durchführen, sollten Sie jede Präsentation ausführlich auswerten, um sich **Stärken** bewusst zu machen und **Schwächen** in Zukunft zu beheben. Das folgende Beispiel zeigt mögliche Leitfragen für eine solche Auswertung:

Beispiel:

Leitfragen	Bewertung in Schulnoten				
	1	2	3	4	5
Wurde die Zielsetzung erreicht?					
Hat sich der Ablauf bewährt?					
Wie war die Güte der einzelnen Phasen?					
Einstieg					
Hauptteil					
Schluss					
Wie sicher haben die einzelnen Vortragenden gewirkt?					
Hera					
Daniela					
Heinrich					
War die Abstimmung zwischen den Vortragenden harmonisch?					
Haben sich die eingesetzten Medien bewährt?					

Damit eine Auswertung ergiebig verläuft, kann eine solche Bewertung nur Ausgangspunkt einer intensiveren Auseinandersetzung sein. Insbesondere das Feedback an die einzelnen Vortragenden sollte den bereits vorgestellten Feedback-Regeln folgen.

Zusammenfassung

Präsentationen erfolgreich gestalten

- Für die erfolgreiche Gestaltung einer Präsentation kommt deren gründlicher **Vorbereitung** eine Schlüsselstellung zu.

- Die Beachtung bewährter **Tipps für die Durchführung einer Präsentation** kann Ihr „Lampenfieber" mildern und wesentlich zum Erfolg beitragen.

- Präsentationen sollten stets durch geeignete **Visualisierungen** angereichert werden. Dabei sollten die einzelnen **Präsentationsmedien** (Overheadprojektor, Flipchart, Pinnwand, PC und Beamer usw.) zielgerichtet ausgewählt und professionell genutzt werden.

- Jeder Präsentation sollte eine ausführliche **Auswertung** folgen. Nur auf diese Weise können Stärken und Schwächen genutzt und zukünftige Präsentationen verbessert werden.

Aufgaben

1. Erläutern Sie die Bedeutung einer intensiven Vorbereitung von Präsentationen und beschreiben Sie deren Hauptbestandteile.

2. Stellen Sie vier Mittel dar, mit denen die Wirkung eines Vortrages erhöht werden kann.

3. Erstellen Sie zum Thema „Visualisierung" eine Folie und halten Sie mit der Folie einen kleinen Vortrag zum Thema. Holen Sie sich dann ein Feedback zum Medieneinsatz von Ihren Mitschülern.

In Ausbildung und Beruf orientieren

Lernfeld 1

1 Die Stellung des Industriebetriebes in der Gesamtwirtschaft erkunden

→ 📄 LS 1

Daniela Schaub und Rudolf Heller haben eine Ausbildung im Ausbildungsberuf Industriekaufmann/Industriekauffrau bei der Sommerfeld Bürosysteme GmbH begonnen. Um sich über die Erfahrungen der ersten Arbeitswoche auszutauschen, treffen sie sich in einem Café.

„Hallo Rudolf, wie ist es dir in der ersten Arbeitswoche ergangen?", fragt Daniela voller Neugierde.

„Ich fand die erste Woche ganz schön anstrengend. Ich muss mich erst mal an den Arbeitsrhythmus gewöhnen. Außerdem habe ich unheimlich viele neue Eindrücke gewonnen", erwidert Rudolf. „Mir ist das auch so gegangen. Mit wem wir es alles zu tun haben. Klar, wir sind ein Industriebetrieb, aber dass man unsere Kunden in Groß- und Einzelhandelsbetriebe einteilen kann, war mir neu. Außerdem stellen wir größtenteils Investitionsgüter her, wie Herr Feld uns berichtet hat", meint Daniela. „Aber auch Konsumgüter", entgegnet Rudolf, „außerdem sind auch Dienstleistungsbetriebe unsere Kunden. Bei den Lieferanten hat er übrigens zwischen Betrieben der Grundstofferzeugung und der Materialverarbeitung unterschieden. Nicht zuletzt hat er auch einige staatliche Institutionen erwähnt, mit denen wir zu tun haben." „Wo du eben von einem ‚Betrieb' gesprochen hast, häufig hat Herr Feld auch von einem ‚Unternehmen' gesprochen. Wo liegt eigentlich der Unterschied?", fragt Daniela.

Arbeitsaufträge

- Unterscheiden Sie am Beispiel der Sommerfeld Bürosysteme GmbH zwischen dem Unternehmen und dem Betrieb.
- Ordnen Sie die Sommerfeld Bürosysteme GmbH den unterschiedlichen Arten von Betrieben zu.
- Schildern Sie, in welchen Beziehungen die Sommerfeld Bürosysteme GmbH zu anderen Sektoren der Volkswirtschaft steht.

Industrieunternehmen sind komplexe Gebilde, die in vielfältigen Beziehungen zu anderen Unternehmen und staatlichen Institutionen stehen. Sie sind dabei Teil einer Wirtschaftsordnung, in der die verschiedenen Aufgaben arbeitsteilig wahrgenommen werden. Je nach dem, welche Aufgaben wahrgenommen werden, lassen sich Unternehmen verschiedenen **Sektoren** der Volkswirtschaft zuordnen.

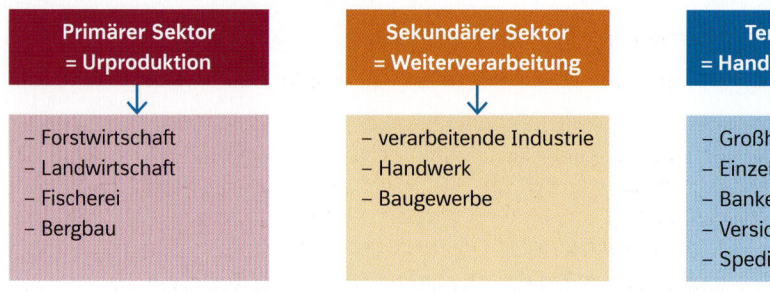

Primärer Sektor = Urproduktion	Sekundärer Sektor = Weiterverarbeitung	Tertiärer Sektor = Handel/Dienstleistung
– Forstwirtschaft – Landwirtschaft – Fischerei – Bergbau	– verarbeitende Industrie – Handwerk – Baugewerbe	– Großhandel – Einzelhandel – Banken – Versicherungen – Spediteure

Beispiel: Die Sommerfeld Bürosysteme GmbH ist ein Hersteller von Büromöbeln (sekundärer Sektor). Dazu bedient sie sich auf der Beschaffungsseite verschiedener Unternehmen, die die Materialien zur Verfügung stellen. Dies sind vor allem andere Industrieunternehmen (sekundärer Sektor), die Materialien aus Holz oder Metall herstellen. Dafür beziehen diese Unternehmen ihre Grundstoffe aus der Forstwirtschaft und Erzbergwerken (primärer Sektor). Auf der Absatzseite verkauft die Sommerfeld Bürosysteme GmbH ihre Produkte vor allem an Handelsbetriebe (tertiärer Sektor), die die Möbel weiterverkaufen.

In der Wirtschaftswissenschaft unterscheidet man zwischen der Unternehmung oder dem Unternehmen[1] sowie dem Betrieb.

Unternehmen:
Als Unternehmen wird die rechtlich und wirtschaftlich selbstständige Einheit mit all ihren verschiedenen Bereichen bezeichnet.

Beispiel: Sommerfeld Bürosysteme GmbH

Betrieb:
Mit dem Begriff Betrieb wird im Allgemeinen nur der Hauptzweckbereich eines Unternehmens bezeichnet, also bei einem Industriebetrieb der Ort der Leistungserstellung.

Beispiel: die Produktionsstätte der Sommerfeld Bürosysteme GmbH in Essen

Betriebe können anhand einer Vielzahl von Kriterien **strukturiert** werden. So anhand der erbrachten Leistung, des Verwendungszwecks der Leistung, des Wirtschaftszweiges und der Zielsetzung.

Art der erbrachten Leistung

Hiernach werden Betriebe unterschieden in Sachleistungsbetriebe und Dienstleistungsbetriebe.

- Typische Vertreter der **Sachleistungsbetriebe** sind Maschinen-, Automobil-, Schuh- und Möbelfabriken.

- Zu den **Dienstleistungsbetrieben** gehören beispielsweise Banken, Versicherungen, Spediteure, Verkehrsbetriebe, der Groß- und Einzelhandel.

---

[1] *Die Begriffe „Unternehmung" und „Unternehmen" werden in der Wissenschaft weitestgehend synonym verwendet.*

Verwendungszweck der Leistungen

Sachgüter und Dienstleistungen können für unterschiedliche Verwendungszwecke produziert werden.

- **Konsumgüter** werden von privaten Haushalten gekauft und verbraucht (Verbrauchsgüter, z. B. Lebensmittel) oder gebraucht (Gebrauchsgüter, z. B. Fahrrad, Waschmaschine). Alle Betriebe, die Güter herstellen, die vom Verbraucher gekauft werden, fasst man unter dem Begriff **Konsumgüterindustrie** zusammen.
- **Produktionsgüter** hingegen werden ausschließlich von Betrieben verwendet. Sie werden zur Herstellung neuer Güter eingesetzt (= investiert). Deshalb werden sie auch als Investitionsgüter bezeichnet.

Wirtschaftszweige

Die Herstellung vieler Sachleistungen ist oft derart umfangreich und kompliziert, dass daran verschiedene Betriebe aus unterschiedlichen Wirtschaftszweigen **arbeitsteilig** mitwirken müssen.

- **Industriebetriebe** gewinnen Rohstoffe, erzeugen Energie und stellen durch Weiterverarbeitung Sachgüter her. Entsprechend ihren Aufgaben unterteilt man sie in:

Grundstoffindustrie	Gewinnung von Rohstoffen Erzeugung von Energie Beispiele: – Abbau von Kohle, Erzen – Fördern von Öl – Atomkraft- und Elektrizitätswerke
Investitionsgüterindustrie	Weiterverarbeitung von Rohstoffen zu Produktionsgütern Beispiele: – Maschinenbau, Hersteller von Furnierzuschneidemaschinen – Hersteller von Computern für Unternehmen – Hersteller von Lkws
Konsumgüterindustrie	Weiterverarbeitung zu Konsumgütern Beispiel: Sommerfeld Bürosysteme GmbH, die Büromöbel für Endverbraucher herstellt

- **Handwerksbetriebe** sind kleiner als Industriebetriebe. Im Gegensatz zum Industriebetrieb produzieren sie auf Bestellung und vertreiben ihre Leistungen meist direkt an den Verbraucher.

    Beispiele:
    - Der Glasermeister Meyer setzt im Verkaufsraum der Sommerfeld Bürosysteme GmbH zwei neue Scheiben ein.
    - Vom Maler- und Lackiererbetrieb Helmut Müller e. K. lässt die Sommerfeld Bürosysteme GmbH demnächst einen neuen Außenanstrich durchführen.

- **Handelsbetriebe** beschäftigen sich mit dem Austausch von Gütern.
  - Ein **Großhandelsbetrieb** bezieht Güter vom Hersteller und verkauft sie an Einzelhändler und Großverbraucher weiter.

    Beispiel: Die Bürobedarfsgroßhandlung Thomas Peters e. K. bezieht ihr Sortiment von verschiedenen Herstellern und liefert in kleineren Mengen an den Einzelhandel aus.

  - Ein **Einzelhandelsbetrieb** bezieht die Güter vom Großhandel oder direkt von Herstellern und verkauft sie in kleineren Mengen an den Endverbraucher.

    Beispiele: Im Fachgeschäft für Bürozubehör werden einzelne Kugelschreiber verkauft, im Fachgeschäft für Büromöbel kann ein Schreibtisch erworben werden.

  - Ein **Außenhandelsbetrieb** sorgt für den internationalen Güteraustausch. Hierbei kann es sich um den Im- und Export von Gütern handeln.

    Beispiele: Teppichgeschäfte, Importeure für Südfrüchte und für ostasiatische Kunst. Die Sommerfeld Bürosysteme GmbH exportiert Güter nach Italien.

- **Dienstleistungsbetriebe** stellen keine gegenständlichen Güter, sondern Dienste wie z. B. Beraten, Informieren, Transportieren, Bedienen, Pflegen usw. bereit.

  Beispiele:
  - Verkehrsbetriebe: sind für den Transport von Gütern und Personen zuständig.
  - Kreditinstitute: erledigen den Zahlungsverkehr und vermitteln Kredite.
  - Versicherungsbetriebe: übernehmen die Absicherung gegen bestimmte Risiken.

Zielsetzung

Die meisten Betriebe sind bestrebt, aus dem Verkauf ihrer Güter und Dienstleistungen Gewinn zu erzielen. Man bezeichnet sie als **erwerbswirtschaftliche** Betriebe.

Beispiel: Die Sommerfeld Bürosysteme GmbH stellt Büromöbel her. Hierbei entstehen Kosten. Der Verkaufspreis für diese Büromöbel muss nicht nur die Kosten decken, sondern darüber hinaus noch einen Gewinn für die Gesellschafter erbringen.

Gemeinwirtschaftliche Betriebe haben soziale Aufgaben und wollen in erster Linie ihre Kosten und/oder den Bedarf decken.

Beispiele:
- Der Westdeutsche Rundfunk (WDR) in Köln ist ein öffentlich-rechtliches Unternehmen, das keinen Gewinn erzielen soll. Sein Ziel ist die flächendeckende Information aller Bürger.
- Die Essener Verkehrsbetriebe AG erfüllen die Wünsche der Bürger nach bezahlbarer Mobilität.

Zusammenfassung

Die Stellung des Industriebetriebes in der Gesamtwirtschaft erkunden

Einteilungskriterium	Kennzeichen	Beispiele
Art der Leistung	Sachleistungen	Möbelfabrik
	Dienstleistungen	Steuerberater
Verwendungszweck	Konsumgüter	Schokoladenfabrik
	Produktions-/Investitionsgüter	Maschinenfabrik
Wirtschaftszweige	Industriebetriebe	Maschinenbau
		Möbelindustrie
	Handwerksbetriebe	Glaser
		Maler
	Handelsbetriebe	Einzelhandel
		Großhandel
		Außenhandel
	Dienstleistungsbetriebe	Spediteure
		Banken
		Versicherungen
Zielsetzung	erwerbswirtschaftliche Ausrichtung	Automobilindustrie
	gemeinwirtschaftliche Ausrichtung	Stadtwerke Essen

Aufgaben

1. Unterscheiden Sie Sachleistungs- und Dienstleistungsbetriebe anhand von je drei Beispielen.
2. Unterscheiden Sie Konsum- und Investitionsgüter anhand von Beispielen.
3. Betriebe können nach verschiedenen Gesichtspunkten eingeteilt werden. Erstellen Sie eine Liste mit mindestens drei Einteilungskriterien und nennen Sie zu jedem Kriterium zwei Beispiele.
4. Ordnen Sie die folgenden Unternehmen den verschiedenen Sektoren zu und geben Sie an, um welchen Betriebstyp es sich handelt!
   - Lebensversicherungs AG
   - Maschinenfabrik Klein OHG
   - Meyers Konservenfabrik KG
   - Eisenhütten AG
   - Gebr. Meier OHG Import/Export
   - Heinz Nagel e. K., intern. Spedition
   - Klever Bergwerksgesellschaft AG
   - Hagel & Co. KG Schokoladenfabrik
5. Belegen Sie anhand eines Beispieles, dass ein Basis Polstersessel aus der Produktgruppe 1 der Sommerfeld Bürosysteme GmbH sowohl Konsumgut als auch Investitionsgut sein kann.

2 Mit der Ausbildung beginnen

2.1 Berufliche Handlungskompetenz und das System der dualen Berufsausbildung

Herr Feld, der für die allgemeine Verwaltung der Sommerfeld Bürosysteme GmbH zuständige Geschäftsführer, führt die neuen Auszubildenden Daniela Schaub und Rudolf Heller durch das Unternehmen. Er stellt sie den Abteilungsleitern vor und bittet diese, die Aufgaben ihrer jeweiligen Abteilung zu erläutern. Im Anschluss an den Rundgang bittet er die Auszubildenden zu einer Tasse Kaffee in sein Büro. Auch Frau Claudia Farthmann, die Geschäftsführerin für den Bereich Produktion und Beschaffung und Herr Sommer, der Geschäftsführer für den Bereich Vertrieb und Marketing, sind dabei.

„Nach Auskunft von Wissenschaftlern liegt die Halbwertszeit des speziellen beruflichen Fachwissens für meinen Bereich bei drei bis fünf Jahren", erläutert Frau Farthmann. „Die Hälfte des Wissens über die Bereiche Produktion und Beschaffung, das Sie am ersten Tag Ihrer Ausbildung erlernen, ist also am Tag Ihrer Prüfung bereits veraltet."

„Auch in meinem Bereich werden die Innovationszyklen immer kürzer", ergänzt Herr Sommer, „moderne Arbeitsverfahren und Kommunikationstechniken führen zu veränderten Arbeitsinhalten und -abläufen. Was heute noch neu ist, ist morgen schon überholt."

„Aber Sie haben doch gesagt, wir bekommen eine fundierte Ausbildung, die für das Berufsleben reicht", erwidert Daniela verwundert.

Arbeitsaufträge

- Lesen Sie die nachfolgenden Ausführungen zum Thema „Schlüsselqualifikationen und berufliche Handlungskompetenz" und formulieren Sie eine Antwort auf Danielas Feststellung.

- Diskutieren Sie, welche Folgen die dargestellte Entwicklung für Ihre betriebliche und schulische Ausbildung haben muss.

- Geben Sie den Diskussionsteilnehmern ein Feedback. Beachten Sie dabei die Regeln für ein Feedback auf S. 26.

Schlüsselqualifikationen und berufliche Handlungskompetenz

Die Welt, in der wir leben, unterliegt einem immer schneller werdenden **Wandel**. Insbesondere im Bereich der informationsverarbeitenden Berufe haben sich in den letzten Jahren Veränderungen ergeben, die eine Anpassung der schulischen und betrieblichen Ausbildung erforderlich machten.

Um die Auszubildenden zu befähigen, heute und in Zukunft auf neue Entwicklungen flexibel reagieren zu können, steht neben der **fachlichen Qualifikation** die Vermittlung sogenannter **Schlüsselqualifikationen** im Vordergrund.

Schlüsselqualifikationen sind fachübergreifende Qualifikationen, die den Auszubildenden befähigen, auch in veränderten Situationen sachgerecht, persönlich durchdacht und verantwortlich zu handeln.

> **Schlüsselqualifikationen sind der Schlüssel zur Lösung der Aufgaben von morgen.**

Wer über Schlüsselqualifikationen verfügen will, muss folgende **Kompetenzen** erwerben:

- **Fachkompetenz**, d. h. umfassendes berufsbezogenes und berufsübergreifendes Wissen.

  Beispiel: Im nächsten Kapitel werden Sie die Rechtsgrundlagen der Berufsausbildung kennenlernen. Wesentliche Paragrafen, z. B. aus dem Berufsbildungsgesetz (BBiG), müssen Sie kennen. Sie gehören zum Fachwissen eines Kaufmanns.

- **Methodenkompetenz**, d. h. die Fähigkeit, Probleme auch bei sich ändernden Rahmenbedingungen selbstständig zu lösen und das erworbene Wissen zu aktualisieren.

  Beispiel: Einige Paragrafen des BBiG werden Ihnen im Buch vorgestellt. Andere müssen Sie sich selbstständig erarbeiten. Die hierzu erforderlichen Methoden lernen Sie im Rahmen Ihrer Ausbildung kennen. Ändern sich Teile des Gesetzes oder werden neue Verordnungen eingeführt, sind Sie so in der Lage, sich auch neues Wissen selbstständig anzueignen.

- **Sozialkompetenz**, d. h. die Fähigkeit zur Problemlösung im Team (Teamfähigkeit).

  Beispiel: Kaum eine der Aufgaben, die Sie im Rahmen Ihrer Ausbildung lösen müssen, werden Sie allein bewältigen können. Sie müssen mit Ihren Kolleginnen und Kollegen partnerschaftlich in der Gruppe zusammenarbeiten. Nur so können z. B. Rechte der Auszubildenden aus dem BBiG im Rahmen einer Jugend- und Auszubildendenvertretung (JAV) durchgesetzt werden.

- **Humankompetenz**, d. h. die Fähigkeit, selbstbestimmt und in sozialer Verantwortung zu handeln.

  Beispiel: Im BBiG sind Rechte und Pflichten des Auszubildenden aufgeführt. Das Abwägen zwischen dem Einfordern dieser Rechte und dem bewussten Verzicht darauf erfordert eine positive Einstellung zum Beruf und zum Ausbildungsbetrieb und die selbstbewusste Wahrnehmung der eigenen Interessen.

Nur der Erwerb aller vier Kompetenzbereiche sichert **berufliche Handlungskompetenz**. Sie muss durch **lebenslanges Lernen** ständig aktualisiert werden. Dazu werden vielfältige Weiterbildungsmöglichkeiten von verschiedenen Institutionen angeboten. Sie reichen von fachbezogenen Angeboten (z. B. Bilanzbuchhalter) bis hin zum BWL-Studium an einer Fachhochschule oder Hochschule.

Das System der dualen Berufsausbildung

Auszubildende werden in der Bundesrepublik Deutschland an **zwei Lernorten** ausgebildet: im Ausbildungsbetrieb und in der Berufsschule. Da zwei Einrichtungen bei der Berufsausbildung zusammenwirken, bezeichnet man diese Art der Ausbildung als **„duales Berufsausbildungssystem"**.

Ausbildungsbetrieb
Im Ausbildungsbetrieb findet die fachpraktische Ausbildung statt. Hier gelten folgende bundeseinheitliche Rechtsvorschriften:

- Verordnung über die Berufsausbildung zum Industriekaufmann/zur Industriekauffrau
- Berufsbildungsgesetz

Berufsschule
In der Berufsschule werden den Auszubildenden berufsübergreifende und berufsbezogene Inhalte vermittelt. Rechtsgrundlage sind hier der **Rahmenlehrplan** und die **Richtlinien und Lehrpläne** der Kultusminister der Länder.

Der Lehrplan ist in fächerübergreifende **Lernfelder** gegliedert, die sich an konkreten beruflichen Aufgabenstellungen und Handlungsabläufen orientieren.

Der Unterricht in der Berufsschule umfasst in Nordrhein-Westfalen den berufsübergreifenden Bereich, den berufsbezogenen Bereich und den Differenzierungsbereich.

- Die **Fächer des berufsübergreifenden Bereichs** sind in Nordrhein-Westfalen Deutsch/Kommunikation, Religionslehre, Sport/Gesundheitsförderung und Politik/Gesellschaftslehre. Der Unterricht dient einer Erweiterung und Vertiefung der Allgemeinbildung.
- Die **Fächer des berufsbezogenen Bereichs** sind Wirtschafts- und Sozialprozesse, Geschäftsprozesse, Steuerung und Kontrolle, Fremdsprache und Datenverarbeitung.
- Im **Differenzierungsbereich** können Kurse zur Stützung, Vertiefung und Erweiterung oder zum Erwerb von Zusatzqualifikationen angeboten werden.

    Beispiel: Berufsspezifische Aufgabenstellungen mit einem Produktions-Management-System

Der Berufsschulunterricht kann in Teilzeitform oder als Blockunterricht erteilt werden.

- Beim **Teilzeitunterricht** besuchen die Auszubildenden an ein oder zwei Tagen in der Woche die Berufsschule. An den anderen Arbeitstagen werden sie im Betrieb ausgebildet.

  Beispiel: Die Auszubildenden des 1. Ausbildungsjahres der Sommerfeld Bürosysteme GmbH besuchen die Berufsschule: Montag von 07:45 bis 13:05 Uhr und Donnerstag von 07:45 bis 11:05 Uhr.

- Beim **Blockunterricht** besuchen sie z. B. drei Monate hintereinander die Berufsschule und arbeiten anschließend neun Monate im Betrieb, ohne in dieser Zeit die Berufsschule zu besuchen.

Schülerinnen und Schüler, die die Berufsschule erfolgreich besucht haben, erhalten das **Abschlusszeugnis der Berufsschule**. Voraussetzung hierfür sind mindestens ausreichende Leistungen in allen Fächern bzw. mangelhafte Leistungen in nur einem Fach. Die Noten der Fächer werden zu einer Berufsschulabschlussnote zusammengefasst.

Die **Berufsschulpflicht** regeln die Kultusminister der Länder.

Beispiel: In Nordrhein-Westfalen ist ein Auszubildender für die gesamte Dauer der Berufsausbildung berufsschulpflichtig, wenn er vor Vollendung des 21. Lebensjahres einen Ausbildungsvertrag unterschreibt.

Finanziert wird die betriebliche Ausbildung durch die Ausbildungsbetriebe. Die Kosten der schulischen Ausbildung tragen die Schulträger und die Länder. **Gemeinsames Ziel** von Ausbildungsbetrieb und Berufsschule ist es, den Auszubildenden die Fertigkeiten und Kenntnisse zu vermitteln, die zum Erreichen des Ausbildungszieles erforderlich sind. Die **betriebliche Ausbildung** wird von den **Kammern**, die **schulische Ausbildung** von der **Schulaufsicht** der Kultusminister der Länder **überwacht**.

Zusammenfassung

Berufliche Handlungskompetenz und das System der dualen Berufsausbildung
Berufliche Handlungskompetenz ist die Fähigkeit und Bereitschaft in beruflichen Situationen sach- und fachgerecht, persönlich durchdacht und in gesellschaftlicher Verantwortung zu handeln. Sie umfasst die Dimensionen:

- ***Fachkompetenz:** Fähigkeit und Bereitschaft, Aufgabenstellungen selbstständig, fachlich richtig und methodengerecht zu bearbeiten und das Ergebnis zu beurteilen.*

  Beispiel: Kenntnis von Gesetzestexten, Kenntnis betrieblicher Arbeitsabläufe

- ***Methodenkompetenz:** Fähigkeit und Bereitschaft zu zielgerichtetem, planmäßigem Vorgehen bei der Bearbeitung beruflicher Aufgaben.*

  Beispiel: Fähigkeit zum selbstständigen Lernen

- ***Sozialkompetenz:** Fähigkeit und Bereitschaft, soziale Beziehungen und Interessenlagen, Zuwendungen und Spannungen zu erfassen sowie sich verantwortungsbewusst auseinanderzusetzen und zu verständigen.*

  Beispiel: Kommunikationsfähigkeit

- ***Humankompetenz:** Fähigkeit und Bereitschaft, als Individuum Entwicklungschancen in Beruf und Familie zu beurteilen, eigene Begabungen zu entfalten sowie Lebenspläne zu erfassen und fortzuentwickeln.*

  Beispiel: Verantwortungsbewusstsein

Lernfeld 1: In Ausbildung und Beruf orientieren

System der dualen Berufsausbildung

Berufsausbildung im dualen System

Lernort Betrieb — **Lernort Berufsschule**

Auszubildende (Lehrlinge) — **Berufsschüler/innen**

Grundlagen der Ausbildung:

- Berufsausbildungsvertrag — Schulpflicht
- Ausbildungsordnungen — Lehrpläne
- Berufsbildungsgesetz — Schulgesetze der Länder

© Bergmoser + Höller Verlag AG · ZAHLENBILDER · 264 201

Aufgaben

1. Ordnen Sie die folgenden Qualifikationen den Kompetenzbereichen zu: logisches Denken, Entscheidungsfähigkeit, Kritikfähigkeit, Kommunikationsfähigkeit, Fairness, wirtschaftliches Denken, Identifikation mit der Arbeit, Sprachkenntnisse, Planungsfähigkeit, Toleranz, Mobilität!

2. Zeigen Sie anhand von technischen und organisatorischen Änderungen in Ihrem Unternehmen auf, warum lebenslanges Lernen notwendig ist.

3. Erläutern Sie anhand von Beispielen aus Ihrem Unternehmen, dass Methoden-, Sozial- und Humankompetenzen gegenüber der Fachkompetenz mehr und mehr an Bedeutung gewinnen.

4. Verdeutlichen Sie, welche Zusatzqualifikationen in Ihrem Unternehmen für bestimmte Bereiche oder Positionen vorausgesetzt werden.

5. Stellen Sie fest, welche Fächer oder Lernfelder an Ihrer Schule bei der Festlegung der Berufsschulabschlussnote ein besonderes Gewicht haben.

6. Das Ausbildungssystem der Bundesrepublik Deutschland wird als „duales Berufsausbildungssystem" bezeichnet.

    a) Begründen Sie, warum es so bezeichnet wird.

    b) Nennen Sie wesentliche Rechtsgrundlagen des „dualen Berufsausbildungssystems".

2.2 Berufsbildungsgesetz und Ausbildungsordnung

→ 📄
LS 2

Daniela Schaub, auszubildende Industriekauffrau bei der Sommerfeld Bürosysteme GmbH, sitzt mit ihrer ehemaligen Klassenkameradin Birgit zusammen. Birgit besucht die Höhere Handelsschule im Berufsfeld Wirtschaft und Verwaltung. Sie erzählt Daniela begeistert, dass sie nach ihrem Abschluss auch eine Ausbildung zur Industriekauffrau beginnen wird. „Und stell dir vor, ich habe keine Probezeit!" Daniela ist empört. Die Probezeit beträgt vier Monate, da ist sie sich ganz sicher, denn sie hat doch gerade erst den Ausbildungsvertrag unterschrieben.

Arbeitsaufträge

- Klären Sie, welche Bedeutung die Probezeit hat und wie lange sie dauern darf.
- Erläutern Sie die wesentlichen Inhalte des Berufsbildungsgesetzes.
- Stellen Sie den Ablauf der Prüfung in einer kleinen Präsentation dar. Orientieren Sie sich dabei an den Hinweisen im Methodenteil, Kapitel 4 „Präsentationen erfolgreich gestalten".

Berufsbildungsgesetz

Die berufliche Ausbildung, Fortbildung und Umschulung ist im **Berufsbildungsgesetz** (BBiG) geregelt. Dieses ist abrufbar unter www.gesetze-im-internet.de.

Der Ausbildungsvertrag

Vor Beginn der Ausbildung muss zwischen Ausbildendem und Auszubildendem ein Ausbildungsvertrag abgeschlossen werden.

- **Auszubildender** ist derjenige, der ausgebildet wird. Minderjährige Auszubildende benötigen zum Abschluss des Ausbildungsvertrages die Zustimmung des gesetzlichen Vertreters.
- **Ausbildender** ist derjenige, der einen anderen zur Berufsausbildung einstellt.

    Beispiel: Die Sommerfeld Bürosysteme GmbH ist Ausbildender.

- **Ausbilder** ist derjenige, der vom Ausbildenden mit der Durchführung der Ausbildung betraut ist.

    Beispiel: Herr Krämer aus der Personalabteilung ist der Ausbilder von Daniela Schaub.

Die Ausbildung kann auch in Teilzeit durchgeführt werden, wobei die tägliche oder wöchentliche Ausbildungszeit um bis zu 50 % gekürzt werden kann. Die Dauer der Ausbildung verlängert sich entsprechend, maximal bis zum 1,5fachen der regulären Vollzeitausbildungsdauer. Der Ausbildungsvertrag muss vor Beginn der Ausbildung schriftlich niedergelegt werden. Hierfür wird in der Praxis meist ein Vordruck der Industrie- und Handelskammer (IHK) oder der Handwerkskammer verwendet.

Berufsausbildungsvertrag
(§§ 10, 11 Berufsbildungsgesetz – BBiG)

IHK Nord Westfalen

Zwischen der/dem Ausbildenden (Ausbildungsbetrieb)
Der Ausbildungsbetrieb gehört zum öffentlichen Dienst ☐

und der/dem Auszubildenden   weiblich [x]   männlich [ ]

Firmenident-Nr.	Tel.-Nr.
555-789-954	0201 1634560

Anschrift des Ausbildenden
Sommerfeld Bürosysteme GmbH

Straße, Haus-Nr.
Gladbecker Str. 85-91

PLZ	Ort
45141	Essen

E-Mail-Adresse des Ausbildenden
kraemer@sommerfeld.de

Verantwortliche/r Ausbilder/in:
Herr/Frau
Franz Krämer

Name	Vorname
Schaub	Daniela

Straße, Haus-Nr.
Talstr. 5

PLZ	Ort
45474	Mühlheim

Geburtsdatum	Geburtsort
10.03…	München

Staatsangehörigkeit: deutsch

Gesetzlicher Vertreter: Eltern / Vater / Mutter / Vormund

Namen, Vornamen der gesetzlichen Vertreter

Straße, Hausnummer

PLZ Ort

wird nachstehender Vertrag zur Ausbildung im Ausbildungsberuf
Industriekauffrau
mit der Fachrichtung/dem Schwerpunkt/ dem Wahlbaustein / Einsatzgebiet etc.
nach Maßgabe der Ausbildungsordnung geschlossen.

Änderungen des wesentlichen Vertragsinhaltes sind dem Ausbildenden unverzüglich zur Eintragung in das Verzeichnis der Berufsausbildungsverhältnisse bei der Industrie- und Handelskammer anzuzeigen.

Die beigefügten Angaben zur sachlichen und zeitlichen Gliederung des Ausbildungsablaufs (Ausbildungsplan) sind Bestandteil dieses Vertrages

zuständige Berufsschule
Robert-Schumann-Berufskolleg Essen

Vorausgegangene Berufsausbildung/Vorbildung/Grundbildung:
von mindestens 6 Monaten   Erfolgreich abgeschlossen: ja / nein

1. Wirtschaftsabitur		x
2.		
3.		

A Die Ausbildungszeit beträgt nach der Ausbildungsordnung **36** Monate.
Es wird eine Anrechnung/Verkürzung von **---** Monaten beantragt
Das Berufsausbildungsverhältnis
beginnt am **01.08…**   endet am **31.07…**

B Die Probezeit (§ 1 Nr. 2) beträgt **4** Monate.

C Die Ausbildung findet vorbehaltlich der Regelungen nach D (§ 3 Nr. 12) in
Sommerfeld Bürosysteme GmbH, Essen
und den mit dem Betriebssitz für die Ausbildung üblicherweise zusammenhängenden Bau-, Montage- und sonstigen Arbeitsstellen statt

D Ausbildungsmaßnahmen außerhalb der Ausbildungsstätte (§ 3 Nr. 12) (mit Zeitraumangabe)

E Der Ausbildende zahlt der/dem Auszubildenden eine angemessene Vergütung (§ 5); diese beträgt zur Zeit monatlich brutto

EUR	827	876	940	
im	ersten	zweiten	dritten	vierten

Ausbildungsjahr.

F Die regelmäßige tägliche Ausbildungszeit beträgt **8** Stunden.
Die regelmäßige wöchentliche Ausbildungszeit beträgt **40** Stunden.

G Der Ausbildende gewährt der/dem Auszubildenden Urlaub nach den geltenden Bestimmungen.
Es besteht ein Urlaubsanspruch

Im Jahr	20..	20..	20..	20..	20
Werktage					
Arbeitstage		13	30	30	18

H Hinweise auf anzuwendende Tarifverträge und Betriebsvereinbarungen; sonstige Vereinbarungen

J Die beigefügten Vereinbarungen sind Gegenstand dieses Vertrages und werden anerkannt

Ort und Datum: _____
Der Ausbildende:

_____
Stempel und Unterschrift
Die/Der Auszubildende:

_____
Vor- und Familienname
Die gesetzl. Vertreter der/des Auszubildenden:

_____
Vater und Mutter/Vormund

4. Blatt = Ausfertigung für die/den Auszubildende/n, Seite 1 von 2

> *Mindestangaben eines Ausbildungsvertrages:*
> 1. *Art, sachliche und zeitliche Gliederung sowie Ziel der Berufsausbildung*
> 2. *Beginn und Dauer der Berufsausbildung*
> 3. *Ausbildungsmaßnahmen außerhalb der Ausbildungsstätte*
> 4. *Dauer der täglichen Ausbildungszeit*
> 5. *Dauer der Probezeit*
> 6. *Zahlung und Höhe der Vergütung*
> 7. *Dauer des Urlaubs*
> 8. *Voraussetzungen, unter denen der Vertrag gekündigt werden kann*
> 9. *Hinweis auf anzuwendende Tarifverträge und Betriebsvereinbarungen*
> 10. *Form des Ausbildungsnachweises*

Der Ausbildungsvertrag muss der Industrie- und Handelskammer bzw. der Handwerkskammer zur Eintragung in das **Verzeichnis der Berufsausbildungsverhältnisse** vorgelegt werden.

Mit Abschluss des Ausbildungsvertrages übernehmen Ausbildender und Auszubildender Pflichten, die gleichzeitig die Rechte der anderen Vertragspartei sind.

Pflichten des Ausbildenden

- Der Ausbildende hat dafür zu sorgen, dass den Auszubildenden **die Fertigkeiten und Kenntnisse vermittelt** werden, die zum Erreichen des Ausbildungszieles erforderlich sind. Dabei können Teile der Berufsausbildung (maximal 25 %) auch im **Ausland** absolviert werden.

- Die Ausbildung muss entweder vom **Ausbildenden selbst** oder **von persönlich und fachlich geeigneten Ausbildern** durchgeführt werden.

- Den Auszubildenden müssen die **Ausbildungsmittel kostenlos** zur Verfügung gestellt werden. Dazu zählen Hefte für Ausbildungsnachweise, Fachbücher und Schreibmaterial für die Ausbildung im Ausbildungsbetrieb (nicht in der Schule). Vorgeschriebene Berufskleidung, z. B. Blaumann oder Kittel, wird vom Ausbildenden ebenfalls zur Verfügung gestellt.

- Die Auszubildenden sind zum **Besuch der Berufsschule** und zum **Führen der Ausbildungsnachweise** anzuhalten. Den Auszubildenden ist Gelegenheit zu geben, den Ausbildungsnachweis am Arbeitsplatz zu führen.

- Der Ausbildende muss dafür sorgen, dass dem Auszubildenden **nur Tätigkeiten** übertragen werden, **die dem Ausbildungszweck** dienen und den körperlichen Kräften angemessen sind.

- Die Auszubildenden müssen für **Ausbildungsmaßnahmen außerhalb der Ausbildungsstätte freigestellt werden**. Gleiches gilt für den Tag vor der schriftlichen Abschlussprüfung. Auch für die Teilnahme am Berufsschulunterricht sind Auszubildende freizustellen. Sie dürfen
    - vor einem vor 09:00 Uhr beginnenden Berufsschulunterricht,
    - bei einem mehr als 5-stündigen Unterricht einmal in der Woche,

– bei Blockunterricht mit mehr als 25 Stunden an fünf Tagen

nicht beschäftigt werden.

Grundsätzlich wird die Unterrichtszeit einschließlich der Pausen als Arbeitszeit angerechnet. Sind Auszubildende aufgrund eines mehr als 5-stündigen Unterrichtes einmal in der Woche freizustellen, wird dieser Tag mit der durchschnittlichen täglichen Arbeitszeit angerechnet. Berufsschulwochen mit mehr als 25 Stunden Blockunterricht werden mit der durchschnittlichen wöchentlichen Arbeitszeit angerechnet. Für Auszubildende unter 18 Jahren gilt weiterhin das Jugendarbeitsschutzgesetz, das in diesem Bereich identische Regelungen für minderjährige Auszubildende vorschreibt.

- Dem Auszubildenden muss bei Beendigung des Ausbildungsverhältnisses ein **Zeugnis** ausgestellt werden. Der Auszubildende kann dabei zwischen dem einfachen Arbeitszeugnis und dem qualifizierten Arbeitszeugnis wählen. Das einfache Arbeitszeugnis enthält Angaben über Art, Dauer und Ziel der Berufsausbildung sowie die erworbenen Fertigkeiten und Kenntnisse. Das qualifizierte Arbeitszeugnis enthält zusätzlich Angaben über Führung und Leistung.

→ **LF 7**

- Den Auszubildenden ist eine **angemessene Vergütung** zu zahlen. Die Vergütung muss mit fortschreitender Berufsausbildung, mindestens jährlich, ansteigen. Ab dem Jahr 2020 gilt für Auszubildende im ersten Ausbildungsjahr eine Mindestvergütung von 515,00 € monatlich, die bis zum Jahr 2023 auf 620,00 € ansteigt. Zudem steigt die Mindestvergütung für die Ausbildungsjahre zwei bis vier in festgelegten Stufen. Allerdings können diese Mindestwerte durch tarifvertragliche Vereinbarungen unterschritten werden. Ist ein Betrieb nicht an einen Tarifvertrag gebunden, darf die Ausbildungsvergütung nicht mehr als 20 % unter den tariflichen Sätzen liegen.

Die Vergütung muss spätestens am letzten Arbeitstag des Monats gezahlt werden. Eine über die regelmäßige Ausbildungszeit hinausgehende Beschäftigung ist besonders zu vergüten. Erkrankt der Auszubildende, wird die Vergütung bis zur Dauer von sechs Wochen durch den Ausbildenden weitergezahlt, danach erhält er von der zuständigen Krankenversicherung **Krankengeld**.

Pflichten des Auszubildenden
- Der Auszubildende hat sich zu bemühen, die **Fertigkeiten und Kenntnisse zu erwerben**, die zur Erreichung des Ausbildungsziels erforderlich sind.
- Der Auszubildende muss alle ihm im Rahmen der Ausbildung **aufgetragenen Tätigkeiten sorgfältig ausführen**.
- Der Auszubildende muss an **Ausbildungsmaßnahmen**, für die er freigestellt ist, **teilnehmen**.
- **Weisungen**, die ihm im Rahmen der Berufsausbildung erteilt werden, muss der Auszubildende **befolgen**.
- Die für die Ausbildungsstätte **geltende Ordnung ist zu beachten**.
- Arbeitsmittel und Einrichtungen sind **pfleglich zu behandeln**.
- Über Betriebs- und Geschäftsgeheimnisse ist **Stillschweigen zu wahren**.
- einen schriftlichen oder elektronischen **Ausbildungsnachweis führen**.

Beginn und Beendigung der Ausbildung

- Das Berufsausbildungsverhältnis beginnt mit der **Probezeit**. Sie muss mindestens einen Monat und darf höchstens vier Monate betragen. In der Probezeit prüft der Auszubildende, ob ihm der Beruf gefällt, und der Ausbildende, ob der Auszubildende für den Beruf geeignet ist.

- Das Ausbildungsverhältnis **endet mit Ablauf der Ausbildungszeit**. Besteht der Auszubildende die Prüfung zu einem früheren Zeitpunkt, so endet das Ausbildungsverhältnis mit **Bestehen der Abschlussprüfung**. Sollte der Auszubildende die Abschlussprüfung nicht bestehen, so verlängert sich das Ausbildungsverhältnis auf Antrag des Auszubildenden bis zur nächstmöglichen Wiederholungsprüfung, höchstens aber um ein Jahr. Wird der Auszubildende nach Bestehen der Abschlussprüfung **stillschweigend weiterbeschäftigt**, so wird ein unbefristetes Arbeitsverhältnis begründet.

- Eine **Kündigung** des Ausbildungsverhältnisses führt zur Beendigung der Ausbildung und ist in folgenden Fällen möglich: → **LF 7**

   - **während der Probezeit**
      - jederzeit von **Ausbildenden und Auszubildenden** ohne Einhaltung einer Frist und ohne Angabe von Gründen
      - Kündigung muss **schriftlich** erfolgen

   - **nach der Probezeit**
      - aus einem **wichtigen Grund** von **Ausbildenden und Auszubildenden** ohne Einhaltung einer Kündigungsfrist. Ein wichtiger Grund ist gegeben, wenn Tatsachen vorliegen, aufgrund derer dem Kündigenden unter Berücksichtigung aller Umstände des Einzelfalls und unter Abwägung der Interessen beider Vertragsteile die Fortsetzung des Ausbildungsverhältnisses bis zum Ablauf der Ausbildungsdauer nicht zugemutet werden kann. Je nach Schwere des Sachverhaltes müssen Abmahnungen durch den Ausbildungsbetrieb vorausgegangen sein. Die **fristlose Kündigung** muss spätestens zwei Wochen nach Bekanntwerden des Grundes erfolgen.
      - vom **Auszubildenden mit einer Frist von vier Wochen**, wenn er
         a) die Berufsausbildung **aufgeben** will,
         b) sich für einen **anderen Beruf** ausbilden lassen will.

- Die Kündigung muss **schriftlich und** nach der Probezeit **unter Angabe der Kündigungsgründe** erfolgen. Minderjährige Auszubildende benötigen für eine Kündigung die vorherige Zustimmung des gesetzlichen Vertreters.

- Sollten Ausbildender und Auszubildender in gegenseitigem Einvernehmen das Ausbildungsverhältnis beenden wollen, können sie einen **Aufhebungsvertrag** schließen. Minderjährige Auszubildende benötigen dafür die Zustimmung des gesetzlichen Vertreters.

Verkürzung und Verlängerung der Ausbildung

Das ausbildende Unternehmen und der Auszubildende können bei der Industrie- und Handelskammer bzw. bei der Handwerkskammer einen Antrag auf **Verkürzung** der Ausbildungszeit stellen, wenn zu erwarten ist, dass der Auszubildende das Ausbildungsziel in der verkürzten Zeit erreicht. Gründe für eine Verkürzung können vor allem in einer vorangegangenen beruflichen Ausbildung oder in der schulischen Vorbildung liegen.

Zudem können Auszubildende nach Anhörung ihrer Ausbildenden und der Berufsschule vor Ablauf der regulären Ausbildungszeit zur Abschlussprüfung zugelassen werden, wenn ihre Leistungen dies rechtfertigen. Die **vorzeitige Zulassung** zur Abschlussprüfung führt letztlich ebenfalls zu einer Verkürzung der Ausbildung, sofern der Auszubildende die Abschlussprüfung besteht.

Grundsätzlich ist auch eine **Verlängerung** der Ausbildung möglich, wenn diese erforderlich ist, um das Ziel der Ausbildung zu erreichen. Der Antrag auf Verlängerung kann nur vom Auszubildenden selbst gestellt werden und kann z. B. bei längerer Krankheit sinnvoll sein.

Einhaltung des Berufsbildungsgesetzes
Die Einhaltung des Berufsbildungsgesetzes wird von der **Industrie- und Handelskammer** oder der **Handwerkskammer** überwacht. Auszubildende können sich bei Schwierigkeiten in der Berufsausbildung an die Ausbildungsberater der Kammern wenden.

Ausbildungsordnung

Neben dem Berufsbildungsgesetz bildet die Verordnung über die Berufsausbildung zum Industriekaufmann/zur Industriekauffrau (**Ausbildungsordnung**) eine weitere wichtige Rechtsgrundlage für die Ausbildung. Die Ausbildungsordnung enthält Regelungen über die Ausbildungsdauer, das Ausbildungsberufsbild, den Ausbildungsrahmenplan, den betrieblichen Ausbildungsplan, den Ausbildungsnachweis und die Prüfungen.

Die aktuelle Ausbildungsordnung erhalten Sie beim Bundesministerium für Wirtschaft und Energie unter www.bmwi.de

Ausbildungsdauer
Die Ausbildungsdauer beträgt drei Jahre.

Ausbildungsberufsbild
Das Ausbildungsberufsbild beschreibt die Fertigkeiten und Kenntnisse sowie die Einsatzgebiete, die Gegenstand der Berufsausbildung sind.

Fertigkeiten und Kenntnisse	1. Der Ausbildungsbetrieb 2. Geschäftsprozesse und Märkte 3. Information, Kommunikation, Arbeitsorganisation 4. Integrative Unternehmensprozesse 5. Marketing und Absatz 6. Beschaffung und Bevorratung 7. Personal 8. Leistungserstellung 9. Leistungsabrechnung 10. Fachaufgaben im Einsatzgebiet
Einsatzgebiete[1]	1. Marketing und Absatz 2. Beschaffung und Bevorratung 3. Personalwirtschaft 4. Leistungserstellung 5. Leistungsabrechnung 6. Andere Aufgaben

---

[1] Eine Fachaufgabe aus dem Einsatzgebiet bildet einen Prüfungsbereich der Abschlussprüfung.

Ausbildungsrahmenplan

Die sachliche Gliederung der Berufsausbildung erfolgt im **Ausbildungsrahmenplan**, dem eine zeitliche Gliederung beigefügt ist. Hier ist das Ausbildungsberufsbild konkretisiert und es ist genau aufgeführt, in welchem Ausbildungsabschnitt dem Auszubildenden welche Fertigkeiten und Kenntnisse zu vermitteln sind.

Betrieblicher Ausbildungsplan

Auf der Grundlage des Ausbildungsrahmenplanes erstellt der Ausbildungsbetrieb für jeden Auszubildenden einen **betrieblichen Ausbildungsplan**. Er hat so die Möglichkeit, die gesetzlichen Vorgaben auf die konkreten betrieblichen Bedingungen zu übertragen. Der betriebliche Ausbildungsplan ist dem Auszubildenden zu Beginn der Ausbildung auszuhändigen.

Er beinhaltet

- einen in zeitlicher und sachlicher Hinsicht **vollständigen Überblick über den Ablauf der Ausbildung** und
- einen **Umsetzungs- und Schulungsterminplan**, der die Abfolge der Ausbildung in den einzelnen Abteilungen festlegt.

Ausbildungsnachweise

Um den ordnungsgemäßen Ablauf der Ausbildung belegen zu können, führen Auszubildende einen schriftlichen oder elektronischen Ausbildungsnachweis. Den Auszubildenden ist Gelegenheit zu geben, den Ausbildungsnachweis während der Ausbildungszeit zu führen. Ein ordnungsgemäß geführter Ausbildungsnachweis ist Voraussetzung, um zur Abschlussprüfung zugelassen zu werden.

> **PRAXISTIPP!**
>
> *Führen Sie Ihren Ausbildungsnachweis von Anfang an sauber und vollständig.*

Prüfungen

Die Prüfung legt der Auszubildende in zwei Teilen ab. Sie wird von den zuständigen Kammern **(Industrie- und Handelskammer, Handwerkskammer)** abgenommen.

- Zwischenprüfung
  Die Zwischenprüfung wird in der Mitte des zweiten Ausbildungsjahres durchgeführt. Sie erstreckt sich auf die betrieblichen und schulischen Ausbildungsinhalte des ersten Ausbildungsjahres. In maximal 90 Minuten soll der Prüfling auf komplexe Sachverhalte gerichtete Situationsaufgaben oder Fallbeispiele aus folgenden Gebieten bearbeiten:
  1. Beschaffung und Bevorratung
  2. Produkte und Dienstleistungen
  3. Kosten- und Leistungsrechnung

- Abschlussprüfung
  Die Abschlussprüfung wird zum Abschluss der Ausbildung durchgeführt. Sie besteht aus den folgenden vier Prüfungsbereichen:
  1. Prüfungsbereich „**Geschäftsprozesse**": In höchstens 180 Minuten soll der Prüfling auf Prozesse und komplexe Sachverhalte gerichtete Situationsaufgaben oder Fallbeispiele bearbeiten.

2. Prüfungsbereich „**Kaufmännische Steuerung und Kontrolle**": In höchstens 90 Minuten soll der Prüfling bis zu vier praxisbezogene Aufgaben aus den Bereichen der Leistungsabrechnung unter Berücksichtigung des Controllings bearbeiten.
3. Prüfungsbereich „**Wirtschafts- und Sozialkunde**": In höchstens 60 Minuten soll der Prüfling praxisbezogene Aufgaben aus dem Prüfungsbereich bearbeiten.
4. Prüfungsbereich „**Einsatzgebiet**": Der Prüfungsbereich Einsatzgebiet besteht aus einer Präsentation und einem Fachgespräch über eine selbstständig durchgeführte Fachaufgabe aus einem Einsatzgebiet gemäß Ausbildungsordnung. Die Fachaufgabe muss vom Prüfungsausschuss genehmigt werden und wird im Betrieb durchgeführt. Der Prüfling erstellt einen fünfseitigen Report als Basis der Präsentation und des Fachgespräches. Der Report ist dem Prüfungsausschuss vor der Durchführung der praktischen Prüfung zuzuleiten und wird nicht bewertet. Präsentation und Fachgespräch sollen zusammen höchstens 30 Minuten betragen, die Präsentation dabei 10–15 Minuten.

Bei der **Ermittlung des Gesamtergebnisses** haben die Prüfungsbereiche folgendes Gewicht:

1. Geschäftsprozesse 40 %
2. Kaufmännische Steuerung und Kontrolle 20 %
3. Wirtschafts- und Sozialkunde 10 %
4. Einsatzgebiet 30 %

Voraussetzung für ein **Bestehen** der Abschlussprüfung sind mindestens „ausreichende" Leistungen
- im Gesamtergebnis der Abschlussprüfung,
- im Prüfungsgebiet „Geschäftsprozesse",
- in mindestens einem der beiden Prüfungsbereiche „Kaufmännische Steuerung und Kontrolle" und „Wirtschafts- und Sozialkunde" sowie
- im Prüfungsgebiet „Einsatzgebiet".

Zusammenfassung

Berufsbildungsgesetz (BBiG)
⇒ *Vorschriften für alle Ausbildungsberufe*

Auszubildender (§ 13)	Berufsausbildungsvertrag (§§ 10–12)	Ausbildender (§§ 14–19)
	schriftlich niederzulegen	
Pflichten: – Lernpflicht – Besuch der Berufsschule – Führen eines Ausbildungsnachweises – Gehorsamspflicht – Sorgfaltspflicht – Einhaltung der Betriebsordnung – Schweigepflicht	Inhalte (§ 11 BBiG) – Art, Gliederung und Ziel der Ausbildung – Ausbildungsmaßnahmen außerhalb der Ausbildungsstätte – Ausbildungsdauer – Dauer der täglichen Ausbildungszeit – Dauer der Probezeit – Vergütung (Höhe, Termin) – Urlaubstage – Kündigungsvoraussetzungen – Hinweise auf Tarifverträge und Betriebsvereinbarungen – Form des Ausbildungsnachweises	Pflichten: – Ausbildungspflicht – Freistellungspflicht – Bereitstellung von Arbeitsmitteln – Zeugniserteilungspflicht – Vergütungspflicht

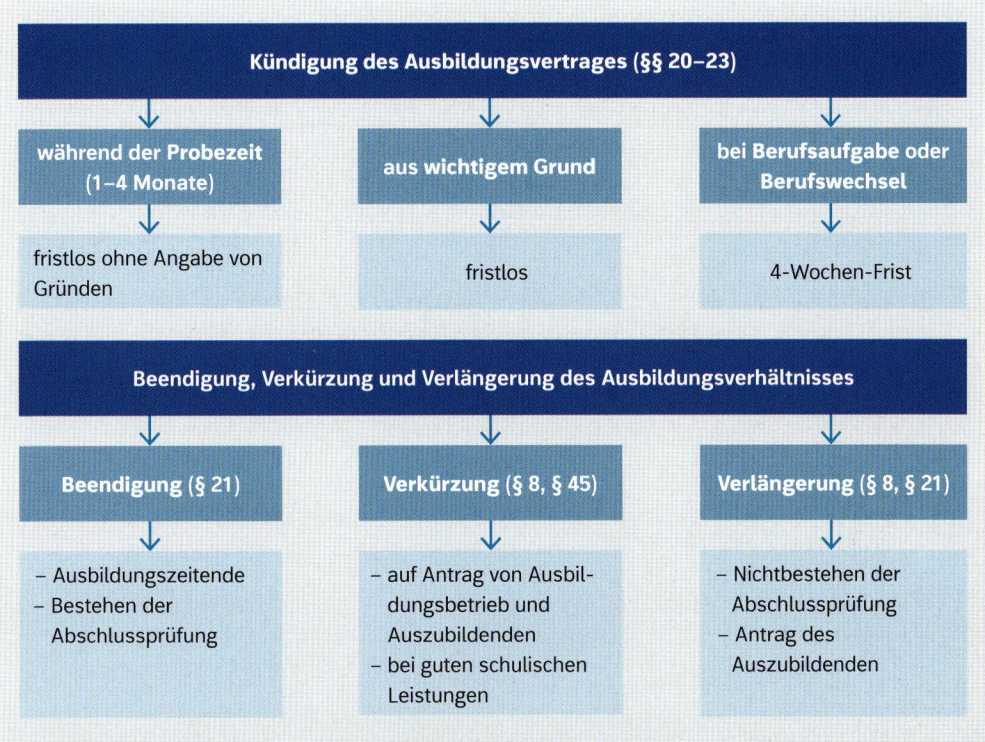

Kündigung des Ausbildungsvertrages (§§ 20–23)

während der Probezeit (1–4 Monate)	aus wichtigem Grund	bei Berufsaufgabe oder Berufswechsel
fristlos ohne Angabe von Gründen	fristlos	4-Wochen-Frist

Beendigung, Verkürzung und Verlängerung des Ausbildungsverhältnisses

Beendigung (§ 21)	Verkürzung (§ 8, § 45)	Verlängerung (§ 8, § 21)
– Ausbildungszeitende – Bestehen der Abschlussprüfung	– auf Antrag von Ausbildungsbetrieb und Auszubildenden – bei guten schulischen Leistungen	– Nichtbestehen der Abschlussprüfung – Antrag des Auszubildenden

Ausbildungsordnung Industriekaufmann/Industriekauffrau
⇒ besondere Vorschriften für die Ausbildung zum Industriekaufmann/zur Industriekauffrau

Die **Ausbildungsordnung** enthält Regelungen über:

- **Ausbildungsdauer:** *drei Jahre*
- **Ausbildungsberufsbild:** *Fertigkeiten und Kenntnisse, die Gegenstand der Berufsausbildung sind*
- **Ausbildungsrahmenplan:** *sachliche und zeitliche Gliederung der Berufsausbildung*
- **betrieblichen Ausbildungsplan:** *zeitlicher und sachlicher Überblick über den Ablauf der Ausbildung*
- **Ausbildungnachweis:** *Nachweis über den ordnungsgemäßen Ablauf der Ausbildung*
- **Prüfungen:** *Zwischenprüfung und Abschlussprüfung*

Aufgaben

1. a) Erstellen Sie eine Übersicht mit den Rechten und Pflichten des Auszubildenden und geben Sie jeweils ein Beispiel. Schlagen Sie dazu im Berufsbildungsgesetz nach. Fertigen Sie die Übersicht auf einem großen Bogen Papier an und hängen Sie diesen in der Klasse auf.
   b) In § 14 Abs. 2 Berufsbildungsgesetz heißt es wie folgt:

> **§ 14 Abs. 2 BBiG**
> Auszubildenden dürfen nur Aufgaben übertragen werden, die dem Ausbildungszweck dienen und ihren körperlichen Kräften angemessen sind.

Markus Rother beginnt seine Ausbildung zum Industriekaufmann. Nachdem ihn der Ausbildungsleiter durch die Abteilungen geführt hat, erklärt er ihm, dass er als jüngster Auszubildender in der Frühstückspause für alle Kaffee zu kochen habe. Markus ist empört. Er ist der Meinung, dass er als Industriekaufmann und nicht als Kaffeekoch ausgebildet wird. Führen Sie das Gespräch des Ausbildungsleiters mit dem Auszubildenden in Form eines Rollenspiels.

2. Danielas Freund Jan ist seit einem Jahr Auszubildender zum Industriekaufmann bei der Sommerfeld Bürosysteme GmbH. Als er eine Lehrstelle in seinem Traumberuf als Fotograf angeboten bekommt, denkt er darüber nach, das Ausbildungsverhältnis zu kündigen.

    a) Erarbeiten Sie anhand der § 22 ff. BBiG die Möglichkeiten der Kündigung eines Ausbildungsverhältnisses.
    b) Stellen Sie fest, ob und unter welchen Bedingungen Jan seinen Ausbildungsvertrag kündigen kann.

3. Dieter und Claudia sind Auszubildende bei der Wollux GmbH.

    a) Dieter hat für die Berufsschule den ersten Band des Buches „Industriekaufleute" erworben. Begründen Sie, ob Dieter von seinem Arbeitgeber verlangen kann, dass er das Schulbuch bezahlt.
    b) Aufgrund seiner guten Leistungen in der Berufsschule möchte Dieter seine Ausbildung verkürzen. Erläutern Sie, unter welchen Voraussetzungen eine Verkürzung möglich ist.
    c) Claudia wird ihre Ausbildung schon sehr bald beenden. Klären Sie, welche Art von Zeugnis Claudia verlangen kann.
    d) Am 20.01.... hat Claudia ihre Prüfung im Einsatzgebiet. Bisher ist noch nicht geklärt, ob Claudia als Sachbearbeiterin im Verkauf übernommen wird. Erläutern Sie die Konsequenzen, wenn Claudia am 21.02.... zur Arbeit erscheint und ihre Aufgaben, wie bisher, erledigt.

4. Während einer Grippewelle fällt die Hälfte der Mitarbeiter der Personalabteilung aus. Die Abteilungsleiterin verbietet der Auszubildenden daraufhin den Besuch der Berufsschule und fordert sie stattdessen auf, im Betrieb auszuhelfen. Ist dieses Verhalten zulässig? Begründen Sie Ihre Entscheidung.

5. Besorgen Sie sich die Verordnung über die Berufsausbildung für Ihren Ausbildungsberuf unter www.bmwi.de.

    Verschaffen Sie sich einen Überblick über die Fertigkeiten und Kenntnisse, die Gegenstand Ihrer Berufsausbildung sind.

    a) Stellen Sie für den Themenkreis „Der Ausbildungsbetrieb" anhand der Ausbildungsordnung fest, welche Fertigkeiten und Kenntnisse im Ausbildungsrahmenplan vorgesehen sind.
    b) Prüfen Sie, wann diese Themen in Ihrem betrieblichen Ausbildungsplan vorgesehen sind und in welcher Abteilung Sie dazu ausgebildet werden.
    c) Stellen Sie fest, in welchem Unterrichtsfach und wann dieses Thema im Lehrplan der Berufsschule vorgesehen ist.

3 Gesetze und Verordnungen zum Schutz der Auszubildenden und Arbeitnehmer kennenlernen

→ LS 3

Daniela Schaub ist genervt. Schon zum zweiten Mal hat sie ihr 17-jähriger Freund Jan, der bei der Sommerfeld Bürosysteme GmbH zum Industriekaufmann ausgebildet wird, versetzt. „Stell dir vor, der muss jetzt schon den zweiten Abend in der Woche wegen Inventurarbeiten bis 22:00 Uhr arbeiten", erzählt Daniela ihrer Freundin Hera. „Aber das verstößt doch gegen das Gesetz", erwidert Hera. „Wieso, gibt es ein Gesetz, das es Jungen verbietet, ihre Freundin zu versetzen?", fragt Daniela. Hera lacht. „Nein, nein, aber es gibt Gesetze und Verordnungen zum Schutz der Auszubildenden und Arbeitnehmer!"

Arbeitsaufträge

- Stellen Sie fest, welche Gesetze und Verordnungen es zum Schutz der Auszubildenden und Arbeitnehmer gibt. Stellen Sie Gesetze und wichtige Regeln in Form einer Mindmap zusammen.
- Prüfen Sie, ob es ein Gesetz gibt, das es dem 17-jährigen Jan verbietet bis 22:00 Uhr zu arbeiten.
- Jan ist in der Probezeit. Diskutieren Sie, wie er sich gegenüber seinem Ausbildungsbetrieb verhalten sollte.

Die Arbeitsschutzgesetze stehen unter www.gesetze-im-internet.de zum Download zur Verfügung.

Das Jugendarbeitsschutzgesetz (JArbSchG)

Das Jugendarbeitsschutzgesetz soll jugendliche Arbeitnehmer und Auszubildende vor Überforderung im Berufsleben schützen (= **sozialer Arbeitsschutz**). Es enthält neben allgemeinen Vorschriften Regelungen zu den Themen Beschäftigung von Kindern und Jugendlichen, Beschäftigungsverbote und -beschränkungen, Berufsschulbesuch und Prüfungen und Aussagen über die gesundheitliche Betreuung der Auszubildenden.

Allgemeine Vorschriften: Das Jugendarbeitsschutzgesetz gilt für die Beschäftigung von Personen, die noch nicht 18 Jahre alt sind. Von 15 bis 17 Jahren ist man Jugendlicher, unter 15 Jahren ist man Kind.

Beschäftigung von Kindern und Jugendlichen

- Die **Beschäftigung von Kindern ist grundsätzlich verboten**. Jugendliche unter 15 Jahren dürfen nur in einem Ausbildungsverhältnis oder mit leichten Tätigkeiten beschäftigt werden (ab 13 Jahren maximal zwei Stunden täglich oder zehn Stunden wöchentlich).
- Jugendliche dürfen **nicht mehr als acht Stunden täglich und nicht mehr als 40 Stunden wöchentlich** beschäftigt werden. Die tägliche Arbeitszeit ist die Zeit vom Beginn bis zum Ende der Beschäftigung ohne Pausen. Wenn an einzelnen Werktagen die Arbeitszeit auf weniger als acht Stunden verkürzt ist, können Jugendliche an den übrigen Tagen der Woche 8,5 Stunden arbeiten.

- Die **Arbeitszeit**, die an einem Werktag **infolge eines gesetzlichen Feiertages ausfällt**, wird auf die wöchentliche Arbeitszeit **angerechnet**.
- Jugendlichen müssen **im Voraus feststehende Ruhepausen von mindestens 15 Minuten Dauer** gewährt werden. Die Pausen betragen:
  - bei einer Arbeitszeit von 4,5 bis sechs Stunden 30 Minuten
  - bei einer Arbeitszeit von mehr als sechs Stunden 60 Minuten

  Die erste Pause hat spätestens nach 4,5 Stunden zu erfolgen. Auch sind die Pausen in angemessener zeitlicher Lage zu gewähren, frühestens eine Stunde nach Beginn und spätestens eine Stunde vor Ende der Arbeitszeit.
- Nach Beendigung der täglichen Arbeitszeit dürfen Jugendliche **nicht vor Ablauf von mindestens zwölf Stunden beschäftigt werden**.
- Jugendliche dürfen **nur in der Zeit von 06:00 bis 20:00 Uhr beschäftigt werden**. Von dieser Regelung gibt es jedoch Ausnahmen, z. B. für Bäckereien und Konditoreien, Mehrschichtbetriebe, die Gastronomie und die Landwirtschaft.
- Jugendliche dürfen **nur an fünf Tagen in der Woche beschäftigt werden**. Als Arbeitstage gelten auch die Berufsschultage. Die beiden beschäftigungsfreien Tage (Ruhetage) sollten nach Möglichkeit aufeinanderfolgen.
- An **Sonntagen, gesetzlichen Feiertagen** und am 24. und 31. **Dezember nach 14:00 Uhr** dürfen Jugendliche **nicht beschäftigt** werden. Allerdings existieren für einige Gewerbezweige Ausnahmeregelungen.
- Der **gesetzliche Urlaubsanspruch** für Jugendliche beträgt
  - 30 Werktage, wenn der Jugendliche noch nicht 16 Jahre alt ist,
  - 27 Werktage, wenn der Jugendliche noch nicht 17 Jahre alt ist,
  - 25 Werktage, wenn der Jugendliche noch nicht 18 Jahre alt ist.

  Es gilt jeweils das Alter des Jugendlichen zu Beginn des Kalenderjahres.

Der **Urlaub** soll den Auszubildenden **während der Berufsschulferien** gewährt werden. Ist dies nicht der Fall, ist für jeden Berufsschultag, an dem die Schule während des Urlaubs besucht wird, ein weiterer Urlaubstag zu gewähren.

Berufsschulbesuch und Prüfungen

> § 9 Abs. 1 u. 2 JArbSchG
> (1) Der Arbeitgeber hat Jugendliche für die Teilnahme am Berufsschulunterricht freizustellen. Er darf Jugendliche nicht beschäftigen
>   1. vor einem vor 09:00 Uhr beginnenden Unterricht,
>   2. an einem Berufsschultag mit mehr als fünf Unterrichtsstunden von mindestens je 45 Minuten, einmal in der Woche,
>   3. in Berufsschulwochen mit einem planmäßigen Blockunterricht von mindestens 25 Stunden an mindestens fünf Tagen; zusätzliche betriebliche Ausbildungsveranstaltungen bis zu zwei Stunden wöchentlich sind zulässig.
> (2) Auf die Arbeitszeit des Jugendlichen werden angerechnet
>   1. Berufsschultage (nach Abs. 1 Nr. 2) mit der durchschnittlichen täglichen Arbeitszeit,
>   2. Berufsschulwochen (nach Abs. 1 Nr. 3) mit der durchschnittlichen wöchentlichen Arbeitszeit,
>   3. im Übrigen die Unterrichtszeit einschließlich der Pausen.

Beispiel: Die 17-jährige Auszubildende Erika hat am Montag ihren langen Berufsschultag mit sechs Unterrichtsstunden. Dieser Tag wird mit acht Stunden (= Erikas durchschnittliche tägliche Arbeitszeit) auf die wöchentliche Arbeitszeit angerechnet. Am Mittwoch dauert der Unterricht von 08:00 bis 09:30 und von 09:50 bis 11:20 Uhr. Dieser Berufsschultag wird mit drei Stunden und 20 Minuten auf die Arbeitszeit angerechnet.

Der Arbeitgeber hat den Jugendlichen für **Prüfungen freizustellen**. Dies gilt auch für den Arbeitstag unmittelbar vor der schriftlichen Abschlussprüfung.

Beispiel: Die schriftliche Abschlussprüfung beginnt am Montag. Hier entfällt der Freistellungsanspruch, da dem Prüfungstag kein Arbeitstag unmittelbar vorangeht.

Beschäftigungsverbote und -beschränkungen
Jugendliche dürfen nicht beschäftigt werden

- mit Arbeiten, die ihre Leistungsfähigkeiten übersteigen,
- mit Arbeiten, bei denen sie sittlichen Gefahren ausgesetzt sind,
- mit Arbeiten, die mit Unfallgefahren verbunden sind,
- mit Arbeiten im Umgang mit Gefahrstoffen,
- mit Arbeiten im Umgang mit biologischen Arbeitsstoffen.

Gesundheitliche Betreuung
Vor Beginn der Ausbildung müssen alle Jugendlichen von einem Arzt untersucht worden sein. Die Untersuchung darf nicht mehr als 14 Monate zurückliegen. Ein Jahr nach Aufnahme der Beschäftigung müssen sich alle Jugendlichen einer ärztlichen Nachuntersuchung unterziehen. Die Untersuchungen sind kostenlos.

Das Mutterschutzgesetz

- Das **Mutterschutzgesetz** (MuSchG) gilt für alle Schwangeren oder jungen Mütter, die in einem Arbeitsverhältnis stehen (= **sozialer Arbeitsschutz**). Es findet auch auf Schülerinnen, Studentinnen und Auszubildende Anwendung.
- Bei der Gestaltung des Arbeitsplatzes einer werdenden oder stillenden Mutter muss der Arbeitgeber **besondere Sorgfalt** walten lassen. Auch die Regelung des Arbeitsablaufes ist so zu gestalten, wie es im Interesse von Leben und Gesundheit der Arbeitnehmerin erforderlich ist.

Sofern für das Leben oder die Gesundheit von Mutter oder Kind Gefahr besteht, darf eine werdende Mutter nicht beschäftigt werden (Beschäftigungsverbot). Für schwere körperliche Arbeiten, z. B. das Heben von Lasten mit regelmäßig über 5 kg oder gelegentlich über 10 kg Gewicht, und für zahlreiche andere Beschäftigungen hat der Gesetzgeber ein explizites Beschäftigungsverbot erlassen.

- **Sechs Wochen vor der Entbindung** darf eine werdende Mutter nicht beschäftigt werden, es sei denn, dass sie sich ausdrücklich mit einer Beschäftigung einverstanden erklärt. Diese Erklärung kann sie jederzeit widerrufen.
- **Acht Wochen nach der Entbindung** dürfen Frauen nicht beschäftigt werden. Die Frist verlängert sich auf zwölf Wochen bei Früh- oder Mehrlingsgeburten bzw., wenn bei dem Kind eine Behinderung ärztlich festgestellt wird.
- **Nacht- und Sonntagsarbeit** ist werdenden oder stillenden Müttern grundsätzlich nicht erlaubt. Allerdings existieren unter bestimmten Voraussetzungen Ausnahmen. **Mehrarbeit** ist nur sehr eingeschränkt möglich.

- Während der Schutzfristen, also sechs Wochen vor und acht Wochen nach der Geburt, erhalten Frauen Mutterschaftsgeld von der zuständigen gesetzlichen Krankenkasse. Das **Mutterschaftsgeld** beträgt maximal 13,00 € pro Kalendertag. Die Differenz zwischen diesem Betrag und dem letzten Nettoarbeitsentgelt ist vom Arbeitgeber zu zahlen.

- Mütter und Väter können Elternzeit beanspruchen. Daneben wird ein einkommensabhängiges Basiselterngeld oder das ElterngeldPlus gezahlt.

  Für weitergehende Informationen steht beim Bundesministerium für Familie, Senioren, Frauen und Jugend unter www.bmfsfj.de die Broschüre „Elterngeld, ElterngeldPlus und Elternzeit – Das Bundeselterngeld- und Elternzeitgesetz" zum Download bereit.

- Während der Schwangerschaft, bis vier Monate nach der Entbindung und während der Elternzeit besteht für Frauen **Kündigungsschutz**.

Arbeitszeitgesetz

Die Arbeitszeit der Arbeitnehmer ist durch das Arbeitszeitgesetz (ArbZG) geregelt (= **sozialer Arbeitsschutz**). Das Arbeitszeitgesetz gilt allerdings nicht für leitende Angestellte. Für bestimmte Bereiche wie Krankenhäuser, Gastronomie etc. sind Ausnahmen vorgesehen.

- Die **regelmäßige** werktägliche Arbeitszeit darf die Dauer von **acht Stunden täglich** nicht überschreiten. Bei einer 6-Tage-Woche (Samstag ist ein Werktag) ergibt sich damit eine wöchentliche Höchstarbeitszeit von 48 Stunden. Die tägliche Arbeitszeit darf nur dann auf bis zu zehn Stunden verlängert werden, wenn innerhalb eines halben Kalenderjahres im Durchschnitt eine werktägliche Arbeitszeit von acht Stunden nicht überschritten wird. Eine ergänzende Regelung zum Gesundheitsschutz bei **flexiblen Arbeitszeiten** kann zwischen den Tarifparteien oder mit deren Zustimmung zwischen Geschäftsleitung und Betriebsräten vereinbart werden.

- **Ruhepausen** müssen eine Dauer von mindestens 15 Minuten haben. Spätestens nach sechs Stunden hat die erste Pause zu erfolgen. Bei einer Arbeitszeit von sechs bis neun Stunden sind mindestens 30 Minuten Pause, bei über neun Stunden 45 Minuten Pause vorzusehen.

- Nach Beendigung der Arbeit ist eine **Ruhezeit von elf Stunden** einzuhalten, bis die Arbeit wieder aufgenommen werden darf.

- Für **Nacht- und Schichtarbeiter** existieren ebenfalls besondere Schutzvorschriften. Bei Nachtarbeitern verkürzt sich z. B. der Ausgleichszeitraum für geleistete Mehrarbeit auf vier Wochen. Als Nachtarbeiter gilt ein Arbeitnehmer, wenn er mehr als 48 Kalendertage im Jahr Nachtarbeit leistet. Nachtarbeit wird in der Zeit von 23:00 Uhr bis 6:00 Uhr geleistet.

- **Sonn- und Feiertagsarbeit** ist grundsätzlich verboten. Allerdings gestattet der Gesetzgeber zahlreiche Ausnahmen, z. B. im Gaststättengewerbe, für die Arbeit in Krankenhäusern oder wenn technische Erfordernisse Sonn- und Feiertagsarbeit notwendig machen. Für Industrieunternehmen ist sie vor allem dann möglich, wenn ein Betrieb sonst seine internationale Konkurrenzfähigkeit verliert. Sie wird aber nur dann vom Amt für Gewerbeschutz genehmigt, wenn der Betrieb bereits montags bis samstags rund um die Uhr arbeitet und ausländische Konkurrenten ebenfalls sonntags arbeiten. Jedem Arbeitnehmer sind aber mindestens 15 arbeitsfreie Sonntage im Jahr zu gewähren. Auch an Sonn- und Feiertagen darf die maximale tägliche Arbeitszeit zehn Stunden nicht überschreiten.

Die Einhaltung der gesetzlichen Regelungen wird durch die **staatlichen Aufsichtsbehörden für Gewerbeschutz** und **die Berufsgenossenschaft** überwacht. Die Überwachung der Arbeitszeitregelungen gewinnt zunehmend an Bedeutung, da durch flexible Arbeitszeitmodelle **(Gleitzeit, Jahresarbeitszeitkonten, Teilzeit)** die individuelle Arbeitszeit immer schwieriger nachzuvollziehen ist.

→ LF 7

Schwerbehindertenschutz

Als schwerbehindert gelten Menschen ab einem **Behinderungsgrad von 50 %**. Für Menschen mit einer Schwerbehinderung existieren im Sozialgesetzbuch (SGB) zahlreiche Schutzvorschriften. Schwerbehinderte Menschen haben ein Anrecht auf eine behinderungsgerechte Einrichtung der Arbeitsstätte sowie eine behinderungsgerechte Gestaltung und Ausstattung des Arbeitsplatzes. Erforderliche technische Hilfen sind vom Arbeitgeber zur Verfügung zu stellen.

Auch greift für schwerbehinderte Menschen ein **besonderer Kündigungsschutz**. Wenn das Arbeitsverhältnis zum Zeitpunkt des Zugangs der Kündigung bereits sechs Monate bestanden hat, ist eine Kündigung des Arbeitsverhältnisses nur mit Zustimmung des Integrationsamtes möglich. Menschen mit einer Schwerbehinderung haben zudem einen Anspruch auf fünf Arbeitstage zusätzlichen Urlaub.

Unternehmen mit mindestens 20 Arbeitsplätzen haben auf mindestens 5 % der Arbeitsplätze schwerbehinderte Menschen zu beschäftigen. Erfüllen Arbeitgeber diese **Beschäftigungsquote** nicht, ist eine Ausgleichsabgabe zu zahlen.

Gesundheits- und Unfallschutz (technischer Arbeitsschutz)

Arbeitsschutzmaßnahmen haben die Aufgabe, einen umfassenden Unfall- und Gesundheitsschutz **(= technischer Arbeitsschutz)** zu regeln.

In Unternehmen mit mehr als 20 Beschäftigten ist deshalb ein **Sicherheitsbeauftragter** unter Beteiligung des Betriebsrates zu bestellen.

Beispiel: Jutta Schindler ist bei der Sommerfeld Bürosysteme GmbH Sicherheitsbeauftragte. Sie veranstaltet regelmäßig für alle Mitarbeiter Seminare zur Unfallverhütung.

Um einen umfassenden Unfall- und Gesundheitsschutz zur gewährleisten, sind **Kennzeichnungspflichten** im Betrieb einzuhalten.

Beispiele:

Rettungszeichen			
Notausgang – Rettungsweg	Automatisierter externer Defibrillator	Erste Hilfe	Notruftelefon
Gebotszeichen			
Kopfschutz benutzen	Gehörschutz benutzen	Schutzkleidung benutzen	Atemschutz benutzen
Verbotszeichen			
Für Fußgänger verboten	Feuer, offenes Licht und Rauchen verboten	Rauchen verboten	Betreten der Fläche verboten
Warnzeichen			
Warnung vor Flurförderfahrzeugen	Warnung vor feuergefährlichen Stoffen	Warnung vor giftigen Stoffen	Warnung vor Explosivstoffen

→ **LF 7** Grundsätzlich ist der technische Arbeitsschutz in Deutschland zweigliedrig organisiert („duales Arbeitsschutzsystem"). Auf der einen Seite stehen die **Berufsgenossenschaften** als Träger der gesetzlichen Unfallversicherung. Sie erlassen **Unfallverhütungsvorschriften** und kontrollieren deren Einhaltung durch eigene Aufsichtsdienste. Auf der anderen Seite hat der **Staat** selbst das **Arbeitsschutzrecht** mittels zahlreicher Gesetze und Verordnungen geschaffen. Die Einhaltung der Vorschriften wird durch die Staatliche Gewerbeaufsicht bzw. durch Staatliche Ämter für Arbeitsschutz überwacht.

3 Gesetze und Verordnungen zum Schutz der Auszubildenden und Arbeitnehmer kennenlernen

Das **Arbeitsschutzgesetz** ist das grundlegende Gesetz im Bereich des technischen Arbeitsschutzes. Es definiert die wesentlichen Arbeitsschutzpflichten von Arbeitgebern und Beschäftigten und gewährleistet die Sicherheit und den Gesundheitsschutz der Beschäftigten bei der Arbeit.

Weitere wesentliche Gesetze und Verordnungen sind u. a.:

→ LF 6

Gesetz/Verordnung	Zielsetzung
Arbeitsstättenverordnung (ArbStättV)	menschengerechte Gestaltung von Arbeitsplätzen
Chemikaliengesetz (ChemG) sowie Gefahrstoffverordnung (GefStoffV)	sach- und fachgerechte Behandlung von Gefahrstoffen
Geräte- und Produktsicherheitsgesetz (ProdSG), Maschinenverordnung (9. ProdSV) und Explosionsschutz produkte verordnung (11. ProdSV)	Vermeidung von Unfällen durch Sicherstellung der einwandfreien Funktionstüchtigkeit technischer Geräte
Arbeitssicherheitsgesetz (ASiG)	Vermeidung von Unfällen und Gesundheitsschäden durch Sicherheitsbeauftragte und Betriebsärzte

Beispiel: Ergonomische Gestaltung eines Bildschirmarbeitsplatzes im Einklang mit der Arbeitsstättenverordnung (ArbStättV)

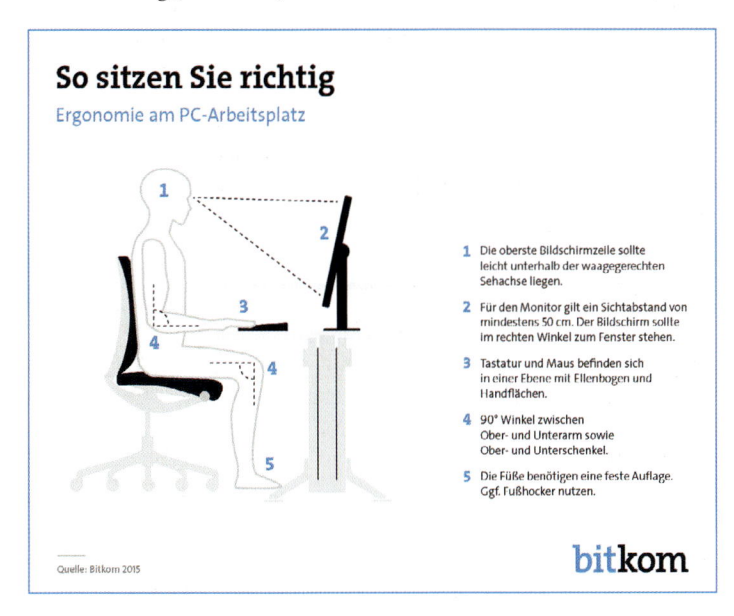

So sitzen Sie richtig
Ergonomie am PC-Arbeitsplatz

1. Die oberste Bildschirmzeile sollte leicht unterhalb der waagerechten Sehachse liegen.
2. Für den Monitor gilt ein Sichtabstand von mindestens 50 cm. Der Bildschirm sollte im rechten Winkel zum Fenster stehen.
3. Tastatur und Maus befinden sich in einer Ebene mit Ellenbogen und Handflächen.
4. 90° Winkel zwischen Ober- und Unterarm sowie Ober- und Unterschenkel.
5. Die Füße benötigen eine feste Auflage. Ggf. Fußhocker nutzen.

Quelle: Bitkom 2015

bitkom

PRAXISTIPP!

Bei der Einrichtung eines Bildschirmarbeitsplatzes sollten Sie insbesondere den Anhang zur Arbeitsstättenverordnung (ArbStättV) beachten. Dieser enthält konkrete Maßnahmen zur Gestaltung von Bildschirmarbeitsplätzen.

Zusammenfassung

Gesetze und Verordnungen zum Schutz der Auszubildenden und Arbeitnehmer kennenlernen

- **Jugendarbeitsschutzgesetz** *(sozialer Arbeitsschutz)*
  - Es gilt für alle beschäftigten Personen, die noch nicht 18 Jahre alt sind.
  - Die Beschäftigung von Kindern unter 15 Jahren ist verboten.
  - Die tägliche maximale Arbeitszeit beträgt acht Stunden.
  - Es gilt grundsätzlich die Fünf-Tage-Woche.
  - Der Auszubildende ist für den Besuch der Berufsschule freizustellen.

- **Mutterschutzgesetz** *(sozialer Arbeitsschutz)*
  - Es gilt für Schwangere und junge Mütter, die in einem Arbeits- und Ausbildungsverhältnis stehen.
  - Schwangere Frauen dürfen sechs Wochen vor und acht Wochen nach der Entbindung nicht beschäftigt werden.
  - Während der Schutzfristen erhalten Frauen Mutterschaftsgeld.
  - Nach der Geburt wird Müttern oder Vätern unter bestimmten Bedingungen Elterngeld gewährt.

- **Arbeitszeitgesetz** *(sozialer Arbeitsschutz)*
  - Regelungen zur Dauer und Gestaltung der Arbeitszeit
  - Die regelmäßige und werktägliche Arbeitszeit darf acht Stunden nicht überschreiten.

- **Schwerbehindertenschutz**
  - Ab einem Behinderungsgrad von 50 % gelten Menschen als schwerbehindert.
  - Schwerbehinderte Menschen unterstehen einem besonderen Kündigungsschutz.

- **Gesundheits- und Unfallschutz** *(technischer Arbeitsschutz)*
  - Unfallverhütungsvorschriften der Berufsgenossenschaften sowie Arbeitsschutzgesetze und Verordnungen regeln den Gesundheits- und Unfallschutz im Unternehmen.
  - Arbeitgeber sind verpflichtet, Arbeitsräume und Maschinen so einzurichten, dass für Arbeitnehmer möglichst keine Gefährdung für Leben und Gesundheit besteht.

Aufgaben

1. Die 17-jährige Meike ist seit einer Woche als Auszubildende in der Personalabteilung eingesetzt. Als erste selbstständige Aufgabe soll sie ihren Wocheneinsatzplan erstellen. Helfen Sie Meike bei der Lösung dieser Aufgabe.
   Berücksichtigen Sie dabei folgende Bedingungen:

   a) Die Geschäftszeiten der Sommerfeld Bürosysteme GmbH sind werktags von 08:00 bis 12:00 Uhr und 13:00 bis 17:00 Uhr.

   b) Meike hat am Dienstag von 08:00 bis 14:00 Uhr und am Donnerstag von 08:00 bis 12:30 Uhr Berufsschule.

   c) Am Montag soll Meike ganztägig im Büro sein.

   d) Die tarifvertragliche Arbeitszeit ist zu berücksichtigen. Erfragen Sie die für Sie geltende tarifvertragliche Wochenarbeitszeit in der Personalabteilung oder bei Ihrem Jugendvertreter oder Betriebsrat.

   e) Berücksichtigen Sie die Regelungen des Jugendarbeitsschutzgesetzes zur täglichen und wöchentlichen Arbeitszeit, zur Festlegung der Pausen und zum Berufsschulbesuch.

3 Gesetze und Verordnungen zum Schutz der Auszubildenden und Arbeitnehmer kennenlernen

2. Stellen Sie fest, in welchem der folgenden Fälle gegen das Jugendarbeitsschutzgesetz verstoßen wurde. Begründen Sie Ihre Entscheidung mithilfe des entsprechenden Paragrafen.

   a) Caroline ist in diesem Jahr 16 Jahre alt geworden und bei der Andreas Schneider Holzwerke KG als Auszubildende zur Industriekauffrau beschäftigt. Lt. Wocheneinsatzplan des Abteilungsleiters muss sie am Samstag arbeiten.
   b) Der Wocheneinsatzplan sieht vor, dass Caroline an drei Tagen jeweils neun Stunden im Betrieb ist.
   c) Am langen Berufsschultag hat Caroline von 8:00 Uhr bis 14:00 Uhr sieben Stunden à 45 Minuten Unterricht. Der Abteilungsleiter setzt sie am gleichen Tag für weitere drei Stunden im Betrieb ein.
   d) Am kurzen Berufsschultag beginnt der Unterricht um 09:00 Uhr. Der Abteilungsleiter will Caroline in der Zeit von 07:30 bis 08.30 Uhr im Betrieb einsetzen.
   e) Caroline hat ihre Ausbildung am 1. Juli begonnen. Die Personalabteilung teilt ihr mit, dass ihr für das laufende Jahr ein Urlaubsanspruch von 14 Tagen zustehe.
   f) Im Rahmen der Inventur hat Caroline bis 20:00 Uhr gearbeitet. Ihre Ausbilderin geht davon aus, dass sie am nächsten Tag um 07:30 Uhr zur Arbeit erscheint.
   g) Um sich einen Urlaub in die Dominikanische Republik leisten zu können, will Caroline am Samstag und Sonntag arbeiten.

3. Erklären Sie, welche Vorgaben des Arbeitszeitgesetzes bezüglich der Höchstarbeitszeit von Arbeitnehmern zu beachten sind.

4. Stellen Sie die wesentlichen Regelungen des Arbeitszeitgesetzes mithilfe einer Mindmap zusammen.

5. Beurteilen Sie die folgenden Fälle vor dem Hintergrund des Mutterschutzgesetzes.

   a) Die Lagerfachkraft Monika soll am 1. März entbinden. Wegen dringender Inventurarbeiten bittet ihre Chefin sie, am 1. Februar im Betrieb auszuhelfen. Monika ist einverstanden.
   b) Pünktlich am 1. März bekommt Monika eine Tochter. Am 15. April ruft ihre Chefin sie an und bittet sie, in der nächsten Woche im Betrieb auszuhelfen. Monika ist einverstanden.
   c) Eine Mitarbeiterin im sechsten Schwangerschaftsmonat soll täglich fünf Stunden – statt wie bisher acht Stunden – als Verkäuferin in der Cafeteria an der Essensausgabe eingesetzt werden.
   d) Eine Fahrerin des Werksbusses wird auch im zweiten Schwangerschaftsmonat im Fahrdienst beschäftigt.
   e) Eine Mitarbeiterin der Versandabteilung ist im sechsten Schwangerschaftsmonat. Sie muss regelmäßig Pakete mit einem Gewicht von zwölf Kilogramm vom Packtisch in einen Container laden.

6. Teilen Sie die Klasse in zwei Gruppen, die Prüfer und die Prüflinge. Die Gruppe der Prüfer legt Kriterien für eine Prüfung zum Thema „Arbeitsschutzgesetze" fest und formuliert Fragen. Die Prüflinge bereiten sich vor. Führen Sie die Prüfung durch und bewerten Sie Ihre Mitschüler anhand der formulierten Kriterien.

4 Mitwirkungs- und mitbestimmungsrechtliche Regelungen reflektieren

Daniela Schaub ist sauer! Erst hat der Wecker nicht geklingelt und dann ist ihr auch noch die Bahn weggefahren. Und jetzt macht Herr Krämer so einen Aufstand, nur wegen der halben Stunde Verspätung. „Das gibt eine Eintragung in die Personalakte", sagt Herr Krämer, „und wenn das nicht das erste Mal ist, riskieren Sie Ihre Lehrstelle!" Als sie in der Mittagspause mit Rudolf Heller darüber spricht, beruhigt der sie. „Bei einer Abmahnung passiert dir gar nichts", sagt Rudolf, „das ist doch deine erste, oder?" Daniela ist ratlos. „Was weiß ich, was Herr Krämer alles in meine Personalakte geschrieben hat." „Dann sieh doch nach", erwidert Rudolf. „Kann man denn so einfach Einblick in seine Personalakte nehmen?", fragt Daniela. „Erkundige dich doch beim Betriebsrat", sagt Rudolf, „der vertritt unsere Interessen."

Arbeitsaufträge

- Erarbeiten Sie in jeweils einer Gruppe, welche Mitwirkungs- und Mitbestimmungsrechte der einzelne Arbeitnehmer hat. Achten Sie bei der Gruppenarbeit auf die 11 Minusregeln (vgl. S. 25).
- Stellen Sie fest, ob Daniela Einsicht in ihre Personalakte nehmen kann.
- Erläutern Sie die Aufgaben des Betriebsrates.

Die Mitbestimmungsgesetze stehen unter www.gesetze-im-internet.de zum Download zur Verfügung.

Mitwirkung des einzelnen Arbeitnehmers

Die Mitwirkungsrechte des einzelnen Arbeitnehmers und des Betriebsrates sind im **Betriebsverfassungsgesetz** (BetrVG) geregelt. Grundsätzlich verpflichtet das Betriebsverfassungsgesetz Arbeitnehmer, Betriebsräte und Arbeitgeber **vertrauensvoll** in einem ständigen Dialog zum Wohle der Arbeitnehmer und des Betriebes **zusammenzuarbeiten**. Es verfolgt dabei den Zweck, die unterschiedlichen **Interessen** der Beteiligten **zum Ausgleich zu bringen**.

In den §§ 81 bis 86 BetrVG sind die Rechte des Arbeitnehmers auf **Unterrichtung, Anhörung, Erörterung und Beschwerde** festgelegt. Sie gelten jedoch nur in den Angelegenheiten, die den einzelnen Arbeitnehmer und seinen Arbeitsplatz unmittelbar betreffen.

Der Arbeitgeber hat den Arbeitnehmer über dessen **Aufgaben und Verantwortlichkeiten** sowie über die **Art der Tätigkeit** und die **Einordnung in den Arbeitsablauf** des Betriebes zu unterrichten (§ 81 BetrVG).

Beispiel: Jeder neu eingestellte Arbeitnehmer der Sommerfeld Bürosysteme GmbH erhält das Organigramm und eine ausführliche Stellenbeschreibung.

Bei Einstellung oder Versetzung ist der Arbeitnehmer über die **Unfall- und Gesundheitsgefahren** des Arbeitsplatzes und über die Unfallverhütungsvorschriften zu belehren (§ 81 BetrVG).

Auch hat der Arbeitgeber den Arbeitnehmer über geplante **technische Veränderungen** z. B. durch eine Umstellung von Produktionsverfahren zu unterrichten und mit ihm zu erörtern, wie seine beruflichen Fähigkeiten und Kenntnisse an die geplanten Veränderungen angepasst werden können.

In betrieblichen Angelegenheiten, die **seine Person und seinen Arbeitsplatz** betreffen, hat der Arbeitnehmer das Recht, sich an seinen Vorgesetzten zu wenden und von diesem angehört zu werden. Er ist berechtigt, Vorschläge zur Gestaltung seines Arbeitsplatzes und des Betriebsablaufs zu machen (§ 82 BetrVG).

> **§ 83 Abs. 1 BetrVG** Der Arbeitnehmer hat das Recht, in die über ihn geführte Personalakte Einsicht zu nehmen. Er kann hierzu ein Mitglied des Betriebsrates hinzuziehen. Das Mitglied des Betriebsrates hat über den Inhalt der Personalakte Stillschweigen zu bewahren, soweit es vom Arbeitnehmer im Einzelfall nicht von dieser Verpflichtung entbunden wird.

Inhalt der Personalakte sind neben dem Arbeitsvertrag alle den Arbeitnehmer betreffenden Unterlagen (Beurteilungen, Teilnahme an Seminaren, Fortbildungsveranstaltungen usw.).

Jeder Arbeitnehmer hat das Recht, sich **bei seinem Vorgesetzten zu beschweren**, wenn er sich benachteiligt oder ungerecht behandelt fühlt. Zur Unterstützung oder Vermittlung kann er ein Mitglied des Betriebsrates hinzuziehen. Ihm dürfen aus der Beschwerde keine Nachteile entstehen.

Mitwirkung und Mitbestimmung des Betriebsrates

> **§ 1 Abs. 1 BetrVG** In Betrieben mit in der Regel mindestens fünf ständigen wahlberechtigten Arbeitnehmern, von denen drei wählbar sind, werden Betriebsräte gewählt.

Wahl des Betriebsrates
Wahlberechtigt (= aktives Wahlrecht) sind alle Arbeitnehmer, die das 18. Lebensjahr vollendet haben, sowie Leiharbeitnehmer, die länger als drei Monate im Betrieb eingesetzt werden. **Wählbar (= passives Wahlrecht)** sind alle Wahlberechtigten, die mindestens sechs Monate dem Betrieb angehören. Die **leitenden Angestellten** sind weder wahlberechtigt noch wählbar. Ihre Interessen werden durch den von ihnen zu wählenden **Sprecherausschuss** vertreten.

Die **Zahl** der Betriebsratsmitglieder ist im Betriebsverfassungsgesetz geregelt und richtet sich nach der Zahl der Arbeitnehmer. Auch die **Zusammensetzung** des Betriebsrates regelt das Gesetz. So sollen alle Organisationsbereiche und die verschiedenen Beschäftigungsarten in ihm vertreten sein. Zudem müssen Männer und Frauen entsprechend ihrem zahlenmäßigen Verhältnis repräsentiert werden.

Die **Amtszeit** des Betriebsrates beträgt vier Jahre. Die regelmäßigen **Betriebsratswahlen** finden in der Zeit vom 1. März bis 31. Mai statt. Spätestens zehn Wochen vor Ablauf seiner Amtszeit bestellt der Betriebsrat einen Wahlvorstand, der die Wahlen vorbereitet und durchführt. Der Betriebsrat wird in geheimer und unmittelbarer Wahl gewählt. Die Betriebsratsmitglieder wählen aus ihren Reihen einen **Vorsitzenden**. Mitglieder des Betriebsrates sind für die ordnungsgemäße Wahrnehmung ihrer Aufgaben von ihrer beruflichen Tätigkeit zu befreien. Ab einer Betriebsgröße von 200 Arbeitnehmern sind je nach Anzahl der Arbeitnehmer ein oder mehrere Betriebsratsmitglieder ganz von ihrer beruflichen Tätigkeit freizustellen.

Allgemeine Aufgaben, Einrichtungen und Rechtsstellung des Betriebsrates

Der Betriebsrat hat folgende **allgemeine Aufgaben**:

- Interessenvertretung der Arbeitnehmer im Betrieb,
- Überwachung der Einhaltung von Gesetzen (z. B. Kündigungsschutzgesetz), Verordnungen (z. B. Reichsversicherungsordnung), Unfallverhütungsvorschriften und Tarifverträgen,
- besondere Förderung von Jugendlichen, älteren und ausländischen Arbeitnehmern und sonstigen besonders schutzbedürftigen Personen,
- Durchsetzung der Gleichstellung von Mann und Frau sowie Förderung der Vereinbarkeit von Familie und Beruf,
- Integration ausländischer Arbeitnehmer,
- Förderung und Sicherung der Beschäftigung im Betrieb.

Einmal in jedem Kalendervierteljahr muss der Betriebsrat zudem eine **Betriebsversammlung** einberufen. Diese besteht aus den Arbeitnehmern des Betriebes und wird vom Betriebsratsvorsitzenden geleitet. Aufgabe der Betriebsversammlung ist die Aussprache zwischen Betriebsrat und Belegschaft sowie die Information der Belegschaft über wesentliche, sie betreffende Fragen. Der Arbeitgeber ist zu den Betriebsversammlungen einzuladen und berechtigt, dort zu sprechen. Betriebsversammlungen finden nach Möglichkeit während der Arbeitszeit statt. Die Teilnahme ist als Arbeitszeit zu vergüten.

Der Betriebsratsvorsitzende beruft die **Sitzungen** des Betriebsrates ein. Diese finden in der Regel während der Arbeitszeit statt. Grundsätzlich fasst der Betriebsrat seine Beschlüsse mit der Mehrheit der Stimmen der anwesenden Mitglieder (einfache Mehrheit). Zudem kann der Betriebsrat **Sprechstunden** einrichten. Ab einer Größe von 200 Arbeitnehmern werden **einzelne Betriebsratsmitglieder** je nach Größe des Betriebes von ihrer Arbeit **freigestellt**.

Um etwaige Meinungsverschiedenheiten zwischen Betriebsrat und Unternehmensleitung zu schlichten, kann eine **Einigungsstelle** eingerichtet werden. Sie besteht aus der gleichen Anzahl von Vertretern des Betriebsrates und der Arbeitgeberseite. Beide Seiten einigen sich auf einen unparteiischen Vorsitzenden. Entscheidungen der Einigungsstelle werden mit Stimmenmehrheit getroffen, sie sind in Mitbestimmungsfragen laut Betriebsverfassungsgesetz verbindlich.

Einigungen zwischen Arbeitgeber und Betriebsrat können auch in einer **Betriebsvereinbarung** dokumentiert werden. Inhalte einer Betriebsvereinbarung können etwa notwendige Einigungen in Mitbestimmungsfällen (z. B. betriebliche Ordnung oder Arbeitszeitregelung) sowie freiwillige Vereinbarungen (z. B. die Errichtung von Sozialeinrichtungen oder zusätzliche Leistungsprämien) sein.

In Betrieben mit mehr als 100 beschäftigten Arbeitnehmern muss zudem ein **Wirtschaftsausschuss** eingerichtet werden. Die Mitglieder des Wirtschaftsausschusses werden vom

Betriebsrat bestellt und sollen monatlich tagen. Der Unternehmer oder sein Vertreter hat den Wirtschaftsausschuss umfassend über die wirtschaftlichen Angelegenheiten des Unternehmens zu unterrichten und diese mit ihm zu beraten. Der Wirtschaftsausschuss berichtet dem Betriebsrat über die Sitzungen des Wirtschaftsausschusses.

Bestehen in einem Unternehmen mehrere Betriebsräte oder ist das Unternehmen ein Konzern, sind (ab einer gewissen Größe) **Gesamtbetriebsräte** bzw. **Konzernbetriebsräte** einzurichten. Falls das Unternehmen in zwei oder mehr Mitgliedsstaaten der Europäischen Union tätig ist und seinen Sitz in Deutschland hat, ist ein **Europäischer Betriebsrat (EBR)** in größeren Unternehmen einzurichten. Der EBR ist vor allem für wirtschaftliche Angelegenheiten zuständig, sofern sie Unternehmen in zwei oder mehreren Mitgliedsstaaten betreffen und sich grenzübergreifend auswirken.

Mitglieder des Betriebsrates genießen einen **besonderen Kündigungsschutz**. Während der Amtszeit und ein Jahr danach ist eine Kündigung unzulässig. Hiervon ausgenommen ist lediglich die außerordentliche Kündigung.

Mitwirkungs- und Mitbestimmungsrechte des Betriebsrates

Neben den allgemeinen Aufgaben hat der Betriebsrat konkrete Mitwirkungs- und Mitbestimmungsrechte.

Mitwirkungsrechte

- **Informationsrechte** sind die schwächste Form der Beteiligung. Der Betriebrat ist vom Arbeitgeber zu unterrichten. Sie bilden häufig die Vorstufe für weitere Beteiligungsrechte.

  Beispiel: allgemeine Unterrichtungspflicht des Arbeitgebers damit der Betriebsrat seine Aufgaben wahrnehmen kann

- Im Rahmen der **Vorschlagsrechte** kann der Betriebsrat selbst die Initiative ergreifen. Die Vorschläge sind vom Arbeitgeber zu prüfen, einen Anspruch auf Umsetzung gibt es jedoch nicht.

  Beispiele: Beschäftigungssicherung, Teilnahme von Arbeitnehmern an beruflichen Bildungsmaßnahmen

- **Anhörungsrechte** geben dem Betriebsrat Gelegenheit, zu bestimmten Sachverhalten Stellung zu nehmen. Der Arbeitgeber ist dazu angehalten vor einer Entscheidung die Meinung des Betriebsrates einzuholen.

  Beispiel: Kündigung eines Arbeitnehmers

- **Beratungsrechte** verpflichten den Arbeitgeber, bei Entscheidungen über betriebliche Angelegenheiten die Meinung des Betriebsrates einzuholen und die Angelegenheit mit dem Betriebsrat zu erörtern.

  Beispiele: Arbeitsplatzgestaltung, Personalplanung, Berufsausbildung, Einführung neuer Techniken, vor geplanten Betriebsänderungen

Mitbestimmungsrechte

- Durch **Zustimmungsverweigerungs- und Widerspruchsrechte** kann der Betriebsrat Entscheidungen des Arbeitgebers blockieren. Allerdings besteht für den Arbeitgeber die Möglichkeit, die fehlende Zustimmung des Betriebsrates durch eine arbeitsgerichtliche Entscheidung zu ersetzen.

Beispiele: Einstellung, Eingruppierung, Versetzung und Kündigung eines Mitarbeiters

- Bei **„vollen"** Mitbestimmungsrechten ist der Arbeitgeber auf die Zustimmung des Betriebsrates angewiesen, ohne sie durch eine arbeitsgerichtliche Entscheidung ersetzen zu können. Sollte keine Einigung zwischen Arbeitgeber und Betriebsrat möglich sein, trifft die Einigungsstelle eine verbindliche Entscheidung.

Beispiele: Lage der Arbeitszeit, Urlaubsplan, Ordnung des Betriebes, Ausgestaltung der Personalfragebögen, Beurteilungsgrundsätze für Mitarbeiter, personelle Auswahlrichtlinien, Aufstellung eines Sozialplanes bei Betriebsänderungen

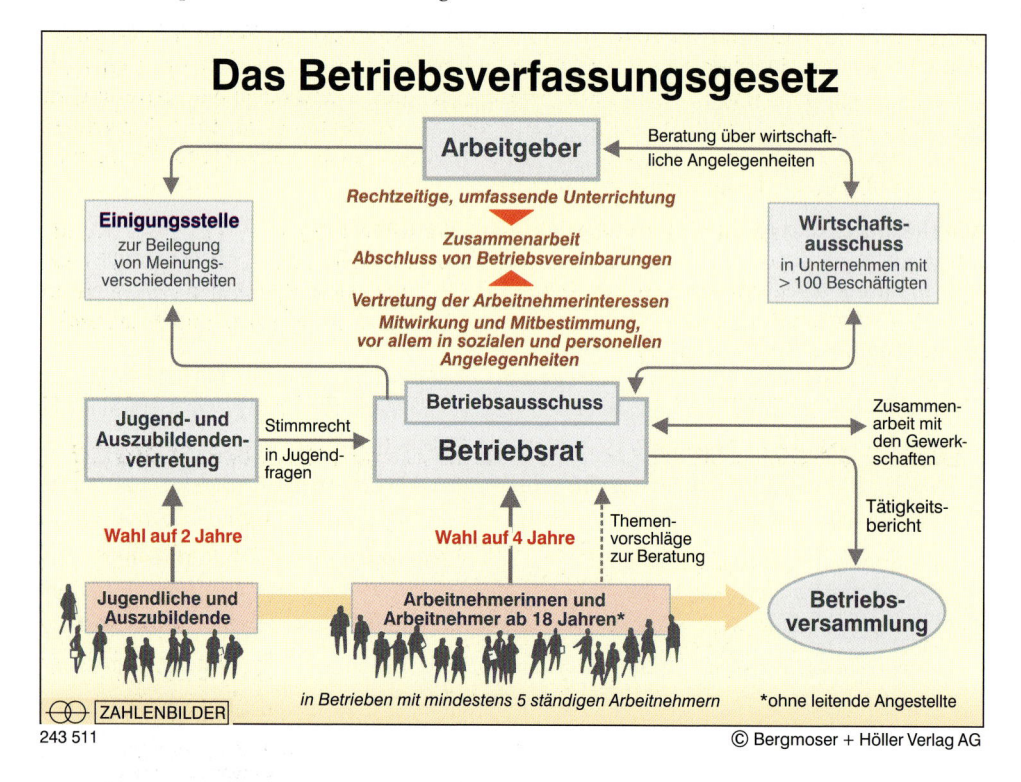

Das Betriebsverfassungsgesetz

(Schaubild: Arbeitgeber – Einigungsstelle zur Beilegung von Meinungsverschiedenheiten – Wirtschaftsausschuss in Unternehmen mit > 100 Beschäftigten – Rechtzeitige, umfassende Unterrichtung – Zusammenarbeit, Abschluss von Betriebsvereinbarungen – Vertretung der Arbeitnehmerinteressen, Mitwirkung und Mitbestimmung, vor allem in sozialen und personellen Angelegenheiten – Betriebsausschuss – Betriebsrat – Jugend- und Auszubildendenvertretung, Stimmrecht in Jugendfragen – Zusammenarbeit mit den Gewerkschaften – Tätigkeitsbericht – Themenvorschläge zur Beratung – Wahl auf 2 Jahre – Wahl auf 4 Jahre – Jugendliche und Auszubildende – Arbeitnehmerinnen und Arbeitnehmer ab 18 Jahren* – Betriebsversammlung – in Betrieben mit mindestens 5 ständigen Arbeitnehmern – *ohne leitende Angestellte)

ZAHLENBILDER 243 511 © Bergmoser + Höller Verlag AG

Jugend- und Auszubildendenvertretung (JAV)

Aufgaben der Jugend- und Auszubildendenvertretung

§ 70 Abs. 1 BetrVG Die Jugend- und Auszubildendenvertretung hat folgende allgemeine Aufgaben:
1. Maßnahmen, die den in § 60 Abs. 1 genannten Arbeitnehmern dienen, insbesondere in Fragen der Berufsbildung (...), beim Betriebsrat zu beantragen;
2. darüber zu wachen, dass die zugunsten der in § 60 Abs. 1 genannten Arbeitnehmer geltenden Gesetze, Verordnungen, Unfallverhütungsvorschriften, Tarifverträge und Betriebsvereinbarungen durchgeführt werden;
3. Anregungen von den in § 60 Abs. 1 genannten Arbeitnehmern, insbesondere in Fragen der Berufsbildung entgegenzunehmen und, falls sie berechtigt erscheinen, beim Betriebsrat auf Erledigung hinzuwirken. (...)

In Betrieben mit mindestens fünf Arbeitnehmern unter 18 Jahren oder Auszubildenden unter 25 Jahren kann eine **Jugend- und Auszubildendenvertretung** gewählt werden. **Wahlberechtigt** sind alle jugendlichen Arbeitnehmer (also unter 18 Jahren) und alle Auszubildenden unter 25 Jahren. **Wählbar** sind alle Arbeitnehmer, die das 25. Lebensjahr noch nicht vollendet haben. Wird ein Jugend- und Auszubildendenvertreter während seiner Amtszeit 25 Jahre, bleibt er bis zum Ende der Wahlperiode im Amt. Auch die **Zahl** der Jugend- und Auszubildendenvertreter ist von der Zahl der Jugendlichen bzw. Auszubildenden unter 25 Jahren im Betrieb abhängig. Die **Amtszeit** des Jugend- und Auszubildendenvertreters beträgt zwei Jahre.

Aufgabe der Jugend- und Auszubildendenvertretung ist es nach § 70 BetrVG, Maßnahmen, die den Jugendlichen und Auszubildenden dienen, beim Betriebsrat zu beantragen und auf deren Erledigung hinzuwirken. Die Jugend- und Auszubildendenvertretung ist **kein eigenständiges Organ**. Sie kann zu allen Betriebsratssitzungen Vertreter entsenden. Diese haben im Betriebsrat **Stimmrecht**, wenn die Beschlüsse überwiegend die Belange der Jugendlichen und Auszubildenden betreffen.

Während seiner Amtszeit und ein Jahr danach ist die **Kündigung** eines Jugend- und Auszubildendenvertreters unzulässig. Wird einem Auszubildenden, der Mitglied der JAV ist, nicht spätestens drei Monate vor Beendigung der Ausbildung mitgeteilt, dass er nicht in ein unbefristetes Arbeitsverhätnis übernommen wird, muss er auf Antrag nach bestandener **Prüfung** unbefristet weiterbeschäftigt werden.

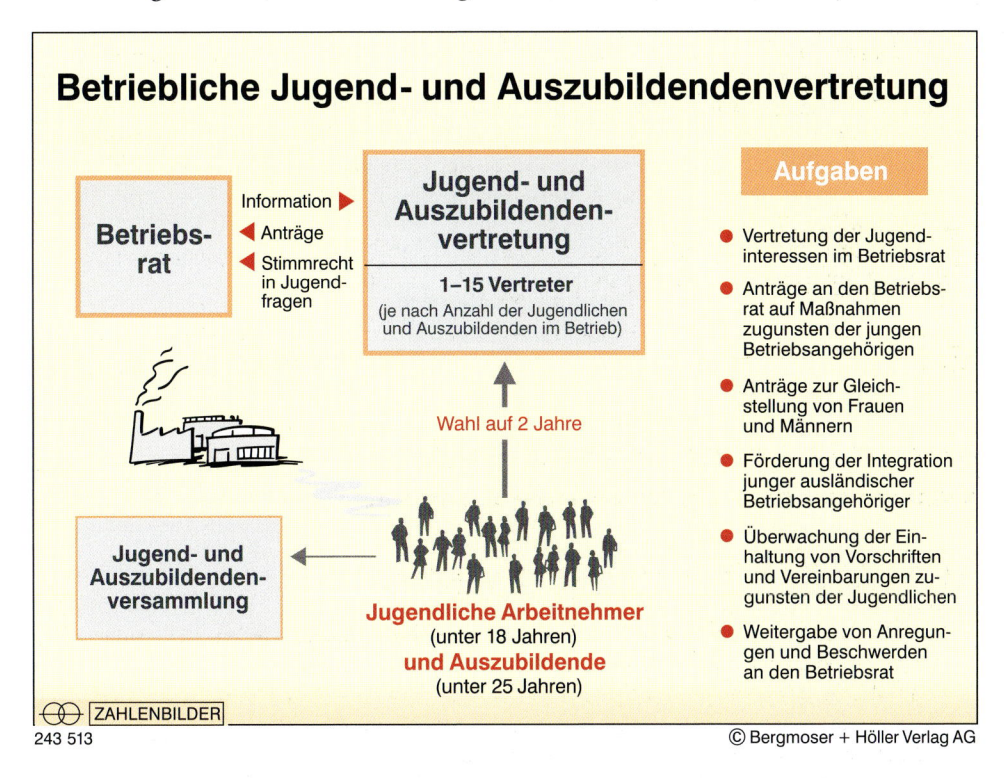

Betriebliche Jugend- und Auszubildendenvertretung

Betriebsrat
- Information ▶
- ◀ Anträge
- ◀ Stimmrecht in Jugendfragen

Jugend- und Auszubildendenvertretung
1–15 Vertreter
(je nach Anzahl der Jugendlichen und Auszubildenden im Betrieb)

Wahl auf 2 Jahre

Jugendliche Arbeitnehmer
(unter 18 Jahren)
und Auszubildende
(unter 25 Jahren)

Jugend- und Auszubildendenversammlung

Aufgaben
- Vertretung der Jugendinteressen im Betriebsrat
- Anträge an den Betriebsrat auf Maßnahmen zugunsten der jungen Betriebsangehörigen
- Anträge zur Gleichstellung von Frauen und Männern
- Förderung der Integration junger ausländischer Betriebsangehöriger
- Überwachung der Einhaltung von Vorschriften und Vereinbarungen zugunsten der Jugendlichen
- Weitergabe von Anregungen und Beschwerden an den Betriebsrat

ZAHLENBILDER
243 513
© Bergmoser + Höller Verlag AG

Mitwirkung und Mitbestimmung auf der Ebene der Unternehmensleitung

Auf Leitungsebene vollzieht sich die Mitbestimmung der Arbeitnehmer durch ihre Mitglieder im Aufsichtsrat. Den Arbeitnehmern wird das Recht zugestanden, einen **Teil der Mitglieder** des **Aufsichtsrates** zu bestimmen. Der Aufsichtsrat ist das Überwachungsorgan einer **Kapitalgesellschaft** (vgl. auch die Ausführungen zur GmbH, S. 155 und AG, S. 162 f.). Bei bestimmten in der Satzung vorgesehenen Geschäften und Maßnahmen ist die Zustimmung des Aufsichtsrates erforderlich. Der Aufsichtsrat einer AG bestellt zudem den Vorstand. Insofern kann der Aufsichtsrat erheblichen **Einfluss auf die Geschäftspolitik** eines Unternehmens ausüben.

Die Möglichkeit der Mitbestimmung im Aufsichtsrat ist von der **Größe des Unternehmens** abhängig. Grundsätzlich greift die Mitbestimmung im Aufsichtsrat erst ab einer Mitarbeiterzahl von mehr als 500 Arbeitnehmern. Bei einer GmbH ist ein Aufsichtsrat erst ab dieser Mitarbeiterzahl verpflichtend zu errichten.

Das Recht auf Mitbestimmung im Aufsichtsrat ist je nach Gesellschaftsform und Unternehmensgröße unterschiedlich ausgestaltet und ist in folgenden **Gesetzen** geregelt:

- dem **Drittelbeteiligungsgesetz** von 2004,
- dem **Mitbestimmungsgesetz** von 1976,
- dem **Montanmitbestimmungsgesetz** von 1951.

Mitbestimmung nach dem Drittelbeteiligungsgesetz von 2004

Sie gilt für Aktiengesellschaften und Gesellschaften mit beschränkter Haftung, Kommanditgesellschaften auf Aktien und Genossenschaften mit 501 bis 2 000 Beschäftigten. Die Hauptversammlung, d. h. die Versammlung der Aktionäre, wählt zwei Drittel der Mitglieder des Aufsichtsrates, ein Drittel wird von den Arbeitnehmern gewählt **(Drittelparität)**. Die Größe des Aufsichtsrates ist von der Größe des Unternehmens abhängig, die Zahl der Mitglieder muss in jedem Fall durch drei teilbar sein.

Beispiel: Mitbestimmung nach dem Drittelbeteiligungsgesetz bei einer AG

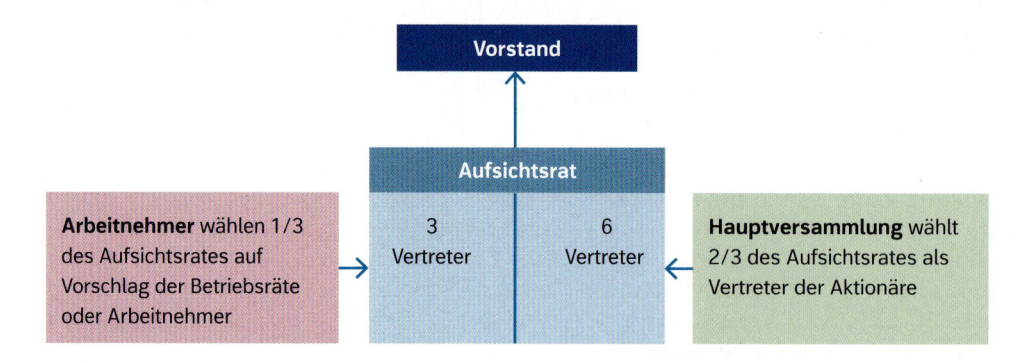

Arbeitnehmer wählen 1/3 des Aufsichtsrates auf Vorschlag der Betriebsräte oder Arbeitnehmer	**Aufsichtsrat** → **Vorstand**	**Hauptversammlung** wählt 2/3 des Aufsichtsrates als Vertreter der Aktionäre
	3 Vertreter	6 Vertreter	

Mitbestimmung nach dem Mitbestimmungsgesetz von 1976

Es gilt für Aktiengesellschaften und Gesellschaften mit beschränkter Haftung mit über 2 000 Beschäftigten. Hier wird der Aufsichtsrat zu gleichen Teilen von Vertretern der Aktionäre oder Gesellschafter (Anteilseigner) und Vertretern der Arbeitnehmer besetzt **(paritätische Mitbestimmung)**. Den Arbeitnehmervertretern gehören „normale"

Arbeitnehmer, leitende Angestellte und Gewerkschaftsvertreter an. Der Aufsichtsratsvorsitzende wird im ersten Wahlgang mit 2/3-Mehrheit der Aufsichtsratmitglieder gewählt. Können sich die Mitglieder des Aufsichtsrates über die Wahl des Vorsitzenden nicht einigen, wird er durch die Anteilseigner gewählt. Bei Abstimmungen im Aufsichtsrat hat der Vorsitzende bei Stimmengleichheit **zwei Stimmen**. Damit ist ausgeschlossen, dass Entscheidungen gegen den Willen der Anteilseigner getroffen werden können.

Beispiel: Die Zahl der Aufsichtsratmitglieder nach dem Mitbestimmungsgesetz beträgt:
- 2 001–10 000 Arbeitnehmer = 12 Mitglieder (davon vier Arbeitnehmer des Unternehmens und zwei Gewerkschaftsvertreter)
- mehr als 10 000 Arbeitnehmer = 16 Mitglieder (davon sechs Arbeitnehmer des Unternehmens und zwei Gewerkschaftsvertreter)
- mehr als 20 000 Arbeitnehmer = 20 Mitglieder (davon sieben Arbeitnehmer des Unternehmens und drei Gewerkschaftsvertreter)

Beispiel: Mitbestimmung nach dem Mitbestimmungsgesetz bei einer AG

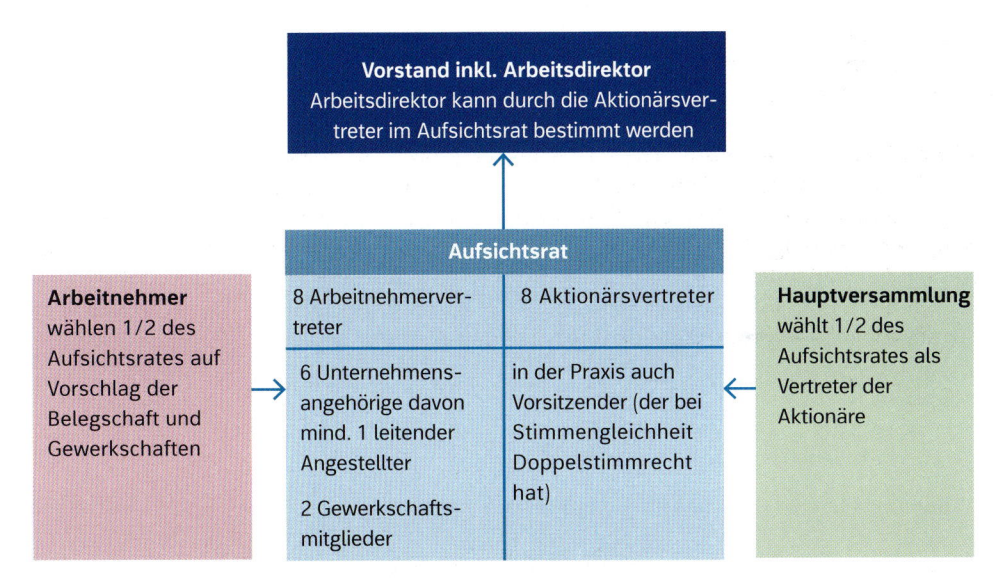

Vorstand inkl. Arbeitsdirektor
Arbeitsdirektor kann durch die Aktionärsvertreter im Aufsichtsrat bestimmt werden

Aufsichtsrat

Arbeitnehmer wählen 1/2 des Aufsichtsrates auf Vorschlag der Belegschaft und Gewerkschaften	8 Arbeitnehmervertreter	8 Aktionärsvertreter	Hauptversammlung wählt 1/2 des Aufsichtsrates als Vertreter der Aktionäre
	6 Unternehmensangehörige davon mind. 1 leitender Angestellter 2 Gewerkschaftsmitglieder	in der Praxis auch Vorsitzender (der bei Stimmengleichheit Doppelstimmrecht hat)	

Mitbestimmung nach dem Montanmitbestimmungsgesetz von 1951

Sie gilt für Aktiengesellschaften und Gesellschaften mit beschränkter Haftung des Bergbaus und der Eisen- und Stahlindustrie mit über 1 000 Beschäftigten. Der Aufsichtsrat besteht zu gleichen Teilen aus Vertretern der Anteilseigner und Vertretern der Arbeitnehmer. Hinzu kommt ein **neutrales Mitglied**, auf das sich beide Seiten einigen müssen (**echte paritätische Mitbestimmung**).

Die Arbeitnehmer haben zudem Einfluss bei der Bestellung des **Vorstandes**. Dem Vorstand muss ein **Arbeitsdirektor** angehören, der nicht gegen die Stimmenmehrheit der Arbeitnehmervertreter berufen werden kann. Vom Arbeitsdirektor wird das Ressort „Personal- und Sozialwesen" geleitet. Insofern ist sichergestellt, dass auftretende Sozialprobleme, z. B. durch eine Betriebsänderung, schon bei der Unternehmensplanung berücksichtigt werden können.

Beispiel: Mitbestimmung nach dem Montanmitbestimmungsgesetz bei einer AG

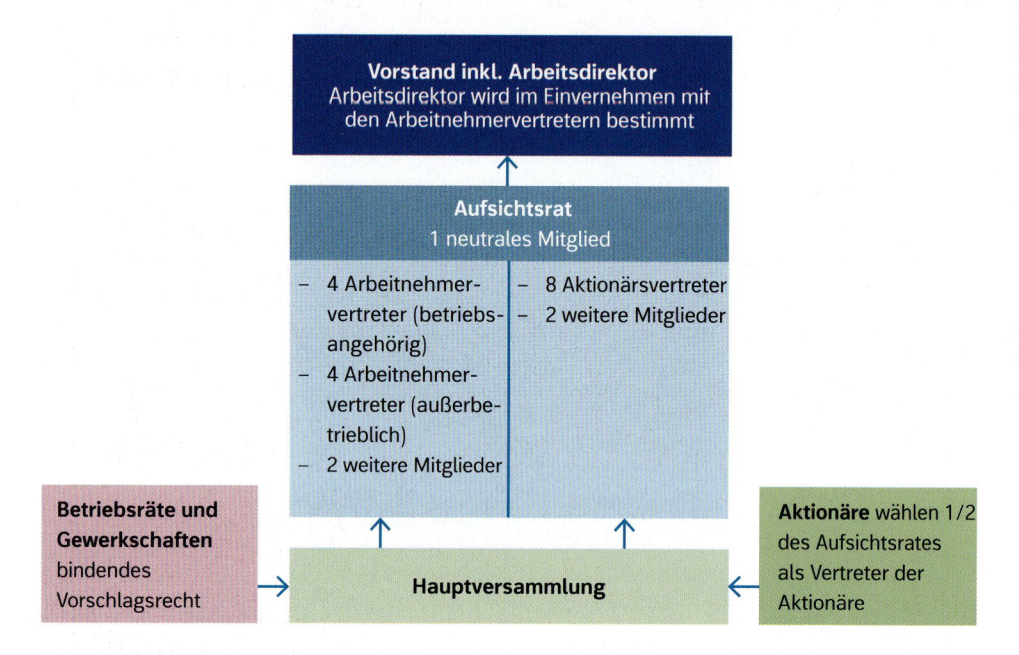

```
                    ┌─────────────────────────────────────┐
                    │   Vorstand inkl. Arbeitsdirektor    │
                    │  Arbeitsdirektor wird im Einvernehmen mit │
                    │   den Arbeitnehmervertretern bestimmt     │
                    └─────────────────────────────────────┘
                                     ↑
                    ┌─────────────────────────────────────┐
                    │            Aufsichtsrat             │
                    │         1 neutrales Mitglied        │
                    ├──────────────────┬──────────────────┤
                    │ – 4 Arbeitnehmer-│ – 8 Aktionärs-   │
                    │   vertreter      │   vertreter      │
                    │   (betriebs-     │ – 2 weitere      │
                    │   angehörig)     │   Mitglieder     │
                    │ – 4 Arbeitnehmer-│                  │
                    │   vertreter      │                  │
                    │   (außerbe-      │                  │
                    │   trieblich)     │                  │
                    │ – 2 weitere      │                  │
                    │   Mitglieder     │                  │
                    └──────────────────┴──────────────────┘
```

Betriebsräte und Gewerkschaften: bindendes Vorschlagsrecht → Hauptversammlung ← Aktionäre wählen 1/2 des Aufsichtsrates als Vertreter der Aktionäre

---

Zusammenfassung

Mitwirkungs- und mitbestimmungsrechtliche Regelungen reflektieren

Mitwirkung und Mitbestimmung des einzelnen Arbeitnehmers

- Der Arbeitgeber muss
  - *über auszuführende Aufgabe informieren,*
  - *über Unfall- und Gesundheitsgefahren belehren,*
  - *Einsicht in die Personalakte gewähren.*

- *Der Arbeitnehmer kann sich beim Vorgesetzten beschweren.*

Mitwirkung und Mitbestimmung des Betriebsrates

- *In Betrieben mit in der Regel mindestens fünf ständigen wahlberechtigten Arbeitnehmern, von denen drei wählbar sind, werden Betriebsräte gewählt.*

- *Der Betriebsrat hat in bestimmten Fragen Mitwirkungs- und Mitbestimmungsrechte:*
  - *Informationsrechte*
  - *Vorschlagsrechte*
  - *Anhörungsrechte*
  - *Beratungsrechte*
  - *Zustimmungsverweigerungs- und Widerspruchsrechte*
  - *„volle" Mitbestimmungsrechte*

- *Die Interessen von Jugendlichen und Auszubildenden unter 25 Jahren werden von der Jugend- und Auszubildendenvertretung wahrgenommen.*

4 Mitwirkungs- und mitbestimmungsrechtliche Regelungen reflektieren

Mitwirkung und Mitbestimmung auf der Ebene der Unternehmensleitung

Mitbestimmung in Unternehmen

Drittelbeteiligungsgesetz von 2004
in AG, KGaA, GmbH und Genossenschaften mit 501 - 2.000 Beschäftigten und in VVaG mit mehr als 500 Beschäftigten

Mitbestimmungsgesetz von 1976
in AG, KGaA, GmbH und Erwerbs- u. Wirtschaftsgenossenschaften mit über 2.000 Beschäftigten

Bei einem Stichentscheid hat der Aufsichtsratsvorsitzende **2 Stimmen**

Montanmitbestimmungsgesetz von 1951
in AG und GmbH mit über 1.000 Beschäftigten im Bergbau und in der Eisen- und Stahlindustrie

Der Aufsichtsrat wählt ein **neutrales Mitglied** hinzu

Aufsichtsrat | Arbeitnehmer | Kapitaleigner | Aufsichtsratsvorsitzender

* Leitender Angestellter   ** „weiteres Mitglied"

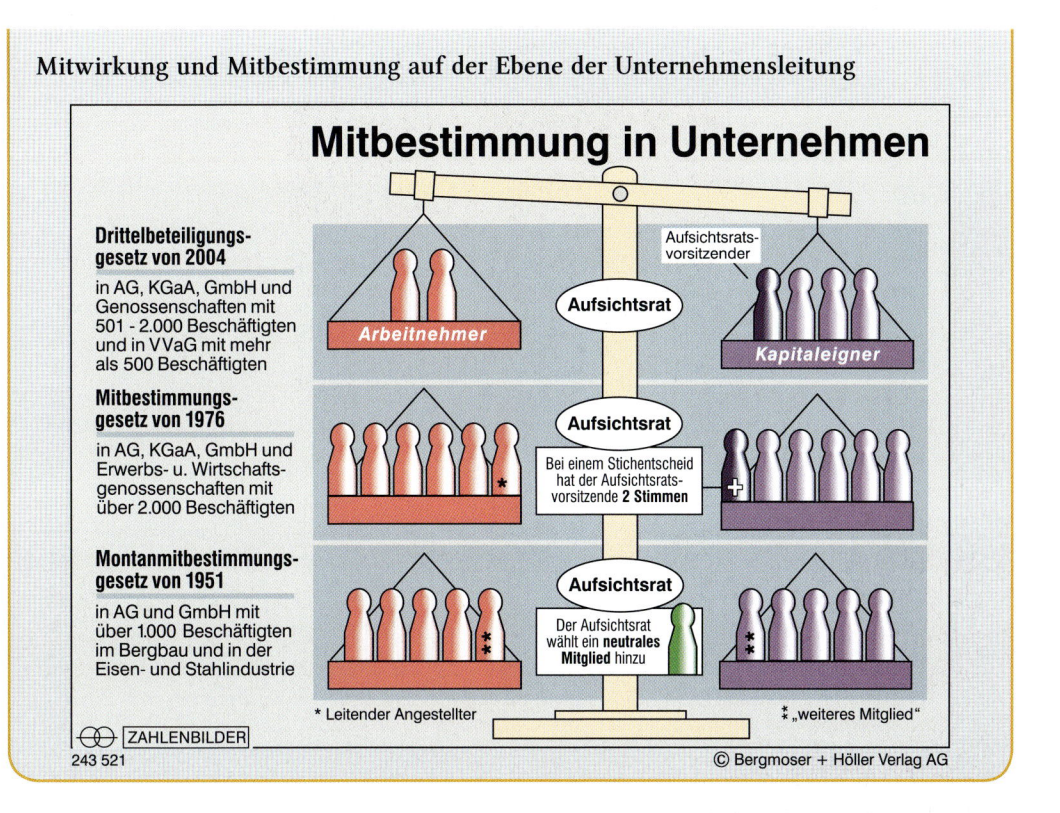

ZAHLENBILDER
243 521   © Bergmoser + Höller Verlag AG

Aufgaben

1. Sonja Nolden, Sachbearbeiterin in der Abteilung Rechnungswesen, fühlt sich durch ihren Kollegen Lage belästigt. Herr Lage macht anzügliche Bemerkungen und hat Frau Nolden in der Teeküche unsittlich berührt. Frau Nolden möchte sich bei der Abteilungsleiterin beschweren, hat aber Angst, dass ihr daraus Nachteile entstehen. Diskutieren Sie, welche Probleme mit einer solchen Beschwerde verbunden sind und beraten Sie Frau Nolden bei ihrer Entscheidung.

2. Der Lagerarbeiter Schneiders ist Mitglied in einer Umweltschutzorganisation. Er ist der Meinung, dass die Sommerfeld Bürosysteme GmbH ausschließlich Umweltpapiere anbieten sollte, und besteht darauf, diesen Vorschlag der Geschäftsleitung persönlich mitzuteilen. Prüfen Sie, ob sich Schneiders bei diesem Wunsch auf das Betriebsverfassungsgesetz berufen kann.

3. Erläutern Sie mithilfe des Betriebsverfassungsgesetzes, welche Rechte der Betriebsrat in personellen Angelegenheiten hat.

4. Der Betriebsrat genießt einen besonderen Kündigungsschutz.

   a) Erläutern Sie den besonderen Kündigungsschutz des Betriebsrates anhand der Rechtsgrundlage im Betriebsverfassungsgesetz.

   b) Begründen Sie, warum der Gesetzgeber dem Betriebsrat einen über den normalen Kündigungsschutz hinausgehenden Schutz gewährt.

5. Das Betriebsverfassungsgesetz regelt das Verfahren der Wahl des Betriebsrates.

    a) Stellen Sie das Wahlverfahren auf der Grundlage der §§ 7 ff. BetrVG in Form eines Ablaufdiagrammes dar.
    a) Führen Sie die Wahl des Klassensprechers nach den Regeln der Betriebsratswahl durch.

6. Das Betriebsverfassungsgesetz sieht vor, dass Betriebsrat und Arbeitgeber eine Einigungsstelle bilden können. Stellen Sie mithilfe des Gesetzes fest, welche Funktionen die Einigungsstelle hat und wie sie zusammengesetzt ist.

7. Sechs jugendliche Arbeitnehmer des Bürofachhandels Ergoline GmbH in Berlin, eines Kunden der Sommerfeld Bürosysteme GmbH, wollen eine Jugend- und Auszubildendenvertretung wählen. Ein Kandidat ist der 24-jährige kaufmännische Angestellte Thomas Kleiber. Erläutern Sie, ob Thomas Kleiber für eine Amtsperiode zum Jugend- und Auszubildendenvertreter gewählt werden kann.

8. Der Betriebsrat der Sommerfeld Bürosysteme GmbH will eine Personalversammlung durchführen. Die Betriebsratvorsitzende Ute Stefer bittet die Auszubildendenvertreterin Daniela Schaub um Klärung der Rechtsgrundlagen. Insbesondere bittet sie um Antworten auf folgende Fragen:

    a) Beschreiben Sie, wie die Zusammensetzung der Betriebsversammlung geregelt ist.
    b) Überprüfen Sie, ob die Geschäftsleitung an der Betriebsversammlung teilnehmen darf.
    c) Erklären Sie, wie oft eine Betriebsversammlung durchgeführt werden darf.
    d) Erläutern Sie, ob den Arbeitnehmern durch die Teilnahme an der Betriebsversammlung ein Verdienstausfall entsteht.

9. Stellen Sie in einer Tabelle die drei Mitbestimmungsmodelle gegenüber. Erläutern Sie diese anhand der Kriterien Branche, Rechtsform, Zahl der Beschäftigten, Anteil der Arbeitnehmervertreter, Situation bei Stimmengleichheit.

10. Stellen Sie fest, ob die folgenden Regelungen zur Mitbestimmung

    a) nur im Drittelbeteiligungsgesetz
    b) nur im Mitbestimmungsgesetz
    c) nur im Montan-Mitbestimmungsgesetz
    d) sowohl im Mitbestimmungsgesetz als auch im Montan-Mitbestimmungsgesetz festgelegt sind.

    ### Regelungen zur Mitbestimmung
    1. Die Hauptversammlung wählt zwei Drittel der Aufsichtsratsmitglieder.
    2. Die leitenden Angestellten benennen für den Aufsichtsrat eigene Kandidaten, von denen mindestens einer gewählt werden muss.
    3. Bei Stimmengleichheit in Abstimmungsverfahren hat der Aufsichtsratsvorsitzende ein Doppelstimmrecht.
    4. In der Regel besteht der Aufsichtsrat aus wenigstens 11 Mitgliedern.
    5. Ein Arbeitsdirektor als gleichberechtigtes Vorstandsmitglied ist zwingend zu bestellen.

5 Rechtliche Grundbegriffe berücksichtigen

5.1 Rechtsquellen, Rechtsnormen und Gerichtsbarkeiten

→ LS 5

Die Sommerfeld Bürosysteme GmbH plant, ihr dreigeschossiges Verwaltungsgebäude um ein viertes Geschoss zu erweitern. Zu diesem Zweck reicht sie beim zuständigen Bauamt in Essen einen Bauantrag ein. Nach drei Monaten erhält sie eine Ablehnung des Antrags, da die Bauordnung nur eine dreigeschossige Bebauung zulässt. Auf der Geschäftsführerversammlung berichtet Hartmut Sommer verärgert: „Das Bauamt hat unseren Antrag abgelehnt und auf meine Nachfrage erwidert, dass es da nichts machen könne. Es gebe eben eine Bauordnung und darüber ließe sich leider auch nicht verhandeln." Frau Farthmann erwidert empört: „Wir dagegen verhandeln ständig. Häufig übernehmen wir die Frachtkosten und liefern unseren Kunden die Ware ‚frei Haus', obwohl im Bürgerlichen Gesetzbuch steht, dass der Käufer die Frachtkosten trägt. Ich kann mir nicht erklären, warum das Bauamt uns nicht entgegenkommen kann."

Arbeitsaufträge

- *Schildern Sie ähnliche Situationen aus Ihrem Betrieb oder dem Privatleben, wo rechtlich bedeutsame Sachverhalte verhandelbar oder nicht verhandelbar waren.*
- *Unterscheiden Sie öffentliches Recht, Privatrecht und Gewohnheitsrecht.*
- *Begründen Sie, warum das Bauamt den Bauantrag ablehnen musste.*
- *Erläutern Sie, vor welchem Gericht die Sommerfeld Bürosysteme GmbH ggf. Klage erheben müsste.*

Das **Recht** soll die Ordnung im Zusammenleben der Menschen auf der Grundlage von Regeln sichern. In der **Rechtsordnung** ist das Verhalten des Staates und der Bürger zueinander geregelt. Diese Rechtsordnung umfasst eine Vielzahl von Regelungen, die sogenannten **Rechtsnormen**, die in Gesetzen und Verordnungen niedergelegt sind. Unter Rechtsnormen versteht man **Rechtsquellen**, aus denen sich ein geregeltes Rechtsleben entwickeln soll. Rechtsnormen können

- ausdrücklich vom Gesetzgeber geschaffen werden (= **Gesetzesrecht**),
- durch **individuelle Vereinbarungen** zwischen einzelnen Personen entstehen,
- sich durch dauernde allgemeine Praxis und Rechtsanschauung entwickeln (= **Gewohnheitsrecht**).

> **PRAXISTIPP!**
>
> Fast alle Gesetze und Verordnungen können kostenlos unter www.gesetze-im-internet.de heruntergeladen werden.

Objektives und subjektives Recht

Objektives Recht

Das objektive Recht umfasst die Gesamtheit der Gesetze und Verordnungen (Rechtsnormen) der verschiedenen Rechtsgebiete.

Beispiele: Steuer-, Arbeits-, Sozialrecht

Das objektive Recht legt allgemeine Rechtsfolgen fest.

Beispiele:
- Verkauf von Fertigerzeugnissen, Rechtsfolge: z. B. Umsatzsteuerschuld
- Diebstahl von Waren, Rechtsfolge: Verurteilung wegen Diebstahls

Subjektives Recht

Unter dem subjektiven Recht versteht man einen **Anspruch**, der sich für den Berechtigten aus dem objektiven Recht ergibt. Das objektive Recht bildet den Rahmen für das subjektive Recht, in dem der Einzelne innerhalb des objektiven Rechts seine Interessen individuell ausgestalten kann.

Beispiele:
- Käufer und Verkäufer können im Rahmen der geltenden Gesetze die Vertragsbedingungen frei gestalten.
- Der Eigentümer eines Grundstückes kann von seinem Nachbarn verlangen, dass der vorgeschriebene Bauabstand zur Grundstücksgrenze eingehalten wird.

Öffentliches Recht, Privatrecht, Gewohnheitsrecht und Europäisches Recht

In der **Rechtsordnung unterscheidet man** das öffentliche Recht, das Privat-, das Gewohnheitsrecht und das Europäische Recht.

Öffentliches Recht

Das öffentliche Recht regelt die Rechtsbeziehungen zwischen dem Staat (Bundesrepublik Deutschland), den öffentlichen Körperschaften (Länder, Gemeinden, Verwaltungsbehörden) und dem einzelnen Bürger. Zum öffentlichen Recht gehören u. a.:

- Staatsrecht (z. B. Grundgesetz)
- Verwaltungsrecht (z. B. Bau-, Gewerbeordnung, Schulgesetz)
- Steuerrecht (z. B. Einkommensteuergesetz)
- Straf- und Prozessrecht (z. B. Strafgesetzbuch)

Das öffentliche Recht wird vom **Grundsatz der Über- und Unterordnung** beherrscht, d. h., die Bundesrepublik Deutschland, die Länder und die Kommunen sind als übergeordnete Institutionen z. B. berechtigt, den ihnen untergeordneten Bürgern Steuern aufzuerlegen. Öffentliches Recht ist **zwingendes Recht**. Jeder Bürger muss sich diesem Recht unterwerfen.

Beispiel: Ein Unternehmen stellt einen neuen Mitarbeiter ein und vereinbart mit diesem eine Kündigungsfrist von einer Woche. Laut Kündigungsschutzgesetz ist aber eine Kündigungsfrist von vier Wochen vorgeschrieben. Die Vereinbarung verstößt gegen zwingendes Recht und ist somit ungültig.

Im Interesse der Allgemeinheit werden dem einzelnen Bürger **Verbote** auferlegt.

Beispiele:

> **Artikel 12 Abs. 2 GG** Niemand darf zu einer bestimmten Arbeit gezwungen werden, außer im Rahmen einer herkömmlichen allgemeinen, für alle gleichen öffentlichen Dienstleistungspflicht.
> **§ 242 Abs. 1 StGB** Wer eine fremde bewegliche Sache einem anderen in der Absicht wegnimmt, dieselbe Sache sich rechtswidrig zuzueignen, wird mit Freiheitsstrafe bis zu fünf Jahren oder mit Geldstrafe bestraft.

Neben den Verboten muss der einzelne Bürger **Gebote** (Pflichten) beachten.

Beispiele:

> **§ 1 Abs. 1 Satz 1 EStG** Natürliche Personen, die im Inland einen Wohnsitz oder ihren gewöhnlichen Aufenthalt haben, sind unbeschränkt einkommensteuerpflichtig.
> **§ 43 Abs. 1 Satz 1 SchulG (NRW)** Schülerinnen und Schüler sind verpflichtet, regelmäßig am Unterricht und an den sonstigen verbindlichen Schulveranstaltungen teilzunehmen.

Privatrecht

Es regelt die **Rechtsbeziehungen der Privatrechtssubjekte** (z. B. Bürger und Unternehmen) **untereinander**, die sich als gleichberechtigte Partner (**Grundsatz der Gleichordnung**) gegenüberstehen.

Privatrecht ist weitgehend **nachgiebiges Recht** (dispositives Recht), d. h., die Vertragspartner können ihre Rechtsbeziehungen abweichend von den gesetzlichen Regelungen frei gestalten.

Beispiel: Wurde zwischen einem Käufer und einem Verkäufer nichts über die Frachtkosten vereinbart, dann hat nach § 448 BGB der Käufer die Kosten zu tragen. Vertraglich kann vereinbart werden, dass der Verkäufer die gesamten Frachtkosten trägt.

Zum Privatrecht gehören u. a.:

- **Bürgerliches Recht**: Es enthält Vorschriften des Bürgerlichen Gesetzbuches (BGB) und regelt die Rechtsbeziehungen der Bürger allgemein, wie Vertrags-, Familien-, Sachen- und Eherecht.

Beispiel:

> **§ 433 Abs. 1 u. 2 BGB**
> (1) Durch den Kaufvertrag wird der Verkäufer einer Sache verpflichtet, dem Käufer die Sache zu übergeben und das Eigentum an der Sache zu verschaffen. Der Verkäufer hat dem Käufer die Sache frei von Sach- und Rechtsmängeln zu verschaffen.
> (2) Der Käufer ist verpflichtet, dem Verkäufer den vereinbarten Kaufpreis zu zahlen und die gekaufte Sache abzunehmen.

- **Handels- und Gesellschaftsrecht**: Es enthält u. a. Vorschriften des Handelsgesetzbuches (HGB), des Gesellschafts-, Wechsel-, Scheck-, Wertpapier- und Wettbewerbrechts.

Beispiel:

> **§ 84 Abs. 1 HGB**
> (1) Handelsvertreter ist, wer als selbstständiger Gewerbetreibender ständig damit betraut ist, für einen anderen Unternehmer Geschäfte zu vermitteln oder in dessen Namen abzuschließen. Selbstständig ist, wer im Wesentlichen frei seine Tätigkeit gestalten und seine Arbeitszeit bestimmen kann.

- **Urheber- und Patentrecht**: Es begründet die Ansprüche an Geisteswerken und aus Erfindungen.

Beispiel:

> **§ 16 Abs. 1 Satz 1 PatG** Das Patent dauert zwanzig Jahre, die mit dem Tag beginnen, der auf die Anmeldung der Erfindung folgt.

Streitigkeiten des Privatrechts werden vor dem **Amts- oder Landgericht** entschieden.

Gewohnheitsrecht

Jeder Bereich des öffentlichen Rechts und des Privatrechts enthält eine Fülle von Gesetzen. Einige Regeln und Normen sind jedoch nicht in Gesetzen geregelt, sondern durch Gewohnheit zur **Verkehrssitte, zum Brauch**, geworden. In diesen Fällen spricht man von Gewohnheitsrecht.

Beispiel: Handelsbräuche, z. B. ein briefliches Angebot an einen Kunden gilt für die Dauer von etwa fünf Tagen.

> **§ 346 HGB** Unter Kaufleuten ist in Ansehen der Bedeutung und Wirkung von Handlungen und Unterlassungen auf die im Handelsverkehr geltenden Gewohnheiten und Gebräuche Rücksicht zu nehmen.

Europäisches Recht

Die Gesetzgebung der Bundesrepublik Deutschland beruht heutzutage zum großen Teil auf europäischen Vorgaben **(Richtlinien)**. Hierbei handelt es sich um verbindliche Mindestvorgaben, z. B. für den Verbraucherschutz. Diese EU-Richtlinien werden in Brüssel erlassen und müssen innerhalb eines bestimmten Zeitraumes in nationales Recht umgesetzt werden. Hierbei kann der Landesgesetzgeber die Mindeststandards überschreiten, hingegen ist eine

Unterschreitung unzulässig. Sobald der nationale Gesetzgeber die Richtlinie nicht fristgemäß umsetzt, kann derjenige, der von ihr geschützt werden soll, sich vor einem Gericht auf sie berufen und Klage einreichen.

Gerichtsbarkeiten

Die **Rechtsprechung** wird durch die Gerichte ausgeübt. Sie haben dabei die Aufgabe, die Rechtsnormen des Privatrechts und des öffentlichen Rechts auf den Einzelfall anzuwenden. Nach dem Zuständigkeitsbereich kann man dabei die folgenden **Gerichtsbarkeiten** unterscheiden.

Verfassungsgerichtsbarkeit

Das Bundesverfassungsgericht in Karlsruhe ist zuständig für Streitigkeiten, die das **Grundgesetz** und damit die **Verfassung** des Landes betreffen.

Ordentliche Gerichtsbarkeit

Für **Strafsachen** oder **bürgerliche Rechtsstreitigkeiten (Zivilprozess)** ist die ordentliche Gerichtsbarkeit zuständig. In der ersten Instanz werden dabei Entscheidungen durch das Amtsgericht getroffen. Übersteigt der Streitwert 5 000,00 €, ist im Zivilprozess die nächst höhere Instanz, das Landgericht, direkt zuständig. Weitere Instanzen sind das Oberlandesgericht und der Bundesgerichtshof in Karlsruhe.

Finanzgerichtsbarkeit

Bei Streitigkeiten über **Steuern und Zölle** sind die Finanzgerichte zuständig. Die zweite und zugleich höchste Instanz ist der Bundesfinanzhof in München.

Verwaltungsgerichtsbarkeit

Verwaltungsgerichte werden angerufen, wenn es um **Streitigkeiten nicht verfassungsrechtlicher Art** zwischen Personen des Privatrechts und Personen des öffentlichen Rechts geht. Sie sind also zuständig, wenn Entscheidungen von Behörden aufgehoben oder Behörden zu einem bestimmten Tun oder Unterlassen verpflichtet werden sollen. Neben den Verwaltungsgerichten, gibt es Oberverwaltungsgerichte und das Bundesverwaltungsgericht in Leipzig.

Arbeitsgerichtsbarkeit

Sachlich zuständig sind die **Arbeitsgerichte** für Streitigkeiten aus:
- dem Arbeitsvertrag zwischen Arbeitnehmer und Arbeitgeber,
- dem Tarifvertrag und bei Fragen des Arbeitskampfes,
- Betriebsvereinbarungen,
- den Bestimmungen des Betriebsverfassungsgesetzes,
- den Bestimmungen des Mitbestimmungsgesetzes.

Örtlich zuständig ist das Arbeitsgericht, in dessen Bezirk der Erfüllungsort des Arbeitsvertrages des Arbeitnehmers liegt.

Verfahrensformen der Arbeitsgerichtsbarkeit

Vor Klageerhebung kommt es zu einer **Güteverhandlung**, die der vorsitzende Richter der Kammer des Arbeitsgerichts durchführt, um die Parteien zu einer gütlichen Einigung zu bewegen. Dies kann z. B. durch einen **Vergleich** geschehen. Wird keine Einigung erzielt, kommt es zur ersten Verhandlung vor der Kammer des Arbeitsgerichts.

Bei Streitigkeiten vor der Kammer des Arbeitsgerichts im Rahmen der Arbeitsgerichtsbarkeit sind zwei **Verfahrensformen** zu unterscheiden, das Urteilsverfahren und das Beschlussverfahren.

- Das **Urteilsverfahren** wird eingeleitet, wenn eine Partei Klage erhebt. Das Gericht erhebt keine eigenen Nachforschungen, es ist an die von den Parteien vorgebrachten Tatsachen gebunden. Im Urteilsverfahren werden Streitigkeiten zwischen Arbeitgebern und Arbeitnehmern entschieden.
- Das **Beschlussverfahren** beginnt mit der Stellung eines Antrages. Das Gericht erforscht den Sachverhalt und stellt eigene Ermittlungen an. Im Beschlussverfahren werden Streitigkeiten aus dem Tarifrecht, dem Mitbestimmungsgesetz und dem Betriebsverfassungsgesetz entschieden.

Instanzen der Arbeitsgerichtsbarkeit
- **Arbeitsgericht**

Vor dem Arbeitsgericht können die Parteien den Rechtsstreit selbst führen oder sich durch Vertreter der Verbände (Arbeitgeberverband, Gewerkschaften) bzw. einen Rechtsanwalt vertreten lassen.

Beispiel: Herr Schneiders ist Mitglied in der Gewerkschaft IG Metall. Er wird in der Verhandlung vor dem Arbeitsgericht durch einen Vertreter der Gewerkschaft kostenlos vertreten.

- **Landesarbeitsgericht**

Übersteigt der Streitwert 600,00 € oder hat das Arbeitsgericht dies ausdrücklich zugelassen, kann **Berufung** gegen ein Urteil oder **Beschwerde** gegen einen Beschluss beim Landesarbeitsgericht eingelegt werden. Der gesamte Streitfall wird erneut geprüft. Bei Rechtsstreitigkeiten über das Bestehen, das Nichtbestehen oder die Kündigung eines Arbeitsverhältnisses ist die Berufung immer zulässig. Vor dem Landesarbeitsgericht müssen sich die Parteien durch Vertreter der Verbände (Arbeitgeberverband, Gewerkschaften) oder einen Rechtsanwalt vertreten lassen.

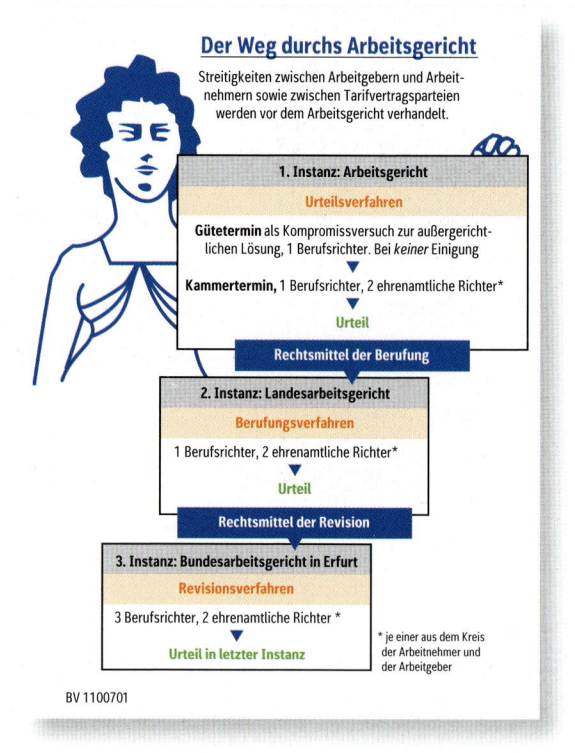

Der Weg durchs Arbeitsgericht

Streitigkeiten zwischen Arbeitgebern und Arbeitnehmern sowie zwischen Tarifvertragsparteien werden vor dem Arbeitsgericht verhandelt.

1. Instanz: Arbeitsgericht
Urteilsverfahren
Gütetermin als Kompromissversuch zur außergerichtlichen Lösung, 1 Berufsrichter. Bei *keiner* Einigung
▼
Kammertermin, 1 Berufsrichter, 2 ehrenamtliche Richter*
▼
Urteil

Rechtsmittel der Berufung

2. Instanz: Landesarbeitsgericht
Berufungsverfahren
1 Berufsrichter, 2 ehrenamtliche Richter*
▼
Urteil

Rechtsmittel der Revision

3. Instanz: Bundesarbeitsgericht in Erfurt
Revisionsverfahren
3 Berufsrichter, 2 ehrenamtliche Richter*
▼
Urteil in letzter Instanz

* je einer aus dem Kreis der Arbeitnehmer und der Arbeitgeber

- **Bundesarbeitsgericht**

Hat das Landesarbeitsgericht dies ausdrücklich zugelassen, kann **Revision** beim Bundesarbeitsgericht in Erfurt eingelegt werden. Sie wird immer dann zugelassen, wenn die Angelegenheit von grundsätzlicher Bedeutung ist. In der Revision wird nicht der Streitfall an sich, sondern die richtige Rechtsanwendung überprüft. Vor dem Bundesarbeitsgericht müssen sich die Parteien durch einen Anwalt vertreten lassen.

Sozialgerichtsbarkeit
Die Sozialgerichte sind vor allem für Streitigkeiten aus der **Sozialversicherung** zuständig. Nach einem außergerichtlichen Vorverfahren (Widerspruchsverfahren) kann der Instanzenweg beschritten werden. Berufungen gegen Entscheidungen der Sozialgerichte, werden von den Landessozialgerichten entschieden. Eine anschließende Revision wird von der höchsten Instanz, dem Bundessozialgericht in Kassel, verhandelt.

Zusammenfassung

Rechtsquellen, Rechtsnormen und Gerichtsbarkeiten
- Der Staat schafft die Rahmenbedingungen für das Zusammenleben der Menschen durch die **Rechtsordnung**.
- **Subjektives Recht** wird dem Einzelnen zur Durchsetzung oder Vertretung seiner Ansprüche vom **objektiven Recht**, der Rechtsordnung, eingeräumt und garantiert.
- **Öffentliches Recht** und **Privatrecht**:

Öffentliches Recht	<ul><li>Beziehungen des Bürgers zum Staat und der staatlichen Organe zueinander</li><li>Prinzip der Über- und Unterordnung</li><li>zwingendes Recht</li></ul>
Privatrecht	<ul><li>Beziehungen der Privatrechtssubjekte untereinander</li><li>Prinzip der Gleichordnung</li><li>nachgiebiges Recht</li></ul>

- **Gewohnheitsrecht:** Einige Regeln und Normen sind durch Gewohnheit zur Verkehrssitte geworden.
- **Europäisches Recht:** EU schreibt bei bestimmten Gesetzen Mindestvorgaben vor.
- Die **Rechtsprechung** wird durch die Gerichte ausgeübt.
- Nach der **Zuständigkeit der Gerichte** unterscheidet man zwischen
  - Verfassungsgerichtsbarkeit,
  - ordentlicher Gerichtsbarkeit,
  - Finanzgerichtsbarkeit,
  - Verwaltungsgerichtsbarkeit,
  - Arbeitsgerichtsbarkeit und
  - Sozialgerichtsbarkeit.

Aufgaben

1. Erläutern Sie, ob in folgenden Fällen Privatrecht oder öffentliches Recht betroffen ist.

   a) Lambert Feld ist der Meinung, dass die Sommerfeld Bürosysteme GmbH zu viel Steuern bezahlt hat.
   b) Eine Marketingagentur ist mit der Durchführung einer Werbekampagne von Roya Mehmet betraut.
   c) Jutta Schindler ist für die Einhaltung des Arbeitsschutzgesetzes zuständig.
   d) Jana Bauer bekommt eine Gehaltserhöhung.
   e) Mit ihrer Note im Fach Wirtschafts- und Sozialprozesse ist Daniela Schaub nicht einverstanden. Sie überlegt, ob sie Widerspruch einlegen soll.
   f) Claudia Farthmann, Lambert Feld und Hartmut Sommer erwägen, den Gesellschaftsvertrag zu ändern.

g) Daniela Schaubs Schulleiter Herr Neuhaus bestellt beim Computerhandelshaus Schneider 50 neue Computer für das Berufskolleg.
h) Auch für seinen Sohn Erik bestellt Herr Neuhaus einen Computer.
i) Auf der Gladbecker Straße in Essen wird „Tempo 30" eingeführt.
j) Nach bestandener Abschlussprüfung haben die Auszubildenden des dritten Lehrjahres ordentlich gefeiert. Sie sind nach Mitternacht laut singend durch die Essener Innenstadt gezogen.

2. Ordnen Sie die folgenden Rechtsgebiete dem Bereich des Privatrechts oder des öffentlichen Rechts zu.

   a) Bürgerliches Recht d) Steuerrecht   g) Schulrecht   j) Sozialrecht
   b) Prozessrecht   e) Verfassungsrecht   h) Erfinderrecht
   c) Urheberrecht   f) Handelsrecht   i) Strafrecht

3. „Privatrecht ist weitgehend nachgiebiges Recht." Erläutern Sie diese Aussage.

4. Beschreiben Sie das Verfahren vor dem Arbeitsgericht durch alle Instanzen.

5. Erläutern Sie in diesem Zusammenhang den Sinn einer Güteverhandlung vor Klageerhebung.

6. Herr Schneider diskutiert die Risiken seines Arbeitsgerichtsverfahrens wegen einer Kündigung. „Wenn ich in der ersten Instanz verliere, kann ich ja immer noch in die Berufung gehen!" „Ja, aber nur wenn der Streitwert 600,00 € übersteigt oder wenn sie durch das Gericht zugelassen wird", ergänzt sein Freund Walter, „ansonsten hast du keine Möglichkeit der Berufung!" Prüfen Sie die Richtigkeit der Behauptung von Walter.

7. Erläutern Sie die Begriffe
   a) Vergleich   c) Beschluss   e) Revision
   b) Urteil   d) Berufung
   im Zusammenhang mit einem Arbeitsgerichtsverfahren.

8. Ein Kunde der Sommerfeld Bürosysteme GmbH lehnt die Zahlung einer Rechnung ab. Erläutern Sie, vor welchem Gericht Lambert Feld Klage erheben muss.

9. Frau Brown hat eine aufwendige Therapie zur Behandlung eines Fersensporns durchgeführt. Ihre Krankenkasse lehnt die Übernahme der Kosten ab. Begründen Sie, an welches Gericht sie sich wenden muss.

5.2 Rechtssubjekte

LS 6

Der 16-jährige Dietmar Effer, Sohn des Rechnungswesenleiters Jens Effer, erhält von seinen Eltern im Monat 100,00 € Taschengeld. Im Fabrikverkaufsladen der Sommerfeld Bürosysteme GmbH schließt er einen Kaufvertrag für einen Schreibtisch über 375,00 € ab. Dietmar zahlt den Betrag von seinem gesparten Taschengeld. Als seine Eltern von dem Kaufvertrag erfahren, widerrufen sie bei der Sommerfeld Bürosysteme GmbH den Vertrag mit der Begründung, dass ihr Sohn noch nicht voll geschäftsfähig sei und folglich auch keine rechtswirksame Willenserklärung abgeben könne.

Arbeitsaufträge

- Überprüfen Sie, ob die Sommerfeld Bürosysteme GmbH den Kaufpreis nach Rückgabe des Schreibtischstuhls herausgeben muss.
- Erläutern Sie die verschiedenen Stufen der Geschäftsfähigkeit und nutzen Sie hierzu die Technik des Kreativen Brainwritings.

Rechtssubjekte im rechtlichen Sinne sind Personen. Das Recht unterscheidet natürliche und juristische Personen.

Natürliche Personen

Alle Menschen sind natürliche Personen im Sinne des § 1 BGB. Sie sind rechtsfähig und – abgesehen von Ausnahmen – mit dem Erreichen bestimmter Altersstufen unbeschränkt oder beschränkt geschäftsfähig.

Rechtsfähigkeit

Sie ist die **Fähigkeit von Personen, Träger von Rechten und Pflichten zu sein**.

Beispiele: Recht, ein Vermögen zu erben; Pflicht, Steuern zu zahlen.

Alle **natürlichen Personen** sind mit Vollendung der Geburt bis zum Tod (§ 1 BGB) rechtsfähig.

Geschäftsfähigkeit

Sie ist die **Fähigkeit von Personen, Rechtsgeschäfte wirksam abschließen** zu können, somit Rechte zu erwerben und Pflichten einzugehen. Der Gesetzgeber hat wegen der unterschiedlichen Einsichtsfähigkeit in die Rechtsfolgen von Willenserklärungen drei Stufen der Geschäftsfähigkeit vorgesehen.

Stufen der Geschäftsfähigkeit

Stufen der Geschäftsfähigkeit
- Geschäftsunfähigkeit
- beschränkte Geschäftsfähigkeit
- unbeschränkte Geschäftsfähigkeit

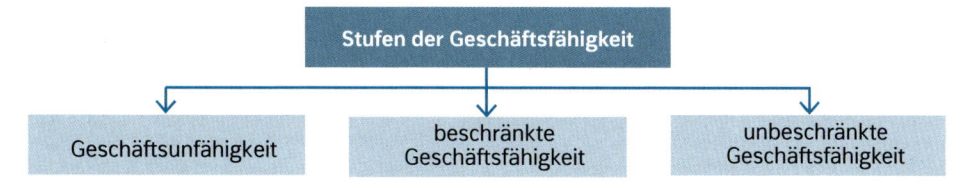

- **Geschäftsunfähig** (§ 104 BGB) sind:
  - alle natürlichen Personen unter 7 Jahren
  - Personen mit andauernder, krankhafter Störung der Geistestätigkeit. Ausnahme nach § 105 a BGB: Geschäfte des täglichen Lebens, sobald Leistung und Gegenleistung bewirkt sind.

  Beispiel: Der 20-jährige Edmund, der aufgrund einer Behinderung kognitiv eingeschränkt ist, kauft bei einem Discounter Lebensmittel im Wert von 20,00 €.

Die Willenserklärungen geschäftsunfähiger Personen sind unwirksam (**nichtig**), folglich kann ein Geschäftsunfähiger auch keine rechtswirksamen Verpflichtungen eingehen. Für die Geschäftsunfähigen handelt ein gesetzlicher Vertreter. Für

Kinder sind dies die **Eltern** oder ein Vormund, der vom Familiengericht bestellt wird, sofern die Eltern verstorben sind. Für Personen mit andauernder, krankhafter Störung der Geistestätigkeit handelt ein Betreuer.

Geschäftsunfähige können im Auftrag des gesetzlichen Vertreters für diesen Geschäfte als **Bote** wirksam abschließen, der Bote ist in diesem Fall Erfüllungsgehilfe des Auftraggebers.

Beispiel: Der 6-jährige Ben wird von seiner Mutter zum Bäcker geschickt, um ein Baguette zu kaufen. Ben ist lediglich der Übermittler einer Willenserklärung.

Im Übrigen sind auch Willenserklärungen von ansonsten voll geschäftsfähigen Personen nichtig, wenn die Willenserklärungen im Zustand der **Bewusstlosigkeit oder vorübergehender Störung der Geistestätigkeit** abgegeben werden (§ 105 BGB).

Beispiel: Der 20-jährige Klaus ist volltrunken. Er verschenkt sein Auto an seinen Zechkumpel Dieter. Die Schenkung ist unwirksam.

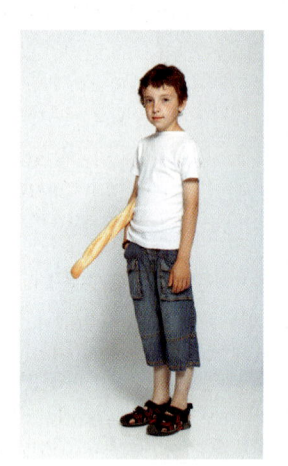

- **Beschränkt geschäftsfähig** sind alle Personen von 7 bis 17 Jahren (§ 106 BGB).

  Beschränkt Geschäftsfähige können Rechtsgeschäfte mit vorheriger Zustimmung (= **Einwilligung**) oder nachträglicher Zustimmung (= **Genehmigung**) des gesetzlichen Vertreters abschließen. Ihre Rechtsgeschäfte sind bis zur Zustimmung des gesetzlichen Vertreters schwebend unwirksam, d. h., ein von einem beschränkt Geschäftsfähigen abgeschlossener Vertrag wird erst durch die nachträgliche Genehmigung des gesetzlichen Vertreters, die auch stillschweigend (z. B. durch entsprechendes Verhalten) erfolgen kann, rechtskräftig. Wenn der gesetzliche Vertreter die ausdrückliche **Zustimmung** verweigert, ist der Vertrag nichtig.

  Beispiel: Die 16-jährige Angelika kauft einen Fernseher, ohne dass sie ihre Eltern um Erlaubnis gefragt hat. Als die Eltern vom Kauf des Fernsehers erfahren, erheben sie keine Einwände. Somit ist der Kaufvertrag durch die stillschweigende Billigung der Eltern zustande gekommen.

  Die Zustimmung des gesetzlichen Vertreters ist in folgenden Fällen nicht erforderlich: Der beschränkt Geschäftsfähige

    - **bestreitet den Kauf mit Mitteln**, die ihm zu diesem Zweck oder zu freier Verfügung vom gesetzlichen Vertreter überlassen worden sind, wobei man von einem normalerweise üblichen dem Alter entsprechenden Betrag auszugehen hat (**Bezahlung der Leistung mit eigenen Mitteln**, § 110 BGB). Nicht gedeckt sind durch § 110 BGB („Taschengeldparagraph") Raten- und Kreditgeschäfte Minderjähriger.

      Beispiel: Die 15-jährige Julia kauft von dem Geld, das ihre Eltern ihr zur freien Verfügung überlassen haben, die neue CD einer Hardrockgruppe. Die Eltern sind von diesem Kauf nicht begeistert. Der Kaufvertrag ist zustande gekommen, auch wenn die Eltern nicht einverstanden sind.

    - **betreibt selbstständig ein Erwerbsgeschäft (§ 112 BGB)**: Ermächtigt der gesetzliche Vertreter mit Genehmigung des Familiengerichts einen Minderjährigen zum selbstständigen Betrieb eines Erwerbsgeschäfts, so ist der Minderjährige für solche Rechtsgeschäfte unbeschränkt geschäftsfähig, die der Geschäftsbetrieb mit sich bringt. Ausgenommen sind solche Rechtsgeschäfte, zu denen der Vertreter der Genehmigung des Familiengerichts bedarf.

- erlangt durch das Rechtsgeschäft nur einen **rechtlichen Vorteil** (§ 107 BGB).

  Beispiel: Der 13-jährige Frank erhält von seiner Tante ein Geldgeschenk über 1 500,00 €. Die Eltern von Frank lehnen dieses Geschenk der Tante ab, weil sie seit Jahren mit der Tante zerstritten sind. Frank kann das Geld auch gegen den Willen der Eltern annehmen.

- schließt **Geschäfte im Rahmen eines Dienst- oder Arbeitsverhältnisses** ab, die der gesetzliche Vertreter genehmigt hat (§ 113 BGB). Die Zustimmung der gesetzlichen Vertreter betrifft dabei nicht nur das Eingehen sondern auch die Aufhebung des Arbeitsverhältnisses. So kann der beschränkt Geschäftsfähige ein Konto eröffnen, Mitglied einer Krankenkasse werden oder aber auch das Arbeitsverhältnis kündigen. Auch die Erfüllung von Verpflichtungen, die sich aus dem Arbeitsverhältnis ergeben, ist dem beschränkt Geschäftsfähigen gestattet. Nach dem Gesetz gilt diese Regelung nicht für Ausbildungsverhältnisse.

Um **einseitige Rechtsgeschäfte** (vgl. S. 111) vornehmen zu können, benötigt der Minderjährige die **Einwilligung** des gesetzlichen Vertreters.

Beispiel: Der 17-jährige Paul hat ein Haus von seiner Oma geerbt. Ohne Wissen seiner Eltern kündigt er seinem Mieter. Da die Eltern in die Kündigung nicht eingewilligt haben, ist sie unwirksam.

- **Unbeschränkt geschäftsfähig** sind **alle natürlichen Personen ab 18 Jahren**, sofern sie nicht zum Personenkreis der Geschäftsunfähigen gehören.

Für volljährige Personen kann vom Betreuungsgericht ein sog. **Betreuer** bestellt werden (§ 1896 BGB). **Voraussetzungen** für die Bestellung des Betreuers sind

- Vorliegen einer psychischen Krankheit oder einer körperlichen, geistigen oder seelischen Behinderung **und**
- Unfähigkeit zur Besorgung eigener Angelegenheiten und
- Notwendigkeit einer Betreuung.

Der Betreuer ist gesetzlicher Vertreter des Betreuten.

- Der Betreute ist im Regelfall voll geschäftsfähig, d. h., er ist **ohne Einwilligungsvorbehalt** des Betreuers zur Abgabe rechtswirksamer Willenserklärungen berechtigt.

  Beispiel: Der 54-jährige Michael Lenz hat einen Schlaganfall erlitten, wodurch er halbseitig gelähmt und dauernd bettlägrig ist. Hieraus ergibt sich die Notwendigkeit der Betreuung. Das Betreuungsgericht bestellt einen Betreuer, der für ihn rechtswirksam Willenserklärungen abschließen kann.

- Wenn es für die Abwendung einer erheblichen Gefahr für die Person oder das Vermögen des Betreuten erforderlich ist, kann das Betreuungsgericht anordnen, dass die Willenserklärungen des Betreuten der Einwilligung des Betreuers bedürfen (**Einwilligungsvorbehalt**). In diesem Fall hat der Betreute quasi den **Status eines beschränkt Geschäftsfähigen**.

  Beispiel: Der 35-jährige Dieter ist aufgrund jahrelangen übermäßigen Alkoholkonsums und der sich daraus ergebenden Verwirrtheit nicht mehr in der Lage, mit dem ihm zur Verfügung stehenden Geld umzugehen. Sobald er Bargeld in Händen hält, verschenkt er dieses an zufällig vorbeigehende Passanten. Er erhält vom Betreuungsgericht einen Betreuer und darf Rechtsgeschäfte nur noch mit Einwilligung des Betreuers abschließen.

Deliktsfähigkeit

Von der Rechts- und Geschäftsfähigkeit ist die Deliktsfähigkeit zu unterscheiden. Unter Deliktsfähigkeit versteht man die Fähigkeit, für eine **unerlaubte Handlung** nach § 823 BGB ff. durch Leistung von **Schadensersatz** verantwortlich gemacht zu werden.

> **§ 823 BGB - Schadensersatzpflicht**
> (1) Wer vorsätzlich oder fahrlässig das Leben, den Körper, die Gesundheit, die Freiheit, das Eigentum oder ein sonstiges Recht eines anderen widerrechtlich verletzt, ist dem anderen zum Ersatz des daraus entstehenden Schadens verpflichtet ...

Grundsätzlich hat der Gesetzgeber wie bei der Geschäftsfähigkeit drei Abstufungen vorgesehen.

- **Deliktsunfähig** sind Personen **vor Vollendung des 7. Lebensjahres**. Dieser Personenkreis kann für einen vorsätzlich oder fahrlässig verursachten Schaden nicht verantwortlich gemacht werden.

- **Beschränkt deliktsfähig sind Personen zwischen 7 und 17 Jahren**. Sie können nicht zum Schadensersatz verpflichtet werden, wenn sie bei der Begehung der schädigenden Handlung nicht die zur Erkenntnis der Verantwortlichkeit erforderliche Einsicht haben.

- Ab **18 Jahren** sind Personen **unbeschränkt deliktsfähig** und können damit wegen einer unerlaubten Handlung haftbar gemacht werden.

Juristische Personen

Juristische Personen (§ 21 ff. BGB) werden vom Gesetz wie natürliche Personen behandelt. Sie haben volle Handlungsfreiheit, d. h., sie sind rechts- und unbeschränkt geschäftsfähig sowie deliktsfähig. Zu den juristischen Personen zählen die juristischen Personen des öffentlichen Rechts und des Privatrechts.

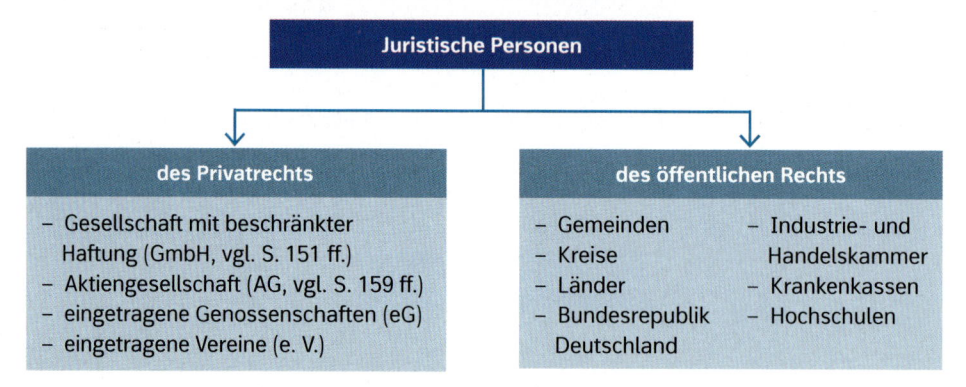

Juristische Personen	
des Privatrechts	**des öffentlichen Rechts**
– Gesellschaft mit beschränkter Haftung (GmbH, vgl. S. 151 ff.) – Aktiengesellschaft (AG, vgl. S. 159 ff.) – eingetragene Genossenschaften (eG) – eingetragene Vereine (e. V.)	– Gemeinden – Kreise – Länder – Bundesrepublik Deutschland – Industrie- und Handelskammer – Krankenkassen – Hochschulen

Bei juristischen Personen beginnt die Rechtsfähigkeit mit der Eintragung in das jeweilige Register (z. B. Handels-, Vereinsregister) und endet mit Löschung in diesem Register.

Juristische Personen sind immer über ihre Organe (z. B. bei der AG durch Vorstand, bei der GmbH durch Geschäftsführer) geschäftsfähig. Sie handeln durch die Organe, die in der Satzung oder in der jeweiligen Rechtsvorschrift festgelegt sind.

Beispiel: Bei der Sommerfeld Bürosysteme GmbH handeln die Geschäftsführer, Frau Farthmann, Herr Feld und Herr Sommer, für die GmbH.

Zusammenfassung

Rechtssubjekte

- Rechtssubjekte sind natürliche und juristische Personen.
- **Rechtsfähigkeit** ist die Fähigkeit, Träger von Rechten und Pflichten zu sein. Sie beginnt bei natürlichen Personen mit der Geburt und endet mit dem Tod. Bei juristischen Personen beginnt sie mit der Eintragung in ein öffentliches Register und endet mit der Löschung in diesem Register.
- **Geschäftsfähigkeit** ist die Fähigkeit von Personen, Rechtsgeschäfte wirksam abschließen zu können.

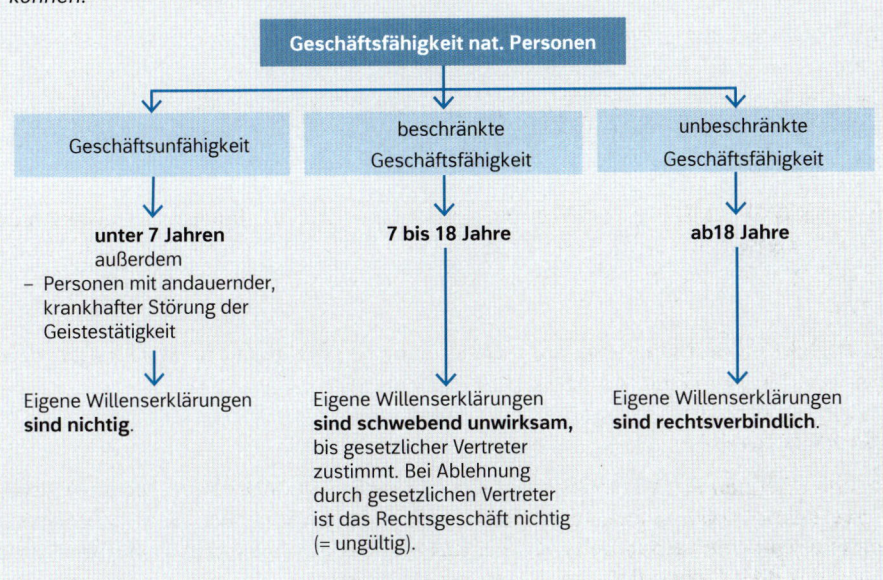

Geschäftsunfähigkeit	beschränkte Geschäftsfähigkeit	unbeschränkte Geschäftsfähigkeit
unter 7 Jahren außerdem – Personen mit andauernder, krankhafter Störung der Geistestätigkeit	**7 bis 18 Jahre**	**ab 18 Jahre**
Eigene Willenserklärungen **sind nichtig**.	Eigene Willenserklärungen **sind schwebend unwirksam**, bis gesetzlicher Vertreter zustimmt. Bei Ablehnung durch gesetzlichen Vertreter ist das Rechtsgeschäft nichtig (= ungültig).	Eigene Willenserklärungen **sind rechtsverbindlich**.
Ausnahme: – Auftreten als Bote des gesetzlichen Vertreters, da Botengänge keine eigenen Willenserklärungen darstellen.	**Ausnahmen:** – Beschränkt Geschäftsfähiger hat lediglich rechtlichen Vorteil durch das Rechtsgeschäft (z. B. Schenkung) – Kauf einer Leistung mit eigenen Mitteln – Abschluss von Rechtsgeschäften im Rahmen des Dienst- oder Arbeitsverhältnisses – Beschränkt Geschäftsfähiger betreibt selbstständig ein Erwerbsgeschäft	**Ausnahme:** – Personen mit andauernder, krankhafter Störung der Geistestätigkeit

- Betreute mit Einwilligungsvorbehalt werden bei bestimmten Geschäften den beschränkt Geschäftsfähigen gleichgestellt.
- **Deliktfähigkeit** ist die Fähigkeit, für eine unerlaubte Handlung nach § 823 BGB ff. durch Leistung von Schadensersatz verantwortlich gemacht zu werden.

Aufgaben

1. Die 15-jährige Tina bekommt von ihrem Onkel ein Smartphone (ohne Vertragsbindung) geschenkt. Ihre Eltern verbieten ihr die Annahme des Gerätes, da sie seit Jahren mit dem Onkel zerstritten sind. Begründen Sie, ob Tinas Eltern ihrer Tochter die Annahme des Geschenkes verwehren können.

2. Erläutern Sie, warum unter Umständen auch Erwachsene den beschränkt Geschäftsfähigen gleichgestellt oder geschäftsunfähig sein können.

3. Erklären Sie Rechtsfähigkeit.

4. Der 6-jährige Karl kauft ohne Wissen der Eltern im benachbarten Schreibwarengeschäft von seinem Taschengeld ein Malbuch, das bereits nach kurzer Zeit von Karl bemalt worden ist. Die Eltern sind mit dem Kauf des Malbuches nicht einverstanden und verlangen vom Einzelhändler die Herausgabe des Kaufpreises. Muss der Einzelhändler unter Beachtung der gesetzlichen Bestimmungen das Buch zurücknehmen und den Kaufpreis erstatten? Nehmen Sie zu den folgenden Aussagen Stellung.

   a) Nein, denn das Buch ist bereits bemalt worden und daher nicht mehr verkäuflich.
   b) Nein, mit 6 Jahren ist der Junge beschränkt geschäftsfähig. Er kann im Rahmen des Taschengeldes ohne Einwilligung der Erziehungsberechtigten rechtswirksam Rechtsgeschäfte abschließen.
   c) Nein, denn die Eltern hätten im Rahmen ihrer Sorgfaltspflicht verhindern müssen, dass das Kind alleine das Schreibwarengeschäft aufsucht.
   d) Ja, denn es ist kein Kaufvertrag abgeschlossen worden.
   e) Ja, denn erst ab 7 Jahren ist man geschäftsfähig.
   f) Ja, denn Kinder unter 7 Jahren sind noch nicht rechtsfähig.

5. Die 75-jährige Hermine Bauer hat in ihrem Testament als Alleinerben ihren 10-jährigen Pudel eingesetzt. Begründen Sie, ob man Tieren nach deutschem Recht etwas vererben kann.

6. Erläutern Sie, welche Rechtssubjekte unterschieden werden.

7. Der 17-jährige Karl betreibt mit Genehmigung seiner Eltern und des Familiengerichtes ein Computersystemhaus. Er kauft Computer und Software im Wert von 45 000,00 € ein. Überprüfen Sie, ob ein Kaufvertrag zustande gekommen ist.

8. Stellen Sie bei nachstehenden Willenserklärungen fest, ob sie
   1. von Anfang an wirksam sind,
   2. schwebend unwirksam sind, solange die Zustimmung des gesetzlichen Vertreters fehlt,
   3. von Anfang an unwirksam sind.

   a) Ein 6-jähriger Junge kauft ein Spielzeugauto. Er zahlt den Kaufpreis mit seinem Taschengeld, das ihm seine Eltern zur freien Verfügung gegeben haben.
   b) Ein 14-jähriges Mädchen nimmt gegen den Willen seiner Eltern von seiner Tante ein Geldgeschenk an.
   c) Eine 16-Jährige schließt ohne Wissen ihrer Eltern einen Ausbildungsvertrag ab.
   d) Ein 18-Jähriger beantragt bei seiner Bank ein Kleindarlehen zur Anschaffung eines Gebrauchtwagens.
   e) Ein 11-Jähriger kauft von seinem Taschengeld ein gebrauchtes Fahrrad.

9. Diskutieren Sie in der Klasse über folgende These: „Mit 18 Jahren ist man nicht in der Lage, die rechtlichen Folgen von Rechtsgeschäften abzusehen. Daher sollte die volle Geschäftsfähigkeit erst mit 21 Jahren erreicht werden." Verfassen Sie über die Diskussion ein Stundenprotokoll.

5.3 Rechtsobjekte

Die Auszubildende Hera Dubowski verleiht ihr Lehrbuch an ihren Klassenkameraden Roland Weiß. Auch Ina Schiller, eine andere Mitschülerin von Hera, ist an dem Buch interessiert. Da Hera noch ein weiteres Exemplar des Buches besitzt, möchte Ina das Buch sogar kaufen. Nach einer kurzen Beratung werden sich beide schnell über den Preis des Buches einig. Ina meint schließlich: „Nun ist ja fast alles klar, Hera, aber wie werde ich Eigentümerin des Lehrbuches? Schließlich hat Roland ja noch dein Buch."

→ LS 7

Arbeitsaufträge

- *Unterscheiden Sie die verschiedenen Rechtsobjekte und ordnen Sie das Lehrbuch den Rechtsobjekten zu.*
- *Erläutern Sie die Besitz- und Eigentumsverhältnisse im vorliegenden Fall.*
- *Erklären Sie, wie Ina schnell und pragmatisch Eigentümerin des Buches werden kann.*

Sachen und Rechte

Als **Rechtsobjekte** bezeichnet man die Gegenstände des Rechtsverkehrs. Hierbei unterscheidet man körperliche Rechtsobjekte (Sachen) und nicht körperliche Rechtsobjekte (Rechte).

Sachen werden in **unbewegliche** (Immobilien) und **bewegliche** (vertretbare und nicht vertretbare Sachen, Mobilien) unterschieden.

Vertretbare Sachen werden nach Maß, Zahl und Gewicht bestimmt und sind untereinander austauschbar (z. B. Geld, Wertpapiere oder Waren aus Serienfertigung, wie Maschinen oder Schrauben), **nicht vertretbare Sachen** können nicht durch andere ersetzt werden (z. B. ein Originalbild von Picasso).

→ LF 6

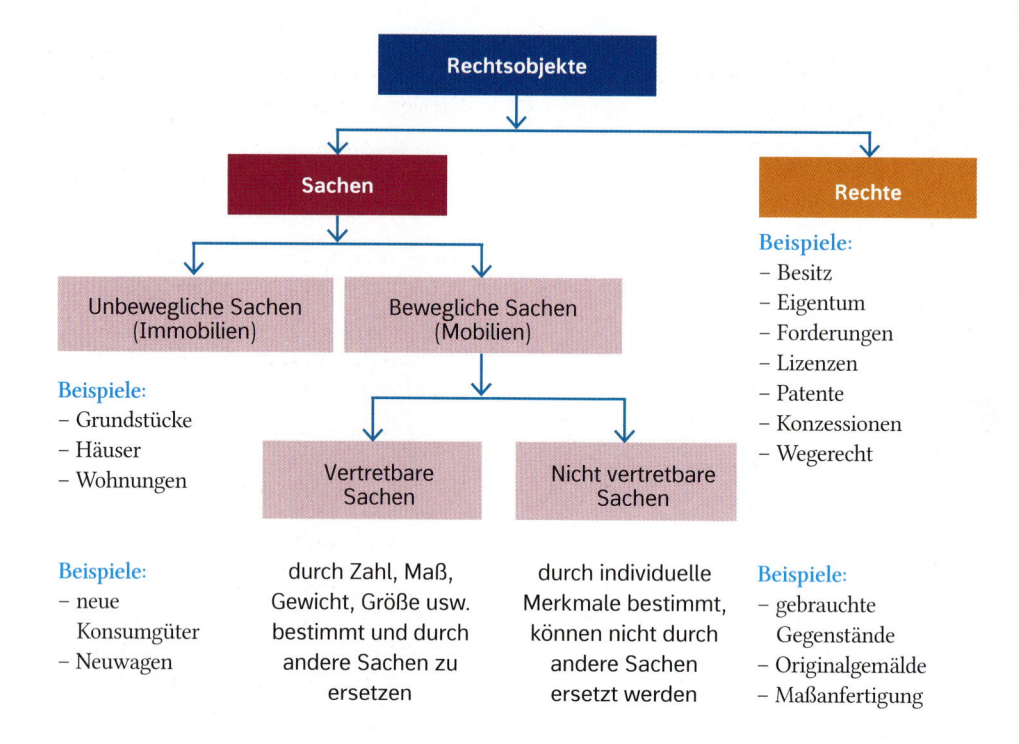

```
                        Rechtsobjekte
                              │
                ┌─────────────┴─────────────┐
              Sachen                      Rechte
                │
        ┌───────┴────────┐             Beispiele:
  Unbewegliche      Bewegliche          – Besitz
    Sachen            Sachen            – Eigentum
  (Immobilien)      (Mobilien)          – Forderungen
                         │              – Lizenzen
Beispiele:               │              – Patente
– Grundstücke            │              – Konzessionen
– Häuser           ┌─────┴──────┐       – Wegerecht
– Wohnungen    Vertretbare  Nicht vertretbare
                 Sachen        Sachen
```

	Vertretbare Sachen	Nicht vertretbare Sachen	
Beispiele: – neue Konsumgüter – Neuwagen	durch Zahl, Maß, Gewicht, Größe usw. bestimmt und durch andere Sachen zu ersetzen	durch individuelle Merkmale bestimmt, können nicht durch andere Sachen ersetzt werden	Beispiele: – gebrauchte Gegenstände – Originalgemälde – Maßanfertigung

Eigentum und Besitz als Rechte

Zu den nicht körperlichen Rechtsobjekten zählen die Rechte Eigentum und Besitz. **Eigentum** ist die rechtliche Herrschaft über eine Sache. Dem Eigentümer gehört die Sache. Er kann damit nach Belieben verfahren (§ 903 BGB), sofern er nicht gegen das Gesetz verstößt oder die Rechte Dritter verletzt. **Besitz** ist die tatsächliche Herrschaft über eine Sache (§ 854 BGB). Der **Eigentümer** einer Sache hat gegenüber dem Besitzer einen **Herausgabeanspruch** (§ 985 BGB), sofern der Besitzer nicht, beispielsweise aufgrund eines Leih- oder Mietvertrages, zum Besitz berechtigt ist. Häufig liegen Eigentum und Besitz in einer Hand. Dann ist der Eigentümer auch **unmittelbarer Besitzer**. Überlässt der Eigentümer einem anderen die Sache zum Gebrauch, z. B. durch einen Miet-, Pacht- oder Leihvertrag, wird der Mieter, Pächter oder Entleiher unmittelbarer Besitzer, da er nun die tatsächliche Herrschaft ausübt. Der Eigentümer bleibt durch diese Gebrauchsüberlassung **mittelbarer Besitzer** (§ 868 BGB).

Beispiele	Unmittelbarer Besitzer	Mittelbarer Besitzer	Eigentümer
Miete eines Autos	Mieter	Vermieter	Vermieter
Leihe eines Buches	Entleiher	Verleiher	Verleiher
Pacht eines Grundstückes	Pächter	Verpächter	Verpächter
Kauf einer CD	Käufer	—	Käufer

Eigentumsübertragung durch Rechtsgeschäft

Die Eigentumsübertragung durch Rechtsgeschäft ist bei beweglichen und unbeweglichen Sachen unterschiedlich geregelt.

Mobilien	durch **Einigung und Übergabe** (§ 929 BGB) (Normalfall)	Häufig findet die Einigung durch beiderseitiges schlüssiges (konkludentes) Verhalten statt. Beispiel: Paul verkauft Mark ein Buch. Paul übergibt das Buch. Dabei einigen sie sich (konkludent) über den Eigentumswechsel.
	durch **Einigung** (§ 929 BGB)	Der Erwerber ist bereits im Besitz der Sache. Eine Übergabe ist nicht mehr notwendig. Beispiel: Mark hat sich ein Buch von Paul geliehen. Da es ihm gefällt, erwirbt er das Buch von Paul.
	durch **Einigung und Abtretung des Herausgabeanspruches** (§ 931 BGB)	Die Sache ist im Besitz eines Dritten. Beispiel: Paul verkauft ein Buch an Mark. Da Paul das Buch an Peter verliehen hat, soll sich Mark das Buch von Peter herausgeben lassen.
	durch **Einigung und Vereinbarung eines Besitzkonstitutes** (§ 930 BGB)	Der alte Eigentümer soll unmittelbarer Besitzer und Nutzer der Sache durch Vereinbarung eines Besitzkonstitutes (z. B. eines Miet-, Pacht- oder Leihvertrages) bleiben. Der neue Eigentümer wird lediglich mittelbarer Besitzer. Beispiel: Paul verkauft Mark ein Buch. Gleichzeitig leiht Mark wiederum Paul das Buch, da Paul es noch für die Vorbereitung auf eine Prüfung benötigt.
Immobilien	durch **Auflassung** (= notariell beurkundete Einigung über den Eigentumswechsel) und **Eintragung ins Grundbuch** (§§ 873, 925 BGB)	Beispiel: Kauf eines Grundstücks

Gutgläubiger Eigentumserwerb vom Nichtberechtigten

Im Ausnahmefall kann man auch Eigentümer einer Sache werden, die dem Verkäufer nicht gehört (= **Nichtberechtigter**). Voraussetzung ist, dass der Käufer in **gutem Glauben** gehandelt hat (§ 932 BGB). Unter gutgläubig ist zu verstehen, dass man den Verkäufer den Umständen nach für den Eigentümer halten darf.

Beispiel: Der Auszubildende Peter Kant hat seit einem halben Jahr ein Surfbrett von einem Bekannten geliehen. Peter bietet seinem Freund Rudolf Heller dieses Surfbrett zum Kauf an. Rudolf, der nicht wusste, dass das Surfbrett Peter Kant nicht gehört, zahlt den gewünschten Kaufpreis und wird Eigentümer des Surfbrettes, da er in gutem Glauben gehandelt hat.

An **gestohlenen, verloren gegangenen oder sonst abhanden gekommenen Sachen** kann grundsätzlich kein Eigentum erworben werden, selbst wenn die Sache in gutem Glauben erworben wurde. Eine Ausnahme von dieser Regelung stellt der Eigentumserwerb an **Geld, Inhaberpapieren oder Sachen aus öffentlicher Versteigerung** dar. In diesen Ausnahmefällen ist gutgläubiger Erwerb immer möglich.

Zusammenfassung

Rechtsobjekte

- Zu den **Rechtsobjekten** zählen Sachen (bewegliche und unbewegliche) und Rechte.

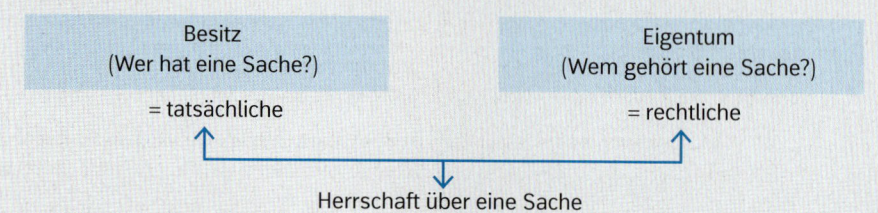

Besitz (Wer hat eine Sache?)	Eigentum (Wem gehört eine Sache?)
= tatsächliche	= rechtliche

Herrschaft über eine Sache

- Die **Eigentumsübertragung** erfolgt bei **beweglichen Sachen** durch
  - Einigung und Übergabe,
  - Einigung,
  - Einigung und Abtretung des Herausgabeanspruches oder
  - Einigung und Vereinbarung eines Besitzkonstitutes.
- Bei **unbeweglichen Sachen** erfolgt die Eigentumsübertragung durch Auflassung und Eintragung ins Grundbuch.
- **Eigentumserwerb vom Nichtberechtigten** ist möglich, sofern der Erwerber gutgläubig ist.
- An **gestohlenen Sachen** kann grundsätzlich **kein Eigentum** erworben werden. **Ausnahmen** stellen Geld, Inhaberpapiere oder Sachen aus öffentlicher Versteigerung dar.

Aufgaben

1. Erläutern Sie, welche Rechtsobjekte sich unterscheiden lassen, und nennen Sie jeweils drei Beispiele.

2. Geben Sie an, um welche Arten von Rechtsobjekten (Sachen, Rechte) es sich handelt (Mehrfachnennungen sind möglich):

   a) neuer Wohnzimmerschrank,
   b) sechs Eier, Größe 2,
   c) Wochenendgrundstück,
   d) gebrauchte Skier,
   e) Patent,
   f) Forderung gegen einen Kunden.

3. Erläutern Sie den Unterschied zwischen Besitz und Eigentum.

4. Stellen Sie in den unten stehenden Fällen fest, ob die Person

   - nur Eigentümer,
   - nur Besitzer,
   - Eigentümer und Besitzer,
   - weder Eigentümer noch Besitzer ist.

   a) Ein Kfz-Händler verkauft im Kundenauftrag einen Pkw an Wilhelm Straub.
   b) Die Hans Krämer OHG mietet für ein Jahr von einem Büromaschinenhersteller vier Fotokopierer.
   c) Eine Kundin kauft in einem Textilfachgeschäft ein Halstuch. Auf dem Nachhauseweg verliert sie das Halstuch, ein Spaziergänger findet es.

d) Ein Kunde kauft in einem Radio- und Fernsehgeschäft einen Videorekorder, den der Hersteller dem Einzelhändler zu Vorführzwecken leihweise überlassen hatte.

e) Eine Industriekauffrau schließt mit ihrem Nachbarn einen nicht notariell beurkundeten Kaufvertrag über ein Grundstück ab.

5. Welcher rechtliche Tatbestand trifft auf Eigentum und Besitz zu?

   1. Eigentum und Besitz können nur in einer Hand sein.
   2. Eigentum ist die tatsächliche Verfügungsgewalt über Sachen und Rechte, Besitz ist die rechtliche Herrschaft.
   3. Eigentum und Besitz über Sachen werden nur durch Eintragung in das Grundbuch auf andere übertragen.
   4. Eigentum und Besitz müssen immer schriftlich übertragen werden.
   5. Eigentum ist die rechtliche Herrschaft über Sachen und Rechte, Besitz die tatsächliche Herrschaft.

6. Erläutern Sie die Eigentumsübertragung bei unbeweglichen Sachen.

7. Die Sommerfeld Bürosysteme GmbH überlässt einem Kunden für drei Tage probeweise einen Schreibtischstuhl. Nach drei Tagen ruft der Kunde an und teilt der Sommerfeld Bürosysteme GmbH mit, dass er den Stuhl kaufen wolle, da ihm dieser sehr gut gefalle. Am nächsten Tag kommt der Kunde in das Verkaufsstudio der Sommerfeld Bürosysteme GmbH und zahlt den geforderten Kaufpreis.

   a) Erläutern Sie die Besitz- und Eigentumsverhältnisse am Stuhl bis zum Anruf des Kunden.
   b) Beschreiben Sie, wie in diesem Fall die Eigentumsübertragung stattfindet.
   c) Erklären Sie, wann der Kunde Eigentümer des Stuhls wird.

8. Daniela Schaub hat ihrem Mitschüler Dieter ein Smartphone verkauft. Durch den Kaufvertrag ist Daniela verpflichtet, das Eigentum an dem Smartphone zu übertragen. Erläutern Sie an diesem Beispiel die verschiedenen Möglichkeiten der Eigentumsübertragung.

9. Heinrich Peters kauft von einem guten Bekannten ein gebrauchtes Fahrrad. Nach zwei Wochen wird Heinrich bei einer Polizeikontrolle darauf aufmerksam gemacht, dass das Fahrrad vor zwei Monaten gestohlen wurde. Heinrich argumentiert, dass er das Fahrrad in gutem Glauben von seinem Bekannten gekauft hat, er sei damit rechtmäßiger Eigentümer des Fahrrades. Begründen Sie, ob Heinrich recht hat.

10. Heike Möllenhoff erwirbt ein Fahrrad aus einer öffentlichen Versteigerung. Bei einer allgemeinen Verkehrskontrolle stellt die Polizei fest, dass das Fahrrad in einem anderen Bundesland gestohlen worden ist und fordert Heike Möllenhoff zur Herausgabe des Fahrrades auf. Heike Möllenhoff verweigert die Herausgabe des Fahrrades, da sie rechtmäßige Eigentümerin sei. Begründen Sie, ob sie dazu berechtigt ist.

5.4 Rechtsgeschäfte, Willenserklärungen und wichtige Vertragsarten des Wirtschaftslebens

Die Sommerfeld Bürosysteme GmbH benötigt zur Erweiterung ihrer Lagerkapazitäten einen zusätzlichen Lagerraum. Bei Durchsicht der Rubrik „Mietangebote für gewerbliche Lagerräume" im Essener Stadt-Anzeiger findet Lambert Feld eine Anzeige. Aus Sorge, dass ihm ein anderer Mieter zuvorkommen könnte, teilt er dem Vermieter Christoph Vitzer nach Besichtigung des Lagerraums telefonisch mit, dass die Sommerfeld Bürosysteme GmbH den Lagerraum zu den vereinbarten Konditionen mieten möchte. Einen Tag später wird der Mietvertrag mit einer Laufzeit von fünf Jahren unterschrieben, wobei eine Miete von 3 500,00 € pro Monat vereinbart wird. Zwei Tage später erhält Herr Feld von einem Immobilienmakler ein wesentlich günstigeres Angebot. Umgehend schreibt er dem Vermieter Vitzer, dass er kein Interesse mehr an dem Lagerraum habe, da ihm ein wesentlich günstigeres Angebot eines anderen Vermieters vorliege. Der Vermieter besteht aber auf der Einhaltung des Mietvertrages.

Arbeitsaufträge

- *Überprüfen Sie, ob die Sommerfeld Bürosysteme GmbH vom Mietvertrag zurücktreten kann, um das günstigere Angebot des Immobilienmaklers anzunehmen.*

- *Stellen Sie fest, welche Verträge Sie bereits in Ihrem Leben (im privaten oder betrieblichen Bereich) abgeschlossen haben.*

Willenserklärungen und Rechtsgeschäfte

Rechtsgeschäfte, z. B. Mietverträge, kommen durch Willenserklärungen einer oder mehrerer Personen zustande. Unter einer **Willenserklärung** versteht man die rechtlich wirksame Äußerung einer geschäftsfähigen Person, durch welche bewusst eine Rechtsfolge herbeigeführt werden soll.

Beispiel:

1. Willenserklärung → Bei Übereinstimmung = Mietvertrag ← **2. Willenserklärung**

Vermieter: „Ich will diesen Lagerraum für 3 500,00 € pro Monat vermieten."

Mieter: „Ich will diesen Lagerraum für 3 500,00 € pro Monat mieten."

Willenserklärungen können

- **schriftlich** / **mündlich** } ausdrücklich oder
- durch bloßes **schlüssiges (konkludentes) Verhalten** abgegeben werden.

  Beispiel: Kauf einer Zeitung am Kiosk, ohne dass Käufer und Verkäufer miteinander reden.

Arten von Rechtsgeschäften

Man unterscheidet **einseitige und zweiseitige Rechtsgeschäfte**.

Bei den **einseitigen Rechtsgeschäften** ist die Willenserklärung **einer** Person erforderlich.

Einseitige Rechtsgeschäfte können empfangsbedürftig oder nicht empfangsbedürftig sein. Zu den **nicht empfangsbedürftigen Rechtsgeschäften** zählen die Aufgabe eines Eigentumsanspruchs und das Testament, d. h., die Willenserklärung einer Person ist hier gültig, ohne dass sie einer anderen Person zugegangen sein muss.

Zu den **empfangsbedürftigen Rechtsgeschäften** zählen die Kündigung eines Ausbildungs- oder Arbeitsvertrages, die Anfechtung (vgl. S. 118 f.) und die Vollmachtserteilung. Die Willenserklärung wird erst dann wirksam, wenn sie einer anderen Person zugeht.

Zwei- oder mehrseitige Rechtsgeschäfte (= Verträge), bei der die Willenserklärungen zweier oder mehrerer Personen erforderlich sind, werden nur durch **übereinstimmende Willenserklärungen** aller beteiligten Personen rechtswirksam (§ 151 BGB).

Alle **Verträge** haben gemeinsam, dass sie durch **Antrag und Annahme** zustande kommen. Die zuerst abgegebene Willenserklärung heißt Antrag, wobei sie von jedem Vertragspartner ausgehen kann. Die zustimmende Willenserklärung nennt man Annahme. Im Vertragsrecht gilt der Grundsatz:

> **Verträge sind einzuhalten.**

Die meisten Verträge des Wirtschaftslebens sind **zweiseitig verpflichtende** Verträge, d. h., beiden Vertragspartnern werden aus dem Vertrag Pflichten auferlegt.

Beispiele: Leihe, Kauf, Pacht, Miete

Nur wenige Verträge verpflichten lediglich eine Vertragspartei. Man nennt diese Verträge **einseitig verpflichtende** Verträge.

Beispiele: Schenkungsvertrag, Bürgschaftsvertrag

Wichtige Verträge im Privatrecht

Folgende zweiseitige Rechtsgeschäfte können unterschieden werden:

Vertragsart	Vertragsgegenstand	Beispiele aus der Praxis	Gesetzliche Regelung
Kaufvertrag	entgeltliche Veräußerung von Sachen und Rechten	Die Sommerfeld Bürosysteme GmbH verkauft an die Bürobedarfsgroßhandlung Thomas Peters e. K. 20 Schreibtische.	BGB §§ 433–514
Mietvertrag	entgeltliche Überlassung von Sachen zum Gebrauch	Die Sommerfeld Bürosysteme GmbH mietet Büroräume.	BGB §§ 535–580
Leihvertrag	unentgeltliche Überlassung von beweglichen Sachen oder Grundstücken zum Gebrauch; Rückgabe derselben Sachen	Die Sommerfeld Bürosysteme GmbH überlässt für zwei Wochen einem Großhändler einen Verpackungsbehälter	BGB §§ 598–605
Pachtvertrag	entgeltliche Überlassung von Sachen zum Gebrauch und Fruchtgenuss	Die Sommerfeld Bürosysteme GmbH pachtet ein Grundstück für die Abstellung des betriebseigenen Fuhrparks. Die sich auf dem Grundstück befindlichen Obstbäume dürfen von der Sommerfeld Bürosysteme GmbH abgeerntet werden.	BGB §§ 581–597
(Sach-)Darlehensvertrag	entgeltliche oder unentgeltliche Überlassung von (vertretbaren) Sachen zum Verbrauch; Rückgabe gleichartiger Sachen	Frau Claudia Farthmann „leiht" sich bei ihrer Nachbarin zum Backen vier Eier. Am nächsten Tag bringt sie vier andere Eier zurück.	BGB §§ 607–610
Gesellschaftsvertrag	Regelungen von zwei oder mehr Personen zur Erreichung eines gemeinsamen Zwecks, z. B. gemeinsamer Betrieb eines Gewerbes	Herr Feld, Herr Sommer und Frau Farthman haben für ihre Zusammenarbeit in der Sommerfeld Bürosysteme GmbH einen Gesellschaftsvertrag aufgesetzt (vgl. S. 13 f.)	BGB §§ 705–740 AktG § 16 GmbHG § 2 usw.
Schenkungsvertrag	unentgeltliche Vermögensübertragung an andere Personen	Frau Farthmann schenkt ihrem Neffen 200,00 €.	BGB § 516 ff.
Arbeitsvertrag	entgeltliche Leistung von Arbeitnehmern	Die Sommerfeld Bürosysteme GmbH schließt mit einem neuen Mitarbeiter für die Polsterei einen Arbeitsvertrag ab.	BGB §§ 611–630

→ LF 7

Vertragsart	Vertragsgegenstand	Beispiele aus der Praxis	Gesetzliche Regelung
Dienstvertrag	entgeltliche Leistung von Diensten ohne dabei einen Erfolg zu garantieren	Herr Feld ist umgeknickt und lässt sich von einem Arzt behandeln.	BGB § 611
Berufsausbildungsvertrag	Ausbildung in einem anerkannten Ausbildungsberuf	Die Sommerfeld Bürosysteme GmbH stellt eine Auszubildende für die Ausbildung zur Industriekauffrau ein.	BBiG §§ 3–16
Werkvertrag	Herstellung eines Werkes gegen Vergütung, wobei der Leistende für den Erfolg einstehen muss ⇒ Werkvertragsrecht findet Anwendung auf die Herstellung von Bauwerken, auf Reparaturen und die Herstellung von nicht körperlichen Sachen (z. B. Individualsoftware oder Gutachten)	Die Sommerfeld Bürosysteme GmbH gibt die Erstellung einer neuen Werkshalle bei der Bauunternehmung Meier AG in Auftrag.	BGB §§ 631–650
Werklieferungsvertrag[1]	Lieferung herzustellender oder zu erzeugender beweglicher Sachen ⇒ Kaufrecht findet Anwendung	Die Sommerfeld Bürosysteme GmbH stellt für die Büroräume eines Großkunden eine individuelle Büroeinrichtung nach Kundenwunsch her.	BGB § 651 BGB § 433 ff.
Bürgschaftsvertrag	Verpflichtung, für die Verbindlichkeit eines Dritten einzustehen	Frau Farthmann bürgt bei der Sparkasse für einen Kredit ihrer Cousine Claudia.	BGB § 765–778

> *Zusammenfassung*
>
> **Rechtsgeschäfte, Willenserklärungen und wichtige Vertragsarten des Wirtschaftslebens**
> - *Rechtgeschäfte* kommen durch Willenserklärungen zustande.
> - *Willenserklärungen* können schriftlich, mündlich und durch schlüssiges Verhalten abgegeben werden.

---

[1] Der Begriff „Werklieferungsvertrag" wird in § 651 BGB nicht mehr ausdrücklich genannt, wird aber in der Literatur überwiegend weiterverwendet.

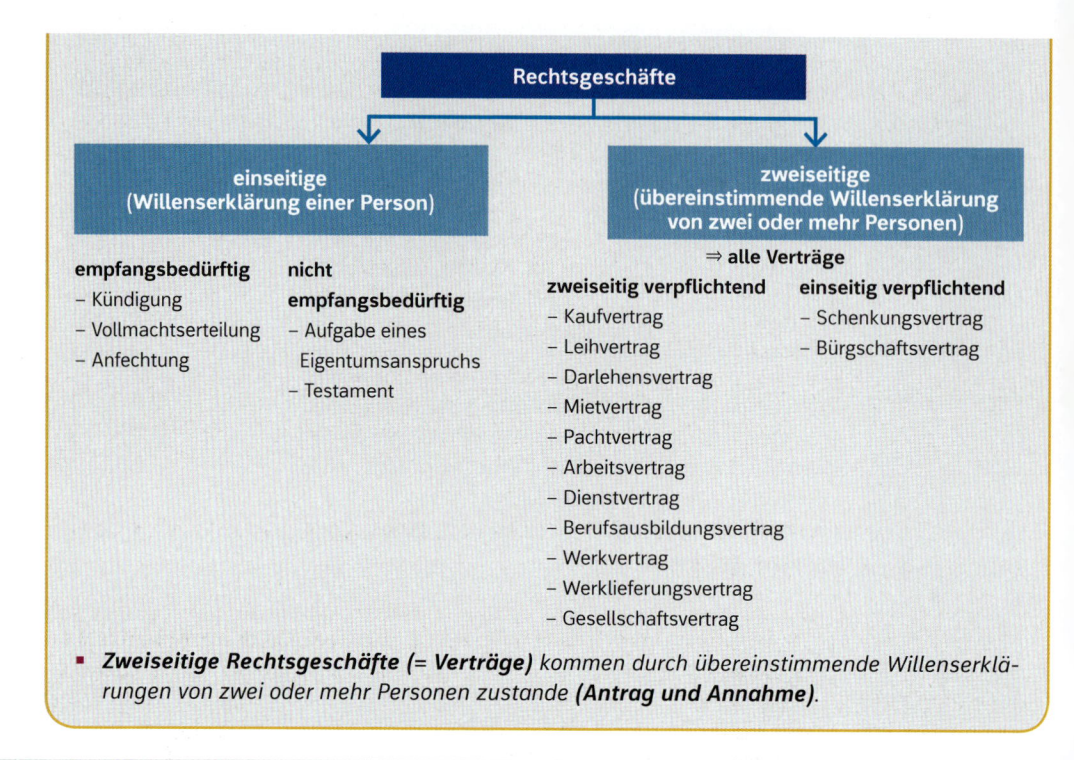

Lernfeld 1: In Ausbildung und Beruf orientieren

```
                          Rechtsgeschäfte
                         ↙              ↘
          einseitige                    zweiseitige
(Willenserklärung einer Person)   (übereinstimmende Willenserklärung
                                   von zwei oder mehr Personen)
                                        ⇒ alle Verträge
```

einseitige		zweiseitige	
empfangsbedürftig	**nicht empfangsbedürftig**	**zweiseitig verpflichtend**	**einseitig verpflichtend**
– Kündigung	– Aufgabe eines Eigentumsanspruchs	– Kaufvertrag	– Schenkungsvertrag
– Vollmachtserteilung	– Testament	– Leihvertrag	– Bürgschaftsvertrag
– Anfechtung		– Darlehensvertrag	
		– Mietvertrag	
		– Pachtvertrag	
		– Arbeitsvertrag	
		– Dienstvertrag	
		– Berufsausbildungsvertrag	
		– Werkvertrag	
		– Werklieferungsvertrag	
		– Gesellschaftsvertrag	

- ***Zweiseitige Rechtsgeschäfte (= Verträge)*** kommen durch übereinstimmende Willenserklärungen von zwei oder mehr Personen zustande **(Antrag und Annahme)**.

Aufgaben

1. Beschreiben Sie am Beispiel des Kaufes eines Fernsehers, wie ein Vertrag zustande kommt.

2. Erklären Sie

   a) Kauf-, b) Leih-, c) Miet-, d) Pacht-, e) Darlehensvertrag
   und erläutern Sie zu jeder Vertragsart, welche Vertragsinhalte berücksichtigt werden sollten.

3. Beurteilen Sie folgende Fälle danach, um welche Vertragsarten es sich handelt:

   1. Karin Weber „leiht" sich gegen Zahlung von 1,50 € in einer Bibliothek ein Buch.
   2. Eine Tischlerei stellt einen Wohnzimmerschrank nach Kundenwunsch her.
   3. Ein Elektrofachgeschäft repariert die Waschmaschine eines Kunden.
   4. Die Auszubildende Doris erwirbt am Kiosk die neueste Ausgabe einer Zeitschrift.
   5. Hera Dubowskis Cousin Martin übernimmt eine Kneipe samt Inventar gegen ein monatliches Entgelt.
   6. Jens Effer „leiht" sich von seinem Nachbarn zwei Flaschen Bier, da er unerwartet Besuch bekommen hat.
   7. Roya Mehmet möchte das Smartphone ihrer Arbeitskollegin Sandra Brown testen. Morgen soll sie ihn zurückgeben.

4. Auf welche Art können Willenserklärungen abgegeben werden? Geben Sie jeweils ein Beispiel an.

5. Nennen Sie Beispiele für einseitige Rechtsgeschäfte.

6. Begründen Sie, warum das Testament zu den nicht empfangsbedürftigen Rechtsgeschäften zählt.

7. Siegfried Holl besucht den Verbrauchermarkt „Preiskauf". Da er nur wenig Zeit hat, stellt er drei leere Pfandflaschen an der Leergutannahme auf dem Boden ab, da ihm die Warteschlange vor der Annahmestelle zu lang ist. Am nächsten Tag erscheint Siegfried wieder bei der Leergutannahme und verlangt die Herausgabe des Pfandbetrages. Begründen Sie, ob Siegfried einen Rechtsanspruch auf die Herausgabe des Pfandbetrages hat.

8. Herr Sommer hat schlechte Laune. Der Objektplaner Herr Möller hat erneut einen schweren Fehler gemacht. Deshalb setzt Herr Sommer kurzerhand eine Kündigung schriftlich auf und bringt das Schreiben in die Poststelle. Nachmittags tut ihm die Kündigung leid. Begründen Sie, ob Herrn Möller schon rechtswirksam gekündigt worden ist, wenn sich der Brief noch in der Poststelle befindet.

9. Erläutern Sie, warum es sich bei einem Bürgschaftsvertrag um einen einseitig verpflichtenden Vertrag und beim Leihvertrag um einen zweiseitig verpflichtenden Vertrag handelt.

5.5 Vertragsfreiheit, Form, Nichtigkeit und Anfechtbarkeit der Rechtsgeschäfte

Nachdem die Verhandlungen zur Anmietung von Lagerraum erfolglos verlaufen sind, beschließt die Sommerfeld Bürosysteme GmbH eine Lagerhalle auf einem Nachbargrundstück zu bauen. Geschäftsführer Feld hat sich dazu mit Dieter Schnell, dem Eigentümer eines Nachbargrundstückes, zusammengesetzt, um über den Kauf des Grundstückes zu verhandeln. Nach einer Stunde hat man sich über den Preis geeinigt. Zur Sicherheit lässt sich Herr Feld von Dieter Schnell eine schriftliche Bestätigung über die getroffene Vereinbarung geben. Nach vier Tagen teilt Herr Schnell der Sommerfeld Bürosysteme GmbH mit, dass er nicht mehr gewillt sei, das Grundstück zu den vereinbarten Konditionen zu verkaufen.

Arbeitsaufträge

- Begründen Sie, ob Herr Feld auf dem Verkauf des Grundstückes zu den vereinbarten Konditionen bestehen kann.
- Erläutern Sie den Grundsatz der Vertragsfreiheit.

Vertragsfreiheit

In der Bundesrepublik Deutschland gilt der Grundsatz der **Vertragsfreiheit**, d. h., es kann niemand zum Abschluss eines Vertrages gezwungen werden (**Abschlussfreiheit**). Jeder kann seinen Vertragspartner selbst aussuchen. Ein Kaufmann kann jederzeit den Kaufantrag eines Kunden ablehnen. Außerdem kann der Inhalt der Verträge frei bestimmt werden (**Gestaltungsfreiheit**), solange dieser nicht gegen bestehende Gesetze verstößt.

In einigen Fällen muss ein Unternehmen kraft Gesetzes einen Vertrag mit einem Antragsteller schließen, sobald diese Person einen Antrag an dieses Unternehmen stellt (**Kontrahierungszwang**). Dieser **Abschlusszwang** gilt gesetzlich u. a. für die Briefbeförderung der Deutschen Post AG, die Personenbeförderung der Deutschen Bahn AG, die Energieversorgung der Haushalte durch die kommunalen Gas- und Elektrizitätswerke.

Form der Rechtsgeschäfte

Die meisten Rechtsgeschäfte können formlos abgeschlossen werden (**Formfreiheit**). Bei einigen Rechtsgeschäften besteht der Gesetzgeber auf der Einhaltung bestehender Formvorschriften (Formzwang). Der Gesetzgeber sieht dabei eine Abstufung der Formerfordernisse von der Textform, der elektronischen Form, der Schriftform, der öffentlichen Beglaubigung bis hin zur notariellen Beurkundung als „höchstes" Formerfordernis vor. Der Gesetzgeber verfolgt mit dem Formzwang bei bestimmten Rechtsgeschäften das Ziel, die Vertragspartner vor leichtfertigem und übereiltem Handeln zu bewahren sowie erhöhte Sicherheit und leichte Beweisbarkeit zu gewährleisten. Bei Nichtbeachtung dieser Formvorschriften ist das Rechtsgeschäft nichtig (§ 125 BGB), d. h., der Vertrag ist von Anfang an nicht zustande gekommen.

Textform
Zur Wahrung der Textform muss eine lesbare Erklärung auf einem dauerhaften Datenträger, wie z. B. einem Blatt Papier, abgeben werden und die Person des Erklärenden genannt sein. Eine **eigenhändige Unterschrift** des Erklärenden ist **nicht notwendig**. Der Textform genügen beispielsweise E-Mails, Faxe, Kopien und maschinell erstellte Briefe.

Schriftform
Es wird eine Urkunde[1] verfasst, die vom **Erklärenden eigenhändig zu unterzeichnen** ist.

Elektronische Form
Viele Verträge werden heutzutage über das **Internet** abgeschlossen. Hierbei kann die schriftliche Form durch die **elektronische Form** ersetzt werden, solange sich aus dem Gesetz nicht etwas anderes ergibt. Soll die elektronische Form statt der üblichen Schriftform verwendet werden, sind einige **Voraussetzungen** zu berücksichtigen (Signaturgesetz – SigG):

- Die Vertragsparteien müssen diese Form ausdrücklich oder konkludent vereinbaren.
- Es ist ein entsprechendes Dokument zu erstellen, das beim Adressaten auf einem geeigneten Speichermedium (z. B. Festplatte) gespeichert werden kann.
- Der Aussteller muss das Dokument mit seinem Namen und einer qualifizierten Signatur nach dem Signaturgesetz versehen, damit er eindeutig identifiziert werden kann.

Öffentliche Beglaubigung
Ist die öffentliche Beglaubigung vorgeschrieben, so muss die Erklärung schriftlich abgefasst und die **Echtheit der Unterschrift** von einem Notar beglaubigt werden. Deshalb soll die Unterschrift in Anwesenheit des Notars geleistet werden. Von der öffentlichen Beglaubigung ist die amtliche Beglaubigung zu unterscheiden, bei der lediglich die Übereinstimmung einer Abschrift oder Kopie mit dem Original von einer Verwaltungsbehörde bescheinigt wird.

---

[1] *Unter einer Urkunde versteht man die schriftliche Verkörperung einer Gedankenäußerung.*

Notarielle Beurkundung

Das Verfahren der notariellen Beurkundung ist im Beurkundungsgesetz (BeurkG) geregelt. Die Erklärungen der Beteiligten werden nach Beratung durch den Notar in einer Niederschrift abgefasst. Der Notar soll dabei sicherstellen, dass das Geschäft dem wahren Willen der Beteiligten entspricht und eventuell auftretende Missverständnisse und Zweifel klären. Die Niederschrift wird sodann den Beteiligten vom Notar vorgelesen. Anschließend wird der Inhalt von den Beteiligten genehmigt und eigenhändig unterschrieben. Bei der notariellen Beurkundung wird also sowohl der **Inhalt der Niederschrift** als auch die **Echtheit der Unterschrift** durch einen Notar beurkundet.

Form	Beispiele
Notarielle Beurkundung	Grundstückskaufvertrag, Eintragungen von Hypotheken und Grundschulden ins Grundbuch, Ehevertrag, Schenkungsversprechen
Öffentliche Beglaubigung	Ausschlagung einer Erbschaft, Anträge auf Eintragung in das Grundbuch, das Handelsregister, das Vereinsregister oder das Güterrechtsregister
Schriftform	Bürgschaftserklärung eines Nichtkaufmanns, Kündigung eines Arbeitsverhältnisses, Kündigung eines Mietverhältnisses über Wohnraum, Mietvertrag über Wohnraum mit mehr als einem Jahr Laufzeit, Verbraucherdarlehensvertrag, Abzahlungsgeschäfte zwischen Unternehmer und Verbraucher (Ratenkauf), Schuldanerkenntnis
Elektronische Form	ersetzt die Schriftform, aber ausgeschlossen z. B. bei: Verbraucherdarlehensvertrag, Kündigung eines Arbeitsverhältnisses
Textform	Es ist gesetzlich ausreichend (aber nicht gesetzlich zwingend), Garantieerklärungen gegenüber Verbrauchern und Belehrungen über das Widerrufsrecht bei Fernabsatzvertragen in Textform zu verfassen.

→ LF 10

Nichtigkeit von Rechtsgeschäften

Rechtsgeschäfte können von Anfang an nichtig (= ungültig) sein, d. h., das Rechtsgeschäft hat keine Rechtsfolgen. Folgende Gründe können **zur Nichtigkeit** von Rechtsgeschäften **führen**:

- Geschäfte mit **geschäftsunfähigen Personen** (§ 105 BGB, vgl. S. 99)
- Geschäfte mit **beschränkt geschäftsfähigen Personen ohne Zustimmung** der Erziehungsberechtigten oder des Betreuers (§ 108 BGB, vgl. S. 100)
- Willenserklärungen, die im Zustand der Bewusstlosigkeit oder **vorübergehender Störung der Geistestätigkeit** abgegeben werden (§ 105 BGB)
- Geschäfte, die gegen die **guten Sitten** verstoßen (§ 138 BGB)

→ LS 9

   Beispiel: Ein Einzelhändler verlangt von einer Kundin bei einem Ratenvertrag einen Zinssatz von 40 %. In diesem Fall liegt ein Wucherzins vor, der Vertrag ist nichtig.

- Geschäfte, die gegen ein **gesetzliches Verbot** verstoßen (§ 134 BGB)

  Beispiel: Ein Kaufmann schließt mit einem Dieb einen Vertrag über gestohlene Waren.

- Geschäfte, die gegen gesetzliche **Formvorschriften** verstoßen (§ 125 BGB)

  Beispiel: Kaufvertrag über ein Grundstück ohne notarielle Beurkundung

- Verträge, die im Scherz abgeschlossen werden, sog. **Scherzgeschäfte** (§ 118 BGB)

  Beispiel: Ein Fußballanhänger des 1. FC Köln erklärt scherzhaft in einem Gespräch, er würde jedem Fan 50 000,00 € zahlen, wenn der 1. FC Köln den FC Bayern München schlagen würde. Der 1. FC Köln gewinnt das Fußballspiel 2:0. Für jedermann war ersichtlich, dass die Erklärung zum Scherz abgegeben wurde. Somit ist das Rechtsgeschäft nichtig.

  Beachte: Bei einem Scherzgeschäft muss für jedermann erkennbar sein, dass es sich um einen Scherz handelt.

- Verträge, die zum Schein abgeschlossen werden, sog. **Scheingeschäfte** (§ 117 BGB)

  Beispiel: Der Kaufmann Peter Schneller lässt im notariellen Kaufvertrag über ein Grundstück einen geringeren Kaufpreis mit Einwilligung des Verkäufers eintragen, um einen Teil der Grunderwerbsteuer zu sparen. Der Kaufvertrag ist nichtig.

Anfechtbarkeit von Rechtsgeschäften

Rechtsgeschäfte können durch besondere Erklärungen gegenüber dem Vertragspartner nachträglich ungültig werden. Man nennt diese Erklärung Anfechtung. Anfechtbare Rechtsgeschäfte sind bis zur Anfechtung gültig.

gültiger Vertrag → Anfechtung → Vertrag wird nichtig

Gründe zur Anfechtung von Rechtsgeschäften

- **Anfechtung wegen Irrtum in der Erklärung (§ 119 BGB)**
  Ein **Erklärungsirrtum** liegt vor, wenn der Erklärende eine Erklärung dieses Inhalts überhaupt nicht abgeben wollte, z. B. weil er sich verspricht oder verschreibt.

  Beispiel: Der „Vertriebsleiter Nord" der Sommerfeld Bürosysteme GmbH, Andreas Stock, verschreibt sich und bietet einem Kunden irrtümlich einen Artikel für 795,00 € statt des tatsächlichen Preises von 995,00 € an.

- **Anfechtung wegen Irrtum über den Inhalt (§ 119 BGB)**
  Ein **Inhaltsirrtum** liegt dann vor, wenn sich der Erklärende über die **Bedeutung** seiner Erklärung nicht bewusst ist.

  Beispiel: Daniela Schaub besucht mit ihrem Freund die Kölner Altstadt. In einem Brauhaus bestellt sie einen „halven Hahn". Statt wie erwartet ein halbes Hähnchen zu bekommen, erhält sie ein halbes Brötchen mit einer Scheibe Käse (= halve Hahn).

- **Anfechtung wegen Irrtum über eine verkehrswesentliche Eigenschaft einer Person oder Sache (§ 120 BGB)**
  Bei einem **Eigenschaftsirrtum** wird einer Person oder Sache eine verkehrswesentliche Eigenschaft beigemessen, die diese in Wirklichkeit nicht hat.

  Beispiel: Manfred Meier wird von der Bürodesign GmbH als Lkw-Fahrer eingestellt. Es stellt sich aber später heraus, dass er den notwendigen Führerschein nicht besitzt.

- **Anfechtung wegen Irrtum in der Übermittlung (§ 120 BGB)**
  Bei einem **Übermittlungsirrtum** wird eine Erklärung durch eine Person (z. B. Bote) oder eine Einrichtung (z. B. Post) unrichtig übermittelt.

  Beispiel: Herr Stock bietet einem Kunden telefonisch einen Artikel für 1 999,00 € an. Durch die schlechte Telefonleitung versteht der Kunde aber 999,00 €.

- **Ausnahme**: Bei einem **Motivirrtum (Irrtum im Beweggrund)** liegt kein Grund zur Anfechtung vor.

  Beispiel: Eine Kundin hat in Anbetracht ihrer bevorstehenden Hochzeit einen Kaufvertrag über ein teures Porzellanservice unterschrieben. Zwei Tage später erscheint die Kundin und erklärt, ihr Verlobter habe die Verlobung gelöst und sie wolle das Porzellanservice nicht mehr haben. Der Kaufvertrag bleibt aber bestehen, da ein Irrtum im Motiv rechtlich unerheblich ist, d. h., für die Verbindlichkeit des Kaufvertrages ist es ohne Bedeutung, aus welchem Grund (= Motiv „Hochzeit") die Kundin das Service bestellt hat.

- **Anfechtung wegen arglistiger Täuschung (§ 123 BGB)**

  Beispiel: Der Autohändler Franz Foltz bietet der Sommerfeld Bürosysteme GmbH einen ausdrücklich unfallfreien Gebrauchtwagen für 6 000,00 € an. Die Sommerfeld Bürosysteme GmbH erwirbt den Wagen, stellt aber nach zwei Monaten fest, dass der Wagen einen Unfall hatte. Die Sommerfeld Bürosysteme GmbH kann den Kaufvertrag anfechten und ihr Geld zurückverlangen.

- **Anfechtung wegen widerrechtlicher Drohung (§ 123 BGB)**

  Beispiel: Ein Angestellter droht seinem Arbeitgeber mit einer Anzeige beim Ordnungsamt wegen eines Umweltvergehens, falls er seine Forderung nach einer Gehaltserhöhung ablehnt. Auch wenn sich der Arbeitgeber damit einverstanden erklärt, ist er zwar an die Abmachung gebunden, er kann sie aber anfechten.

Die Anfechtung von Rechtsgeschäften kann nur innerhalb bestimmter **Fristen** vorgenommen werden. Eine Anfechtung wegen eines Irrtums ist ohne schuldhaftes Zögern (= unverzüglich) nach Entdeckung des Irrtums vorzunehmen. Wegen einer arglistigen Täuschung oder widerrechtlichen Drohung kann innerhalb eines Jahres ab Entdeckung der Täuschung oder Aufhören der Zwangslage angefochten werden. Die Anfechtung ist grundsätzlich ausgeschlossen, wenn seit Abgabe der Willenserklärung zehn Jahre vergangen sind.

Wird ein Rechtsgeschäft wegen eines Irrtums angefochten, so hat der Anfechtende den Vertrauensschaden zu ersetzen, den der Anspruchsberechtigte dadurch erleidet, dass er auf die Gültigkeit der Erklärung vertraut. Er ist also so zu stellen, als wenn er von dem Geschäft nichts gehört hätte.

Beispiel: Rudolf Heller hat sich verschrieben und fälschlicherweise 1 000 statt 100 Türbeschläge bestellt. Er kann den Kaufvertrag zwar wegen eines Erklärungsirrtums anfechten, muss aber dem Lieferanten den Schaden ersetzen, wenn die Beschläge nicht anderweitig verkauft werden können.

Zusammenfassung

Vertragsfreiheit, Form, Nichtigkeit und Anfechtbarkeit von Rechtsgeschäften

- Bei der **Gestaltung** gegenseitiger **Vereinbarungen** sind die Vertragspartner **frei**.
- Niemand kann zum Abschluss eines Vertrages gezwungen werden.
- Jeder kann seinen Vertragspartner selbst aussuchen.
- Die **meisten Rechtsgeschäfte** des täglichen Lebens können **formlos** abgeschlossen werden.

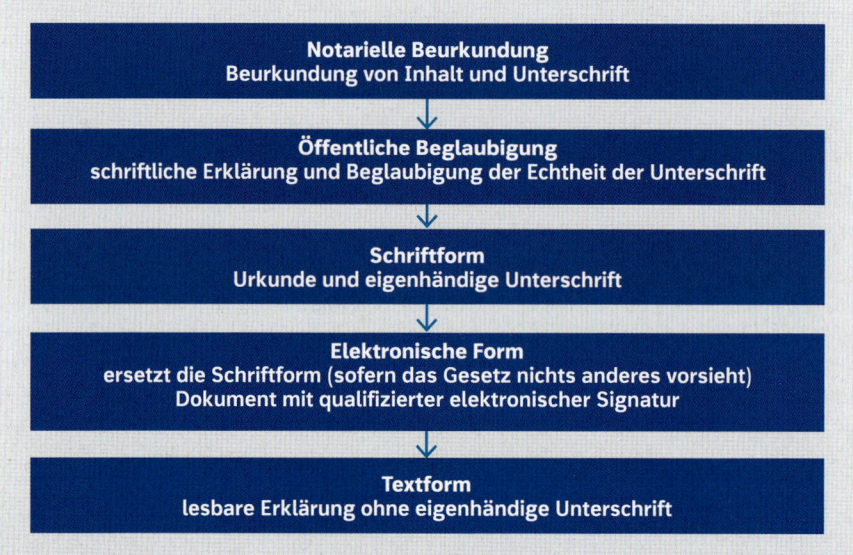

Notarielle Beurkundung
Beurkundung von Inhalt und Unterschrift
↓
Öffentliche Beglaubigung
schriftliche Erklärung und Beglaubigung der Echtheit der Unterschrift
↓
Schriftform
Urkunde und eigenhändige Unterschrift
↓
Elektronische Form
ersetzt die Schriftform (sofern das Gesetz nichts anderes vorsieht)
Dokument mit qualifizierter elektronischer Signatur
↓
Textform
lesbare Erklärung ohne eigenhändige Unterschrift

Nichtigkeit	Anfechtbarkeit
– Vertrag mit Geschäftsunfähigen – Vertrag mit beschränkt Geschäftsfähigen ohne Zustimmung der Erziehungsberechtigen – Willenserklärungen, die im Zustand der Bewusstlosigkeit oder vorübergehender Störung der Geistestätigkeit abgegeben werden – Verstoß gegen die guten Sitten – Verstoß gegen gesetzliches Verbot – Verstoß gegen Formvorschriften – Scherz- und Scheingeschäfte	– wegen Irrtums über den Inhalt – wegen Irrtums in der Erklärung – wegen Irrtums in der Übermittlung – wegen Irrtums über eine verkehrswesentliche Eigenschaft einer Person oder Sache – wegen arglistiger Täuschung – wegen widerrechtlicher Drohung Ausnahme: keine Anfechtung bei Motivirrtum
Rechtsgeschäfte sind von Anfang an ungültig.	Bis zur Anfechtung sind Rechtsgeschäfte gültig, durch Anfechtung werden sie nichtig. Beachte: Anfechtungsfristen und evtl. Ersatz des Vertrauensschadens

Aufgaben

1. Die Geschäftsführer Feld und Farthmann besuchen an einem Mittwochabend gegen 20:00 Uhr ein Restaurant. Der Restaurantinhaber erklärt ihnen jedoch, er wolle nach Hause gehen, um im Fernsehen das Endspiel um die Fußballeuropameisterschaft zu sehen. Auf einem Schild im Schaufenster steht aber, dass die Küche bis 23:00 Uhr geöffnet sei. Begründen Sie, ob das Restaurant offen bleiben und Herrn Feld und Frau Farthmann noch eine Mahlzeit zubereiten muss.

2. Im Fabrikverkaufsladen der Sommerfeld Bürosysteme GmbH erscheint ein ungepflegter Kunde. Frau Grell erklärt dem Kunden, dass sie nicht bereit sei, ihm etwas zu verkaufen. Begründen Sie, ob der Kunde einen rechtlichen Anspruch darauf hat, dass ihm die Sommerfeld Bürosysteme GmbH etwas verkauft.

3. Welche Formvorschriften sind in den folgenden Fällen vorgeschrieben?

    a) Kauf eines gebrauchten Pkw
    b) Bürgschaftserklärung eines Nichtkaufmanns
    c) Eine Gruppe von 20 Freizeitjoggern hat einen Sportverein gegründet und beschließt, den Sportverein beim Vereinsregister anzumelden.
    d) Ein Kunde kauft eine Wohnzimmereinrichtung in einem Möbelhaus mit der Vereinbarung einer Ratenzahlung.
    e) Die 18-jährige Andrea schließt einen Ausbildungsvertrag mit einem Unternehmen ab.
    f) Hans Schmitz schließt mit Theodor Körner einen dreijährigen Mietvertrag für ein Apartment ab.
    g) Kauf eines Einfamilienhauses

4. Erläutern Sie anhand von Beispielen die wesentlichen Unterschiede zwischen Nichtigkeit und Anfechtbarkeit von Rechtsgeschäften.

5. Beurteilen Sie nachfolgende Fälle danach, ob sie rechtsgültig, anfechtbar oder nichtig sind.

    a) Der Auszubildende Peter erwirbt in einer Diskothek eine Pistole, obwohl er keinen Waffenschein besitzt.
    b) Die 5-jährige Nicole kauft sich in einer Bäckerei ein Stück Kuchen.
    c) Der 19-jährige Hermann erwirbt bei einem Bekannten eine neue Hi-Fi-Anlage, die einen Wert von 3 000,00 € hat, für 2 000,00 €.
    d) Ein Hersteller bietet einem Kunden telefonisch einen Artikel für 59,00 € an. Der Kunde versteht aber 49,00 €.
    e) Der 16-jährige Engelbert erwirbt mit seinem Taschengeld eine CD. Die Eltern sind mit diesem Kauf nicht einverstanden.
    f) Eine Verkäuferin verkauft eine Kunststoffjacke mit dem Hinweis, dass die Jacke aus Leder gefertigt sei.

6. Der 20-jährige Adrian will seiner 17-jährigen Freundin Ursula auf einem Pferdemarkt in Hannover imponieren. Er verspricht seiner Freundin, dass er es schaffen werde, ein bestimmtes Pferd bei einem Händler für 3 000,00 € zu kaufen. Er schafft es tatsächlich in zähen Verhandlungen mit dem Pferdehändler, den Kaufpreis von 6 000,00 € auf 3 000,00 € runterzuhandeln und besiegelt den Kaufvertrag mit einem Handschlag. Anschließend erklärt er dem Pferdehändler, dass es sich um einen Scherz gehandelt habe. Der Pferdehändler verlangt die Abnahme des Pferdes und Zahlung der 3 000,00 €. Erläutern Sie die Rechtslage.

7. Marvin Kemp wird von seinem Bekannten Karl-Heinz zum Verkauf seiner Stereoanlage zu einem Preis von 200,00 € „überredet". Ansonsten werde Karl-Heinz Marvins Freundin Rieke einige pikante Details aus dem letzten Mallorca-Urlaub erzählen.

   a) Als Marvin aufgrund einer Internetrecherche feststellt, dass seine Anlage lediglich 150,00 € wert ist, ist er mit dem Geschäft durchaus zufrieden. Begründen Sie, ob Marvin trotzdem anfechten muss.
   b) Gehen Sie nun davon aus, dass der Wert der Anlage im Internet mit 1 500,00 € angegeben wird. Marvin hat sich zwischenzeitlich von Rieke getrennt. Erklären Sie, wie lange sich Marvin mit seiner Anfechtung Zeit lassen kann.

6 Handelsrechtliche Rahmenbedingungen kennenlernen

LS 10

6.1 Kaufmannseigenschaft und Firma

Reinhard, ein ehemaliger Freund von Daniela Schaub, hat die Ausbildung als Kaufmann im Groß- und Außenhandel aufgegeben, um Fotograf zu werden. Leider hat auch das nicht geklappt, aber nach einigem Hin und Her hat Reinhard es jetzt geschafft. Er verkauft als selbstständiger Kaufmann Fotopapiere und Chemikalien an Fotolabors. Eine neue Freundin hat er auch. Und dann kommt plötzlich diese Karte:

Daniela ist sauer! Von wegen Kaufmann, der hat doch die Ausbildung abgebrochen. Wenn alles gut geht, wird sie in einem Jahr Industriekauffrau sein. In der Mittagspause erzählt sie Frau Müller, ihrer Abteilungsleiterin, von der Sache. Aber die weiß es natürlich wie immer besser: „Sie sind doch nur eifersüchtig. Und wer Kaufmann ist, regelt das HGB!"

Ihre Verlobung geben bekannt:
Anna Weber   Reinhard Wolf
Steuerfachgehilfin   Kaufmann

Arbeitsaufträge

- Stellen Sie fest, ob Reinhard Wolf Kaufmann im Sinne des HGB ist.
- Erläutern Sie, was man unter einem Handelsgewerbe versteht.
- Unterscheiden Sie die verschiedenen Kaufmannseigenschaften.

Kaufmann

Umgangssprachlich bezeichnet man Menschen, die eine kaufmännische Ausbildung abgeschlossen haben, als Kaufleute (z. B. Industriekaufmann/-frau, Bürokaufmann/-frau, Diplom-Kaufmann/-frau). Im juristischen Sinne sind diese jedoch keine Kaufleute. Wer im juristischen Sinne Kaufmann ist, regelt das Handelsgesetzbuch (HGB). Grundsätzlich unterscheidet dabei das HGB zwischen einem **Ist-**, **Kann- und Formkaufmann**.

Aus der Kaufmannseigenschaft ergeben sich besondere Konsequenzen für die Teilnahme am Wirtschaftsleben. Für den Kaufmann gelten neben dem BGB auch die besonderen Vorschriften des **HGB** in vollem Umfang. Der Kaufmann

- führt eine Firma (vgl. S. 125 f.),
- darf Prokura erteilen,
- kann mündlich bürgen,
- kann Personengesellschaften gründen,
- muss umfangreiche Buchführungsvorschriften beachten,
- muss bestimmte Pflichtangaben in den Geschäftsbriefen nennen,
- muss die Vorschriften über die Handelsgeschäfte beachten,
- muss sich in das Handelsregister (vgl. S. 131 f.) eintragen lassen.

Kaufleute werden in das Handelsregister eingetragen. Die Wirkung der Eintragung in das Handelsregister kann **rechtsbezeugend** (deklaratorisch) oder **rechtserzeugend** (konstitutiv) sein.

Deklaratorisch:
*Die Rechtswirkung (hier Kaufmannseigenschaft) ist schon vor Eintragung eingetreten. Die Eintragung in das Handelsregister **bezeugt** diese Tatsache lediglich.*

Konstitutiv:
*Die Rechtswirkung (hier Kaufmannseigenschaft) tritt erst mit der Eintragung in das Handelsregister ein. Die Eintragung **erzeugt** die Rechtswirkung.*

Versäumt ein Gewerbetreibender die Eintragung ins Handelsregister, kann er durch **Ordnungsmaßnahmen** dazu gezwungen werden.

Voraussetzung für die Kaufmannseigenschaft ist das Vorhandensein eines Gewerbes. Ein **Gewerbe** setzt eine dauerhafte, selbstständige, planmäßige und auf Gewinnerzielung ausgerichtete Tätigkeit voraus. **Freiberufler** (z. B. Ärzte, Rechtsanwälte, Steuerberater, Künstler) betreiben kein Gewerbe. Sie sind damit auch **keine Kaufleute**.

Istkaufmann (Gewerbetreibender nach § 1 HGB)

§ 1 HGB Istkaufmann
(1) Kaufmann im Sinne dieses Gesetzbuches ist, wer ein Handelsgewerbe betreibt.
(2) Handelsgewerbe ist jeder Gewerbebetrieb, es sei denn, dass das Unternehmen nach Art oder Umfang einen in kaufmännischer Weise eingerichteten Geschäftsbetrieb nicht erfordert.

Erfordert das Gewerbe nach Art und Umfang eine kaufmännische Organisation, so liegt ein **Handelsgewerbe** vor. Kriterien für die Notwendigkeit einer kaufmännischen Organisation sind:

Art des Geschäftsbetriebes	Vielfalt der Produkte und Dienstleistungen, Inanspruchnahme und Gewähren von Lieferantenkrediten, Organisation des Unternehmens, Internationalität des Unternehmens, ...
Umfang des Geschäftsbetriebes	Umsatz und/oder Gewinn, Zahl der Mitarbeiter, Zahl der Niederlassungen, Höhe des Betriebsvermögens, ...

Eindeutige Größenmerkmale für einzelne Kriterien nennt das HGB nicht. Anhand des Gesamtbildes ist zu beurteilen, ob eine kaufmännische Organisation nach Art und Umfang erforderlich ist.

Betreibt der Kaufmann ein Handelsgewerbe, ist er Kaufmann nach § 1 HGB. Damit ist er ein **Istkaufmann** und es besteht die Pflicht zur **deklaratorischen Eintragung** in das Handelsregister. Istkaufmann wird man somit – unabhängig von der Eintragung – schon mit Aufnahme der Geschäfte.

Beispiel: Die Metallwerke Bauer+Söhne OHG macht bei einem Eigenkapital von 1 500 000,00 € einen Umsatz von 5 420 000,00 € pro Jahr. Die OHG ist somit Istkaufmann.

Kleingewerbetreibende

Ein Gewerbe, das nach **Art und Umfang keine kaufmännische Organisation** erfordert, ist Kleingewerbe. Der Kleingewerbetreibende ist **kein Kaufmann, sofern** er sich **nicht in das Handelsregister eintragen** lässt. Für ihn gilt nur das BGB. Der Kleingewerbetreibende

- ist nur zu eingeschränkter Buchführung verpflichtet,
- kann keine Prokura erteilen,
- gibt Bürgschaftserklärungen schriftlich ab,
- führt keine Firma,
- kann keine Personengesellschaften gründen.

Beispiel: Der Kioskbetreiber Peter Kurscheid erzielt bei einem Eigenkapital von 50 000,00 € einen Umsatz von 200 000,00 € pro Jahr und einen Gewinn von 20 000,00 €. Somit betreibt er ein Kleingewerbe.

Kannkaufmann (Gewerbetreibender nach § 2 oder § 3 HGB)

§ 2 HGB Kannkaufmann

Ein gewerbliches Unternehmen, dessen Gewerbebetrieb nicht schon nach § 1 Abs. 2 Handelsgewerbe ist, gilt als Handelsgewerbe im Sinne dieses Gesetzbuchs, wenn die Firma des Unternehmens in das Handelsregister eingetragen ist. Der Unternehmer ist berechtigt, aber nicht verpflichtet, die Eintragung nach den für die Eintragung kaufmännischer Firmen geltenden Vorschriften herbeizuführen. Ist die Eintragung erfolgt, so findet eine Löschung der Firma auch auf Antrag des Unternehmers statt, sofern nicht die Voraussetzung des § 1 Abs. 2 eingetreten ist.

Ein Kleingewerbetreibender kann sich **freiwillig** in das Handelsregister **eintragen lassen (Kannkaufmann)**. Ab dem Zeitpunkt der Eintragung ist der Gewerbetreibende Kaufmann, folglich ist die Wirkung der **Eintragung konstitutiv**.

Beispiele: Kioske, Blumengeschäfte, Lottoannahmestellen, die sich freiwillig in das Handelsregister eingetragen haben.

Unternehmen der **Land- und Forstwirtschaft** und die damit verbundenen Nebengewerbe eines Land- und Forstwirtes, z. B. Molkereien und Sägewerke, unterliegen ebenfalls den Vorschriften für Kannkaufleute. Allerdings können sie sich nur dann eintragen lassen und damit die Kaufmannseigenschaft erwerben, wenn sie nach Art und Umfang eine kaufmännische Organisation benötigen.

Formkaufmann

Die Gesellschaft mit beschränkter Haftung (GmbH), die Aktiengesellschaft (AG) und die Kommanditgesellschaft auf Aktien (KGaA) sind die wichtigsten **Kapitalgesellschaften**. Sie gelten aufgrund besonderer gesetzlicher Vorschriften als Handelsgesellschaften und sind nach § 6 HGB Kaufleute kraft Rechtsform **(Formkaufmann)**. Mit der Eintragung in das Handelsregister werden sie zu juristischen Personen und erwerben ohne Rücksicht auf den Gegenstand des Unternehmens die Eigenschaft eines Kaufmanns. Die **Eintragung** in das Handelsregister hat damit **konstitutive Wirkung**. Ebenfalls Kaufmann kraft Rechtsform ist die eingetragene Genossenschaft (eG). Sie wird allerdings in das Genossenschaftsregister eingetragen.

Beispiele: Sommerfeld Bürosysteme GmbH, Deutsche Bank AG

Die Offene Handelsgesellschaft (OHG) und die Kommanditgesellschaft (KG) gelten nicht als Formkaufleute. Diese Gesellschaften sind Kaufleute nach § 1 (Istkaufmann) oder § 2 HGB (Kannkaufmann).

Firma

> § 17 Abs. 1 u. 2 HGB
> (1) Die Firma eines Kaufmanns ist der Name, unter dem er seine Geschäfte betreibt und die Unterschrift abgibt.
> (2) Ein Kaufmann kann unter seiner Firma klagen und verklagt werden.

Die Firma besteht aus dem Firmenkern und dem Firmenzusatz. Der **Firmenkern** beinhaltet den Namen des Kaufmanns, den Gegenstand des Unternehmens oder eine Fantasiebezeichnung.

Beispiele: Chemische Fabriken KG; Heike Nentwig GmbH

Der **Firmenzusatz** erklärt das Gesellschaftsverhältnis durch einen Rechtsformzusatz und kann zusätzlich über Art und Umfang des Geschäftes Auskunft geben. Auch ermöglicht er eine werbewirksame Unterscheidung von anderen Unternehmen.

Rechtsform	Gebräuchliche Abkürzung
Eingetragener Kaufmann, eingetragene Kauffrau	e. Kfm., e. Kfr., e. K.
Offene Handelsgesellschaft	oHG, OHG
Kommanditgesellschaft	KG
Kommanditgesellschaft auf Aktien	KGaA
Gesellschaft mit beschränkter Haftung	GmbH
Aktiengesellschaft	AG
Eingetragene Genossenschaft	eG

Firmenarten

- **Personenfirma**: Die Firma besteht aus einem oder mehreren Namen und ggf. dem Vornamen.

  Beispiele: Heinrich Schulte e. K., Meike Gehling OHG

- **Sachfirma**: Die Firma ist aus dem Gegenstand des Unternehmens abgeleitet

  Beispiele: Farbwerke AG, Wellpappe GmbH

- **Fantasiefirma**: Die Firma besteht aus einer Abkürzung oder einem Fantasienamen.

  Beispiele: Wollux GmbH, Self-Selling-GmbH

- **Gemischte Firma**: Die Firma besteht aus einer Kombination der vorgenannten Firmenarten.

  Beispiel: Sommerfeld Bürosysteme GmbH

Firmengrundsätze

Bei der Wahl der Firma muss der Kaufmann neben den Vorschriften, die sich auf die Unternehmensform beziehen, die **Firmengrundsätze** beachten.

Firmengrundsatz	Beschreibung
Firmenwahrheit	Die Firma darf keine Angaben erhalten, die geeignet sind, über Art oder den Umfang des Geschäfts irrezuführen. Sie soll wahrheitsgemäße Informationen über das Unternehmen und seinen Inhaber liefern.
Firmenklarheit	Die Firma muss zur Kennzeichnung geeignet sein und Unterscheidungskraft besitzen. Beschränkt sich die Firma auf die allgemeine Beschreibung des Unternehmensgegenstandes, besitzt sie keine Unterscheidungskraft. Beispiel: Nicht erlaubt wäre die Firma „Auto AG".

Firmengrundsatz	Beschreibung
Firmenausschließlichkeit	Ist eine Firma in das Handelsregister eingetragen, hat sie das ausschließliche Recht diese Firma zu führen. Will sich ein Kaufmann gleichen Namens in dieses Handelsregister eintragen lassen, so muss er sich von der bereits eingetragenen Firma deutlich unterscheiden. Dies kann z. B. durch einen Firmenzusatz oder weitere Vornamen geschehen.
Firmenbeständigkeit	Da der gute Ruf eines Unternehmens einen großen Wert darstellen kann, darf der Name der Firma bei einem Wechsel des Inhabers beibehalten werden, sofern der bisherige Inhaber damit einverstanden ist. Dies kann mit oder ohne einen das Nachfolgeverhältnis andeutenden Zusatz geschehen. Beispiel: Wenn Peter Nicolai die Holzwerke Herbert Blank erwirbt, sind folgende Firmen möglich: – Peter Nicolai e. K. – Herbert Blank, Inhaber Peter Nicolai e. K. – Herbert Blank Nachfolger e. K. – Herbert Blank e. K. – Peter Nicolai, vormals Herbert Blank e. K.
Firmenöffentlichkeit	Jeder Kaufmann ist verpflichtet, seine Firma am Ort der Niederlassung in das Handelsregister eintragen zu lassen.

Zusammenfassung

Kaufmannseigenschaft

- *Aus der Kaufmannseigenschaft ergeben sich erweiterte Rechte und Pflichten für die Teilnahme am Wirtschaftsleben.*
- *Kaufleute werden in das Handelsregister eingetragen.*
- *Die Wirkung der Eintragung kann*
  - *deklaratorisch (rechtsbezeugend) wie beim Istkaufmann oder*
  - *konstitutiv (rechtserzeugend) wie beim Kann- oder Formkaufmann sein.*
- *Versäumt ein Kaufmann die Eintragung, können Ordnungsmaßnahmen festgesetzt werden.*
- *Es werden folgenden Kaufleute unterschieden:*

Gewerbe = auf Dauer angelegte, planmäßige und auf Gewinnerzielung ausgerichtete selbstständige Tätigkeit	Gewerbetreibender = Istkaufmann	kaufmännische Organisation
		Kaufmann kraft Betätigung ohne Rücksicht auf die Eintragung nach § 1 HGB
	Kleingewerbetreibender = Kannkaufmann	nur im Falle der Eintragung Kaufmann nach § 2 HGB
	Land- und Forstwirtschaft = Kannkaufmann	bei kaufmännischer Organisation und im Falle der Eintragung Kaufmann nach § 3 HGB
	Kapitalgesellschaften = Formkaufmann	ohne Rücksicht auf den Gegenstand des Unternehmens Kaufmann nach § 6 HGB

Firma

Begriff	Die Firma eines Kaufmanns ist der Name, unter dem er sein Handelsgewerbe betreibt und die Unterschrift abgibt. Einzelkaufleuten, Personengesellschaften und Kapitalgesellschaften ist die freie Wahl einer aussagekräftigen, werbewirksamen Firma gestattet, wenn diese unterscheidungskräftig ist, die Gesellschaftsverhältnisse offenlegt und nicht irreführend ist.
Arten	**Personenfirma** Firmenkern besteht aus Namen der/des Unternehmer/-s **Sachfirma** Firmenkern besteht aus Gegenstand des Unternehmens **Fantasiefirma** Firma besteht aus Fantasienamen **Gemischte Firma** Firma besteht aus einer Kombination der vorgenannten Firmenarten
Grundsätze	**Wahrheit** Firma darf nicht irreführend sein **Klarheit** Firma muss Unterscheidungskraft besitzen **Ausschließlichkeit** Eingetragene Firma hat ausschließlich das Recht, diese Firma zu führen **Beständigkeit** Fortführung des Namens der Firma bei Wechsel in der Person des Inhabers **Öffentlichkeit** Eintragung der Firma am Ort der Niederlassung in das Handelsregister

Aufgaben

1. Erläutern Sie Rechte und Pflichten

   a) des Kaufmanns,
   b) des Kleingewerbetreibenden ohne Kaufmannseigenschaft.

2. Der Auszubildende Fritz behauptet, er müsse „nach der Schule noch in die Firma". Begründen Sie, warum Fritz sich hier nicht der korrekten kaufmännischen Fachsprache bedient.

3. Erstellen Sie eine Liste der Ausbildungsbetriebe Ihrer Klasse und ordnen Sie diese den unterschiedlichen Firmenarten zu.

4. Edith Mauser möchte sich selbstständig machen und unter ihrem Namen einen Bürobedarfs-Einzelhandel gründen. Sie stellt fest, dass bereits eine Firma gleichen Namens in das Handelsregister eingetragen ist. Erläutern Sie, was Frau Mauser tun kann.

5. Was ist nach den Bestimmungen des Handelsgesetzbuches unter einer Firma zu verstehen?

   1. Eine juristische Person
   2. Der Familienname eines Kleingewerbetreibenden
   3. Ein Gewerbebetrieb
   4. Der Name eines Kaufmanns, unter dem er seine Geschäfte betreibt
   5. Ein kaufmännischer Betrieb

6. Ordnen Sie den Firmengrundsätzen jeweils eine Aussage zu.

Aussagen über die Firma	Firmengrundsätze
1. Jede neue Firma muss sich von allen an demselben Ort bereits bestehenden Firmen deutlich unterscheiden.	a) Firmenbeständigkeit
2. Die Firma darf keine Zusätze über Art und Umfang des Geschäftes enthalten, die Außenstehende täuschen könnten.	b) Firmenausschließlichkeit
3. Ein Kaufmann meldet seine Firma zur Eintragung in das Handelsregister an.	c) Öffentlichkeit der Firma
4. Beim Erwerb eines Unternehmens darf die bisherige Firma nach Einwilligung des bisherigen Inhabers fortgeführt werden.	d) Firmenwahrheit

7. Der Tischlermeister Wilhelm Müller beschäftigt 50 Mitarbeiter. Begründen Sie, ob Herr Müller Kaufmann ist.

8. Stellen Sie fest, ob es sich in den unten stehenden Fällen

   a) um einen Kannkaufmann
   b) um einen Formkaufmann
   c) um einen Istkaufmann
   d) um einen Kleingewerbetreibenden
   e) nicht um einen Gewerbetreibenden handelt.

   1. Anja Schmitz ist Inhaberin eines nicht im Handelsregister eingetragenen Glas- und Porzellan-Einzelhandelsgeschäftes. Sie betreibt den Betrieb allein.
   2. Beim Schulfest des Berufskollegs Essen verkaufen Schüler Pizza.
   3. Die Autoreparaturwerkstatt Schmitz GmbH ist im Handelsregister eingetragen.
   4. Hans-Hubert Albers e. K. betreibt einen Kiosk in Essen-Kray.
   5. Die Maschinenfabrik Müller OHG ist seit Aufnahme der Geschäfte international tätig und beschäftigt 65 Mitarbeiter.

9. Welche der folgenden Aussagen ist richtig?

   Der Kaufmann

   a) führt keine Firma.
   b) muss einen Prokuristen ernennen.
   c) darf sich in das Handelsregister eintragen lassen.
   d) muss umfangreiche Buchführungspflichten beachten.
   e) muss mündlich bürgen.

10. Welche der folgenden Aussagen ist richtig?

    Der Istkaufmann

    a) führt sein Unternehmen in der Rechtsform der GmbH.
    b) wird nicht in das Handelsregister eingetragen.
    c) benötigt nach Art und Umfang eine kaufmännische Organisation.
    d) betreibt ein landwirtschaftliches Gewerbe.
    e) führt keine Firma.

6.2 Handelsregister

Der Fotopapiereinzelhändler Reinhard Wolf lässt Daniela keine Ruhe. Sie möchte zu gern wissen, was sich hinter dieser Firma verbirgt. Deshalb fragt sie in der Mittagspause Frau Müller, ob es eine Möglichkeit gibt, Informationen über das Unternehmen von Reinhard Wolf zu bekommen. Frau Müller hat eine einfache Lösung: „Alle wichtigen Informationen über Kaufleute und Handelsgesellschaften sind im Handelsregister niedergelegt. Und das Handelsregister ist unter www.handelsregister.de im Internet für jedermann zugänglich!" Sie holt einen Ausdruck des Handelsregisterauszugs der Sommerfeld Bürosysteme GmbH aus einer Akte und zeigt sie Daniela.

Handelsregister B des Amtsgerichts Essen			Ausdruck Abruf vom 11.11.2... 11:11		Nummer der Firma Seite 1 von 1		HR B 564 -0541
Nummer der Eintragung	a) Firma b) Sitz, Niederlassung, Zweigniederlassungen c) Gegenstand des Unternehmens	Grund- oder Stammkapital	a) Allgemeine Vertretungsregelung b) Vorstand, ... Geschäftsführer	Prokura	a) Rechtsform, Beginn, Satzung oder Gesellschaftsvertrag b) Sonstige Rechtsverhältnisse		a) Tag der Eintragung b) Bemerkungen
1	2	3	4	5	6		7
1	a) Sommerfeld Bürosysteme GmbH b) 45141 Essen c) Herstellung und Vertrieb von Büroeinrichtungsprogrammen	4 000 000,00 €	a) Die Gesellschaft hat mindestens zwei Geschäftsführer. Die Gesellschaft wird durch zwei Geschäftsführer oder durch einen Geschäftsführer gemeinsam mit einem Prokuristen vertreten. b) Geschäftsführer: Dipl.-Ing. Claudia Farthmann; Essen, * 01.02.19.. Dipl.-Kfm. Lambert Feld, Essen, * 01.03.19.. Hartmut Sommer, Essen, * 01.04.19..		a) Gesellschaft mit beschränkter Haftung Gesellschaftsvertrag vom 01.07.19...		a) 01.08.19...

„Ein Interessent kann sich über jeden Kaufmann und jede Handelsgesellschaft seines Amtsgerichtsbezirks online informieren." Daniela ist verblüfft. Dann könnte sie sich ja auch eine solche Information über das Unternehmen von Reinhard Wolf beschaffen!

6 Handelsrechtliche Rahmenbedingungen kennenlernen

Arbeitsaufträge

- Suchen Sie nach Gründen, die für die Öffentlichkeit des Handelsregisters sprechen.
- Erklären Sie die Einteilung des Handelsregisters und die Wirkung von Eintragungen.
- Erläutern Sie den abgebildeten Handelsregisterauszug der Sommerfeld Bürosysteme GmbH.

Das Handelsregister ist **ein amtliches Verzeichnis aller Kaufleute**, das vom **Amtsgericht** des Bezirks elektronisch geführt wird. Es soll die Öffentlichkeit über wichtige Sachverhalte und Rechtsverhältnisse der Kaufleute unterrichten und dient der Rechtssicherheit im Handelsverkehr.

§ 9 Abs. 1 HGB Die Einsichtnahme in das Handelsregister sowie in die zum Handelsregister eingereichten Dokumente ist jedem zu Informationszwecken gestattet.

Das elektronische Handelsregister kann unter www.handelsregister.de eingesehen werden. Der Datenabruf von HR-Auszügen ist kostenpflichtig. Eintragungen in das Handelsregister und deren Änderungen werden durch die Registergerichte unter www.handelsregisterbekanntmachungen.de veröffentlicht.

Zudem gibt es ein elektronisches **Unternehmensregister**: www.unternehmensregister.de In diesem werden neben den Handelsregistereintragungen weitere wichtige Unternehmensdaten zentral zusammengeführt und veröffentlicht. Die Daten können über das Internet abgerufen werden.

PRAXISTIPP!

Jeder Kaufmann sollte das Unternehmensregister aufmerksam verfolgen. Nur so kann er sicherstellen, dass er jederzeit über Veränderungen, z. B. die Haftungsverhältnisse seiner Kunden, informiert ist.

Abteilungen
Das Handelsregister wird in zwei Abteilungen gegliedert:

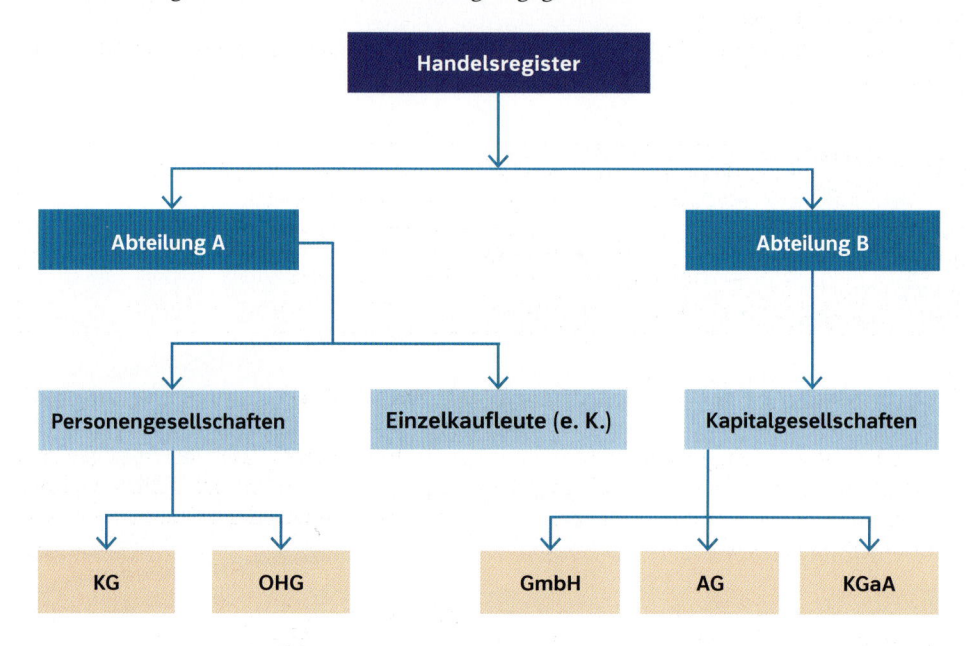

```
                    Handelsregister
                   /              \
            Abteilung A          Abteilung B
           /          \               |
  Personen-      Einzelkauf-    Kapitalgesell-
  gesellschaften leute (e. K.)  schaften
   /    \                       /    |    \
  KG    OHG                   GmbH   AG   KGaA
```

Anmeldung
Anmeldungen zur Eintragung in das Handelsregister müssen **elektronisch in öffentlich beglaubigter Form** eingereicht werden. Hierfür wird das Dokument von einem Notar mit einer elektronischen Signatur versehen und anschließend an das elektronische Gerichtspostfach des Registergerichts übermittelt. Wer seine Pflicht zur Anmeldung versäumt, kann mit einem Zwangsgeld zur Eintragung angehalten werden.

Inhalte der Eintragung
Inhalte der Eintragung sind u. a.:

- Firma und Sitz des Unternehmens
- Name des Inhabers oder der persönlich haftenden Gesellschafter
- Art der Prokura, Name von Prokuristen
- Name und Einlage von Kommanditisten (vgl. S. 145)
- die Eröffnung, Einstellung oder Aufhebung des Insolvenzverfahrens

→ LF 7

Bei **Kapitalgesellschaften** werden zusätzlich eingetragen:

- Name der Vorstandsmitglieder bzw. Geschäftsführer
- Gegenstand des Unternehmens
- Höhe des Haftungskapitals
- Datum des Gesellschaftsvertrages

Löschungen im Handelsregister erfolgen, indem Eintragungen unterstrichen werden.

Wirkung der Eintragung

Die Wirkung der Eintragung kann **rechtsbezeugend** (deklaratorisch) oder **rechtserzeugend** (konstitutiv) sein.

Konstitutive Eintragung	= Rechtswirkung tritt mit Eintragung ein	– Kannkaufmann nach §§ 2, 3 HGB – Entstehung der GmbH – Entstehung der AG
Deklaratorische Eintragung	= Rechtswirkung ist schon vor Eintragung eingetreten	– Istkaufmann nach § 1 HGB – Erteilung und Erlöschen der Prokura

Das Handelsregister genießt **öffentlichen Glauben** (§ 15 HGB).

- Ist eine Tatsache **eingetragen und bekannt gemacht**, so muss ein Dritter sie gegen sich gelten lassen, auch wenn er sie nicht kannte (§ 15 Abs. 2 HGB). Dies gilt allerdings nicht innerhalb der ersten 15 Tage ab Bekanntmachung, sofern der Dritte beweist, dass er die Tatsache weder kannte noch kennen musste.

    Beispiel: Helga Kowski ist Prokuristin der Computec GmbH & Co. KG. Wegen einer Unterschlagung wird ihr die Prokura entzogen und der Arbeitsvertrag fristlos gekündigt. Die Entziehung der Prokura wird im Handelsregister eingetragen und veröffentlicht. Drei Wochen später kauft Frau Kowski im Namen der Computec GmbH & Co. KG bei der Auto-Becker GmbH einen Pkw der Oberklasse und verschwindet mit dem Fahrzeug. Da der Entzug der Prokura von Frau Kowski eingetragen und veröffentlicht war, kann die Auto-Becker GmbH die Forderung nicht gegen die Computec GmbH & Co. KG geltend machen.

- Solange eine **einzutragende Tatsache nicht eingetragen und bekannt gemacht** worden ist, kann sie einem gutgläubigen Dritten nicht entgegengehalten werden (§ 15 Abs. 1 HGB).

    Beispiel: Angenommen der Entzug der Prokura für Helga Kowski wäre im obigen Fall nicht in das Handelsregister eingetragen worden. Die Auto-Becker GmbH könnte sich darauf berufen, sofern sie guten Glaubens ist, dass ihr der Entzug der Prokura nicht bekannt sei. Der von Frau Kowski geschlossene Kaufvertrag bindet die Computec GmbH & Co. KG. Deshalb muss die Computec GmbH & Co. KG in diesem Fall den Pkw bezahlen.

Zusammenfassung

Handelsregister

Handelsregister
= amtliches Verzeichnis aller Kaufleute des zuständigen Amtsgerichtes

Abteilung A
- Einzelkaufleute
- Personengesellschaften

Abteilung B
- Kapitalgesellschaften

Eintragung

deklaratorisch
= rechtsbezeugend, d. h., Rechtswirkung ist schon vor Eintragung eingetreten

konstitutiv
= rechtserzeugend, d. h., die Wirkung tritt erst mit Eintragung ein

Öffentlichkeitswirkung

Eingetragene und bekannt gemachte Tatsachen muss ein Dritter gegen sich gelten lassen.

Nicht eingetragene Tatsachen können gutgläubigen Dritten nicht entgegengehalten werden.

Bekanntmachung

- Handelsregister
- Handelsregisterbekanntmachungen
- Unternehmensregister

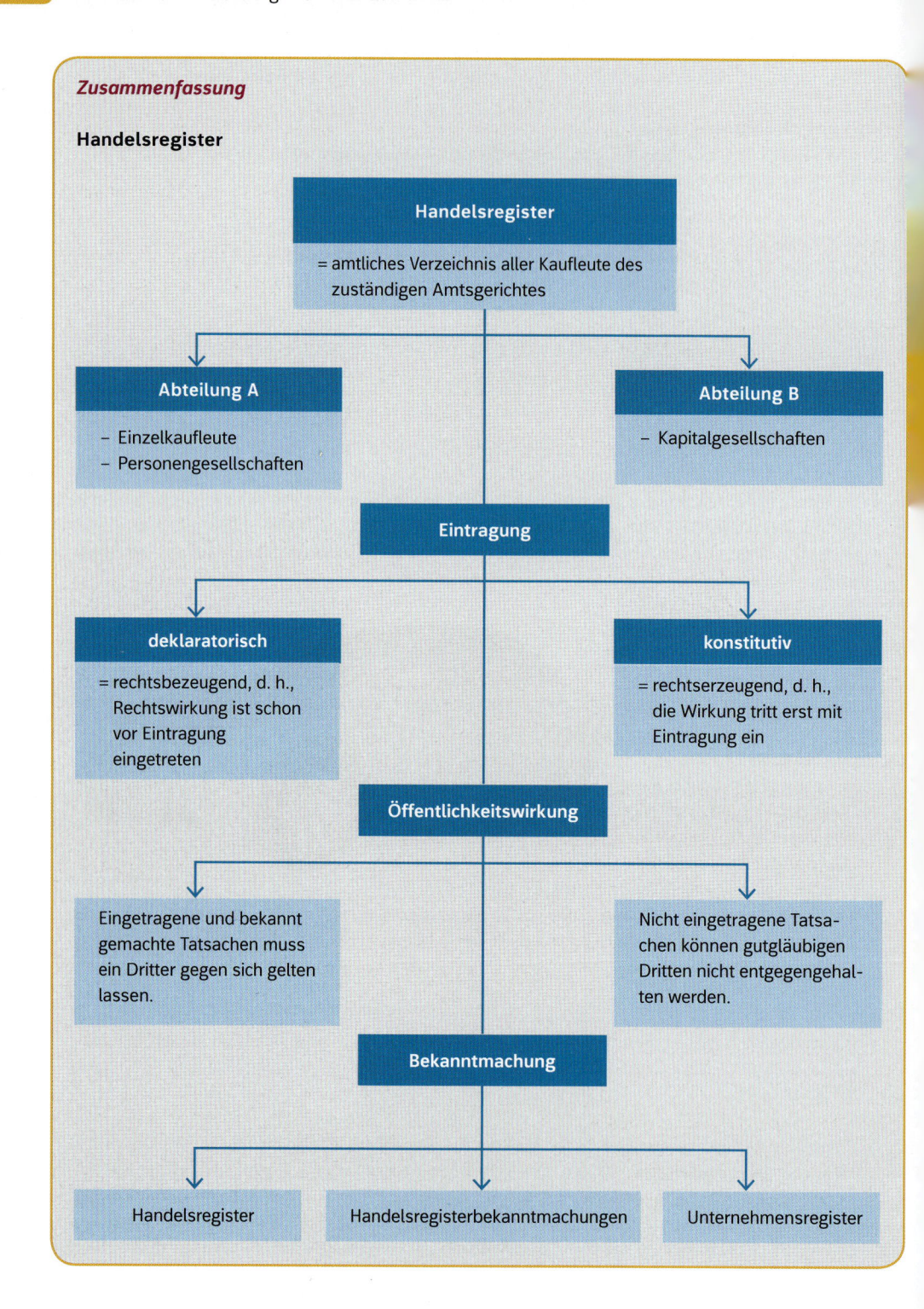

Aufgaben

1. Erläutern Sie den Unterschied zwischen deklaratorischer und konstitutiver Wirkung einer Eintragung in das Handelsregister anhand je eines Beispiels.

2. Welche Rechtsfolgen hat die sogenannte Öffentlichkeitswirkung des Handelsregisters? Erläutern Sie den Sachverhalt anhand von Beispielen.

3. Besuchen Sie das Unternehmensregister im Internet. Stellen Sie fest, auf welche Daten ein Kaufmann durch das Unternehmensregister Zugriff hat. Führen Sie die Ergebnisse Ihrer Recherche in Form von Handouts zusammen.

4. Prüfen und begründen Sie, ob die nachfolgenden Aussagen den gesetzlichen Vorschriften zum Handelsregister entsprechen:

   a) Das Handelsregister ist das Verzeichnis aller Kaufleute, das vom Amtsgericht des Bezirks elektronisch geführt wird.
   b) In das Handelsregister dürfen nur Kaufleute bei Vorliegen eines berechtigten Interesses Einblick nehmen.
   c) Die GmbH wird in die Abteilung A (HRA) des Handelsregisters eingetragen.
   d) Kapitalgesellschaften werden in die Abteilung B (HRB) des Handelsregisters eingetragen.
   e) Eintragungen in das Handelsregister erfolgen ausschließlich in elektronischer Form.
   f) Bestellung oder Widerruf der Prokura müssen nicht in das Handelsregister eingetragen werden.
   g) Die Anmeldung zum Handelsregister kann formlos erfolgen.

5. Stellen Sie im Rahmen einer Internetrecherche fest, welche Daten unter www.handelsregisterbekanntmachungen.de veröffentlicht werden und führen Sie Beispiele an.

6. Welche der unten stehenden Aussagen über das Handelsregister sind richtig?

   a) Im Handelsregister sind alle Kleingewerbetreibenden eines Amtsgerichtsbezirks eingetragen.
   b) Alle wichtigen Eintragungen werden unterstrichen.
   c) Nur Kaufleute dürfen das Handelsregister einsehen.
   d) Die Abteilung A des Handelsregisters erfasst alle Einzelunternehmungen, Personengesellschaften und Kapitalgesellschaften.
   e) Alle Eintragungen im Handelsregister werden vom Gericht öffentlich bekannt gemacht.
   f) Kleingewerbetreibende werden nicht in das Handelsregister eingetragen.

7. Entscheiden Sie, ob die folgenden Rechtsformen in

   (1) Abteilung A oder
   (2) Abteilung B

   des Handelsregisters eingetragen werden.

   - Einzelkaufmann (e. K.)
   - Kommanditgesellschaft (KG)
   - Aktiengesellschaft (AG)
   - Offene Handelsgesellschaft (OHG)
   - Gesellschaft mit beschränkter Haftung (GmbH)

7 Typische Rechtsformen von Industrieunternehmen erkunden

7.1 Unternehmensgründung, Unternehmensformen und Einzelunternehmung

→ 📄
LS 11

Rainer Kunze, der Abteilungsleiter Produktentwicklung der Sommerfeld Bürosysteme GmbH, will sich selbstständig machen. Er plant die Gründung eines Metall verarbeitenden Betriebes, der Stahlrohrgestelle, Alugussteile und Alupressprofile für Bürostühle herstellt. Die Vor- und Nachteile einer Existenzgründung hat er abgewogen und auch die Frage der Firma ist bereits geklärt. Als im Zusammenhang mit einer Gründungsberatung bei der Industrie- und Handelskammer die Frage nach der geeigneten Unternehmensform gestellt wird, ist für Rainer Kunze schnell klar, dass er alleiniger Inhaber des Unternehmens sein will. „Dafür habe ich mich ja schließlich selbstständig gemacht!"

Arbeitsaufträge

- Stellen Sie in einem Lernplakat die Vor- und Nachteile der Gründung eines eigenen Unternehmens gegenüber.

- Erläutern Sie die Rechtsform der Einzelunternehmung.

Unternehmensgründung und Unternehmensformen

Chancen und Risiken einer Unternehmensgründung

Die Entscheidung, eine selbstständige Tätigkeit auszuüben und ein Unternehmen zu gründen, hat weitreichende Konsequenzen. Auf der einen Seite bietet eine unternehmerische Tätigkeit zahlreiche **Chancen**. So genießt der Unternehmer ein hohes Maß an Entscheidungsfreiheit und hat die Möglichkeit, mit einem florierenden Unternehmen ein hohes Einkommen zu erzielen.

Auf der anderen Seite ist mit der Ausübung einer unternehmerischen Tätigkeit i. d. R. die Aufgabe des bisherigen Arbeitsverhältnisses verbunden. Auch sind mit der Unternehmertätigkeit finanzielle Verpflichtungen verbunden, die schlimmstenfalls in die Unternehmens- und/oder Privatinsolvenz führen können. Deshalb ist eine vernünftige unternehmerische Planung unabdingbar, um die wirtschaftlichen **Risiken** der Selbstständigkeit richtig abzuschätzen.

Unternehmerpersönlichkeit

Bevor der angehende Unternehmer eine Entscheidung für die Ausübung einer selbstständigen Tätigkeit trifft, sollte er sich die Frage stellen, ob eine selbstständige Tätigkeit überhaupt zu seiner Person passt. Hier spielen u. a. **fachliche Qualifikationen** und **Persönlichkeitsmerkmale** eine Rolle.

Eigenschaften der Unternehmerpersönlichkeit	
Fachliche Qualifikationen	**Persönlichkeitsmerkmale**
- Berufsausbildung - Studium - kaufmännische Kenntnisse - Branchenkenntnisse - Berufserfahrung - berufliche Fortbildung (Meister, Techniker, Fachwirt …) - …	- Belastbarkeit - Zielstrebigkeit - Kontaktfreudigkeit - Ehrgeiz - Disziplin - Durchhaltevermögen

Geschäftsidee und Businessplan

Grundlage eines erfolgreichen Unternehmens ist die Geschäftsidee. Es sollte vor allem Klarheit über die anzubietenden Produkte und Dienstleistungen sowie über die anzusprechenden Zielgruppen herrschen. Die Geschäftsidee wird in einem Businessplan dargelegt. Ein Businessplan sollte u. a. über folgende Punkte Auskunft geben:

- Geschäftsidee
- Markteinschätzung
- Risikoanalyse
- Unternehmensorganisations- und Personalmanagement
- Gründerprofil
- Wettbewerbssituation
- Standort
- finanzwirtschaftliche Planungen

Wahl der Rechtsform

Bei der Gründung des Unternehmens muss der Unternehmer auch eine Entscheidung über die Rechtsform der Unternehmung treffen. Der Unternehmer kann sein Unternehmen allein in Form einer Einzelunternehmung oder zusammen mit anderen (natürlichen oder juristischen) Personen betreiben. In diesem Fall ist eine Gesellschaft zu gründen[1]. Es werden Personen- und Kapitalgesellschaften unterschieden.

Personengesellschaften	**Kapitalgesellschaften**
- Mitarbeit der Gesellschafter steht im Vordergrund - keine juristischen Personen, werden aber in vielen Fragen den juristischen Personen gleichgestellt - häufig haftet der Gesellschafter auch mit Privatvermögen - Gesellschafter handeln für die Gesellschaft - Gewinn der Gesellschaft ist auf der Ebene der Gesellschafter einkommensteuerpflichtig	- Kapitalaufbringung steht im Vordergrund; häufig ergibt sich ein wechselnder Gesellschafterbestand - juristische Personen, d. h. Kapitalgesellschaften sind Gesellschaften mit eigener Rechtspersönlichkeit - grundsätzlich haftet nur das Vermögen der juristischen Person - nicht die Gesellschafter, sondern eigene Organe handeln für die Gesellschaft - Gewinn der Gesellschaft unterliegt der Körperschaftssteuer (15 %) + 5,5 % SolZ

Bezieht man die Gesellschaft bürgerlichen Rechts (GbR), die stille Gesellschaft, die eingetragene Genossenschaft (eG) sowie die europäischen Gesellschaften mit ein, ergeben sich für die Wahl der Rechtsform im Wesentlichen folgende Möglichkeiten.

---

[1] *Obwohl die AG und GmbH Gesellschaften sind, können sie auch von einer Person gegründet werden.*

Rechtsformen der Unternehmung					
Einzelunter-nehmung	Gesellschaften nach deutschem Recht				Gesellschaften nach europäischem Recht
	nach bürgerlichem Recht	nach Handelsrecht			
		Personengesellschaften	Kapitalgesellschaften	sonstige Gesellschaften	
Eingetragener Kaufmann (e. K.) Kleingewerbetreibender	Gesellschaft bürgerlichen Rechts (GbR)	Offene Handelsgesellschaft (OHG) Kommanditgesellschaft (KG) Stille Gesellschaft Sonderform: GmbH & Co. KG	Aktiengesellschaft (AG) Kommanditgesellschaft auf Aktien (KGaA) Gesellschaft mit beschränkter Haftung (GmbH) Unternehmergesellschaft (UG haftungsbeschränkt)	Eingetragene Genossenschaft (eG)	Europäische Aktiengesellschaft (SE) Europäische Privatgesellschaft (SPE) Europäische Genossenschaft (SCE)

Kriterien für die Wahl der Rechtsform

Vor dem Hintergrund der persönlichen Situation und unter Abwägung betriebswirtschaftlicher Interessen ist eine geeignete Rechtsform auszuwählen. Wesentliche Kriterien zur Unterscheidung der Rechtsformen sind:

- Gründung
- Kapitalaufbringung (Eigen- und Fremdkapital)
- Geschäftsführung
- Gewinn- und Verlustverteilung
- Besteuerung
- Auflösung und Liquidation der Gesellschaft
- Firma
- Haftung
- Vertretung
- Rechnungslegungsvorschriften
- Publizitätspflichten

Für jede Rechtsform hat der Gesetzgeber bezüglich der oben genannten Kriterien in entsprechenden Gesetzen (z. B. HGB, Aktiengesetz, GmbH-Gesetz) Regelungen getroffen. Von diesen Regelungen kann aber in vielen Fällen abgewichen werden, da es sich weitgehend um dispositives Recht handelt. Diese Abweichungen werden im **Gesellschaftsvertrag** festgehalten.

Einzelunternehmung

Die Einzelunternehmung wird von **einer Person** betrieben, die das Eigenkapital allein aufbringt.

Gründung

Die Gründung erfolgt **formlos**. Falls der Einzelunternehmer Kaufmann im Sinne des HGB ist (vgl. Kaufmannseigenschaften, S. 122 ff.), erfolgt eine Eintragung in das Handelsregister Abteilung A und er muss eine Firma wählen.

Firma

Die Firma der Einzelunternehmung kann Personen-, Sach-, Fantasiefirma oder gemischte Firma sein. Sie muss die Bezeichnung „**eingetragener Kaufmann**" oder eine entsprechende Abkürzung, z. B. „e. K.", „e. Kfm." oder „e. Kfr." enthalten.

Beispiele: Rainer Kunze e. K., Metallverarbeitung; Klaus Oswald e. K., Büromöbel-Großhandel

Kapitalaufbringung

Ein Mindestkapital ist bei der Gründung einer Einzelunternehmung nicht vorgeschrieben. Da der Einzelunternehmer als alleiniger **Eigenkapitalgeber** fungiert, ist die Eigenkapitalbasis durch das Vermögen des Unternehmers begrenzt. Eine Erweiterung des Eigenkapitals kann nur durch die Nichtentnahme erzielter Gewinne erfolgen. Diese Möglichkeit ist jedoch begrenzt, weil der Kaufmann aus dem Gewinn seines Betriebes die Kosten seiner persönlichen Lebensführung bestreiten muss, da er kein Gehalt bezieht.

Unabhängig von den tatsächlichen wirtschaftlichen Verhältnissen wirkt sich die Beschränkung des Haftungskapitals auf das Vermögen **einer** Person nachteilig auf die Kreditwürdigkeit aus. Deshalb sind den Möglichkeiten der **Fremdkapitalbeschaffung** bei der Einzelunternehmung enge Grenzen gesetzt. → LF 11

Haftung

Der Einzelunternehmer **haftet** für die Verbindlichkeiten seines Unternehmens **allein und unbeschränkt**, d. h. mit seinem gesamten Vermögen.

Beispiel: Der Einzelunternehmer Kunze hat für seinen Metall verarbeitenden Betrieb bei der Bank einen Kredit aufgenommen. Er haftet hierfür auch als Privatperson mit seinem gesamten Vermögen, d. h. auch mit seinem Privatvermögen.

Geschäftsführung und Vertretung

Der Einzelunternehmer hat im **Innenverhältnis** die alleinige **Geschäftsführungsbefugnis**. Er trifft alle unternehmerischen Entscheidungen und setzt diese Entscheidungen durch Weisungen an seine Mitarbeiter um. Im **Außenverhältnis** gibt er rechtswirksam Willenserklärungen gegenüber Dritten (Kunden, Lieferanten, Banken usw.) ab. Er hat damit die alleinige **Vertretungsbefugnis**.

Gewinn und Verlust

Da der Einzelunternehmer alle Risiken allein übernimmt, steht ihm auch der gesamte **Gewinn** zu, andererseits trägt er auch alle **Verluste** allein.

> **PRAXISTIPP!**
>
> *Die Einzelunternehmung ist die einfachste Rechtsform des Handelsrechts. Hier liegen alle betrieblichen Entscheidungen in der Hand des mitarbeitenden Eigentümers, der auch das Risiko allein trägt.*

Zusammenfassung

Unternehmensgründung und Unternehmensformen

- Die **Gründung** eines Unternehmens ist für den Unternehmer mit **Chancen** und **Risiken** verbunden.
- Ein angehender Unternehmer sollte über die notwendigen **fachlichen Qualifikationen** und **Persönlichkeitsmerkmale** verfügen und vor Beginn seiner Tätigkeit einen **Businessplan** aufstellen.
- Industrieunternehmen werden häufig in Form von **Personen- oder Kapitalgesellschaften** betrieben.
- Dabei hängt die **Wahl der Rechtsform** von vielfältigen Kriterien ab.

Die Einzelunternehmung

Definition	• Gewerbebetrieb, dessen Eigenkapital von einer Person aufgebracht wird
Gründung	• eine Person • Eintragung in das Handelsregister bei Handelsgewerbe mit kaufmännischem Umfang
Firma	• Personen-, Sach-, Fantasiefirma oder gemischte Firma und der Zusatz „eingetragener Kaufmann" (e. K./e. Kfm.) oder „eingetragene Kauffrau" (e. K./e. Kffr.)
Kapitalaufbringung	• durch den Einzelunternehmer
Haftung	• allein und unbeschränkt
Geschäftsführung und Vertretung	• allein durch den Einzelunternehmer
Gewinne und Verluste	• erhält bzw. trägt der Einzelunternehmer

Aufgaben

1. Jörg Albers wird bald seine Ausbildung zum Industriekaufmann beenden. Er spielt mit dem Gedanken sich mit seinem Bruder Jens selbstständig zu machen. Sie möchten ein Zweiradfachgeschäft betreiben. Jens Albers hat gerade seinen Meister als Zweiradmechatroniker gemacht und verfügt über gute Kontakte zu potenziellen Kunden.

    a) Erläutern Sie, über welche Eigenschaften die beiden verfügen sollten.

    b) Um sich Klarheit über die Chancen und Risiken seiner Geschäftstätigkeit zu verschaffen, stellt Jörg Albers einen Businessplan auf. Erläutern Sie fünf Punkte, die ein solcher Plan erhalten sollte.

2. Der Einzelunternehmer Eberle ist zahlungsunfähig. Der Gläubiger Pfeiffer behauptet, Eberle hafte auch mit seinem Privatvermögen. Eberle selbst steht auf dem Standpunkt, Geschäfts- und Privatvermögen hätten nichts miteinander zu tun. Nehmen Sie zu diesen Behauptungen Stellung.

3. Stellen Sie fest, wer sich in Ihrer Klasse einmal selbstständig machen möchte, und diskutieren Sie die damit verbundenen Vor- und Nachteile.

4. Heinz Stark ist Tischlermeister und Großhändler für Befestigungstechnik. Er betreibt sein Unternehmen als Einzelunternehmung. Die Sommerfeld Bürosysteme GmbH, mit der er seit vielen Jahren in Geschäftsbeziehung steht, bietet ihm einen Auftrag an. Stark soll Aufbau und Montage der Möbel für mehrere Großaufträge der Sommerfeld Bürosysteme GmbH übernehmen. Er müsste dazu jedoch zwei Lkw anschaffen und vier weitere Mitarbeiter einstellen. Überlegen Sie, welche Schwierigkeiten sich für Stark bei der Kapitalbeschaffung ergeben können.

5. Stellen Sie in einem Kurzreferat die Unternehmensform der Einzelunternehmung vor. Nutzen Sie Tafel, Overheadprojektor oder andere Medien zur Veranschaulichung und beachten Sie die Regeln der Präsentation (vgl. S. 45).

6. Fritz und Walter erben jeweils 750 000,00 €. Fritz gründet eine Papiergroßhandlung, Walter legt das Kapital in Bundesschatzbriefen zu einer effektiven Verzinsung von 7,5 % an. Nach einigen Jahren treffen sie sich wieder und stellen fest, dass Fritz einen durchschnittlichen Jahresgewinn von 100 000,00 € erwirtschaftet hat. Walter hingegen erhält jährlich 56 250,00 € Zinsen. Walter findet es ungerecht, dass sein Bruder fast die doppelte Rendite erzielt, und schimpft auf die Unternehmer. Führen Sie das Streitgespräch in einem Rollenspiel durch.

7.2 Personengesellschaften

LS 12

Die Metallwerke Rainer Kunze e. K. haben ihren Betrieb aufgenommen. Rainer Kunze hat zwei große Büromöbelhersteller als Kunden gewonnen. Und auch die Sommerfeld Bürosysteme GmbH hat ihm den Auftrag für die Lieferung der Stahlrohrgestelle der Produktlinie FS-Linie erteilt. Die Umsätze steigen und schon bald muss Kunze vier weitere Mitarbeiter in der Fertigung einstellen. Auch in der Buchhaltung sind mittlerweile zwei Mitarbeiter beschäftigt. Trotzdem wächst Herrn Kunze die Arbeit langsam über den Kopf. Alles muss er selbst entscheiden, um alles muss er sich selber kümmern. Dazu kommt der Ärger mit den Banken und Lieferanten. Ein dringend benötigter Kredit für die Erweiterung der Fertigung wurde mit der Begründung abgelehnt, dass das Eigenkapital zu gering sei und es an Sicherheiten fehle. In dieser Situation wendet sich Rainer Kunze an den Betriebsberater der IHK. Nach eingehender Beratung schlägt dieser die Aufnahme eines weiteren Gesellschafters und die Gründung einer Personengesellschaft vor. Im Anschluss an das Gespräch ruft Rainer Kunze sofort seinen Studienkollegen Günter Bauer an und fragt ihn, ob er sich vorstellen könne, bei ihm einzusteigen. Günter Bauer ist bei einem Metall verarbeitenden Unternehmen in leitender Position beschäftigt. Von der Idee ist Günter Bauer sofort begeistert. Unternehmer wolle er schon immer werden und Kapital stehe auch zur Verfügung. Wenn nur das Risiko nicht wäre!

Arbeitsaufträge

- Erarbeiten Sie die Merkmale der OHG und der KG mithilfe eines Lernplakats.
- Beurteilen Sie, welche Unternehmensform für die beiden Gesellschafter geeigneter ist.

Die offene Handelsgesellschaft (OHG)

> § 105 Abs. 1 HGB Eine Gesellschaft, deren Zweck auf den Betrieb eines Handelsgewerbes unter gemeinschaftlicher Firma gerichtet ist, ist eine offene Handelsgesellschaft, wenn bei keinem der Gesellschafter die Haftung gegenüber den Gesellschaftsgläubigern beschränkt ist.

Gründung
Die Gründung der OHG ist **formfrei**, üblich ist jedoch mindestens ein schriftlicher Gesellschaftsvertrag. Wenn ein Grundstück eingebracht wird, ist eine notarielle Beurkundung des Gesellschaftsvertrages notwendig. Die Gesellschaft entsteht bei Istkaufleuten mit Aufnahme der Tätigkeit, bei Kleingewerbetreibenden mit dem Eintrag ins Handelsregister (Kannkaufleute). Die Gesellschaft ist zur Eintragung in das Handelsregister Abteilung A anzumelden.

Firma
Die Firma der OHG kann Personen-, Sach-, Fantasiefirma oder gemischte Firma sein. Sie muss die Bezeichnung „**offene Handelsgesellschaft**" oder eine verständliche Abkürzung dieser Bezeichnung enthalten.

Beispiel: Kunze und Bauer betreiben ein Metallwerkeunternehmen in der Rechtsform einer OHG. Folgende Firmen sind möglich: Kunze OHG, Bauer OHG, Kubau OHG usw.

Kapitalaufbringung
Die Gesellschafter sind verpflichtet die im Gesellschaftsvertrag vereinbarte Kapitaleinlage zu leisten. Grundsätzlich kann diese Einlage in bar, aber auch in Sachwerten (z. B. Grundstücke, Maschinen) oder in Rechtswerten (z. B. Patente) erfolgen. Eine Mindestkapitaleinlage ist nicht vorgeschrieben. Für jeden Gesellschafter wird ein eigenes Kapitalkonto geführt. Ähnlich wie bei der Einzelunternehmung kann die Schaffung der **Eigenkapitalbasis** durch Erhöhung der Kapitaleinlagen der Gesellschafter oder durch die Nichtentnahme von Gewinnen erfolgen. Darüber hinaus besteht die Möglichkeit der Aufnahme neuer Gesellschafter.

→ LF 11 Die Beschaffung von **Fremdkapital** ist leichter als bei der Einzelunternehmung, da hier mindestens zwei Gesellschafter mit ihrem gesamten Vermögen haften und das Risiko der Gläubiger dadurch auf zwei Schuldner verteilt wird.

Haftung
Die Gesellschafter der OHG haften unbeschränkt, unmittelbar und solidarisch (gesamtschuldnerisch).

- **Unbeschränkt** bedeutet, dass jeder Gesellschafter mit seinem gesamten Vermögen haftet. Es haftet also nicht nur das Gesellschaftsvermögen, sondern jeder Gesellschafter muss auch mit seinem Privatvermögen für die Schulden der OHG einstehen.
- **Unmittelbar (persönlich, direkt)** bedeutet, dass sich ein Gläubiger an jeden beliebigen Gesellschafter wenden kann. Der Gesellschafter kann nicht verlangen, dass der Gläubiger zuerst gegen die Gesellschaft auf Zahlung klagt.

- Solidarisch (gesamtschuldnerisch) heißt, dass jeder Gesellschafter für die gesamten Schulden der OHG haftet. Er haftet also für die anderen Gesellschafter mit. Im Innenverhältnis hat der Gesellschafter selbstverständlich einen Ausgleichsanspruch, d. h., er kann von seinen Mitgesellschaftern deren Anteil verlangen.

Ein in eine Einzelunternehmung oder OHG **eintretender Gesellschafter** haftet auch für die Verbindlichkeiten, die bei seinem Eintritt bereits bestehen. **Bei Austritt** haftet der Gesellschafter noch fünf Jahre für die bei seinem Austritt vorhandenen Verbindlichkeiten.

Geschäftsführung und Vertretung

Zur Geschäftsführung ist jeder OHG-Gesellschafter allein berechtigt und verpflichtet (**Einzelgeschäftsführungsbefugnis**). Das HGB geht also davon aus, dass jeder Gesellschafter in der OHG mitarbeitet. Die Geschäftsführungsbefugnis umfasst nur gewöhnliche Geschäfte (Einkauf von Materialien, Verkauf von Erzeugnissen usw.) Bei außergewöhnlichen Geschäften (z. B. bauliche Maßnahmen auf Geschäftsgrundstücken, Errichtung von Zweigniederlassungen) ist ein Beschluss aller Gesellschafter notwendig. Zudem hat jeder geschäftsführende Gesellschafter ein Vetorecht: Widerspricht ein geschäftsführender Gesellschafter der Vornahme einer Handlung, so muss diese unterbleiben. Durch Gesellschaftsvertrag können einzelne Gesellschafter von der Geschäftsführung ausgeschlossen oder auch eine Gesamtgeschäftsführung mehrerer oder aller Gesellschafter vereinbart werden.

Im Außenverhältnis kann jeder Gesellschafter allein die OHG wirksam vertreten (**Einzelvertretungsmacht**). Eine Unterscheidung in gewöhnliche und außergewöhnliche Geschäfte ist nicht vorgesehen. Auch außergewöhnliche Geschäfte, die ein Gesellschafter für die OHG tätigt, sind bindend.

Beispiel: Bauer beauftragt für die OHG einen Bauunternehmer, der eine Lagerhalle errichten soll. Als Kunze davon erfährt, kommt es zum Streit. Er ist mit der baulichen Maßnahme nicht einverstanden. Trotzdem ist der Vertrag zwischen dem Bauunternehmer und der OHG wirksam zustande gekommen, da jeder Gesellschafter die OHG wirksam vertreten kann.

Eine Beschränkung des Umfanges der Vertretungsmacht ist Außenstehenden gegenüber unwirksam. Es besteht jedoch die Möglichkeit, die Art der Vertretung zu ändern. Möglich ist z. B., dass alle oder mehrere Gesellschafter nur in Gemeinschaft zur Vertretung der OHG ermächtigt sein sollen (**Gesamtvertretungsmacht**), einzelne Gesellschafter von der Vertretung ausgeschlossen werden oder die Vertretung durch einen Gesellschafter zusammen mit einem Prokuristen erfolgt (**unechte Gesamtvertretung**). Diese Einschränkung der Art der Vertretung ist in das Handelsregister einzutragen.

Beispiel: Kunze und Bauer vereinbaren Gesamtvertretungsmacht und lassen dies in das Handelsregister eintragen. Den Vertrag für die Errichtung der Lagerhalle müssen jetzt beide unterschreiben.

Wettbewerbsverbot

Ein Gesellschafter darf ohne Einwilligung seiner Partner weder im **Handelszweig** seiner Gesellschaft Geschäfte tätigen, noch sich an einer anderen gleichartigen Gesellschaft als persönlich haftender Gesellschafter beteiligen.

Beispiel: Bauer will sich an einem weiteren Metallwerk als OHG-Gesellschafter beteiligen. Hierfür ist die Zustimmung des Gesellschafters Kunze erforderlich.

Beschlussfassung

Beschlüsse der Gesellschafter bedürfen der **Zustimmung aller** zur Mitwirkung bei der Beschlussfassung berufenen Gesellschafter. Wird im Gesellschaftsvertrag festgelegt, dass die Mehrheit der Stimmen zu entscheiden hat, so richtet sich die Mehrheit im Zweifel nach der Zahl der Gesellschafter.

Gewinn und Verlust

Der **Gewinn** der OHG wird normalerweise gemäß **Gesellschaftsvertrag** verteilt. In der Regel bekommen die mitarbeitenden Gesellschafter zunächst ein Arbeitsentgelt (Unternehmerlohn). Danach werden die geleisteten Kapitaleinlagen in einer vereinbarten Höhe verzinst. Der verbleibende Rest kann „nach Köpfen" oder nach einem Schlüssel verteilt werden, der die unterschiedliche Höhe des mithaftenden Privatvermögens berücksichtigt.

Wird zur Gewinnverteilung nichts vereinbart, gilt **§ 121 HGB**. Danach steht jedem Gesellschafter zunächst ein Anteil in Höhe von **4 % seiner Kapitaleinlage** zu. Der **Rest** wird **nach Köpfen** unter die Gesellschafter verteilt. Der Gewinn eines Gesellschafters wird seinem Kapitalanteil zugeschrieben.

Beispiel: Der Gewinn der Kunze OHG beträgt 102 000,00 €. Die Einlage von Kunze beläuft sich auf 200 000,00 €, die von Bauer auf 100 000,00 €. Die Verteilung soll nach § 121 HGB erfolgen.

	Kapitalanteil am Anfang des Jahres in €	4 % Kapitalverzinsung in €	Restverteilung nach Köpfen in €	Gesamtgewinn in €
Kunze	200 000	8 000	45 000	53 000
Bauer	100 000	4 000	45 000	49 000
Gesamt	300 000	12 000	90 000	102 000

Die **Verluste** der OHG werden nach Köpfen verteilt und vom Kapitalkonto der Gesellschafter abgezogen. Vertragliche Abweichungen von dieser Regelung sind möglich.

Beispiel: Die Kunze OHG macht im folgenden Jahr einen Verlust von 50 600,00 €. Jedem der Gesellschafter werden 25 300,00 € vom Kapitalkonto abgezogen.

Entnahmerecht

Da die Gesellschafter für ihre Mitarbeit kein Gehalt beziehen, um den Lebensunterhalt zu bestreiten, ist jeder Gesellschafter berechtigt, **Entnahmen** zu tätigen. Nach dem HGB darf jeder Gesellschafter mindestens **vier Prozent seines Kapitalanteils** pro Jahr entnehmen. Dies ist auch dann möglich, wenn die OHG Verluste macht (**gewinnunabhängiges Entnahmerecht**). Wurde das letzte Jahr mit einem Gewinn abgeschlossen, können auch die restlichen, die 4 % übersteigenden Gewinnanteile entnommen werden, sofern die Gesellschaft durch die Verringerung der Eigenkapitalbasis keinen Schaden nimmt (**gewinnabhängiges Entnahmerecht**). Im Gesellschaftsvertrag werden häufig abweichende Regelungen zum Entnahmerecht getroffen.

Kündigung und Auflösung

Eine ordentliche **Kündigung** des Gesellschaftsvertrages durch einen Gesellschafter ist mit einer Frist von sechs Monaten zum Ende des Geschäftsjahres möglich. Der Gesellschafter scheidet aus der Gesellschaft aus und wird abgefunden.

Die **Auflösung** der OHG kann durch Zeitablauf, Beschluss der Gesellschafter, Eröffnung des Insolvenzverfahrens über das Vermögen der Gesellschaft oder durch gerichtliche Entscheidung (z. B. wenn ein Gesellschafter wesentliche gesellschaftsvertragliche Fristen verletzt) erfolgen. Der Tod eines Gesellschafters führt nicht zur Auflösung der Gesellschaft. Die Gesellschaft wird mit den verbliebenen Gesellschaftern und – sofern vereinbart – mit den Erben fortgesetzt.

Formal beendet wird die Gesellschaft durch **Liquidation** (Abwicklung). Forderungen werden eingezogen und Gläubiger befriedigt. Ein verbleibendes Restvermögen wird nach dem Verhältnis der Kapitalanteile verteilt und das Erlöschen der Firma in das Handelsregister eingetragen.

Die Kommanditgesellschaft (KG)

Die Kommanditgesellschaft ist eine Handelsgesellschaft, bei der mindestens ein Gesellschafter unbeschränkt **(Komplementär)** und ein Gesellschafter nur in Höhe seiner Einlage **(Kommanditist)** haftet. Die Gesellschaft kann mehrere Komplementäre und Kommanditisten haben. Das Recht der OHG findet auf die KG weitestgehend Anwendung und wird durch einige gesetzliche Bestimmungen im HGB ergänzt.

Gründung

Zur Gründung einer KG sind mindestens zwei Personen erforderlich. Der Gesellschaftsvertrag ist **formfrei**. Die Gesellschaft ist zur Eintragung in das Handelsregister Abteilung A anzumelden. Dies ist besonders für den Kommanditisten von großer Wichtigkeit, da eine Beschränkung der Haftung auf die Einlage erst ab dem Zeitpunkt der Eintragung rechtswirksam ist.

Firma

Die Firma der KG kann Personen-, Sach-, Fantasiefirma oder gemischte Firma sein. Sie muss den Zusatz „**Kommanditgesellschaft**" oder eine verständliche Abkürzung dieser Bezeichnung enthalten.

Beispiel: Kunze & Bauer wandeln ihre OHG in eine KG um. Kunze wird Komplementär, Bauer Kommanditist. Die Firma wird als Kunze KG in das Handelsregister eingetragen.

Kapitalaufbringung

Die Möglichkeiten der **Eigenkapitalbeschaffung** sind bei der KG i. d. R. größer als bei der Einzelunternehmung oder der OHG, da aufgrund der Beschränkung der Haftung des Kommanditisten auf seine Einlage leichter Kapitalgeber gefunden werden können.

Die **Fremdkapitalbeschaffung** ist leichter als bei der Einzelunternehmung, da hier neben dem Vollhafter zumindest ein Teilhafter zusätzlich haftet. Grundsätzlich ist sie jedoch schwieriger als bei der OHG, da bei dieser zwei und mehr Gesellschafter unbeschränkt haften.

→ LF 11

Haftung

Ein **Komplementär** der KG haftet wie der OHG-Gesellschafter **unbeschränkt, unmittelbar und solidarisch**. Die Haftung des **Kommanditisten** ist auf die in das Handelsregister eingetragene Einlage **beschränkt**.

Geschäftsführung und Vertretung

Geschäftsführung und Vertretung der Gesellschaft liegen allein bei den **Komplementären**. Es gelten die Regelungen des HGB zu den OHG-Gesellschaftern. (**Einzelgeschäftsführungs- und Einzelvertretungsbefugnis**). Der **Kommanditist** ist von der Führung der Geschäfte und der Vertretung der Gesellschaft **ausgeschlossen**. Allerdings kann ein Kommanditist Vollmacht (z. B. Prokura) erhalten. Wenn Rechtsgeschäfte über den gewöhnlichen Geschäftsbetrieb hinausgehen, hat der Kommanditist ein Widerspruchsrecht.

Der Kommanditist ist berechtigt, eine Abschrift der Bilanz zu verlangen und diese durch Einsicht in die Bücher auf ihre Richtigkeit hin zu überprüfen. Das Recht auf eine laufende Kontrolle der Geschäfte hat er jedoch nicht.

Wettbewerbsverbot

Kommanditisten unterliegen **keinem** Wettbewerbsverbot. Für sie besteht lediglich die allgemeine Treuepflicht, nach der ihr Handeln der Gesellschaft nicht schaden darf. Der Komplementär unterliegt dem Wettbewerbsverbot eines OHG-Gesellschafters.

Gewinn und Verlust

Wird die Gewinnverteilung bei der KG im Gesellschaftsvertrag festgelegt, erhält der geschäftsführende Gesellschafter vom Gewinn der Unternehmung i. d. R. zunächst einen Unternehmerlohn. Danach werden die Kapitaleinlagen gemäß Gesellschaftsvertrag verzinst und der Restgewinn wird aufgrund einer festgelegten Schlüsselung verteilt.

Ist über die Gewinnverteilung im Gesellschaftsvertrag keine Regelung getroffen worden, gilt § 168 HGB, der eine **Kapitalverzinsung von 4 %** vorsieht. Falls der Gewinn diesen Betrag übersteigt, soll der **Rest „angemessen"** verteilt, d. h., das unterschiedliche Risiko der Gesellschafter berücksichtigt werden. In der Praxis wird man dieses Verhältnis aber im Gesellschaftsvertrag festlegen.

Beispiel: Bauer ist mit 100 000,00 € als Kommanditist an der Kunze KG beteiligt. Kunze hat als Komplementär 200 000 € eingebracht. Im ersten Jahr der Gründung erwirtschaftet die KG einen Gewinn in Höhe von 102 000,00 €. Im Gesellschaftsvertrag ist vereinbart, dass die angemessene Gewinnverteilung im Verhältnis der Einlagen, d. h., im Verhältnis 1:2 erfolgt.

	Kapitalanteil am Anfang des Jahres in €	4 % Kapitalverzinsung in €	Restverteilung in €	Gesamtgewinn in €
Kunze	200 000	8 000	60 000	68 000
Bauer	100 000	4 000	30 000	34 000
Gesamt	300 000	12 000	90 000	102 000

Die Gewinnanteile des Kommanditisten werden ausgezahlt, sofern er seine Einlage voll geleistet hat. Deshalb bleibt sein Kapitalanteil konstant. Zudem hat er kein Entnahmerecht wie ein Komplementär. Dieser hat ein Entnahmerecht wie ein OHG-Gesellschafter.

Macht die Gesellschaft **Verlust**, wird dieser in einem angemessenen Verhältnis verteilt, wobei die Verlustbeteiligung des Kommanditisten auf die Höhe seiner Einlage beschränkt ist.

Kündigung und Auflösung
Es gelten die Vorschriften der OHG. Allerdings wird beim Tod eines Kommanditisten die Gesellschaft mit den Erben fortgesetzt.

> **PRAXISTIPP!**
>
> *Die Kommanditgesellschaft bietet dem Einzelunternehmer die Möglichkeit der Erweiterung des Eigenkapitals, ohne den eintretenden Gesellschafter (Komanditist) Einfluss auf die Geschäftsführung einräumen zu müssen.*

Zusammenfassung

Personengesellschaften

- *Die offene Handelsgesellschaft OHG*

Definition	- Gesellschaft, deren Zweck auf den Betrieb eines gemeinsamen Handelsgewerbes gerichtet ist, wobei alle Gesellschafter unbeschränkt haften
Gründung	- mindestens zwei Personen - Gesellschaftsvertrag ist formfrei - die Gesellschaft ist zur Eintragung in das Handelsregister (Abteilung A) anzumelden.
Firma	- Personen-, Sach-, Fantasiefirma oder gemischte Firma und Zusatz „offene Handelsgesellschaft"
Kapitalaufbringung	- verbesserte Möglichkeiten der Fremdkapitalaufbringung durch Verbreitung der Eigenkapitalbasis und Haftung
Haftung	- unbeschränkt - unmittelbar - solidarisch (gesamtschuldnerisch)
Geschäftsführung und Vertretung	- Jeder Gesellschafter ist berechtigt, allein die Geschäfte zu führen und die Gesellschaft im Außenverhältnis zu vertreten.
Gewinnverteilung	- 4 % auf das eingesetzte Kapital, Rest nach Köpfen
Verlustverteilung	- nach Köpfen

- *Die Kommanditgesellschaft (KG)*

Definition	- Handelsgesellschaft, bei der mindestens ein Gesellschafter unbeschränkt (Komplementär) und ein Gesellschafter in Höhe seiner Einlage (Kommanditist) haftet
Gründung	- mindestens zwei Personen - Gesellschaftsvertrag ist formfrei - Handelsregistereintragung Abteilung A erforderlich
Firma	- Personen-, Sach-, Fantasiefirma oder gemischte Firma und Zusatz „Kommanditgesellschaft"
Kapitalaufbringung	- verbesserte Möglichkeiten der Eigenfinanzierung durch Aufnahme von Kommanditisten

Haftung	- Komplementär:
	  – unbeschränkt
	  – unmittelbar
	  – solidarisch
	- Kommanditist:
	  – in Höhe seiner Einlage

Geschäftsführung und Vertretung	- Der Komplementär führt die Geschäfte und vertritt die Gesellschaft nach außen. - Der Kommanditist ist von der Geschäftsführung und Vertretung ausgeschlossen.
Gewinnverteilung	- 4 % auf das eingesetzte Kapital, Rest im angemessenen Verhältnis
Verlustverteilung	- in angemessenem Verhältnis

Aufgaben

1. Roland Rothe plant die Gründung eines Metall verarbeitenden Betriebes in der Rechtsform einer OHG. Um Chancen und Risiken gegeneinander abzuwägen, bittet Herr Rothe seinen Steuerberater Schmitz um die Beantwortung der nachfolgenden Fragen:

    a) Erklären Sie, wo die Gesellschaft eingetragen bzw. angemeldet werden muss.
    b) Erläutern Sie die Haftung der Gesellschafter.
    c) Beschreiben Sie, wie die gesetzliche Gewinnverteilung geregelt ist.
    d) Begründen Sie, warum der Gewinn der OHG nach Köpfen und in Form einer Kapitalverzinsung verteilt wird.
    e) Roland Rothe betreibt die OHG zusammen mit seinem Kompagnon Kotte. Nennen Sie fünf mögliche Firmen.
    f) Stellen Sie in einer Tabelle die Rechte und Pflichten der OHG-Gesellschafter gegenüber.

    Helfen Sie Herrn Schmitz bei der Erledigung dieses Auftrages.

2. Nach der Eintragung der Rothe-OHG in das Handelsregister kauft Rothe mehrere Anlagen für die Produktion.

   a) Erläutern Sie, ob Rothe das Geschäft für die OHG wirksam abschließen konnte.
   b) Prüfen Sie mögliche Rechtsfolgen, wenn Kotte dem Geschäft widersprochen hätte.
   c) Erläutern Sie, ob Kotte sich an einer anderen gleichartigen OHG als Gesellschafter beteiligen kann.
   d) Kotte bekommt einen größeren Posten Edelstahl günstig angeboten. Er möchte dieses Geschäft auf eigene Rechnung machen. Ist dies zulässig, wenn Rothe dagegen ist?
   e) Aufgrund von Unstimmigkeiten möchte Kotte die Gesellschaft verlassen. Er ist der Meinung, ab dem Tag der Auflösung des Gesellschaftsvertrages habe er mit den Verbindlichkeiten des Unternehmens nichts mehr zu tun. Erläutern Sie die Rechtslage.

3. Abweichend von der gesetzlichen Regelung vereinbaren die Gesellschafter die folgende Gewinnverteilung: „Die Verzinsung des eingesetzten Kapitals soll 2 % über dem Basiszinssatz der Europäischen Zentralbank vom 1. Dezember des jeweiligen Geschäftsjahres liegen. Der Rest wird nach Köpfen verteilt." Überlegen Sie, welche Gründe für diese Formulierung sprechen könnten.

4. A, B und C betreiben eine OHG. A hat 600 000,00 €, B 750 000,00 € und C 1 200 000,00 € in das Unternehmen eingebracht. Alle drei Gesellschafter arbeiten im Betrieb mit. Im letzten Geschäftsjahr wurde ein Gewinn in Höhe von 525 000,00 € erzielt.

   a) Ermitteln Sie den Gewinnanteil der Gesellschafter nach § 121 HGB.
   b) Erläutern Sie, warum es ungerecht wäre, wenn der Gewinn allein im Verhältnis der Kapitalanteile verteilt würde.
   c) Begründen Sie, warum es ebenso ungerecht wäre, wenn der Gewinn ausschließlich nach Köpfen verteilt würde.

5. Erläutern Sie die wesentlichen Unterschiede zwischen OHG und KG. Stellen Sie die Unterschiede auf einem Plakat dar.

6. Erläutern Sie die gesetzliche Gewinnverteilung bei der OHG und bei der KG und begründen Sie die unterschiedliche Behandlung der Gesellschafter.

7. Auszug aus dem Gesellschaftsvertrag der Bauer KG:

> **§ 6 Einlagen der Gesellschafter:**
> Die Gesellschafter verpflichten sich, folgende Einlagen zu leisten:
> Andreas Bauer (Komplementär)   1 000 000,00 €
> Rainer Kunze (Kommanditist)   100 000,00 €
>
> **§ 7 Ergebnisverteilung**
> Für die Geschäftsführung erhält der Komplementär vom erzielten Reingewinn vorweg eine Vergütung von 60 000,00 €. Die Verzinsung des eingesetzten Kapitals beträgt 10 %, der Rest wird im Verhältnis der Einlagen verteilt.

a) Im ersten Geschäftsjahr beträgt der Reingewinn 500 000,00 €. Führen Sie die Gewinnverteilung lt. Gesellschaftsvertrag durch.
b) Stellen Sie die Gewinnverteilung einer OHG, bei der Bauer und Kunze als Gesellschafter mit den genannten Einlagen beteiligt sind, der Gewinnverteilung der KG gegenüber. Bauer soll wiederum vorab eine Vergütung für die Geschäftsführung von 60 000,00 € erhalten; Kunze bekommt keine.
c) Im zweiten Geschäftsjahr macht die Bauer KG Verluste. Erläutern Sie die Verlustverteilung der KG.

8. An der Andreas Schneider Holzwerke KG sind der persönlich haftende Gesellschafter Andreas Schneider und Paul Minnerup als Kommanditist beteiligt.

a) Schneider will einen größeren Posten Eichenholz günstig von einem bisher unbekannten Lieferanten kaufen. Minnerup widerspricht dem Kauf, da er dem neuen Lieferanten nicht traut. Begründen Sie, ob Minnerup den Kauf verhindern kann.
b) Aus Verärgerung über den Lieferantenwechsel wird Minnerup tätig und bestellt einen Posten Eichenholz bei dem bisherigen Lieferanten. Erläutern Sie, ob die Andreas Schneider Holzwerke KG an den Vertrag gebunden ist.
c) Minnerup möchte sich als Vollhafter bei der Müller Holzwerke OHG beteiligen. Schneider ist strikt dagegen. Erklären Sie, ob er Minnerup die Beteiligung verbieten kann.
d) Aufgrund einer günstigen Entwicklung der Börse möchte Schneider für 100 000,00 € Aktien der VW AG kaufen. Begründen Sie, ob Minnerup das Geschäft verhindern kann.
e) Trotz des Widerspruchs erwirbt Andreas Schneider für die Andreas Schneider Holzwerke KG die Aktien. Nehmen Sie Stellung zur Wirksamkeit des Vertrages.

9. Entscheiden Sie, ob die folgenden Aussagen auf

(1) die KG
(2) die OHG
(3) die OHG und die KG
(4) weder auf die OHG noch die KG zutreffen.

a) Bei allen Gesellschaftern ist die Haftung beschränkt.
b) Sämtliche Gesellschafter unterliegen einem Wettbewerbsverbot.
c) Die Haftung von einigen Gesellschaftern ist beschränkt.
d) Die Gesellschaft ist eine Personengesellschaft.

7.3 Kapitalgesellschaften

7.3.1 Gesellschaft mit beschränkter Haftung (GmbH)

→ 📄
LS 13

Ärger bei der Sommerfeld Bürosysteme GmbH: Herr Sommer möchte den Vertrieb aus der Sommerfeld Bürosysteme GmbH ausgliedern und dafür eine eigene GmbH gründen. Frau Farthmann und Herr Feld sind entschieden dagegen. Herr Sommer ist der Meinung, er als Kaufmann habe das Recht, kaufmännische Entscheidungen auch allein zu treffen. Frau Farthmann und Herr Feld sind auch hier anderer Meinung. „Wir sind alle drei Geschäftsführer und gleichberechtigte Gesellschafter!"

Arbeitsaufträge

- Prüfen Sie anhand des Gesellschaftsvertrages (vgl S. 13 f.), nach welchen Regeln auf einer Gesellschafterversammlung der Sommerfeld Bürosysteme GmbH entschieden würde.
- Erläutern Sie, welche Gründe für die Ausgliederung des Vertriebes in eine eigene GmbH sprechen könnten.
- Stellen Sie die wesentlichen Merkmale einer GmbH mithilfe eines Lernplakates dar.

> § 1 GmbHG Gesellschaften mit beschränkter Haftung können nach Maßgabe der Bestimmungen dieses Gesetzes zu jedem gesetzlich zulässigen Zweck durch eine oder mehrere Personen errichtet werden.

Die GmbH ist eine Handelsgesellschaft mit eigener Rechtspersönlichkeit (**juristische Person**), deren Gesellschafter mit ihren Geschäftsanteilen am Stammkapital der Gesellschaft beteiligt sind, ohne persönlich zu haften.

Gründung

Eine Mindestzahl von Gründern ist nicht vorgeschrieben, sodass auch eine Gründung durch eine Person möglich ist (**Einpersonen-GmbH**). Gesellschafter einer GmbH können neben natürlichen auch juristische Personen sein.

Der Gesellschaftsvertrag (**Satzung**) ist von sämtlichen Gesellschaftern zu unterzeichnen und bedarf der **notariellen Beurkundung**. Neben der „normalen" Gründung ist eine Gründung im vereinfachten Verfahren erlaubt, wenn die Gesellschaft höchstens drei

Gesellschafter und einen Geschäftsführer hat und dabei das Musterprotokoll der Anlage des GmbH-Gesetzes verwendet wird. So ist eine kostengünstigere Gründung möglich.

Für den Gesellschaftsvertrag sind nach § 3 GmbHG folgende **Mindestinhalte** vorgeschrieben:

- Firma und Sitz der Gesellschaft
- Gegenstand des Unternehmens
- Betrag des Stammkapitals
- Zahl und Nennbetrag der Geschäftsanteile, die jeder Gesellschafter gegen Einlage auf das Stammkapital (Stammeinlage) übernimmt

Darüber hinaus werden im Gesellschaftsvertrag häufig weitere Abreden getroffen.

Als juristische Person entsteht die GmbH erst mit der Eintragung in das Handelsregister Abteilung B **(konstitutiv)**. Sie ist Kaufmann kraft Rechtsform **(Formkaufmann)**. Ein- und austretende Gesellschafter werden in die **Gesellschafterliste** eingetragen, die als Anlage zum Handelsregistereintrag geführt wird.

Zwischen der Erstellung des notariellen Gesellschaftsvertrages und der Eintragung der GmbH in das Handelsregister entsteht eine sogenannte **Vorgesellschaft**. Wird die Geschäftstätigkeit schon vor Eintragung der GmbH aufgenommen, haften die Handelnden in dieser Phase persönlich und solidarisch.

Beispiel: Jürgen und Norbert Kruse planen die Gründung einer Polsterei in der Rechtsform einer GmbH. Sie lassen sich von einem Notar einen Gesellschaftsvertrag aufsetzen und beschaffen die erforderlichen Maschinen. Da die hiermit verbundenen Rechtsgeschäfte vor der Eintragung abgeschlossen wurden, haften Jürgen und Norbert Kruse persönlich und solidarisch.

Firma
Die Firma der GmbH kann Personen-, Sach-, Fantasiefirma oder gemischte Firma sein. Sie muss den Zusatz „**Gesellschaft mit beschränkter Haftung**" oder eine verständliche Abkürzung dieser Bezeichnung enthalten. Der Sitz der Gesellschaft muss ein Ort im Inland sein.

Beispiel: Herr Kruse könnte z. B. folgende Firmen wählen: Kruse GmbH, Möbelpolsterei GmbH oder Polster-Kruse GmbH.

Kapitalaufbringung
Anders als bei den Personengesellschaften ist bei der GmbH ein festes Gesellschaftskapital vorgeschrieben. Es wird **Stammkapital** genannt und beträgt mindestens 25 000,00 €. Das Stammkapital wiederum setzt sich aus den **Geschäftsanteilen** der Gesellschafter zusammen. Auf jeden Geschäftsanteil ist eine Einlage in Höhe des Nennbetrages des Geschäftsanteils zu leisten.

Der **Nennbetrag** des Geschäftsanteils beträgt mindestens 1,00 €, höhere Nennbeträge der Geschäftsanteile müssen auf volle Euro lauten. Grundsätzlich können Einlagen als Geld- oder Sacheinlagen erbracht werden.

Bei der Anmeldung der GmbH zum Handelsregister ist Folgendes zu beachten:

- Sacheinlagen müssen voll erbracht worden sein.
- Auf Geldeinlagen muss mindestens 1/4 des Nennbetrages des Geschäftsanteils eingezahlt sein. Alle Einzahlungen der Gesellschafter zuzüglich der Sacheinlagen müssen zusammen mindestens 12 500,00 € betragen.

Beispiel: Müller und Meier möchten eine GmbH gründen. Jeder übernimmt einen Geschäftsanteil von 12 500,00 €. Wenn Müller lediglich 1/4 auf seinen Anteil, also 3 125,00 € einzahlt, muss Meier einen Anteil von 9 375,00 € leisten, damit insgesamt 12 500,00 € erreicht werden.

Geschäftsanteile sind, sofern der Gesellschaftsvertrag nichts anderes bestimmt, frei **veräußerlich** und **vererblich**. Die Abtretung erfolgt durch einen notariell beurkundeten Vertrag.

Die Erweiterung der Eigenkapitalbasis der GmbH ist durch beschränkte oder unbeschränkte **Nachschusszahlungen** der Gesellschafter möglich. Eine Pflicht zur Nachschusszahlung muss jedoch ausdrücklich in der Satzung vorgesehen sein.

Darüber hinaus besteht die Möglichkeit der **Kapitalerhöhung** durch Aufnahme neuer Gesellschafter oder Erhöhung der bestehenden Geschäftsanteile. Hierzu ist eine Dreiviertel-Mehrheit in der Gesellschafterversammlung notwendig.

Infolge der Beschränkung der Haftung und der damit verbundenen geringen Kreditwürdigkeit der GmbH sind der **Fremdkapitalbeschaffung** enge Grenzen gesetzt. Dies führt dazu, dass in der Praxis Kredite häufig nur durch Sicherung mit Privatvermögen der Gesellschafter vergeben werden.

Haftung
Die Haftung der Gesellschafter der GmbH ist ausgeschlossen, soweit die Einlagen vollständig geleistet wurden. Es haftet ausschließlich die juristische Person mit ihrem **Gesellschaftsvermögen**.

Geschäftsführung und Vertretung
Die Gesellschaft hat mindestens einen **Geschäftsführer**, der eine natürliche Person und unbeschränkt geschäftsfähig sein muss. Er übernimmt die Geschäftsführung und Vertretung der Gesellschaft. Sind mehrere Personen zu Geschäftsführern bestellt, gilt gesetzlich die **Gesamtgeschäftsführungs- bzw. Gesamtvertretungsbefugnis**. Der Gesellschaftsvertrag kann eine andere Regelung vorsehen. Eine Beschränkung des Umfanges der Vertretungsbefugnis im Außenverhältnis ist nicht möglich.

Organe der GmbH
Gesetzlich vorgeschriebene Organe der GmbH sind die Geschäftsführung, die Gesellschafterversammlung und unter bestimmten Bedingungen der Aufsichtsrat.

Geschäftsführung	**Bestellung**	■ (widerruflich) durch Beschluss der Gesellschafter oder Gesellschaftsvertrag
	Aufgaben	■ Geschäftsführung und Vertretung unter Beachtung der Gesellschafterbeschlüsse und des Gesellschaftsvertrages (Weisungsgebundenheit) ■ ordnungsgemäße Erstellung des Jahresabschlusses und des Lageberichtes ■ Offenlegung des Jahresabschlusses ■ Einberufung der Gesellschafterversammlung ■ Abgeben der Steuererklärungen der GmbH ■ Stellen des Insolvenzantrages bei Überschuldung oder Zahlungsunfähigkeit
	Geschäftsführer	■ können, müssen aber nicht mit Gesellschafter identisch sein ■ haben einen Arbeitsvertrag und erhalten für ihre Tätigkeit ein Gehalt ■ werden im Handelsregister eingetragen und sind auf den Geschäftsbriefen anzugeben
Gesellschafterversammlung	**Einberufung**	**Ordentliche Versammlung** ■ durch Geschäftsführer mit einer Ladefrist von einer Woche **Außerordentliche Versammlung** ■ durch Gesellschafter, die mindestens 1/10 des Stammkapitals halten ■ durch Geschäftsführer, falls die Hälfte des Stammkapitals verloren ist
	Aufgaben	■ Treffen von Grundlagenentscheidungen ■ Feststellung des Jahresabschlusses und Verwendung des Ergebnisses ■ Einforderung der Einlagen ■ Rückzahlung von Nachschüssen ■ Teilung, Zusammenlegung und Einziehung von Geschäftsanteilen ■ Bestellung, Abberufung von Geschäftsführern und Entlastung derselben ■ Aufstellung von Regeln zur Prüfung und Überwachung der Geschäftsführung ■ Bestellung von Prokuristen und Handlungsbevollmächtigten ■ Geltendmachung von Ersatzansprüchen gegen Geschäftsführer oder Gesellschafter ■ Vertretung der Gesellschaft in Prozessen gegen Geschäftsführer
	Beschlussfassung	■ Jeder Euro eines Geschäftsanteils gewährt eine Stimme ■ Beschlussfassung mit einfacher Mehrheit ■ Satzungsänderungen (z. B. Kapitalerhöhungen) mit Dreiviertel-Mehrheit und notarieller Beurkundung des Beschlusses ■ Vermehrung der Leistungspflichten (z. B. Erweiterung der Nachschusspflicht) nur mit Zustimmung aller Gesellschafter

	Gesellschafter	**Rechte** - Stimmrecht - Gewinnanteil - Auskunfts- und Einsichtsrechte - Anteil am Liquidationserlös **Pflichten** - Einlagenpflicht - evtl. Nachschusspflicht
Aufsichtsrat	**Zusammensetzung**	**Zwingendes Organ** - bei mehr als 500 Arbeitnehmern nach Drittelbeteiligungsgesetz - bei mehr als 2 000 Arbeitnehmern nach Mitbestimmungsgesetz - oder Montanmitbestimmungsgesetz (Montanindustrie) Besteht aus Vertretern der Arbeitnehmer und der Gesellschafter **Freiwilliges Organ** Bei Gesellschaften bis 500 Arbeitnehmern
	Aufgaben	Weitgehend durch die Vorschriften des Aktiengesetzes bestimmt (siehe AG): - vor allem Überwachung der Geschäftsführung sowie - Prüfung der Buchführung, des Jahresabschlusses sowie des Lageberichtes

Gewinnverteilung

Der **Gewinn** der GmbH wird, wenn die Satzung nichts anderes vorsieht, im Verhältnis der Geschäftsanteile verteilt.

Publizitäts- und Prüfungspflichten

Für die GmbH bestehen wie für alle Kapitalgesellschaften je nach Größe gestufte Publizitäts- und Prüfungspflichten. Die Geschäftsführer müssen den Jahresabschluss (evtl. in gekürzter Form) sowie den Lagebericht (bei mittelgroßen und großen Kapitalgesellschaften) beim **elektronischen Bundesanzeiger** einreichen und bekannt machen lassen. Lediglich bei Kleinstgesellschaften unterbleibt eine Veröffentlichung im elektronischen Bundesanzeiger. Für diese Gesellschaften ist es ausreichend, eine Bilanz beim Unternehmensregister zu hinterlegen, in die dann auf Antrag Einsicht genommen werden kann. Zudem ist eine **Pflichtprüfung** von Jahresabschluss und Lagebericht für mittelgroße und große Kapitalgesellschaften durch einen Abschlussprüfer (z. B. Wirtschaftsprüfer) vorgeschrieben.

Auflösung und Liquidation

Gründe für die **Auflösung** der Gesellschaft sind u. a.:

- Zeitablauf
- Beschluss der Gesellschafter (Dreiviertel-Mehrheit)
- gerichtliches Urteil oder gerichtliche Entscheidung
- Eröffnung oder Ablehnung des Insolvenzverfahrens mangels Masse
- weitere im Gesellschaftsvertrag definierten Gründe

Außer im Falle der Insolvenz erfolgt nach der Auflösung die **Liquidation** der Gesellschaft. Die laufenden Geschäfte werden beendet, Verpflichtungen der Gesellschaft erfüllt, Forderungen eingezogen und Vermögen umgesetzt und schließlich der Liquidationserlös an die Gesellschafter verteilt. Häufig ist allerdings ein Verkauf der Gesellschaft im Ganzen für die Gesellschafter vorteilhafter. Nach Abschluss der Liquidation erfolgt die Löschung der Gesellschaft aus dem Handelsregister.

Bedeutung der GmbH:

- *Die Gründung ist durch einen Gesellschafter möglich.*
- *Das Risiko der Gesellschafter ist auf die jeweilige Einlage beschränkt.*
- *Sie kann mit wenig Kapital (25 000,00 €) gegründet werden.*
- *Sie ermöglicht durch eine Trennung von Gesellschaftern und Geschäftsführung eine bloße Kapitalbeteiligung, ohne unternehmerisch tätig zu sein, und ist deshalb für Familienunternehmen gut geeignet.*
- *Die Kapitalanteile sind frei veräußerbar, soweit der Gesellschaftsvertrag nichts anderes bestimmt.*
- *Die Kosten der Gründung und Verwaltung sind niedriger als bei der AG, aber höher als bei Personengesellschaften.*
- *Gesellschafterbeschlüsse (außer Satzungsänderungen) benötigen keine notarielle Beurkundung.*
- *Für die GmbH gelten erweiterte Rechnungslegungsvorschriften.*
- *Die GmbH ist publizitätspflichtig.*

Unternehmergesellschaft (haftungsbeschränkt)

Existenzgründer, die wenig Eigenkapital benötigen, können eine **haftungsbeschränkte Unternehmergesellschaft** UG (haftungsbeschränkt) eintragen lassen. Sie kann das Mindeststammkapital der GmbH unterschreiten und mit 1,00 € gegründet werden. Die Gewinne dieser Einstiegsform der GmbH dürfen nicht voll ausgeschüttet werden. Sie werden zu einem Viertel einbehalten, bis die Gesellschaft ein **Mindeststammkapital** von 25.000,00 € erreicht oder überschreitet.

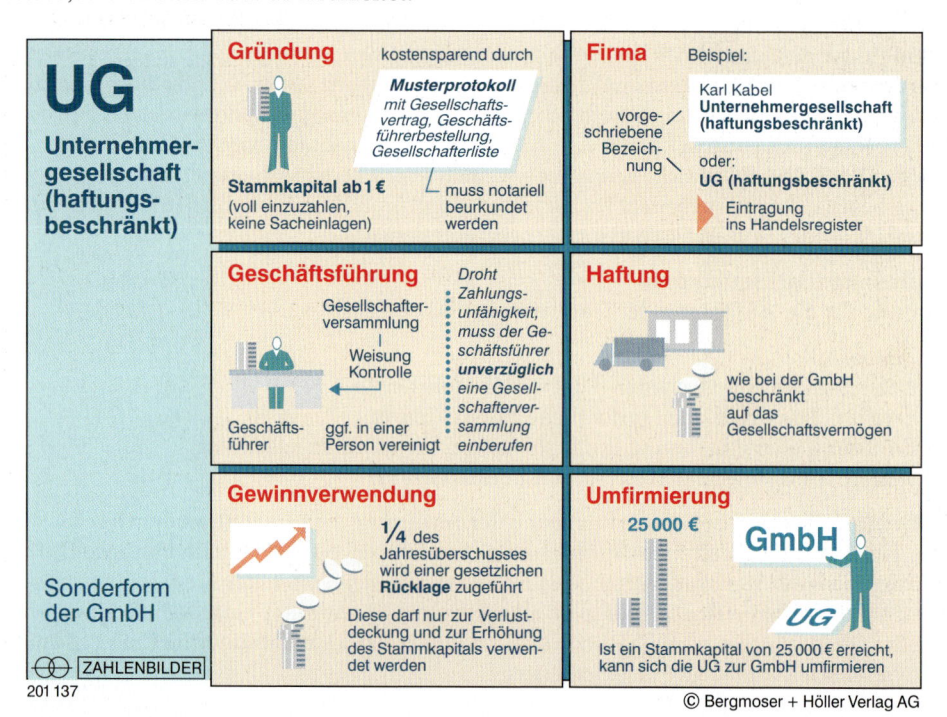

UG
Unternehmergesellschaft (haftungsbeschränkt)
Sonderform der GmbH

Gründung – kostensparend durch **Musterprotokoll** mit Gesellschaftsvertrag, Geschäftsführerbestellung, Gesellschafterliste
Stammkapital ab 1 € (voll einzuzahlen, keine Sacheinlagen) – muss notariell beurkundet werden

Firma – Beispiel: Karl Kabel Unternehmergesellschaft (haftungsbeschränkt) oder: UG (haftungsbeschränkt) – vorgeschriebene Bezeichnung – Eintragung ins Handelsregister

Geschäftsführung – Gesellschafterversammlung – Weisung/Kontrolle – Geschäftsführer – ggf. in einer Person vereinigt – Droht Zahlungsunfähigkeit, muss der Geschäftsführer **unverzüglich** eine Gesellschafterversammlung einberufen

Haftung – wie bei der GmbH beschränkt auf das Gesellschaftsvermögen

Gewinnverwendung – ¼ des Jahresüberschusses wird einer gesetzlichen **Rücklage** zugeführt – Diese darf nur zur Verlustdeckung und zur Erhöhung des Stammkapitals verwendet werden

Umfirmierung – 25 000 € – GmbH – UG – Ist ein Stammkapital von 25 000 € erreicht, kann sich die UG zur GmbH umfirmieren

GmbH & Co. KG als Sonderform

Die **GmbH & Co. KG** ist eine KG, bei der eine GmbH Vollhafter ist. Sie ist damit eine Personengesellschaft.

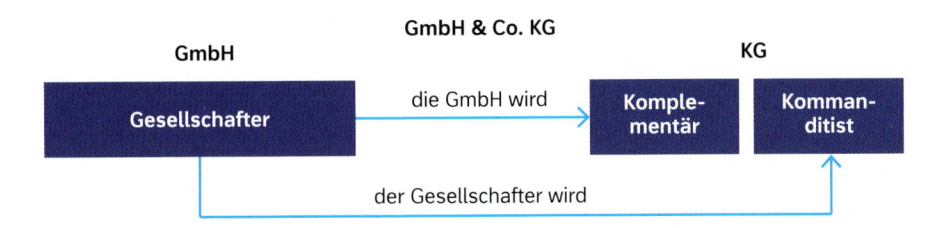

```
                        GmbH & Co. KG
      GmbH                                          KG
                       die GmbH wird
  ┌──────────────┐  ──────────────────▶  ┌──────────┐  ┌──────────┐
  │ Gesellschafter│                       │ Komple-  │  │ Komman-  │
  └──────────────┘                       │ mentär   │  │ ditist   │
         │                                └──────────┘  └──────────┘
         │           der Gesellschafter wird                 ▲
         └──────────────────────────────────────────────────┘
```

- Die **Haftung** der GmbH & Co. KG richtet sich nach den Vorschriften der KG. Danach haftet der Komplementär unbeschränkt, unmittelbar und solidarisch. Da der Komplementär eine GmbH ist, haftet diese mit ihrem gesamten Vermögen, das mit einem Stammkapital von mindestens 25 000,00 € finanziert ist. Der Kommanditist haftet in Höhe seiner Einlage.
- **Geschäftsführung und Vertretung** der Gesellschaft liegen beim Komplementär, d. h. bei der GmbH vertreten durch ihren Geschäftsführer.

Zusammenfassung

Die Gesellschaft mit beschränkter Haftung (GmbH)

Definition	• Handelsgesellschaft, mit eigener Rechtspersönlichkeit (juristische Person), deren Gesellschafter mit ihren Nennbeträgen eines Geschäftsanteils am Stammkapital der Gesellschaft beteiligt sind, ohne persönlich zu haften
Gründung	• Mindestzahl nicht vorgeschrieben • notarieller Gesellschaftsvertrag erforderlich • Handelsregistereintrag erforderlich
Firma	• Personen-, Sach-, Fantasiefirma oder gemischte Firma mit Zusatz GmbH
Kapitalaufbringung	• Stammkapital mindestens 25 000,00 € • Nennbetrag des Geschäftsanteils je Gesellschafter mindestens 1,00 € • Fremdkapitalbeschaffung durch Beschränkung der Haftung problematisch
Haftung	• Es haftet die juristische Person mit ihrem gesamten Vermögen
Geschäftsführung und Vertretung	• durch die Geschäftsführer (Gesamtgeschäftsführungs- und Gesamtvertretungsbefugnis)
Beschließendes Organ	• Gesellschafterversammlung
Kontrollorgan	• gegebenenfalls Aufsichtsrat (über 500 Arbeitnehmer zwingend)
Gewinnverteilung	• im Verhältnis der Geschäftsanteile

Aufgaben

1. Analysieren Sie den Gesellschaftsvertrag der Sommerfeld Bürosysteme GmbH (vgl. S. 13 f.) anhand der folgenden Fragestellungen.

   a) Geben Sie an, welche Form für den Gesellschaftsvertrag vorgeschrieben ist.
   b) Erläutern Sie, ab welchem Zeitpunkt die GmbH existiert.
   c) Erklären Sie die Rechte und Pflichten der Gesellschafter.
   d) Begründen Sie, ob die Vertretungsregelung der Sommerfeld Bürosysteme GmbH der gesetzlichen Regelung für eine GmbH entspricht.
   e) Erläutern Sie, welche Vor- und Nachteile mit dieser Vertretungsregelung verbunden sind.
   f) Zur Finanzierung des weiteren Wachstums möchte Sommer den erzielten Gewinn in der Gesellschaft belassen. Frau Farthmann und Herr Feld verlangen eine Ausschüttung. Begründen Sie, wer sich durchsetzen wird.
   g) Herr Feld überlegt, seinen Geschäftsanteil an einen ausländischen Investor zu verkaufen. Erläutern Sie, ob Frau Farthmann und Herr Sommer dies verhindern können.

2. Die Kaufleute Wolf und Walter wollen einen Kunststoff verarbeitenden Betrieb in der Rechtsform einer GmbH gründen.

   a) Geben Sie an, welches Mindestkapital sie einbringen müssen.
   b) Wolf möchte seinen Sohn als Gesellschafter mit einem geringen Geschäftsanteil beteiligen. Erläutern Sie, ob es hierfür einen Mindestbetrag gibt.
   c) Formulieren Sie einen Gesellschaftsvertrag für die Kaufleute Wolf junior und senior und Walter. Nehmen Sie dabei das GmbH-Gesetz und den Gesellschaftsvertrag der Sommerfeld Bürosysteme GmbH zu Hilfe (vgl. S. 13 f.).
   d) Wolf senior und Walter wollen die Geschäftsführung übernehmen. Sie diskutieren die Vor- und Nachteile der Einzel- und Gesamtgeschäftsführung. Stellen Sie die unterschiedlichen Arten der Geschäftsführung gegenüber.
   e) Walter und Wolf senior werden zu Geschäftsführern bestimmt. Sie haben Einzelvertretungsmacht. Walter mietet Geschäftsräume, ohne Wolf zu fragen. Begründen Sie, ob der Mietvertrag gültig ist.
   f) Erläutern Sie, wie die Ernennung der Geschäftsführer bekannt gemacht werden muss.
   g) Das Stammkapital der GmbH entspricht dem gesetzlichen Mindestkapital. Walter ist mit 15 000,00 €, Wolf senior mit 9 500,00 € und sein Sohn mit dem Rest beteiligt. Erläutern Sie, wie viel Stimmen die drei in der Gesellschafterversammlung haben.
   h) Im ersten Jahr macht die GmbH 80 000,00 € Gewinn. Erklären Sie, wie der Gewinn verteilt wird, wenn in Gesellschafterversammlung und Satzung darüber nichts festgelegt wurde.

3. Klaus Köppke und Karl Schulz möchten ein Autohaus in Form einer GmbH & Co. KG betreiben. Klaus Köppke ist alleiniger Gesellschafter und Geschäftsführer der GmbH, die auch Komplementär der GmbH & Co. KG ist. Schulz beteiligt sich als Kommanditist an der GmbH & Co. KG.

   a) Erläutern Sie, wie Klaus Köppke und Karl Schulz bei der Gründung der GmbH & Co. KG vorgehen müssen und in welchen Abteilungen des Handelsregisters die Gesellschaften einzutragen sind.
   b) Klaus Köppke möchten mehrere Kleinwagen für das Autohaus erwerben. Schulz ist damit nicht einverstanden, weil er die Wagen für übersteuert hält. Erläutern Sie die Rechtslage.
   c) Wie wäre der Fall zu beurteilen, wenn Klaus Köppke für die Gesellschaft eine Halle erwerben möchte?
   d) Nach einem Jahr laufen die Geschäfte des Autohauses schlecht. Erläutern Sie die Haftung, wenn Köppke und Schulz ihre Einlagen voll geleistet haben.
   e) Erklären Sie, wie viel Eigenkapital die beiden Gesellschafter zunächst mindestens einzahlen müssen, damit sie die GmbH & Co. KG gründen können.

4. Willi Meier möchte ein kleines Malergeschäft betreiben. Ein Berater der Handwerkskammer schlägt ihm vor, eine Unternehmergesellschaft (haftungsbeschränkt) zu gründen.

   a) Nennen Sie zwei mögliche Firmenbezeichnungen.
   b) Erläutern Sie, wie viel Kapital Willi Meier mindestens aufbringen muss.
   c) Willi Meier möchte ein Stammkapital von 5 000,00 € haben. Er möchte als Sacheinlage einen älteren Transporter im Wert von 3 000,00 € leisten, auf die restlichen 2 000,00 € möchte er 1/4 einzahlen. Begründen Sie, ob dies möglich ist.
   d) Prüfen Sie, ob Willi Meier seinen Jahresüberschuss frei verwenden kann, wenn die Gesellschaft ein Stammkapital von 5 000,00 € hat.
   e) Angenommen die Geschäfte laufen gut und Willi Meier macht hohe Gewinne. Daraufhin erhöht er sein Stammkapital auf 25 000,00 €. Begründen Sie, ob er eine UG (haftungsbeschränkt) bleiben darf bzw. sollte.
   f) Stellen Sie die Vor- und Nachteile der UG (haftungsbeschränkt) gegenüber.

7.3.2 Aktiengesellschaft (AG)

LS 14

Die Auszubildende Diana Feld ist ganz aus dem Häuschen. Die Sommerfeld Bürosysteme GmbH hat den Auftrag bekommen, 40 Geschäftsstellen der Allfinanz Versicherungs-AG neu auszustatten. Als Diana in der Konferenz der Gruppen- und Abteilungsleiter darüber berichtet, erkundigt sich die Leiterin des Rechnungswesens nach den Zahlungsbedingungen. „Da mussten wir natürlich Zugeständnisse machen, sonst hätte die Konkurrenz das Geschäft gemacht. Die Allfinanz zahlt in drei Raten. Jeweils 1/3 in 30, 60 und 90 Tagen." „Und wie ist es mit den Sicherheiten?", fragt der Geschäftsführer, Herr Sommer. „Da brauchen wir uns keine Gedanken zu machen", antwortet Frau Feld, „die Allfinanz ist eine Aktiengesellschaft, da stehen Tausende von Aktionären für unsere Forderungen gerade!"

Arbeitsaufträge

- Erarbeiten Sie den nachfolgenden Sachinhalt und überprüfen Sie die Aussage von Frau Feld.
- Stellen Sie die wesentlichen Merkmale einer AG mithilfe eines Lernplakates dar.
- Erläutern Sie die Vor- und Nachteile der Rechtsform der AG.

Die Aktiengesellschaft ist eine Handels- und Kapitalgesellschaft mit eigener Rechtspersönlichkeit (**juristische Person**), deren Grundkapital in Aktien zerlegt ist. Eine Haftung der Gesellschafter (Aktionäre) ist ausgeschlossen.

Gründung

Eine AG kann durch eine oder mehrere Personen gegründet werden. Die Gründung erfolgt in zwei Stufen.

1. Stufe: Vorgesellschaft

Die **Satzung** enthält den Sitz der AG, Gegenstand des Unternehmens, Höhe des Grundkapitals, den Nennbetrag, Anzahl und Art der Aktien und die Zahl der Mitglieder des Vorstands. Sie wird **notariell beurkundet** und legt zudem fest, ob eine Bar-, Sachgründung oder gemischte Gründung vorliegt. Mit der Verpflichtung zur Übernahme aller Aktien durch die Gründer ist die AG errichtet. Die Gründer bestellen die Mitglieder des ersten Aufsichtsrates, der dann den ersten Vorstand bestimmt. Handelnde im Namen der Gesellschaft (vor allem Vorstände) haften vor Eintragung der Gesellschaft persönlich und gesamtschuldnerisch.

2. Stufe: Eintragung und Entstehung der AG

Die Gesellschaft wird durch Gründer, Vorstand und Aufsichtsrat beim zuständigen Amtsgericht zur **Eintragung in das Handelsregister** (Abteilung B) angemeldet. Die Eintragung wirkt **konstitutiv** (Formkaufmann) und die AG tritt in die Rechte und Pflichten der Vorgesellschaft ein.

Firma

Die Firma der AG kann Personen-, Sach-, Fantasiefirma oder gemischte Firma mit dem Zusatz „**Aktiengesellschaft**" oder einer Abkürzung (AG) sein.

Kapitalaufbringung

Das **Grundkapital** (= **gezeichnetes Kapital**) wird in der Satzung festgelegt und muss 50 000,00 € betragen. Es ist in Aktien zerlegt, die als Nennbetragsaktien oder als nennwertlose Stückaktien ausgegeben werden können. Der **Mindestnennwert** einer Aktie beträgt **1,00 €**. Dabei kann der Ausgabebetrag einer Aktie höher sein als der Nennwert (Überpari-Emission). Die Differenz zwischen Ausgabebetrag und Nennwert einer Aktie nennt man **Agio** und wird als **Kapitalrücklage** verbucht. Unterpari-Emissionen sind nicht gestattet. Bei Bareinlagen sind mindestens ein Viertel des Nennwertes und bei Überpari-Emissionen auch der Mehrbetrag (Agio) zu leisten. Sacheinlagen sind komplett zu erbringen.

Zusammensetzung des Eigenkapitals nach § 266 Abs. 3 HGB

I. Gez. Kapital	(Grundkapital durch Satzung festgelegt)
II. Kapitalrücklage	(Einstellung des Agio = Ausgabebetrag – Nennwert)
III. Gewinnrücklagen	(Einstellung der Gewinne)
1. gesetzliche Rücklage	
2. Rücklage für eigene Anteile	
3. satzungsmäßige Rücklage	
4. andere Gewinnrücklagen	
IV. Gewinnvortrag/Verlustvortrag	
V. Jahresüberschuss/Jahresfehlbetrag	
= Eigenkapital	

Werden die Aktien an der **Börse** gehandelt, so haben sie auch einen **Kurswert**. Dieser ergibt sich allein aus dem Angebot und der Nachfrage nach der Aktie. Der Kurswert verändert das Eigenkapital einer AG nicht.

Wenn der AG zusätzliches **Eigenkapital** zugeführt werden soll, kann sie eine **Kapitalerhöhung** durchführen. Der Beschaffung von **Fremdkapital** sind durch die beschränkte Haftung der Aktionäre Grenzen gesetzt. Allerdings haben gerade große Aktiengesellschaften häufig aufgrund ihrer Marktstellung eine hervorragende Kreditwürdigkeit.

Wichtige Aktienarten

Beteiligung	Stückaktie	Beteiligung mit einem Bruchteil (Quote) am Grundkapital
	Nennbetragsaktie	Beteiligung mit einem Nennwert am Grundkapital
Rechtsstellung	Stammaktie	alle satzungsmäßigen und gesetzlichen Aktionärsrechte
	Vorzugsaktie	besondere Vorrechte (Stimmrechtsausschluss möglich): • erhöhte Dividende • erhöhter Anteil am Liquidationserlös
Übertragbarkeit	Namensaktie	Übertragung durch Einigung und Übergabe der indossierten Aktie sowie Eintragung ins Aktienregister
	Inhaberaktie	Übertragung durch Einigung und Übergabe

Haftung
Die Haftung ist auf das Gesellschaftsvermögen der AG beschränkt. **Aktionäre haften nicht**, soweit sie ihre Einlage geleistet haben.

Geschäftsführung und Vertretung
Der Vorstand führt die Geschäfte und vertritt die AG gerichtlich und außergerichtlich. Alle Vorstandsmitglieder üben die Geschäftsführung und Vertretung gemeinsam aus (**Gesamtgeschäftsführungsbefugnis, Gesamtvertretungsbefugnis**), sofern die Satzung nichts anderes bestimmt. Dabei kann der Umfang der Vertretungsbefugnis nicht beschränkt werden.

Vorstand = Leitungsorgan
↑ bestellt
Aufsichtsrat = Überwachungsorgan ← Belegschaft wählt die Arbeitnehmervertreter
↑ wählt die Aktionärsvertreter
Hauptversammlung = Beschlussfassungsorgan der Aktionäre

Organe der Aktiengesellschaft
Gesetzlich vorgeschriebene Organe der Aktiengesellschaft sind der Vorstand, der Aufsichtsrat und die Hauptversammlung.

Vorstand	**Zusammensetzung**	- besteht aus mindestens einer natürlichen Person, bei einem Grundkapital von mehr als 3 Millionen € aus mindestens zwei natürlichen Personen; die Satzung kann eine andere Regelung vorsehen - wird vom Aufsichtsrat für fünf Jahre gewählt; eine Wiederwahl ist möglich - ein Vorstandsvorsitzender kann vom Aufsichtsrat ernannt werden
	Aufgaben	- leitet die AG aus eigener Verantwortung (= nicht weisungsgebunden) - Geschäftsführung und Vertretung der Gesellschaft - Einrichtung eines Überwachungssystems, um bedeutsame Geschäftsrisiken vorzeitig zu erkennen - mindestens vierteljährliche Berichterstattung an den Aufsichtsrat - Organisation der Buchführung, Aufstellung des Jahresabschlusses und des Lageberichtes sowie Vorlage derselben an Abschlussprüfer und Aufsichtsrat - Vorschlag zur Verwendung des Bilanzgewinnes - Offenlegung des Jahresabschlusses und Veröffentlichung im elektronischen Bundesanzeiger innerhalb von neun Monaten nach Ende des Geschäftsjahres - Einberufung der ordentlichen Hauptversammlung in den ersten acht Monaten des Geschäftsjahres - Sorgfaltspflicht und Wettbewerbsverbot - Beantragung der Eröffnung des Insolvenzverfahrens bei Zahlungsunfähigkeit und Überschuldung - bei Pflichtverletzungen schadensersatzpflichtig gegenüber der Gesellschaft
	Vorstandsmitglieder	- sind Angestellte der AG - ihre Bezüge setzen sich in der Regel aus einem Festgehalt und einer Beteiligung am Gewinn (Tantieme) zusammen - werden im Handelsregister eingetragen und auf den Geschäftsbriefen angegeben
Aufsichtsrat	**Zusammensetzung**	- setzt sich zusammen aus Vertretern der Aktionäre und der Arbeitnehmer - besteht (je nach Grundkapital) mindestens aus drei und höchstens aus 21 Mitgliedern. - ein Aufsichtsratsmitglied kann nicht zugleich Vorstandsmitglied sein - die Amtszeit beträgt höchstens vier Jahre **Nach Aktiengesetz** - Anwendung: bis 500 Arbeitnehmer - nur Aktionärsvertreter

7 Typische Rechtsformen von Industrieunternehmen erkunden

Aufsichtsrat	**Zusammensetzung**	**Mitbestimmung nach dem Drittbeteiligungsgesetz** • Anwendung: mehr als 500 Arbeitnehmer • 1/3 der Mitglieder des Aufsichtsrates wird durch die Belegschaft, 2/3 werden von den Aktionären gewählt **Mitbestimmung nach dem Mitbestimmungsgesetz von 1976** • Anwendung: mehr als 2 000 Arbeitnehmer • gleich viele Aktionärs- und Arbeitnehmervertreter bilden den Aufsichtsrat • bei Stimmengleichheit entscheidet der Aufsichtsratsvorsitzende der in der Praxis von Anteilseignern gestellt werden kann **Mitbestimmung nach dem Montanmitbestimmungsgesetz von 1951** • Anwendung: Bergbau, Eisen- und Stahlindustrie bei mehr als 1000 Arbeitnehmern • gleich viele Aktionärs- und Arbeitnehmervertreter bilden den Aufsichtsrat • zusätzlich wird ein neutrales Mitglied bestimmt, auf das sich beide Seiten einigen müssen
	Aufgaben	• Bestellung des Vorstandes • Abberufung des Vorstandes aus einem wichtigen Grund • Überwachung der Geschäftsführung des Vorstandes • Einsichtnahme und Prüfung der Bücher, Schriften und Vermögensgegenstände • Prüfung des Jahresabschlusses, des Lageberichtes und des Vorschlages zur Gewinnverwendung • Feststellung (Billigung) des Jahresabschlusses • Einberufung einer außerordentlichen Hauptversammlung, wenn es das Wohl der Gesellschaft erfordert • Vertretung der Gesellschaft in gerichtlichen und außergerichtlichen Angelegenheiten gegen die Vorstandsmitglieder • Zustimmung zu bestimmten Arten von Geschäften, sofern die Satzung oder der Aufsichtsrat dies bestimmt haben
Hauptversammlung	**Einberufung**	• wird vom Vorstand mindestens einmal jährlich einberufen und vom Aufsichtsratsvorsitzenden geleitet • Einberufungsfrist: mindestens 30 Tage vor Beginn
	Aufgaben	• Bestellung und Abberufung der Aktionärsvertreter im Aufsichtsrat • Verwendung des Bilanzgewinns • Entlastung von Vorstand und Aufsichtsrat • Wahl des Abschlussprüfers für das laufende Geschäftsjahr

Hauptver-sammlung	Aufgaben	<ul><li>Beschluss über Satzungsänderungen</li><li>Beschluss über Kapitalerhöhungen bzw. -herabsetzungen</li><li>Auflösung der Gesellschaft</li></ul>
	Beschlussfassung	<ul><li>Beschlüsse erfolgen in der Regel mit einfacher Mehrheit, die sich nach den Aktiennennbeträgen (Nennwertaktien) oder nach der Zahl der Aktien (Stückaktien) richtet.</li><li>Ausnahmen sind Satzungsänderungen, die einer Dreiviertel-Mehrheit bedürfen. Ein Aktionär, der über 25 % des Grundkapitals + eine Stimme verfügt, kann demnach Beschlüsse über entscheidende Fragen der Gesellschaft verhindern (= Sperrminorität).</li><li>Aktionäre können Kreditinstitute mit der Ausübung des Stimmrechts beauftragen (= Depotstimmrecht).</li><li>Jeder Beschluss der Hauptversammlung ist notariell zu beurkunden.</li></ul>
	Aktionäre	**Rechte**<ul><li>Teilnahme an der Hauptversammlung</li><li>Anspruch auf Auskunftserteilung in der Hauptversammlung</li><li>Stimmrecht in der Hauptversammlung</li><li>Anteil am Bilanzgewinn (Dividende)</li><li>Bezugsrecht bei Ausgabe neuer Aktien</li><li>Anteil am Liquidationserlös</li></ul>**Pflichten**<ul><li>Leistung der Kapitaleinlage</li></ul>

Gewinnverteilung

Die Gewinnverteilung einer AG vollzieht sich in der Regel in folgenden Schritten:

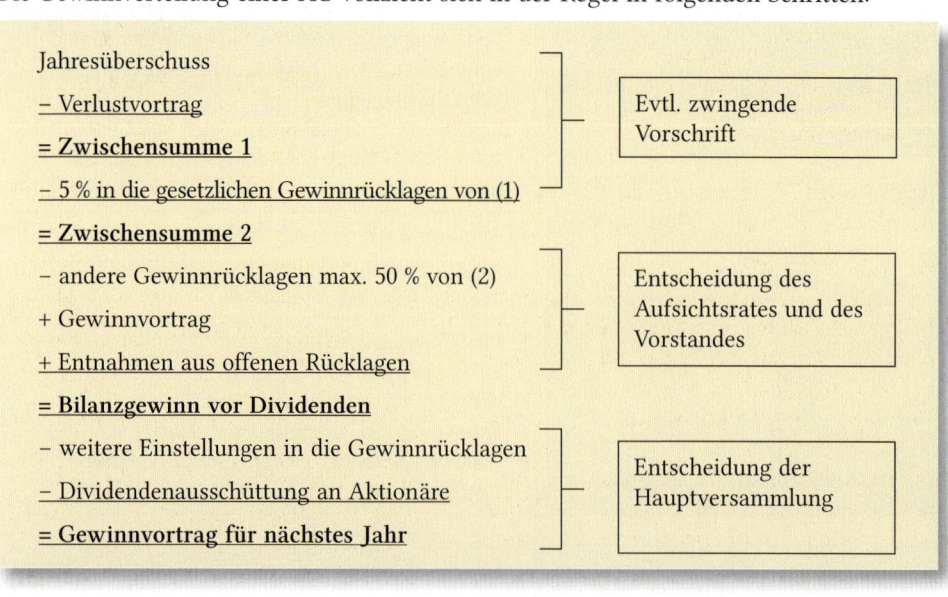

```
Jahresüberschuss
− Verlustvortrag                                        ⎫
= Zwischensumme 1                                       ⎬  Evtl. zwingende Vorschrift
− 5 % in die gesetzlichen Gewinnrücklagen von (1)       ⎭
= Zwischensumme 2
− andere Gewinnrücklagen max. 50 % von (2)              ⎫
+ Gewinnvortrag                                         ⎬  Entscheidung des Aufsichtsrates und des Vorstandes
+ Entnahmen aus offenen Rücklagen                       ⎭
= Bilanzgewinn vor Dividenden
− weitere Einstellungen in die Gewinnrücklagen          ⎫
− Dividendenausschüttung an Aktionäre                   ⎬  Entscheidung der Hauptversammlung
= Gewinnvortrag für nächstes Jahr                       ⎭
```

Gesetzliche Gewinnrücklage:
Es müssen so lange 5 % des um einen Verlustvortrag geminderten Jahresüberschusses in die gesetzliche Rücklage eingestellt werden, bis die gesetzliche Rücklage und die Kapitalrücklage 10 % des gezeichneten Kapitals ausmachen.

Andere Gewinnrücklage:
Aufsichtsrat und Vorstand können weitere Beträge, jedoch maximal 50 % des (um die Einstellung in die gesetzliche Rücklage sowie eines Verlustvortrages geminderten) Jahresüberschusses in die anderen Gewinnrücklagen einstellen.

$$(\text{Jahresüberschuss} - \text{gesetzliche Rücklage} - \text{Verlustvortrag}) \cdot 50\,\%$$

Weitere Einstellungen in die Gewinnrücklage:
Die Hauptversammlung kann den Bilanzgewinn ganz oder teilweise ausschütten, weitere Teile des Bilanzgewinns in die anderen Rücklagen einstellen oder als Gewinn auf das nächste Jahr vortragen.

Dividende:
Anteil am Gewinn, der an die Aktionäre ausgeschüttet wird

Gewinnvortrag:
nicht ausgeschütteter Gewinn(-rest)

Rechnungslegung, Prüfung und Publizität

Die **Rechnungslegungsvorschriften** unterscheiden sich für bestimmte Größenklassen.

Kriterien für Einstufung der Größenklasse der AG

Größenklasse	Kleinst	Klein	Mittel	Groß
Bilanzsumme (€)	bis 0,35 Mio.	bis 6 Mio.	bis 20 Mio.	ab 20 Mio.
Umsatzerlöse (€)	bis 0,70 Mio.	bis 12 Mio.	bis 40 Mio.	ab 40 Mio.
Anzahl d. Arbeitnehmer	bis 10	bis 50	bis 250	ab 250

Anmerkung: Mindestens zwei der drei Merkmale müssen an zwei aufeinanderfolgenden Abschlussstichtagen erfüllt sein.

Der **Jahresabschluss** einer AG besteht wie bei allen Kapitalgesellschaften aus der **Bilanz**, der **Gewinn- und Verlustrechnung** (GuV) sowie dem **Anhang**. Kleinstkapitalgesellschaften können auf einen Anhang verzichten, wenn bestimmte Angaben in der Bilanz gemacht werden. Mittelgroße und große Kapitalgesellschaften müssen neben dem Jahresabschluss auch einen Lagebericht erstellen. Für kleinste, kleine und mittelgroße Gesellschaften gibt es zahlreiche Erleichterungen bei der Erstellung und der Veröffentlichung des Jahresabschlusses.

Für die AG gelten folgende Bestimmungen:

		Kleinst	Klein	Mittel	Groß
Jahresabschluss	Erstellung	ja	ja	ja	ja
	Veröffentlichung	nur Hinterlegung der Bilanz	Bundesanzeiger, elektr. (ohne G+V)	Bundesanzeiger, elektr.	Bundesanzeiger, elektr.
Lagebericht	Erstellung	nein	nein	ja	ja
	Veröffentlichung	nein	nein	Bundesanzeiger, elektr.	Bundesanzeiger, elektr.

Bei mittelgroßen Gesellschaften sind der Jahresabschluss und der Lagebericht von Wirtschaftsprüfern oder vereidigten Buchprüfern zu prüfen (**Abschlussprüfung**). Dagegen ist bei großen Gesellschaften nur die Prüfung durch einen Wirtschaftsprüfer möglich. Entspricht das Ergebnis der Prüfung den gesetzlichen Bestimmungen wird ein Bestätigungsvermerk (**Testat**) erteilt.

Kapitalgesellschaften müssen den Jahresabschluss im elektronischen Bundesanzeiger **veröffentlichen**. Für börsennotierte Aktiengesellschaften sind weitere Publizitätspflichten zu beachten.

Auflösung
Gründe für die Auflösung der Gesellschaft sind u. a.:
- Zeitablauf
- Beschluss der Gesellschafter (Dreiviertel-Mehrheit)
- gerichtliches Urteil oder gerichtliche Entscheidung
- Eröffnung oder Ablehnung des Insolvenzverfahrens mangels Masse
- weitere in der Satzung definierte Gründe

Liquidation
Liquidation erfolgt durch den **Vorstand** (außer im Insolvenzverfahren) und läuft wie folgt ab:
- Beendigung der laufenden Geschäfte
- Erfüllung der Verpflichtungen der Gesellschaft
- Einzug der Forderungen und Umsetzung des Vermögens der Gesellschaft
- Verteilung des verbleibenden Vermögens an die Aktionäre

Nach Abschluss der Liquidation erfolgt die Löschung der Gesellschaft aus dem Handelsregister.

Bedeutung der AG:

- Große Kapitalmengen können durch eine Vielzahl von Aktionären aufgebracht werden.
- Eine Kapitalbeteiligung mit bescheidenen Mitteln als Aktionär ist möglich, ohne unternehmerisch tätig zu sein.
- Aktionäre haften beschränkt.
- Aktien können evtl. über die Börse verkauft werden.
- Gründung und Verwaltung der AG verursachen hohe Kosten.
- Für die AG gelten erweiterte Rechnungslegungsvorschriften.
- Die AG ist publizitätspflichtig.

Zusammenfassung
Die Aktiengesellschaft

Definition	- Handelsgesellschaft mit eigener Rechtspersönlichkeit (juristische Person), deren Grundkapital in Aktien zerlegt ist
Gründung	- mindestens eine Person erforderlich - Satzung muss notariell beurkundet werden - Eintragung in das Handelsregister
Firma	- Personen-, Sach-, Fantasiefirma oder gemischte Firma mit Zusatz Aktiengesellschaft
Kapitalaufbringung	- Das Grundkapital in Höhe von mindestens 50 000,00 € ist in Aktien zerlegt. - Eine Aktie ist eine Urkunde über die Beteiligung an einer AG.
Haftung	- Es haftet die juristische Person mit ihrem gesamten Vermögen. - Eine Haftung der Gesellschafter (Aktionäre) ist ausgeschlossen.
Geschäftsführung und Vertretung	- Vorstand
Kontrollorgan	- Aufsichtsrat
Beschließendes Organ	- Hauptversammlung
Gewinnverteilung	- Zahlung einer Dividende pro Aktie nach Beschluss der Hauptversammlung

b Informationen über weitere Unternehmensformen finden Sie unter BuchPlusWeb.

Aufgaben

1. Die Vereinigte Möbelwerke AG hat ein Grundkapital von 100 Mio. €. Sie beschäftigt 2 100 Mitarbeiter. Der Vorstand besteht aus drei Mitgliedern, zum Vorsitzenden wurde Dr. Weber bestellt. Eine Regelung über die Vertretungsmacht wurde nicht getroffen.

   a) Dr. Weber möchte ein dringend erforderliches Grundstück für die AG erwerben. Die anderen Vorstandsmitglieder sind dagegen. Überprüfen Sie, ob Dr. Weber sich durchsetzen kann.
   b) Dr. Weber möchte alle Briefbögen der AG neu drucken lassen, da er der Meinung ist, der Vorstand müsse auf den Briefbögen angegeben werden. Seine Kollegen halten dies für nicht erforderlich. Wie ist die Rechtslage?
   c) Erläutern Sie, wie sich der Aufsichtsrat zusammensetzt.
   d) Der Aktionär Schmitz besitzt 30 Aktien zum Nennwert von 50,00 €, sein Freund Lang 20 Aktien zu 100,00 €. Wie viele Stimmen haben Schmitz und Lang bei der Wahl des Aufsichtsrates?
   e) Der Aktionär Schmitz verlangt zum Tagesordnungspunkt „Rationalisierung" Auskunft über geplante Entlassungen der AG. Der Vorstand verweigert die Auskunft. Begründen Sie, ob dies zulässig ist.
   f) Zur Frage der Zahlung einer Dividende kommt es zu kontroversen Diskussionen. Fast alle der anwesenden Kleinaktionäre sind dafür. Lediglich Dr. Müller-Lüdenscheid, der Vertreter der Großaktionäre (sie halten 74 % der Anteile), ist dagegen. Erläutern Sie, wie entschieden wird.
   g) Dr. Müller-Lüdenscheid möchte die Satzung der AG dahin gehend ändern lassen, dass der Sitz des Unternehmens nach Liechtenstein verlegt wird. Kann er dies durchsetzen?

2. Überprüfen Sie, in welcher Situation die Gründung eines Unternehmens in der Rechtsform einer Aktiengesellschaft sinnvoll sein könnte.

3. Stellen Sie in einer Übersicht die wesentlichen Merkmale von GmbH und AG gegenüber.

4. Überlegen Sie, welche Schritte erforderlich wären, um die Sommerfeld Bürosysteme GmbH in eine Aktiengesellschaft umzuwandeln.

5. Vervollständigen Sie die unten stehenden Sätze durch Einsetzen der folgenden Begriffe zu zutreffenden Aussagen über die AG.

   1. Der Vorstand   2. Der Aufsichtsrat   3. Die Hauptversammlung
   a) ... beschließt eine Erhöhung des Grundkapitals.
   b) ... prüft den Jahresabschluss, den Lagebericht und den Vorschlag zur Verwendung des Bilanzgewinns.
   c) ... leitet die Unternehmung in eigener Verantwortung.
   d) ... bestellt die Unternehmungsleitung und überwacht ihre Tätigkeiten.

6. Der Aufsichtsrat ist das Kontrollorgan der Aktiengesellschaft, der Vorstand das Leitungsorgan. Im Aktiengesetz ist geregelt, dass ein Mitglied im Aufsichtsrat nie zugleich Vorstandsmitglied sein darf. Erläutern Sie den Sinn dieser Regelung.

7. Diskutieren Sie in einer Podiumsdiskussion über die Argumente der Anteilseigner und der Arbeitnehmer.

> Die Anteilseigner tragen das Risiko des wirtschaftlichen Verlustes, deshalb sollen sie auch allein entscheiden können!

> Die Arbeitnehmer tragen das Risiko des Verlustes ihres Arbeitsplatzes, deshalb müssen sie paritätisch mitbestimmen dürfen!

8. Die Primus GmbH, Großhandel für Bürobedarf, fällt aufgrund ihrer Größe weder unter das Drittelbeteiligungsgesetz von 2004 noch unter das MitbestG von 1976. Dem Leitsatz der Unternehmensphilosophie folgend, der die Mitarbeiter als Partner sieht, sind diese jedoch seit Jahren durch den Betriebsratsvorsitzenden und seinen Stellvertreter mit Sitz und Stimme im Verwaltungsrat vertreten. Der Verwaltungsrat besteht aus den Gesellschaftern Primus und Müller und dem Betriebsratsvorsitzenden und seinem Stellvertreter. Er entscheidet über alle wichtigen Fragen des Unternehmens.

   a) Beurteilen Sie die von der Geschäftsleitung getroffenen Maßnahmen.

   In einer der regelmäßig stattfindenden Betriebsversammlungen regt sich Kritik. „Durch den Sitz im Verwaltungsrat werden wir in die unternehmerische Verantwortung genommen, ohne auch am Erfolg teilzuhaben", formuliert ein Mitarbeiter. Die Geschäftsleitung setzt daraufhin eine Kommission ein, die unter dem Titel „Fairness in der Zusammenarbeit" Grundsätze einer Mitarbeiterbeteiligung formulieren soll. Das Unternehmensleitbild wird um folgende Formulierung ergänzt:

   > „Spitzenleistungen bedingen eine potenzialorientierte Unternehmensorganisation mit flexiblen Arbeitszeiten, Prämienentlohnung, Gruppen- und Projektarbeit. Im Gegenzug sind die Mitarbeiter auch materiell am Unternehmenserfolg zu beteiligen."

   Die Kommission fordert konkret, die Mitarbeiter als stille Gesellschafter am Unternehmen zu beteiligen. Dazu sollen jährlich 50 % des Unternehmensgewinns an die Mitarbeiter ausgeschüttet werden.

   b) Stellen Sie in einer Liste Argumente zusammen, die die Geschäftsleitung zur Annahme dieser Forderung veranlassen könnten.
   c) Diskutieren Sie Argumente, die aus Sicht der Arbeitnehmer gegen ein solches Modell sprechen.

Wiederholungs- und Prüfungsaufgaben zu Lernfeld 1

1. Bringen Sie Ihren Ausbildungsvertrag in den Unterricht mit.

   a) In Ihrem Ausbildungsvertrag ist eine Probezeit vorgesehen. Diskutieren Sie den Sinn einer solchen Regelung.
   b) Überlegen Sie, warum die Dauer der Probezeit auf höchstens vier Monate begrenzt ist.
   c) Sind in Ihrem Ausbildungsvertrag Ausbildungsmaßnahmen außerhalb der Ausbildungsstätte vorgesehen? Falls dies nicht der Fall ist, erkundigen Sie sich bei Auszubildenden

anderer Betriebe, ob es bei ihnen solche Ausbildungsmaßnahmen gibt, und stellen Sie diese dar.
d) Bekommen alle Schülerinnen und Schüler Ihrer Klasse die gleiche Ausbildungsvergütung? Stellen Sie dar, warum es zu Unterschieden kommen kann.
e) Stellen Sie anhand eines Kalenders fest, wie viele Tage Urlaub Sie mit Ihrem Urlaubsanspruch für das kommende Jahr machen können. Benutzen Sie den Urlaub im Zusammenhang mit Feiertagen als sog. „Brückentage". Denken Sie daran, dass Sie den Urlaub in den Schulferien nehmen sollen.

2. Beurteilen Sie folgende Sachverhalte vor dem Hintergrund der Regelungen des Berufsbildungsgesetzes:

   a) Eine Auszubildende wird von ihrem Chef aufgefordert, der Frau des Chefs im Haushalt zu helfen.
   b) Der Ausbildungsbetrieb schreibt die Anschaffung eines Fachbuches vor. Der Ausbilder ist der Meinung, die Kosten müssten selbstverständlich vom Auszubildenden getragen werden.
   c) Eine Auszubildende weigert sich einen Ausbildungsnachweis zu führen.
   d) An der Berufsschule werden die Wahlen zum Schülerrat durchgeführt. Daniela ist als Klassensprecherin hierzu eingeladen. Ihr Ausbilder weigert sich, sie dafür freizustellen.
   e) Eine Auszubildende zur Industriekauffrau kündigt fristgerecht, um eine Ausbildung als Goldschmiedin zu beginnen. Ihr Chef ist darüber so erbost, dass er die Ausstellung eines Zeugnisses verweigert.
   f) Daniela erkrankt ernsthaft. Sie macht sich Sorgen, dass der Betrieb die Ausbildungsvergütung kürzen könnte.

3. Paul Schneider und Rolf Nettekoven wollen einen Metall verarbeitenden Betrieb gründen. Paul Schneider will in das zu gründende Unternehmen 150 000,00 € Bargeld einbringen und die Haftung auf seine gemachte Einlage begrenzen. Rolf Nettekoven bringt einen Lieferwagen im Wert von 30 000,00 € und ein ihm gehörendes Lagerhaus im Wert von 250 000,00 € in das Unternehmen ein. Sie sollen bei der Planung des zu gründenden Unternehmens mitwirken.

   a) Schildern Sie, welche persönlichen Voraussetzungen Schneider und Nettekoven erfüllen sollten, damit ihre Existenzgründung Aussicht auf Erfolg hat.
   b) Fertigen Sie eine Liste der Sachverhalte an, über die sich die Partner vor Gründung des Unternehmens einigen sollten.
   c) Machen Sie einen Vorschlag für eine geeignete Unternehmensform und begründen Sie Ihre Entscheidung.
   d) Angenommen, die beiden Partner gründen eine KG, in die Schneider als Kommanditist und Nettekoven als Komplementär eintreten. Nennen Sie die Grundsätze, die bei der Firmierung beachtet werden müssen.
   e) Erstellen Sie eine Liste der Institutionen, bei denen die KG angemeldet werden muss.
   f) Schneider und Nettekoven diskutieren über die Regelung der Gewinnverteilung. Die gesetzliche Regelung kommt für sie nicht infrage, da die Kapitalverzinsung nicht dem Marktzins entspricht. Machen Sie Vorschläge für eine entsprechende Vertragsklausel, die nicht laufend geändert werden muss.
   g) Erläutern Sie die Regelung der Haftung bei der KG.
   h) Am Ende des ersten Geschäftsjahres wird ein Reingewinn in Höhe von 124 000,00 € ausgewiesen. Verteilen Sie den Gewinn

      1. nach folgender Regel: 4 % Kapitalverzinsung, Rest im Verhältnis der Kapitalanteile
      2. nach der von Ihnen vorgeschlagenen Regel.

i) Schneider und Nettekoven planen die Gründung weiterer Filialen. Auch Nettekoven will sein Haftungsrisiko beschränken und die KG in eine GmbH umwandeln. Stellen Sie Vor- und Nachteile der Personen- und Kapitalgesellschaften gegenüber.
j) Formulieren Sie einen Gesellschaftsvertrag. Nehmen Sie den Vertrag der Sommerfeld Bürosysteme GmbH als Vorlage.
k) Erläutern Sie, ab wann die GmbH als juristische Person entsteht.
l) In der Gesellschafterversammlung kommt es zum Streit über die Einstellung eines Prokuristen. Schneider ist dafür, Nettekoven dagegen. Begründen Sie, wie in diesem Fall entschieden wird.

4. Stellen Sie fest, welche Unternehmensformen durch die Ausbildungsbetriebe in Ihrer Klasse vertreten sind. Bilden Sie Gruppen gleicher Unternehmensformen.

   a) Stellen Sie die Unternehmensform Ihrer Gruppe dar. Beachten Sie dabei die „Tipps für die Durchführung einer Präsentation" (vgl. S. 46 ff.).
   b) Stellen Sie Argumente vor, die für die Wahl der jeweiligen Rechtsform sprechen.
   c) Diskutieren Sie mit den Vertretern der anderen Gruppen die Vor- und Nachteile der jeweiligen Rechtsformen. Halten Sie die Argumente pro und kontra auf einem Flipchart fest.

5. Das HGB kennt Kaufleute und Kleingewerbetreibende.

   a) Stellen Sie mithilfe des Lehrbuches und des HGB die unterschiedlichen Kaufmannseigenschaften zusammen.
   b) Erläutern Sie, anhand welcher Merkmale Kaufleute und Kleingewerbetreibende unterschieden werden.
   c) Stellen Sie dar, welche Vorteile der Status des Kaufmanns nach HGB mit sich bringt.
   d) Stellen Sie den Vorteilen die Nachteile gegenüber, die der Status des Kaufmanns nach HGB mit sich bringt.

6. Auszug aus der Unternehmensphilosophie der Sommerfeld Bürosysteme GmbH zum Thema Aus- und Weiterbildung:

> „Insgesamt 15 Auszubildende und zwei Umschüler absolvieren derzeit bei der Sommerfeld Bürosysteme GmbH ihre Ausbildung zum Polsterer, Holzmechaniker, Bürokaufmann, Industriekaufmann sowie zum Wirtschaftsinformatiker. Die Qualität der Ausbildung zeigt sich in den Prüfungsergebnissen, bei denen Sommerfeld-Auszubildende regelmäßig vordere Plätze erreichen. Im Moment arbeitet die Sommerfeld Bürosysteme GmbH an einem Konzept, um Auszubildenden die Chance zu bieten, zeitweise in den internationalen Tochtergesellschaften zu arbeiten, damit sie frühzeitig ihren Horizont für eine internationale Wirtschaftswelt erweitern. Neue Fertigungsmethoden und Werkstoffe, neue Computersoftware und neue Arbeitsformen machen eine ständige Weiterbildung der Mitarbeiter im fachlichen wie auch im persönlichen Bereich erforderlich. Der jährliche Schulungsbedarf wird von den Vorgesetzten in Abstimmung mit den Mitarbeitern ermittelt, der Schulungsplan mit entsprechendem Budget von Geschäftsführung, Betriebsrat und Schulungsbeauftragtem verabschiedet. Neben PC- und Englischkursen, Vertriebsschulungen sowie individuellen fachlichen und persönlichen Schulungsmaßnahmen lag ein Schwerpunkt der Weiterbildung in den letzten Jahren auf der Einführung neuer Arbeitsformen (NAF). Das Budget für den Bereich beläuft sich im Jahr 2010 auf 300 000,00 €."

a) Nehmen Sie zum Konzept der Aus- und Weiterbildung der Sommerfeld Bürosysteme GmbH Stellung.
b) Befragen Sie die in Ihrem Betrieb für die Aus- und Weiterbildung Verantwortlichen zur Konzeption Ihres Ausbildungsbetriebes.
c) Stellen Sie das Konzept der Aus- und Weiterbildung Ihres Betriebes in der Klasse vor. Setzen Sie dabei Präsentationstechniken wie Folien, Flipcharts, Plakate oder eine Präsentationssoftware ein.
d) Machen Sie begründete Vorschläge zur Verbesserung des Konzeptes der Aus- und Weiterbildung Ihres Ausbildungsbetriebes. Gehen Sie dabei insbesondere auf die Kostenseite im Sinne eines Personalcontrolling ein.

7. Steuerberater Schröder beteiligt sich an der Einzelunternehmung für Bürobedarf von Steffi Spohr. Man einigt sich, dass Schröder Kommanditist wird. Die Gesellschaft nimmt mit Schröders Zustimmung die Geschäfte auf. Die Eintragung in das Handelsregister unterbleibt zunächst.

a) Der Lieferant Ludwig will eine Forderung eintreiben und wendet sich direkt an den gut situierten Schröder. Dieser verweigert die Zahlung mit dem Hinweis, er sei lediglich Kommanditist. Überprüfen Sie, ob der Lieferant im Recht ist.
b) Die Kommanditgesellschaft wird in das Handelsregister eingetragen. Im ersten Jahr der Tätigkeit macht das Unternehmen 100 000,00 € Verlust. Frau Spohr werden 80 000,00 €, Herrn Schröder 20 000,00 € zugeschrieben. Als im zweiten Jahr 50 000,00 € Gewinn anfallen, verlangt Schröder die Auszahlung seines Anteils. Frau Spohr verweigert dies. Begründen Sie, ob sie im Recht ist.
c) Frau Spohr kauft für die KG einen großen Posten Taschenrechner. Schröder ist mit dem Kauf nicht einverstanden. Erläutern Sie, ob Schröder dem Geschäft widersprechen kann.
d) Als Frau Spohr die Geschäftsräume günstig zum Kauf angeboten werden, greift sie im Namen der KG zu. Hätte Schröder dies verhindern können?
e) Als Schröder widerspricht, ist Frau Spohr der Meinung, der Kaufvertrag sei nichtig. Der Verkäufer besteht jedoch auf Einhaltung. Wie ist die Rechtslage?
f) Aufgrund der anhaltenden Spannungen verlangt Schröder, dass ihm monatlich die Bücher vorgelegt werden. Darüber hinaus will er sich durch unangekündigte Besuche im Ladenlokal vom ordnungsgemäßen Ablauf des Geschäftsbetriebes überzeugen. Ist er hierzu berechtigt?

8. Grete Graumann ist Sachbearbeiterin bei der Bürotec GmbH. Frau Graumann ist politisch sehr engagiert und möchte einen Betriebsrat gründen.

a) Stellen Sie fest, unter welchen Voraussetzungen die Wahl eines Betriebsrates möglich ist.
b) Stellen Sie den Ablauf des Wahlverfahrens für ein Unternehmen mit 180 ständigen wahlberechtigten Arbeitnehmern in Form eines Ablaufdiagramms dar.
c) Schon im Vorfeld der Wahl kommt es zu Spannungen zwischen Frau Graumann und der Geschäftsleitung, die von ihrem Vorhaben Kenntnis erhalten hat. Stellen Sie in einer Liste Argumente gegenüber, die aus Sicht der Geschäftsleitung und der Arbeitnehmer für und gegen die Einrichtung eines Betriebsrates sprechen.
d) Stellen Sie mithilfe des Kündigungsschutzgesetzes fest, welchen besonderen Kündigungsschutz Betriebsratsmitglieder genießen und ab wann der Kündigungsschutz eintritt.

9. Beantworten Sie mithilfe des BetrVG folgende Fragen:

   a) Der Betrieb hat 180 wahlberechtigte Arbeitnehmer, von denen 60 Männer sind.
      1. Geben Sie an, aus wie vielen Personen der Betriebsrat besteht.
      2. Wie sollte er zusammengesetzt sein?
      3. Frau Graumann wird von ihrer besten Freundin als Kandidatin für den Betriebsrat vorgeschlagen. Überprüfen Sie, ob Frau Graumann damit als Kandidatin aufgestellt ist.

   b) Frau Graumann wird als Betriebsrätin gewählt. Als erste Amtshandlung nimmt sie an einer Besprechung der Geschäftsleitung teil, in der über eine Veränderung der Lage der Arbeitszeiten beraten wird. Die Geschäftsleitung will den Arbeitsbeginn morgens von 07:30 Uhr auf 08:00 Uhr verschieben. Frau Graumann ist dagegen. Überprüfen Sie, ob sie die Entscheidung verhindern kann.

   c) Im Betrieb sind 25 Jugendliche und Auszubildende beschäftigt. Sie wollen eine JAV wählen. Erläutern Sie die Voraussetzungen und Rechte einer JAV.

Prüfungsaufgaben

1. Nach bestandener Abschlussprüfung hat Caroline Baum bereits mehrere Tage bei der Sommerfeld Bürosysteme GmbH gearbeitet, ohne dass mit ihr eine ausdrückliche Vereinbarung über die Weiterbeschäftigung getroffen wurde. Als der Leiter der Abteilung Allgemeine Verwaltung, Herr Feld, von einer Dienstreise zurückkehrt und Caroline im Büro antrifft, weist er sie darauf hin, dass mit dem Bestehen der Abschlussprüfung die vertragliche Verpflichtung erfüllt sei, und fordert sie zum Verlassen des Unternehmens auf. Welche der folgenden Aufgaben trifft zu?

   1. Da Caroline Baum unaufgefordert ihre Arbeit aufgenommen hat und zum Abschluss eines Arbeitsvertrages zwei übereinstimmende Willenserklärungen erforderlich sind, ist ein Arbeitsverhältnis nicht entstanden.
   2. Da mit Caroline Baum keine ausdrückliche Vereinbarung über die Weiterbeschäftigung getroffen wurde, gilt nach Treu und Glauben ein befristetes Arbeitsverhältnis als begründet.
   3. Da Caroline Baum ihre Unkenntnis über die nicht vorgesehene Übernahme in ein Arbeitsverhältnis nicht zu vertreten hat, ist sie bis zum vertraglichen Ende ihrer Ausbildungszeit weiterzubeschäftigen.
   4. Da Caroline Baum im Anschluss an ihr Ausbildungsverhältnis beschäftigt wurde, ohne dass eine ausdrückliche Vereinbarung darüber getroffen wurde, gilt ein Arbeitsverhältnis auf unbestimmte Zeit als begründet.
   5. Da Caroline Baum ihre Unkenntnis über die nicht vorgesehene Übernahme in ein Arbeitsverhältnis nicht zu vertreten hat, ist zwar kein Arbeitsverhältnis entstanden, sie hat jedoch Anspruch auf Vergütung der erbrachten Leistung.

2. Sie sind im Vertrieb eines potenziellen Lieferanten der Sommerfeld Bürosysteme GmbH beschäftigt. Bevor Sie mit der Sommerfeld Bürosysteme GmbH eine Geschäftsbeziehung aufnehmen, informieren Sie sich anhand des folgenden Handelsregisterauszuges:

Lernfeld 1: In Ausbildung und Beruf orientieren

Handelsregister B des Amtsgerichts Essen			Ausdruck Abruf vom 11.11.2... 11:11		Nummer der Firma Seite 1 von 1		HR B 564 -0541
Nummer der Eintragung	a) Firma b) Sitz, Niederlassung, Zweigniederlassungen c) Gegenstand des Unternehmens	Grund- oder Stammkapital	a) Allgemeine Vertretungsregelung b) Vorstand, Leitungsorgan, geschäftsführende Direktoren, persönlich haftende Gesellschafter, Geschäftsführer, Vertretungsberechtigte und besondere Vertretungsbefugnis	Prokura	a) Rechtsform, Beginn, Satzung oder Gesellschaftsvertrag b) Sonstige Rechtsverhältnisse		a) Tag der Eintragung b) Bemerkungen
1	2	3	4	5	6		7
1	a) Sommerfeld Bürosysteme GmbH b) 45141 Essen c) Herstellung und Vertrieb von Büroeinrichtungsprogrammen	4 000 000,00 €	a) Die Gesellschaft hat drei Geschäftsführer. Sie wird durch einen Geschäftsführer in Alleinvertretungsbefugnis vertreten. b) Geschäftsführer: Dipl.-Ing. Claudia Farthmann; Essen, * 01.02.19.. Dipl.-Kfm. Lambert Feld, Essen, * 01.03.19.. Hartmut Sommer, Essen, * 01.04.19..	Rainer Kunze, Essen Peter Kurz, Essen Jens Effer, Essen Peter Kraus, Duisburg haben Gesamtprokura	a) Gesellschaft mit beschränkter Haftung Gesellschaftsvertrag vom 01.07.2...		a) 01.08.2...

a) Was mussten Sie tun, um diese Information von der zuständigen Institution zu erhalten?
 1. Sie mussten sich an die Industrie- und Handelskammer Essen wenden.
 2. Sie mussten den Auszug unter www.handelsregister.de herunterladen.
 3. Sie mussten einen Antrag Ihres Unternehmens vorweisen.
 4. Sie mussten die Genehmigung der Sommerfeld Bürosysteme GmbH einholen.
 5. Sie mussten die Sommerfeld Bürosysteme GmbH um den Auszug bitten.

b) Sie erfahren, dass die Sommerfeld Bürosysteme GmbH ein Grundstück verkaufen will. Prüfen Sie anhand des Auszuges, welche Vertragsunterzeichnung der Sommerfeld Bürosysteme GmbH nicht ausreicht, damit der Grundstückskauf rechtswirksam zustande kommt
 1. Claudia Farthmann unterschreibt.
 2. Lambert Feld unterschreibt.
 3. Hartmut Sommer unterschreibt.
 4. Peter Kurz unterschreibt.

c) Sie erfahren von einem Bekannten, dass Lambert Feld und Hartmut Sommer aus der Sommerfeld Bürosysteme GmbH ausscheiden wollen. Frau Farthmann will die Gesellschaft allein weiterführen. Wie haben Sie die Rechtslage zu beurteilen?
 1. Frau Farthmann muss die Gesellschaft in eine Einzelunternehmung umwandeln.
 2. Die Gesellschaft kann nur als GmbH weitergeführt werden, wenn Herr Feld und Hartmut Sommer einen Nachfolger finden, der all ihre Rechte und Pflichten übernimmt.

3. Die Sommerfeld Bürosysteme GmbH kann als „Ein-Personen-GmbH" weitergeführt werden.
4. Herr Feld und Hartmut Sommer können nur ausscheiden, wenn Frau Farthmann ihre Zustimmung erteilt.
5. Herr Feld und Hartmut Sommer können nur ausscheiden, wenn Frau Farthmann, Herr Kunze, Herr Kurz, Herr Effer und Herr Kraus ihre Zustimmung erteilen.

3. Die Abiturientin Caroline Baum, geboren am 22.01.1994, wird seit dem 01.08.2012 bei der Sommerfeld Bürosysteme GmbH ausgebildet. Die Ausbildung endet laut Vertrag am 31.01.2015. Caroline Baum wurde auf Antrag vorzeitig zur Prüfung zugelassen, sodass sie am 08. und 09.05.2014 den schriftlichen Teil der Abschlussprüfung ablegt. Aufgrund welcher Voraussetzungen durfte Caroline Baum am 08. und 09.05. an der schriftlichen Abschlussprüfung teilnehmen?

1. Wenn ihre Leistungen dies rechtfertigen und Auszubildende und Berufsschule dem zugestimmt haben.
2. Wenn ihre Leistungen dies rechtfertigen und Ausbildender und Berufsschule angehört wurden.
3. Wenn ihre Leistungen dies rechtfertigen und ihre Erziehungsberechtigten dem zugestimmt haben.
4. Wenn ein wichtiger Grund vorliegt, z. B. die Aufnahme eines Studiums im Sommersemester 20..
5. Wenn ihre Leistungen dies rechtfertigen und Erziehungsberechtigte und Ausbildende dem zugestimmt haben.

4. Diana Feld ist seit fünf Monaten Auszubildende zur Industriekauffrau der Sommerfeld Bürosysteme GmbH. Sie ist 23 Jahre alt. Prüfen Sie, welche Rechte ihr bei der zurzeit stattfindenden Wahl zur Jugend- und Auszubildendenvertretung zustehen.

1. Sie besitzt nur das aktive Wahlrecht, weil sie während ihrer zweijährigen Ausbildung das 25. Lebensjahr vollenden wird.
2. Sie besitzt nur das aktive Wahlrecht, weil sie zum Zeitpunkt der Wahl noch keine sechs Monate bei der Sommerfeld Bürosysteme GmbH beschäftigt ist.
3. Sie besitzt nur das passive Wahlrecht, weil sie während ihrer zweijährigen Ausbildung das 25. Lebensjahr vollenden wird.
4. Sie besitzt nur das passive Wahlrecht, weil sie zum Zeitpunkt der Wahl noch keine sechs Monate bei der Sommerfeld Bürosysteme GmbH beschäftigt ist
5. Sie besitzt sowohl das aktive als auch das passive Wahlrecht.

5. Die Farbwerke Wilhelm Weil AG, ein Lieferant der Sommerfeld Bürosysteme GmbH, will einen neuen Betriebsrat wählen. Bei den Farbwerken Wilhelm Weil AG sind folgende wahlberechtigte Mitarbeiterinnen und Mitarbeiter beschäftigt

Arbeiter	128
Arbeiterinnen	25
Männliche Angestellte	15
Weibliche Angestellte	32
Summe	200

Der neue Betriebsrat wird aus 7 Personen bestehen. Stellen Sie fest, wie viele Frauen dem Betriebsrat angehören sollen, wenn ihr Anteil ihrem Anteil an der wahlberechtigten Belegschaft entsprechen soll.

6. Alexander Stein, ein ehemaliger Mitarbeiter der Sommerfeld Bürosysteme GmbH, befindet sich seit Anfang des Jahres im Ruhestand. Alexander Stein ist mit der Höhe seines Altersruhegeldes nicht einverstanden und reicht Klage beim Nordrhein-Westfälischen Landesarbeitsgericht in Düsseldorf ein. Stellen Sie fest, was Alexander Stein falsch gemacht hat.

   1. Er hat sich an die falsche Instanz gewandt. Zuständig ist das Bundesarbeitsgericht in Erfurt.
   2. Er hätte sich einen Anwalt nehmen müssen, weil dieser für eine Klageerhebung beim Arbeitsgericht vorgeschrieben ist.
   3. Er hat sich an die falsche Instanz gewandt. Zuständig ist zunächst das Arbeitsgericht in Essen.
   4. Er hat sich an das falsche Gericht gewandt. Zuständig ist das Amtsgericht in Essen.
   5. Er hat sich an die falsche Instanz gewandt. Zuständig ist das Sozialgericht in Essen.

7. Stellen Sie bei den nachfolgenden Fällen fest, um welche der folgenden Vertragsarten (A) es sich handelt und welche der nachstehenden Vertragsformen (B) vorgeschrieben sind.

   Vertragsarten (A):
   a) Dienstvertrag
   b) Werkvertrag
   c) Kaufvertrag
   d) Mietvertrag

   Vertragsformen (B):
   e) öffentliche Beglaubigung
   f) notarielle Beurkundung
   g) Formfreiheit
   h) Schriftform

   1. Herr Schmitz verpflichtet sich, Herrn Berger ein Grundstück gegen Entgelt zu übereignen.
   2. Die Sommerfeld Bürosysteme GmbH nimmt die Leistung eines Steuerberaters in Anspruch.
   3. Frau Jansen verpflichtet sich, eine bewegliche Sache Herrn Englert auf Dauer gegen Entgelt zu übereignen.

8. Ordnen Sie folgende Aussagen den unten stehenden Rechtsgeschäften zu.

   1. wenn sie trotz beschränkter Geschäftsfähigkeit eines Vertragspartners wirksam sind
   2. wenn sie wegen beschränkter Geschäftsfähigkeit eines Vertragspartners schwebend unwirksam sind
   3. wenn sie trotz der Geschäftsunfähigkeit eines Kindes wirksam sind
   4. wenn sie wegen Geschäftsunfähigkeit eines Vertragspartners unwirksam wird

      a) Der 17-jährige Klaus kauft ohne Wissen seiner Eltern von seinen Ersparnissen ein Mofa für 680,00 €.
      b) Der Großvater schenkt seiner 11-jährigen Enkelin ohne Rücksprache mit deren Eltern eine Armbanduhr. Die Eltern sind damit nicht einverstanden.
      c) Die 6-jährige Mareike kauft ein Spielzeugauto. Sie zahlt mit dem Geld, das ihr ihre Eltern als Taschengeld überlassen haben.
      d) Der 6-jährige Udo kauft am Kiosk mit abgezähltem Geld eine Fernsehzeitschrift. Der Verkäufer weiß, dass Udo im Auftrag seines Vaters handelt.
      e) Die 17-jährige Stefanie kündigt ihr Arbeitsverhältnis, das sie mit Zustimmung ihres gesetzlichen Vertreters abgeschlossen hatte.

9. Stellen Sie fest, ob die unten stehenden Rechtsformen

   a) in der Abteilung A,
   b) nicht in das Handelsregister,
   c) in der Abteilung B eingetragen werden.
      1. OHG
      2. GmbH

3. KG
4. Einzelunternehmung
5. eG

10. Wie ist die Haftung beim Ausscheiden eines Gesellschafters aus einer offenen Handelsgesellschaft geregelt?

    1. Der ausscheidende Gesellschafter haftet auch nach seinem Austritt unbefristet für die bestehenden Verbindlichkeiten der OHG.
    2. Der ausscheidende Gesellschafter haftet noch fünf Jahre lang für die bis zu seinem Ausscheiden entstandenen Verbindlichkeiten der OHG.
    3. Die Haftung erlischt grundsätzlich beim Austritt des Gesellschafters.
    4. Der ausscheidende Gesellschafter haftet für die bis zu seinem Austritt begründeten Verbindlichkeiten nur bis zur Höhe seiner Kapitaleinlage.
    5. Es besteht keine gesetzliche Regelung über die Haftung des ausscheidenden Gesellschafters.

11. Bei welchem der nachfolgend beschriebenen Unternehmen handelt es sich um einen

    1. Istkaufmann
    2. Kannkaufmann
    3. Formkaufmann?

    Vergeben Sie eine (9), wenn kein Kaufmannsstatus vorliegt.

    Das Unternehmen firmiert als

    a) Arztpraxis Dr. Meier.
    b) Rainer Junker und Ursula Drabe GmbH.
    c) Lottoannahmestelle Martin Rölleke: Die Annahmestelle hat drei Mitarbeiter in Teilzeit und erreicht einen Umsatz von 85 000,00 €.
    d) Clausen AG: Die Clausen AG beschäftigt einen Mitarbeiter und macht einen Umsatz von 40 000,00 €.
    e) Stoffflächen Kim Kunze e. Kfr.: Die Inhaberin lässt das Unternehmen trotz geringer Umsätze in das Handelsregister eintragen.
    f) Reus & Hermann OHG: Das Unternehmen wurde mit Gesellschaftsvertrag gegründet und beschäftigt 37 Mitarbeiter.

12. Entscheiden Sie, ob die folgenden Aussagen auf die

    (1) AG
    (2) GmbH
    (3) KG
    (4) OHG

    zutreffen.

    a) Die Anteile der Gesellschaft können unter bestimmten Voraussetzungen zum Börsenhandel zugelassen werden.
    b) Die Gewinnverteilung erfolgt nach Köpfen.
    c) Die Gesellschaft hat ein Mindeststammkapital von 25 000,00 €.
    d) Es gibt sowohl beschränkt als auch unbeschränkt haftende Gesellschafter

Lernfeld 2

Marktorientierte Geschäftsprozesse eines Industriebetriebes erfassen

1 Zielsetzungen und Zielkonflikte in der Industrieunternehmung berücksichtigen

Auszug aus einem Artikel eines Mitteilungsblattes der IHK Essen für Industriebetriebe:

Die Sommerfeld Bürosysteme GmbH, Essen, hat das Geschäftsjahr 2020 mit einer Gewinnsteigerung von 4,3 % im Vergleich zum Vorjahr abgeschlossen. Nach Aussagen des Geschäftsführers Hartmut Sommer ist diese Entwicklung überwiegend auf folgende Ursachen zurückzuführen:

„Folgende Faktoren führten dazu, dass sich die Sommerfeld Bürosysteme GmbH im Bereich der Produktgruppe ‚Konferenz' trotz gestiegener Kosten zum umsatzstärksten Anbieter in diesem Segment entwickelte:

- *Konsequenter Einsatz nachwachsender Materialien bei der Produktion,*
- *ein damit verbundener hoher Qualitätsstandard,*
- *hohe Gebrauchsdauer der Produkte."*

Nach Aussage von Herrn Sommer sind Voraussetzungen dafür hoch motivierte, leistungsbereite und qualifizierte Mitarbeiter. Schon seit 1974 sind die Mitarbeiter mit 50 % am Gewinn vermögensbildend beteiligt. Im Unternehmen werden keine Anweisungen ohne Begründung erteilt. Wünsche und Anregungen der Mitarbeiter für Verbesserungsvorschläge in allen Bereichen werden seitens der Geschäftsführung erwartet.

Arbeitsaufträge

- Erläutern Sie unterschiedliche Ziele der Sommerfeld Bürosysteme GmbH, die in dem Artikel angesprochen werden.
- Ordnen Sie die herausgestellten Ziele in Gruppen mit jeweils geeigneten Oberbegriffen.
- Wählen Sie aus zwei Gruppen je ein Ziel aus und stellen Sie deren Beziehung zueinander dar.

Alle Wirtschaftsunternehmen verfolgen Ziele, die sie mit unterschiedlichen Methoden und Maßnahmen erreichen wollen.

1 Zielsetzungen und Zielkonflikte in der Industrieunternehmung berücksichtigen

Unternehmensziele

Sachziele

→ LS 15

Die Unternehmensleitung muss entscheiden, welche Ziele eine Unternehmung verfolgen will und wie sie diese Ziele erreichen kann. Die erste Zielentscheidung bezieht sich darauf, auf welche Art und Weise eine Unternehmung am Markt tätig werden will (**Sachziel**). Entsprechend ihrem Sachziel werden Unternehmungen in **Sachleistungsunternehmungen** mit dem Ziel der Erstellung von Sachgütern – materielle, greifbare Güter – und in **Dienstleistungsunternehmungen** mit dem Ziel der Erstellung immaterieller Güter, die im Allgemeinen nicht übertragbar, nicht lagerfähig und transportierbar sind, unterteilt.

Beispiele:
- Die Sommerfeld Bürosysteme GmbH will mit der Produktion und dem Vertrieb von Büro- und Einrichtungsmöbeln am Markt auftreten (Sachleistungsunternehmung).
- Die Andreas Schneider Holzwerke KG ist ein wichtiger Lieferer der Sommerfeld Bürosysteme GmbH. Ihr Sachziel ist die Herstellung und der Vertrieb von Massivholzteilen, Sperrholz-, Span- und Tischlerplatten (Sachleistungsunternehmung).
- Sachziele des Bürofachhandels Karl Schneider GmbH als Kunde der Sommerfeld Bürosysteme GmbH sind der Verkauf der Büro- und Einrichtungsmöbel und die Beratung der Abnehmer (Dienstleistungsunternehmung).
- Die Sommerfeld Bürosysteme GmbH unterhält Konten bei der Deutschen Bank und der Postbank in Dortmund. Deren Sachziele sind die Abwicklung aller Zahlungen, die Geldanlage und die Kreditvergabe (Dienstleistungsunternehmungen).

Werden Güter im Produktionsprozess eingesetzt, um daraus wiederum Güter zu produzieren, handelt es sich um **Produktions- oder Investitionsgüter (Gebrauchs- und Verbrauchsgüter)**. Sind Güter für den privaten Ge- und Verbrauch gedacht, werden diese **Konsumgüter** genannt. **Konsumgüter** dienen damit der unmittelbaren Bedürfnisbefriedigung der Verbraucher.

→ LF 9

Beispiele:
- Die Sommerfeld Bürosysteme GmbH setzt Holz als Rohstoff für die Produktion ihrer Produkte ein. Holz ist ein Produktionsgut.
- Erwirbt die Auszubildende Daniela Schaub Holz in einem Baumarkt, um die Regalwand in ihrem Zimmer zu erweitern, handelt es sich um ein Konsumgut. Das Holz ist in diesem Fall für den privaten Konsum bestimmt.

Wirtschaftliche (ökonomische) Ziele

Das Sachziel eines Unternehmens ist letztlich nur ein Mittel zur Erreichung anderer, nämlich wirtschaftlicher Ziele. In Ländern, in denen eine marktwirtschaftliche Wettbewerbsordnung herrscht, ist das **Gewinnziel** in den meisten Fällen das oberste **Unternehmensziel**. Um dieses **ökonomische Ziel** zu erreichen, müssen die möglichen ökonomischen **Unterziele Kostenminimierung** und **Ertragsmaximierung** genau beachtet werden. Somit trägt die Verfolgung des Unterziels Kostenminimierung ebenso zur Erreichung des Gewinnziels bei wie die Verfolgung des Unterziels Ertragsmaximierung.

Beispiel: Die Latex AG als Lieferant von Zubehörteilen teilt der Sommerfeld Bürosysteme GmbH eine Preiserhöhung mit. Um den Verkaufspreis halten zu können, bittet Frau Farthmann den Abteilungsleiter Logistik und Materialbeschaffung Emilio Lanzetti, alternative Lieferer mit günstigeren Preisen zu finden (Minimierung des Bezugs-/Einstandspreises, der Bezugskosten).

→ LF 6

Weitere ökonomische Ziele

- **Erhöhung des Marktanteils**, als Kennzeichnung der Bedeutung des Unternehmens am Markt. Der Marktanteil gibt Auskunft über die Konkurrenzstärke eines Unternehmens und kann sowohl mengen- als auch wertmäßig definiert werden.

$$\text{Marktanteil} = \frac{\text{eigener Absatz (Umsatz)} \cdot 100}{\text{Gesamtabsatz (Umsatz) aller Anbieter}}$$

Beispiel: Der Marktanteil der Sommerfeld Bürosysteme GmbH, das heißt der Anteil des Umsatzes bezogen auf den Gesamtumsatz des Marktes, belief sich im vergangenen Jahr auf 20 %. Für das kommende Jahr wird eine Steigerung des Marktanteils um 3 % angestrebt.

- **Umsatzsteigerung**, wobei der Umsatz sich aus dem Produkt aus Preis und Menge der abgesetzten Güter ergibt.
- **ausreichende Liquidität**, d. h. die Fähigkeit, Schulden (z. B. Verbindlichkeiten aus Lieferungen) rechtzeitig zu begleichen.
- **Erhöhung der Rentabilität**, d. h. der Verzinsung des eingesetzten Kapitals. Die **Eigenkapital- oder Unternehmerrentabilität** informiert über die Verzinsung des eingesetzten Eigenkapitals, die **Gesamtkapital- oder Unternehmungsrentabilität** über die Verzinsung des insgesamt eingesetzten Kapitals. Die **Umsatzrentabilität** gibt das Verhältnis von der Ertragskraft eines Unternehmens zum Umsatz an.

→ LF 8

$$\text{Eigenkapitalrentabilität} = \frac{\text{Gewinn} \cdot 100}{\text{Eigenkapital}}$$

$$\text{Gesamtkapitalrentabilität} = \frac{(\text{Gewinn} + \text{Fremdkapitalzinsen}) \cdot 100}{\text{Gesamtkapital}}$$

$$\text{Umsatzrentabilität} = \frac{\text{Gewinn} \cdot 100}{\text{Umsatz}}$$

> **PRAXISTIPP!**
>
> Die Aussagefähigkeit von Unternehmenskennzahlen ist generell kritisch zu sehen. Die Orientierung der Unternehmen an der Eigenkapitalrentabilität wurde zum Beispiel im Zusammenhang mit der Finanzkrise kritisiert. Zur Interpretation siehe https://www.reguvis.de/betrifft-unternehmen/steuern-finanzen/bilanzen/kennzahlen/kennzahlenuebersicht/eigenkapitalrentabilitaet.html (Abruf am 06.12.2020)

Beispiel: Das Eigenkapital der Sommerfeld Bürosysteme GmbH betrug im vergangenen Jahr 4 000 000,00 €. Gleichzeitig wurde ein Gewinn in Höhe von 880 000,00 € erzielt. Die Eigenkapitalrentabilität betrug damit:

$$\frac{880\,000{,}00 \cdot 100}{4\,000\,000{,}00} = 22\,\%$$

Das eingesetzte Eigenkapital wurde demnach mit 22 % in diesem Jahr verzinst.

- **Erhöhung der Produktivität**, d. h. der mengenmäßigen Ergiebigkeit der eingesetzten Produktionsfaktoren. Die erstellte Leistung (der Output) wird ins Verhältnis zu den eingesetzten Produktionsfaktoren (dem Input) gesetzt.

1 Zielsetzungen und Zielkonflikte in der Industrieunternehmung berücksichtigen

$$\text{Gesamtproduktivität} = \frac{\text{Ausbringungsmenge (Output) gesamt}}{\text{Faktoreinsatzmenge (Input) gesamt}}$$

Die Formel berücksichtigt lediglich **mengenmäßige Größen**. Da der Input sich aus unterschiedlichen, nicht addierbaren Faktoren (Betriebsmittel, Arbeit, Materialien) zusammensetzt, ist die Gesamtproduktivität nicht besonders aussagefähig. Aus diesem Grund wird der Output in der Regel nur in Beziehung zu einem Produktionsfaktor gesetzt und die Produktivität z. B. je Arbeitsstunde, pro Arbeitskraft, je Quadratmeter Nutzfläche, je Materialeinheit oder je Maschinenstunde ermittelt. Wichtige Produktivitätskennziffer im internationalen Vergleich ist die **Arbeitsproduktivität**.

$$\text{Arbeitsproduktivität} = \frac{\text{Ausbringungsmenge (Output)}}{\text{Menge des Arbeitseinsatzes}}$$

Beispiel: Die Andreas Schneider Holzwerke KG, ein wichtiger Zulieferer, hat vor Kurzem durch erfolgreiche Rationalisierungsmaßnahmen ihre Produktivität verbessern können. Vor der Rationalisierung wurden von den 30 Arbeitern monatlich 50 000 Massivholzteile einer bestimmten Art in 4 500 Stunden produziert, nach der Rationalisierung werden im gleichen Zeitraum 63 000 Massivholzteile hergestellt. Damit beträgt die Arbeitsproduktivität vor der Rationalisierung

$$\frac{50\ 000\ \text{Massivholzteile}}{30\ \text{Arbeiter} \cdot 4\ 500\ \text{Stunden}} = 0{,}37\ \text{Massivholzteile je Arbeiter und Stunde.}$$

Nach Durchführung der Rationalisierung beträgt die Arbeitsproduktivität 0,47 Massivholzteile je Arbeiter und Stunde.

- **Wirtschaftlichkeit**: Häufig steigt mit der Produktivität auch die Wirtschaftlichkeit. Das ist der Fall, wenn die Ausbringungsmenge stärker steigt als die Produktionskosten. Die Wirtschaftlichkeit setzt den bewerteten Output ins Verhältnis zum bewerteten Input. Das Ergebnis sollte größer als 1 sein (z. B. 1,8).

$$\text{Wirtschaftlichkeit} = \frac{\text{Output (bewertet)}}{\text{Input (bewertet)}} \text{ oder } \frac{\text{Leistungen}}{\text{Kosten}} \text{ oder } \frac{\text{Ertrag}}{\text{Aufwand}}$$

Soziale Ziele

Neben der Verfolgung ökonomischer Ziele spielen auch **nicht ökonomische Ziele** eine wesentliche Rolle bei der Formulierung von **Zielbündeln** oder Zielkatalogen von Industriebetrieben. **Soziale Ziele** beziehen sich vorwiegend auf Mitarbeiter und auf die Übernahme von sozialer Verantwortung.

Beispiele: aus der Sommerfeld Bürosysteme GmbH
- Schaffen und Erhalten von Arbeits- und Ausbildungsplätzen
- gerechte Entlohnung der Mitarbeiter
- Schaffen eines motivierenden Betriebsklimas
- angemessene Versorgung der wegen Erreichen der Altersgrenze ausgeschiedenen Mitarbeiter
- Förderung bzw. Erhaltung der Gesundheit der Mitarbeiter

Ökologische Ziele

Sie werden im Zielsystem eines Unternehmens zunehmend wichtiger. Das Anstreben ökologischer Ziele drückt die Verantwortung von Unternehmen gegenüber ihrer Umwelt aus.

Beispiele: aus der Sommerfeld Bürosysteme GmbH
- Einsatz innovativer Materialien mit dem Ziel, in Teilbereichen erdölbasierte Kunststoffe zu ersetzen
- Einsatz alternativer Energien
- Einhaltung von Umweltschutzvorschriften
- Vermeidung von Abfall und Emissionen
- Produktion recycelbarer Erzeugnisse
- Ausgabe von Job-Tickets an die Mitarbeiter

> **Der Einsatz nicht nachwachsender Rohstoffe erfordert ein wirtschaftliches Umgehen mit diesen.**

Beispiel: Kunststoffe werden aus dem Rohstoff Erdöl hergestellt. Da Erdöl in den nächsten Jahrzehnten immer knapper werden wird, ist die Verwendung des noch vorhandenen Erdöls sorgfältig zu prüfen.

Zielsystem, Zielharmonie und Zielkonflikte

Jedes Unternehmen verfolgt gleichzeitig mehrere Ziele. So hat jedes Unternehmen ein ganzes Zielbündel bzw. Zielsystem, das erreicht werden soll.
Die Überlegungen zur Erstellung des Zielbündels müssen unter Berücksichtigung der verschiedenen Interessengruppen des Unternehmens angestellt werden, zum Beispiel den Eigentümern, Anteilseignern und Mitarbeitern. Wenn betriebliche Ziele sich gegenseitig fördern, liegt **Zielharmonie** vor.

Beispiel: Die Sommerfeld Bürosysteme GmbH verfolgt das ökonomische Ziel der Kostenminimierung. Dieses verhält sich zum Gewinnmaximierungsziel **harmonisch oder komplementär**. Es fördert das Gewinnziel.

Ist dies nicht der Fall, liegt ein **Zielkonflikt** vor. Letztlich ist die Formulierung der Unternehmensziele ein Entscheidungsprozess, der immer wieder zu Kompromissen zwingt und auch zu Konflikten führt, wenn die angestrebten Ziele nicht miteinander harmonisieren.

Beispiel: Das ökologische Ziel der Sommerfeld Bürosysteme GmbH, die Emissionen um ein Viertel zu senken, verhält sich in Bezug zum Gewinnmaximierungsziel konkurrierend. Der Zielkonflikt könnte darin bestehen, dass die Reduzierung der Emissionen Kosten verursacht, die sich zumindest kurzfristig negativ auf die Erreichung des Gewinnziels auswirken.

Strategische und operative Ziele

Strategische Ziele haben eine langfristige Perspektive. Sie sollen langfristig erfolgreiche Geschäftsfelder sichern und ausbauen.

Beispiel: Die Sommerfeld Bürosysteme GmbH strebt an, innerhalb der nächsten sechs Jahre zu den fünf führenden Büroherstellern in Deutschland zu zählen.

Operative Ziele werden insbesondere in kurzfristigen Zeiträumen angestrebt. Sie sind aus den strategischen Zielen abgeleitet.

Beispiel: Um das strategische Ziel, zu den fünf führenden Büromöbelherstellern zu gehören zu erreichen, werden Umsatzziele und Marktanteilsziele für einzelne Quartale festgelegt.

Zielplanung als Prozess

Die Geschäftsführung setzt den Zielplanungsprozess in Gang und begleitet ihn:

Zielplanungsprozess

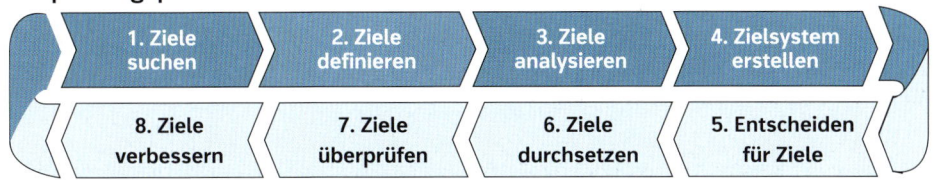

1. Ziele suchen
2. Ziele definieren
3. Ziele analysieren
4. Zielsystem erstellen
5. Entscheiden für Ziele
6. Ziele durchsetzen
7. Ziele überprüfen
8. Ziele verbessern

Maßstäbe zur Überprüfung der Zielerreichung wirtschaftlicher Ziele

Zur Kontrolle der Zielerreichung ist es sinnvoll, die Ziele – zumindest wenn sie als Leistungsmaßstab für die Mitarbeiter dienen sollen – so zu formulieren, dass sie gemessen werden können und damit **operationalisierbar** sind.

Beispiel: Bekommt die Vertriebsmitarbeiterin Jana Bauer die Zielvorgabe, im kommenden Geschäftsjahr die Umsätze in Europa um 2 % zu steigern, kann dies wegen Angabe des Zeitraumes und des Zielerreichungsgrades überprüft werden.

Zusammenfassung

Zielsystem von Unternehmen

Sachziele	<ul><li>Herstellen und Vertreiben von Sachgütern</li><li>Erbringen von Dienstleistungen</li></ul>
Wirtschaftliche Ziele	<ul><li>Erwirtschaften von Gewinnen</li><li>Kapitalverzinsung</li><li>Festigung und Ausweitung der Marktstellung</li></ul>
Soziale Ziele	<ul><li>Sicherung von Arbeitsplätzen</li><li>menschengerechte Gestaltung von Arbeitsplätzen</li><li>soziale Verantwortung</li></ul>
Ökologische Ziele	<ul><li>verantwortungsbewusster Umgang mit Ressourcen</li><li>Vermeidung von Umweltbelastungen</li></ul>

Betriebliche Ziele können sich gegenseitig behindern **(Zielkonflikt)** oder günstig beeinflussen **(Zielharmonie)**.

Aufgaben

1. Überprüfen Sie, welche Dienstleistungen die Sommerfeld Bürosysteme GmbH in Anspruch nimmt, und stellen Sie jeweils das Sachziel des Dienstleisters dar.
2. a) Beschreiben Sie das Sachziel Ihres Ausbildungsbetriebes und charakterisieren Sie die produzierten Güter im Hinblick auf die Güterarten auf S. 53.
   b) Unter der Internetadresse https://www.destatis.de/DE/ZahlenFakten/Wirtschaftsbereiche/IndustrieVerarbeitendesGewerbe/IndustrieVerarbeitendesGewerbe.html finden Sie eine mögliche Einteilung von Industriebetrieben, wie sie von der amtlichen Industriestatistik verwendet wird, sowie die wirtschaftliche Entwicklung einzelner Industriezweige.

ba) Beschreiben Sie die vorgenommene Einteilung nach Industriezweigen sowie deren wirtschaftliche Entwicklung.
bb) Begründen Sie, zu welchem Wirtschaftszweig Ihr Ausbildungsbetrieb zählt.

3. 580 Konferenztische Logo zum Stückpreis von 310,00 € hat die Sommerfeld Bürosysteme GmbH im Geschäftsjahr 20.. in der Produktgruppe 3 abgesetzt. Hierfür fielen Kosten in Höhe von 210,00 € pro Stück an. Berechnen Sie den Gewinn, der mit diesem Produkt erzielt wurde.

4. Im Vorjahr betrug der Gewinn der Sommerfeld Bürosysteme GmbH 540 000,00 €. Das Eigenkapital betrug 3 200 000,00 €. Im laufenden Geschäftsjahr wurde der Gewinn aufgrund aufwendiger Investitionen um 40 000,00 € gesteigert. Berechnen Sie für beide Jahre die Eigenkapitalrentabilität und interpretieren Sie das Ergebnis.

5. a) Erkundigen Sie sich in Ihrem Ausbildungsbetrieb, welche Zielsetzungen vorrangig verfolgt werden. Beschreiben Sie aus Sicht des Auszubildenden oder Arbeitnehmers drei für Sie wichtige Zielsetzungen.
b) Beschreiben Sie anhand von zwei Beispielen die Beziehungen Ihrer ausgewählten Ziele untereinander.
c) Erstellen Sie eine Übersicht, die die unterschiedlichen Zielarten strukturiert wiedergibt.

2 Unternehmensphilosophie und -strategie kennenlernen

In der Sommerfeld Bürosysteme GmbH wird von der Geschäftsführung der Prospekt für die neue Büromöbelmesse besprochen. Frau Farthmann meint: „Ich habe mir mal alle Broschüren unserer Hauptmitbewerber angesehen. Mir ist aufgefallen, dass seit einigen Jahren die meisten Konkurrenzunternehmen in einem Vorspann ihre Unternehmensphilosophie vorstellen, wir hingegen beschreiben lediglich die Geschichte unseres Unternehmens. Damit bringen wir keine Botschaft an unsere Kunden heran und wir geben unseren Kunden und Geschäftspartnern keine Chance, etwas über unsere Unternehmenskultur zu erfahren." Herr Sommer antwortet: „Unsere Kunden interessieren sich doch hauptsächlich für unsere Produkte und ihre Preise, wie wir in unserem Unternehmen Entscheidungen treffen, geht sie gar nichts an. Unternehmensphilosophie hat außerdem nichts mit knallharter marktorientierter Betriebswirtschaft zu tun. Unternehmen sind rein ökonomische Systeme, die Geld verdienen müssen!"

Arbeitsaufträge

- Entwickeln Sie eine Argumentationskette, weshalb Unternehmen nicht ausschließlich ökonomische Systeme sind.

- Erläutern Sie, welchen Nutzen eine veröffentlichte Unternehmensphilosophie und ein Unternehmensleitbild für ein Unternehmen erbringen können.

Unternehmen als Systeme

Unternehmen sind hochkomplexe Systeme. Sie entfalten unterschiedliche Aktivitäten auf unterschiedlichen Märkten. Diese sind durch Güter- und Geldströme miteinander verbunden. Unternehmen handeln durch Menschen, die verschiedene Rollen innerhalb und außerhalb des Unternehmens einnehmen und dabei Informationen verarbeiten. Mitarbeiter identifizieren sich nur zum Teil mit den Zielen des Unternehmens und verfolgen auch eigene Ziele, was zu Zielkonflikten führen kann.

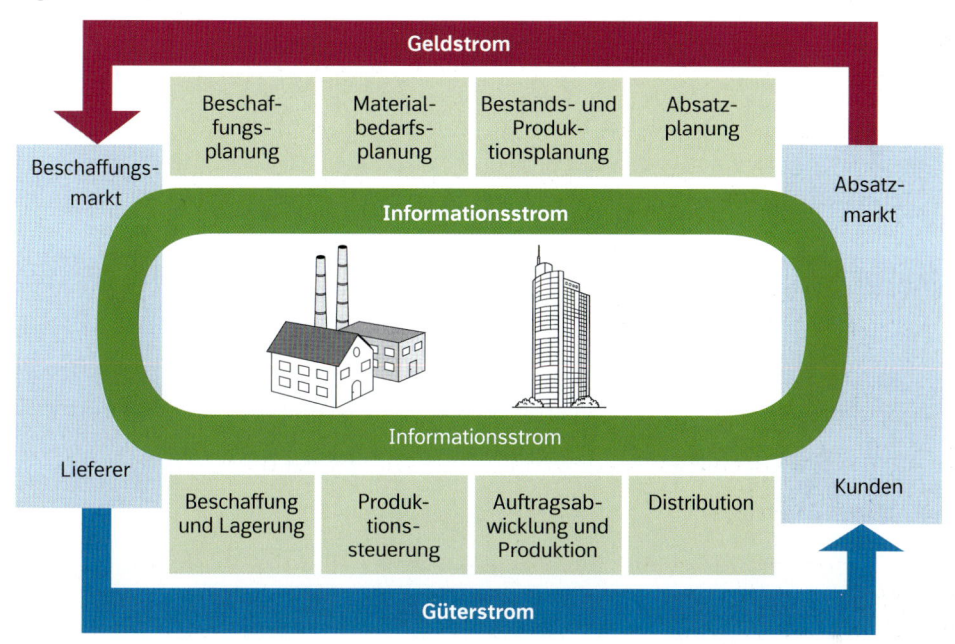

Geldstrom

| Beschaffungsplanung | Materialbedarfsplanung | Bestands- und Produktionsplanung | Absatzplanung |

Beschaffungsmarkt — Informationsstrom — Absatzmarkt

Lieferer — Informationsstrom — Kunden

| Beschaffung und Lagerung | Produktionssteuerung | Auftragsabwicklung und Produktion | Distribution |

Güterstrom

Beispiel: Emilio Lanzetti ist in der Sommerfeld Bürosysteme GmbH Leiter der Abteilung Logistik und Materialbeschaffung. In dieser Rolle repräsentiert er sein Unternehmen bei den Lieferanten als Nachfrager nach Gütern und Dienstleistungen. Als Privatmensch ist er Verbraucher und fragt Güter nach. Er ist Kapitalgeber, indem er Ersparnisse einer Bank anvertraut, die damit u. a. Kredite an Unternehmen finanziert. Als Bürger übt er seine politischen Rechte aus.

Beispiel: Die Sommerfeld Bürosysteme GmbH ist Anbieter von Büromöbeln und Nachfrager nach Roh-, Hilfs- und Betriebsstoffen.

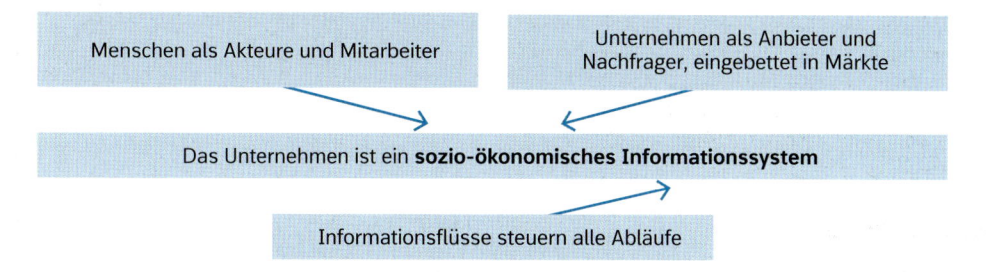

- Menschen als Akteure und Mitarbeiter
- Unternehmen als Anbieter und Nachfrager, eingebettet in Märkte

Das Unternehmen ist ein **sozio-ökonomisches Informationssystem**

Informationsflüsse steuern alle Abläufe

Beispiel: Wenn in der Abteilung Auftragsbearbeitung eine schriftliche Bestellung eines Kunden eingeht (Eingangsinformation), dann reagiert der Mitarbeiter darauf: Er erstellt eine Auftragsbestätigung für den Kunden, er veranlasst die Weitergabe der Daten an die Produktionsabteilungen zur Produktion der bestellten Waren, er leitet an das Rechnungswesen die erforderlichen Daten für die Rechnungserstellung weiter etc. (Ausgangsinformationen).

→ 📄
LS 16 Unternehmen sind darüber hinaus mit anderen Systemen verbunden und selbst Teil noch umfangreicherer Systeme. Dementsprechend vielfältig, teilweise widersprüchlich, sind die Einflüsse der Interessensgruppen (auch Stakeholder genannt), denen ein Unternehmen ausgesetzt ist.

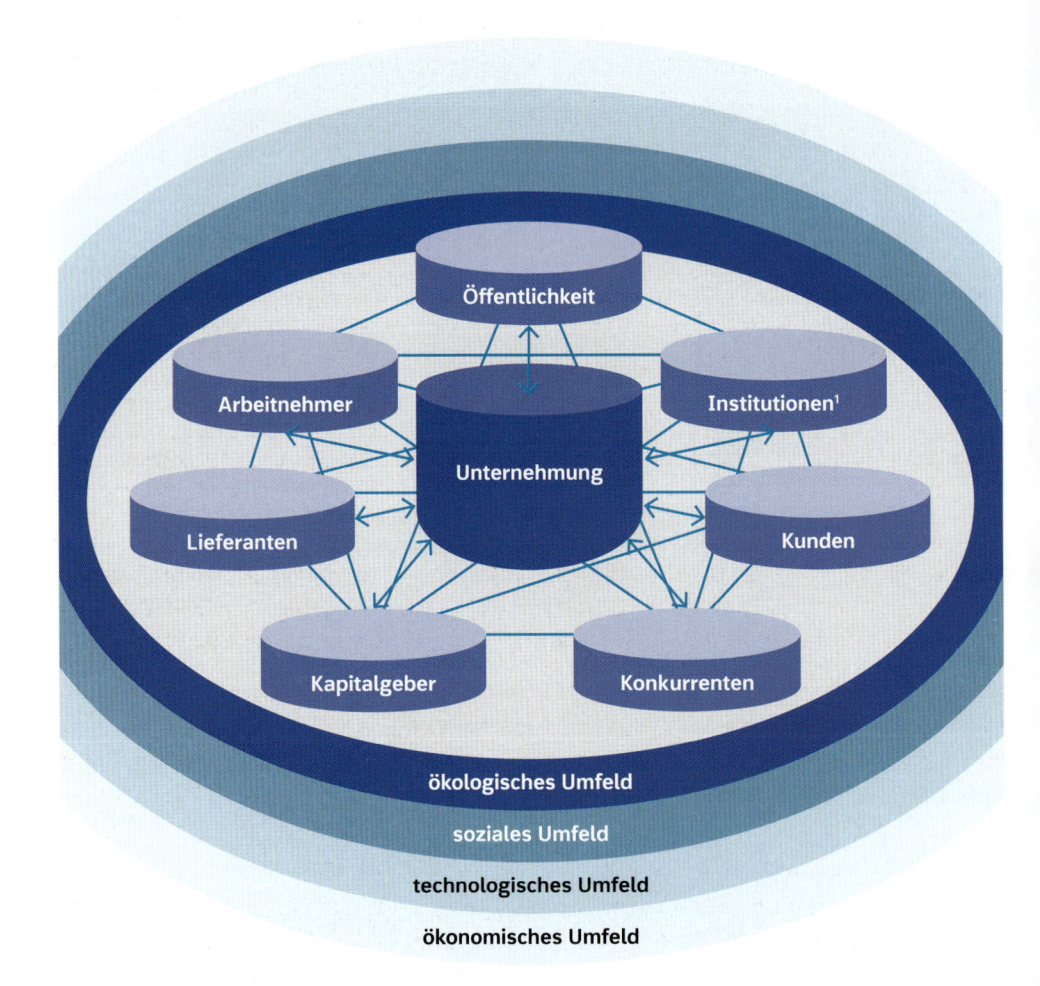

Öffentlichkeit · Arbeitnehmer · Institutionen[1] · Unternehmung · Lieferanten · Kunden · Kapitalgeber · Konkurrenten

ökologisches Umfeld
soziales Umfeld
technologisches Umfeld
ökonomisches Umfeld

Die Kunden haben grundsätzlich andere Erwartungen an ein Unternehmen als die Kapitalgeber. Sie fordern somit andere Informationen. Die Erwartungen innerhalb der Interessengruppen, z. B. der einzelnen Kunden, können sich ebenfalls stark unterscheiden.

---

[1] *z. B. Staat, Verbände usw.*

Unternehmenskultur und Unternehmensleitbilder

→ LS 16

Um als Unternehmen dauerhaft erfolgreich auf Märkten bestehen zu können, müssen Zielkonflikte geschickt gelöst werden. In allen Unternehmen gibt es eine spezifische, meist **historisch gewachsene Unternehmenskultur** zur Erreichung der Unternehmensziele.

> *Unternehmenskultur (Istzustand)*
> umfasst die tatsächlich gelebten und gewachsenen Werte und Überzeugungen in einem Unternehmen.

Eine Unternehmenskultur lässt sich u. a. an folgenden Merkmalen erkennen:

Merkmale der Unternehmenskultur	
Verhalten des Unternehmens am Markt (Umgang mit Lieferanten, Kunden, Mitbewerbern usw.)	Beispiel: In der Sommerfeld Bürosysteme GmbH müssen sich die Mitarbeiter im Verkaufsaußendienst verpflichten, Kenntnisse über Kunden nicht bei anderen Kunden preiszugeben. Hiermit soll ein fairer und vertrauensvoller Umgang mit Kunden unterstützt werden.
Interne Kommunikationsformen und Führungs- und Organisationsstrukturen des Unternehmens	Beispiel: In der Sommerfeld Bürosysteme GmbH wird besonderer Wert auf höfliche Umgangsformen gelegt. Alle Mitarbeiter mit Personalverantwortung durchlaufen regelmäßig Fortbildungskurse zur partnerschaftlichen Führung von Mitarbeitern.
Betriebsklima	Beispiel: Zur Förderung des Betriebsklimas finden während der Arbeitszeit regelmäßige Abteilungstreffen statt, in denen betriebliche Probleme besprochen werden.

Welche Konfliktlösungen sich in einem Unternehmen mit der Zeit herausgebildet haben, kann weit von einem Idealzustand entfernt sein. Vielen Unternehmen fehlt dabei die Zukunftsperspektive. Aus diesem Grund formulieren sie eigene **Unternehmensleitbilder**.

> *Unternehmensleitbild (Sollzustand)*
> hält schriftlich fest, nach welchen Geschäftsgrundsätzen gelebt werden soll, und formuliert gleichzeitig die mittel- und langfristigen Unternehmensziele. Einerseits sollen die Ziele für alle Beteiligten bekannt sein, andererseits soll eine eindeutige Abgrenzung zu Mitbewerbern erfolgen.

Ein Unternehmensleitbild hat insbesondere folgende Funktionen:

Funktionen des Unternehmensleitbildes	
Planungshilfe	Durch die Beschäftigung mit dem Unternehmensleitbild erfolgt eine Beschreibung von mittel- und langfristigen Planungsgrößen. Neben Vergangenheitsdaten fließen explizit Zukunftsvorstellungen in die Überlegung ein.
Orientierungshilfe	Ein Leitbild gibt Anregungen zur Entwicklung von Strategien und Aktionsplänen und hilft durch seine Aussagen bei Entscheidungsprozessen.
Motivationshilfe	Das Leitbild hilft Mitarbeitern, zu erkennen, welche Bedeutung ihre Arbeit hat, und fördert dadurch die Identifikation mit dem Unternehmen.

Unternehmensleitbilder können sowohl in ausführlichen Beschreibungen als auch in der Auflistung von Slogans bzw. Kernthesen erstellt werden. Entscheidend ist, dass sie den Mitarbeitern und der Öffentlichkeit gegenüber kommuniziert werden, z.B. im Rahmen der Public-Relations-Arbeit eines Unternehmens.

Beispiel: Unternehmensleitbild der Sommerfeld Bürosysteme GmbH

Sommerfeld Bürosysteme GmbH
Ein ökologisch orientiertes Unternehmen mit Zukunft

- Zweck unseres Unternehmens ist es, hochwertige Produkte für den Büromöbelmarkt herzustellen und zu verkaufen sowie Dienstleistungen zu erbringen. Wir wollen unsere Kräfte durch Ausrichtung unseres Fabrikationsprogramms darauf konzentrieren, dass wir unsere Produkte unter optimaler Nutzung der Serienfabrikation und zusammen mit unseren Dienstleistungen in bester Qualität auf den Markt bringen.
- Wir wollen die Bedürfnisse und Wünsche unserer Kunden durch partnerschaftliche Kommunikation ermitteln und als kompetenter und fairer Problemlöser zur Verfügung stehen.
- Wir wollen durch unseren Vertrieb weltweit Absatzmärkte erschließen und dabei genügend Erträge erzielen, um notwendige Investitionen tätigen zu können sowie Risiken zu decken und Gewinne zu erwirtschaften.
- Wir wollen durch Förderung der Entwicklung neuer und der Verbesserung vorhandener Produkte und Dienstleistungen im Rahmen eines gesunden Wachstums unsere führende Marktstellung ausbauen und darüber hinaus einen aktiven Beitrag zur Technik und Wirtschaft unseres Landes leisten.
- Wir wollen unsere Mitarbeiter leistungsgerecht bezahlen und ihnen eine angenehme und durch Aufgeschlossenheit gekennzeichnete Arbeitsatmosphäre schaffen, die sie ihre Fähigkeiten voll entfalten lässt und ihnen im Eignungsfall die Möglichkeit zum Aufstieg gibt.
- Wir erachten die Loyalität zu unseren Mitarbeitern, Kunden, Lieferanten, aber auch zu Gemeinden und Staat, als beste Grundlage, unserem Unternehmen einen dauerhaften Erfolg zu sichern.

Unternehmensstrategien

Unter einer **Unternehmensstrategie** versteht man eine langfristig festgelegte Verhaltensweise insbesondere auf Märkten, mit der das Unternehmen seine Existenz sichern und seine Ziele erreichen will. Dabei werden konkrete Aussagen zu Unternehmenswachstum, Marktanteilen, Produktivität und Rentabilität gemacht, damit messbare Ziele formuliert (vgl. S. 182 ff.) und realistische Daten zur Unternehmensplanung abgeleitet werden können. Unternehmensziele, -kultur, -philosophie und -leitbilder liefern für die Entwicklung von Unternehmensstrategien die internen **Rahmenbedingungen**. Unternehmensstrategien werden zusätzlich durch Marktgeschehen und -entwicklungen beeinflusst. In Unternehmensstrategien zeigt sich die Aktions- und Reaktionsfähigkeit von Unternehmen, sie sind in hohem Maße erfolgsrelevant.

Unternehmensplanung als Instrument zur Zielerreichung

Um die vielfältigen Maßnahmen zur Erreichung der Unternehmensziele zu realisieren, erstellt das Management **kurz-, mittel- und langfristige Pläne**. Ein wichtiges Instrument zur Zielerreichung ist somit eine flexible Unternehmensplanung. Nur wenn eine Unternehmensleitung weiß, was sie will, kann sie Maßnahmen ergreifen, um die gesetzten Ziele zu erreichen. Grundlage jeder Planungsarbeit sind Informationen und Daten. Bei marketingorientierten Unternehmen sind das die Daten des jeweiligen Marktes.

Beispiele:
- **Marktdaten des Absatzmarktes**: Anzahl der möglichen Kunden (Abnehmer), Verhalten der Abnehmer (Modetrends), Bereitschaft zu Investitionen, Kaufkraft der Abnehmer usw.
- **Marktdaten des Beschaffungsmarktes**: Anzahl der Lieferer für bestimmte Produkte, Lieferungs- und Zahlungsbedingungen, Einkaufspreise usw.
- **Marktdaten des Personal- bzw. Arbeitsmarktes**: Anzahl und Qualifikation der benötigten Mitarbeiter je Abteilung oder Gruppe, Gehaltstarife, Arbeitszeiten usw.
- **Marktdaten des Finanzmarktes (Geld- und Kapitalmarkt)**: Zinssätze der Banken für Kredite und Einlagen, Bereitschaft zur Kreditvergabe usw.

Die Mitarbeiter der einzelnen Unternehmensbereiche, z. B. der Abteilungen, Filialen usw., tragen durch ihre Arbeit dazu bei, die Pläne zu erfüllen. Aufgabe des Managements ist dabei, Abweichungen zu erkennen und nach einer Ursachenforschung Maßnahmen zur Korrektur einzuleiten, damit die angestrebten Ziele erreicht werden und das Unternehmen weiter erfolgreich auf dem Markt bestehen kann.

Zusammenfassung

Unternehmensphilosophie und -strategie kennenlernen

- Unternehmen sind **sozio-ökonomische Informationssysteme**, d. h., Menschen agieren zielorientiert auf Märkten, wobei Informationen ihr Verhalten beeinflussen.
- Die **Unternehmenskultur** umfasst die tatsächlich gelebten und gewachsenen Werte und Überzeugungen in einem Unternehmen.
- **Unternehmensleitbilder** beinhalten eine Zukunftsperspektive, Unternehmensziele und einen anzustrebenden Soll-Zustand. Sie formulieren die Unternehmensphilosophie schriftlich.
- **Unternehmensstrategien** bezeichnen die langfristig festgelegten Verhaltensweisen eines Unternehmens auf dem Markt.
- **Unternehmensplanung** orientiert sich an operationalen (messbaren) Zielen und liefert Daten zur Unternehmenssteuerung.

Aufgaben

1. Beschreiben Sie mit eigenen Beispielen, woran sich eine Unternehmenskultur erkennen lässt.
2. Erläutern Sie, welche Funktionen ein Unternehmensleitbild für die Sommerfeld Bürosysteme GmbH erfüllen kann.
3. a) Bringen Sie das Unternehmensleitbild Ihres Ausbildungsbetriebes mit und vergleichen Sie die Leitbilder untereinander in Kleingruppen. Finden Sie Gemeinsamkeiten und Unterschiede heraus und diskutieren Sie Ihre Ergebnisse.
   b) Erläutern Sie, welche konkreten Aussagen in den verschiedenen Unternehmensleitbildern für die Mitarbeiter gemacht werden.
4. Grenzen Sie Unternehmensstrategie und Unternehmensplanung voneinander ab.
5. Recherchieren Sie im Internet die Begriffe Stakeholder (s. S. 186) und Shareholder und stellen Sie Ihre Ergebnisse im Anschluss tabellarisch gegenüber.

3 Organisations- und Managementprozesse zur Zielerreichung einbinden

Die Sommerfeld Bürosysteme GmbH erhält von einem Studenten der Universität Leipzig eine Anfrage für ein Praktikum. Der Student möchte während des Praktikums Material für seine Diplomarbeit sammeln. Sein Thema lautet: „Business-process-reengineering in mittelständischen Unternehmen – eine Studie über Anpassung von Unternehmensstrukturen an Marktbedingungen zur Erhöhung der Kundenorientierung".

Die erste Reaktion des Leiters der Personalabteilung lautet: „Was will ein Student schon über moderne Managementmethoden wissen? Da kann doch nichts Vernünftiges herauskommen! Wie wir arbeiten, hat doch jahrzehntelang zuverlässig funktioniert."

Frau Farthmann, die Geschäftsführerin meint: „Wir können ein paar neue Impulse gut gebrauchen, vielleicht hat der junge Mann ja gute Ideen!"

Herr Feld, Leiter der Abteilung Allgemeine Verwaltung, ist skeptisch: „Business-process-reengineering – wenn ich das schon höre! Diese amerikanischen Modewörter. Eine straffe Abteilungsgliederung und effiziente Mitarbeiter brauchen wir ... Kundenorientierung ist sowieso nicht meine Angelegenheit, darum soll sich die Abteilung Vertrieb und Marketing kümmern!"

Arbeitsaufträge

- Erläutern Sie, weshalb sich Management- und Organisationsstrukturen veränderten Marktbedingungen anpassen müssen.
- Nehmen Sie Stellung zu der These „Kundenorientierung ist nur Sache der Verkaufsabteilung".

Veränderte Marktstrukturen

Ab den 50er-Jahren vollzog sich in den Industriestaaten ein Wandel vom Verkäufermarkt zum Käufermarkt. Bei einem Verkäufermarkt ist die Nachfrage größer als das Angebot. Somit ist der Wettbewerb zwischen den Anbietern wenig ausgeprägt. Bei einem Käufermarkt, das ist heute die Normalität, ist die Nachfrage geringer als das Angebot. Somit herrscht eine starke Konkurrenz zwischen den Anbietern. Unternehmen und Nachfrager befinden sich heute in sehr komplexen Märkten, die durch zunehmende Digitalisierung und folgende Merkmale gekennzeichnet sind:

- rasche Innovationszyklen bei Produkten

    Beispiel: Während die Sommerfeld Bürosysteme GmbH vor 40 Jahren Produktserien über fünf Jahre unverändert anbieten konnte, werden heute fast halbjährlich neue Produkte entwickelt und vermarktet.

- Internationalität und Globalität von Märkten (Globalisierung)

    Beispiel: Die Sommerfeld Bürosysteme GmbH bezieht Roh-, Hilfs- und Betriebsstoffe aus der ganzen Welt (Holz aus Skandinavien, Kanada, Asien, Afrika, Südamerika).

- verstärkter Wettbewerb

    Beispiel: Zahlreiche Unternehmen aus dem In- und Ausland beteiligen sich auf dem deutschen Markt für Büromöbel. Der Wettbewerb findet zunehmend über Preiskämpfe und Serviceangebote statt.

- standortunabhängige Märkte (virtuelle Märkte)

    Beispiel: Die Sommerfeld Bürosysteme GmbH bezieht ihre Büroartikel über das Internet. Sie bestellt online bei einem Lieferer, der seinen Geschäftssitz in Amsterdam unterhält. Sie selbst bietet Stammkunden Online-Bestellungen an. Über ihre Web-Präsenz kann sie Kunden weltweit ansprechen.

- stärkere Individualisierung von Produkten

    Beispiel: Die Nachfrage nach Sonderausstattungen und Einzelfertigungen bei der Sommerfeld Bürosysteme GmbH hat sich in den letzten sieben Jahren verzehnfacht.

- stärkere Kundenorientierung

    Beispiel: Zusätzlich zur Produktion von Büromöbeln bietet die Sommerfeld Bürosysteme GmbH die Dienstleistung der Inneneinrichtung von Bürolandschaften an, ferner können Büromöbel geleast werden.

- Informationen sind Wirtschaftsgüter

    Beispiel: Die Sommerfeld Bürosysteme GmbH kauft sich Informationen auf dem Markt ein, die sie für Entscheidungen benötigt, z. B. Marktforschungsdaten, Beratungsleistungen von Unternehmensberatern usw. Da ein großer Teil der betrieblichen Abläufe in der Sommerfeld Bürosysteme GmbH Informationsprozesse sind, wird die Informationsbearbeitung zu einem enormen Kostenfaktor, somit sind Informationen zu einem Wirtschaftsgut geworden.

Anpassung und Neuausrichtung von Organisations- und Managementstrukturen

Zur Bewältigung dieser Tendenzen sind moderne Organisations- und Managementstrukturen erforderlich. Während in der Nachkriegszeit die preiswerte Grundversorgung im

Vordergrund stand, sind heute Qualitätsansprüche, Produktvielfalt und Variantenreichtum, Flexibilität sowie Service und Dienstleistungsdenken marktentscheidende Größen. Insofern sind damals sinnvolle und erfolgreiche Organisationsstrukturen in Unternehmen heute nicht mehr angebracht.

→ LF 9 Bei älteren Organisationsformen ist eine ausgeprägte **betriebliche Arbeitsteilung** erkennbar, die auf die effiziente Erfüllung von Einzelfunktionen abzielt. Sie sind gekennzeichnet durch lange und streng hierarchische Kommunikationswege sowie eng abgegrenzte Zuständigkeitsregelungen. Organisationsprinzipien, die sich ausschließlich an betrieblichen Funktionen wie Einkauf, Lager, Produktion und Vertrieb ausrichten und innerhalb dieser Funktionen Optimierungen anstreben, ohne das gesamte Unternehmen im Blick zu haben, werden heutigen Ansprüchen nicht mehr gerecht.

Wenn sich Marktstrukturen verändern, müssen sich Organisations- und Managementstrukturen anpassen. Daher vollzog sich in der betrieblichen Realität sowie in der wissenschaftlichen Betriebswirtschaftslehre und der Wirtschaftsinformatik ein Wandel. Er wurde forciert durch die Möglichkeiten, die moderne Informations- und Kommunikationstechnologien und -medien ermöglichen. Dies hat zahlreiche Modelle und Ansätze zur Neuausrichtung organisatorischer Strukturen in Unternehmen entstehen lassen.

Nicht immer sind sie grundsätzlich neu im Sinne einer echten Innovation. Vielmehr setzen sie sich einerseits zusammen aus z. T. bewährten Ansätzen und deren Modifikation bzw. Variation. Andererseits wurden bisherige Grenzen überschritten und vorhandene Ansätze mit neuen Sichtweisen verknüpft. Zusätzlich haben im Zuge der Globalisierung von Märkten amerikanische und insbesondere japanische Konzepte und Sichtweisen die deutsche Betriebswirtschaftslehre und -praxis beeinflusst.

Beispiele für moderne Management- und Organisationsstrukturen (Auswahl)

Hier werden einzelne Ansätze, Methoden und spezielle Instrumente mit ihren typischen Merkmalen kurz aufgeführt. Viele der Ansätze weisen Ähnlichkeiten bzw. Schnittmengen auf, unterscheiden sich jedoch in ihrer Perspektive und der Fokussierung auf bestimmte Unternehmensaspekte.

Ansatz	Erläuterung
Konzentration auf Kernkompetenzen	Kernkompetenzen eines Unternehmens sind die Fähigkeiten und KernMerkmale, die es im Wettbewerb von anderen Unternehmen unterscheiden. Sie beschreiben die zentralen wertschöpfenden Aktivitäten eines Unternehmens. Die Konzentration auf Kernkompetenzen eines Unternehmens erlaubt eine zielorientierte Bündelung der Aktivitäten, ohne sich auf „Nebenschauplätzen zu verzetteln". Maßnahmen des Outsourcings (Auslagerung von Teilaufgaben an Dritte) und Insourcings (Hereinnahme von bisher extern bezogenen Leistungen) sind typische Kennzeichen. **Beispiel:** Ein Lieferer der Sommerfeld Bürosysteme GmbH hat seine gesamte Personalbeschaffung aus seinem Unternehmen ausgegliedert und an Personalberatungsagenturen übertragen. Ein befreundetes kleines Unternehmen, das für die Sommerfeld Bürosysteme GmbH bisweilen Spezialaufträge übernimmt, hat seine gesamte Buchhaltung an einen Steuerberater übertragen und entlastet sich auf diese Weise von dem sog. „Papierkram", um sich auf die Beschaffung und Ausführung von Aufträgen konzentrieren zu können.

Ansatz	Erläuterung	
Benchmarking	Hierbei geht es um das professionelle Vergleichen eines Unternehmens mit den Marktführern seiner eigenen und fremder Branchen und das Ableiten von Konsequenzen aus den Vergleichsergebnissen. Der Zweck liegt darin, selbst zu „den Besten" zu gehören. Kernfragen sind: Wie machen es die anderen? Warum machen es die anderen so? Unter welchen Rahmenbedingungen machen es die anderen besser? Benchmarking kann sich intern (Vergleich zwischen einzelnen Teilbereichen eines Unternehmens, z. B. Abteilungen, Filialen) und extern zwischen dem eigenen und anderen Unternehmen vollziehen.	
	Beispiel: Die Sommerfeld Bürosysteme GmbH betreibt ein abgeschwächtes Benchmarking. Sie ist Mitglied der örtlichen Industrie- und Handelskammer sowie des Arbeitgeberverbandes und etlicher Branchenverbände. Hierdurch erhält sie zahlreiches statistisches Zahlenmaterial, das permanent beobachtet und ausgewertet wird. Ferner wird eine intensive **Marktbeobachtung** insbesondere der Umsatzentwicklungen, Preise, Produktionsverfahren und Produktpaletten durchgeführt.	→ LF 10
just in time (jit)	Just in time bedeutet, dass die benötigten Materialien und Bauteile fertigungssynchron, also gerade rechtzeitig zu Produktionsbeginn, angeliefert werden. Hierdurch sollen einerseits die Vorräte in den Lägern gesenkt werden (Verringerung des gebundenen Kapitals) und andererseits die Flexibilität erhöht werden. Beweggründe für Jit-Produktion sind insbesondere die Verkürzung der Produktlebenszyklen, die Kundenwünsche nach verkürzter Lieferzeit und nach Variantenvielfalt von Produkten. Jit setzt eine enge Zusammenarbeit mit Lieferanten und Logistik-Unternehmen voraus, da auf Abruf geliefert und ggf. produziert wird. Die Beteiligten müssen ihre Prozesse aufeinander abstimmen, sodass von einer partnerschaftlichen Kooperation auf Geschäftsprozessebene gesprochen werden kann.	→ LF 6
	Beispiel: Bei der Produktion von Büroschränken hat die Sommerfeld Bürosysteme GmbH bei Spanplatten nur einen Vorrat von max. zwei Arbeitstagen, um unvorhergesehene Produktionsschwankungen auszugleichen. Die Spanplatten werden je nach Bedarf (Art und Menge) vom Lieferer mindestens dreimal wöchentlich angeliefert.	
Virtuelle Unternehmen	Ein virtuelles Unternehmen basiert auf einem Netzwerk von Betrieben, die zusammenarbeiten, um eine Wettbewerbschance zu nutzen. Alle Beteiligten sind hoch spezialisiert. Das Unternehmen konzentriert sich nur noch auf diejenigen Prozesse, die von ihm nachgewiesenermaßen effizienter und besser produziert und geliefert werden können als von anderen Anbietern. Alle übrigen Produkte und Leistungen werden auf Kooperationspartner verteilt. Alle Bereiche der Wertschöpfungskette können dabei prinzipiell an Partner ausgegliedert werden. Im Extremfall bleiben beim virtuellen Unternehmen nur noch die Idee, die Gesamtstrategie und die Koordination des Netzwerkes. Arbeitsplattform von virtuellen Unternehmen sind moderne Informations- und Kommunikationstechnologien. Sie ermöglichen eine Online-Zusammenarbeit, die standort- und zeitunabhängig ist. Die Prozessgestaltung und -steuerung vollzieht sich bei allen Beteiligten über gemeinsam nutzbare Online-Datenbanksysteme sowie über Online-Medien, insbesondere Internet, Extranets und Intranets.	

Ansatz	Erläuterung
Virtuelle Unternehmen	Beispiel: Die Web-Design GmbH hat für die Sommerfeld Bürosysteme GmbH den Internet-Auftritt realisiert. Die Web-Design-GmbH ist ein virtuelles Unternehmen. Am Unternehmensstammsitz in Berlin arbeiten lediglich fünf Mitarbeiter, die vornehmlich die Kundenbetreuung übernehmen. Die eigentliche Produktion der Web-Seiten wird von Programmierteams durchgeführt, die an verschiedenen Standorten in Deutschland ansässig sind. Werden z. B. spezielle Videoaufnahmen benötigt, wird mit einem Unternehmen in den USA zusammengearbeitet. Spezielle Screen-Design-Aufgaben erledigt eine Agentur in Belgien. Soundproduktionen werden in Dänemark abgewickelt. Alle Arbeitsabläufe werden online durchgeführt, auch die Koordination der Spezialisten wird online von Berlin aus gesteuert.

Business (Process) Reengineering (BPR)	BPR bedeutet für ein Unternehmen Umbau statt Anbau. Im Zuge des Umbaus wird eine neue Denkweise gefordert und neue Strukturen werden geschaffen. Basis ist das Erkennen von Kernprozessen und die Konzentration auf die kritischen Erfolgsfaktoren eines Unternehmens. Eine Grundidee von BPR besteht darin, Unternehmen nicht mehr vertikal nach betrieblichen Funktionen (z. B. Einkauf, Produktion, Verkauf), sondern horizontal nach Prozessen zu strukturieren. Ziel ist dabei, durchgängige Prozesse ohne Schnittstellen vom Lieferanten bis zum Kunden zu gestalten, um eine intensive Kundenorientierung zu erreichen, sowie die Schaffung und Erhaltung von spürbaren Wettbewerbsvorteilen. Der z. T. radikale Ansatz von BPR verlangt eine völlige Neugestaltung der erfolgskritischen Geschäftsprozesse und nicht nur eine Reorganisation vorhandener Abteilungen oder die Automatisierung von Abläufen. Die praktische Umsetzung des BPR-Ansatzes erfolgt in bestimmten Arbeitsphasen:
	
	Beispiele:
	1. Identifikation von Kernprozessen
	   – Bestimmung der Kundenerwartungen
	   – Was umfasst die vom Kunden gewünschte Wertschöpfung?
	   – Was umfasst die Kernkompetenzen des Unternehmens?
	   – Welche Haupttätigkeiten tragen zu der von den Kunden gewünschten Wertschöpfung bei?
	   – Welche Haupttätigkeiten zeugen von unseren unternehmerischen Fähigkeiten?
	2. Vergleich zwischen gegebenen Prozessen und definierten Kernprozessen
	   – Ermitteln der Deckungslücke zwischen Kernkompetenzen und existierenden Prozessen
	   – Wo ergibt sich welcher Handlungsbedarf?
	   – Schaffung von Qualitätsstandards
	   – Definition messbarer Zielvorgaben
	   – Gestaltung und Optimierung von Prozessen
	3. Steuerung der Kernprozesse
	   – laufende Revision der Messgrößen
	   – Überprüfen und Weiterentwickeln der Kernkompetenzen und Qualitätstandards

Neben den aufgeführten Ansätzen finden sich in der wissenschaftlichen Literatur und der betrieblichen Praxis noch zahlreiche weitere Ansätze sowie Variationen und Kombinationen der vorgestellten Konzepte. Allen Ansätzen gemeinsam sind jedoch folgende Aspekte:

- starke **Kundenorientierung** und Öffnung des Unternehmens in Richtung der Beschaffungs- und Absatzmärkte
- starke **Prozessorientierung** und Abkehr vom „Denken in Abteilungen"
- **Gestaltung** von Geschäftsprozessen entlang der **Wertschöpfungskette** eines Unternehmens

> **PRAXISTIPP!**
>
> *Kundenorientierung bedeutet zum Beispiel, dass der Kunde denjenigen, der ihm ein Produkt verkauft hat, auch auf Probleme mit seiner Rechnung bzw. Zahlung ansprechen kann und dann nicht an die Buchhaltung verwiesen wird. Der Kunde soll möglichst für alle Anliegen denselben Ansprechpartner haben.*

Die veränderten Ausrichtungen von Unternehmen sind somit keine vorübergehende Modeerscheinung, sondern Ausdruck einer marktorientierten Anpassung an veränderte Rahmenbedingungen. Diese veränderten Denkweisen sind zwar noch nicht in allen deutschen Unternehmen aufgenommen und umgesetzt worden, insbesondere nicht bei Klein- und Mittelbetrieben, jedoch ist das nur eine Frage der Zeit. Wenn gesellschaftliche und ökonomische Entwicklungen nicht aufgegriffen werden, dann verlieren Unternehmen ihre Wettbewerbsfähigkeit.

Beispiel: Eine kleine Anekdote soll diese Aussagen verdeutlichen:

> „Welche Unternehmen führen Business-process-reengineering-Projekte durch?
> 1. Unternehmen, die in großen Schwierigkeiten stecken. Es bleibt ihnen nichts anderes übrig.
> 2. Unternehmen, die noch nicht in Schwierigkeiten stecken, deren Management aber Weitblick besitzt.
> 3. Unternehmen in Höchstform, die ihren Vorsprung ausbauen möchten.
> Unternehmen der 1. Gruppe sind gegen eine Mauer gefahren und liegen verletzt am Boden. Unternehmen der 2. Gruppe fahren mit Höchstgeschwindigkeit und sehen im Scheinwerferlicht eine Mauer auf sich zurasen. Unternehmen der 3. Gruppe machen eine Spazierfahrt, kein Hindernis ist in Sicht. Was für eine fantastische Gelegenheit, anzuhalten und für andere eine Mauer aufzubauen."

Traditionelle Organisationsstrukturen der Aufbauorganisation

→ LS 17

Ein Unternehmen soll so organisiert sein, dass ein möglichst reibungsloser Ablauf des Betriebsgeschehens gegeben ist. Durch eine Aufgabenanalyse wird zunächst festgestellt, welche Aufgaben, Tätigkeiten und Arbeiten zu erledigen sind. Diese ergeben sich aus dem betrieblichen Zielsystem. Jede **Hauptaufgabe** wird betrachtet und in **Teilaufgaben** – und diese wiederum in **Einzelaufgaben** – zerlegt. Die Einzelaufgaben können wiederum in **Aufgabenelemente** gegliedert werden. Anschließend werden diese Elemente bei der **Aufgabensynthese** erneut zu sinnvollen Aufgabenbereichen zusammengefügt. Hierbei werden Stellen und Abteilungen gebildet.

Stellenbildung

→ LF 7 Aufgaben werden so zusammengefasst, dass sie von einzelnen Mitarbeitern bewältigt werden können. Der Aufgabenbereich eines Mitarbeiters wird als **Stelle** bezeichnet.

Beispiel: Alle Aufgaben der Personalbeschaffung und des Personaleinsatzes der Sommerfeld Bürosysteme GmbH sind zu einer Stelle zusammengefasst. Diese Stelle ist der Arbeitsplatz von Franz Krämer.

→ LF 7 Für jede Stelle sollte eine schriftliche **Stellenbeschreibung** vorhanden sein. Stellenbeschreibungen sorgen dafür, dass alle Mitarbeiter und Vorgesetzte genau über ihren Aufgabenbereich Bescheid wissen und Zuständigkeiten, Verantwortungsbereiche und Kompetenzen klar abgegrenzt sind. Stellenbeschreibungen sind die Grundlage für die Einstufung in die entsprechende Gehaltsklasse und das Verfassen von Stellenanzeigen bei der Personalbeschaffung. Der **Stellenplan** verzeichnet alle Stellen eines Unternehmens.

> **PRAXISTIPP!**
>
> *Fragen Sie bereits im Vorstellungsgespräch, spätestens bei der Einstellung, nach Unterlagen wie Stellenbeschreibung und Organigramm, damit Sie sich auf Ihre zukünftige Tätigkeit vorbereiten können. In der Regel wird Ihnen dieser Wunsch positiv im Hinblick auf Ihr Know-how sowie Motivation und Engagement ausgelegt.*

Einliniensystem, Mehrliniensystem oder Stabliniensystem

Es wird danach unterschieden, ob eine Stelle Anweisungen von einer oder mehreren Stellen erhält. Bekommt jede Stelle nur von einer einzigen übergeordneten Stelle Anweisungen, liegt ein **Einliniensystem** vor:

Einliniensystem

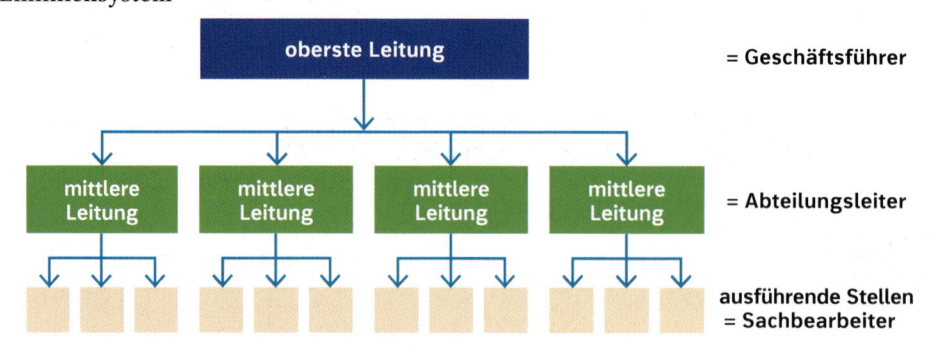

- oberste Leitung = Geschäftsführer
- mittlere Leitung = Abteilungsleiter
- ausführende Stellen = Sachbearbeiter

Hier laufen Weisungen einheitlich von oben nach unten, Berichte der untergeordneten Stellen umgekehrt einheitlich von unten nach oben.

| Vorteile | - Zuständigkeiten sind klar abgegrenzt.
- Der Aufbau ist sehr übersichtlich.
- keine Kompetenzüberschneidungen |
|---|---|
| Nachteile | - Übergeordnete Stellen sind fachlich und mengenmäßig überlastet.
- Weisungs- und Berichtswege sind lang und schwerfällig. |

Mehrliniensystem

Erhält eine Stelle von mehreren übergeordneten Stelle Anweisungen, liegt ein **Mehrliniensystem** vor:

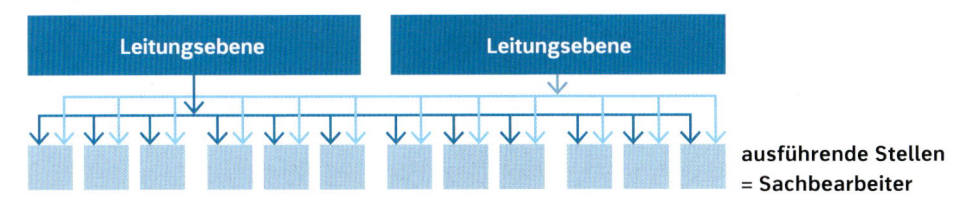

Mindestens zwei übergeordnete Stellen, die sich auch fachlich unterscheiden, teilen sich die Weisungsbefugnis.

| Vorteile | - Vorgesetzte sind fachlich besser qualifiziert.
- Untergeordnete Stellen sind flexibel einsetzbar.
- kurze Weisungs- und Informationswege |
|---|---|
| Nachteile | - Anweisungen können sich überschneiden, Kompetenzstreitigkeiten auftreten.
- erschwerte Abstimmung
- Überlastung und Motivationsprobleme der Weisungsempfänger |

Stabliniensystem

Beim **Stabliniensystem** werden den Entscheidungsträgern (Instanzen) der oberen oder mittleren Ebene sogenannte Stäbe zugeordnet. Diese haben selbst keine Weisungsbefugnis, sondern entlasten die übergeordneten Stellen, indem sie ihnen als Spezialisten wichtige Informationen liefern und sie fachlich beraten.

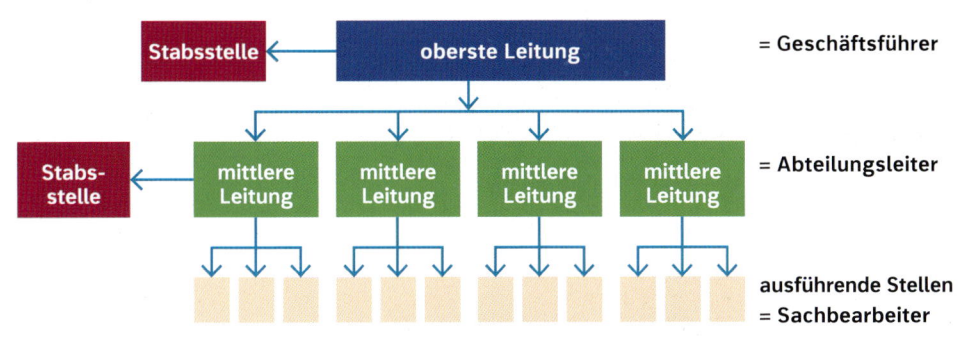

Eine typische Stabsstelle auf Ebene der Geschäftsleitung wäre der/die Assistent/-in der Geschäftsleitung, auf einer Leitungsebene darunter z. B. die Stelle einer Rechtsberatung.

| Vorteile | - Übergeordnete Stellen werden entlastet.
- Entscheidungen werden sicherer durch Beratung und verbessert durch Experten.
- Einheitliche Weisungswege bleiben erhalten. |
|---|---|
| Nachteile | - Konflikte zwischen Stab und Entscheidungsträger
- Stäbe beeinflussen über ihre Informationsaufbereitung stark die Entscheidungen der Entscheidungsträger, sind jedoch nicht selbst verantwortlich. |

Abteilungsbildung und Organisationsmodelle

Abteilungen bestehen aus mehreren Stellen und werden von einer vorgesetzten Stelle geleitet, die verantwortlich für den Abteilungserfolg ist. Die Abteilungen direkt unterhalb der Geschäftsleitung können nach unterschiedlichen Kriterien gebildet werden.

Übersicht wichtiger Begriffe der Unternehmensorganisation

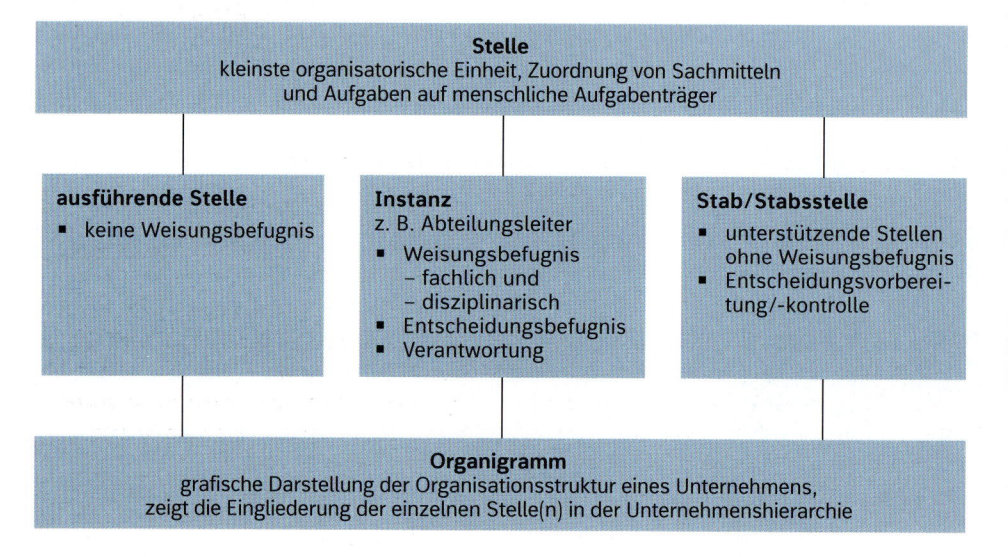

Stelle
kleinste organisatorische Einheit, Zuordnung von Sachmitteln und Aufgaben auf menschliche Aufgabenträger

ausführende Stelle
- keine Weisungsbefugnis

Instanz
z. B. Abteilungsleiter
- Weisungsbefugnis
  – fachlich und
  – disziplinarisch
- Entscheidungsbefugnis
- Verantwortung

Stab/Stabsstelle
- unterstützende Stellen ohne Weisungsbefugnis
- Entscheidungsvorbereitung/-kontrolle

Organigramm
grafische Darstellung der Organisationsstruktur eines Unternehmens, zeigt die Eingliederung der einzelnen Stelle(n) in der Unternehmenshierarchie

Funktionsorganisation

Bei der **Funktionsorganisation** werden die Abteilungen nach Tätigkeiten (Verrichtungsprinzip) eingeteilt, z. B. in Forschung und Entwicklung, Personal, Finanzen, Produktion und Marketing.

Diese Art der Einteilung findet sich vor allem bei kleinen und mittleren Unternehmen mit relativ einheitlichen Produktionsprogrammen.

Spartenorganisation

Unterscheiden sich die einzelnen Produktgruppen dagegen stark voneinander, wählen Unternehmen häufig die **Spartenorganisation**, bei der die Abteilungen unterhalb der Geschäftsleitung nach dem Objektprinzip, d. h. in der Regel nach Produkten oder Produktgruppen eingeteilt werden. Jede einzelne Sparte könnte weiterhin z. B. in Beschaffung, Produktion und Absatz weiter unterteilt sein.

Beispiel: Ausschnitt aus der Organisationsstruktur eines großen deutschen Chemieunternehmens:

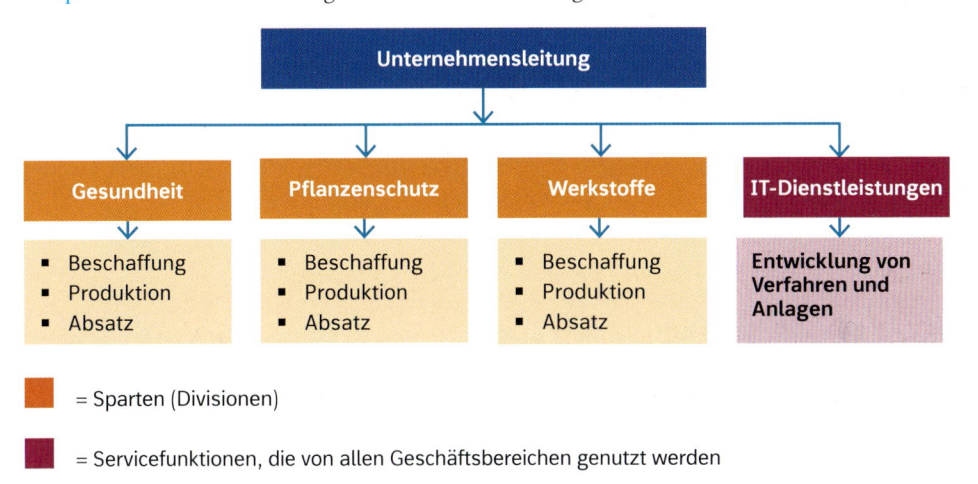

```
                    Unternehmensleitung
         ┌──────────┬──────────┬──────────┐
      Gesundheit  Pflanzenschutz  Werkstoffe  IT-Dienstleistungen
      • Beschaffung • Beschaffung • Beschaffung  Entwicklung von
      • Produktion  • Produktion  • Produktion   Verfahren und
      • Absatz      • Absatz      • Absatz       Anlagen
```

■ = Sparten (Divisionen)

■ = Servicefunktionen, die von allen Geschäftsbereichen genutzt werden

Vorteile	<ul><li>stärkeres Eingehen auf die Besonderheiten der unterschiedlichen Produkte und Märkte</li><li>Förderung des Verantwortungsgefühls der jeweiligen Spartenleiter</li><li>Führung als Profitcenter möglich, indem Beitrag der Sparte zum Gesamtergebnis des Unternehmens regelmäßig überprüft wird</li><li>rechtliche Verselbstständigung der einzelnen Unternehmensbereiche wird erleichtert (zum Beispiel der Verkauf einzelner Sparten)</li></ul>
Nachteile	<ul><li>Unübersichtlichkeit des Unternehmens</li><li>Vergrößerung des Unternehmens durch die jeweilige Unterteilung der Sparten in Beschaffung, Produktion, Absatz</li><li>Gefahr der Verselbstständigung einzelner Sparten auf Kosten der Interessen des Gesamtunternehmens</li></ul>

Darüber hinaus sind zahlreiche **Mischformen** aus den vorgestellten Organisationsstrukturen möglich. Häufig werden Sparten weiter zerlegt in sogenannte **Key Accounts**. Diese Einteilung nach Schlüsselkunden (wichtige Großabnehmer oder Kundengruppen) gilt als besonders kundenorientiert.

Zusammenfassung

Organisations- und Managementprozesse zur Zielerreichung einbinden

- *Managementstrukturen* eines Unternehmens müssen sich den Marktverhältnissen anpassen, um das Überleben von Unternehmen in komplexen Märkten zu sichern.

- *Das isolierte Optimieren einzelner betrieblicher Aufgaben oder Funktionen stellt nicht sicher, dass eine Verbesserung für das gesamte Unternehmen erreicht wird.*

- *Moderne Management- und Organisationsstrukturen* unterscheiden sich in ihrer Betrachtungsweise betrieblicher Sachverhalte und in ihren Schwerpunkten. Sie haben gemeinsam: eine starke Kundenorientierung, eine ausgeprägte Prozessorientierung und den Anspruch, Geschäftsprozesse entlang der Wertschöpfungskette eines Unternehmens zu gestalten.

- *Der Übergang von einer Funktions- zu einer Prozessorientierung in Unternehmen spiegelt den Wandel von der reinen Industrie- zu einer* **Informationsgesellschaft** *wider.*

Aufgaben

1. Erläutern Sie, durch welche Merkmale heutige komplexe Marktstrukturen gekennzeichnet sind.

2. Nehmen Sie Stellung zu der Aussage: „Moderne Managementmethoden sind eine Modeerscheinung, alte bewährte Führungsstrukturen mit klaren Hierarchien sind auch in einer Informationsgesellschaft ausreichend!"

3. Führen Sie eine Internet-Recherche durch. Suchen Sie nach den Begriffen Kaizen, BPR, Benchmarking und finden Sie prägnante Definitionen sowie praxisorientierte Beispiele. Stellen Sie Ihre Ergebnisse mit einem Präsentationsprogramm vor, indem Sie jeweils Kurzreferate ausarbeiten.

4. Untersuchen Sie die Tabelle der modernen Management- und Organisationsstrukturen hinsichtlich ihrer Gemeinsamkeiten und der jeweiligen unterschiedlichen Schwerpunkte. Stellen Sie Ihre Ergebnisse auf einem Plakat vor.

5. Bilden Sie Arbeitsgruppen in Ihrer Klasse. Vergleichen Sie in den Gruppen das Organigramm der Sommerfeld Bürosysteme GmbH mit den Anforderungen, die das Konzept des BPR (vgl. S. 194 f.) stellt, und entwerfen Sie eine Skizze für eine Neukonzipierung des Unternehmensaufbaus. Diskutieren Sie anschließend die unterschiedlichen Gruppenergebnisse und finden Sie heraus, weshalb es zu verschiedenen Lösungen gekommen ist.

6. Interpretieren und kommentieren Sie die Anekdote zum BPR auf S. 195.

7. Untersuchen Sie das Organigramm der Sommerfeld Bürosysteme GmbH und begründen Sie, welche der vorausgegangenen Organisationsstrukturen bzw. -modelle Sie dort wiedererkennen. Gehen Sie dabei auch auf mögliche Gründe ein, warum die Sommerfeld Bürosysteme GmbH die jeweilige Organisationsform gewählt haben mag.

8. Besorgen Sie sich das Organigramm Ihres Ausbildungsbetriebes. Begründen Sie, welche der vorausgegangenen Organisationsstrukturen bzw. -modelle Sie wiedererkennen und vergleichen Sie sie außerdem mit den Organigrammen zweier Mitschüler.

9. Erarbeiten Sie anhand der folgenden Stellenanzeige, welche Vorteile einem Industriebetrieb die Organisation des Vertriebs mithilfe von Key Accounts gegenüber einer herkömmlichen Vertriebsorganisation bietet.

**Key-Account-Manager (m/w/d)
für Komponenten im Maschinenbau**

Ihre Aufgaben
Für einen international agierenden Kunden aus dem deutschen Maschinenbau sind Sie der zentrale Ansprechpartner für alle vertrieblichen, technischen und kaufmännischen Fragen. In Abstimmung mit unseren internationalen Händlern vor Ort organisieren Sie das Tagesgeschäft mit weiteren Schlüsselkunden und sichern eine weltweit abgestimmte, professionelle Betreuung. Sie planen und organisieren alle internen Aktivitäten für Ihre Key Accounts und tragen wesentlich zum Erfolg von Entwicklungsprojekten bei. Sie binden Ihre Schlüsselkunden durch hohe Beratungs- und Lösungskompetenz sowie exzellenten Kundenservice und bauen so die Geschäftsbeziehungen konsequent aus.

Ihr Profil
Sie verfügen über einen Hochschulabschluss im Bereich Technik, idealerweise im Maschinenbau sowie mehrjährige Vertriebserfahrung in der Betreuung von Kunden aus dem Automationsbereich. Eigendynamik, Reisebereitschaft, interkulturelle Kompetenz und sehr gute Englischkenntnisse sowie Grundkenntnisse in einer weiteren Fremdsprache setzen wir voraus.

Ihre Zukunft
Werden Sie Teil eines Familienunternehmens mit rund 700 Mitarbeitenden in 15 Ländern. Gestalten Sie eine Innovationskultur mit ökologischer und sozialer Verantwortung. Verkaufen Sie innovative Produkte des Marktführers und profitieren Sie von allen modernen Arbeitgeberleistungen: attraktive Umsatz- und Gewinnbeteiligung, betriebliche Altersversorgung sowie ein Firmenfahrzeug mit Auswahlmöglichkeiten auch zur Privatnutzung.

Ihre Bewerbung
Bewerben Sie sich bis Ende des Monats per E-Mail oder online unter personal@intermasch.de bei Frau Stieger.

4 Geschäfts- und Wertschöpfungsprozesse verstehen

4.1 Definition und Merkmale von Prozessen in Unternehmen

„Wenn ich die Jahresergebnisse unseres Verkaufs mit den Ergebnissen unserer Produktion vergleiche, fällt mir auf, dass wir erheblich mehr produziert als verkauft haben", sagt die Auszubildende Daniela Schaub.

Frau Mehmet, Leiterin der Abteilung Marketing, antwortet: „Genau das ist eines der zentralen Probleme der Betriebswirtschaftslehre und der praktischen Unternehmensleitung! Unsere Prozesse der Produktion laufen eben nicht parallel mit den Prozessen auf dem Markt ab. Unsere Kunden bestellen unsere Produkte und wollen nicht warten, bis wir sie produziert haben, deshalb fertigen wir unsere Büromöbel zum Teil auf Vorrat. Wir als Industriebetrieb müssen unsere gesamten Prozesse so gestalten und koordinieren, dass die Kundenwünsche bestmöglich erfüllt werden, weil nur dadurch unsere betrieblichen Ziele erreicht werden können. Kundenorientierte Prozessgestaltung ist somit unsere Hauptaufgabe. Weil die Ergebnisse eines Unternehmens über seinen Markterfolg entscheiden, ist die Gestaltung der Prozesse zur Erreichung der Ergebnisse so wichtig."

Arbeitsaufträge

- Klären Sie mithilfe des nachfolgenden Sachinhaltes, welche Merkmale ein betrieblicher Prozess in einem Unternehmen hat und fassen Sie Ihre Ergebnisse in Plakaten zusammen, die im Klassenraum ausgehängt werden.

- Untersuchen Sie zwei Ihnen bekannte betriebliche Prozesse und stellen Sie dabei für die einzelnen Prozessschritte dar, welcher Input erforderlich ist und welcher Output erzeugt wird.

Funktionsorientierung und Prozessorientierung

Traditionell sind Unternehmen funktionsorientiert organisiert. Die betrieblichen Funktionen wie Einkauf, Produktion, Verkauf usw. sind i. d. R. in Abteilungen angesiedelt. Die Kommunikation zwischen und in den Abteilungen orientiert sich an den Notwendigkeiten der einzelnen betrieblichen Aufgaben. Entscheidungen werden häufig nach Bedürfnissen und aus Sicht der jeweiligen Abteilung getroffen.

Bei einer prozessorientierten Sichtweise stehen die betrieblichen Geschäftsprozesse im Mittelpunkt. Entscheidungen werden danach getroffen, inwieweit eine Verbesserung der Wertschöpfung eintritt. Dies ist eine kundenorientierte Sichtweise; sie soll die Existenz des Unternehmens sichern.

Funktionsorientierte Organisation

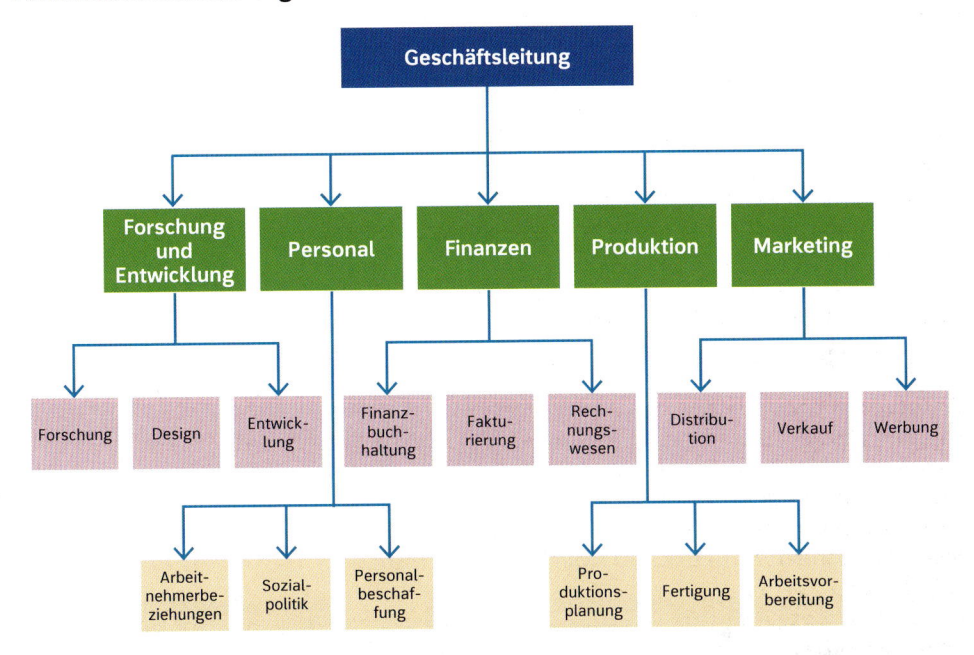

Die einzelnen Abteilungen sind isoliert voneinander, die Arbeitsabläufe werden durch hierarchische Strukturen, z. B. Weisungen der Vorgesetzten, geregelt.

Prozessorientierte Organisation

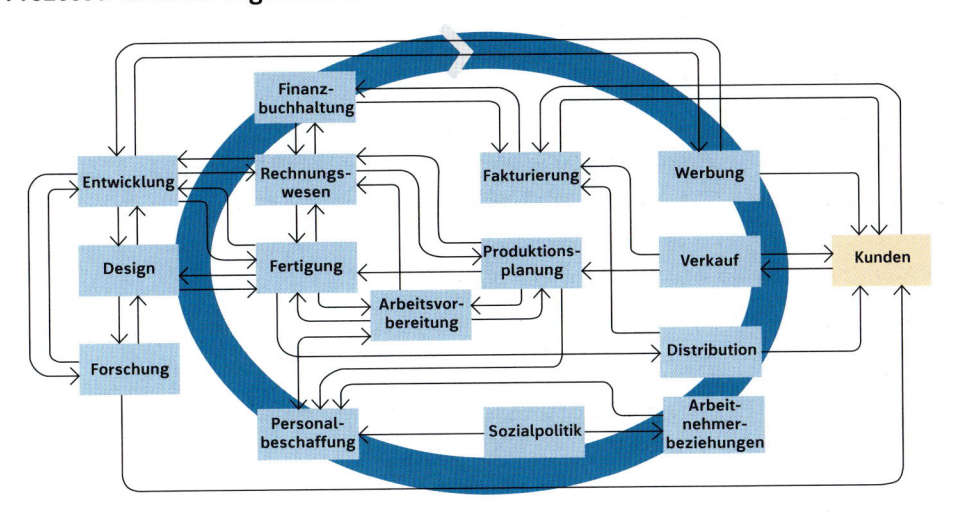

Anstelle der klassischen Abteilungen bei der Funktionsorientierung werden die einzelnen Aufgabenbereiche in den Vordergrund gestellt. Diese sind nicht hierarchisch, sondern nach ihrer Stellung in den betrieblichen Abläufen organisiert. Die Verbindungen zwischen den gleichberechtigten einzelnen Aufgabenbereichen erfolgen auf direktem Weg und nicht über Vorgesetzte. Die Verbindungen zwischen den entscheidenden Aufgabenbereichen sind nicht nur in der Darstellung der Prozessorientierung klar erkennbar, sondern werden bei der praktischen Umsetzung der Prozessorientierung genau untersucht und beschrieben. Das Gleiche gilt für eine wechselseitige Beeinflussung der Aufgabenbereiche untereinander.

Beispiel für gegenseitige Beeinflussung: Die Entwicklung greift in ihrer Arbeit auf Ergebnisse der Forschung zurück. Auftretende Probleme bei der Entwicklung bieten ihrerseits Anlass, weiter nach Lösungen zu forschen. Möglicherweise zwischen den Aufgabenbereichen auftretende Konflikte werden nicht aus Sicht eines Aufgabenbereiches bzw. einer Abteilung gelöst, sondern gemeinsam im Licht der Verbesserung des Ganzen und der Beschleunigung des Gesamtablaufes.

Von der Funktions- zur Prozessorientierung

Heute ist eine funktionsübergreifende **Gestaltung von ganzheitlichen Geschäftsprozessen** in vielen Unternehmen die Regel. Dieser Übergang von der Funktions- zur Geschäftsprozessorientierung in Unternehmen spiegelt den Wandel von der reinen Industrie- zur Informations- und Wissensgesellschaft wider. Betriebliche Abläufe können hierdurch beschleunigt und verbessert werden. Dies verbessert ganz entschieden die Wettbewerbssituation des Unternehmens auf hart umkämpften Märkten.

Paradigmenwechsel in der betrieblichen Organisation

	Industriegesellschaft	Informationsgesellschaft
Ausrichtung	Innensicht: Funktion, Produkt (das Unternehmen beschäftigt sich vornehmlich mit sich selbst)	Außensicht: Prozessleistung, Kunde (das Unternehmen begreift sich als Glied in einer Wertschöpfungskette)
Reichweite	Unternehmen	Netzwerk von kooperierenden Unternehmen
Organisationsstruktur	steile Hierarchie	flaches, vernetztes Team
Unternehmensgröße	eher groß	eher klein und modular
Abläufe	nacheinander	verstärkt parallel
Innovation	Perfektionierung vorhandener Strukturen	Neugestaltung, z. T. radikale Änderungen
Integration	Spezialisierung in Abteilungen (Einkauf, Verkauf usw.)	Bereichs- bzw. abteilungsübergreifende Ablaufoptimierung
Prozesse	tendenziell komplex	tendenziell einfach
Mitarbeiter	Spezialisierung	ganzheitliche Sachbearbeitung (Generalisten)

Vgl.: https://www.enzyklopaedie-der-wirtschaftsinformatik.de/wi-enzyklopaedie/lexikon/daten-wissen/Informationsmanagement/Business-Engineering/index.html/?searchterm=informationsgesellschaft, abgerufen am 09.08.2015

4 Geschäfts- und Wertschöpfungsprozesse verstehen

> **PRAXISTIPP!**
> Unternehmensberatungen helfen dem Industrieunternehmen beim Durchlaufen dieser Veränderung sowie bei den nachfolgend beschriebenen Schritten der Geschäftsprozessoptimierung.

Definition von Prozessen

Ein Prozess ist eine Abfolge von **Aktivitäten** (Prozess-Schritten), die durch einen Prozessor (vgl. S. 207) vollzogen werden. Jeder Prozess wird durch **Inputs** ausgelöst und jeder Prozess erzeugt **Outputs**. Inputs und Outputs können Material, Leistungen oder Informationen sein. So spricht man von **Material-**, **Leistungs-** oder **Informationsprozessen**.

Formale Darstellung eines Prozesses

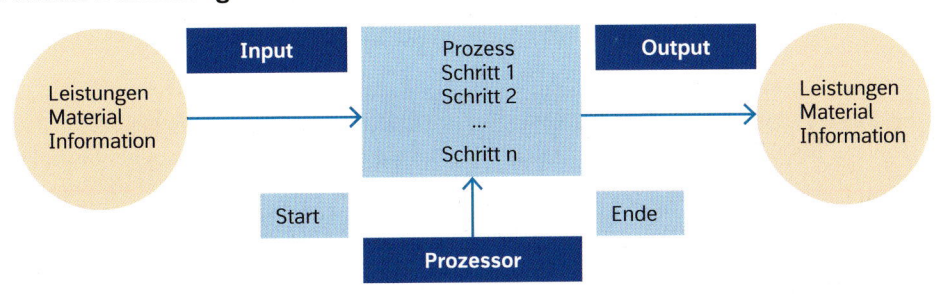

```
                  Input                                  Output
  ┌──────────┐           ┌──────────────┐                        ┌──────────┐
  │Leistungen│           │   Prozess    │                        │Leistungen│
  │ Material │  ───────▶ │   Schritt 1  │  ───────▶              │ Material │
  │Information│          │   Schritt 2  │                        │Information│
  └──────────┘           │     ...      │                        └──────────┘
                         │   Schritt n  │
                         └──────────────┘
                   ┌─────┐      ▲       ┌─────┐
                   │Start│      │       │Ende │
                   └─────┘  ┌───┴───┐   └─────┘
                            │Prozessor│
                            └────────┘
```

Beispiel: In der Sommerfeld Bürosysteme GmbH gibt es folgende Prozesse:

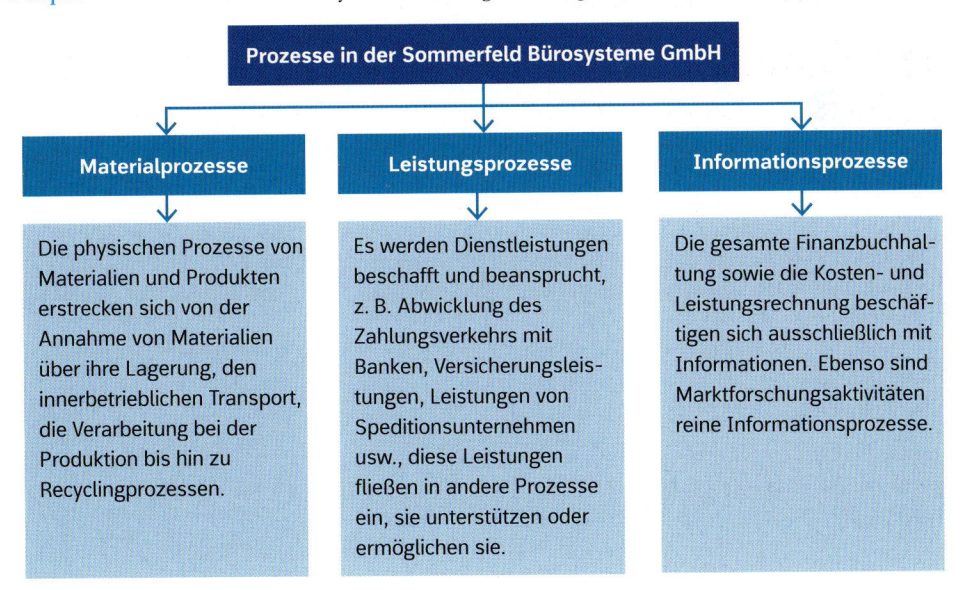

Prozesse in der Sommerfeld Bürosysteme GmbH		
Materialprozesse	**Leistungsprozesse**	**Informationsprozesse**
Die physischen Prozesse von Materialien und Produkten erstrecken sich von der Annahme von Materialien über ihre Lagerung, den innerbetrieblichen Transport, die Verarbeitung bei der Produktion bis hin zu Recyclingprozessen.	Es werden Dienstleistungen beschafft und beansprucht, z. B. Abwicklung des Zahlungsverkehrs mit Banken, Versicherungsleistungen, Leistungen von Speditionsunternehmen usw., diese Leistungen fließen in andere Prozesse ein, sie unterstützen oder ermöglichen sie.	Die gesamte Finanzbuchhaltung sowie die Kosten- und Leistungsrechnung beschäftigen sich ausschließlich mit Informationen. Ebenso sind Marktforschungsaktivitäten reine Informationsprozesse.

Informationsprozesse erhalten in einem Unternehmen eine **zentrale Bedeutung**, weil alle übrigen Prozesse zwangsläufig über Informationsprozesse gesteuert werden.

Beispiele:
- Informationen über Finanzmittel steuern Prozesse in der Finanzbuchhaltung.
- Informationen über Roh-, Hilfs- und Betriebsstoffe sowie Bauteile und Stücklisten steuern Produktionsprozesse.
- Informationen über Bestände steuern Lager- und Beschaffungsprozesse.
- Informationen über Mitarbeiter (Fähigkeitsprofil, Verfügbarkeit usw.) steuern personalwirtschaftliche Prozesse.
- Informationen über Kunden und Märkte steuern Marketingprozesse.

Merkmale von Prozessen

Start, Ende, Input, Output

Alle Prozesse haben einen bestimmbaren **Start** bzw. einen Auslöser. Der Auslöser eines Prozesses ist ein Ereignis. Jeder Prozess benötigt einen **Input**, das sind Informationen, die den Prozess steuern. Prozesse haben jeweils auch ein bestimmbares **Ende** und ein bestimmtes Ergebnis, den **Output**.

Beispiele:
- Ein Kunde bestellt bei der Sommerfeld Bürosysteme GmbH. Durch Eingang des Bestellschreibens (Auslöser des Prozesses) beginnt der Prozess der Auftragsbearbeitung. Der Input für diesen Prozess sind Kunden- und Produktdaten. Der Prozess ist abgeschlossen durch eine Annahme des Auftrages (dann ist der Output eine Auftragsbestätigung an den Kunden und die Weitergabe der Auftragsdaten an Rechnungswesen und Produktion) oder durch die Ablehnung des Auftrages, z. B. weil nicht fristgemäß produziert werden kann oder erforderliche Materialien nicht vorrätig sind (dann ist der Output eine Auftragsablehnung an den Kunden oder es beginnt ein neuer Prozess der Verhandlungen mit dem Kunden).
- Bei der computergestützten Lagerwirtschaft wird bei Erreichen von bestimmten Mengen (Meldebestand) automatisch ein Bestellvorgang ausgelöst. Das Erreichen des Meldebestandes ist der Auslöser des Bestellprozesses. Input sind Informationen über das Lagerprodukt (Artikel-Nr., Lieferanten-Nr. usw.). Output sind die konkreten Bestelldaten bzw. Bestellungen bei Lieferanten.
- Bei der Anlieferung von Material wird eine Materialeingangsprüfung durchgeführt. Dieser Prozess hat als Starterereignis die Anlieferung. Hier wird nun u. a. geprüft, ob die angelieferten Materialien bestellt waren. Das Ergebnis dieses Prüfungsprozesses kann entweder die Annahme oder bei mangelhafter Lieferung die Abweisung der Lieferung sein. Output ist somit entweder die Anweisung, den Einlagerungsprozess einzuleiten (Lager-Nr., Lagerstandort usw.) oder eine Mängelrüge zu erteilen.

Prozess-Schritte

Innerhalb des Prozesses werden die Input-Informationen verarbeitet, d. h., sie werden nach bestimmten Vorgaben miteinander und mit anderen Informationen verknüpft. Der Prozess besteht somit aus einzelnen Arbeitsschritten bzw. Prozess-Schritten. Hieraus entstehen neue Informationen, die als **Output** den Prozess verlassen und als **Input** für andere Prozesse dienen.

Beispiel: Ein Informationsverarbeitungsprozess in der Sommerfeld Bürosysteme GmbH

```
                          Der Prozess „Lohnberechnung"
```

| Diese Infos sind Output von anderen Info-Prozessen, z. B.
– Ermittlung von Arbeitsstunden
– Ermittlung von Überstunden | Infos als **INPUT**
...
Name
Anschrift
Stundenlohn
Arbeitsstunden
...

Infos befinden sich auf Datenträgern (Akten, Festplatten) | Sachbearbeiterin Sonja Nolden berechnet Löhne für Hilfskräfte (Prozessor)

Prozess-Schritte
...
Berechnung
– Bruttolohn
– Lohnsteuer
– Sozialabgaben | Infos als **OUPUT**
...
Bruttolohn
Abzüge
Nettolohn

Infos befinden sich auf Datenträgern (Akten, Festplatten) | Diese Infos werden Input für andere Info-Prozesse, z. B.
– Überweisen der Löhne
– Buchen der Löhne
– Überweisen der Abzüge |

Die **Prozess-Schritte** sind in einem Prozess abhängig vom Input. Sie sind vorzuplanen und nach optimierten Strukturen zu gestalten.

Beispiel: Die Abläufe in einem Prozess „Bestellung bearbeiten" können unterschiedlich sein, je nachdem, wie die Bestellung eingegangen ist, z. B. telefonisch, per Fax, schriftlich, per E-Mail usw.

Prozessor

Der **Prozessor** ist der Handelnde des Prozesses, er wickelt den Prozess ab. Er kann aus einem Mitarbeiter, einem Arbeitsteam, einem Computersystem (Hardware und Software) oder aus Kombinationen von Mitarbeitern und Computersystemen (Mensch-Maschine-System) bestehen.

Beispiel: Eine Lohnabrechnung kann entweder von einem Sachbearbeiter mithilfe von Akten, Tabellen, Listen, Formularen usw. weitgehend manuell durchgeführt werden oder computergestützt durch einen Mitarbeiter erfolgen. Es ist auch möglich, dass die gesamte Abrechnung völlig automatisiert allein durch ein Computersystem abgewickelt wird.

Durchlaufzeit

Für die Abwicklung eines Prozesses ist eine bestimmbare Zeit planbar. Sie wird Durchlaufzeit genannt. Sie ergibt sich aus der Differenz zwischen **Anfangs- und Endzeitpunkt** des Prozesses. Die Durchlaufzeit wird benötigt, um die Dauer von Prozessen zu bestimmen, damit Personal-, Raum- und Maschinenkapazitäten geplant werden können. Ferner können Prozesskosten ermittelt werden.

Beispiel: Der Prozess Lohnabrechnung mit einem computergestützten System hat eine durchschnittliche Durchlaufzeit von 120 Sekunden je Mitarbeiter (inkl. Zeit für die Erstellung der Belege). Wenn bekannt ist, wie viele Mitarbeiter in diesem Prozess eingebunden sind, welche Personal- und Raumkosten sie verursachen und wie viele anteilige Kosten der Hard- und Software anfallen, so kann dieser Prozess kostenmäßig erfasst werden.

Prozessketten, Prozessnetze

Unternehmensprozesse sind eingebettet in **Prozessketten** bzw. **Prozessnetze**. Prozessketten ergeben sich, wenn der Output eines Prozesses zum Input eines anderen Prozesses wird und diesen auslöst bzw. steuert. Wird der Output eines Prozesses zum Input von mehreren anderen Prozessen, so kann ein Prozessnetzwerk entstehen.

Beispiel: Internes Prozessnetzwerk in der Sommerfeld Bürosysteme GmbH (Auszug)

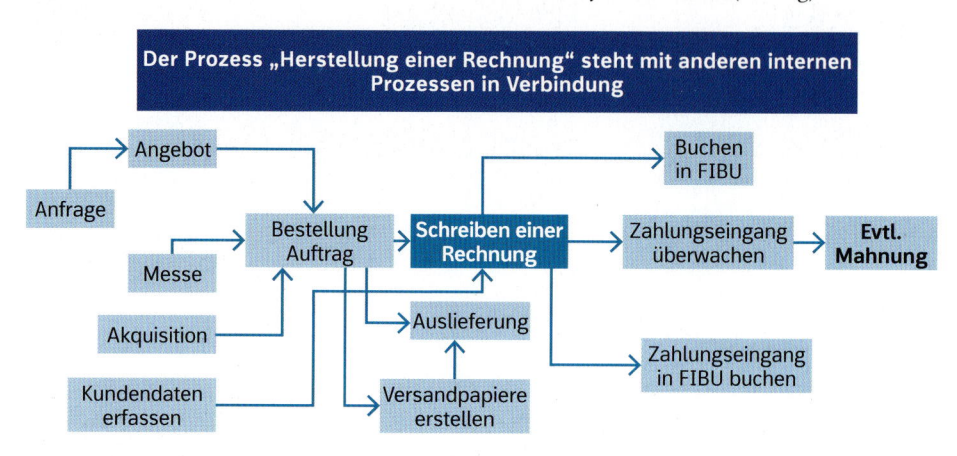

Der Prozess „Herstellung einer Rechnung" steht mit anderen internen Prozessen in Verbindung

- Anfrage
- Angebot
- Messe
- Akquisition
- Kundendaten erfassen
- Bestellung Auftrag
- Schreiben einer Rechnung
- Auslieferung
- Versandpapiere erstellen
- Buchen in FIBU
- Zahlungseingang überwachen
- Zahlungseingang in FIBU buchen
- Evtl. Mahnung

Interne, externe Prozesse

Prozessketten und -netze können innerhalb eines Unternehmens ablaufen (**interne Prozesse**) oder aber mit der Umwelt (Kunden, Lieferern) in Beziehung stehen (**externe Prozesse**). Bei externen Beziehungen und Prozessen ist auf die **Schnittstellen zum Umsystem** zu achten. Bei der Gestaltung von Prozessen müssen daher die Beziehungsrichtungen, die auszutauschenden Informationen sowie die Kanäle des Informationsaustausches exakt beschrieben sein. Dies ist erforderlich, um Fehlerquellen beim Informationsaustausch zu vermeiden.

Beispiel: Externe Prozessbeziehungen der Sommerfeld Bürosysteme GmbH

Mit welchen anderen Info-Systemen steht die Sommerfeld Bürosysteme GmbH in Beziehung?

Außenbeziehungen der Sommerfeld Bürosysteme GmbH = Beziehungen zum Umsystem

- Finanzamt
- Lieferer
- Banken
- Versicherungen
- Sommerfeld Bürosysteme GmbH
- Kunden
- Steuerberater
- Werbeagentur
- Spediteure

Es gibt eine Vielzahl von Informationsprozessen, die systemübergreifend ablaufen, also über das System Sommerfeld Bürosysteme GmbH hinausgehen = **externe Beziehungen**

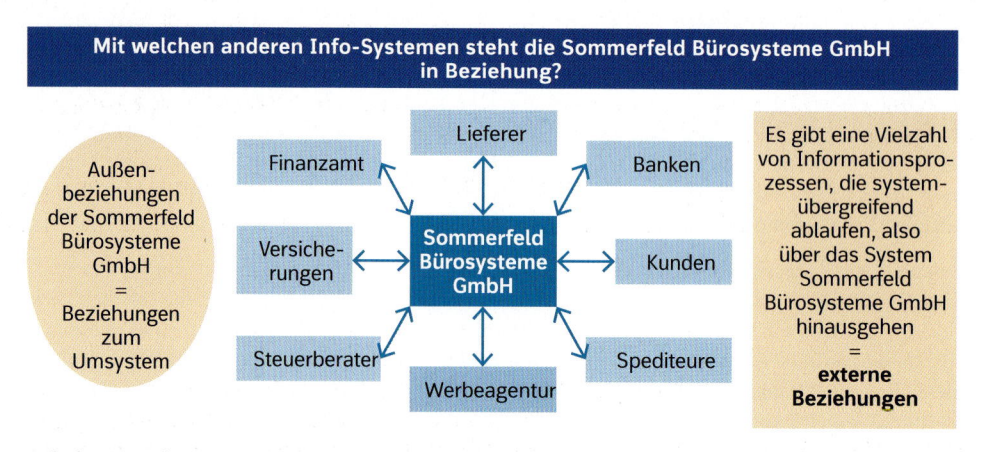

Jegliche Beziehung eines Unternehmens zu seinem Umfeld führt zur Beeinflussung interner Prozesse.

Prozesshierarchie, Prozessabgrenzung, Prozessauflösung

Unternehmensprozesse müssen für konkrete Gestaltungsaufgaben gegliedert werden, um überschaubare handhabbare Strukturen zu erhalten. Man erhält dabei Prozessbereiche, die in ihrem Kontext mit anderen Prozessen, insbesondere den Input-Output-Beziehungen, analysiert und zielorientiert gestaltet werden können (vgl. S. 205 f.).

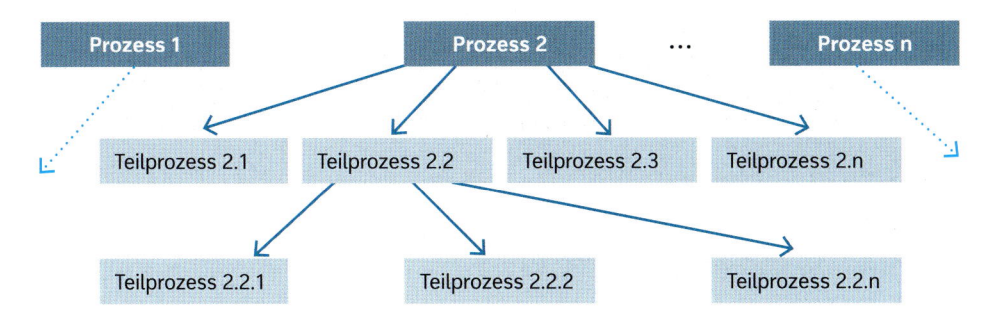

```
Prozess 1        Prozess 2        ...        Prozess n
                 |
    ┌────────────┼────────────┬────────────┐
Teilprozess 2.1  Teilprozess 2.2  Teilprozess 2.3  Teilprozess 2.n
                 |
    ┌────────────┼────────────┐
Teilprozess 2.2.1  Teilprozess 2.2.2  Teilprozess 2.2.n
```

Diese Prozess-Ebenen können je nach Bedarf bzw. je nach Komplexität verfeinert werden.

Zusammenfassung

Definition und Merkmale von Prozessen in Unternehmen

- *Ein Prozess ist eine **Abfolge von Aktivitäten (Prozess-Schritten)**.*
- *Jeder Prozess hat einen bestimmten **Start** sowie ein definiertes **Ende**, somit kann die Durchlaufzeit eines Prozesses bestimmt werden.*
- *In jedem Prozess fließt ein **Input** hinein, jeder Prozess hat einen bestimmten **Output**.*
- *Inputs und Outputs können Material, Leistungen oder Informationen sein, somit gibt es **Material-, Leistungs- und Informationsprozesse***
- *Inputs von Prozessen sind Outputs von anderen Prozessen, Outputs werden somit zu Inputs, hierdurch entstehen **Prozessketten und Prozessnetze**.*
- *Prozesse werden von Prozessoren abgearbeitet, Prozessoren können Mitarbeiter, Maschinen (Computersysteme) oder Kombinationen von Mitarbeitern und Computersystemen sein.*
- ***Interne Prozesse** beziehen sich auf ein einzelnes Unternehmen, bei **externen Prozessen** sind andere Unternehmen oder Kunden eingebunden.*
- *Prozesse können in **Teilbereiche (Prozess-Ebenen)** gegliedert werden, hierdurch kommt es zu einer **Prozesshierarchie**.*

PRAXISTIPP!

Weil Informationen die Grundlage für alle übrigen Prozesse sind, muss auch die Informationstechnologie im Unternehmen entsprechend angepasst werden. Eine Vernetzung aller Computer sorgt dafür, dass jeder am Prozess Beteiligte auf alle erforderlichen Daten zugreifen kann. Software muss so aufeinander abgestimmt werden, dass Informationen von einem System automatisch in ein anderes System übernommen werden.

Aufgaben

1. Konstruieren Sie konkrete Beispiele für folgende Prozesse (vgl. S. 208) geben Sie jeweils Inputs sowie Outputs an:

   a) Materialprozesse　　　　　b) Leistungsprozesse　　　　　c) Informationsprozesse

2. Erläutern Sie, weshalb Informationsprozesse in Unternehmen eine zentrale Bedeutung haben.

3. Skizzieren Sie den Prozess der Rechnungserstellung in der Sommerfeld Bürosysteme GmbH nach dem Schema auf S. 205. Geben Sie an, woher der Input kommt und wohin der Output geht.

4. Erläutern Sie, wozu die Durchlaufzeit eines Prozesses benötigt wird.

5. Stellen Sie den Unterschied zwischen internen und externen Prozessen dar und geben Sie jeweils ein konkretes Beispiel an.

6. Erstellen Sie in Gruppenarbeit ein Prozessnetz der Sommerfeld Bürosysteme GmbH. Gehen Sie dabei von dem Prozess Rechnungserstellung (vgl. S. 208) aus. Entwickeln Sie für alle vor- und nachgelagerten sowie parallelen Prozesse die jeweiligen Inputs und Outputs. Da für die Darstellung des Prozessnetzes viel Raum benötigt wird, benutzen Sie in Ihren Gruppen Plakate (Packpapier, Tapetenrollen o. Ä.). Verbinden Sie die Einzelergebnisse der Gruppen. Analysieren Sie das Gesamtergebnis und ergänzen Sie es gegebenenfalls.

4.2 Wertschöpfungsprozesse und nicht wertschöpfende Prozesse

Rudolf Heller, Auszubildender in der Sommerfeld Bürosysteme GmbH, ist gerade in der Abteilung Rechnungswesen eingesetzt. Er hat von Herrn Effer, seinem Abteilungsleiter, einen Auftrag erhalten. Er soll eine Statistik über die Häufigkeit der Verspätungen und Fehlzeiten der Mitarbeiter in der Abteilung Marketing erstellen. Rudolf Heller geht deshalb zu Diana Feld, die als Auszubildende in der Abteilung Marketing eingesetzt ist, und schildert ihr seine Aufgabe. Sie scheint sehr beschäftigt und antwortet ihm: „So ein Quatsch, ihr im Rechnungswesen habt wohl nichts Besseres zu tun als Zahlenfriedhöfe zu produzieren. Wozu braucht ihr denn solch eine Statistik? Wir hier im Marketing sehen zu, dass wir uns ausschließlich mit Dingen beschäftigen, die das Unternehmen im Markt nach vorne bringen, unsere Arbeitsprozesse sind wertschöpfend! Ohne unsere Arbeit könnte das Unternehmen überhaupt nicht bestehen!" – „Ja, aber ich soll doch ...", wirft Rudolf Heller ein, wird aber sofort unterbrochen. „Ich habe gelernt, dass nicht alle Arbeiten in einem Unternehmen gleich wichtig sind, nur die wertschöpfenden Prozesse sind wichtig, das sagt auch mein Abteilungsleiter immer – und nun verzieh dich, ich hab zu tun!"

Rudolf Heller ist zunächst einmal sprachlos. „Sind die Arbeiten in einem Unternehmen tatsächlich unterschiedlich wichtig?"

Arbeitsaufträge

- Klären Sie den Unterschied zwischen Arbeitsprozessen und wertschöpfenden Prozessen.
- Begründen Sie, ob es sich bei der Erstellung einer Statistik zu Verspätungen und Fehlzeiten für die Abteilung Marketing um einen Arbeitsprozess oder einen wertschöpfenden Prozess handelt.
- Nehmen Sie kritisch Stellung zu der These: „Nur wertschöpfende Prozesse sind es wert, dass sie optimal gestaltet werden."

Merkmale von Geschäftsprozessen

Der Begriff Geschäftsprozesse wird als Oberbegriff für verschiedene Arten von Prozessen verwendet. Nicht jeder Arbeitsprozess in einem Unternehmen ist aber zwangsläufig auch ein Geschäftsprozess im engeren Sinne.

Geschäftsprozesse im engeren Sinne weisen drei charakteristische Merkmale auf:

Merkmale	Beispiele aus der Sommerfeld Bürosysteme GmbH
1. Ein Geschäftsprozess ist eine wiederholt ablaufende Folge von **Funktionen** (Aktivitäten, Vorgängen, Aufgaben, Transaktionen). Diese hängen zeitlich und inhaltlich zusammen und sind in sich abgeschlossen.	Ein Geschäftsprozess in der Sommerfeld Bürosysteme GmbH kann alle Prozesse vom Auftragseingang über Auftragsprüfung, Beschaffung von Material, Produktion bis hin zur Auslieferung umfassen. Alle Teilprozesse stehen in einem zeitlichen und sachlogischen Zusammenhang.
2. Ein Geschäftsprozess besteht aus Funktionen (Vorgängen), die **kundenorientiert und erfolgsrelevant** sind. Sie gehören zum Kerngeschäft eines Unternehmens und erhöhen die Wertschöpfung. Daher werden sie auch Kernprozesse genannt. Geschäftsprozesse sind mit Informationen und/oder Materialien bzw. Produkten verknüpft.	▪ Die „Auftragsgewinnung" ist ein Geschäftsprozess, sie ist sowohl kundenorientiert als auch erfolgsrelevant, weil Kunden nur diejenigen Güter und Dienstleistungen zu bezahlen bereit sind, die für sie einen Wert darstellen. Dieser Prozess beinhaltet u. a. als Informationsobjekt eine „Rechnung" und als physisches Objekt die ausgelieferten Produkte. ▪ Die Teilaufgabe „Durchführung einer Inventur zur Vorbereitung des Jahresabschlusses" in der Sommerfeld Bürosysteme GmbH ist kein Geschäftsprozess. Zwar entstehen Informationsobjekte, jedoch ist dieser Prozess nicht kundenorientiert (schafft also keine marktfähigen Werte) und auch nicht erfolgsrelevant.
3. Ein Geschäftsprozess existiert nicht isoliert. Er ist eingebettet in andere Prozesse und mit ihnen **vernetzt**. Geschäftsprozesse enthalten verschiedene messbare **Inputs** (z. T. von anderen Geschäftsprozessen, z. T. von der unternehmensexternen Umwelt), die verarbeitet werden und messbare **Outputs** erzeugen.	Der Prozess „Auftragsbearbeitung" erhält u. a. Inputs von dem Prozess „Auftragsgewinnung", hier werden Informationen übergeben, z. B. Kundendaten, Produktdaten, Termine, Konditionen usw. In diesem Prozess werden diese Informationen gezielt verarbeitet, so werden z. B. Kundendatensätze angelegt, Bonitäten (Zahlungsfähigkeit der Kunden) geprüft usw. Dieser Prozess erzeugt neue Informationen als Outputs, die als Input für weitere Prozesse dienen, z. B. Auslösung eines Beschaffungsprozesses für Materialien, Auslösung eines Produktionsprozesses usw.

Fehlt eines dieser Merkmale, so handelt es sich nicht um einen Geschäftsprozess im engeren Sinne. Geschäftsprozesse im engeren Sinne sind somit eine Teilmenge aller in einem Unternehmen ablaufenden Prozesse.

Support- und Serviceprozesse und ihre Bedeutung

Neben den Kernprozessen existieren in Unternehmen weitere Prozesse. Hierzu gehören insbesondere Service- und Supportprozesse. Diese haben keinen wertschöpfenden Charakter, d. h., ein Kunde wäre nicht bereit, für den Output eines solchen Prozesses einen Preis zu bezahlen. Obwohl diese Prozesse Aufwand und Kosten verursachen, werden sie in Unternehmen trotzdem vollzogen. Gründe hierfür können u. a. gesetzliche Auflagen und Vorschriften, innerbetriebliche Koordinations- oder Kontrollmaßnahmen und Vorgaben durch Geschäftspartner sein.

Beispiele:
- Die Finanzbuchhaltung ist Kaufleuten gesetzlich vorgeschrieben. Der Jahresabschluss ist für Kapitalgesellschaften ebenfalls gesetzlich vorgeschrieben. Hieraus ableitbare Prozesse sind aber i. d. R. nicht wertschöpfender Natur. Kunden wären nicht bereit, hierfür einen Preis zu bezahlen.
- Im Rahmen der Kosten- und Leistungsrechnung werden verschiedene Verfahren der Kostenrechnung eingesetzt, um die Produktivität und Rentabilität von betrieblichen Teilbereichen zu kontrollieren. Diese Prozesse sind nicht wertschöpfend, sie dienen nur der Entscheidungsfindung im Unternehmen.
- Bei Exporten von Roh-, Hilfs- oder Betriebsstoffen sind z. T. umfangreiche Prozesse bei der Abwicklung von Ausfuhrbestimmungen abzuwickeln, die grundsätzlich nicht wertschöpfend sind. Falls die Abwicklung der Außenhandelsgeschäfte für Kunden durchgeführt wird, so wird eine Dienstleistung erbracht, die wertschöpfend wirkt, weil sie kundenorientiert und erfolgswirksam ist (der Kunde ist bereit, dafür einen Preis zu bezahlen).

Einige dieser Service- und Support-Prozesse stehen in Unternehmen auf dem Prüfstand. Im Rahmen einer Kosten-Nutzen-Analyse wird untersucht, inwiefern diese Prozesse ausgelagert werden können, d. h., ob die Outputs dieser Prozesse durch Externe günstiger zu beschaffen sind. Dabei sind alle Konsequenzen abzuschätzen, die sich aus dem Beschluss zum Outsourcing ergeben. Im Extremfall sind alle Prozesse eines Unternehmens auslagerungsfähig (vgl. virtuelle Unternehmen, S. 194 f.).

Beispiele:
- Im Rahmen des Absatzmarketings schaltet die Sommerfeld Bürosysteme GmbH vielfach externe Werbeagenturen ein. Sie kauft sich also den Output der Prozesse „Erstellung einer Werbekampagne", „Produktion von Werbemitteln" ein.
- Der Output des Prozesses „Zahlungseingänge von Kunden überprüfen" wird durch Forderungsabtretung an eine Bank (Factoring) erzeugt, der gesamte Prozess kann ausgelagert werden.
- Der gesamte Prozess „Personalbeschaffung" kann an eine Personalagentur ausgelagert werden.

Etliche der nicht wertschöpfenden Unternehmensprozesse sind für Unternehmen unumgänglich. So sind einige Support-Prozesse Voraussetzung für die mittel- und langfristige Existenz des Unternehmens.

Beispiele:
- Prozesse der Personalbereitstellung, -förderung und -verwaltung
- Prozesse zur Sicherung der Liquidität eines Unternehmens (Finanzierung, Liquiditätsplanung und -kontrolle)

- Prozesse der Bereitstellung von Infrastruktur (Beschaffung von Investitionsgütern, Grundstücken, Immobilien)
- Prozesse der internen IT-Unterstützung (User-Support am Arbeitsplatz)

Diese Prozesse ermöglichen z. T. erst die Abwicklung von wertschöpfenden Prozessen. Sie bilden die Grundlagen des gesamten Unternehmens und schaffen die Rahmenbedingungen für die Prozessgestaltung.

Rechnungswesen und Controlling als Supportprozesse

Auch wenn das Rechnungswesen eines Unternehmens selbst nicht wertschöpfend ist, so ist es doch ein wichtiges Instrument zur Erfassung, Steuerung und Überwachung der Wertschöpfung. Es bereitet Informationen über Geld- und Güterströme auf und wertet sie aus. Diese Informationen leisten einen wichtigen Beitrag zur Gewinnerzielung und Existenzsicherung im Unternehmen.

Das Controlling stellt Informationen, insbesondere Daten, Methoden und Modelle zur Verfügung, die für die Planung und die Kontrolle notwendig sind, und erarbeitet darüber hinaus konkrete Vorschläge für Veränderungen und zukünftige Planungsvorgaben. Betriebliche Planungs- und Controllingprozesse hängen somit eng zusammen und tragen entscheidend zur Sicherung des Unternehmens bei.

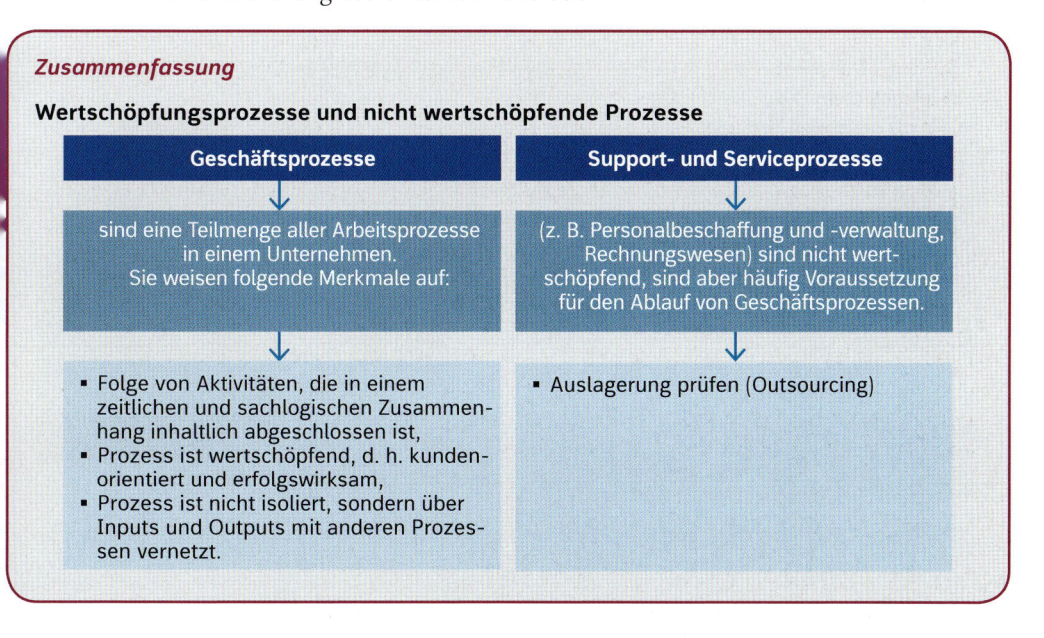

Zusammenfassung

Wertschöpfungsprozesse und nicht wertschöpfende Prozesse

Geschäftsprozesse	Support- und Serviceprozesse
sind eine Teilmenge aller Arbeitsprozesse in einem Unternehmen. Sie weisen folgende Merkmale auf:	(z. B. Personalbeschaffung und -verwaltung, Rechnungswesen) sind nicht wertschöpfend, sind aber häufig Voraussetzung für den Ablauf von Geschäftsprozessen.
• Folge von Aktivitäten, die in einem zeitlichen und sachlogischen Zusammenhang inhaltlich abgeschlossen ist, • Prozess ist wertschöpfend, d. h. kundenorientiert und erfolgswirksam, • Prozess ist nicht isoliert, sondern über Inputs und Outputs mit anderen Prozessen vernetzt.	• Auslagerung prüfen (Outsourcing)

Aufgaben

1. Stellen Sie Gemeinsamkeiten und Unterschiede von Geschäftsprozessen i. e. S. und Support- bzw. Serviceprozessen gegenüber.
2. Nehmen Sie kritisch Stellung zu der Aussage: „Geschäftsprozesse i. e. S. sind zu optimieren, Support- und Serviceprozesse sind zu eliminieren!"

3. Entscheiden Sie, ob folgende Prozesse als Geschäftsprozesse i. e. S. bezeichnet werden können:

   a) versandfertige Verpackung eines Auftrages,
   b) Inventur im Lager,
   c) Gründung einer Filiale,
   d) Einstellung eines Mitarbeiters in der Kundenberatung,
   e) Schulung von Mitarbeitern.

4. Führen Sie eine Pro- und Kontra-Diskussion in der Klasse durch. Die Pro-Fraktion vertritt den Standpunkt, dass eine Unterscheidung zwischen Geschäftsprozessen i. e. S. und Support- bzw. Serviceprozessen in einem Unternehmen erforderlich ist, die Kontra-Fraktion verteidigt den Standpunkt, dass diese Unterscheidung überflüssig ist und alle Arbeitsprozesse als gleichwertig zu behandeln sind. Beide Fraktionen bereiten sich mit entsprechenden Argumentationslisten vor. Ein Teil der Klasse übernimmt die Rolle der Beobachter und listet die jeweiligen Argumente auf. Abschließend ist eine gemeinsame Auswertung durchzuführen.

4.3 Prozesskategorien

Rudolf Heller hat eingesehen, dass nicht alle Arbeitsprozesse in einem Unternehemen wertschöpfend und somit auch keine Geschäftsprozesse sind. Vom Prinzip her ist ihm klar, wie einzelne Geschäftsprozesse durch Input- und Output-Beziehungen miteinander vernetzt sind. Er denkt darüber nach, wie die Vielzahl der verschiedenen Geschäftsprozesse in der Sommerfeld Bürosysteme GmbH einzuteilen ist, damit sie für ihn übersichtlicher werden. Er stellt sich die Frage, welche Typen oder Arten von Geschäftsprozessen es gibt, damit er sich eine „Prozesslandschaft" vorstellen kann.

Arbeitsaufträge

- Erarbeiten Sie Vorschläge, wie Geschäftsprozesse in übersichtliche Kategorien einzuteilen sind.
- Erläutern Sie, welche Vorteile die Sommerfeld Bürosysteme GmbH davon hat, Geschäftsprozesse in Kategorien einzuteilen.
- Finden sie heraus, ob es in der Sommerfeld Bürosysteme GmbH „Schlüsselprozesse" gibt, die für das Unternehmen von besonderer Bedeutung sind.

Prozesse lassen sich einerseits hinsichtlich ihrer Auswirkungen auf den Unternehmenserfolg, andererseits hinsichtlich ihres Nutzens für den Kunden einteilen. Hieraus entstehen Kategorien von Prozessen, die unterschiedliche Perspektiven und Bedeutungen für ein Unternehmen haben.

Prozesstypen

	niedrig — Nutzen für den Kunden — hoch
hoch Auswirkungen auf den Unternehmenserfolg **niedrig**	**Hebelprozesse**: Strategischer Einkauf, Forschung, Finanzmanagement | **Schlüsselprozesse (Kernprozesse)**: Produktion, Auftragsabwicklung, Produktentwicklung, Vertrieb
	Unterstützende Prozesse: Personalverwaltung, Buchhaltung | **Opportunistische Prozesse**: After-Sales-Service, Qualitätsmanagement

Vgl. Barske, Heiko; Gerybadze, Alexander; Hünninghausen, Lars; Sommerlatte, Tom (Hrsg.): Das innovative Unternehmen 2001.

Schlüssel- und Hebelprozesse

sind für ein Unternehmen besonders wichtig, da sie eine hohe Bedeutung für den Unternehmenserfolg haben, also die Gewinn- und Rentabilitätsziele unterstützen. Schlüsselprozesse (Kernprozesse) haben zusätzlich eine hohe Bedeutung für Kunden. Bei der Prozessoptimierung gilt diesem Prozesstyp daher die größte Aufmerksamkeit.

Beispiel: In der Sommerfeld Bürosysteme GmbH gehören insbesondere alle Prozesse zur Auftragsgewinnung und zur Kundenpflege zu den Schlüsselprozessen. Die Finanzbuchhaltung ist kein Schlüsselprozess, da sie weitgehend automatisiert ablaufen kann und keine strategische Bedeutung hat. Die Liquiditätsplanung hingegen ist ein strategisch wichtiger Prozess, der die Existenz des Unternehmens sichert.

Unterstützende Prozesse

haben geringe bzw. nur indirekte Auswirkungen auf den Unternehmenserfolg und einen geringen Nutzen für Kunden. Supportprozesse sollten möglichst kostengünstig abgewickelt werden. Trotzdem sind sie erforderlich und müssen optimiert werden, da sie z. T. die Voraussetzungen für andere Prozesse bilden. Häufig werden diese Prozesse ausgelagert.

Beispiel: Die Personalverwaltung der Sommerfeld Bürosysteme GmbH hat keinen direkten Nutzen für ihre Kunden. Sie ist aber notwendig, um den Personalbestand des Unternehmens zu verwalten.

Opportunistische Prozesse

haben zwar einen hohen Kundennutzen, jedoch nur geringen bzw. indirekten Einfluss auf den Unternehmenserfolg. Sie sollten möglichst kostengünstig abgewickelt werden.

Beispiel: Reklamationen sind trotz sorgfältigster Arbeit unvermeidbar. Im Rahmen eines Reklamations-Management-Systems versucht die Sommerfeld Bürosysteme GmbH Reklamationsarbeiten trotz der hohen Kundennähe und des Nutzens für die Kunden möglichst kostengünstig abzuwickeln.

Weitere Prozesskategorien

Große Unternehmen, die eine Vielzahl unterschiedlicher Prozesse zu gestalten und zu koordinieren haben, benötigen eine Einteilung zusätzlich zu der in Geschäfts- und Supportprozesse, die es ihnen ermöglicht, Prozesse einzuordnen, um ihre Bedeutung für das gesamte Unternehmen zu erkennen und um entsprechende Maßnahmen zur Prozessoptimierung einleiten zu können. Folgende Tabelle zeigt einige Prozesskategorien und gibt eine Beschreibung der Prozesse mit Inputs und Outputs:

Innovationsprozesse	Sie dienen dem Aufbau des Unternehmenspotenzials und der Weiterentwicklung des Leistungsangebotes in Märkten, Produkten und Technologie. • Ideenprozess (von der Produktidee zum Produktgeschäftsplan) • Produktlebenszyklusprozesse (vom Produktgeschäftsplan zum Produktauslauf)
Kundenbeziehungsprozesse	Sie umfassen die Betreuung der Kunden und potenzieller Marktpartner von der Anbahnung über die Abwicklung und Nachbetreuung von Geschäften und dienen der Information des Marktes und der Imagepflege: • Marketingprozesse (von der Marktbeobachtung zur Marktposition) • Öffentlichkeitsarbeit (von der Unternehmensstrategie zum positiven Image) • Kommunikationsprozesse (vom Geschäftskontakt zur Kundenanfrage) • Akquisitions- und Angebotsprozesse (von der Kundenanfrage zum Auftrag) • Service-Prozesse (von der Kundennachfrage zur Serviceleistung)
Logistikprozesse	Sie umfassen alle Aktivitäten der Leistungserstellung und administrativen Abwicklung von der Beschaffung bis zur Distribution der Leistung: • Auftragsmanagementprozesse (vom Auftrag zur koordinierten Auftragsabwicklung) • Beschaffungsprozesse (von der Bestellanforderung zur Bereitstellung von Gütern) • Produktionsprozesse (vom Fertigungsauftrag zum erstellten Produkt) • Lagerprozesse (vom Materialeingang zum Materialausgang) • Lieferprozesse (von der Leistung bis zur Auslieferung)
Übergreifende Prozesse	Hierzu gehören Aktivitäten zur Rechnungsstellung und zur Nachkalkulation von Aufträgen: • (Projekt-) Controlling-Prozesse (von der Planung zur Nachkalkulation) • Abrechnungsprozesse (von der Rechnungsstellung zum Zahlungseingang)

Unternehmensentwicklungsprozesse	Sie umfassen die Aktivitäten zum Aufbau eines marktorientierten Leistungspotenzials und einer optimalen Ressourcenzuordnung im Hinblick auf Mitarbeiter, Organisation und Wissensmanagement: • Personalentwicklungsprozesse (vom Personalbedarf zur Mitarbeiterintegration) • Organisationsentwicklungsprozesse (von der Geschäftsanforderung zur Organisation) • Informations- und Wissensmanagementprozesse (vom Wissen zum Wissensaustausch)

Prozesslandschaften können nicht allgemeingültig formuliert werden, da betriebsspezifische Besonderheiten zu berücksichtigen sind.

Alle diese Prozesse werden einheitlich in zwei Ebenen beschrieben. Auf der ersten Ebene wird der Prozess im Überblick mit seinen Schnittstellen, seinen Inputs- und Outputs aufgezeigt, ferner werden die Erfolgsfaktoren benannt.

> **PRAXISTIPP!**
>
> *Die genaue Beschreibung und Einteilung von Geschäftsprozessen in Kategorien bildet ebenso wie die anschließende Modellierung die Voraussetzung dafür, dass Geschäftsprozesse verbessert und stärker an die Erfordernisse des Marktes sowiean die Erwartungen der Kunden angepasst werden können.*

Beispiel für eine sogenannte Prozesslandschaft eines großen Elektro-Konzerns mit 25 Prozessen

Geschäftsprozesse		Produktgeschäft	Systemgeschäft	Projekt-/Lösungsgeschäft	Dienstleistungsgeschäft	Supportprozesse
Geschäftsführungsprozesse	Strategie- & Geschäftsplanungsprozesse	○	○	○	○	Rechnungs- & Finanzwesen
	Absatzplanungsprozesse	○	○	○	○	
	Kooperationsprozesse	○	○	○	○	
Innovationsprozesse	Ideenprozesse	○	○	○	○	Berichterstattung & Controlling
	Produktlebenszyklus-Prozesse	○	○	○	○	
Kunden-/Partnerbeziehungsprozesse	Marketingprozesse	○	○	○	○	
	Öffentlichkeitsarbeit	○	○	○	○	
	Kommunikationsprozesse	○	○	○	○	Personalwirtschaft
	Akquisitions- & Angebotsprozesse	○	○	○	○	
	Service-Prozesse	○	○	○	○	
Logistikprozesse	Auftragsmanagement	○	○	○	○	Grunddatenprozesse
	Beschaffungsprozesse	○	○	○	○	
	Produktionsprozesse	○	○	○	○	
	Lagern	○	○	○	○	
	Lieferprozesse	○	○	○	○	Informationssysteme & Services
Übergreifende Prozesse	Projektcontrolling	○	○	○	○	
	Abrechnungsprozesse	○	○	○	○	
Unternehmensentwicklungsprozesse	Personalentwicklung					
	Organisationsentwicklungsprozesse					
	Informations- & Wissensmanagement					

Beispiel: Akquisitions- und Angebotsprozesse: von der Kundenanfrage zum Auftrag
1. Ebene

```
Kundenanfrage → [Bearbeitung von spezifischen Kunden mit dem Ziel, den Kundenauftrag zu erhalten] → Auftrag

Vertrieb                    Erfolgsfaktoren                        Kunde
                   ■ Intensität der Kundenbetreuung
                   ■ Geschwindigkeit der Angebotserstellung
                   ■ kundenspezifisches Leistungsangebot
```

Auf der nächsten Ebene wird der Prozess in seinen wesentlichen **Prozess-Schritten** beschrieben. Für jeden Prozess-Schritt werden Inhalt, Ergebnisse sowie Messgrößen angegeben. Ferner werden die am Prozess-Schritt beteiligten Organisationseinheiten aufgeführt und die verantwortliche Einheit (z. B. Abteilung) wird benannt.

Beispiel: Akquisitions- und Angebotsprozesse
2. Ebene

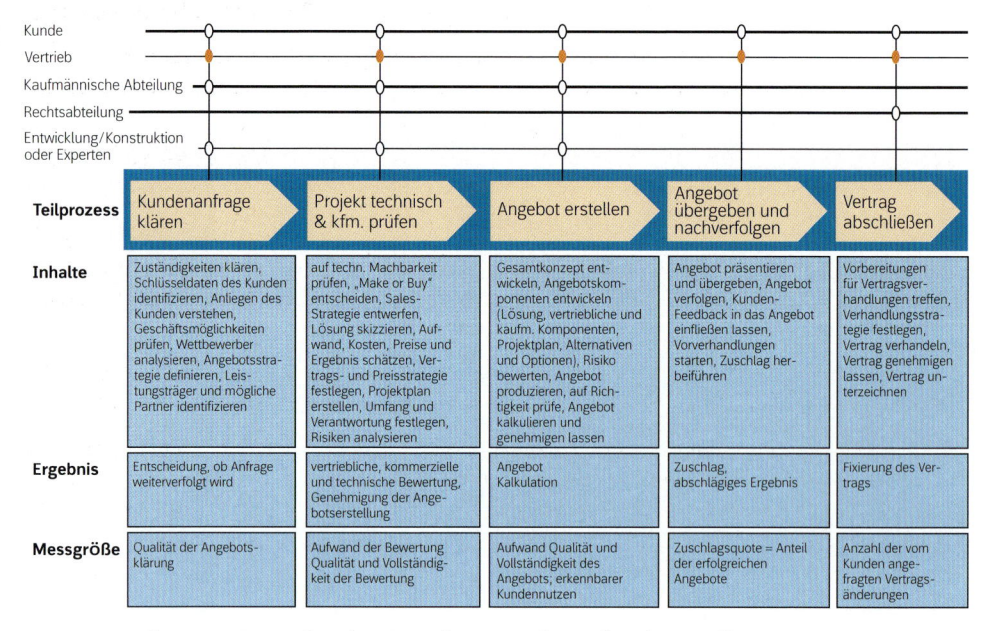

Beteiligte Organisationseinheiten: Kunde, Vertrieb, Kaufmännische Abteilung, Rechtsabteilung, Entwicklung/Konstruktion oder Experten

Teilprozess	Kundenanfrage klären	Projekt technisch & kfm. prüfen	Angebot erstellen	Angebot übergeben und nachverfolgen	Vertrag abschließen
Inhalte	Zuständigkeiten klären, Schlüsseldaten des Kunden identifizieren, Anliegen des Kunden verstehen, Geschäftsmöglichkeiten prüfen, Wettbewerber analysieren, Angebotsstrategie definieren, Leistungsträger und mögliche Partner identifizieren	auf techn. Machbarkeit prüfen, „Make or Buy" entscheiden, Sales-Strategie entwerfen, Lösung skizzieren, Aufwand, Kosten, Preise und Ergebnis schätzen, Vertrags- und Preisstrategie festlegen, Projektplan erstellen, Umfang und Verantwortung festlegen, Risiken analysieren	Gesamtkonzept entwickeln, Angebotskomponenten entwickeln (Lösung, vertriebliche und kaufm. Komponenten, Projektplan, Alternativen und Optionen), Risiko bewerten, Angebot produzieren, auf Richtigkeit prüfe, Angebot kalkulieren und genehmigen lassen	Angebot präsentieren und übergeben, Angebot verfolgen, Kunden-Feedback in das Angebot einfließen lassen, Vorverhandlungen starten, Zuschlag herbeiführen	Vorbereitungen für Vertragsverhandlungen treffen, Verhandlungsstrategie festlegen, Vertrag verhandeln, Vertrag genehmigen lassen, Vertrag unterzeichnen
Ergebnis	Entscheidung, ob Anfrage weiterverfolgt wird	vertriebliche, kommerzielle und technische Bewertung, Genehmigung der Angebotserstellung	Angebot Kalkulation	Zuschlag, abschlägiges Ergebnis	Fixierung des Vertrags
Messgröße	Qualität der Angebotsklärung	Aufwand der Bewertung Qualität und Vollständigkeit der Bewertung	Aufwand Qualität und Vollständigkeit des Angebots; erkennbarer Kundennutzen	Zuschlagsquote = Anteil der erfolgreichen Angebote	Anzahl der vom Kunden angefragten Vertragsänderungen

Diese Einteilung ist Basis für die Gestaltung und Beschreibung aller Prozesse im Unternehmen. Sie liefert die Grundlagen für eine effiziente Ausstattung des Unternehmens mit Informations- und Kommunikations-Technologie.

Zusammenfassung

Prozesskategorien

- Prozesse können hinsichtlich ihrer **Auswirkungen auf den Unternehmenserfolg und des Nutzens für Kunden** eingeteilt werden **(Schlüssel- und Hebelprozesse, unterstützende, opportunistische Prozesse)**.
- **Prozesse** können zur Übersichtlichkeit in **Kategorien** eingeteilt werden. Unternehmen konstruieren für sich eine **Prozesssystematik**.
- Dort werden die betriebsindividuellen Rahmenbedingungen für die Prozessgestaltung festgeschrieben.
- Folgende **Prozesskategorien** sind üblich:
  - **Geschäftsführungsprozesse** (strategische Ausrichtung und Positionierung des Unternehmens)
  - **Innovationsprozesse** (Aufbau des Unternehmenspotenzials und Weiterentwicklung des Leistungsangebotes)
  - **Kundenbeziehungsprozesse** (Umgang mit Marktpartnern von der Anbahnung bis zur Nachbetreuung von Kontakten)
  - **Logistikprozesse** (Aktivitäten der Leistungserstellung und administrativen Abwicklung von der Beschaffung bis zur Distribution der Leistungen)
  - **Übergreifende Prozesse** (Controlling- und Abrechnungsprozesse)
  - **Unternehmensentwicklungsprozesse** (Aktivitäten zum Aufbau eines marktorientierten Leistungspotenzials, Organisation, Personal- und Wissensmanagement)
  - **Supportprozesse** (nicht wertschöpfende unterstützende Prozesse der Leistungsprozesse)
- Die **Schnittstellen** zwischen Prozessen sind durch Inputs und Outputs deutlich erkennbar.
- Die Systematik gibt Hilfen für die **Planung und Optimierung der IT-Infrastruktur**.

Aufgaben

1. Erläutern Sie Hebel- bzw. Schlüsselprozesse und opportunistische Prozesse mit selbst gewählten Beispielen, nutzen Sie dabei die Übersicht auf S. 215.
2. Formulieren Sie für die einzelnen Prozesskategorien in der Übersicht auf S. 216 f. konkrete Beispiele aus der Sommerfeld Bürosysteme GmbH.
3. Betrachten Sie die Übersicht zur Prozessbeschreibung – Ebene 2 auf S. 218. Machen Sie Vorschläge, mit welchen Messgrößen einzelne Prozess-Schritte zu beurteilen sind.
4. Führen Sie eine Internet-Recherche durch und erstellen Sie eine Dokumentation zu dem Thema: „Welche Arten von Geschäftsprozessen gibt es?"

4.4 Dimensionen und Gestaltungselemente von Geschäftsprozessen sowie Kosten- und Nutzeneffekte berücksichtigen

Rudolf Heller hat mit mehreren Kollegen und Mitarbeitern der Sommerfeld Bürosysteme GmbH über Geschäftsprozessorientierung gesprochen. In der Berufsschule haben ihm einige Mitschüler erzählt, dass in ihren Unternehmen eindeutige Richtlinien vorhanden sind, wie Prozesse zu gestalten sind. Ein Mitschüler sagte: „Bei uns ist jeder Prozess klar beschrieben. Die einzelnen Dimensionen und Elemente eines Prozesses sind jeweils bekannt, und so kann er permanent optimiert werden. Der Vorteil ist dabei, dass von Anfang an klar ist, dass ein Prozess zwar klar geregelt sein muss, aber nicht von unbeschränkter Dauer ist. Er kann bei Bedarf angepasst werden. Hierzu brauchst du natürlich Mitarbeiter, die dazu in der Lage sind. Deshalb nehmen wir im Betriebsunterricht an entsprechenden Kursen teil, ich bringe dir mal die Unterlagen mit."

Rudolf Heller ist gespannt und neugierig. Er möchte erfahren, welche Dimensionen und Gestaltungselemente Geschäftsprozesse haben, damit er experimentieren und selbst Geschäftsprozesse gestalten kann.

Arbeitsaufträge

- Erstellen Sie eine Checkliste der Dimensionen von Geschäftsprozessen.
- Konstruieren Sie ein Schaubild, das die Gestaltungselemente von Geschäftsprozessen übersichtlich darstellt.

Um Geschäftsprozesse zu gestalten, ist es erforderlich, ihre Merkmale (vgl. S. 211 f.) und Dimensionen sowie Gestaltungselemente zu kennen. Insbesondere bei der Analyse vorhandener Arbeitsabläufe sind die Dimensionen von Prozessen ein wichtiges Hilfsmittel, um die Prozesse zu optimieren.

Dimensionen von Geschäftsprozessen

Geschäftsprozesse sind mehrdimensional zu betrachten. Hierbei sind die Dimensionen Länge, Breite, Tiefe und Varianten zu bestimmen.

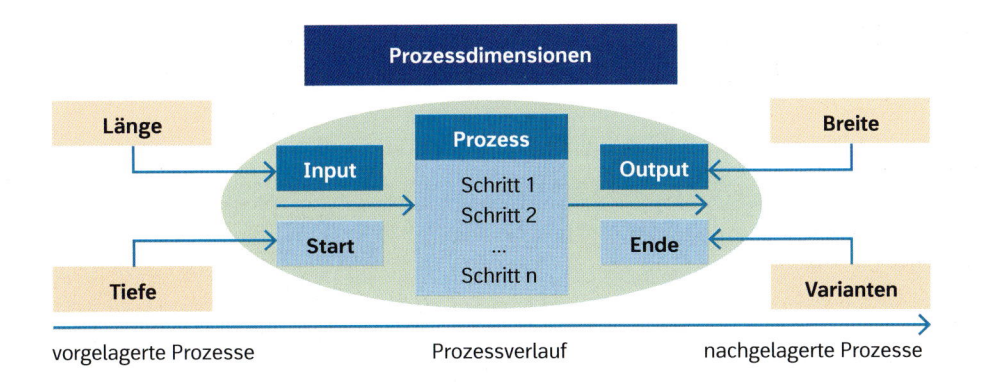

Prozessdimensionen

```
Länge                    Prozess                   Breite
         Input                    Output
                    Schritt 1
                    Schritt 2
         Start      ...           Ende
Tiefe               Schritt n                 Varianten

vorgelagerte Prozesse    Prozessverlauf    nachgelagerte Prozesse
```

Prozesslänge

Mit der Länge eines Prozesses wird die **Anzahl der organisatorischen Einheiten** bezeichnet, über die sich der Prozess erstreckt. Hier geht es also um die Anzahl der Schnittstellen innerhalb eines Geschäftsprozesses. Bei Schnittstellen werden Outputs zu Inputs der Folgeprozesse.

Folgende Arten von organisatorischen Einheiten können dabei unterschieden werden (Kriterium):

Kriterium für Prozesslänge	Erläuterung
Unternehmensübergreifend	Der Geschäftsprozess betrifft mindestens zwei Unternehmen Beispiel: Die Sommerfeld Bürosysteme GmbH plant mit einem Teillieferanten gemeinsam den Prozess „Qualitätsprüfung" neu. Hierbei werden die einzelnen Arbeitsschritte koordiniert und die entsprechenden Daten zwischen den Unternehmen abgeglichen, um Fehlerquellen auszuschließen.
Funktionsübergreifend	Der Geschäftsprozess betrifft mindestens zwei betriebliche Funktionen in einem Unternehmen Beispiel: Die Auftragsannahme in der Sommerfeld Bürosysteme GmbH steht in Verbindung mit den betrieblichen Funktionen Rechnungswesen, Lager und Produktion. Hier muss ein bedarfsgerechter Datenabgleich erfolgen.
Stellenübergreifend	Der Geschäftsprozess betrifft mindestens zwei Stellen in einer Organisationseinheit des Unternehmens (z. B. Abteilung) Beispiel: Innerhalb der Abteilung „Rechnungswesen" der Sommerfeld Bürosysteme GmbH sind die Daten und die Abläufe der einzelnen Prozesse so zu gestalten, dass sie ohne zusätzliche Arbeiten von der aufnehmenden Stelle verarbeitet werden können.

Prozessbreite

Die Prozessbreite gibt an, **wie viele einzelne Vorgänge** einen Geschäftsprozess ausmachen.

Kriterium für Prozessbreite	Erläuterung
Ein Vorgang	Ein konkreter, einzelner Vorgang oder Aspekt eines Geschäftsprozesses Beispiel: Innerhalb des Geschäftsprozesses „Auftragsbearbeitung" ist in der Sommerfeld Bürosysteme GmbH der Vorgang „Auftragsbestätigung schreiben" abzuwickeln: Es werden nur diejenigen Aktivitäten und Daten betrachtet, die in Zusammenhang mit der Bearbeitung dieses Vorgangs stehen.
Vorgangsbündel	Eine Auswahl wichtiger Aspekte des Geschäftsprozesses Beispiel: Innerhalb des Geschäftsprozesses „Auftragsbearbeitung" in der Sommerfeld Bürosysteme GmbH werden die wesentlichen Vorgänge und Daten dieses Geschäftsprozesses betrachtet, z. B. Erfassen der Kundendaten, Erfassen der Auftragsdaten, Auftragsbestätigung usw.
Alle Vorgänge	Alle Aspekte des Geschäftsprozesses Beispiel: Es werden alle Aktivitäten, Vorgänge und Daten des gesamten Geschäftsprozesses „Auftragsbearbeitung" in der Sommerfeld Bürosysteme GmbH ganzheitlich und vollständig betrachtet.

Prozessvarianten

Varianten eines Geschäftsprozesses ergeben sich durch **Sonderfälle und Ausnahmen** vom gestalteten Standardprozess. Insbesondere für Unternehmen, die im Rahmen von

→ LF 6 ISO-Zertifizierungen[1] (vgl. S. 628 f.) Qualitätshandbücher und Nachweise zu erstellen haben, sind diese Fälle besonders wichtig.

Beispiel: Der Vorgang „Ware versandfertig verpacken" ist abhängig von der Versandart, somit müssen die Standard-Versandarten bestimmt werden (Bahn, Lkw usw.). Ein Sonderfall könnte bei der Sommerfeld Bürosysteme GmbH ein Übersee-Versand sein, hierzu sind Sonderbestimmungen im Einzelfall zu beachten.

Prozesstiefe

Die Prozesstiefe beschreibt die **Gliederungstiefe**, also wie fein oder detailliert die Aktivitäten (Prozess-Schritte, vgl. S. 218 f.) beschrieben werden. Es wird also die **Prozesshierarchie** (vgl. S. 209 f.) untersucht, wobei jede Ebene der Prozesse weiter untergliedert werden kann. Mit abnehmender Hierarchie-Ebene werden die Prozessbeschreibungen immer deutlicher und für den einzelnen Mitarbeiter konkreter, sodass er seine Arbeit bewältigen kann.

Beispiel: Sommerfeld Bürosysteme GmbH

---

[1] *Im Rahmen von Qualitätssicherungsmaßnahmen unterziehen sich Unternehmen einer genormten Prüfung. Das Ergebnis dieser Prüfung wird zertifiziert. In vielen Branchen wird ausschließlich mit Unternehmen kooperiert, die diese Zertifizierung nachweisen können (vgl. S. 628 f.).*

Wertschöpfungsbereiche

- Produktion + Vertrieb „Warten und Empfang"
- Produktion + Vertrieb „Am Schreibtisch"
- ...

Geschäftsprozesse

- Auftragsabwicklung Groß- und Einzelhandel
- Auftragsabwicklung Direktverkauf
- ...

Hauptprozesse, Kernprozesse
- Ermittlung Kundenwunsch
- Angebot erstellen
- Produktion

Serviceprozesse, Unterstützungsprozesse, Supportprozesse
- Rechnungserstellung
- Zahlungsüberwachung
- ...

Vorgänge

... | Teilebeschaffung | Fertigung | Abschlusstest | ...

Aktivitäten

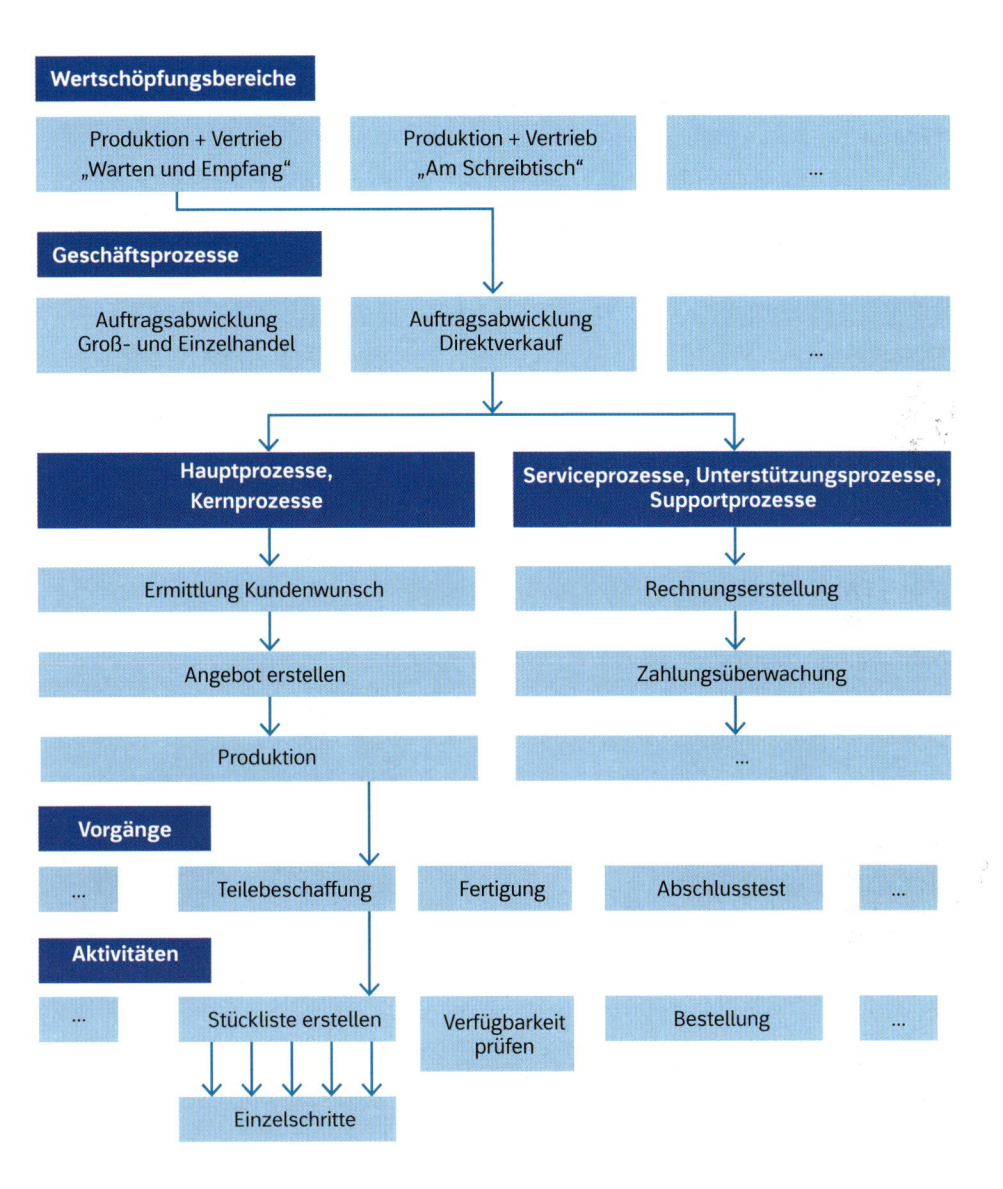

... | Stückliste erstellen | Verfügbarkeit prüfen | Bestellung | ...

Einzelschritte

Ansatzpunkte für die Gestaltung von Geschäftsprozessen

Ansatzpunkte für die Gestaltung eines Geschäftsprozesses sind die Aktivitäten (Vorgänge), die Mitarbeiter und Organisationseinheiten, die IT-Infrastruktur (Hardware und Software) eines Unternehmens sowie das Beziehungsgefüge zwischen diesen Elementen.

Die einzelnen Elemente bzw. Komponenten bilden ein vernetztes Informationssystem. Jede einzelne Komponente kann auch als eigenes System begriffen werden, das seinerseits aus vernetzten Elementen besteht.

Neben dem **Internet** spielt das **Intranet** eine zentrale Rolle bei der Gestaltung von Geschäftsprozessen.

Ein **Intranet** verbindet die Computer eines Betriebes oder aller Filialen eines Unternehmens. Die Kommunikation zwischen den Unternehmen wird dadurch erheblich schneller, die Unternehmen werden flexibler, eine breitere Datenbasis steht zur Verfügung und es entstehen Zeit- und Kostenersparnisse. In Verbindung mit der Internettechnologie sind die angeschlossenen Computer selbstverständlich auch von außen ansprechbar.

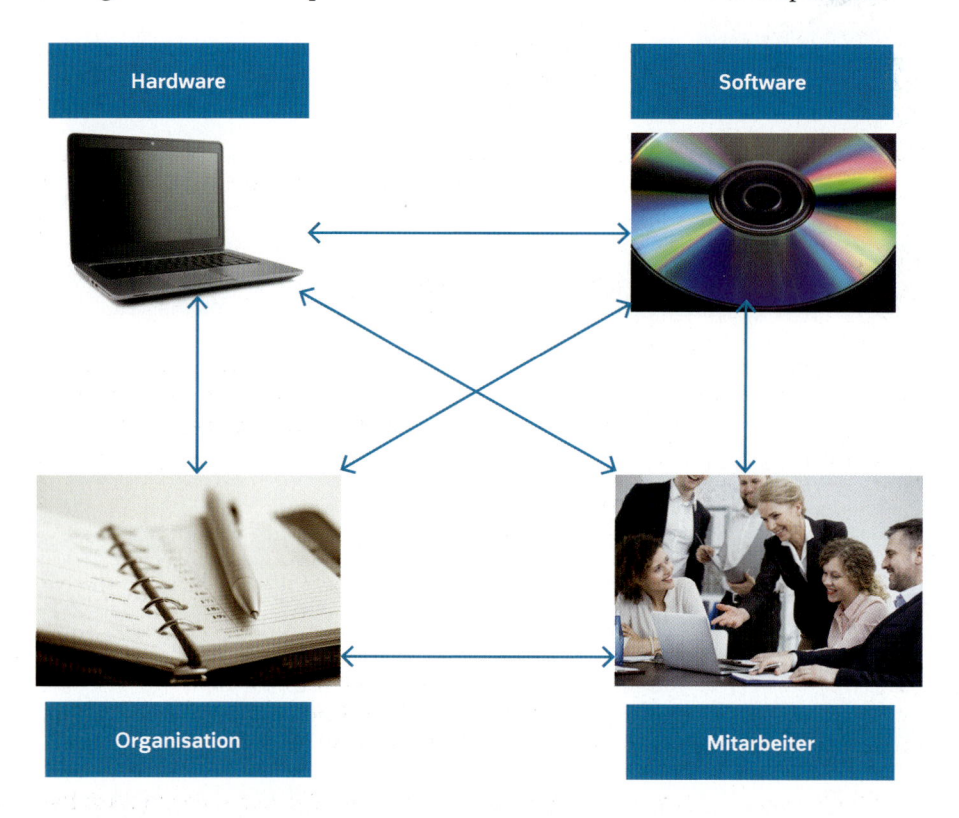

Hardware	Software
Organisation	Mitarbeiter

Beispiele: Hardware-Netzwerke, Beziehungsnetzwerke (soziale Netze) bei Mitarbeitern

Achtung: Das jeweils leistungsschwächste Element bestimmt die Leistungsfähigkeit des gesamten Systems!

Elemente	Erläuterung
Hardware	Summe aller **technisch-physikalischen Einheiten** (Geräte) des Unternehmens Beispiele: – Monitor, Drucker – Workstation, Server – Speichermedien, Datenträger – Tastatur, Maus, Scanner usw. – Verbindungsleitungen

Elemente	Erläuterung
Software	Summe aller **Programme** („Arbeitsanweisungen" für die Hardware) eines Unternehmens Beispiele: – Textverarbeitungsprogramm – Auftragsverarbeitungsprogramm – Datensicherungsprogramm – Kundenverwaltungsprogramm – Betriebssysteme
Organisation	Summe aller **organisatorischen Maßnahmen** zum (optimalen) Betrieb des Systems Beispiele: – Aktivitäten und Prozesse festlegen – Einsatz der Mitarbeiter und Sachmittel – Zugangsberechtigungen zu Daten
Mitarbeiter	Summe aller Kenntnisse und Fähigkeiten der Mitarbeiter (Menschen) im System (Maschinen), die zur effektiven Nutzung notwendig sind Beispiele: – notwendige Prozesskenntnisse – Problemlösungsfähigkeiten – Flexibilität, Motivation und Software

Diese Elemente sind in Beziehung zu den Kernprozessen eines Unternehmens zu setzen, wobei der Fokus auf einer erhöhten Kundenorientierung liegt, um die Wettbewerbsfähigkeit des Unternehmens zu stärken und seine Existenz auf dem Markt zu sichern.

Die Basis für die Neugestaltung eines Prozesses bilden häufig die vorhandenen Aktivitäten bzw. Aktivitätenketten, die im Rahmen der Ist-Erhebung aufgenommen und auf Schwachstellen geprüft wurden. Diese Aktivitäten stellen nun ein Gestaltungselement dar. Ziel ist es dabei, einen „idealen Prozessablauf" zu konstruieren.

> *Ideale Prozesse erfüllen insbesondere folgende **Kriterien:***
> - *Entscheidungen werden dort gefällt, wo der Entscheidungsbedarf anfällt.*
> - *Es werden so viele Aktivitäten wie möglich auf so wenige Bearbeiter wie möglich gebündelt.*
> - *Aktivitäten, die parallel ablaufen können, werden auch parallel bearbeitet.*
> - *Daten werden nur einmal erfasst und nur einmal geprüft, und zwar am Ort der Entstehung.*
> - *Ein externer Kunde oder Lieferant hat nur einen internen Ansprechpartner.*
> - *Der interne Ansprechpartner bündelt so viele Vorgänge wie möglich und minimiert dadurch die Anzahl der externen Kontakte.*

Gestaltungsmöglichkeiten bei Aktivitäten

Wenn sich die Gestaltung auf **Aktivitäten** bezieht, sind folgende Möglichkeiten denkbar:

Gestaltungs-maßnahme	Erläuterung
Eliminieren	Eine Aktivität wird „weggelassen", also gestrichen, weil sie aufgrund der Analyse einfach nicht mehr erforderlich ist. Sie erzeugt einen Output, der nicht (mehr) benötigt wird und Ressourcen bindet. Beispiel: Von allen Lieferscheinen wird beim Materialeingang eine Kopie angefertigt, am Monatsende werden sie an die Abt. Einkauf weitergeleitet, die diese Belege aber nicht benötigt.
Verlagern	Verlagern bedeutet, dass eine Aktivität zu einem früheren Beginn startet. Beispiel: Bereits bei der Personaleinstellung werden alle erforderlichen Daten für die spätere Gehaltsabrechnung erfasst.
Zusammenfassen	Durch Zusammenfassen von Aktivitäten können Einarbeitungs-, Liege- und Transportzeiten eingespart werden. Beispiel: Rechnungserstellung und Erstellung von Lieferscheinen werden zusammengefasst.
Auslagern	Es wird untersucht, ob Aktivitäten an andere Organisationseinheiten oder externe Stellen ausgelagert werden können (Outsourcing). Beispiel: Die Überwachung der Zahlungseingänge und das Mahnwesen werden ausgelagert. Eine Factoring-Bank übernimmt gegen Bezahlung diese Prozesse.
Beschleunigen	Die Durchlaufzeit einer Aktivität, eines Vorgangs oder eines Prozesses wird verkürzt. Ggf. ist eine Verkürzung durch Einsatz von IT-Mitteln möglich. Beispiel: Durch Einsatz von mobilen Datenerfassungsgeräten wird die Inventur (vgl. S. 254 ff.) beschleunigt.
Automatisieren	Eine Aktivität wird automatisiert, d. h. vollständig von einer Maschine oder von DV-Systemen ausgeführt. Beispiel: Die Fakturierung erfolgt automatisch nach Eingabe der Auftragsdaten.
Parallelisieren	Es wird untersucht, welche der bisher nacheinander vollzogenen Aktivitäten zeitgleich durchgeführt werden können. Die Durchlaufzeit eines Vorgangs wird dadurch verkürzt. Beispiel: Während der Materialeingangskontrolle wird bereits die Einlagerung veranlasst.

Gestaltungs-maßnahme	Erläuterung
Vermeiden von Medienbrüchen	Medienbrüche sind zu vermeiden. Sie entstehen, wenn mit unterschiedlichen Medien operiert wird. Hierdurch entstehen zusätzliche Schnittstellen, Arbeitsvorgänge und Fehlerquellen.
	Beispiel: Schriftliche Bestellungen von Kunden müssen in die Bestellerfassungsmaske eingegeben werden, damit sie weiterverarbeitet werden können. Es entsteht ein Medienbruch (Medium Brief wird in digitale Form übersetzt). Kunden kann die Gelegenheit gegeben werden, online Bestellungen aufzugeben, dann liegen die Daten sofort in der erforderlichen Form vor.

Gestaltungsalternativen bei Mitarbeitern und Organisationseinheiten

Wenn sich die Gestaltung auf Organisationseinheiten oder Mitarbeiter bezieht, können folgende Maßnahmen ergriffen werden:

Gestaltungs-maßnahme	Erläuterung
Rollenwechsel vermeiden	Konzentration der Aktivitäten auf weniger Personen, Ausweiten von Entscheidungskompetenzen
	Beispiel: Die Kompetenz für Entscheidungen beim Einkauf wird für die Einkaufssachbearbeiter erweitert. Wenn bisher die Entscheidungsgrenze bei Einkaufssummen bei 5 000,00 € lag, liegt sie nun bei 50 000,00 €. Der Abteilungsleiter wird weniger häufig eingeschaltet.
Schnittstellen verknüpfen	Schnittstellen entstehen, wenn sich Aktivitäten oder Prozesse über mehrere Organisationseinheiten erstrecken.
	Beispiel: Die Übergabe der Outputs von Aktivitäten kann vereinfacht werden. In der Fertigung werden Lohnlisten mit Überstunden der Mitarbeiter erstellt, bei der Lohnabrechnung im Personalbereich werden die Daten in einer anderen Reihenfolge als in der Liste der Fertigung benötigt. Ein Abgleich der Daten und der Reihenfolge verknüpft diese Schnittstelle besser.
Ansprechpartner reduzieren	Aus der Sicht externer Kunden entsteht das Bedürfnis, mit möglichst wenigen Mitarbeitern des Unternehmens in Verbindung zu treten.
	Beispiel: Ein Kunde hat nur noch einen Ansprechpartner im Unternehmen, egal ob Auskünfte bezüglich Bestellungen oder Rechnungen angefragt werden.

Gestaltungsalternativen bei IT-Infrastruktur

Die IT-Infrastruktur besteht aus Hardware und Software. Zur Hardware gehören alle physischen Komponenten, also PCs als Clients oder Workstation, Verbindungsleitungen für Computer-Netzwerke, Server, Speichermedien usw. (vgl. S. 224 f.). Bei der Beschaffung von IT-Infrastruktur muss auf Kompatibilität (Verträglichkeit von Hard- und Software untereinander), auf Ergonomie sowie auf technologische Entwicklungen und betriebsindividuelle Bedürfnisse geachtet werden.

Kosten- und Nutzeneffekte

Eine Ausrichtung eines Unternehmens auf Geschäftsprozessorientierung ist ein tiefgreifender Prozess, der mit finanziellen Aufwendungen und wirtschaftlichem Nutzen verbunden ist.

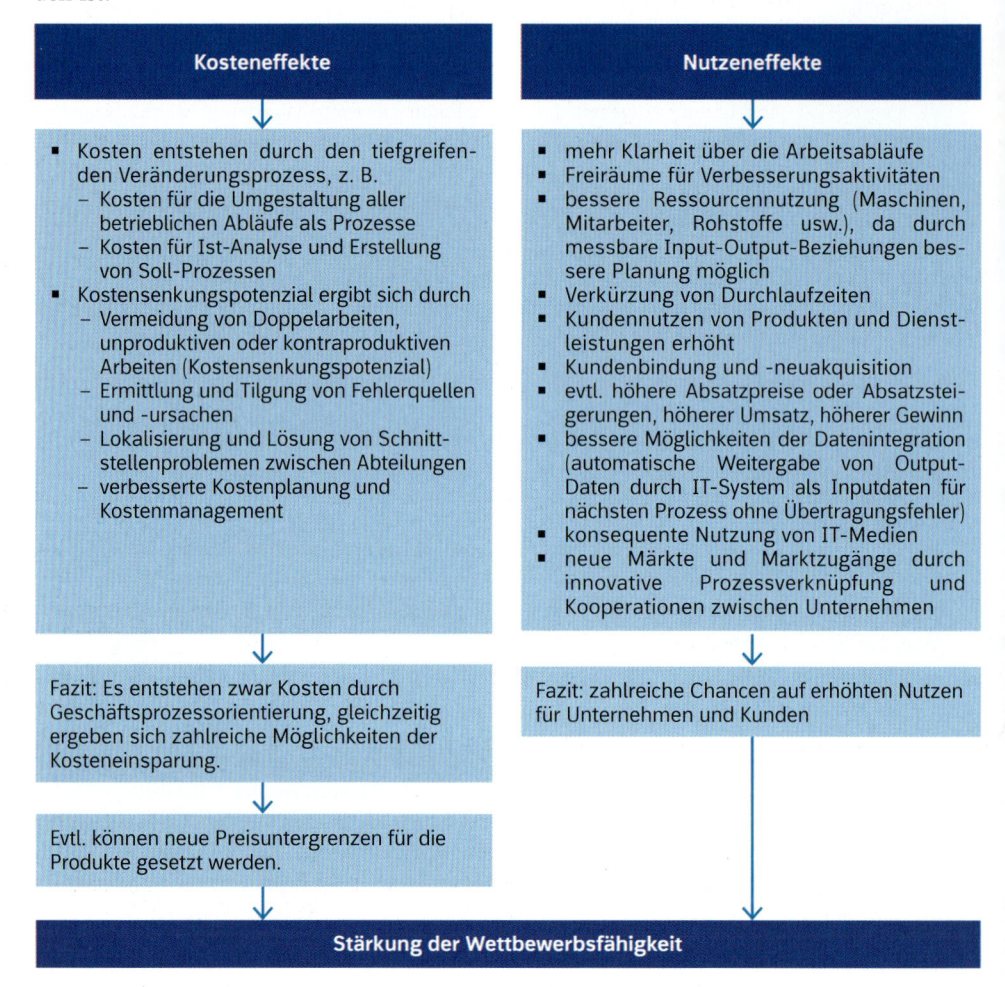

Kosteneffekte

- Kosten entstehen durch den tiefgreifenden Veränderungsprozess, z. B.
  - Kosten für die Umgestaltung aller betrieblichen Abläufe als Prozesse
  - Kosten für Ist-Analyse und Erstellung von Soll-Prozessen
- Kostensenkungspotenzial ergibt sich durch
  - Vermeidung von Doppelarbeiten, unproduktiven oder kontraproduktiven Arbeiten (Kostensenkungspotenzial)
  - Ermittlung und Tilgung von Fehlerquellen und -ursachen
  - Lokalisierung und Lösung von Schnittstellenproblemen zwischen Abteilungen
  - verbesserte Kostenplanung und Kostenmanagement

Fazit: Es entstehen zwar Kosten durch Geschäftsprozessorientierung, gleichzeitig ergeben sich zahlreiche Möglichkeiten der Kosteneinsparung.

Evtl. können neue Preisuntergrenzen für die Produkte gesetzt werden.

Nutzeneffekte

- mehr Klarheit über die Arbeitsabläufe
- Freiräume für Verbesserungsaktivitäten
- bessere Ressourcennutzung (Maschinen, Mitarbeiter, Rohstoffe usw.), da durch messbare Input-Output-Beziehungen bessere Planung möglich
- Verkürzung von Durchlaufzeiten
- Kundennutzen von Produkten und Dienstleistungen erhöht
- Kundenbindung und -neuakquisition
- evtl. höhere Absatzpreise oder Absatzsteigerungen, höherer Umsatz, höherer Gewinn
- bessere Möglichkeiten der Datenintegration (automatische Weitergabe von Output-Daten durch IT-System als Inputdaten für nächsten Prozess ohne Übertragungsfehler)
- konsequente Nutzung von IT-Medien
- neue Märkte und Marktzugänge durch innovative Prozessverknüpfung und Kooperationen zwischen Unternehmen

Fazit: zahlreiche Chancen auf erhöhten Nutzen für Unternehmen und Kunden

Stärkung der Wettbewerbsfähigkeit

Die Kostenaspekte von Geschäftsprozessorientierung können nicht isoliert betrachtet werden. Vielmehr müssen Kosten immer in Relation zu entsprechenden Leistungen gesehen werden. Somit sind auch Veränderungen von Kosten (Senkung, Erhöhung) im Verhältnis zu den jeweiligen Veränderungen der Leistungen (Minderungen, Erhöhungen) zu untersuchen.

Zusammenfassung

Dimensionen und Gestaltungselemente von Geschäftsprozessen

- Geschäftsprozesse haben folgende **Dimensionen**:
  - Länge (Anzahl der organisatorischen Einheiten)
  - Breite (Anzahl der einzelnen Vorgänge)
  - Tiefe (Grad der Detaillierung von Prozess-Schritten)

- Geschäftsprozesse weisen folgende Gestaltungselemente auf:
  - Vorgänge (Aktivitäten)
  - IT-Infrastruktur (Hardware, Software)
  - Mitarbeiter und Organisationseinheiten
  - Beziehungen zwischen den Elementen (Organisation)

- **Kosteneffekte:**
  - Kosten für die Analyse von Prozessen (Ist-Aufnahme)
  - Kosten für organisatorische Veränderungen (Reorganisation)
  - Kosten für die Schulung von Mitarbeitern
  - Kosten der Reorganisation sollten als Investitionen betrachtet werden, die sich später amortisieren

- **Nutzeneffekte:**
  - Aufdeckung von Schwachstellen im Unternehmen
  - besserer Ressourceneinsatz
  - Erhöhung des Kundennutzens
  - besseres Kostenmanagement
  - Ausnutzen von Potenzialen
  - Freiräume für Verbesserungsaktivitäten
  - bessere Koordinationsmöglichkeiten

Aufgaben

1. Formulieren Sie jeweils ein konkretes Beispiel für unternehmens-, funktions- und stellenübergreifende Prozesse und erläutern Sie daran die Länge von Prozessen.

2. Bilden Sie in Ihrer Klasse Gruppen. Erstellen Sie in jeder Gruppe eine Prozesshierarchie nach der Vorlage auf S. 209 f. für ein Unternehmen Ihrer Wahl. Vergleichen Sie anschließend Ihre Gruppenarbeitsergebnisse. Stellen Sie dabei folgende Fragen: Was ist bei den Unternehmen verschieden, was ist gleich oder ähnlich?

3. Geben Sie für folgende Prozesse bzw. Vorgänge Varianten an:

   a) Annahme einer Bestellung,
   b) Schreiben einer Rechnung,
   c) Gehaltsabrechnung.

4. Bilden Sie in Ihrer Klasse Gruppen. Betrachten Sie jeweils den Prozess Ihrer Einschulung in der Berufsschule (Anmeldung über Ausbildungsbetriebe, Erfassen der persönlichen Daten usw.). Analysieren Sie diesen Prozess, untersuchen Sie, welche Personen beteiligt waren, welche Daten erhoben wurden, was mit ihnen geschieht usw. Klären Sie, welchen konkreten Output dieser Prozess haben soll. Prüfen Sie nun in den Gruppen, inwiefern durch die

folgenden Gestaltungsmaßnahmen der Prozess effizienter gestaltet werden könnte: Eliminieren, Verlagern, Zusammenfassen, Auslagern, Beschleunigen, Automatisieren, Parallelisieren, Vermeiden von Medienbrüchen. Diskutieren Sie anschließend Ihre Arbeitsergebnisse und dokumentieren Sie sie. Erstellen Sie daraus einen Vorschlag für Ihre Schulleitung zur Verbesserung der Verwaltungsarbeiten.

5. Bei der Beschaffung von IT-Infrastruktur muss ein Unternehmen ergonomische Erfordernisse beachten, damit die Mitarbeiter effizient und ohne Gesundheitsschäden arbeiten können. Führen Sie eine Internet-Recherche zum Thema „Hardware- und Software-Ergonomie am Arbeitsplatz" durch und dokumentieren Sie Ihre Ergebnisse.

6. Erläutern Sie, weshalb finanzielle Aufwendungen für die Ausrichtung eines Unternehmens auf Geschäftsprozessorientierung als Investitionen aufzufassen sind.

7. Beschreiben Sie an einem selbst gewählten Beispiel, weshalb bereits eine genaue Analyse von Ist-Abläufen in einem Unternehmen zu Kosteneinsparungen führen kann.

8. Nehmen Sie Stellung zu der Aussage: „An einer Geschäftsprozessorientierung kommt mittelfristig kein Unternehmen vorbei, die hierfür notwendigen Aufwendungen sind in jedem Fall geringer als die Gefahr, künftig nicht mehr marktfähig zu sein."

4.5 Instrumente und Verfahren zur Modellierung von Geschäftsprozessen anwenden

Rudolf Heller fühlt sich nun fit, er hat eine gute Übersicht über Arten, Dimensionen und Gestaltungselemente für Geschäftsprozesse. Es fehlt ihm aber an entsprechenden Methoden, Werkzeugen und Instrumenten, um Geschäftsprozesse zu analysieren, zu entwerfen bzw. zu gestalten. Ihm ist klar, dass die Geschäftsprozessentwicklung sehr eng mit der Entwicklung von Software verwandt ist, weil die IT-Nutzung ein zentraler Punkt dieser Arbeit ist. In seiner Berufsschule gibt es Fachklassen mit Auszubildenden der IT-Berufe. Aus Gesprächen mit diesen Schülern weiß er, dass sie ein großes Lernfeld zu Wirtschafts- und Geschäftsprozessen über drei Ausbildungsjahre hinweg zu bewältigen haben. Ebenfalls gibt es das Lernfeld „Software-Entwicklung". IT-Schüler haben ihm berichtet, dass beide Lernfelder sehr enge Beziehungen zueinander haben. Rudolf Heller fragt sich, ob es nicht möglich ist, mit diesen Schülern mal ein gemeinsames Unterrichtsprojekt durchzuführen.

Arbeitsaufträge

- Erstellen Sie eine Übersicht über Methoden und Werkzeuge zur Modellierung von Geschäftsprozessen.

- Klären Sie, welche Voraussetzungen zu erfüllen sind, wenn Ihre Klasse mit einer Klasse mit Auszubildenden der IT-Berufe kooperieren möchte.

Modelle dienen als Hilfsmittel, um komplexe Sachverhalte und Abläufe zu beschreiben und zu erklären. Um Geschäftsprozesse in einem Unternehmen analysieren, verstehen und zielorientiert gestalten zu können, ist es erforderlich, **Geschäftsprozessmodelle** zu konstruieren. Geschäftsprozesse müssen also in einer Form dargestellt werden, die sie transparent und handhabbar macht. Erst wenn ein verständliches Modell der Geschäftsprozesse in Form von Plänen, Symbolen, Beschreibungen usw. eines Unternehmens vorliegt, können konkrete Optimierungsmaßnahmen untersucht und eingeleitet werden.

Die Instrumente und Verfahren der Modellierung von Geschäftsprozessen sind eng verwandt mit den Methoden und Instrumenten der **Software-Entwicklung** bzw. des **Software-Engineerings**. Dies liegt nahe, weil eine IT-Unterstützung insbesondere mit leistungsstarken Datenbanken und der entsprechenden Software-Umgebung für Programmierung und Betrieb ein wesentliches Merkmal der Geschäftsprozessgestaltung ist.

Ereignisgesteuerte Prozessketten (EPK)

Ein Geschäftsprozess beschreibt den ereignisgesteuerten Ablauf von betrieblichen Aufgaben. Somit sind Ereignisse Auslöser von Vorgängen. Diese Prozess-Sicht wird als Basis zur Entwicklung von Modellen genommen.

→ LS 18

EPK beschreiben Prozesse als zusammenhängende Aktivitäten und Ablaufreihenfolgen. Ereignisse lösen Prozesse aus und sind das Ergebnis von Prozessen. Ereignisse werden mit verschiedenen Operatoren (= Arten von Verzweigung) logisch verknüpft. EPK werden mit grafischen Symbolen beschrieben. EPK-Diagramme sind wegen ihrer Anschaulichkeit und Flexibilität heute weitverbreitete Instrumente zur Geschäftsprozessbeschreibung und -entwicklung.

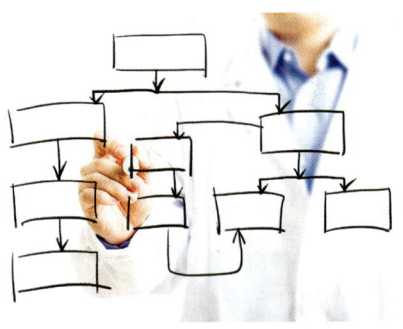

Elemente	Beschreibung	Zusätzliche Bemerkung
Ereignis	Das **Ereignis** beschreibt das Eintreten eines betriebswirtschaftlichen Zustandes, der eine Handlung (Funktion) auslöst bzw. das Ergebnis einer Funktion sein kann.	Jeder Geschäftsprozess beginnt mit einem *Start-/Auslöseereignis* und endet mit einem *End-/Ergebnisereignis*. Bei der Beschreibung der Ereignisse sollten Partizipialkonstruktionen gewählt werden (Bsp.: Aufträge sind angenommen).
Funktion	Die **Funktion** beschreibt, was nach einem auslösenden Ereignis gemacht werden soll.	Funktionen verbrauchen Ressourcen und Zeit. Bei der Beschreibung der Funktionen sollten Verben verwendet werden (Bsp.: Aufträge annehmen).
Organisationseinheit	Die **Organisationseinheit** gibt an, welche Person (Personenkreis) die Funktion ausführt.	Die Organisationseinheit kann nur mit Funktionen verbunden werden.

Elemente	Beschreibung	Zusätzliche Bemerkung
Informationsobjekt	Mit dem **Informationsobjekt** werden die für die Durchführung der Funktion benötigten Daten angegeben.	Das Informationsobjekt kann nur mit Funktionen verbunden werden.
Dokument	Schriftliche **Dokumente** und Belege, die durch das Unternehmen „wandern" bzw. in den Betrieb gelangen oder nach außen gesendet werden.	Zur Abgrenzung gegen Elemente eines Informationssystems
∧ ∨ XOR	Die drei verschiedenen logischen **Operatoren** ermöglichen es, Verzweigungen zwischen Ereignissen und Funktionen bzw. umgekehrt einzufügen.	∧ = UND ∨ = ODER XOR = exklusives Oder (Die folgenden Ereignisse oder Funktionen schließen einander aus)
Prozesswegweiser	Der **Prozesswegweiser** (Unterprozess) ermöglicht es, einzelne Geschäftsprozesse miteinander zu verbinden.	
↓	Der **Kontrollfluss** gibt alle möglichen Durchgänge durch eine EPK wieder. Der Kontrollfluss kann mittels der Operatoren aufgespalten werden.	Die Elemente der EPK sollten so angeordnet werden, dass der Kontrollfluss weitgehend von oben nach unten verläuft.
→ ← ⇄	Der **Informationsfluss** zeigt den Datenfluss zwischen Informationsobjekt und Funktion auf.	
....	Die **Zuordnung** zeigt den Zusammenhang zwischen Organisationseinheit und Funktion.	

Quelle: Heinz Baumgartner, Klaus Ebert, Karsten Schleider: Regeln zur Modellierung von ereignisgesteuerten Prozessketten, Beilage zur kaufmännischen ZPG – Mitteilung Nr. 24.

Beispiele: Nachdem eine Lieferantenrechnung eingegangen ist, wird sie in der Rechnungsprüfungsstelle geprüft und als Verbindlichkeit in der Finanzbuchhaltung gebucht. Nach Eintritt des Zahlungstermins wird in der Kreditorenbuchhaltung der Zahlungsausgang gebucht. Damit ist die Zahlung gebucht und der offene Posten ausgeglichen.

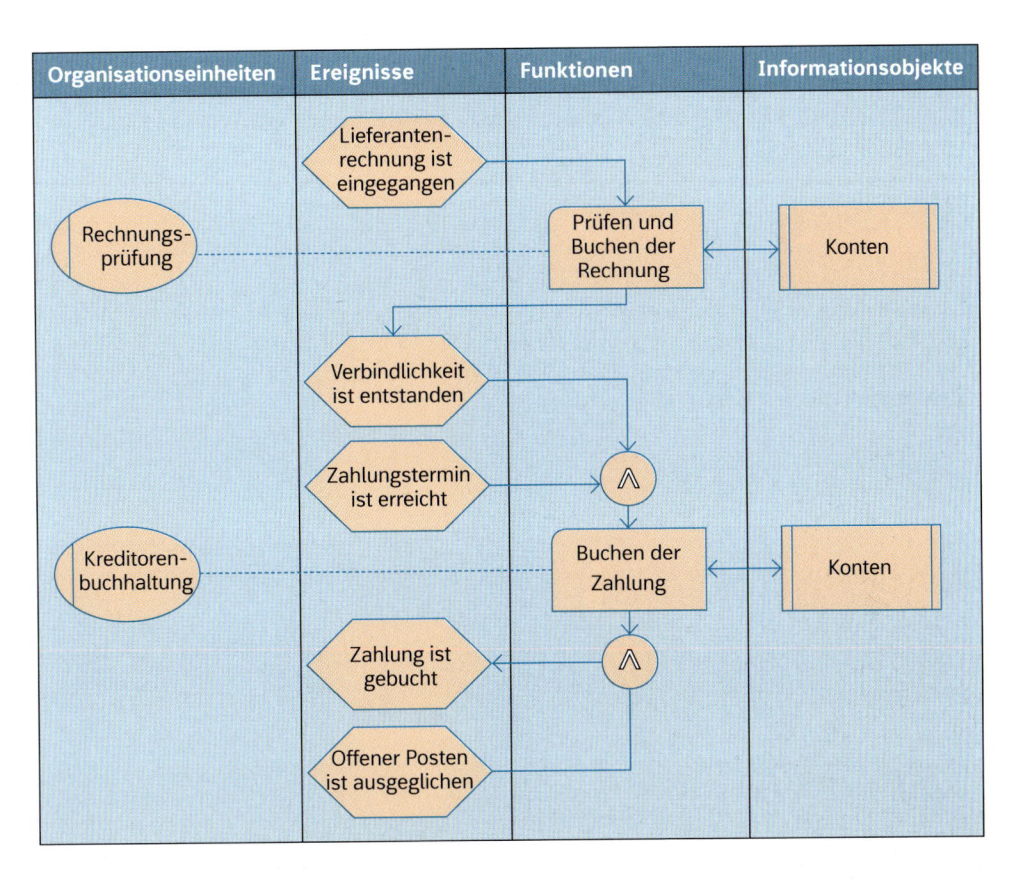

4 Geschäfts- und Wertschöpfungsprozesse verstehen

Organisationseinheiten	Ereignisse	Funktionen	Informationsobjekte
Rechnungs-prüfung	Lieferantenrechnung ist eingegangen → Prüfen und Buchen der Rechnung		Konten
	Verbindlichkeit ist entstanden		
	Zahlungstermin ist erreicht → ∧	Buchen der Zahlung	Konten
Kreditoren-buchhaltung			
	Zahlung ist gebucht ← ∧		
	Offener Posten ist ausgeglichen		

PRAXISTIPP!

In der Abschlussprüfung müssen zum Beispiel bestimmte Elemente eines Prozesses den obigen Symbolen zugeordnet werden. Ordnen Sie diese dafür zunächst nach Ereignissen, Funktionen oder Dokumenten. Ordnen Sie zuerst die Elemente zu, die Ihnen eindeutig erscheinen. Wenn Sie Schwierigkeiten haben, denken Sie daran, dass Sie den Prozess auch vom Ende her rekonstruieren können.

Prozess-Struktur Materialeingangsbearbeitung: Im Prozess Materialeingangsbearbeitung wird das Material, nachdem es eingetroffen ist, in der Materialeingangsstelle geprüft. Die Prüfung erfolgt u. a. mithilfe des Bestell- und Lieferscheins. Das Prüfergebnis wird in einem Prüfprotokoll festgehalten. Nach der Prüfung kann das angelieferte Material entweder für den Unterprozess Fertigungsdurchführung freigegeben oder für den Unterprozess Qualitätsprüfung gesperrt oder abgelehnt werden.

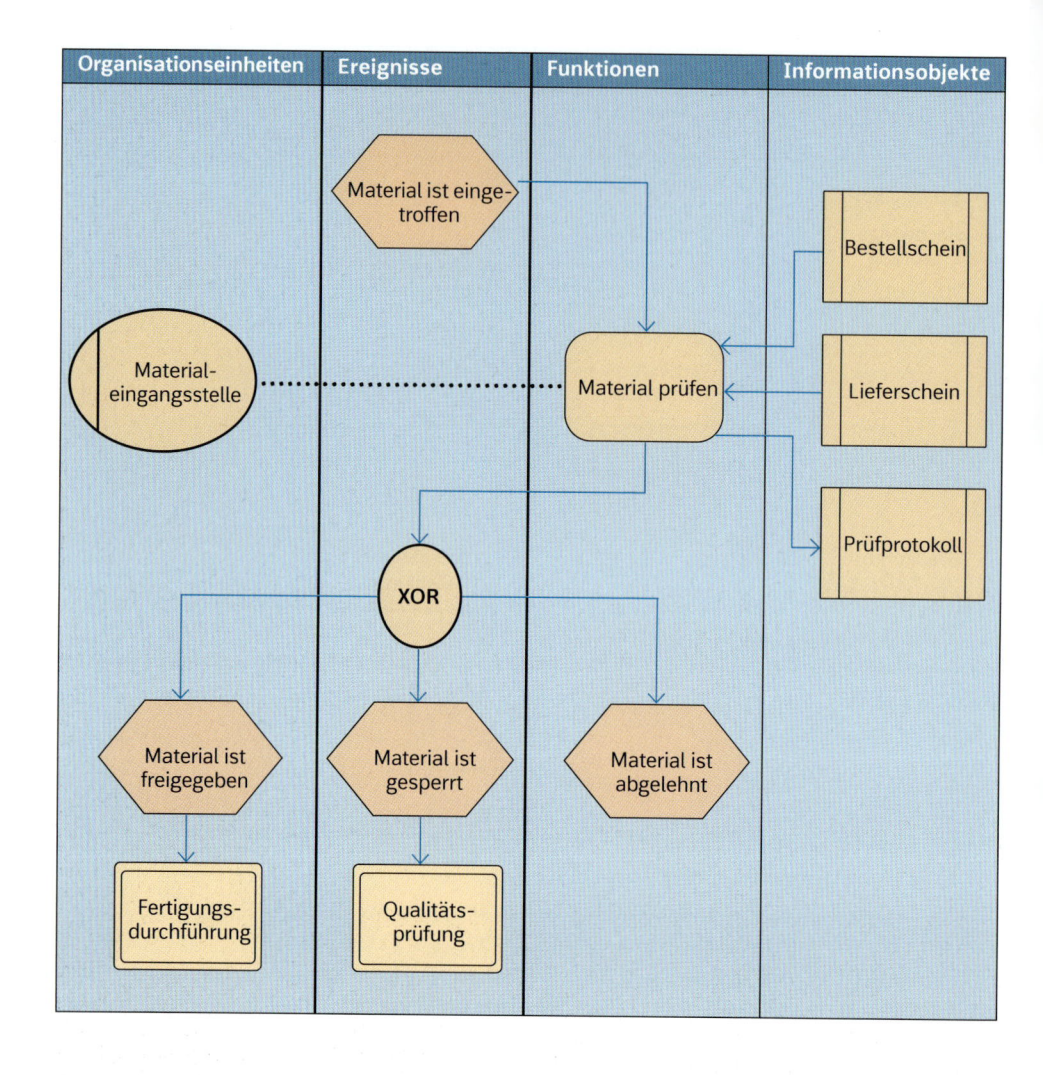

Lernfeld 2: Marktorientierte Geschäftsprozesse eines Industriebetriebes erfassen

Organisationseinheiten	Ereignisse	Funktionen	Informationsobjekte
Material-eingangsstelle	Material ist eingetroffen → XOR	Material prüfen	Bestellschein / Lieferschein / Prüfprotokoll
	Material ist freigegeben / Material ist gesperrt / Material ist abgelehnt	Fertigungs-durchführung / Qualitäts-prüfung	

Prozess-Struktur Fertigungsdurchführung: Im Prozess Fertigungsdurchführung wird, nachdem das Material freigegeben und der Fertigungstermin eingetreten ist, die Produktion einschließlich Qualitätskontrolle durchgeführt. Ist die Fertigung durchgeführt, werden eine Rückmeldung an das PPS (Planungs- und Produktionssystem) für die Auftragsterminierung und eine Rückmeldung an das ITS (innerbetriebliches Transportsystem) für einen Transportauftrag durchgeführt.

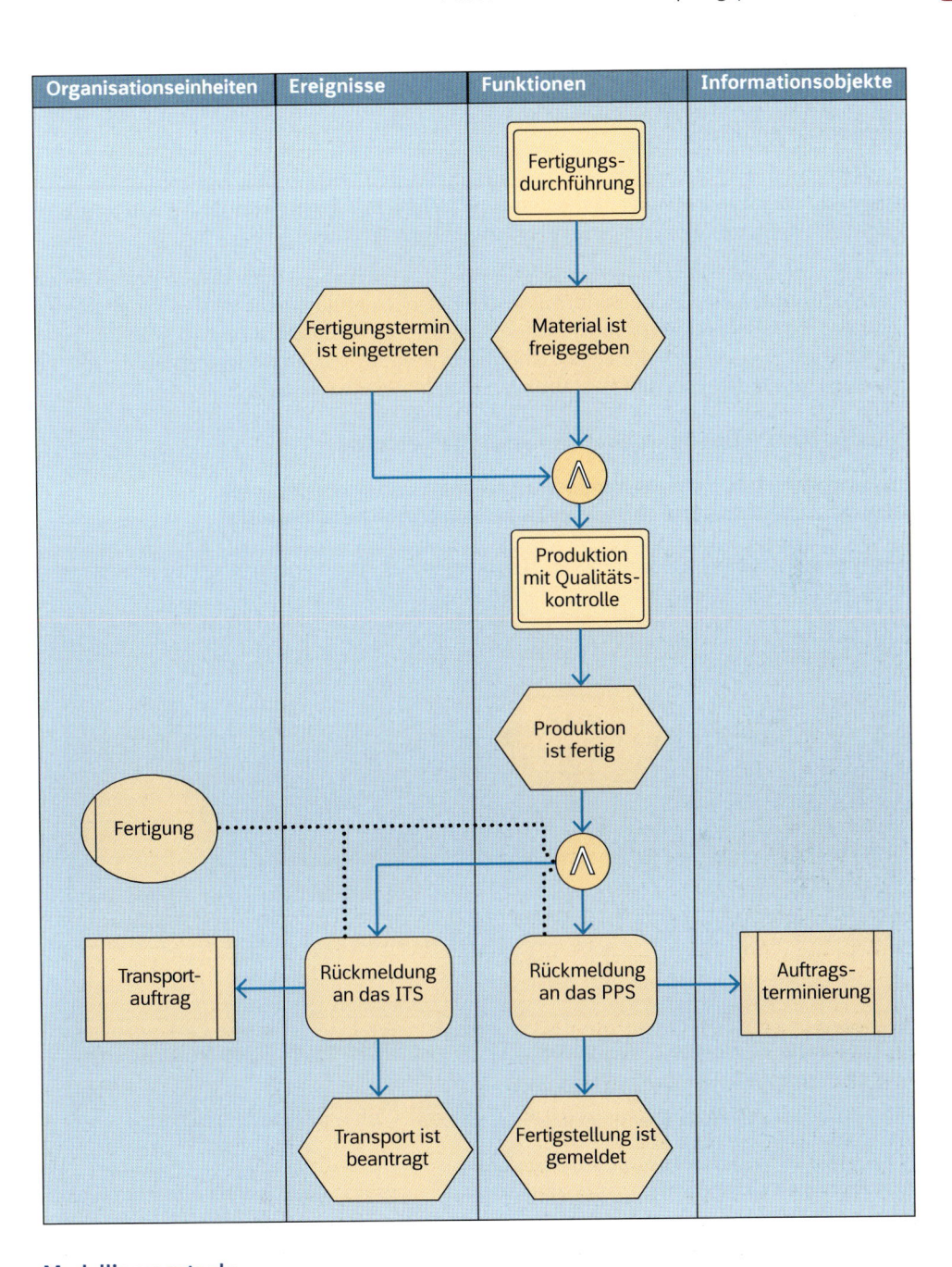

4 Geschäfts- und Wertschöpfungsprozesse verstehen

Organisationseinheiten	Ereignisse	Funktionen	Informationsobjekte

(Diagramm: Ereignisgesteuerte Prozesskette)

- Funktion: **Fertigungsdurchführung**
- Ereignis: **Fertigungstermin ist eingetreten**
- Ereignis: **Material ist freigegeben**
- UND-Verknüpfung (∧)
- Funktion: **Produktion mit Qualitätskontrolle**
- Ereignis: **Produktion ist fertig**
- Organisationseinheit: **Fertigung**
- UND-Verknüpfung (∧)
- Funktion: **Rückmeldung an das ITS** → Informationsobjekt: **Transportauftrag**
- Funktion: **Rückmeldung an das PPS** → Informationsobjekt: **Auftragsterminierung**
- Ereignis: **Transport ist beantragt**
- Ereignis: **Fertigstellung ist gemeldet**

Modellierungstools

Weil in Unternehmen verstärkt Geschäftsprozesse untersucht und optimiert werden, hat die Softwareindustrie entsprechende Werkzeuge entwickelt. Sie unterstützen den Modellierungsprozess, indem entsprechende Programme z. B. die Ist-Aufnahme von

Prozessen unterstützen, die Darstellung der Prozesse mit ihren Daten und Vorgängen unterstützen und Veränderungen von Prozessen mit ihren Konsequenzen für das Unternehmen verdeutlichen.

Der Softwaremarkt bietet Unternehmen aller Branchen und Größen Werkzeuge, die nach entsprechender Einarbeitung bedienbar sind. Vielfach werden von den Anbietern einschlägige Seminare, Workshops und Arbeitskreise angeboten.

Mit Software-Tools werden getrennte Übersichten erstellt. Sie bilden den zu gestaltenden Prozess für unterschiedliche Bedürfnisse der Entscheider ab. Somit wird es möglich, den gesamten Prozess oder Ausschnitte eines Prozesses zu analysieren und zu gestalten. Das einheitliche Schema der Prozessbeschreibung erlaubt es, Optimierungspotenziale zu erkennen, um entsprechende Gestaltungsmaßnahmen einzuleiten.

Prozess-Sicht – Überblick über den gesamten Prozess

Verfeinerter Ausschnitt „Produkt fertigen" des Geschaftsprosesses

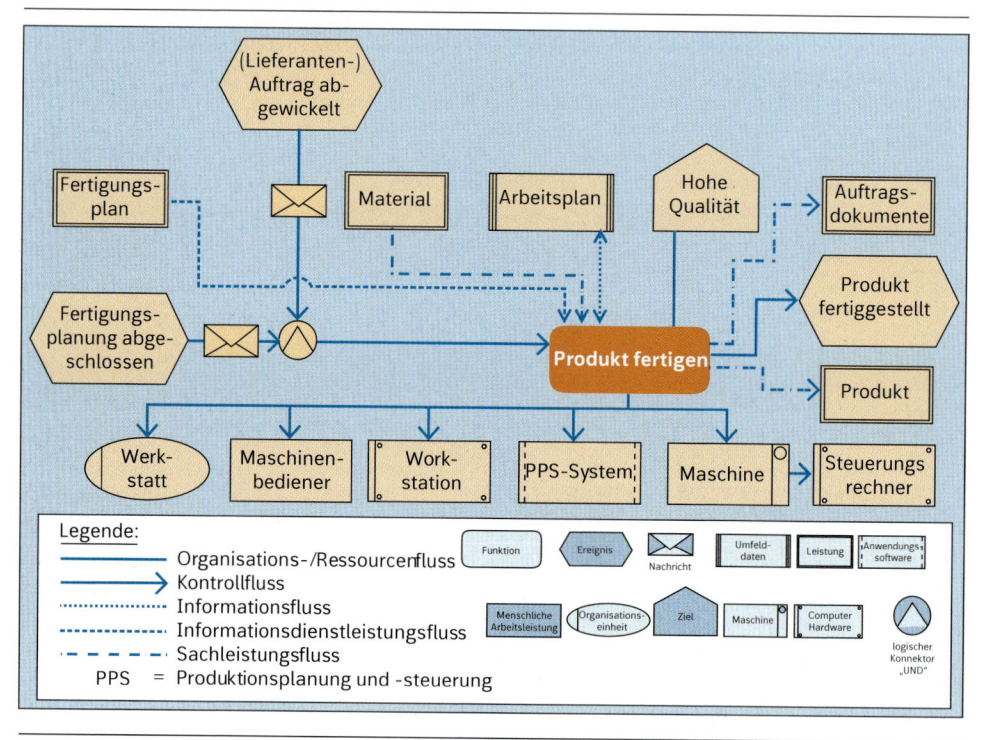

Vgl.: Scheer, August-Wilhelm: ARIS - Vom Geschäftsprozess zum Anwendungssystem; 4. Aufl. 2002, Springer, Abb. 7

Zusammenfassung

Instrumente und Verfahren zur Modellierung von Geschäftsprozessen anwenden

- Die Entwicklung von Geschäftsprozessen setzt Methoden, Verfahren und Instrumente der **Software-Entwicklung** bzw. des **Software-Engineerings** ein.
- Um Geschäftsprozesse zu entwerfen und zu optimieren, werden **Geschäftsprozessmodelle** konstruiert.
- **Ereignisgesteuerte Prozessketten (EPK):** Ereignisse lösen Prozesse aus und sind das Ergebnis von Prozessen, sie können mit Operatoren verknüpft werden.
- Zur Modellierung von Geschäftsprozessen werden **Software-Tools** eingesetzt, die in allen Ebenen der Entwicklung Hilfen bieten.

Aufgaben

1. Erläutern Sie, weshalb die Entwicklung von Geschäftsprozessen eng verbunden mit der Entwicklung von Software ist, und begründen Sie, weshalb in beiden Bereichen ähnliche Methoden und Verfahren eingesetzt werden.

2. Studieren Sie aufmerksam die EPK-Diagramme auf den S. 231 ff. Erläutern Sie vor dem Hintergrund eigener betrieblicher Erfahrungen die jeweils beteiligten Organisationseinheiten, die Ereignisse, Funktionen und Informationsobjekte. Geben Sie jeweils die konkreten Daten an, mit denen im Prozess gearbeitet wird. Geben Sie ferner an, welche Prozesse bzw. Ereignisse vor- und nachgelagert sind.

3. Führen Sie zwei Internet-Recherchen durch. Gehen Sie arbeitsteilig vor, bilden Sie also vor der Recherche Arbeitsteams, die verschiedene Stichworte bearbeiten oder mit unterschiedlichen Suchhilfen arbeiten.

    a) Suchen Sie nach Lehrgangsunterlagen (Skripts, Aufsätze usw.) zum Thema „ereignisgesteuerte Prozessketten (EPK)" und sichten Sie die dort gezeigten Beispiele.
    b) Suchen Sie ferner nach Software für Modellierungstools (bzw. nach Anbietern) und für die Unterstützung der Arbeit mit EPK.
    Fassen Sie Ihre Arbeitsergebnisse in einer Website zusammen.

4. Initiieren Sie als Berufsschulklasse für Industriekaufleute eine klassenübergreifende Projektarbeit mit einer Berufsschulklasse der IT-Berufe. Erarbeiten Sie gemeinsam ein Arbeitsthema, von dem beide Klassen profitieren können. Dokumentieren Sie Ihre Arbeitsphasen und veröffentlichen Sie Ihre Ergebnisse im Internet.

Wiederholungs- und Prüfungsaufgaben zu Lernfeld 2

1. Erläutern Sie jeweils drei konkrete Unternehmensziele aus dem Zielsystem der Sommerfeld Bürosysteme GmbH.

    a) Sachziele
    b) Wirtschaftliche Ziele
    c) Soziale Ziele
    d) Ökologische Ziele

2. Maßstäbe zur Überprüfung der Erreichung wirtschaftlicher Ziele sind u. a. die Kennziffern Rentabilität und Produktivität. Beschreiben Sie die Ermittlung dieser Kennzahlen und ihre Aussagefähigkeit.

3. Erstellen Sie eine computergestützte Präsentation zu dem Thema „Unternehmen sind sozio-ökonomische Informationssysteme" und beschreiben Sie darin die Rolle von Mitarbeitern in Unternehmen.

4. Führen Sie eine Untersuchung zu dem Thema „Unternehmenskulturen, Unternehmensleitbilder und Unternehmensphilosophien" durch. Beziehen Sie sich dabei auf Kunden, Lieferer und sonstige Geschäftspartner Ihres Ausbildungsbetriebes. Nutzen Sie hierzu das Internet, Unternehmensbroschüren, Zeitschriften u. Ä. Erstellen Sie aus Ihren Arbeitsergebnissen eine geeignete Übersicht, die Sie vor der Klasse präsentieren können.

5. Erläutern Sie konkrete Beispiele für Marktdaten, die bei der Unternehmensplanung in der Sommerfeld Bürosysteme GmbH benötigt werden.

6. Beschreiben Sie die Auswirkungen, die sich aus einem Wandel von einem Verkäufermarkt zu einem Käufermarkt für die Sommerfeld Bürosysteme GmbH ergeben.

7. Nehmen Sie zu folgender Aussage kritisch Stellung: „Wenn sich eine Gesellschaft wandelt, so hat das immer auch Auswirkungen auf die Unternehmen in dieser Gesellschaft. Wenn sich also eine Veränderung von einer Industrie- zu einer Informationsgesellschaft vollzogen hat, dann ist der Wandel von der Funktions- zur Prozessorientierung eine logische Konsequenz."

8. Erläutern Sie drei der modernen Management- und Organisationskonzepte auf S. 192 ff. und begründen Sie, weshalb es in der betrieblichen Praxis viele verschiedene Konzepte gibt.

9. Erläutern Sie den formalen Aufbau von Prozessen.

10. Erläutern Sie alle Merkmale von Prozessen am Beispiel des Prozesses „Gehaltsabrechnung für Mitarbeiter". Geben Sie dabei an, in welche Teilprozesse dieser Prozess zerlegt werden kann, welche vor- und nachgelagerten Prozesse gegeben sind und welche Inputs und Outputs erforderlich sind. Konstruieren Sie daraus eine Prozesskette bzw. ein Prozessnetz.

11. Beschreiben Sie mit selbst gewählten Beispielen die Merkmale von Geschäftsprozessen. Erläutern Sie ferner, weshalb eine Unterscheidung zwischen Geschäftsprozessen und Support- und Serviceprozessen in der betrieblichen Praxis notwendig ist.

12. In jedem Unternehmen gibt es unterschiedlich wichtige Prozesse. Diese Prozesse können hinsichtlich der Auswirkungen auf den Unternehmenserfolg und auf den Nutzen für Kunden eingeteilt werden. Ordnen Sie vor diesem Hintergrund folgende Prozesse der Sommerfeld Bürosysteme GmbH den Prozesstypen auf S. 215 f. zu und begründen Sie Ihre Entscheidung:

    a) Gehaltsabrechnung für Mitarbeiter,   d) Qualitätsprüfung,
    b) Entwicklung von neuen Produkten,   e) Ersatzteilebevorratung,
    c) Materialbeschaffung,   f) Finanzmanagement inkl. Liquiditätsplanung.

13. Fertigen Sie ein Kurzreferat zu dem Thema „Kosten- und Nutzeneffekte der Geschäftsprozessorientierung" an. Stellen Sie dieses Referat mithilfe eines Präsentationsprogrammes Ihrer Klasse vor und nehmen Sie den Vortrag mit einer Videokamera auf. Die Klasse hat die Aufgabe, Ihre Präsentationskompetenz zu beurteilen. Hierzu notieren die Schüler entsprechende Stichworte oder markieren entsprechende Bewertungen in einem Beurteilungsbogen und geben dem Vortragenden ein Feedback zu seiner Leistung. Durch die Videoaufzeichnung können konkrete Hinweise zur Optimierung der Präsentation gegeben werden.

14. Suchen Sie im Internet nach Definitionen und Erläuterungen zu den Stichworten E-Commerce und E-Business. Erarbeiten Sie aus Ihren Ergebnissen eine Übersicht, die als Plakat in der Klasse ausgehängt werden kann.

15. Beschreiben Sie am Beispiel des Prozesses „Fertigung des Stapelstuhls Piano" die Dimensionen und Gestaltungselemente von Prozessen.

16. Nehmen Sie Stellung zu der Aussage: „Das schwächste Glied in einem betrieblichen System bestimmt die Leistungsstärke des gesamten Systems!" Verwenden Sie als Arbeitsgrundlage die Systemübersicht auf S. 185.

17. Geschäftsprozessmodelle sind eine wesentliche Arbeitsgrundlage für die Entwicklung und Optimierung von realen Geschäftsprozessen. Erläutern Sie, weshalb diese Modelle eine große Bedeutung haben.

18. Erstellen Sie eine ereignisgesteuerte Prozesskette (EPK) zu dem Prozess Gehaltsabrechnung. Verwenden Sie dabei die Symbole der Übersicht auf S. 231 f. Werten Sie Ihre Ergebnisse im Klassenverband gemeinsam aus.

19. Beschreiben Sie die Notwendigkeit, bei der Geschäftsprozessgestaltung computergestützte Werkzeuge (Modellierungstools) einzusetzen. Gehen Sie dabei auch auf den Zusammenhang zwischen Software-Entwicklungsmethoden und Methoden der Geschäftsprozessentwicklung ein.

20. Erstellen Sie eine Checkliste für die Anbahnung, Abwicklung und Abschlussbeurteilung eines Projektes zur Geschäftsprozessorientierung. Das Projekt soll gemeinsam von einer Berufsschulklasse für Industriekaufleute und einer Berufsschulklasse für IT-Berufe durchgeführt werden.

21. Die Digitalisierung ist eine aktuelle Entwicklung, der sich kein Industrieunternehmen entziehen kann. Stellen Sie Zusammenhänge zwischen dem Denken in Geschäftsprozessen bzw. der Geschäftsprozessoptimierung und der Digitalisierung her.

Weitere Übungen zu Ereignisgesteuerten Prozessketten (EPKs) finden Sie in den Arbeitsbüchern (LF 7 und 11).

Lernfeld 3: Wertströme und Werte erfassen und dokumentieren

1 Grundlagen des Rechnungswesens kennen

Rudolf Heller beginnt seine Ausbildung in der Allgemeinen Verwaltung. Hier soll er zunächst Erfahrungen im Rechnungswesen sammeln. Wirklich begeistert ist Rudolf nicht, hat ihm doch ein Freund erzählt, dass Buchführung in der Berufsschule das schlimmste Fach sei. Entsprechend verunsichert erscheint Rudolf pünktlich um 8:00 Uhr vor der Bürotür von Herrn Effer, dem Leiter des Rechnungswesens. Nachdem er angeklopft hat, bittet Herr Effer ihn herein.

Herr Effer: „Guten Morgen! Ich freue mich sehr, Sie hier bei uns im Rechnungswesen begrüßen zu dürfen. Ich habe mich bei Herrn Krämer extra dafür eingesetzt, dass mal wieder ein Auszubildender seine Ausbildung bei uns im Rechnungswesen beginnt."

Rudolf: „Guten Morgen, Herr Effer! Vielen Dank zunächst für den netten Empfang, aber wenn ich ehrlich bin, habe ich schon ein etwas mulmiges Gefühl. Viel Gutes habe ich über die Buchführung nämlich noch nicht gehört."

Herr Effer: „Ja, ja, das kennen wir hier schon. Zettel sortieren, Belege abheften, mit staubtrockenen Zahlen jonglieren: alles Vorurteile! Mal ganz abgesehen davon, dass das Rechnungswesen nicht nur aus der sogenannten Buchführung besteht."

Rudolf: „Das habe ich mir auch schon irgendwie gedacht, aber ich muss zugeben, dass ich gar nicht genau weiß, welche Aufgaben in Ihrer Abteilung denn so anfallen. Vom Ein- oder Verkauf habe ich eine gewisse Vorstellung, aber Rechnungswesen?"

Herr Effer: „Dann wollen wir doch mal sehen, dass sich das ändert. Am besten stelle ich Sie erst einmal meinen Mitarbeitern vor und zeige Ihnen Ihren Arbeitsplatz. Danach können Sie sich vielleicht ein wenig bei uns in der Abteilung umschauen."

Rudolf: „Sehr gerne, vielleicht gelingt es mir ja, einen ersten Überblick zu gewinnen."

Arbeitsaufträge

- Stellen Sie fest, welche Mitarbeiter im Rechnungswesen der Sommerfeld Bürosysteme GmbH beschäftigt sind und mit welchen Aufgaben sie betraut sind.
- Vergleichen Sie die Organisationsstruktur im Rechnungswesen der Sommerfeld Bürosysteme GmbH mit der in Ihrem Ausbildungsbetrieb. Welche Gemeinsamkeiten, welche Unterschiede stellen Sie fest?

Steuerung und Kontrolle als Kernaufgaben des Rechnungswesens

Die **zentrale Aufgabe des Rechnungswesens** ist es, die **betriebliche Realität zu erfassen**, abzubilden und zu dokumentieren. Über die Ursachen sowie über die Art und den Umfang der Veränderungen des Vermögens und der Schulden müssen alle Entscheidungsträger im Unternehmen zuverlässige **Informationen** erhalten. Erst dann können sinnvolle Entscheidungen getroffen werden, die das Unternehmen steuern (**Steuerung**). Ebenso wichtig ist es, ständig zu kontrollieren, ob das Unternehmen wirtschaftlich arbeitet und die Liquidität (Zahlungsbereitschaft) des Unternehmens gesichert ist (**Kontrolle**).

Aufgaben des betrieblichen Rechnungswesens

Chronologisch und sachlich geordnete Aufzeichnung sämtlicher Geschäftsfälle anhand von Belegen	Ermittlung des Unternehmenserfolges und Erstellung des Jahresabschlusses	Aufbereitung und Auswertung des vorhandenen Zahlenmaterials	Überwachung der Zahlungsfähigkeit sowie der Wirtschaftlichkeit anhand des vorhandenen Zahlenmaterials

„Steuerung und Kontrolle" sämtlicher Unternehmensentscheidungen

Das Rechnungswesen ist somit ein wichtiger Informationspool bzw. eine wichtige Datenbank für alle Entscheidungsträger eines Unternehmens.

> **PRAXISTIPP!**
>
> *Informieren Sie sich darüber, wie sich in Ihrem Ausbildungsbetrieb die Informationsstrukturen darstellen und auf welche Art und Weise die Informationen zugänglich gemacht werden. So können Sie Entscheidungen besser nachvollziehen. Während und nach der Ausbildung werden Sie zunehmend auch eigene Entscheidungen treffen müssen. Diese sollten durch Informationen abgesichert und später kontrolliert werden.*

Bereich der Kontrolle	Beispiele:
	– Die Geschäftsleitung der Sommerfeld Bürosysteme GmbH muss jederzeit die Vermögenslage und den Schuldenstand des Unternehmens kontrollieren können, da diese permanenten Veränderungen durch eingehende und ausgehende Zahlungen unterworfen sind.
	– Wegen eines Folgeauftrages über 80 000,00 € vom Bürobedarfsgroßhandel Thomas Peters e. K. aus Oberhausen möchte der Abteilungsleiter Vertrieb, Peter Kraus, die derzeit **offenen Posten** dieses Kunden wissen.
	– In der Abteilung Rechnungswesen der Sommerfeld Bürosysteme GmbH wird der **Erfolg des Unternehmens ermittelt**. So wurden im Oktober Einrichtungsmöbel für 3 350 000,00 € verkauft. Im selben Monat entstanden Aufwendungen für Rohstoffeinkäufe, Löhne, Gehälter, Büromaterial u. a. in Höhe von 3 100 000,00 €. Der ermittelte Erfolg, in diesem Fall Gewinn, beträgt 250 000,00 €.

Bereich der Steuerung	Beispiele:
	– Der Sommerfeld Bürosysteme GmbH wird von der Andreas Schneider Holzwerke KG aus Hamm ein größerer Holzposten besonders günstig angeboten. Die Buchhaltung stellt die benötigten Geldmittel bereit. – Das Rechnungswesen liefert wichtige Informationen zur **Kalkulation der Preise**. Ausgaben für Werkstoffe, Löhne, Gehälter, Miete, Strom u. a. müssen über die Verkaufspreise der fertigen Erzeugnisse wieder hereingeholt werden. Deshalb müssen diese Ausgaben dokumentiert und bei der Kalkulation berücksichtigt werden. – Die Absatz- und Umsatzzahlen für die unterschiedlichen Produkte werden in der Buchhaltung dokumentiert. Unternehmerische Entscheidungen (z. B. Verstärkung der Werbemaßnahmen, Produkteliminationen) werden auf Basis dieser Daten getroffen.

Adressaten des Rechnungswesens

Damit ein Industrieunternehmen seine Ziele erreichen kann, muss es Kontakte mit anderen Unternehmen, staatlichen Institutionen und der Öffentlichkeit aufbauen und pflegen. Die zahlreichen Geschäftsbeziehungen haben erheblichen Einfluss auf die Handlungsspielräume des Unternehmens und verändern den Erfolg maßgeblich. Dabei ist es selbstverständlich, dass Geschäftspartner, der Staat und die Öffentlichkeit aus unterschiedlichsten Gründen einen Einblick in die wirtschaftliche Lage eines Unternehmens erhalten möchten. Diesen Einblick gewährt das Rechnungswesen.

Beispiel:

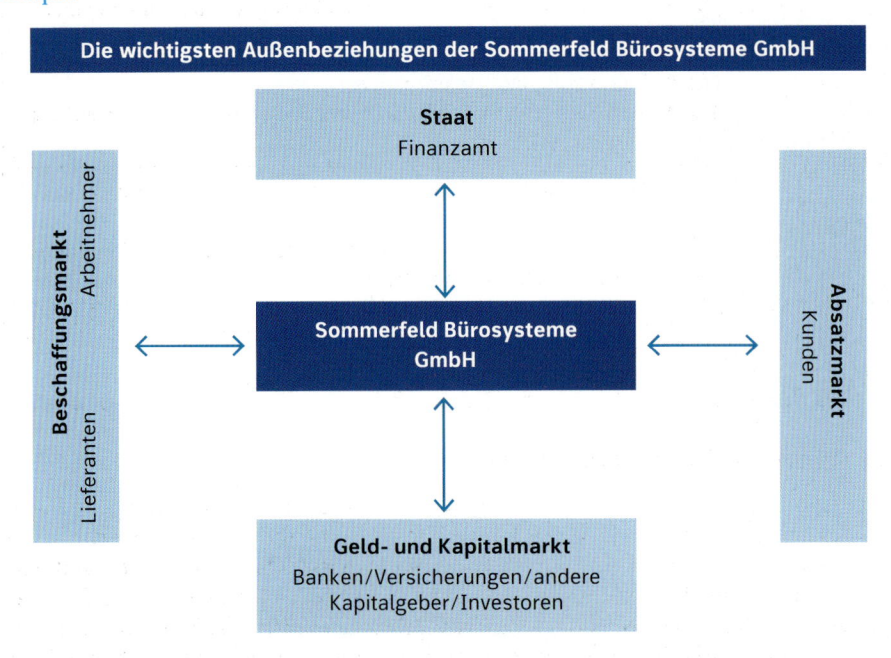

Die wichtigsten Außenbeziehungen der Sommerfeld Bürosysteme GmbH

- **Staat** – Finanzamt
- **Beschaffungsmarkt** – Arbeitnehmer / Lieferanten
- **Sommerfeld Bürosysteme GmbH**
- **Absatzmarkt** – Kunden
- **Geld- und Kapitalmarkt** – Banken/Versicherungen/andere Kapitalgeber/Investoren

- Das Finanzamt fordert genaue Informationen bezüglich der Umsätze und der Gewinnsituation der Sommerfeld Bürosysteme GmbH, weil davon die zu zahlenden Steuern abhängen. Aus diesem Grund existiert eine Buchführungspflicht für Kaufleute (§ 238 HGB).
- Die Banken und Lieferanten möchten als Kreditgeber etwas über die Kreditwürdigkeit erfahren.
- Die Sommerfeld Bürosysteme GmbH ist ein bedeutender Arbeitgeber in der Region Essen. Die regionale Öffentlichkeit ist daher an der wirtschaftlichen Lage interessiert, um Rückschlüsse auf die Arbeitsplatzsicherheit zu ziehen.
- Die Kunden sind an einem guten Preis-Leistungs-Verhältnis und an langfristig stabilen Beschaffungsmöglichkeiten interessiert.

Funktionsbereiche des Rechnungswesens

Durch das Rechnungswesen werden alle Veränderungen des Vermögens und der Schulden eines Unternehmens während eines Geschäftsjahres erfasst. Zum Geschäftsjahresende wird der Jahresabschluss erstellt. Die Bilanz (vgl. S. 269) gibt Auskunft über die einzelnen Vermögenspositionen und die Schulden eines Unternehmens, die Gewinn- und Verlustrechnung über die Aufwendungen und Erträge des Geschäftsjahres. Das Rechnungswesen informiert somit über die Erreichung des wichtigsten Unternehmensziels:

> **Wurde im vergangenen Geschäftsjahr Gewinn erzielt?**

Die nachfolgende Übersicht gibt Auskunft über die wichtigsten Bereiche des Rechnungswesens.

Finanzbuchhaltung (FiBu)	▪ Erfassung der Geld- und Wertströme zwischen dem Unternehmen und der Außenwelt ▪ Erfassung der Bestände und der Veränderungen des Vermögens und der Schulden ▪ Erfolgsermittlung (Gewinn/Verlust) des gesamten Unternehmens
Kosten- und Leistungsrechnung (KLR)	▪ Kontrolle der Kosten ▪ Kalkulation der Verkaufspreise ▪ Ermittlung des Erfolges (Gewinn/Verlust) des eigentlichen Betriebszweckes
Statistik	▪ Aufbereitung und Auswertung der Zahlen aus FiBu und KLR (Vergangenheitsrechnung) ▪ Durchführung von Vergleichsrechnungen (Zeit- und Betriebsvergleiche und Soll-Ist-Vergleiche)
Planung	▪ Erstellung von Einzelplänen (Absatz → Produktion → Beschaffung, Finanzierung und Investition) ▪ Berücksichtigung zukünftiger Entwicklungen

Informationstechnik (IT) im Rechnungswesen

In kaufmännisch geführten Industrieunternehmen werden sämtliche Vorgänge im Rechnungswesen mittels entsprechender **Software** erfasst, abgebildet und ausgewertet. Häufig handelt es sich hierbei **um integrierte Unternehmenssoftware**, das heißt: Sämtliche **Funktionsbereiche** des **Rechnungswesens** sowie **alle** anderen **Geschäfts- und Produktionsprozesse** in den unterschiedlichen Leistungsbereichen (Beschaffung und Produktion, Vertrieb und Marketing, Verwaltung) werden mittels der Informationstechnologie gesteuert.

Für die im Rechnungswesen tätigen **Mitarbeiter** ist es daher zwingend erforderlich, die in ihrem Unternehmen eingesetzte **Software** zu **beherrschen**. Dazu gehört natürlich, die Funktionen und Programmbereiche zu kennen, um „technisch" mit dem Programm umgehen zu können. Ein **tieferes Verständnis** und eine **zielgerichtete Nutzung** werden jedoch nur erreicht, wenn die Abläufe, die das Programm abbildet bzw. automatisch erledigt, von dem Mitarbeiter verstanden worden sind. Dieses **Verständnis** zu fördern, ist **Hauptaufgabe** des **Berufsschulunterrichts**.

> **PRAXISTIPP!**
>
> Sie können die Buchhaltungssoftware Ihres Unternehmens nur beherrschen, wenn Sie verstehen, was (häufig im Hintergrund und damit unsichtbar) geschieht. Dies ist auch unabdingbare Voraussetzung, um sich bei einem Software- oder Unternehmenswechsel rasch einarbeiten zu können.

Beispiel: Die Sommerfeld Bürosysteme GmbH arbeitet mit dem Programm CTO. An seinem ersten Tag im Rechnungswesen bekommt Rudolf Heller von Frau Peters einen ersten Überblick über wesentliche Funktionen in dem Programm. Rudolf meint dazu: „Puh, das ist ja ganz schön umfangreich. Allzu viel verstehe ich ehrlich gesagt nicht." Frau Peters erwidert lächelnd: „Kein Problem. Das Verständnis kommt mit der Arbeit und natürlich mit dem Lernen der Finanzbuchhaltung in der Berufsschule."

> **Zusammenfassung**
>
> **Einordnung der Finanzbuchhaltung in das Rechnungswesen vornehmen**
> - Das Rechnungswesen dient dem Unternehmen in erster Linie als **Informations-, Kontroll- und Steuerungsinstrument.**
> - Auch für das **Finanzamt, die Kreditgeber und die Geschäftspartner** liefert das Rechnungswesen wertvolle Informationen.

1 Grundlagen des Rechnungswesens kennen

- Die Buchführung, auch **Finanzbuchhaltung** genannt, stellt die **Grundlage** des Rechnungswesens dar. Kaufleute unterliegen der Buchführungspflicht.
- Das Rechnungswesen wird, wie auch alle anderen Bereiche des Unternehmens, maßgeblich durch **informationstechnische Systeme** gestützt. Das Verständnis der hinter der Technik liegenden Abläufe ist zwingend, um die Systeme beherrschen und zielgerichtet nutzen zu können.

Aufgaben

1. Erstellen Sie eine Mindmap zu den Aufgaben des Rechnungswesens. Aus der Mindmap soll hervorgehen, dass das Rechnungswesen ein Informationssystem für die Geschäftsleitung, die Abteilungsleiter, die Kreditgeber und die Behörden werden kann.

2. Erläutern Sie mit eigenen Worten die Bedeutung des betrieblichen Rechnungswesens als Informations-, Kontroll- und Steuerungsinstrument für das Unternehmen.

3. Die Beziehungen zwischen der Sommerfeld Bürosysteme GmbH und anderen Unternehmen, staatlichen Institutionen und der Öffentlichkeit sind von gegenseitigen Erwartungen und Ansprüchen geprägt.

    Tragen Sie nach dem Muster der abgebildeten Tabelle die wechselseitigen Erwartungshaltungen in Ihr Heft ein und führen Sie mögliche Begründungen an, warum sich für die betroffenen Institutionen, Unternehmen und Personen ein Interesse für die Unternehmenslage der Sommerfeld Bürosysteme GmbH ergeben kann.

	Erwartungen der Sommerfeld Bürosysteme GmbH	Erwartungen an die Sommerfeld Bürosysteme GmbH	Begründung für ein Interesse an der Unternehmenssituation der Sommerfeld Bürosysteme GmbH
Staat	?	?	?
Banken	?	?	?
Lieferanten	?	?	?
Kunden	?	?	?
Mitarbeiter	?	?	?

4. Nehmen Sie kritisch Stellung zu der Aussage: „Das ganze Rechnungswesen in der Berufsschule ist doch nur Schülerquälerei. In der Praxis arbeitet man doch nur noch mit Buchhaltungssoftware, die alles automatisch macht."

5. Begründen Sie, warum sich

    a) die Deutsche Bank Essen,
    b) das Finanzamt Essen-Nord
    am Geschäftssitz der Sommerfeld Bürosysteme GmbH für deren Buchführung interessieren.

2 Rechtsrahmen der Finanzbuchhaltung beachten

LS 20

Die Sommerfeld Bürosysteme GmbH plant eine neue Fertigungshalle. Sie benötigt dazu einen Kredit in Höhe von 750 000,00 €. Dafür wendet sich Herr Feld an die Deutsche Bank AG in Essen, welche daraufhin die Kreditwürdigkeit der Sommerfeld Bürosysteme GmbH prüfen möchte. Auch das Finanzamt Essen-Nord verlangt jedes Jahr von der Sommerfeld Bürosysteme GmbH die Vorlage des Jahresabschlusses (Bilanz und GuV, vgl. S. 269 und 324).

Arbeitsaufträge

- Erläutern Sie die Interessen der Deutschen Bank AG und des Finanzamtes Essen-Nord an der Finanzbuchhaltung der Sommerfeld Bürosysteme GmbH.
- Begründen Sie in diesem Zusammenhang, warum der Gesetzgeber Vorschriften zur Buchführung und zum Jahresabschluss erlassen hat.

Gesetzliche Grundlagen nach Handelsrecht für alle Kaufleute nach §§ 238–263 HGB

An einer ordnungsmäßigen Buchführung sind der **Unternehmer** selbst, Gläubiger und der **Staat** interessiert.

- Dem **Unternehmer** liefert die Buchführung Informationen über das Ergebnis seiner Entscheidungen in der Vergangenheit und Grundlagen für künftige Entscheidungen.
- Die Buchführung dient dem **Gläubigerschutz**. Nach einheitlichen Grundsätzen festgestellte Ergebnisse sind vergleichbar.
- Gewinn, Umsatz und Vermögen sind wichtige Besteuerungsgegenstände. Im Sinne gerechter **Steuererhebung** ist der **Staat** somit an einer einheitlichen Feststellung dieser Besteuerungsgrößen interessiert.

→ LF 1 Nach Handelsrecht ist ein Kaufmann zur Buchführung verpflichtet. **Kaufmann** ist, wer ein Handelsgewerbe betreibt (§ 1 Abs. 1 HGB).

Ein **Handelsgewerbe** ist jede auf Dauer angelegte und auf Gewinnerzielung ausgerichtete selbstständige am Markt anbietende Tätigkeit, die einen in **kaufmännischer Weise eingerichteten Geschäftsbetrieb** erfordert (§ 1 Abs. 2 HGB).

> **§ 238 Abs. 1 Satz 1 HGB** Jeder Kaufmann ist verpflichtet, Bücher zu führen und in diesen seine Handelsgeschäfte und die Lage des Vermögens nach den Grundsätzen ordnungsmäßiger Buchführung ersichtlich zu machen (...)

Der Kaufmann ist verpflichtet, seine Vermögenslage jeweils **zum Ende eines Geschäftsjahres darzustellen**. Dafür muss er einen Jahresabschluss erstellen.

> **§ 242 Abs. 1 HGB** Der Kaufmann hat zu Beginn seines Handelsgewerbes und für den Schluss eines jeden Geschäftsjahres einen das Verhältnis seines Vermögens und seiner Schulden darstellenden Abschluss (Eröffnungsbilanz, Bilanz) aufzustellen. Auf die Eröffnungsbilanz sind die für den Jahresabschluss geltenden Vorschriften entsprechend anzuwenden, soweit sie sich auf die Bilanz beziehen.
>
> **§ 242 Abs. 2 HGB** Er hat für den Schluss eines jeden Geschäftsjahrs eine Gegenüberstellung der Aufwendungen und Erträge des Geschäftsjahrs (Gewinn- und Verlustrechnung) aufzustellen.
>
> **§ 242 Abs. 3 HGB** Die Bilanz und die Gewinn- und Verlustrechnung bilden den Jahresabschluss.

Das **Geschäftsjahr** darf gem. § 240 Abs. 2 Satz 2 HGB zwölf Monate nicht überschreiten. Es muss aber nicht mit dem Kalenderjahr übereinstimmen.

Beispiel: Im Profispo-rt agierende Kapitalgesellschaften (z. B. die FC Bayern München AG) passen das Geschäftsjahr häufig dem Saisonverlauf an (Beginn 01.07., Ende 30.06.).

Die Vorschriften für die Buchführung und den Jahresabschluss befinden sich im dritten Buch des Handelsgesetzbuches (HGB), **Handelsbücher** genannt.

Einzelkaufleute werden von der handelsrechtlichen Pflicht zur Buchführung sowie zur Inventar- und Jahresabschlusserstellung befreit, wenn sie an zwei aufeinanderfolgenden Abschlussstichtagen

- nicht mehr als 600 000,00 € Umsatzerlöse und
- nicht mehr als 60 000,00 € Jahresüberschuss

ausweisen (§ 241a HGB).

Kleingewerbetreibende, wie Blumengeschäfte, Kioske, Lottoannahmestellen, sind von der Buchführungspflicht nach Handelsrecht ausgenommen, soweit ihr Gewerbe keinen in kaufmännischer Weise eingerichteten Geschäftsbetrieb benötigt. Sie gelten als **Nichtkaufleute**. Gleiches gilt auch für **freie Berufe** (Ärzte, Rechtsanwälte, Steuerberater u. a.).

→ LF 1

Die Vorschriften sind folgendermaßen gegliedert:

- Buchführung; Inventar (§§ 238–241 HGB)
- Eröffnungsbilanz; Jahresabschluss (§§ 242–256 HGB)
  - allgemeine Vorschriften (§§ 242–245 HGB)
  - Ansatzvorschriften (§§ 246–251 HGB)
  - Bewertungsvorschriften (§§ 252–256 HGB)
- Aufbewahrung und Vorlage (§§ 257–261 HGB)

Ergänzende Vorschriften für Kapitalgesellschaften (AG, KGaA, GmbH) sowie bestimmte Personenhandelsgesellschaften nach §§ 264–342a HGB

Kapitalgesellschaften sowie bestimmte Personenhandelsgesellschaften haben neben den Vorschriften für alle Kaufleute ergänzende Vorschriften

- zum Jahresabschluss (Bilanz, Gewinn- und Verlustrechnung, Anhang) und zum Lagebericht,
- zum Konzernabschluss und Konzernlagebericht,

- zur Prüfung,
- zur Offenlegung, Veröffentlichung, Vervielfältigung, Prüfung durch das Registergericht zu beachten.

Buchführungspflicht nach Steuerrecht nach §§ 140–147 AO

Die Finanzverwaltung will als Grundlage für die Steuerermittlung den Geschäftserfolg der Kaufleute erkennen. Daher fordert das Steuerrecht in § 140 Abgabenordnung (AO) auch die vom Handelsrecht (HGB) auferlegten Buchführungspflichten.

Darüber hinaus verpflichtet das Steuerrecht **Kleingewerbetreibende** (Kleinbetriebe ohne kaufmännische Organisation) zur Buchführung, wenn eine der folgenden Grenzen überschritten wurde:

Kriterien	Werte in €
Gesamtjahresumsatz	600 000,00
Gewinn	60 000,00

Folgende Steuergesetze ergänzen die allgemeinen Bestimmungen: Einkommensteuergesetz (EStG), Umsatzsteuergesetz (UStG), Körperschaftsteuergesetz (KStG), Gewerbesteuergesetz (GewStG).

Grundsätze ordnungsmäßiger Buchführung

Die **Grundsätze ordnungsmäßiger Buchführung** (GoB) sind eine **Zusammenfassung von Kriterien** zur Beurteilung der Frage, ob die Buchführung nach Form und Inhalt den Anforderungen entspricht, die ein **gewissenhafter Kaufmann** im Allgemeinen als ordnungsgemäß bezeichnen würde. Ergänzend gelten seit dem 01.01.2015 die Grundsätze zur ordnungsmäßigen Führung und Aufbewahrung von Büchern, Aufzeichnungen und Unterlagen in elektronischer Form sowie zum Datenzugriff (GoBD). Einige Gesetzesvorschriften, die zu den Grundsätzen ordnungsmäßiger Buchführung gehören, sind im HGB enthalten. Andere Grundsätze ergeben sich aufgrund der Erfahrungen der kaufmännischen Praxis und der Entscheidungen von Gerichten. Sie sind jedoch **nicht zusammengefasst gesetzlich festgelegt** worden.

Zunächst ist festzuhalten, dass die in § 257 Abs. 1 HGB genannten Unterlagen aufzubewahren und bei Anforderung der Finanzverwaltung vorzulegen sind.

> **§ 257 Abs. 1 u. 4 HGB** (1) Jeder Kaufmann ist verpflichtet, die folgenden Unterlagen geordnet aufzubewahren:
> 1. Handelsbücher, Inventare, Eröffnungsbilanzen, Jahresabschlüsse, […]
> 2. die empfangenen Handelsbriefe,
> 3. Wiedergaben der abgesandten Handelsbriefe,
> 4. Belege für die Buchungen in den von ihm nach § 238 Abs. 1 HGB zu führenden Büchern (Buchungsbelege).
>
> (4) Die im Absatz 1 Nr. 1 und Nr. 4 aufgeführten Unterlagen sind 10 Jahre und die sonstigen in Absatz 1 aufgeführten Unterlagen 6 Jahre aufzubewahren.

Die folgende Übersicht zeigt die wichtigsten Grundsätze, die bei der Führung der Handelsbücher und bei der Aufstellung des Jahresabschlusses beachtet werden müssen.

Grundsatz	Erläuterung
Klar und übersichtlich	Die Buchführung muss so gestaltet und geordnet sein, dass sowohl der Unternehmer als auch ein sachverständiger Dritter sich ohne große Schwierigkeiten und in angemessener Zeit einen Überblick über die Geschäftsfälle und über die Vermögenslage des Unternehmens verschaffen können (vgl. § 238 Abs. 1 HGB).
Wahr und vollständig	Alle Geschäftsfälle müssen vollständig erfasst werden. Die Beleginhalte und Buchungen müssen die tatsächlichen Vorgänge widerspiegeln. Sämtliche Belege müssen fortlaufend nummeriert und geordnet aufbewahrt werden. Es gilt: „Keine Buchung ohne Beleg!"
Zeitnah	Kasseneinnahmen und -ausgaben sollen täglich notiert werden. Die Erfassung von unbaren Geschäftsvorfällen innerhalb von zehn Tagen gilt als unbedenklich.
Lesbar und nachvollziehbar	Änderungen und Berichtigungen sind so vorzunehmen, dass der ursprüngliche Inhalt erkennbar bleibt. Dies gilt auch für computergestützte Buchführung. Das Löschen oder Überschreiben aufgezeichneter Daten ist nicht zulässig, es sind stattdessen Korrekturbuchungen („Storno") durchzuführen. Ebenso ist sich bei der Führung der Bücher einer lebendigen Sprache zu bedienen.

Weist eine Buchhaltung **schwerwiegende Mängel** auf, kann vom Finanzamt eine Schätzung des Ergebnisses vorgenommen werden.

> ### Zusammenfassung
> **Rechtsrahmen und Grundsätze ordnungsgemäßer Buchführung**
> - *Grundsätzlich ist jeder Kaufmann zur Buchführung verpflichtet, Ausnahmen: Einzelkaufleute, die an zwei aufeinanderfolgenden Abschlussstichtagen nicht mehr als 600 000,00 € Umsatzerlöse und 60 000,00 € Gewinn ausweisen.*
> - *Das Geschäftsjahr darf zwölf Monate nicht überschreiten, muss aber nicht mit dem Kalenderjahr übereinstimmen.*
> - *Für alle Kaufleute gelten die Vorschriften gem. §§ 238–263 HGB, ergänzende Vorschriften für Kapital- sowie bestimmte Personengesellschaften finden sich in den §§ 264–342a HGB.*
> - *Die Buchführung muss so gestaltet und geordnet sein, dass sich ein sachverständiger Dritter in angemessener Zeit einen Einblick in die tatsächliche Vermögenslage verschaffen kann. Deshalb gelten folgende Grundsätze:*
>   - *Klarheit und Übersichtlichkeit*
>   - *Wahrheit und Vollständigkeit*
>   - *Fristgerechtigkeit*
>   - *Lesbarkeit und Nachvollziehbarkeit*
>   - *Aufbewahrungsfristen:*
>   - *Handelsbücher und Buchungsbelege: zehn Jahre*
>   - *Geschäftsbriefe und Verträge: sechs Jahre*

Aufgaben

1. Erläutern Sie die folgenden Vorschriften einer ordnungsmäßigen Buchführung:

   a) Wahrheit
   b) Vollständigkeit
   c) Zeitnähe
   d) Belegzwang
   e) Aufbewahrungspflicht
   f) Klarheit

2. Begründen Sie die Verpflichtung zur ordnungsmäßigen Buchführung aus der Sicht

   a) des Unternehmers,
   b) des Gläubigers,
   c) des Staates.

3. Stellen Sie einen Katalog von Forderungen zusammen, die Sie an eine ordnungsmäßige Buchführung stellen.

4. Nennen Sie vier Aufgaben der Finanzbuchhaltung.

5. Nennen Sie maßgebliche Rechtsquellen der Buchführung für Kaufleute.

6. Nach Handelsrecht ist ein Kaufmann zur Buchführung verpflichtet. Kaufmann ist, wer ein Handelsgewerbe betreibt. Erläutern Sie, was der Gesetzgeber damit meint.

7. Erläutern Sie aus der Sicht

   a) des Unternehmers,
   b) der Gläubiger,
   c) des Staates,
   warum der Gesetzgeber für den Schluss eines jeden Geschäftsjahres eine Bilanz und eine GuV-Rechnung verlangt.

8. Bestimmen Sie die Aufbewahrungsfrist folgender Unterlagen:

   a) Grundbücher
   b) Kopien abgesandter Handelsbriefe
   c) Eingangsrechnungen
   d) Hauptbücher
   e) Bilanzen
   f) empfangene Handelsbriefe
   g) Inventare

9. Fassen Sie die wesentlichen Inhalte der §§ 238 und 239 HGB stichwortartig zusammen.

3 Inventur, Inventar und Bilanz unterscheiden

3.1 Eine Inventur planen und durchführen

LS 21.I

Frau Nolden, langjährige Mitarbeiterin in der Finanzbuchhaltung der Sommerfeld Bürosysteme GmbH, wurde von Herrn Effer beauftragt, die diesjährige Inventur zu planen. Da für die Durchführung der Inventur neben Aushilfen auch festangestellte Mitarbeiter benötigt werden, hat sich Herr Effer mit dem Betriebsrat über einen Termin verständigt, sodass die Terminvereinbarung heute am Schwarzen Brett ausgehängt werden konnte.

Sommerfeld Bürosysteme GmbH
Ein ökologisch orientiertes Unternehmen mit Zukunft

Terminvereinbarung zur diesjährigen Inventur

Unsere diesjährige Inventur findet am
Samstag, den 21. Dezember von 09:00 bis 15:00 Uhr und
am Sonntag, den 22. Dezember von 10:00 bis ca. 13:00 Uhr statt.

Wir bitten Sie, sich für diese Zeit bereitzuhalten.

Geschäftsleitung   Betriebsrat
Feld   *Stefer*

Arbeitsaufträge
- Nennen Sie Gründe für die Durchführung der Inventur im oben genannten Zeitraum.
- Tauschen Sie Ihre Erfahrungen mit der Organisation und Durchführung von Inventurarbeiten in Ihrem Ausbildungsbetrieb aus.
- Erstellen Sie gemeinsam mit Ihrem Sitznachbarn eine Checkliste, die Ihnen hilft, an alle notwendigen Vorarbeiten zu denken, wenn Sie eine Inventur planen.
- Lesen Sie § 240 HGB und notieren Sie mögliche Gründe, warum der Gesetzgeber Kaufleute verpflichtet, eine Inventur durchzuführen.

Grundlagen der Inventur

Im Rahmen der **Inventur** muss der Unternehmer mindestens einmal jährlich seine Vermögenswerte nach Art, Menge und Wert aufnehmen sowie alle Forderungen und Schulden erfassen. Dazu muss er Zahlungsmittel und Erzeugnisse zählen und noch nicht bezahlte Rechnungen zusammenstellen. Neben der mengenmäßigen **Erfassung des Vermögens und der Schulden** müssen auch deren **Werte** nach gesetzlichen Vorschriften ermittelt werden. Diese Aufnahme aller Wirtschaftsgüter nach Art und Menge wird als Inventur bezeichnet. Erst dann kann ein vollständiges Bestandsverzeichnis, **das Inventar**, erstellt werden. Dies wiederum ist die Grundlage für die **Bilanz**, die eine Zusammenfassung des Inventars in Kontenform ist.

Die Durchführung der Inventur ist für Kaufleute gesetzlich vorgeschrieben **(§ 240 HGB)** und muss zu bestimmten Anlässen und Zeiten erfolgen:

- zu **Beginn der Betriebstätigkeit** (Neugründung oder Übernahme)
- am **Ende eines jeden Geschäftsjahres**
- bei **Aufgabe der Betriebstätigkeit** (Verkauf oder Auflösung des Unternehmens)

Die Inventur dient dem Kaufmann zur Ermittlung des tatsächlich vorhandenen Vermögens und der Schulden (Istbestände). Diebstahl, Schwund, Verderb und Beschädigungen sowie Fehler bei der Erfassung von Zu- und Abgängen können zu Abweichungen zwischen Ist- und Sollbestand führen.

Arten der Inventur

Nach Art der Aufnahme

Bei der Inventur ist zwischen der **körperlichen Inventur** und der **Buchinventur** zu unterscheiden – beide ergänzen sich.

Körperliche Inventur	Die Inventur der Vermögenswerte, die greifbar, also körperlich sind, erfolgt durch **Zählen, Messen, Wiegen** oder in Ausnahmefällen auch durch **Schätzen**. Die erfassten Bestände werden in Inventurlisten eingetragen und anschließend in Euro bewertet.
	Beispiel: Im Lager der Sommerfeld Bürosystem GmbH werden am Aufnahmetag 475 Tischlerplatten gezählt, die mit dem Anschaffungswert 68,00 € bewertet werden.
Buchinventur	Hier erfolgt die Bestandsaufnahme der Wirtschaftsgüter aus Aufzeichnungen der Buchhaltung aufgrund von Dokumenten und Belegen. Voraussetzung dafür ist jedoch, dass aufgrund von Aufzeichnungen eine ordnungsgemäße Erfassung möglich ist.
	Beispiele: – Die Betriebsgebäude werden anhand der Anlagendatei und der Auszüge des Grundbuchamtes bewertet. – Das Bankguthaben wird mithilfe von Kontoauszügen ermittelt. – Die Forderungen an Kunden werden durch Aufaddieren der Rechnungsbeträge der Ausgangsrechnungen ermittelt.

Nach dem Zeitpunkt der Aufnahme

Der Gesetzgeber fordert die Inventur für den Schluss des Geschäftsjahres, zum Beispiel zum 31.12.20(0) **(Inventurstichtag)**. Wegen des Arbeitsumfanges, der kaum an einem Tag zu bewältigen ist, räumt die Finanzverwaltung den Unternehmen Freiräume in Form von verschiedenen Inventurmethoden ein, um den Zeitraum der Inventur flexibler und eigenständiger zu gestalten.

> **PRAXISTIPP!**
>
> *Die personal- und zeitaufwendigen Inventurarbeiten sollten in Zeiten durchgeführt werden, in denen Arbeitskräfte ohne größere Schwierigkeiten von anderen Arbeiten freigestellt werden können und der normale Betriebsablauf so wenig wie möglich gestört wird.*

Stichtagsinventur	Eine ordnungsgemäße Bestandsaufnahme ist grundsätzlich am **Bilanzstichtag** oder innerhalb von **zehn Tagen vor oder nach** dem Stichtag durchzuführen. Bestandsveränderungen zwischen dem Tag der Bestandsaufnahme und dem Stichtag sind **mengen-** und **wertmäßig** zu berücksichtigen.	10 Tage → Stichtag ← 10 Tage
Zeitlich verlegte Inventur	Die körperliche Bestandsaufnahme kann auch an einem Tag innerhalb der **letzten drei Monate vor oder der ersten zwei Monate nach dem Bilanzstichtag** durchgeführt werden. In diesem Fall ist sicherzustellen, dass alle Bestandsveränderungen, die zwischen dem Bilanzstichtag und der tatsächlichen Bestandsaufnahme liegen, anhand von Fortschreibungs- oder Rückrechnungsverfahren **wertmäßig** berücksichtigt werden.	3 Monate → Stichtag ← 2 Monate
Permanente Inventur	Ein Industrieunternehmen erfasst alle Lagerbestände mithilfe einer Lagersoftware oder Lagerlisten, die laufend fortgeschrieben werden. Dadurch ist es in der Lage, jederzeit Bestandslisten zu erstellen. Dies ist eine Voraussetzung der permanenten Inventur. Dabei ist zu beachten, dass zu einem beliebigen Zeitpunkt, **mindestens einmal im Geschäftsjahr**, der Buchbestand durch **körperliche Bestandsaufnahme** zu überprüfen ist. Das dabei anzufertigende Protokoll muss Auskunft über eventuelle Differenzen zwischen Soll- und Istbestand geben und die vorgenommene Korrektur erfassen.	

> **PRAXISTIPP!**
>
> *Im Rahmen der permanenten Inventur sollten Bestände wegen des geringeren Arbeitsaufwandes immer dann aufgenommen werden, wenn sie gegen null gehen.*

Planung der Inventur

Die Inventur ist unter anderem die Grundlage für die korrekte Vermögens- und Schuldenermittlung des Unternehmens. Deshalb sollten die Planungen und Vorbereitungen einer Inventur mit **großer Gewissenhaftigkeit** erfolgen. Je größer ein Unternehmen ist, desto besser muss geplant werden. Als **wesentliche Planungsbausteine** einer Inventur gelten:

Zeitplanung → **Personalplanung** → **Hilfsmittelplanung**

Zeitplanung

Jede Inventur benötigt eine gewisse Vorlaufzeit. Steht der Inventurtermin erst einmal fest, dann müssen die notwendigen **Vorarbeiten zur Inventur** so geplant werden, dass die Inventur auch tatsächlich zum geplanten Stichtag bzw. im vorgesehenen Zeitraum durchgeführt werden kann.

Beispiel: Nachdem Frau Nolden festgelegt hat, dass die Inventur der Sommerfeld Bürosysteme GmbH in diesem Jahr am 21. und 22. Dezember stattfindet, hat sie den folgenden Zeitplan aufgestellt:

Bis 15. Dezember Vorbereitung I	Bis 20. Dezember Vorbereitung II	21./22. Dezember Durchführung	Bis 31. Dezember Nachbereitung
<ul><li>Checklisten erstellen</li><li>Organisationsanweisung schreiben</li><li>Aushilfen organisieren</li><li>Aufnahmeteams zusammenstellen</li><li>Verpflegung bestellen</li><li>Mitarbeiter/Aushilfen einteilen</li><li>Kunden und Lieferanten benachrichtigen</li></ul>	<ul><li>Offene Ein- und Ausgangsrechnungen zusammenstellen</li><li>Lager aufräumen</li><li>Kennzeichnung der Regale und Fächer</li><li>Regal- und Fachnummern anbringen</li><li>Inventurlisten erstellen</li></ul>	<ul><li>Aushändigen der Inventurlisten an die Schreiber</li><li>Einweisung in die Aufnahmebezirke</li></ul>	<ul><li>Alle offenen Bewertungen abschließen</li><li>Inventurberechnungen zusammen fassen</li><li>Aufstellung des Inventars</li><li>Verbesserungsvorschläge für die kommende Inventur dokumentieren</li></ul>

Personalplanung

Je mehr Personen am Aufnahmetag zur Verfügung stehen, desto schneller kann der normale Geschäftsbetrieb wieder aufgenommen werden. Deshalb stellen viele Unternehmen für die Inventurarbeiten **Aushilfen** ein. Zudem sollten **Ersatzkräfte** eingeplant werden, falls Mitarbeiter kurzfristig ausfallen. Wichtig ist die Zusammenstellung der Aufnahmeteams. Dabei hat es sich bewährt, jeweils zwei Personen zu einem **Aufnahmeteam** zusammenzustellen und ihnen einen klar begrenzten Aufnahmebereich zuzuweisen. Dort, wo noch keine Barcodescanner eingesetzt werden können, gilt die alte Regel:

> **Ein Teammitglied diktiert, während das andere schreibt.**

PRAXISTIPP!

Kein Mitarbeiter sollte im eigenen Aufgabenbereich zählen.

Beispiel: Bei der Sommerfeld Bürosysteme GmbH hat es sich seit Jahren bewährt, Aufnahmeteams zusammenzustellen, die jeweils aus einer Aushilfe und einem fest angestellten Mitarbeiter bestehen. Frau Nolden hat zu diesem Zweck den folgenden Personaleinsatzplan aufgestellt:

Name	Pers.-Nr.	Produktgruppe	Gang	Aufnahmetag
Christian Sust	32	Konferenz	01–11	21.12.20..
Lydia Schaub	04 Aushilfe			
Yvonne Peters	21	Am Schreibtisch	21–29	21.12.20..
Paul Friedrich	09 Aushilfe			
…		…	…	…

PRAXISTIPP!

Wenn mit vielen Aushilfen gearbeitet wird, lohnt sich eine kurze Mitarbeiterschulung vor der Bestandsaufnahme. Dies reduziert die Fehlerquote und erspart aufwendige Nacharbeiten.

Hilfsmittelplanung

Sofern die aufzunehmenden Gegenstände mit Barcodes versehen sind, dienen **Barcodescanner** als zentrales Hilfsmittel für die ordnungsgemäße Erfassung. Mit deren Hilfe werden die betreffenden Gegenstände zügig und fehlerfrei erfasst und gespeichert. Nach Abschluss der Inventur werden **Inventurlisten** erstellt und ausgedruckt, anschließend die Lagerbestände aktualisiert.

Inventurliste   Blatt 1

Sommerfeld
Bürosysteme GmbH
Ein ökologisch orientiertes Unternehmen mit Zukunft

Datum: _____

Nr.	Art. Nr.	Bezeichnung	Beschaffenheit	Warengruppe	Einheit	Menge, Anzahl	Wert je Einheit	Gesamtwert
1								
2								
3								

aufgenommen von: _____   geprüft: _____

Durchführung der Inventur

Körperliche Aufnahme

Die körperliche Inventur erfolgt durch Zählen, Messen, Wiegen oder Schätzen (vgl. S. 252). Hierbei werden alle **Lagerbestände** erfasst. Im Wesentlichen sind dies **Rohstoffe**, **Hilfsstoffe** und **Betriebsstoffe**, welche in den Wertschöpfungsprozess einfließen, und die noch nicht verkauften **unfertigen** sowie **fertigen Erzeugnisse**, die sich aus der Produktion ergeben (Vorräte im Umlaufvermögen, vgl. S. 261 ff.). Außerdem wird der **Bargeldbestand** erfasst.

Buchmäßige Aufnahme

Hier werden **Bankguthaben**, die **Forderungen** sowie die **Schulden (mittel- und langfristige Darlehen, Verbindlichkeiten aus Lieferungen und Leistungen)** des Unterneh-mens erfasst. Die entsprechenden Belege werden geordnet sowie mengen- und wertmäßig erfasst.

Beispiel: Frau Nolden erfasst die Forderungen der Sommerfeld Bürosysteme GmbH. Zu diesem Zweck geht sie in die Debitorenverwaltung ihres Finanzbuchführungsprogramms und druckt die entsprechenden Listen der offenen Posten aus. So erfährt sie unter anderem, dass der Kunde Ergonomische Büromöbel Müller (Konto D24011) eine Rechnung über 19 500,00 € noch nicht beglichen hat („offener Posten"):

AR0072   vom 23.12.2015   über 19 500,00 €

3 Inventur, Inventar und Bilanz unterscheiden

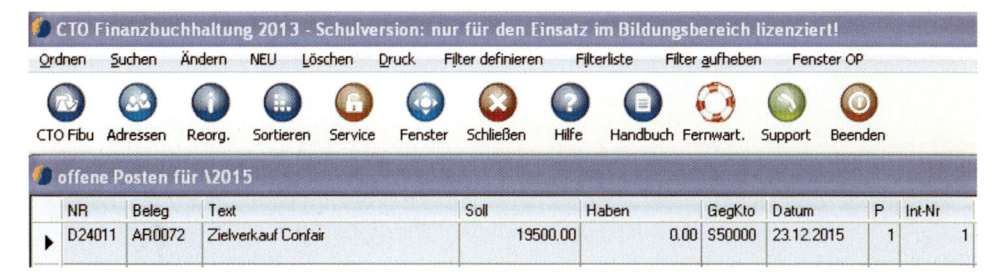

(Screenshot: CTO Finanzbuchhaltung 2013 – Schulversion)

offene Posten für \2015

NR	Beleg	Text	Soll	Haben	GegKto	Datum	P	Int-Nr
D24011	AR0072	Zielverkauf Confair	19500.00	0.00	S50000	23.12.2015	1	1

Die durch die Inventur erfassten Forderungen an Ergonomische Büromöbel Müller belaufen sich somit auf insgesamt 19 500,00 €.

Nachdem sämtliche Vermögensgegenstände und Schulden erfasst wurden, müssen diese bewertet werden. Laut § 252 (1) Abs. 3 HGB sind Vermögensgegenstände und Schulden zum Abschlussstichtag grundsätzlich einzeln zu bewerten. Allerdings erlaubt der Gesetzgeber gleichartige Vermögensgegenstände des Vorratsvermögens zu einer Gruppe zusammenzufassen und zu einem Durchschnittswert anzusetzen (§ 240 (4) HGB), da ansonsten für jeden einzelnen Gegenstand festgestellt werden müsste, zu welchem Preis dieser beschafft worden ist. Ein solches Vorgehen ist aus zeitökonomischen Gesichtspunkten undenkbar. In Lernfeld 8 (Band 2) werden die Bewertungsvorschriften präzisiert und detailliert besprochen.

Beispiel: Während der Inventur der Sommerfeld Bürosysteme GmbH wurden unter anderem folgende Vermögensgegenstände erfasst:

Rohstofflager: →LF 8
250 Spanplatten – 1 m · 2 m

Im Rohstofflager der Sommerfeld Bürosysteme GmbH befinden sich noch Spanplatten, die im März zu einem Preis von 4,10 €/Stück beschafft wurden. Daneben liegen Spanplatten, welche im August zu 4,20 €/Stück eingekauft wurden. Unter Berücksichtigung der jeweiligen Mengen ist es erlaubt, einen Durchschnittswert zu bilden, mit welchem die Spanplatten insgesamt bewertet werden.

PRAXISTIPP!

Am Tag der Inventur sollte sich auf die körperliche Erfassung der Vermögensgegenstände beschränkt werden. Die Bewertung sollte in der Nachbereitung erfolgen.

Zusammenfassung

Eine Inventur planen und durchführen

- **Inventur:** Aufnahme aller Vermögensteile nach Art, Menge und Einzelwerten und aller Schulden zu einem bestimmten Zeitpunkt (Stichtag).

- **Zeitpunkte der Inventur:** Bei Beginn oder Übernahme des Betriebes, zum Schluss jedes Geschäftsjahres und bei Auflösung oder Veräußerung des Betriebes.

- **Inventurarten nach der Art der Bestandsaufnahme**

Körperliche Inventur	Die Vermögensteile werden gezählt, gemessen, gewogen oder geschätzt.
Buchinventur	Vermögensteile oder Schulden werden anhand schriftlicher Unterlagen ermittelt.

- **Inventurarten nach dem Zeitpunkt der Bestandsaufnahme**

Stichtagsinventur	Aufnahme aller Vermögensteile und Schulden innerhalb von zehn Tagen vor oder nach dem Inventurstichtag
Zeitlich verlegte Inventur	Aufnahme innerhalb einer Frist von 3 Monaten vor bis 2 Monate nach dem Stichtag
Permanente Inventur	- Erfassung der Zu- und Abgänge sowie automatische Ermittlung der Sollbestände durch eine Lagersoftware - körperliche Inventur mindestens einmal im Jahr

- **Inventurplanung**
  Sie umfasst die Zeitplanung, die Personalplanung und die Hilfsmittelplanung, wie vorbereitete Inventurlisten und Aufnahmegeräte.

→ LF 8

- Bei der **Bewertung** der Vermögensgegenstände sind die §§ 252 ff. HGB zu beachten.

Aufgaben

1. a) Geben Sie den Zeitraum zur Durchführung einer Stichtagsinventur an, wenn das Geschäftsjahr vom 1. Januar bis 31. Dezember 20(0) dauert.

   b) Berechnen Sie den Inventurbestand zum 31. Dezember .... im Wege der Rückrechnung für den Artikel „Rohrwinkel Classic" Artikelnummer 4805/3 aufgrund der folgenden Angaben:

Bestand bei der Aufnahme	am 09.01...	180 Stück zu je 5,88 €
Verkauf von Rohrwinkeln	am 07.01...	70 Stück
Einkauf von Rohrwinkeln	am 05.01...	150 Stück zu je 5,88 €
Verkauf von Rohrwinkeln	am 03.01...	160 Stück

2. Führen Sie nach dem Muster auf S. 256 eine Inventurliste des Lagers „Rohstoffe" der Sommerfeld Bürosysteme GmbH, deren Geschäftsjahr mit dem Kalenderjahr übereinstimmt.
   - Aufnahmedatum: 21.12.20(0)
   - handelsübliche Bezeichnung Stahlbolzen 500 mm
   - Warengruppe: Metall
   - Anschaffungskosten 1,00 €/St.
   - Beschaffenheit: ohne Mängel
   - Menge 750 Stück

a) Tragen Sie diese Daten in die Inventurliste ein und berechnen Sie den Inventurwert.

b) Begründen Sie, um welche Inventurart es sich dabei handelt.

c) Welcher Bestand ergibt sich zum 31. Dezember 20(0), wenn noch die folgenden Vorgänge zu berücksichtigen sind:
22.12.: Eingangsrechnung (ER)   5 000 Stahlbolzen 500 mm zu je 1,00 €
22.12.: Abgang 2 800 Stück in die Produktion
28.12.: Abgang 1 600 Stück in die Produktion

3. Nach der Art der Inventurdurchführung sind „Buchinventur" und „körperliche Inventur" zu unterscheiden. Nennen Sie die jeweils zweckmäßige Inventurart für folgende Wirtschaftsgüter: Kassenbestand (Bargeld), Bankguthaben, Forderungen a. LL, Bestand an unfertigen und fertigen Erzeugnissen, Verbindlichkeiten a. LL.

4. Erläutern Sie Planung, Durchführung und Auswertung der Inventur in Ihrem Ausbildungsbetrieb in einem Kurzreferat.

5. Führen Sie nach dem folgenden Muster eine Inventurliste der Sommerfeld Bürosysteme GmbH, deren Geschäftsjahr mit dem Kalenderjahr übereinstimmt.
Aufnahmedatum: 21.12.20(0) Lagerort: Rohstoffe.
Ergebnisse der Aufnahme:

Rohstoffgruppe	1	1
Material-Nr.	1100	1110
Materialbezeichnung	Stahlrohrgestell TK DIN 59400	Stahlrohrrechteckprofil DIN 50410
Stück	1 250	1 850
€ je Einheit	4,80	5,75
Summe in €		

a) Tragen Sie diese Daten in die Inventurliste ein und berechnen Sie den jeweiligen Inventurwert.

b) Erläutern Sie, um welche Inventurart es sich handelt.

c) Welcher Bestand des Materials Nr. 1110 Stahlrohrrechteckprofil ergibt sich zum
31.12., wenn noch folgende Vorgänge zu berücksichtigen sind:
22.12. Eingang   9 000 Stück à 5,57 €
22.12. Verbrauch lt. Materialentnahmeschein 4 000 Stück à 5,75 €
28.12. Verbrauch lt. Materialentnahmeschein 2 600 Stück à 5,75 €

6. a) Vergleichen Sie die Stichtagsinventur mit der permanenten Inventur.

b) Erläutern Sie, welche Angaben ein Ablaufplan zur Durchführung der Inventur in einer Möbelfabrik nach Ihrer Meinung enthalten könnte.

c) Viele Betriebe werden zur Durchführung der Inventur geschlossen. Beurteilen Sie diese Maßnahme und zeigen Sie Alternativen auf.

3.2 Ein Inventar erstellen

LS 21.II

Herr Effer hat nach der Inventur bei der Sommerfeld Bürosysteme GmbH alle Inventurlisten eingesammelt und Frau Nolden übergeben. In vielen Fällen enthalten sie nur die handelsüblichen Bezeichnungen und Mengenangaben. „Jetzt geht die Arbeit erst richtig los", meint Frau Nolden an Rudolf Heller gerichtet, „denn jetzt müssen wir in die große Menge der Listen Ordnung reinbringen und die Gesamtsummen der einzelnen Positionen des Inventars ermitteln,"

Arbeitsaufträge

- Vergleichen Sie das Inventar der Sommerfeld Bürosysteme GmbH mit dem Ihres Ausbildungsbetriebes. Arbeiten Sie Gemeinsamkeiten und Unterschiede heraus.

- Stellen Sie Ihren Mitschülern anhand von ausgewählten Vermögensgegenständen die Gemeinsamkeiten und Unterschiede in einem Kurzvortrag vor.

Gliederung des Inventars

Aufgrund der durchgeführten Inventur ist ein Unternehmen in der Lage, ein **Bestandsverzeichnis**, **das Inventar**, anzulegen. In diesem sind die **Vermögensteile** und **Schulden** zum Abschlussstichtag nach Art, Menge und Wert aufgezeichnet. Dabei besteht das Inventar in seiner Grundstruktur aus drei Teilen:

A. Vermögen
  I Anlagevermögen
  II Umlaufvermögen
	Zieht man vom Gesamtwert der Vermögensteile die Summe der betrieblichen Schulden ab, erhält man das Eigenkapital (Reinvermögen):

B. Schulden
  I Langfristige Schulden
  II Kurzfristige Schulden
	A. Vermögen – B. Schulden = C. Eigenkapital

C. Errechnung des Eigenkapitals (= Reinvermögen)	Das Eigenkapital zeigt somit den Wert der Vermögensteile an, die mit eigenen Mitteln (Eigenkapital) finanziert worden sind.

Anlagevermögen

Zum Anlagevermögen zählen die Vermögensgegenstände, die dauernd dem Geschäftsbetrieb dienen und somit nicht zum Verkauf gedacht sind. Das Anlagevermögen bildet daher die **Grundlage der Betriebstätigkeit**.

Immaterielle Vermögens-gegenstände	▪ Lizenzen (Rechte zur Nutzung einer Erfindung) ▪ geschützte Markenzeichen ▪ Softwarelizenzen ▪ Geschäfts- oder Firmenwert
Sachanlagen	▪ Grundstücke und Gebäude ▪ Maschinen ▪ Lagereinrichtung ▪ Fuhrpark ▪ Büroeinrichtung ▪ Computer
Finanzanlagen	▪ Beteiligungen an anderen Unternehmen ▪ Darlehensforderungen gegenüber anderen Unternehmen

Umlaufvermögen

Zum **Umlaufvermögen** zählen die Vermögensgegenstände, **die durch die Betriebstätigkeit ständig „umlaufen"** und sich so in ihrer Zusammensetzung ständig ändern. Durch diesen Umlauf versucht das Unternehmen seinen **Erfolg** zu erzielen:

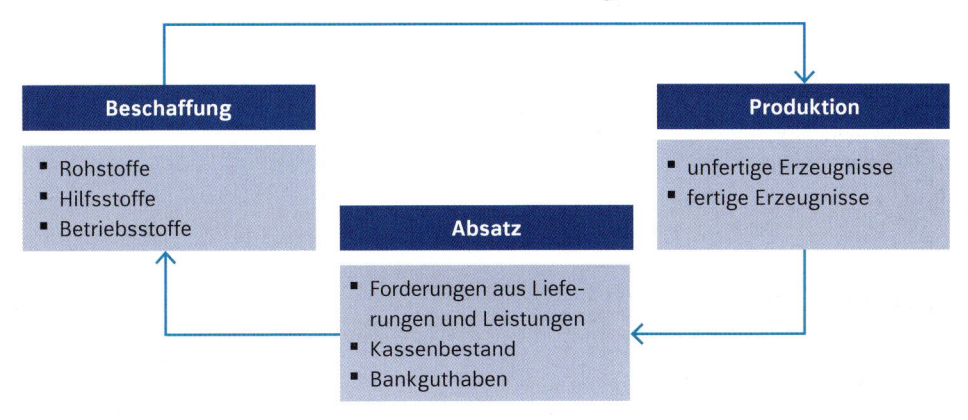

Beschaffung
- Rohstoffe
- Hilfsstoffe
- Betriebsstoffe

Produktion
- unfertige Erzeugnisse
- fertige Erzeugnisse

Absatz
- Forderungen aus Lieferungen und Leistungen
- Kassenbestand
- Bankguthaben

- **Rohstoffe** sind all die Stoffe, die **unmittelbar** in das herzustellende **Erzeugnis eingehen** und dessen Hauptbestandteil darstellen.

- **Hilfsstoffe** gehen unmittelbar in das herzustellende Erzeugnis ein, jedoch bilden sie **nicht** den Hauptbestandteil des Erzeugnisses, sondern ergänzen, verbinden und verschönern die Erzeugnisse.

- **Betriebsstoffe** hingegen werden zwar für die Herstellung von Erzeugnissen benötigt, werden aber nicht Bestandteil der Produkte.

  Beispiele: Bei der Sommerfeld Bürosysteme GmbH gehen als **Rohstoffe** Stahlrohrgestelle und Spanplatten sowie Polsterbezüge in die Produktion ein. Als **Hilfsstoffe** werden Lacke, Leime und Schrauben benötigt. Damit überhaupt produziert werden kann, werden als **Betriebsstoffe** Schmiermittel und Polierscheiben bei der Produktion der Erzeugnisse benötigt.

- **Unfertige Erzeugnisse** sind alle Erzeugnisbestandteile, die sich noch auf den Zwischenstufen der Fertigung befinden und **noch kein absatzreifes Produkt darstellen**.

  Beispiel: Unlackierte Drehstühle ohne Polsterung

- **Fertige Erzeugnisse** sind folglich absatzreife Erzeugnisse.

  Beispiele: Konferenztische, Drehstühle

- **Forderungen aus Lieferungen und Leistungen** (Forderungen a. LL) entstehen durch den Verkauf fertiger Erzeugnisse, die in der Regel auf Kredit (auf Ziel) verkauft werden.

  Beispiel: Die Sommerfeld Bürosysteme GmbH liefert diverse Produkte an die „Ergonomische Büromöbel Müller GmbH". Sie gewährt ein Zahlungsziel von 30 Tagen. In dieser Zeit muss die Forderung der Sommerfeld Bürosysteme GmbH ausgeglichen werden.

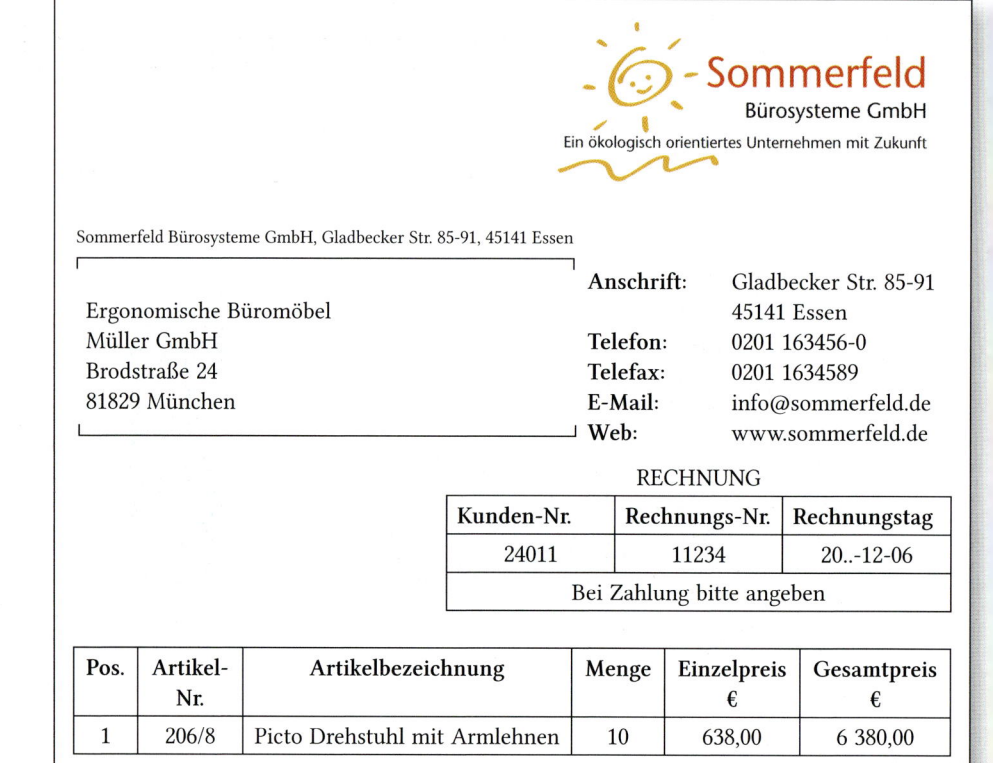

Sommerfeld Bürosysteme GmbH
Ein ökologisch orientiertes Unternehmen mit Zukunft

Sommerfeld Bürosysteme GmbH, Gladbecker Str. 85-91, 45141 Essen

Ergonomische Büromöbel
Müller GmbH
Brodstraße 24
81829 München

Anschrift:	Gladbecker Str. 85-91
	45141 Essen
Telefon:	0201 163456-0
Telefax:	0201 1634589
E-Mail:	info@sommerfeld.de
Web:	www.sommerfeld.de

RECHNUNG

Kunden-Nr.	Rechnungs-Nr.	Rechnungstag
24011	11234	20..-12-06

Bei Zahlung bitte angeben

Pos.	Artikel-Nr.	Artikelbezeichnung	Menge	Einzelpreis €	Gesamtpreis €
1	206/8	Picto Drehstuhl mit Armlehnen	10	638,00	6 380,00

- **Bankguthaben** und **Kassenbestand**: Wenn die Kunden zum Ende der Zahlungsfrist die Forderungen a. LL bezahlen, dann erhöht sich entweder das Bankguthaben oder der Kassenbestand.

  Beispiel: Die „Ergonomische Büromöbel Müller GmbH" gleicht nach 10 Tagen die Rechnung der Sommerfeld Bürosysteme GmbH per Banküberweisung aus.

KONTOAUSZUG DEUTSCHE BANK Essen BIC: DEUTDEDEXXX	Sommerfeld Bürosysteme GmbH IBAN DE96 2607 0050 0025 2034 88			Auszug Nr. 241
Buch.-Tag	Wert	Erläuterung/Verwendungszweck		Umsätze
30.12.	30.12.	Ergonomische Büromöbel Müller GmbH München, Kd.-Nr. 20144, Re-Nr. 11234		6 380,00 +
29.12. Letzter Auszug	30.12. Auszugsdatum	€	315 817,75 H Alter Kontostand	€ 322 197,75 H Neuer Kontostand
Sommerfeld Bürosysteme GmbH, Gladbecker Str. 85 – 91, 45141 Essen				

Anordnung der Vermögensteile

Im Inventar werden die Gegenstände des Vermögens nach zunehmender Liquidität („Geldnähe") geordnet:

Anlagevermögen
- Grundstücke und Gebäude
- Maschinen
- andere Anlagen, Büro- und Geschäftsausstattung

Umlaufvermögen
- Roh-, Hilfs- und Betriebsstoffe
- unfertige Erzeugnisse
- fertige Erzeugnisse
- Forderungen a. LL
- liquide Mittel (Bankguthaben und Kasse)

↓ zunehmende Geldnähe bzw. Liquidität

Schulden

Schulden sind Zahlungsverpflichtungen aufgrund von **Darlehensverträgen** (Verbindlichkeiten gegenüber Banken) oder aufgrund von Kaufverträgen **(Verbindlichkeiten aus Lieferungen und Leistungen)**. Die verschiedenen Verbindlichkeiten unterscheiden sich durch ihre **Fälligkeit** bzw. Restlaufzeit. Im Inventar werden die Schulden nach **zunehmender Fälligkeit** gegliedert.

Schulden	Fälligkeit	Restlaufzeit von ...
Darlehensschulden mit einer Restlaufzeit von zehn Jahren	langfristig	mehr als 5 Jahren
Verbindlichkeiten a. LL	mittelfristig	ein bis fünf Jahren
Sonstige Verbindlichkeiten (z. B. Steuerschulden)	kurzfristig	bis zu einem Jahr

Errechnung des Reinvermögens (Eigenkapital)
Die Differenz zwischen den Vermögenswerten und den Schulden ergibt das **Reinvermögen (Eigenkapital)**.

Beispiel: Summe der Vermögensteile   12 500 000,00 €
          – Summe der Schulden   – 8 500 000,00 €
          ───
          = Reinvermögen (Eigenkapital)   4 000 000,00 €

Beispiel: Inventar der Sommerfeld Bürosysteme GmbH, Gladbecker Str. 85–91, 45141 Essen, zum 31. Dezember 20..

Art, Menge, Einzelwert	€	€
A. Vermögen		
I. Anlagevermögen		
1. Grundstücke und Gebäude		
Grundstück, Gladbecker Str. 85–91, Verwaltungs-, Produktions-, Lager- und Bürogebäude auf oben bezeichnetem Grundstück (Anlage 1)		3 270 000,00
2. Maschinen (Anlage 2)		3 560 000,00
3. Andere Anlagen, Betriebs- und Geschäftsausstattung (Anlage 3)		670 000,00
II. Umlaufvermögen		
1. Roh-, Hilfs- und Betriebsstoffe		
Rohstoffe (Anlage 4)	1 787 500,00	
Hilfsstoffe (Anlage 5)	232 500,00	
Betriebsstoffe (Anlage 6)	90 000,00	2 110 000,00
2. Unfertige Erzeugnisse (Anlage 7)		440 000,00
3. Fertige Erzeugnisse		
Produktgruppe 1: Warten und Empfang (Anlage 8)	61 125,00	
Produktgruppe 2: Am Schreibtisch (Anlage 9)	145 250,00	
Produktgruppe 3: Konferenz (Anlage 10)	79 375,00	
Produktgruppe 4: Pause, Speisen, Aufenthalt (Anlage 11)	31 750,00	317 500,00
4. Forderungen aus Lieferungen und Leistungen (Anlage 12)		1 371 000,00
5. Bankguthaben		
Deutsche Bank Essen lt. Kontoauszug (Anlage 13)	625 000,00	
Postbank Dortmund lt. Kontoauszug (Anlage 14)	136 500,00	761 500,00
Summe der Vermögensteile		**12 500 000,00**

Art, Menge, Einzelwert	€	€
B. Schulden		
I. Langfristige Schulden		
1. Hypothek der Deutschen Bank Essen lt. Kontoauszug und Darlehensvertrag (Anlage 15)		2 880 000,00
2. Darlehen der Raiffeisenbank Essen lt. Kontoauszug und Darlehensvertrag (Anlage 16)		3 994 650,00
II. Verbindlichkeiten aus Lieferungen und Leistungen (Anlage 17)		1 625 350,00
Gesamtschulden		8 500 000,00
C. Errechnung des Reinvermögens (Eigenkapital)		
Gesamtvermögen		12 500 000,00
– Gesamtschulden		8 500 000,00
Eigenkapital = Reinvermögen		4 000 000,00

Das **Inventar** und die zu seinem Verständnis notwendigen Unterlagen sind **zehn Jahre aufzubewahren** (§§ 257 HGB, 147 Abs. 2 AO).

Aus einem Inventar erste betriebswirtschaftliche Rückschlüsse ziehen

Das Inventar gibt dem Kaufmann einen Überblick über den **Stand seines Vermögens und seiner Schulden** zu einem bestimmten Stichtag. Durch den Vergleich mit den Werten des Vorjahres lassen sich bereits erste Erkenntnisse ableiten, die eine Beurteilung der Entwicklungen des Geschäftsjahres erlauben.

Erfolgsermittlung durch Eigenkapitalvergleich

Durch den Vergleich der Inventare zweier aufeinanderfolgender Jahre wird die Entwicklung der Bestände an Vermögen und Schulden erkennbar. Die Veränderung des Eigenkapitalbestands, das sich erhöht oder vermindert haben kann, verdeutlicht, mit welchem **Erfolg (Gewinn oder Verlust)** das Unternehmen gearbeitet hat. Die nachfolgende Abbildung verdeutlicht, dass die Sommerfeld Bürosysteme GmbH nach einem Verlust im Vorjahr, im Berichtsjahr einen Gewinn erzielen konnte.

Erfolg	
Eigenkapitalmehrung (positiver Erfolg) Gewinn (im Berichtsjahr)	**Eigenkapitalminderung** (negativer Erfolg) Verlust (im Vorjahr)
Eigenkapital am Ende des Berichtsjahres 4 000 000,00 € – Eigenkapital am Anfang des Berichtsjahres 3 625 000,00 €	Eigenkapital am Ende des Vorjahres 3 625 000,00 € – Eigenkapital am Anfang des Vorjahres 3 750 000,00 €
= Gewinn 375 000,00 €	**= Verlust** – 125 000,00 €

Zusammenfassung

Ein Inventar erstellen
- Verzeichnis aller Vermögensteile (Art, Menge, Einzelwerte) und Schulden zum Abschlussstichtag
- Errechnung des Reinvermögens
- Erfolgsermittlung durch Vergleich des Eigenkapitals zweier Jahre

A. Vermögen	I. Anlagevermögen	Ordnung nach zunehmender Liquidität • Vermögensgegenstände, die dazu bestimmt sind, **dauernd** dem Geschäftsbetrieb zu dienen • Grundlage der Betriebs- und Absatzbereitschaft
	II. Umlaufvermögen	• Vermögensgegenstände, die veräußert und nur einmalig genutzt werden • Gewinnträger des Unternehmens
B. Schulden	1. Verbindlichkeiten gegenüber Kreditinstituten (Darlehensschulden) 2. Verbindlichkeiten aus Lieferungen und Leistungen	Ordnung nach abnehmenden Restlaufzeiten • Fremdkapital • nach **Restlaufzeiten** zu gliedern: – langfristige Schulden mit mehr als fünf Jahren – mittelfristige von einem bis fünf Jahre – kurzfristige bis zu einem Jahr
C. Errechnung des Reinvermögens	Vermögen – Schulden = **Reinvermögen**	Ordnung nach abnehmenden Restlaufzeiten • Gegenüberstellung von Vermögen und Schulden • Differenz ist das Reinvermögen, das dem Unternehmen nach Abzug aller Schulden verbleibt (Betriebsvermögen)

- Inventare müssen 10 Jahre aufbewahrt werden.
- Die Eigenkapitalquote lässt sich aus dem Inventar berechnen und gibt den prozentualen Anteil des Eigenkapitals am Gesamtkapital an.

Aufgaben

1. Der Fleischkonservenhersteller Alois Berger e. K., Fürth, machte für den 31.12.20(0) Inventur.

Dabei stellte er folgende Werte fest:	€	€
Gebäude		450 000,00
Fuhrpark lt. Verzeichnis		600 000,00
Geschäftsausstattung lt. Verzeichnis		120 000,00
Rohstoffe lt. Verzeichnis		75 000,00
Forderungen a. LL		
Alois Hausmann e. K., Nürnberg	22 100,00	
Ludwig Sommer e. K., Bamberg	33 950,00	
Peter Dick e. K., München	43 270,00	

Guthaben bei der
    Handelsbank, Fürth 283 185,00
    Sparkasse der Stadt Fürth 117 430,00
    Postbank AG Nürnberg 62 865,00
Bargeld 2 487,00
Verbindlichkeiten gegenüber der Bank für Handel
und Gewerbe 118 000,00
Verbindlichkeiten a. LL
    Schmitz & Co. KG, Aachen 44 600,00
    König AG, Stuttgart 63 200,00
    Werner Linde e. K., Hamburg 55 100,00

Stellen Sie das Inventar auf. Verwenden Sie ggf. ein Tabellenkalkulationsprogramm.

2. Welche der folgenden Begriffe ergänzen unten stehende Satzteile zu einer richtigen Aussage?

(1) das Anlagevermögen   (3) das Vermögen   (5) das Reinvermögen
(2) das Umlaufvermögen   (4) die Schulden

Aussagen:
a) Grundlage der Betriebsbereitschaft bildet ...
b) Eigentlicher Gewinnträger der Unternehmung ist ...
c) ... ist der dem Unternehmer verbleibende Teil des Vermögens, nachdem ... abgezogen wurden.
d) Kapital, das der Unternehmung nur befristet überlassen wurde, bezeichnet man als ... der Unternehmung.
e) ... ist dazu bestimmt, dem Unternehmen dauernd zu dienen.
f) ... können als Fremdkapital bezeichnet werden.
g) ... wird nach zunehmender Liquidität geordnet.

3. Welche der folgenden Aussagen treffen auf das Inventar zu?

a) Es ist die Aufnahme aller Vermögens- und Schuldenteile durch Zählen, Messen, Wiegen oder Schätzen.
b) Es ist das Verzeichnis der Erzeugnisbestände zum Inventurstichtag.
c) Reinvermögen = Vermögen – Schulden
d) Es ist 10 Jahre aufzubewahren.
e) Die Erzeugnisse werden mit ihren Verkaufspreisen bewertet.

4. Ordnen Sie die unten angegebenen Posten eines Fleischkonservenherstellers in einer Tabelle mit folgender Gliederung:

Anlage-vermögen	Umlauf-vermögen	Eigenkapital	Langfristige Schulden	Kurzfristige Schulden

Posten:
1. Vorräte an Fleischkonserven
2. EDV-Anlage
3. Verbindlichkeiten gegenüber einem Lieferer
4. Bankguthaben
5. Darlehen mit zehnjähriger Laufzeit
6. Transportbänder im Lager
7. Geschäftshaus
8. Guthaben bei einem Kunden
9. Abfüllanlage
10. Vorräte an Gewürzen
11. Kassenbestand
12. Regale in den Lagerräumen
13. Gabelstapler
14. Reinvermögen
15. Betriebsstoffe
16. Geschäftswagen
17. Geschäftsparkplatz
18. Personalcomputer

5. a) Erläutern Sie den Zusammenhang von Inventur und Inventar.
   b) Erklären Sie die Begriffe „körperliche" und „buchmäßige" Bestandsaufnahme.
   c) Grenzen Sie Anlage- und Umlaufvermögen voneinander ab.
   d) Erklären Sie die Begriffe Rohstoffe, bezogene Fertigteile, Hilfsstoffe, Betriebsstoffe und fertige Erzeugnisse. Ordnen Sie typische Wirtschaftsgüter einer Möbelfabrik diesen Begriffen zu.

3.3 Eine Bilanz erstellen und Informationen aus ihr ableiten

LS 21.III

Schon am 10. Januar können Frau Nolden und Herr Effer das Inventar dem Geschäftsführer der Sommerfeld Bürosysteme GmbH, Herrn Feld, überreichen. Es umfasst 589 Seiten. Nach kurzem Blättern im Inventar sagt Herr Feld: „Gute Arbeit! Allerdings benötige ich für einen Kreditantrag bei der Sparkasse Essen die Bilanz. Bitte erstellen Sie diese zeitnah und legen Sie mir diese bis kommenden Montag zur Unterschrift vor."
Als Rudolf Heller von dem Gespräch erfährt, fragt er stöhnend: „Um Himmels willen! Warum sagt der Chef nicht gleich, was er will? Müssen wir jetzt die ganze Arbeit noch einmal machen?"

Arbeitsaufträge

- Zerstreuen Sie die Befürchtungen von Rudolf, indem Sie ein Kurzreferat vorbereiten. Titel: „Der innere Zusammenhang und die zentralen Unterschiede zwischen einem Inventar und der Bilanz".
- Begründen Sie das Interesse der Sparkasse Essen an der Bilanz der Sommerfeld Bürosysteme GmbH.

Inhalt und Struktur der Bilanz

Aus dem Inventar erkennt der Kaufmann die **genaue Zusammensetzung** der einzelnen Vermögensteile und Schulden. Wegen der sehr detaillierten Informationen wird das Inventar jedoch leicht unübersichtlich. Eine bessere **Übersicht** als das Inventar vermittelt die Bilanz. Nach § 242 HGB ist sie regelmäßig neben dem Inventar zu erstellen.

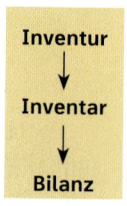

Inventur
↓
Inventar
↓
Bilanz

> **§ 242 Abs. 1 Satz 1 HGB** Der Kaufmann hat zu Beginn seines Handelsgewerbes und für den Schluss eines jeden Geschäftsjahres einen das Verhältnis seines Vermögens und seiner Schulden darstellenden Abschluss (Eröffnungsbilanz, Bilanz) aufzustellen.

3 Inventur, Inventar und Bilanz unterscheiden

- In der Bilanz wird auf jede **mengenmäßige Darstellung des Vermögens und der Schulden verzichtet**.
- Sie enthält lediglich die **Gesamtwerte gleichartiger Posten** (z. B. den Gesamtwert der fertigen Erzeugnisse).
- **Vermögen und Kapital werden in einem T-Konto gegenübergestellt.**

Beispiel: Gegenüberstellung von Vermögen und Kapital in der Bilanz zum Inventar der Sommerfeld Bürosysteme GmbH (vgl. S. 264 f.)

Aktiva	Bilanz der Sommerfeld Bürosysteme GmbH zum 31. Dezember .. in €		Passiva
I. **Anlagevermögen**		I. **Eigenkapital**	4 000 000,00
1. Grundstück mit Gebäude	3 270 000,00	II. **Schulden (Fremdkapital)**	
2. Maschinen	3 560 000,00	1. **langfristige**	
3. Andere Anlagen Betriebs- und Geschäftsausstattung	670 000,00	Hypothekenschulden Darlehensschulden	2 880 000,00 3 994 650,00
II. **Umlaufvermögen**		2. **kurzfristige**	
1. Roh-, Hilfs- und Betriebsstoffe	2 110 000,00	Verbindlichkeiten a. LL	1 625 350,00
2. unfertige Erzeugnisse	440 000,00		
3. fertige Erzeugnisse	317 500,00		
4. Forderungen a. LL	1 371 000,00		
5. Bankguthaben	761 500,00		
	12 500 000,00		**12 500 000,00**

Essen, den 12. Januar 20.. *Lambert Feld* *Hartmut Sommer* *Claudia Farthmann*

Die Bilanz ist bei Einzelunternehmen vom Kaufmann persönlich, in einer GmbH von allen Geschäftsführern und in einer AG vom gesamten Vorstand unter Angabe von Ort und Datum der Fertigstellung zu unterschreiben. Sie ist 10 Jahre aufzubewahren (§§ 245, 257 HGB, 147 Abs. 2 AO).

Die Bilanz einer Unternehmung zeigt in übersichtlicher Form, **wie das Kapital angelegt** bzw. investiert wurde (Anlage- und Umlaufvermögen) und **woher das Kapital stammt** bzw. wie das Vermögen finanziert (Eigen- und Fremdkapital) wurde. Die präzise Gliederung der Bilanz ist in § 266 HGB festgelegt.

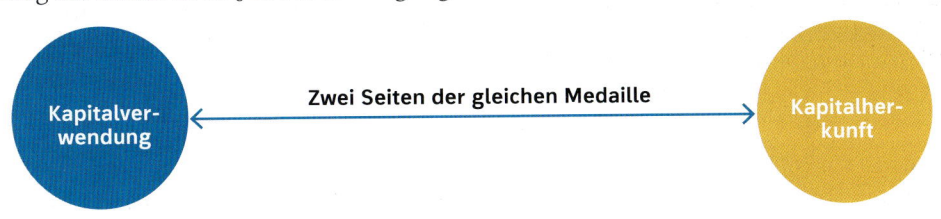

Kapitalverwendung ←— Zwei Seiten der gleichen Medaille —→ **Kapitalherkunft**

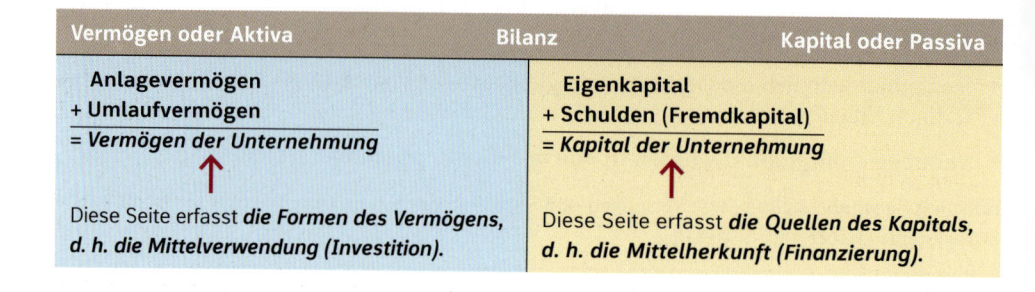

Lernfeld 3: Wertströme und Werte erfassen und dokumentieren

Vermögen oder Aktiva	Bilanz	Kapital oder Passiva
Anlagevermögen + Umlaufvermögen = *Vermögen der Unternehmung* ↑ Diese Seite erfasst **die Formen des Vermögens**, d. h. die Mittelverwendung (Investition).		Eigenkapital + Schulden (Fremdkapital) = *Kapital der Unternehmung* ↑ Diese Seite erfasst **die Quellen des Kapitals**, d. h. die Mittelherkunft (Finanzierung).

PRAXISTIPP!

Versuchen Sie den Merksatz „Die Bilanz bildet zwei Seiten der gleichen Medaille ab" mithilfe der Bilanz Ihres Ausbildungsbetriebes nachzuvollziehen.

Aus dieser Tatsache heraus lässt sich die folgende **Bilanzgleichung** ableiten:

- Die Summe des **Vermögens** ist immer **gleich** der Summe des **Kapitals**

$$\text{Vermögen} = \text{Kapital}$$

Vermögen		Kapital
Anlagevermögen		Eigenkapital
Umlaufvermögen		Schulden (Fremdkapital)

- Das Eigenkapital kann immer aus der Differenz des Vermögens und der Schulden (Fremdkapital) errechnet werden.

$$\text{Eigenkapital} = \text{Vermögen} - \text{Schulden}$$

Informationen aus der Bilanz ableiten

→ LF 8 Eine Bilanz ist sehr übersichtlich und erlaubt so eine zügige Analyse zentraler betriebswirtschaftlicher Kennziffern:

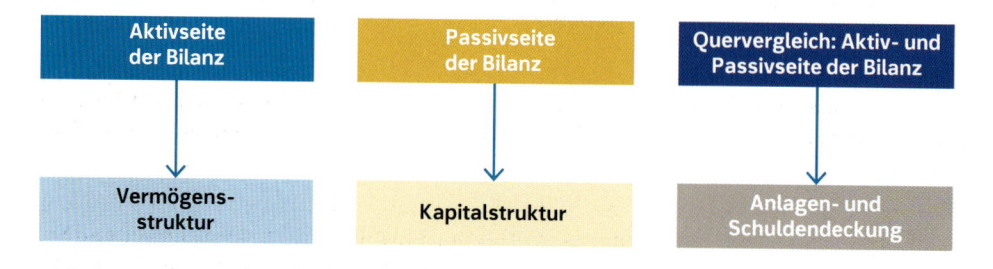

Aktivseite der Bilanz	Passivseite der Bilanz	Quervergleich: Aktiv- und Passivseite der Bilanz
↓	↓	↓
Vermögensstruktur	Kapitalstruktur	Anlagen- und Schuldendeckung

Reduziert man die Bilanz der Sommerfeld Bürosysteme GmbH auf das Wesentliche, dann ergibt sich die folgende Darstellung:

Aktiva	aufbereitete Bilanz der Sommerfeld Bürosysteme GmbH zum 31. Dezember .. in €				Passiva
Anlagevermögen	7 500 000,00	60,00 %	**Eigenkapital**	4 000 000,00	32,00 %
Umlaufvermögen		40,00 %	**Schulden**		68,00 %
langfristig gebunden	200 000,00		langfristig	6 874 650,00	
kurzfristig gebunden	4 800 000,00		kurzfristig	1 625 350,00	
Gesamtvermögen	12 500 000,00	100,00 %	**Gesamtkapital**	12 500 000,00	100,00 %

Das langfristig gebundene Umlaufvermögen ergibt sich z. B. durch den „eisernen Bestand" im Lager.

Vermögens- und Kapitalstruktur

Die **Vermögensstruktur** gibt Aufschluss darüber, wie Anlage- und Umlaufvermögen im Verhältnis zum Gesamtvermögen im Unternehmen verteilt sind. Die sich so ergebenden Kennziffern werden der besseren Vergleichbarkeit wegen in Prozentsätzen ausgedrückt. →**LF 8**

$$\text{Anteil des Anlagevermögens} = \frac{\text{Anlagevermögen} \cdot 100}{\text{Gesamtvermögen}}$$

$$\text{Anteil des Umlaufvermögens} = \frac{\text{Umlaufvermögen} \cdot 100}{\text{Gesamtvermögen}}$$

Die Vermögensstruktur ist in erster Linie **abhängig** von der **Betriebsart** und der **jeweiligen Branche**.

Beispiel: Industrieunternehmen haben in der Regel einen höheren Anteil Anlagevermögen als z. B. Handelsunternehmen. Die Automobilbranche hat wiederum eine höhere Anlagenintensität als die Möbelbranche.

Das **Anlagevermögen** bildet die Grundlage für die Betriebsbereitschaft, verursacht aber auch immer gleichbleibend hohe fixe Kosten, wie z. B. für Instandhaltung, Zinsen, Versicherungsprämie. In Krisenzeiten oder bei unerwarteter technischer Überholung der Anlagen geht mit einer hohen Anlagenintensität deshalb auch ein entsprechend **großes Risiko** einher. Das **Umlaufvermögen** hingegen führt dem Unternehmen Geldwerte zu (Gewinnträger), die zum Zwecke der Wiederbeschaffung oder der Erweiterung eingesetzt werden können. Ein hoher Anteil des Umlaufvermögens gilt daher als weniger **problematisch**.

Beispiel: Für die Sommerfeld Bürosysteme GmbH zeigt sich, dass 62,5 % des Gesamtvermögens im Anlagevermögen gebunden sind und 37,5 % im Umlaufvermögen. Dies ist eine branchenübliche Verteilung.

Die **Kapitalstruktur** zeigt, wie hoch der Eigenkapital- bzw. Fremdkapitalanteil am Gesamtkapitalanteil des Unternehmens ist. Hier gilt: Je **höher** der **Eigenkapitalanteil** ist, desto **größer** ist die **finanzielle Unabhängigkeit** und **Kreditwürdigkeit** eines Unternehmens (vgl. S. 272 f.).

Die Eigenkapitalquote ermitteln

Von besonderem Interesse ist die Eigenkapitalquote eines Unternehmens. Diese gibt den prozentualen Anteil des Eigenkapitals am Gesamtkapital an. Je größer dieser Anteil ist, desto größer ist die finanzielle Unabhängigkeit eines Unternehmens. Eine niedrige Eigenkapitalquote bedingt eine hohe Fremdkapitalquote, wodurch die Belastung durch Zins- und Tilgungszahlungen steigt.

Beispiel: Für die **Sommerfeld Bürosysteme GmbH** lässt sich aufgrund des vorliegenden Inventars die folgende Eigenkapitalquote ermitteln:

$$\frac{\text{Eigenkapital} \cdot 100}{\text{Gesamtkapital}} = \text{Eigenkapitalquote} \qquad \frac{4\,000\,000 \cdot 100}{12\,500\,000} = 32\,\%$$

Durchschnittliche Eigenkapitalquoten von mittelständischen Unternehmen in Deutschland nach Beschäftigtengrößenklassen von 2006 bis 2018

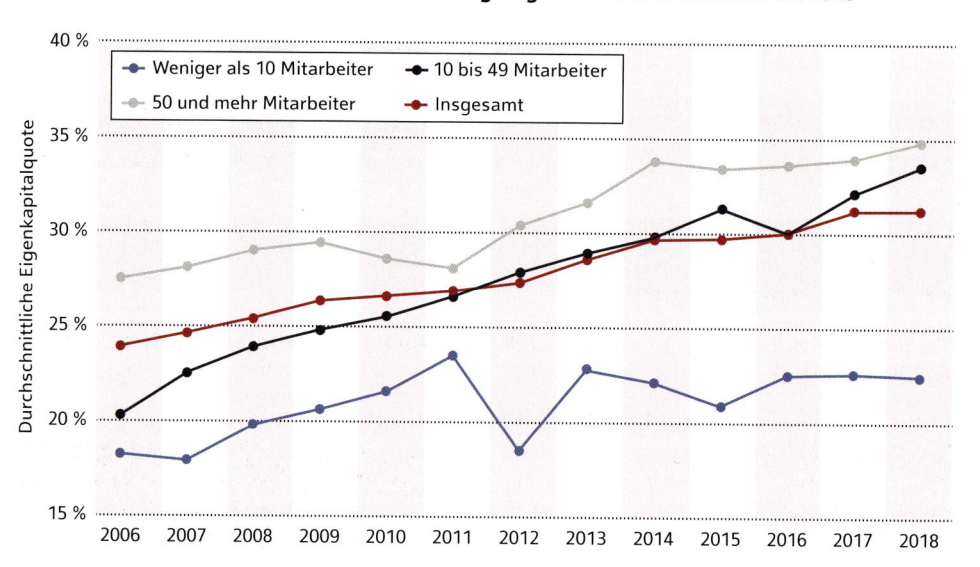

Solide Finanzierung und Zahlungsfähigkeit eines Unternehmens

→ LF 8 Stichtagsbezogen liefert die Bilanz wichtige Aussagen zur Finanzierung und zur Liquidität eines Unternehmens. Bei der **Finanzierung** geht es u. a. um die Frage, ob das langfristig gebundene Kapital auch langfristig finanziert ist – also durch Eigenkapital und langfristiges Fremdkapital. In der Praxis werden Unternehmen daher häufig nach der **Goldenen Bilanzregel** beurteilt.

> **Eigenkapital und langfristiges Fremdkapital sollten mindestens so hoch sein wie Anlagevermögen und langfristig gebundenes Umlaufvermögen.**

Bei der **Liquidität** geht es vor allem um die Frage, ob das Unternehmen den laufenden Zahlungsverpflichtungen aus fälligen Verbindlichkeiten nachkommen kann.

Dazu ist die Kennziffer zur Liquidität des 2. Grades[1] die am häufigsten angewendete Kennziffer.

$$\text{Liquidität 2. Grades} = \frac{(\text{verfügbare Zahlungsmittel} + \text{Forderungen}) \cdot 100}{\text{kurzfristige Verbindlichkeiten}}$$

Ein Unternehmen gilt demnach als mittelfristig zahlungsfähig, wenn die verfügbaren Zahlungsmittel (Bankguthaben und Kassenbestand) sowie die Forderungen a. LL zusammen mindestens die kurzfristigen Verbindlichkeiten abdecken. Dies ist dann gegeben, wenn sich ein Wert ≥ 100 % ergibt.

Beispiel: Für die Sommerfeld Bürosysteme GmbH errechnet sich der folgende Liquiditätsgrad:

$$\frac{(761\,500 + 1\,371\,000) \cdot 100}{1\,625\,350} = 131{,}20\,\%$$

PRAXISTIPP!

Ermitteln Sie den Anteil des Anlage- bzw. des Umlaufvermögens am Gesamtvermögen für Ihren Ausbildungsbetrieb und informieren Sie sich über die Einhaltung der „Goldenen Bilanzregel" und über die Liquidität in Ihrem Ausbildungsbetrieb.

Inventar und Bilanz: ein Vergleich

Das Inventar und die Bilanz sind Übersichten über das Vermögen und das Kapital einer Unternehmung. Sie unterscheiden sich nur in der Art der Darstellung.

Die Unterschiede zeigt folgende Übersicht:

Inventar		Bilanz
• ausführlich, aber unübersichtlich • Angabe der Mengen, Einzel- und Gesamtwerte • Vermögen, Schulden und Reinvermögen untereinander (Staffelform)	Das Inventar ist die Grundlage zur Aufstellung der Bilanz.	• kurz, aber übersichtlich (vgl. §§ 243 und 266 HGB) • nur Angabe von Gesamtwerten • Vermögen und Kapital in Kontenform nebeneinander • vom Inhaber einer Einzelunternehmung, den Geschäftsführern einer GmbH, den Vorstandsmitgliedern einer AG zu unterschreiben

---

[1] *Liquidität 1. Grades: (Verfügbare Zahlungsmittel · 100) / kurzfristige Verbindlichkeiten Liquidität 3. Grades: Umlaufvermögen / kurzfristige Verbindlichkeiten*

Zusammenfassung

Eine Bilanz erstellen und Informationen aus ihr ableiten

- Die Bilanz wird aus dem Inventar abgeleitet.
- Die Bilanz ist eine Gegenüberstellung von Vermögen und Kapital in Kontenform.
- Die Bilanz wird durch Übernahme der Gesamtwerte gleichartiger Vermögens- und Kapitalteile aus dem Inventar abgeleitet.
- Die Bilanz zeigt Kapitalquellen, Kapitalverwendung und erteilt Auskunft über das Verhältnis einzelner Vermögens- und Kapitalteile zueinander.
- Inventare und Bilanzen müssen zehn Jahre aufbewahrt werden (§§ 257 HGB, 147 AO).

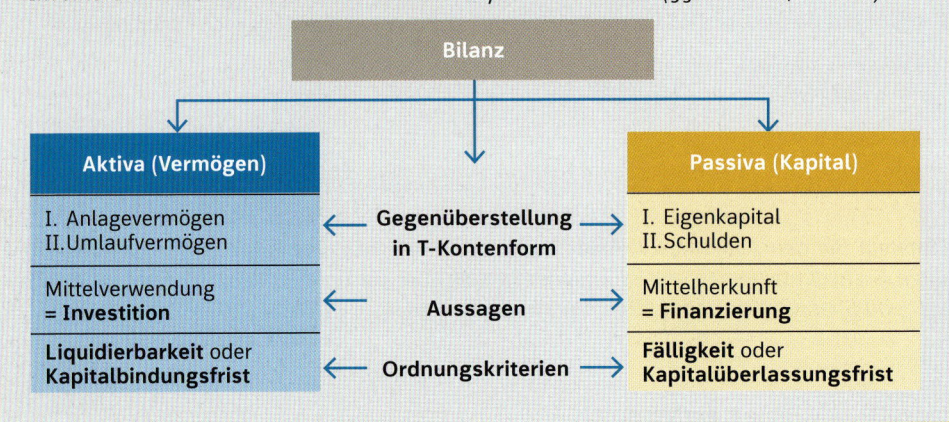

Bilanz

Aktiva (Vermögen)	Gegenüberstellung in T-Kontenform	Passiva (Kapital)
I. Anlagevermögen II. Umlaufvermögen		I. Eigenkapital II. Schulden
Mittelverwendung = Investition	Aussagen	Mittelherkunft = Finanzierung
Liquidierbarkeit oder **Kapitalbindungsfrist**	Ordnungskriterien	**Fälligkeit** oder **Kapitalüberlassungsfrist**

Aufgaben

1./2. Stellen Sie nach folgenden Angaben die Bilanz der Fa. Karl Monz e. K., Stuttgart, zum 31.12.20(0) auf. Tag der Fertigstellung: 15.01.20(+1)

	1 €	2 €
Geschäftsausstattung	186 000,00	318 000,00
Rohstoffe	117 000,00	132 000,00
Forderungen a. LL	81 800,00	75 500,00
Bankguthaben	92 000,00	104 400,00
Kassenbestand	1 800,00	4 600,00
Verbindlichkeiten gegenüber Banken	–	143 000,00
Verbindlichkeiten a. LL	92 100,00	96 400,00

3. Untersuchen Sie folgende Aussagen über die Bilanz und stellen Sie eventuelle Fehler heraus:

a) Die Aktivseite der Bilanz gibt Auskunft über die Verwendung des Kapitals.
b) Die Passivseite wird nach zunehmender Fälligkeit des Kapitals geordnet.
c) Zum Anlagevermögen zählen beispielsweise Grundstücke, Gebäude, Fuhrpark, Forderungen a. LL, Geschäftsausstattung.
d) Das Anlagevermögen ist das Haftungskapital der Unternehmung.

e) Das Umlaufvermögen ist stärkeren Veränderungen unterworfen als das Anlagevermögen.
f) Das Eigenkapital in der Bilanz stimmt wertmäßig mit dem Reinvermögen im Inventar zum Schluss des Geschäftsjahres überein.
g) Die Bilanz ist eine Gegenüberstellung von Vermögen und Schulden in Kontenform.
h) Die Bilanz wird jeweils zu Beginn des Geschäftsjahres aufgestellt.

4. Kreditgebern reicht oft die Bilanz zur Einsicht in die Vermögens- und Kapitallage aus.

   a) Stellen Sie hierfür Gründe zusammen.
   b) Erläutern Sie, welche Informationen die Kreditgeber der Bilanz entnehmen können.

5./6. Aus dem Inventar zum 31.12.20(0) der Möbelfabrik Franz Klein e. K., Siegburg, gehen folgende Gesamtwerte hervor:

	5 €	6 €
Bankguthaben	570 000,00	434 280,00
Darlehensschulden, Restlaufzeit 4 Jahre	500 000,00	720 000,00
Forderungen a. LL	900 000,00	253 800,00
Maschinen	150 000,00	600 000,00
Rohstoffe	1 600 000,00	1 126 220,00
Verbindlichkeiten a. LL	1 170 000,00	1 080 000,00
Betriebs- und Geschäftsausstattung	60 000,00	141 000,00
Kasse	7 000,00	42 300,00
Grundstücke mit Gebäuden	1 670 000,00	338 400,00
Hypothekenschulden, Restlaufzeit 8 Jahre	600 000,00	–
Fuhrpark	700 000,00	564 000,00
Eigenkapital	?	?

Stellen Sie eine ordnungsgemäße Bilanz zum 31.12. auf. Verwenden Sie ggf. ein Tabellenkalkulationsprogramm. Tag der Fertigstellung:
Aufgabe 5: 14. Januar 20(+1)
Aufgabe 6: 15. Februar 20(+2)

7. Die Bilanz einer Unternehmung weist am Ende des Geschäftsjahres folgende Werte aus:

   Anlagevermögen .... 4 800 000,00 €   Eigenkapital .... 5 600 000,00 €
   Umlaufvermögen .... 3 200 000,00 €   Schulden .... 2 400 000,00 €
   Wie viel Prozent der Bilanzsumme beträgt
   a) das Anlagevermögen,   c) das Eigenkapital,
   b) das Umlaufvermögen,   d) das Fremdkapital (Schulden)?

8. Stellen Sie formale und inhaltliche Unterschiede von Inventar und Bilanz gegenüber.

9. Welche der untenstehenden Aussagen treffen

   (1) nur auf die Bilanz,
   (2) nur auf das Inventar,
   (3) sowohl auf die Bilanz als auch auf das Inventar zu?

   a) Die Aufbewahrungsfrist beträgt zehn Jahre.
   b) Kurzgefasste Darstellung des Vermögens, der Schulden und des Kapitals.
   c) Mengen- und wertmäßiges Verzeichnis des Vermögens und der Schulden.

4 Geschäftsprozesse anhand von Belegen auf Bestandskonten buchen

4.1 Wertveränderungen des Vermögens und des Kapitals in der Bilanz anhand von Belegen begründen

→ LS 22

Rudolf Heller ist zufrieden mit sich und mit seiner Arbeit. Er hat bei der Inventur mitgearbeitet, bei der Erstellung des Inventars geholfen und sogar verstanden, wie eine Bilanz aufgebaut ist und welche Erkenntnisse aus dieser zu gewinnen sind. Aber nun fragt er sich, was genau es mit all den Rechnungen, Kontenauszügen und sonstigen Belegen auf sich hat, die sich auf den Schreibtischen von Yvonne Peters und Sonja Nolden stapeln. Dass sie „gebucht werden müssen", hat er mittlerweile mitbekommen, aber welche Auswirkungen haben diese Buchungen eigentlich auf die Bilanz?

Anhand der Bilanz zum Ende des letzten Geschäftsjahres und aufgrund folgender vier Belege kann man sich diese Auswirkungen klarmachen.

Aktiva	Bilanz der Sommerfeld Bürosysteme GmbH zum 31.12. des vergangenen Geschäftsjahres		Passiva
I. Anlagevermögen		**I. Eigenkapital**	4 000 000,00
1. Grundstücke und Gebäude	3 270 000,00	**II. Fremdkapital**	
2. Techn. Anlagen und Maschinen	3 560 000,00	1. langfristige Schulden Hypothekenschulden	2 880 000,00
3. andere Anlagen, BuG	670 000,00	Darlehensschulden	3 994 650,00
II. Umlaufvermögen		2. kurzfristige Schulden	
1. Roh-, Hilfs- und Betriebsstoffe	2 110 000,00	Verbindlichkeiten a. LL	1 625 350,00
2. unfertige Erzeugnisse	440 000,00		
3. fertige Erzeugnisse	317 500,00		
4. Forderungen a. LL	1 371 000,00		
5. Bankguthaben	761 500,00		
	12 500 000,00		12 500 000,00

Beleg 1

HAWA AG
HAWA AG
Maschinenfabrik

Sommerfeld Bürosysteme GmbH
Gladbecker Straße 85-91
45141 Essen

Streckenweg 9
45359 Essen
0201 9374650
0201 937466
info@hawa-maschinen.de
www.hawa-maschinen.de

Rechnung

Kunden-Nr.	Rechnungs-Nr.	Datum
19735	0017	04.01.20..

Bei Zahlung bitte angeben

Artikel-Nr.	Artikelbezeichnung	Menge	Einzelpreis €	Gesamtpreis €
333	Multifunktionsbohrer	1	50 000,00	50 000,00

Warenwert, netto	Verpackung	Fracht	Entgelt, netto	Gesamtbetrag
50 000,00	–	–	50 000,00	50 000,00

Der Betrag wird von Ihrem Konto abgebucht.

Bankverbindung:
Stadtsparkasse Düsseldorf
IBAN: DE25300501100000726876   BIC: DUSSDEDDXXX
Steuernummer: 103/3431/4854   USt-IDNr.: DE273284914

Beleg 2

Deutsche Bank Essen

Sommerfeld Bürosysteme GmbH
Gladbacher Straße 85-91
45141 Essen

Lindenallee 29
45127 Essen
0201 822-0
0201 822 2168
info@deutsche-bank-essen.de
www.deutsche-bank-essen.de

Düsseldorf, den 05.01.20..

Ihr Darlehensantrag vom 02.01.20..

Sehr geehrter Herr Feld,

gerne gewähren wir Ihnen ein Darlehen über 12 000,00 € zur Tilgung einer fälligen Verbindlichkeit gegenüber dem Lieferer Latex AG, Neckarstraße 89–121, 12053 Berlin.

Wir haben die entsprechende Bereitstellung durch sofortige Überweisung an Ihren Lieferer, Latex AG, vorgenommen.

Mit freundlichen Grüßen

Deutsche Bank Essen

Kollmann

Anlage: Vertragskopie

Beleg 3

Computec GmbH & Co. KG
Hard- und Softwarevertrieb

Computec GmbH & Co. KG, Volksparkstr. 12-20, 22525 Hamburg

Sommerfeld Bürosysteme GmbH
Gladbecker Straße 85-91
45141 Essen

Volksparkstr. 12-20
22525 Hamburg
Tel.: 040 22446-69
Fax: 040 22446-64
info@computec.de
www.computec.de

Ihre Bestellung/Datum	Unser Zeichen	Kundennummer	Lieferdatum	Rechnungsdatum
me-ra	bu-ra	05839		06.01.20..

Rechnungs-Nr. 00025

Artikel-Nr.	Artikelbezeichnung	Menge in St.	Einzelpreis €	Gesamtpreis €
AL-1633	Digitalkopierer	4	1 000,00	4 000,00

Warenwert	Fracht	Verpackung	Nettoentgelt	Bruttoentgelt
4 000,00	–	–	4 000,00	4 000,00

Bankverbindung
Postbank Hamburg
IBAN: DE04200100200671190870 BIC: BPNKDEFF200

Zahlung: innerhalb 30 Tagen rein netto

Steuer-Nr. 224/6445/1022
USt-IDNr. DE775539480

Beleg 4

KONTOAUSZUG	Sommerfeld Bürosysteme GmbH	
DEUTSCHE BANK Essen	IBAN DE96 2607 0050 0025 2034 88	
BIC: DEUTDEDEXXX		Auszug Nr. 29

Buch.-Tag	Wert	Erläuterung/Verwendungszweck	Umsätze
04.02.	04.02.	Computec GmbH & Co KG Hamburg, Kd.-Nr. 05839, Re.-Nr. 00025	4 000,00 –

29.12. Letzter Auszug	30.12. Auszugsdatum	€	384 239,29 H Alter Kontostand	€	380 239,29 H Neuer Kontostand

Sommerfeld Bürosysteme GmbH, Gladbecker Str. 85 – 91, 45141 Essen

Arbeitsauftrag

Erläutern Sie die Informationen, die aus den einzelnen Belegen hervorgehen und die Auswirkungen der einzelnen Geschäftsfälle auf die Bilanz.

Doppelte Buchführung – doppelte Kontrolle

Aus den Belegen gehen unentbehrliche Angaben für die Buchungen hervor: Zeitpunkt, Art, Ursache und Höhe der Wertveränderungen. Die Buchhaltung muss alle in den Belegen verbrieften Vermögensänderungen lückenlos und zeitnah erfassen. Umgekehrt sind die Belege lückenlos und geordnet zum Nachweis der ordnungsgemäßen Buchführung aufzubewahren.

Aus der Buchführung können dann zu jeder Zeit während des Geschäftsjahres die **Buchbestände (Sollbestände)** an Vermögen und Kapital abgerufen werden. Ob diese Sollbestände wirklich vorhanden sind, wird Jahr für Jahr durch die Inventur festgestellt.

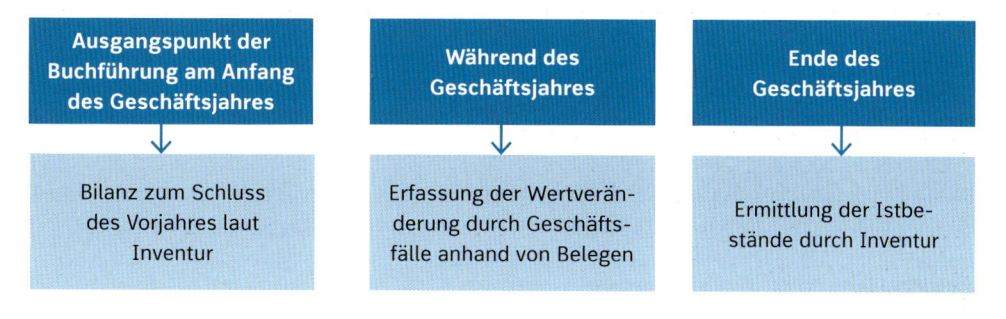

Ausgangspunkt der Buchführung am Anfang des Geschäftsjahres	Während des Geschäftsjahres	Ende des Geschäftsjahres
↓	↓	↓
Bilanz zum Schluss des Vorjahres laut Inventur	Erfassung der Wertveränderung durch Geschäftsfälle anhand von Belegen	Ermittlung der Istbestände durch Inventur

Das Besondere an der **doppelten Buchführung** ist die **doppelte Kontrolle der Bestände** und der alljährliche **Abgleich** der **Soll-** und **Istbestände**.

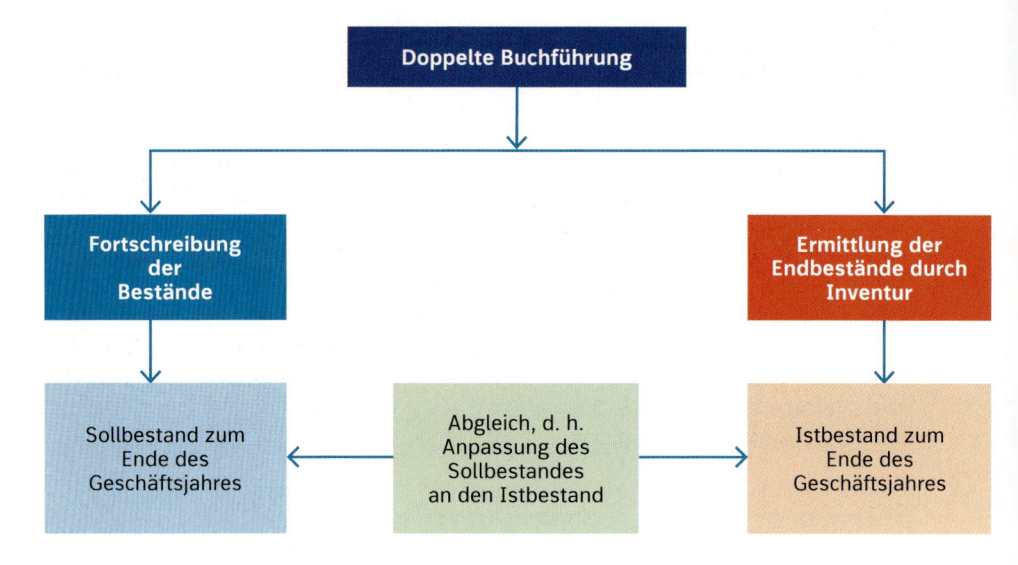

```
                          ┌─────────────────────┐
                          │ Doppelte Buchführung │
                          └──────────┬──────────┘
                   ┌─────────────────┴─────────────────┐
         ┌─────────────────┐                 ┌─────────────────────┐
         │ Fortschreibung  │                 │ Ermittlung der      │
         │     der         │                 │ Endbestände durch   │
         │   Bestände      │                 │      Inventur       │
         └────────┬────────┘                 └──────────┬──────────┘
```

| Sollbestand zum Ende des Geschäftsjahres | ← | Abgleich, d. h. Anpassung des Sollbestandes an den Istbestand | → | Istbestand zum Ende des Geschäftsjahres |

Geschäftsfälle und Belege

Durch **Geschäftsprozesse** eines Unternehmens werden dessen Vermögen und Schulden fortlaufend verändert. Alle Geschäftsprozesse, die zu einer Änderung einzelner Vermögensteile und/oder der Kapitalstruktur führen, werden in der Buchführungssprache als **Geschäftsfälle**[1] bezeichnet. Geschäftsfälle werden immer durch **Belege** dokumentiert.

Beispiele: lt. Lernsituation oben
– **Beleg 1:**
  Einkauf von einem Multifunktionsbohrer für 50 000,00 € gegen sofortigen Einzug vom Bankkonto
– **Beleg 2:**
  Die Hausbank, Deutsche Bank Essen AG, bewilligt der Sommerfeld Bürosysteme GmbH ein Darlehen über 12 000,00 € für den Ausgleich einer fälligen Liefererrechnung.
– **Beleg 3:**
  Kauf von vier Digitalkopierern auf Ziel: 4 000,00 €
– **Beleg 4:**
  Ausgleich einer Liefererrechnung (Fall 3)

Auswirkung der Geschäftsfälle auf die Bilanz: Bilanzveränderungen

Die Bilanz ist eine Aufstellung des Vermögens und der Schulden zu einem bestimmten Zeitpunkt. Durch die Geschäftstätigkeit werden die Vermögens- und Kapitalbestände aber laufend verändert. Damit ändern sich die Bestände einzelner Positionen. Alle Änderungen werden durch Belege **angezeigt** und nachgewiesen.

Es sind vier **strukturell unterschiedliche Wertbewegungen** in der Bilanz zu unterscheiden: Aktivtausch, Passivtausch, Aktiv-Passiv-Mehrung und Aktiv-Passiv-Minderung.

Aktivtausch
Der Geschäftsfall betrifft nur die Aktivseite der Bilanz. Die Bilanzsumme bleibt unverändert. Es werden flüssige Mittel in weniger liquide umgewandelt oder umgekehrt.

---
[1] Im HGB (§§ 238 ff.) wird die Bezeichnung **Geschäftsvorfall** genutzt.

Beispiel: **Beleg 1 – Eingangsrechnung:** Einkauf von einem Multifunktionsbohrer mit sofortigem Bankkontoeinzug 50 000,00 €
Technische Anlagen und Maschinen +50 000,00 €
Bankguthaben –50 000,00 €

Aktiva	Bilanz der Sommerfeld Bürosysteme GmbH am Ende des vergangenen Geschäftsjahres		Passiva
I. Anlagevermögen		**I. Eigenkapital**	4 000 000,00
1. Grundstücke und Gebäude	3 270 000,00	**II. Fremdkapital**	
2. Techn. Anlagen und Maschinen	3 610 000,00	1. Langfristige Schulden	
		Hypothekenschulden	2 880 000,00
		Darlehensschulden	3 994 650,00
3. Andere Anlagen, BuG	670 000,00	2. Kurzfristige Schulden	
II. Umlaufvermögen		Verbindlichkeiten a. LL	1 625 350,00
1. Roh-, Hilfs- und Betriebsstoffe	2 110 000,00		
2. Unfertige Erzeugnisse	440 000,00		
3. Fertige Erzeugnisse	317 500,00		
4. Forderungen a. LL	1 371 000,00		
5. Bankguthaben	711 500,00		
	12 500 000,00		12 500 000,00

Passivtausch

Der Geschäftsfall betrifft nur die Passivseite der Bilanz. Die Bilanzsumme bleibt unverändert. Inhaltlich werden kurzfristige in längerfristige Verbindlichkeiten umgewandelt.

Beispiel: **Beleg 2 – Vertragskopie:** Eine kurzfristige Verbindlichkeit a. LL wird in eine Verbindlichkeit gegenüber Kreditinstituten umgewandelt 12 000,00 €
Verbindlichkeiten a. LL –12 000,00 €
Verbindlichkeiten gegenüber Kreditinstituten (Darlehensschulden) +12 000,00 €

Aktiva	Bilanz der Sommerfeld Bürosysteme GmbH am Ende des vergangenen Geschäftsjahres		Passiva
I. Anlagevermögen		**I. Eigenkapital**	4 000 000,00
1. Grundstücke und Gebäude	3 270 000,00	**II. Fremdkapital**	
2. Techn. Anlagen und Maschinen	3 610 000,00	1. Langfristige Schulden	
		Hypothekenschulden	2 880 000,00
		Darlehensschulden	4 006 650,00
3. Andere Anlagen, BuG	670 000,00	2. Kurzfristige Schulden	
II. Umlaufvermögen		Verbindlichkeiten a. LL	1 613 350,00
1. Roh-, Hilfs- und Betriebsstoffe	2 110 000,00		
2. Unfertige Erzeugnisse	440 000,00		
3. Fertige Erzeugnisse	317 500,00		
4. Forderungen a. LL	1 371 000,00		
5. Bankguthaben	711 500,00		
	12 500 000,00		12 500 000,00

Aktiv-Passiv-Mehrung (Bilanzverlängerung)

Der Geschäftsfall betrifft Aktiv- und Passivseite der Bilanz. Ein Posten der Aktiv- und ein Posten der Passivseite vermehren sich um den gleichen Betrag. Die Bilanzsumme nimmt um den gleichen Betrag zu. Die Bilanzgleichung bleibt erhalten. Inhaltlich zeigt die Passivseite eine Mehrung des Kapitals und die Herkunft dieses Kapitals an. Die Veränderung auf der Aktivseite zeigt die Verwendung des neuen Kapitals an.

Beispiel:	Beleg 3 – ER auf Ziel: Kauf von vier Digitalkopierern auf Ziel	4 000,00 €
	Andere Anlagen, BuG	+4 000,00 €
	Verbindlichkeiten a. LL	+4 000,00 €

Aktiva	Bilanz der Sommerfeld Bürosysteme GmbH am Ende des vergangenen Geschäftsjahres		Passiva
I. Anlagevermögen		**I. Eigenkapital**	4 000 000,00
1. Grundstücke und Gebäude	3 270 000,00	**II. Fremdkapital**	
2. Techn. Anlagen und Maschinen	3 610 000,00	1. Langfristige Schulden Hypothekenschulden	2 880 000,00
3. Andere Anlagen, BuG	674 000,00	Darlehensschulden	4 006 650,00
II. Umlaufvermögen		2. Kurzfristige Schulden Verbindlichkeiten a. LL	1 617 350,00
1. Roh-, Hilfs- und Betriebsstoffe	2 110 000,00		
2. Unfertige Erzeugnisse	440 000,00		
3. Fertige Erzeugnisse	317 500,00		
4. Forderungen a. LL	1 371 000,00		
5. Bankguthaben	711 500,00		
	12 504 000,00		12 504 000,00

Aktiv-Passiv-Minderung (Bilanzverkürzung)

Ein Posten der Aktiv- und ein Posten der Passivseite werden um den gleichen Betrag vermindert. Die Bilanzsumme verringert sich um den gleichen Betrag. Die Bilanzgleichung bleibt erhalten. Inhaltlich wurde befristet überlassenes Kapital zurückgezahlt. Die Änderung auf der Passivseite zeigt, welches Kapital zurückgezahlt wurde, die Änderung auf der Aktivseite zeigt, mit welchen Mitteln die Tilgung erfolgte.

Beispiel:	Beleg 4 – BA: Ausgleich einer Liefererrechnung (Fall 3) durch Banküberweisung	4 000,00 €
	Verbindlichkeiten a. LL	–4 000,00 €
	Bankguthaben	–4 000,00 €

Aktiva	Bilanz der Sommerfeld Bürosysteme GmbH am Ende des vergangenen Geschäftsjahres			Passiva
I. **Anlagevermögen**		I.	**Eigenkapital**	4 000 000,00
1. Grundstücke und Gebäude	3 270 000,00	II.	**Fremdkapital**	
			1. Langfristige Schulden	
2. Techn. Anlagen und Maschinen	3 610 000,00		Hypothekenschulden	2 880 000,00
			Darlehensschulden	4 006 650,00
3. Andere Anlagen, BuG	674 000,00		2. Kurzfristige Schulden	
II. **Umlaufvermögen**			Verbindlichkeiten a. LL	1 613 350,00
1. Roh-, Hilfs- und Betriebsstoffe	2 110 000,00			
2. Unfertige Erzeugnisse	440 000,00			
3. Fertige Erzeugnisse	317 500,00			
4. Forderungen a. LL	1 371 000,00			
5. Bankguthaben	707 500,00			
	12 500 000,00			12 500 000,00

PRAXISTIPP!

Beantworten Sie bei jedem Geschäftsfall zunächst die folgenden vier Fragen.
1. Welche Bilanzpositionen werden berührt?
2. Handelt es sich um Positionen auf der Aktiv- oder auf der Passivseite der Bilanz?
3. Werden diese Positionen durch den Geschäftsfall größer oder kleiner?
4. Um welche der vier Arten der Bilanzänderung handelt es sich demnach?

Alle Belege enthalten wichtige Informationen, die für die weitere buchhalterische Erfassung von zentraler Bedeutung sind (u. a. Zeitpunkt, Art, Ursache und Höhe). Aufgabe **der Buchhaltung ist es, alle durch Geschäftsfälle ausgelösten Vermögens- und Kapitaländerungen lückenlos und zeitnah zu erfassen**. Nur mithilfe von Belegen kann letztendlich die korrekte und somit ordnungsmäßige Buchführung nachgewiesen werden. Deshalb sind alle Belege lückenlos und geordnet aufzubewahren. Ein wichtiger Grundsatz der Buchführung lautet:

Keine Buchung ohne Beleg!

Zusammenfassung

Veränderungen des Vermögens und des Kapitals (Eigenkapital und Schulden) anhand von Belegen begründen

- Alle Geschäftsfälle werden durch **Belege** abgebildet und in der Buchhaltung festgehalten. Daraus ergibt sich ein zentraler Grundsatz der Buchführung: **Keine Buchung ohne Beleg!**
- Damit der Kaufmann jederzeit einen **Überblick** über seinen Vermögens- und Schuldenstand erhält, müssen alle Belege lückenlos in der Buchhaltung erfasst werden.

- **Geschäftsfälle** in einem Unternehmen verändern die Bestände an Vermögen (Anlage- und Umlaufvermögen) und Kapital (Eigenkapital und Schulden). Diese Bestände stehen in der **Bilanz** auf der Aktiv- und Passivseite.
- Jeder Geschäftsfall hat Auswirkungen auf mindestens **zwei Positionen** der Bilanz.
- Nach der strukturellen Auswirkung sind vier Veränderungsmöglichkeiten der Bilanz zu unterscheiden:

Aktivtausch	**Mehrung** eines Postens auf der **Aktivseite** der Bilanz.
	Minderung eines anderen Postens auf der **Aktivseite** der Bilanz um denselben Betrag.
	Inhaltlich werden liquide Mittel beim Kauf in weniger liquide investiert oder umgekehrt: In Anlage- und Umlaufvermögen gebundene Mittel werden durch Verkauf freigesetzt. **Die Bilanzsumme bleibt gleich**.
Passivtausch	**Mehrung** eines Postens auf der **Passivseite** der Bilanz.
	Minderung eines anderen Postens auf der **Passivseite** der Bilanz um denselben Betrag.
	Inhaltlich werden kurzfristige Schulden in langfristige umgewandelt, wodurch sich das Zahlungsziel verlängert oder umgekehrt langfristige Schulden in kurzfristige umgewandelt, wodurch das Zahlungsziel verkürzt wird. **Die Bilanzsumme bleibt gleich**.
Aktiv-Passiv-Mehrung	**Mehrung** eines Postens der **Aktiva** und eines Postens der **Passiva** um denselben Betrag.
	Der Geschäftsfall ruft eine Mehrung auf beiden Seiten der Bilanz, also eine **Mehrung der Bilanzsumme** hervor.
	Inhaltlich zeigt die Veränderung auf der Aktivseite eine Investition an, auf der Passivseite die Quelle der Finanzierung, d. h., woher die Finanzmittel für diese Investition stammen.
Aktiv-Passiv-Minderung	**Minderung** eines Postens der **Aktiva** und eines Postens der **Passiva** um denselben Betrag.
	Der Geschäftsfall ruft eine Minderung auf beiden Seiten der Bilanz, also eine **Minderung der Bilanzsumme** hervor.
	Auf der Passivseite wird eine Minderung (Rückzahlung) des Kapitals angezeigt, auf der Aktivseite zeigt die Vermögensminderung, woher die dazu notwendigen Mittel stammen.

Aufgaben

1. **Bestände lt. Inventur**

	€		€
Maschinen	400 000,00	Eigenkapital	450 000,00
Geschäftsausstattung	100 000,00	Darlehensschulden	210 000,00
Bankguthaben	200 000,00	Verbindlichkeiten a. LL	90 000,00
Kasse	15 000,00	Forderungen a. LL	35 000,00

4 Geschäftsprozesse anhand von Belegen auf Bestandskonten buchen

Geschäftsfälle: €
1. **Quittungsdurchschlag:** Kunde bezahlte fällige Ausgangsrechnung bar 2 000,00
2. **Eingangsrechnung/Bankauszug:** Kauf einer Maschine gegen Bankabbuchung 50 000,00
3. **Vertragskopie:** Lieferer stundet fälligen Rechnungsbetrag auf sechs Jahre 20 000,00
4. **Ausgangsrechnung:** Zielverkauf eines gebrauchten Gabelstaplers 5 000,00
5. **Darlehensvertrag/Bankauszug:** Überweisung der Tilgungsrate für ein Darlehen 10 000,00

Stellen Sie bei jedem Geschäftsfall die Auswirkungen auf die Bilanz fest. Kennzeichnen Sie die Wertveränderung mit dem zutreffenden Begriff und erstellen Sie nach jedem Geschäftsfall die veränderte Bilanz.

2. *Bestände lt. Inventur* € €
Grundstücke und Gebäude .. 300 000,00 Eigenkapital 160 000,00
Fuhrpark .... 50 000,00 Darlehensschulden............. 30 000,00
Bankguthaben .... 42 000,00 Verbindlichkeiten a. LL 250 000,00
Kasse .... 10 000,00 Forderungen a. LL 8 000,00

Geschäftsfälle: €
1. **Bankauszug, Kaufvertrag:** Grundstückskauf gegen Bankscheck 10 000,00
2. **Bankauszug:** Bareinzahlung auf das Bankkonto 1 000,00
3. **Bankauszug:** Banküberweisung einer fälligen Liefererrechnung 20 000,00
4. **Eingangsrechnung:** Zielkauf eines Pkw 30 000,00
5. **Bankauszug:** Kunde zahlt fällige Ausgangsrechnung mit Banküberweisung 8 000,00

Stellen Sie bei jedem Geschäftsfall die Auswirkungen auf die Bilanz fest. Kennzeichnen Sie die Wertveränderung mit dem zutreffenden Begriff und erstellen Sie nach jedem Geschäftsfall die veränderte Bilanz.

3. Beantworten Sie zu den unten stehenden Geschäftsfällen folgende Fragen:
a) Welche Posten der Bilanz werden berührt?
b) Handelt es sich um Posten der Aktiv- oder Passivseite der Bilanz?
c) Wie wirkt sich der Geschäftsfall auf die Posten der Bilanz aus?
d) Um welche der vier Bilanzveränderungen handelt es sich?

Geschäftsfälle: €
1. **Eingangsrechnung/Bankkontoauszug:** Kauf eines PC per Bankcard 1 000,00
2. **Vertragskopie:** Umwandlung einer Verbindlichkeit in ein Darlehen ... 6 000,00
3. **Eingangsrechnung:** Zielkauf eines Gabelstaplers für das Lager 15 000,00
4. **Bankauszug:** Kunde bezahlte fällige Ausgangsrechnung per Banküberweisung 2 000,00
5. **Bankauszug:** Barabhebung vom Postbankkonto für die Geschäftskasse.... 5 000,00
6. **Ausgangsrechnung/Quittung:** Barverkauf eines gebrauchten PC 150,00
7. **Bankauszug:** Banküberweisung der Tilgungsrate für eine Darlehensschuld 10 000,00
8. **Bankauszug:** Ausgleich einer Liefererrechnung per Banküberweisung. 20 000,00
9. **Bankauszug:** Bareinzahlung auf das Bankkonto 8 000,00
10. **Eingangsrechnung:** Zielkauf einer Bohrmaschine für die Reparaturwerkstatt 12 000,00

4. a) Listen Sie sämtliche Informationen auf, die Sie den drei folgenden Belegen entnehmen.
   b) Beschreiben Sie jeweils, welcher Geschäftsfall zugrunde liegt.
   c) Erläutern Sie, wie Vermögen und Kapital der Sommerfeld Bürosysteme GmbH durch den Geschäftsfall jeweils verändert werden.
   d) Benennen Sie die Bilanzpositionen, die durch die Geschäftsfälle verändert werden.
   e) Welche Wertveränderungen werden in der Bilanz ausgelöst?

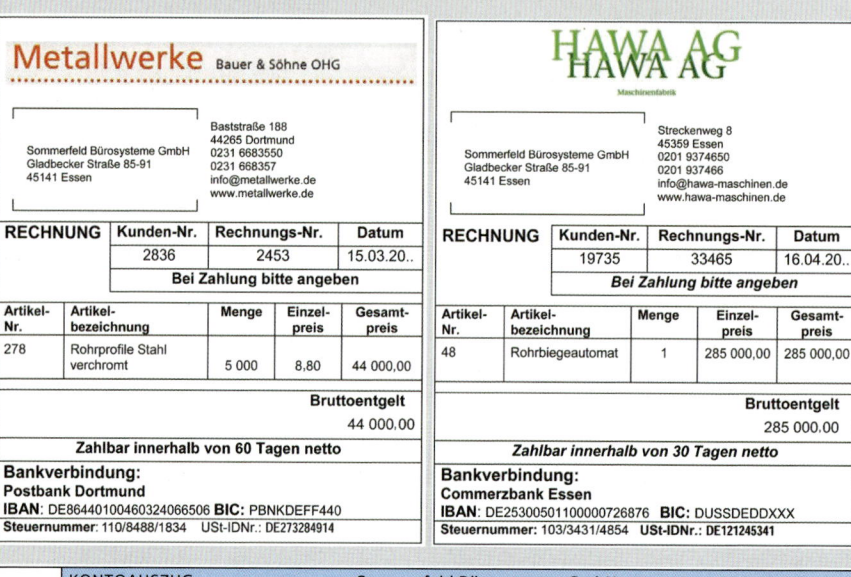

Rechnung 1: Metallwerke Bauer & Söhne OHG

Metallwerke Bauer & Söhne OHG
Baststraße 188, 44265 Dortmund
0231 6683550 / 0231 6683357
info@metallwerke.de
www.metallwerke.de

An: Sommerfeld Bürosysteme GmbH, Gladbecker Straße 85-91, 45141 Essen

RECHNUNG | Kunden-Nr.: 2836 | Rechnungs-Nr.: 2453 | Datum: 15.03.20..
Bei Zahlung bitte angeben

Artikel-Nr.	Artikelbezeichnung	Menge	Einzelpreis	Gesamtpreis
278	Rohrprofile Stahl verchromt	5 000	8,80	44 000,00

Bruttoentgelt: 44 000,00
Zahlbar innerhalb von 60 Tagen netto

Bankverbindung: Postbank Dortmund
IBAN: DE86440100460324066506 BIC: PBNKDEFF440
Steuernummer: 110/8488/1834 USt-IDNr.: DE273284914

Rechnung 2: HAWA AG

HAWA AG Maschinenfabrik
Streckenweg 8, 45359 Essen
0201 9374650 / 0201 937466
info@hawa-maschinen.de
www.hawa-maschinen.de

An: Sommerfeld Bürosysteme GmbH, Gladbecker Straße 85-91, 45141 Essen

RECHNUNG | Kunden-Nr.: 19735 | Rechnungs-Nr.: 33465 | Datum: 16.04.20..
Bei Zahlung bitte angeben

Artikel-Nr.	Artikelbezeichnung	Menge	Einzelpreis	Gesamtpreis
48	Rohrbiegeautomat	1	285 000,00	285 000,00

Bruttoentgelt: 285 000,00
Zahlbar innerhalb von 30 Tagen netto

Bankverbindung: Commerzbank Essen
IBAN: DE25300501100000726876 BIC: DUSSDEDDXXX
Steuernummer: 103/3431/4854 USt-IDNr.: DE121245341

Kontoauszug

KONTOAUSZUG
DEUTSCHE BANK Essen
BIC: DEUTDEDEXXX

Sommerfeld Bürosysteme GmbH
IBAN DE96 2607 0050 0025 2034 88
Auszug Nr. 29

Buch.-Tag	Wert	Erläuterung/Verwendungszweck	Umsätze
14.05.	14.05.	HAWA AG Essen, Kd.-Nr. 19735, Re.-Nr. 33465	285 000,00 –
15.02.	15.02.	Metallwerke Bauer & Söhne OHG, Kd.-Nr. 2836, Re.-Nr. 2453	44 000,00 –
15.05.	15.05.	Deutsche Versicherung AG Essen, Kd.-Nr. 24001, Re.-Nr. 10283	35 000,00 +

| 13.05. Letzter Auszug | 17.05. Auszugsdatum | € 485 498,00 H Alter Kontostand | € 191 498,00 H Neuer Kontostand |

Sommerfeld Bürosysteme GmbH, Gladbecker Str. 85 – 91, 45141 Essen

5. Untersuchen Sie, welche der unten stehenden Auswirkungen a) bis h) durch die Geschäftsfälle 1 bis 4 hervorgerufen werden.

   Geschäftsfälle: €
   1. **Eingangsrechnung/Bankauszug:** Kauf eines PC mit girocard 1 000,00
   2. **Bankauszug:** Tilgungsrate einer Darlehensschuld 5 000,00
   3. **Bankauszug:** Ein Kunde begleicht eine fällige Rechnung 9 200,00
   4. **Eingangsrechnung:** Zielkauf eines Lkw 85 000,00

Aussagen:
a) Dem Unternehmen wird neues Fremdkapital zugeführt.
b) Er ruft einen Aktivtausch hervor.
c) Die Bilanzsumme wird vergrößert.
d) Er ruft eine Aktiv-Passiv-Minderung hervor.
e) Die Bilanzsumme wird verkleinert.
f) Es handelt sich um eine Aktiv-Passiv-Mehrung.
g) Schulden des Unternehmens werden getilgt.
h) Es findet ein Tausch innerhalb des Umlaufvermögens statt.

6. Erläutern Sie, welche Bilanzveränderungen folgende Geschäftsfälle hervorrufen: €
   1. Barabhebung vom Bankkonto für die Geschäftskasse 1 500,00
   2. Ausgleich einer Liefererrechnung durch Banküberweisung 92 000,00
   3. Aufnahme eines Darlehens, das auf dem Bankkonto gutgeschrieben wird 70 000,00
   4. Ein Kunde begleicht eine fällige Rechnung durch Banküberweisung 5 750,00
   5. Barkauf eines Lagerregals 1 250,00
   6. Ein Lieferer stundet einen Rechnungsbetrag auf fünf Jahre 50 000,00
   7. Verkauf eines gebrauchten Lkw gegen Bankscheck 4 500,00
   8. Einkauf eines Gabelstaplers auf Ziel 17 200,00

4.2 Bilanz in Bestandskonten auflösen und Wertveränderungen auf Bestandskonten buchen

LS 23

Nach einigen Schwierigkeiten und vielen Übungen hat Rudolf Heller verstanden, wie sich die Geschäftsfälle auf einzelne Bilanzpositionen auswirken. „Aber es ist doch verrückt, nach jedem Geschäftsfall eine neue Bilanz zu erstellen – und überhaupt – ich dachte, die macht man nur einmal im Jahr." Herr Lunau lächelt anerkennend. „Natürlich haben Sie mit beiden Einwänden recht. Die Übungen mit der Bilanz sollen Ihnen nur das grundsätzliche Verstehen und Begründen erleichtern. Jetzt gehen wir einen Schritt weiter und Sie lernen, wie man auf Konten bucht."

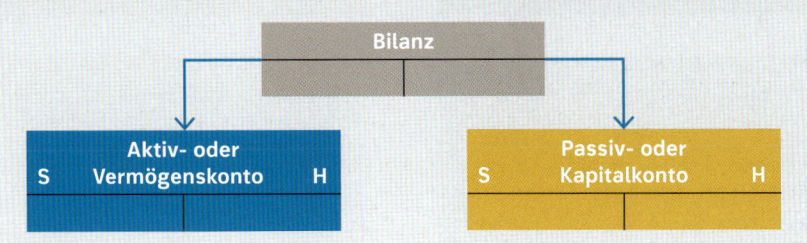

Arbeitsauftrag

Erläutern Sie noch einmal zusammenfassend die Informationen, die aus den einzelnen Belegen (vgl. S. 277 ff.) hervorgehen und die Auswirkungen der einzelnen Geschäftsfälle auf die Bilanz und die betroffenen Konten.

Auflösung der Bilanz in Konten

Konten und deren Aufbau

Um die Güter- und Geldströme in den Bestandskonten zu erfassen, muss ein Unternehmen entsprechende Konten einrichten. Formal können diese entweder in **T-Kontenform** oder in **Reihenform** dargestellt werden. Für **Schulbücher** hat sich die Darstellung in der T-Kontenform durchgesetzt, weil diese übersichtlich ist und das Üben und Darstellen erleichtert. **Finanzbuchführungsprogramme** hingegen stellen die Konten immer in Reihenform dar.

T-Konto		
S	BuG	H

Reihenkonto			
Betriebs- und Geschäftsausstattung (BuG)			
Datum	Text	Soll	Haben

Die Einrichtung der Bestandskonten erfolgt nach festen Regeln:

1. Jedes Konto wird immer durch einen **Kontennamen** bezeichnet.
2. Jedes Konto hat **zwei Spalten**. Die **linke** Spalte wird mit **Soll** und die **rechte** mit **Haben** bezeichnet.
3. Zum **Beginn eines Jahres** werden die Bestandskonten eröffnet. Aus der Bilanz des Vorjahres werden die Bestände als **Anfangsbestände (AB)** in die Konten übernommen.
4. Die **Anfangsbestände** der **Aktivkonten** stehen im **Soll** und die der **Passivkonten** im **Haben**, also immer auf der Seite, auf der sie auch in der Bilanz stehen.

Kontenarten aus der Bilanz ableiten

Den Seiten der Bilanz entsprechend werden Aktiv- und Passivkonten unterschieden. Ihre Seiten tragen die Bezeichnung „**Soll**" (**links**) und „**Haben**" (**rechts**). Aus der Bilanz vom Schluss des vergangenen Geschäftsjahres (**Schlussbilanz**), die identisch mit der **Eröffnungsbilanz** des aktuellen Geschäftsjahres ist, übernehmen die Konten die **Anfangsbestände (AB)**. Deshalb werden die Aktiv- und Passivkonten auch als **Bestandskonten** bezeichnet.

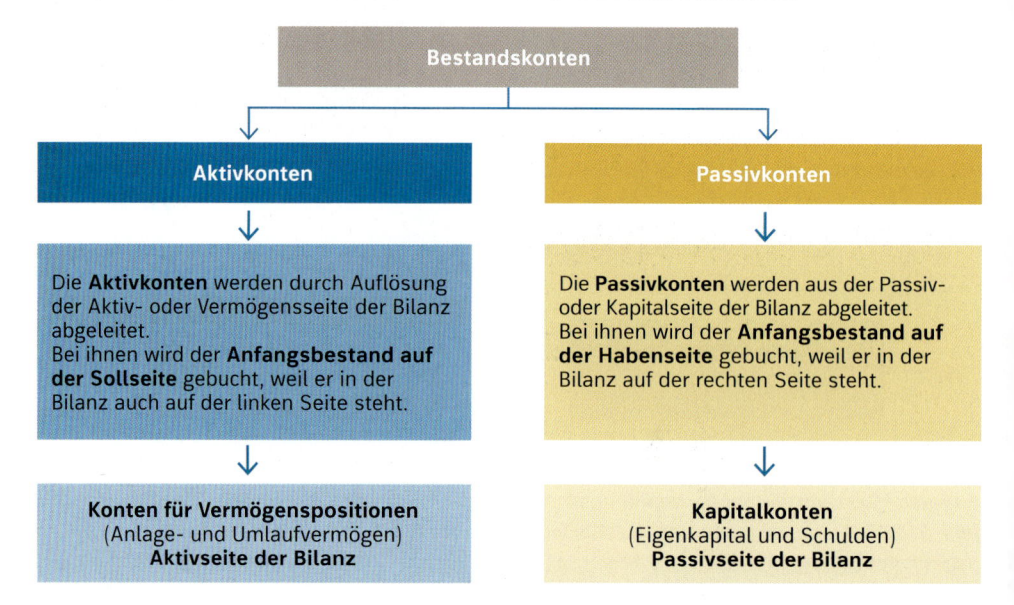

Bestandskonten

↓ ↓

Aktivkonten | **Passivkonten**

↓ | ↓

Die **Aktivkonten** werden durch Auflösung der Aktiv- oder Vermögensseite der Bilanz abgeleitet.
Bei ihnen wird der **Anfangsbestand auf der Sollseite** gebucht, weil er in der Bilanz auch auf der linken Seite steht. | Die **Passivkonten** werden aus der Passiv- oder Kapitalseite der Bilanz abgeleitet.
Bei ihnen wird der **Anfangsbestand auf der Habenseite** gebucht, weil er in der Bilanz auf der rechten Seite steht.

↓ | ↓

Konten für Vermögenspositionen
(Anlage- und Umlaufvermögen)
Aktivseite der Bilanz | **Kapitalkonten**
(Eigenkapital und Schulden)
Passivseite der Bilanz

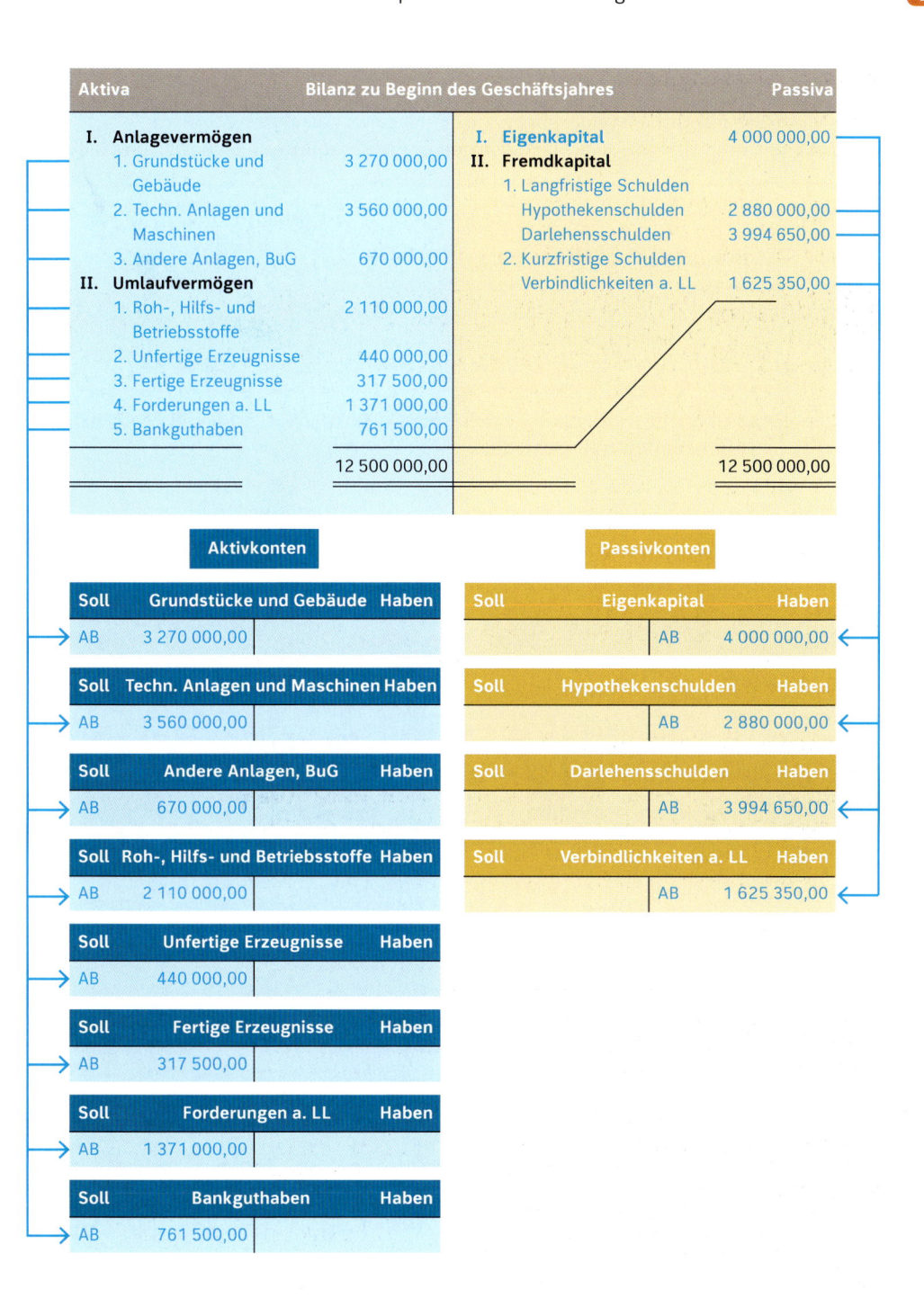

4 Geschäftsprozesse anhand von Belegen auf Bestandskonten buchen

Bilanz zu Beginn des Geschäftsjahres

Aktiva		Passiva	
I. Anlagevermögen		**I. Eigenkapital**	4 000 000,00
1. Grundstücke und Gebäude	3 270 000,00	**II. Fremdkapital**	
2. Techn. Anlagen und Maschinen	3 560 000,00	1. Langfristige Schulden	
3. Andere Anlagen, BuG	670 000,00	Hypothekenschulden	2 880 000,00
II. Umlaufvermögen		Darlehensschulden	3 994 650,00
1. Roh-, Hilfs- und Betriebsstoffe	2 110 000,00	2. Kurzfristige Schulden	
2. Unfertige Erzeugnisse	440 000,00	Verbindlichkeiten a. LL	1 625 350,00
3. Fertige Erzeugnisse	317 500,00		
4. Forderungen a. LL	1 371 000,00		
5. Bankguthaben	761 500,00		
	12 500 000,00		**12 500 000,00**

Aktivkonten

Soll	Grundstücke und Gebäude	Haben
AB	3 270 000,00	

Soll	Techn. Anlagen und Maschinen	Haben
AB	3 560 000,00	

Soll	Andere Anlagen, BuG	Haben
AB	670 000,00	

Soll	Roh-, Hilfs- und Betriebsstoffe	Haben
AB	2 110 000,00	

Soll	Unfertige Erzeugnisse	Haben
AB	440 000,00	

Soll	Fertige Erzeugnisse	Haben
AB	317 500,00	

Soll	Forderungen a. LL	Haben
AB	1 371 000,00	

Soll	Bankguthaben	Haben
AB	761 500,00	

Passivkonten

Soll	Eigenkapital	Haben
	AB	4 000 000,00

Soll	Hypothekenschulden	Haben
	AB	2 880 000,00

Soll	Darlehensschulden	Haben
	AB	3 994 650,00

Soll	Verbindlichkeiten a. LL	Haben
	AB	1 625 350,00

Buchung der Bilanzveränderungen auf Bestandskonten

Jeder Geschäftsfall ruft Veränderungen auf mindestens zwei Konten hervor.
Vor jeder Buchung sind folgende Überlegungen (vgl. Praxistipp von Seite 283) anzustellen:

> **PRAXISTIPP!**
> 1. Welcher Geschäftsfall wird durch den Beleg abgebildet?
> 2. Welche Konten sind von dem Geschäftsfall betroffen?
> 3. Um welche Kontoart (Aktiv- oder Passivkonto) handelt es sich?
> 4. Wie wirkt sich der Geschäftsfall auf das Konto aus (Mehrung oder Minderung)?
> 5. Auf welcher Kontoseite (SOLL oder HABEN) muss demnach gebucht werden?

Es muss genau überlegt werden, ob es sich um ein Aktiv- oder ein Passivkonto handelt, da auf beiden Kontenarten unterschiedlich gebucht wird.

- Bei **Aktivkonten** werden Mehrungen zum Anfangsbestand auf der Sollseite, Minderungen auf der Habenseite gebucht.
- Bei **Passivkonten** ist es folglich umgekehrt: Mehrungen stehen auf der Habenseite unter dem Anfangsbestand, Minderungen auf der Sollseite.

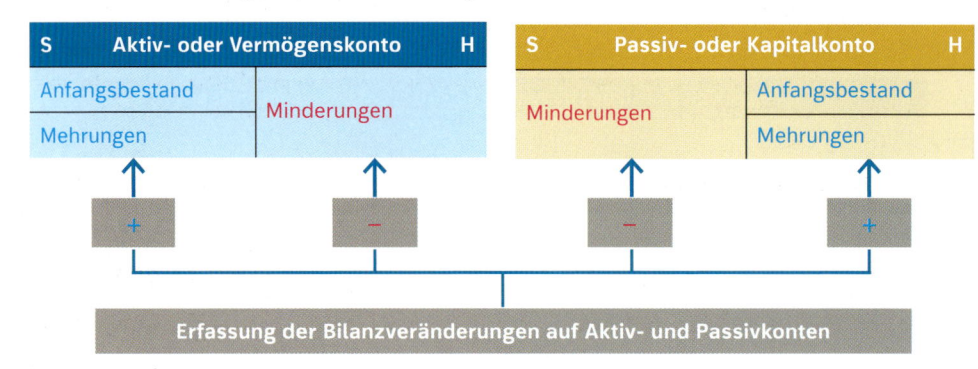

S	Aktiv- oder Vermögenskonto	H	S	Passiv- oder Kapitalkonto	H
Anfangsbestand		Minderungen	Minderungen		Anfangsbestand
Mehrungen					Mehrungen
+		−	−		+

Erfassung der Bilanzveränderungen auf Aktiv- und Passivkonten

Beispiel 1: ER: Kauf eines Multifunktionsbohrers gegen Zahlung mit Bankkontoeinzug   50 000,00 €

Auswirkung	Buchung	
Mehrung der Technischen Anlagen und Maschinen	Technische Anlagen und Maschinen (Aktivkonto) Soll	50 000,00
Minderung des Bankguthabens	Bankguthaben (Aktivkonto) Haben	50 000,00

Beispiel 2: **Darlehensvertrag**: Umwandlung einer Verbindlichkeit a. LL in eine Darlehensschuld   12 000,00 €

Auswirkung	Buchung	
Minderung der Verbindlichkeiten a. LL	Verbindlichkeiten a. LL (Passivkonto) Soll	12 000,00
Mehrung der Darlehensschulden	Darlehensschulden (Passivkonto) Haben	12 000,00

Beispiel 3: **ER**: Zieleinkauf von vier Digitalkopierern   4 000,00 €

Auswirkung	Buchung	
Mehrung der Anderen Anlagen, BuG	Andere Anlagen, BuG (Aktivkonto) Soll	4 000,00
Mehrung der Verbindlichkeiten a. LL	Verbindlichkeiten a. LL (Passivkonto) Haben	4 000,00

Beispiel 4: **Bankkontoauszug**: Ausgleich einer Lieferrechnung (Fall 3)   4 000,00 €

Auswirkung	Buchung	
Minderung der Verbindlichkeiten a. LL	Verbindlichkeiten a. LL (Passivkonto) Soll	4 000,00
Minderung des Bankguthabens	Bankguthaben (Aktivkonto) Haben	4 000,00

Damit die Ursachen der Veränderung der Anfangsbestände erkennbar sind, wird bei der Buchung in den Konten vor die Beträge das **Gegenkonto geschrieben**.

Beispiel: Aus dem Konto „Technische Anlagen und Maschinen" (Beleg 1) geht durch Angabe des Gegenkontos „Bankguthaben" hervor, dass per Bank bezahlt wurde. Auf dem Konto „Bankguthaben" wird durch die Angabe des Gegenkontos „Technische Anlagen und Maschinen" erkennbar, wofür die Ausgabe entstand.

Die Bilanz hat nunmehr folgendes Aussehen:

Aktiva	Bilanz der Sommerfeld Bürosysteme GmbH am Ende des vergangenen Geschäftsjahres		Passiva
I. Anlagevermögen		**I. Eigenkapital**	4 000 000,00
1. Grundstücke und Gebäude	3 270 000,00	**II. Fremdkapital**	
2. Techn. Anlagen und Maschinen	3 560 000,00	1. Langfristige Schulden	
		Hypothekenschulden	2 880 000,00
3. Andere Anlagen, BuG	670 000,00	Darlehensschulden	3 994 650,00
II. Umlaufvermögen		2. Kurzfristige Schulden	
1. Roh-, Hilfs- und Betriebsstoffe	2 110 000,00	Verbindlichkeiten a. LL	1 625 350,00
2. Unfertige Erzeugnisse	440 000,00		
3. Fertige Erzeugnisse	317 500,00		
4. Forderungen a. LL	1 371 000,00		
5. Bankguthaben	761 500,00		
	12 500 000,00		12 500 000,00

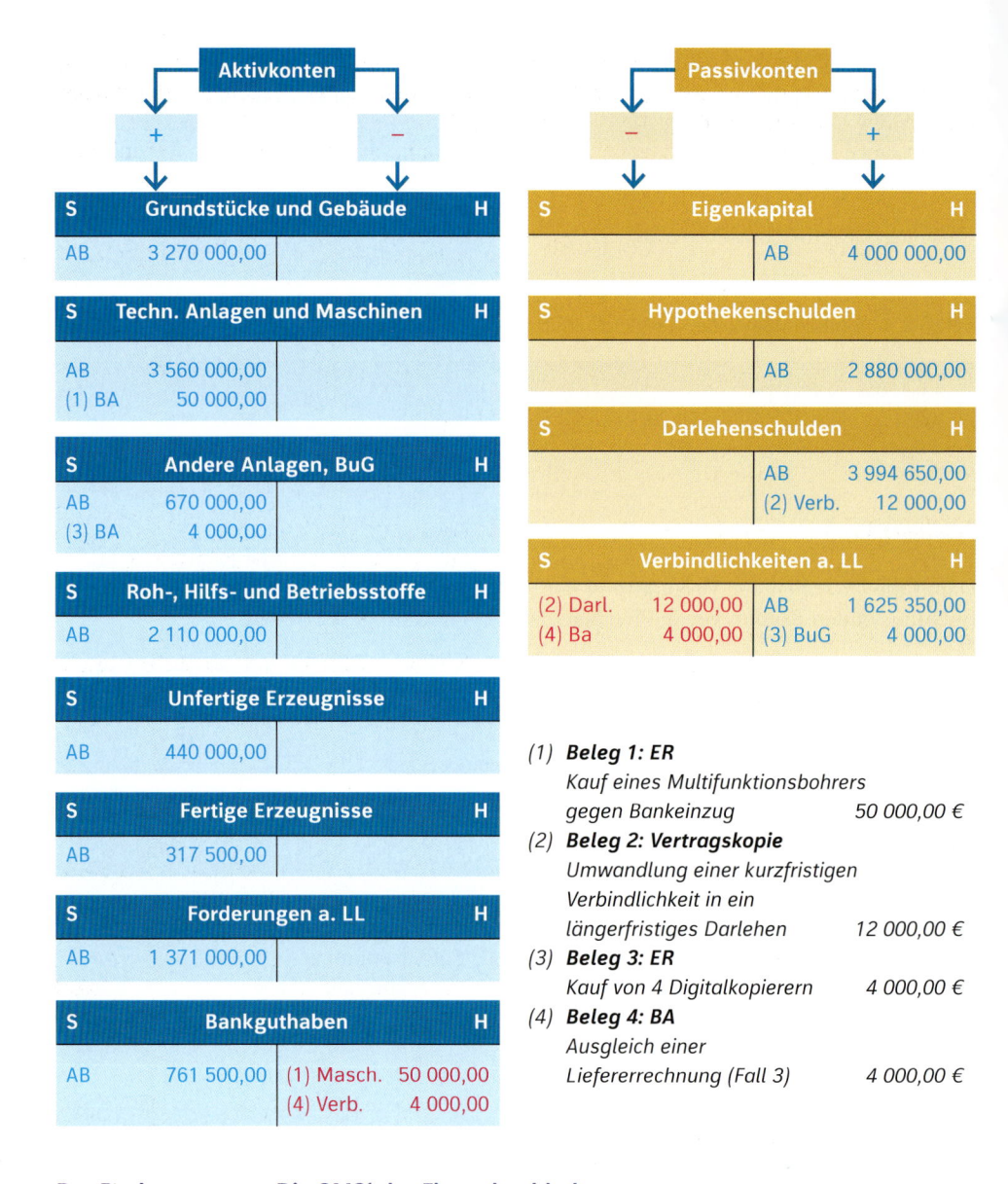

```
         ┌─── Aktivkonten ───┐              ┌─── Passivkonten ───┐
         +                   -              -                    +
```

S	Grundstücke und Gebäude	H
AB	3 270 000,00	

S	Eigenkapital	H
	AB	4 000 000,00

S	Techn. Anlagen und Maschinen	H
AB	3 560 000,00	
(1) BA	50 000,00	

S	Hypothekenschulden	H
	AB	2 880 000,00

S	Andere Anlagen, BuG	H
AB	670 000,00	
(3) BA	4 000,00	

S	Darlehenschulden	H
	AB	3 994 650,00
	(2) Verb.	12 000,00

S	Roh-, Hilfs- und Betriebsstoffe	H
AB	2 110 000,00	

S	Verbindlichkeiten a. LL	H
(2) Darl.	12 000,00	AB	1 625 350,00
(4) Ba	4 000,00	(3) BuG	4 000,00

S	Unfertige Erzeugnisse	H
AB	440 000,00	

(1) **Beleg 1: ER**
Kauf eines Multifunktionsbohrers
gegen Bankeinzug   50 000,00 €

S	Fertige Erzeugnisse	H
AB	317 500,00	

(2) **Beleg 2: Vertragskopie**
Umwandlung einer kurzfristigen
Verbindlichkeit in ein
längerfristiges Darlehen   12 000,00 €

S	Forderungen a. LL	H
AB	1 371 000,00	

(3) **Beleg 3: ER**
Kauf von 4 Digitalkopierern   4 000,00 €

S	Bankguthaben	H
AB	761 500,00	(1) Masch.	50 000,00
		(4) Verb.	4 000,00

(4) **Beleg 4: BA**
Ausgleich einer
Lieferrechnung (Fall 3)   4 000,00 €

Der Buchungssatz – Die SMS[1] der Finanzbuchhaltung

Einfacher Buchungssatz

Eine Anweisung für die Buchung eines Beleges, z. B. einer Eingangsrechnung über Betriebsmittel (PCs, vgl. Beleg 4, S. 278) könnte wie folgt lauten:

> „Der Betrag von 4 000,00 € ist auf dem Konto ‚Andere Anlagen, BuG' im Soll zu buchen. Außerdem ist der Betrag von 4 000,00 € im Haben des Kontos ‚Verbindlichkeiten a. LL' zu buchen."

---
[1] SMS = Short Message Service

Diese Anweisung ist lang und unübersichtlich. Deshalb gibt es in der Buchführung eine Kurzanweisung – den **Buchungssatz**. Dieser gibt die Buchungsanweisung in der kürzesten Form wieder und benötigt dazu nur eine Regel:
Die Sollbuchung wird vor der Habenbuchung genannt. Der Seitenwechsel wird mit dem Wort „**an**" eingeleitet.

Soll an Haben			
Andere Anlagen, BuG	4 000,00	an Verbindlichkeiten a. LL	4 000,00

Zusammenfassend lässt sich festhalten:

- Jeder Geschäftsfall betrifft mindestens zwei Konten.
- Jeder Geschäftsfall bewirkt zumindest eine Soll- und eine Habenbuchung.
- Bei einem Buchungssatz wird die Sollbuchung vor der Habenbuchung genannt.

Sollbuchung	=	Habenbuchung
auf dem Konto BuG		auf dem Konto Verbindlichkeiten a. LL

Zusammengesetzter Buchungssatz

Beim einfachen Buchungssatz ruft der zugrunde liegende Geschäftsfall nur auf zwei Konten Wertveränderungen hervor. Beim zusammengesetzten Buchungssatz werden mehr als zwei Konten berührt.

Beispiel:

	€	€
Ausgleich einer Liefererrechnung		
durch Banküberweisung	1 100,00	
und bar	400,00	1 500,00

Buchungssatz	Soll	Haben
Verbindlichkeiten a. LL	1 500,00	
an Bankguthaben		1 100,00
an Kasse		400,00

Buchung

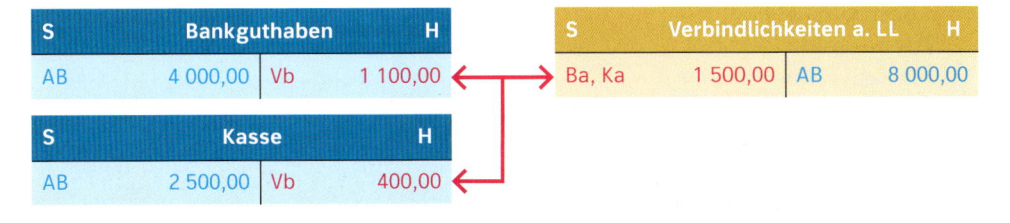

S	Bankguthaben	H
AB	4 000,00	Vb 1 100,00

S	Verbindlichkeiten a. LL	H
Ba, Ka	1 500,00	AB 8 000,00

S	Kasse	H
AB	2 500,00	Vb 400,00

Sollbuchung auf dem Konto Verbindlichkeiten a. LL	=	Habenbuchung auf den Konten Bankguthaben und Kasse

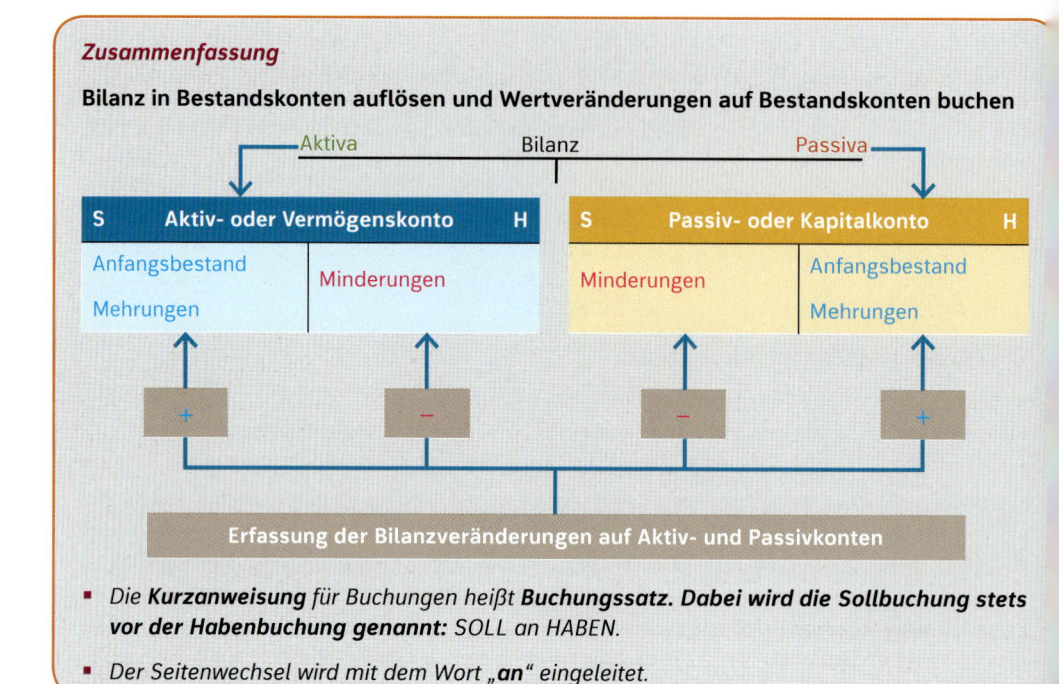

Zusammenfassung

Bilanz in Bestandskonten auflösen und Wertveränderungen auf Bestandskonten buchen

S	Aktiv- oder Vermögenskonto	H
Anfangsbestand		Minderungen
Mehrungen		

S	Passiv- oder Kapitalkonto	H
Minderungen		Anfangsbestand
		Mehrungen

Erfassung der Bilanzveränderungen auf Aktiv- und Passivkonten

- Die **Kurzanweisung** für Buchungen heißt **Buchungssatz. Dabei wird die Sollbuchung stets vor der Habenbuchung genannt:** SOLL an HABEN.
- Der Seitenwechsel wird mit dem Wort „**an**" eingeleitet.

Aufgaben

1. Stellen Sie die Bilanz auf. Richten Sie die Bestandskonten ein und übernehmen Sie die Anfangsbestände. Buchen Sie die Geschäftsfälle auf den Konten bei Angabe der Nummer des Buchungsfalles und des Gegenkontos.

   Anfangsbestände:

	€		€
Fuhrpark	430 000,00	Eigenkapital	540 000,00
Forderungen a. LL	115 000,00	Darlehensschulden	100 000,00
Bankguthaben	225 000,00	Verbindlichkeiten a. LL	140 000,00
Kasse	10 000,00		

   Geschäftsfälle: €

   1. **Bankauszug:** Kunde bezahlt fällige Ausgangsrechnung durch Banküberweisung ... 15 000,00
   2. **Eingangsrechnung:** Zielkauf eines Pkw ... 30 000,00
   3. **Bankauszug:** Banküberweisung an Lieferer für fällige Eingangsrechnung ... 37 000,00
   4. **Bankauszug:** Bareinzahlung auf das Bankkonto aus der Geschäftskasse ... 4 000,00
   5. **Ausgangsrechnung:** Verkauf eines gebrauchten Lkw auf Ziel ... 28 000,00
   6. **Bankauszug:** Banküberweisung einer Tilgungsrate für eine Darlehensschuld ... 2 000,00

2. Stellen Sie die Bilanz auf. Richten Sie die Bestandskonten ein und übernehmen Sie die Anfangsbestände. Buchen Sie die Geschäftsfälle auf den Konten bei Angabe der Nummer des Geschäftsfalles und des Gegenkontos.

Anfangsbestände:

	€		€
Grundstücke und Gebäude	1 400 000,00	Kasse	15 000,00
Andere Anlagen, BuG	270 000,00	Eigenkapital	2 240 000,00
Fuhrpark	430 000,00	Darlehensschulden	320 000,00
Forderungen a. LL	275 000,00	Verbindlichkeiten a. LL	280 000,00
Bankguthaben	450 000,00		

Geschäftsfälle:

	€
1. **Eingangsrechnung:** Zielkauf einer Lagersteuerungsanlage	14 000,00
2. **Bankauszug:** Banküberweisung der Tilgungsrate für eine Darlehensschuld	25 000,00
3. **Bankauszug:** Kunde bezahlte fällige Ausgangsrechnung mit Banküberweisung	20 000,00
4. **Ausgangsrechnung:** Zielverkauf eines gebrauchten Pkw	12 000,00
5. **Bankauszug:** Aus der Geschäftskasse werden auf das Bankkonto bar eingezahlt	8 000,00
6. **Vertrag:** Lieferer stundet eine fällige Eingangsrechnung auf sechs Jahre	20 000,00
7. **Vertrag, Bankauszug:** Kauf einer Lagerhalle gegen Bankscheck	120 000,00
8. **Eingangsrechnung:** Zielkauf eines Pkw	45 000,00
9. **Bankauszug:** Banküberweisung an Lieferer für fällige Eingangsrechnung	14 000,00
10. **Ausgangsrechnung:** Verkauf eines gebrauchten Kopiergerätes auf Ziel	1 000,00

3. Erläutern Sie zu folgenden Buchungen den Geschäftsfall:

			€
1.	Bankguthaben	Soll	600,00
	Forderungen a. LL	Haben	600,00
2.	Andere Anlagen, BuG	Soll	900,00
	Verbindlichkeiten a. LL	Haben	900,00
3.	Kasse	Soll	1 500,00
	Bankguthaben	Haben	1 500,00
4.	Darlehensschulden	Soll	2 000,00
	Bankguthaben	Haben	2 000,00
5.	Andere Anlagen, BuG	Soll	900,00
	Kasse	Haben	900,00
6.	Verbindlichkeiten a. LL	Soll	750,00
	Bankguthaben	Haben	750,00
7.	Kasse	Soll	450,00
	Forderungen a. LL	Haben	450,00
8.	Bankguthaben	Soll	1 200,00
	Kasse	Haben	1 200,00

4. Buchen Sie folgende Geschäftsfälle, indem Sie
a) zu jedem Geschäftsfall die entsprechenden Konten einrichten,

b) auf dem ersten Konto die Sollbuchung, auf dem zweiten die Habenbuchung vornehmen und das jeweilige Gegenkonto angeben.

	€
1. Kunde bezahlt fällige Rechnung bar	800,00
2. Banküberweisung durch einen Kunden	430,00
3. Banküberweisung an einen Lieferer	1 940,00
4. Bareinzahlung auf das Bankkonto	1 200,00
5. Kauf einer Büromaschine gegen Banküberweisung	3 600,00
6. Kauf eines Gabelstaplers auf Ziel	1 500,00
7. Rückzahlung eines Darlehens durch Banküberweisung	3 000,00
8. Banküberweisung durch einen Kunden	640,00
9. Verkauf eines gebrauchten Pkw bar	1 500,00
10. Barabhebung vom Bankkonto für die Geschäftskasse	2 000,00

5. Bilden Sie die Buchungssätze zu folgenden Geschäftsfällen:

	€
1. Bareinzahlung aus der Geschäftskasse auf das Bankkonto	1 300,00
2. Barabhebung vom Bankkonto für die Geschäftskasse	600,00
3. Ein Kunde begleicht eine Rechnung durch Banküberweisung	350,00
4. Kauf eines PC bar	760,00
5. Zieleinkauf eines Schreibtisches	830,00
6. Tilgung einer Darlehensschuld durch Banküberweisung	900,00
7. Ausgleich einer Liefererrechnung durch Banküberweisung	850,00
8. Aufnahme eines Darlehens bei der Hausbank, das auf das Bankkonto gutgeschrieben wird	1 500,00
9. Zahlung an einen Lieferer durch Banküberweisung	950,00
10. Kauf eines Baugrundstücks gegen Banküberweisung	5 500,00

6. Welche Geschäftsfälle liegen folgenden Buchungssätzen zugrunde?

1. Fuhrpark an Verbindlichkeiten a. LL
2. Kasse an Bankguthaben
3. Bankguthaben an Forderungen a. LL
4. Verbindlichkeiten a. LL an Bankguthaben
5. Darlehensschulden an Bankguthaben
6. Bankguthaben an Kasse
7. Kasse an Forderungen a. LL
8. Andere Anlagen, BuG an Kasse
9. Bankguthaben an Unbebaute Grundstücke
10. Kasse an Darlehensschulden

7. Bilden Sie die Geschäftsfälle zu den Buchungen im Kassenkonto.

Soll		Kasse	Haben
AB	3 000,00	(1) Darlehensschulden	500,00
(3) Forderungen a. LL	250,00	(2) Verbindlichkeiten a. LL	300,00
(5) Bankguthaben	310,00	(4) Andere Anlagen, BuG	270,00
(6) Andere Anlagen, BuG	1 160,00	(7) Bankguthaben	1 000,00
		SB	2 650,00
	4 720,00		4 720,00

8. Formulieren Sie zu folgenden Geschäftsfällen die Buchungssätze:

	€	€
1. Einkauf eines Aktenschrankes		
bar	200,00	
auf Ziel	750,00	950,00
2. Ausgleich einer Liefererrechnung		
bar	180,00	
durch Banküberweisung	1 020,00	1 200,00
3. Rechnungsausgleich eines Kunden		
bar	80,00	
durch Banküberweisung	700,00	780,00
4. Einkauf eines Druckers		
bar	250,00	
gegen Zahlung mit girocard	430,00	680,00
5. Tilgung einer Darlehensschuld		
durch Banküberweisung	800,00	
bar	200,00	1 000,00

9. Welche Geschäftsfälle liegen folgenden Buchungssätzen zugrunde?

	€	€
1. Darlehen	2 000,00	
an Bankguthaben		1 500,00
an Kasse		500,00
2. Kasse	20,00	
Bankguthaben	900,00	
an Forderungen a. LL		1 100,00
3. Fuhrpark	40 000,00	
an Verbindlichkeiten a. LL		30 000,00
an Bankguthaben		10 000,00
4. Verbindlichkeiten a. LL	1 280,00	
an Bankguthaben		900,00
an Kasse		380,00
5. Andere Anlagen, BuG	800,00	
an Kasse		300,00
an Bankguthaben		500,00
6. Unbebaute Grundstücke	70 000,00	
an Kasse		10 000,00
an Bankguthaben		45 000,00
an Verbindlichkeiten a. LL		15 000,00

10. Geben Sie für die Geschäftsfälle der Aufgaben 8 und 9 an, ob sie

    a) ein Aktivtausch,
    b) ein Passivtausch,
    c) eine Aktiv-Passiv-Mehrung oder
    d) eine Aktiv-Passiv-Minderung zur Folge haben.

4.3 Bestandskonten abschließen

Rudolf Heller ist nun schon einige Zeit im Rechnungswesen tätig. Er kennt die Inventurarbeiten und weiß, wie ein Inventar und eine Bilanz entstehen. Außerdem kennt er die Buchungen auf Bestandskonten, mit denen Veränderungen des Vermögens und der Schulden erfasst werden. Im Gespräch mit Herrn Lunau kommt ihm, so denkt er, ein besonders kluger Gedanke. „Jetzt müssen wir am Jahresende doch nur schauen, wie sich die einzelnen Vermögenspositionen und die Schulden entwickelt haben. Zieht man von den Anfangsbeständen alle Minderungen ab und addiert man alle Mehrungen hinzu, ist doch klar, wie hoch z. B. der Rohstoffbestand ist. Und mit unserem Buchhaltungsprogramm habe ich dann die Schlussbestände mit einem Mausklick." „Hm – fast richtig!", meint Herr Lunau. „Wieso ‚fast'?", erwidert Rudolf, „Wir könnten uns doch die ganze Arbeit mit der Inventur sparen und sofort aus den Schlussbeständen der Konten die neue Bilanz erstellen." „Nein, die Inventur können wir uns leider nicht sparen", korrigiert Herr Lunau geduldig. Rudolf schaut ungläubig: „Verstehe ich nicht, das ist doch dann eine doppelte Ermittlung der Bestände." „Eben!", meint Herr Lunau. „Und das ist auch gut so."

Arbeitsaufträge

- Korrigieren Sie Rudolfs erste Aussage.
- Listen Sie die Schritte zum Abschluss der Bestandskonten auf.
- Erklären Sie den Begriff „doppelte Buchführung" und begründen Sie deren Vorteile.

Doppelte Buchführung

Ausgangspunkt der doppelten Buchführung eines Geschäftsjahres ist die Bilanz auf Grundlage der vorangegangenen Inventur des vergangenen Geschäftsjahres. Durch die Geschäftstätigkeit werden die Vermögens- und Kapitalbestände laufend verändert. In der Buchführung werden diese Veränderungen durch Belege angezeigt und durch entsprechende Buchungen laufend dokumentiert. So kann zur Ermittlung der Sollbestände jederzeit auf die entsprechenden Konten zugegriffen werden. Diese müssen jedoch nicht immer mit den Istbeständen übereinstimmen.

Beispiel: Herr Sust ruft in der Lagerbuchhaltung den aktuellen Bestand am „Kendo Tisch, rechteckig" ab. Das Programm meldet einen Bestand von 500 Stück. Der tatsächliche Bestand beträgt jedoch nur 491 Stück, da durch einen Wasserschaden neun Tische unverkäuflich geworden sind und entsorgt werden mussten. Dieser Schaden wurde jedoch noch nicht in der Lagerbuchhaltung erfasst.

Ob die Sollbestände mit den tatsächlichen Lagerbeständen (den Istbeständen) übereinstimmen, wird bei der Inventur (vgl. S. 251 ff.) festgestellt.

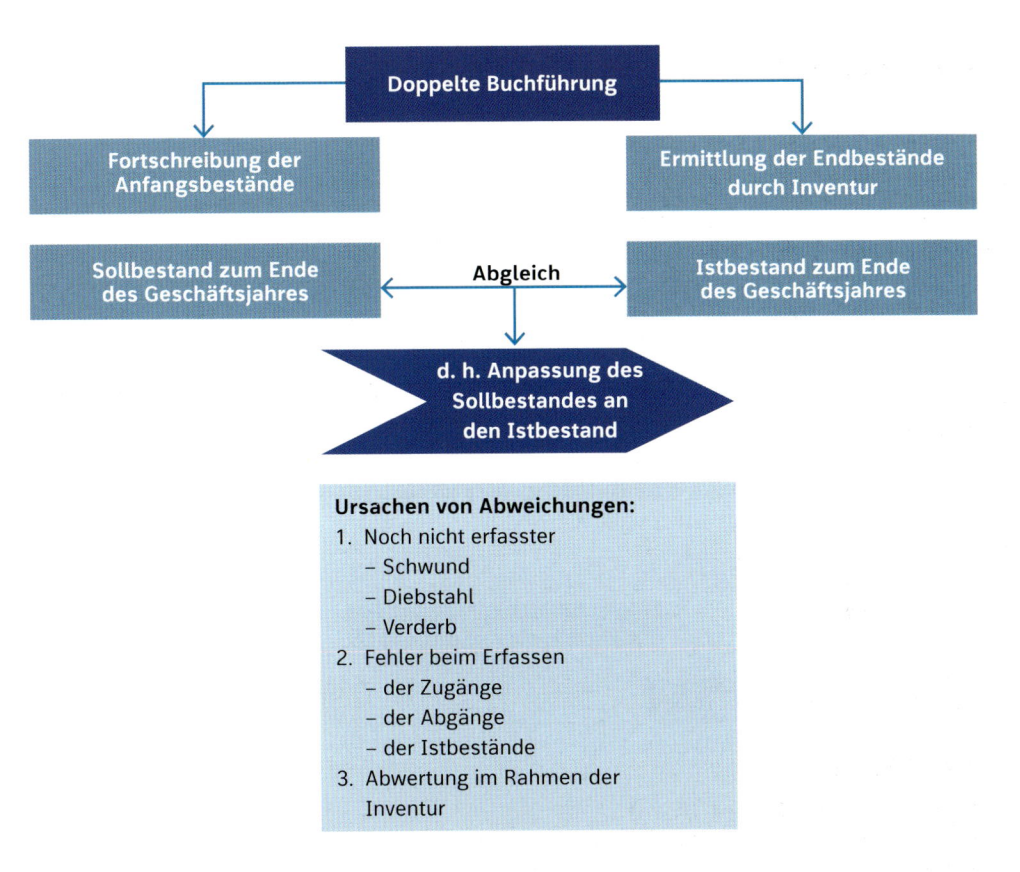

4 Geschäftsprozesse anhand von Belegen auf Bestandskonten buchen

```
                        Doppelte Buchführung
                       /                    \
        Fortschreibung der          Ermittlung der Endbestände
        Anfangsbestände             durch Inventur
              |                              |
        Sollbestand zum Ende    Abgleich    Istbestand zum Ende
        des Geschäftsjahres   ←────────→    des Geschäftsjahres
                              ↓
                    d. h. Anpassung des
                    Sollbestandes an
                    den Istbestand
```

Ursachen von Abweichungen:
1. Noch nicht erfasster
   - Schwund
   - Diebstahl
   - Verderb
2. Fehler beim Erfassen
   - der Zugänge
   - der Abgänge
   - der Istbestände
3. Abwertung im Rahmen der Inventur

Vorgehen zum Abschluss der Bestandskonten

Zur Ermittlung der vorhandenen Bestände (in der Praxis monatlich, quartalsmäßig oder jährlich) werden die Konten abgeschlossen. Dazu wird der **Saldo = Schlussbestand** (SB) auf jedem Konto errechnet und auf das Schlussbilanzkonto (SBK) gebucht.

Beispiel: vgl. Handlungssituation des Kapitels 4.1, S. 276 ff.

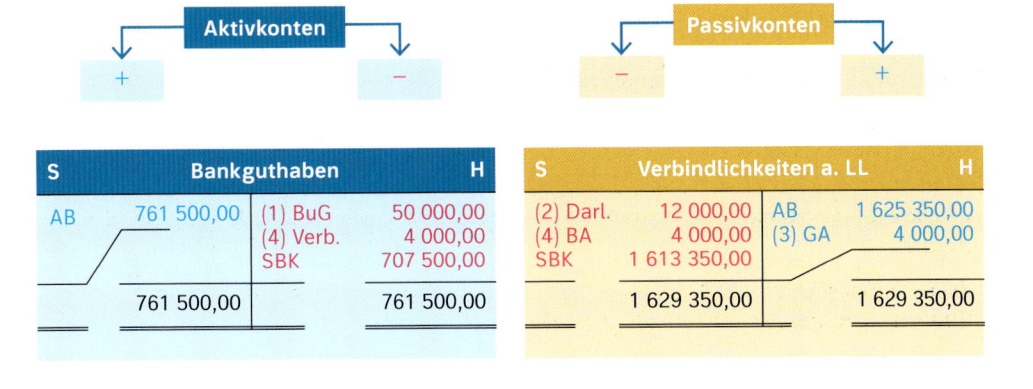

Aktivkonten		Passivkonten	
+	−	−	+

S	Bankguthaben		H
AB	761 500,00	(1) BuG	50 000,00
		(4) Verb.	4 000,00
		SBK	707 500,00
	761 500,00		761 500,00

S	Verbindlichkeiten a. LL		H
(2) Darl.	12 000,00	AB	1 625 350,00
(4) BA	4 000,00	(3) GA	4 000,00
SBK	1 613 350,00		
	1 629 350,00		1 629 350,00

Aktivkonten	Berechnung des Schlussbestandes	Passivkonten
+ Sollzahlen 761 500,00 € − Habenzahlen 54 000,00 € = Sollsaldo 707 500,00 €	Anfangsbestand + Mehrungen − Minderungen = Schlussbestand (Saldo)	+ Habenzahlen 1 629 350,00 − Sollzahlen 16 000,00 = Habensaldo 1 613 350,00

Stimmen die Sollbestände mit den Istbeständen überein, können die Konten abgeschlossen werden. Stimmen die Sollbestände nicht mit den Istbeständen überein, erfolgt eine Korrekturbuchung.

Zum Abschluss der Konten sind **Buchungssätze** zu bilden, die sowohl im Grundbuch als auch im Hauptbuch einzutragen sind.

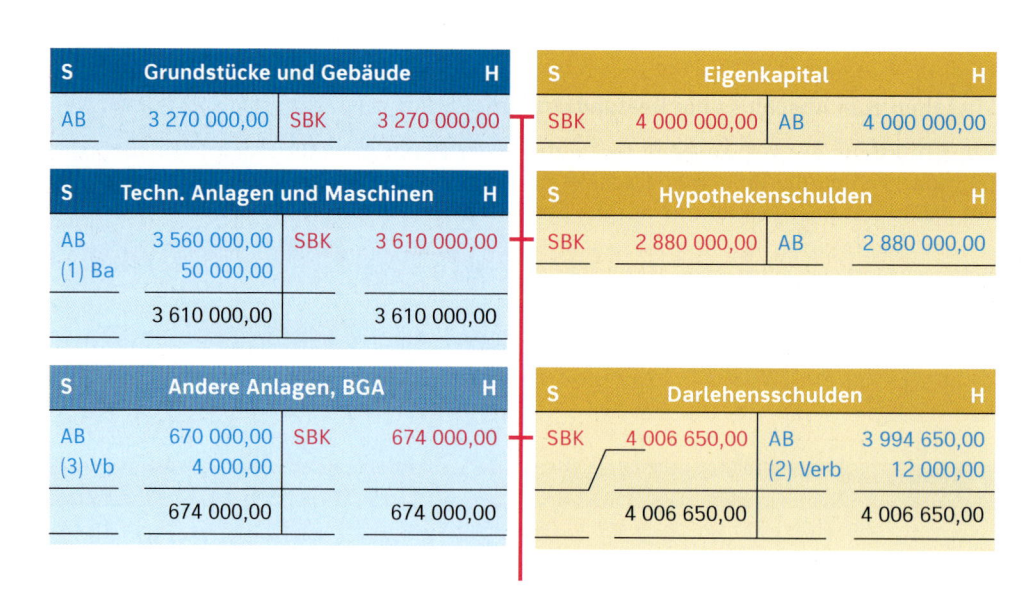

Abschlussbuchungen

Aktive Bestandskonten
SBK an Aktivkonten

Passive Bestandskonten
Passivkonten an SBK

S	Grundstücke und Gebäude	H
AB 3 270 000,00	SBK	3 270 000,00

S	Eigenkapital	H
SBK 4 000 000,00	AB	4 000 000,00

S	Techn. Anlagen und Maschinen	H
AB 3 560 000,00	SBK	3 610 000,00
(1) Ba 50 000,00		
3 610 000,00		3 610 000,00

S	Hypothekenschulden	H
SBK 2 880 000,00	AB	2 880 000,00

S	Andere Anlagen, BGA	H
AB 670 000,00	SBK	674 000,00
(3) Vb 4 000,00		
674 000,00		674 000,00

S	Darlehensschulden	H
SBK 4 006 650,00	AB	3 994 650,00
	(2) Verb	12 000,00
4 006 650,00		4 006 650,00

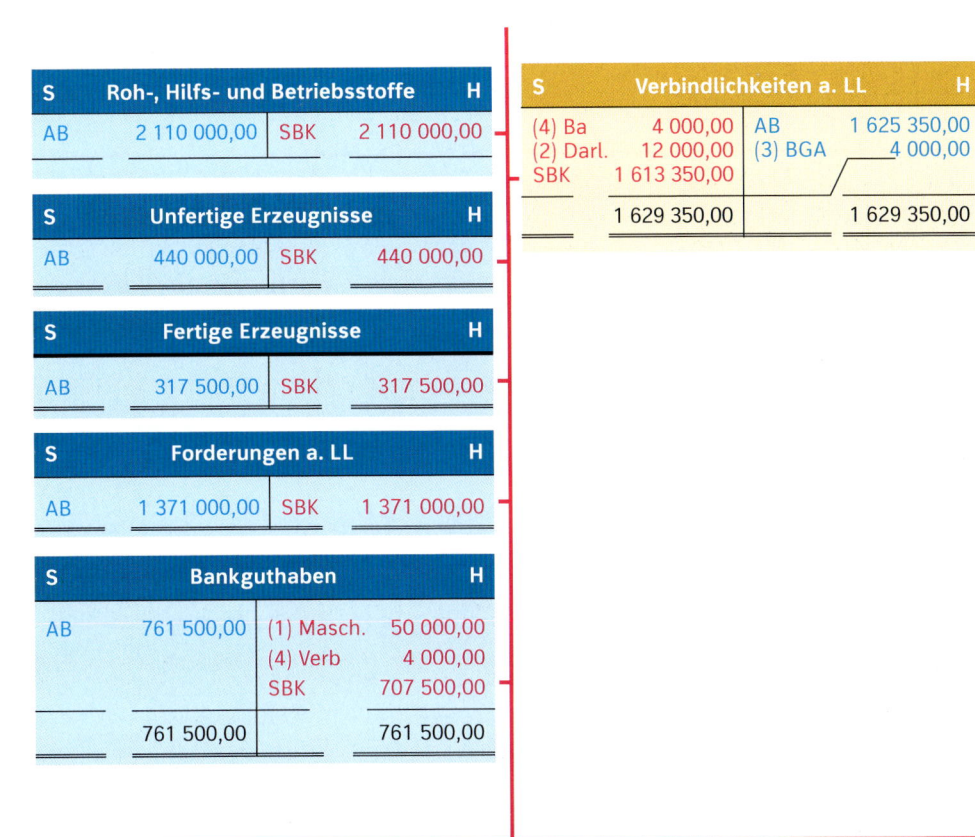

4 Geschäftsprozesse anhand von Belegen auf Bestandskonten buchen

S	Roh-, Hilfs- und Betriebsstoffe		H
AB	2 110 000,00	SBK	2 110 000,00

S	Unfertige Erzeugnisse		H
AB	440 000,00	SBK	440 000,00

S	Fertige Erzeugnisse		H
AB	317 500,00	SBK	317 500,00

S	Forderungen a. LL		H
AB	1 371 000,00	SBK	1 371 000,00

S	Bankguthaben		H
AB	761 500,00	(1) Masch.	50 000,00
		(4) Verb	4 000,00
		SBK	707 500,00
	761 500,00		761 500,00

S	Verbindlichkeiten a. LL		H
(4) Ba	4 000,00	AB	1 625 350,00
(2) Darl.	12 000,00	(3) BGA	4 000,00
SBK	1 613 350,00		
	1 629 350,00		1 629 350,00

S	Schlussbilanzkonto		H
Grundstücke und Gebäude	3 270 000,00	Eigenkapital	4 000 000,00
Techn. Anlagen und Maschinen	3 610 000,00	Hypothekenschulden	2 880 000,00
Andere Anlagen, BGA	674 000,00	Darlehensschulden	4 006 650,00
Roh-, Hilfs- und Betriebsstoffe	2 110 000,00	Verbindlichkeiten a. LL	1 613 350,00
Unfertige Erzeugnisse	440 000,00		
Fertige Erzeugnisse	317 500,00		
Forderungen a. LL	1 371 000,00		
Bankguthaben	707 500,00		
	12 500 000,00		12 500 000,00

Zusammenfassung

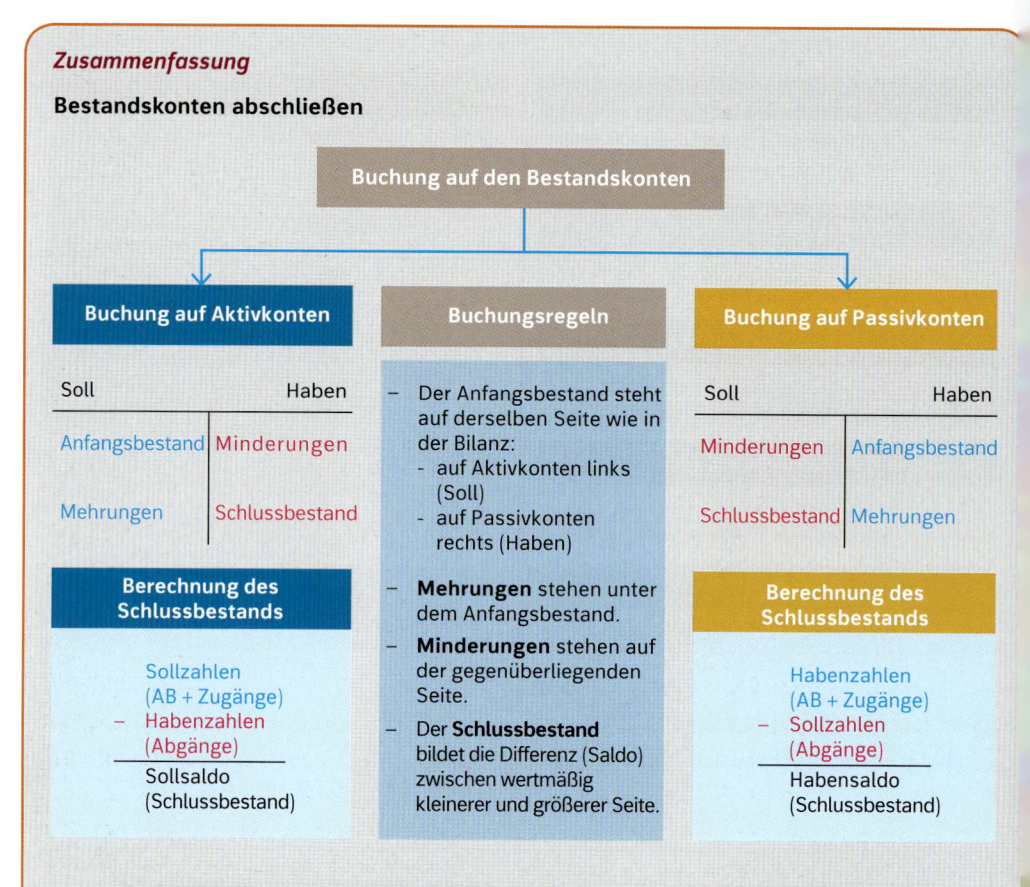

Bestandskonten abschließen

Buchung auf den Bestandskonten

Buchung auf Aktivkonten

Soll	Haben
Anfangsbestand	Minderungen
Mehrungen	Schlussbestand

Berechnung des Schlussbestands

    Sollzahlen
    (AB + Zugänge)
− Habenzahlen
    (Abgänge)
    Sollsaldo
    (Schlussbestand)

Buchungsregeln

- Der Anfangsbestand steht auf derselben Seite wie in der Bilanz:
  - auf Aktivkonten links (Soll)
  - auf Passivkonten rechts (Haben)
- **Mehrungen** stehen unter dem Anfangsbestand.
- **Minderungen** stehen auf der gegenüberliegenden Seite.
- Der **Schlussbestand** bildet die Differenz (Saldo) zwischen wertmäßig kleinerer und größerer Seite.

Buchung auf Passivkonten

Soll	Haben
Minderungen	Anfangsbestand
Schlussbestand	Mehrungen

Berechnung des Schlussbestands

    Habenzahlen
    (AB + Zugänge)
− Sollzahlen
    (Abgänge)
    Habensaldo
    (Schlussbestand)

- Vor Abschluss der Konten müssen bei Abweichungen die Sollbestände der Buchführung an die Istbestände der Inventur angepasst werden.

- Die Salden der Bestandskonten werden zum Jahresende auf dem Schlussbilanzkonto gesammelt bzw. gegengebucht.

- ***Lösungsweg von der Eröffnungsbilanz zum Schlussbilanzkonto:***

  1. Übernahme der Schlussbilanz des Vorjahres als Eröffnungsbilanz
  2. Einrichtung von Konten für die Bilanzposten (Bestandskonten)
  3. Übertragung der Anfangsbestände der Bilanz auf die Konten
  4. Buchung der Geschäftsfälle im Grundbuch
  5. Buchung in den Konten des Hauptbuchs
  6. Aufstellung der Schlussbilanz aufgrund der Inventurwerte
  7. Abschluss der Konten über das Schlussbilanzkonto nach Abgleich mit den Istbeständen

Aufgaben

1. Eröffnen Sie die Bestandskonten; tragen Sie die Buchungssätze zu den Geschäftsfällen im Grundbuch ein.
Buchen Sie die Geschäftsfälle auf den Konten und stellen Sie die Schlussbilanz auf.

Anfangsbestände:	€		€
Grundstücke und Gebäude..	150 000,00	Kasse..................................	5 000,00
Fuhrpark............................	40 000,00	Eigenkapital.......................	270 000,00
Andere Anlagen, BuG	24 000,00	Darlehensschulden...........	120 000,00
Forderungen a. LL	36 000,00	Verbindlichkeiten a. LL	15 000,00
Bankguthaben	150 000,00		

Geschäftsfälle:		€
1. **Eingangsrechnung:** Zielkauf eines Pkw		40 000,00
2. **Ausgangsrechnung:** Zielverkauf eines gebrauchten Kopierers		1 500,00
3. **Bankauszug:** Banküberweisung an einen Lieferer...		35 000,00
4. **Kassenbeleg/Bankauszug:** Bareinzahlung auf das Bankkonto..................		2 000,00
5. **Bankauszug:** Banküberweisung von einem Kunden.....................................		17 400,00
6. **Bankauszug:** Verkauf eines gebrauchten Pkw gegen Banküberweisung		6 000,00
7. **Bankauszug:** Banküberweisung der Tilgungsrate für ein Darlehen		20 000,00
8. **Kassenbeleg:** Kunde bezahlt fällige Rechnung bar		1 400,00
9. **Kassenbeleg:** Barkauf eines Büroregals..		1 200,00

2. Stellen Sie die Eröffnungsbilanz auf. Richten Sie die Bestandskonten ein und übernehmen die Anfangsbestände. Buchen Sie die Buchungssätze auf den Konten bei Angabe der Nummer des Geschäftsfalls und des Gegenkontos.

Anfangsbestände:	€		€
Andere Anlagen, BuG	420 000,00	Eigenkapital	488 000,00
Forderungen a. LL	115 000,00	Verbindlichkeiten	
Bankguthaben	226 000,00	gegenüber Banken	200 000,00
Kasse..................................	11 000,00	Verbindlichkeiten a. LL	84 000,00

Geschäftsfälle:	€
1. **Bankauszug:** Kunde bezahlt fällige Ausgangsrechnung durch Banküberweisung	35 000,00
2. **Eingangsrechnung:** Zielkauf einer Kühlanlage für das Lager	60 000,00
3. **Bankauszug:** Banküberweisung an einen Lieferer für fällige Eingangsrechnung	36 000,00
4. **Bankauszug:** Bareinzahlung auf das Bankkonto	5 000,00
5. **Ausgangsrechnung:** Zielverkauf eines gebrauchten Gabelstaplers	6 000,00
6. **Bankauszug:** Banküberweisung der Tilgungsrate für ein Darlehen	20 000,00

3. Stellen Sie die Eröffnungsbilanz auf. Richten Sie die Bestandskonten ein und übernehmen die Anfangsbestände. Buchen Sie die Buchungssätze auf den Konten bei Angabe der Nummer des Geschäftsfalls und des Gegenkontos.

Anfangsbestände:	€		€
Grundstücke und Gebäude ..	600 000,00	Kasse	13 000,00
Fuhrpark	130 000,00	Eigenkapital......................	694 000,00
Andere Anlagen, BuG	90 000,00	Darlehensschulden...........	312 000,00
Forderungen a. LL	85 000,00	Verbindlichkeiten a. LL	92 000,00
Bankguthaben	180 000,00		

Geschäftsfälle: €
1. **Eingangsrechnung:** Zielkauf eines Gabelstaplers 15 000,00
2. **Bankauszug:** Banküberweisung der Tilgungsrate für ein Darlehen 25 000,00
3. **Bankauszug:** Kunde bezahlte fällige Ausgangsrechnung mit
   Banküberweisung.. 17 000,00
4. **Ausgangsrechnung:** Zielverkauf eines gebrauchten Pkw 9 000,00
5. **Bankauszug:** Einzahlung auf das Bankkonto bar............................ 10 000,00
6. **Vertrag:** Lieferer stundet eine fällige Eingangsrechnung auf
   sechs Jahre... 25 000,00
7. **Vertrag, Bankauszug:** Kauf einer Lagerhalle gegen Banküberweisung 80 000,00
8. **Eingangsrechnung:** Zielkauf eines Pkw.. 38 000,00
9. **Bankauszug:** Banküberweisung an einen Lieferer für fällige
   Eingangsrechnung 13 000,00
10. **Ausgangsrechnung, Quittung:** Barverkauf eines gebrauchten PC 200,00

4. a) Wodurch können Abweichungen der Istbestände lt. Inventur von den Sollbeständen lt. Buchhaltung verursacht werden?
   b) Durch Inventur wurden
   1. ein Kassenmanko (Kassenfehlbetrag) von .... 100,00 €
   2. ein Warenfehlbetrag von .... 2 500,00 €
   festgestellt.
   Nennen Sie Gründe hierfür.

5. Buchen Sie die aus folgendem Kontoauszug der Sommerfeld Bürosysteme GmbH hervorgehenden Geschäftsfälle:

KONTOAUSZUG DEUTSCHE BANK Essen BIC: DEUTDEDEXXX		Sommerfeld Bürosysteme GmbH IBAN DE96 2607 0050 0025 2034 88		Auszug Nr. 125
Buch.-Tag	Wert	Erläuterung/Verwendungszweck		Umsätze
15.06.	15.06.	WOLLUX GmbH, Magdeburg Kd.-Nr. 1832, Re.-Nr. 6453		23 320,00 –
15.06.	15.06.	Raumkultur Peter Nicolai e. K., Kd.-Nr. 24010, Re.-Nr. 1542		12 264,06 +
14.06. Letzter Auszug	15.06. Auszugsdatum	€	377 558,20 H Alter Kontostand	€ 366 502,26 H Neuer Kontostand
Sommerfeld Bürosysteme GmbH, Gladbecker Str. 85 – 91, 45141 Essen				

Hinweis: Einige Kreditinstitute verwenden eine abweichende Darstellung der Buchungen: statt „H" („Haben") und „S" („Soll") wird auf den Kontoauszügen „+" und „–" angegeben.

6. Unten stehende Satzteile sind zu einer richtigen Aussage zu ergänzen, indem Sie einsetzen
   a) das Inventar,   b) die Schlussbilanz,   c) das Schlussbilanzkonto.

   Satzteile:
   1. (?) nimmt die Salden der Bestandskonten beim Jahresabschluss auf.
   2. (?) ist eine Gegenüberstellung von Vermögen und Kapital lt. Inventur.
   3. (?) enthält neben Mengen- auch Wertangaben.

4. (?) ist eine Auflistung aller Vermögensteile und Schulden sowie eine Gegenüberstellung von Vermögen und Schulden.
5. (?) steht im Hauptbuch.
6. (?) wird aus dem Inventar abgeleitet.

7. Welche der folgenden Aussagen treffen

   a) nur auf Aktivkonten,
   b) nur auf Passivkonten,
   c) auf alle Bestandskonten zu?

   Aussagen:
   1. Der Anfangsbestand steht im Soll.
   2. Sie erteilen Auskunft über die Veränderungen des Kapitals des Unternehmens.
   3. Ihr Bestand steht auf der rechten Seite des Schlussbilanzkontos.
   4. Sie erteilen Auskunft über Art, Ursache und Höhe der Veränderung einer Bilanzposition.
   5. Minderungen stehen im Soll.
   6. Ihr Endbestand ist ein Sollsaldo, der im Haben steht.
   7. Mehrungen stehen im Haben.
   8. Sie geben Auskunft über die Verwendung des Kapitals.
   9. Ihr Saldo steht auf der wertmäßig kleineren Seite.
   10. Ihr Anfangsbestand ist gleich dem Endbestand lt. Inventur des Vorjahres.

4.4 Bei der Erfassung von Belegen systematisch vorgehen und Organisationshilfen nutzen

Rudolf Heller hat einen Termin bei Herrn Feld, dem Geschäftsführer der Sommerfeld Bürosysteme GmbH. Herr Feld möchte wissen, was Rudolf bisher bei Frau Nolden in der Finanzbuchhaltung gelernt hat. Rudolf berichtet: „Das Wichtigste war für mich, dass man zunächst einmal die Geschäftsprozesse, die den einzelnen Belegen zugrunde liegen, verstanden hat. Das habe ich und kann jetzt alle möglichen Belege lesen. Außerdem habe ich schon sämtliche Buchungen auf Bestandskonten vorgenommen. Nur mit unserem FiBu-Programm habe ich noch nicht gearbeitet – aber das passiert schon noch." „Das hört sich ja prima an", erwidert Herr Feld. „Bevor Sie aber an den Rechner gehen, machen Sie sich mit dem Kontierungsstempel und unseren Büchern vertraut." Rudolf ist verwirrt. „Stempel? Bücher? Das hört sich ja total veraltet an, was soll das heutzutage noch?"

Arbeitsauftrag

Erläutern Sie mit eigenen Worten, welche Arbeitsschritte zur systematischen Erfassung von Belegen anfallen.

Kontrollieren	Selbstverständlich muss jeder Beleg zunächst auf seine **sachliche** und **rechnerische Korrektheit** überprüft werden. Beispiel: Rudolf kontrolliert die Eingangsrechnung für die Digitalkopierer, indem er die Rechnung mit der vorausgegangenen Bestellung vergleicht. Zufrieden stellt er fest, dass die richtigen Kopierer zum vereinbarten Preis geliefert wurden.
Sortieren	Damit Belege auf keinen Fall doppelt gebucht und sie zudem rasch gefunden werden können, erhalten sie eine **Bezeichnung** der Belegart (ER, AR, BA, KB etc.) und werden **sortiert** sowie fortlaufend **nummeriert**.
Nummerieren	Beispiel: Rudolf schreibt auf die Eingangsrechnung für die Digitalkopierer „ER 0009", da es sich um die neunte Eingangsrechnung in diesem Jahr handelt.
Vorkontieren	Schließlich erhält jeder Beleg einen **Kontierungsstempel** (Buchungsstempel). Hier wird der Buchungssatz sachlich richtig vermerkt, sodass die weitere Bearbeitung des Beleges nur noch Routinearbeit darstellt:
Buchen	– In **zeitlicher Reihenfolge** im **Grundbuch** – Nach **sachlichen Gesichtspunkten** auf den **Sachkonten** im Hauptbuch.
Ablegen	**Belege** und **Handelsbriefe** werden in einer strukturierten Registratur abgelegt, sodass ein schnelles Auffinden während der Aufbewahrungsfristen möglich ist.
Aufbewahren	**Buchungsbelege** wie Eingangs- und Ausgangsrechnungen, Quittungen, Bankbelege, Verträge usw. sind wie **Buchführungsbücher** (siehe unten) **zehn Jahre** aufzubewahren. Handelsbriefe, die für die Erklärung von Belegzusammenhängen notwendig sind, müssen **sechs Jahre** aufbewahrt werden.

Konto	Soll	Haben
Gebucht:		

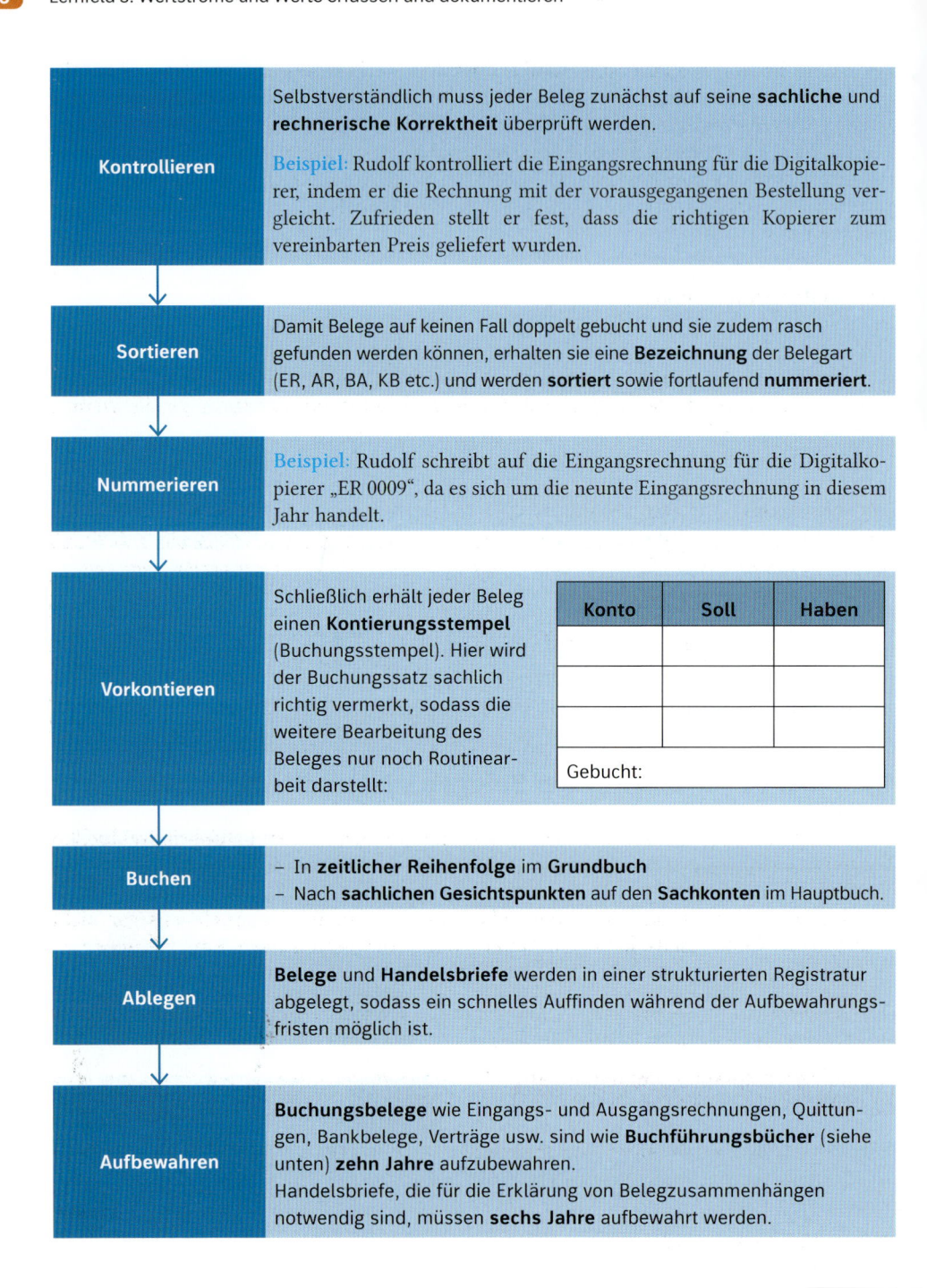

Kontenrahmen

Ein wichtiges Ordnungsinstrument zur Einrichtung der Konten in einem Unternehmen ist der **Kontenrahmen**. Die **Übersichtlichkeit** der Buchführung wird dadurch erheblich gesteigert. Dazu gibt der Kontenrahmen eine **Übersicht sämtlicher Konten** der

Finanzbuchhaltung, **benennt diese** und **ordnet** ihnen neben einer **namentlichen Bezeichnung** auch **Kontennummern** zu. Dadurch ist gewährleistet, dass die Finanzbuchführung zwischen einzelnen Unternehmen **vergleichbar** bleibt und sich alle Leser und Anwender zügig in den Kontenbezeichnungen **zurechtfinden**. Auch die Nutzung EDV-gesteuerter **Finanzbuchhaltungsprogramme** ist immer am Kontenrahmen angelehnt, weil die Programme nur dann funktionieren, wenn den jeweiligen Konten auch Kontennummern hinzugefügt werden.

Aufbau des Kontenrahmens
Der Kontenrahmen ist nach dem **Zehnersystem** aufgebaut. Auf Basis der zehn Ziffern von null bis neun wurden insgesamt **zehn Kontenklassen** eingerichtet. Jede Kontenklasse wird in **zehn Kontengruppen** eingeteilt und jede Kontengruppe kann **zehn Kontenarten** aufnehmen, die im Bedarfsfall in **zehn** weitere **Kontenunterarten** aufgeteilt werden können.

Beispiel:

Zuordnung einer Kontennummer für das Konto Andere Anlagen, BuG				
1. Stelle	0		Kontenklasse	Immaterielle Vermögensgegenstände und Sachanlagen
+ 2. Stelle	0	8	Kontengruppe	Andere Anlagen, Betriebs- und Geschäftsausstattung
+ 3. Stelle	0	8	6	Kontenart	Büromaschinen, Organisationsmittel und Kommunikationsanlagen (BuG)

Kontenplan
Auf der Basis des Kontenrahmens legt jedes Unternehmen seinen **betriebsindividuellen Kontenplan** fest. Je nach **Branche**, den spezifischen **Informationsbedürfnissen**, der **Größe** und **Unternehmensstruktur** können dabei Kontengruppen oder Kontenarten, die im Kontenrahmen vorgesehen sind, im Kontenplan des betreffenden Unternehmens gar nicht vorkommen. Andererseits kann ein Unternehmen die bestehenden Kontengruppen in mehrere Kontenarten unterteilen, um detailliertere Informationen zu erhalten.

Der Kontenplan enthält nur die Konten, die in der Finanzbuchhaltung eines bestimmten Unternehmens tatsächlich erforderlich sind.

Kontenrahmen → **Kontenplan eines speziellen Unternehmens**

Beispiel: Auszug aus dem Kontenplan der Sommerfeld Bürosysteme GmbH

05	Grundstücke, grundstücksgleiche Rechte und Bauten einschließlich der Bauten auf fremden Grundstücken
0500	Unbebaute Grundstücke
0510	Bebaute Grundstücke
0550	Andere Bauten

Mithilfe des Buchungssatzes und der Kontennummern aus dem Kontenplan führt ein ausgebildeter Buchhalter die Vorkontierung durch und gewährleistet dadurch eine einheitliche Erfassung der Belege **(Vergleichbarkeit)**.

Beispiel: Rudolf Heller führt die Vorkontierung auf der Eingangsrechnung (ER 00025) durch.

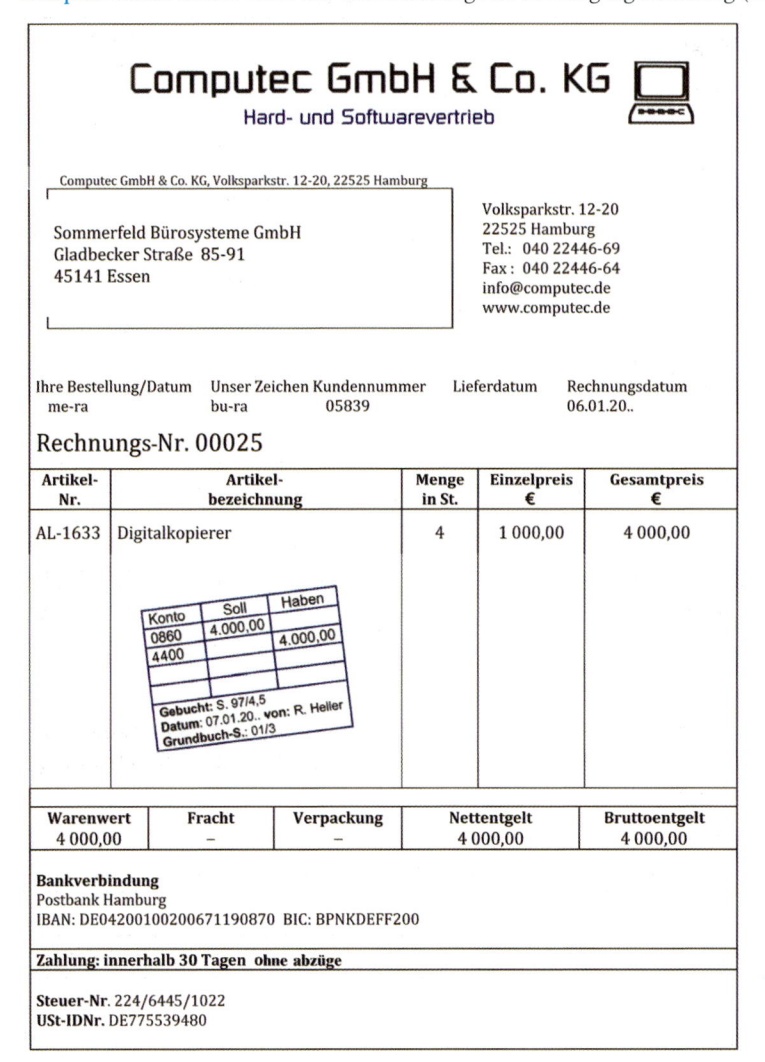

Computec GmbH & Co. KG
Hard- und Softwarevertrieb

Computec GmbH & Co. KG, Volksparkstr. 12-20, 22525 Hamburg

Sommerfeld Bürosysteme GmbH
Gladbecker Straße 85-91
45141 Essen

Volksparkstr. 12-20
22525 Hamburg
Tel.: 040 22446-69
Fax: 040 22446-64
info@computec.de
www.computec.de

Ihre Bestellung/Datum	Unser Zeichen	Kundennummer	Lieferdatum	Rechnungsdatum
me-ra	bu-ra	05839		06.01.20..

Rechnungs-Nr. 00025

Artikel-Nr.	Artikel-bezeichnung	Menge in St.	Einzelpreis €	Gesamtpreis €
AL-1633	Digitalkopierer	4	1 000,00	4 000,00

Konto	Soll	Haben
0860	4.000,00	
4400		4.000,00

Gebucht: S. 97/4,5
Datum: 07.01.20.. von: R. Heller
Grundbuch-S.: 01/3

Warenwert	Fracht	Verpackung	Nettentgelt	Bruttoentgelt
4 000,00	–	–	4 000,00	4 000,00

Bankverbindung
Postbank Hamburg
IBAN: DE04200100200671190870 BIC: BPNKDEFF200

Zahlung: innerhalb 30 Tagen ohne abzüge

Steuer-Nr. 224/6445/1022
USt-IDNr. DE775539480

Systematische Aufzeichnung der Geschäftsfälle im Grund- und Hauptbuch (Systembücher)

Sind die Belege vorkontiert, kann im Grund- und Hauptbuch gebucht werden. Diese beiden Bücher sind nach unterschiedlichen **Prinzipien** aufgebaut:

Grundbuch
Im Grundbuch, auch **Journal** genannt, werden alle Buchungssätze in zeitlicher **Reihenfolge (chronologische Ordnung)** festgehalten. Daneben werden zur besseren Kontrolle und Übersicht Buchungsdatum, Buchungstext, Kontierung und Buchungsbetrag erfasst.

Beispiel: Siehe Handlungssituation des Kapitels 4.1, S. 276 ff.

Sommerfeld Bürosysteme GmbH

Grundbuch 20.. (Auszug) — Seite 1

Lfd. Nr.1	Buchungs-datum	Beleg	Buchungstext	Soll	Haben
1	04.01.20..	ER 0017	0720 Anlagen und Maschinen an 2800 Bankguthaben	50 000,00	50 000,00
2	06.01.20..	Vertrags-kopie	4400 Verb. a. LL an 4250 Langfristige Bankverbindlichkeiten	12 000,00	12 000,00
3	07.01.29..	ER 00025	0860 BuG an 4400 Verbindlichkeiten a. LL	4 000,00	4 000,00
4	04.02.20..	BA 25	4400 Verb. a. LL an 2800 Bankguthaben	4 000,00	4 000,00

Da in diesem Buch alle Geschäftsfälle fortlaufend und lückenlos gebucht werden, bildet es die Grundlage bei **Prüfungen** durch die Behörden (z. B. Finanzamt). Gleichzeitig ist das Grundbuch die Basis für die Buchung der Geschäftsfälle auf den Konten.

Hauptbuch

Um einen Überblick über die Veränderungen der einzelnen Vermögens- und Kapitalposten zu haben, werden alle Geschäftsfälle auf den Konten gebucht (**sachliche Ordnung**). Die Konten befinden sich im Hauptbuch.

Beispiel: siehe Handlungssituation des Kapitels 4.1, S. 276 ff.

Sommerfeld Bürosysteme GmbH

Hauptbuch 20.. (Auszug) — Seite 1

S	0720 Techn. Anlagen und Maschinen	H
AB	3 560 000,00	
(1) 2800	50 000,00	

S	4250 Verbindlichkeiten gegenüber Kreditinstituten (Darlehensschulden)	H
	AB	3 994 650,00
	(2) 4400	12 000,00

S	0860 Andere Anlagen, BuG	H
AB	670 000,00	
(3) 4400	4 000,00	

S	4400 Verb. a. LL	H
(2) 4250	12 000,00	AB 1 625 350,00
(4) 2800	4 000,00	(3) 0860 4 000,00

S	2800 Bankguthaben	H
AB	761 500,00	(1) 0720 50 000,00
		(4) 4400 4 000,00

Bestimmte Konten des Hauptbuches müssen besonders genau betrachtet werden. So ist für ein professionell geführtes Unternehmen undenkbar, dass z. B. die Geschäftsbeziehungen und Zahlungsverpflichtungen zu Lieferern und Kunden lediglich auf den Konten Verbindlichkeiten a. LL und Forderungen a. LL gesammelt werden. Zur Beobachtung des Geschäftsverkehrs mit den einzelnen Kunden und Lieferern bedient man sich der **Nebenbücher**, der **Debitoren-** und **Kreditorenkonten**.

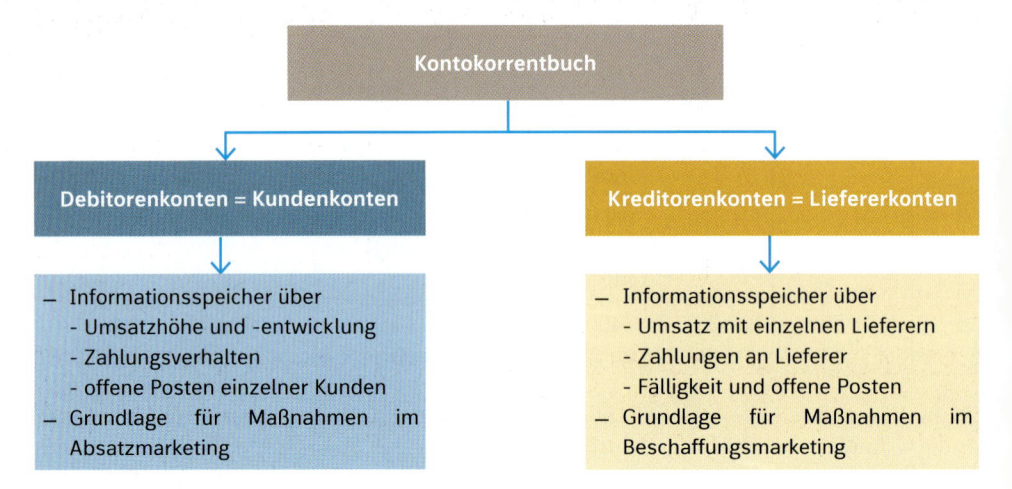

Kontokorrentbuch

Debitorenkonten = Kundenkonten
- Informationsspeicher über
  - Umsatzhöhe und -entwicklung
  - Zahlungsverhalten
  - offene Posten einzelner Kunden
- Grundlage für Maßnahmen im Absatzmarketing

Kreditorenkonten = Liefererkonten
- Informationsspeicher über
  - Umsatz mit einzelnen Lieferern
  - Zahlungen an Lieferer
  - Fälligkeit und offene Posten
- Grundlage für Maßnahmen im Beschaffungsmarketing

Beispiel: Das Kontokorrentbuch der Sommerfeld Bürosysteme GmbH erfasst den Geschäftsverkehr mit jedem einzelnen Kunden (Debitor) und Lieferer (Kreditor).

D 24003 Bürofachhandel Karl Schneider GmbH, Brunostraße 45, 45889 Gelsenkirchen				
Datum	Beleg	Text	Soll	Haben
02.01.		Saldovortrag: AR 4002 und AR 4014	278 400,00	
28.02.	AR 0560	Zielverkauf von Erzeugnissen	464 000,00	
17.03.	BA 0066	Überweisung von AR 4002 und AR 4014		278 400,00
28.06.	AR 1678	Zielverkauf von Erzeugnissen	1 015 000,00	
29.06.	BA 0131	Überweisung von AR 0560		464 000,00
06.09.	AR 2296	Zielverkauf von Erzeugnissen	1 531 200,00	
10.09.	BA 0183	Überweisung von AR 1678		1 015 000,00
12.12.	BA 0251	Überweisung von AR 2296, Teilzahlung		800 000,00
13.12.	AR 3201	Zielverkauf von Erzeugnissen	1 281 800,00	
31.12.		Saldo: AR 2296 und AR 3201		2 013 000,00
			4 570 400,00	4 570 400,00
02.01.		Saldovortrag: AR 2296 und AR 3201	2 013 000,00	

4 Geschäftsprozesse anhand von Belegen auf Bestandskonten buchen

Zusammenfassung

Bei der Erfassung von Belegen systematisch vorgehen und Organisationshilfen nutzen

- Belege (ER, AR, BA, KB etc.) sortieren, nummerieren, vorkontieren

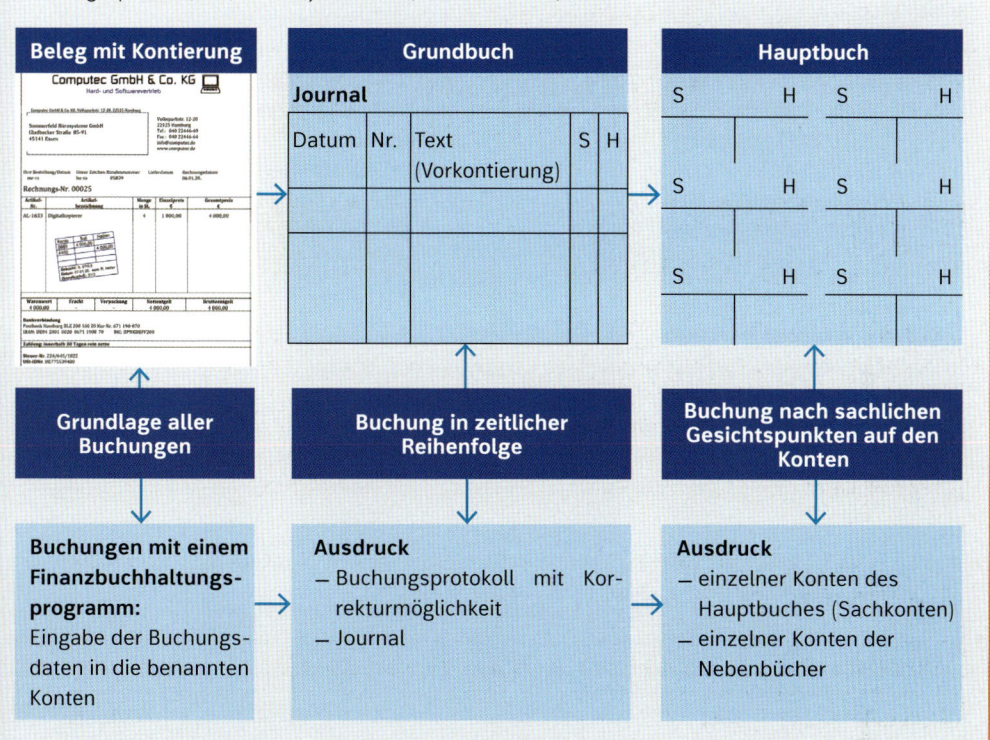

Beleg mit Kontierung	Grundbuch	Hauptbuch
(Rechnung Computec GmbH & Co. KG)	Journal: Datum, Nr., Text (Vorkontierung), S, H	T-Konten (S/H)
Grundlage aller Buchungen	**Buchung in zeitlicher Reihenfolge**	**Buchung nach sachlichen Gesichtspunkten auf den Konten**
Buchungen mit einem Finanzbuchhaltungsprogramm: Eingabe der Buchungsdaten in die benannten Konten	**Ausdruck** – Buchungsprotokoll mit Korrekturmöglichkeit – Journal	**Ausdruck** – einzelner Konten des Hauptbuches (Sachkonten) – einzelner Konten der Nebenbücher

- Ein wesentliches Ordnungsinstrument der Buchhaltung ist der Kontenplan eines Industrieunternehmens. Dieser wird auf der Grundlage des Industriekontenrahmens (IKR) erstellt.

- Nebenbücher erläutern durch umfassende Einzelaufzeichnungen die Buchungen auf bestimmten Sachkonten des Hauptbuches.

Aufgaben

1. Welche Geschäftsfälle liegen folgenden Buchungssätzen zugrunde?

1. 0840 Fuhrpark	an 4400 Verbindlichkeiten a. LL
2. 2880 Kasse	an 2800 Bankguthaben
3. 2800 Bankguthaben	an 2400 Forderungen a. LL
4. 4400 Verbindlichkeiten a. LL	an 2800 Bankguthaben
5. 4250 Langfristige Darlehen	an 2800 Bankguthaben
6. 2800 Bankguthaben	an 2880 Kasse
7. 0860 BuG	an 2800 Bankguthaben
8. 2800 Bankguthaben	an 0500 Unbebaute Grundstücke
9. 2800 Bankguthaben	an 4200 Kurzfristige Darlehen

2. Richten Sie ein Grundbuch nach dem Beispiel auf S. 309 ein und erfassen Sie dann folgende Geschäftsfälle:

   €

   1. **ER 250** vom **25.07.**: Einkauf eines Computers auf Ziel 1 800,00
   2. **BA 110** vom **27.07.**.: Ausgleich der AR 406 .... 8 000,00
   3. **ER 251** vom **28.07.**: Kauf eines Lkw auf Ziel 100 000,00
   4. **BA 111** vom **30.07.**: Tilgungsrate eines aufgenommenen Darlehens 15 000,00
   5. **BA 112** vom **03.08.**: Ausgleich der ER 251 (Geschäftsfall 3) 100 000,00
   6. **AR 507**
      BA 113 vom **07.08.**: Verkauf eines gebrauchten Pkw gegen Bankscheck 7 500,00
   7. **ER 252**
      BA 114 vom **09.08.**: Kauf eines Regals für das Personalbüro gegen
               girocard 1 200,00
   8. **BA 115** vom **10.08.**: Ausgleich der ER 250 (Geschäftsfall 1) 1 800,00

3. Auf dem Konto „2800 Bankguthaben", das im Hauptbuch geführt wird, wurden folgende Geschäftsfälle erfasst:

S	2800 Bankguthaben		
AB	270 000,00	(2) 4250 Darlehensschulden	5 000,00
(1) 0840 Fuhrpark	10 000,00	(3) 4400 Verbindlichkeiten a. LL	9 200,00
(4) Forderungen a. LL	8 100,00	(5) BuG	2 800,00
(6) 2880 Kasse	2 500,00	Endbestand (Saldo)	273 600,00
	290 600,00		290 600,00

4. Buchen Sie den auf der folgenden Seite abgebildeten Beleg

   a) im Grundbuch
   b) im Konto 2800 Bank des Hauptbuches.

KONTOAUSZUG	Sommerfeld Bürosysteme GmbH	
DEUTSCHE BANK Essen	IBAN DE96 2607 0050 0025 2034 88	
BIC: DEUTDEDEXXX		Auszug Nr. 127

Buch.-Tag	Wert	Erläuterung/Verwendungszweck	Umsätze
17.06.	17.06.	LATEX GmbH, Kd.-Nr. 7463, Re.-Nr. 1452	15 400,00 –
17.06.	17.06.	Deutsche Versicherung AG., Kd.-Nr. 24001, Re.-Nr. 17458	10 200,00 +

| 16.06. Letzter Auszug | 17.06. Auszugsdatum | € | 382 758,20 H Alter Kontostand | € | 377 558,20 H Neuer Kontostand |

Sommerfeld Bürosysteme GmbH, Gladbecker Str. 85 – 91, 45141 Essen

5. Bilden Sie die Buchungssätze mithilfe des Kontenrahmens.

Geschäftsfälle
1. Bareinkauf einer Schreibtischlampe für das Personalbüro, ER 84 300,00
2. Barabhebung vom Bankkonto, BA 120 600,00
3. Ein Kunde begleicht AR 102 durch Banküberweisung, BA 121 350,00
4. Kauf eines Schreibtisches für die Buchhaltung gegen Überweisung, ER 85, BA 122 .... 2 760,00
5. Einkauf eines Regals für das Büro auf Ziel, ER 86 830,00
6. Tilgung einer Darlehensschuld durch Banküberweisung, BA 123 900,00
7. Ausgleich der Liefererrechnung ER 36 durch Banküberweisung, BA 123 850,00
8. Einkauf eines Monitors für die Buchhaltung mit girocard, ER 87 560,00
9. Aufnahme eines Darlehens, das auf das Bankkonto bereitgestellt wird, BA 124 .... 1 500,00
10. Zahlung an einen Lieferer für ER 78 durch Banküberweisung, BA 125 950,00
11. Bareinzahlung auf das Postbankkonto, BA 126 800,00
12. Verkauf eines gebrauchten Pkw bar, AR 139 450,00
13. Kauf einer Kühltruhe für die Kantine auf Ziel, ER 88 .... 5 500,00
14. Einkauf eines Drehstuhls für das Büro, ER 89 950,00
    bar 200,00
    auf Ziel 750,00
15. Ausgleich der Liefererrechnung, ER 77 .... 1 200,00
    bar 180,00
    durch Banküberweisung, BA 127 .... 1 020,00

16.	Ausgleich der AR 127	780,00
	bar 80,00	
	durch Banküberweisung, BA 128 700,00	
17.	Einkauf eines Personalcomputers für die Buchhaltung, ER 90	
	bar 2 430,00	
18.	Bareinzahlung auf das Geschäftskonto...	7 500,00
19.	Ein Kunde begleicht eine AR bar..	600,00
20.	Kauf eines Grundstücks durch Banküberweisung...........................	250 000,00

6. Stellen Sie die Eröffnungsbilanz auf. Tragen Sie die laufenden Buchungen im Grundbuch ein. Buchen Sie die Geschäftsfälle auf Konten im Hauptbuch. Führen Sie den Abschluss der Konten im Grund- und im Hauptbuch durch.

Anfangsbestände

		€			€
1600	Darlehensforderungen	50 000,00	2800	Bankguthaben	257 800,00
0510	Bebaute Grundstücke	730 000,00	2880	Kasse	5 100,00
0720	Tech. Anl., Maschinen	100 000,00	3000	Eigenkapital	1 325 500,00
0840	Fuhrpark	885 000,00	4250	Verbindlichkeiten	
0860	Andere Anlagen, BuG	75 000,00		gegenüber	
2400	Forderungen a. LL	122 600,00		Kreditinstituten	
				(Darlehensschulden)	650 000,00
			4400	Verbindlichkeiten a. LL	250 000,00

Geschäftsfälle

		€
1.	**Bankauszug, Vertrag:** Aufnahme eines Darlehens bei der Bank	75 000,00
2.	**Bankauszug, Vertrag:** Verkauf eines Grundstücks gegen Banküberweisung	100 000,00
3.	**Bankauszug:** Ausgleich einer fälligen Rechnung durch einen Kunden	36 000,00
4.	**Kassenbeleg:** Kunde bezahlte fällige AR	600,00
5.	**Bankauszug:** Banküberweisung der Tilgungsrate des Darlehensnehmers	20 000,00
6.	**Bankauszug:** Banküberweisung an Lieferer für fällige ER	32 100,00
7.	**Ausgangsrechnung:** Zielverkauf eines gebrauchten Pkw	10 700,00
8.	**Kassenbeleg:** Bareinkauf eines Schreibtisches	950,00
9.	**Ausgangsrechnung:** Verkauf einer gebrauchten Maschine auf Ziel (30 Tage)	14 000,00
10.	**Eingangsrechnung:** Kauf eines Pkw auf Ziel	45 800,00
11.	**Bankauszug:** Zahlungen von Kunden für fällige AR	19 100,00
12.	**Vertrag:** Lieferer stundete fällige Eingangsrechnungen auf acht Jahre	30 000,00
13.	**Bankauszug:** Banküberweisung zur Tilgung einer Darlehensschuld	80 000,00
14.	**Eingangsrechnung, Bankauszug:** Kauf einer Lagertransportanlage gegen	
	a) Banküberweisung (Anzahlung beim Einkauf) 5 000,00	
	b) Zielgewährung von 90 Tagen 8 000,00	13 000,00

5 Geschäftsprozesse anhand von Belegen auf Erfolgskonten buchen

→ 📄 LS 24

5.1 Aufwendungen und Erträge im Leistungsprozess abbilden

Rudolf kommt in Frau Noldens Büro, die dort mit Herrn Bohne aus dem Vertrieb zusammensitzt. Die Stimmung ist ausgesprochen gut, denn vor Kurzem hat die Stadtverwaltung Duisburg die Sommerfeld Bürosysteme GmbH beauftragt, 700 Schultische herzustellen und zu liefern. Frau Nolden erläutert: „Für die Herstellung der 700 Tische benötigen wir unter anderem Tischlerplatten und diese sind heute geliefert worden. Hier ist der Beleg." Rudolf entgegnet: „Die Rechnung kann ich ja dann auf dem Bestandskonto ‚Rohstoffe' buchen." „Das wäre denkbar", antwortet Frau Nolden, „allerdings lagern wir die Platten gar nicht ein, sondern verarbeiten sie direkt in der Produktion."

Arbeitsaufträge

- Klären Sie, ob gelieferte Rohstoffe in Ihrem Ausbildungsbetrieb eingelagert werden.
- Sammeln Sie – neben dem Rohstoffeinsatz – weitere Voraussetzungen, damit der Auftrag ausgeführt werden kann.
- Erläutern Sie den Begriff „Aufwand" mit eigenen Worten.
- Machen Sie Vorschläge, wie Aufwendungen in der Buchhaltung erfasst werden können. Erläutern Sie, wie Aufwendungen in Ihrem Ausbildungsbetrieb erfasst werden.

Aufwendungen erfassen

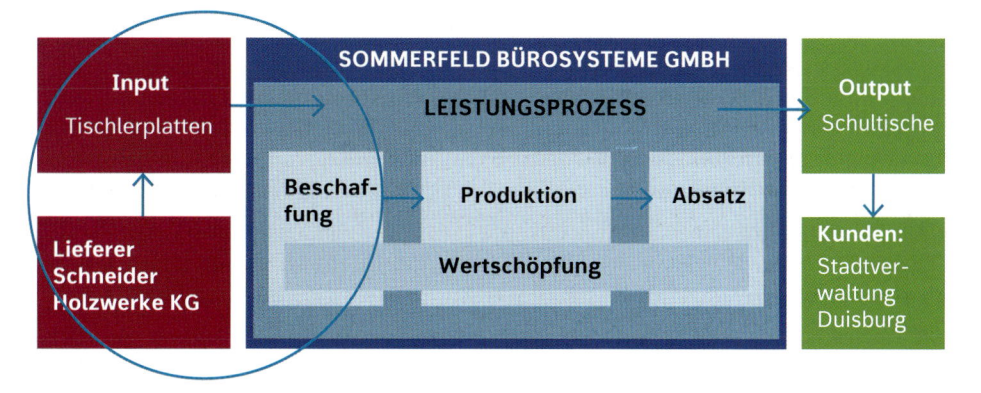

SOMMERFELD BÜROSYSTEME GMBH
LEISTUNGSPROZESS

- Input: Tischlerplatten
- Lieferer: Schneider Holzwerke KG
- Beschaffung → Produktion → Absatz
- Wertschöpfung
- Output: Schultische
- Kunden: Stadtverwaltung Duisburg

Damit ein Unternehmen überhaupt in einen Wertschöpfungsprozess eintreten kann, müssen zunächst Werte in Form von Werkstoffen, Betriebsmitteln, menschlicher Arbeitsleistung usw. eingebracht werden. Man spricht von **betriebswirtschaftlichen Produktionsfaktoren**. Diese müssen dann derart miteinander kombiniert werden, dass konkurrenzfähige und von den Kunden gewünschte Erzeugnisse hergestellt und abgesetzt werden können.

→ LF 6

Die Beschaffung der betriebswirtschaftlichen Produktionsfaktoren verursacht **Ausgaben**. Unterstellt man, dass die Produktionsfaktoren sofort in der Produktion eingesetzt werden (fertigungssynchrone Beschaffung, Just-in-time), findet unmittelbar ein **Werteverzehr** statt, der für die Herstellung von Erzeugnissen zwingend erforderlich ist.

Beispiel: Die 350 gelieferten Tischlerplatten werden sofort für die Herstellung der 700 Schultische in der Produktion eingesetzt. Die Platten werden somit Bestandteil der Schultische. Der für die Herstellung notwendige Werteverzehr beläuft sich für die Tischlerplatten auf 28 000,00 €.

Der Werteverzehr **mindert zunächst das Eigenkapital**. „Zunächst" bedeutet, dass ein Unternehmen bestrebt ist, durch Produktion und Absatz der fertigen Erzeugnisse den Werteverzehr zuzüglich eines Gewinnes zu erwirtschaften. In der Buchführung wird der Werteverzehr als **Aufwand** erfasst.

Beispiel: Für die Produktion der Schultische benötigt die Sommerfeld Bürosysteme GmbH zahlreiche **Roh-**, **Hilfs- und Betriebsstoffe**, das **Fertigungsverfahren** und die **Fertigungsorganisation** müssen angepasst werden (Rüstkosten), Arbeitskräfte und Maschinen werden eingesetzt. Die an den Maschinen arbeitenden Facharbeiter erhalten **Löhne**. Kaufmännische und technische Angestellte in den Abteilungen Beschaffung, Verwaltung und Vertrieb beziehen **Gehälter**. Analysiert man diesen Wertschöpfungsprozess genauer, so entstehen die folgenden typischen Aufwendungen:

- Aufwendungen für Roh-, Hilfs- und Betriebsstoffe
- Wertverlust der eingesetzten Maschinen (vgl. S. 346 ff.)
- Energieaufwendungen
- Aufwendungen für Räume (z. B. Miete)
- Löhne für Facharbeiter
- Gehälter für technische und kaufmännische Angestellte
- Aufwendungen für Kommunikation (Telefon, Büromaterial, Postwertzeichen etc.)

Contas

Aufwendungen auf den Aufwandskonten buchen

Alle Aufwendungen mindern das Eigenkapital eines Unternehmens. Sie könnten somit direkt auf der Sollseite des Eigenkapitalkontos erfasst werden. Um jedoch eine **Übersicht** sowie eine effizientere **Steuerung und Kontrolle** über einzelne Aufwandsarten zu ermöglichen, werden für die betreffenden Aufwendungen **Unterkonten** des Eigenkapitalkontos eingerichtet. Diese nehmen stellvertretend für das Eigenkapitalkonto den jeweiligen Aufwand auf. Im Industriekontenrahmen werden die Aufwendungen in den Kontenklassen 6 (betriebliche Aufwendungen) und 7 (weitere Aufwendungen) erfasst.

Um die Wirtschaftlichkeit eines Unternehmens zu kontrollieren, ist es notwendig, dass die **Entwicklung** der jeweiligen **Aufwandskonten** stets im Blick behalten wird. So kann **Fehlentwicklungen** rechtzeitig begegnet werden, um den Gewinn zu sichern und um Verluste zu vermeiden.

Beispiel: In der Sommerfeld Bürosysteme GmbH sind durch steigende Energiepreise die Aufwendungen für Strom und Gas in den vergangenen Jahren stark gestiegen. Die Geschäftsführung beauftragt daraufhin die Umweltbeauftragte Frau Lauer, Vorschläge zu entwickeln, wie durch ein modernes Energiemanagement die Aufwendungen für Strom und Gas reduziert werden können, ohne dabei den Wertschöpfungsprozess negativ zu beeinträchtigen.

Da Aufwandskonten Unterkonten des passiven Bestandskontos „Eigenkapital" sind, werden Aufwendungen – als **Eigenkapitalminderung** – im **Soll** gebucht.

Aufwandskonten haben **keinen Anfangsbestand**:

S	3000 Eigenkapital	H
		Anfangsbestand
Aufwendungen		Erträge

S	Aufwandskonten	H
Aufwendungen durch den Einsatz von Produktionsfaktoren		

Beispiel: Die Eingangsrechnung für die Tischlerplatten wird wie folgt erfasst, wenn **aufwandsorientiert** gebucht wird (vgl. Kap. 5.1, S. 315).

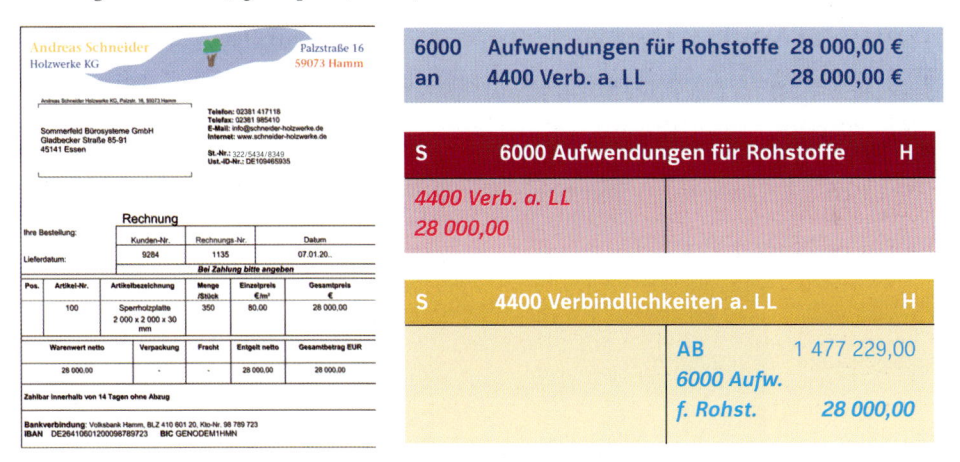

6000	Aufwendungen für Rohstoffe	28 000,00 €
an	4400 Verb. a. LL	28 000,00 €

S	6000 Aufwendungen für Rohstoffe	H
4400 Verb. a. LL 28 000,00		

S	4400 Verbindlichkeiten a. LL	H
	AB	1 477 229,00
	6000 Aufw. f. Rohst.	28 000,00

Erträge erfassen

Als Ergebnis des Wertschöpfungsprozesses verlassen die **fertigen Erzeugnisse** das Unternehmen. Sie werden auf dem Absatzmarkt verkauft und erzielen so Umsatzerlöse. Diese fließen in Form von Forderungen, Banküberweisungen oder Barzahlungen als **Einnahmen** oder schon als Geldzuflüsse (Einzahlungen) in das Unternehmen zurück. Diesen Wertezuwachs bezeichnet man als **Ertrag**. Durch die Erträge wird das **Vermögen** des Unternehmens **erhöht**, ohne dass dieser Vermögenszuwachs mit Fremdkapital finanziert wird. Folglich führen Erträge zu einer **Mehrung** des **Eigenkapitals** und haben damit die entgegengesetzte Wirkung von Aufwendungen.

Beispiel: Die Tische sind produziert, geprüft und fristgerecht an die Stadtverwaltung Duisburg ausgeliefert worden. Der Stadt Duisburg wurde die folgende Rechnung ausgestellt:

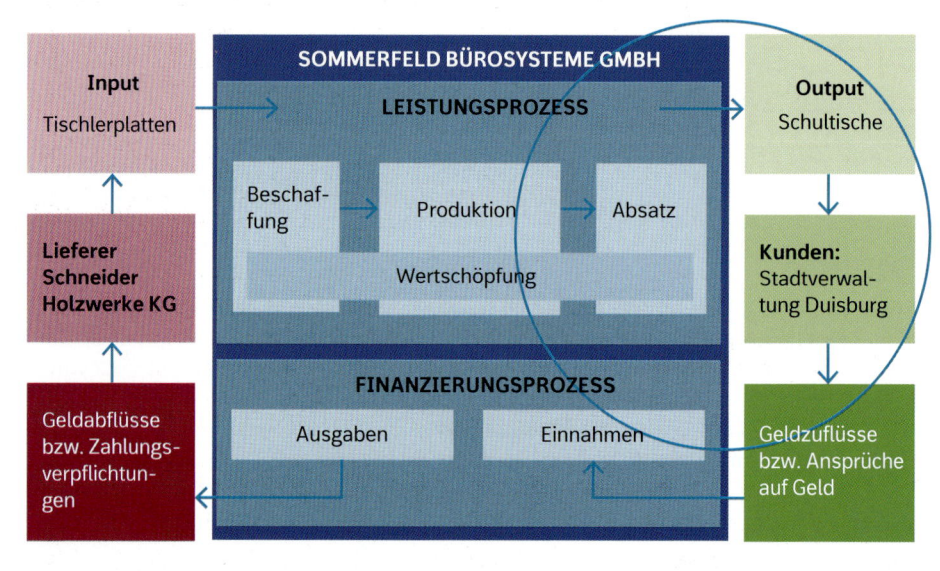

Lernfeld 3: Wertströme und Werte erfassen und dokumentieren

Sommerfeld Bürosysteme GmbH
Ein ökologisch orientiertes Unternehmen mit Zukunft

Sommerfeld Bürosysteme GmbH, Gladbecker Str. 85-91, 45141 Essen

Stadtverwaltung Duisburg
Zentraler Einkauf
Am Buchenbaum 18-22
47051 Duisburg

Anschrift: Gladbecker Str. 85-91
45141 Essen
Telefon: 0201 163456-0
Telefax: 0201 1634589
E-Mail: info@sommerfeld.de
Web: www.sommerfeld.de

RECHNUNG

Ihre Bestellung vom: ..-05-15
Lieferdatum: ..-06-03

Kunden-Nr.	Rechnungs-Nr.	Rechnungstag
24020	00152	30.01.20..
Bei Zahlung bitte angeben		

Pos.	Artikel-Nr.	Artikelbezeichnung	Menge	Einzelpreis €	Gesamtpreis €
1	896	Schultisch Ergo-Standard Contas	700	198,00	138 600,00

Warenwert €	Verpackung €	Fracht €	Entgelt netto €	Gesamtbetrag €
138 600,00			138 600,00	138 600,00

Zahlbar innerhalb 30 Tagen netto

Bankverbindungen:
Deutsche Bank Essen   IBAN DE96360700500025203488   BIC DEUTDEDEXXX

Postbank Dortmund   IBAN DE81440100460286778341   BIC PNBKDEFF440

Steuer-Nr.: 110/1202/0189   USt-ID-Nr.: DE129666846

SOMMERFELD BÜROSYSTEME GMBH

LEISTUNGSPROZESS

Input: Tischlerplatten → Beschaffung → Produktion → Absatz → Output: Schultische

Wertschöpfung

Lieferer Schneider Holzwerke KG

Kunden: Stadtverwaltung Duisburg

FINANZIERUNGSPROZESS

Ausgaben   Einnahmen

Geldabflüsse bzw. Zahlungsverpflichtungen

Geldzuflüsse bzw. Ansprüche auf Geld

In einem Industrieunternehmen können unter anderem die folgenden typischen Erträge anfallen:
- Umsatzerlöse für eigene Erzeugnisse oder Handelswaren
- Erhöhung des Bestandes an fertigen und unfertigen Erzeugnissen (siehe S. 365 ff.)
- Mieterträge
- Zinserträge
- Provisionserträge (z. B. für vermittelte Verkäufe)

Sind die Erträge größer als die Aufwendungen, erwirtschaftet ein Unternehmen **Gewinn**.

Erträge auf den Ertragskonten buchen

Alle Erträge erhöhen das Eigenkapital eines Unternehmens. Ähnlich wie bei den Aufwandskonten werden für die betreffenden Ertragsarten **Unterkonten** des **Eigenkapitalkontos** eingerichtet. Diese nehmen stellvertretend für das Eigenkapitalkonto den jeweiligen Ertrag auf. Im Industriekontenrahmen sind die **Erträge** der **Kontenklasse** 5 zugeordnet.

Auch für die **Buchung der Erträge** als Eigenkapitalmehrung auf den verschiedenen Ertragskonten gelten die gleichen **Buchungsregeln wie für passive Bestandskonten**:

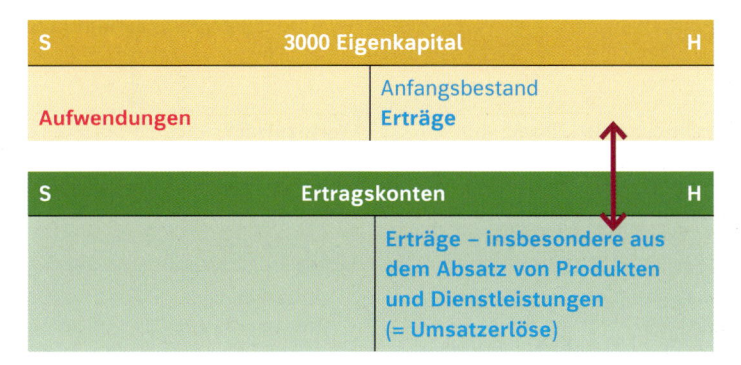

S	3000 Eigenkapital		H
		Anfangsbestand	
Aufwendungen		Erträge	

S	Ertragskonten		H
		Erträge – insbesondere aus dem Absatz von Produkten und Dienstleistungen (= Umsatzerlöse)	

Beispiel: Frau Nolden schaut Rudolf bei der Buchung des Beleges über die Schulter. Im Kontenplan der Sommerfeld Bürosysteme GmbH hat Daniela das **Konto 5000 Umsatzerlöse für eigene Erzeugnisse** gefunden. Sie nummeriert den Beleg und versieht ihn mit einem Kontierungsstempel. Abschließend bucht sie den Beleg im Finanzbuchhaltungsprogramm:

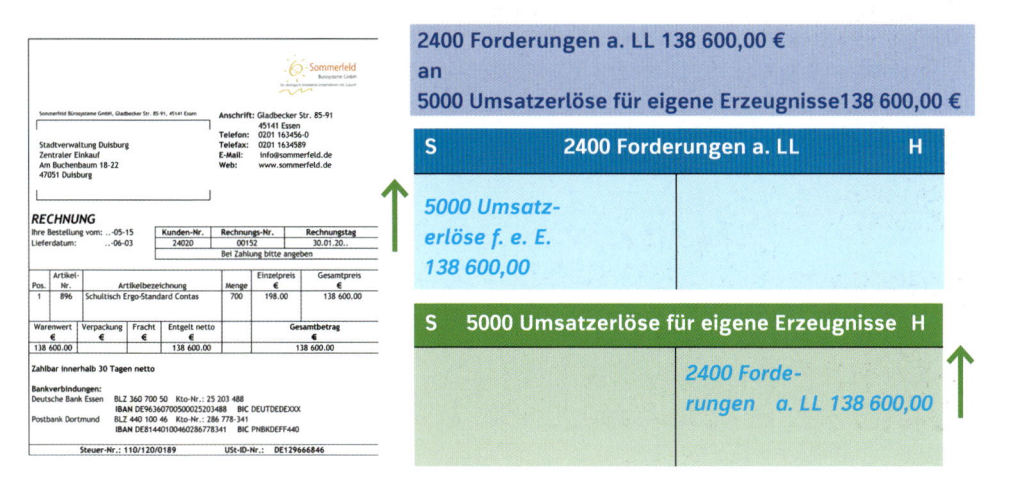

2400 Forderungen a. LL 138 600,00 €
an
5000 Umsatzerlöse für eigene Erzeugnisse 138 600,00 €

S	2400 Forderungen a. LL		H
5000 Umsatzerlöse f. e. E. 138 600,00			

S	5000 Umsatzerlöse für eigene Erzeugnisse		H
		2400 Forderungen a. LL 138 600,00	

Zusammenfassung

Aufwendungen und Erträge im Leistungsprozess abbilden

- *Jedes Industrieunternehmen produziert und verkauft Erzeugnisse.*
- *Der durch den **Verbrauch der Produktionsfaktoren** verursachte Werteverzehr wird als **Aufwand** bezeichnet, der das Eigenkapital der Unternehmung mindert.*
- *Über die **Umsatzerlöse** werden **Erträge** erzielt, die das eingesetzte Eigenkapital vermehren.*
- *Damit die Unternehmensleitung die Ursachen der Eigenkapitalveränderungen erkennt, werden Aufwendungen und Erträge artmäßig getrennt auf **Unterkonten des Eigenkapitalkontos** gebucht **(Erfolgskonten)**.*
- ***Aufwandskonten** erfassen die **Eigenkapitalminderungen**, **Ertragskonten** die **Eigenkapitalmehrungen**.*

Soll	3000 Eigenkapital	Haben
Eigenkapitalminderungen		Anfangsbestand Eigenkapitalmehrungen
↓		↓
Werteverzehr durch den Einsatz von Produktionsfaktoren vom Beschaffungsmarkt		**Wertezuwachs** durch erbrachte Leistungen für den Absatzmarkt

Aufwandsarten	Ertragsarten
• Aufwendungen für Roh-, Hilfs- und Betriebsstoffe • Energie (Strom, Heizung, Benzin) • Fremdinstandsetzung (Reparatur an Maschinen, Fahrzeugen, Gebäuden) • Löhne (Facharbeiter, Lkw-Fahrer) • Gehälter (Büroangestellte, Reisende) • Aufwendungen für Kommunikation (Büromaterial, Postwertzeichen, Telefon, Werbung) • Versicherungsbeiträge • betriebliche Steuern (Gewerbesteuer) • Zinsaufwendungen	• Umsatzerlöse für eigene Erzeugnisse • Umsatzerlöse für Dienstleistungen • Mietverträge • Zinserträge • Provisionserträge (z. B. für vermittelte Verkäufe)

Aufgabe

Konten: 0720 Maschinen, 2000 Rohstoffe, 2400 Forderungen a. LL, 2800 Bankguthaben, 3000 Eigenkapital, 4400 Verbindlichkeiten a. LL, 5000 Umsatzerlöse für eigene Erzeugnisse, 6000 Aufwand für Rohstoffe, 6160 Fremdinstandhaltung, 6200 Lohnaufwand, 6700 Mieten, 6900 Versicherungsbeiträge, 7700 Gewerbesteuer, 8020 Gewinn- und Verlustkonto, 8010 SBK

Anfangsbestände
	€
0720 Maschinen	345 000,00
2400 Forderungen a. LL	27 600,00
4400 Verbindlichkeiten a. LL	55 200,00
2000 Rohstoffe	56 000,00
2800 Bankguthaben	481 000,00
3000 Eigenkapital	854 400,00

Die Produktions- und Absatzmenge des Geschäftsjahres betrug 8 900 Einheiten.

Geschäftsfälle:

1. **Eingangsrechnungen:** Zielkauf von Rohstoffen 213 600,00

2. **Bankauszug:** Überweisungen an
   a) Vermieter wegen gemieteter Betriebsräume 49 840,00
   b) Personal wegen Lohnzahlungen .... 415 096,00 → 464 936,00

3. **Ausgangsrechnungen, Bankauszug:** Verkäufe von fertigen Erzeugnissen
   a) gegen sofortige Zahlung durch Banküberweisung 149 500,00
   b) gegen Zielgewährung von 30 Tagen .... 733 830,00 → 883 330,00

4. **Bankauszug:** Überweisungen von Kunden 575 000,00

5. **Eingangsrechnung:** Zielkauf einer Maschine für die Fertigung 115 000,00

6. **Bankauszug:** Banküberweisungen
   a) Gewerbesteuerzahlung 21 360,00
   b) Versicherungsprämien für Materialbestände .... 10 680,00 → 32 040,00

7. **Bankauszug:**
   a) Reparaturarbeiten wurden sofort mit girocard bezahlt ... 1 424,00
   b) Überweisungen an Lieferer wegen fälliger Rechnungen .... 371 000,00 → 372 424,00

Aufgabenstellung:
a) Richten Sie die oben aufgeführten Konten ein.
b) Eröffnen Sie die Bestandskonten.
c) Buchen Sie die Geschäftsfälle auf den Konten.
d) Berechnen Sie den Aufwand je gefertigtem Erzeugnis.
e) Berechnen Sie den Verkaufspreis je abgesetztem Erzeugnis.

5.2 Das Ergebnis des Leistungsprozesses im Gewinn- und Verlustkonto (GuV) ermitteln

Rudolf Heller unterhält sich mit Yvonne Peters, der Kollegin von Frau Nolden. Frau Peters hatte gestern ein Gespräch mit der Geschäftsführerin der Sommerfeld Bürosysteme GmbH, Frau Farthmann, und erzählt, dass die Stadtverwaltung Duisburg mit der fristgerechten Lieferung und der Qualität der Schultische sehr zufrieden ist. „Und wir können doch auch zufrieden sein", meint Rudolf. „Herr Lage aus der Kosten- und Leistungsrechnung hat mir grob gezeigt, wie man den Auftrag wirtschaftlich beurteilen kann. Demnach hat er sich für uns ja richtig gelohnt." Frau Peters erwidert: „Ja, so muss es auch sein. Und wenn der Kunde auch noch zufrieden ist, ist es optimal gelaufen. Jeder zur Zufriedenheit des Kunden erfüllte Auftrag ist für uns wichtig, denn am Ende entscheidet das darüber, ob wir als Unternehmen insgesamt erfolgreich waren. Schauen Sie mal, ich habe die Daten aus dem Monat Januar hier einmal kurz zusammengefasst."

S	6000 Aufwendungen für Rohstoffe	H
4400 (ER 1–45) 997 500,00		
4400 (ER 46) 28 000,00		
4400 (ER 47–54) 165 500,00		

S	5000 Umsatzerlöse	H
	2400 (AR 1–13)	1 253 500,00
	2400 (AR 14)	138 600,00
	2400 (AR 15–17)	64 400,00

S	6200 Löhne	H
2800 154 000,00		

S	Sonstige Aufwendungen	H
Diverse 108 500,00		

Arbeitsaufträge

- Erläutern Sie die Aussagekraft der dargestellten Konten.
- Ermitteln Sie den Erfolg für den Monat Januar.
- Formulieren Sie einen Vorschlag, wie ein möglicher Gewinn verwendet werden soll.
- Klären Sie die buchhalterische Behandlung des Erfolges.

In einem Industrieunternehmen entstehen sehr viele unterschiedliche **Aufwendungen** und **Erträge**, die auf unterschiedlichen Konten festgehalten werden müssen. So kann festgestellt werden, wie hoch die einzelnen Aufwendungen und Erträge in dem betrachteten Zeitraum waren und wie sie sich im Zeitvergleich entwickelt haben. Zur **Erfolgsermittlung** ist die Betrachtung der einzelnen Konten jedoch zu unübersichtlich und daher unbrauchbar. Daher werden sämtliche Aufwendungen und Erträge auf einem Sammelkonto, dem GuV-Konto, gegenübergestellt, sodass sehr rasch ermittelt werden kann, ob ein Gewinn oder Verlust entstanden ist.

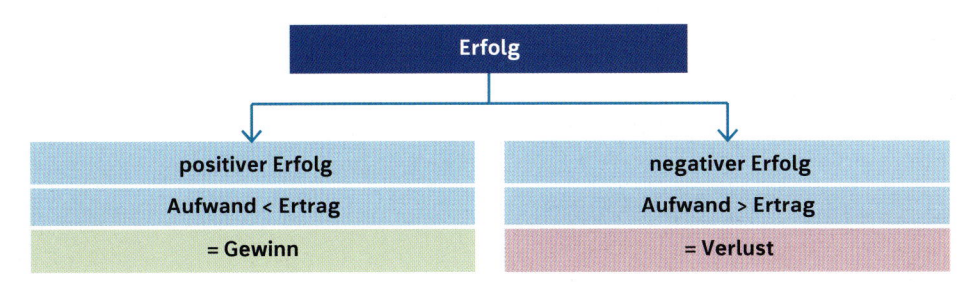

```
                    Erfolg
            ┌─────────┴─────────┐
      positiver Erfolg      negativer Erfolg
      Aufwand < Ertrag      Aufwand > Ertrag
         = Gewinn              = Verlust
```

PRAXISTIPP!

Es gibt genau zwei Möglichkeiten positiv auf den Gewinn eines Unternehmens einzuwirken: Aufwendungen reduzieren oder Erträge erhöhen.

Aufwendungen → **Gewinn** ← **Erträge**

Gemäß § 242 Abs. 2 HGB muss am Geschäftsjahresende eine **Gewinn- und Verlustrechnung** erstellt werden. Diese bildet zusammen mit der **Bilanz** den **Jahresabschluss** (§ 245 HGB). Die Aufwands- und Ertragskonten werden zu diesem Zweck über das GuV-Konto abgeschlossen. Die Buchungssätze lauten:

8020 GuV	an alle Aufwandskonten
alle Ertragskonten	an 8020 GuV

Nach Abschluss der Aufwands- und Ertragskonten kann der Erfolg ermittelt werden. Dieser ist jedoch nicht nur am Jahresende von Interesse. Die Unternehmensleitung möchte sich jederzeit und bezogen auf unterschiedliche Zeiträume (Quartal, Monat, Woche) informieren können, wie erfolgreich das Unternehmen arbeitet.

→ **LF 4**

Beispiel: Rudolf Heller schließt die von Frau Peters vorgelegten Konten ab und ermittelt den Erfolg für den Monat Januar:

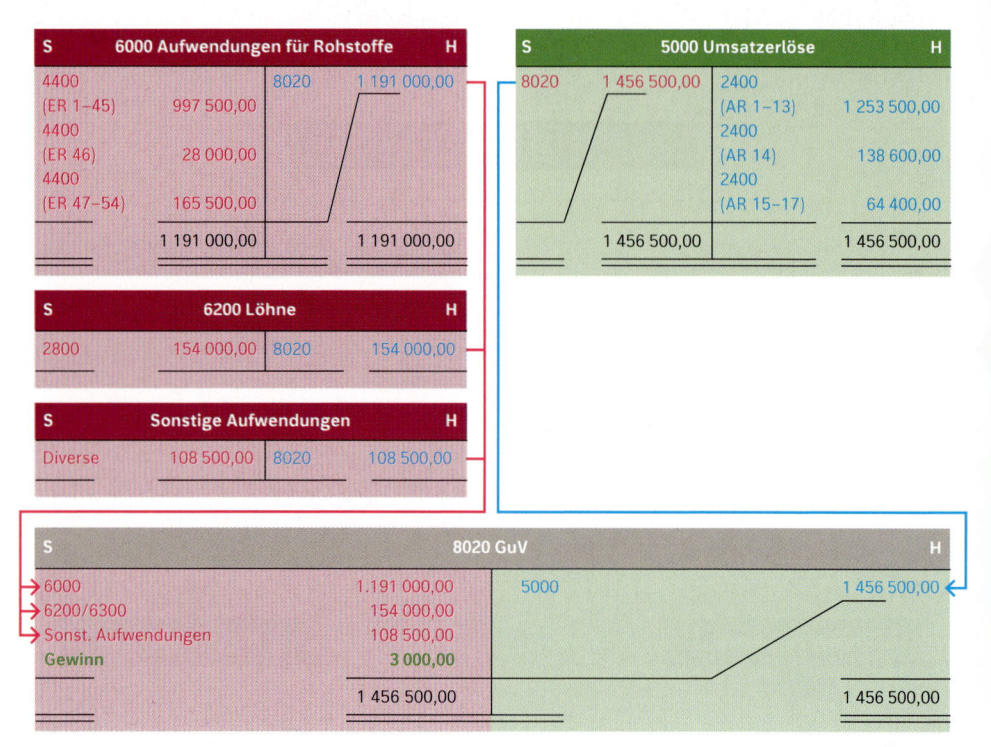

S	6000 Aufwendungen für Rohstoffe		H
4400 (ER 1–45)	997 500,00	8020	1 191 000,00
4400 (ER 46)	28 000,00		
4400 (ER 47–54)	165 500,00		
	1 191 000,00		1 191 000,00

S	5000 Umsatzerlöse		H
8020	1 456 500,00	2400 (AR 1–13)	1 253 500,00
		2400 (AR 14)	138 600,00
		2400 (AR 15–17)	64 400,00
	1 456 500,00		1 456 500,00

S	6200 Löhne		H
2800	154 000,00	8020	154 000,00

S	Sonstige Aufwendungen		H
Diverse	108 500,00	8020	108 500,00

S	8020 GuV		H
→ 6000	1.191 000,00	5000	1 456 500,00
→ 6200/6300	154 000,00		
→ Sonst. Aufwendungen	108 500,00		
Gewinn	3 000,00		
	1 456 500,00		1 456 500,00

Der auf dem GuV-Konto ermittelte Saldo (Gewinn oder Verlust) wird auf das **Eigenkapitalkonto** übertragen, weil den Eigentümern der Gewinn zusteht bzw. diese den Verlust tragen müssen.

Der **Abschlussbuchungssatz** lautet:

bei Gewinn:	8020 GuV	an 3000 Eigenkapital
bei Verlust:	3000 Eigenkapital	an 8020 GuV

Durch den direkten Abschluss des GuV-Kontos über das Konto „Eigenkapital" wird zum Ausdruck gebracht, dass

- ein **Gewinn** dem Eigenkapitalgeber als Entgelt für die unternehmerische Tätigkeit, das eingesetzte Eigenkapital und für das übernommene Unternehmerwagnis zusteht
- ein **Verlust** wegen des übernommenen Wagnisses vom Eigenkapitalgeber zu tragen ist.

Entsprechend erhöht sich das Eigenkapital, wenn ein Gewinn erzielt und vermindert sich, wenn ein Verlust erwirtschaftet wurde.

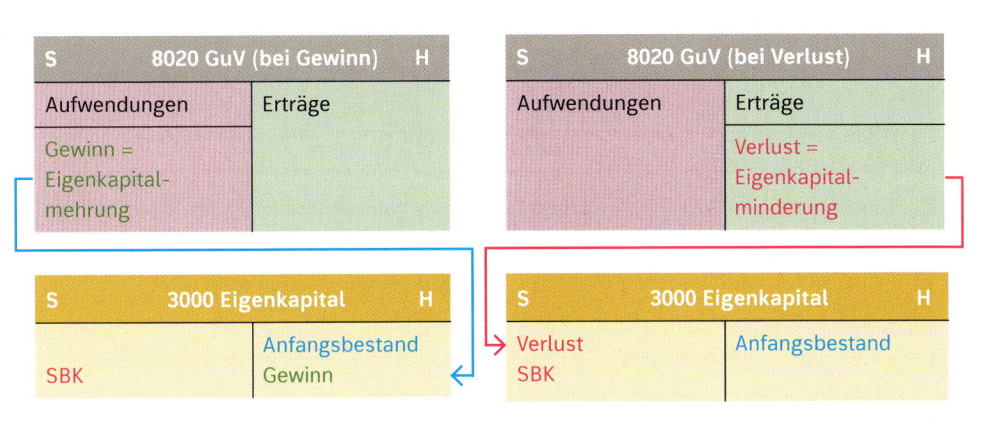

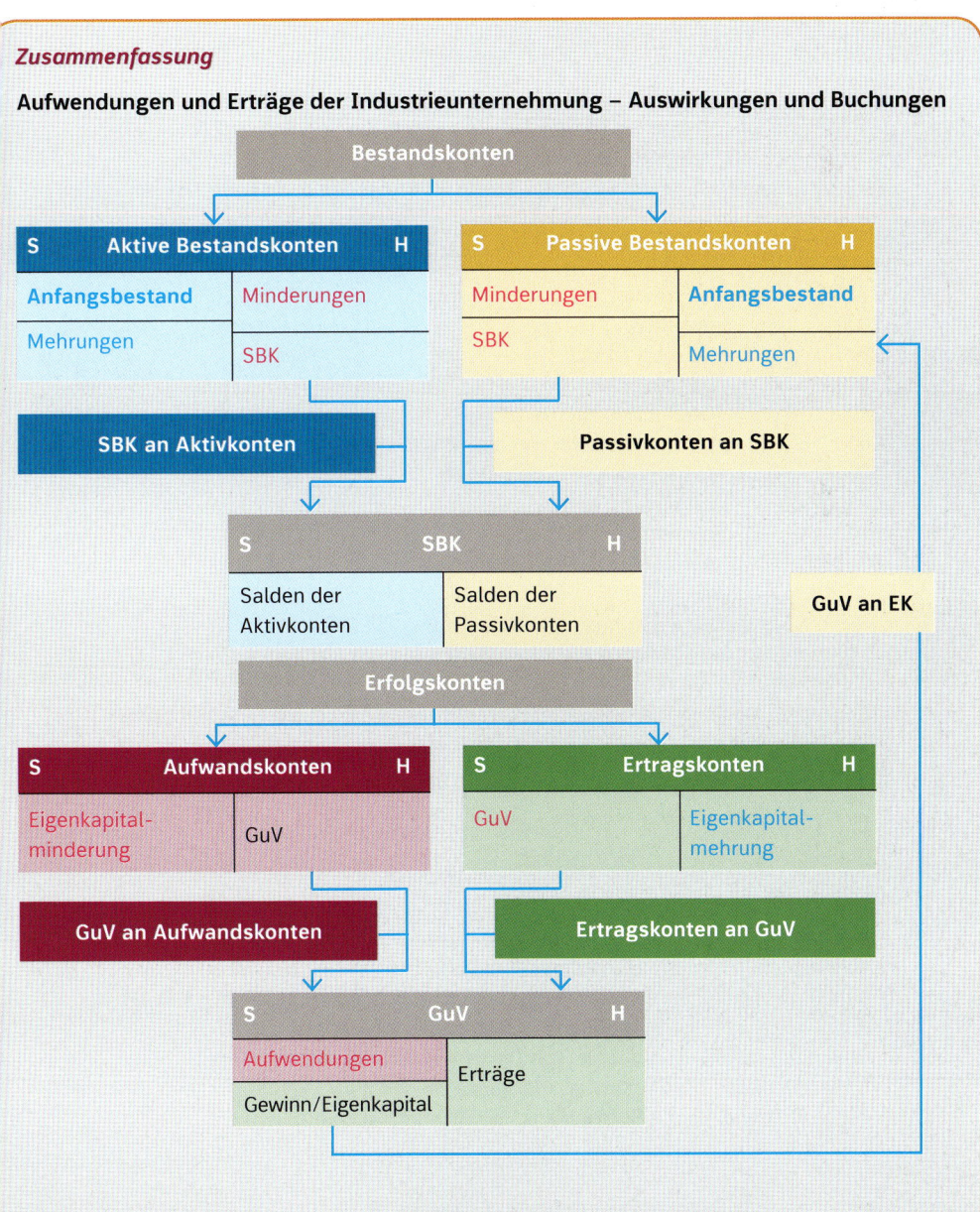

5 Geschäftsprozesse anhand von Belegen auf Erfolgskonten buchen

S	8020 GuV (bei Gewinn)	H
Aufwendungen	Erträge	
Gewinn = Eigenkapitalmehrung		

S	8020 GuV (bei Verlust)	H
Aufwendungen	Erträge	
	Verlust = Eigenkapitalminderung	

S	3000 Eigenkapital	H
	Anfangsbestand	
SBK	Gewinn	

S	3000 Eigenkapital	H
Verlust	Anfangsbestand	
SBK		

Zusammenfassung
Aufwendungen und Erträge der Industrieunternehmung – Auswirkungen und Buchungen

Bestandskonten

S	Aktive Bestandskonten	H
Anfangsbestand	Minderungen	
Mehrungen	SBK	

→ **SBK an Aktivkonten**

S	Passive Bestandskonten	H
Minderungen	Anfangsbestand	
SBK	Mehrungen	

→ **Passivkonten an SBK**

S	SBK	H
Salden der Aktivkonten	Salden der Passivkonten	

GuV an EK

Erfolgskonten

S	Aufwandskonten	H
Eigenkapitalminderung	GuV	

→ **GuV an Aufwandskonten**

S	Ertragskonten	H
GuV	Eigenkapitalmehrung	

→ **Ertragskonten an GuV**

S	GuV	H
Aufwendungen	Erträge	
Gewinn/Eigenkapital		

Das Ergebnis des Leistungsprozesses im Gewinn- und Verlustkonto (GuV-Konto) ermitteln

- Zur Ermittlung des Erfolgs (Gewinn oder Verlust) werden die Aufwands- und Ertragskonten über das GuV-Konto abgeschlossen.
- Der **Saldo** (Gewinn oder Verlust) wird **auf** das **Eigenkapitalkonto** übertragen.
- Die Bezeichnung „Gewinn- und Verlustkonto" erklärt sich, weil ein Habensaldo **(Gewinn)** zum Ausgleich **im Soll** und ein Sollsaldo **(Verlust) im Haben** eingetragen wird.
- Die **Gewinn- und Verlustrechnung** bildet **zusammen mit** der **Bilanz** den **Jahresabschluss**, der vom Kaufmann unter Angabe des Datums zu unterschreiben ist (§§ 242, 245 HGB).

Aufgaben

1. Im Geschäftsjahr fertigte und verkaufte ein Industrieunternehmen 5 400 Einheiten eines Erzeugnisses. Vor Abschluss der Finanzbuchhaltung wiesen die Konten aufgrund der durchgeführten Buchungen im Soll und/oder im Haben folgende Wertsummen aus:

Konten		Soll in €	Haben in €
0720	Maschinen	492 000,00	25 000,00
2000	Rohstoffe	251 000,00	243 000,00
2800	Bankguthaben	1 310 500,00	1 142 000,00
3000	Eigenkapital		506 250,00
4400	Verbindlichkeiten a. LL	575 000,00	590 750,00
5000	Umsatzerlöse für eigene Erzeugnisse		931 500,00
6000	Aufwendungen für Rohstoffe	243 000,00	
6200/6300	Personalaufwand	472 230,00	
6700	Mieten	56 700,00	
6800–6870	Aufwendungen für Kommunikation	38 070,00	

a) Richten Sie die obigen Konten sowie die Konten 8020 GuV und 8010 SBK ein.
b) Übernehmen Sie die angegebenen Summen auf die Sachkonten mit der Bezeichnung „SU" (SU für Summe).
c) Schließen Sie die Konten ab und ermitteln Sie den Erfolg des Geschäftsjahres.
d) Berechnen Sie den Aufwand und den Verkaufspreis je Erzeugnis.

2. Durch welche der unten stehenden Geschäftsfälle wird

(1) ein Aktiv-Tausch   (3) eine Aktiv-Passiv-Mehrung
(2) ein Passiv-Tausch   (4) eine Aktiv-Passiv-Minderung
hervorgerufen?

a) Rohstoffeinkauf auf Ziel (aufwandsorientierte Buchung)
b) Zahlung von Gehältern durch Banküberweisung
c) Banküberweisung an einen Lieferer zum Ausgleich einer fälligen Rechnung
d) Banküberweisung eines Kunden zum Ausgleich einer fälligen Rechnung
e) Unsere Hausbank belastet uns mit Darlehenszinsen
f) Hilfsstoffeinkauf bar (bestandsorientierte Buchung)
g) Rohstoffe gehen in die Fertigung

h) Verkauf von fertigen Erzeugnissen auf Ziel
i) Bareinkauf von Büromaterial
j) Kauf von Heizöl für die Heizungsanlage gegen Banküberweisung
k) Zinsgutschrift der Bank
l) Mieter überwies fällige Miete auf Bankkonto
m) Hilfsstoffe gehen in die Fertigung

3. Welche der folgenden Aussagen treffen zu
   (1) nur auf Aktivkonten,
   (2) nur auf Passivkonten,
   (3) auf alle Bestandskonten,
   (4) nur auf Aufwandskonten,
   (5) nur auf Ertragskonten,
   (6) auf alle Erfolgskonten?

Aussagen:

a) Sie haben keinen Anfangsbestand.
b) Der Saldo steht im Haben und wird auf das GuV-Konto übertragen.
c) Auf diesen Konten werden Eigenkapitalmehrungen gebucht.
d) Der Anfangsbestand steht im Haben.
e) Es sind Unterkonten des Eigenkapitals.
f) Auf diesen Konten werden Eigenkapitalminderungen gebucht.
g) Der Saldo wird auf der Sollseite des SBK eingetragen.
h) Sie erteilen Auskunft über die Vermögensänderungen.
i) Sie haben einen Endbestand.
j) Ihre Salden werden im Haben des GuV-Kontos gesammelt.

5.3 Den Einsatz vorrätiger Werkstoffe im Leistungsprozess erfassen

→ LF 6

Rudolf Heller soll während seines Einsatzes in der Abteilung Rechnungswesen einen Tag in der Produktion aushelfen, da dort ein Mitarbeiter kurzfristig erkrankt ist. Zur Fertigung einer weiteren Serie Schultische wird er von Horst Weselberg in das Lager geschickt, um ein Paket (2 000 Stück) Senkkopfschrauben zu besorgen. Mit dem Paket und einem Materialentnahmeschein kehrt er zurück. Ein in der Produktion beschäftigter Mitarbeiter wartet offenbar bereits auf Rudolf und sagt nur kurz: „Die Schrauben zu mir, den Schein in die Buchhaltung." „Aber Sie müssen vorher abzeichnen!", erwidert Rudolf.

Materialentnahmeschein Hilfsstoffe				Datum: 18.01.20..		
Lager 20-/-4	Teile-Nr. 152	Kostenstelle Schreinerei	Auftrags-Nr. 0048	Bearbeitungsvermerk 18.01.20.. *Müller*		
Menge	Bezeichnung			Einzelpreis €	Gesamtpreis €	Aktueller Bestand
2 000	Senkkopfschrauben 35 mm			0,02	40,00	8 200

> **Arbeitsaufträge**
> - *Erläutern Sie den Beleg.*
> - *Sammeln Sie Gründe, warum die Sommerfeld Bürosysteme GmbH manche Werkstoffe vorrätig hält und nicht zeitnah zu ihrem Verbrauch einkauft.*
> - *Erläutern Sie die Auswirkungen der Materialentnahme auf die Buchführung.*

Bestandsorientierte Erfassung von Werkstoffen

Vielfach kaufen Industrieunternehmen Werkstoffe (Roh-, Hilfs- und Betriebsstoffe) in großen Mengen ein, lagern diese zunächst ein und verbrauchen sie dann nach und nach. Wichtige Gründe für eine solche Vorratshaltung sind:

- ständige Produktionsbereitschaft
- Ausnutzung von Mengenrabatten
- hohe bestellfixe Kosten
- Nutzung von Sonderangeboten
- erwartete Preissteigerungen

Die Zugänge an Roh-, Hilfs- und Betriebsstoffen werden dann zunächst auf Bestandskonten gebucht. Erst wenn die Werkstoffe in die Fertigung gehen, werden sie als Aufwand gebucht. Als Beleg dient ein **Materialentnahmeschein** (vgl. Ausgangssituation).

Beispiel: Bestandsorientierte Buchung beim Einkauf von Hilfsstoffen:

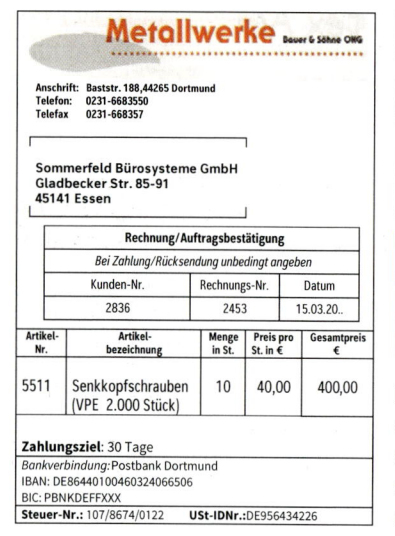

Metallwerke Bauer & Söhne OHG

Anschrift: Baststr. 188, 44265 Dortmund
Telefon: 0231-6683550
Telefax: 0231-668357

Sommerfeld Bürosysteme GmbH
Gladbecker Str. 85-91
45141 Essen

Rechnung/Auftragsbestätigung
Bei Zahlung/Rücksendung unbedingt angeben

Kunden-Nr.	Rechnungs-Nr.	Datum
2836	2453	15.03.20..

Artikel-Nr.	Artikel-bezeichnung	Menge in St.	Preis pro St. in €	Gesamtpreis €
5511	Senkkopfschrauben (VPE 2.000 Stück)	10	40,00	400,00

Zahlungsziel: 30 Tage
Bankverbindung: Postbank Dortmund
IBAN: DE8644010046032406506
BIC: PBNKDEFFXXX
Steuer-Nr.: 107/8674/0122   USt-IDNr.: DE956434226

2020 Hilfsstoffe an 4400 Verb. LL	400,00	400,00

S	2020 Hilfsstoffe	H
AB	400,00	
4400	7 200,00	

S	4400 Verbindlichkeiten a. LL	H
	AB	1 475 747,00
	2020	400,00

Die Senkkopfschrauben werden in großen Mengen eingekauft und eingelagert. Erst bei Bedarf werden sie dem Lager entnommen. Der Einkauf von Hilfsstoffen wird in der Sommerfeld Bürosysteme GmbH demnach bestandsorientiert erfasst.

Beispiel: Buchung des Verbrauchs von Hilfsstoffen laut MES (vgl. Ausgangssituation):

Materialentnahmeschein Hilfsstoffe				Datum: 18.01.20..		
Lager 20-/-4	Teile-Nr. 152	Kostenstelle Schreinerei	Auftrags-Nr. 0048	Bearbeitungsvermerk 18.01.20..		*Müller*
Menge	Bezeichnung			Einzelpreis €	Gesamtpreis €	Aktueller Bestand
2 000	Senkkopfschrauben 35 mm			0,02	40,00	8 200

6020 Hilfsstoffaufwand	an	2020 Hilfsstoffe	40,00	40,00

S	2020 Hilfsstoffe		H
AB	7 200,00	6020	40,00
4400	400,00		

S	6020 Aufwendungen Hilfsstoffe		H
6020	40,00		

Nach Entnahme der Hilfsstoffe ist als Ergebnis der Buchungen auf den Konten ein Verbrauch von Hilfsstoffen und eine Zunahme der Verbindlichkeiten (die vor Ablauf des Zahlungsziels beglichen werden) abzulesen. Dies unterscheidet sich nicht von der aufwandsorientierten Buchung (vgl. Kap. 5.1).

> **PRAXISTIPP!**
>
> In den meisten Unternehmen wird wie bei der Sommerfeld Bürosysteme GmbH der Einkauf von Rohstoffen aufwandsorientiert gebucht, während der Einkauf von Hilfs- und Betriebsstoffen bestandsorientiert gebucht wird, weil diese nur in den seltensten Fällen direkt in der Fertigung (just in time) verbraucht werden.

Zusammenfassung

Bestandsorientierte Buchung	Aufwandsorientierte Buchung
Erfassung im Lager beim Einkauf der Materialien:	Erfassung in der Fertigung beim Einkauf der Materialien:
2000 Rohstoffe an 4400 Verb. LL 2010 Fremdbauteile an 4400 Verb. LL 2020 Hilfsstoffe an 4400 Verb. LL 2030 Betriebsstoffe an 4400 Verb. LL	6000 RS-Aufwand an 4400 Verb. LL 6010 FBT-Aufwand an 4400 Verb. LL 6000 HS-Aufwand an 4400 Verb. LL 6000 BS-Aufwand an 4400 Verb. LL
Erfassung in der Fertigung beim Verbrauch: 6000 RS-Aufwand an 2000 Rohstoffe 6010 FBT-Aufwand an 2010 Fremdbauteile 6000 HS-Aufwand an 2020 Hilfsstoffe 6000 BS-Aufwand an 2030 Betriebsstoffe	

Aufgaben

1. Eine Schulmöbelfabrik produzierte und verkaufte im Geschäftsjahr 20 000 Schultische. Der Einkauf sämtlicher Materialien erfolgt aufwandsorientiert.

Rohstoffe: Tischlerplatten **Betriebsstoffe:** Maschinenöl **Hilfsstoffe:** Lack, Leim, Schrauben

Konten der Möbelfabrik: 0720 Maschinen, 0860 Geschäftsausstattung, 2400 Forderungen a. LL, 2800 Bankguthaben, 2880 Kasse, 3000 Eigenkapital, 4250 Langfristige Darlehensschulden, 4400 Verbindlichkeiten a. LL, 5000 Umsatzerlöse für eigene Erzeugnisse, 6000 Aufwand für Rohstoffe, 6020 Aufwand für Hilfsstoffe, 6030 Aufwendungen für Betriebsstoffe, 6050 Aufwand für Energie, 6200/6300 Löhne/Gehälter, 6700 Mieten, 6870 Werbung, 7700 Gewerbesteuer, 8020 Gewinn- und Verlustkonto, 8010 SBK

Anfangsbestände

	€
0720 Maschinen	650 000,00
0860 Geschäftsausstattung	162 000,00
2400 Forderungen a. LL	184 000,00
2800 Bankguthaben	740 000,00
2880 Kasse	4 100,00
3000 Eigenkapital	1 054 100,00
4250 Langfr. Darlehensschulden	420 000,00
4400 Verbindlichkeiten a. LL	266 000,00

Geschäftsfälle

	€	€
1. **BA:** Banküberweisungen		
a) Lohnzahlung an Arbeiter	375 000,00	
b) Gewerbesteuer an die Stadtkasse	28 400,00	
c) Mieten für gemietete Betriebsgebäude	125 000,00	
d) Tilgungsrate einer Darlehensschuld	30 000,00	558 400,00
2. **ER:** Zieleinkauf einer Brennlackierungsanlage für die Fertigung		60 000,00
3. **ER:** Zieleinkäufe von		
a) Tischlerplatten	328 000,00	
b) Hartlack	18 000,00	346 000,00
4. **KB:** Einkauf von Maschinenöl bar		600,00
5. **ER:** Zieleinkauf von Leim		1 400,00
6. **AR, KB, BA:** Verkauf von Schultischen		
a) bar	1 240,00	
b) gegen Bankscheck	635 000,00	
c) auf Ziel (30 Tage)	910 000,00	1 546 240,00
7. **ER, BA:** Banklastschriften für		
a) Einkauf von Schrauben gegen Banküberweisung	1 500,00	
b) Banküberweisung an Lieferer für fällige ER	85 100,00	86 600,00
8. **KB, BA:** Ausgleich fälliger Ausgangsrechnungen		
a) bar	714,00	
b) mit Banküberweisung	135 660,00	136 374,00
9. **BA:** Banküberweisungen		
a) Strom- und Gasverbrauch	86 200,00	
b) Werbemaßnahmen „Aktion Schultische"	45 000,00	131 200,00

Eröffnen Sie die Konten, buchen Sie die Geschäftsfälle und führen Sie den Abschluss durch.

2. Erläutern Sie zwei Ursachen, die zu einem Sollbestand führen, der geringer ist als der durch körperliche Inventur ermittelte Istbestand, und zwei Ursachen, die zu einem Sollbestand führen, der höher ausfällt als der Istbestand.

3./4. Vor Abschluss der Finanzbuchhaltung weisen die Sachkonten aufgrund durchgeführter Buchungen im Soll und/oder im Haben folgende Summen aus:

Sachkonten		3 Soll €	3 Haben €	4 Soll €	4 Haben €
2000	Rohstoffe	306 120,00		303 540,00	
2020	Hilfsstoffe	156 240,00		52 290,00	
2800	Bankguthaben	1 424 680,00	935 440,00	1 154 660,00	971 810,00
2880	Kasse	44 350,00	37 350,00	32 000,00	30 000,00
3000	Eigenkapital		384 000,00		331 000,00
5000	Umsatzerlöse		943 200,00		716 560,00
6000	Aufwendungen für Rohstoffe				
6020	Aufwendungen für Hilfsstoffe				
6200/6300	Personalaufwand	240 000,00		407 040,00	
6500–7700	Restliche Aufwendungen	128 600,00		99 840,00	
Endbestände lt. Inventur an:					
a) Rohstoffen			45 000,00		88 500,00
b) Hilfsstoffen			17 960,00		6 210,00
Produktions- und Absatzmenge in Stück:		2 400		9 600	

Aufgabenstellung zu Aufgaben 3 und 4:
a) Richten Sie die Konten mit den Beträgen ein. Schließen Sie dann die Sachkonten unter Berücksichtigung der Endbestände lt. Inventur ab, ermitteln Sie den Erfolg auf dem Gewinn- und Verlustkonto und erstellen Sie das Schlussbilanzkonto.
b) Berechnen Sie den Aufwand, der durch die Produktion einer Einheit entstanden ist.
c) Berechnen Sie den Verkaufspreis, der auf dem Absatzmarkt erzielt werden konnte.

5. Erläutern Sie die folgenden Belege und nehmen Sie die Vorkontierung vor.

Fertigungsmaterialentnahmeschein				Kostenstelle Sägerei			Kostenart FM: Sperrholz	
Materialbezeichnung: Sperrholzplatte								
angefordert				Materialausgabe		Lagerort	Gesamtwert	
Stückzahl	Länge/ cm	Breite/ cm	Dicke/ cm	m²	Stückzahl		€/m	in €
200	400	200	0,5	1 600	200	Holz: 250	8,20	13 120,00
							Summe	13 120,00
ausgestellt: Name: *H. Schulz*			**Für Kostenstelle:** Sägerei			**Erhalten:** Name: *P. Müller*		
Auftrags-Nr. 14					Datum: 13. Januar 20..			

Andreas Schneider
Holzwerke KG

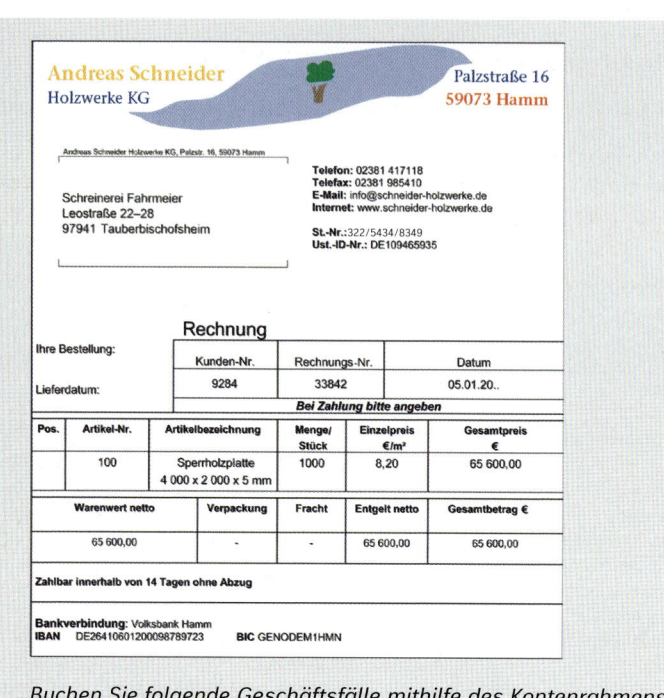

Palzstraße 16
59073 Hamm

Andreas Schneider Holzwerke KG, Palzstr. 16, 59073 Hamm

Schreinerei Fahrmeier
Leostraße 22–28
97941 Tauberbischofsheim

Telefon: 02381 417118
Telefax: 02381 985410
E-Mail: info@schneider-holzwerke.de
Internet: www.schneider-holzwerke.de

St.-Nr.: 322/5434/8349
Ust.-ID-Nr.: DE109465935

Rechnung

Ihre Bestellung:	Kunden-Nr.	Rechnungs-Nr.	Datum
Lieferdatum:	9284	33842	05.01.20..

Bei Zahlung bitte angeben

Pos.	Artikel-Nr.	Artikelbezeichnung	Menge/Stück	Einzelpreis €/m²	Gesamtpreis €
	100	Sperrholzplatte 4 000 x 2 000 x 5 mm	1000	8,20	65 600,00

Warenwert netto	Verpackung	Fracht	Entgelt netto	Gesamtbetrag €
65 600,00	-	-	65 600,00	65 600,00

Zahlbar innerhalb von 14 Tagen ohne Abzug

Bankverbindung: Volksbank Hamm
IBAN DE26410601200098789723   **BIC** GENODEM1HMN

6. Buchen Sie folgende Geschäftsfälle mithilfe des Kontenrahmens bestandsorientiert: €

1. **Eingangsrechnungen:** Zielkauf von Rohstoffen 34 500,00
2. **Kassenbeleg:** Hilfsstoffeinkauf bar 168,00
3. **Eingangsrechnung, Bankauszug:** Betriebsstoffe wurden gegen sofortige Zahlung per Banküberweisung gekauft 7 200,00
4. **Eingangsrechnung, Bankauszug**
   Rohstoffeinkäufe
   a) Zielgewährung von 30 Tagen 78 000,00
   b) sofortige Barzahlung 2 000,00
   c) sofortige Zahlung per Banküberweisung 20 000,00
5. **Kassenbeleg:** Bareinkauf von Schmierfett für Maschinen 163,00
6. **MES:** Schmierfette werden verbraucht 50,00
7. **Bankauszug:** Die ER aus Fall 1 wird per Banküberweisung beglichen.
8. **MES:** Rohstoffe werden verbraucht 22 000,00
9. **Vertragskopie, Bankauszug:** Ein Darlehen wird auf unserem Bankkonto gutgeschrieben 100 000,00
10. **Bankauszug:** Per Lastschriftverfahren werden abgebucht:
    a) Tilgung Darlehen 3 600,00
    b) Zinsaufwand Darlehen 400,00
11. **Eingangsrechnung:** Einkauf von Handelswaren 12 000,00
12. **MES:** Entnahme von Handelswaren aus dem Lager 12 000,00
13. **Ausgangsrechnung:** Verkauf von
    a) Handelswaren 13 200,00
    b) eigenen Erzeugnissen 95 000,00
14. **Bankauszug:** Der Kunde begleicht die Rechnung aus Fall 12 per Überweisung.

6 Umsatzsteuer buchen und entrichten

Rudolf Heller soll folgende Rechnungen buchen:

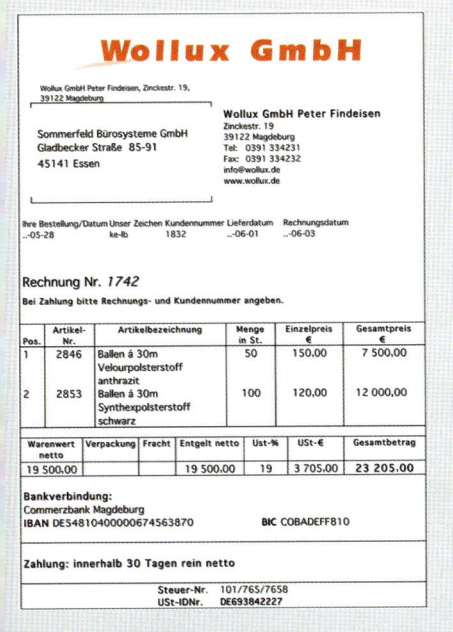

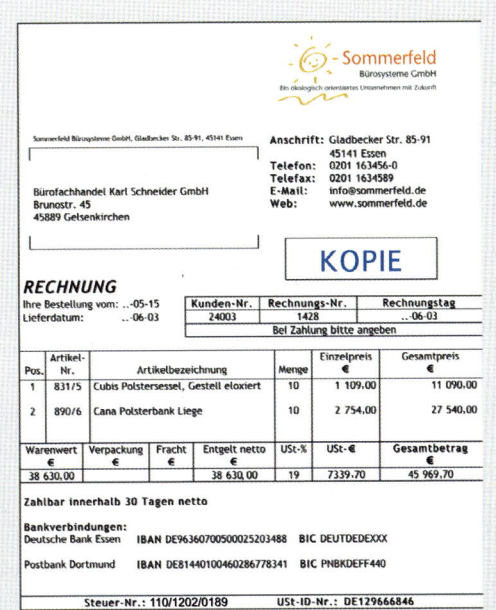

Wollux GmbH

Wollux GmbH Peter Findeisen, Zinckestr. 19, 39122 Magdeburg

Sommerfeld Bürosysteme GmbH
Gladbecker Straße 85-91
45141 Essen

Wollux GmbH Peter Findeisen
Zinckestr. 19
39122 Magdeburg
Tel: 0391 334231
Fax: 0391 334232
info@wollux.de
www.wollux.de

Ihre Bestellung/Datum: ..-05-28 Unser Zeichen: ke-lb Kundennummer: 1832 Lieferdatum: ..-06-01 Rechnungsdatum: ..-06-03

Rechnung Nr. 1742
Bei Zahlung bitte Rechnungs- und Kundennummer angeben.

Pos.	Artikel-Nr.	Artikelbezeichnung	Menge in St.	Einzelpreis €	Gesamtpreis €
1	2846	Ballen à 30m Velourpolsterstoff anthrazit	50	150,00	7 500,00
2	2853	Ballen à 30m Synthetpolsterstoff schwarz	100	120,00	12 000,00

Warenwert netto	Verpackung	Fracht	Entgelt netto	Ust-%	USt-€	Gesamtbetrag
19 500,00			19 500,00	19	3 705,00	23 205,00

Bankverbindung:
Commerzbank Magdeburg
IBAN DE54810400000674563870   BIC COBADEFF810

Zahlung: innerhalb 30 Tagen rein netto

Steuer-Nr. 101/765/7658
USt-IDNr. DE693842227

Sommerfeld Bürosysteme GmbH

Ein ökologisch orientiertes Unternehmen mit Zukunft

Sommerfeld Bürosysteme GmbH, Gladbecker Str. 85-91, 45141 Essen

Bürofachhandel Karl Schneider GmbH
Brunostr. 45
45889 Gelsenkirchen

Anschrift: Gladbecker Str. 85-91
45141 Essen
Telefon: 0201 163456-0
Telefax: 0201 1634589
E-Mail: info@sommerfeld.de
Web: www.sommerfeld.de

KOPIE

RECHNUNG
Ihre Bestellung vom: ..-05-15
Lieferdatum: ..-06-03

Kunden-Nr.	Rechnungs-Nr.	Rechnungstag
24003	1428	..-06-03

Bei Zahlung bitte angeben

Pos.	Artikel-Nr.	Artikelbezeichnung	Menge	Einzelpreis €	Gesamtpreis €
1	831/5	Cubis Polstersessel, Gestell eloxiert	10	1 109,00	11 090,00
2	890/6	Cana Polsterbank Liege	10	2 754,00	27 540,00

Warenwert €	Verpackung €	Fracht €	Entgelt netto €	USt-%	USt-€	Gesamtbetrag €
38 630,00			38 630,00	19	7339,70	45 969,70

Zahlbar innerhalb 30 Tagen netto

Bankverbindungen:
Deutsche Bank Essen   IBAN DE96360700500025203488   BIC DEUTDEDEXXX
Postbank Dortmund   IBAN DE81440100460286778341   BIC PNBKDEFF440

Steuer-Nr.: 110/1202/0189   USt-ID-Nr.: DE129666846

„Das ist aber komisch", murmelt er vor sich hin, „das Finanzamt verlangt sowohl auf Einkäufe als auch auf Verkäufe Umsatzsteuer. Das wird den Gewinn der Sommerfeld Bürosysteme GmbH aber ganz schön schmälern!"

Arbeitsaufträge

- Erläutern Sie die beiden Belege.
- Erklären Sie am Beispiel der beiden Belege das Umsatzsteuersystem.
- Überprüfen Sie die Aussage von Rudolf Heller auf ihre Richtigkeit.
- Bilden Sie die Buchungssätze für beide Belege.

Umsatzsteuersystem

Der Gesetzgeber erhebt Umsatzsteuer auf die Umsatzerlöse der Unternehmen für
- den Verkauf selbst hergestellter Erzeugnisse (Konto 5000)
- in Rechnung gestellter Dienstleistungen (Konto 5050)
- den Verkauf von Handelswaren (Konto 5100)
- den Verkauf von Gegenständen des Anlagevermögens (Konto 5410)
- in Rechnung gestellte Provisionen (Konto 5410)

Den Warenverkehr zwischen den EU-Mitgliedsstaaten bezeichnet man als **innergemeinschaftliche Lieferung** bzw. innergemeinschaftlichen Erwerb. Da in den einzelnen EU-Mitgliedsaaten aber unterschiedlich hohe Umsatzsteuersätze gelten (vgl. Abbildung), unterliegt der Erwerb von Waren dem Umsatzsteuersatz des jeweiligen Bestimmungslandes (**Bestimmungslandprinzip**). Wenn der Verkäufer auf der Rechnung neben der eigenen Umsatzsteuer-Identifikationsnummer auch die des Käufers angibt, muss er keine Umsatzsteuer abführen. Verkauft ein Unternehmen also Waren in das EU-Ausland, so wird keine Umsatzsteuer in Rechnung gestellt (Buchungen: siehe Band 3, LF 10).

→ **LF 10**

Analog zum Güterverkehr innerhalb der EU wird beim Güterverkehr mit Drittländern (Nicht-EU-Mitgliedsstaaten) verfahren: Der Verkauf von Gütern in Drittländer (Export) ist **umsatzsteuerfrei**.

Die Höhe der Umsatzsteuer bemisst sich nach dem **vereinbarten Entgelt (= Bemessungsgrundlage)**. Entgelt ist alles, was der Unternehmer als Gegenleistung für seine Lieferungen oder sonstigen Leistungen mit seinem Vertragspartner in einem Vertrag vereinbart hat.

Der **Regelsteuersatz** beträgt zurzeit 19 % des Umsatzes, also der Bemessungsgrundlage.

Beispiel: Die Sommerfeld Bürosysteme GmbH schuldet dem Finanzamt aufgrund der ausgeführten Lieferung an den Kunden Bürofachhandel Karl Schneider GmbH laut AR Nr. 1428 7 339,70 € Umsatzsteuer.

Für verschiedene Umsätze gilt der **ermäßigte Steuersatz von 7 %**.

Beispiele: Grundnahrungsmittel (Milch, Milcherzeugnisse, Mehl, Brot u. Ä.), Bücher, Zeitungen, Blumen und Kunstgegenstände.

Darüber hinaus hat der Gesetzgeber verschiedene Umsätze aus sozial-, kultur- oder wirtschaftspolitischen Gründen von der Umsatzsteuer befreit.

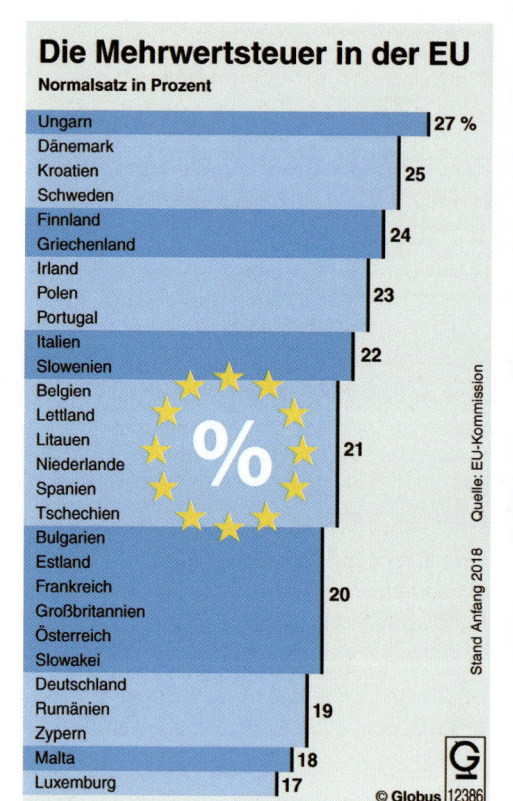

Die Mehrwertsteuer in der EU
Normalsatz in Prozent

Land	%
Ungarn	27 %
Dänemark	25
Kroatien	25
Schweden	25
Finnland	24
Griechenland	24
Irland	23
Polen	23
Portugal	23
Italien	22
Slowenien	22
Belgien	21
Lettland	21
Litauen	21
Niederlande	21
Spanien	21
Tschechien	21
Bulgarien	20
Estland	20
Frankreich	20
Großbritannien	20
Österreich	20
Slowakei	20
Deutschland	19
Rumänien	19
Zypern	19
Malta	18
Luxemburg	17

Quelle: EU-Kommission, Stand Anfang 2018
© Globus 12386

Bitte beachten, dass Großbritannien nicht mehr in der EU ist.

Beispiele:
– Ausfuhrlieferungen: Lieferungen eines bundesdeutschen Unternehmens an Unternehmen in Nicht-EU-Mitgliedsstaaten (Drittstaaten).
– Innergemeinschaftliche Lieferungen: Ein bundesdeutscher Unternehmer führt an einen Unternehmer im Gemeinschaftsgebiet (EU-Mitgliedsstaaten) eine Lieferung oder sonstige Leistung aus.
– Umsätze der Ärzte, Zahnärzte, Heilpraktiker, Krankengymnasten, Krankenhäuser, Altenheime, Museen, Büchereien, botanischen und zoologischen Gärten u. a.

Die **Umsatzsteuer laut Ausgangsrechnung** ist eine **Verbindlichkeit gegenüber dem Finanzamt**. Jeder Unternehmer wälzt die abzuführende Umsatzsteuer auf den Kunden ab. Daher schreibt der Gesetzgeber vor, dass die **Umsatzsteuer** offen in der **Ausgangsrechnung** ausgewiesen werden muss.

Vorumsatz und Vorsteuer

Um den Umsatz erbringen zu können, muss eine Industrieunternehmung Lieferungen und Leistungen anderer Unternehmungen in Anspruch nehmen (**Vorumsatz**), die für den Lieferer Umsatz sind.

Beispiel: Neben Holzplatten kauft die Sommerfeld Bürosysteme GmbH Leim, Lack, Profilleisten, Anlagegüter (Sägen, Hobel- und Fräsanlagen) ein oder nimmt Dienstleistungen anderer Unternehmen in Anspruch (Fremdinstandsetzung, Strom, Transport durch Spediteure und Frachtführer, Geschäftsvermittlung durch Handelsvertreter). Laut Eingangsrechnung der Wollux GmbH Peter Findeisen kaufte die Sommerfeld Bürosysteme GmbH Bezugsstoffe zum Materialwert von 19 500,00 € ein, die Umsatz der Wollux GmbH Peter Findeisen darstellen. Daher stellt diese 3 705,00 € Umsatzsteuer in Rechnung, die sie dem Finanzamt schuldet.

Die Eingangsrechnungen weisen daher neben dem vereinbarten Entgelt für die Waren oder Dienstleistungen die Umsatzsteuer aus. Aus der Sicht der beschaffenden Unternehmung wird die **Umsatzsteuer auf Eingangsbelegen** als **Vorsteuer** bezeichnet.

Werden Güter oder Leistungen aus Nicht-EU-Mitgliedstaaten eingeführt, müssen bundesdeutsche Unternehmen Einfuhrumsatzsteuer (EUSt.) an das Zollamt zahlen. Der Einfuhrumsatzsteuersatz stimmt immer mit dem Umsatzsteuersatz der Bundesrepublik Deutschland überein.

Beispiel: Beim Bezug von Holz im Wert von 35 000,00 € aus Kanada zahlt die Sommerfeld Bürosysteme GmbH 19 % EUSt. = 6 650,00 € an das Zollamt.

Ein Erwerb von Unternehmen in EU-Mitgliedstaaten (innergemeinschaftlicher Erwerb) unterliegt der Erwerbsteuer. Der Erwerbsteuersatz stimmt ebenfalls mit dem Umsatzsteuersatz überein, damit durch ungleiche USt-Steuersätze keine Wettbewerbsverzerrungen hervorgerufen werden.

→ **LF 10**

Beispiel: Die Sommerfeld Bürosysteme GmbH bezieht Kunststoffteile, Silikon und Öle von den Jansen BV. Chemiewerken, Niederlande, im Wert von 24 000,00 €. Sie schuldet dem Staat 4 560,00 €.

Die Vorsteuer ist **eine Forderung gegenüber dem Finanzamt**, weil sie eine Vorleistung auf die zu zahlende Umsatzsteuer darstellt. Sie kann bei der Umsatzsteueranmeldung mit der geschuldeten Umsatzsteuer verrechnet werden.

Die **Erstattung der Vorsteuer ist** an **zwei Voraussetzungen** gebunden:
Die Unternehmung muss
- eine Lieferung oder sonstige Leistung empfangen,
- eine Rechnung mit gesondertem Ausweis der Umsatzsteuer erhalten haben.

Mehrwert und Mehrwertsteuer

Der wertmäßige Unterschied zwischen dem Umsatz mit den Kunden und der Summe der Vorumsätze mit den Lieferern stellt den **Mehrwert** oder die **Wertschöpfung** dar, die die Industrieunternehmung zum Wert der verkauften Erzeugnisse oder Dienstleistungen selbst beigetragen hat.

Beispiel:

Umsatz	Ausgangsrechnung Nr. 1428: Büromöbel	38 630,00 €	Lieferung an einen Kunden
Vorumsatz	Eingangsrechnung Nr. 1742: Polsterstoffe	19 500,00 €	Lieferung von einem Lieferer
Mehrwert		19 130,00 €	Wertschöpfung der Unternehmung

Die Unternehmungen der einzelnen Wirtschaftsstufen erzeugen einen Mehrwert, der mit 19 % besteuert wird. Dies wird dadurch erreicht, dass die einzelnen Unternehmen von der geschuldeten Umsatzsteuer die zu fordernde Vorsteuer abziehen.

Die zu zahlende Restschuld wird als **Umsatzsteuerzahllast** bezeichnet.

Wirtschafts-stufen	Umsatz (Entgelt)	Vorumsatz	Mehrwert	Umsatz-steuer = Vb geg. FA	Vorsteuer = Fo geg. FA	Zahllast
I. Hersteller von Bezugsstoffen	19 500,00	–	19 500,00	3 705,00	–	3 705,00
II. Hersteller von Büromöbeln	38 630,00	19 500,00	19 130,00	7 339,70	3 705,00	3 634,70
III. Büromöbelgroß-handel	58 500,00	38 630,00	19 870,00	11 115,00	7 339,70	3 775,30
IV. Büromöbel-einzelhandel	92 000,00	58 500,00	33 500,00	17 480,00	11 115,00	6 365,00
private Haushalte (Konsumenten)	92 000,00 ←→		92 000,00	19 % des privaten Verbrauchs ←→		17 480,00

Wie die Tabelle zeigt, bekommt der Verbraucher vom letzten Unternehmen der Handelskette die Summe aller Mehrwerte und die gesamte Umsatzsteuer aller Wirtschaftsstufen in Rechnung gestellt. Er trägt also die gesamte Umsatzsteuer. Dies ist vom Gesetzgeber so gewollt, weil die Umsatzsteuer eine Verbrauchsteuer ist.

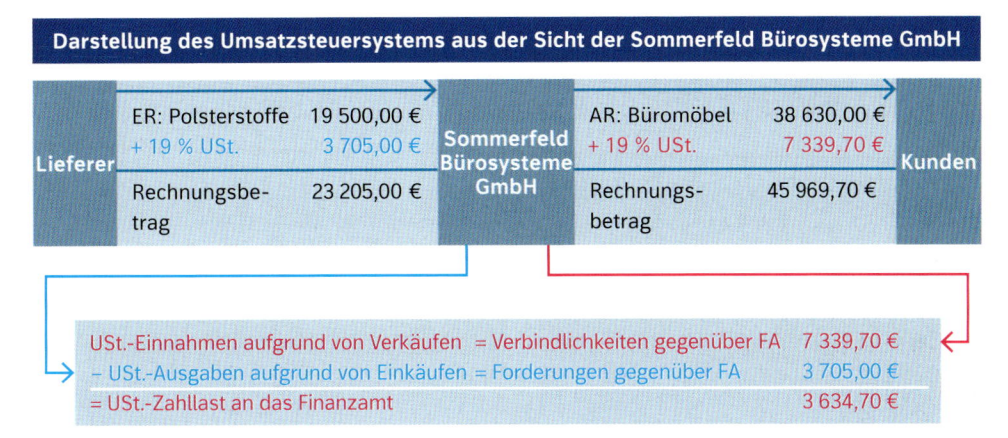

Darstellung des Umsatzsteuersystems aus der Sicht der Sommerfeld Bürosysteme GmbH

Lieferer			Sommerfeld Bürosysteme GmbH			Kunden
ER: Polsterstoffe	19 500,00 €	→		AR: Büromöbel	38 630,00 €	→
+ 19 % USt.	3 705,00 €			+ 19 % USt.	7 339,70 €	
Rechnungsbetrag	23 205,00 €			Rechnungsbetrag	45 969,70 €	

USt.-Einnahmen aufgrund von Verkäufen	= Verbindlichkeiten gegenüber FA	7 339,70 €
– USt.-Ausgaben aufgrund von Einkäufen	= Forderungen gegenüber FA	3 705,00 €
= USt.-Zahllast an das Finanzamt		3 634,70 €

Diese Rechnung und die obige Darstellung zeigen, dass die Umsatzsteuer keinen Einfluss auf den Erfolg der Unternehmung hat. Vorsteuer und Umsatzsteuer sind **durchlaufende Posten**.

Buchungen

Buchung der Umsatzsteuer:
Die Umsatzsteuer laut Ausgangsrechnung stellt eine Verbindlichkeit gegenüber dem Finanzamt dar. Sie wird deshalb auf dem **passiven Bestandskonto „Umsatzsteuer"** gebucht.

→ LS 26

Beispiel: Buchung der Ausgangsrechnung S. 337:

2400 Forderungen a. LL	45 969,70	an 5000 Umsatzerlöse für Erzeugnisse	38 630,00
		an 4800 Umsatzsteuer	7 339,70

Buchung der Vorsteuer:
Die bei Beschaffungsvorgängen zu zahlende Vorsteuer laut Eingangsrechnung ist eine Forderung an das Finanzamt. Sie wird auf dem **aktiven Bestandskonto „Vorsteuer"** gebucht.

Beispiel: Buchung der Eingangsrechnung S. 337:

6000 Aufwendungen für Rohstoffe	19 500,00		
2600 Vorsteuer	3 705,00	an 4400 Verbindlichkeiten a. LL	23 205,00

Ermittlung und Zahlung der Umsatzsteuerzahllast

Um die **Umsatzsteuerzahllast** zu ermitteln, muss der Saldo des Kontos Vorsteuer mit der Umsatzsteuer verrechnet werden. Buchungstechnisch führt eine Umsatzsteuerzahllast dazu, dass der Saldo des Kontos 2600 Vorsteuer auf das Konto 4800 Umsatzsteuer übertragen (gebucht) wird. Die so für den vergangenen Monat ermittelte Umsatzsteuerzahllast ist jeweils bis zum 10. eines Monats an das Finanzamt zu überweisen.

Beispiel: Umbuchung der Vorsteuer zum Monatsende:

| 4800 Umsatzsteuer | 3 705,00 | an 2600 Vorsteuer | 3 705,00 |

Buchung der Banküberweisung der Umsatzsteuerzahllast am 10. d. folg. Monats:

| 4800 Umsatzsteuer | 3 634,70 | an 2800 Bank | 3 634,70 |

Darstellung auf Konten:

S 6000 Aufwendungen für Rohstoffe H
4400   19 500,00

S 5000 Umsatzerlöse für Erzeugnisse H
2400 Fo   38 630,00

S 2600 Vorsteuer H
4400 Vb 3 705,00 | 4800 USt. 3 705,00

S 4800 Umsatzsteuer H
2600 VSt. 3 705,00 | 2400 Fo 7 339,70
2800 Ba   3 634,70

S 4400 Verbindlichkeiten a. LL H
6000, 2600 Aufw. f. Ro, VSt.   23 205,00

S 2400 Forderungen a. LL H
5000, 4800 Ums, USt.   45 969,70

Passivierung der Umsatzsteuerzahllast

Wird die Umsatzsteuerzahllast für den letzten Monat des Geschäftsjahres ermittelt, dann ist die ermittelte Zahllast über das „Schlussbilanzkonto" abzuschließen (Passivierung der Zahllast). Die Begleichung der Umsatzsteuerzahllast erfolgt dann bis zum 10. Januar des Folgejahres.

Beispiel:

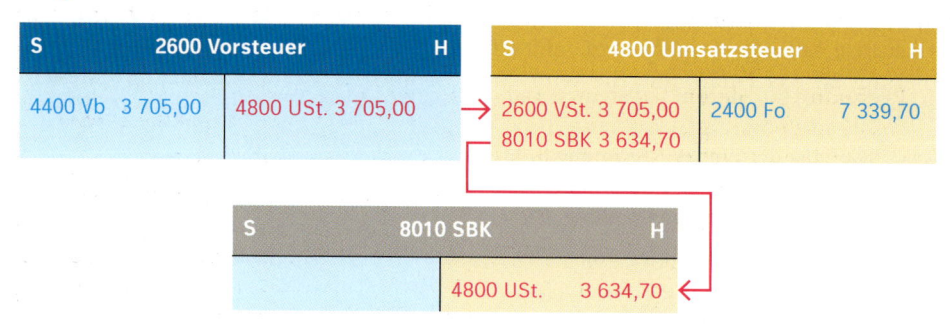

S 2600 Vorsteuer H
4400 Vb 3 705,00 | 4800 USt. 3 705,00

S 4800 Umsatzsteuer H
2600 VSt. 3 705,00 | 2400 Fo 7 339,70
8010 SBK 3 634,70

S 8010 SBK H
4800 USt.   3 634,70

Vorsteuerüberhang

Ein Vorsteuerüberhang entsteht, wenn die Vorsteuer eines Monats größer ist als die Umsatzsteuer. Ursachen für einen Vorsteuerüberhang können sein:

- große Vorratskäufe aufgrund von Sonderangeboten oder wegen erwarteter Preissteigerungen
- Geschäftseröffnung
- Investitionskäufe (technische Anlagen und Maschinen, Werkzeuge)
- umsatzsteuerfreie Exporte

6 Umsatzsteuer buchen und entrichten

Buchungstechnisch führt ein Vorsteuerüberhang dazu, dass der Saldo des Kontos 4800 USt auf das Konto 2600 VSt übertragen (gebucht) wird. Im Falle eines Vorsteuerüberhanges besteht ein **Erstattungsanspruch** gegenüber dem Finanzamt. Dieser wird im Rahmen der Umsatzsteuererklärung geltend gemacht. Ergibt sich im letzten Monat des Geschäftsjahres der Vorsteuerüberhang, ist dieser über das SBK abzuschließen **(Aktivierung des Vorsteuerüberhangs)**.

Beispiel: Stand der Konten Vorsteuer und Umsatzsteuer zum 31.12.:

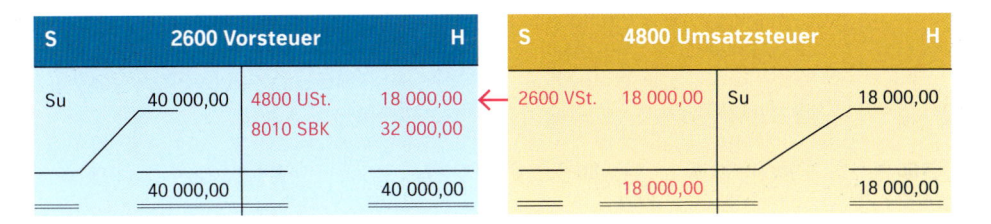

S	2600 Vorsteuer		H
Su	40 000,00	4800 USt.	18 000,00
		8010 SBK	32 000,00
	40 000,00		40 000,00

S	4800 Umsatzsteuer		H
2600 VSt.	18 000,00	Su	18 000,00
	18 000,00		18 000,00

Umbuchung: Ermittlung des Vorsteuerüberhangs

4800 Umsatzsteuer	18 000,00 an 2600 Vorsteuer	18 000,00

Abschlussbuchung: Aktivierung des Vorsteuerüberhangs

8010 SBK	32 000,00 an 2600 Vorsteuer	32 000,00

Buchung der Banküberweisung des Vorsteuerüberhangs durch das Finanzamt:

2800 Bank	32 000,00 an 2600 Vorsteuer	32 000,00

Besonderheiten des Umsatzsteuerrechts

Kleinbetragsrechnungen

Bei Rechnungen, deren Gesamtbetrag **250,00 € nicht übersteigt**, dürfen das Entgelt und der Umsatzsteuerbetrag in einer Summe angegeben sein. Es muss nur der **Umsatzsteuersatz** angegeben werden.

Beispiel: Zum Zwecke der Buchung muss die Umsatzsteuer (19 %) aus dem Bruttorechnungsbetrag (vermehrter Grundwert) herausgerechnet werden, welcher 119 % entspricht.

J. F. CASPERS e. K.
Flurstraße, 45355 Essen, Tel: 0201 662196 — Seit über 135 Jahren

Sommerfeld Bürosysteme GmbH
Essen

Fachgeschäft für Büroausstattung, Buch und Offsetdruckerei, Adressbuch- und Telefonbuchverlag

Datum: 24.06.20..		€	€	Ct
20	Ordner	2,00	40	00
10	Alleskleber	2,88	28	80
20	Register	1,40	28	00
			96	80

Betrag dankend erhalten
Essen, den 24. Juni
J. F. CASPERS

Vielen Dank für Ihren Einkauf

Verk. 3	4557-8	In diesem Betrag sind 19 % Umsatzsteuer enthalten

Ermittlung des Umsatzsteuerbetrages mithilfe des Dreisatzes

Rechenweg

① Bedingungssatz: 119 % ≙ 96,80 €
② Fragesatz: 19 % ≙ x
③ Bruchsatz: $x = \dfrac{96,80 \cdot 19}{119}$ x = 15,46 €

Lösung

19 % (15,46 €) { Umsatzsteuer = 19 % (Prozentwert)

100 % (81,34 €) { Rechnungsbetrag netto (Grundwert) = 100 %

Bruttorechnungsbetrag (vermehrter Grundwert) 119 % = 96,80 €

Ermittlung des Rechnungsbetrages netto mithilfe des Dreisatzes

Rechenweg

① Bedingungssatz: 119 % ≙ 96,80 €
② Fragesatz: 100 % ≙ x
③ Bruchsatz: $x = \dfrac{96,80 \cdot 100}{119}$ x = 81,34 €

$$\text{Umsatzsteuerbetrag} = \frac{\text{Bruttorechnungsbetrag} \cdot \text{Umsatzsteuersatz}}{100 + \text{Umsatzsteuersatz}} \quad \frac{96,80 \cdot 19}{119} = 15,46\,€$$

Buchung:

6800 Büromaterial	81,34		
2600 Vorsteuer	15,46	an 2880 Kasse	96,80

Umsatzsteuer-Identifikationsnummer

Unternehmen, die an einem gemeinschaftlichen Handel der EU teilnehmen, erhalten zur Überprüfung der Umsatzsteuerzahlungen neben der Steuernummer vom zuständigen Finanzamt auf Antrag eine Umsatzsteuer-Identifikationsnummer vom **Bundeszentralamt für Steuern – Außenstelle Saarlouis**.

Unternehmen dürfen nur dann umsatzsteuerbefreit an gewerbliche Kunden in anderen EU-Staaten liefern, wenn in der Rechnung die Umsatzsteuer-Identifikationsnummer des Kunden aufgeführt ist. Die USt.-ID-Nr. dient der Identifikation der Erwerber, dem Nachweis der Steuerbefreiung einer gemeinschaftlichen Lieferung und einem gemeinschaftlichen USt.-Kontrollverfahren.

Umsatzsteuervoranmeldung

Nach dem Umsatzsteuergesetz müssen Unternehmungen grundsätzlich während des Geschäftsjahres monatlich Umsatzsteuervoranmeldungen abgeben, und zwar jeweils **bis zum 10. eines Monats für den Vormonat (Voranmeldungszeitraum)**.

Die Umsatzsteuervoranmeldung ist eine Steuererklärung beim Finanzamt auf amtlich vorgeschriebenem Vordruck. In dieser Steuererklärung hat jedes Unternehmen die zu zahlende Umsatzsteuer für den vorangegangenen Monat zu berechnen. Dabei sind die

Nettoumsätze und die hierauf entfallende Umsatzsteuerschuld darzustellen. Der Umsatzsteuerschuld sind die auf den Voranmeldungszeitraum entfallenden Vorsteuerbeträge gegenüberzustellen. Die **Differenz** von **Umsatzsteuerschuld** und **Vorsteuer** ergibt die **Zahllast** oder den **Vorsteuerüberhang**. Die Zahllast ist an das Finanzamt als Vorauszahlung auf die Umsatzsteuer des Kalenderjahres zu entrichten.

Der notwendige Vordruck wird von der Finanzverwaltung im Internet angeboten. Der ausgefüllte Vordruck wird dem Finanzamt per Internet gesendet. Der Absender erhält dann ein „Übertragungsprotokoll", das die gesendeten Daten enthält. Der Vordruck selbst kann nicht ausgedruckt werden. Sie finden ihn hier: https://www.elster.de/elfo_down.php

Beispiel:

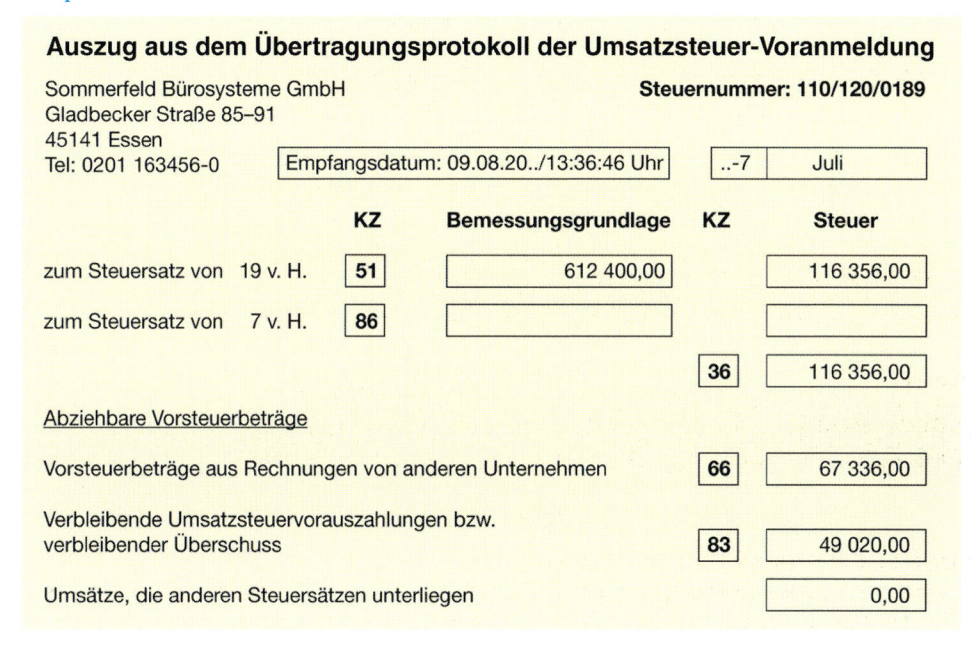

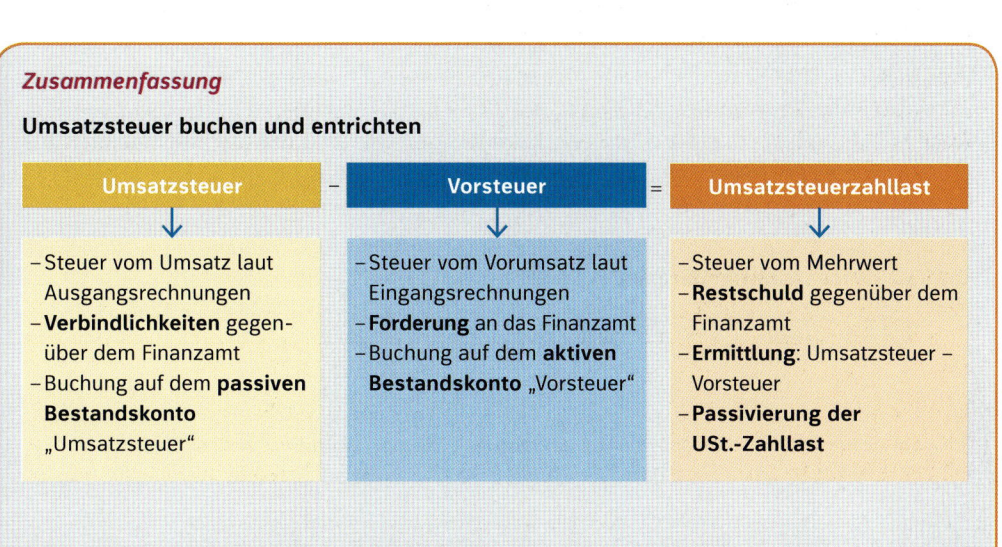

Auszug aus dem Übertragungsprotokoll der Umsatzsteuer-Voranmeldung

Sommerfeld Bürosysteme GmbH
Gladbecker Straße 85–91
45141 Essen
Tel: 0201 163456-0

Empfangsdatum: 09.08.20../13:36:46 Uhr   ..-7   Juli

	KZ	Bemessungsgrundlage	KZ	Steuer
zum Steuersatz von 19 v. H.	51	612 400,00		116 356,00
zum Steuersatz von 7 v. H.	86			
			36	116 356,00

Abziehbare Vorsteuerbeträge

	KZ	Steuer
Vorsteuerbeträge aus Rechnungen von anderen Unternehmen	66	67 336,00
Verbleibende Umsatzsteuervorauszahlungen bzw. verbleibender Überschuss	83	49 020,00
Umsätze, die anderen Steuersätzen unterliegen		0,00

Zusammenfassung

Umsatzsteuer buchen und entrichten

Umsatzsteuer	−	Vorsteuer	=	Umsatzsteuerzahllast
– Steuer vom Umsatz laut Ausgangsrechnungen – **Verbindlichkeiten** gegenüber dem Finanzamt – Buchung auf dem **passiven Bestandskonto** „Umsatzsteuer"		– Steuer vom Vorumsatz laut Eingangsrechnungen – **Forderung** an das Finanzamt – Buchung auf dem **aktiven Bestandskonto** „Vorsteuer"		– Steuer vom Mehrwert – **Restschuld** gegenüber dem Finanzamt – **Ermittlung**: Umsatzsteuer – Vorsteuer – **Passivierung** der USt.-Zahllast

- Ist die **Vorsteuer größer** als die **Umsatzsteuer**, entsteht ein **Vorsteuerüberhang**, der zu aktivieren ist.
- Bei **Kleinbetragsrechnungen** bis zu 150,00 € wird in der Praxis der Rechnungsbetrag brutto ausgewiesen. In diesen Fällen muss der Umsatzsteuersatz angegeben sein, damit der Umsatzsteueranteil herausgerechnet werden kann.
- Die Unternehmen müssen bis zum 10. eines Monats für den Vormonat (**Voranmeldungszeitraum**) auf dem amtlich vorgeschriebenen Vordruck eine Umsatzsteuervoranmeldung abgeben.
- Wurde eine **Zahllast** ermittelt, ist diese gleichzeitig an das Finanzamt zu entrichten (Vorauszahlung auf die Umsatzsteuer des Kalenderjahres).

Aufgaben

1. Entscheiden Sie bei den folgenden Geschäftsfällen einer Möbelfabrik, ob es sich um Vorumsätze, Umsätze oder Elemente des Mehrwertes handelt.
   1. **ER:** Zieleinkauf von Tischlerplatten
   2. **AR:** Verkauf von produzierten Büromöbeln auf Ziel
   3. **BA:** Zahlung der Gehälter an die Angestellten
   4. **ER:** Forderung des Spediteurs für Warenlieferungen an Kunden
   5. **AR:** Rechnung über Arbeitsleistungen für die Aufstellung einer Verkaufstheke
   6. **BA:** Banküberweisung der Gewerbesteuer an die Stadt
   7. **ER:** Zieleinkauf einer Tischfräsmaschine für die Fertigung
   8. **ER:** Abrechnung des Handelsvertreters über Provisionsansprüche für abgeschlossene Kaufverträge
   9. **BA:** Zahlung der Ausbildungsvergütung an die gewerblichen Auszubildenden
   10. **ER, KB:** Barzahlung der Fracht an den Frachtführer für die Anlieferung von Spanplatten

2. Auf den Konten „2600 Vorsteuer" und „4800 Umsatzsteuer" wurden bis zum Jahresabschluss folgende Werte erfasst:

S	2600 Vorsteuer		H	S	4800 Umsatzsteuer		H
Summe	240 000,00	Summe	200 000,00	Summe	350 000,00	Summe	420 000,00

   a) Erläutern Sie die betrieblichen Hintergründe für die Werte auf den beiden Konten.
   b) Erläutern Sie, wie Sie einen Vorsteuerüberhang oder eine Zahllast vor Abschluss der Konten feststellen können.
   c) Schließen Sie die Konten unter Angabe der erforderlichen Buchungssätze ab.

3. Auf den Konten „2600 Vorsteuer" und „4800 Umsatzsteuer" wurden bis einschließlich Dezember folgende Werte erfasst:

S	2600 Vorsteuer		H	S	4800 Umsatzsteuer		H
Summe	320 000,00	Summe	220 000,00	Summe	560 000,00	Summe	600 000,00

   a) Schließen Sie die Konten unter Angabe der erforderlichen Buchungssätze ab.
   b) Erläutern Sie zwei betriebliche Gründe, die den Saldo im Dezember verursacht haben.

4. Auf den Konten „2600 Vorsteuer" und „4800 Umsatzsteuer" wurden folgende Werte erfasst:

S	2600 Vorsteuer		H
Summe	275 000,00	Summe	232 000,00

S	4800 Umsatzsteuer		H
Summe	437 000,00	Summe	560 000,00

Führen Sie die Buchungen durch
a) bei Ermittlung der Umsatzsteuerzahllast,
b) bei der Banküberweisung der Umsatzsteuerzahllast an das Finanzamt.

5. Entscheiden Sie, ob folgende Aussagen zutreffen auf
(1) die Vorsteuer, (2) die Umsatzsteuer, (3) die Zahllast.

Aussagen:

a) Sie wird auf Eingangsrechnungen ausgewiesen.
b) Sie erhöht die Zahllast.
c) Sie vermindert die Zahllast.
d) Sie stellt eine Forderung gegenüber dem Finanzamt dar.
e) Sie wird auf Ausgangsrechnungen ausgewiesen und ist eine Verbindlichkeit gegenüber dem Finanzamt.
f) Sie ist bis zum 10. des folgenden Monats an das Finanzamt abzuführen.
g) Bei einem Überhang ist sie zu aktivieren.

6. Folgende Rechnungen sind in der Sommerfeld Bürosysteme GmbH zu bearbeiten:

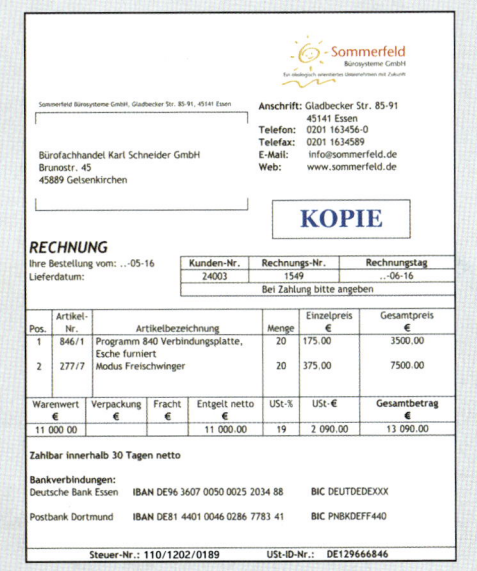

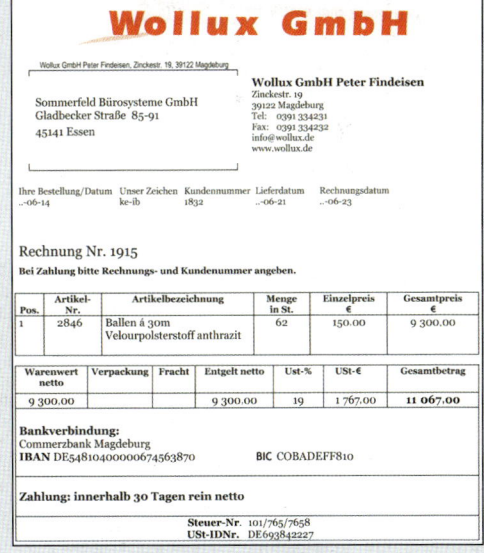

a) Ermitteln Sie aus beiden Belegen
   aa) die Umsatzsteuerschuld,
   ab) die absetzbare Vorsteuer,
   ac) den Mehrwert,
   ad) die USt.-Zahllast.

b) Kontieren bei aufwandsorientierter Buchung
   ba) Rg.-Nr. 1549,
   bb) Rg.-Nr. 1915.

7.

Beleg 1: Sommerfeld Bürosysteme GmbH → Ergonomische Büromöbel Müller GmbH (KOPIE)

Anschrift: Gladbecker Str. 85-91, 45141 Essen
Telefon: 0201 163456-0
Telefax: 0201 1634589
E-Mail: info@sommerfeld.de
Web: www.sommerfeld.de

Ergonomische Büromöbel Müller GmbH
Brodstraße 24
81829 München

RECHNUNG

Ihre Bestellung vom: ..-06-15
Lieferdatum: ..-06-18
Kunden-Nr.: 24011
Rechnungs-Nr.: 1577
Rechnungstag: ..-06-19

Pos.	Artikel-Nr.	Artikelbezeichnung	Menge	Einzelpreis €	Gesamtpreis €
1	277/7	Modus Freischwinger	16	375,00	6000,00
2	281/7	Modus Besprechungs-/Besucherstuhl	20	942,50	18 850,00

Warenwert €	Verpackung €	Fracht €	Entgelt netto €	USt-%	USt-€	Gesamtbetrag €
24 850,00			24 850,00	19	4 721,50	29 571,50

Zahlbar innerhalb 30 Tagen netto

Bankverbindungen:
Deutsche Bank Essen IBAN DE96 3607 0050 0025 2034 88 BIC DEUTDEDEXXX
Postbank Dortmund IBAN DE81 4401 0046 0286 7783 41 BIC PNBKDEFF440

Steuer-Nr.: 110/1202/0189 USt-ID-Nr.: DE129666846

Beleg 2: Andreas Schneider Holzwerke KG → Sommerfeld Bürosysteme GmbH

Palzstraße 16, 59073 Hamm
Telefon: 02381 417118
Telefax: 02381 985410
E-Mail: info@schneider-holzwerke.de
Internet: www.schneider-holzwerke.de

St.-Nr.: 322/5434/8349
USt.-ID-Nr.: DE109465935

Sommerfeld Bürosysteme GmbH
Gladbecker Straße 85-91
45141 Essen

Rechnung

Ihre Bestellung:
Lieferdatum:
Kunden-Nr.: 9284
Rechnungs-Nr.: 958
Datum: 20.06.20..

Pos.	Artikel-Nr.	Artikelbezeichnung	Menge/Stück	Einzelpreis €/m²	Gesamtpreis €
1	1476	Tischbein Massivholz	4 000	3,10	12 400,00
2	1822	Spanplatte 2 000 x 2 000 x 20 mm	2 000	21,40	42 800,00

Warenwert netto	Verpackung	Fracht	Entgelt netto	USt-%	USt-€	Gesamtbetrag €
55 200,00	-	-	55 200,00	19	10 488,00	65 688,00

Zahlbar innerhalb von 14 Tagen ohne Abzug

Bankverbindung: Volksbank Hamm
IBAN DE26 4106 0120 0098 7897 23 BIC GENODEM1HMN

Beleg 3: Sommerfeld Bürosysteme GmbH → Konrad Adenauer Flughafen Köln/Bonn AG (KOPIE)

Anschrift: Gladbecker Str. 85-91, 45141 Essen
Telefon: 0201 163456-0
Telefax: 0201 1634589
E-Mail: info@sommerfeld.de
Web: www.sommerfeld.de

Konrad Adenauer Flughafen Köln/Bonn AG
Flughafen 1-30
51147 Köln

RECHNUNG

Ihre Bestellung vom: ..-06-15
Lieferdatum: ..-06-20
Kunden-Nr.: 24005
Rechnungs-Nr.: 1596
Rechnungstag: ..-06-21

Pos.	Artikel-Nr.	Artikelbezeichnung	Menge	Einzelpreis €	Gesamtpreis €
1	333/3	Kendo Stuhl, stapelbar	600	252,50	151 500,00
2	333/11	Kendo Tisch, quadratisch	150	545,50	81 825,00

Warenwert €	Verpackung €	Fracht €	Entgelt netto €	USt-%	USt-€	Gesamtbetrag €
233 325,00			233 325,00	19	44 331,75	277 656,75

Zahlbar innerhalb 30 Tagen netto

Bankverbindungen:
Deutsche Bank Essen IBAN DE96 3607 0050 0025 2034 88 BIC DEUTDEDEXXX
Postbank Dortmund IBAN DE81 4401 0046 0286 7783 41 BIC PNBKDEFF440

Steuer-Nr.: 110/1202/0189 USt-ID-Nr.: DE129666846

Beleg 4: Motor Rabek e. K. → Sommerfeld Bürosysteme GmbH

Motor Rabek e. K., Fellenstraße 17, 45141 Essen
Fellenstr. 17
45141 Essen
Tel.: 0201 685943
Fax: 0201 685922
info@motor-rabeck.de
www.motor-rabeck.de

Sommerfeld Bürosysteme GmbH
Gladbecker Straße 85-91
45141 Essen

RECHNUNG/AUFTRAGSBESTÄTIGUNG

Bei Zahlung/Rücksendung/Gutschrift unbedingt angeben

Rechnungs-Nr.	Datum	Kunden-Nr.
1901	..-06-22	3872

Pos.	Bezeichnung	Gesamtpreis €
1	Kfz-Inspektion Inklusivpreis, netto	875,00

Nettobetrag	875,00
19 % Umsatzsteuer	166,25
Rechnungsbetrag	1 041,25

Zahlbar sofort ohne Abzug

Bankverbindung: Postbank Dortmund
IBAN DE14 4401 0046 0010 0767 65 BIC PBNKDEFF440

Steuer-Nr. 110/1430/8462 USt-IDN-Nr.: DE860321931

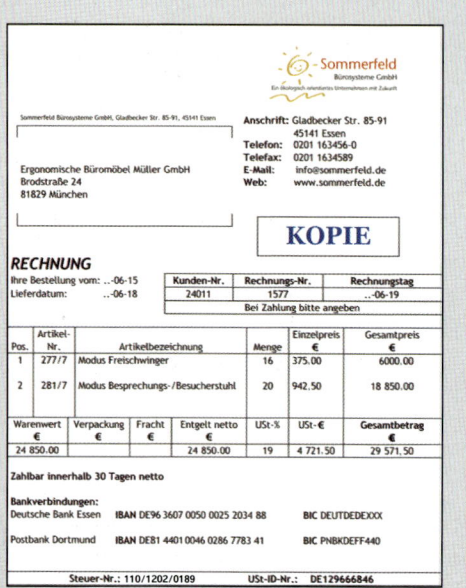

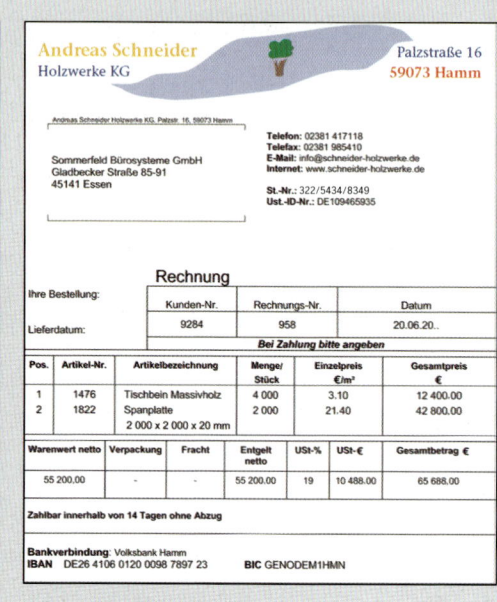

a) Die vier Belege sind vorzukontieren (aufwandsorientierte Buchung).
b) Errechnen Sie aus den vier Belegen
  ba) die Umsatzsteuerschuld,
  bb) die absetzbare Vorsteuer,
  bc) die Umsatzsteuerzahllast/den Vorsteuerüberhang.

8.

Computec GmbH & Co. KG
Hard- und Softwarevertrieb

Computec GmbH & Co. KG, Volksparkstr. 12-20, 22525 Hamburg

Sommerfeld Bürosysteme GmbH
Gladbecker Straße 85-91
45141 Essen

Volksparkstr. 12-20
22525 Hamburg
Tel.: 040 22446-69
Fax: 040 22446-64
info@computec.de
www.computec.de

Ihre Bestellung/Datum — Kundennummer 05839 — Datum 24.06.20..

Rechnungs-Nr. 19230

Pos.	Artikel-Nr.	Artikelbezeichnung	Menge in St.	Einzelpreis €	Gesamtpreis €
1	237064	PC-Interklique	6	2 100,00	12 600,00

Warenwert netto	Fracht	Verpackung	Entgelt netto	Ust-%	Ust-€	Gesamtbetrag
12 600,00			12 600,00	19	2 394,00	14 994,00

Bankverbindung
Postbank Hamburg
IBAN: DE04 2001 0020 0671 1908 70   BIC: BPNKDEFF200

Zahlung: innerhalb 30 Tagen rein netto

Steuer-Nr. 224/6445/1022
USt-IDNr. DE775539480

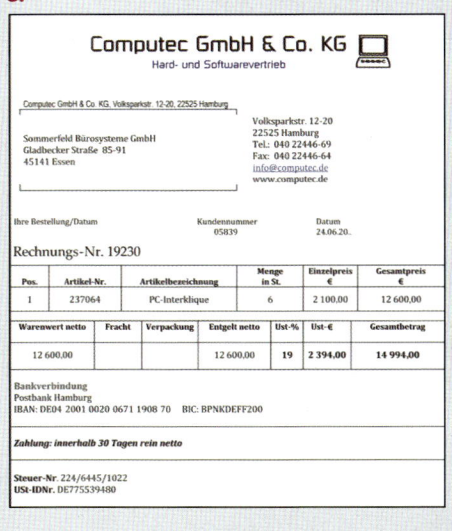

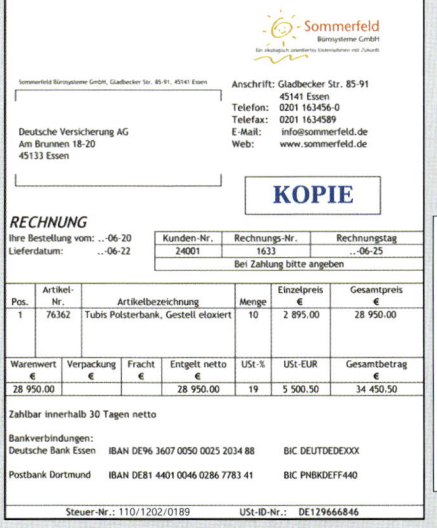

CITY-TANKSTELLE
Inh. Britte Huber e. K.
Bahnhofstraße 34
45295 Essen
Tel.: 0201 543463

SUPER BLEIFREI	58,20 EUR
ZP 5	35,00 LTR
MWST-BRUTTOUMS.	58,20 EUR
19 % UST	9,29 EUR
TOTAL	58,20 EUR

69022   ..-06-25   13:53

VIELEN DANK UND GUTE FAHRT

Beleg-Nr. 2166

J. F. CASPERS e. K.
Fischerstraße, 45128 Essen, Tel: 0201 662196   Fachgeschäft für Schreibwaren

Sommerfeld Bürosysteme GmbH
Essen

	Datum: 06.12.20..	EUR	EUR	Ct
5	Datumstempel	2,38	11	90
40	Ordner	3,57	142	80
			154	70

Betrag dankend erhalten
Essen, den 6. Dezember ..
J. F. CASPERS

Vielen Dank für Ihren Besuch

Verk. 3	4557-8	In diesem Betrag sind 19 % Umsatzsteuer enthalten

---

Sommerfeld
Bürosysteme GmbH

Sommerfeld Bürosysteme GmbH, Gladbecker Str. 85-91, 45141 Essen

Deutsche Versicherung AG
Am Brunnen 18-20
45133 Essen

Anschrift: Gladbecker Str. 85-91
45141 Essen
Telefon: 0201 163456-0
Telefax: 0201 1634589
E-Mail: info@sommerfeld.de
Web: www.sommerfeld.de

KOPIE

RECHNUNG

Ihre Bestellung vom: ..-06-20
Lieferdatum: ..-06-22

Kunden-Nr.	Rechnungs-Nr.	Rechnungstag
24001	1633	..-06-25

Bei Zahlung bitte angeben

Pos.	Artikel-Nr.	Artikelbezeichnung	Menge	Einzelpreis €	Gesamtpreis €
1	76362	Tubis Polsterbank, Gestell eloxiert	10	2 895,00	28 950,00

Warenwert €	Verpackung €	Fracht €	Entgelt netto €	USt-%	USt-EUR	Gesamtbetrag €
28 950,00			28 950,00	19	5 500,50	34 450,50

Zahlbar innerhalb 30 Tagen netto

Bankverbindungen:
Deutsche Bank Essen   IBAN DE96 3607 0050 0025 2034 88   BIC DEUTDEDEXXX
Postbank Dortmund   IBAN DE81 4401 0046 0286 7783 41   BIC PNBKDEFF440

Steuer-Nr.: 110/1202/0189   USt-ID-Nr.:   DE129666846

KONTOAUSZUG   Sommerfeld Bürosysteme GmbH
DEUTSCHE BANK Essen   IBAN DE96 2607 0050 0025 2034 88
BIC: DEUTDEDEXXX   Auszug Nr. 136

Buch.-Tag	Wert	Erläuterung/Verwendungszweck		Umsätze
05.07.	05.07.	COMPUTEC GmbH, Kd.-Nr. 05839, Re.-Nr. 19230		14 994,00 –
05.07.	05.07.	Raumkultur Peter Nicolai e. K., Kd.-Nr. 24010, Re.-Nr. 1542		99 067,00 +

04.07. Letzter Auszug	05.07. Auszugsdatum	€ 238 124,25 H Alter Kontostand	€ 322 197,75 H Neuer Kontostand

Sommerfeld Bürosysteme GmbH, Gladbecker Str. 85 – 91, 45141 Essen

---

a) Bilden Sie die Buchungssätze zur Erfassung der fünf Belege.
b) Errechnen Sie
   ba) den Umsatzsteueranteil aus dem Kassenbeleg der J. F. Caspers e. K.,
   bb) den Umsatzsteueranteil aus der Benzinrechnung,
   bc) aus den vier ersten Belegen die Umsatzsteuerschuld, die absetzbare Vorsteuer, die Umsatzsteuerzahllast.

9. Der Rechnungsbetrag für einen Büromaterialeinkauf beträgt einschließlich 19 % Umsatzsteuer 98,79 €. Ermitteln Sie den Nettowert und die Umsatzsteuer in Euro und bilden Sie den Buchungssatz.

7 Abschreibungen erfassen

Die Sommerfeld Bürosysteme GmbH hat am 13. Januar des vergangenen Geschäftsjahres einen Lkw angeschafft und dafür die folgende Eingangsrechnung erhalten:

Im Rahmen der Inventurabschlussarbeiten stößt Rudolf Heller auf diese Eingangsrechnung. Er ist sich unsicher, wie er den korrekten Wert des Lkws nach nunmehr fast einem Jahr Nutzung ermitteln soll, zumal mit dem Lkw bereits 45 000 km gefahren wurden.

Arbeitsaufträge

- Bilden Sie den Buchungssatz zur Buchung der Eingangsrechnung vom 13.01.20..
- Begründen Sie, warum bei der Inventur eine Wertminderung zu berücksichtigen ist.
- Suchen Sie gemeinsam mit Ihrem Tischnachbarn nach Möglichkeiten, den aktuellen Wert des Lkws festzustellen.
- Bilden Sie unter Zuhilfenahme des Kontenrahmens einen möglichen Buchungssatz zur Erfassung des Werteverfalls (Abschreibung).

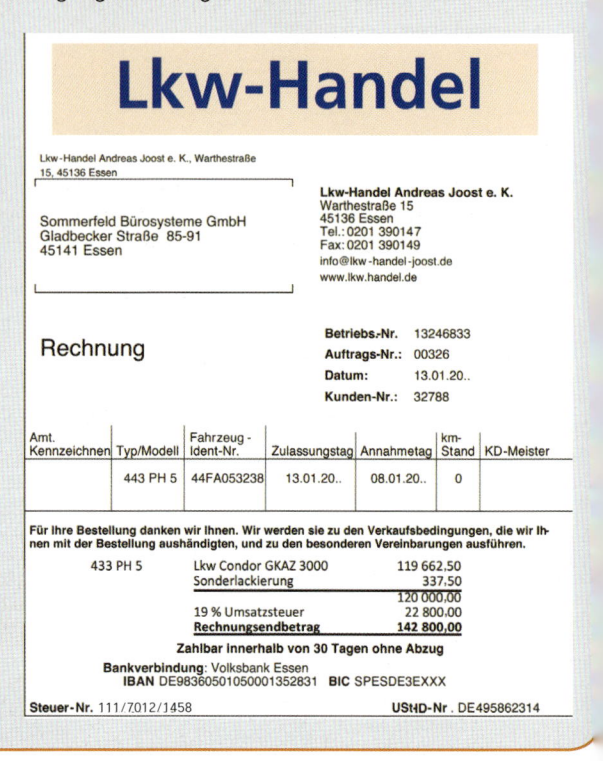

Rechnung

Lkw-Handel Andreas Joost e. K., Warthestraße 15, 45136 Essen

Sommerfeld Bürosysteme GmbH
Gladbecker Straße 85-91
45141 Essen

Lkw-Handel Andreas Joost e. K.
Warthestraße 15
45136 Essen
Tel.: 0201 390147
Fax: 0201 390149
info@lkw-handel-joost.de
www.lkw.handel.de

Betriebs-Nr. 13246833
Auftrags-Nr.: 00326
Datum: 13.01.20..
Kunden-Nr.: 32788

Amt. Kennzeichen	Typ/Modell	Fahrzeug-Ident-Nr.	Zulassungstag	Annahmetag	km-Stand	KD-Meister
	443 PH 5	44FA053238	13.01.20..	08.01.20..	0	

Für Ihre Bestellung danken wir Ihnen. Wir werden sie zu den Verkaufsbedingungen, die wir Ihnen mit der Bestellung aushändigten, und zu den besonderen Vereinbarungen ausführen.

433 PH 5	Lkw Condor GKAZ 3000	119 662,50
	Sonderlackierung	337,50
		120 000,00
	19 % Umsatzsteuer	22 800,00
	Rechnungsendbetrag	**142 800,00**

Zahlbar innerhalb von 30 Tagen ohne Abzug
Bankverbindung: Volksbank Essen
IBAN DE98360501050001352831 BIC SPESDE3EXXX

Steuer-Nr. 111/7012/1458   **UStID-Nr.** DE495862314

Anschaffung von Sachanlagen

Sachanlagen gehören zum Anlagevermögen, das dazu bestimmt ist, dem Unternehmen dauerhaft, d. h., langfristig oder mehrmals zu dienen.

Beispiele: Grundstücke, Gebäude, Maschinen, Lkw, Pkw, Computer

→ LF 8 Bei der Anschaffung sind diese Anlagegüter auf den jeweiligen aktiven Bestandskonten mit ihrem **Anschaffungswert** zu erfassen. Zu dem Anschaffungswert zählen auch **Anschaffungsnebenkosten**, wie Überführungskosten, Zulassungsgebühren, Nummernschilder u. Ä. (vgl. § 255 HGB). Die Umsatzsteuer sowie mögliche Finanzierungskosten zählen nicht zu den Anschaffungskosten.

Beispiel: Für einen neu angeschafften Firmen-Pkw errechnen sich die Anschaffungskosten wie folgt:

Anschaffungspreis	Listenpreis	24 000,00 €
− Anschaffungspreisminderung	Rabatt	− 3 000,00 €
+ Anschaffungsnebenkosten	Überführung und Zulassung	+ 550,00 €
+ nachträgliche Anschaffungskosten	Einbau: Radio	+ 1 300,00 €
= Anschaffungskosten		22 850,00 €

> **PRAXISTIPP!**
>
> *Regelmäßig anfallende Kosten für die Wartung oder Kosten für die Nutzung des Anlagegutes zählen nicht zu den Anschaffungskosten. Sie werden sofort als Aufwand erfasst.*

Abschreibung

Gegenstände des Anlagevermögens sind dazu bestimmt, dem Unternehmen **dauerhaft** zu dienen. Die Nutzung der meisten Anlagegüter ist jedoch zeitlich begrenzt, da sie abgenutzt werden (**abnutzbares Anlagevermögen**).

→ **LF 4**

Sie unterliegen einem ständigen Werteverfall und müssen von Zeit zu Zeit durch neue Anlagegüter ersetzt werden. Die häufigsten Ursachen des Werteverfalls sind:

- **technischer Verschleiß** durch die Nutzung des Anlagegutes
- **ruhender Verschleiß**, der durch Umwelteinflüsse entsteht (Verwitterung, Rost usw.)
- **wirtschaftliche Abnutzung**, die eine Wertminderung aufgrund des vermuteten technischen Fortschritts berücksichtigt

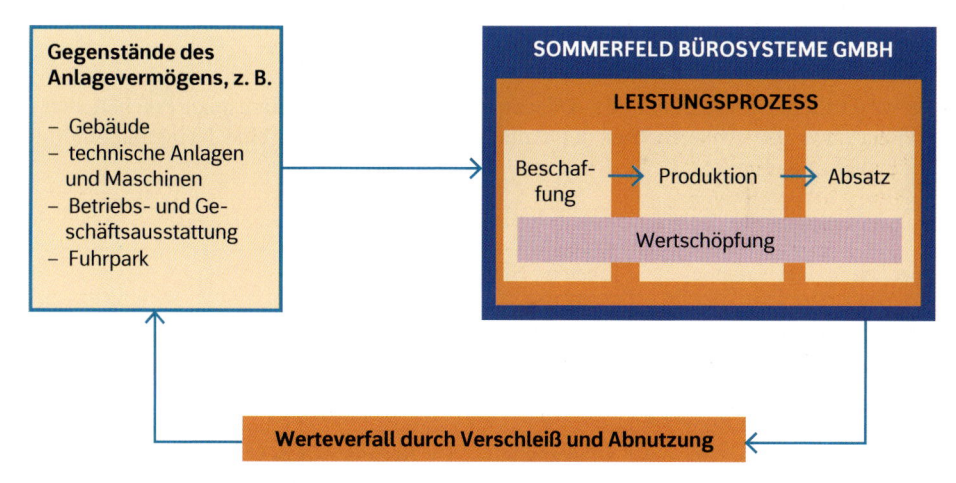

Gegenstände des Anlagevermögens, z. B.
- Gebäude
- technische Anlagen und Maschinen
- Betriebs- und Geschäftsausstattung
- Fuhrpark

SOMMERFELD BÜROSYSTEME GMBH
LEISTUNGSPROZESS
Beschaffung → Produktion → Absatz
Wertschöpfung

Werteverfall durch Verschleiß und Abnutzung

Dieser **Werteverfall** mindert das Anlagevermögen und stellt einen **Aufwand** für das Unternehmen dar, der das Eigenkapital mindert. Dieser **Werteverfall** ist **jährlich** mittels **Abschreibungen** zu erfassen.

> **§ 253 Abs. 2 Sätze 1 u. 2 HGB** Bei Vermögensgegenständen des Anlagevermögens, deren Nutzung zeitlich begrenzt ist, sind die Anschaffungs- oder Herstellungskosten um planmäßige Abschreibungen zu vermindern: Der Plan muss die Anschaffungs- oder Herstellungskosten auf die Geschäftsjahre verteilen, in denen der Vermögensgegenstand voraussichtlich genutzt werden kann.

> *Abschreibung:*
> - *Die buchmäßige Erfassung der Wertminderung des Vermögens wird als Abschreibung bezeichnet. Das Steuerrecht nennt diese Abschreibung Absetzung für Abnutzung (AfA).*
> - *Über die Buchung der Abschreibung werden die Anschaffungskosten nach und nach als Aufwand auf die Jahre der Nutzung verteilt. Das Handelsrecht nennt diesen Aufwand planmäßige Abschreibung (siehe Gesetzestext S. 347).*

Abschreibungsplan

Für jeden Gegenstand des abnutzbaren Anlagevermögens sollte ein Abschreibungsplan aufgestellt werden, der alle Daten über das Anlagegut enthält.

Beispiel: Daten des Abschreibungsplans für den Lkw lt. Eingangsrechnung (vgl. S. 346)

Bezeichnung des Anlagegutes:	Lkw Condor GKAT 3000-443 PH 5
Tag der Anschaffung des Anlagegutes:	13.01.20..
Höhe der Anschaffungskosten:	120 000,00 €
voraussichtliche Nutzungsdauer:	9 Jahre
Abschreibungsmethode:	lineare Abschreibung

Die Länge der Nutzungsdauer wird für alle Unternehmen einheitlich festgelegt durch die vom Bundesfinanzministerium veröffentlichte AfA-Tabelle, welche Sie unter folgender Internet-Adresse abrufen können:
www.bundesfinanzministerium.de

Alle wesentlichen Daten über das Anlagegut für den Abschreibungsplan ergeben sich in der Regel aus der Anlagendatei der Anlagenbuchhaltung, die eine Nebenbuchhaltung (vgl. S. 309 f.) darstellt.

Anlagedatei		Sommerfeld Bürosysteme GmbH		
Gegenstand: Lkw Condor		Fahrzeug-Nr.: 44 FA 053 238		
Fabrikat: GKAT 3000		Lieferer: Lkw-Handel Andreas Joost e. K., Essen		
Nutzungsdauer: 9 Jahre		Anschaffungskosten: 120 000,00 €		
Konto-Nr.: 0840		AfA-Satz: 11 1/9 % AfA-Methode: linear		
Datum	Vorgang	Zugang in €	Abgang/AfA in €	Bestand in €
13.01.20..	ER 12	120 000,00		
31.12.20..	Umbuchung 23: AfA		13 333,33	106 666,67

Zeitanteilige Abschreibung

Werden die Anlagegüter nicht zum Jahresbeginn angeschafft, sondern im laufenden Kalenderjahr, so muss im **Anschaffungsjahr** – auf **volle Nutzungsmonate aufgerundet** – zeitanteilig abgeschrieben werden. Für das **letzte Nutzungsjahr** bedeutet dies, dass nur die verbleibenden Monate abgeschrieben werden dürfen.

Beispiel: Der Abschreibungsbetrag für eine am 7. Mai gekaufte Fertigungsmaschine beträgt im Anschaffungsjahr für 8 aufgerundete Nutzungsmonate 8/12 der möglichen Jahresabschreibung. Im letzten Nutzungsjahr dürfen folglich nur 4/12 der möglichen Jahresabschreibung abgeschrieben werden.

Wird ein Anlagegut vor Ablauf der vollen Nutzungsdauer wieder verkauft, so wird der letzte Nutzungsmonat nicht mehr abgeschrieben.

Beispiel: Eine noch nicht voll abgeschriebene Fertigungsanlage wird am 15. August wieder verkauft. Im Jahr des Verkaufs wird diese Fertigungsanlage somit nur für sieben Monate (Januar–Juli) im die Fertigungsanlage verkaufenden Unternehmen abgeschrieben. Das Unternehmen, welches die Fertigungsanlage kauft, schreibt diese im Jahr des Kaufs dann für fünf Monate (August–Dezember) ab.

Der Verkauf von Gegenständen des Anlagevermögens wird über das Ertragskonto 5410 Sonstige Erlöse erfasst. Die Ausbuchung des Gegenstandes erfolgt dann mithilfe des Kontos 6979 Anlagenabgänge[1].

Beispiel: Eine Fertigungsanlage hat einen Restbuchwert von 20 000,00 €.

Variante 1: Die Fertigungsanlage wird für 20 000,00 € netto (zum Buchwert) auf Ziel verkauft.

Buchungen:	2400 Ford. LL	an	5410 Sonstige Erlöse	23 800,00	20 000,00
			4800 USt		3 800,00
	6979 Anlagenabgänge	an	0700 TA & M	20 000,00	20 000,00

Variante 2: Die Fertigungsanlage wird für 23 000,00 € netto (über Buchwert) auf Ziel verkauft.

Buchungen:	2400 Ford. LL	an	5410 Sonstige Erlöse	27 370,00	23 000,00
			4800 USt		4 370,00
	6979 Anlagenabgänge	an	0700 TA & M	20 000,00	20 000,00

Variante 3: Die Fertigungsanlage wird für 18 000,00 € netto (unter Buchwert) auf Ziel verkauft.

Buchungen:	2400 Ford. LL	an	5410 Sonstige Erlöse	21 420,00	18 000,00
			4800 USt		3 420,00
	6979 Anlagenabgänge	an	0700 TA & M	20 000,00	20 000,00

Methoden der planmäßigen Abschreibung

Die Darstellung der Vermögenslage (Anlagevermögen) und der Ertragslage (Abschreibung als Aufwand und somit als Einflussgröße des Erfolges) ist von der Abschreibungsmethode abhängig.

Lineare Abschreibung

Bei der linearen Abschreibung werden die Anschaffungskosten gleichmäßig auf die Jahre der Nutzung verteilt, sodass stets **gleich hohe Abschreibungsbeträge** anfallen. In Industrieunternehmen kommt regelmäßig die lineare Abschreibungsmethode zur Anwendung. Dies gilt vor allem dann, wenn bei gleichmäßiger Nutzung auch eine gleichmäßige Abnutzung des Anlagegutes unterstellt wird.

---

[1] Die Buchung über die Konten 5460 Erträge aus dem Abgang von Vermögensgegenständen bzw. 6960 Verluste aus dem Abgang von Vermögensgegenständen ist nicht IHK-relevant.

Beispiel: Für den angeschafften Lkw mit Anschaffungskosten von 120 000,00 € und einer Nutzungsdauer von neun Jahren ermittelt Daniela die folgenden Beträge:

$$\text{Abschreibungsbetrag pro Jahr} = \frac{\text{Anschaffungskosten}}{\text{Nutzungsdauer}} = \frac{120\,000}{9} = 13\,333{,}33\ \text{€}$$

$$\text{Abschreibungssatz in \%} = \frac{100}{\text{Nutzungsdauer}} = \frac{100}{9} = 11{,}11\ \%$$

Geometrisch-degressive Abschreibung[1]

Bei der geometrisch-degressiven Abschreibung wird der Abschreibungsbetrag durch die Anwendung eines gleichbleibenden Abschreibungssatzes auf den jeweiligen Restbuchwert des Anlagegutes berechnet. Dadurch ergibt sich ein von Jahr zu Jahr fallender Abschreibungsbetrag, der in den ersten Jahren der Nutzung sehr hoch und in den späteren Nutzungsjahren niedrig ausfällt. Bei dieser Methode wird der Endwert Null in der geschätzten Nutzungsdauer nie erreicht.

Bis zum 31.12.2005 betrug der geometrisch-degressive Abschreibungssatz das Doppelte des linearen AfA-Satzes (max. 20 %). Vom 01.01.2006 bis zum 31.12.2007 wurde er auf das Dreifache des linearen AfA-Satzes (max. 30 %) angehoben, bevor im Jahr 2008 die geometrisch-degressive Abschreibung ausgesetzt und dann zum 01.01.2009 wieder eingeführt wurde. Bis zum 31.12.2010 betrug der geometrisch-degressive AfA-Satz nun das 2,5-fache (max. 25 %) des linearen AfA-Satzes. Zum 01.01.2011 wurde die geometrisch-degressive Abschreibung erneut abgeschafft und ist nunmehr für Gegenstände des abnutzbaren Anlagevermögens, die nach dem 31.12.2010 angeschafft wurden, **nicht mehr zulässig.**

Leistungsabschreibung

Bei dieser Abschreibungsmethode wird die Nutzungsdauer eines Wirtschaftsgutes nicht in Jahren ausgedrückt, sondern in Leistungseinheiten, die das Wirtschaftsgut während der Dauer seiner Nutzung leisten kann. Betriebswirtschaftlich ist diese Methode am genauesten und daher zweckmäßig. Empfehlenswert ist die Leistungsabschreibung bei einer starken Nutzungsschwankung. Steuerrechtlich ist sie jedoch nur zulässig, wenn die jährliche Leistungsabgabe nachgewiesen werden kann (z. B. Zähler oder Fahrtenbuch).

---

[1] *Die geometrisch-degressive Abschreibung ist seit 2009 für die IHK-Abschlussprüfung nicht mehr relevant.*

Beispiel: Für den angeschafften Lkw wird während der 9-jährigen Nutzungsdauer eine Gesamtkilometerleistung von 500 000 km geschätzt. Für die jeweiligen Nutzungsjahre rechnet Rudolf mit den folgenden Planwerten: 1. Jahr 45 000 km; 2. Jahr 28 000 km; 3. Jahr 51 000 km; 4. Jahr 78 000 km; 5. Jahr 55 000 km; 6. Jahr 75 000 km; 7. Jahr 65 000 km; 8. Jahr 50 000 km; 9. Jahr 53 000 km.

$$\text{Abschreibungsbetrag des ersten Nutzungsjahres} = \frac{\text{Anschaffungskosten} \cdot \text{Istleistung im Abschreibungsjahr}}{\text{geschätzte Gesamtleistung}} = \frac{120\,000 \cdot 45\,000}{500\,000} = 10\,800{,}00\,€$$

Vergleich der Abschreibungsmethoden in einer Abschreibungstabelle

Anlagegut: Lkw Fabrikat: Condor GKAT 3000-443 PH 5 Nutzungsdauer: 9 Jahre	Lineare AfA 11 1/9 % der Anschaffungskosten	Leistungsabschreibung
Anschaffungskosten – Abschreibung des 1. NJ	120 000,00 13 333,33	120 000,00 10 800,00
Buchwert nach dem 1. NJ – Abschreibung des 2. NJ	106 666,67 13 333,33	109 200,00 6 720,00
Buchwert nach dem 2. NJ – Abschreibung des 3. NJ	93 333,34 13 333,33	102 480,00 12 240,00
Buchwert nach dem 3. NJ – Abschreibung des 4. NJ	80 000,01 13 333,33	90 240,00 18 720,00
Buchwert nach dem 4. NJ – Abschreibung des 5. NJ	66 666,68 13 333,33	71 520,00 13 200,00
Buchwert nach dem 5. NJ – Abschreibung des 6. NJ	53 333,35 13 333,33	58 320,00 18 000,00
Buchwert nach dem 6. NJ – Abschreibung des 7. NJ	40 000,02 13 333,33	40 320,00 15 600,00
Buchwert nach dem 7. NJ – Abschreibung des 8. NJ	26 666,69 13 333,33	24 720,00 12 000,00
Buchwert nach dem 8. NJ – Abschreibung des 9. NJ	13 333,36 13 332,36	12 720,00 12 719,00
Erinnerungswert	1,00	1,00

Auswirkungen von Abschreibungen

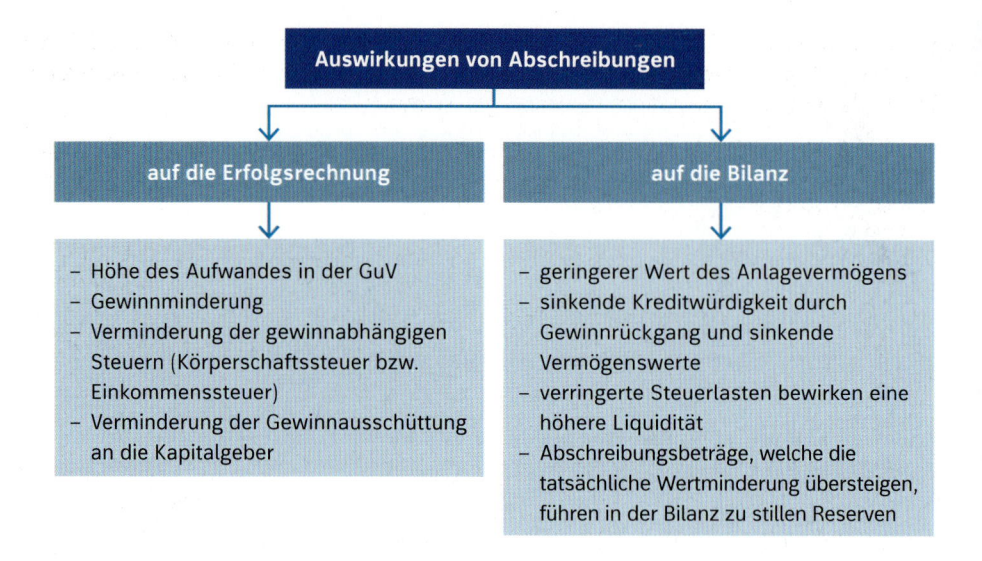

auf die Erfolgsrechnung
- Höhe des Aufwandes in der GuV
- Gewinnminderung
- Verminderung der gewinnabhängigen Steuern (Körperschaftssteuer bzw. Einkommenssteuer)
- Verminderung der Gewinnausschüttung an die Kapitalgeber

auf die Bilanz
- geringerer Wert des Anlagevermögens
- sinkende Kreditwürdigkeit durch Gewinnrückgang und sinkende Vermögenswerte
- verringerte Steuerlasten bewirken eine höhere Liquidität
- Abschreibungsbeträge, welche die tatsächliche Wertminderung übersteigen, führen in der Bilanz zu stillen Reserven

Buchung der Abschreibung

Abschreibungen auf das abnutzbare Anlagevermögen sind Aufwendungen, die im Soll des **Aufwandskontos „Abschreibungen auf Sachanlagen"** und im Haben des entsprechenden Anlagekontos als Minderung des Anlagevermögens gebucht werden. Das Anlagekonto weist dann nach der durchgeführten Abschreibung am Jahresende den **Buchwert** aus.

Beispiel: Buchung der Abschreibung und Ermittlung des Buchwertes am Jahresende für den angeschafften LKW.

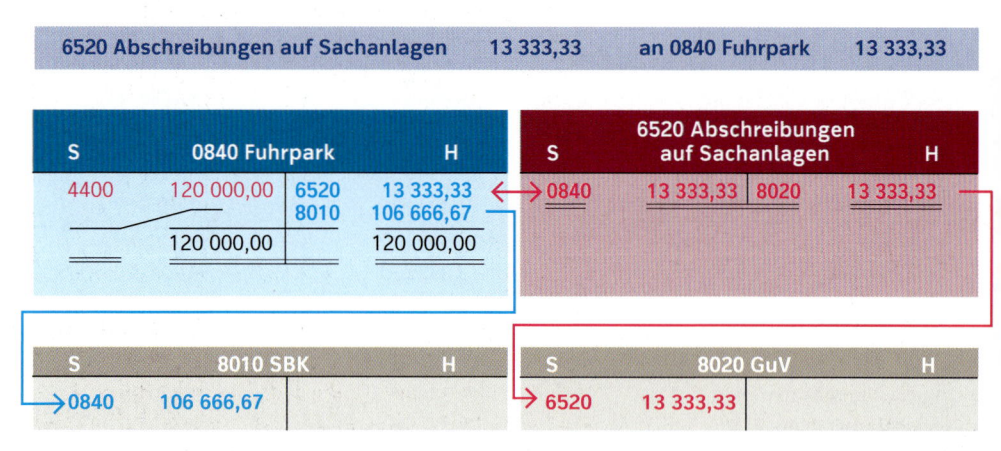

6520 Abschreibungen auf Sachanlagen	13 333,33	an 0840 Fuhrpark	13 333,33

S	0840 Fuhrpark		H
4400	120 000,00	6520	13 333,33
		8010	106 666,67
	120 000,00		120 000,00

S	6520 Abschreibungen auf Sachanlagen		H
0840	13 333,33	8020	13 333,33

S	8010 SBK		H
0840	106 666,67		

S	8020 GuV		H
6520	13 333,33		

Geringwertige Wirtschaftsgüter des Anlagevermögens

→ LS 25.II

Seit 2018 sind **drei Kategorien** zu unterscheiden, für die der Gesetzgeber eine Bewertungs- und Verwaltungsvereinfachung anstrebt.

1. Gegenstände, deren AK oder HStK **250,00 €** nicht übersteigen, **können** im Jahr der Anschaffung/Herstellung in voller Höhe als Aufwand angesetzt werden **oder** mit ihren AK/HStK aktiviert und dann über ihre betriebsgewöhnliche Nutzungsdauer abgeschrieben werden (**Wahlrecht**).

7 Abschreibungen erfassen

2. Gegenstände mit AK/HStK über **250,00 €** bis **800,00 €** können nach § 6 Abs. 2 Satz 1 EStG sofort als Aufwand erfasst werden oder aktiviert und über ihre betriebsgewöhnliche Nutzungsdauer abgeschrieben werden (**Wahlrecht**).

Voraussetzung für eine Sofortabsetzung ist, dass die GwG unter Angabe des Tages der Anschaffung/Herstellung mit ihren AK/HStK in einem besonderen, laufend zu führenden **Verzeichnis** erfasst werden.

3. Alternativ zu 2. **können alle GwG** eines Geschäftsjahres mit AK/HStK von **über 250,00 € bis max. 1 000,00 €** in einem **Sammelpool** erfasst und über die **Nutzungsdauer von fünf Jahren gemeinsam abgeschrieben** werden. Für jedes Geschäftsjahr wird ein „Poolkonto" geführt, in welchem die GWG, die in diesem Jahr angeschafft wurden, geführt werden (Kontonummern 0891–0895).

Ein Nebeneinander der Alternativen 2. und 3. ist nicht zulässig.

GWG – selbstständig nutzbar	<ul><li>Lagerregale</li><li>Kisten, Fässer, Paletten, Collicos</li><li>Tischrechner, Büromöbel, Kopiergeräte</li></ul>
Keine GWG, da nicht selbstständig nutzbar	<ul><li>Drucker für den Personalcomputer</li><li>Einzelbauteile für Lagerregale</li><li>Ersatzreifen für Fahrzeuge</li></ul>

Beispiel: Bildung und Abschreibung eines GWG-Pools im Geschäftsjahr 01

Datum	0891 GWG	Anschaffungskosten in €	Abgang
25.01.	1 Schreibtischstuhl	580,00	
28.03.	1 Laptop	998,00	
26.06.	1 Schreibtischlampe	298,00	
05.09.	1 Regal	776,00	
14.11.	1 Tischkopierer	348,00	
31.12.	Pool	3 000,00	
31.12.	AfA 01: 20 %	600,00	
	Buchwert 1	2 400,00	

Buchung zum 31.12.01

6540 Abschreibungen
auf GWG 590,00
an 0891 GWG 01 590,00

Nach § 6 Abs. 2a EStG bleiben die Abschreibungen auf einen Jahrespool unverändert, auch wenn während der Nutzungsdauer von fünf Jahren einzelne Wirtschaftsgüter entnommen oder veräußert werden. Außer der Zugangserfassung sind **keine weiteren Aufzeichnungen** und **keine Einzelbewertung** der GWG mehr erforderlich. Mit dieser Vorschrift ist somit eine erhebliche Vereinfachung der jährlichen Inventur verbunden.

> **PRAXISTIPP!**
>
> *Unternehmen sollten prüfen, ob den Wirtschaftsgütern in einigen Fällen ihre selbstständige Nutzbarkeit abgesprochen werden kann. Denn die Folge davon wäre eine Aktivierung (gemeinsam mit jenen Gütern, mit denen sie eine Einheit bilden) und folglich eine Abschreibung über die betriebsgewöhnliche Nutzungsdauer, die nicht selten niedriger als fünf Jahre ist (z. B. PC).*

Finanzierung durch Abschreibung

→ LF 11 **Abschreibungen** gehen als **Kosten** mit in die **Verkaufskalkulation** ein und fließen somit über die Umsatzerlöse wieder als liquide Mittel in das Unternehmen zurück. Diese liquiden Mittel stehen dann wieder für Anlagegüterinvestitionen zur Verfügung. Das Unternehmen finanziert somit die Anschaffung von Anlagegütern in erster Linie aus Abschreibungsrückflüssen (Kapitalfreisetzungseffekt). **Abschreibungen** sind deshalb ein wichtiges **Mittel zur Finanzierung**.

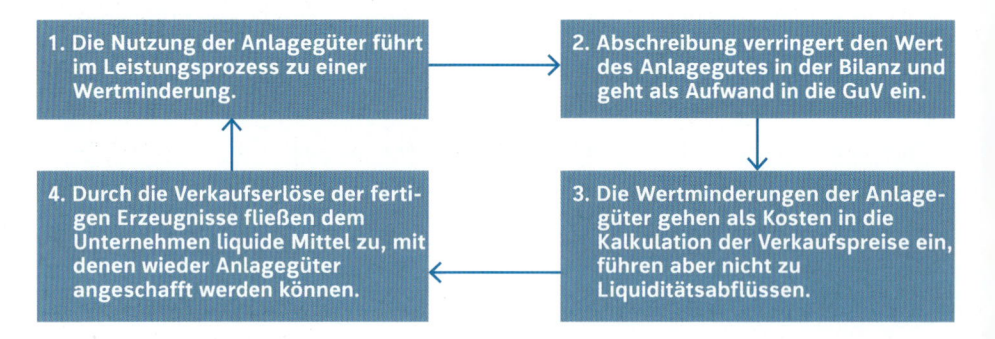

1. Die Nutzung der Anlagegüter führt im Leistungsprozess zu einer Wertminderung.

2. Abschreibung verringert den Wert des Anlagegutes in der Bilanz und geht als Aufwand in die GuV ein.

4. Durch die Verkaufserlöse der fertigen Erzeugnisse fließen dem Unternehmen liquide Mittel zu, mit denen wieder Anlagegüter angeschafft werden können.

3. Die Wertminderungen der Anlagegüter gehen als Kosten in die Kalkulation der Verkaufspreise ein, führen aber nicht zu Liquiditätsabflüssen.

Zusammenfassung

Abschreibungen erfassen

- *Anlagegüter werden beim Kauf auf verschiedenen aktiven Bestandskonten erfasst.*
- *Sie sind dazu bestimmt, dem Unternehmen dauernd (i. S. von mehrmals) zu dienen.*
- *Abnutzbare Anlagen verlieren kontinuierlich an Wert.*
- *Mithilfe der Abschreibungen werden die Wertminderungen der Sachanlagen erfasst.*
- *Bei der Buchung der Abschreibung erfolgt die Sollbuchung auf dem Aufwandskonto „Abschreibungen auf Sachanlagen", die Habenbuchung auf dem Anlagenkonto.*
- *Die **Bilanz** weist den berichtigten Wert, den **Buch-** oder **Restwert**, aus.*
- *Die **Gewinn- und Verlustrechnung** stellt die Abschreibung als Aufwand und Minderung des Gewinnes dar.*
- ***Geringwertige Wirtschaftsgüter des Anlagevermögens:***

    *(1) Gegenstände, deren AK oder HStK **250,00 €** nicht übersteigen, werden direkt als Aufwand erfasst.*

    *(2) Gegenstände mit AK/HStK über **250,00 € bis 800,00 €** können direkt als Aufwand erfasst oder im AV aktiviert werden.*

    *(3) Alternativ zu (2) können **alle GwG** mit AK/HStK **über 250,00 € bis 1 000,00 €** in einem Sammelpool erfasst und gemeinsam abgeschrieben werden.*

7 Abschreibungen erfassen

Bedeutung der Abschreibung

Instrument der Bilanzpolitik

Bilanz
- Höhe des Vermögens
- stille Reserven
- Kreditwürdigkeit

GuV-Rechnung
- Gewinn/Verlust
- Besteuerung
- Ausschüttung
- Kreditwürdigkeit

Instrument der Finanzierung (Ersatz und Erweiterung)

Anschaffungskosten der Betriebsmittel
↓
Kalkulation in die Erzeugnispreise
↓
Forderungen Umsatzerlöse
↓
liquide Mittel

Instrument der Wirtschaftspolitik

Erhöhung der AfA-Sätze
- Aufwandserhöhung
- Steuerminderung
- Liquiditätsverbesserung
- Belebung der Investitionstätigkeit
- neue Arbeitsplätze

Senkung der AfA-Sätze
- Aufwandsminderung
- Steuermehrung
- Liquiditätsverschlechterung
- nachlassende Investitionstätigkeit

Abschreibungsmethoden

lineare Abschreibung

- Abschreibung in gleichbleibenden Jahresbeträgen
- **Abschreibungsbetrag:**

$$= \frac{\text{Anschaffungswert}}{\text{Nutzungsdauer}}$$

- **AfA-Satz:**

$$= \frac{100}{\text{Nutzungsdauer}}$$

- unterstellt gleichmäßigen Werteverzehr

Abschreibung nach Maßgabe der Leistung

- Leistungsabgabe muss nachgewiesen werden über Zählwerk, Fahrtenbuch
- **Abschreibungsbetrag:**

$$\frac{\text{AK} \cdot \text{Jahresleistung}}{\text{Gesamtleistung}}$$

- Abschreibungsrate verhält sich proportional zur Leistungsabgabe

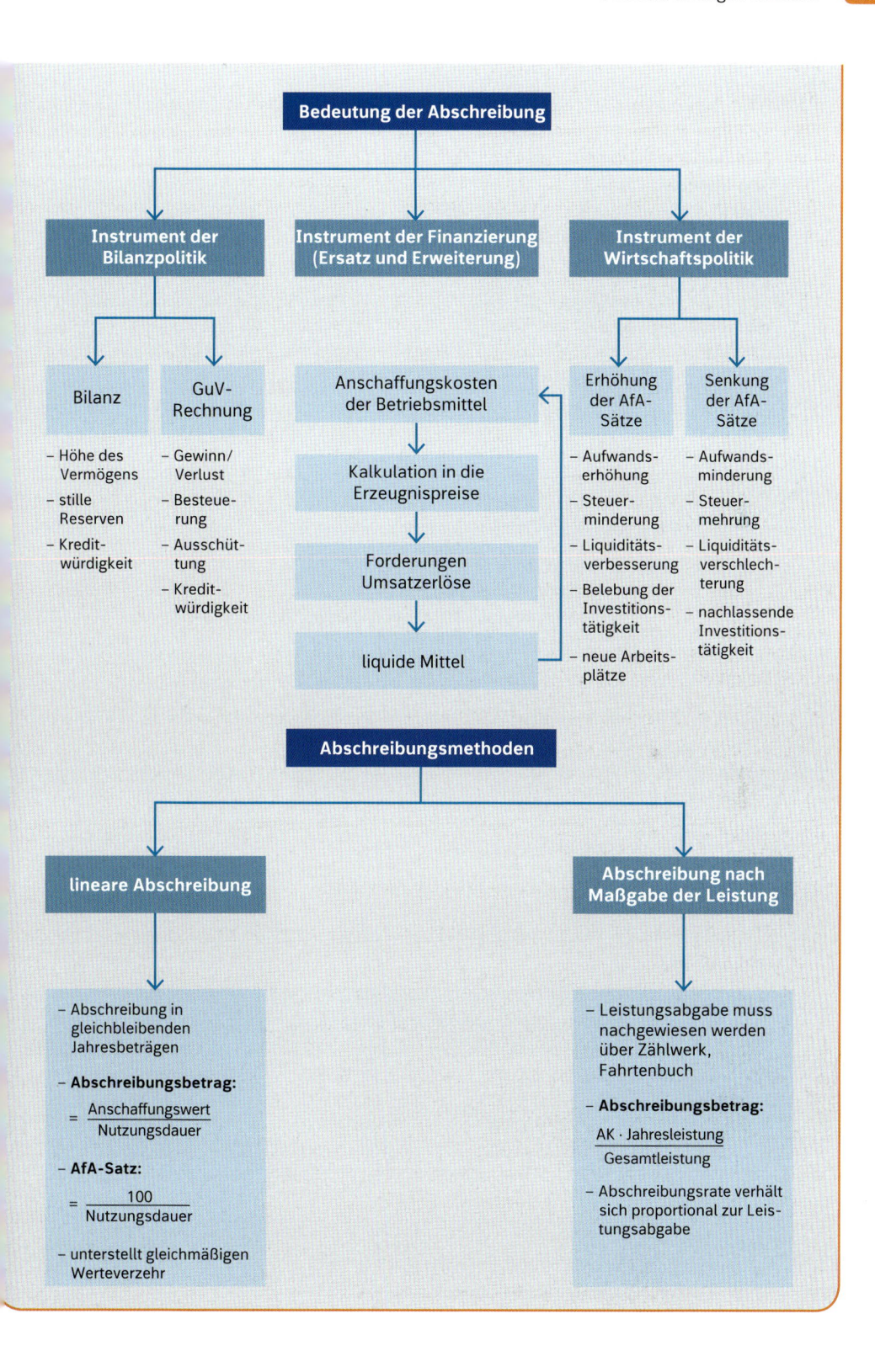

Aufgaben

1. Ermitteln Sie die AK und buchen Sie die jährliche Abschreibung für folgenden Lkw:
   Listenpreis: 85 000,00 € zzgl. USt
   Sonderrabatt: 7 %
   Überführungskosten: 950,00 € zzgl. USt
   Nutzungsdauer: 8 Jahre (lineare Abschreibung)

2. Berechnen Sie den Abschreibungsbetrag und den Abschreibungssatz einer Schleifmaschine für das zweite Jahr der Nutzungsdauer bei linearer Abschreibung und stellen Sie den verbleibenden Buchwert fest.
   Anschaffungskosten: 43 680,00 €, Nutzungsdauer: 7 Jahre.

3. Am Anfang des Geschäftsjahres wurde ein Lkw für 198 000,00 € netto eingekauft. Die betriebsgewöhnliche Nutzungsdauer beträgt 9 Jahre.

   a) Ermitteln Sie bei linearer Abschreibung
      aa) den Abschreibungssatz,
      ab) den Abschreibungsbetrag,
      ac) den Buchwert nach dem ersten Jahr.

   b) Bilden Sie die Buchungssätze zum 31.12.
      ba) zur Erfassung der Abschreibung,
      bb) zum Abschluss des Kontos „Abschreibungen auf Sachanlagen",
      bc) zum Abschluss des Kontos „Fuhrpark".

4. Welche der folgenden Aussagen treffen auf die lineare Abschreibung zu?

   a) Der Abschreibungsbetrag wird jährlich mithilfe eines festen Prozentsatzes vom Anschaffungswert berechnet.
   b) Der Abschreibungsbetrag wird jährlich mithilfe eines festen Prozentsatzes vom Buchwert berechnet.
   c) Am Ende der geschätzten Nutzungsdauer wird der Nullwert immer erreicht.
   d) Es wird eine gleichbleibende Abnutzung unterstellt.
   e) Die Wertminderung des Anlagegutes wird gleichmäßig auf die Jahre der Nutzung verteilt.

5. Die Buchwerte von vier Anlagegegenständen zeigen folgende Entwicklung im Laufe der Nutzungsjahre:

Anlagegut	Anschaffungswert in €	Buchwert nach dem 1. Jahr in €	Buchwert nach dem 2. Jahr in €
A	69 200,00	64 875,00	60 550,00
B	176 000,00	154 000,00	132 000,00
C	42 900,00	40 040,00	37 180,00
D	125 500,00	100 400,00	75 300,00

Ermitteln Sie für die vier Anlagegegenstände
a) die Abschreibungssätze,
b) die betriebsgewöhnliche Nutzungsdauer,
c) die Buchwerte zum Ende des dritten Nutzungsjahres.

6. Von zwei Anlagegütern gehen zu Beginn des vierten Nutzungsjahres aus der Anlagedatei folgende Werte hervor:

	Lkw	Lagersteuerungsanlage
Anschaffungswert in Euro	180 000,00	348 000,00
aufgelaufene (kumulierte) Abschreibung in Euro	60 000,00	87 000,00

Ermitteln Sie für beide Anlagen bei linearer Abschreibung

a) den jährlichen Abschreibungsbetrag,
b) die betriebsgewöhnliche Nutzungsdauer,
c) den Abschreibungssatz,
d) den Buchwert zum Ende des dritten Jahres,
e) wie viel Prozent von beiden Anlagen bereits abgeschrieben sind.

7. Berechnen Sie den Abschreibungsbetrag und den Abschreibungssatz einer Maschine für das zweite Jahr der Nutzungsdauer bei linearer Abschreibung und stellen Sie den verbleibenden Buchwert fest.
Anschaffungskosten: 109 200,00 €, betriebsgewöhnliche Nutzungsdauer: 15 Jahre.

8. Nach der Anlagendatei besitzt eine Möbelfabrik folgende Anlagen:

Anlagegüter laut Anlagenkartei	Anschaffungs-jahr	Anschaffungs-kosten in €	betriebsgewöhnliche Nutzungsdauer
1 Lastkraftwagen	Jan. 2017	180 000,00	9 Jahre
1 Elektrolastwagen	Jan. 2016	60 000,00	10 Jahre
1 Bürocomputer	Jan. 2018	3 000,00	5 Jahre
1 Panzerschrank	Jan. 2015	14 000,00	20 Jahre

Berechnen Sie bei gleichmäßiger Abschreibung vom Anschaffungswert die Buchwerte dieser Anlagen zum Geschäftsjahresende 31. Dezember 2020.

9. Eine Fertigungsanlage (ND: 15 Jahre) wurde im März des Jahres 01 für 600 000,00 € netto (= AK) gekauft.

a) Ermitteln Sie den RBW am Ende des 1. Nutzungsjahres (lineare Abschreibung).
b) Bereits im August des 2. Nutzungsjahres wurde die Fertigungsanlage für 500 000,00 € wieder verkauft.
  ba) Ermitteln Sie den Buchwert der Fertigungsanlage zum Zeitpunkt des Verkaufs.
  bb) Buchen Sie den Verkauf der Fertigungsanlage auf Ziel.
  bc) Buchen Sie die Fertigungsanlage aus dem Anlagevermögen aus.

10. Berechnen Sie die Abschreibung nach Maßgabe der Leistung für das erste Abschreibungsjahr:

Anlagegut: Lkw, Nutzungsdauer: 9 Jahre, Anschaffungskosten: 180 000,00 €
Geschätzte Gesamt-km: 480 000 km, Leistung im ersten Jahr lt. Zähler: 74 000 km

11. Ein Lkw, Anschaffungswert 160 000,00 €, wird nach Maßgabe der Leistung abgeschrieben. Es wird von einer Gesamtleistung von 2 000 000 km ausgegangen.

   a) Mit welchem Wert ist der Lkw am Ende des dritten Nutzungsjahres zu erfassen, wenn er im ersten Jahr 350 000 km, im zweiten Jahr 360 000 km und im dritten Jahr 320 000 km fuhr?
   b) Welche Vorteile und welche Nachteile hat diese Abschreibungsmethode?

12.

Gegenstand	Anschaffungstag	Anschaffungswert	Nutzungsdauer
1. Maschine	3. Februar	80 000,00 €	8 Jahre
2. Lkw	5. Juli	120 000,00 €	10 Jahre
3. Locher	9. Dezember	38,00 €	10 Jahre
4. PC[1]	5. August	780,00 €	5 Jahre

[1] GwG über 250,00 € bis 1 000,00 € wurden in einem Jahrespool erfasst.

   a) Wie lauten die Buchungssätze bei der Anschaffung (Verrechnungsscheck)?
   b) Mit welchem Betrag sind die einzelnen Gegenstände am Jahresende zu bilanzieren (es wird grundsätzlich linear abgeschrieben)?
   c) Welche Buchungen ergeben sich am Jahresende zur Erfassung der Abschreibung?

8 Inventurbestände (Ist) und Buchbestände (Soll) abgleichen

8.1 Materialbestandsveränderungen buchen

→ LS 27.I

Am Anfang des Geschäftsjahres hatte die Sommerfeld Bürosysteme GmbH einen Bestand von 480 Tischlerplatten à 85,00 €. Diese werden für die Produktion von Regalen und Schreibtischen benötigt. Im Laufe des zurückliegenden Geschäftsjahres wurden 2 500 Tischlerplatten à 85,00 € hinzugekauft. Diese Zukäufe wurden auf dem Konto „6000 Aufwendungen für Rohstoffe" erfasst. Dabei wurde unterstellt, dass diese Rohstoffe auch im Abrechnungsjahr verbraucht und somit zum Aufwand für Rohstoffe wurden.
„Da stimmt doch etwas mit unserem Bestandskonto nicht", stellt Rudolf Heller fest, als er bei der Nachbereitung der vergangenen Inventur bemerkt, dass nur noch 120 Tischlerplatten à 85,00 € auf Lager sind.

Arbeitsaufträge

- Notieren Sie in Stichworten mögliche Gründe, welche erklären, warum zum Ende des Geschäftsjahres weniger Tischlerplatten im Bestand sind als zum Beginn des Geschäftsjahres.

- Unterbreiten Sie einen Vorschlag zur Berichtigung des Lagerbestandes in der Buchhaltung.

Gründe für Inventurdifferenzen

Nicht immer stimmen Soll- und Istbestand überein, sodass sich bei der Auswertung der Inventur die folgenden Szenarien ergeben können:

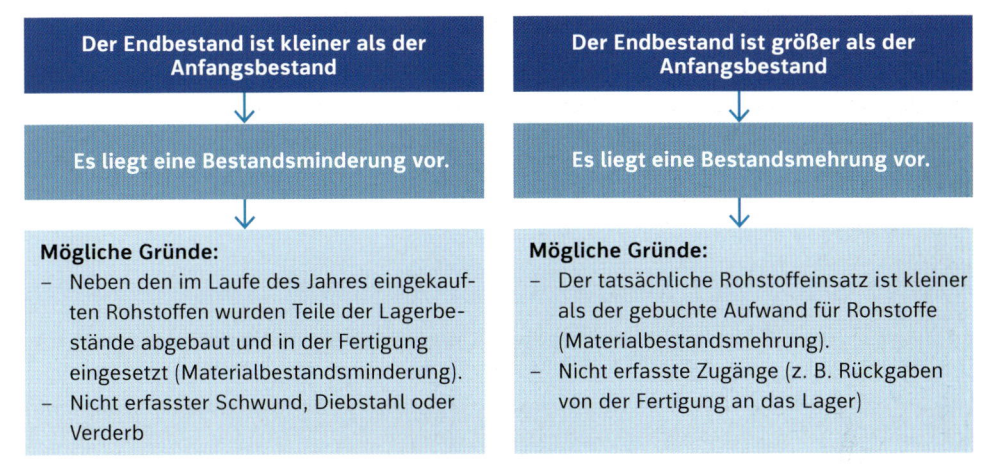

Der Endbestand ist kleiner als der Anfangsbestand	Der Endbestand ist größer als der Anfangsbestand
↓	↓
Es liegt eine Bestandsminderung vor.	Es liegt eine Bestandsmehrung vor.
↓	↓
Mögliche Gründe: – Neben den im Laufe des Jahres eingekauften Rohstoffen wurden Teile der Lagerbestände abgebaut und in der Fertigung eingesetzt (Materialbestandsminderung). – Nicht erfasster Schwund, Diebstahl oder Verderb	**Mögliche Gründe:** – Der tatsächliche Rohstoffeinsatz ist kleiner als der gebuchte Aufwand für Rohstoffe (Materialbestandsmehrung). – Nicht erfasste Zugänge (z. B. Rückgaben von der Fertigung an das Lager)

In beiden Fällen sind entsprechende Korrekturbuchungen vorzunehmen.

> **PRAXISTIPP!**
>
> Zwischeninventuren decken Unregelmäßigkeiten bei Abweichungen von Soll- und Istbeständen zeitnah auf.

Materialbestandsminderungen buchen

Bisher wurde bei der aufwandsorientierten Buchung von Rohstoffeinkäufen unterstellt, dass alle eingekauften Rohstoffe genau ausreichen, um die im Geschäftsjahr produzierten Güter zu fertigen. Dabei wurden die **eingekauften Rohstoffe** als **Aufwand** auf den entsprechenden **Aufwandskonten gebucht**. In der Praxis kommt es jedoch immer wieder vor, dass neben den Werkstoffeinkäufen der Rechnungsperiode **Bestände aus dem Vorjahr in die Fertigung eingehen**. In einem solchen Fall ist der Werkstoffeinsatz einer Rechnungsperiode größer als der Wert der Werkstoffeinkäufe.

Dieser Sachverhalt ist eingetreten, wenn der Rohstoffbestand lt. Inventur am Ende des Geschäftsjahres kleiner ist als der Bestand zu Beginn des Geschäftsjahres und kein unentdeckter Schwund, Verderb oder Diebstahl vorliegt. Der tatsächliche Rohstoffeinsatz ist also größer als der gebuchte Aufwand für Rohstoffe. Diese Rohstoffbestandsminderung stellt eine Vermögens- und Eigenkapitalminderung dar, die als zusätzlicher Aufwand auf dem Aufwandskonto „6000 Aufwendungen für Rohstoffe" erfasst wird.

Die **Bestandsminderung** wird auf dem **Konto „2000 Rohstoffe"** zur Anpassung des Sollbestandes an den Istbestand **als Abgang** erfasst. Die **Gegenbuchung** nimmt das **Konto „6000 Aufwendungen für Rohstoffe"** im **Soll** auf. Der hier zu niedrig angesetzte Aufwand für Rohstoffe wird dadurch korrigiert.

Diese Buchung wird als **vorbereitende Abschlussbuchung** oder **Umbuchung** bezeichnet, weil mit ihr der Abschluss des Bestandskontos „2000 Rohstoffe" und des Erfolgskontos „6000 Aufwand für Rohstoffe" vorbereitet wird.

Beispiel: Rohstoffbestandsminderung (Fortsetzung des Eingangsbeispiels)
1. Anfangsbestand   480 Tischlerplatten à 85,00 €   =   40 800,00 €
2. Einkäufe auf Ziel   2 500 Tischlerplatten à 85,00 € =   212 500,00 €
3. Endbestand lt. Inventur 120 Tischlerplatten à 85,00 €   =   10 200,00 €

Anfangsbestand	Endbestand	Bestandsminderung
480 Stück à 85,00 €	120 Stück à 85,00 €	360 Stück à 85,00 €
40 800,00 €	10 200,00 €	30 600,00 €

Umbuchung:

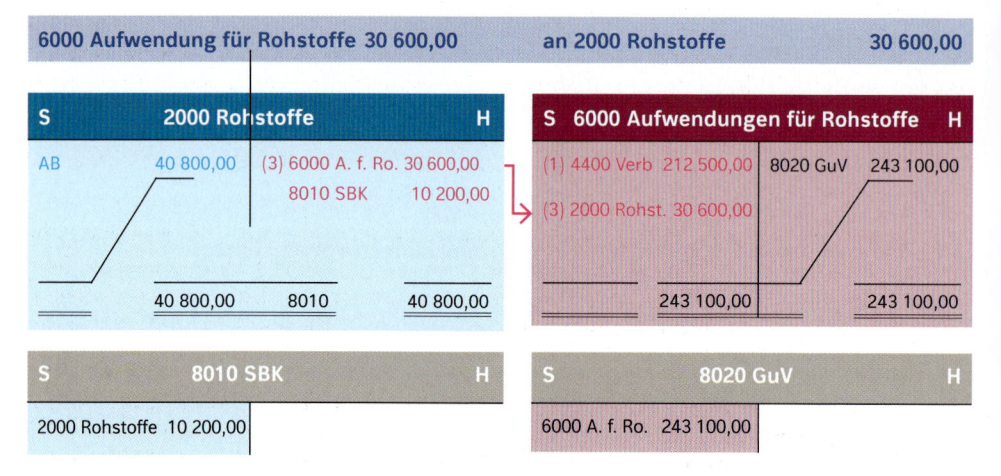

6000 Aufwendung für Rohstoffe 30 600,00   an 2000 Rohstoffe   30 600,00

S	2000 Rohstoffe	H
AB 40 800,00	(3) 6000 A. f. Ro. 30 600,00	
	8010 SBK 10 200,00	
40 800,00	8010 40 800,00	

S	6000 Aufwendungen für Rohstoffe	H
(1) 4400 Verb 212 500,00	8020 GuV 243 100,00	
(3) 2000 Rohst. 30 600,00		
243 100,00	243 100,00	

S	8010 SBK	H
2000 Rohstoffe 10 200,00		

S	8020 GuV	H
6000 A. f. Ro. 243 100,00		

- Auf dem Konto „2000 Rohstoffe" wird nach Erfassung der Bestandsminderung der Rohstoffbestand lt. Inventur (Istbestand) ausgewiesen.
- Rohstoffbestand = Sollbestand − Bestandsminderung
- Auf dem Konto „6000 Aufwendungen für Rohstoffe" ergibt sich der tatsächliche Rohstoffaufwand (Verbrauch in der Fertigung) erst nach Erfassung der Bestandsminderung.
- Aufwand für Rohstoffe = Rohstoffeinkäufe + Bestandsminderung

Inventurdifferenzen durch Diebstahl, Schwund und Verderb

Im Laufe eines Geschäftsjahres können auch Diebstahl, Schwund und Verderb als Ursachen für Bestandsminderungen auftreten. Bemerkt wird dies spätestens bei der Auswertung der Inventurergebnisse, wenn der tatsächliche Verbrauch nicht mit dem in Verbrauchslisten dokumentierten Verbrauch übereinstimmt. Auch für diese Form der Vermögens- und Eigenkapitalminderung ist eine Korrekturbuchung durchzuführen. Das Aufwandskonto **6931 Verluste aus Schadensfällen** erfasst diese Vorgänge.

Beispiel: Durch Feuchtigkeit im Lager wurden fünf Tischlerplatten à 85,00 € unbrauchbar für die Produktion.

Korrekturbuchung:

| 6931 Verluste aus Schadensfällen | 425,00 | an 2000 Rohstoffe | 425,00 |

S	2000 Rohstoffe		H
AB	40 800,00	6931	425,00
		8010	40 375,00
	40 800,00		40 800,00

S	6931 Verluste aus Schadensfällen		H
2000	425,00	8020	425,00

Materialbestandsmehrungen buchhalterisch erfassen

Werden mehr Werkstoffe eingekauft, als für den unmittelbaren Leistungsprozess benötigt werden, so entsteht bei aufwandsorientierter Erfassung neues Vermögen in Form eines Lagerbestandes.

Dieser Sachverhalt ist eingetreten, wenn der **Rohstoffbestand lt. Inventur** am Ende des Geschäftsjahres **größer** als am **Anfang des Geschäftsjahres** ist.

Der **tatsächliche Rohstoffeinsatz** ist also **kleiner als** der gebuchte **Aufwand für Rohstoffe**. Es entsteht zusätzliches Vermögen in Form eines Lagerbestandes an Rohstoffen, der zu Beginn des Geschäftsjahres nicht vorhanden war. Der im Laufe des Geschäftsjahres gebuchte **Aufwand für Rohstoffe** muss daher vor dem eigentlichen Abschluss der Konten um diesen Lagerbestand **korrigiert** werden.

Die Bestandsmehrung wird auf dem Konto „2000 Rohstoffe" zur Anpassung des Sollbestandes an den Istbestand als Zugang erfasst. Die Gegenbuchung nimmt das Konto „6000 Aufwendungen für Rohstoffe" im Haben auf. Der hier zu hoch angesetzte Aufwand für Rohstoffe wird dadurch korrigiert.

Beispiel: Rohstoffbestandsmehrung

1. Anfangsbestand 120 Tischlerplatten à 85,00 € = 10 200,00 €
2. Einkäufe auf Ziel 2 500 Tischlerplatten à 85,00 € = 212 500,00 €
3. Endbestand lt. Inventur 480 Tischlerplatten à 85,00 € = 40 800,00 €

Anfangsbestand	Endbestand	Bestandsmehrung
120 Stück à 85,00 €	480 Stück à 85,00 €	360 Stück à 85,00 €
10 200,00 €	40 800,00 €	30 600,00 €

Umbuchung:

| 2000 Rohstoffe | 30 600,00 | an 6000 Aufwendungen für Rohstoffe | 30 600,00 |

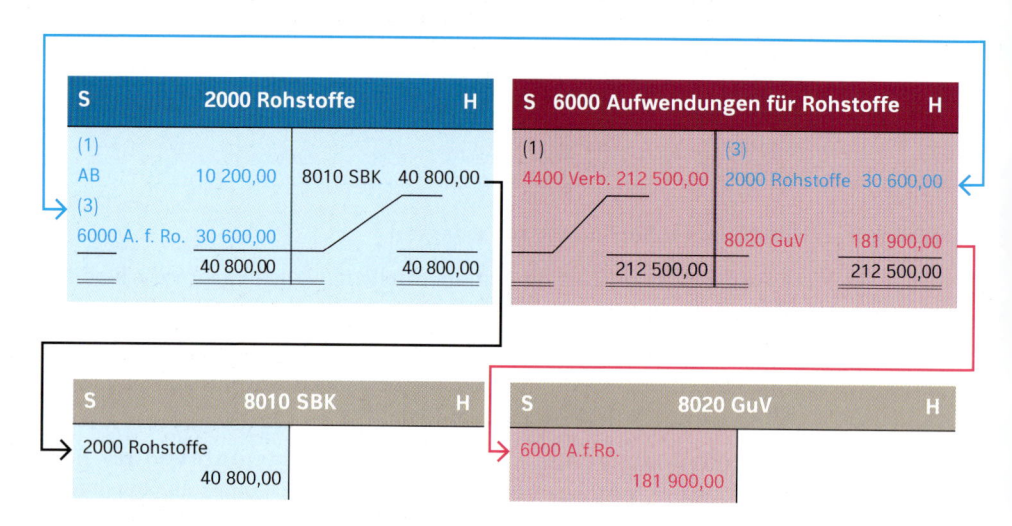

S 2000 Rohstoffe H
(1) AB   10 200,00 | 8010 SBK   40 800,00
(3) 6000 A. f. Ro.   30 600,00
                     40 800,00 | 40 800,00

S 6000 Aufwendungen für Rohstoffe H
(1) 4400 Verb. 212 500,00 | (3) 2000 Rohstoffe 30 600,00
                           | 8020 GuV   181 900,00
          212 500,00 | 212 500,00

S 8010 SBK H
2000 Rohstoffe
       40 800,00

S 8020 GuV H
6000 A.f.Ro.
      181 900,00

- Auf dem Konto „2000 Rohstoffe" wird nach Erfassung der Bestandsmehrung der Rohstoffbestand lt. Inventur (Istbestand) ausgewiesen.
- Rohstoffbestand = Sollbestand + Bestandsmehrung
- Auf dem Konto „6000 Aufwendungen für Rohstoffe" ergibt sich der tatsächliche Aufwand für Rohstoffe erst nach Umbuchungen des Lagerzugangs.
- Aufwand für Rohstoffe = Rohstoffeinkäufe – Bestandsmehrung

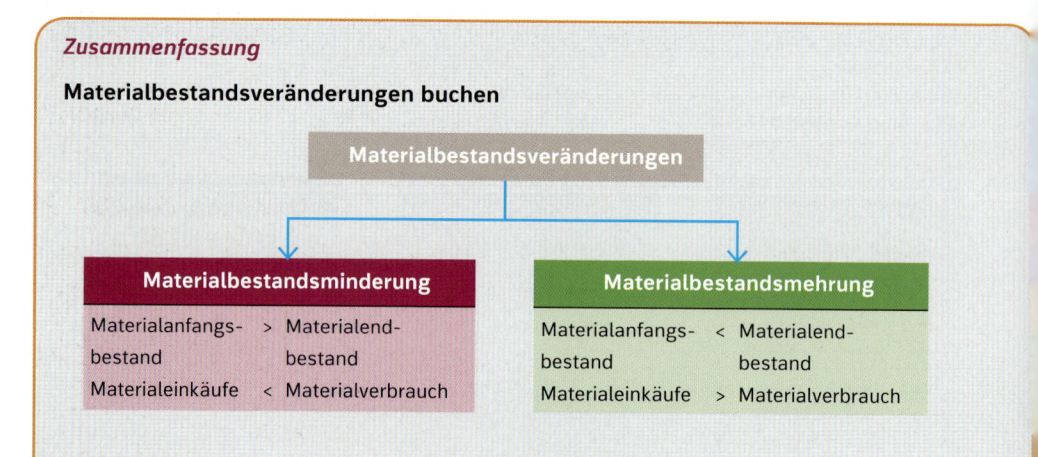

Zusammenfassung

Materialbestandsveränderungen buchen

Materialbestandsveränderungen

Materialbestandsminderung
Materialanfangs- > Materialend-
bestand   bestand
Materialeinkäufe < Materialverbrauch

Materialbestandsmehrung
Materialanfangs- < Materialend-
bestand   bestand
Materialeinkäufe > Materialverbrauch

8 Inventurbestände (Ist) und Buchbestände (Soll) abgleichen

S	2000 Rohstoffe	H
EBK: Anfangsbestand	6000 Aufwendungen für Rohstoffe	
	SBK: Endbestand	

S	2000 Rohstoffe	H
EBK: Anfangsbestand	SBK: Endbestand	
6000 Aufwendungen für Rohstoffe		

S	6000 Aufwend. f. Rohstoffe	H
Vb, Ba, PB, Kasse: Rohstoffeinkäufe	Saldo: 8020 GuV	
Rohstoffe: Bestandsminderung		

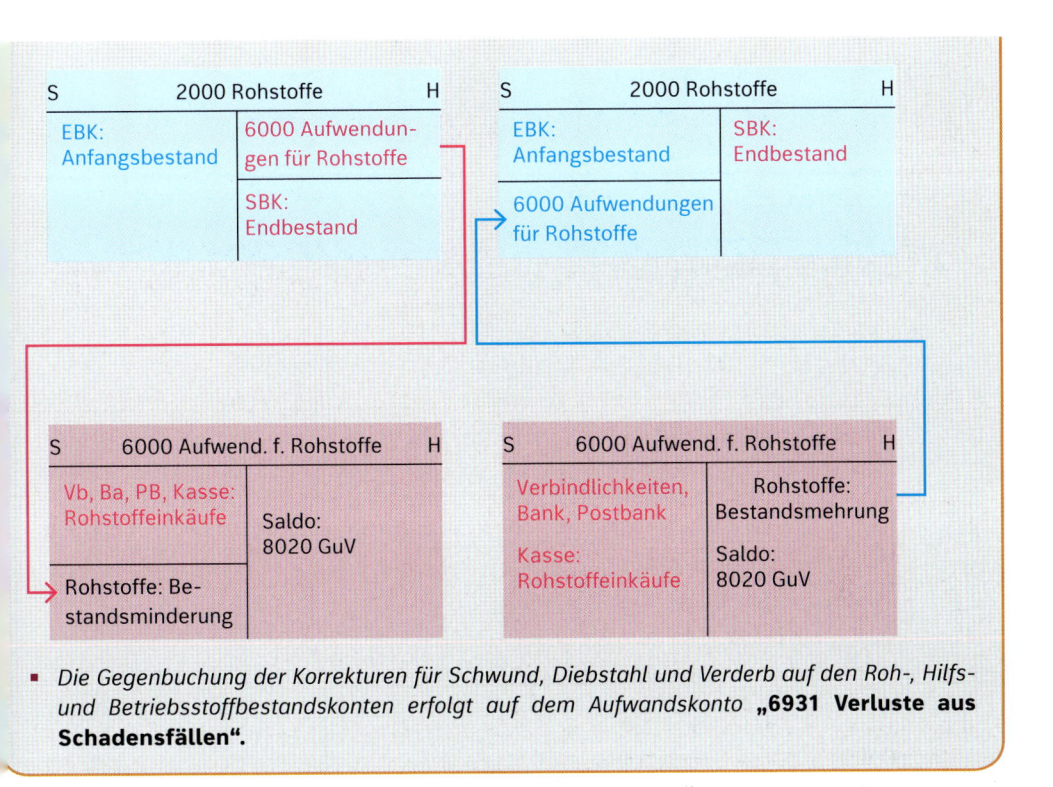

S	6000 Aufwend. f. Rohstoffe	H
Verbindlichkeiten, Bank, Postbank	Rohstoffe: Bestandsmehrung	
Kasse: Rohstoffeinkäufe	Saldo: 8020 GuV	

- Die Gegenbuchung der Korrekturen für Schwund, Diebstahl und Verderb auf den Roh-, Hilfs- und Betriebsstoffbestandskonten erfolgt auf dem Aufwandskonto **„6931 Verluste aus Schadensfällen"**.

Aufgaben

1. Ein Maschinenhersteller erfasste auf den Sachkonten folgende Werte:

Bezeichnung	Erläuterung	Soll €	Haben €
2000 Rohstoffe	Anfangsbestand	144 000,00	
2400 Forderungen a. LL		2 260 440,00	1 970 640,00
2600 Vorsteuer		314 480,00	183 600,00
2800 Bank		7 878 556,00	3 160 320,00
3000 Eigenkapital	Anfangsbestand		6 000 000,00
4400 Verbindlichkeiten a. LL		2 318 400,00	2 656 500,00
4800 Umsatzsteuer		253 600,00	324 016,00
5000 Umsatzerlöse für Erzeugnisse	Maschinen		1 814 400,00
6000 Aufwend. f. Rohstoffe		2 160 000,00	
6200 – 7700 versch. Aufwendungen		780 000,00	
8010 Schlussbilanzkonto			
8020 Gewinn und Verlust			
		16 109 476,00	16 109 476,00

Folgende Geschäftsfälle sind noch zu buchen:

	€	€
1. **ER:** Zieleinkäufe von Rohstoffen	2 304 000,00	
+ 19 % Umsatzsteuer	437 760,00	2 741 760,00
2. **AR:** Zielverkäufe von Maschinen	2 721 600,00	
+ 19 % Umsatzsteuer	517 104,00	3 238 704,00
3. **ER, BA:** Einkäufe von Rohstoffen gegen Bankscheck	3 096 000,00	
+ 19 % Umsatzsteuer	588 240,00	3 684 240,00
4. **AR, BA:** Verkäufe von Maschinen gegen Bankscheck	4 032 000,00	
+ 19 % Umsatzsteuer	766 080,00	4 798 080,00

Abschlussangabe:
Endbestand an Rohstoffen 720 000,00

Richten Sie die angegebenen Konten ein, buchen Sie die Geschäftsfälle auf den Konten und schließen Sie die Konten unter Berücksichtigung der vorbereitenden Abschlussbuchungen ab.

2. Welche der folgenden Aussagen treffen zu

   1. nur auf Rohstoffbestandsmehrungen,
   2. nur auf Rohstoffbestandsminderungen,
   3. sowohl auf Rohstoffbestandsmehrungen als auch auf Rohstoffbestandsminderungen?

   Aussagen:
   a) Der Rohstoffendbestand ist größer als der Rohstoffanfangsbestand.
   b) Der Rohstoffendbestand ist kleiner als der Rohstoffanfangsbestand.
   c) Sie stellen zusätzlich zum Rohstoffeinkauf einen Aufwand dar.
   d) Sie werden mit der Umbuchung „Aufwendungen für Rohstoffe an Rohstoffe" erfasst.
   e) Sie rufen eine Berichtigung der gebuchten „Aufwendungen für Rohstoffe" hervor.
   f) Im Rahmen der Umbuchungen sind sie als betrieblicher Ertrag oder als Minderung der bisher gebuchten „Aufwendungen für Rohstoffe" zu erfassen.

3. Welche der folgenden Aussagen treffen auf die Buchung (1) eines Mehrbestands an Rohstoffen, (2) eines Minderbestandes an Rohstoffen, (3) eines Mehr- und eines Minderbestandes an Rohstoffen zu?

   Aussagen:
   a) Aufwendungen werden vermehrt und das Umlaufvermögen wird vermindert.
   b) Es handelt sich um eine Aktiv-Passiv-Mehrung.
   c) Es wurde mehr eingekauft als verbraucht.
   d) Rohstoffeinkauf und Rohstoffverbrauch unterscheiden sich um den gebuchten Betrag.
   e) Der Gewinn wird vergrößert.
   f) Die Lagerbestände wurden teilweise abgebaut.

4. a) Erklären Sie die Ermittlung des Rohstoffverbrauchs
      aa) mithilfe der Fortschreibungs- oder Skontrationsmethode,
      ab) mithilfe der Befundrechnung oder Inventurmethode.
   b) Erläutern Sie am Beispiel des Rohstoffeinkaufs
      ba) die bestandsorientierte Erfassung,
      bb) die verbrauchsorientierte Erfassung.
   c) Stellen Sie „Umbuchungen" und „Abschlussbuchungen" gegenüber.

8.2 Bestandsveränderungen an unfertigen und fertigen Erzeugnissen buchen

→ LS 27.II

Auch im abgelaufenen Geschäftsjahr der Sommerfeld Bürosysteme GmbH war der Konferenzstuhl „Confair Armlehnstuhl stapelbar" ein wichtiger Umsatzträger für das Unternehmen. Insgesamt wurden 2 000 Stühle produziert.

Leider musste ein Großabnehmer kurzfristig einen Großauftrag stornieren, sodass 200 Konferenzstühle zum Bilanzstichtag noch im Lager waren. Aus den Aufzeichnungen der Rechnungswesenabteilung erkennt Rudolf, dass jeder produzierte Stuhl Aufwendungen in Höhe von 250,00 € verursachte.

Demgegenüber stehen Umsatzerlöse von 316,00 € pro Stuhl. Als Rudolf diese Zahlen sieht, gerät er ins Grübeln. „Welcher Wert ist denn jetzt eigentlich relevant? Haben wir durch die Stornierung des Großauftrages etwa einen Verlust mit unserem Erfolgsmodell ‚Confair' erwirtschaftet?"

Arbeitsauftrag

Arbeiten Sie in Gruppen. Berechnen Sie, wie sich die Stornierung des Kunden auf die Gewinnsituation der Sommerfeld Bürosysteme GmbH ausgewirkt hat.

Bestandsmehrungen an unfertigen und fertigen Erzeugnissen erfolgswirksam in der Buchhaltung erfassen

Wurden alle im Geschäftsjahr produzierten Erzeugnisse verkauft, dann stehen im GuV-Konto den Aufwendungen der Produktion die Umsatzerlöse aus dem Verkauf der gesamten Produktion gegenüber:

Beispiel:

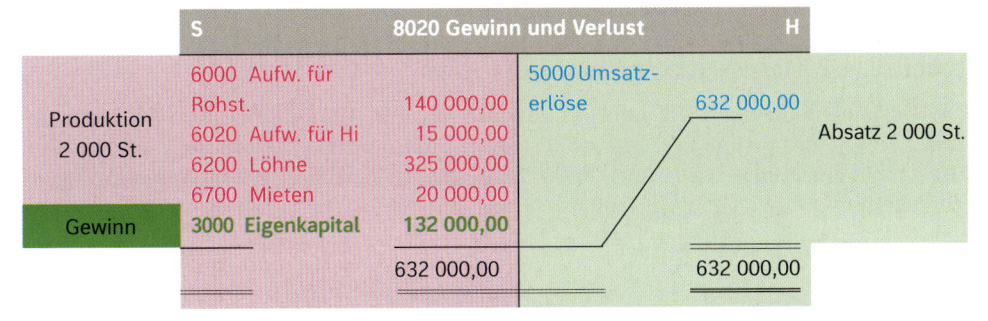

Produktion 2 000 St.	S	8020 Gewinn und Verlust		H	
	6000 Aufw. für Rohst.	140 000,00	5000 Umsatzerlöse	632 000,00	Absatz 2 000 St.
	6020 Aufw. für Hi	15 000,00			
	6200 Löhne	325 000,00			
	6700 Mieten	20 000,00			
Gewinn	3000 Eigenkapital	132 000,00			
		632 000,00		632 000,00	

In der Praxis werden in Industriebetrieben Produktions- und Absatzmengen eines Geschäftsjahres in den wenigsten Fällen genau übereinstimmen. So ist es möglich, dass **nicht alle produzierten Erzeugnisse verkauft**, sondern teilweise auf Lager genommen werden. Dann stehen auf dem Gewinn- und Verlustkonto den Aufwendungen der gesamten Produktion nur die Erträge der umgesetzten Erzeugnisse gegenüber.

Die auf Lager genommenen Erzeugnisse stellen aber einen Wert dar, der als Bestandsmehrung den Erträgen eines Industrieunternehmens hinzugerechnet werden muss. Das Betriebsergebnis kann nur dann richtig errechnet werden, wenn allen Aufwendungen auch alle entsprechenden Erträge gegenübergestellt werden:

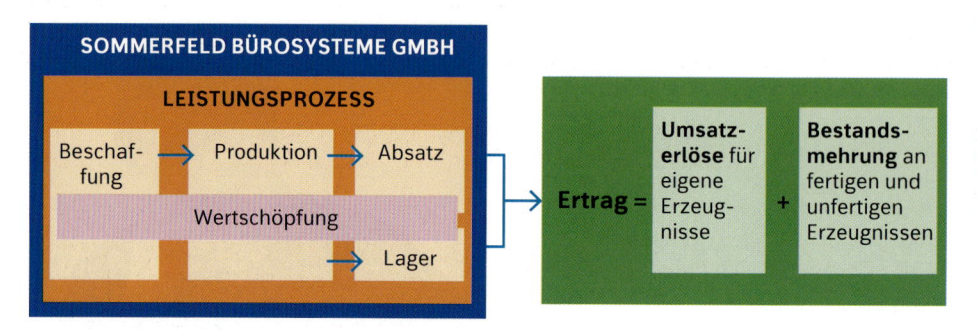

SOMMERFELD BÜROSYSTEME GMBH

LEISTUNGSPROZESS: Beschaffung → Produktion → Absatz → Lager; Wertschöpfung

Ertrag = Umsatzerlöse für eigene Erzeugnisse + Bestandsmehrung an fertigen und unfertigen Erzeugnissen

→ **LF 8** Der **Wert** für die Bestandsmehrung wird durch die dafür **verursachten Aufwendungen** (Herstellungskosten) bestimmt. Der geplante Verkaufspreis (die geplanten Umsatzerlöse) darf (dürfen), da er (sie) noch nicht realisiert wurde(n), nicht als Wertansatz herangezogen werden.

Rechnerisch lässt sich die Bestandsmehrung auf zwei möglichen Wegen ermitteln:

Bestandsrechnung:

Anfangsbestand < Endbestand = Bestandsmehrung/Lagerzugang

Erfolgsrechnung:

Aufwand der produzierten Menge > Aufwand der abgesetzten Menge = Bestandsmehrung/Ertrag

Um diesen Sachverhalt in der Buchhaltung abzubilden, werden zwei neue Bestandskonten „**2100 Unfertige Erzeugnisse**" und „**2200 Fertige Erzeugnisse**" sowie ein neues Erfolgskonto „**5200 Bestandsveränderungen**" eingerichtet.

Die **Bestandsmehrung** wird dann als **Zugang** auf dem Konto „2100 Unfertige Erzeugnisse" bzw. „2200 Fertige Erzeugnisse" erfasst. Damit wird die Lagerleistung aktiviert. Die Gegenbuchung wird auf dem Erfolgskonto „5200 Bestandsveränderungen" durchgeführt.

Buchung bei Bestandsmehrung:

2100 Unfertige Erzeugnisse	an 5200 Bestandsveränderungen
2200 Fertige Erzeugnisse	an 5200 Bestandsveränderungen

8 Inventurbestände (Ist) und Buchbestände (Soll) abgleichen

Beispiel: Die Sommerfeld Bürosysteme GmbH hatte zu Beginn des Geschäftsjahres einen Lagerbestand von 100 Konferenzstühlen „Confair Armlehnstuhl stapelbar" à 250,00 €. Im Laufe des Geschäftsjahres wurden weitere 2 000 Konferenzstühle produziert. Dabei entstanden folgende **Aufwendungen**: €

Aufwendungen für Rohstoffe	140 000,00
Aufwendungen für Hilfsstoffe	15 000,00
Löhne	325 000,00
Mieten	20 000,00

Im selben Zeitraum wurden **1 800 Konferenzstühle** zum Preis von **316,00 € (Umsatzerlöse 568 800,00 €)** verkauft. Der Lagerbestand wuchs auf 300 Konferenzstühle, wie durch Inventur ermittelt wurde.

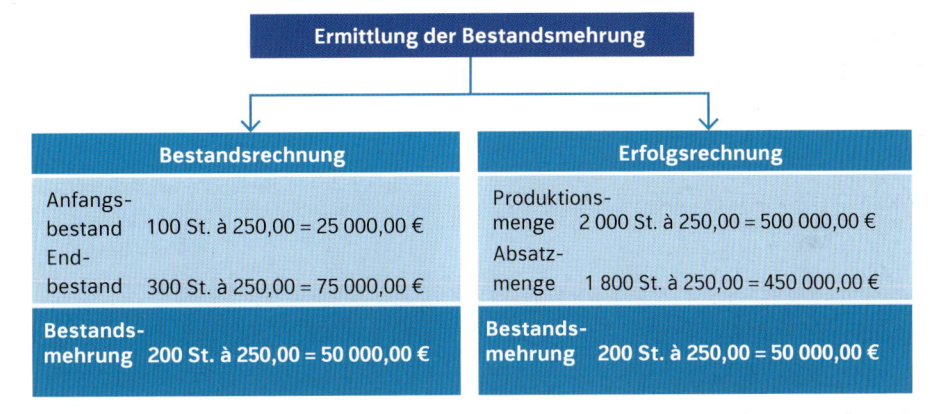

Ermittlung der Bestandsmehrung

Bestandsrechnung
- Anfangsbestand 100 St. à 250,00 = 25 000,00 €
- Endbestand 300 St. à 250,00 = 75 000,00 €
- **Bestandsmehrung** 200 St. à 250,00 = 50 000,00 €

Erfolgsrechnung
- Produktionsmenge 2 000 St. à 250,00 = 500 000,00 €
- Absatzmenge 1 800 St. à 250,00 = 450 000,00 €
- **Bestandsmehrung** 200 St. à 250,00 = 50 000,00 €

Umbuchung:

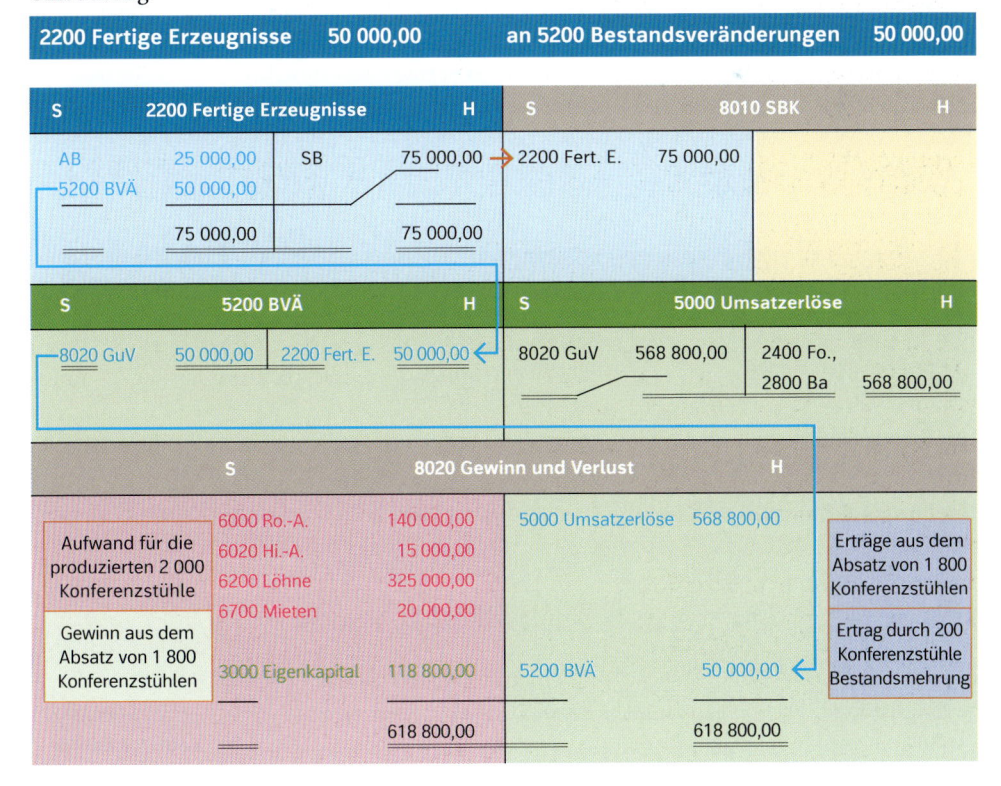

2200 Fertige Erzeugnisse 50 000,00 an 5200 Bestandsveränderungen 50 000,00

S	2200 Fertige Erzeugnisse		H
AB	25 000,00	SB	75 000,00
5200 BVÄ	50 000,00		
	75 000,00		75 000,00

S	8010 SBK		H
2200 Fert. E.	75 000,00		

S	5200 BVÄ		H
8020 GuV	50 000,00	2200 Fert. E.	50 000,00

S	5000 Umsatzerlöse		H
8020 GuV	568 800,00	2400 Fo., 2800 Ba	568 800,00

S	8020 Gewinn und Verlust		H
6000 Ro.-A.	140 000,00	5000 Umsatzerlöse	568 800,00
6020 Hi.-A.	15 000,00		
6200 Löhne	325 000,00		
6700 Mieten	20 000,00		
3000 Eigenkapital	118 800,00	5200 BVÄ	50 000,00
	618 800,00		618 800,00

Aufwand für die produzierten 2 000 Konferenzstühle

Gewinn aus dem Absatz von 1 800 Konferenzstühlen

Erträge aus dem Absatz von 1 800 Konferenzstühlen

Ertrag durch 200 Konferenzstühle Bestandsmehrung

> Aufwand der umgesetzten Erzeugnisse =
> Aufwand der Rechnungsperiode − Bestandsmehrung

Bestandsminderungen an unfertigen und fertigen Erzeugnissen erfolgswirksam in der Buchhaltung erfassen

Ist der **Endbestand an unfertigen bzw. fertigen Erzeugnissen kleiner als der Anfangsbestand**, so hat der Betrieb **nicht nur alle** im Abrechnungszeitraum **hergestellten Erzeugnisse verkauft**, sondern darüber hinaus noch einen Teil des **Lagerbestandes**.

Den Erlösen für die verkauften Erzeugnisse stehen in diesem Falle nur die Aufwendungen der hergestellten Erzeugnisse gegenüber, nicht aber die in der vergangenen Rechnungsperiode angefallenen Aufwendungen für die vom Lager verkauften Erzeugnisse, die den Minderbestand ausmachen. Diese müssen jedoch erfasst werden, weil sonst der ausgewiesene Gewinn für die betreffende Periode zu hoch ausfallen würde.

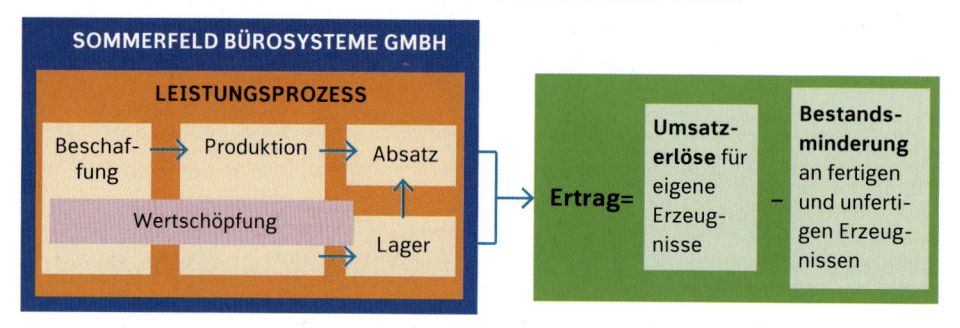

SOMMERFELD BÜROSYSTEME GMBH — LEISTUNGSPROZESS

Beschaffung → Produktion → Absatz ← Lager; Wertschöpfung

Ertrag = Umsatzerlöse für eigene Erzeugnisse − Bestandsminderung an fertigen und unfertigen Erzeugnissen

Rechnerisch lässt sich die Bestandsminderung wieder durch zwei mögliche Wege ermitteln:

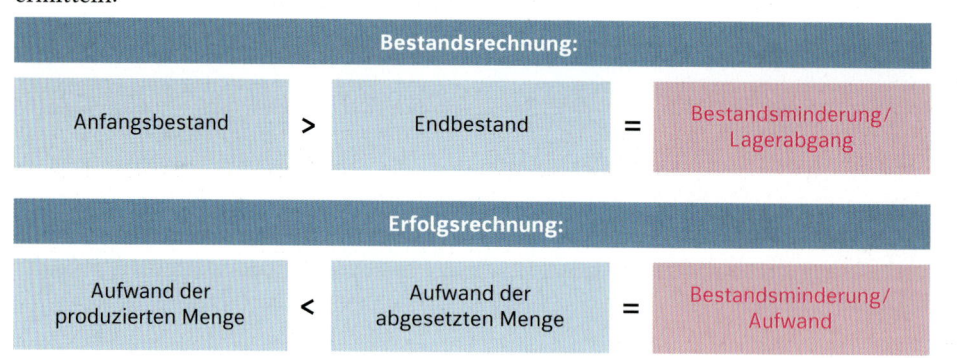

Bestandsrechnung:

| Anfangsbestand | > | Endbestand | = | Bestandsminderung/Lagerabgang |

Erfolgsrechnung:

| Aufwand der produzierten Menge | < | Aufwand der abgesetzten Menge | = | Bestandsminderung/Aufwand |

Um diesen Sachverhalt abzubilden, muss den Umsatzerlösen neben dem Produktionsaufwand zusätzlich der Minderbestand als Aufwand gegenübergestellt werden.

Buchung bei Bestandsminderung:

| 5200 Bestandsveränderungen | an 2100 Unfertige Erzeugnisse |
| 5200 Bestandsveränderungen | an 2200 Fertige Erzeugnisse |

Beispiel: (Fortsetzung des Beispiels S. 367 f.)

Anfangsbestand: 300 Konferenzstühle à 250,00 € .... 75 000,00 €
Produktion im Abrechnungsjahr: .... 2 000 Konferenzstühle

8 Inventurbestände (Ist) und Buchbestände (Soll) abgleichen

Aufwand der Rechnungsperiode:

Aufwendungen für Rohstoffe	140 000,00 €
Aufwendungen für Hilfsstoffe	15 000,00 €
Löhne	325 000,00 €
Mieten	20 000,00 €

Absatz: 2 240 Konferenzstühle à 316,00 € — 707 840,00 €

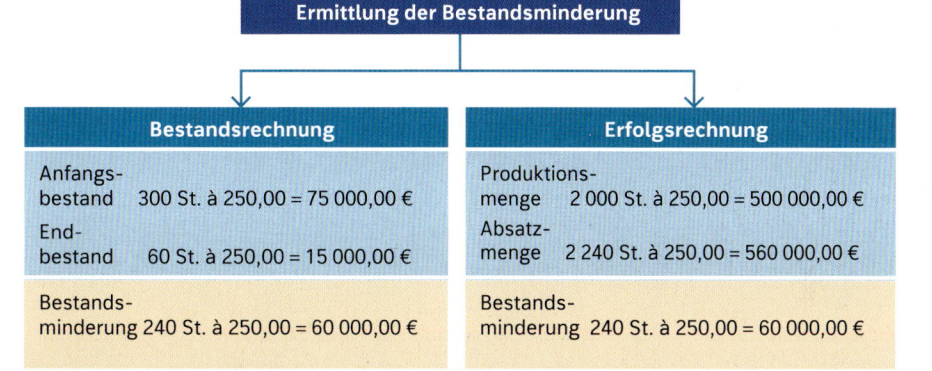

Endbestand lt. Inventur: 60 Konferenzstühle à 250,00 € — 15 000,00 €

Ermittlung der Bestandsminderung

Bestandsrechnung
- Anfangsbestand: 300 St. à 250,00 = 75 000,00 €
- Endbestand: 60 St. à 250,00 = 15 000,00 €
- Bestandsminderung: 240 St. à 250,00 = 60 000,00 €

Erfolgsrechnung
- Produktionsmenge: 2 000 St. à 250,00 = 500 000,00 €
- Absatzmenge: 2 240 St. à 250,00 = 560 000,00 €
- Bestandsminderung: 240 St. à 250,00 = 60 000,00 €

Umbuchung:

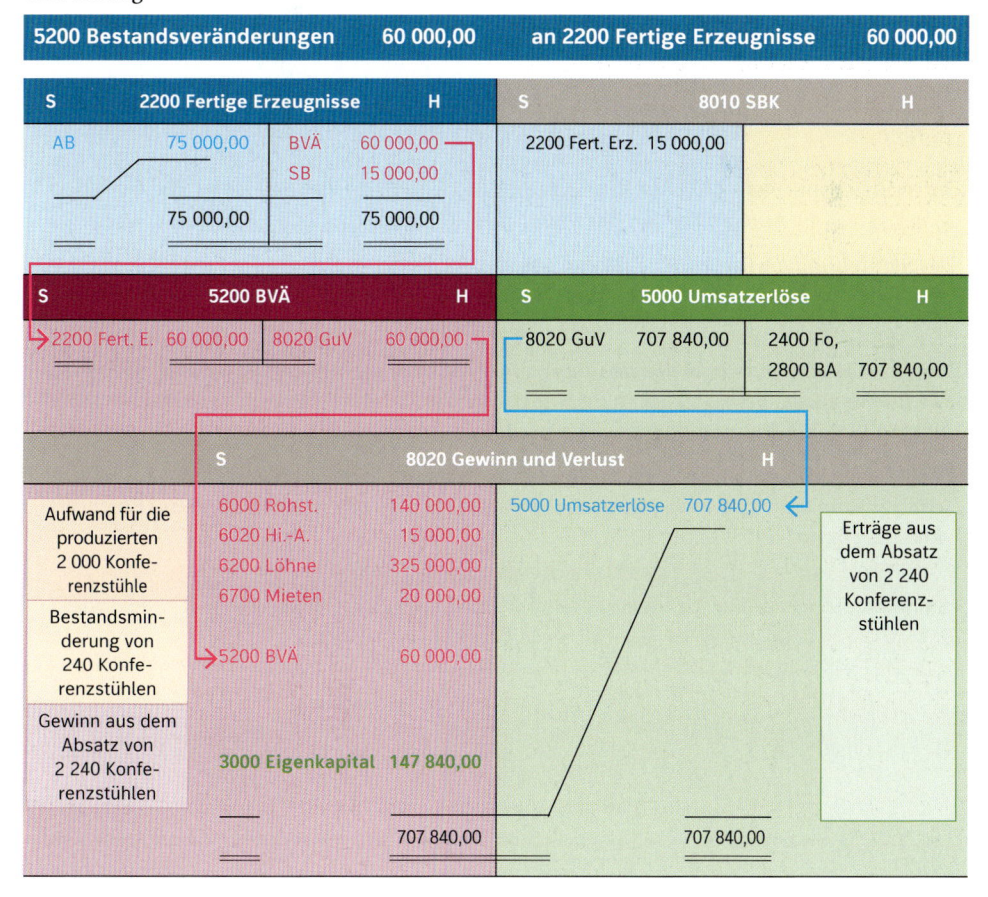

5200 Bestandsveränderungen 60 000,00   an 2200 Fertige Erzeugnisse 60 000,00

S	2200 Fertige Erzeugnisse	H
AB	75 000,00	BVÄ 60 000,00
		SB 15 000,00
	75 000,00	75 000,00

S	8010 SBK	H
2200 Fert. Erz. 15 000,00		

S	5200 BVÄ	H
2200 Fert. E. 60 000,00	8020 GuV 60 000,00	

S	5000 Umsatzerlöse	H
8020 GuV 707 840,00	2400 Fo, 2800 BA 707 840,00	

S	8020 Gewinn und Verlust	H
6000 Rohst. 140 000,00	5000 Umsatzerlöse 707 840,00
6020 Hi.-A. 15 000,00	
6200 Löhne 325 000,00	
6700 Mieten 20 000,00	
5200 BVÄ 60 000,00	
3000 Eigenkapital 147 840,00	
707 840,00	707 840,00

Aufwand für die produzierten 2 000 Konferenzstühle

Bestandsminderung von 240 Konferenzstühlen

Gewinn aus dem Absatz von 2 240 Konferenzstühlen

Erträge aus dem Absatz von 2 240 Konferenzstühlen

Zusammenfassung

Bestandsveränderungen an unfertigen und fertigen Erzeugnissen buchhalterisch erfassen

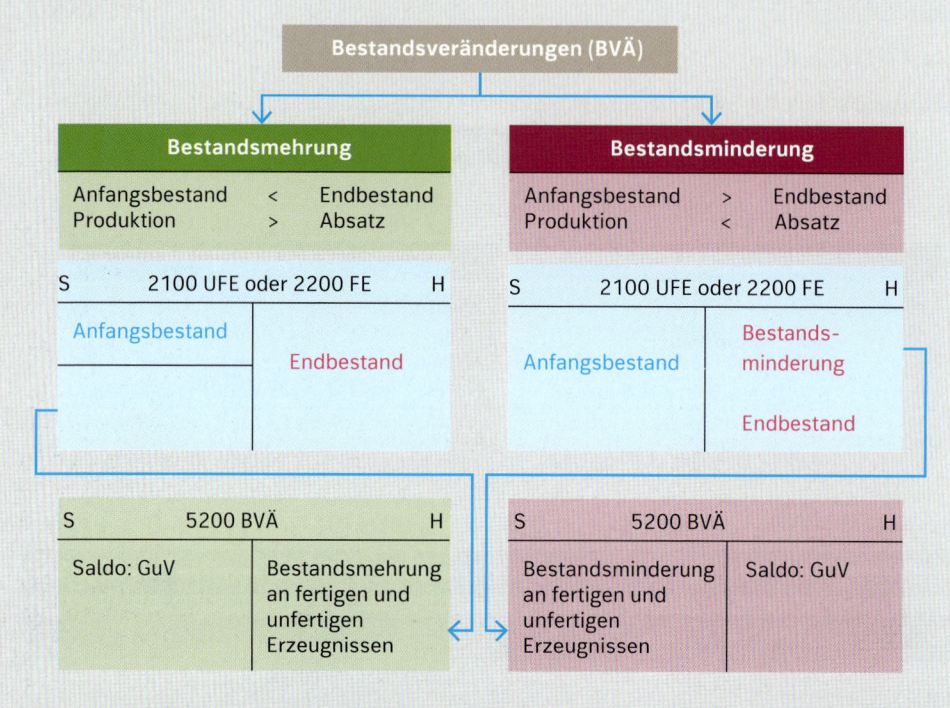

```
                    Bestandsveränderungen (BVÄ)
                    /                          \
         Bestandsmehrung                    Bestandsminderung
   Anfangsbestand  <  Endbestand      Anfangsbestand  >  Endbestand
   Produktion      >  Absatz          Produktion      <  Absatz
```

S	2100 UFE oder 2200 FE	H
Anfangsbestand	Endbestand	

S	2100 UFE oder 2200 FE	H
Anfangsbestand	Bestandsminderung	
	Endbestand	

S	5200 BVÄ	H
Saldo: GuV	Bestandsmehrung an fertigen und unfertigen Erzeugnissen	

S	5200 BVÄ	H
Bestandsminderung an fertigen und unfertigen Erzeugnissen	Saldo: GuV	

- Zur Feststellung des wirklichen Umsatzerfolges dürfen den **Erlösen** eines Rechnungsabschnittes nur die **Aufwendungen der verkauften Erzeugnisse** gegenübergestellt werden.

- Der **Herstellungsaufwand der Erzeugnisse**, die *zusätzlich zum Anfangsbestand auf Lager* genommen werden, muss als **Bestandsmehrung** auf einem Erzeugniskonto und als Ertrag auf dem Bestandsveränderungskonto erfasst werden.

- Der **Herstellungsaufwand der aus dem Lagervorrat früherer Geschäftsjahre stammenden Erzeugnisse**, die zusätzlich in der laufenden Periode verkauft werden (**Bestandsminderung**), muss dem Gesamtaufwand des Geschäftsjahres zugezählt werden.

- Die als zusätzlicher Aufwand zu erfassenden **Bestandsminderungen** und die als zusätzlicher Ertrag zu berücksichtigenden **Bestandsmehrungen** werden auf dem Konto „**5200 Bestandsveränderungen**" erfasst.

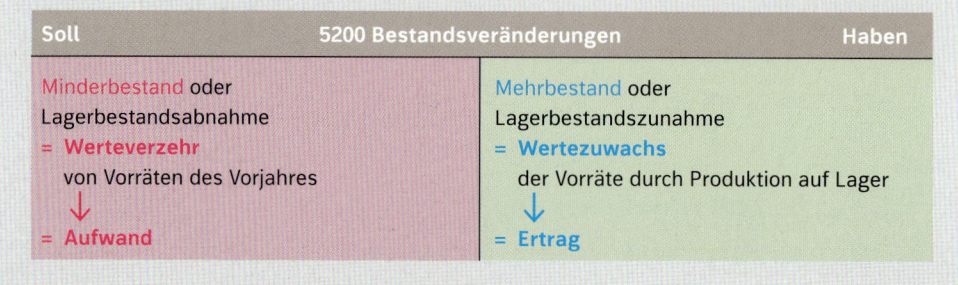

Soll	5200 Bestandsveränderungen	Haben

Minderbestand oder Lagerbestandsabnahme
= **Werteverzehr**
  von Vorräten des Vorjahres
↓
= **Aufwand**
		Mehrbestand oder Lagerbestandszunahme
		= **Wertezuwachs**
		  der Vorräte durch Produktion auf Lager
		↓
		= **Ertrag**

Aufgaben

1. Die Aufwendungen eines Industriebetriebes betrugen im abgelaufenen Jahr 850 000,00 €, die Umsatzerlöse 1 200 000,00 €. Die Bestände laut Inventur haben sich wie folgt verändert:

	Anfangsbestand €	Endbestand €
Unfertige Erzeugnisse	80 000,00	20 000,00
Fertige Erzeugnisse	40 000,00	50 000,00

Welcher Erfolg wurde erzielt?

2. Ermitteln Sie den Erfolg.

	€
6000 Aufwand für Rohstoffe	220 000,00
6020 Aufwand für Hilfsstoffe	68 800,00
6050 Aufwand für Energie	17 000,00
6160 Fremdinstandhaltung	44 000,00
6200 Löhne	340 000,00
6300 Gehälter	310 000,00
6700 Mieten	176 000,00
5000 Umsatzerlöse	1 475 000,00
Bestandsmehrung an unfertigen Erzeugnissen	35 000,00
Bestandsminderung an fertigen Erzeugnissen	15 000,00

3./4.

Sachkonten der Finanzbuchhaltung		3		4	
		Soll/€	Haben/€	Soll/€	Haben/€
2000	Rohstoffe: Anfangsbestand	45 000,00		79 629,00	
2020	Hilfsstoffe: Anfangsbestand	14 651,00		5 429,00	
2100	Unfertige Erzeugnisse: Anfangsbestand	2 520,00		600,00	
2200	Fertige Erzeugnisse: Anfangsbestand	3 600,00		2 750,00	
2600	Vorsteuer	39 000,00	19 000,00	42 000,00	12 000,00
2800	Bankguthaben	1 264 969,00	602 778,00	1 313 047,00	708 599,00
3000	Eigenkapital Anfangsbestand		501 984,00		474 768,00
4400	Verbindlichkeiten a. LL	272 148,00	365 508,00	291 974,00	376 476,00
4800	Umsatzsteuer	49 000,00	96 000,00	85 000,00	105 000,00
5000	Umsatzerlöse		648 396,00		737 185,00
5200	Bestandsveränderungen				
6000	Aufwand für Rohstoffe	236 251,00		252 159,00	
6020	Aufwand für Hilfsstoffe	35 897,00		39 815,00	
6200	Löhne	219 769,00		253 365,00	
6700	Mieten	41 861,00		48 260,00	
8020	Gewinn- und Verlustkonto				
8010	Schlussbilanzkonto				
Endbestände lt. Inventur		**3**		**4**	
2000	Rohstoffe	56 250,00		66 358,00	
2020	Hilfsstoffe	13 919,00		9 049,00	
2100	Unfertige Erzeugnisse	1 080,00		1 350,00	
2200	Fertige Erzeugnisse	5 400,00		1 000,00	

a) Richten Sie die obigen Sachkonten im Hauptbuch ein. Übernehmen Sie die aufgeführten Werte bzw. Summen auf die angegebenen Seiten der genannten Konten.
b) Schließen Sie die Konten ab und ermitteln Sie den Erfolg des Geschäftsjahres.

5./6. Eine Möbelfabrik verkaufte im abzurechnenden Geschäftsjahr 1 322 Schreibtische.

Konten

Unfertige Erzeugnisse, fertige Erzeugnisse, Bestandsveränderungen, GuV

Ermitteln Sie
a) den Erfolg der Rechnungsperiode,
b) die Herstellungsaufwendungen für die umgesetzten Erzeugnisse,
c) den Verkaufspreis je Einheit,
d) den Gewinn in Euro und in Prozent der Herstellungsaufwendungen je Einheit!

Auszuwertende Angaben:	5 €	6 €
Personalaufwand	335 687,50	249 408,00
Aufwand für Rohstoffe	227 500,00	498 816,00
Umsatzerlöse	743 625,00	951 840,00
Aufwand für Hilfsstoffe	32 500,00	33 254,00
Büromaterial	13 000,00	49 882,00
Unfertige Erzeugnisse		
Anfangsbestand	43 000,00	10 800,00
Endbestand	28 000,00	2 160,00
Fertige Erzeugnisse		
Anfangsbestand	21 000,00	24 000,00
Endbestand	25 000,00	70 800,00

Wiederholungs- und Prüfungsaufgaben zu Lernfeld 3

1. Bilden Sie die Buchungssätze zu folgenden Geschäftsfällen im Grundbuch und geben Sie an, ob es sich um eine Aktiv-Passiv-Mehrung (AP+), eine Aktiv-Passiv-Minderung (AP−), einen Aktivtausch (AT) oder einen Passivtausch (PT) handelt.

a) Kauf einer Fertigungsmaschine auf Ziel (22 000,00 € netto)
b) Ausgleich der Rechnung aus Fall a) per Banküberweisung
c) Zinsgutschrift in Höhe von 70,00 € auf dem Bankkonto
d) Zahlung der fälligen Miete für die Geschäftsräume (1 500,00 €) per Banküberweisung
e) Verkauf von fertigen Erzeugnissen auf Ziel (35 581,00 € brutto)
f) Der Kunde begleicht die Rechnung aus Fall e) per Überweisung auf das Postbankkonto
g) Kauf von Kopierpapier zum sofortigen Verbrauch (595,00 € brutto), Barzahlung
h) Bareinzahlung der Tageseinnahmen in Höhe von 2 250,00 € auf das Bankkonto
i) Überweisung einer Tilgungsrate (4 000,00 €) und der Zinsen (350,00 €) für ein aufgenommenes Darlehen
j) Verkauf von Handelswaren im Wert von 1 900,00 € netto auf Ziel
k) Der Kunde begleicht die Rechnung aus Fall j) per Banküberweisung
l) Einkauf von Rohstoffen (19 000,00 € netto), Hilfsstoffen (2 500,00 € netto) und Betriebsstoffen (3 800,00 € netto) auf Ziel
Variante 1) bestandsorientierte Buchung
Variante 2) aufwandsorientierte Buchung
m) Ausgleich der Rechnung aus Fall l) per Banküberweisung

2. Ermitteln Sie aus den oben aufgeführten Fällen die Umsatzsteuerzahllast bzw. den Vorsteuerüberhang im Grund- und im Hauptbuch.

   Variante 1)   Aktivieren bzw. passivieren Sie den Vorsteuerüberhang bzw. die Umsatzsteuerzahllast (Monat Dezember → Jahresabschluss)
   Variante 2)   Wie wäre zu buchen, wenn es sich um den Monat November (d. h. kein Jahresabschluss) handeln würde?

3. Durch welche der unten stehenden Geschäftsfälle einer Industrieunternehmung wird
   1. die Umsatzsteuer erhöht,
   2. die Vorsteuer erhöht,
   3. weder die Umsatzsteuer noch die Vorsteuer verändert?
       a) Verkauf von fertigen Erzeugnissen
       b) Barkauf eines geringwertigen Wirtschaftsgutes
       c) Abschreibung auf Büroeinrichtungen
       d) Banküberweisung eines Kunden für gelieferte Ware

4. Durch welche der unten stehenden Buchungen wird der Bilanzgewinn einer Unternehmung
   1. erhöht,
   2. vermindert,
   3. nicht verändert?
       a) Banküberweisung der Umsatzsteuerzahllast
       b) Bestandsmehrung von fertigen Erzeugnissen
       c) Banküberweisung an einen Lieferer bei Zielablauf
       d) Überweisung der Miete für eine Lagerhalle
       e) Tilgung einer Darlehensschuld
       f) Erlöse aus dem Verkauf von fertigen Erzeugnissen

5. Welche der unten stehenden Aussagen treffen

   (1) nur auf die Bilanz
   (2) nur auf das Inventar
   (3) sowohl auf die Bilanz als auch auf das Inventar
   (4) weder auf die Bilanz noch auf das Inventar zu?
       a) Lückenlose zeitliche Erfassung der Geschäftsfälle.
       b) Kurzgefasste Darstellung des Vermögens, der Schulden und des Kapitals.
       c) Mengen- und wertmäßiges Verzeichnis des Vermögens und der Schulden.
       d) Die Aufbewahrungsfrist beträgt sechs Jahre.

6. Kennzeichnen Sie die richtigen Aussagen mit einem (J) und die falschen Aussagen mit einem (N).

   a) Das Konto Umsatzsteuer ist passives Bestandskonto.
   b) In der GuV werden Aufwendungen und Erträge gegenübergestellt.
   c) Die Passivseite der Bilanz gibt Auskunft über die Mittelverwendung einer Unternehmung.
   d) Das Bankguthaben gehört zum Anlagevermögen eines Unternehmens.
   e) Der Vorsteuerüberhang ist am Jahresende zu aktivieren.
   f) Die Umsatzsteuerzahllast ist bis zum 15. des nachfolgenden Monats zu überweisen.
   g) Bestandsmehrungen von unfertigen Erzeugnissen sind als Erträge auf der HABEN-Seite des GuV zu buchen.
   h) Unbebaute Grundstücke sind dem abnutzbaren Anlagevermögen zuzuordnen.
   i) Das Konto GuV wird über das Konto Eigenkapital abgeschlossen.
   j) Nur die passiven Bestandskonten werden über das Konto 8010 SBK abgeschlossen.

k) Gegenstände, deren Anschaffungskosten 1 000,00 € nicht überschreiten, können buchhalterisch als Geringwertige Wirtschaftsgüter erfasst werden.
l) Sind die Erträge größer als die Aufwendungen hat das Unternehmen einen Verlust erzielt.
m) Steht der SALDO beim GuV-Konto auf der SOLL-Seite hat das Unternehmen einen Gewinn erzielt.
n) Bei aufwandsorientierter Buchung, wird die Differenz aus Anfangs- und Schlussbestand bei Konto 2 000 Rohstoffe auf das Konto 6000 Rohstoffaufwand gebucht.
o) Umsatzerlöse stellen für ein Unternehmen Erträge dar.
p) Bei passiven Bestandskonten steht der Anfangsbestand im SOLL.

7. Schließen Sie die unten abgebildeten Konten im Hauptbuch ab und bilden Sie die entsprechenden Abschlussbuchungssätze.

a)

S		2800 Bank		H
AB	81 500,00	Darlehen		6 600,00
Ford.	28 500,00	Vb. a. LL.		15 700,00
Darlehen	34 000,00	BGA		4 200,00

b)

S		7510 Zinsaufwand		H
Bank	600,00			
Bank	900,00			

c)

S		2200 FE		H
AB	73 500,00			
		SB		79 000,00

d)

S		4250 Darlehen		H
Bank	6 000,00	AB		50 000,00
Bank	6 000,00			

8. a) Bilden Sie die Buchungssätze zu folgendem Beleg
b) Ermitteln Sie den Nettowarenwert der Umsätze der Farbenwerke Wilhelm Weil und des Bürofachhandels Ergoline.

KONTOAUSZUG DEUTSCHE BANK Essen BIC: DEUTDEDEXXX		Sommerfeld Bürosysteme GmbH IBAN DE96 2607 0050 0025 2034 88		Auszug Nr. 211
Buch.-Tag	Wert	Erläuterung/Verwendungszweck		Umsätze
09.11.	09.11.	Farbenwerke Wilhelm Weil, Kd.-Nr. 44001, Re.-Nr. 32014		23 681,00 −
09.11.	09.11.	Finanzamt Essen-Nord St.Nr. 110/1420/018, USt-Zahllast Oktober		28 451,00 −
09.11.	09.11.	Bürofachhandel Ergoline, Kd.-Nr. 24054, Re.-Nr. 2342		37 485,00 +
08.11. Letzter Auszug	09.11. Auszugsdatum	€	174 477,00 H Alter Kontostand €	159 830,00 H Neuer Kontostand
Sommerfeld Bürosysteme GmbH, Gladbecker Str. 85 – 91, 45141 Essen				

Wertschöpfungsprozesse analysieren und beurteilen

Lernfeld 4

1 Kosten- und Leistungsrechnung als Vollkostenrechnung im Industrieunternehmen

1.1 Notwendigkeit der Kosten- und Leistungsrechnung begründen

→ LS 28

*Als Rudolf Heller an diesem Montag das Büro betritt, merkt er schon, dass die Stimmung etwas angespannt ist. Jussuf Önder und Klaus Lage, die beiden sind bei der Sommerfeld Bürosysteme GmbH für die Kosten- und Leistungsrechnung (KLR) zuständig, brüten über Stapeln von Papier und sehen überhaupt nicht glücklich aus. „Guten Morgen. Wobei, wenn ich so in Ihre Gesichter schaue, frage ich mich, ob der Morgen tatsächlich so gut ist", beginnt Rudolf vorsichtig das Gespräch. „Nein, viel Gutes hat der Morgen tatsächlich nicht zu bieten", klagt Jussuf Önder. „Die Zahlen aus der Finanzbuchhaltung sind gekommen und wenn Sie sich die Gewinn- und Verlustrechnung mal anschauen, werden Sie sehen, dass unser Jahresüberschuss deutlich eingebrochen ist."
Die aufbereitete GuV-Rechnung zeigt, dass die Sommerfeld Bürosysteme GmbH mit ihren Produktgruppen*

| Warten und Empfang | Am Schreibtisch | Konferenz | Pause, Speisen, Aufenthalt |

folgende Ergebnisse erwirtschaftet hat (alle Ergebnisse in €):

	Abrechnungsjahr	Vorjahr			Abrechnungsjahr	Vorjahr
5200 BVÄ	119 600,00	85 000,00	5000	UE f. eigene Erzeugnisse	45 000 000,00	42 000 000,00
6000 RS-Aufwand	12 249 656,00	11 607 000,00	5100	UE f. HW		
6020 HS-Aufwand	3 955 844,00	3 840 000,00			1 390 000,00	1 460 000,00
6050 Aufw. für Energie	1 195 115,00	1 086 000,00	5400	Mieterträge	96 000,00	36 000,00
6160 FIS	716 500,00	100 000,00	5410	Sonstige Erlöse	62 000,00	15 000,00
6200 Löhne	12 143 000,00	10 995 000,00	5710	Zinserträge	27 000,00	22 000,00
6300 Gehälter	6 981 900,00	6 347 000,00				
6500 Abschreibungen	672 000,00	640 000,00				
6700 Mieten/Leasing	1 410 000,00	1 304 000,00				
6800 Aufw. für Kommunikation	2 038 100,00	1 970 000,00				
6900 Versicherungsbeiträge	74 200,00	73 000,00				
6979 Anlagenabgänge	649 085,00	45 000,00				
7000 Betriebl. Steuern	1 225 000,00	1 190 000,00				
7510 Zinsaufwendungen	145 000,00	125 000,00				
7710 Körperschaftsteuer	1 350 000,00	1 856 000,00				
3400 Jahresüberschuss	1 650 000,00	2 270 000,00				
	46 575 000,00	43 533 000,00			46 575 000,00	43 533 000,00

Arbeitsauftrag

- Ermitteln Sie, um wie viel Euro (Prozent) der Gewinn der Sommerfeld Bürosysteme GmbH im Berichtsjahr im Vergleich zum Vorjahr zurückgegangen ist.
- Erläutern Sie mögliche Ursachen für den Gewinnrückgang, indem Sie einzelne Positionen der Gewinn- und Verlustrechnung analysieren.

Informationen und Mängel der GuV-Rechnung

Mithilfe der **Finanz- oder Geschäftsbuchhaltung** wird durch Gegenüberstellung der **Aufwendungen und Erträge** des Geschäftsjahres das **Gesamtergebnis der Unternehmung**, der **Gewinn** oder **Verlust**, ermittelt.

Die Gewinn- und Verlustrechnung ermöglicht somit eine **Wirtschaftlichkeitskontrolle** der Unternehmung.

Die Gewinn- und Verlustrechnung liefert jedoch keine Informationen über

- die **Wirtschaftlichkeit des Gesamtbetriebes**, weil ein Teil der Aufwendungen der Finanzbuchhaltung **nicht durch das Sachziel** (Herstellung und Verkauf eigener Erzeugnisse) der Unternehmung verursacht worden ist.

    Beispiel: Das Ergebnis der Sommerfeld Bürosysteme GmbH enthält Mieterträge, die nichts mit dem Sachziel des Unternehmens zu tun haben.

- die **Produktivität einzelner Teilbereiche**, weil die Aufwendungen der gesamten Unternehmung in einer Summe ausgewiesen werden.

    Beispiel: In der Sägerei müssen die meisten Maschinen manuell bedient werden. Die Unternehmensleitung weiß bisher nicht, wie produktiv die Sägerei im Verhältnis zu anderen Abteilungen des Unternehmens ist.

- die **Wirtschaftlichkeit einzelner Produktbereiche**, weil die Zurechnung der entsprechenden Aufwendungen zu den Produktbereichen oder Produkten in der Finanzbuchhaltung fehlt.

    Beispiel: Die Unternehmensleitung der Sommerfeld Bürosysteme GmbH kann bisher nicht erkennen, wie wirtschaftlich die Produktgruppe Konferenz im Verhältnis zu anderen Produktgruppen ist.

> **Kosten- und Leistungsrechnung:**
> Durch die Einrichtung einer **Kosten- und Leistungsrechnung** (Betriebsbuchhaltung) können Rückschlüsse auf die
> - **Wirtschaftlichkeit des Gesamtbetriebes,**
> - **die Produktivität einzelner Teilbereiche sowie die**
> - **Wirtschaftlichkeit einzelner Produktbereiche** gezogen werden.

Die Kosten- und Leistungsrechnung dient somit der innerbetrieblichen Kontrolle sowie der Vorbereitung von Änderungen und neuen Entscheidungen. Sie wird somit zu einem zentralen Kontroll- und Sicherheitsinstrument innerhalb des betrieblichen Rechnungswesens. Dabei orientiert sie sich ausschließlich an den betrieblich regelmäßig anfallenden Aufwendungen (Kosten) und Erträgen (Leistungen). Aufwendungen und Erträge, die nichts mit dem eigentlichen Betriebszweck zu tun haben, also nicht mit dem Sachziel der Unternehmung bzw. dem betrieblichen Leistungsprozess im Zusammenhang stehen, bleiben unberücksichtigt.

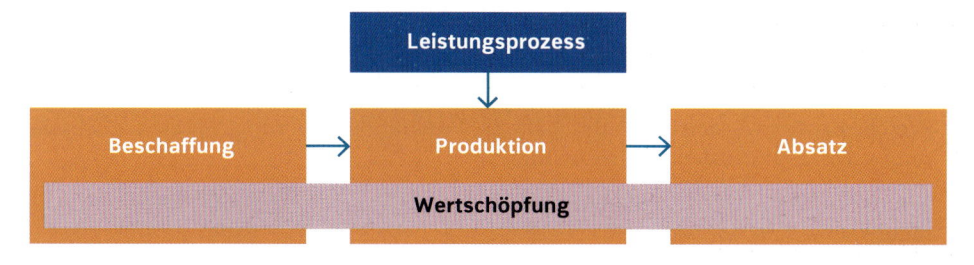

Leistungsprozess

Beschaffung → Produktion → Absatz

Wertschöpfung

Aufgaben der Kosten- und Leistungsrechnung (KLR)

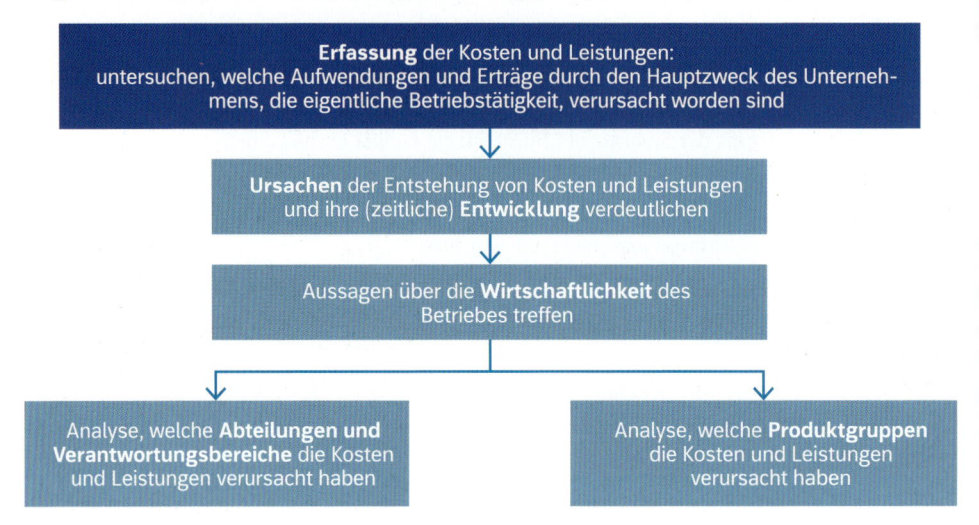

Erfassung der Kosten und Leistungen: untersuchen, welche Aufwendungen und Erträge durch den Hauptzweck des Unternehmens, die eigentliche Betriebstätigkeit, verursacht worden sind

↓

Ursachen der Entstehung von Kosten und Leistungen und ihre (zeitliche) **Entwicklung** verdeutlichen

↓

Aussagen über die **Wirtschaftlichkeit** des Betriebes treffen

↓

- Analyse, welche **Abteilungen und Verantwortungsbereiche** die Kosten und Leistungen verursacht haben
- Analyse, welche **Produktgruppen** die Kosten und Leistungen verursacht haben

Dadurch liefert die KLR wichtige Daten für die **Bewertung** der Produkte im Inventar, für die **Kalkulation** der Verkaufspreise und für **betriebliche Entscheidungen**, die das Fertigungsprogramm, das Fertigungsverfahren sowie die Annahme von Aufträgen betreffen.

Durch die Gegenüberstellung der betrieblichen Erträge (Leistungen) und betrieblichen Aufwendungen (Kosten) wird das **Betriebsergebnis** (vgl. S. 387 ff.) ermittelt.

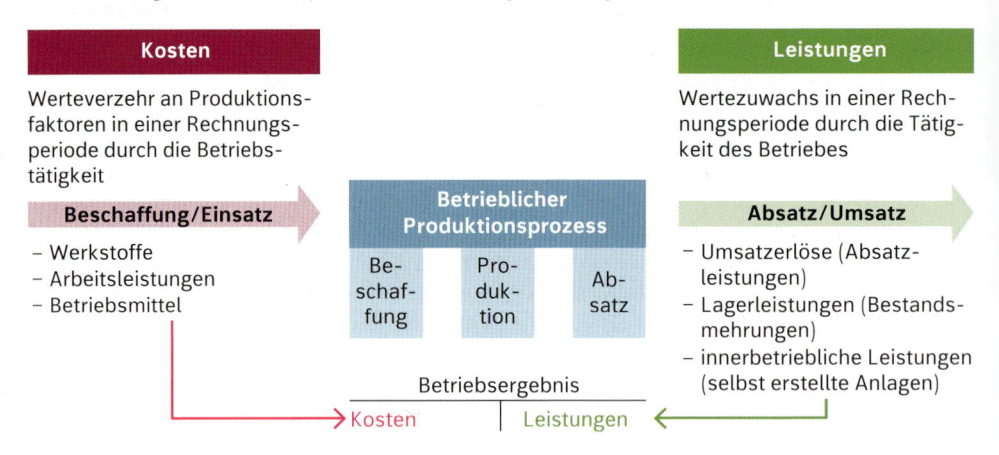

Kosten
Werteverzehr an Produktionsfaktoren in einer Rechnungsperiode durch die Betriebstätigkeit

Beschaffung/Einsatz
- Werkstoffe
- Arbeitsleistungen
- Betriebsmittel

Leistungen
Wertezuwachs in einer Rechnungsperiode durch die Tätigkeit des Betriebes

Absatz/Umsatz
- Umsatzerlöse (Absatzleistungen)
- Lagerleistungen (Bestandsmehrungen)
- innerbetriebliche Leistungen (selbst erstellte Anlagen)

Betrieblicher Produktionsprozess: Beschaffung – Produktion – Absatz

Betriebsergebnis: Kosten | Leistungen

Stufen der KLR

Nach dem **abrechnungstechnischen Ablauf** beantwortet die KLR folgende Fragen:

- **Welche Kosten** wurden durch Beschaffung, Produktion, Lagerung, Absatz und Verwaltung verursacht (Kostenartenrechnung)?
- **Wo** (in welchen Abteilungen) sind die Kosten verursacht worden (Kostenstellenrechnung)?
- **Welchen Leistungen** (z. B. Produkten) sind diese Kosten zuzurechnen (Kostenartenrechnung)?

1 Kosten- und Leistungsrechnung als Vollkostenrechnung im Industrieunternehmen

In der Reihenfolge der Beantwortung dieser Fragen ergeben sich die folgenden **Stufen der KLR**:

Finanzbuchhaltung	Kosten- und Leistungsrechnung		
	Kostenarten-rechnung	Kostenstellen-rechnung	Kostenträger-rechnung
Erfassung aller Aufwendungen und Erträge (unabhängig davon, ob sie dem Betriebszweck dienen oder nicht) zur Ermittlung des Unternehmungsergebnisses in der GuV-Rechnung	Erfassung und Gliederung der Kosten	Verteilung der Kosten auf die Betriebsbereiche (Kostenstellen), in denen sie angefallen sind	Verteilung der Kosten auf die Leistungen (Produkte), von denen sie verursacht worden sind
	Welche Kosten sind entstanden?	Wo sind die Kosten entstanden?	Welcher Kostenanteil entfällt auf die einzelnen Produkte?

Zusammenfassung

Notwendigkeit der Kosten- und Leistungsrechnung begründen

- Die **Finanzbuchhaltung** ermittelt das **Gesamtergebnis der Unternehmung**.
- Dieses macht keine Aussagen über die **Wirtschaftlichkeit des Betriebes, einzelner Teilbereiche** oder **einzelner Produkte**.
- Solche Informationen stellt die Kosten- und Leistungsrechnung bereit.
- Sie ermittelt,
  - welche **Leistungen** der Betrieb erstellt und welche **Kosten** diese Leistungserstellung verursacht hat,
  - **wo die Kosten** verursacht wurden und
  - **welchen Leistungen die Kosten zuzurechnen** sind,
  - die **Herstellungskosten** der Erzeugnisse zur Bewertung im Inventar und kalkuliert die **Verkaufspreise**.
- Entsprechend sind **Kostenarten-, Kostenstellen-** und **Kostenträgerrechnung** als Bereiche der KLR zu unterscheiden.

Aufgaben

1. Nennen Sie drei Stufen der KLR und erläutern Sie deren grundsätzliche Aufgaben.
2. Erläutern Sie, warum die GuV-Rechnung der Finanzbuchhaltung der Sommerfeld Bürosysteme GmbH als Informationsinstrument des Betriebsgeschehens nicht ausreicht.

1.2 Abgrenzungsrechnung zur Ermittlung des Betriebsergebnisses durchführen

1.2.1 Kosten und neutraler Aufwand, Leistungen und neutrale Erträge unterscheiden

Nachdem der erste kleine Schock über das schwächer ausgefallene Unternehmensergebnis verdaut ist, hat Frau Nolden in Zusammenarbeit mit Herrn Lage bereits einige Informationen zu einzelnen Positionen der GuV-Rechnung zusammengetragen, um die Zahlen des Abrechnungsjahres genauer zu analysieren.

Konto	Anmerkungen	€
5400	Ein Teil des Betriebsgebäudes wurde zu Gewerbezwecken vermietet: Erträge hieraus	96 000,00
5410[1]	Sonstige Erlöse (hier aus dem Verkauf von Gegenständen des Anlagevermögens)	62 000,00
5710	Verzugszinsen von Kunden	27 000,00
6000	Rohstoffe (Holz, Furniere) wurden durch Überschwemmung infolge orkanartiger Niederschläge vernichtet (kein Versicherungsschutz)	390 000,00
6160	Dachreparatur: a) am vermieteten Gebäudeteil	36 000,00
	b) am betrieblich genutzten Gebäudeteil	276 000,00
65	Abschreibungsanteil des vermieteten Gebäudes	18 000,00
6800	Anzeigen „Vermietung gewerblicher Räume"	2 700,00
6979[2]	Anlagenabgänge	649 085,00
70	Grundsteueranteil für vermietetes Gebäude	6 500,00
7510	Hypothekenzinsanteil für vermietetes Gebäude	6 200,00
7710	Körperschaftsteuer	1 350 000,00

Herr Effer ist erleichtert: „Wenn ich mir diese Zahlen so anschaue, stelle ich fest, dass alles halb so wild ist." Rudolf versteht nicht ganz: „Warum? Der Gewinn ist doch zurückgegangen. Daran hat sich doch gar nichts geändert." Herr Effer entgegnet: „Da haben Sie zwar recht und schön ist das nicht. Aber das betrifft das Unternehmensergebnis. Unser Betriebsergebnis ist jedoch besser als es das Ergebnis der GuV vermuten lässt und das ist zunächst mal eine positive Nachricht."

Arbeitsauftrag

Versuchen Sie, diese Auffassung zu begründen.

Kosten und neutrale Aufwendungen

Die **Beurteilung der Wirtschaftlichkeit** eines Betriebes aufgrund der Gewinn- und Verlustrechnung führt zu falschen Aussagen, weil neben den Aufwendungen, welche dem

---

[1] und [2] *Der Verkauf von Gegenständen des Anlagevermögens über bzw. unter Buchwert hat in den Prüfungen der IHK unter Verwendung der Konten „5410 Sonstige Erlöse" sowie „6979 Anlagenabgänge" zu erfolgen (vgl. LF 3).*

1 Kosten- und Leistungsrechnung als Vollkostenrechnung im Industrieunternehmen

Betriebszweck dienen (Zweckaufwendungen) auch **betriebsfremde** und **betrieblich außerordentliche Aufwendungen** (neutrale Aufwendungen) aufgeführt werden.

> **PRAXISTIPP!**
> Ziel der Kostenrechnung muss es deshalb sein, die **Zweckaufwendungen (Kosten)** von den **betriebsfremden** und **betrieblich außerordentlichen Aufwendungen** zu trennen.

> **Kosten:**
> Aufwendungen, die betrieblich bedingt sind und regelmäßig anfallen. Es handelt sich dabei also um den Wert aller verbrauchten Güter und Dienstleistungen einer Rechnungsperiode, der durch den betrieblichen Leistungsprozess sowie die Aufrechterhaltung der Betriebsbereitschaft verursacht wird.

Zweckaufwendungen sind demnach Aufwendungen, welche zugleich Kosten darstellen. Diese Kosten sind **aufwandsgleich** und stimmen mit den in der Finanzbuchhaltung erfassten Aufwendungen überein. Sie gehen in der Folge in die Kostenrechnung mit ein. Man spricht auch von **Grundkosten**.

Beispiele in der Sommerfeld Bürosysteme GmbH	Aufwand der Fibu in €	Kosten der KLR in €
Stromverbrauch in den Abteilungen Lager, Einkauf, Produktion, Verkauf im Monat Juni	4 400,00	4 400,00
Rohstoffeinsatz (Anschaffungskosten der verbrauchten Rohstoffe) im Monat Juni	317 500,00	317 500,00
Löhne für die Facharbeiter und Gehälter für die Angestellten im Monat Juni	1 590 000,00	1 590 000,00
Werbeaktion im Monat Juni	38 000,00	38 000,00

> **Betriebsfremde Aufwendungen:**
> Aufwendungen, die in keinerlei Beziehung zum betrieblichen Leistungsprozess stehen.

Die betriebsfremden Aufwendungen stellen die reinste Form der neutralen Aufwendungen dar. In der Folge **dürfen** Sie **nicht** in die Kostenrechnung einfließen.

Beispiele in der Sommerfeld Bürosysteme GmbH	Aufwand der Fibu in €	Kosten der KLR in €
Dachreparatur am vermieteten Gebäudeteil	36 000,00	–
Abschreibungsanteile des vermieteten Gebäudes	18 000,00	–
Anzeigen „Vermietung gewerblicher Räume"	2 700,00	–
Grundsteueranteil für vermietetes Gebäude	6 500,00	–
Hypothekenzinsanteil für vermietetes Gebäude	6 200,00	–

> **Betrieblich außerordentliche Aufwendungen:**
> Aufwendungen, die betriebsbedingt sind, jedoch nach Art und Höhe so außergewöhnlich sind, dass sie nicht als Kosten erfasst werden.
>
> - Sie fallen **einmalig oder völlig unerwartet** an und sind untypisch für das normale Betriebsgeschehen.
> - Sie lassen sich vielfach keinem bestimmten Abrechnungszeitraum zurechnen **(zeitraumneutrale Anwendungen)**.
> - Sie betreffen eine bereits abgeschlossene Rechnungsperiode **(periodenfremde Aufwendungen)**.

Die betrieblich außerordentlichen Aufwendungen zählen ebenfalls zu den neutralen Aufwendungen, welche nicht in die Kostenrechnung eingehen.

Beispiele:

		Aufwand der Fibu in €	Kosten der KLR in €
einmalig oder völlig unerwartet	Rohstoffverderb durch Hochwasser, Rohrbruch o. Ä.	390 000,00	–
zeitraumneutral	Dachreparatur am betrieblich genutzten Gebäude	276 000,00	–
periodenfremd	Gewerbesteuernachzahlung für das vorangegangene Geschäftsjahr	110 000,00	–

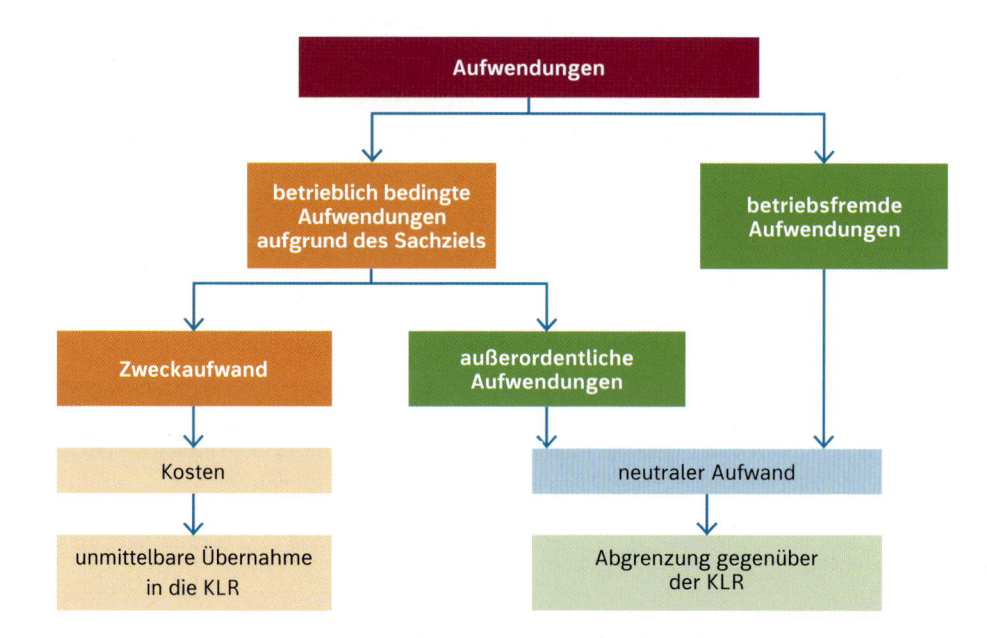

```
                        Aufwendungen
                       /            \
          betrieblich bedingte      betriebsfremde
          Aufwendungen              Aufwendungen
          aufgrund des Sachziels
         /              \                    |
   Zweckaufwand    außerordentliche          |
                   Aufwendungen              |
        |                \                  /
      Kosten              neutraler Aufwand
        |                        |
   unmittelbare Übernahme   Abgrenzung gegenüber
   in die KLR               der KLR
```

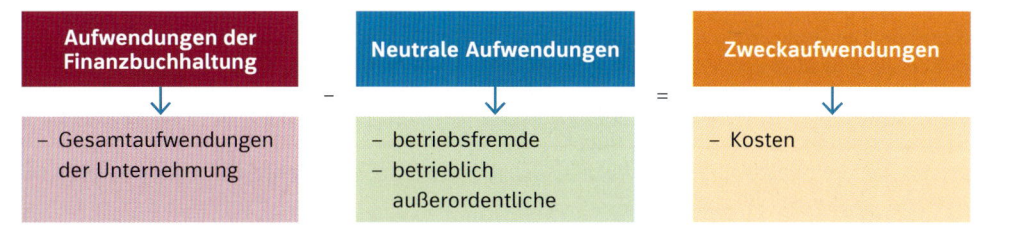

1 Kosten- und Leistungsrechnung als Vollkostenrechnung im Industrieunternehmen

Aufwendungen der Finanzbuchhaltung
↓
– Gesamtaufwendungen der Unternehmung

−

Neutrale Aufwendungen
↓
– betriebsfremde
– betrieblich außerordentliche

=

Zweckaufwendungen
↓
– Kosten

Leistungen und neutrale Erträge

Zur genauen Beurteilung der Wirtschaftlichkeit des Betriebes müssen auch die Erträge genauer betrachtet werden.

> **PRAXISTIPP!**
> Ziel der KLR ist es deshalb, die **betrieblich bedingten Erträge** (Leistungen) von den **betriebsfremden** und **betrieblich außerordentlichen Erträgen** zu trennen.

> **Leistungen:**
> In der KLR werden die regelmäßig anfallenden, betrieblich bedingten Erträge als Leistungen bezeichnet.

Typische Leistungen eines Industriebetriebes sind:

- **Absatzleistungen**: die Erlöse aus dem Verkauf von Erzeugnissen und Handelswaren
- **Lagerleistungen**: die in der Rechnungsperiode hergestellten, aber noch nicht abgesetzten Erzeugnisse (Bestandsmehrung an unfertigen und fertigen Erzeugnissen) → LF 3
- **aktivierte Eigenleistungen**: selbst hergestellte Anlagen für den eigenen Betrieb.

Beispiel:

Die Sommerfeld Bürosysteme GmbH erwirtschaftete die folgenden Leistungen:	Erträge der Fibu in €	Leistungen der KLR in €
Verkauf von 100 Confair Flipcharts (Handelswaren)	36 200,00	36 200,00
10 produzierte, aber noch nicht verkaufte Drehstühle gehen ins Lager	4 210,00	4 210,00

Die Leistungen stehen im Mittelpunkt der KLR, denn sie sind ja die Ursache und das Ergebnis der entstandenen Kosten. Folglich werden ihnen die Kosten zugerechnet und sie werden damit zu „**Kostenträgern**".

> **Betriebsfremde Erträge:**
> Erträge, die in keinerlei Beziehung zum betrieblichen Leistungsprozess stehen.

Die betriebsfremden Erträge stellen die reinste Form der neutralen Erträge dar. In der Folge **dürfen** sie **nicht** in die KLR einfließen.

Beispiele: Die Sommerfeld Bürosysteme GmbH bezieht 7 500,00 € Mieteinnahmen aus Wohnungen in Betriebsgebäuden und 890,00 € Zinserträge aus Darlehen an Nichtkunden.

> **Betrieblich außerordentliche Erträge:**
> Erträge, die betriebsbedingt sind, jedoch nach Art und Höhe so außergewöhnlich sind, dass sie nicht als Leistungen erfasst werden.
> - Sie fallen **einmalig oder völlig unerwartet** an und sind untypisch für das normale Betriebsgeschehen.
> - Sie lassen sich vielfach keinem bestimmten Abrechnungszeitraum zurechnen **(zeitraumneutrale Einträge)**.
> - Sie betreffen eine bereits abgeschlossene Rechnungsperiode **(periodenfremde Erträge)**.

Beispiele:

		Ertrag der Fibu in €	Leistung der KLR in €
einmalig oder völlig unerwartet	Ein zunächst abgelehnter Versicherungsschaden wird anerkannt	10 000,00	–
zeitraumneutral	Die Sommerfeld Bürosysteme GmbH erzielt Erträge aus dem Verkauf von betrieblichen Anlagen über Buchwert	276 000,00	–
periodenfremd	Rückstellungen von Gewerbesteuern	1 000,00	–

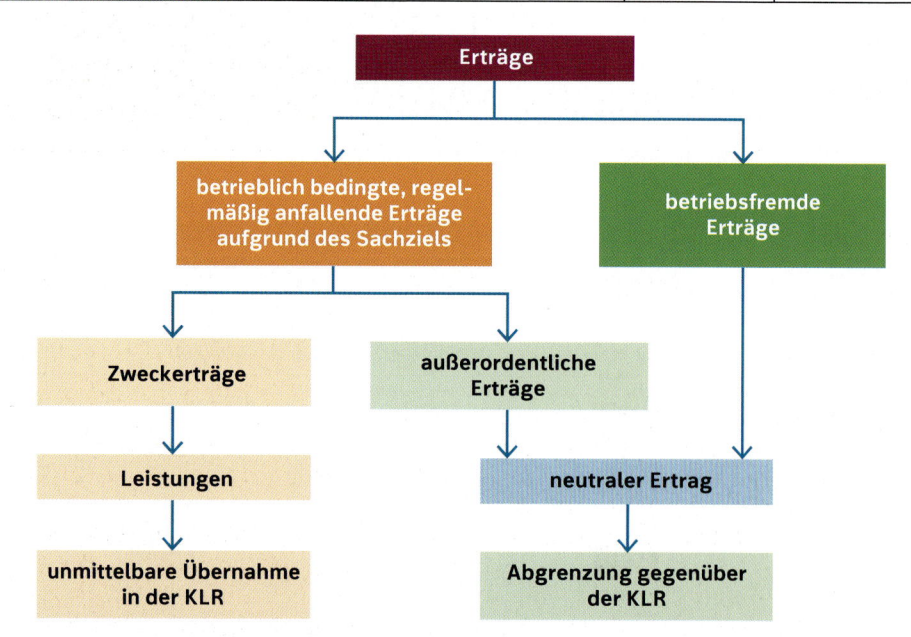

Erträge
- betrieblich bedingte, regelmäßig anfallende Erträge aufgrund des Sachziels
  - Zweckerträge → Leistungen → unmittelbare Übernahme in der KLR
  - außerordentliche Erträge → neutraler Ertrag → Abgrenzung gegenüber der KLR
- betriebsfremde Erträge → neutraler Ertrag → Abgrenzung gegenüber der KLR

Zusammenfassung

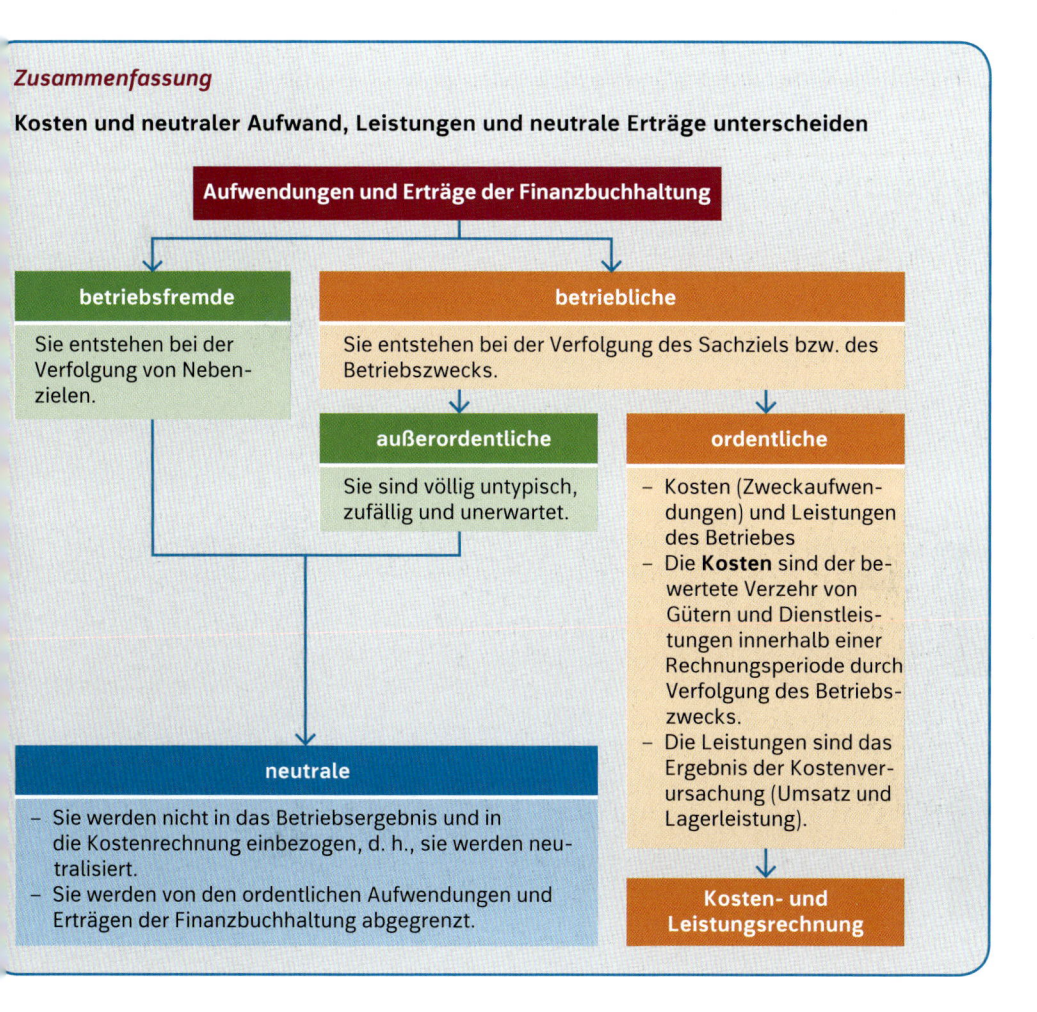

Kosten und neutraler Aufwand, Leistungen und neutrale Erträge unterscheiden

Aufwendungen und Erträge der Finanzbuchhaltung

- **betriebsfremde**: Sie entstehen bei der Verfolgung von Nebenzielen.
- **betriebliche**: Sie entstehen bei der Verfolgung des Sachziels bzw. des Betriebszwecks.
  - **außerordentliche**: Sie sind völlig untypisch, zufällig und unerwartet.
  - **ordentliche**:
    - Kosten (Zweckaufwendungen) und Leistungen des Betriebes
    - Die **Kosten** sind der bewertete Verzehr von Gütern und Dienstleistungen innerhalb einer Rechnungsperiode durch Verfolgung des Betriebszwecks.
    - Die Leistungen sind das Ergebnis der Kostenverursachung (Umsatz und Lagerleistung).
    - → **Kosten- und Leistungsrechnung**

neutrale
- Sie werden nicht in das Betriebsergebnis und in die Kostenrechnung einbezogen, d. h., sie werden neutralisiert.
- Sie werden von den ordentlichen Aufwendungen und Erträgen der Finanzbuchhaltung abgegrenzt.

Aufgaben

1. Entscheiden Sie, ob folgende Geschäftsfälle einer Möbelfabrik
   a) betrieblich ordentlich,
   b) betrieblich außerordentlich oder
   c) betriebsfremd sind:
   1. Dachreparatur an einem Wohnhaus des Betriebes
   2. Akkordlohnzahlungen
   3. Maschinenschaden aufgrund eines Bedienungsfehlers
   4. Rohstoffverbrauch laut Stückliste
   5. Holzentnahme zur Reparatur der Treppe in einem vermieteten Lagergebäude
   6. Fertige Möbel sind wegen unsachgemäßer Lagerung nicht mehr absetzbar.
   7. Kassenfehlbetrag
   8. Gewerbesteuernachzahlung für das vergangene Rechnungsjahr
   9. Rohstoffe werden wegen eines Wasserrohrbruches unbrauchbar.
   10. Forderungsausfall

11. Miete für eine gemietete Lagerhalle
12. Zahlung der Kfz-Steuer für einen Betriebs-Pkw
13. Ausgabe für eine Einführungswerbung
14. Telefonkosten
15. Vertreterprovision
16. Totalschaden eines Lkw durch selbst verschuldeten Unfall

2. Im Konto „6000 Aufwendungen für Rohstoffe" ist ein Rohstoffverderb im Wert von 200 000,00 € infolge einer Überschwemmung enthalten.
Erläutern Sie, wie sich die Entscheidung
a) auf die Wirtschaftlichkeitsbeurteilung und
b) auf die Wettbewerbssituation
des Betriebes auswirken kann, wenn dieser Betrag unverändert in die KLR übernommen wird.

3. Erklären Sie an je fünf Fällen

a) betrieblich ordentlichen und
b) betrieblich außerordentlichen
Werteverzehr an Produktionsfaktoren am Beispiel eines Möbelherstellers.

4. a) Nennen Sie die Merkmale des Kostenbegriffes.
b) Grenzen Sie die Kosten von den neutralen Aufwendungen ab.
c) Begründen Sie die Notwendigkeit der Abgrenzung von Kosten und neutralen Aufwendungen zur Beurteilung der Wirtschaftlichkeit eines Betriebes.
d) Erläutern Sie die Merkmale des Leistungsbegriffes analog zum Kostenbegriff.

5. Ordnen Sie die Fälle 1 bis 7 eines Möbelherstellers den Erträgen a) bis d) dieser Übersicht zu:

a) Leistungen
b) außerordentliche Erträge
c) periodenfremde Erträge
d) betriebsfremde Erträge
1. Verkauf von Tischen
2. Mieteinnahmen
3. Verkauf eines Pkw über Buchwert
4. Rückerstattung zu viel bezahlter Gewerbesteuer
5. Zinsen für ein einem Kunden gewährtes Darlehen
6. Verkauf verschiedener Produkte zur Möbelbehandlung (Wachs, Lack u. Ä.)
7. Verkauf eines gebrauchten PC über Buchwert

6. Die Buchführung eines Haushaltsgeräteproduzenten, der Mixer und Elektromesser herstellt und vertreibt, stellt der Unternehmensleitung folgende Daten der beiden letzten Quartale des Geschäftsjahres zur Verfügung:

Konto	Aufwandsarten	3. Quartal in €	4. Quartal in €
6000	Aufwendungen für Rohstoffe	535 000,00	588 000,00
61	Aufwendungen für bezogene Leistungen	91 000,00	102 800,00
62	Löhne	620 000,00	614 900,00
63	Gehälter	182 000,00	179 900,00
64	Soziale Abgaben	130 200,00	129 700,00
65	Abschreibungen	85 100,00	88 600,00
67	Aufwendungen für Rechte und Dienste	94 200,00	107 400,00

Konto	Aufwandsarten	3. Quartal in €	4. Quartal in €
68	Aufwendungen für Kommunikation	65 000,00	81 900,00
69	Aufwendungen für Beiträge und Sonstiges	32 700,00	29 100,00
70	Betriebliche Steuern	25 100,00	25 100,00
75	Zinsen und ähnliche Aufwendungen	16 800,00	16 800,00
	Aufwendungen insgesamt	1 877 100,00	1 964 200,00

Konto	Ertragsarten	3. Quartal in €	4. Quartal in €
5000	Umsatzerlöse Mixer	1 246 000,00	1 205 000,00
5010	Umsatzerlöse Elektromesser	754 000,00	650 000,00
54	Sonstige betriebliche Erträge	24 000,00	29 000,00
	Erträge insgesamt	2 024 000,00	1 884 000,00

a) Ermitteln Sie den Erfolg für das dritte und vierte Quartal.
b) Stellen Sie die Veränderungen in Prozent fest.
c) Worauf können die Abweichungen zurückzuführen sein?
d) Zeigen Sie die Informationsmängel der GuV-Rechnung auf, wenn Sie den Einfluss der einzelnen Produktbereiche auf den Erfolg bestimmen wollen.
e) Welche Maßnahme schlagen Sie vor, um bessere Informationen über die Aufwandsverursachung zu erhalten?

1.2.2 Das Betriebsergebnis mithilfe der Abgrenzungsrechnung ermitteln

Herr Feld hat sich eingehend mit den Informationen von Frau Nolden zu einzelnen Positionen der GuV-Rechnung des Abrechnungsjahres auseinandergesetzt (vgl. S. 380). Um jedoch zu erfahren, wie der Betrieb gewirtschaftet hat, benötigt er präzise aufbereitete Daten. Nur dann kann er die richtigen Maßnahmen einleiten.

Daher bittet er Rudolf Heller um eine tabellarische Aufstellung, in der die betriebsfremden und die betrieblich außerordentlichen Aufwendungen und Erträge ebenso wie die Kosten und Leistungen gesondert ausgewiesen werden.

Arbeitsauftrag

Erläutern Sie, was diese Aufstellung bezweckt und wie sie aufgebaut sein könnte.

Aufbau der Abgrenzungsrechnung

Betriebsfremde und betrieblich außerordentliche Aufwendungen sowie Erträge sind von den Kosten und Leistungen abzugrenzen. Dies geschieht mithilfe der **Abgrenzungsrechnung** im Rahmen der **Kostenartenrechnung**.

Die nachfolgende Tabelle zeigt die grundsätzliche Struktur der Abgrenzungstabelle, mit welcher die Abgrenzungsrechnung durchgeführt wird.

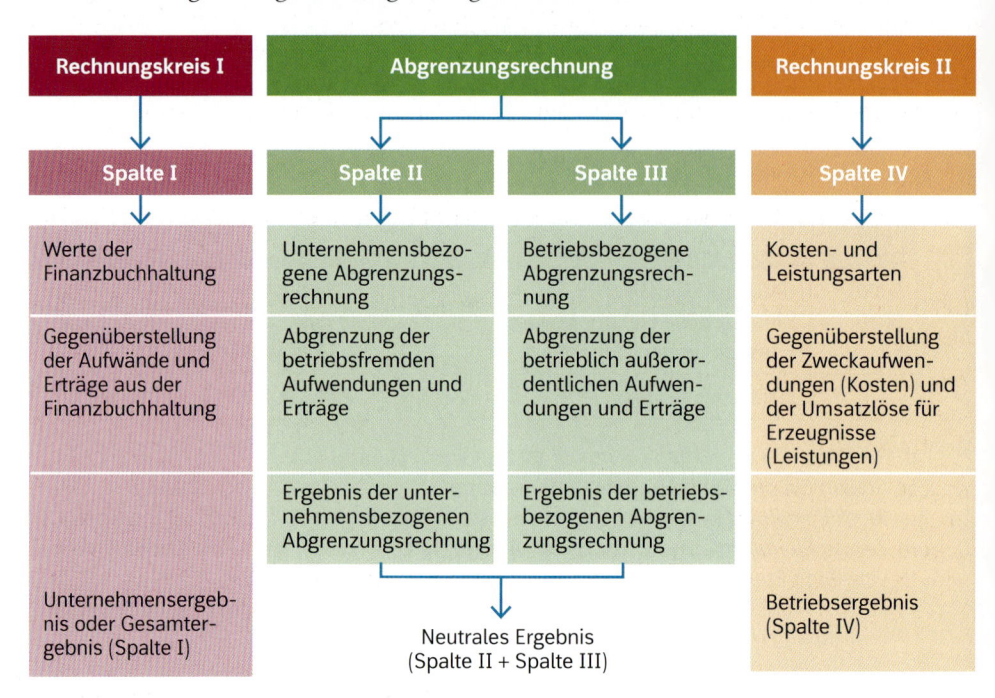

Rechnungskreis I	Abgrenzungsrechnung		Rechnungskreis II
Spalte I	Spalte II	Spalte III	Spalte IV
Werte der Finanzbuchhaltung	Unternehmensbezogene Abgrenzungsrechnung	Betriebsbezogene Abgrenzungsrechnung	Kosten- und Leistungsarten
Gegenüberstellung der Aufwände und Erträge aus der Finanzbuchhaltung	Abgrenzung der betriebsfremden Aufwendungen und Erträge	Abgrenzung der betrieblich außerordentlichen Aufwendungen und Erträge	Gegenüberstellung der Zweckaufwendungen (Kosten) und der Umsatzlöse für Erzeugnisse (Leistungen)
	Ergebnis der unternehmensbezogenen Abgrenzungsrechnung	Ergebnis der betriebsbezogenen Abgrenzungsrechnung	
Unternehmensergebnis oder Gesamtergebnis (Spalte I)	Neutrales Ergebnis (Spalte II + Spalte III)		Betriebsergebnis (Spalte IV)

Durchführung der Abgrenzungsrechnung

Werte der Finanzbuchhaltung
In der **Spalte I** werden die Aufwendungen und Erträge der GuV-Rechnung übernommen. Der Saldo weist den Unternehmensgewinn bzw. den Unternehmensverlust aus. In dieser Spalte sind betriebliche, betriebsfremde und betrieblich außerordentliche Aufwendungen und Erträge enthalten.

Unternehmensbezogene Abgrenzungsrechnung
Die unternehmensbezogene Abgrenzungsrechnung hat die **Funktion eines ersten Filters**. Sie ist die Verbindungsstelle zwischen Finanzbuchhaltung und der Kosten- und Leistungsrechnung. In der **Spalte II** werden die Aufwendungen und Erträge abgegrenzt, die **betriebsfremd** sind.

Dies kann nur mit entsprechenden zusätzlichen Angaben und Informationen aus der Finanzbuchhaltung zu den jeweiligen Aufwendungen und Erträgen geschehen (vgl. S. 380).

Beispiel: Die Finanzbuchhaltung der Sommerfeld Bürosysteme GmbH liefert die Information, dass für 36 000,00 € Dachreparaturen am vermieteten Gebäudeteil durchgeführt wurden. Aufgrund dieser Angabe kann Rudolf Heller erkennen, dass es sich hierbei um einen eindeutig betriebsfremden Aufwand handelt.

Der Saldo der Spalte II wird als **Ergebnis aus unternehmensbezogener Abgrenzungsrechnung** bezeichnet (vgl. Beispiel S. 390 f.).

Nach Abgrenzung der betriebsfremden Aufwendungen und Erträge verbleiben ausschließlich betriebsbezogene Aufwendungen und Erträge.

Betriebsbezogene Abgrenzungsrechnung

In der **Spalte III** werden die Aufwendungen und Erträge abgegrenzt, die zwar betriebsbezogen sind, aber gleichzeitig unerwartet, untypisch oder stark schwankend sind, sodass sie das Betriebsergebnis verfälschen würden (vgl. S. 380 ff.). Dabei handelt es sich um **betrieblich außerordentliche Aufwendungen und Erträge**. Auch in diesen Fällen sind ergänzende Informationen und Angaben aus der Finanzbuchhaltung notwendig.

Beispiel: Die Finanzbuchhaltung der Sommerfeld Bürosysteme GmbH liefert die Information, dass Rohstoffe im Wert von 390 000,00 € durch Überschwemmung infolge orkanartiger Niederschläge vernichtet wurden. Aufgrund dieser Angabe kann Rudolf Heller erkennen, dass es sich hierbei um einen außerordentlichen Aufwand handelt.

Der Saldo der Spalte III wird als **Ergebnis aus betriebsbezogener Abgrenzungsrechnung** bezeichnet (vgl. Beispiel S. 390 f.).

Addiert man das Ergebnis aus unternehmensbezogener Abgrenzungsrechnung (Spalte II) und das Ergebnis aus betriebsbezogener Abgrenzungsrechnung (Spalte III) erhält man das **neutrale Ergebnis**.

Kosten- und Leistungsarten

In **Spalte IV** verbleiben nach Abgrenzung der betriebsfremden sowie der betrieblich außerordentlichen Aufwendungen und Erträge ausschließlich die **Kosten und Leistungen**. Durch ihre Gegenüberstellung wird das **Betriebsergebnis** ermittelt.

> Kosten > Leistung = betrieblicher Verlust
> Kosten < Leistung = betrieblicher Gewinn

PRAXISTIPP!

Zur Durchführung der Abgrenzungsrechnung empfiehlt sich folgendes Vorgehen:

1. *Übernahme der Aufwendungen und Erträge aus der GuV-Rechnung in die Spalte I*
2. *Analyse der Informationen und Angaben aus der Finanzbuchhaltung zu den jeweiligen Aufwendungen und Erträgen*
3. *Vorsortierung nach **betriebsfremden** sowie **betrieblich außerordentlichen Aufwendungen und Erträgen***
4. *Übernahme der betriebsfremden Aufwendungen und Erträge in Spalte II und Berechnung des Ergebnisses aus unternehmensbezogener Abgrenzungsrechnung*
5. *Übernahme der **betrieblich außerordentlichen Aufwendungen und Erträge** in Spalte III und Berechnung des Ergebnisses aus betriebsbezogener Abgrenzungsrechnung*
6. *Übernahme der Kosten und Leistungen in Spalte IV und Berechnung des Betriebsergebnisses*
7. *Abstimmung der Ergebnisse*

Abstimmung der Ergebnisse

Das **Betriebsergebnis** unterscheidet sich vom **Gesamtergebnis** der Unternehmung durch das **neutrale Ergebnis**, welches sich aus dem Ergebnis der betriebsbezogenen Abgrenzungsrechnung und dem Ergebnis der unternehmensbezogenen Abgrenzungsrechnung zusammensetzt.

Abgrenzungsrechnung

			I Werte der Finanzbuchhaltung		II Unternehmensbezogene Abgrenzungsrechnung		III Betriebsbezogene Abgrenzungsrechnung		IV Kosten- und Leistungsarten	
Aufwands- und Ertragspositionen			1	2	3	4	5	6	7	8
Z.	Konto	Bezeichnung	Aufwendungen	Erträge	betriebsfr. Aufwend.	betriebsfr. Erträge	betr. a.-o. Aufwend.	betr. a.-o. Erträge	Kosten	Leistungen
01	5000	Umsatzerlöse für eigene Erzeugnisse		45 000 000,00						45 000 000,00
02	5100	Umsatzerlöse f. Handelswaren		1 390 000,00						1 390 000,00
03	5200	Bestandsveränderungen	119 600,00						119 600,00	
04	5400	Mieterträge		96 000,00		96 000,00				
05	5410	Sonstige Erlöse (hier durch den Verkauf von Gegenständen des Anlagevermögens)		62 000,00				62 000,00		
06	5710	Zinserträge		27 000,00				27 000,00		
07	6000	Aufwendungen f. Rohstoffe/Fertigungsmaterial	12 249 656,00				390 000,00		11 859 656,00	
08	6020	Aufwendungen f. Hilfsstoffe	3 955 844,00						3 955 844,00	
09	6050	Aufwendungen für Energie	1 195 115,00						1 195 115,00	
10	6160	Fremdinstandhaltung	716 500,00		36 000,00		276 000,00		404 500,00	
11	6200	Löhne	12 143 000,00						12 143 000,00	
12	6300	Gehälter	6 981 900,00						6 981 900,00	
13	6500	Abschreibungen	672 000,00		18 000,00				654 000,00	
14	6700	Aufwend. f. Rechte u. Dienste	1 410 000,00						1 410 000,00	
15	6800	Aufwend. f. Kommunikation	2 038 100,00		2 700,00				2 035 400,00	
16	6900	Versicherungsbeiträge	74 200,00						74 200,00	
17	6979	Anlagenabgänge	649 085,00				649 085,00			
18	7000	Betriebliche Steuern	1 225 000,00		6 500,00				1 218 500,00	
19	7510	Zinsaufwendungen	145 000,00		6 200,00				138 800,00	
20	7710	Körperschaftsteuer	1 350 000,00		1 350 000,00					
			44 925 000,00	46 575 000,00	1 419 400,00	96 000,00	1 315 085,00	89 000,00	42 190 515,00	46 390 000,00
			1 650 000,00		1 323 400,00		1 226 085,00		4 199 485,00	

Abstimmung der Ergebnisse	Beispiel S. 390	
Betriebsergebnis		+ 4 199 485,00
± **neutrales Ergebnis:**		
Ergebnis aus betriebsbezogener Abgrenzungsrechnung	– 1 226 085,00	
Ergebnis aus unternehmensbezogener Abgrenzungsrechnung	– 1 323 400,00	– 2 549 485,00
Gesamtergebnis		+ 1 650 000,00

Zusammenfassung

Das Betriebsergebnis mithilfe der Abgrenzungsrechnung ermitteln

- Die **Abgrenzungsrechnung** dient der Ermittlung des Betriebsergebnisses.
- In der **unternehmensbezogenen** Abgrenzungsrechnung werden die betriebsfremden Aufwendungen und Erträge von dem Ergebnis der Finanzbuchhaltung abgegrenzt.
- In der **betriebsbezogenen** Abgrenzungsrechnung werden betriebliche außerordentliche Aufwendungen und Erträge abgegrenzt, die das Betriebsergebnis der Rechnungsperiode verfälschen würden und nicht für die KLR geeignet sind.

Aufgaben

1. Aus folgenden Angaben der Finanzbuchhaltung der Abels, Wirtz & Co. KG ist die unternehmungsbezogene Abgrenzungsrechnung durchzuführen:

Konto	Aufwands- und Ertragspositionen mit Erläuterungen	€
5000	Umsatzerlöse für eigene Erzeugnisse	5 600 000,00
5400	Mieterträge	42 000,00
5710	Zinserträge insgesamt aus spekulativen betriebsfremden Geschäften	54 000,00
6000	Aufwendungen für Rohstoffe davon 12 000,00 € für Reparaturen in vermieteten Gebäuden	2 460 000,00
6140	Ausgangsfrachten und Fremdlager	212 000,00
6150	Vertriebsprovisionen	162 000,00
6160	Fremdinstandhaltungen davon 17 000,00 € für Dachreparaturen des vermieteten Lagergebäudes	147 000,00
62–6400	Personalaufwendungen	1 720 000,00
6520	Abschreibungen auf Sachanlagen davon entfallen 6 000,00 € auf vermietete Lagergebäude	180 000,00
6700	Aufwendungen für die Inanspruchnahme von Rechten und Diensten	82 000,00

Konto	Aufwands- und Ertragspositionen mit Erläuterungen	€
6800	Aufwendungen für Kommunikation (Büromaterial, Werbung) davon Anzeigen für Vermietung von Betriebsgebäuden 1 000,00 €	227 000,00
6900	Versicherungsbeiträge davon für vermieteten Gebäudeteil 3 400,00 €	45 000,00
7000	Betriebliche Steuern davon Grundsteuer für vermieteten Gebäudeanteil 3 400,00 €	200 000,00
7510	Zinsaufwendungen davon entfallen 4 200,00 € auf Hypothekenzinsen für das vermietete Lagergebäude	34 000,00

2. Erläutern Sie anhand der Schaubilder auf den Seiten 388 und 390 Aufbau und Inhalt der Abgrenzungsrechnung.

3. Die Finanzbuchhaltung eines Industriebetriebes wies für das abgelaufene Geschäftsjahr folgende Werte aus:

Konto	Kontobezeichnung	Aufwendungen €	Erträge €
5000	Umsatzerlöse für eigene Erzeugnisse	–	4 200 000,00
5400	Mieterträge	–	180 000,00
5410	Sonstige Erlöse (hier aus dem Verkauf einer betrieblich genutzten Anlage)	–	75 000,00
5710	Zinserträge	–	1 000,00
6000	Aufwendungen für Roh-, Hilfs- und Betriebsstoffe	1 450 000,00	–
62–6400	Personalaufwand	1 300 000,00	–
6520	Abschreibungen auf Sachanlagen	250 000,00	–
66–6900	Sonstige betriebliche Aufwendungen	910 000,00	–
6979	Anlagenabgänge	150 000,00	–
7000	Betriebliche Steuern	90 000,00	–
7510	Zinsaufwendungen	35 000,00	–

Zu den obigen Positionen liegen folgende Informationen vor:

Konto	Anwendungen	€
5710	Verzugszinsen für verspätet bezahlte Kundenrechnungen	1 000,00
6000	Rohstoffverderb, Diebstahl	21 000,00
6520	Abschreibungen	250 000,00
	davon entfallen auf das vermietete Gebäude	12 000,00
6979	Ausbuchung der verkauften betrieblichen Anlage	150 000,00
7000	a) Grundsteuer für vermietete Gebäudeteile	2 500,00
	b) Gewerbesteuernachzahlung für das vergangene Geschäftsjahr	15 000,00
	c) Restliche Steuern sind Zweckaufwand	72 500,00

Konto	Anwendungen	€
7510	Zinsaufwendungen für betrieblich notwendiges Fremdkapital	35 000,00
	Ansonsten handelt es sich um betrieblich ordentliche Aufwendungen und Erträge	

Führen Sie die Abgrenzungsrechnung durch und stimmen Sie die Ergebnisse miteinander ab.

4. Erläutern Sie die unterschiedlichen Aufgaben
   a) der unternehmensbezogenen Abgrenzungsrechnung,
   b) der betriebsbezogenen Abgrenzungsrechnung.
5. Erklären Sie die Abweichungen des Betriebsergebnisses vom Ergebnis der Finanzbuchhaltung.
6. Für eine Industrieunternehmung ist zu entscheiden, ob folgende Aufwendungen für die KLR zu übernehmen sind: €
   a) Rohstoffverderb... 17 000,00
   b) Reparatur des Daches eines Lagergebäudes... 120 000,00
   c) Spende an eine soziale Einrichtung... 80 000,00
   d) Nachzahlung von Gewerbesteuer für das Vorjahr... 18 000,00
   e) Zinsen für aufgenommene betriebsnotwendige Darlehen........................... 24 000,00
   f) Verlust durch Spekulation mit Wertpapieren.. 115 000,00
   g) Ein Lkw erleidet auf der Fahrt zu Kunden einen selbst
      verschuldeten Unfallschaden.. 50 000,00
   Begründen Sie Ihre Entscheidung.

1.2.3 Kostenrechnerische Korrekturen in der Abgrenzungsrechnung erfassen

→ LS 29.I

Rudolf Heller diskutiert mit Frau Nolden: „Aufgrund unserer Angaben haben die Kostenrechner das Betriebsergebnis korrigiert. Sie haben beispielsweise den Rohstoffverderb durch Überschwemmung von 390 000,00 € und die Dachreparatur am betrieblich genutzten Gebäude mit 276 000,00 € gegenüber dem Betriebsergebnis und der Kosten- und Leistungsrechnung abgegrenzt. Das ist doch Augenwischerei, da kann man sich doch jedes Ergebnis aus der Finanzbuchhaltung passend machen und schönrechnen." „Nun ja, es gibt gute Argumente, weshalb die Kostenrechner die genauen Aufwendungen nicht voll in die Kostenrechnung übernehmen wollen. Denken Sie doch bitte noch einmal daran, wie der Begriff 'Kosten' genau definiert ist."

Arbeitsauftrag

Stellen Sie Argumente zusammen, weshalb die Kostenrechner die obigen Aufwendungen gegenüber dem Betriebsergebnis und der Kosten- und Leistungsrechnung abgrenzen und dafür andere Werte ansetzen.

Kalkulatorische Kosten

Einige betriebliche Aufwendungen, die von der Art und Ursache des Güter- und Dienstleistungsverzehrs her Kosten sein könnten, werden nicht in gleicher Höhe von der KLR übernommen, weil sie dort das Betriebsergebnis des Abrechnungsjahres und somit Wirtschaftlichkeits- und Preisvergleiche verfälschen würden.

Beispiel: Im Abrechnungsjahr wurden eine Dachreparatur und der Außenanstrich am Betriebsgebäude der Sommerfeld Bürosysteme GmbH durchgeführt. Der in der Finanzbuchhaltung erfasste Aufwand hierfür betrug 176 000,00 €. Dieser betriebliche Aufwand darf dem Betriebsergebnis des Abrechnungsjahres nicht allein angelastet werden, weil er die Gebäudenutzung über mehrere Jahre möglich macht. Die Beurteilung des Jahresergebnisses würde verfälscht.

Um eine **Verfälschung des Betriebsergebnisses** zu verhindern, werden solche Aufwendungen gegenüber dem Betriebsergebnis und der KLR neutralisiert, indem sie in der betriebsbezogenen Abgrenzungsrechnung abgegrenzt werden. Langfristig müssen aber auch diese betrieblichen Aufwendungen in die KLR einbezogen und über die Verkaufspreise der Erzeugnisse hereingeholt werden. Um jedoch **Störungen des Kostenvergleichs** und **Wettbewerbsnachteile** durch sprunghafte Preissteigerungen zu vermeiden, werden statt diese lt. Fibu tatsächlich angefallenen Aufwendungen in der KLR Kosten in anderer Höhe (**Anderskosten**) angesetzt, die dem durchschnittlichen Werteverzehr der vergangenen Abrechnungsperioden entsprechen. Solche Kosten werden als **kalkulatorische Kosten** bezeichnet.

Typische **Anderskosten** sind

- kalkulatorische Abschreibungen,
- kalkulatorische Zinsen,
- kalkulatorische Wagnisse,
- kalkulatorisch Miete.

Sie werden in anderer Höhe in die KLR einbezogen.

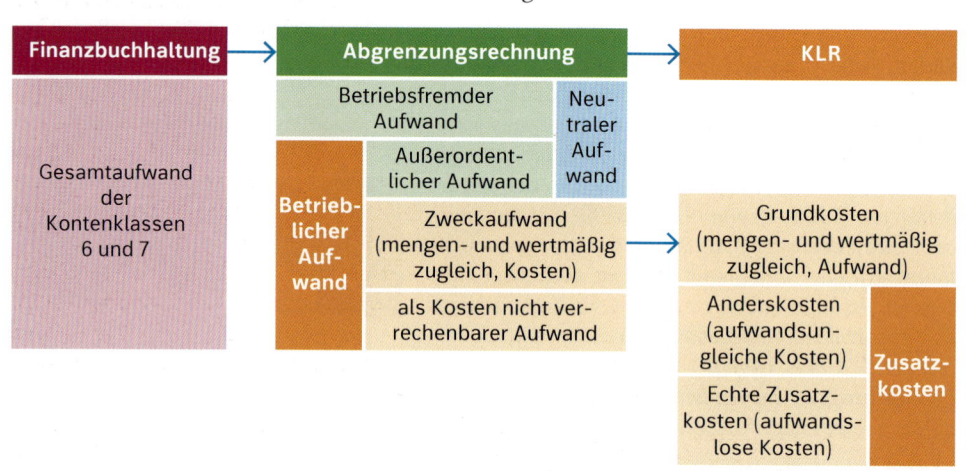

Finanzbuchhaltung	Abgrenzungsrechnung		KLR	
Gesamtaufwand der Kontenklassen 6 und 7		Betriebsfremder Aufwand	Neutraler Aufwand	
		Außerordentlicher Aufwand		
	Betrieblicher Aufwand	Zweckaufwand (mengen- und wertmäßig zugleich, Kosten)	Grundkosten (mengen- und wertmäßig zugleich, Aufwand)	
		als Kosten nicht verrechenbarer Aufwand	Anderskosten (aufwandsungleiche Kosten)	Zusatzkosten
			Echte Zusatzkosten (aufwandslose Kosten)	

Neben den Anderskosten müssen unter Umständen auch noch Kosten in der KLR berücksichtigt werden, denen in der GuV keine Aufwandsart gegenübersteht (echte Zusatzkosten: z. B. kalkulatorischer Unternehmerlohn bei Personengesellschaften).

Kalkulatorische Abschreibungen

Bilanzielle Abschreibungen

Der in der Finanzbuchhaltung erfasste **Abschreibungsaufwand (bilanzielle Abschreibung)** geht in die GuV-Rechnung ein. Er beeinflusst somit den **Gewinn, die gewinnabhängigen Steuern** (z. B. Einkommen- oder Körperschaftsteuer) und die **Ausschüttungspolitik** der Unternehmung (Höhe der Dividende). Die Höhe der bilanziellen Abschreibung wird aber eher von handels- und steuerrechtlichen Bestimmungen (Erfolgs- und Vermögensausweis) beeinflusst als vom tatsächlichen Werteverzehr der Anlagen.

Beispiel: Eine Transportanlage mit einem Anschaffungswert von 160 000,00 € wird laut AfA-Tabelle über eine Nutzungsdauer von acht Jahren bilanziell abgeschrieben. Der Abschreibungsbetrag in Höhe von 20 000,00 € entspricht aber nicht zwingend dem tatsächlichen Wertverlust.

Kalkulatorische Abschreibungen

Für Zwecke der KLR ist die bilanzmäßige Abschreibung nicht geeignet. Die Abschreibung dient hier dazu, den Werteverzehr nur solcher Anlagen zu erfassen, die dem **Betriebszweck** dienen und somit **betriebsnotwendig** sind. Der Werteverzehr dieser Anlagen wird unter Berücksichtigung der tatsächlichen Nutzungsdauer sowie des Wiederbeschaffungswertes in die Preisberechnung der Produkte einbezogen. Über die Umsatzerlöse fließen dem Unternehmen die Abschreibungsbeträge dann wieder zu. Damit stehen dem Unternehmen die liquiden Mittel für die Erneuerung der Anlagen wieder zur Verfügung. → LF 3

Zur Berechnung der kalkulatorischen Abschreibung sind somit die **betriebsindividuelle Nutzungsdauer**, der **Wiederbeschaffungswert** und die **Abschreibungsmethode** festzulegen.

Betriebsindividuelle Nutzungsdauer

Bei der Ermittlung der kalkulatorischen Abschreibung wird die tatsächliche Nutzungsdauer der Anlage zugrunde gelegt. Diese kann durch betriebsindividuelle Erfahrungswerte oder mithilfe von Angaben des Herstellers festgelegt werden. Die Angaben aus der Afa-Tabelle müssen nicht übernommen werden, können aber ebenfalls als Anhaltspunkte dienen.

Wiederbeschaffungswert

Der **Anschaffungswert** ist als Ausgangswert für die Berechnung der kalkulatorischen Abschreibung nicht geeignet, weil damit bei fortschreitender Kaufkraftentwertung am Ende der Nutzungsdauer nicht mehr dieselbe Anlage angeschafft werden kann. Der Betrieb würde somit an **Substanz verlieren**. Um das zu verhindern, muss die kalkulatorische Abschreibung so bemessen sein, dass über sie am Ende der Nutzungsdauer auch eine im Preis gestiegene Anlage finanziert werden kann (**Prinzip der Substanzerhaltung**). Zur Ermittlung der kalkulatorischen Abschreibung wird daher nicht – wie etwa bei der bilanziellen Abschreibung – der Anschaffungswert, sondern der prognostizierte Wiederbeschaffungswert zugrunde gelegt.

Aufwand der Finanzbuchhaltung	Kosten der KLR
Bilanzmäßige Abschreibung = $\dfrac{160\,000}{8}$ = 20 000,00 €	Kalkulatorische Abschreibung = $\dfrac{176\,000}{8}$ = 22 000,00 €

Beispiel: Für die kalkulatorische Abschreibung der Transportanlage wird eine achtjährige Nutzungsdauer und ein Wiederbeschaffungswert von 176 000,00 € zugrunde gelegt. Sie wird wegen gleichmäßiger Nutzung linear abgeschrieben.

Abschreibungsmethode

Um die Kosten der Abschreibungen von Rechnungsperiode zu Rechnungsperiode **vergleichbar** zu gestalten, empfiehlt sich bei annähernd gleichmäßiger Beschäftigung die lineare (vgl. S. 349 f.), bei stark schwankender Beschäftigung die Abschreibung nach Leistungseinheiten (vgl. S. 350) als kalkulatorische Abschreibung.

Somit wird der Betrieb über seine Umsatzerlöse jährlich 22 000,00 € Abschreibungskosten auf seine Kunden abwälzen, um nach acht Jahren Nutzungsdauer über die finanziellen Mittel zur Wiederbeschaffung einer neuen Anlage verfügen zu können.

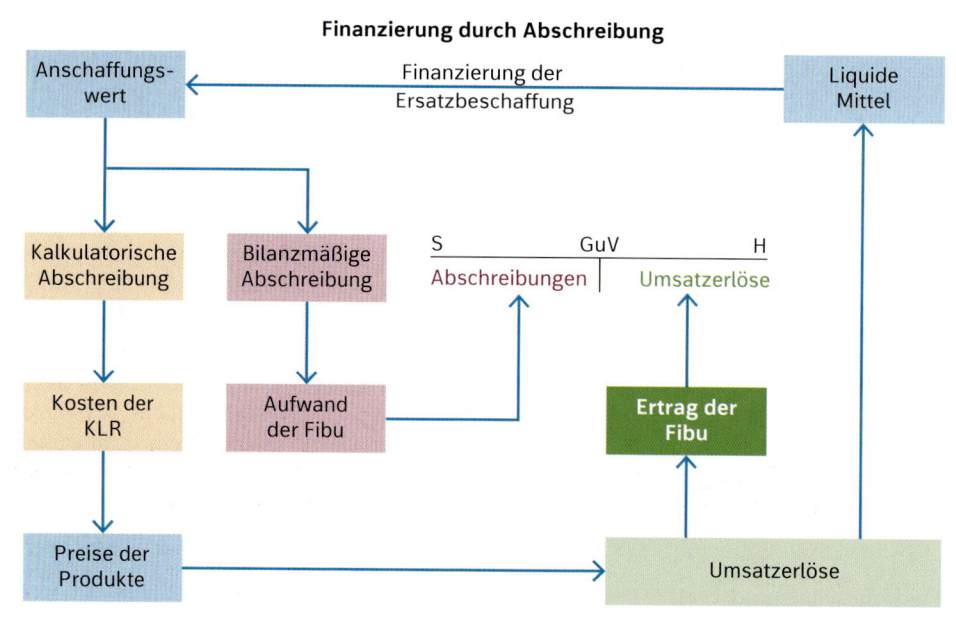

Finanzierung durch Abschreibung

Bilanzmäßige Abschreibung in der Finanzbuchhaltung	Kalkulatorische Abschreibung in der KLR
– dient der Bewertung des Vermögens in der Bilanz und der Aufwendungen in der GuV-Rechnung – wird von handels- und steuerrechtlichen Vorschriften bestimmt – wird vom Anschaffungs- oder Buchwert berechnet **= nominelle Abschreibung**	– dient der Bewertung des tatsächlichen Werteverzehrs der Anlagen, die für die Leistungserstellung notwendig sind – wird vom Wiederbeschaffungswert berechnet – wird vom Grundsatz der Substanzerhaltung bestimmt **= substanzielle Abschreibung**

Darstellung der Beispiele in der Abgrenzungsrechnung:

Abgrenzungsrechnung	I Werte der Finanzbuchhaltung		II Unternehmensbezogene Abgrenzungsrechnung		III Betriebsbezogene Abgrenzungsrechnung und kosten- und leistungsrechnerische Korrekturen		IV Kosten- und Leistungsarten	
Aufwands- und Ertragspositionen	1	2	3	4	5	6	7	8
Bezeichnung	Aufwendungen	Erträge	betriebsfremde Aufwendungen	betriebsfremde Erträge	betr. a. o. Aufwendungen	betr. a. o. Erträge	Kosten	Leistungen
Bilanzmäßige Abschreibungen	20 000,00	–	–	–	20 000,00	–	–	–
Kalkulatorische Abschreibungen	–	–	–	–	–	22 000,00	22 000,00	

Spalte 5: Aufwand der Finanzbuchhaltung
Spalte 6: Verrechnete Kosten
Spalte 7: Kosten der KLR

Die kalkulatorischen Abschreibungen werden in der Spalte 7 der Abgrenzungstabelle als Kosten erfasst. Gleichzeitig müssen sie aber auch in der Spalte 6 der Abgrenzungstabelle als verrechnete Kosten berücksichtigt werden. Die bilanziellen Abschreibungen werden den kalkulatorischen Abschreibungen dann in der Spalte 5 gegenübergestellt. In den Spalten 5 und 6 der kosten- und leistungsrechnerischen Korrekturen wird so der tatsächliche Unterschied zwischen bilanziellen Abschreibungen und kalkulatorischen Anschreibungen sichtbar.

Bei der Preiskalkulation wird somit der tatsächliche Werteverzehr auf Basis der betriebsindividuellen Nutzungsdauer und der Wiederbeschaffungskosten berücksichtigt.

Kalkulatorische Zinsen

- **Zinsen in der Finanzbuchhaltung**: In der Finanzbuchhaltung werden gezahlte Zinsen für aufgenommenes Fremdkapital als Aufwand erfasst.
- **Kalkulatorische Zinsen** in der KLR: Für Zwecke der KLR ist der Zinsaufwand der Finanzbuchhaltung aus folgenden Gründen nicht geeignet:
  - **Betriebe mit hohem Fremdkapital** hätten **Wettbewerbsnachteile** gegenüber Betrieben mit hohem Eigenkapitalanteil.
  - Über den Verkaufspreis für die hergestellten Erzeugnisse soll auch eine **Verzinsung** des eingesetzten **Eigenkapitals** erwirtschaftet werden.

Die kalkulatorischen Zinsen können jedoch nicht vom Gesamtkapital der Unternehmung berechnet werden, weil das hiermit finanzierte Vermögen teilweise nicht dem eigentlichen Betriebszweck (dem Sachziel) der Unternehmung dient.

Beispiel: Verpachtete Grundstücke oder vermietete Gebäude dienen betriebsfremden Zwecken.

Grundlage für die Berechnung der kalkulatorischen Zinsen bildet daher das **betriebsnotwendige Vermögen**. Dies wird ermittelt, indem vom Gesamtvermögen die nicht betriebsnotwendigen Vermögensteile abgezogen werden. Von dem verbleibenden betriebsnotwendigen Vermögen sind als sogenanntes **Abzugskapital** Kapitalbeträge abzuziehen, für deren Nutzung das Unternehmen **keine Zinsen** zahlen muss (z. B. Kundenanzahlungen) oder deren Verzinsung (nicht ausgenutzter Skonto) **in einer anderen Kostenart** erfasst wird (im Aufwand für Roh-, Hilfs- und Betriebsstoffe).

Beispiel: Berechnung der kalkulatorischen Zinsen in der Sommerfeld Bürosysteme GmbH

Anlagevermögen	6 828 000,00 €
− nicht betriebsnotwendig (vermietet, verpachtet)	828 000,00 €
betriebsnotwendiges Anlagevermögen	6 000 000,00 €
+ betriebsnotwendiges Umlaufvermögen	2 500 000,00 €
= betriebsnotwendiges Vermögen	8 500 000,00 €
− Abzugskapital (Kundenanzahlungen, Verbindlichkeiten a. LL)	800 000,00 €
= betriebsnotwendiges Kapital	7 700 000,00 €
Bei einem Zinssatz von 8 % betragen die kalkulatorischen Zinsen	616 000,00 €

Die im abgelaufenen Geschäftsjahr tatsächlich gezahlten Zinsen beliefen sich laut GuV-Rechnung (Spalte I der Abgrenzungstabelle) auf 145 000,00 €. In der KLR sind aber 616 000,00 € kalkulatorische Zinsen zu verrechnen.

Aufwand der Finanzbuchhaltung		Kosten der KLR	
Zinsaufwendungen	145 000,00 €	Kalkulatorische Zinsen	616 000,00 €

Die Höhe des kalkulatorischen Zinssatzes orientiert sich an dem marktüblichen Zins und wird von der Geschäftsleitung festgesetzt.

Kalkulatorische Wagnisse

Wagnisverluste in der Finanzbuchhaltung

In der Finanzbuchhaltung werden während des Geschäftsjahres Schäden aufgrund von betriebsbedingten **Einzelwagnissen** erfasst.

Beständewagnis	**Beispiele:** Diebstahl, Verderb, Güteminderung, Wertminderung durch Preissenkungen
Anlagenwagnis	**Beispiele:** Bruch oder Beschädigung von Maschinen oder Fahrzeugen durch Explosion, Brand, Unfälle (Katastrophenverschleiß), technischer Fortschritt, Fehlschätzung der Nutzungsdauer
Fertigungswagnis	**Beispiele:** Mehrkosten aufgrund von Arbeits- und Konstruktionsfehlern (Ausschuss, Nacharbeit)
Entwicklungswagnis	**Beispiele:** Kosten für fehlgeschlagene Forschungs- und Entwicklungsarbeiten
Vertriebswagnis	**Beispiele:** Forderungsausfälle, Währungsverluste, Verlust von Absatzgebieten
Sachmängelhaftungswagnis	**Beispiele:** Kostenlose Reparaturen (Nacharbeiten) verkaufter Erzeugnisse aus Garantieverpflichtungen oder Ersatzlieferungen

Da die Einzelwagnisse zeitlich unregelmäßig und in unterschiedlicher Höhe anfallen, können sie nicht in das Betriebsergebnis und in die KLR übernommen werden.

Kalkulatorische Wagnisse in der KLR

Sollte der Betrieb gegen einige dieser Verluste wie Feuerschaden, Haftpflichtansprüche und Diebstähle durch **Fremdversicherung** abgesichert sein, so erscheinen die hierfür zu zahlenden **Prämien** nicht nur als Aufwand in der GuV, sondern auch als Kosten in der KLR. Für alle **weiteren Risiken**, die im Allgemeinen durch Fremdversicherung nicht ausgeschaltet werden können, sind entsprechende **kalkulatorische Wagniszuschlagskosten** zu berechnen. Kalkulatorische Wagniszuschläge sind daher eine rechnerisch leicht nachprüfbare Form von **Selbstversicherung**.

Es werden also für die tatsächlich geleisteten Wagnisaufwendungen der Finanzbuchhaltung kalkulatorische Wagnisse in die KLR aufgenommen. Die kalkulatorischen Wagniszuschläge errechnen sich aus einem Durchschnittssatz der in den letzten Jahren tatsächlich eingetretenen Verluste.

Beispiel: Berechnung eines Beständewagniszuschlages. In den letzten fünf Jahren wurden von Herrn Önder für die Sommerfeld Bürosysteme GmbH folgende Daten ermittelt:

Jahr	Rohstoffkäufe in €	Verderb, Schwund u. Ä. in €	Verlust in % der Käufe
2012	10 680 000,00	320 400,00	3,0
2013	10 640 000,00	212 800,00	2,0
2014	11 720 000,00	703 200,00	6,0
2015	11 760 000,00	294 000,00	2,5
2016	12 249 656,00	390 000,00	3,2

$$\text{Durchschnittliches kalkulatorisches Beständewagnis für Rohstoffe} = \frac{3 + 2 + 6 + 2,5 + 3,2}{5} = 3,34\,\%$$

Beständewagnis für Rohstoffe im folgenden Jahr:

Geplante Rohstoffeinkäufe	12 750 000,00 €
Wagnissatz	3,34 %
Kalkulatorisches Wagnis	425 850,00 €

In der abgelaufenen Rechnungsperiode sind tatsächlich aber nur 157 000,00 € Rohstoffverluste eingetreten und als Aufwand in der Finanzbuchhaltung erfasst worden. Finanzbuchhaltung und KLR arbeiten also mit unterschiedlichen Werten:

Aufwand der Finanzbuchhaltung		Kosten der KLR	
Verluste aus Schadensfällen	157 000,00 €	Kalkulat. Beständewagnis	425 850,00 €

Durch die Rechnung mit kalkulatorischen Wagniszuschlägen in der KLR werden ökonomische Schäden aufgrund von Einzelwagnissen langfristig verteilt. Die Auswirkung von zufällig bedingten Schwankungen auf das Betriebsergebnis und die Kalkulation wird verhindert. Die KLR arbeitet somit mit relativ stabilen und vergleichbaren Kosten, die sich an den Durchschnittswerten der Vergangenheit orientieren.

Die Gefahr für das Unternehmen als Ganzes aufgrund von Nachfrageverschiebungen und Konjunktureinbrüchen ist nicht Bestandteil der kalkulatorischen Kosten. Dieses allgemeine **Unternehmerwagnis** wird durch den Gewinn abgegolten.

Kalkulatorische Miete

Statt die vielfältigen und **verschieden hohen Aufwendungen**, die die Gebäude (Verwaltungs-, Lager-, Fertigungsgebäude usw.) und deren Erhaltung verursachen, als Kosten in die KLR zu bringen, ist es sinnvoll, **eine kalkulatorische Miete** zu ermitteln, die aufgrund ihres gleichmäßigen Ansatzes **Kostenvergleichsrechnungen** und Kalkulationen nicht verfälscht.

Die Verrechnung einer kalkulatorischen Miete setzt eine exakte Abgrenzung der Gebäudeaufwendungen von anderen ähnlichen Aufwendungen voraus, damit eine Doppelverrechnung in der **KLR** vermieden wird. So dürfen im Falle der kalkulatorischen Miete für die Betriebsräume

- die Abschreibungen von Gebäuden, die sich im Eigentum des Unternehmens befinden nicht in die kalkulatorischen Abschreibungen,
- Zinsen von diesen Gebäuden nicht in die kalkulatorischen Zinsen,
- Reparaturen dieser Gebäude nicht in die Instandhaltungskosten sowie
- die anteilige Grundsteuer und Gebäudeversicherung nicht in die betrieblichen Steuern und Versicherungen

einbezogen werden.

Sofern ein Unternehmen also mit einer kalkulatorischen Miete arbeitet, müssen diese Aufwendungen abgegrenzt werden.

Für die Ermittlung der kalkulatorischen Miete sind zwei Wege denkbar:

1. vergleichbare ortsübliche Mietpreise für gewerblich genutzte Räume sowie
2. Erfassung sämtlicher angefallener Gebäudekosten (kalkulatorische Abschreibungen, kalkulatorische Zinsen, Erhaltungsaufwand, Gebäudesteuern und -versicherungen) und Errechnung einer betriebsindividuellen Kostenmiete (z. B. je m^2).

Beispiel: Die Sommerfeld Bürosysteme GmbH setzt für 1 800 m^2 betrieblich genutzte Gebäude eine ortsübliche Miete von 8,00 €/m^2 (monatlich) für kalkulatorische Zwecke an. Das sind im Jahr 172 800,00 €.

Erfassung der Werkstoffkosten zu Verrechnungspreisen

Zu den Werkstoffkosten zählt der betriebsbedingte Verbrauch an Roh-, Hilfs- und Betriebsstoffen. Der Verbrauch muss mengen- und wertmäßig ermittelt werden.

Beispiel: Für die Herstellung von 800 quadratischen KendoTischen werden jeweils 3,5 m^2 Tischlerplatte verarbeitet, die beim Einkauf 22,00 €/m^2 kosten. Der bewertete Verzehr (Kosten) beträgt: $800 \cdot 3,5 \cdot 22,00 = 61\ 600,00\ €$

Schwierig wird die Bewertung, wenn die Beschaffungspreise für Roh-, Hilfs- und Betriebsstoffe stark schwanken und Materialien aus einem Lagerbestand verbraucht werden, der sich aus mehreren Einkäufen mit unterschiedlichen Anschaffungskosten zusammensetzt.

Die Kalkulation der eigenen Verkaufspreise und ein Vergleich der angefallenen Kosten würde dadurch deutlich erschwert werden.

Durch Bewertung zu durchschnittlichen Anschaffungskosten vergangener Perioden oder zu Verrechnungspreisen (Festpreisen) kann dieser Mangel behoben werden.

Dies geschieht dadurch, dass in der KLR über eine Abrechnungsperiode mit gleichbleibenden Verrechnungspreisen je Verbrauchseinheit gerechnet wird, die als Durchschnittspreis der Anschaffungskosten ermittelt werden können. In der Finanzbuchhaltung wird dagegen der Verbrauch zu Anschaffungskosten ermittelt.

Beispiel: In der vorangegangenen Rechnungsperiode wurde von einem Werkstoff wie folgt gekauft:
200 kg zu 15,00 €/kg
250 kg zu 16,00 €/kg
300 kg zu 15,80 €/kg

Ermittlung des Verrechnungspreises als gewogener Durchschnittspreis:

$$x = \frac{(200 \cdot 15) + (250 \cdot 16) + (300 \cdot 15{,}80)}{200 + 250 + 300} = \underline{\underline{15{,}65\ €}}$$

Mit diesem auf vergangenen Anschaffungskosten beruhenden Durchschnittswert wird der Verbrauch des Werkstoffes für die laufende Abrechnungsperiode ermittelt. Vielfach reicht jedoch der Durchschnittspreis zu Istkosten (**Istpreisverfahren**) wegen zu erwartender Preiserhöhungen nicht aus, um die Vermögenssubstanz zu erhalten. Deshalb werden in der Praxis **Festpreise** für eine Rechnungsperiode eingesetzt, die sich aus der Schätzung künftiger Wiederbeschaffungskosten ergeben (**Festpreisverfahren**).

Vor- und Nachleistungen in der kurzfristigen Erfolgsrechnung

Will ein Unternehmen den Erfolg für kürzere Zeiträume als ein Jahr (z. B. Monats- oder Quartalserfolg) feststellen, müssen die Kosten eines Geschäftsjahres entsprechend verteilt werden. Besondere Erfassungsprobleme bereiten dann solche Kosten, für die einmalige Ausgaben im Laufe des Geschäftsjahres erfolgen.

Beispiele:
– Das Urlaubsgeld im Monat Juni ausgezahlt.
– Das Weihnachtsgeld wird Ende November ausgezahlt.
– Die Jahresprämie für die Diebstahlversicherung wird am 02.01. gezahlt.

Es stört die Vergleichbarkeit, dass nur der Monat, in dem die Zahlung erfolgt, mit diesen Kosten belastet wird. Deshalb sind sie aus Gründen der Vergleichbarkeit auf alle Monate eines Jahres zu verteilen. Das kann gleichmäßig oder proportional zu den Fertigungslöhnen und Gehältern auf die Monate eines Jahres erfolgen. Da diese Kostenarten also auch schon für Monate anzusetzen sind, die vor dem Zahlungsmonat liegen (**Vorleistungen**), müssen die anzusetzenden Urlaubslöhne zu Beginn des Rechnungsjahres geschätzt werden. Teilweise sind sie nach der Zahlung auf die restlichen Monate des Jahres zu verteilen (**Nachleistungen**).

Beispiel:

Geschätztes Urlaubsgeld für das Jahr	1 620 000,00 €
Auszahlungsmonat	Juni
Geschätzte Gesamtsumme an Löhnen und Gehältern im Jahr	19 200 000,00 €

– Gleichmäßige Verteilung

$$\frac{1\,620\,000}{12} = \underline{\underline{135\,000{,}00\ \text{€/Monat}}}$$

In der Kostenartenrechnung sind somit monatlich 135 000,00 € Urlaubsgelder zu erfassen.

– Proportionale Verteilung mithilfe eines Verrechnungssatzes

$$\frac{1\,620\,000 \cdot 100}{19\,200\,000} = \underline{\underline{8{,}4375\ \%}}$$

Monatlich werden zusätzlich zu den gezahlten Löhnen und Gehältern 8,4375 % Urlaubsgeld verrechnet.

Kalkulatorischer Unternehmerlohn als echte Zusatzkosten

In Kapitalgesellschaften erhalten die gesetzlichen Vertreter – Vorstandsmitglieder der AG und Geschäftsführer der GmbH – für ihre Tätigkeit Gehälter. Diese gehen als Grundkosten in die KLR ein.

Anders ist es beim **Einzelunternehmer** und bei den Gesellschaftern **der Personengesellschaften**; sie haben nur Anspruch auf einen etwaigen Gewinn. Damit im Gewinn die Arbeitsleistung entgolten wird, muss sie als Kostenbestandteil einkalkuliert werden. Daher muss die Mitarbeit des Unternehmers in seinem eigenen Betrieb als **Kostenbestandteil** erfasst und als **kalkulatorischer Unternehmerlohn** in der Kostenrechnung berücksichtigt werden.

Der Unternehmerlohn wird als die Vergütung für die dem Unternehmen durch den Inhaber zur Verfügung gestellte betrieblich notwendige Arbeitskraft angesehen. Bei der Festlegung des kalkulatorischen Unternehmerlohns orientiert sich die KLR an Gehältern leitender Angestellter (Geschäftsführer, Prokuristen) mit gleichwertiger Tätigkeit in einem Unternehmen gleicher Art und Bedeutung sowie gleichen Standortes.

Dem kalkulatorischen Unternehmerlohn stehen **keine Aufwendungen** in der **Finanzbuchhaltung** gegenüber. Daher handelt es sich um **echte Zusatzkosten**.

Beispiel: Der Kunde Bürobedarfsgroßhandel Thomas Peters e. K. rechnet mit einem kalkulatorischen Unternehmerlohn von monatlich 10 000,00 €.

Aufwand der Finanzbuchhaltung			Kosten der KLR	
Konto	Bezeichnung	€	Bezeichnung	€
–	–	–	Kalkulatorischer Unternehmerlohn	120 000,00

Beispiel: **Abgrenzungsrechnung unter Einbeziehung kostenrechnerischer Korrekturen.** Die Sommerfeld Bürosysteme GmbH führte in der Abgrenzungsrechnung folgende kostenrechnerische Korrekturen durch:

1. **Kalkulatorische Abschreibungen** .... 500 000,00 €
   Sie wurden statt der verbleibenden Abschreibungen der Finanzbuchhaltung von 654 000,00 € die KLR übernommen.

2. **Kalkulatorische Zinsen** .... 616 000,00 €
   Sie wurden statt der tatsächlich gezahlten Zinsaufwendungen in Höhe von 138 800,00 € in die KLR übernommen.

3. **Kalkulatorische Miete** .... 172 800,00 €
   Sie wurde statt der Reparaturaufwendungen in Höhe von 276 000,00 € in die KLR übernommen.

4. **Kalkulatorische Wagnisse** .... 400 000,00 €
   Sie wurden statt der eingetretenen Wagnisschäden (Hochwasserschaden, Verluste aus Anlagenverkäufen) verrechnet (vgl. erweiterte Ergebnistabelle auf S. 405)

Abstimmung der Ergebnisse	Beispiel S. 405	
Betriebsergebnis		+ 3 303 485,00
± neutrales Ergebnis:		
Ergebnis aus betriebsbezogener Abgrenzungsrechnung	- 330 085,00	
Ergebnis aus unternehmensbezogener Abgrenzungsrechnung	- 1 323 400,00	- 1 653 485,00
Gesamtergebnis		**1 650 000,00**

Zusammenfassung

Kostenrechnerische Korrekturen in der Abgrenzungsrechnung erfassen
- die Fibu erfasst alle Aufwendungen der Unternehmung
- die KLR erfasst alle Kosten des Betriebes
- die KLR grenzt betriebsfremde und betrieblich außerordentliche Aufwendungen ab
- die KLR übernimmt Zweckaufwendungen als Grundkosten (aufwandsgleiche Kosten)
- die KLR verrechnet kalkulatorische Kosten
  - Anderskosten (aufwandsungleiche Kosten), wie kalkulatorische Abschreibungen, Zinsen, Wagnisse, Miete
  - echte Zusatzkosten (aufwandslose Kosten), wie kalkulatorischer Unternehmerlohn

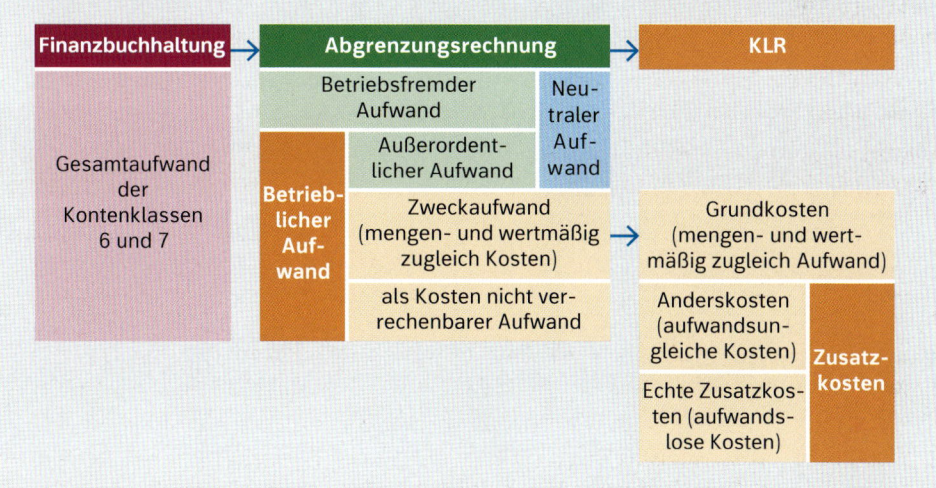

Finanzbuchhaltung →	Abgrenzungsrechnung		→	KLR
	Betriebsfremder Aufwand	Neutraler Aufwand		
Gesamtaufwand der Kontenklassen 6 und 7	Außerordentlicher Aufwand			
	Betrieblicher Aufwand: Zweckaufwand (mengen- und wertmäßig zugleich Kosten)	→		Grundkosten (mengen- und wertmäßig zugleich Aufwand)
	als Kosten nicht verrechenbarer Aufwand			Anderskosten (aufwandsungleiche Kosten)
				Echte Zusatzkosten (aufwandslose Kosten)

Zusatzkosten

- Die Abgrenzung betriebsfremder und betrieblich außerordentlicher Aufwendungen und Erträge sowie die Aufnahme kalkulatorischer Kosten erfolgt in der Abgrenzungsrechnung, die folgende Struktur hat.

Lernfeld 4: Wertschöpfungsprozesse analysieren und beurteilen

→ LS 29.II

Abgrenzungsrechnung / Aufwands- und Ertragsposition		I Werte der Finanzbuchführung		II Unternehmungsbez.-Abgrenzungsrechnung		III Betriebsbezogene Abgrenzungsrechnung		IV Kosten- und Leistungsarten		
		1 Aufwendungen	2 Erträge	3 betr. fremde Aufwendungen	4 betr. fremde Erträge	5 betr. a.-o. Aufwendungen	6 betr. a.-o. Erträge	7 Kosten	8 Leistungen	
Kontenklassen 5–7	Betriebsfremde	Erträge								
		Aufwendungen								
	Betriebl. außerordentliche	Erträge								
		Aufwendungen								
	Betrieblich ordentliche	Erträge								
		Leistungen								
	Betrieblich ordentlicher	Zweckaufwand (Grundkosten)								
Kalkulatorische Kosten										
		Gesamtergebnis		Ergebnis der unternehmungsbezogenen Abgrenzungsrechnung		Ergebnis der betriebsbezogenen Abgrenzungsrechnung		Betriebsergebnis		
				Neutrales Ergebnis						

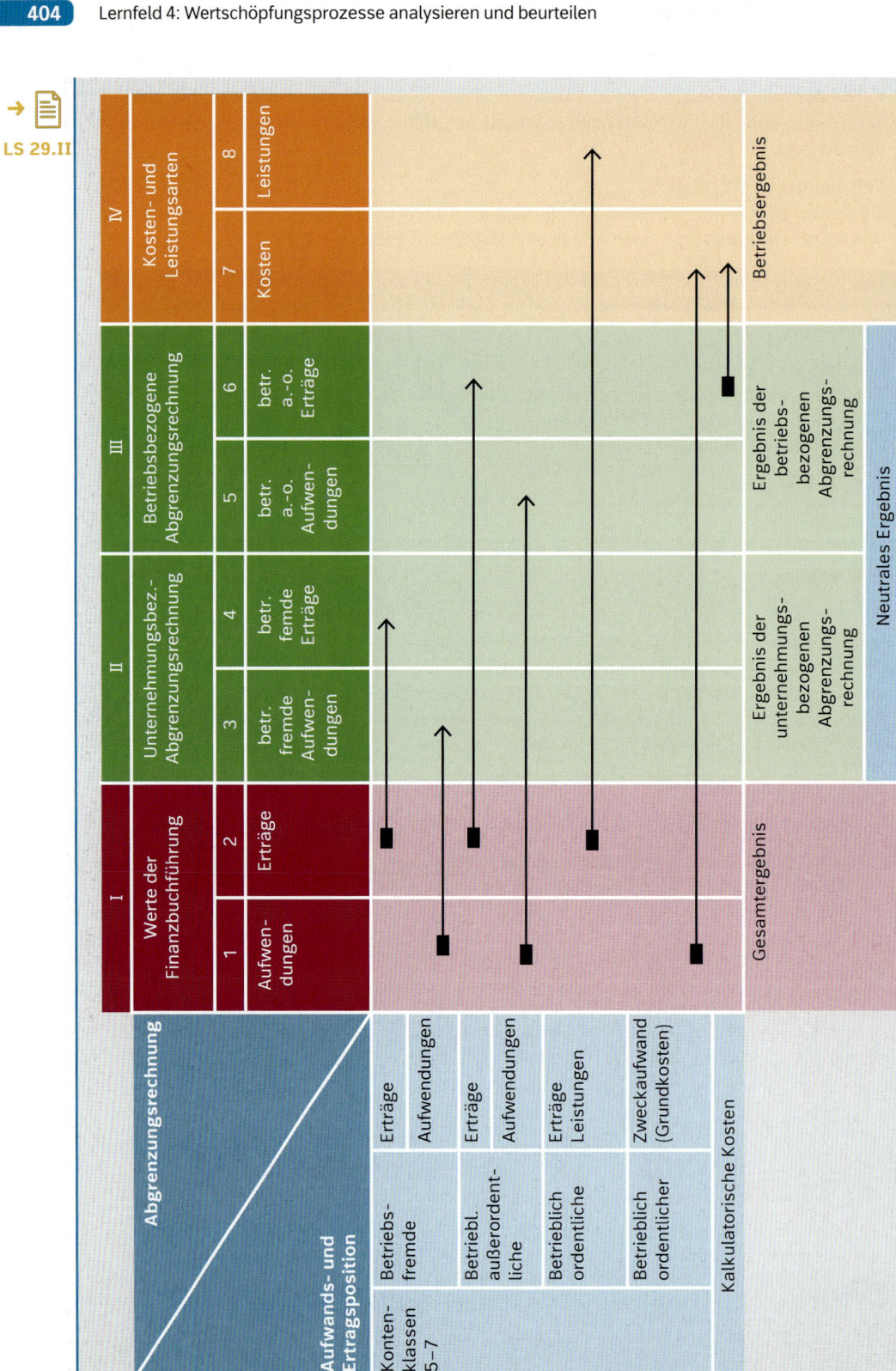

1 Kosten- und Leistungsrechnung als Vollkostenrechnung im Industrieunternehmen

Aufwands- und Ertragspositionen			Werte der Finanzbuchhaltung		Unternehmensbezogene Abgrenzungsrechnung		Betriebsbezogene Abgrenzungsrechnung		Kosten- und Leistungsarten	
			1	2	3	4	5	6	7	8
Z.	Konto	Bezeichnung	Aufwendungen	Erträge	betriebsfr. Aufwend.	betriebsfr. Erträge	betr. a.-o. Aufwend.	betr. a.-o. Erträge kostenrechn. Korrekturen	Kosten	Leistungen
01	5000	Umsatzerlöse für eigene Erzeugnisse		45 000 000,00						45 000 000,00
02	5100	Umsatzerlöse f. Handelswaren		1 390 000,00						1 390 000,00
03	5200	Bestandsveränderungen	119 600,00						119 600,00	
04	5400	Mieterträge		96 000,00		96 000,00				
05	5410	Sonstige Erlöse (hier aus dem Verkauf von Gegenständen des Anlagevermögens)		62 000,00				62 000,00		
06	5710	Zinserträge		27 000,00				27 000,00		
07	6000	Aufwendungen f. Rohstoffe/Fertigungsmaterial	12 249 656,00				390 000,00		11 859 656,00	
08	6020	Aufwendungen f. Hilfsstoffe	3 955 844,00						3 955 844,00	
09	6050	Aufwendungen für Energie	1 195 115,00						1 195 115,00	
10	6160	Fremdinstandhaltung	716 500,00		36 000,00		276 000,00		404 500,00	
11	6200	Löhne	12 143 000,00						12 143 000,00	
12	6300	Gehälter	6 981 900,00						6 981 900,00	
13	6500	Abschreibungen	672 000,00		18 000,00		654 000,00			
14	6700	Aufwend. f. Rechte u. Dienste	1 410 000,00						1 410 000,00	
15	6800	Aufwend. f. Kommunikation	2 038 100,00		2 700,00				2 035 400,00	
16	6900	Versicherungsbeiträge	74 200,00						74 200,00	
17	6979	Anlagenabgänge	649 085,00				649 085,00			
18	7000	Betriebliche Steuern	1 225 000,00		6 500,00				1 218 500,00	
19	7510	Zinsaufwendungen	145 000,00		6 200,00		138 800,00			
20	7710	Körperschaftsteuer	1 350 000,00		1 350 000,00					
21		Kalkulator. Abschr.						500 000,00	500 000,00	
22		Kalkulator. Zinsen						616 000,00	616 000,00	
23		Kalkulator. Wagnisse						400 000,00	400 000,00	
24		Kalkulator. Miete						172 800,00	172 800,00	
			44 925 000,00	46 575 000,00	1 419 400,00	96 000,00	2 107 885,00	1 777 800,00	43 086 515,00	46 390 000,00
			1 650 000,00			1 323 400,00		330 085,00	3 303 485,00	
			46 575 000,00	46 575 000,00	1 419 400,00	1 419 400,00	2 107 885,00	2 107 885,00	46 390 00,00	46 390 00,00

Aufgaben

1. Ein Geschäftswagen für den Vorstandsvorsitzenden mit einem Anschaffungswert von 120 000,00 € wird bilanzmäßig in 6 Jahren linear abgeschrieben. Für Zwecke der KLR ist linear vom Wiederbeschaffungswert über eine Nutzungsdauer von 8 Jahren abzuschreiben. Bei der Ermittlung des Wiederbeschaffungswertes soll von einer durchschnittlichen jährlichen Preissteigerungsrate von 2 % ausgegangen werden.

   a) Ermitteln Sie den geschätzten Wiederbeschaffungswert nach acht Jahren.
   b) Stellen Sie in einer Tabelle die bilanzmäßigen und kalkulatorischen Abschreibungen gegenüber.
   c) Welches Ziel verfolgt die Kostenartenrechnung mit der Berechnung der kalkulatorischen Abschreibungen vom Wiederbeschaffungswert?

2. Eine Maschine, die für 200 000,00 € angeschafft wurde, ist in den beiden ersten Nutzungsjahren folgendermaßen abgeschrieben worden.
   bilanzmäßig: 20 % linear
   kalkulatorisch: 10 % vom geschätzten Wiederbeschaffungswert in Höhe von 250 000,00 €
   Ermitteln Sie den Buchwert am Ende des dritten Jahres.

3. Zur Ermittlung des betriebsnotwendigen Kapitals sind folgende Aufgaben auszuwerten:

   Umlaufvermögen   €
   Vorräte 360 000,00
   Forderungen a. LL 220 000,00
   Wertpapiere des Umlaufvermögens 20 000,00
   Liquide Mittel 100 000,00
   Eigenkapital 1 800 000,00
   Fremdkapital
   Hypothekenschulden 1 000 000,00
   Darlehensschulden 500 000,00
   Verbindlichkeiten a. LL 240 000,00
   Sonstige Verbindlichkeiten 100 000,00
   Kundenanzahlungen 60 000,00

Anlagevermögen	Anschaffungswerte	bisherige Abschreibung	
		bilanzmäßige	kalkulatorische
Bald benötigte Reservegrundstücke	220 000,00	–	–
Bebaute Grundstücke	460 000,00	–	–
Gebäude	1 400 000,00	500 000,00	400 000,00
Maschinen und maschinelle Anlagen	960 000,00	360 000,00	320 000,00
Fuhrpark	350 000,00	150 000,00	140 000,00
Betriebs- und Geschäftsausstattung	160 000,00	40 000,00	30 000,00
Geleistete Anzahlungen	50 000,00	–	–

   Ermitteln Sie
   a) das zu verzinsende betriebsnotwendige Kapital,
   b) die kalkulatorischen Zinsen bei einem Zinssatz von 8%.

4. Errechnen Sie, mit welchen Beträgen die Einzelwagnisse in der Kostenrechnung des folgenden Jahres zu berücksichtigen sind:

1. **Beständewagnis:** Von den gelagerten Rohstoffen der letzten 5 Jahre mit einem Wert von insgesamt 6 Mio. € wurden im gleichen Zeitraum Rohstoffe im Wert von 132 000,00 € durch Verderb, Veraltern unbrauchbar. Im kommenden Jahr mit einem Rohstoffverbrauch im Wert von 1,5 Mio. € und für die Erzeugnisse mit einem Wagnisverlust von 2 % vom durchschnittlichen Lagerbestand im Wert von 250 000,00 € gerechnet.
2. **Anlagenwagnis:** Die Reparaturkosten infolge von Bedienungsfehlern, selbst verschuldeten Unfällen, Explosionen u. a. betrugen in den letzten 8 Jahren insgesamt 320 000,00 €.
3. **Mehrkostenwagnis:** Es wird mit Rohstoffverschnitt von 1,5 % des Verbrauchs (siehe unter 1.) gerechnet.
4. **Entwicklungswagnis:** 2 % der durchschnittlichen Forschungs-, Versuchs- und Entwicklungskosten in Höhe von 250 000,00 €.
5. **Vertriebswagnis:** 2,5 % des durchschnittlichen Forderungsbestandes ohne Umsatzsteuer der letzten Jahre in Höhe von 180 000,00 €.
6. **Gewährleistungswagnis:** 1,2 % des geplanten Umsatzes in Höhe von 8,4 Mio. €.

5. Bei Zielverkäufen von 10 Mio. € in den letzten 5 Jahren hatte ein Unternehmen insgesamt 100 000,00 € Forderungsausfälle.

a) Mit welchem kalkulatorischen Wagnissatz kann das Unternehmen rechnen?
b) Mit welchem Betrag sind die kalkulatorischen Wagnisse in der kurzfristigen Erfolgsrechnung (monatlich) anzusetzen, wenn der Jahresumsatz 2,6 Mio. € beträgt, die darin enthaltenen Barverkäufe 200 000,00 € ausmachen?

6. Die GuV-Rechnung eines Industriebetriebes für den Monat Juni enthält u. a. folgende Positionen:

	€
Zinsaufwand	405,00
Erhaltungsaufwand für Gebäude	5 600,00
Abschreibungen auf Gebäude	1 800,00
Abschreibungen auf Maschinen	3 000,00
Forderungsverluste	860,00
Grundsteuer	340,00

In der KLR sollen folgende kalkulatorische Kosten berücksichtigt werden:

Kalkulatorische Abschreibung auf Maschinen	2 000,00
Kalkulatorische Gebäudemiete	4 200,00
Kalkulatorische Wagnisse	400,00
Kalkulatorische Zinsen	1 200,00

Stellen Sie den Aufwand der Finanzbuchhaltung mit den entsprechenden Kontenbezeichnungen den kalkulatorischen Kosten gegenüber.

7. Einkauf von Rohstoffen:
80 kg zu 75,00 €/kg
50 kg zu 63,00 €/kg
90 kg zu 64,00 €/kg

Verbrauchsmengen: 40 kg, 60 kg, 50 kg.

a) Ermitteln Sie die Rohstoffkosten nach der Istpreismethode.
b) Ermitteln Sie die Rohstoffkosten zu einem Festpreis, der eine zu erwartende Preiserhöhung von 4 % gegenüber dem Durchschnittspreis berücksichtigt.

8. Nachstehende GuV-Rechnung einer Maschinenfabrik ist für Zwecke der Kostenrechnung auszuwerten:

	€
Umsatzerlöse	10 200 000,00
Bestandsmehrungen	70 000,00
Sonstige betriebliche Erträge	90 000,00
Aufwendungen für Roh-, Hilfs- und Betriebsstoffe	7 250 000,00
Personalaufwand	1 475 000,00
Abschreibungen	150 000,00
Sonstige betriebliche Aufwendungen	390 000,00
Zinsen und ähnliche Erträge	50 000,00
Zinsen und ähnliche Aufwendungen	60 000,00
Steuern	125 000,00
Jahresüberschuss	**960 000,00**

Dabei sind folgende Korrekturen für Zwecke der Kostenrechnung zu berücksichtigen:

1. Die Aufwendungen für Roh-, Hilfs- und Betriebsstoffe sind ausschließlich Zweckaufwand.
2. Von den sonstigen betrieblichen Erträgen sind 20 000,00 € auf betriebsfremde Geschäftsfälle zurückzuführen. Die restlichen sonstigen betrieblichen Erträge sind betrieblich außerordentliche Erträge.
3. Sämtliche Personalaufwendungen sind Zweckaufwand.
4. Die kalkulatorischen Abschreibungen auf Anlagen sind mit 170 000,00 €, die kalkulatorischen Wagnisse für Außenstände mit 12 000,00 € (vgl. auch 5.) anzusetzen.
5. Von den sonstigen betrieblichen Aufwendungen sind 20 000,00 € betrieblich außerordentlich. Weitere 55 000,00 € sind auf betriebsfremde Geschäftsfälle zurückzuführen. Die restlichen Aufwendungen sind Grundkosten.
6. Es handelt sich um Zinsen in Höhe von 40 000,00 € aus Darlehen an Betriebsangehörige und um 10 000,00 € Verzugszinsen.
7. Die Zinsen wurden für betriebsnotwendiges Fremdkapital gezahlt. Die kalkulatorischen Zinsen betragen 80 000,00 €.
8. Die Position Steuern enthält 50 000,00 € Körperschaftsteuer.

Führen Sie die unternehmungs- und betriebsbezogene Abgrenzungsrechnung durch und stimmen Sie die Ergebnisse miteinander ab.

9. In der Finanzbuchhaltung wurde ein Materialaufwand in Höhe von 1 234 600,00 € erfasst und als Grundkosten in der Kostenartenrechnung angesetzt. In diesem Materialaufwand sind enthalten:

	€
1. Reparaturmaterial für ein vermietetes Gebäude	14 600,00
2. Rohstoffverderb infolge unsachgemäßer Lagerung	134 000,00
3. Reparaturmaterial in Höhe von	36 200,00
für betrieblich genutzte Gebäude, die in der kalkulatorischen Miete berücksichtigt wurden	70 000,00

    a) Nehmen Sie kritisch Stellung zur vorgenommenen Behandlung dieser Vorgänge in der Kostenrechnung.
    b) Stellen Sie die korrekte Behandlung dieser Vorgänge in der Abgrenzungsrechnung dar.

10. a) Führen Sie die Abgrenzungsrechnung für folgende Kostenarten durch:

Aufwand der Finanzbuchhaltung		zu verrechnende Kosten im Quartal
Urlaubslohnzahlungen		
Juni	46 000,00 €	
August	68 000,00 €	30 000,00 €
Versicherungsprämien		
April	6 000,00 €	1 500,00 €
Fremdreparaturen		
Februar	32 000,00 €	
November	8 000,00 €	9 000,00 €

b) Führen Sie die Abgrenzungsrechnung nach dem vierten Quartal durch (sonstige Abgrenzung).

11. Eine Maschinenfabrik hatte in der Abrechnungsperiode laut MES folgende mengenmäßige Entnahmen des Werkstoffs ZK 573:

Menge in Stück	Anschaffungskosten je kg in €
6 000	3,60 €
4 000	3,70 €
2 000	3,70 €
5 000	3,80 €

Der Betrieb rechnet den Materialverbrauch mit einem gleichbleibenden betriebsinternen Verrechnungspreis für diese Rechnungsperiode von 3,75 € je kg ab.
a) Ermitteln Sie
   aa) den Rohstoffaufwand der Finanzbuchhaltung,
   ab) die Rohstoffkosten (Aufwendungen für Rohstoffe) für die KLR.
b) Führen Sie die Abgrenzungsrechnung durch.

12. Drei Pkw mit dem Anschaffungswert von jeweils 15 000,00 € sollen bilanzmäßig in sechs Jahren linear abgeschrieben werden. Die kalkulatorische Abschreibung soll nach der Leistung bemessen werden. Von allen drei Pkw wird während der Nutzungsdauer eine Gesamtleistung von 150 000 km erwartet. Im ersten Jahr erbringen die Wagen folgende Leistungen: Pkw I 25 000 km, Pkw II 30 000 km, Pkw III 40 000 km.

    a) Stellen Sie für alle drei Pkw bilanzmäßige und kalkulatorische Abschreibungen gegenüber.
    b) Untersuchen Sie, ob im Einzelfall und insgesamt die neutralen Aufwendungen größer oder kleiner als die Zusatzkosten sind.

13. Für eine Anlage, die Anfang des Jahres für 200 000,00 € angeschafft und bilanzmäßig mit 10 % des Anschaffungswertes und kalkulatorisch mit 10 % vom Wiederbeschaffungswert in Höhe von 300 000,00 € abgeschrieben werden soll, sind in der Finanzbuchhaltung und in der KLR die beiden Abschreibungsbeträge im ersten Nutzungsjahr irrtümlich getauscht worden. Erläutern Sie die Auswirkung

    a) auf die Bilanz,
    b) auf die GuV-Rechnung in der Geschäftsbuchführung,
    c) auf die ermittelten Gesamtkosten.

14. Das Konto „6160 Fremdinstandhaltung" der Finanzbuchführung weist einen Saldo von 723 600,00 € aus.

Darin sind u.a. folgende Vorgänge erfasst: €
1. Reparaturen in einem vermieteten Gebäudeteil... 34 000,00
2. Erneuerung des Daches einer Werkhalle 217 000,00
3. Behebung eines Maschinenschadens infolge unsachgemäßer
   Bedienung.. 81 000,00

Machen Sie einen begründeten Vorschlag für die Abwicklung dieser Vorgänge in der Abgrenzungsrechnung.

1.2.4 Kosten nach Kostenarten unterscheiden

Obwohl sich die Geschäftsführung der Sommerfeld Bürosysteme GmbH zunächst erfreut über das positive Betriebsergebnis in Höhe von 3 303 485,00 € (vgl. S. 405) gezeigt hatte, möchte sie doch erfahren, warum es im Vergleich zum Vorjahr, als es noch 4 350 000,00 € betrug, so stark zurückgegangen ist. Herr Feld beauftragt daher die für das Controlling zuständigen Mitarbeiter, Frau Esser und Herrn Bast, diese Entwicklung zu analysieren. Rudolf Heller soll die beiden bei ihrer Arbeit unterstützen.

Arbeitsauftrag

Ermitteln Sie die Höhe des Rückgangs des Betriebsergebnisses in Prozent und stellen Sie mögliche Ursachen für diese Entwicklung zusammen.

Einflussgrößen des Betriebserfolges

Das Betriebsergebnis einer Unternehmung wird ermittelt, indem man die Kosten (Herstellkosten der Produkte sowie Verwaltungs- und Vertriebskosten) von den Leistungen (v. A. Umsatzerlöse) abzieht.

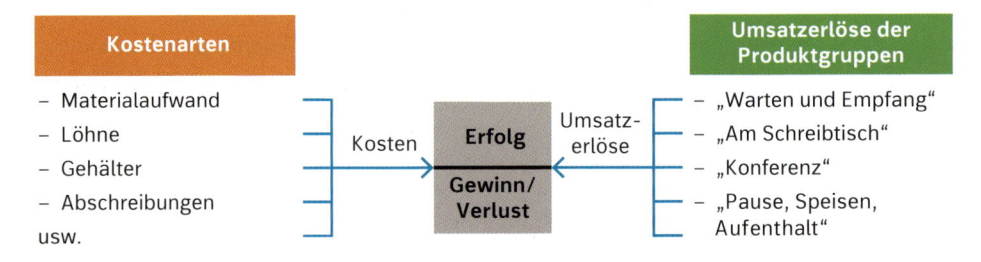

Kostenarten		Umsatzerlöse der Produktgruppen
– Materialaufwand		– „Warten und Empfang"
– Löhne	Kosten → Erfolg ← Umsatzerlöse	– „Am Schreibtisch"
– Gehälter	Gewinn/Verlust	– „Konferenz"
– Abschreibungen		– „Pause, Speisen, Aufenthalt"
usw.		

Nehmen beispielsweise die Umsatzerlöse einer Produktgruppe (z. B. „Am Schreibtisch") ab oder steigen deren Herstellkosten, wird der Gewinn abnehmen.

Der Unternehmer muss also laufend die Einflussgrößen des Gewinns beobachten, d. h.

- einerseits die **Umsatzerlöse** der einzelnen Produktgruppen,
- andererseits die **Kosten** und der einzelnen Produktgruppen.

Er muss darauf achten, dass möglichst jedes Produkt seine eigenen Kosten deckt und darüber hinaus einen Gewinn erzielt. Der Unternehmer braucht also Informationen über die Umsatzerlöse und die Kosten jedes einzelnen Produktes.

Grundkomponenten der Kosten

Eine Analyse der angefallenen Kosten kann nur fundiert sein, wenn die Kosten bezüglich ihrer Grundkomponenten betrachtet werden.

Art und Qualität der Materialien	Sie bestimmen den spezifischen Wert des Produktionsfaktors und die Qualität der Produkte.
	Beispiele: – Tischlerplatte, Vollholzplatte, Spanplatte – Stahlrohr, verzinktes Stahlrohr, verchromtes Stahlrohr – Facharbeiterlohn, Hilfsarbeiterlohn
Verbrauchsmenge der Materialien	Sie wird nach der Art und der Qualität der Kostengüter bestimmt.
	Beispiel: Die Reißfestigkeit von Polsterstoffen beeinflusst die Höhe des Ausschusses und somit die benötigte Menge.
Preis der Materialien	Er ist abhängig von der Art, Qualität und der Verbrauchsmenge, zudem vom Preisniveau und von der Preisentwicklung.
	Beispiel: Wegen hoher Verbrauchsmengen erhält die Sommerfeld Bürosysteme GmbH von einzelnen Polsterstofflieferanten bis zu 15 % Mengenrabatt.

PRAXISTIPP!

Jedes Unternehmen kann mit der Art und Qualität, der Verbrauchsmenge und dem Preis je Kostengütereinheit seine Kosten beeinflussen.

Gliederung der Kosten nach Art des Werteverzehrs

In Anlehnung an den Kontenrahmen und die Abgrenzungsrechnung lassen sich die Kostenarten unter dem Gesichtspunkt eingesetzter Produktionsfaktoren gliedern und für Zeit- und Betriebsvergleiche auswerten:

Material- oder Stoffkosten (Werkstoffkosten)	Verbrauch an Rohstoffen, Fremdbauteilen, Hilfsstoffen und Betriebsstoffen, Aufwendungen für bezogene Leistungen
Arbeitskosten	Löhne, Gehälter, soziale Abgaben, Aufwendungen für Altersversorgung und für Unterstützung
Abschreibungen (Betriebsmittelkosten)	Abschreibungen auf abnutzbares Anlagevermögen
Dienstleistungskosten (Sonstige betriebliche Aufwendungen)	Aufwendungen für die Inanspruchnahme von Rechten und Diensten, Aufwendungen für Kommunikation
Kapitalkosten	Zinsen, Kosten des Geldverkehrs
Zwangsabgaben	Steuern, Gebühren, Beiträge
Umweltkosten	Kosten aufgrund gesetzlicher Produktions-, Entsorgungs- und Reinhaltungsauflagen (z. B. Luft und des Wassers)

Gliederung der Kosten nach ihrer Zurechenbarkeit

Soll die Wirtschaftlichkeit einzelner Produkte betrachtet werden, sind die Umsatzerlöse des jeweiligen Produktes den entsprechenden Kosten gegenüberzustellen.

Das setzt jedoch voraus, dass die in der Abgrenzungsrechnung ermittelten Kosten den einzelnen Produkten eindeutig zugerechnet werden können. In Mehrproduktunternehmen ist das jedoch nicht exakt möglich, weil zahlreiche Kostenarten für mehrere oder alle Produkte gemeinsam anfallen.

> *Kostenträgergemeinkosten:*
> *Dabei handelt es sich um Kosten, die durch mehrere Produkte oder alle Leistungen eines Unternehmens verursacht werden.*

Sie können den einzelnen Produkten oder Aufträgen nur auf dem Weg besonderer Umlageverfahren, unter Zuhilfenahme eines Betriebsabrechnungsbogens (BAB), zugerechnet werden (vgl. S. 419 ff.).

Beispiele: **Kostenträgergemeinkosten der Sommerfeld Bürosysteme GmbH**
- Verbrauch von Hilfsstoffen wie Nägel, Schrauben, Unterlegscheiben, Leime, Lacke, Farben
- Verbrauch von Verbrauchswerkzeugen und Betriebsstoffen wie Schmierstoffe, Schleifmaterial, Poliermittel
- Kosten der Entsorgung (Verpackung, Lösungsmittel, Farbreste, Verschnitt)
- Brennstoffe und Energie
- Hilfslöhne, Gehälter und entsprechende soziale Abgaben
- Aufwendungen für Fremdleistungen (z. B. Fremdinstandsetzungen, Frachten)
- Lagermiete, Lagerreinigung
- Aufwendungen für Kommunikation (Büromaterial, Fachliteratur, Postentgelte, Werbung)
- Aufwendungen für Versicherungen und Gebühren
- kalkulatorische Kosten (kalk. Abschreibungen, Zinsen, Wagnisse, Miete, Unternehmerlohn)
- Steuern, Gebühren

> **Kostenträgereinzelkosten:**
> Dies sind Kostenarten, die einzelnen Produkten oder Leistungen eines Unternehmens direkt zugeordnet werden können.

Beispiele: Verbrauch von Rohstoffen und bezogenen Fertigteilen: Holz, Scharniere oder Schlösser laut Materialentnahmescheinen oder Stücklisten
Fertigungslöhne laut Akkordzetteln oder Lohnlisten

> **PRAXISTIPP!**
>
> Soweit die Ermittlung des Hilfsstoffverbrauchs für das einzelne Produkt oder den einzelnen Kundenauftrag keine Schwierigkeiten bereitet und wirtschaftlich vertretbar ist, kann auch dieser zu den Einzelkosten gezählt werden.

Bei Holzschrauben oder Nägeln ist die Einzelerfassung meistens wirtschaftlich nicht vertretbar. Man bezeichnet sie daher auch als unechte Gemeinkosten.

> **Sondereinzelkosten:**
> Dies sind Einzelkosten, die aufgrund besonderer Produktions- und Lieferbedingungen für einen bestimmten Auftrag anfallen. Sie werden in **Sondereinzelkosten der Fertigung** und **Sondereinzelkosten des Vertriebs** gegliedert.

Sondereinzelkosten der Fertigung	Beispiele der Sommerfeld Bürosysteme GmbH: – besondere Konstruktions- und Baupläne für eine Empfangstheke eines Zahnarztes – Spezialwerkzeuge und Sonderteile für den Einbau einer Thermoplatte – Modell für einen besonderen Auftrag – stückabhängiges Lizenzentgelt für die Übernahme eines Designs
Sondereinzelkosten des Vertriebs	Beispiele der Sommerfeld Bürosysteme GmbH: – Vertreterprovision für einen Großauftrag – Ausgangsfracht für einen Kunden, der den Direkttransport zu einem Abnehmer nach München wünscht – Spezialverpackung für einen Kundenauftrag

Gliederung der Kosten nach Reaktion auf Beschäftigungsgradänderungen

Nach der Reaktion der Kosten auf Beschäftigungsgradänderungen sind **fixe** und **variable Kosten** zu unterscheiden, wobei Beschäftigungsschwankungen als Veränderung der produzierten und abgesetzten Menge zu verstehen sind.

> **Fixe Kosten:**
> Fixe Kosten sind „unabhängig" von der Beschäftigung. Sie bleiben auch bei schwankenden Produktionsmengen konstant. Sinkt die Produktionsmenge, steigen demnach die fixen Kosten je Stück; steigt die Produktionsmenge, sinken die fixen Stückkosten (Fixkostendegression, Gesetz der Massenproduktion).

Beispiele: Miete, Kfz-Steuer, Kfz-Versicherung, Abschreibungen

Produktions-menge (x)	Fixe Kosten (K_f) insgesamt	Fixe Kosten pro Stück (k_f)
0	240,00	–
10	240,00	24,00
20	240,00	12,00
30	240,00	8,00
40	240,00	6,00
50	240,00	4,80

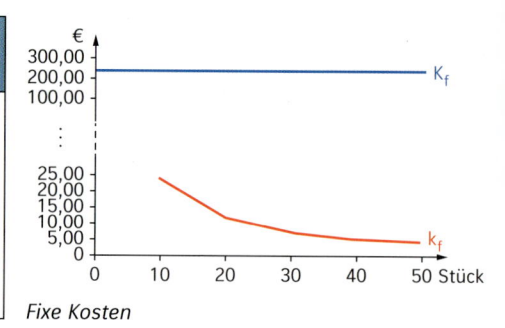

Fixe Kosten

Allerdings bleiben die fixen Kosten in vielen Fällen nur solange konstant, bis die Kapazitätsgrenze erreicht wird. Werden z. B. zusätzliche Maschinen angeschafft, steigen die fixen Kosten sprunghaft an. Man spricht in diesem Zusammenhang auch von sprungfixen Kosten.

Beispiele: Abschreibungen, Gehälter von Abteilungsleitern

Produktions-menge (x)	Fixe Kosten (K_f) insgesamt	Fixe Kosten pro Stück (k_f)
0	240,00	–
10	240,00	24,00
20	240,00	12,00
30	240,00	8,00
40	480,00	12,00
50	480,00	9,60
60	480,00	8,00
70	720,00	10,30
80	720,00	9,00
90	720,00	8,00

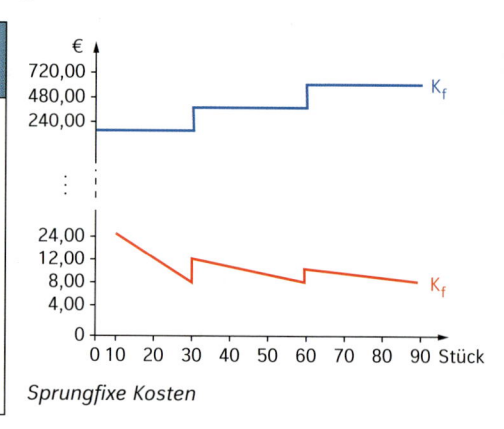

Sprungfixe Kosten

Variable Kosten sind abhängig von der Beschäftigung. Bei der Veränderung der Produktionsmenge können sich dadurch verursachte Kosten **proportional, degressiv oder progressiv** im Verhältnis zur Produktionsmenge verändern.

1 Kosten- und Leistungsrechnung als Vollkostenrechnung im Industrieunternehmen

Proportionale Kosten:
Proportional verhalten sich die variablen Kosten, wenn das Verhältnis von Beschäftigung zu Kosten bei Beschäftigungsänderung gleich bleibt. Die variablen Stückkosten bleiben unverändert, dadurch steigen die variablen Gesamtkosten proportional an.

Beispiele: Spezialverpackung eines Artikels, Stromkosten für Maschinenantrieb, Materialverbrauch laut Stückliste oder Rezeptur.

Produktionsmenge (x)	Variable Gesamtkosten (K_v)	Variable Stückkosten (k_v)
1	5,00	5,00
2	10,00	5,00
3	15,00	5,00
4	20,00	5,00
5	25,00	5,00

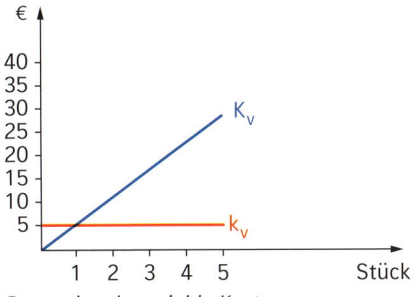

Proportionale variable Kosten

Degressive Kosten:
Degressive Kosten verhalten sich unterproportional zu einer Beschäftigungsänderung. Bei einer Beschäftigungszunahme steigen die Kosten vergleichsweise in geringerem Maß als die Produktionsmenge. Der Anstieg der variablen Gesamtkosten verringert sich mit zunehmender Ausbringungsmenge.

Beispiele: Fallende Bezugspreise aufgrund gestaffelter Mengenrabatte beim Einkauf, fallender Energieverbrauch bei optimaler Beanspruchung der Maschinen oder Fahrzeuge

Produktionsmenge (x)	Variable Gesamtkosten (K_v)	Variable Stückkosten (k_v)
1	10,00	10,00
2	18,00	9,00
3	24,00	8,00
4	28,00	7,00
5	30,00	6,00

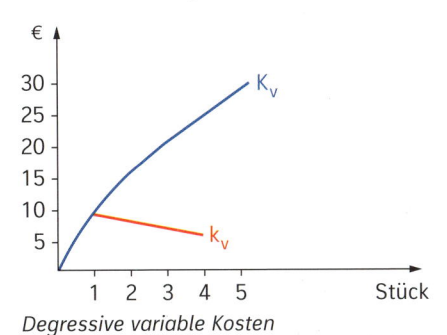

Degressive variable Kosten

Progressive Kosten:
Progressive Kosten verhalten sich bei steigender Beschäftigung überproportional. Dadurch steigen die Stückkosten mit steigender Produktionsmenge. Der Anstieg der variablen Gesamtkosten wird mit zunehmender Ausbringungsmenge verstärkt.

Beispiele: Erhöhter Energieverbrauch bei überdurchschnittlicher Beanspruchung einer Maschine, Überstundenzuschläge und zunehmende Reparaturen.

Lernfeld 4: Wertschöpfungsprozesse analysieren und beurteilen

Produktions-menge (x)	Variable Gesamtkosten (K_v)	Variable Stückkosten (k_v)
1	4,00	4,00
2	10,00	5,00
3	18,00	6,00
4	28,00	7,00
5	40,00	8,00

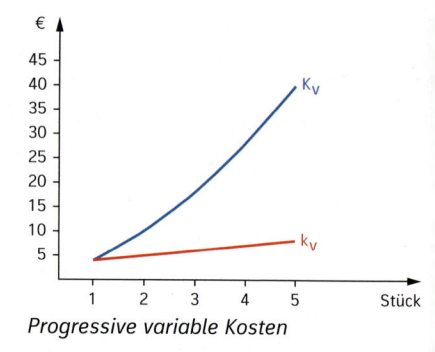

Progressive variable Kosten

Die Auflösung der Kosten in fixe und variable ist wichtig, um Ursachen von Kostenschwankungen festzustellen. Die Verteilung der fixen Kosten auf unterschiedliche Ausbringungsmengen zeigt, dass ihr Stück-Anteil von der Kapazitätsauslastung (dem Beschäftigungsgrad) **Beschäftigungsgrad** abhängig ist.

→ **LF 5**

$$\text{Kapazitätsausnutzungsgrad (Beschäftigungsgrad)} = \frac{\text{tatsächlich genutzte Kapazität} \cdot 100}{\text{verfügbare Kapazität}}$$

Unter **Kapazität** wird dabei die **Leistungsfähigkeit eines Betriebes in einer Rechnungsperiode** verstanden.

Beispiele: Bei voller Ausnutzung seiner wirtschaftlichen Kapazität kann ein Autohersteller 1 200 Pkw am Tag produzieren. Zurzeit werden täglich aber nur 780 Pkw hergestellt.

$$\text{Beschäftigungsgrad} = \frac{780 \cdot 100}{1\,200} = 65\%$$

Der niedrigere Beschäftigungsgrad bewirkt, dass die gesamten fixen Kosten auf eine verringerte Ausbringungsmenge verteilt werden müssen und infolgedessen höhere Gesamtkosten je Stück verursachen.

PRAXISTIPP!

Die Aufteilung in fixe und variable Kosten ist notwendig für preis- und beschäftigungspolitische Entscheidungen.

Zusammenfassung

Kosten nach Kostenarten unterscheiden

nach der Art des Werteverzehrs	nach ihrer Zurechenbarkeit	nach Reaktion auf Beschäftigungsgradänderungen

– Material- oder Stoffkosten
– Arbeitskosten
– Abschreibungen (Betriebskosten)
– Dienstleistungskosten
– Zwangsabgaben
– Umweltschutzkosten
	– Gemeinkosten
	– Einzelkosten
	·· Sondereinzelkosten
	   – der Fertigung
	   – des Vertriebs
		– fixe
		   - absolut fixe
		   - sprungfixe
		– intervallfixe
		– variable
		   - proportionale
		   - degressive
		   - progressive

1 Kosten- und Leistungsrechnung als Vollkostenrechnung im Industrieunternehmen

Aufgaben

1. Nennen Sie je drei Beispiele für

   a) proportionale Kosten,   c) progressive Kosten,
   b) degressive Kosten,   d) fixe Kosten.

2. Die Produktion von 600 000 Kugelschreibern verursacht 360 000,00 € Gesamtkosten.

   a) Wie hoch sind die fixen Kosten, wenn die variablen Stückkosten 0,35 € betragen?
   b) Stellen Sie den Verlauf ba) der fixen Kosten, bb) der variablen Kosten und bc) der Gesamtkosten insgesamt und je Stück im Koordinatensystem dar.

3. Welche der in der Aufzählung angegebenen Kosten einer Möbelfabrik, die Tische, Stühle und Schränke herstellt, sind

   a) Einzelkosten,   c) fixe Kosten,
   b) Gemeinkosten,   d) variable Kosten?
   1. Holzverbrauch zur Tischherstellung
   2. Fremdstromverbrauch des Betriebes
   3. Kfz-Steuer für die Betriebs-Lkw
   4. Lackverbrauch
   5. Benzinverbrauch Lkw
   6. Holzverbrauch zur Herstellung mehrerer Werkbänke zum eigenen Gebrauch
   7. Abschreibung der Werkbänke (siehe Fall 6)
   8. Scharniere und Schlösser zur Schrankherstellung
   9. Miete für die Verwaltungsräume
   10. Lohnzahlung an die Facharbeiter

4. Ein Spiegelglasproduzent stellte im Berichtsjahr insgesamt 50 000 m^2 Spiegelglas her. Damit wurde die Produktion gegenüber dem Vorjahr durch bessere Kapazitätsauslastung um 25 % gesteigert. Die Gesamtkosten stiegen gegenüber dem Vorjahr nur um 16 % auf 580 000,00 € im Jahr Berichtsjahr.

   a) Wie hoch sind die fixen Kosten, wenn die variablen Stückkosten in beiden Jahren gleich sind?
   b) Wie erklären Sie sich die verhältnismäßig geringe Kostensteigerung im Vergleich zur Produktionssteigerung?
   c) Im Vorjahr wurde ein Beschäftigungsgrad von 60 % erreicht. Wie hoch ist er im Berichtsjahr?
   d) Bei welcher Ausbringung wäre die Kapazität voll ausgelastet?

5. Sie sind Sachbearbeiterin/Sachbearbeiter bei der Fritz Rellek GmbH, Hersteller von Herrenoberbekleidung. Die Abteilung Kostenrechnung erstellte Ihnen die auf der nächsten Seite abgebildete statistische Tabelle.

   a) Berechnen Sie den jeweiligen Erfolg pro Monat.
   b) Veranschaulichen Sie in einem Diagramm die grundsätzlich vorliegende Kosten- und Erlössituation bei der Produktsparte Jeanshosen.
   c) Berechnen Sie für den einzelnen Monat die erreichten Beschäftigungsgrade.
   d) Nach der augenblicklichen Planung ist für den Monat Juli .. eine Produktions- und Absatzmenge von 936 Designer-Jeanshosen zu den bisher vorliegenden Kosten und Erlösen gesichert. Es besteht jedoch die Möglichkeit, mit der Top-Jeans-Moden GmbH einen Kauf auf Abruf für ein Geschäftsjahr abzuschließen, bei dem monatlich ca. 144 Jeanshosen von diesem Kunden abgenommen würden. Auf den bisherigen Preis der Jeanshosen müsste jedoch ein Rabatt von 10 % gewährt werden. Nehmen Sie zu diesen Überlegungen Stellung.

Fritz Rellek GmbH
Herrenoberbekleidung

Hochstraße 25
53721 Siegburg

Telefon 02241 123456
Telefax 02241 123050

Abteilung: Kostenrechnung
Produktsparte: Jeans-Produktion
monatliche Maximalkapazität: 1200 Jeans-Hosen

Sparkasse Siegburg
IBAN DE91 3865 0000 0001 0023 00
BIC WELADED1SGB

Zeile	Geschäftsjahr	Produktions- und Absatzmenge in Stück	Selbstkosten* in €	Gesamterlöse in €
1	Januar	840	24 696,00	25 200,00
2	Februar	720	21 816,00	21 600,00
3	März	816	24 120,00	24 480,00
4	April	864	25 272,00	25 920,00
5	Mai	960	27 576,00	28 800,00
6	Juni	900	26 136,00	27 000,00
7	Juli			

* Es liegt ein linearer Gesamtkostenverlauf vor.

6. Ein Büromöbelhersteller stellt einen Drehstuhl zu folgenden Bedingungen her:

Kapazität: 20 000 Stück
Fixe Kosten je Abrechnungszeitraum: 1 800 000,00 €
Variable (proportionale) Kosten je Drehstuhl: 330,00 €

a) Vervollständigen Sie mithilfe eines Tabellenkalkulationsprogramms folgende Tabelle:

Produktions-menge	Fixe Kosten in €		Variable Kosten in €		Gesamtkosten in €	
	gesamt	je Stück	gesamt	je Stück	gesamt	je Stück
5 000	?	?	?	?	?	?
10 000	?	?	?	?	?	?
15 000	?	?	?	?	?	?
20 000	?	?	?	?	?	?

b) Stellen Sie die folgenden Kostenverläufe in einem Diagramm dar:
  ba) fixe, variable und Gesamtkosten insgesamt
  bb) fixe, variable und Gesamtkosten je Stück

c) Erläutern Sie die Tabelle bzw. die Grafiken.

7. In der Sommerfeld Bürosysteme GmbH ist für die Produktion des Ceno-Besucherstuhles über die alternative Anschaffung eines Rohrbiegeautomaten zu entscheiden:

	Teilautomatische Fertigung	Vollautomatische Fertigung Kontrolle
Variable (proportionale) Kosten je Stück	135,00 €	100,00 €
Fixe Kosten je Quartal	40 000,00 €	250 000,00 €
Kapazität je Quartal	10 000 Stück	15 000 Stück

a) Bestimmen Sie, bei welcher Produktions- und Absatzmenge die Kosten gleich hoch sind.
b) Treffen Sie mithilfe eines Tabellenkalkulationsprogramms eine begründete Entscheidung, welche Anlage unter Kostengesichtspunkten anzuschaffen ist, wenn vom Marketing für das erste Jahr ein Absatz von 20 000 Stühlen, für das zweite Jahr von 40 000 und für die folgenden Jahre von 50 000 Stühlen prognostiziert wird.

8. Erläutern Sie an typischen Beispielen Einflussgrößen und Grundkomponenten der Materialkosten Ihres Ausbildungsbetriebes.

1.3 Gemeinkosten mithilfe der Kostenstellenrechnung auf die Kostenstellen verteilen

→ LS 30

Als Rudolf Heller die Controlling-Abteilung der Sommerfeld Bürosysteme GmbH betritt, herrscht schlechte Stimmung. Grund dafür ist die heute eingegangene Jahresabrechnung für den Stromverbrauch des Unternehmens.

EEW
Essener Elektrizitätswerke AG · Postfach 1760 · 45157 Essen

EEW AG – Postfach 1760 – 45157 Essen

Sommerfeld Bürosysteme GmbH
Gladbecker Straße 85-91
45141 Essen

EEW AG
Postfach 1760
45157 Essen
info@eew-essen.de
www.eew-essen.de

Jahresrechnung
Kundennummer 24-6946844
bei Zahlung und Rückfragen bitte angeben

Sofortlieferung nach Tarif A2   Essen, den 14.12.20..

	Zeitraum	Preis	Betrag/€
Zähler-Nr. 92164352 Zählerstand 13.11. 544 611 Zählerstand 12.11. 650 341 Unterschied 105 730	364 Tage		
Strombezug: 105 730		16,48 CT/kWh	17 424,30
Zähler:		94,70 €/Jahr	
	Entgelt		**17 519,00**
Zusammenfassung: Entgelt für Strom			17 519,00
		Rechnungsbetrag	17 519,00
abzüglich der bis zum 15.11.20.. bei uns eingegangenen Zahlungen*			16 037,00
Wird von Ihrem Konto bei der Deutschen Bank, Essen IBAN DE96360700500025203488 abgebucht			1 482,00
Künftiger monatlicher Abschlag 1460,00 €			

Bankverbindung
Postbank Dortmund
IBAN DE84440100460053412205   BIC PNBKDEFF440

Steuernummer 110/3112/4220
USt-ID-Nr. DE137492007

Frau Esser, Mitarbeiterin im Controlling, betrachtet die Jahresabrechnung. „So geht das doch nicht mehr weiter", sagt sie, „schon wieder eine Nachzahlung. Unser Stromverbrauch steigt von Jahr zu Jahr, zudem machen uns die ständig steigenden Strompreise arg zu schaffen." Ihr Kollege, Herr Bast, wirft ein: „Wenn ich durch unsere Abteilungen gehe, habe ich das Gefühl, dass es allen völlig egal ist, wie viel Strom verbraucht wird. Das läuft ganz nach dem Motto: Wir können schließlich auch nichts dafür." Frau Esser antwortet zustimmend: "Genau. Und wir müssen dann die ständig steigenden Stromkosten bei der Preiskalkulation auf unsere Produkte umlegen."

Arbeitsaufträge

- *Analysieren Sie die Probleme, welche sich für die Sommerfeld Bürosysteme GmbH ergeben und listen Sie diese in Stichpunkten auf.*
- *Erarbeiten Sie einen Vorschlag zur Lösung dieser Probleme.*

Kostenstellen und ihre Einteilungskriterien

Um die Gemeinkosten beeinflussen zu können, muss der Unternehmer wissen, wo sie entstanden sind und **wer** sie zu verantworten hat. Dazu ist es notwendig, den **Gesamtbetrieb** nach **Aufgaben-** oder nach **Verantwortungsbereichen** zu unterteilen.

Diese **Bereiche der Kostenverursachung** werden als **Kostenstellen** bezeichnet.

Für die Aufteilung des Betriebes in Kostenstellen bieten sich Verantwortungsbereiche oder betriebliche Funktionen an.

Gliederung nach Verantwortungsbereichen

Sie ist sinnvoll, wenn bei Untersuchungen der Kostenstruktur bzw. der Kostenentwicklung – z. B. bei Abweichungen von den ursprünglich kalkulierten Kosten – die Verantwortlichen herangezogen werden sollen.

Beispiel: Die Kosten der Polsterei sind bei vergleichbarem Umsatz unverhältnismäßig gestiegen. Verantwortlich ist der Abteilungsleiter.

Gliederung nach Funktionen (Aufgaben) und Tätigkeiten

In Anlehnung an die Hauptfunktionen kann der Industriebetrieb in folgende Kostenbereiche gegliedert werden:

Materialbereich → Produktionsbereich → Verwaltungsbereich → Vertriebsbereich

Organisatorisch sollte im Sinne der Kostenrechnung eine Übereinstimmung von Funktions- und Verantwortungsbereich erzielt werden.

1 Kosten- und Leistungsrechnung als Vollkostenrechnung im Industrieunternehmen

Beispiele in der Sommerfeld Bürosysteme GmbH	
Funktionsbereiche	**Verantwortliche**
Materialbereich	Herr Lanzetti
Produktion	Herr Weselberg
Vertrieb	Herr Kraus
Verwaltung	Herr Feld

In kleineren Industriebetrieben beschränkt man sich vielfach auf die Einteilung des Gesamtbetriebes in vier Kostenstellen mit den zugehörigen Tätigkeiten.

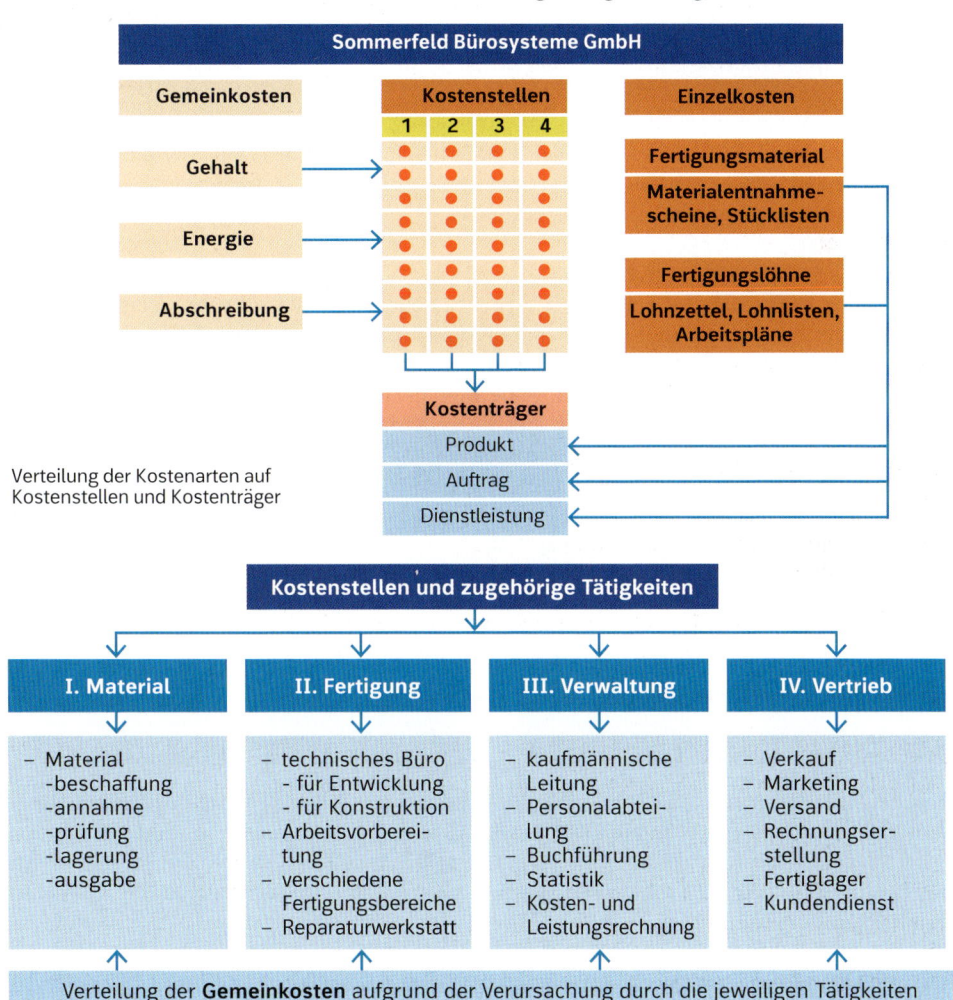

Sommerfeld Bürosysteme GmbH

Verteilung der Kostenarten auf Kostenstellen und Kostenträger

Gemeinkosten: Gehalt, Energie, Abschreibung → Kostenstellen 1 2 3 4 ← Einzelkosten: Fertigungsmaterial (Materialentnahmescheine, Stücklisten), Fertigungslöhne (Lohnzettel, Lohnlisten, Arbeitspläne)

Kostenträger: Produkt, Auftrag, Dienstleistung

Kostenstellen und zugehörige Tätigkeiten

I. Material	II. Fertigung	III. Verwaltung	IV. Vertrieb
– Material -beschaffung -annahme -prüfung -lagerung -ausgabe	– technisches Büro - für Entwicklung - für Konstruktion – Arbeitsvorbereitung – verschiedene Fertigungsbereiche – Reparaturwerkstatt	– kaufmännische Leitung – Personalabteilung – Buchführung – Statistik – Kosten- und Leistungsrechnung	– Verkauf – Marketing – Versand – Rechnungserstellung – Fertiglager – Kundendienst

Verteilung der **Gemeinkosten** aufgrund der Verursachung durch die jeweiligen Tätigkeiten

Bereichshilfskostenstellen

In großen Betrieben kann bei Bedarf die Kostenstellenrechnung verfeinert werden, indem die vier Hauptfunktionsbereiche weiter untergliedert werden. So wird der **Fertigungsbereich** oft in **Fertigungshilfskostenstellen** und **Fertigungshauptkostenstellen** aufgeteilt.

Beispiel: Fertigung der Sommerfeld Bürosysteme GmbH

Fertigungshilfskostenstellen				Fertigungshauptkostenstellen					
Holzbearbeitung	Konstruktion/ Design	Produktionssteuerung/ Logistik	Zwischenlager	Sägerei	Metallbau	Polsterei	Lackiererei	Montage	Verpackung
Erfassung der **Fertigungsgemeinkosten**, diwe nur **indirekt** bei der Fertigung der Erzeugnisse anfallen.				Erfassung der **Fertigungsgemeinkosten**, die **direkt** bei der Fertigung der Erzeugnisse anfallen.					

Da alle hier eingerichteten Hilfskostenstellen dem Fertigungsbereich zugeordnet werden, können sie auch als **Bereichshilfskostenstellen** bezeichnet werden. Ihre Kosten werden in einem zweiten Schritt den Fertigungshauptkostenstellen zugeordnet.

Allgemeine Hilfskostenstellen

In größeren Industriebetrieben werden Kostenstellen gebildet, die ihre Leistungen an mehrere oder an alle anderen Kostenstellen abgeben. Als **allgemeine Hilfskostenstellen** werden sie dann den übrigen Kostenstellen vorgeschaltet (z. B. Betriebsfeuerwehr, Kantine, Reparaturwerkstatt, Werkschutz). Die hier erfassten Kosten werden entsprechend der Inanspruchnahme der Leistungen auf die anderen Kostenstellen umgelegt. Bereichshilfskostenstellen und allgemeine Hilfskostenstellen sind verrechnungstechnisch als **Vorkostenstellen** zu bezeichnen.

Aufgaben der Kostenstellenrechnung

Die Kostenstellenrechnung hat die Aufgabe, die Gemeinkostenarten verursachungsgerecht auf die **Kostenstellen** zu verteilen. Gemäß den vier Hauptfunktionsbereichen eines Betriebes gliedern sich die Gemeinkostenarten in:

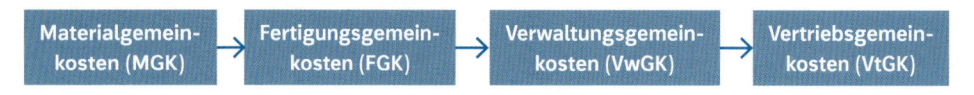

Materialgemeinkosten (MGK)	→	Fertigungsgemeinkosten (FGK)	→	Verwaltungsgemeinkosten (VwGK)	→	Vertriebsgemeinkosten (VtGK)

Auf diese Weise können die Gemeinkosten jeder Kostenstelle überwacht und die Kostenentwicklung durch **Zeitvergleiche** in jeder Kostenstelle beobachtet werden. So werden Schwachstellen des Betriebes erkannt und beseitigt. Auch können den Kostenstellen entsprechende **Plankosten** vorgegeben werden. Regelmäßig müssen dann die **Istkosten** ermittelt und mit den vorgegebenen Plankosten verglichen werden. Für Zwecke der **Kostenträgerrechnung** lassen sich aus der Kostenstellenrechnung **Zuschlagssätze** ableiten, mit deren Hilfe die Gemeinkosten der Kostenstellen auf die Kostenträger verrechnet werden (vgl. S. 432 ff.).

Verteilung der Gemeinkosten auf die Kostenstellen

Ziel der Gemeinkostenverteilung muss es sein, die Gemeinkosten möglichst verursachungsgerecht auf die Kostenstellen zu verteilen. Denn welcher Abteilungsleiter möchte schon für die Kosten verantwortlich gemacht werden, die seine Abteilung nicht verursacht hat?

Beispiel: Herr Önder schlägt vor, die Anteile der Feuerversicherung für alle vier Kostenstellen gleichzusetzen. Damit sind die Abteilungsleiter Herr Lanzetti und Herr Kraus nicht einverstanden, weil sie meinen, dass die unterschiedliche Raumgröße zu berücksichtigen sei.

Gliederung der Gemeinkosten nach ihrer Zurechenbarkeit

Kostenstelleneinzelkosten:
Hierbei handelt es sich um Kostenträgergemeinkosten, die den Kostenstellen direkt zugerechnet werden können. Dies geschieht aufgrund von Belegen oder mithilfe von Mess-oder Zähleinrichtungen.

Beispiele:
- Gemeinkosten mithilfe von Materialentnahmescheinen
- Gehälter, Sozialkosten mithilfe von Gehaltslisten
- Stromkosten mithilfe von Zählern
- Kosten der Werbung anhand von Belegen
- Instandhaltungskosten anhand von Belegen
- Abschreibungen bestimmter Anlagen mittels Anlagendatei
- Büromaterial aufgrund von Materialentnahmescheinen

Kostenstellengemeinkosten:
Dies sind Gemeinkosten, die von mehreren oder allen Kostenstellen gemeinsam verursacht werden. Sie können den Kostenstellen nur mithilfe von Verteilungsschlüsseln zugerechnet werden.

Beispiele:
- Pförtnergehalt
- Verwaltungskosten der Kantine
- Kosten der allgemeinen Feuerwehr
- Kosten der allgemeinen Verwaltung wie Buchführung, Kostenrechnung und Unternehmensleitung
- Kosten der Reparaturwerkstatt

Kernproblem der Kostenstellengemeinkostenverteilung ist es, geeignete Verteilungsschlüssel zu finden, welche die Kostenverursachung korrekt widerspiegeln.

Verteilungsmöglichkeiten einzelner Kostenstellengemeinkosten

Kostenart	Verteilungsgrundlage
Kfz-Kosten (Versicherung, Steuer, Kraftstoff)	gefahrene Kilometer (Fahrtenbücher)
Unfallversicherung	Zahl der Beschäftigten in den Funktionsbereichen
Feuerversicherung	Wert des versicherten Vermögens in den Funktionsbereichen
kalk. Miete, Heizung	Größe (m^2 oder m^3) der einzelnen Funktionsbereiche
Abschreibungen	Wert des Anlagevermögens in den Funktionsbereichen lt. Anlagendatei
kalkulatorische Zinsen	Wert des betriebsnotwendigen Vermögens einzelner Funktionsbereiche lt. Anlagendatei

```
┌─────────────────────────────────┐
│   Unterteilung der Gemeinkosten │
│          nach ihrer             │
│    Verteilung auf Kostenstellen │
└─────────────────────────────────┘
          │                │
          ▼                ▼
```

Kostenstelleneinzelkosten

Gemeinkosten, die bestimmten Kostenstellen aufgrund von Belegen, Aufzeichnungen, Zähl- oder Messeinrichtungen eindeutig zugerechnet werden können

Kostenstellengemeinkosten

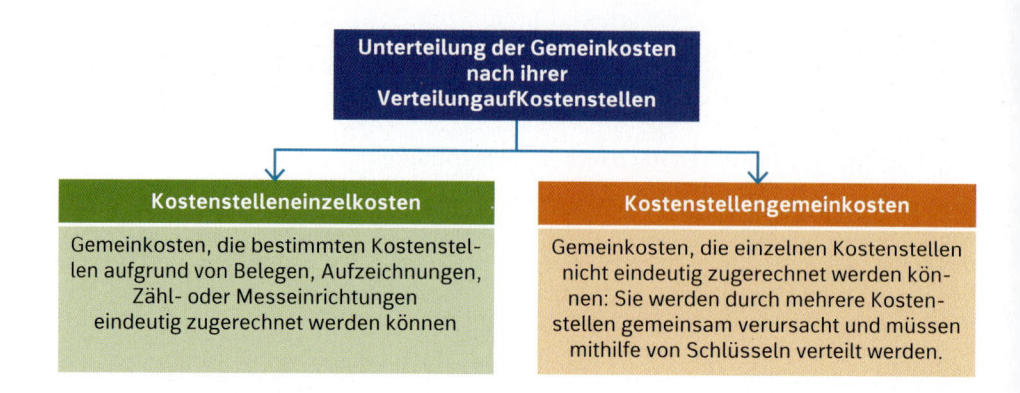

Gemeinkosten, die einzelnen Kostenstellen nicht eindeutig zugerechnet werden können: Sie werden durch mehrere Kostenstellen gemeinsam verursacht und müssen mithilfe von Schlüsseln verteilt werden.

Betriebsabrechnungsbogen (BAB)

Die Verteilung der Gemeinkosten wird in statistisch-tabellarischer Form im **Betriebsabrechnungsbogen** (BAB) durchgeführt.

Verrechnungstechnisch ist der **einstufige** vom **mehrstufigen** BAB zu unterscheiden.

- Der **einstufige BAB** enthält nur Endkostenstellen mit den Hauptfunktionsbereichen Material, Fertigung, Verwaltung und Vertrieb.

Abrechnung der Gemeinkosten im einstufigen BAB			
Endkostenstellen			
Materialbereich	Fertigungsbereich	Verwaltungsbereich	Vertriebsbereich

Aus der Abgrenzungsrechnung der Kostenartenrechnung werden die Gemeinkosten übernommen und dann mithilfe von Belegen, Zähl- und Messeinrichtungen oder mithilfe von Schlüsseln auf die Kostenstellen verteilt.

- Der **mehrstufige BAB** enthält neben den Endkostenstellen auch Hilfskostenstellen (Vorkostenstellen), deren Kosten auf die Endkostenstellen umgelegt werden.

Abrechnung der Gemeinkosten im mehrstufigen BAB				
Vorkostenstellen	**Endkostenstellen**			
Allgemeine Kostenstellen	Materialbereich	Fertigungsbereich	Verwaltungsbereich	Vertriebsbereich

Die regelmäßige Erstellung eines BAB ermöglicht der Unternehmensleitung neben der Kostenartenkontrolle eine Überwachung der Kosten einzelner Kostenstellen. Dadurch können im Falle starker Schwankungen bei unveränderter Beschäftigung und Preissituation die Ursachen der Abweichungen leichter herausgefunden werden (zur Auswertung des BAB für Zwecke der Kalkulation siehe S. 427).

Mithilfe von Zuschlagssätzen werden die Gemeinkosten der Funktionsbereiche Material, Fertigung, Verwaltung und Vertrieb auf die Kostenträger verteilt.

Einstufiger Betriebsabrechnungsbogen (BAB)

1 Kosten- und Leistungsrechnung als Vollkostenrechnung im Industrieunternehmen

	Konto	Kostenarten	€	Verteilungs-grundlage	Verteilungs-schlüssel	Kostenstellen			
						I. Material	II. Fertigung	III. Verwaltung	IV. Vertrieb
01	6020	Aufw. für Hilfsstoffe	3 955 844,00	MES		395 200,00	2 410 000,00	836 644,00	314 000,00
02	6050	Aufw. für Energie	1 195 115,00	Zähler		38 307,00	857 000,00	220 573,00	79 235,00
03	6160	Fremdinstandhaltung	404 500,00	ER		17 100,00	320 000,00	48 900,00	18 500,00
04	6300	Gehälter	6 981 900,00	Gehaltslisten		225 000,00	4 465 350,00	1 675 000,00	616 550,00
05	6700	Aufw. für Rechte und Dienste	1 410 000,00		1 : 2 : 2 : 1	235 000,00	470 000,00	470 000,00	235 000,00
06	6800	Aufwendungen für Kommunikation	2 035 400,00	Belege		204 000,00	147 400,00	828 000,00	856 000,00
07	6900	Versicherungsbeiträge	74 200,00	Verträge		17 200,00	16 000,00	15 400,00	25 600,00
08	7000	Betriebliche Steuern	1 218 500,00		1 : 1 : 7 : 1	121 850,00	121 850,00	852 950,00	121 850,00
09		Kalk. Abschreibungen	500 000,00	Anlagendatei		60 000,00	290 000,00	80 000,00	70 000,00
10		Kalk. Zinsen	616 000,00	betr. notw. Vermögen		40 000,00	340 000,00	152 000,00	84 000,00
11		Kalk. Wagnisse	400 000,00	betr. notw. Vermögen		100 000,00	200 000,00	80 000,00	20 000,00
12		Kalk. Miete	172 800,00	m²	3 : 8 : 4 : 3	28 800,00	76 800,00	38 400,00	28 800,00
		Summe der Gemeinkosten	18 946 259,00			1 482 457,00	9 714 400,00	5 297 867,00	2 469 535,00

Erweiterter mehrstufiger Betriebsabrechnungsbogen (BAB)

		Kostenarten	€	Verteilungs-grundlage	Verteilungs-schlüssel	Vorkosten-stelle Fuhrpark	Fertigungs-hilfsstelle Material	Fertigungs-hilfsstelle Konstruktion	Fertigungshauptstellen Sägerei	Fertigungshauptstellen Polsterei	Verwaltung	Vertrieb
1	6020	Aufw. für Hilfsstoffe	2 539 110,00	MES		73 895,00	366 778,00	427 000,00	615 875,00	657 843,00	285 000,00	112 719,00
2	6030	Aufw. für Betriebsstoffe	800 704,00	Belege		368 555,00	75 433,00	23 820,00	154 769,00	121 785,00	23 492,00	32 850,00
3	6050	Aufw. für Energie	1 273 764,00	Zähler		46 757,00	124 367,00	144 399,00	335 895,00	387 649,00	134 224,00	100 473,00
4	6160	Fremdinstandhaltung	269 740,00	ER		105 738,00	15 669,00	14 562,00	68 785,00	47 550,00	9 880,00	7 556,00
5	6300	Gehälter	4 714 629,00	Gehaltsliste		167 927,00	192 683,00	338 691,00	673 771,00	776 392,00	1 597 873,00	967 292,00
6	6400	Soziale Abgaben	1 037 218,38	Gehaltsliste		36 943,94	42 390,26	74 512,02	148 229,62	170 806,24	351 532,06	212 804,24
7	6800	Büromaterial	108 244,00	ER		3 201,00	4 302,00	2 093,00	3 392,00	5 483,00	56 291,00	33 482,00
8	7000	Betriebliche Steuern	429 768,00		0,5:1:1:2,5:2:1:1	23 876,00	47 752,00	47 752,00	119 380,00	95 504,00	47 752,00	47 752,00
9		Kalk. Abschreibung	1 046 122,00	betr.notw. Vermögen		278 000,00	84 000,00	53 000,00	225 000,00	245 000,00	79 572,00	81 550,00
10		Kalk. Zinsen	521 256,00	betr.notw. Vermögen		121 882,00	42 509,00	27 098,00	115 683,00	129 300,00	41 895,00	42 889,00
11		Kalk. Miete	119 870,00	m²	2:3:2:4:4:3:2	11 987,00	17 980,50	11 987,00	23 974,00	23 974,00	17 980,50	11 987,00
		Summe	12 860 425,38			1 238 761,94	1 013 863,76	1 164 914,02	2 484 753,62	2 661 286,24	2 645 491,56	1 651 354,24
		Umlage Fuhrpark				↱	53 156,35	22 558,99	133 776,58	157 229,55	182 377,12	689 663,35
		Zwischensumme						1 187 473,01				
		Umlage Konstruktion					1 067 020,11	↱	619 657,65	567 815,36		
		Summe Gemeinkosten	(12 860 425,38)						3 238 187,85	3 386 331,15	2 827 868,68	2 341 017,59

Auswertungsmöglichkeiten der Kostenstellenrechnung für die Kostenkontrolle und Kalkulation

Die Kostenstellenrechnung liefert fertige **Informationen über die Wirtschaftlichkeitsentwicklung einzelner Betriebsbereiche**

- durch Vergleich mit den Kosten vergangener Zeiträume,
- durch Vergleich der tatsächlich angefallenen Kosten (**Istkosten**) mit den geplanten Kosten (**Sollkosten**),
- durch Vergleich der Kosten für innerbetriebliche Leistungen mit Preisen am Beschaffungsmarkt zur Wirtschaftlichkeitskontrolle der Eigenherstellung.

Für die **Kalkulation** lassen sich aus der Kostenstellenrechnung **Zuschlagssätze** (Gemeinkostenzuschläge, Maschinenstundensätze) ableiten, mit deren Hilfe die Gemeinkosten der Endkostenstellen auf die Kostenträger verrechnet werden. Hierbei ist für jede Endkostenstelle wiederum ein Schlüssel zu finden, der die Gemeinkosten in eine verursachungsgemäße Beziehung zum einzelnen Erzeugnis bringt.

Zusammenfassung

Gemeinkosten mithilfe der Kostenstellenrechnung auf die Kostenstellen verteilen

- *Die Kostenstellenrechnung informiert über die **Kostenverursachung einzelner Betriebsbereiche** (Funktions- und Verantwortungsbereiche); dadurch lassen sich Kosten den verantwortlichen Personen zuordnen.*
- *Durch Vergleich verschiedener Zeiträume (**Zeitvergleich**) kann die Kostenentwicklung jeder Kostenstelle festgestellt werden.*
- *Durch Vergleich der angefallenen Kosten (**Istkosten**) mit den geplanten Kosten (**Sollkosten**) liefert die Kostenstellenrechnung Unterlagen für die Kostensteuerung und damit für die **Wirtschaftlichkeitskontrolle**.*
- *Die Kostenstellenrechnung ist Voraussetzung für die Verteilung der Gemeinkosten auf die Kostenträger.*
- *Nach der Zurechnung der Gemeinkosten auf die Kostenstellen sind **Kostenstelleneinzel**- und **Kostenstellengemeinkosten** zu unterscheiden.*
- *Die Verteilung der Gemeinkosten wird in statistisch-tabellarischer Form im **Betriebsabrechnungsbogen** (BAB) durchgeführt.*
- *Je nach Tiefengliederung werden **einstufiger** und **mehrstufiger** BAB unterschieden.*
- *Im einstufigen BAB werden die Gemeinkosten auf die Hauptfunktionsbereiche verteilt:*

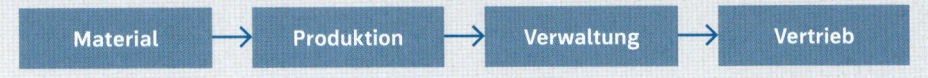

Material → Produktion → Verwaltung → Vertrieb

- *Im mehrstufigen BAB werden den Hauptkostenstellen allgemeine Hilfskostenstellen oder einzelnen Hauptkostenstellen sogenannte Bereichshilfskostenstellen vorgeschaltet.*

Aufgaben

1. Ein Industriebetrieb stellt folgende Kostenarten fest:

Fertigungsmaterial (Rohstoffaufwand)	65 000,00 €	Sozialabgaben	10 900,00 €
Löhne: Fertigungslöhne	24 500,00 €	Fremdinstandsetzung	4 600,00 €
Gemeinkostenmaterial	12 000,00 €	Versicherungen	1 700,00 €
Energie, Wasser	2 870,00 €	Verschiedene Aufwendungen	16 700,00 €
Gehälter	56 000,00 €	Kalk. Abschreibungen	9 000,00 €

   Der Betriebsabrechnungsbogen ist aufzustellen.

   ### Grundlage für die Verteilung der Gemeinkosten

Kostenarten	I. Material	II. Fertigung	III. Verwaltung	IV. Vertrieb
Gemeinkostenmaterial	500,00	10 600,00	–	900,00
Gehälter	15 000,00	3 600,00	30 000,00	7 400,00
Sozialabgaben	4 400,00	900,00	4 100,00	1 500,00
Fremdinstandsetzung	300,00	3 100,00	700,00	500,00
Versicherungen	200,00	1 000,00	400,00	100,00
Verschiedene Aufwendungen	800,00	3 400,00	10 500,00	2 000,00
Kalk. Abschreibungen	im Verhältnis 3:2 auf die Kostenstellen II und III			
Energie, Wasser	aufgrund von Einzelzählern (1 kWh = 0,05 €; 1 m³ Wasser = 0,40 €):			
Strom in kWh	5 200	32 000	7 300	8 500
Wasser in m³	50	420	–	80

2. Die Statistikabteilung wertete die Ergebnisse der Kostenarten- und Kostenstellenrechnung in zwei verschiedenen Kostenstatistiken aus, von denen unten jeweils eine Datei dargestellt ist.

Kostenart: Hilfslöhne						
	Januar		Februar		März	
Kostenstelle	€	%	€	%	€	%
Gebäude	600,00	2,4	600,00	2,4	660,00	2,4
Sozialdienst	300,00	1,2	400,00	1,6	470,00	1,7
Fuhrpark	2 400,00	9,6	2 800,00	11,1	3 200,00	11,6
Reparaturwerkstatt	4 000,00	16,0	2 600,00	10,3	1 700,00	6,2
Material	900,00	3,6	1 100,00	4,4	4 500,00	16,4
Säge I	5 000,00	20,0	5 800,00	23,0	4 400,00	16,0
Säge II	5 400,00	21,6	4 900,00	19,4	4 500,00	16,4
Dreherei	1 200,00	4,8	1 300,00	5,1	1 000,00	3,6
Fräserei	1 100,00	4,4	1 150,00	4,6	1 200,00	4,4
Schleiferei	900,00	3,6	1 000,00	4,0	1 300,00	4,7
Montage	2 100,00	8,4	2 500,00	9,9	3 600,00	13,1
Verwaltung	150,00	0,6	150,00	0,6	170,00	0,6
Vertrieb	950,00	3,8	900,00	3,6	800,00	2,9
Summe	25 000,00	100,0	25 000,00	100,0	27 000,00	100,0

Kostenstelle: Säge I						
	Januar		Februar		März	
Kostenstelle	€	%	€	%	€	%
Gemeinkostenmaterial	250,00	2,6	300,00	2,9	220,00	2,5
Strom	650,00	6,7	700,00	6,7	600,00	6,8
Hilfslöhne	5 000,00	51,4	5 800,00	55,9	4 400,00	49,8
Gehälter	400,00	4,1	450,00	4,3	400,00	4,5
Sozialaufwendungen	850,00	8,8	900,00	8,7	800,00	9,0
Instandhaltung	600,00	6,2	200,00	1,9	500,00	5,7
Steuern	–	–	–	–	–	–
Versicherungen	120,00	1,2	120,00	1,2	120,00	1,4
Verschiedene Kosten	100,00	1,0	100,00	1,0	100,00	1,1
Kalkulatorische Abschreibungen	1 000,00	10,3	1 000,00	9,6	1 000,00	11,3
Zinsen	400,00	4,1	400,00	3,9	400,00	4,5
Kalkulator. Wagnissse	350,00	3,6	400,00	3,9	300,00	3,4
Kalkulatorischer Unternehmerlohn	–	–	–	–	–	–
Summe	9 720,00	100,0	10 370,00	100,0	8 840,00	100,0

a) Erläutern Sie den Inhalt der beiden Dateien.
b) Nennen Sie Gründe
   ba) für Schwankungen der Hilfslöhne von Monat zu Monat in den einzelnen Kostenstellen,
   bb) für Schwankungen der einzelnen Kostenarten in der Kostenstelle „Säge I".

3. a) Vervollständigen Sie den erweiterten BAB der Overninger GmbH für den Monat Oktober. Die Gemeinkosten der Vorkostenstelle „Kantine" werden auf Basis der Mitarbeiterzahlen (6:4:11:12:10:7) auf die anderen Kostenstellen umgelegt, die der Vorkostenstelle „Arbeitsvorbereitung" im Verhältnis 2:3 auf die Fertigungshauptstellen verteilt.
b) Nennen Sie mögliche Verteilungsgrundlagen für die einzelnen Gemeinkostenarten.
c) Erläutern Sie, warum die Gemeinkosten der Vorkostenstellen „Kantine" und „Arbeitsvorbereitung" auf andere Kostenstellen umgelegt werden.
d) Nennen Sie Beispiele für weitere mögliche Vorkostenstellen.

Kostenarten	€	Vorkostenstelle Kantine	Material	Fertigungshilfsstelle Arbeitsvorb.	Fertigungshauptstellen		Verwaltung	Vertrieb
					I	II		
Aufw. für Hilfsstoffe	209 500,00	2 500,00	37 000,00	28 000,00	59 000,00	66 000,00	9 000,00	8 000,00
Aufw. für Betriebsstoffe	73 550,00	1 800,00	15 000,00	11 500,00	17 250,00	19 500,00	5 000,00	3 500,00
Aufw. für Energie	15 450,00	3 000,00	2 100,00	1 900,00	3 200,00	3 500,00	950,00	800,00
Fremdinstandhaltg.	9 750,00	2 950,00	750,00	300,00	1 150,00	2 500,00	1 150,00	950,00
Gehälter	61 750,00	3 900,00	2 800,00	7 500,00	5 200,00	5 500,00	17 850,00	19 000,00
Soziale Abgaben	13 585,00	858,00	616,00	1 650,00	1 144,00	1 210,00	3 927,00	4 180,00
Büromaterial	8 790,00	290,00	350,00	1 100,00	800,00	650,00	2 900,00	2 700,00
Kalk. Abschreibung	10 715,00	2 780,00	850,00	575,00	2 390,00	2 490,00	780,00	850,00
Kalk. Zinsen	43 720,00	1 220,00	4 300,00	2 800,00	12 500,00	13 000,00	4 800,00	5 100,00
Kalk. Miete	14 490,00	1 500,00	1 100,00	1 100,00	3 100,00	3 890,00	2 100,00	1 700,00
Summe	461 300,00	20 798,00	64 866,00	56 425,00	105 734,00	118 240,00	48 457,00	46 780,00
Umlage Kantine								
Zwischensumme								
Umlage Arb.vorb.								
Summe								

1.4 Kosten in der Kostenträgerrechnung den Kostenträgern zurechnen

LS 31

Rudolf Heller ist ganz schön ins Schwitzen geraten. „Mir brummt der Schädel: Einzelkosten, Gemeinkosten, Betriebabrechnungsbogen, Verteilungsschlüssel, was man sich alles merken muss!" „Und das ist erst der Anfang. Jetzt geht's darum, herauszufinden, welche Produktgruppen besonders erfolgreich sind und wo es Probleme gibt", erläutert Jussuf Önder, Mitarbeiter im Rechnungswesen. „Herr Feld hat sich schon nach den Zahlen erkundigt."

Arbeitsaufträge

- Erläutern Sie, warum die Geschäftsführer den Erfolg der einzelnen Produktgruppen wissen wollen.
- Unterbreiten Sie Vorschläge, wie man die Kosten den einzelnen Produktgruppen zuordnen kann.

Aufgaben und Gliederung der Kostenträgerrechnung

> **Kostenträger** sind die **Leistungen** des Betriebes, deren Erstellung die Kosten verursacht hat.

Kostenträger sind zu unterteilen in **Absatzleistungen** und **innerbetriebliche Leistungen**. Bei **Absatzleistungen** – auch Außenaufträge genannt – sind die Kosten entstanden, um eine Erzeugniseinheit (ein Tisch, ein Stuhl) herzustellen, einen Kundenauftrag (ein Büroraumsystem) zu erledigen oder um die Verkaufsbereitschaft zu erhalten (Lagerauftrag). **Innerbetriebliche Leistungen** (Innenaufträge) sind in **zu aktivierende** (Anlagen, Großreparaturen) und **nicht zu aktivierende** Leistungen (Reparaturen, Verbrauchswerkzeuge) zu unterteilen.

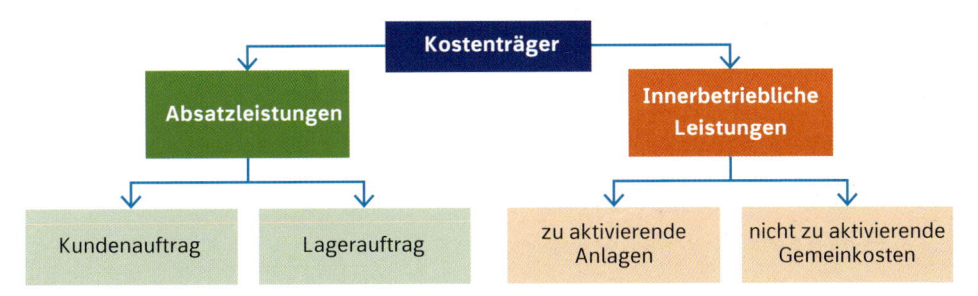

```
                      Kostenträger
                    /              \
          Absatzleistungen      Innerbetriebliche
                                    Leistungen
           /        \             /            \
   Kundenauftrag  Lagerauftrag  zu aktivierende  nicht zu aktivierende
                                   Anlagen          Gemeinkosten
```

Es ist Aufgabe der Kostenträgerrechnung, die entstandenen Kosten auf die Kostenträger umzulegen. Nach der Zielsetzung sind **Kostenträgerstückrechnung** und **Kostenträgerzeitrechnung** zu unterscheiden.

Während die **Kostenträgerzeitrechnung** alle Kostenarten eines bestimmten abgelaufenen Zeitraumes (Istkosten) den entsprechenden Leistungen gegenüberstellt und somit die Wirtschaftlichkeit des Gesamtbetriebes ermittelt, errechnet die **Kostenträgerstückrechnung** den Kostenanteil jeder Teilleistung an den Gesamtkosten.

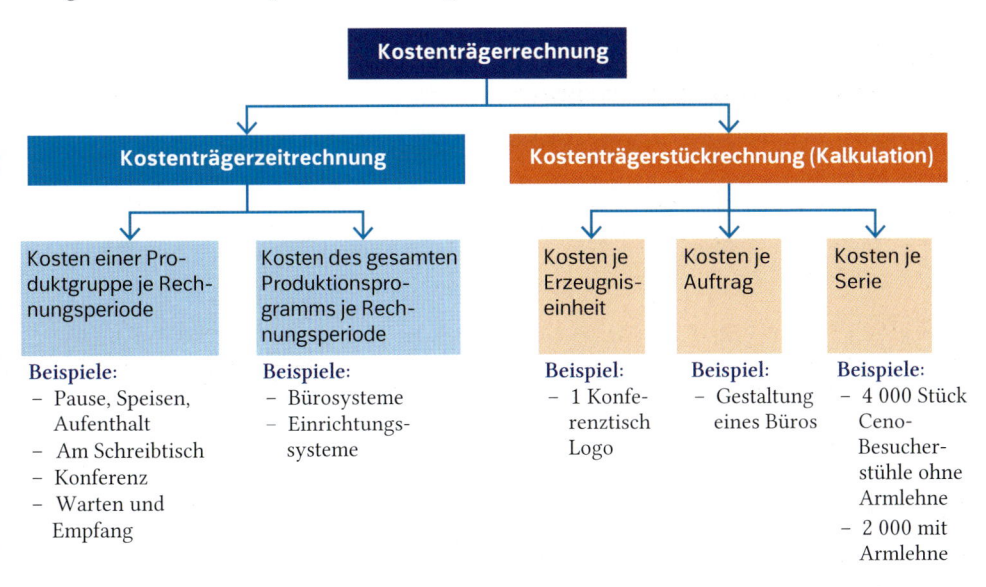

```
                          Kostenträgerrechnung
                         /                    \
           Kostenträgerzeitrechnung    Kostenträgerstückrechnung (Kalkulation)
            /              \             /         |          \
    Kosten einer Pro-  Kosten des gesamten  Kosten je   Kosten je   Kosten je
    duktgruppe je Rech- Produktionspro-     Erzeugnis-  Auftrag     Serie
    nungsperiode       gramms je Rech-      einheit
                       nungsperiode
```

Beispiele:
- Pause, Speisen, Aufenthalt
- Am Schreibtisch
- Konferenz
- Warten und Empfang

Beispiele:
- Bürosysteme
- Einrichtungssysteme

Beispiel:
- 1 Konferenztisch Logo

Beispiel:
- Gestaltung eines Büros

Beispiele:
- 4 000 Stück Ceno-Besucherstühle ohne Armlehne
- 2 000 mit Armlehne

Kostenträgerzeitrechnung als Vollkostenrechnung mit Istkosten

Die **Kostenträgerzeitrechnung** hat die Aufgabe, den in einer Rechnungsperiode erzielten Erfolg des Betriebes und einzelner Erzeugnisarten zu ermitteln. Das erreicht sie, indem sie den jeweiligen Umsatzerlösen laut Ausgangsrechnungen die Selbstkosten der umgesetzten Erzeugnisse (Einzelkosten und anteilige Gemeinkosten) gegenüberstellt.

Diese Gegenüberstellung bereitet keine Schwierigkeiten bei der Erfolgsermittlung des Gesamtbetriebes. Will man jedoch die Wirtschaftlichkeit einzelner Kostenträger feststellen, muss geklärt werden, welche Kosten dem jeweiligen Kostenträger zugerechnet werden müssen. Während Einzelkosten jedem Kostenträger direkt zugeordnet werden können, ist es erforderlich, die Gemeinkosten mithilfe von **Gemeinkostenzuschlagssätzen**, die das Verhältnis von Einzel- zu Gemeinkosten ausdrücken, den Kostenträgern zuzuordnen.

Zurechnung der Einzelkosten

Anhand von genauen Aufzeichnungen werden die **Einzelkosten** wie

- Materialeinzelkosten (Stücklisten, Arbeitspläne),
- Fertigungslöhne (Lohnscheine, Arbeitspläne) und
- Sondereinzelkosten (Belege, Arbeitspläne)

dem einzelnen Kostenträger direkt zugerechnet.

Zurechnung der Gemeinkosten

Mithilfe der Kostenstellenrechnung wurde ermittelt, an welchen Stellen im Betrieb die **Gemeinkosten** angefallen sind. Da die einzelnen Kostenstellen in unterschiedlichem Maße von den Kostenträgern beansprucht werden, muss eine **Zuschlagsgrundlage** für die Gemeinkosten gefunden werden, die das Verhältnis der Beanspruchung durch die Kostenträger wiedergibt.

Folgende Zuschlagsgrundlagen bieten sich an:

- **Fertigungsmaterial** (Rohstoff- und Fremdbauteileaufwand) für die **Materialgemeinkosten**
- **Fertigungslöhne** für die **Fertigungsgemeinkosten**
- **Herstellkosten des Umsatzes** für die **Verwaltungs- und Vertriebsgemeinkosten**

Zwischen der Bezugsgröße und den darauf bezogenen Gemeinkosten wird eine unmittelbare Abhängigkeit unterstellt.

Beispiel: Erhöht sich der Fertigungsmaterialeinsatz in einer Möbelfabrik (Holzverbrauch) um 10 %, dann wird ebenfalls eine Steigerung der Materialgemeinkosten um 10 % angenommen (z. B. Leim- und Lackverbrauch).

Errechnung der Gemeinkostenzuschlagssätze

Diese Abhängigkeit wird in einem Prozent- oder **Gemeinkostenzuschlagssatz** ausgedrückt, der sowohl für den Gesamtbetrieb als auch für die einzelnen Kostenträger gilt. Damit ist es möglich, neben den Einzelkosten auch die Gemeinkosten des Gesamtbetriebes auf die Kostenträger zu verteilen (vgl. BAB, S. 425).

1 Kosten- und Leistungsrechnung als Vollkostenrechnung im Industrieunternehmen

- **Materialgemeinkostenzuschlagssatz (MGKZ):** Es wird unterstellt, dass eine Abhängigkeit der Materialgemeinkosten von den Materialeinzelkosten besteht.

$$\text{MGKZ} = \frac{\text{MGK} \cdot 100}{\text{Fertigungsmaterial}}$$

Beispiel: $\dfrac{1\,482\,457 \cdot 100}{11\,859\,656} = 12{,}5\,\%$

- **Fertigungsgemeinkostenzuschlagssatz (FGKZ):** Zuschlagsgrundlage für die Fertigungsgemeinkosten laut BAB bilden die Fertigungseinzelkosten (Fertigungslöhne). Der Zuschlagssatz drückt die Abhängigkeit der FGK von den Fertigungslöhnen aus:

$$\text{FGKZ} = \frac{\text{FGK} \cdot 100}{\text{Fertigungslöhne}}$$

Beispiel: $\dfrac{9\,714\,400 \cdot 100}{12\,143\,000} = 80\,\%$

Beispiel: Die Sommerfeld Bürosysteme GmbH, die vier Erzeugnisgruppen herstellt, ermittelte in der Betriebsbuchhaltung folgende Werte für eine Rechnungsperiode:

- **Verwaltungs- (VwGKZ) und Vertriebsgemeinkostenzuschlagssätze (VtGKZ):** Die angefallenen Verwaltungs- und Vertriebsgemeinkosten jeder Unternehmung entstehen im Zusammenhang mit der Herstellung und dem Vertrieb. Deshalb bilden die Herstellkosten der umgesetzten Erzeugnisse eine geeignete Grundlage für die Berechnung dieser beiden Zuschlagssätze.

- **Herstellkosten der Rechnungsperiode (HKdP):** Die Summe der Material- und Fertigungskosten ergibt die Herstellkosten der Rechnungsperiode.

- **Herstellkosten der Produktion:** Lagen zu Beginn der Rechnungsperiode Anfangsbestände an unfertigen Erzeugnissen vor, die nun in der laufenden Rechnungsperiode fertiggestellt wurden, dann muss den ermittelten Herstellkosten (= Herstellkosten der Rechnungsperiode) dieser Anfangsbestand hinzugerechnet werden, weil dieser Bestand im laufenden Produktionsprozess eingesetzt und damit zu Kosten wurde.

  Liegt zum Ende der Rechnungsperiode noch ein Endbestand laut Inventur vor, dann ist dieser abzuziehen, wenn man die Herstellkosten der fertiggestellten Erzeugnisse ermitteln will.

- **Herstellkosten des Umsatzes (HKdU):** Wurden alle hergestellten Erzeugnisse abgesetzt, stimmen die Herstellkosten des Umsatzes mit den Herstellkosten der Fertigung überein. Die Absatzmenge entsprach der Produktionsmenge. Lag jedoch zu Beginn der Rechnungsperiode ein Anfangsbestand vor, der neben den produzierten Erzeugnissen verkauft wurde, muss dieser den Herstellkosten der Fertigung hinzugerechnet werden, um die Herstellkosten aller verkauften Erzeugnisse zu ermitteln. Die Absatzmenge ist in diesem Falle größer als die Produktionsmenge.

  Umgekehrt ist der am Ende der Rechnungsperiode vorliegende Bestand laut Inventur von den Herstellkosten der Fertigung abzuziehen, weil diese Erzeugnisse in der abgelaufenen Rechnungsperiode noch nicht verkauft wurden. Überwiegt der Endbestand den Anfangsbestand, ist die Absatzmenge kleiner als die Produktionsmenge.

Die Herstellkosten des Umsatzes bilden die Zuschlagsgrundlage für die Verwaltungs- und die Vertriebsgemeinkosten:

$$\text{VwGKZ} = \frac{\text{VwGK} \cdot 100}{\text{Herstellkosten des Umsatzes}}$$

Beispiel: $\dfrac{5\,297\,867 \cdot 100}{35\,319\,113} = 15\,\%$

$$\text{VtGKZ} = \frac{\text{VtGK} \cdot 100}{\text{Herstellkosten des Umsatzes}}$$

Beispiel: $\dfrac{2\,469\,535 \cdot 100}{35\,319\,113} = 7\,\%$

Kostenträger-zeitrechnung	insgesamt €	%	Produktgruppen A €	B €	C €	D €
1. Fertigungsmaterial	11 859 656,00		2 371 900,00	2 965 000,00	3 913 700,00	2 609 056,00
2. Materialgemeinkosten	1 482 457,00	12,5	296 487,50	370 625,00	489 212,50	326 132,00
3. Materialkosten (1. + 2.)	13 342 113,00		2 668 387,50	3 335 625,00	4 402 912,50	2 935 188,00
4. Fertigungslöhne	12 143 000,00		3 642 900,00	3 157 180,00	3 642 900,00	1 700 020,00
5. Fertigungsgemeinkosten	9 714 400,00	80,0	2 914 320,00	2 525 744,00	2 914 320,00	1 360 016,00
6. Sond.-einzelk. d. Fertig.						
7. Fertigungskosten (4–6)	21 857 400,00		6 557 220,00	5 682 924,00	6 557 220,00	3 060 036,00
8. Herstellkosten der Rechnungsperiode (3+7)	35 199 513,00		9 225 607,50	9 018 549,00	10 960 132,50	5 995 224,00
9. + AB unfert. Erzeugnisse	210 000,00		80 000,00	60 000,00	40 000,00	30 000,00
10. - EB unfert. Erzeugnisse	230 000,00		120 000,00	50 000,00	35 000,00	25 000,00
11. Herstellk. der Produktion	35 179 513,00		9 185 607,50	9 028 549,00	10 965 132,50	6 000 224,00

1 Kosten- und Leistungsrechnung als Vollkostenrechnung im Industrieunternehmen

Kostenträger-zeitrechnung	insgesamt €	%	Produktgruppen A €	B €	C €	D €
12. + AB fert. Erzeugnisse	322 680,00		107 000,00	94 000,00	36 680,00	85 000,00
13. − EB fert. Erzeugnisse	183 080,00		120 000,00	22 000,00	23 080,00	18 000,00
14. Herstellk. des Umsatzes	35 319 113,00		9 172 607,50	9 100 549,00	10 978 732,50	6 067 224,00
15. Verwaltungs-gemeinkosten	5 297 867,0	15,0	1 375 891,14	1 365 082,36	1 646 809,89	910 083,61
16. Vertriebsge-meinkosten	2 469 535,00	7,0	641 354,59	636 316,21	767 640,01	424 224,19
17. Sond. -einzelk. d. Vertriebs						
18. Selbstkosten d. Umsatzes	43 086 515,00		11 189 853,23	11 101 947,58	13 393 182,40	7 401 531,80
19. Umsatzerlöse	46 390 000,00		8 350 200,00	12 525 300,00	16 236 500,00	9 278 000,00
20. Betriebser-gebnis	3 303 485,00		− 2 839 653,23	1 423 352,42	2 843 317,60	1 876 468,20

Die Verteilung der VwGK und VtGK wurde mit Excel ohne Zwischenrundung der Zuschläge vorgenommen.

Durch Gegenüberstellung der Leistungen (= Umsatzerlöse) und Kosten (Selbstkosten) kann die **Wirtschaftlichkeit** als Kennziffer ermittelt werden.

Beispiel: (vgl. Beispiel oben)

		insgesamt	Produkt-gruppe A	Produkt-gruppe B	Produkt-gruppe C	Produkt-gruppe D
Wirt-schaft-lichkeit	$= \dfrac{\text{Leistungen}}{\text{Kosten}}$	$\dfrac{46\,390\,000}{43\,086\,515}$ = 1,08	$\dfrac{8\,350\,200}{11\,189\,853{,}23}$ = 0,75	$\dfrac{12\,525\,300}{11\,101\,947{,}58}$ = 1,13	$\dfrac{16\,236\,500}{13\,393\,182{,}40}$ = 1,21	$\dfrac{9\,278\,000}{7\,401\,531{,}80}$ = 1,25

Diese Kennziffer drückt den betrieblichen Ertrag (Leistungen) aus, der mit dem Kosteneinsatz von 1,00 € erzielt wurde. Man nennt sie **Wirtschaftlichkeitsfaktor**.

Mögliche Wirtschaftlichkeitsfaktoren

Wirtschaftlichkeitsfaktor = 1	Betriebskostendeckung
Wirtschaftlichkeitsfaktor > 1	Betriebsgewinn
Wirtschaftlichkeitsfaktor < 1	Betriebsverlust

Folgendes Schaubild fasst die Zusammenhänge zwischen Kostenarten-, Kostenstellen- und Kostenträgerrechnung und deren Auswertung zusammen:

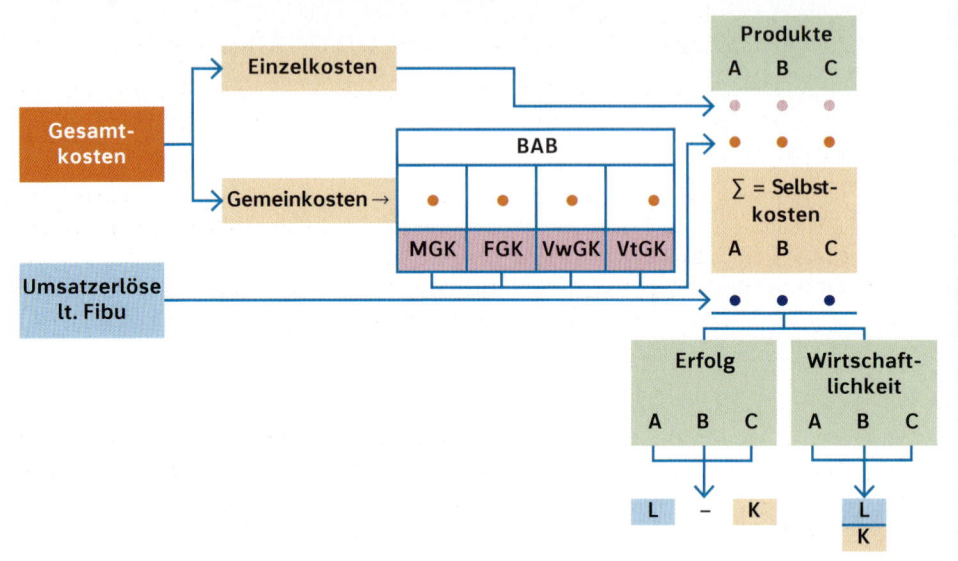

Kostenträgerstückrechnung (Kalkulation)

Besondere Ziele der Kostenträgerstückrechnung

Die **Kostenträgerstückrechnung**, auch **Kalkulation** genannt, hat folgende Ziele:

→ LF 8
- **Ermittlung der Herstellungskosten der vorhandenen unfertigen und fertigen Erzeugnisse** als Bewertungsgrundlage für die Bilanz

- **Kalkulation der Selbstkosten** und der Verkaufspreise für die Produkte des Unternehmens (Vorkalkulation)

- **Überprüfung der Wirtschaftlichkeit** einzelner Produkte und Produktgruppen (Nachkalkulation)

Zeitpunkte der Kostenträgerstückrechnung

Vorkalkulation: Es werden die Kosten von zukünftig zu erstellenden Leistungen aufgrund von Stücklisten der Konstruktionsabteilung und darauf bezogenen vermuteten Gemeinkosten ermittelt. Die Notwendigkeit hierzu besteht vor allem bei der Angebotspreisermittlung in Fällen von Einzelaufträgen.

Aufgrund der laufenden Erfassung der Rückmeldungen während der Durchführung des Fertigungsauftrags über Materialverbräuche, ausgefüllte Lohnscheine, beanspruchte Fremdleistungen u. a. ergibt sich eine begleitende Anpassung der Plankosten an die wirklich entstehenden Istkosten des Fertigungsauftrags **(mitlaufende Auftragskalkulation)** und die Möglichkeit der noch rechtzeitigen Kostenbeeinflussung.

1 Kosten- und Leistungsrechnung als Vollkostenrechnung im Industrieunternehmen

Nachkalkulation: Die Phase der Nachkalkulation des Fertigungsauftrags beginnt dann, wenn die Rückmeldung des letzten Arbeitsvorgangs erfolgte und die Ablieferungsmenge an das Lager festgestellt wird. Jetzt stehen die gesamten entstandenen Kosten **(Istkosten)** für den Fertigungsauftrag fest. Die Analyse der Nachkalkulation kann beginnen.

Die **Kostenträgerstückrechnung** begleitet den im Unternehmen geplanten und verwirklichten Fertigungsauftrag als Auftragsvorkalkulation, mitlaufende Auftragskalkulation und Auftragsnachkalkulation.

Die **Plankosten der Auftragsvorkalkulation** ergeben sich aus den **Soll-Einsatzmengen** an Materialien und Fertigteilen laut Stücklisten sowie den Mengendaten aus dem Arbeitsplan wie Arbeitszeiten für bestimmte Arbeitsvorgänge der Betriebsmittel und Facharbeiter. Die Bewertung dieser Mengendaten erfolgt dann mit entsprechenden **Standardpreisen** für Materialien, Fertigteile sowie mit **Plantarifen** für die Löhne und **Planzuschlagssätzen** für die Gemeinkostenanteile.

Methoden der Kostenträgerstückrechnung

Die Verfahren der Kostenträgerstückrechnung unterscheiden sich wesentlich hinsichtlich der Bedingungen, die sie an die Kostengliederung stellen, hinsichtlich der Abrechnungsschritte und nicht zuletzt hinsichtlich ihrer Anpassung an **Fertigungsprogramm** und **Fertigungsverfahren**.

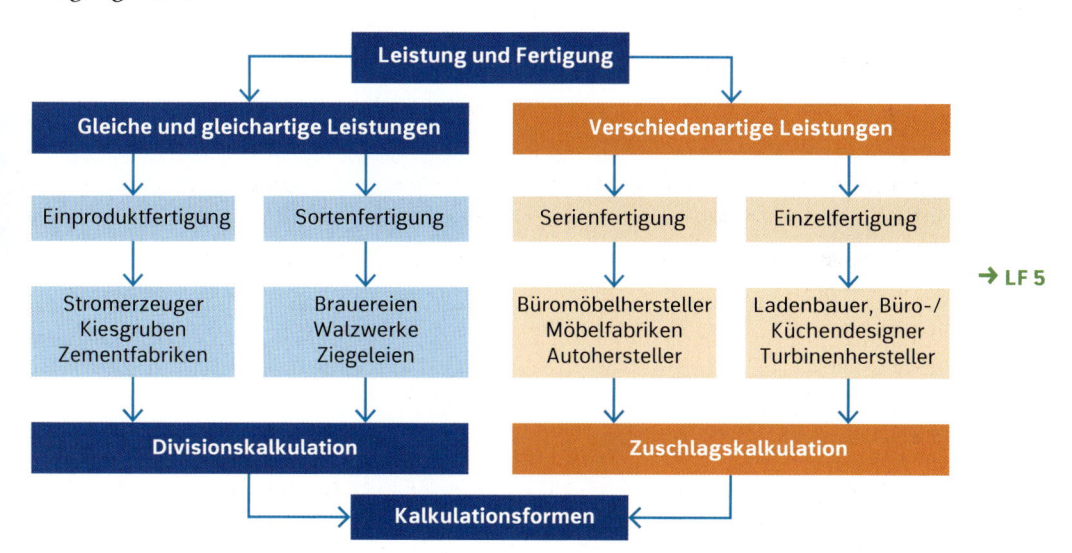

```
                        Leistung und Fertigung
          ┌──────────────────────┴──────────────────────┐
Gleiche und gleichartige Leistungen        Verschiedenartige Leistungen
    ┌───────────┴───────────┐                  ┌───────────┴───────────┐
Einproduktfertigung    Sortenfertigung    Serienfertigung       Einzelfertigung
    │                      │                   │                      │
Stromerzeuger          Brauereien         Büromöbelhersteller    Ladenbauer, Büro-/
Kiesgruben             Walzwerke          Möbelfabriken          Küchendesigner
Zementfabriken         Ziegeleien         Autohersteller         Turbinenhersteller
    │                      │                   │                      │
    └──── Divisionskalkulation ────┘           └──── Zuschlagskalkulation ────┘
                        └──────── Kalkulationsformen ────────┘
```

→ LF 5

Zuschlagskalkulation

In Betrieben mit **Einzel- und Serienfertigung** wird wegen der Verschiedenheit der Leistungen ein Kalkulationsverfahren benötigt, das der Kostenerfassung für die einzelnen Kostenträger mit unterschiedlichem Fertigungsablauf Rechnung trägt. Dies leistet die Zuschlagskalkulation.

Voraussetzungen der Zuschlagskalkulation

- die **Erfassung der Einzelkosten** aufgrund von Belegen: Fertigungsmaterial, Fertigungslöhne, Sondereinzelkosten der Fertigung und des Vertriebs.
- eine Kostenstellen- und eine Kostenträgerzeitrechnung zur **verursachungsgerechten Umlage der Gemeinkosten** mithilfe der Gemeinkostenzuschlagssätze.

Ihr Aufbau entspricht der Kostenträgerzeitrechnung. Jedoch können Bestandsveränderungen nicht auftreten, weil diese Rechnung sich auf eine Einheit (Auftrag, Stück, kg, Serie, Marge, Partie) bezieht und nicht auf eine Rechnungsperiode.

Ähnlich wie bei der Kostenträgerzeitrechnung werden bei der Kostenträgerstückrechnung die Einzelkosten jedem Produkt direkt zugeordnet. Die anteiligen Gemeinkosten werden mithilfe der Gemeinkostenzuschlagssätze den einzelnen Produkten zugerechnet.

Beispiel: Auswertung des Beispiels auf S. 434 f. für die Kostenträgerstückrechnung der Sommerfeld Bürosysteme GmbH

Einzelkosten je Stück einer Erzeugniseinheit in €	Conrack Regalsystem	Kendo Tisch rechteckig
Fertigungsmaterial	60,00	104,00
Fertigungslöhne	50,00	160,00

Kostenträgerzeitrechnung zur Ermittlung der Gemeinkostenzuschlagssätze			Kostenträgerstückrechnung zur Ermittlung der Selbstkosten je Einheit der Erzeugnisarten		
	€	%		Conrack Regalsystem	Kendo Tisch rechteckig
Fertigungsmaterial	11 859 656,00		FM lt. Stückliste	60,00	104,00
MGK lt. BAB	1 482 457,00	12,5 →	MGK	7,50	13,00
Materialkosten	13 342 113,00		Materialkosten	67,50	117,00
Fertigungslöhne	12 143 000,00		FL lt. Lohnbelege	50,00	160,00
FGK lt. BAB	9 714 400,00	80,0 →	FGK	40,00	128,00
Sondereinzelkosten der Fertigung	–		–	–	–
Fertigungskosten	21 857 400,00		Fertigungskosten	90,00	288,00
Herstellkosten der RP	35 199 513,00		Herstellkosten	157,50	405,00
– BVÄ der unfertigen Erzeugnisse	20 000,00		–	–	–
Herstellkosten der Fertigung	35 179 513,00			157,50	405,00
+ BVÄ an fertigen Erzeugnissen	139 600,00		–	–	–

Kostenträgerzeitrechnung zur Ermittlung der Gemeinkostenzuschlagssätze			Kostenträgerstückrechnung zur Ermittlung der Selbstkosten je Einheit der Erzeugnisarten		
	€	%		Conrack Regalsystem	Kendo Tisch rechteckig
Herstellkosten des Umsatzes	35 319 113,00			157,50	405,00
VwGK lt. BAB	5 297 867,00	15,0 → VwGK		23,63	60,75
VtGK lt. BAB	2 469 535,00	7,0 → VtGK		11,03	28,35
Sondereinzelkosten des Vertriebs	–		–	–	–
Selbstkosten des Umsatzes	43 086 515,00		Selbstkosten	192,16	494,10

Verbesserung der Gemeinkostenverrechnung im Fertigungsbereich mithilfe der Maschinenstundensatzrechnung (MSR)

In Betrieben mit maschineller und automatischer Fertigung auf sehr teuren Anlagen sind die Fertigungslöhne keine geeignete Zuschlagsgrundlage mehr für die Fertigungsgemeinkosten. In solchen Betrieben treten die Fertigungslöhne weit hinter die Fertigungsgemeinkosten zurück. In der Folge entstehen sehr hohe Fertigungsgemeinkostenzuschlagssätze, bei denen es sehr fraglich ist, ob die unterstellte Proportionalität zwischen Fertigungslohn und Fertigungsgemeinkosten dem wirklichen Kostenverlauf noch annähernd entspricht.

Beispiel: Bei einer Umstellung von manueller auf automatisierte Fertigung gehen in einem Industriebetrieb die Fertigungslöhne von 600 000,00 € auf 200 000,00 € zurück. Die Fertigungsgemeinkosten steigen von 360 000,00 € wegen der höheren maschinenabhängigen Gemeinkosten auf 1 036 500,00 €.

Durch Änderung der Fertigungsstruktur müsste der Fertigungsgemeinkostenzuschlagssatz von 60 % auf 518,25 % angehoben werden:

vorher	nachher
FGK-Satz = $\dfrac{360\,000 \cdot 100}{600\,000}$ = 60 %	FGK-Satz = $\dfrac{1\,036\,500 \cdot 100}{200\,000}$ = 518,25 %

Schon dieses Beispiel zeigt, dass die in der Zuschlagskalkulation unterstellte Proportionalität zwischen Fertigungslöhnen und Fertigungsgemeinkosten nicht gegeben ist. Es wird dabei lediglich ausgesagt, dass die Fertigungsgemeinkosten insgesamt und die jedes Produktes von der Höhe der Fertigungslöhne abhängig sind. Die Tatsache, dass die einzelnen Produkte die Produktionsanlage unterschiedlich lange in Anspruch nehmen, wird überhaupt nicht beachtet. Des Weiteren würden lohnintensive Produkte mit extrem hohen Fertigungsgemeinkosten „belastet" werden, was regelmäßig zu Fehlkalkulationen führen würde.

Lernfeld 4: Wertschöpfungsprozesse analysieren und beurteilen

> **PRAXISTIPP!**
>
> Bei vorwiegend maschineller Fertigung ermitteln Industriebetriebe Maschinenstundensätze zwecks vereinfachter Umlage der Gemeinkosten auf die Produkte.

Das **Herausfiltern der maschinenabhängigen Gemeinkosten** aus den Fertigungsgemeinkosten führt zu einem realistischeren Fertigungsgemeinkostenzuschlag. Verrechnet man die maschinenabhängigen Gemeinkosten auf die tatsächliche Laufzeit der Maschinen, ergibt sich eine weitaus zutreffendere Beziehung zwischen Leistungsabgabe und Kostenanfall. Die einzelne Maschine wird als Arbeitsplatz zur **Kostenstelle** mit einem Kostenverrechnungssatz in der Form eines **Maschinenstundensatzes**.

Beispiel:

Kostenarten	Zahlen der KLR	Fertigungshauptstelle Maschinenplatz „Stanzautomat" maschinenabhängige FGK		Restgemeinkosten
		fix	variabel	
Hilfsstoffkosten	9 500,00		9 500,00	
Betriebsstoffkosten	9 000,00		9 000,00	
Gehälter	4 000,00			4 000,00
Hilfslöhne	2 000,00			2 000,00
Soziale Abgaben	1 100,00	800,00		300,00
Kalk. Zinsen	7 000,00	7 000,00		
Kalk. Abschreibung	12 000,00	11 500,00		500,00
Energie	1 900,00	200,00	1 700,00	
Fremdinstandsetzung	2 250,00	750,00	1 500,00	
Allg. Betriebskosten	750,00			750,00
Summe	**49 500,00**	**20 250,00**	**21 700,00**	**7 550,00**
Maschinenlaufstunden:		200 Stunden		
Zuschlagsgrundlage:				21 500,00
Maschinenstundensatz:		209,75 €		
Restgemeinkostenzuschlagssatz:				35,12 %

Maschinenabhängige Gemeinkosten und Restfertigungsgemeinkosten

Es können nur solche Kosten in den Maschinenstundensatz einbezogen werden, die unmittelbar **maschinenabhängig** sind. Die MSR macht somit eine Auflösung der Fertigungsgemeinkosten in maschinenabhängige und maschinenunabhängige Gemeinkosten (= Restgemeinkosten) notwendig (vgl. Beispiel).

1 Kosten- und Leistungsrechnung als Vollkostenrechnung im Industrieunternehmen

Maschinenabhängige Gemeinkosten	Restfertigungsgemeinkosten
Kalkulatorische Abschreibungen	Hilfslöhne
Kalkulatorische Zinsen	Gehälter
Instandsetzungs- und Wartungskosten	Sozialkosten
Raumkosten	Heizung
Energiekosten	Sonstige Fertigungsgemeinkosten
Werkzeugkosten	

Die Restgemeinkosten können dann zusammengefasst und mithilfe eines einheitlichen Stunden-, Mengen- oder Prozentsatzes den maschinenabhängigen Kosten zugerechnet werden. Die maschinenabhängigen Fertigungsgemeinkosten werden nach Maßgabe der Beanspruchung der Fertigungsanlagen (Laufzeit) bei der Kalkulation berücksichtigt.

Ermittlung der maschinenabhängigen Fertigungsgemeinkosten

Beispiel: Für eine Fertigungsanlage (Anschaffungskosten: 3 200 000,00 €) sind die maschinenabhängigen Kosten zu ermitteln: Nutzungsdauer 10 Jahre, Wiederbeschaffungswert 4 480 000,00 €, kalkulatorische Zinsen 8 %, Normalkostensatz je m² Raum für die beanspruchte Fläche von 40 m² 30,00 €, Wartungskosten im Jahr 2 % der Wiederbeschaffungskosten, Energiekosten 80 kWh zu je 0,18 € je Laufstunde, Solllaufzeit im Jahr 1 650 Stunden, Werkzeugkosten im Jahr 2 180,00 €.

Maschinenabhängige Kostenart	Berechnung allgemein	Beispiel	Ergebnis
Kalkulatorische Abschreibungen	$\dfrac{\text{Wiederbeschaffungswert}}{\text{Nutzungsdauer}}$	$\dfrac{4\,480\,000}{10}$	448 000,00
Kalkulatorische Zinsen	$\dfrac{\text{Wiederbeschaffungswert}}{2} \cdot \dfrac{P}{100}$	$\dfrac{4\,480\,000}{2} \cdot \dfrac{8}{100}$	179 200,00
Instandsetzungskosten	$\dfrac{\text{Wiederbeschaffungswert}}{\text{Nutzungsdauer}} \cdot \dfrac{2}{100}$	$\dfrac{4\,480\,000}{10} \cdot \dfrac{2}{100}$	8 960,00
Raumkosten	Flächenbedarf · Verrechnungssatz	40 · 30 · 12	14 400,00
Energiekosten	Menge · Preis je kWh · Stunden	80 · 0,18 · 1 650	23 760,00
Werkzeugkosten	Wiederbeschaffungswert	2 180,00	2 180,00
Maschinenabhängige Fertigungsgemeinkosten			**676 500,00**

Planung der Maschinenlaufzeit

Zur Ermittlung des Maschinenstundensatzes muss die erreichbare Nutzungszeit einer Maschine bestimmt werden.

Beispiel:

Ermittlung der Maschinenlaufzeit bei einschichtiger Auslastung	
52 Wochen zu je 40 Arbeitsstunden	2 080 Std.
– durchschnittliche Ausfallzeit wegen Krankheit	60 Std.
– 10 Feiertage zu je 8 Arbeitsstunden	80 Std.
– durchschnittliche Ausfallzeit wegen Urlaubs	120 Std.
– Reinigungszeit: 1 Std. je Woche	52 Std.
– Ausfallzeit durch Störungen (Kälte, Stromausfall, Anlernzeiten, Maschinenschäden)	118 Std.
= Sollmaschinenlaufzeit	1 650 Std.

Ermittlung der maschinenabhängigen Kosten je Maschinenstunde

Dividiert man die Summe der maschinenabhängigen Kosten eines Jahres durch die Maschinenlaufstunden, erhält man den Maschinenstundensatz (vgl. Beispiel oben):

$$\text{Maschinenstundensatz} = \frac{\text{Maschinenabhängige Fertigungsgemeinkosten im Jahr}}{\text{Sollmaschinenlaufstunden}}$$

Beispiel: $\dfrac{676\,500}{1\,650} = 410{,}00\ €$

Der Kostensatz einer Maschinenstunde (Maschinenstundensatz) beträgt 410,00 €.

Demnach bereitet die Umlage der maschinenabhängigen Fertigungsgemeinkosten auf die unterschiedlichen Produkte keine Schwierigkeiten mehr. Grundlage für die Verrechnung bildet jeweils die Zeit der Inanspruchnahme der Anlage durch das einzelne Produkt.

Die **Restfertigungsgemeinkosten** (Rest-FGK) werden mit einem Zuschlagssatz, bezogen auf die Fertigungslöhne, verrechnet:

$$\text{Restfertigungsgemeinkostenzuschlagssatz} = \frac{\text{Restfertigungsgemeinkosten} \cdot 100}{\text{Fertigungslöhne}}$$

Beispiel: $\dfrac{360\,000 \cdot 100}{200\,000} = 180\ \%$

Divisionskalkulation

Einstufige Divisionskalkulation

Die einstufige Divisionskalkulation ist die einfachste Methode. Nach ihr werden die Selbstkosten durch Division der Gesamtkosten laut Betriebsergebnis durch die Produktionsmenge ermittelt.

$$\text{Selbstkosten (Stückkosten)} = \frac{\text{Gesamtkosten}}{\text{Produktionsmenge}}$$

Der Betrieb wird als **eine** Kostenstelle gesehen (**einstufige Divisionskalkulation**).

Diese Methode ist jedoch nur genau, wenn

- **die gefertigten Erzeugnisse gleichartig sind.** Sie findet daher überwiegend Anwendung in Betrieben mit einheitlicher Massenfertigung, wie z. B. in Zement- und Kalkwerken, Elektrizitätswerken, Ziegeleien, Bergwerken, Zuckerfabriken, Brauereien u. Ä.
- **Bestandsveränderungen nicht auftreten.**

Zweistufige Divisionskalkulation

Treten Bestandsveränderungen auf, so ist zum Zwecke der Bewertung der gelagerten Erzeugnisse eine Aufteilung der Gesamtkosten in Herstellkosten und nicht mit der Herstellung zusammenhängenden Verwaltungs- und Vertriebskosten notwendig, da ja nicht verkaufte Erzeugnisse nicht mit den Selbstkosten in der Bilanz ausgewiesen werden dürfen. Der Kostenträgerrechnung muss dann eine vereinfachte Kostenstellenrechnung vorangehen mit den Kostenstellen Herstellung einerseits, Verwaltung/Vertrieb andererseits (**zweistufige Divisionskalkulation**).

Beispiel: Eine Fruchtsaftfabrik stellte im Monat Oktober 5 000 hl Apfelsaft zu folgenden Kosten her:

Kostenarten	Zahlen der Buchführung in €	I Herstellkosten in €	II Verwaltungs- und Vertriebskosten in €
Äpfel	45 000,00	45 000,00	–
Sonstige Stoffe (GKM)	30 000,00	30 000,00	–
Löhne	50 000,00	40 000,00	10 000,00
Gehälter	30 000,00	10 000,00	20 000,00
Abschreibungen	10 000,00	7 000,00	3 000,00
Sonstige Kosten	35 000,00	18 000,00	17 000,00
	200 000,00	150 000,00	50 000,00

Selbstkosten = $\dfrac{200\,000}{5\,000}$ = $\underline{\underline{40,00\ €}}$ Herstellkosten = $\dfrac{150\,000}{5\,000}$ = $\underline{\underline{30,00\ €}}$

Liegen Bestandsveränderungen vor, werden die Verwaltungs- und Vertriebskosten auf die Herstellkosten des Umsatzes bezogen.

Beispiel:

Produktion 5 000 hl; Absatz 4 800 hl	insgesamt	je hl
Herstellkosten der Fertigung	150 000,00	30,00
− Bestandsmehrung (200 · 30)	6 000,00	–
Herstellkosten des Umsatzes	144 000,00	–
+ Verwaltungs- und Vertriebskosten	50 000,00	–
Selbstkosten des Umsatzes (4 800 hl)	194 000,00	40,42

Divisionskalkulation mit Äquivalenzziffern

Diese Sonderart der Divisionskalkulation wird angewandt, wenn ein Betrieb mit gleichen Einrichtungen verschiedene Varianten eines Grunderzeugnisses herstellt, die sich lediglich hinsichtlich Form, Farbe, Größe u. Ä. unterscheiden (Sorten von Drähten, Blechen, Garnen, Bier usw.). Bei gleichem Produktionsablauf sind die Kosten der Erzeugnisse nicht identisch hoch, sondern unterscheiden sich durch unterschiedliche Materialmengen oder unterschiedliche Inanspruchnahme der gleichen Einrichtungen. Das Verhältnis der Kosten eines Produktes zu den Kosten anderer Produkte kann mithilfe von **Äquivalenzziffern (Wertigkeitsziffern)** ausgedrückt werden. **Eine einmalige genaue Aufzeichnung der Kosten oder technischen Werte** (Volumen, Gewicht) ist Voraussetzung für das Auffinden dieser **Kostenverhältnisziffern**.

> **PRAXISTIPP!**
>
> *Eine regelmäßige Überprüfung der Äquivalenzziffern verhindert, dass einmal gemachte Fehler bei der Istkostenermittlung in der Zukunft weiter „mitgeschleppt" werden.*

- Rechnerisch wird ein Erzeugnis gleich 1 gesetzt und die anderen Erzeugnisse werden auf dieses Erzeugnis umgerechnet.

- Mithilfe der Äquivalenzziffern werden die Erzeugnisse zu Rechnungseinheiten umgerechnet (gleichnamig gemacht):

$$\text{Rechnungseinheiten} = \text{Produktionsmenge} \cdot \text{Äquivalenzziffer}$$

- Die Divisionskalkulation ermöglicht dann die Errechnung der Stückkosten pro Rechnungseinheit:

$$\text{Stückkosten je Rechnungseinheit} = \frac{\text{Gesamtkosten}}{\text{Rechnungseinheiten}}$$

- Multipliziert man die Stückkosten je Rechnungseinheit mit den Rechnungseinheiten je Sorte, dann erhält man die Gesamtkosten je Sorte.

- Dividiert man die Gesamtkosten je Sorte durch die produzierte Menge der Sorte, erhält man die Stückkosten je Sorte.

Beispiel: Ein Walzwerk stellt Feinbleche unterschiedlicher Stärke her (I = 1 mm, II = 1,5 mm, III = 2 mm). Gesamtkosten 882 000,00 €.

Sorte	Frühere Istkosten je t	Äquivalenzziffer (ÄZ)	Erzeugung	Rechnungseinheiten	Gesamtkosten je Erzeugnis in €	Kosten je t in €
I	540,00	1	800 t	800	480 000,00	600,00
II	432,00	0,8	400 t	320	192 000,00	480,00
III	378,00	0,7	500 t	350	210 000,00	420,00
				1 470	882 000,00	

$$\text{ÄZ II} = \frac{1 \cdot 432}{540} \qquad\qquad \text{Kosten je Rechnungseinheit} = \frac{882\,000}{1\,470} = 600{,}00\ €$$

1 Kosten- und Leistungsrechnung als Vollkostenrechnung im Industrieunternehmen

Zusammenfassung

Kosten in der Kostenträgerrechnung den Kostenträgern zurechnen

- Ermittlung des **Betriebsergebnisses** des Gesamtbetriebes
- Ermittlung der **Gemeinkostenzuschlagssätze mithilfe der Kostenstellenrechnung** für den Gesamtbetrieb
- Ermittlung der **Selbstkosten** (Einzel- und Gemeinkosten) der Erzeugnisgruppen mithilfe der **Zuschlagssätze**
- Ermittlung des **Erfolges der Erzeugnisgruppen**
- **Kostenträger** sind die betrieblichen Leistungen (Güter, Dienstleistungen), die den Verzehr von Produktionsfaktoren ausgelöst haben und die demzufolge auch die Kosten tragen sollen.
- Die **Kostenträgerrechnung** kann als **stückbezogene** und **zeitraumbezogene** Rechnung durchgeführt werden.

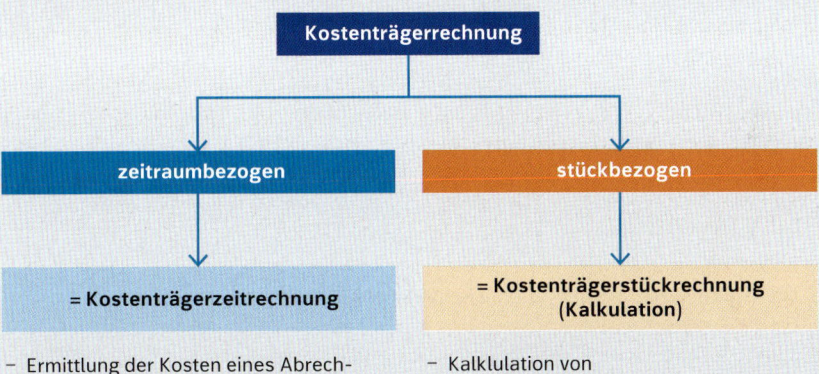

```
                    Kostenträgerrechnung
                   /                    \
           zeitraumbezogen          stückbezogen
                   |                      |
        = Kostenträgerzeitrechnung   = Kostenträgerstückrechnung
                                         (Kalkulation)
```

zeitraumbezogen = Kostenträgerzeitrechnung
- Ermittlung der Kosten eines Abrechnungszeitraumes (Monat, Quartal, Jahr), differenziert nach einzelnen Kostenträgern (Produkte oder Produktgruppen)
- Gegenüberstellung von Selbstkosten und Umsatzerlösen zur Ermittlung des Betriebsergebnisses und der Ergebnisse einzelner Produktgruppen

stückbezogen = Kostenträgerstückrechnung (Kalkulation)
- Kalkulation von
  - Herstellkosten
  - Selbstkosten
  - Verkaufspreisen einzelner
    - Produkte
    - Aufträge
    - Serien
- Als Kalkulationsmethoden sind zu unterscheiden:
  - die **Zuschlagskalkulation** in Betrieben mit Einzel- und Serienfertigung
  - die **Maschinenstundensatzrechnung** in Betrieben mit automatisierter Einzel- und Serienfertigung
  - die **Divisionskalkulation** in Betrieben mit Massen- und Sortenfertigung

Aufgaben

Kostenträgerzeitrechnung ohne Bestandsveränderungen

1. Ein Industriebetrieb, der zwei unterschiedliche Erzeugnisse produziert, ermittelte in der Betriebsbuchhaltung folgende Werte (in €) für eine Rechnungsperiode:

	insgesamt	Erzeugnisse	
		A	B
Einzelkosten			
Fertigungsmaterial	108 000,00	84 000,00	24 000,00
Fertigungslöhne	266 000,00	210 000,00	56 000,00
Gemeinkosten			
Materialgemeinkosten	27 000,00	?	?
Fertigungsgemeinkosten	319 200,00	?	?
Verwaltungsgemeinkosten	57 616,00	?	?
Vertriebskosten	36 010,00	?	?
Umsatzerlöse	963 612,00	768 852,00	194 760,00
Produktions- und Absatzmenge		4 200 Stück	800 Stück

Führen Sie die Kostenträgerzeitrechnung durch, indem Sie folgendes ermitteln:
a) das Betriebsergebnis für den Gesamtbetrieb,
b) die Gemeinkostenzuschlagssätze,
c) die Anteile der Erzeugnisse am Gesamtergebnis,
d) die Herstellkosten, Selbstkosten und Umsatzerlöse je Erzeugniseinheit von A und B und
e) die Wirtschaftlichkeitsfaktoren vom Gesamtbetrieb und von den beiden Erzeugnissen.

2. Ein Industriebetrieb, der ein Produkt herstellt, führt in regelmäßigen Abständen zu Vergleichszwecken die Kostenträgerzeitrechnung durch. Für die beiden letzten Rechnungsperioden ermittelte die KLR folgende Werte:

	Vorjahr €	Abrechnungsjahr €
Einzelkosten		
Fertigungsmaterial	525 000,00	396 000,00
Fertigungslöhne	350 000,00	264 000,00
Gemeinkosten	692 211,00	542 884,32
MGK	63 000,00	49 500,00
FGK	326 900,00	260 568,00
VwGK	239 066,10	179 462,58
VtGK	63 245,00	53 353,74
Umsatzerlöse	1 943 375,00	1 465 860,00
Produktions- und Absatzmenge	8 750 Stück	6 600 Stück

a) Stellen Sie die Kostenträgerzeitrechnung für beide Jahre auf und ermitteln Sie
   aa) das Betriebsergebnis für den Gesamtbetrieb,
   ab) die Gemeinkostenzuschlagssätze,
   ac) die Herstellkosten, Selbstkosten und Umsatzerlöse je Erzeugniseinheit,
   ad) die Wirtschaftlichkeitsfaktoren für beide Zeiträume.
b) Vergleichen Sie die Ergebnisse beider Jahre und erläutern Sie die Entwicklung.

Kostenträgerzeitrechnung mit Bestandsveränderungen

3. In der KLR eines Industrieunternehmens werden u. a. folgende Daten ermittelt:
Fertigungsmaterial 101 600,00 €; Fertigungslöhne 188 100,00 €.

Die gesamten Gemeinkosten betragen 427 085,00 €. Davon entfallen laut BAB auf

Materialgemeinkosten	6 350,00 €	Verwaltungsgemeinkosten	106 235,00 €
Fertigungsgemeinkosten	235 125,00 €	Vertriebsgemeinkosten	79 375,00 €

Anfangsbestand an unfertigen Erzeugnissen.. 27 550,00 €
an fertigen Erzeugnissen... 38 810,00 €
Endbestand an unfertigen Erzeugnissen.. 26 080,00 €
an fertigen Erzeugnissen... 42 690,00 €
Umsatzerlöse... 821 531,25 €

Stellen Sie die Kostenträgerzeitrechnung für den Gesamtbetrieb auf und ermitteln Sie
a) das Betriebsergebnis,
b) die Gemeinkostenzuschlagssätze,
c) den Wirtschaftlichkeitsfaktor des Gesamtbetriebes.

4./5. Stellen Sie die Kostenträgerzeitrechnung für den Gesamtbetrieb auf.

Ermitteln Sie
a) das Betriebsergebnis insgesamt und der beiden Erzeugnisse,
b) die Gemeinkostenzuschlagssätze,
c) die Wirtschaftlichkeitsfaktoren,
d) die Herstellkosten je Stück,
e) die Absatzmenge,
f) Selbstkosten, Umsatzerlöse und Erfolg je Stück.

	4			5		
	insgesamt	A	B	insgesamt	A	B
Einzelkosten						
Fertigungsmaterial	110 527,20	30 163,20	80 364,00	83 084,00	25 964,00	57 120,00
Fertigungslöhne	97 151,00	50 272,00	46 879,00	146 046,00	38 946,00	107 100,00
Sondereinzelkosten des Vertriebs	2 947,20	2 947,20	–	–	–	–
Gemeinkosten lt. BAB						
MGK	27 631,80	?	?	23 263,52	?	?
FGK	136 011,40	?	?	211 766,70	?	?
VwGK	29 534,98	?	?	56 759,40	?	?
VtGK	27 689,04	?	?	23 649,75	?	?
Umsatzerlöse	452 921,12	236 168,96	216 752,16	626 352,30	143 415,30	482 937,00
AB unfertige Erzeugnisse	3 126,60	2 268,00	858,60	4 515,00	2 259,48	2 255,52
EB unfertige Erzeugnisse	9 306,00	1 864,80	7 441,20	1 811,22	495,50	1 315,72

	4			5		
	insgesamt	A	B	insgesamt	A	B
AB fertige Erzeugnisse	17 502,00	5 418,00	12 084,00	14 477,70	5 549,60	8 928,10
EB fertige Erzeugnisse	13 456,80	9 450,00	4 006,80	8 346,70	6 937,00	1 409,70
Produktionsmenge	–	2 520 St.	3 245 St.	–	3 290 St.	3 580 St.
Absatzmenge	–	?	?	–	?	?

6. Aus der Kostenartenrechnung und Kostenstellenrechnung eines Elektrogeräteherstellers gehen folgende Angaben hervor:

	€
Fertigungsmaterial...................	425 200,00
Fertigungslöhne	644 600,00
Umsatzerlöse............................	3 407 040,00

	Anfangsbestand	Endbestand
Unfertige Erzeugnisse	24 215,00	23 168,00
Fertige Erzeugnisse	36 320,00	51 341,00

Die Gemeinkosten der Kostenartenrechnung in Höhe von 1 783 374,00 € entfallen laut BAB auf die Kostenstellen

	€		€
Material...................	102 048,00	Verwaltung................	957 600,00
Fertigung.................	522 126,00	Vertrieb....................	201 600,00

Stellen Sie die Kostenträgerzeitrechnung für den Gesamtbetrieb auf und ermitteln Sie
a) das Betriebsergebnis,
b) die Gemeinkostenzuschlagssätze,
c) den Wirtschaftlichkeitsfaktor des Gesamtbetriebes.

Kostenträgerstückrechnung – Zuschlagskalkulation

7. Ein Industrieunternehmen berechnet seine Preise bisher mithilfe der Zuschlagskalkulation. Grundlage für die Berechnung der Gemeinkostenzuschlagssätze bilden folgende Angaben der Kostenrechnung (Bestandsveränderungen lagen nicht vor) aus dem vergangenen Jahr:

	€		€
Fertigungsmaterial............	800 000,00	Fertigungsgemeink. lt. BAB...	760 000,00
Fertigungslöhne	200 000,00	Verwaltungsgemeink. lt. BAB	990 000,00
Materialgemeink. lt. BAB..	440 000,00	Vertriebsgemeink. lt. BAB......	198 000,00

a) Berechnen Sie die Gemeinkostenzuschlagssätze.
b) Errechnen Sie die Selbstkosten eines Produktes, für dessen Produktion 1 000,00 € Fertigungsmaterial und 400,00 € Fertigungslohn anfielen.

1 Kosten- und Leistungsrechnung als Vollkostenrechnung im Industrieunternehmen

8. Die Herstellung eines Gasherdes verursachte folgende Kosten: 320,00 € Materialkosten, 180,00 € Fertigungslöhne.

a) Wie hoch sind die Materialeinzelkosten bei einem MGK-Satz von 60 %?
b) Mit welchem Fertigungsgemeinkostensatz arbeitet der Betrieb, wenn die Herstellkosten 620,00 € betragen?
c) Mit welchem Gewinn in € und Prozent kalkuliert der Hersteller, wenn der Vw- und VtGK-Satz zusammen 40 % und der Verkaufspreis netto 998,20 € betragen sollen?

9./10. Führen Sie die Kostenträgerzeitrechnung des Gesamtbetriebes durch und erstellen Sie aufgrund der Ergebnisse die Kostenträgerstückrechnung zur Ermittlung der Selbstkosten für ein Erzeugnis (Prozentsätze auf eine Stelle hinter dem Komma runden).

	9		10	
	insgesamt	Erzeugnis	insgesamt	Erzeugnis
Einzelkosten				
Fertigungsmaterial	118 000,00	25,00	126 950,00	25,00
Fertigungslöhne	188 800,00	40,00	223 432,00	44,00
Gemeinkosten				
MGK	20 060,00	?	22 241,70	?
FGK	226 560,00	?	268 118,40	?
VwGK	44 010,96	?	57 405,59	?
VtGK	27 506,85	?	28 702,80	?
AB unf. Erzeugnisse	4 221,00	–	5 299,35	–
EB unf. Erzeugnisse	15 946,00	–	3 785,25	–
AB fert. Erzeugnisse	10 552,50	–	16 403,40	–
EB fert. Erzeugnisse	2 110,50	–	20 819,70	–

11. Eine Landmaschinenfabrik stellt verschiedene Maschinen in Serienfertigung her. Für jede Serie werden die Einzelkosten getrennt erfasst. Es wurden 500 Pflüge gebaut, die 160 000,00 € Materialeinzelkosten und 120 000,00 € Fertigungslöhne verursachten. Die Maschinenfabrik kalkuliert mit 30 % MGK und 35 % FGK, 40 % VwKG und 20 % VtKG.

a) Wie hoch sind
  aa) die Herstellkosten je Pflug,
  ab) die Selbstkosten je Pflug?
b) Mit wie viel Prozent Gewinn rechnet der Betrieb bei einem Verkaufspreis (netto) von 1 480,00 € je Pflug?

Verbesserung der Gemeinkostenverrechnung mithilfe der Maschinenstundensatzrechnung

12. Errechnen Sie den Maschinenstundensatz für folgende Anlage:
Anschaffungskosten 1 200 000,00 €, Wiederbeschaffungswert 1 500 000,00 €, Nutzungsdauer 8 Jahre, kalkulatorische Zinsen 6 %, Instandhaltung im Jahr 18 000,00 €, Raumbedarf 15 m², Verrechnungssatz je m² im Monat 25,00 €, Energiekosten für mittlere Arbeitsleistung: 14 kWh/Maschinenstunde à 0,15 € + Jahresgebühr von 360,00 €, Solllaufzeit im Jahr 1 500 Stunden.

13. Nach Verteilung der Gemeinkosten weisen die Kostenstellen im BAB einer Metallwarenfabrik folgende Gemeinkosten aus:

Material	150 000,00 €	Fertigung I	240 000,00 €
Verwaltung	600 000,00 €	Fertigung II	320 000,00 €
Vertrieb	180 000,00 €	Fertigung III	490 000,00 €

An Einzelkosten sind 120 000,00 € Fertigungsmaterial und 200 000,00 € Fertigungslöhne (Fertigung I: 50 000,00 €; Fertigung II: 80 000,00 €; Fertigung III: 70 000,00 €) entstanden.

a) Berechnen Sie den Gemeinkostenzuschlag für jede Kostenstelle. Es sind 20 000,00 € Bestandsmehrungen zu berücksichtigen.

b) Die Fertigung wurde in den letzten Jahren zunehmend automatisiert. Für die Kalkulation sollen aus diesem Grunde Maschinenstundensätze und Restfertigungsgemeinkostensätze, bezogen auf die Fertigungslöhne, errechnet werden:

	I.	II.	III.
Maschinenabhängige Kosten	185 000,00	244 000,00	406 000,00
Maschinenstunden	1 600	1 800	1 800

14. Der BAB eines Industriebetriebes weist folgende Gemeinkosten aus:

I. Material	II. Fertigung				III. Verwaltung	IV. Vertrieb
	Maschine A	Maschine B	Maschine C	Rest FGK		
425 000,00	158 400,00	217 000,00	362 100,00	198 000,00	1 425 000,00	161 500,00

An Einzelkosten entstanden 340 000,00 € Fertigungsmaterial und 180 000,00 € Fertigungslöhne. Die Laufzeit der einzelnen Maschinen betrug: A 1 650 Std., B 1 750 Std., C 1 700 Std. Es sind Bestandsminderungen in Höhe von 19 500,00 € zu berücksichtigen.

a) Ermitteln Sie die Maschinenstundensätze und die Gemeinkostenzuschlagssätze. Es sind 19 500,00 € Bestandsminderungen zu berücksichtigen

b) Ermitteln Sie die Selbstkosten eines Produktes, dessen Herstellung die Maschine A 8 Minuten, die Maschine B 12 Minuten und die Maschine C 15 Minuten in Anspruch nimmt. Fertigungsmaterial 14,00 €, Fertigungslohn 16,50 € je Stück.

15. Die Rellek GmbH will zur Entlastung ihrer sehr hohen Fertigungsgemeinkostenzuschlagssätze die Maschinenstundensatzrechnung einführen. Ihr liegen folgende Daten zur Berechnung eines Maschinenstundensatzes vor:

Maschinenlaufzeit in der Rechnungsperiode..	1 972 Stunden
Anschaffungskosten der Maschine...	40 000,00 €
betriebsindividuelle Nutzungsdauer in Jahren	8 Jahre

Wiederbeschaffungskosten der Maschine bei einer angenommenen
Preissteigerungsrate von 1,2 %... 44 005,00 €
Zinssatz für das gebundene Kapital in % p. a. .... 9 %
Instandhaltungskosten in % der Anschaffungskosten............... 5 %
Platzbedarf der Maschine in m² .... 36 m²
Raumpreis je m² in € je Monat .... 8,00 €
Energiebedarf der Maschine in kWh.. 4 kWh
Preis je Energieeinheit in €/kWh einschl. Gemeinkosten........... 0,36 €
Berechnen Sie aufgrund obiger Angaben den Maschinenstundensatz.

Einstufige und zweistufige Divisionskalkulation

16. Eine Brauerei hatte bei der Produktion von 2 000 hl Bier einer Sorte folgende Kosten:

Kostenarten	gesamt	Herstellung	Verwaltung/ Vertrieb
Löhne	42 000,00	35 000,00	7 000,00
Gehälter	8 000,00	4 000,00	4 000,00
Hopfen, Malz (FM)	19 000,00	19 000,00	–
Sonstige Stoffe (GKM)	6 000,00	6 000,00	–
Abschreibungen	4 000,00	3 000,00	1 000,00
Sonstige Kosten	21 000,00	8 000,00	13 000,00
Gesamtkosten	100 000,00	75 000,00	25 000,00

Errechnen Sie
a) die Herstellkosten je hl,   b) die Selbstkosten je hl.

17. Im Monat Mai stellte ein Industriebetrieb 240 000 kg Lack her. Die dabei verursachten Einzelkosten setzten sich wie folgt zusammen:

1. Fertigungsmaterial   300 000,00 €
2. Fertigungslöhne   200 000,00 €

Die Gemeinkosten verteilten sich laut BAB auf folgende Bereiche:

I. Material   230 000,00 €   III. Verwaltung   320 000,00 €
II. Fertigung   380 000,00 €   IV. Vertrieb   130 000,00 €

Ermitteln Sie
a) die Herstellkosten,
b) die Selbstkosten insgesamt und je kg,
c) den Gewinn insgesamt und je kg bei einem Absatz der Gesamtproduktion zu 8,45 € je kg Nettoverkaufspreis,
d) den Gewinnzuschlagssatz!

18. Ermitteln Sie für ein Zementwerk aus unten stehenden Angaben durch Divisionskalkulation
a) die Herstellkosten des Umsatzes je Sack (50 kg),
b) die Selbstkosten
in den Monaten des zweiten Jahresquartals.

	April	Mai	Juni
Produktion in Sack zu je 50 kg	8 000	10 000	10 000
Materialkosten in €	19 200,00	24 000,00	26 000,00
Fertigungskosten in €	12 000,00	15 000,00	15 000,00
Verwaltungs- und Vertriebsgemeinkosten in €	12 800,00	16 000,00	16 000,00
Bestand am Monatsanfang in Sack	0	1 000	1 500
Bestand am Monatsende in Sack	1 000	1 500	200

19. Ein Industriebetrieb stellte im abgelaufenen Rechnungsjahr 65 000 Stück Plastikwäschekörbe her. Der Verkaufspreis je Korb betrug 22,25 €, die Herstellkosten je Korb 14,24 €.

   a) Ermitteln Sie die Herstellkosten der Produktion und des Umsatzes, die Selbstkosten des Umsatzes, die Selbstkosten je Korb, den Gewinn je Korb und in %, für die Fälle, dass
      aa) der Lagerbestand sich nicht verändert hat: Selbstkosten laut Betriebsergebnis 1 157 000,00 €
      ab) 12 000 Körbe der Jahresproduktion nicht verkauft wurden: Verwaltungs- und Vertriebsgemeinkosten 188 680,00 €
      ac) außer der Jahresproduktion von 65 000 Körben noch 5 000 Körbe aus dem Lagerbestand des Vorjahres verkauft wurden: Verwaltungs- und Vertriebskosten: 249 200,00 €.
   b) Mit welchem Verwaltungs- und Vertriebskostensatz kalkuliert der Betrieb?

20. Ein Industriebetrieb erzeugt ein Fertigprodukt in drei Produktionsstufen:

Stufe	Herstell-/Fertigungskosten	Produktionsmenge in Stück	Weiterverarbeitung in Stück	Lager in Stück
I	120 000,00	24 000	15 000	9 000
II	150 000,00	15 000	10 000	5 000
III	130 000,00	10 000	Endprodukt	10 000

Errechnen Sie die Herstellkosten je Stück des Endproduktes nach der mehrstufigen Divisionskalkulation.

Divisionskalkulation mit Äquivalenzziffern

21. Eine Betonfabrik stellte im März vier Sorten Bodenplatten her:

Sorte	Produktionsmenge in m²	Einzelkosten insgesamt in €
I	2 000	12 000,00
II	5 000	27 000,00
III	5 000	36 000,00
IV	2 500	22 500,00

An Gemeinkosten entstanden insgesamt 105 625,00 €. Diese sind mithilfe von Äquivalenzziffern, die auf der Grundlage der Einzelkosten je m² zu ermitteln sind, auf die vier Sorten zu verteilen (Sorte I = Äquivalenzziffer 1).

Ermitteln Sie die Selbstkosten je m² jeder Sorte.

22. Eine Ziegelei stellte im ersten Quartal 550 000 Dachziegel, 950 000 Klinker und 400 000 Bodenplatten her. Die in diesem Zeitraum entstandenen Kosten von insgesamt 376 600,00 € sind im Verhältnis der vor einem Jahr ermittelten Selbstkosten je 1 000 Stück zu verteilen: Dachziegel 250,00 € (Äquivalenzziffer 1), Klinker 125,00 €, Bodenplatte 200,00 €.

Berechnen Sie die Selbstkosten je 1 000 Stück.

23. Eine Schulmöbelfabrik stellt im Monat März drei Tischmodelle her. Die Selbstkosten von 1 818 880,00 € sind im Verhältnis der im Vorjahr ermittelten Materialkosten und Fertigungslöhne je Tisch zu verteilen.

Menge	Produktionsmenge in Stück	Materialkosten und Fertigungslöhne in €
I	2 500	96,00 (≙ ÄZ 1)
II	3 800	120,00
III	4 800	139,20

Errechnen Sie den Selbstkostenpreis je Modell und Tisch.

24. Ein Unternehmen für Leichtmetallkonstruktion stellte im Juni für eine Wohnungsbaugesellschaft Fensterrahmen in drei verschiedenen Größen her:

Größe I:	1 200 St.	Größe II:	1 600 St.	Größe III:	800 St.

Die Vorkalkulation hatte für die einzelnen Gruppen folgende Kosten je Stück ermittelt:

Größe I: 320,00 € (≙ ÄZ 1)	Größe II:	368,00 €	Größe III:	400,00 €

Aufgrund der Ergebnisse der Vorkalkulation sind die anteiligen Kosten jeder Größe insgesamt und je Stück bei entstandenen Kosten in Höhe von 1 341 280,00 € zu ermitteln.

1.5 Kostenträgerzeitrechnung mit Ist- und Normalkosten

→ LS 32

Die Mittagspause verbringt Rudolf mit Jens Effer, dem Leiter des Rechnungswesens. „Morgen ist ein wichtiger Tag, Rudolf. Da beraten wir die Preisliste für das kommende Jahr." Rudolf denkt kurz nach: „Was da alles berücksichtigt werden muss. Die Preisliste ist doch zwölf Monate gültig und woher sollen wir denn heute schon wissen, wie hoch die Kosten, die bei der Herstellung unserer Produkte entstehen, denn tatsächlich sind?"

Arbeitsauftrag

Erläutern Sie, wie die Höhe der zukünftig anfallenden Kosten kalkuliert werden kann. Welche Gesichtspunkte müssen noch bei der Festlegung der Verkaufspreise berücksichtigt werden?

Von Zeit zu Zeit müssen die Verkaufspreise der Produkte **überprüft** und für die nächste Rechnungsperiode neu festgelegt werden. Bei der Überprüfung muss auch festgestellt werden, ob die in der Kalkulation angewandten Zuschlagssätze auch für die kommende Rechnungsperiode beibehalten werden können.

Vorkalkulation mit Normalkosten

Die oben errechneten Zuschlagssätze für die Gemeinkosten werden auf der Basis der Istzahlen lt. Kostenarten- und Kostenstellenrechnung einer **vergangenen Rechnungsperiode** ermittelt. Für Vorkalkulationen, zum Beispiel zur Abgabe von Angeboten oder zur Erstellung von Preislisten, müssen aber zukünftige Kostenentwicklungen berücksichtigt werden.

Beispiele:
- Preisänderungen bei Hilfsstoffen (Leim, Lack), Betriebsstoffen (Treibstoffe) und Energie, Gehaltserhöhungen aufgrund neuer Tarifabschlüsse
- Änderungen der Durchlaufzeiten aufgrund von Rationalisierungsmaßnahmen
- Änderung der Auftragslage und damit verbundene stärkere Belastung durch Fixkosten (bei rückläufiger Beschäftigung)

Daher muss bei der Kalkulation der Verkaufspreise innerhalb der Rechnungsperiode mit geschätzten Gemeinkostenzuschlagssätzen gerechnet werden. Diese Schätzung beruht in der Regel auf den **durchschnittlichen Istzuschlagssätzen vergangener Rechnungsperioden** bei **durchschnittlicher** oder **normaler Beschäftigung (= Normalkostenrechnung)** unter Berücksichtigung bereits erkennbarer Kostenänderungen in naher Zukunft. Mit der Durchschnittsbildung soll verhindert werden, dass sich Kostenschwankungen auf Kostenvergleiche und auf die Preisbildung auswirken.

Häufig müssen Betriebe zur Abgabe von Angeboten auch die Einzelkosten (Fertigungsmaterial und Fertigungslöhne) normalisieren, wenn Preisveränderungen dieser Kostengüter zu erwarten sind. Aber auch um kurzfristige Schwankungen zu eliminieren, hilft sich der Betrieb mit Verrechnungspreisen und Lohnverrechnungssätzen.

Das Fertigungsmaterial ergibt sich dann als Produkt aus den Einsatzmengen laut Stücklisten multipliziert mit den Verrechnungspreisen. Die Fertigungslöhne lassen sich aufgrund der Berechnungen der Arbeitsvorbereitung (Vorgabezeiten) und der Lohnverrechnungssätze ermitteln.

Nachkalkulation mit Istzuschlägen

In regelmäßigen Abständen muss die KLR feststellen, ob die Normalkosten ausreichen, um die tatsächlich angefallenen Kosten (**Istkosten**) zu decken, und ob das kalkulierte Ergebnis (= **Umsatzergebnis**) tatsächlich erreicht wird.

Dies geschieht, indem am Ende der Rechnungsperiode auf dem Wege der oben beschriebenen Kostenarten-, Kostenstellen- und Kostenträgerrechnung die **Istkosten** und die Istkostenzuschlagssätze ermittelt und mit den Ergebnissen der Normalkostenrechnung verglichen werden.

1 Kosten- und Leistungsrechnung als Vollkostenrechnung im Industrieunternehmen

Vorkalkulation (Normalkostenrechnung)
vor Beginn eines Abrechnungszeitraumes

↓

Angebotskalkulation für Preislisten

Nachkalkulation (Istkostenrechnung)
am Ende eines Abrechnungszeitraumes

↓

– Überprüfung bisheriger Kalkulationssätze
– Überprüfung der Wirtschaftlichkeit einzelner Kostenträger

Die Ergebnisse der Nachkalkulation können dann wieder für künftige Vorkalkulationen ausgewertet werden.

Kostenabweichungen

Im Rahmen der Normalkostenrechnung wurden bei der Vorkalkulation Gemeinkostenzuschlagssätze auf Basis von Werten der Vergangenheit und erwarteten Kostenentwicklungen festgelegt. Mithilfe dieser Normalkostenzuschlagssätze wurden die anfallenden und auf die Produktgruppen zu verteilenden Gemeinkosten prognostiziert. Im Rahmen der Nachkalkulation werden dann die tatsächlich angefallenen Kosten (Istkosten) mit den im Vorfeld kalkulierten Kosten (Normalkosten) verglichen. Eine **Kostenüberdeckung** liegt vor, wenn die Normalkosten die Istkosten übersteigen, man also mit zu hohen Kosten kalkuliert hat. Eine **Kostenunterdeckung** liegt vor, wenn die Normalkosten niedriger als die Istkosten sind, man also mit zu geringen Kosten kalkuliert hat.

Ursachen der Kostenabweichungen

Ursachen der Kostenabweichungen können **Verbrauchs-**, **Preis-** oder **Beschäftigungsabweichungen** sein.

- **Verbrauchsabweichungen**: Die tatsächlich verbrauchte Kostengütermenge ist kleiner oder größer als die kalkulierte.

  Beispiele:
  – geringere Durchlaufzeit bei der Fertigung von Schreibtischen durch Änderung des Fertigungsverfahrens
  – erhöhter Verschnitt von Furnierplatten

- **Preisabweichungen**: Die tatsächlichen Kostengüterpreise sind kleiner oder größer als die kalkulierten.

  Beispiele:
  – Gehaltserhöhungen laut Tarifabschluss
  – Preiserhöhungen für Energie, Leim, Lack

- **Beschäftigungsabweichungen**: Der tatsächlich erreichte Beschäftigungsgrad liegt unter oder über der kalkulierten Normalbeschäftigung. Dadurch fällt der Kf-Anteil pro Erzeugniseinheit anders aus.

Maßnahmen

Bei größeren Kostenabweichungen müssen die Ursachen untersucht und Gegenmaßnahmen eingeleitet werden: Änderung einzelner Zuschlagssätze, Rationalisierungsmaßnahmen in einzelnen Kostenstellen, Veränderung der Verteilungsschlüssel einzelner Gemeinkostenarten usw.

Darstellung der Kostenstellenabweichungen in der Kostenträgerzeitrechnung

Kostenträger-zeitrechnung	Istkosten			Normalkosten		Kostenabweichungen Über- (+), Unterdeckung (−)
	€	%	%	€		€
Fertigungsmaterial	11 859 656,00			11 859 656,00		
Materialgemeinkosten[1]	1 482 457,00	12,5	10,0	1 185 965,60		− 296 491,40
Materialkosten	13 342 113,00			13 045 621,60		
Fertigungslöhne	12 143 000,00			12 143 000,00		
Fertigungsgemeinkosten[1]	9 714 400,00	80,0	85,0	10 321 550,00		+ 607 150,00
Fertigungskosten	21 857 400,00			22 464 550,00		
Herstellkosten der RP	35 199 513,00			35 510 171,60		
+ AB unfertige Erzeugnisse	210 000,00			210 000,00		
− EB unfertige Erzeugnisse	230 000,00			230 000,00		
Herstellkosten der Fertigung	35 179 513,00			35 490 171,60		
+ AB fertige Erzeugnisse	322 680,00			322 680,00		
− EB fertige Erzeugnisse	183 080,00			183 080,00		
Herstellkosten des Umsatzes	35 319 113,00			35 629 771,60		
+ Verwaltungsgemeinkosten[1]	5 297 867,00	15,0	15,0	5 344 465,74		+ 46 598,74
+ Vertriebsgemeinkosten[1]	2 469 535,00	7,0	8,0	2 850 381,73		+ 380 846,73
= Selbstkosten des Umsatzes	43 086 515,00			43 824 619,07		
Umsatzerlöse	46 390 000,00			46 390 000,00		
Betriebsergebnis Umsatzergebnis	3 303 485,00			2 565 380,93		+ 738 104,07

[1] *Rundungsdifferenzen*

1 Kosten- und Leistungsrechnung als Vollkostenrechnung im Industrieunternehmen

Darstellung der Kostenstellenabweichungen im BAB:

Z.	Konto	Kostenarten	€	Verteilungs-grundlage	Verteilungs-schlüssel	Kostenstellen			
						I. Material	II. Fertigung	III. Verwaltung	IV. Vertrieb
01	6020	Aufw. für Hilfsstoffe	3 955 844,00	MES		395 200,00	2 410 000,00	836 644,00	314 000,00
02	6050	Aufw. für Energie	1 195 115,00	Zähler		38 307,00	875 000,00	220 573,00	79 235,00
03	6160	Fremdinstandhaltung	404 500,00	ER		17 100,00	320 000,00	48 900,00	18 500,00
04	6300	Gehälter	6 981 900,00	Gehaltslisten		225 000,00	4 465 350,00	1 675 000,00	616 550,00
05	6700	Aufw. für Rechte und Dienste	1 410 000,00		1 : 2 : 2 : 1	235 000,00	470 000,00	470 000,00	235 000,00
06	6800	Aufwendungen für Kommunikation	2 035 400,00	Belege		204 000,00	147 400,00	828 000,00	856 000,00
07	6900	Versicherungsbeiträge	74 200,00	Verträge		17 200,00	16 000,00	15 400,00	25 600,00
08	7000	Betriebliche Steuern	1 218 500,00		1 : 1 : 7 : 1	121 850,00	121 850,00	852 950,00	121 850,00
09		Kalk. Abschreibungen	500 000,00	Anlagendatei		60 000,00	290 000,00	80 000,00	70 000,00
10		Kalk. Zinsen	616 000,00	betr. notw. Verm.		40 000,00	340 000,00	152 000,00	84 000,00
11		Kalk. Wagnisse	400 000,00	betr. notw. Verm.		100 000,00	200 000,00	80 000,00	20 000,00
12		Kalk. Miete	172 800,00	m²	3 : 8 : 4 : 3	28 800,00	76 800,00	38 400,00	28 800,00
13		Summe der Istgemeinkosten	18 96 259,00			1 482 457,00	9 714 400,00	5 297 867,00	2 469 535,00
14		Zuschlagsgrundlage				11 859 656,00	12 143 000,00	35 319 113,00	35 319 113,00
15		Istzuschlagssätze				12,5 %	80,0 %	15,0 %	7,0 %
16		Normalzuschlagssätze				10,0 %	85,0 %	15,0 %	8,0 %
17		Zuschlagsgrundlagen				11 859 656,00	12 143 000,00	35 629 771,60	35 629 771,60
18		Normalgemeinkosten	19 702 363,07			1 185 965,60	10 321 550,00	5 344 465,74	2 850 381,73
19		Kostenstellenüberdeckung					+ 607 150,00	+ 46 598,74	+ 380 846,73
20		Kostenstellenunterdeckung				− 296 491,40			
21		Kostenüberdeckung insges.	+ 738 104,07						

Zusammenfassung

Kostenträgerzeitrechnung mit Ist- und Normalkosten

Kostenträgerzeitrechnung mit Ist- und Normalkosten

mit Istkosten

- Die tatsächlich angefallenen Kosten (Istkosten) einer abgelaufenen Rechnungsperiode werden im Rahmen der Nachkalkulation ermittelt.
- Dadurch wird
  - das Betriebsergebnis und die Wirtschaftlichkeit des Gesamtbetriebes und
  - der Anteil einzelner Kostenträgergruppen am Betriebsergebnis ermittelt.

Die vergangenheitsbezogenen Ergebnisse sind nicht als Vorgabewerte für die Zukunft geeignet.

mit Normalkosten

- Da Istkosten erst am Ende eines Abrechnungszeitraumes bekannt sind, benötigt man für die Vorkalkulation Normalkosten.
- Normalkosten sind **Durchschnittskosten** mehrerer abgelaufener Rechnungsperioden bei durchschnittlicher Beschäftigung unter Berücksichtigung von erwarteten Kostensenkungen oder -erhöhungen.

Die Normalkostenrechnung arbeitet mit vergangenheitsbezogenen Durchschnittswerten und zukunftsbezogenen Schätzwerten. Ihre Ergebnisse bedürfen daher einer regelmäßigen Kontrolle durch Vergleich mit den Ergebnissen der Istkostenrechnung.

→ **Gegenüberstellung im BAB oder im Kostenträgerblatt** ←

Istkostenrechnung

Gegenüberstellung der Ist-Selbstkosten und der Umsatzerlöse auf dem Wege der Zuschlagskalkulation zur Ermittlung des **Betriebsergebnisses.**

Normalkostenrechnung

Gegenüberstellung der Normal- oder Soll-Selbstkosten und der Umsatzerlöse auf dem Wege der Zuschlagskalkulation zur Ermittlung des **Umsatzergebnisses.**

Kostenabweichungen

Kostenunterdeckung

- Es wurden weniger Kosten verrechnet, als tatsächlich angefallen sind.
- Istkosten > Normalkosten
- Ursachen der Kostenabweichungen können Verbrauchs-, Preis- und Beschäftigungsabweichungen sein.

Kostenüberdeckung

- Es wurden mehr Kosten verrechnet, als tatsächlich angefallen sind.
- Istkosten < Normalkosten
- Ursachen der Kostenabweichungen können Verbrauchs-, Preis- und Beschäftigungsabweichungen sein.

1 Kosten- und Leistungsrechnung als Vollkostenrechnung im Industrieunternehmen

Aufgaben

1. Die KLR eines Industriebetriebes gibt folgende Zahlen (in €) bekannt:

	insgesamt	verteilt auf die Erzeugnisse	
		A	B
Fertigungsmaterial	136 000,00	86 000,00	50 000,00
Fertigungslöhne	92 000,00	64 000,00	28 000,00
Gemeinkosten	327 321,00		
Anfangsbestände			
Unfertige Erzeugnisse	15 000,00	9 000,00	6 000,00
Fertige Erzeugnisse	35 000,00	24 000,00	11 000,00
Umsatzerlöse	634 900,00	433 300,00	201 600,00

Endbestände lt. Inventur:
Unfertige Erzeugnisse A   12 000,00 €   Fertige Erzeugnisse A   26 000,00 €
Unfertige Erzeugnisse B   8 000,00 €   Fertige Erzeugnisse B   12 000,00 €

Laut BAB entfallen von den Istgemeinkosten auf die Kostenstellen:
Material   12 920,00 €   Verwaltung   101 827,00 €
Fertigung   191 360,00 €   Vertrieb   21 214,00 €

Im vergangenen Rechnungsabschnitt wurde mit folgenden **Normalkostensätzen** kalkuliert: MGK 10 %, FGK 210 %, VwGK 25 %, VtGK 6 %.

a) Die Istzuschläge sind zu errechnen;
b) das Kostenträgerblatt ist aufzustellen;
c) die Kostenüber- und -unterdeckungen sind zu errechnen;
d) es ist festzustellen, in welcher Höhe die Kostenträger A und B am Umsatzergebnis beteiligt sind;
e) die Wirtschaftlichkeitsfaktoren der Kostenträger A und B sind zu errechnen.

2. In einem Industriebetrieb wurden in einer Rechnungsperiode 5 350 Stück eines Erzeugnisses fertiggestellt. Dazu wurden in der Kostenträgerzeitrechnung mit Ist- und Normalkosten folgende Werte ermittelt:

Kostenträgerzeitrechnung	Verrechnete Normalkosten	%	Endstandene Istkosten	%	Über- bzw. Unterdeckung
Fertigungsmaterial	101 724,00		101 724,00		
Materialgemeinkosten	?		17 801,70		+ 508,62
Materialkosten	?		?		
Fertigungslöhne	?		?		
Fertigungsgemeinkosten	?	150	234 982,44	154	– 6 103,44
Fertigungskosten	?		?		

Kostenträgerzeitrechnung	Verrechnete Normalkosten	%	Endstandene Istkosten	%	Über- bzw. Unterdeckung
Herstellungskosten der Rechnungsperiode	?		507 094,14		
Bestandsminderung unfertige Erzeugnisse	26 010,68		26 300,86		
Herstellungskosten der Fertigung	?		?		
Bestandmehrung fertige Erzeugnisse	10 846,00		10 967,00		
Herstellkosten des Umsatzes	?		?		

a) Ergänzen Sie die obige Kostenträgerzeitrechnung und berechnen Sie
   aa) den Normalkosten-Materialkostenzuschlagssatz,
   ab) die Höhe der normalisierten Fertigungslöhne,
   ac) die Herstellkosten des Umsatzes zu Ist- und Normalkosten,
   ad) die Menge der in der Rechnungsperiode abgesetzten Erzeugnisse.
b) Schildern Sie den Aufbau und den betrieblichen Ablauf des obigen Kostenrechnungssystems.

3. In der Betriebsbuchhaltung eines Industriebetriebes werden u. a. nachstehende Zahlen ermittelt:

Fertigungsmaterial   88 500,00 €   Sondereinzelkosten des
Fertigungslöhne   79 500,00 €   Vertriebs   47 680,00 €
                                            Umsatzerlöse   606 430,00 €

Die gesamten Gemeinkosten betragen 252 750,00 €. Davon entfallen laut BAB auf
Materialgemeinkosten   6 880,00 €   Verwaltungsgemeinkosten 75 260,00 €
Fertigungsgemeinkosten   125 610,00 €   Vertriebsgemeinkosten   45 000,00 €

Die Konten der unfertigen und fertigen Erzeugnisse weisen folgende Bestände aus:

	unfertige Erzeugnisse	fertige Erzeugnisse
Anfangsbestand	15 250,00 €	26 400,00 €
Endbestand	18 350,00 €	24 600,00 €

a) Berechnen Sie die Istzuschläge.
b) Führen Sie die Kostenträgerzeitrechnung mit folgenden Normalsätzen durch: MGK 8 %, FGK 160 %, VwGK 25 %, VtGK 15 % (BVÄ zu Istkosten).
c) Stellen Sie die Kostenüber- und -unterdeckungen fest.
d) Führen Sie die Abstimmung zwischen Betriebsergebnis und Umsatzergebnis durch.

2 Deckungsbeitragsrechnung als Teilkostenrechnung

2.1 Markt- statt Kostenorientierung in der Kostenrechnung

→ LS 33

In der vergangenen Woche erreichte die Sommerfeld Bürosysteme GmbH eine Anfrage des Bürofachhandels Ergoline GmbH über 500 Cana Polsterbankliegen (Bestellnr. 890/6). Auf Basis der Preisliste wurde ein Angebot erstellt, in welchem pro Liege 2 754,00 € als Verkaufspreis festgesetzt wurde. Die Kostenrechnung legte folgende Kalkulationsdaten zugrunde:

Fertigungsmaterial lt. technischer Zeichnung und Stückliste .... 400,00 €
Fertigungslöhne lt. Arbeitsplan .... 484,12 €

Normalkostenzuschlagssätze (vgl. S. 456 f.):
MGK 10 %, FGK 85 %, VwGK 15 %, VtGK 8 %

Gewinnzuschlagssatz 15 %, Kundenskonto 2 % und Kundenrabatt 30 %

Herr Bohne aus dem Vertrieb, der die Anfrage bearbeitete, hat mehrere Tage vergebens auf einen Auftrag der Bürofachhandlung Ergoline GmbH gewartet. Er versucht nun auf telefonischem Wege, den Grund zu erfahren. „Wir haben zwar den Auftrag noch nicht vergeben, aber einer Ihrer Mitbewerber hat die Liege rund 200,00 € billiger angeboten." „Das ist nicht möglich, die Konkurrenz muss doch auch kalkulieren." „Ja, aber sie kalkuliert wohl anders." Herr Bohne wendet sich sofort an die Kostenrechnung: „Ihr müsst den Angebotspreis ‚Polsterbankliege' neu kalkulieren; wir müssen diesen Auftrag unbedingt bekommen – immerhin ist die Bürofachhandel Ergoline GmbH einer unserer besten Kunden, den wollen wir doch nicht verlieren."

Arbeitsaufträge

- Erläutern Sie, durch welche Maßnahmen die Sommerfeld Bürosysteme GmbH eine Senkung des Verkaufspreis erreichen könnte.
- Erläutern Sie, inwieweit es sinnvoll sein könnte, nur einen Teil der durch die Produktion anfallenden Kosten bei der Kalkulation zu berücksichtigen.

Marktorientierung in der Kostenrechnung

Ein Industriebetrieb muss ständig auf seine **Wirtschaftlichkeit** achten. Diese ist gegeben, wenn die **Leistungen** aus dem Verkauf der Produkte (= Verkaufspreis) **über den Kosten** liegen, die die Leistungserbringung verursacht hat. Es muss beachtet werden,

dass sämtliche Kosten bei der Kalkulation der Verkaufspreise berücksichtigt werden (**Vollkostenrechnung**), damit sie über den Verkauf (Umsatz) hereingeholt werden.
Eine **marktorientierte Unternehmungsführung** verlangt von Industriebetrieben aber eine flexiblere Preisstellung in **besonderen Marktsituationen**, z. B. um bestimmte Aufträge zu erhalten. In solchen Situationen sollte auf die Berücksichtigung von den Gemeinkosten verzichtet werden, die selbst dann anfallen, wenn der entsprechende Auftrag bzw. das jeweilige Produkt nicht gefertigt wird. Kurzfristig unveränderbar und damit unabhängig von der tatsächlichen Produktionsmenge sind die fixen Kosten (z. B. Abschreibungen, kalkulatorische Zinsen für gebundenes Kapital, Gehälter für Mitarbeiter der Verwaltung).

Beispiele:

```
                    ┌──────────────────────┐
                    │      Besondere       │
                    │   Marktsituationen   │
                    └──────────────────────┘
                ↓            ↓            ↓
```

| Einführung neuer Produkte | Sonderangebote aus verschiedenen Anlässen (z. B. Lagerabbau auslaufender Modelle) | niedrigere Konkurrenzpreise |

Werden in solchen Situationen auch die fixen Kosten berücksichtigt, die durch den Gesamtbetrieb und nicht unmittelbar durch das Produkt bzw. den Auftrag verursacht werden, dann führt ein solches Vorgehen zwangsläufig zu Wettbewerbsnachteilen.

Mängel der Vollkostenrechnung gegenüber der Teilkostenrechnung im Einproduktunternehmen

In den oben dargestellten Verfahren der Kostenträgerrechnung auf Vollkostenbasis wurden folgende Regeln unterstellt:

1. **Alle Kosten** wurden auf die Erzeugnisse (Kostenträger) abgewälzt (Vollkostenprinzip).
2. **Veränderungen des Beschäftigungsgrades** wurden nicht berücksichtigt.
3. **Die fixen Gemeinkostenbestandteile** wurden mithilfe der Gemeinkostenzuschlagssätze wie variable Gemeinkostenbestandteile behandelt, d. h., es wurde durch die prozentualen Zuschlagssätze ein proportionales Verhältnis zwischen den Gemeinkosten und den Einzelkosten bzw. den Herstellkosten des Umsatzes unterstellt.

Bei veränderter Beschäftigung zeigen sich daher folgende Auswirkungen:
Bei abnehmender Beschäftigung nehmen die fixen Kosten je Stück wegen verringerter Ausbringungsmenge und damit die gesamten Stückkosten zu. Da die Gemeinkostenzuschlagssätze beibehalten werden, kann der kalkulierte Gewinn wegen der eintretenden **Kostenunterdeckungen** nicht erzielt werden. Beachtet der Unternehmer den Beschäftigungsrückgang nicht, dann verlangt er am Absatzmarkt zu niedrige Preise. Er kalkuliert sich somit in die Krise.
Bei zunehmender Beschäftigung nehmen die fixen Kosten je Stück und damit die gesamten Stückkosten ab. Da die Gemeinkostenzuschlagssätze beibehalten werden, treten **Kostenüberdeckungen** auf, die den ursprünglich kalkulierten Gewinn erhöhen. Dieses Unternehmen könnte seinen Marktpreis senken, um damit seinen Marktanteil zu erweitern. Verzichtet es auf die Senkung seines Angebotspreises, so kann es passieren, dass sich das Unternehmen "aus dem Markt kalkuliert" und Kunden verliert, weil die Konkurrenz günstiger ist.

2 Deckungsbeitragsrechnung als Teilkostenrechnung

Die Mängel der Vollkostenrechnung lassen sich gut am Beispiel eines Einproduktbetriebes verdeutlichen, der seine Gesamtkosten (K_g) in fixe (K_f) und variable (K_v) auflöst.

Beispiel: Ein Konkurrent der Sommerfeld Bürosysteme GmbH kann im Quartal 400 Computertische zu folgenden Bedingungen herstellen:

k_v: 700,00 €, K_f: 72 000,00 €. Es wird von einem Gewinn von 25 % der Selbstkosten und einem Beschäftigungsgrad von 60 % (= 240 Stück) ausgegangen.

In der KLR setzt sich der Preis folgendermaßen zusammen:	€
Variable Kosten je Stück (k_v)	700,00
Verrechnete fixe Kosten je Stück (k_f): $\frac{72\,000{,}00\,€}{240\,\text{Stück}} =$	300,00
Selbstkosten je Stück	1 000,00
Gewinn (25 %)	250,00
Listenverkaufspreis	1 250,00

> **Geplante Beschäftigung = tatsächlich erreichte Beschäftigung:**
> Wird der geplante Beschäftigungsgrad von 60 % erreicht, werden die Gesamtkosten gedeckt. Der erwartete Gewinn entspricht dem tatsächlich erzielten.

Kalkulierter Erfolg	
Umsatzerlöse: 240 · 1 250 =	300 000,00
Verrechnete Kosten	
K_v: 240 · 700 = 168 000,00	
K_f: 240 · 300 = 72 000,00	240 000,00
Kalkulierter Gewinn	60 000,00

Erzielter Erfolg	
Umsatzerlöse: 240 · 1 250 =	300 000,00
Eingetretene Kosten	
K_v: 240 · 700 = 168 000,00	
K_f: = 72 000,00	240 000,00
Erzielter Gewinn	60 000,00

> **Geplante Beschäftigung < tatsächlich erreichte Beschäftigung = Kostenüberdeckung:**
> Liegt der erreichte Beschäftigungsgrad über dem geplanten, werden in der Vollkostenrechnung bei unveränderten Zuschlagssätzen zu viele **fixe Kosten** einkalkuliert **(Kostenüberdeckung)**. Der kalkulierte Gewinn wird in Wirklichkeit überschritten.

Beispiel: Die Fertigungsstelle erreichte einen Beschäftigungsgrad von 80 %. Es wurden 320 Stück produziert und abgesetzt.

Kalkulierter Erfolg	
Umsatzerlöse: 320 · 1 250 =	400 000,00
Verrechnete Kosten	
K_v: 320 · 700 = 224 000,00	
K_f: 320 · 300 = 96 000,00	320 000,00
Kalkulierter Gewinn	80 000,00

Erzielter Erfolg	
Umsatzerlöse: 320 · 1 250 =	400 000,00
Eingetretene Kosten	
K_v: 320 · 700 = 224 000,00	
K_f: = 72 000,00	296 000,00
Erzielter Gewinn	104 000,00

Das Unternehmen könnte bei diesem Beschäftigungsgrad seinen Marktpreis senken, um Konkurrenten Marktanteile abzunehmen.

Geplante Beschäftigung > tatsächlich erreichte Beschäftigung = Kostenunterdeckung:
Liegt der erreichte Beschäftigungsgrad niedriger als der geschätzte, werden im Preis der Vollkostenrechnung bei unveränderten Zuschlagssätzen zu wenige fixe Kosten berücksichtigt (**Kostenunterdeckung**). Der kalkulierte Gewinn wird in Wirklichkeit wegen der nicht verrechneten K_f-Anteile nicht realisiert.

Beispiel: Die Fertigungsstelle erreichte einen Beschäftigungsgrad von 40 %. Es wurden 160 Stück produziert und abgesetzt.

Kalkulierter Erfolg			Erzielter Erfolg		
Umsatzerlöse: 160 · 1 250 =		200 000,00	Umsatzerlöse: 160 · 1 250 =		200 000,00
Verrechnete Kosten			**Eingetretene Kosten**		
K_v: 160 · 700 =	112 000,00		K_v: 160 · 700 =	112 000,00	
K_f: 160 · 300 =	48 000,00	160 000,00	K_f =	72 000,00	184 000,00
Kalkulierter Gewinn		40 000,00	Erzielter Gewinn		16 000,00

Beachtet der Unternehmer den Beschäftigungsgrad nicht, kalkuliert er seine Selbstkosten zu niedrig. Ein Teil seiner Kosten wird nicht über die Umsatzerlöse hereingeholt. Er kalkuliert sich somit in die Krise. Das folgende Diagramm verdeutlicht die Zusammenhänge:

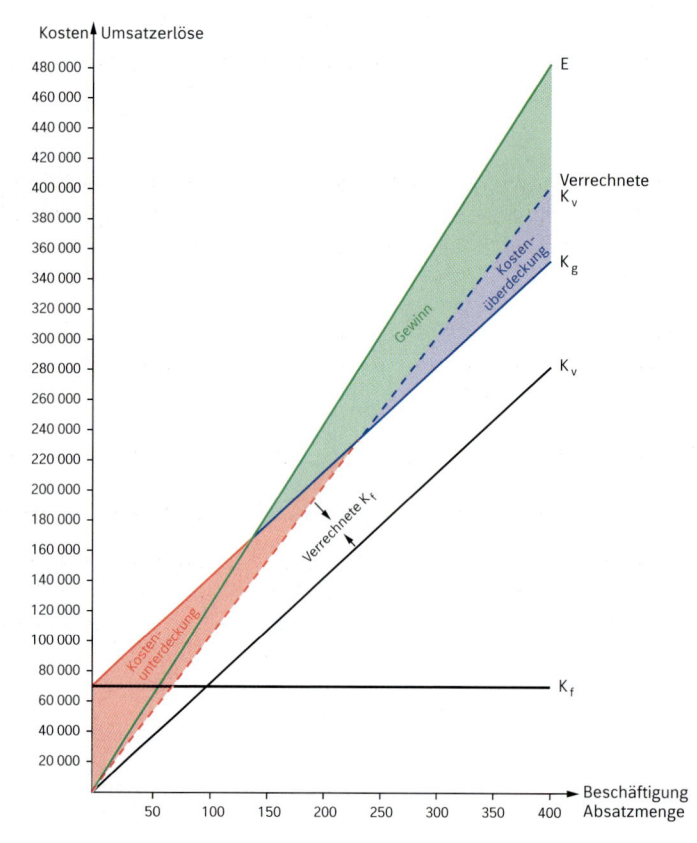

Lösung mithilfe der Deckungsbeitragsrechnung
Variable Kosten als Preisuntergrenze:
Die **Deckungsbeitragsrechnung** geht von der Aufteilung der gesamten Kosten in **fixe** und **variable Bestandteile** aus (vgl. S. 414 ff.).

Die fixen Kosten können den einzelnen Produkten allerdings nicht verursachungsgerecht zugeordnet werden. Sie entstehen auch, wenn auf die Produktion einzelner Produkte verzichtet wird oder der Betrieb bestimmte Aufträge nicht erhält. Daher wird bei der Deckungsbeitragsrechnung ganz auf die Einbeziehung der fixen Kosten bei der Preisfestsetzung der Produkte verzichtet.

Es wird nur mit den vom einzelnen Produkt **direkt verursachten variablen Kosten** kalkuliert. In Industrieunternehmen stimmen sie weitgehend mit den Einzelkosten überein. In der Deckungsbeitragsrechnung werden sie als **direkte Kosten** bezeichnet. Direkte Kosten oder Einzelkosten erkennt man daran, dass sie nur dann auftreten, wenn das bestimmte Produkt produziert wird. Wird das Produkt nicht produziert, treten diese Kosten nicht auf.

Beispiel: Direkte oder variable Stückkosten für den Computertisch:

Fertigungsmaterial lt. Stückliste	400,00 €	
Fertigungslöhne lt. Arbeitsplan	240,00 €	
Variable Gemeinkosten	60,00 €	700,00 €

Diese **direkten** oder **variablen Kosten** entstehen mit jeder produzierten oder abgesetzten Produkteinheit. Sie müssen also immer über den Preis hereingeholt werden, damit die Materialien für nachfolgende Aufträge beschafft werden können.

Die variablen Kosten bilden somit die absolute (= kurzfristige) **Preisuntergrenze**.

> **PRAXISTIPP!**
>
> Ist ein Preis für ein Produkt in Höhe der direkten oder variablen Kosten am Markt nicht erzielbar, müssen die Kosten reduziert oder es muss über die Einstellung der Produktion dieses Produktes nachgedacht werden (vgl. ausführlich S. 475 f.).

Deckungsbeitrag
Jeder Preis, der über den variablen Kosten liegt, erbringt einen Beitrag zur Deckung der durch den Gesamtbetrieb verursachten fixen Kosten.

$$\text{Deckungsbeitrag je Einheit} = \text{Verkaufspreis je Einheit} - \text{variable Kosten je Einheit}$$
$$d_B = e - k_v$$

Beispiel: Herr Kraus aus dem Vertrieb hat den Berichten des Gruppenleiters „Außendienst" entnommen, dass ein Mitbewerber den von ihm mit 1 250,00 € angebotenen Computertisch zum Preis von 998,00 € anbietet. Das kann die Sommerfeld Bürosysteme GmbH auch, wie folgende Rechnung zeigt:

Lernfeld 4: Wertschöpfungsprozesse analysieren und beurteilen

Ermittlung des Deckungsbeitrages		
Verkaufspreis	e	998,00 €
− variable Kosten	k_v	700,00 €
= Deckungsbeitrag	d_B	298,00 €

Mit jeder Verkaufseinheit werden neben den variablen Kosten zusätzlich 298,00 € zur Deckung der fixen Kosten erwirtschaftet.

Die Ermittlung des Deckungsbeitrages (d_B) zeigt, dass der Verkaufspreis kurzfristig sogar bis auf 700,00 € zurückgenommen werden könnte. Langfristig müsste der Verkaufspreis aber über 700,00 € liegen, damit auch die Fixkosten des Unternehmens gedeckt werden können.

Gewinnschwelle, Break-even-Point

Deckt die Summe aller Deckungsbeiträge oder der **Gesamtdeckungsbeitrag die fixen Kosten**, erreicht der Betrieb die Gewinnschwelle oder den **Break-even-Point**. In diesem Punkt stimmt die Summe der Deckungsbeiträge (D_B) mit den gesamten fixen Kosten überein: $D_B = K_f$. Wird dieser Punkt nicht erreicht, bewegt sich der Betrieb in der **Verlustzone**, wird er überschritten, tritt er in die **Gewinnzone** ein.

Beispiel: Auf Anregung der Außendienstmitarbeiter plant Herr Kraus eine besondere Fertigungs- und Vertriebsabteilung für Computermöbel, die nach Berechnung der KLR im Monat 11 160,00 € fixe Kosten verursachen würde.

Der Einführungspreis des Computertisches wird auf 880,00 € festgelegt. Es wird ein Deckungsbeitrag von 180,00 € je Verkaufseinheit erzielt.

Wie viele Computertische müssten verkauft werden, um die zusätzlichen fixen Kosten zu decken?

Die Produktions- und Absatzmenge zur Deckung der fixen Kosten und damit zur Erreichung der Gewinnschwelle lässt sich auf zwei Wegen berechnen:

1. Jede Produktions- und Absatzeinheit erzielt im Beispiel einen Beitrag von 180,00 € zur Deckung der fixen Kosten in Höhe von 11 160,00 €. Die notwendige Produktions- und Absatzmenge zur Deckung der gesamten K_f von 11 160,00 € wird erreicht, indem man die K_f durch den d_B teilt:

$$\text{Produktions- und Absatzmenge am Break-even-Point} = \frac{K_f}{d_B} = \frac{11\,160,00}{180} = 62 \text{ Stück}$$

2. Der Break-even-Point ist auch dadurch gekennzeichnet, dass die Umsatzerlöse sämtliche Kosten decken. Er kann somit auch durch folgende Gleichung definiert werden:

Umsatzerlöse	=	Gesamtkosten(K_g)			
Preis je Einheit · Absatzmenge	=	fixe Kosten	+	variable Kosten je Einheit · Absatzmenge	
e · x		K_f	+ (	k_v · x	)
880 · x	=	11 160	+ (	700 · x	)
180 x	=	11 160			
x	=	62			

Die Break-even-Analyse verdeutlicht die Beziehungen zwischen Umsatz, Kosten, Gewinn und Beschäftigung. Trägt man auf der x-Achse die Menge (x) bzw. den Beschäftigungsgrad, auf der y-Achse die Kosten und Erlöse ab, so lassen sich ablesen:

- Gesamtkosten, Gesamterlöse und Gewinn für jede Stückzahl
- der Beschäftigungsgrad, bei dem Kostendeckung vorliegt (Gesamtkosten K_g = Gesamterlös E)

Diese Zusammenhänge werden im nebenstehenden Diagramm verdeutlicht:

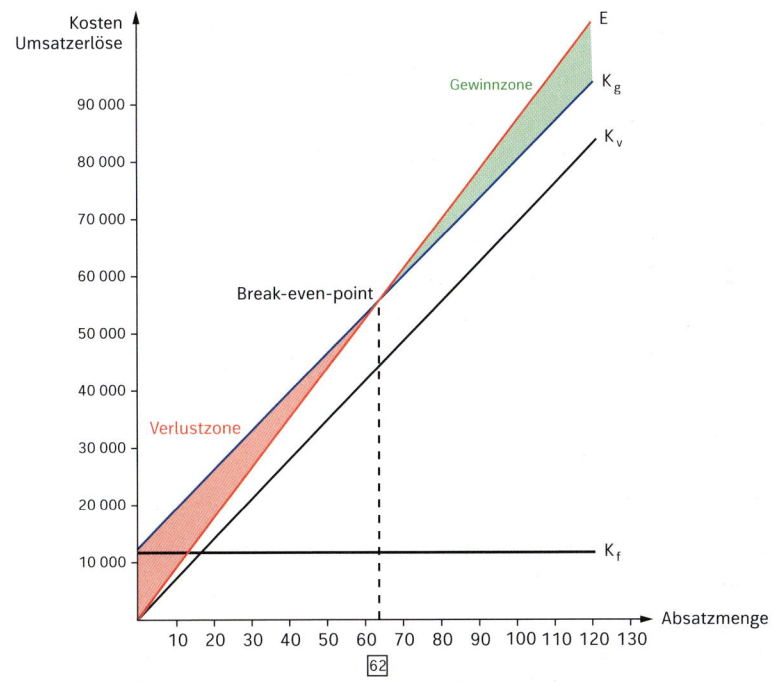

Für eine systematische Gewinnplanung und -steuerung macht das Gewinnschwellendiagramm Folgendes deutlich:

1. Der Deckungsbeitrag wird nur durch Veränderung der Erlöse und der variablen Kosten beeinflusst.

2. Eine Veränderung der fixen Kosten verschiebt die Gewinnschwelle, hat aber keine Auswirkung auf den Deckungsbeitrag.

3. Eine Änderung der k_v oder e verschiebt ebenfalls die Gewinnschwelle.

Die im Folgenden angegebenen Prämissen (Voraussetzungen) verdeutlichen zugleich auch schon die Probleme der Break-even-Analyse.

Prämissen der Break-even-Analyse:
1. *Linearer Gesamtkostenverlauf: $K_g = K_f + x \cdot k_v$*
2. *Aufteilung der Kosten in fixe und variable Bestandteile*
3. *Konstante Verkaufspreise im Laufe der Periode*
4. *Konstantes Produktionsprogramm im Laufe der Periode*
5. *Produktionsleistung = Absatzleistung, keine Lagerbildung*

Bei Änderung der Produktionsdaten können auf diesem Weg Auswirkungen auf die Gewinnschwellenmenge sofort abgelesen werden.

Veränderung der Produktionsdaten			→	Gewinnschwellenmenge	
Verkaufspreis	↑	↓		↓	↑
Variable Kosten je Einheit (k_v)	↑	↓		↑	↓
Bereitschaftskosten (K_f)	↑	↓		↑	↓

Mängel der Vollkostenrechnung im Mehrproduktunternehmen

Wirtschaftlichkeitskontrollen der Vollkostenrechnung führen langfristig zur Elimination von Produkten, deren Verkaufspreis die Vollkosten (Selbstkosten) nicht mehr deckt.

Eine solche Entscheidung erweist sich dann als problematisch, wenn die Verkaufserlöse des aus dem Produktionsprogramm eliminierten Produktes die variablen Kosten übersteigen, es also einen positiven Deckungsbeitrag erzielt.

Beispiel: Ein Hersteller von Küchengeräten produziert drei Geräte zu folgenden Bedingungen:

Geräte	I	II	III
Fertigungsmaterial	9,00	12,00	15,00
Fertigungslöhne	6,00	7,00	8,00
Verkaufspreis	58,00	68,00	48,00

Es wird mit folgenden Gemeinkostenzuschlagssätzen kalkuliert:
MGK 10 %, FGK 100 %, VwGK 50 %, VtGK 20 %.

Der Stückerfolg und der Monatserfolg bei einem Absatz von 1 000 Stück je Gerät sind zu ermitteln.

Lösung (bei Vollkostenrechnung)	I	II	III
Fertigungsmaterial	9,00	12,00	15,00
MGK (10 %)	0,90	1,20	1,50
Fertigungslöhne	6,00	7,00	8,00
FGK (100 %)	6,00	7,00	8,00
Herstellkosten	21,90	27,20	32,50
VwGK (50 %)	10,95	13,60	16,25
VtGK (20 %)	4,38	5,44	6,50
Selbstkosten	37,23	46,24	55,25
Verkaufspreis	58,00	68,00	48,00
Stückerfolg	20,77	21,76	−7,25

Monatserfolg = 20 770 + 21 760 − 7 250 = 35 280,00 €

Nach der Vollkostenrechnung müsste die Produktion des Gerätes III eingestellt werden, da der Verkaufspreis die Selbstkosten nicht mehr deckt. Sinnvoll erscheint eine solche Maßnahme aber nur, wenn der Verkaufspreis von Gerät III die variablen Kosten nicht mehr deckt. Solange es noch Fixkostenanteile hereinholt, kann es die Geräte I und II kostenmäßig entlasten.

Beispiel: Für die Ermittlung des Betriebserfolges nach der Deckungsbeitragsrechnung im vorstehenden Beispiel sind folgende Angaben zu beachten:

Geräte	I	II	III
Variable Kosten (k_v)			
Fertigungsmaterial	9,00	12,00	15,00
Fertigungslöhne	6,00	7,00	8,00
Variable Bestandteile der Gemeinkosten	8,50	12,40	16,30
Fixe Kosten (K_f)	44 520,00 €		

Lösung:
1. Ermittlung des Deckungsbeitrages je Gerät (Kostenträgerstückrechnung)

	I	II	III
Verkaufspreis	58,00	68,00	48,00
– variable Stückkosten	23,50	31,40	39,30
= Deckungsbeitrag	34,50	36,60	8,70

2. Ermittlung des Betriebserfolges (Kostenträgerzeitrechnung)

	I	II	III	I + II + III
Verkaufserlöse (Menge · Verkaufspreise)	58 000,00	68 000,00	48 000,00	174 000,00
– variable Kosten	23 500,00	31 400,00	39 300,00	94 200,00
= Deckungsbeitrag	34 500,00	36 600,00	8 700,00	79 800,00
– fixe Kosten (Kf)			→	44 520,00
Betriebserfolg			→	35 280,00

Würde die Produktion von Produkt III nach den Ergebnissen der Vollkostenrechnung eingestellt, müssten unter sonst gleichen Bedingungen die von Produkt III getragenen fixen Kosten in Höhe von 8 700,00 € von den Produkten I und II mitgetragen werden, was den Erfolg entsprechend schmälern würde, wie folgende Beweisrechnung zeigt:

Deckungsbeitrag Gerät I	34 500,00
Deckungsbeitrag Gerät II	36 600,00
Deckungsbeitrag insgesamt	71 100,00
Fixe Kosten (K_f)	44 520,00
Betriebserfolg ohne Gerät III	26 580,00

Mehrstufiges Direct Costing

In der bisherigen Darstellung der Deckungsbeitragsrechnung wurden die fixen Kosten als geschlossener Kostenblock behandelt, welcher der Summe der Deckungsbeiträge der einzelnen Produkte ungegliedert gegenübergestellt wurde. Diese Form wird als **einstufiges Direct Costing** bezeichnet.

Vorteile dieser Rechnung sind gegenüber der Vollkostenrechnung ihre einfache Handhabung und der Wegfall der Schlüsselungsprobleme der fixen Gemeinkosten in der Kostenstellenrechnung.

Demgegenüber ist der **Nachteil** der fehlenden Informationen über die Zusammensetzung der fixen Kosten, insbesondere in anlage- und kapitalintensiven Betrieben mit hohem K_f-Anteil, sehr groß.

Aus dieser Problematik heraus wurde aus dem einstufigen das **mehrstufige Direct Costing** entwickelt. Demnach werden die Fixkosten nach Verursachungsgrößen des Unternehmens aufgeteilt.

Fixkostenschichten	
Erzeugnisfixkosten	Beispiele: Kosten für Patente, Lizenzen, Produktionsanlagen, Spezialwerkzeuge, Entwicklung
Erzeugnisgruppenfixkosten	Beispiele: Kalkulatorische Abschreibungen und Zinsen für Mehrzweckanlagen, Meistergehälter
Bereichsfixkosten	Beispiele: Gliederung nach Räumen (Miete, Heizung, Reinigung), nach Funktionen (Lagerung, Fertigung, Verwaltung, Vertrieb)
Unternehmungsfixkosten	Beispiele: Kosten, welche die Unternehmung als Ganzes betreffen (Kosten der Leitung, Steuern, Beiträge, Feuerwehr, Kantine, Rechnungswesen, Rechtsabteilung)

Diese Fixkostenschichtung setzt eine stärker gegliederte Kostenarten- und Kostenstellenrechnung voraus. In der Kostenträgerrechnung können schichtbezogene Deckungsbeiträge ermittelt werden, die die Information über die Erfolgsquellen erweitern.

Beispiel: Erfolgsrechnung im mehrstufigen Direct Costing in TEUR

	Produktgruppe A			Produktgruppe B			Produktgruppe C	
	A1	A2	A3	B1	B2	B3	C1	C2
Nettoerlöse	2 100	5 250	1 600	7 000	4 400	2 450	3 500	4 550
– variable Kosten	1 400	3 150	550	4 200	2 600	1 050	2 250	3 300
= Deckungsbeitr. I	700	2 100	1 050	2 800	1 800	1 400	1 250	1 250
– Erzeugnisfixkost.	50	100	50	300	200	50	250	150
= Deckungsbeitr. II	650	2 000	1 000	2 500	1 600	1 350	1 000	1 100
– Erzeugnisgruppenfixkosten	1 350			4 200			1 150	
= Deckungsbeitr. III	2 300			1 250			950	
– Bereichsfixkosten	800			2 300				
= Deckungsbeitr. IV	1 500			– 100				
– Unternehmensfixkosten	800							
= Erfolg	600							

Das vorstehende Beispiel zeigt, dass das mehrstufige Direct Costing genauere Auskünfte über die Wirtschaftlichkeit einzelner Leistungsbereiche gibt. Der Deckungsbeitrag I zeigt, welche Fixkosten in direktem Zusammenhang mit der Produktion eines Produktes stehen und somit durch Einstellung eines Produktionsbereiches abgebaut werden können. Umgekehrt zeigen die folgenden Deckungsbeiträge II–IV, welche Fixkosten nicht vom einzelnen Produkt abhängig sind.

Beispiele:
– Abschreibungen auf Mehrzweckanlagen, auf denen Teile aller Erzeugnisse bearbeitet werden
– Betriebsleiter- oder Meistergehälter

Im Gegensatz zur einstufigen Deckungsbeitragsrechnung, die dem Deckungsbeitrag I die gesamten Fixkosten gegenüberstellen würde, wird hier verdeutlicht, dass ein Produkt für sich betrachtet wirtschaftlich interessant, sein Produktionsbereich jedoch insgesamt langfristig unwirtschaftlich sein kann.

Beispiele: Produktionsbereich der Produkte B und C

Zusammenfassung

Markt- statt Kostenorientierung in der Kostenrechnung

- Sie setzt die **Trennung fixer und variabler** Kosten voraus.
- Sie berechnet den **Deckungsbeitrag** (Beitrag zur Fixkostendeckung) einzelner Produkte oder

$$\text{Produktgruppen: } d_B = e - k_v$$

- Sie stellt die Summe der D_B den Fixkosten des Betriebes zur Ergebnisermittlung gegenüber:

$$\text{Betriebsergebnis} = \text{Summe aller } D_B - K_f$$

- Positive Deckungsbeiträge verbessern das Betriebsergebnis.
- Sie kann als **Kostenträgerstück- oder Kostenträgerzeitrechnung** durchgeführt werden.

Kostenträgerstückrechnung	Kostenträgerzeitrechnung
Verkaufspreise (e) – variable Stückkosten (k_v) = Deckungsbeitrag (d_B)	gesamte Verkaufserlöse (E) – gesamte variable Kosten (K_v) = Gesamtdeckungsbeitrag (D_B) – gesamte fixe Kosten = Erfolg eines Abrechnungszeitraumes

Aufgaben

1. Ein Hersteller von Haushaltsgeräten stellte im abgelaufenen Rechnungsabschnitt drei Entsaftertypen her.

   a) Ermitteln Sie aus folgenden Angaben mithilfe der Deckungsbeitragsrechnung
      aa) das Betriebsergebnis des Rechnungsabschnittes,
      ab) die Deckungsbeiträge je Stück der einzelnen Entsafter.

	Typ I	Typ II	Typ III
Variable Kosten (K_v)			
Fertigungsmaterial	21 600,00	30 800,00	105 000,00
Fertigungslöhne	8 400,00	13 200,00	60 000,00
Variable Gemeinkosten	10 800,00	15 400,00	45 000,00
Produktion = Absatz (Stück)	1 200	1 100	2 500
Verkaufspreis	32,00 €	58,00 €	118,00 €
Fixkosten insgesamt	45 000,00 €		

   b) Nehmen Sie zu den Rechenergebnissen kritisch Stellung.

2. Aufgrund von Aufzeichnungen ermittelt ein Unternehmer für den Pkw eines Reisenden folgende Kosten bei einer durchschnittlichen Fahrleistung von 48 000 km im Jahr:

Benzinverbrauch	5 000 l zu je 1,40 €
Ölverbrauch	1 l zu je 6,00 € je 1 000 km
Steuer	228,00 € im Jahr
Versicherung/Vollkasko	720,00 € im Jahr
Garage	35,00 € im Monat
Reparaturen/Inspektionen	1 200,00 € im Jahr
Abschreibungen	3 600,00 € im Jahr

   a) Ermitteln Sie
      aa) die fixen Kosten je Monat,
      ab) die variablen Kosten je 100 km,
      ac) die Gesamtkosten im Jahr und je km.
   b) Dem Reisenden soll der Pkw auch für private Zwecke gegen Berechnung einer km-Pauschale zu Selbstkosten zur Verfügung gestellt werden.
      ba) Über welchen Betrag muss die km-Pauschale lauten, wenn davon ausgegangen wird, dass sich die Fahrleistung dadurch auf 60 000 km im Jahr erhöht?
      bb) Vergleichen Sie das Ergebnis mit dem der Aufgabe a). Worauf führen Sie den Unterschied zurück?
      bc) Erläutern Sie die Problematik einer km-Pauschale aus der Sicht des Unternehmens und aus der Sicht des Reisenden.

3. Ein Industriebetrieb stellt fünf Produkte her. Für den vergangenen Rechnungsabschnitt wurden folgende Zahlen ermittelt:

	I	II	III	IV	V
Deckungsbeitrag I	99 000,00	442 800,00	162 000,00	93 600,00	84 000,00
Erzeugnisfixkosten	8 800,00	124 800,00	9 600,00	32 800,00	25 000,00
Erzeugnisgruppen-fixkosten		16 600,00		23 460,00	–
Bereichsfixkosten		108 000,00		62 000,00	
Unternehmens-fixkosten			105 000,00		

Ermitteln Sie das Betriebsergebnis nach dem mehrstufigen Direct Costing.

2.2 Teilkostenrechnung als Entscheidungsinstrument bei der Produktions- und Absatzplanung

→ 📄 LS 34

Als Rudolf Heller morgens das Büro betritt, erwartet ihn Jussuf Önder bereits: „Schauen Sie sich doch mal das folgende Angebot der Stadt Essen für unseren Kendo Tisch quadratisch (Bestell-Nr. 330/11) an: 425,00 € bieten die uns pro Tisch bei garantierter Abnahme von 5 100 Stück. Unsere Produktionskapazität liegt bei 30 000 Tischen jährlich, ausgelastet sind wir erst zu 75 %. Das Problem ist nur, dass wir für den Tisch laut Preisliste 545 50 € verlangen." „Wie sieht das denn mit den Produktionskosten aus?", erkundigt sich Rudolf. „Die fixen Kosten in diesem Fertigungsbereich betragen 4 590 000,00 €, die variablen Stückkosten 260,00 € pro Tisch", antwortet Jussuf Önder.

Arbeitsauftrag

Sammeln Sie Argumente, die für die Annahme des Auftrages zum Verkaufspreis von 425,00 € sprechen.

Entscheidung über Zusatzaufträge

Wenn die Kapazität des Betriebes nicht voll ausgelastet ist, wird die Unternehmungsleitung um Zusatzaufträge bemüht sein, um die fixen Kosten auf möglichst viele Produkteinheiten zu verteilen. Vielfach sind solche Zusatzaufträge jedoch nur mit Zugeständnissen (Preis, Menge, Qualität) zu erhalten.

Vor der Annahme ist zu überprüfen, ob

1. die vorhandene Kapazität ausreicht,
2. noch ein positiver Deckungsbeitrag und damit
3. eine Erfolgsverbesserung erzielt wird.

Beispiel:
1. **Prüfung der Kapazität**
   a) **Bestimmung der maximalen Kapazität**
   $$\frac{22\ 500 \cdot 100}{75} = 30\ 000\ \text{Stück}$$

   b) **Bestimmung des Beschäftigungsgrades bei Zusatzauftrag**
   $$\frac{(22\ 500 + 5\ 100) \cdot 100}{30\ 000} = 92\ \%$$
   Die Kapazität reicht aus, um weitere 5 100 Schreibtische zu produzieren.

2. **Deckungsbeitrag:** 425,00 – 260,00 = 165,00 €
   Mit der Annahme des Zusatzauftrages wird ein positiver Deckungsbeitrag von 165,00 € erzielt.

3. **Auswirkung auf den Erfolg bei TKR**
   Erfolg bisher
   D_B (22 500 Stück · (545,50 – 260,00)) .... = 6 423 750,00
   K_f .... = 4 590 000,00
   Gewinn .... = 1 833 750,00

   Da sich die fixen Kosten durch die Annahme des Auftrags nicht erhöhen, führt jeder Erlös, der über den variablen Stückkosten liegt, zu einer Erhöhung des Deckungsbeitrags und damit zu einer Gewinnsteigerung.

   Gewinn bisher .... = 1 833 750,00
   D_B Zusatzauftrag:
   (5 100 Stück · (425,00 – 260,00) .... =   841 500,00
   Gewinn neu .... = 2 675 250,00
   Der Auftrag ist nach der Deckungsbeitragsrechnung anzunehmen.

   Auswirkungen auf den Erfolg bei VKR
   Die VKR legt ihre bisher ermittelten Gesamtkosten für die Kalkulation des Zusatzauftrages zurgrunde:
   k_v .... =   260,00 €
   k_f 4 590 000 : 27 600 .... =   166,30 €
   Selbstkosten .... =   426,30 €

   Da der Verkaufspreis lt. Zusatzauftrag für einen Schreibtisch (425,00 €) unter den Selbstkosten liegt, besteht bei **Vollkostenrechnung** die **Gefahr**, dass der **Auftrag abgelehnt** wird und damit auf einen zusätzlichen Deckungsbeitrag und einen höheren Gewinn verzichtet wird.

Stehen zur vollen Auslastung der Kapazität mehrere Zusatzaufträge zur Wahl, werden die Aufträge mit den höchsten Deckungsbeiträgen vorgezogen (Gewinnmaximierungsprinzip).

Bestimmung von Preisuntergrenzen im Rahmen der Absatzpolitik

Wenn es darum geht, den Marktanteil bei starker Konkurrenz zu erhalten oder ein neues Produkt auf dem Markt mit vergleichbaren Anbietern einzuführen, gewinnt der Preis als absatzpolitisches Instrument an Bedeutung. Es stellt sich die Frage nach der **Preisuntergrenze**.

Kostenbestimmte Preisuntergrenze

- Die **kurzfristige Preisuntergrenze** bilden die variablen Kosten (vgl. S. 414 ff.). Ein Verkaufspreis, der unter den variablen Kosten liegt, hätte zur Folge, dass der Verlust mit jedem produzierten und verkauften Stück größer werden würde. Auf die Deckung der fixen Kosten kann kurzfristig verzichtet werden. Allerdings muss berücksichtigt werden, dass sich einmal eingeräumte Preisvorteile nur schwer wieder zurücknehmen lassen und andere Kunden möglicherweise von den Sonderbedingungen erfahren.

- Die **langfristige Preisuntergrenze** bilden die gesamten Stückkosten, da keine Unternehmung auf die Deckung der fixen Kosten verzichten kann.

- **Liquiditätsabgestimmte Preisuntergrenze**: Wenn große Teile der fixen Kosten kurzfristig zu Ausgaben führen, sollten diese in den Mindestpreis einbezogen werden.

  Beispiele: Mieten, Leasingraten, Versicherungsbeiträge, Gehälter, soziale Abgaben

  Auf Kosten, die nicht oder nicht kurzfristig zu Ausgaben führen, kann vorübergehend verzichtet werden.

  Beispiele: Kalkulatorischer Unternehmerlohn, kalkulatorische Eigenkapitalzinsen, kalkulatorische Miete, kalkulatorische Abschreibung

Planung und Analyse des Produktionsprogramms

Programmplanung bei Unterbeschäftigung
In diesem Fall werden alle Produktarten und Aufträge in das Produktionsprogramm aufgenommen, die einen positiven Deckungsbeitrag erzielen. Langfristig muss allerdings darauf geachtet werden, dass die Summe der Deckungsbeiträge die Fixkosten der Rechnungsperiode deckt.

Programm bei Vollbeschäftigung
Bei Vollbeschäftigung ist der absolute Deckungsbeitrag der Produkte kein geeigneter Maßstab für produktionspolitische Entscheidungen, weil dieser keine Aussage über die wirtschaftlichste Nutzung oder die Ergiebigkeit der ausgelasteten Anlagen macht.

Eine solche Aussage macht der engpassbezogene Deckungsbeitrag, auch **relativer Deckungsbeitrag genannt**. Er wird durch Umrechnung des absoluten Deckungsbeitrages je Produktions- oder Absatzeinheit in den **Deckungsbeitrag je Zeiteinheit** (Minute, Stunde) **der zeitlichen Beanspruchung des Engpasses** ermittelt. Das Produkt mit dem **höchsten Deckungsbeitrag** je Maschinenstunde oder -minute erhält den ersten Rang in der Reihenfolge der Fertigung. Das Produkt mit dem niedrigsten Deckungsbeitrag je Maschinenstunde oder -minute wird unter Umständen nicht mehr oder mit verringerter Menge produziert oder zur Ergänzung des Absatzprogrammes fremdbezogen.

Beispiel: Die Sommerfeld Bürosysteme GmbH stellt fünf Regalsysteme zu folgenden Bedingungen her:

Regalsysteme	Verkaufspreis in €	Variable Kosten in €	Fertigungszeit je Stück in Minuten	Maximale Absatzmenge lt. Absatzplan in Stück
A	1 320,00	840,00	200	400
B	540,00	300,00	75	500
C	300,00	180,00	30	1 600
D	420,00	480,00	50	600
E	1 920,00	1 560,00	225	450

Die maximale Absatzmenge kann nicht produziert werden, weil die Plattenfurnieranlage (Engpass) dieser Fertigungsstelle nur über eine Kapazität von 4 050 Maschinenstunden (243 000 Minuten) verfügt. Die fixen Kosten dieser Kostenstelle betragen 420 000,00 €. Das gewinnmaximale Produktionsprogramm ist zu ermitteln.

1. Ermittlung der absoluten Deckungsbeiträge

	A	B	C	D	E
Verkaufspreis (e) in €	1 320,00	540,00	300,00	420,00	1 920,00
Var. Stückkosten (k_v) in €	840,00	300,00	180,00	480,00	1 560,00
d_B in €	480,00	240,00	120,00	– 60,00	360,00

2. Ermittlung der relativen oder spezifischen Deckungsbeiträge (je Maschinenstunde)

	A	B	C	D	E
Fertigungszeit in Minuten	200	75	30	50	225
Relativer d_B je Engpassstunde in €	$\frac{480 \cdot 60}{200}$	$\frac{240 \cdot 60}{75}$	$\frac{120 \cdot 60}{30}$	$\frac{-60 \cdot 60}{50}$	$\frac{360 \cdot 60}{225}$
	= 144,00	= 192,00	= 240,00	= – 72,00	= 96,00
Rangfolge	3	2	1	–	4

Unter dem Gesichtspunkt der Gewinnmaximierung sollte das Regalsystem D aus der Fertigung genommen werden, weil es einen negativen Deckungsbeitrag bringt.

3. Produktionsprogramm

Rangfolge		Menge in Stück	Fertigungszeit je Stück in Minuten	belegte Engpasskapazität in Minuten	verbleibende Engpasskapazität in Minuten
1	C	1 600	30	48 000	195 000
2	B	500	75	37 500	157 500
3	A	400	200	80 000	77 500
4	E	344	225	77 400	100
				242 900	

Da die zur Verfügung stehende Fertigungskapazität nicht ausreicht, um die maximale Absatzmenge von jedem Produkt zu fertigen, werden von Produkt E, welches den geringsten relativen Deckungsbeitrag aufweist, nur 344 Stück hergestellt.

4. Ermittlung des Gewinns

Produkte	Menge	d_B in €	D_B in €
C	1 600	120,00	192 000,00
B	500	240,00	120 000,00
A	400	480,00	192 000,00
E	344	360,00	123 840,00
ingesamt K_f in €			627 840,00
			420 000,00
Gewinn in €			207 840,00

Eigenfertigung oder Fremdbezug

Sind in einem Betrieb noch **Kapazitäten frei**, taucht die Frage auf, ob bisher fremdbezogene Produkte oder Fertigteile selbst produziert werden können. Bei voller Auslastung der Kapazität oder bei **Produktionsengpässen** ist zu prüfen, ob es nicht günstiger ist, bisher gefertigte Produkte oder Fertigteile durch andere Betriebe herstellen zu lassen. Dadurch können Kapazitäten für Produkte mit höheren Deckungsbeiträgen geschaffen werden.

Entscheidungen bei freien Kapazitäten

Bei freien Kapazitäten ist es wirtschaftlich sinnvoll, ein Produkt oder ein Fertigteil von einem anderen Betrieb zu beziehen, wenn der Bezugspreis unter den variablen Stückkosten liegt.

Beispiel: Die Sommerfeld Bürosysteme GmbH benötigt zur Produktion der verschiedenen Bürotische die verchromten Tischbeine T1, T2, T3 und T4. Diese bisher im eigenen Betrieb hergestellten Tischbeine werden auch von der Stahlrohr GmbH angeboten. Der Einkaufsabteilung liegen folgende Daten zur Entscheidungsfindung vor:

	T1	T2	T3	T4
Bedarfsmenge in Stück	8 000	20 000	15 000	11 400
Bezugspreis je Stück in €	26,00	16,00	18,00	22,00
Variable Stückkosten je Stück in €	17,00	18,00	13,00	14,00
k_f in €	12,00	2,00	4,50	16,00
gesamte Stückkosten in €	29,00	20,00	17,50	30,00

Nur bei T2 liegt der Fremdbezugspreis unter den variablen Kosten. Hier würde sich also ein Fremdbezug lohnen. Die fixen Kosten müssen bei der Entscheidungsfindung unberücksichtigt bleiben, da diese auch bei Aufgabe der Fertigung eines der Teile in gleicher Höhe bestehen bleiben.

Entscheidung bei Vollbeschäftigung oder Engpässen
Stehen bei der Entscheidung, ob eigengefertigt werden soll, nicht genügend Kapazitäten zur Verfügung, um alle Teile zu produzieren, deren variable Kosten unter dem Bezugspreis liegen, muss eine Auswahl für den Fremdbezug getroffen werden. Es werden die Produkte vorgezogen, die den höchsten engpassbezogenen Kostenvorteil bringen.

Beispiel (Fortsetzung des Beispiels oben): Der Sommerfeld Bürosysteme GmbH steht eine Mehrzweckanlage 4 400 Stunden zur Verfügung, um die Tischbeine T1, T2, T3 und T4 zu fertigen.

	T1	T2	T3	T4
Bedarfsmenge in Stück	8 000	20 000	15 000	11 400
Bezugspreis je Stück in €	26,00	16,00	18,00	22,00
Variable Stückkosten in €	17,00	18,00	13,00	14,00
Fertigungszeit je Einheit in Minuten	12	3	6	8

Lösung
1. Berechnung des Kapazitätsbedarfs in Stunden
   T1 + T2 + T3 + T4 = benötigte Kapazität
   $$\frac{8\,000 \cdot 12}{60} + \frac{20\,000 \cdot 3}{60} + \frac{15\,000 \cdot 6}{60} + \frac{11\,400 \cdot 8}{60} = \underline{\underline{5\,620\text{ Stunden}}}$$

2. Berechnung des Kapazitätsfehlbedarfs = maximale Kapazität – benötigte Kapazität
   4 400 – 5 620 = – 1 220 Stunden
   Da T2 wegen des Kostenvorteils fremdzubeziehen ist, verringert sich der Kapazitätsbedarf um 1 000 auf 220 Stunden : $\frac{(20\,000 \cdot 3)}{60}$
   Damit steht fest, dass der Bedarf an T1, T3 und T4 nicht ohne Kapazitätserweiterung in Eigenfertigung produziert werden kann. In diesem Falle wird die Entscheidung von der Inanspruchnahme des Engpasses, d. h., vom Kostenvorteil je Engpasseinheit bestimmt.

3. Ermittlung der engpassbezogenen Kostenvorteile und der Rangfolgen

Produkte	Bezugspreis in €	k_v in €	Kostenersparnis je Einheit in €	Fertigungszeit je Stück in Minuten	Kostenersparnis je Engpassstunde in €	Rangfolge
T1	26,00	17,00	9,00	12	45,00	3
T3	18,00	13,00	5,00	6	50,00	2
T4	22,00	14,00	8,00	8	60,00	1

4. Eigenfertigung und Fremdbezug

Rang-folge	Produkte	Eigenfertigungsmenge in €	Fremdbezugsmenge in Stück	Fertigungszeit	verbleibende freie Kapazität
1	T4	11 400	–	1 520	2 880
2	T3	15 000	–	1 500	1 380
3	T1	6 900	1 100	1 380	0
	T2		20 000	–	–

Zusammenfassung

Teilkostenrechnung als Entscheidungsinstrument bei der Produktions- und Absatzplanung

TKR als Entscheidungsinstrument bei der Produktions- und Absatzplanung

Entscheidung über Zusatzaufträge	Bestimmung von Preisuntergrenzen	Produktionsprogrammplanung	Wahl des Produktionsverfahrens	Eigenfertigung oder Fremdbezug
– Zusatzaufträge tragen zu einer besseren **Kapazitätsauslastung** bei. – Sie können die bisherige Produktion um Teile der K_f entlasten. – Voraussetzung hierzu ist jedoch, dass ein **Verkaufspreis über den variablen Stückkosten** erzielt wird.	– **Kurzfristige Preisuntergrenzen** bilden die **variablen Kosten.** Diese können in einer Mischkalkulation überschritten werden. – Mit Preisen über dieser Untergrenze wird ein Deckungsbeitrag zur Deckung der fixen Kosten bzw. zur **Gewinnerzielung** erwirtschaftet. – **Langfristige Preisuntergrenzen** bilden die gesamten Stückkosten.	– Bei **Engpässen von Kapazitäten** wird den Produkten der Vorzug gegeben, die den höchsten d_B erzielen. – Wenn die Produkte je Einheit die Anlage unterschiedlich in Anspruch nehmen, ist der **spezifische Deckungsbeitrag**, der d_B je Maschinenlaufstunde, zu ermitteln.	– Können Erzeugnisse wahlweise auf zwei vorhandenen Anlagen hergestellt werden, wird auf der **Anlage** mit den **geringsten variablen Stückkosten** produziert. – Dadurch wird der **höchste d_B** zur Deckung der K_f erzielt, die bei den alternativen Verfahren gleich hoch sind.	– Diese Frage wird beantwortet durch Gegenüberstellung der **variablen Stückkosten** und des **Fremdbezugspreises.** – **Fixe Kosten** werden nicht einbezogen, weil sie bei Fremdbezug nicht abgebaut und somit auch getragen werden müssen.

Aufgaben

1. Ein Industriebetrieb stellt ein Massenprodukt her. Im abgelaufenen Monat wurden 50 000 Stück hergestellt und zum Preis von 3,20 € je Stück verkauft. Die Produktion verursachte 55 000,00 € K_v und 84 000,00 € K_f.

   a) Ermitteln Sie
      aa) den Stück- und Monatsdeckungsbeitrag,
      ab) den Erfolg.

b) Bei welchem Absatz würde die Gewinnschwelle erreicht werden?
c) Wie hoch sind Umsatz und Kosten an der Gewinnschwelle?

2. Ein Hersteller von Industrieordnern ist gezwungen, seinen Verkaufspreis um 30 % zu reduzieren, um seinen bisherigen Marktanteil behaupten zu können:

Absatzmenge (= Produktionsmenge)   2 000 000 Stück
Verkaufspreis bisher   3,00 €
Variable Stückkosten (k_v)   1,80 €
Bereitschaftskosten (K_f)   480 000,00 €
Beschäftigungsgrad   80 %

a) Wie wirkt sich die Preissenkung bei angegebener Absatzmenge auf den Gewinn aus?
b) Wie hoch sind die Deckungsbeiträge vor und nach der Preissenkung?
c) Bestimmen Sie den Break-even-Point vor und nach der Preissenkung:
   ca) Absatz- bzw. Produktionsmenge,
   cb) Beschäftigungsgrad, der sich beim jeweiligen Break-even-Point ergibt,
   cc) Umsatz und Gesamtkosten, die sich beim jeweiligen Break-even-Point ergeben.
d) Wie viel Prozent müssen nach der Preissenkung im Verhältnis zum ursprünglichen Break-even-Point mehr verkauft werden, um die Gesamtkosten zu decken?
e) Wie viel Stück müssten zusätzlich produziert bzw. verkauft werden, um bei vermindertem Preis keine Gewinneinbuße hinnehmen zu müssen?

3. Ein Zementwerk stellt Rasenkantensteine 100 · 25 · 5 cm her. Die Produktion von 50 000 Stück im letzten Jahr verursachte bei einem Beschäftigungsgrad von 62,5 % 105 000,00 € Gesamtkosten. Der Anteil der fixen Kosten betrug 40 000,00 €. Der Umsatz belief sich beim Absatz der gesamten Produktionsmenge auf 125 000,00 €. In dieser Situation hat das Unternehmen zu entscheiden, ob ein Auftrag der Gemeindeverwaltung von 10 000 Stück angenommen werden kann, wobei der Verkaufspreis von 1,90 € je Stück nicht überschritten werden darf.

a) Kann der Auftrag bei gegebener Kapazität überhaupt angenommen werden?
b) Ermitteln Sie
   ba) die fixen Kosten,   bc) die Gesamtkosten,
   bb) die variablen Kosten,   bd) den Verkaufspreis und den Gewinn je Stück.
c) Beurteilen Sie eine Kalkulation des Auftrages zu den gleichen Stückkosten.
d) Wie soll sich das Zementwerk verhalten (mit Begründung)?

4. Ein Hersteller von Taschenrechnern produziert unter folgenden Bedingungen:

Monatskapazität   12 000 Stück
Derzeitige Monatsproduktion   9 600 Stück
Fertigungsmaterial   40,00 € je Stück
Fertigungslöhne   20,00 € je Stück
Variable Gemeinkosten   16,00 € je Stück
Kosten der Betriebsbereitschaft   84 000,00 € je Monat
Verkaufspreis   90,00 € je Stück

a) Welcher Beschäftigungsgrad wurde erreicht?
b) Wie viele Taschenrechner muss der Betrieb produzieren, um die Gewinnschwelle zu erreichen?
c) Welchen Jahreserfolg erzielt der Betrieb bei weiterhin gleichbleibender Produktion?
d) Um die Kapazität noch besser auszunutzen, erwägt die Unternehmensleitung
   da) Anschluss an eine Kaufhauskette, die sich zu einer monatlichen Abnahme von 1 500 Stück zu einem Preis von 80,00 € verpflichtet,

db) Aufnahme eines besseren Rechners in das gegebene Produktionsprogramm. Untersuchungen ergaben, dass sich die Materialkosten auf 48,00 € je Stück und die Kosten der Betriebsbereitschaft auf insgesamt 96 000,00 € erhöhen würden. Monatlich könnten auf längere Sicht über den Fachhandel rund 900 Stück zu einem Preis von 112,00 € abgesetzt werden.
Zu welcher Entscheidung raten Sie (mit Begründung)?

Die rechnerischen Ergebnisse sind vergleichsweise in einer Übersicht zusammenzustellen, aus der Umsatz, direkte Kosten, Bereitschaftskosten, Deckungsbeitrag und Gewinn hervorgehen.

5. Ein Autohersteller, der bisher monatlich 50 000 Felgen zum Preis von 112,00 € bezieht, will zur Eigenfertigung mit vollautomatischer Großanlage übergehen. Berechnungen haben ergeben, dass die monatlichen Fixkosten 1 768 000,00 € und die variablen Kosten je Felge 78,00 € bei Eigenfertigung betragen würden.
   a) Treffen Sie eine begründete Entscheidung, ob die Eigenfertigung sinnvoll ist.
   b) Ermitteln Sie, ab welcher Menge die Eigenfertigung kostengünstiger als der Fremdbezug ist.

6. Ein Industriebetrieb produziert bei 224 000,00 € K_v und 132 000,00 € K_f und verkauft monatlich durchschnittlich 7 000 Stück eines Erzeugnisses bei einem Verkaufspreis von 52,00 €. Die Kapazität wurde dabei nur zu 56 % genutzt. Zur besseren Ausnutzung der Kapazität und Erhöhung des Gewinnes sieht der Unternehmer aufgrund vorliegender Verhandlungsergebnisse folgende Möglichkeiten:

1. Absatz über eine internationale Handelskette, die bei einem Wiederverkäuferrabatt von 25 % eine Abnahme von 4 000 Stück je Monat garantiert.
2. Bindung an eine Wohnungsbaugesellschaft, die langfristig 3 000 Stück zum bisherigen Preis abnehmen wird, wenn ein Sonderwunsch berücksichtigt wird, der sich in einer Erhöhung der variablen Kosten um 11,00 € je Stück niederschlägt.
3. Aufnahme eines zweiten, andersartigen Erzeugnisses in die Produktion, dessen variable Kosten je Stück 25,00 € betragen. Die fixen Kosten werden wegen Umrüstung bisheriger Anlagen und wegen Anschaffung einer zusätzlichen Anlage, deren Kapazität 3 125 Stück beträgt, um 40 000,00 € steigen. Marktuntersuchungen haben ergeben, dass von diesem Produkt monatlich durchschnittlich 2 500 Stück zum Preis von 42,00 € abgesetzt werden könnten.

Vergleichen Sie die drei Alternativen:

a) Zu welcher Entscheidung raten Sie?
   Die Entscheidung ist zu belegen, und zwar durch eine tabellarische Gegenüberstellung
   aa) des Beschäftigungsgrades,
   ab) des Deckungsbeitrages je Stück der zusätzlichen Produktion,
   ac) des Umsatzes, der variablen Kosten, des Deckungsbeitrages insgesamt, der fixen Kosten und des Gewinnes für die Ausgangssituation und die drei Alternativen.
b) Wo liegt in den drei Alternativen die kostenbedingte Preisuntergrenze?

7. Folgende Angaben aus dem abgelaufenen Rechnungsabschnitt eines Industriebetriebes, der drei Produkte herstellt, sind auszuwerten:

Produkte	A	B	C
Produktions- und Absatzmenge (St.)	2 000	5 000	4 000
Umsatz	45 000,00	67 000,00	172 000,00
K_v	34 000,00	28 000,00	112 000,00
Fertigungszeit in Minuten (Auftragszeit)	12	30	45
K_f		82 000,00	

a) Errechnen Sie
   aa) den Deckungsbeitrag je Stück jeder Produktart,
   ab) den Deckungsbeitrag jeder Produktart,
   ac) den Deckungsbeitrag je Fertigungsstunde,
   ad) den Erfolg der abgelaufenen Rechnungsperiode,
   ae) den Beschäftigungsgrad bei einer Kapazität von 7 375 Fertigungsstunden.
b) Welches Produkt ist in der kommenden Rechnungsperiode bei voller Kapazitätsausnutzung bevorzugt zu produzieren, wenn der Markt vorläufig von jedem Produkt jede Produktionsmenge aufnimmt?

8. Die Rellek GmbH fertigt auf einer Maschinenkombination drei verschiedene Erzeugnisse, über die folgende Informationen vorliegen:

Informationen – Daten	Erzeugnis I	Erzeugnis II	Erzeugnis III
Produktions- und Absatzmenge in Stück	3 060	1 530	9 860
Auftragszeit je Erzeugnis in Minuten	8	12	6
Fertigungsmaterial je Erzeugniseinheit	14,00 €	28,00 €	17,00 €
weitere einzeln zurechenbare Kosten im Fertigungsbereich (Löhne, Energie)	8,00 €	12,00 €	23,00 €
zu erzielender Marktpreis	20,00 €	50,00 €	52,00 €
Summe der fixen Kosten der Planperiode		95 500,00 €	

a) Ermitteln Sie den in der obigen Planungsperiode zu erzielenden Gesamterfolg und erläutern Sie Ihre Berechnung.
Nennen Sie die Reihenfolge der Maschinenbelegung mit den Erzeugnissen, falls Sie nur noch geringe Maschinenkapazität frei hätten und der Absatzmarkt die Erzeugnisse aufnehmen würde. Begründen Sie Ihre Entscheidung.

b) Geben Sie den theoretisch denkbaren Gesamterfolg an, wenn nur ein Erzeugnis produziert und abgesetzt würde. Nehmen Sie kritisch Stellung zu diesem Ergebnis. Berechnen und nennen Sie den jeweiligen Break-even-Point, falls nur das Erzeugnis I oder nur das Erzeugnis II oder nur das Erzeugnis III produziert und abgesetzt würde.

9. Ein Industriebetrieb benötigt zur Herstellung eines Erzeugnisses die Teile T1, T2, T3 und T4, die alle eigengefertigt oder fremdbezogen werden können. Für Eigenfertigung stehen die dafür notwendigen Kapazitäten zur Verfügung.

	T1	T2	T3	T4
Bedarfsmenge je Monat in Stück	4 000	9 000	5 000	10 000
Fremdbezugspreis je Stück in €	27,00	47,00	40,00	16,00
Variable Stückkosten in €	20,00	40,00	30,00	10,00
Gesamte Stückkosten in €	25,00	50,00	38,00	14,00

a) Entscheiden Sie mit rechnerischem Nachweis, ob Einzelteile fremdbezogen werden sollen.
b) In Verhandlungen mit einem Lieferer wird für T4 ein Fremdbezugspreis von 9,00 € für eine gleichbleibende Abnahmemenge von monatlich 10 000 Stück ausgehandelt. Prüfen Sie, ob dieses Verhandlungsergebnis Ihre unter a) getroffene Entscheidung beeinflusst.

10. Ein Industriebetrieb benötigt die Teile A, B und C, die zu folgenden Bedingungen fremdbezogen oder eigengefertigt werden können:

	A	B	C
Bedarfsmenge im Jahr in Stück	20 000	40 000	10 000
Fertigungsmaterial in €	18,00	30,00	80,00
Fertigungslöhne in €	24,00	10,00	30,00
Weitere variable Fertigungsgemeinkosten in €	28,00	15,00	40,00
K_f bei obiger Bedarfsmenge in €	500 000,00	320 000,00	400 000,00
Fremdbezugspreise in €	100,00	50,00	200,00

Treffen Sie eine begründete Entscheidung für Eigenfertigung oder Fremdbezug.

11. Ein Industrieunternehmen fertigt bei einer Monatskapazität von 2 800 Einheiten das Erzeugnis E1. Über die Produktion des Erzeugnisses im ersten Vierteljahr ergaben sich folgende Daten:

	Januar	Februar	März
Absatz- und Produktionsmenge in Stück	2 100	1 680	2 520
Gesamtkosten in €	166 600,00	148 960,00	184 240,00
Gesamterlöse in €	189 000,00	151 200,00	226 800,00

Die variablen Gesamtkosten verlaufen proportional.
Berechnen Sie
a) die variablen Stückkosten,
b) die Gesamtfixkosten je Monat,
c) den Erlös je Stück,
d) den Deckungsbeitrag je Stück,
e) den Break-even-Point,
f) den maximalen Gewinn bei Ausnutzung der Kapazität,
g) den prozentualen Erfolg in den einzelnen Monaten im Verhältnis zu den jeweiligen Gesamtkosten,
h) die langfristige Preisuntergrenze bei einer Kapazitätsausnutzung von 80 %,
i) und nennen Sie die kurzfristige Preisuntergrenze.

12. Eine Maschinenfabrik fertigt auf einer Anlage die Teile A, B, C und D zu folgenden Bedingungen:

	A	B	C	D
Bedarfsmenge je Monat	8 000	4 000	6 000	12 000
Fertigungszeit je Einheit in Min.	12	30	15	10
k_v	20,00	40,00	25,00	15,00
Fremdbezugspreis	30,00	48,00	28,00	19,00
Kapazität von 4 Maschinen in der Maschinenfabrik	6 800 Stunden			

a) Berechnen Sie den Kapazitätsfehlbedarf bei Eigenfertigung.
b) Treffen Sie eine begründete Entscheidung darüber, welches Produkt (Art und Menge) fremdbezogen wird.
c) Stellen Sie das Produktionsprogramm zusammen.

13. Ein Unternehmer hat eine Produktionskapazität von 102 000 Stück. Er erzielt für ein Erzeugnis 8,00 €. An Kosten fallen u. a. an: Fertigungsmaterial 4,50 €, Energiekosten 0,10 €, Fertigungslöhne 0,50 €, Verpackungskosten 0,20 €. An fixen Kosten hat er 110 160,00 €.

    a) Der Unternehmer möchte wissen, wie viele Erzeugnisse er absetzen muss, um Gewinn zu erzielen, bzw. bei welchem Beschäftigungsgrad die Gewinnerzielung beginnt.
    b) Die Produktionsanlage ist zurzeit mit 70 % ausgelastet. Welchen Gewinn erzielt das Unternehmen?
    c) Das Produkt könnte im Ausland unter einem anderen Produktnamen für 6,00 € abgesetzt werden. Die Absatzsteigerung könnte laut Planung 35 000 Einheiten betragen. Zur Vergrößerung der Kapazität wäre der Erwerb einer weiteren Maschineneinheit notwendig, deren Kapazität 5 100 Einheiten betragen würde. Die dabei anfallenden zusätzlichen fixen Kosten würden 7 000,00 € betragen. Für das Auslandsprodukt würde sich der Fertigungsmaterialeinsatz von 4,50 € auf 4,70 € erhöhen, die übrigen variablen Kosten blieben gleich.
    Prüfen Sie, in welcher Weise durch die Expansion der Gewinn und der Beschäftigungsgrad verändert werden.

14. Eine Brotfabrik kann in einem Backofen alternativ drei Brotsorten herstellen. Zurzeit werden in dem Backofen nacheinander gebacken:

	Sorten		
	A	B	C
Planabsatz in Stück je Tag	1 000	1 500	2 000
Verkaufspreis je Stück in €	4,00	2,00	3,00
Variable Stückkosten in €	2,00	1,30	2,10
Fertigungszeit je 100 Stück in Minuten	24	18	12

    Durch eine Marktuntersuchung wird festgestellt, dass der Absatz von jeder Brotsorte gesteigert werden könnte.
    a) Welche Sorte ist am ehesten zu fördern, wenn die Kapazität des Backofens nicht ausgelastet ist?
    b) Wie lautet das Produktionsprogramm, wenn der Backofen für diese drei Brotsorten höchstens zehn Stunden zur Verfügung steht

15. Ein Produkt, das zum Nettopreis von 198,00 € verkauft wird, verursacht variable Stückkosten von 140,00 € und Fixkosten je Rechnungsperiode von 290 000,00 €.

    a) Ermitteln Sie
       aa) den Deckungsbeitrag,
       ab) den Break-even-Point,
       ac) den Erfolg bei einem Absatz von 14 000 Stück.
       Im harten Wettbewerb mit der Konkurrenz sieht die Unternehmensleitung drei Alternativlösungen, um den Erfolg der letzten Rechnungsperiode zu halten:
       1. Senkung des Stückpreises um 20 %,
       2. Produktion eines qualitativ besseren Produktes, wodurch sich die variablen Kosten auf 154 50 € je Stück erhöhen,
       3. Anschaffung einer neuartigen Produktionsanlage, durch die die Fixkosten allerdings um 10 % zunehmen.
    b) Zeigen Sie Auswirkungen der drei Alternativen auf die Gewinnschwellenmenge und den Umsatz auf, wenn der letztjährige Erfolg erreicht werden soll.

3 Flexible Plankostenrechnung als Instrument des Controllings[1]

LS 35

Auf seinem Weg durch die Abteilungen der Sommerfeld Bürosysteme GmbH ist Rudolf Heller seit der vergangenen Woche in der Abteilung Controlling angekommen. Nicole Esser und Theo Bast, die diese Abteilung leiten, nehmen Rudolf mit auf eine Abteilungs- und Gruppenleiterkonferenz. Dort wird die negative Erfolgsentwicklung der Produktgruppe „Warten und Empfang" von Frau Esser thematisiert (vgl. Beispiel auf S. 434 ff.). „Im vergangenen Jahr haben wir mit dieser Produktgruppe ein negatives Betriebsergebnis in Höhe von rund 2,8 Millionen Euro eingefahren. Das dies ein katastrophaler Wert ist, muss ich wohl nicht weiter ausführen. Die Frage ist, was können wir in Zukunft tun, um solche Entwicklungen rechtzeitig zu erkennen und zu stoppen?"

Arbeitsaufträge

Entwickeln Sie
- *Vorschläge, welche Daten oder Übersichten für die Besprechung mit den Abteilungs- und Gruppenleitern wichtig sind,*
- *Vorschläge, welche Daten zur Erfolgskontrolle in Zukunft regelmäßig erfasst werden müssen,*
- *einen Maßnahmenkatalog zur Kontrolle der Wirtschaftlichkeit einzelner Produkte.*

Aufgaben des Controllings

Das Controlling liefert der Geschäftsführung eines Industrieunternehmens sämtliche Daten, welche für die Erreichung der kurz-, mittel- und langfristigen Unternehmensziele benötigt werden. Es analysiert und interpretiert die Ergebnisse der Vergangenheit und erstellt auf Basis dieser Zahlen Veränderungsvorschläge und Planungsvorgaben für die Zukunft. Dazu greift das Controlling auf sämtliche verfügbaren Daten aus der Finanzbuchhaltung und der Kostenrechnung zurück.

[1] *Ergänzende Informationen zu diesem Kapitel finden Sie unter BuchPlusWeb.*

Lernfeld 4: Wertschöpfungsprozesse analysieren und beurteilen

Aufgaben des Controllings

Ausrichtung

Operatives Controlling
- Kurz-/Mittelfristig
  - 1–3 Jahre
  - Lebensfähigkeit
    - Liquidität
    - Verschuldung
  - Kapitalverzinsung
    - Eigenkapital
    - Gesamtkapital
  - Wirtschaftlichkeit
    - Kosten
    - Leistungen

Strategisches Controlling
- Langfristig
  - Marktveränderungen
  - Politische Veränderungen
  - Technischer Fortschritt
  - Risikoeinschätzung
  - Chancen erkennen
  - Alternative Strategien entwickeln

Zielsetzung
- Datengrundlage
- Zielfestsetzung
  - Beschäftigte
  - Lagergröße
  - Kapazitäten
  - Absatz
  - Umsatz
  - Kostensenkung
  - Gewinn
- Details hinzufügen

Planung
- Zielerreichungen
- Entscheidungen
- Konsequenzen
- Teilpläne
  - Absatzplan
  - Produktionsplan
  - Materialbedarfsplan
  - Materialbeständeplan
  - Investitionsplan
  - Personalbedarfsplan
  - Finanzplan
  - Ergebnisplan
- Sollwerte

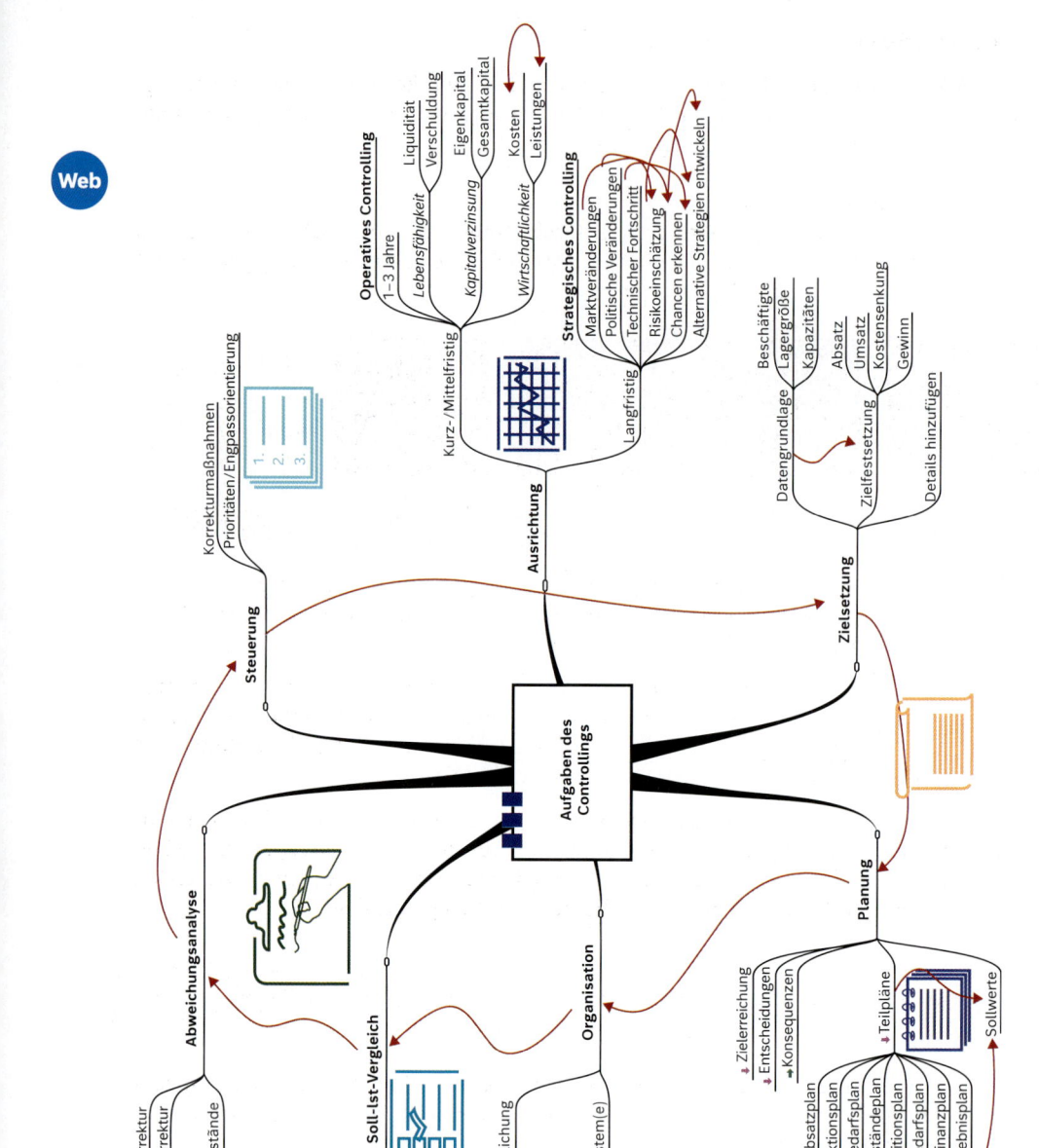

Organisation
- Planverwirklichung
- Regelsystem(e)
  - Abteilungen
  - Stellen
  - Aufgaben
  - Abläufe

Soll-Ist-Vergleich
- Regelmäßig
- Maßnahmen
- Zielerreichung
  - Effektiv
  - Effizient
- Istwerte
- Sollwerte

Abweichungsanalyse
- Zielkorrektur
- Maßnahmenkorrektur
- Gegenstände
  - Absatz
  - Umsatz
  - Kosten
  - (...)

Steuerung
- Korrekturmaßnahmen
- Prioritäten/Engpassorientierung
  1.
  2.
  3.

Web

Plankostenrechnung

Die **Plankostenrechnung** ermittelt die Plankosten für Zwecke der Kostenverrechnung, Kalkulation und Kostenkontrolle im Unterschied zu der Normalkostenrechnung unabhängig von den Istkosten der Vergangenheit.

Bestandteile der Plankosten

Die folgende Übersicht zeigt mögliche Einflussfaktoren von Kostenabweichungen im Rahmen des Vergleichs der tatsächlichen Betriebsergebnisse einer Rechnungsperiode mit den geplanten Ergebnissen (Soll-Ist-Vergleich):

Art oder Qualität des verbrauchten Rohstoffes	:	Verbrauchsmenge je Produkteinheit	·	Preis je Verbrauchseinheit	·	Beschäftigung (geplante Menge des Produktes)	=	Plankosten des Rohstoffes „Tischlerplatte"
Tischlerplatte	:	1,5 m²	·	20,00 €	·	10 000	=	300 000,00 €

Plankosten sind solche Kosten, bei denen die **Faktoreinsatzmengen** (Verbrauchsmengen) und deren **Preise** für eine geplante Ausbringungsmenge (**Beschäftigung**) festgelegte Plangrößen darstellen. Sie sind demnach zukunftsorientiert.

Die Festlegung der **geplanten Verbrauchsmengen** erfolgt aufgrund exakter Verbrauchsmessungen (z. B. Vorgabezeiten, Energieverbrauch bei bestimmten Umdrehungen, Rezepturen, technische Zeichnungen), technischer Berechnungen und durch Aufstellung und Analyse von Verbrauchsfunktionen (mathematische Verfahren).

Als **Planpreise** (Lohnsatz, Verrechnungspreis für Werkstoffe) werden zukünftige Planeinstandspreise und zukünftige Lohnverrechnungssätze für die gesamte Planperiode festgesetzt. Dabei ist darauf zu achten, dass die Planpreise in etwa den am Markt zu erwartenden Preisen entsprechen, um die Konkurrenzfähigkeit nicht zu gefährden.

> *Die Plankosten sind das Produkt aus Planmengen und Planpreisen einer Planperiode.*

Die Plankostenrechnung bedingt, dass für alle Kostenarten (Einzel- und Gemeinkostenarten) Plankosten festgelegt werden. An folgenden Kostenarten sollen Möglichkeiten der Plankostenermittlung verdeutlicht werden:

Planfertigungsmaterial

In der Regel wird die Planverbrauchsmenge einer Einheit des Erzeugnisses (Teil, Gruppe) aufgrund der vorhandenen Stückliste oder vorliegender Rezepturen ermittelt. Zusätzlich müssen Quoten für nicht vermeidbaren Ausfall einkalkuliert werden.

Durch Multiplikation der Bruttoplanverbrauchsmenge je Einheit mit der Planproduktionsmenge erhält man die gesamte Bruttoplanverbrauchsmenge.

Der **Planpreis** je Einheit (Planeinstandspreis) ergibt sich aus dem erwarteten Wiederbeschaffungspreis der Planperiode abzüglich eventuell möglicher Rabatte und Skonti und zuzüglich eventueller Bezugsspesen (Fracht, Versicherung u. a.).

Bei schwankenden Anschaffungskosten werden für eine Planperiode feste Verrechnungspreise festgelegt.

Beispiel:
Berechnung der Planverbrauchsmenge für ein Regal

Verbrauch je Einheit lt. Stückliste	1,50 m²
+ Abfallmenge 2 %	0,03 m²
= Bruttoplanverbrauchsmenge	1,53 m²

Planproduktionsmenge 10 000 Regale
Gesamtbruttoplanverbrauchsmenge = 1,53 · 10 000 = 15 300 m²

Berechnung des Planfertigungsmaterials:

Planverrechnungspreis je m²:	20,00 €/m²
Planfertigungsmaterial: 15 300 · 20 =	306 000,00 €

Planfertigungslohn

Voraussetzung für die Berechnung ist die exakte Festlegung von Vorgabezeiten für alle Arbeitsvorgänge mittels Arbeitszeitstudien. Dabei ist von Normalleistungen auszugehen.

Die Vorgabezeiten je Einheit multipliziert mit der Planproduktionsmenge ergeben den Planzeitverbrauch. Um die Planeinzellohnkosten im Falle der Leistungslohnberechnung festzulegen, muss der Minutenfaktor ermittelt werden.

→ **LF 7**

$$\text{Planminutenfaktor} = \frac{\text{Erwarteter Akkordrichtsatz der Planperiode}}{60}$$

Planlohneinzelkosten =
Planvorgabezeiten je Einheit · Planproduktionsmenge · Planminutenfaktor

Beispiel:

Vorgabezeiten je Einheit:	36 Minuten
Erwarteter Akkordrichtsatz:	12,00 €
Planproduktionsmenge:	10 000 Einheiten

Planminutenfaktor $\frac{12}{60} = 0{,}20$

Planlohneinzelkosten = 10 000 · 36 · 0,20 = 72 000,00 €

Plangemeinkosten

Plangemeinkosten sind den Kostenträgern nicht unmittelbar zurechenbare oder nicht direkt zugerechnete Plankosten. Um eine verursachungsgerechte Verrechnung auf die Kostenträger zu erreichen, werden sie zunächst für die einzelnen Kostenstellen festgelegt. Um die Gemeinkosten bei unterschiedlichen Beschäftigungsgraden festlegen zu können, ist eine Kostenauflösung in fixe und variable Bestandteile erforderlich.[1] Mithilfe von Planverrechnungssätzen, die für jede Kostenstelle zu ermitteln sind, wird dann die Verrechnung der Gemeinkosten auf die Kostenträger durchgeführt.

---

[1] *Auf Verfahren der Kostenauflösung wird in diesem Buch aus Gründen der didaktischen Reduktion nicht eingegangen, da diese nicht prüfungsrelevant sind.*

Aufstellung von Kostenplänen in der Kostenstellenrechnung

Um eine Verrechnung der Plankosten auf die Kostenträger und eine Kostenkontrolle zu ermöglichen, sind für die einzelnen Kostenstellen der Unternehmung nach Planung der einzelnen Kostenarten **Kostenpläne**, meist für einzelne Monate, aufzustellen.

Beispiel eines Kostenplans

Kostenstellenbezeichnung: Säge I Zeitraum Monat: Januar			Kostenstellenleiter: Pankritz		
Planbezugsgröße: 4 000 Fertigungsstunden/Monat					
Kostenart	Planmenge	Planpreis je Mengeneinheit in €	Plankosten		
			gesamt	proport.	fix
Fertigungslöhne	4 000 Std.	12,00	48 000,00	48 000,00	
Hilfslöhne	320 Std.	8,00	2 560,00	1 792,00	768,00
Energie	18 000 kWh	0,10	1 800,00	1 773,00	27,00
Sozialkosten			12 512,00	9 380,00	3 132,00
Gemeinkostenmaterial (Öl, Fette)			3 798,00	1 638,00	2 160,00
Instandsetzung	400 Std.	20,00	8 000,00	1 600,00	6 400,00
Kalkulatorische Abschreibungen			4 200,00	1 500,00	2 700,00
Kalkulatorische Zinsen	500 T€	9 % p. a.	3 750,00	–	3 750,00
Kalkulatorische Miete	350 m²	6,00 €/m²	2 100,00	–	2 100,00
Sonstige Kosten			13 280,00	2 317,00	10 963,00
	Plankostensumme		100 000,00	68 000,00	32 000,00
Plankostensumme / Planbezugsgröße	Plankostenverrechnungssatz		25,00	17,00	8,00

Solche Kostenpläne enthalten für die Kostenstellenleiter die Kosten, die bei der Planbeschäftigung anfallen sollen. Sie haben Vorgabecharakter. Nicht alle Plankosten können dabei von der Kostenstelle beeinflusst werden. So hat die Kostenstelle zwar Einfluss auf die Instandhaltungskosten, nicht jedoch auf die kalkulatorischen Kosten.

Erstellung des BAB in der Plankostenrechnung

Nachdem für alle Kostenstellen der Unternehmung solche Kostenpläne aufgestellt wurden, können sie zum BAB zusammengestellt werden (vgl. S. 491):

Plankosten und Sollkosten

Im Plankostenverrechnungssatz laut Kostenplan (25,00 €) sind neben den variablen Kosten je Facharbeiterstunde (17,00 €) auch die fixen Kosten je Fertigungsstunde (8,00 €) bei Planbeschäftigung (4 000 Stunden) enthalten. Damit werden die fixen Kosten wie die variablen in Abhängigkeit zur Beschäftigung gebracht und proportionalisiert, was durch folgende Funktionsgleichung ausgedrückt werden kann:

Verrechnete Plankosten	=	Plankostenverrechnungssatz	·	Planbeschäftigung
Verrechnete K_g	=	$(k_v + k_f)$	·	x
100 000	=	17 + 8	·	4 000

Dadurch werden bei Abweichungen von der Planbeschäftigung bei jedem anderen Beschäftigungsgrad unterschiedlich hohe fixe Kosten verrechnet. Wird die Planbeschäftigung nicht erreicht, werden zu wenige fixe Kosten verrechnet; wird die Planbeschäftigung überschritten, werden zu viele fixe Kosten verrechnet.

Sollkosten

Die fixen Kosten bleiben grundsätzlich innerhalb eines bestimmten Beschäftigungsintervalls konstant. Nur die variablen Kosten verändern sich proportional zur Beschäftigung. Daraus lassen sich dann die Kosten für jeden Beschäftigungsgrad (= Sollkosten) ableiten:

Sollkosten	=	Plan-k_v	·	Istbeschäftigung	+	Plan-K_f
Sollkosten	=	17	·	4 000	+	32 000

Folgendes Diagramm veranschaulicht die auftretenden Kostenabweichungen aufgrund von Abweichungen der Istbeschäftigung von der Planbeschäftigung, kurz **Beschäftigungsabweichungen** genannt:

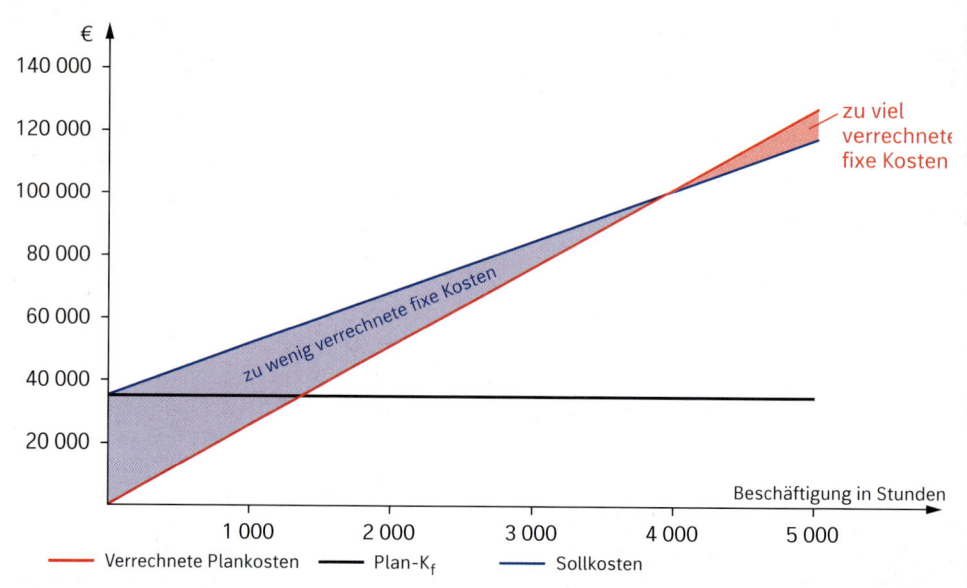

Kostenarten	Kostensumme			Material		Fertigung: Sägen		Fertigung: Fräsen		Fertigung: Montage		Verwaltung		Vertrieb	
	K_g	K_v	K_f	K_v	K_f	K_v	K_f	K_v	K_f	K_v	K_f	K_v	K_f	K_v	K_f
Fertigungslöhne	150 000,00	150 000,00	–	–	–	48 000,00	–	72 000,00	–	30 000,00	–	–	–	–	–
Hilfslöhne	17 562,00	13 042,00	4 520,00	6 400,00	1 500,00	1 792,00	768,00	2 150,00	922,00	900,00	350,00	600,00	180,00	1 200,00	800,00
Gehälter	24 300,00	–	24 300,00	–	2 400,00	–	–	–	1 400,00	–	1 800,00	–	15 700,00	–	3 000,00
Gemeinkostenmaterial	10 368,00	2 888,00	7 480,00	600,00	1 500,00	1 638,00	2 160,00	190,00	70,00	460,00	150,00	–	2 000,00	–	1 600,00
Energie	10 210,00	8 643,00	1 567,00	800,00	200,00	1 773,00	27,00	3 200,00	170,00	1 370,00	70,00	100,00	900,00	1 400,00	200,00
Sozialkosten	40 433,00	32 030,00	8 403,00	1 280,00	780,00	9 380,00	3 132	14 830,00	465,00	6 180,00	430,00	120,00	2 836,00	240,00	760,00
Instandsetzungen	20 530,00	10 230,00	10 300,00	–	200,00	1 600,00	6 400,00	4 630,00	2 000,00	3 200,00	800,00	–	600,00	800,00	300,00
Steuern	4 000,00	1 300,00	2 700,00	–	400,00	–	–	–	–	–	–	1 300,00	2 100,00	–	200,00
Ausgangsfrachten	800,00	800,00	–	–	–	–	–	–	–	–	–	–	–	800,00	–
Bürokosten	2 000,00	–	2 000,00	–	100,00	–	–	–	–	–	–	–	1 700,00	–	200,00
Kalkulat. Abschreibungen	19 240,00	8 840,00	10 400,00	200,00	1 000,00	1 500,00	2 700,00	3 000,00	1 600,00	1 540,00	700,00	–	4 000,00	2 600,00	400,00
Kalkulat. Zinsen	11 450,00	–	11 450,00	–	700,00	–	3 750,00	–	4 000,00	–	500,00	–	1 600,00	–	900,00
Kalkulat. Miete	11 600,00	–	11 600,00	–	700,00	–	2 100,00	–	2 500,00	–	1 800,00	–	3 000,00	–	500,00
Sonstige Kosten	16 798,00	2 317,00	14 481,00	–	–	2 317,00	10 963,00	–	1 873,00	–	–	–	1 645,00	–	–
Plankostensummen	339 291,00	230 090,00	109 201,00	9 280,00	10 480,00	68 000,00	32 000,00	100 000,00	15 000,00	43 650,00	6 600,00	2 120,00	36 261,00	7 040,00	8 860,00
Bezugsbasis der Kalkulation				98 800,00 € Materialverbrauch		4 000 Std.		5 000 Std		3 000 Std.		383 810,00 €			
Zuschlagssatz in € in %				20 %		25,00 €/h		23,00 €/h		16,75 €/h		10 %		4,1 %	

Abweichungsanalyse

Das **Hauptziel** der Plankostenrechnung ist der **Vergleich der Istkosten mit den Sollkosten**, um über eine Analyse der festgestellten Abweichungen eine wirksame Kostenkontrolle und -steuerung in den Kostenstellen zu ermöglichen. Das setzt voraus, dass die Plankosten zunächst auf die erreichte Istbeschäftigung umgerechnet und den Sollkosten gegenübergestellt werden. Dadurch werden Beschäftigungsabweichungen aufgedeckt.

Da der Kostenstellenleiter nur Verbrauchsabweichungen zu verantworten hat, müssen diese Beschäftigungsabweichungen vorweg eliminiert werden.

Um sich voll auf **Verbrauchsabweichungen** konzentrieren zu können, müssen zudem **Preisabweichungen** eliminiert werden. Dies geschieht vielfach durch den Ansatz der Istmenge (tatsächliche Verbrauchsmengen) zu Planpreisen (feste Verrechnungspreise). Dadurch werden Preisabweichungen von vornherein ausgeschlossen.

Istkosten sind in der Plankostenrechnung **zu Planpreisen (Verrechnungspreise) bewertete Istmengen.**

Beschäftigungsabweichung und Verbrauchsabweichung

Abweichungen zwischen **Plankosten** und **Sollkosten** treten auf, wenn der geplante Beschäftigungsgrad nicht erreicht oder überschritten wird.

Beispiel: Für die Kostenstelle „Säge I" sind im Monat Januar in der Kostenstellenrechnung 87 000,00 € Istkosten ermittelt worden. Es wurde eine Beschäftigung von 3 000 Stunden (75 %) erreicht.

Ermittlung der Beschäftigungsabweichung:

Verrechnete Plankosten bei Istbeschäftigung: 3 000 · 25 =	75 000,00 €
Sollkosten bei Istbeschäftigung: 3 000 · 17 + 32 000 =	83 000,00 €
Beschäftigungsabweichung	− 8 000,00 €

Im vorliegenden Beispiel sind also 8 000,00 € Kosten zu wenig verrechnet worden.

Ermittlung der Verbrauchsabweichung

Sollkosten bei Istbeschäftigung	83 000,00 €
− Istkosten	87 000,00 €
Verbrauchsabweichung	− 4 000,00 €

Der Mehrverbrauch ist vom Kostenstellenleiter zu begründen.

Folgendes Diagramm veranschaulicht die Ergebnisse dieses Beispiels:

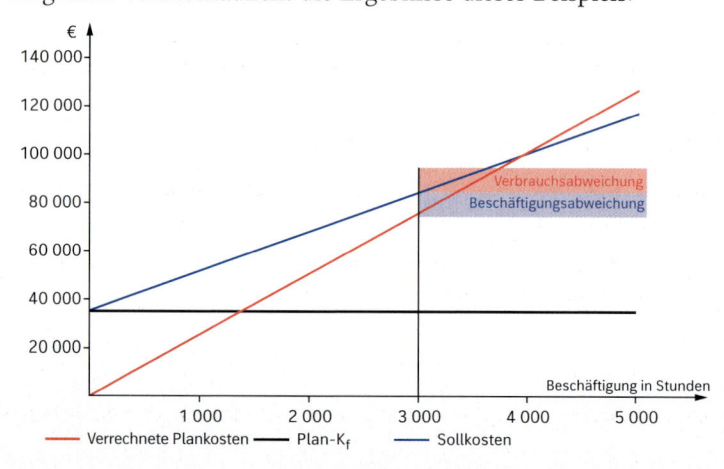

Die Gesamtabweichung zwischen Ist- und Plankosten bei erreichtem Beschäftigungsgrad ist also folgendermaßen zu begründen:

Beschäftigungsabweichung	− 8 000,00 €
+ Verbrauchsabweichung	− 4 000,00 €
Gesamtabweichung	**− 12 000,00 €**

Die Verursachung der Verbrauchsabweichung kann detailliert begründet werden, wenn für die einzelnen Kostenstellen sämtlichen Istkostenarten beim Istbeschäftigungsgrad die entsprechenden Sollkosten beim Istbeschäftigungsgrad gegenübergestellt werden:

Beispiel: Hilfslöhne in der Kostenstelle „Säge I"

Planbeschäftigung lt. Kostenplan S. 489:	4 000 Fertigungsstunden
Istbeschäftigung: 75 %	3 000 Fertigungsstunden
gezahlte Hilfslöhne zu Plankosten	2 080,00 €
Plankosten	2 560,00 €

Beschäftigungsabweichung	
Verrechnete Plankosten bei Istbeschäftigung: $240 \cdot 8 =$	1 920,00 €
Sollkosten bei Istbeschäftigung: $\dfrac{1\,792 \cdot 240}{320} + 768 =$	2 112,00 €
Beschäftigungsabweichung	**− 192,00 €**

Verbrauchsabweichung	
Sollkosten bei Istbeschäftigung	2 112,00 €
− Istkosten	2 080,00 €
Verbrauchsabweichung	**32,00 €**

Gesamtabweichung	
Beschäftigungsabweichung	− 192,00 €
− Verbrauchsabweichung	+ 32,00 €
Gesamtabweichung	**− 160,00 €**

In diesem Falle liegt ein Minderverbrauch von 32,00 € oder 4 Arbeitsstunden vor. Der Kostenstellenleiter hat die Kostenabweichung nicht zu vertreten, im Gegenteil, er hat durch verminderten Hilfskräfteeinsatz dazu beigetragen, dass die Gesamtabweichung geringer ausfällt.

Zusammenfassung

Flexible Plankostenrechnung als Instrument des Controllings

- Controlling ist ein **Prozess der Informationsgewinnung, -speicherung, -verarbeitung** und **-übertragung**.
- Es stellt **Kontroll-** und **Planungsinformationen** bereit.
- Das **operative Controlling** konzentriert sich auf kurzfristige **Maßnahmen** zur Erhaltung bzw. **Verbesserung der Liquidität, Rentabilität** und **Wirtschaftlichkeit**.
- Das **strategische Controlling** sammelt Informationen über künftige Marktveränderungen und entwickelt hierfür neue Strategien.
- Das Controlling
  - **erarbeitet neue Ziele**,
  - **plant** und **organisiert deren Umsetzung** auf der Grundlage unternehmerischer Daten,

- stellt **Daten für Soll-Ist-Vergleiche** zusammen,
- **führt Abweichungsanalysen durch** und
- leitet aus diesen in Zusammenarbeit mit Unternehmensleitung und betroffenen Stellen **Korrektur-** und **Steuerungsmaßnahmen** ein.

- Die **Plankostenrechnung** ist ein Instrument des Controllings.
    - Sie plant alle **Kostenarten (Plankosten)** für jede **Kostenstelle**.
    - Sie gibt für Planperioden und Planbeschäftigung Verantwortlichen diese Kosten in **Kostenstellenplänen** vor **(Budgetkosten)**.
    - Sie stellt regelmäßig in möglichst kurzen Abständen die **Istkosten** den **Plankosten** gegenüber.
    - Sie analysiert die **Abweichungen** zur Aufdeckung von **Verbrauchsabweichungen**, die der Kostenstellenleiter zu verantworten hat.
    - Sie eliminiert **Preisabweichungen** durch Bewertung der Istverbrauchsmenge zu Plan- oder Verrechnungspreisen.
    - Sie berechnet **Beschäftigungsabweichungen** durch Gegenüberstellung der Plan- und Sollkosten beim Istbeschäftigungsgrad.
    - Sie ermittelt die **Verbrauchsabweichung** durch Gegenüberstellung der Sollkosten bei Istbeschäftigung und der Istkosten.

Aufgaben

1. Erarbeiten Sie Stellung und Aufgaben der Controllers/der Controller in Ihrem Ausbildungsbetrieb.

    a) Gehen Sie auf seine mögliche Einordnung im Organigramm ein.
    b) Nennen Sie typische Aufgaben des Controllers gegenüber der Unternehmensleitung.

2. Für eine Kostenstelle werden für den Monat Juli folgende Daten ermittelt
Planbeschäftigung: 2 400 Stunden, Istbeschäftigung: 1 560 Stunden
Plangesamtkosten: 180 000,00 €, davon 5 400,00 € fixe Kosten
Istkosten: 134 000,00 €
Ermitteln Sie

    a) den Plankostenverrechnungssatz,   c) die Verbrauchsabweichung.
    b) die Beschäftigungsabweichung,   d) Stellen Sie die Ergebnisse in einem Diagramm dar.

3. Für eine Kostenstelle wird ein Plankostenverrechnungssatz von 50,00 € ermittelt, wobei der Anteil der fixen Kosten 20,00 € beträgt.

    a) Ermitteln Sie bei einer Planbeschäftigung von 2 000 Stunden
        aa) die Plangesamtkosten,
        ab) die variablen Plankosten,
        ac) die fixen Kosten.
    b) Bei einer Beschäftigung von 2 100 Stunden entstanden 111 000,00 € Istkosten. Errechnen Sie
        ba) die Beschäftigungsabweichung,
        bb) die Verbrauchsabweichung
    c) Stellen Sie die Ergebnisse in einem Diagramm dar.

4. Für die Kostenstelle 111 ist für den Monat Dezember eine Planbeschäftigung von 1 500 Stunden mit Plankosten von insgesamt 120 000,00 € und anteiligen Fixkosten von 45 000,00 € vorgegeben.
Im Dezember wurde eine Istbeschäftigung von 1 350 Stunden erreicht. Dabei sind 111 000,00 € Istkosten entstanden. Ermitteln Sie

   a) den Plankostenverrechnungssatz für die Plangesamtkosten, die geplanten variablen und fixen Kosten,
   b) die Beschäftigungsabweichung,
   c) die Verbrauchsabweichung.

5. In einem Einproduktbetrieb werden Plankosten bei einer Planbeschäftigung von 4 200 Einheiten in Höhe von 1 638 000,00 €, davon 327 600,00 € fixe Kosten, ermittelt. Die tatsächliche Beschäftigung betrug 3 360 Einheiten, wobei die Istkosten auf der Grundlage fester Verrechnungspreise 1 344 000,00 € betrugen.

   a) Ermitteln Sie
      aa) die Beschäftigungsabweichung,
      ab) die Verbrauchsabweichung.
   b) Erläutern Sie die Ursachen beider Abweichungen.

6. Die Kostenrechnung der Sommerfeld Bürosysteme GmbH hat für die Herstellung von 40 000 Stapelstühlen im Oktober folgende Plandaten zusammengestellt:

	Gesamte Plankosten in €	davon fix
Fertigungslöhne	3 600 000,00	–
Hilfslöhne	875 000,00	40 %
Hilfsstoffe	1 125 000,00	30 %
Kalkulatorische Abschreibungen	1 000 000,00	100 %

Im Oktober wird die Herstellung von 30 000 Stapelstühlen verwirklicht, wobei folgende Istkosten in € ermittelt werden:

Fertigungslöhne 2 750 000,00 €, Hilfslöhne 602 000,00 €, Hilfsstoffe 845 000,00 €, kalkulatorische Abschreibungen 1 000 000,00 €.

   a) Erstellen Sie einen Kostenplan.
   b) Ermitteln Sie die Plankostenverrechnungssätze.
   c) Errechnen Sie die verrechneten Plankosten.
   d) Bestimmen Sie die Beschäftigungs- und Verbrauchsabweichungen.

7. Für eine Mehrzweckanlage wurde bei einer geplanten Laufzeit von 1 500 Stunden ein Maschinenstundensatz von 88,00 € ermittelt, wobei die anteiligen fixen Kosten 60 % betragen. Tatsächlich wurde die Anlage jedoch 1 800 Stunden genutzt. In dieser Zeit verursachte sie 145 000,00 € Istkosten. Ermitteln Sie

   a) die Beschäftigungsabweichung,
   b) die Verbrauchsabweichung.

8. Ermitteln Sie aus folgenden Angaben zur Herstellung einer Schrankserie von 800 Schränken in der nachstehenden Tabelle mithilfe der Zuschlagskalkulation die Planselbstkosten eines Schrankes:

	Zuschlagssätze	€
1. Planmaterialeinzelkosten		59 280,00
2. Planmaterialgemeinkosten	20 %	?
3. Planmaterialkosten		?
Planfertigungkosten:		
Sägerei 2 400 Std.	25,00 €/h	?
Fräserei 3 000 Std.	23,00 €/h	?
Montage 1 800 Std.	16,75 €/h	?
4. Planfertigungskosten		?
5. Planherstellkosten		?
6. Plan-VwGK	10 %	?
7. Plan-VtGK	4,1 %	?
8. Planselbstkosten		?

4 Prozesskostenrechnung

LS 36

Nicole Esser und Theo Bast vom Controlling werden in letzter Zeit häufiger von Produktmanagern angesprochen, die mit der Wirtschaftlichkeitsbeurteilung ihrer Produkte nicht mehr einverstanden sind. In den meisten Fällen geht es darum, dass ihren Produkten Gemeinkosten indirekter Leistungsbereiche zugeschlagen würden, die diese nicht verursacht hätten und somit nicht beeinflussbar wären. Da Rudolf nicht genau weiß, was überhaupt „indirekte Leistungsbereiche" sind, versucht er zunächst, diesen Begriff zu klären.

Arbeitsaufträge

- Erläutern Sie „indirekte Leistungsbereiche" und die damit verbundenen kostenrechnerischen Kritiken der Produktmanager.
- Stellen Sie Lösungsmöglichkeiten mithilfe der Prozesskostenrechnung dar.

Ziele und Grundbegriffe der Prozesskostenrechnung: Kostenprozesse, -analyse, -treiber

Von der Funktions- zur Prozessorientierung

Seit Jahren wird in der industriellen Fertigung der Produktionsfaktor Arbeit durch den Produktionsfaktor Kapital ersetzt. Dadurch veränderte sich die Kostenstruktur: Die variablen Lohnkosten (Einzelkosten) verlieren gegenüber den fixen Kapitalkosten (Gemeinkosten) und gegenüber den Gemeinkosten in den indirekten Leistungsbereichen (Forschung und Entwicklung, Konstruktion, Arbeitsvorbereitung, Einkauf, Vertrieb, Logistik, Qualitätssicherung, Softwareentwicklung und Instandhaltung) an Bedeutung. Die funktionsorientierten Fertigungsgemeinkostenzuschlagssätze in der Zuschlagskalkulation werden somit ungenauer und für markt- und wettbewerbsbezogene Kalkulationen ungeeigneter, zumal mit der Verrechnung über Zuschlagssätze stets eine Proportionalität der Gemeinkosten zur Zuschlagsgrundlage unterstellt wird.

Auswirkung der Kostenstrukturveränderungen

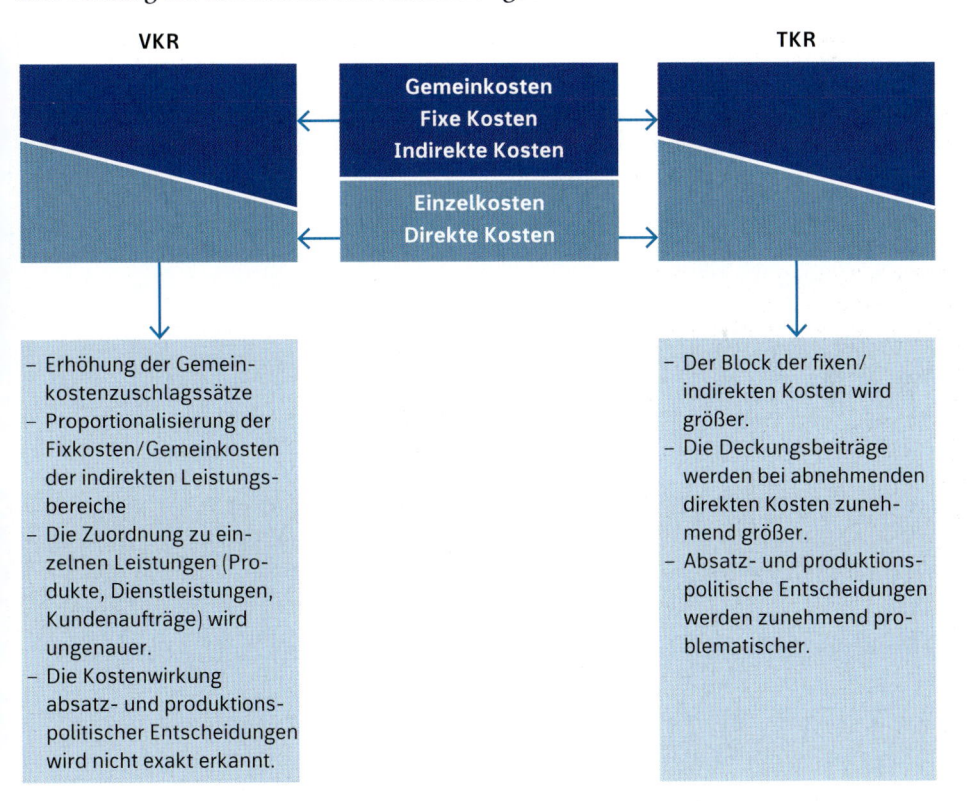

VKR

Gemeinkosten
Fixe Kosten
Indirekte Kosten

Einzelkosten
Direkte Kosten

TKR

- Erhöhung der Gemeinkostenzuschlagssätze
- Proportionalisierung der Fixkosten/Gemeinkosten der indirekten Leistungsbereiche
- Die Zuordnung zu einzelnen Leistungen (Produkte, Dienstleistungen, Kundenaufträge) wird ungenauer.
- Die Kostenwirkung absatz- und produktionspolitischer Entscheidungen wird nicht exakt erkannt.

- Der Block der fixen/indirekten Kosten wird größer.
- Die Deckungsbeiträge werden bei abnehmenden direkten Kosten zunehmend größer.
- Absatz- und produktionspolitische Entscheidungen werden zunehmend problematischer.

Abgesehen von den Fehlern, die sich bei zunehmender oder abnehmender Beschäftigung (vgl. S. 462 ff.) einstellen, wird die tatsächliche Kostenverursachung nicht transparent gemacht.

Folglich steht der Unternehmungsleitung kein geeignetes Instrument zur Verfügung, die Gemeinkosten zu beeinflussen, obwohl diese in vielen Unternehmen 50–60 % der Gesamtkosten ausmachen.

Auch sind die traditionellen Kostenrechnungssysteme, die Voll- und Teilkostenrechnung, nicht in der Lage, die Frage nach produkt- und auftragsbezogenen Kosten, die in den indirekten Bereichen verursacht werden, zu beantworten. Dadurch können Entscheidungen über die Annahme von Zusatzaufträgen, die Erfüllung von Sonderwünschen einzelner Kunden, Entwicklung von neuen Produkten bzw. Produktvarianten nicht fundiert getroffen werden, weil die Frage nach den damit verbundenen Kosten nicht exakt beantwortet werden kann.

Auch in der Kostenrechnung kann man daher eine Abwendung von der Funktionsorientierung hin zur Prozessorientierung beobachten.

Ziel ist es, durch absatz- und produktionspolitische Entscheidungen in den einzelnen Kostenstellen ausgelöste **Gemeinkostenprozesse** in den **indirekten Bereichen** zu verfolgen.

Beispiel: Der Hauptprozess „Bearbeitung eines Neukunden-Auftrages (Bestellung einer Produktvariante)" löst die folgenden Teilprozesse (Gemeinkostenprozesse) in den jeweiligen Kostenstellen aus.

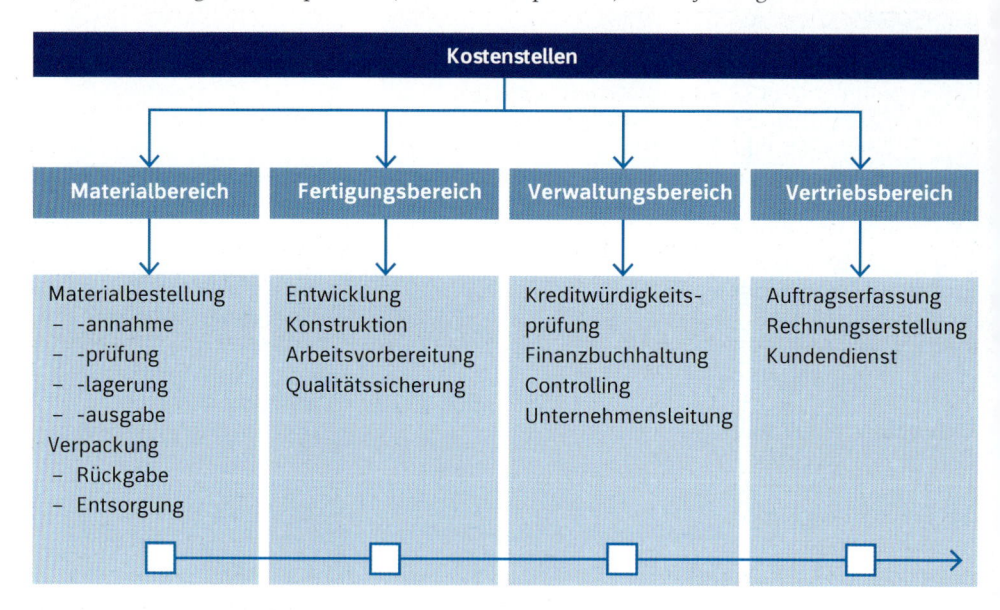

Kostenstellen			
Materialbereich	**Fertigungsbereich**	**Verwaltungsbereich**	**Vertriebsbereich**
Materialbestellung – -annahme – -prüfung – -lagerung – -ausgabe Verpackung – Rückgabe – Entsorgung	Entwicklung Konstruktion Arbeitsvorbereitung Qualitätssicherung	Kreditwürdigkeits- prüfung Finanzbuchhaltung Controlling Unternehmensleitung	Auftragserfassung Rechnungserstellung Kundendienst

Der Hauptprozess setzt sich aus einer Kette von **Teilprozessen** zusammen, die sich hinsichtlich des Prozessverlaufs, des Arbeitsaufwandes und der Kostenverursachung nur unwesentlich unterscheiden. Die Teilprozesse in einzelnen Kostenstellen sind somit **homogen**.

Beispiel: Teilprozesse, wie z. B. die Auftragserfassung, die Rechnungserstellung, Kreditwürdigkeitsprüfung, laufen im Falle von „Aufträge vom Neukunden, der eine Produktvariante bestellt" auf gleiche Weise und in gleicher Zeit ab.

Somit kann der gesamte Prozess einer Person oder Organisationseinheit überantwortet werden. Der einzelne Mitarbeiter erledigt den Gesamtprozess, wodurch die Verantwortung für die Aufgabe wächst. Er erkennt dadurch die Auswirkungen seines Handelns auf den Unternehmenserfolg.

Prozesse als Kostenbezugsgröße
Hauptschwerpunkt der Prozesskostenrechnung ist es, die Gemeinkosten betrieblichen Prozessen zuzurechnen. Prozesse sind sich wiederholende Tätigkeiten oder **Abläufe**, die in einzelnen Kostenstellen anfallen und auf die Erbringung einer Leistung ausgerichtet sind, wobei sie Gemeinkosten verursachen.

Prozessanalyse
Kernproblem der Prozesskostenrechnung ist eine exakte Prozessanalyse. Hierbei müssen alle Tätigkeiten (Prozesse) aufgelistet werden, die Gemeinkosten verursachen, also in den jeweiligen Kostenstellen Ressourcen verbrauchen.

Zu unterscheiden sind repetitive, vom Leistungsvolumen abhängige **leistungsmengeninduzierte Tätigkeiten** und **leistungsmengenneutrale Aktivitäten**, die keine Abhängigkeit zur Leistungsmenge aufweisen.

leistungsmengeninduzierte Prozesse	<ul><li>schließen regelmäßig mit einem Ergebnis ab</li><li>annähernd proportionale Abhängigkeit von Kosten zur Leistungsmenge</li><li>haben ein Mengengerüst</li></ul> Beispiel: – Am Ende des Prozesses „Angebotseinholung und -auswertung" stehen die Entscheidungen für einen bestimmten Lieferer und eine Bestellung.
leistungsmengenneutrale Prozesse	<ul><li>keine Abhängigkeit zwischen Leistungsmenge und Kosten</li><li>schließen nicht mit einer Leistung ab, die abhängig von der Menge der Aktivitäten ist</li><li>sind nur indirekt prozessabhängig und unterstützen die leistungsmengeninduzierten Prozesse</li><li>haben kein Mengengerüst</li></ul> Beispiel: – Leitung der Abteilung Einkauf – Mitarbeiter beurteilen

Bestimmung der Kostentreiber für leistungsmengeninduzierte Prozesse
Für alle leistungsmengeninduzierten Teilprozesse müssen **Messgrößen** festgelegt werden, mit deren Hilfe die Teilprozesse mengenmäßig bestimmt werden können. Die Messgröße muss Maßstab sowohl für die Kostenverursachung als auch für die Leistungsmenge und Kostenverrechnung sein. Die Aktivitäten sind die eigentliche Ursache der Kostenentstehung, die in der Fachliteratur als Kostentreiber (cost drivers) bezeichnet werden. **Kostentreiber** sind somit Messgrößen der Kostenverursachung und Verrechnung. Bei leistungsmengeninduzierten Aktivitäten ist vielfach eine Proportionalität zwischen Aktivitäten und Kostenverursachung zu erkennen.

Kostentreiber können auch Mengen der eingesetzten Produktionsfaktoren sein (Personen, Arbeitsstunden).

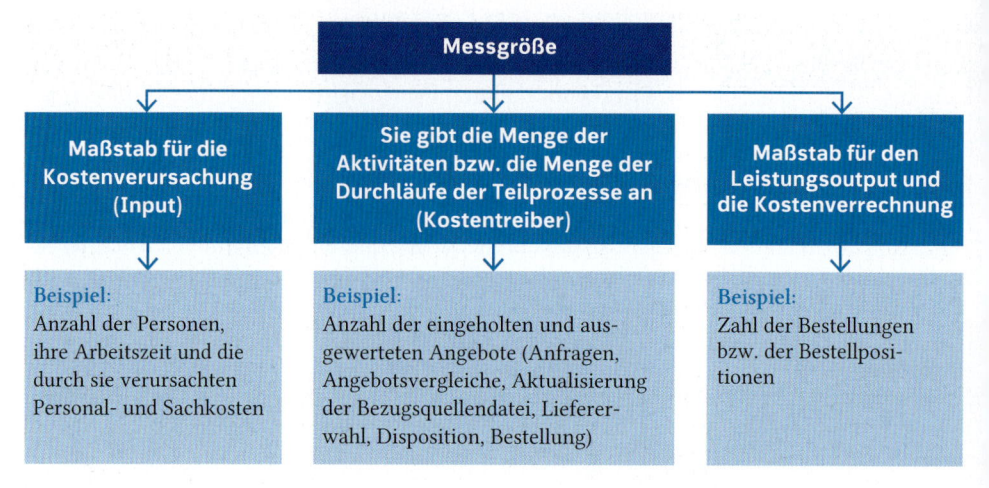

```
                          ┌─────────────────┐
                          │    Messgröße    │
                          └─────────────────┘
         ┌───────────────────────┼───────────────────────┐
         ▼                       ▼                       ▼
┌──────────────────┐  ┌──────────────────────┐  ┌──────────────────┐
│ Maßstab für die  │  │ Sie gibt die Menge   │  │ Maßstab für den  │
│ Kostenverursachung│  │ der Aktivitäten bzw.│  │ Leistungsoutput  │
│      (Input)     │  │ die Menge der        │  │ und die Kosten-  │
│                  │  │ Durchläufe der       │  │ verrechnung      │
│                  │  │ Teilprozesse an      │  │                  │
│                  │  │ (Kostentreiber)      │  │                  │
└──────────────────┘  └──────────────────────┘  └──────────────────┘
```

Beispiel: Anzahl der Personen, ihre Arbeitszeit und die durch sie verursachten Personal- und Sachkosten

Beispiel: Anzahl der eingeholten und ausgewerteten Angebote (Anfragen, Angebotsvergleiche, Aktualisierung der Bezugsquellendatei, Liefererwahl, Disposition, Bestellung)

Beispiel: Zahl der Bestellungen bzw. der Bestellpositionen

Diese Beispiele zeigen deutlich, dass die Materialgemeinkosten nicht vom Materialwert abhängig sind, wie in der traditionellen Zuschlagskalkulation unterstellt wird, sondern von der Anzahl ausgeführter Teilprozesse, z. B. von der Anzahl bearbeiteter Angebote, ausgeführter Bestellungen usw.

Verdichtung von Teilprozessen zu Hauptprozessen

Zur Vereinfachung der Kalkulation der Prozesskosten werden mehrere sachlich zusammenhängende Teilprozesse kostenstellenübergreifend zu Hauptprozessen aggregiert. Hauptprozesse fassen sachlich ineinandergreifende Teilprozesse zu einer Prozesskette zusammen.

Beispiel: Die Teilprozesse Angebote einholen, Angebote vergleichen, Pflegen der Bezugsquellendatei, Dispositionen, Bestellungen, Terminüberwachung, Materialannahme, Materialprüfung sowie Rechnungsprüfung werden zum Hauptprozess „Materialbeschaffung" zusammengefasst.

Dies ist grundsätzlich sinnvoll, wenn der Kostentreiber des Hauptprozesses mit den Bezugsgrößen der hierin zusammengefassten Teilprozesse übereinstimmt.

Ermittlung von Prozesskostensätzen zur Verrechnung der Gemeinkosten

Wichtigste Kostenart in den indirekten Leistungsbereichen sind die Personalkosten. Von untergeordneter Bedeutung sind Aufwendungen für Kommunikation und Information (Büromaterial, Postentgelte, Telefon). Zur Verrechnung der Personalkosten auf die einzelnen Teilprozesse muss neben der Prozessmenge der durchschnittliche Zeitaufwand für einen Teilprozess ermittelt werden. Von hier kann auf die Arbeitsstunden und bei einem durchschnittlichen Stundenlohnsatz auf die gesamten Prozesskosten der entsprechenden Rechnungsperiode geschlossen werden. Für Büromaterial, Postentgelte, Telefon sind längerfristige Einzelaufzeichnungen vorzunehmen, um Standardwerte für ihre Zurechnung zu erhalten. Dividiert man die Prozesskosten durch die Prozessmenge, erhält man den **Prozesskostensatz:**

$$\text{Prozesskostensatz} = \frac{\text{Prozesskosten}}{\text{Prozessmenge}}$$

Der **Prozesskostensatz** gibt die Gemeinkosten für die einmalige Ausführung einer repetitiven Tätigkeit an.

Beispiel: Ermittlung von Prozesskostensätzen Hauptprozess „Einkauf/Materialbeschaffung"

Teilprozesse/Vorgänge	Kostentreiber (cost driver)	Prozessmenge im Monat	Prozesskosten in €	Prozesskostensatz in €
Angebote einholen/ Angebote vergleichen/ Pflegen der Bezugsquellendatei	Anzahl der Angebotspositionen	2 500	125 000,00	50,00
Dispositionen, Bestellungen	Anzahl der Bestellpositionen	2 000	124 000,00	62,00
Terminüberwachung	Anzahl der Bestellungen	750	30 000,00	40,00
Materialannahme/ -prüfung	Anzahl der Prüfvorgänge	1 500	120 000,00	80,00
Rechnungsprüfung	Anzahl der Prüfvorgänge	2 400	33 600,00	14,00

Die Prozesskosten hängen also von der Anzahl der durchgeführten Tätigkeiten ab. Somit wird ein proportionales Verhältnis zwischen der Zahl der Prozesse und den Leistungen einerseits und den Kosten andererseits angenommen. Durch **leistungsmengenneutrale Aktivitäten** verursachte Kosten werden den leistungsmengenabhängigen Kosten mit einem festen Prozentsatz zugeschlagen.

Kalkulation der Prozesskosten

Mithilfe des Prozesskostensatzes kann im Unterschied zur Zuschlagskalkulation die unterschiedliche Inanspruchnahme der Einkaufsabteilung für einzelne Kundenaufträge berücksichtigt werden. So finden einerseits Mehrarbeiten, z. B. bei der Beschaffung von besonderen Fertigteilen und andererseits Rationalisierungen, z. B. durch Kumulierung von Bestellungen, entsprechende Berücksichtigung.

Beispiel: Einkauf von „Glasfaserbögen transparent" für das Conrack Regalsystem aufgrund eines Sonderwunsches eines Kunden

Teilprozesse/ Vorgänge	Kostentreiber (cost driver)	Prozessmenge im Monat	Prozesskosten in €	Prozesskostensatz in €
Angebote einholen/ Angebote vergleichen/ Pflegen der Bezugsquellendatei	Anzahl der Angebotspositionen	18	900,00	50,00
Dispositionen, Bestellungen	Anzahl der Bestellpositionen	3	186,00	62,00
Terminüberwachung	Anzahl der Bestellungen	1	40,00	40,00
Materialannahme/- prüfung	Anzahl der Prüfvorgänge	3	240,00	80,00
Rechnungsprüfung	Anzahl der Prüfvorgänge	5	70,00	14,00
Prozesskosten Materialbeschaffung			1 436,00	

Bei Bestellung von 200 Conrack Regalsystemen durch den Kunden werden die
Prozesskosten in die Kalkulation des Auftrags einbezogen

	€
Materialeinzelkosten: 200 St. à 48,00 €	9 600,00
Prozesskosten Materialbeschaffung	1 436,00
Sonstige Materialgemeinkosten (nicht über Prozesse verrechnet): 6 %	576,00
Materialkosten insgesamt	11 612,00
Materialkosten je Stück	58,06

Vorteile der Prozesskostenrechnung

- Sie macht die Verursacher der Gemeinkosten transparent.
- Sie ermöglicht eine Quantifizierung und bessere Zuordnung der Gemeinkosten über Aktivitäten/Prozesse.
- Durch Offenlegung der Verursacher der Gemeinkosten macht sie zielgerichtete Maßnahmen zur Rationalisierung und Optimierung der Prozesse möglich.

Beispiele:
- Neustrukturierung von Abläufen in den direkten und indirekten Bereichen
- Absatz- und Produktionsprogrammbereinigungen
- organisatorische Veränderungen von der Aufbau- zur Ablauforientierung

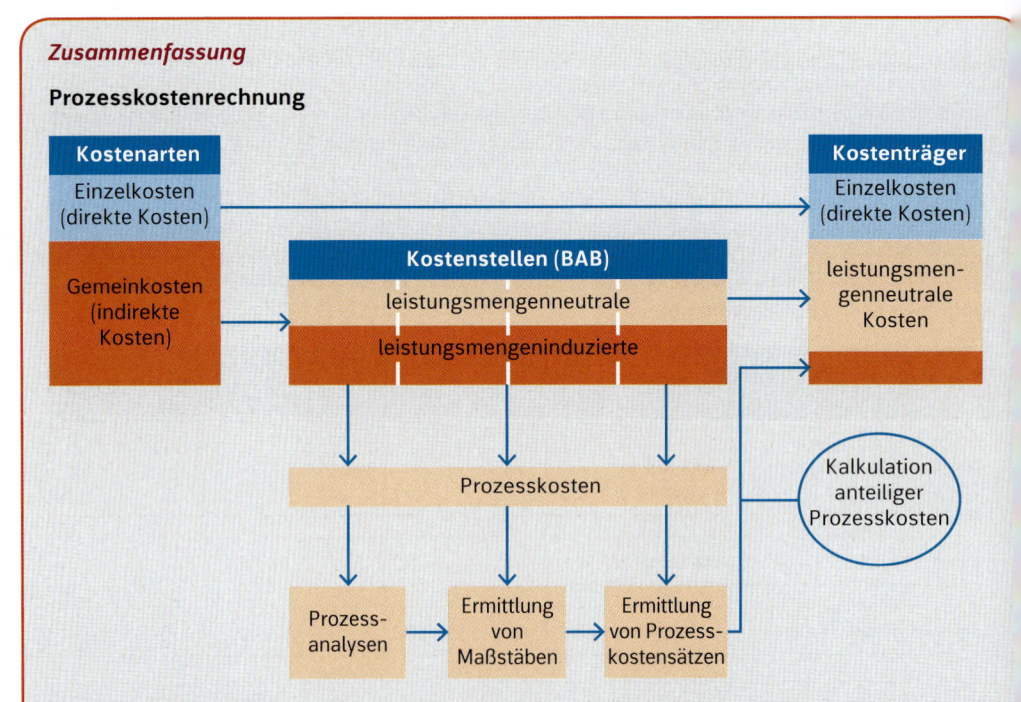

Zusammenfassung
Prozesskostenrechnung

Kostenarten
- Einzelkosten (direkte Kosten)
- Gemeinkosten (indirekte Kosten)

Kostenstellen (BAB)
- leistungsmengenneutrale
- leistungsmengeninduzierte

Kostenträger
- Einzelkosten (direkte Kosten)
- leistungsmengenneutrale Kosten

→ Prozesskosten → Kalkulation anteiliger Prozesskosten

Prozessanalysen → Ermittlung von Maßstäben → Ermittlung von Prozesskostensätzen

Das Schaubild zeigt, dass es sich bei der Prozesskostenrechnung nicht um ein selbstständiges Kostenrechnungssystem handelt. Sie dient im Rahmen der Zuschlagskalkulation der Vollkostenrechnung der **verursachungsgerechteren Verrechnung der Gemeinkosten in den indirekten Bereichen.**

- Sie **verrechnet die Gemeinkosten über Prozesse** auf die Kostenträger.
- **Prozesse** sind Aktivitäten zur Leistungserstellung, die die Gemeinkosten verursachen.
- *Kernproblem der Prozesskostenrechnung ist die **Prozessanalyse.***
- *Auflistung aller **leistungsmengenabhängigen** und **zeitmengenneutralen** Tätigkeiten*

4 Prozesskostenrechnung

- **Bestimmung der Kostentreiber**, der Bezugsgröße für die Kostenverursachung
- Verdichtung von mehreren Teilprozessen zu **Prozessketten** oder „Hauptprozessen"
- Ermittlung von **Prozesskostensätzen:** $= \dfrac{\text{Prozesskosten}}{\text{Prozessmenge}}$
- Einbeziehung der Prozesskosten in die Kostenträgerrechnung
- Die Prozesskostenrechnung liefert Informationen über die **Verursachung der Gemeinkosten** und damit Informationen zu ihrer direkten Beeinflussung durch Prozessgestaltung.

Aufgaben

1. Erläutern Sie wesentliche Mängel der Zuschlagskalkulation in der Vollkostenrechnung gegenüber der Prozesskostenrechnung an folgender Kalkulation der Materialkosten:

Materialeinzelkosten	2 500 000,00 €
+ 28 % Materialgemeinkosten	700 000,00 €
Materialkosten	3 200 000,00 €

2. Erläutern Sie die Ziele der Prozesskostenrechnung.

3. a) Stellen Sie zum Hauptprozess „Auftragsbearbeitung" Teilprozesse in Ihrem Ausbildungsbetrieb zusammen.
   b) Definieren Sie für die einzelnen Teilprozesse Kostentreiber.
   c) Ordnen Sie den einzelnen Teilprozessen Gemeinkosten zu, die durch die jeweilige Aktivität verursacht werden.
   d) Erläutern Sie die Berechnung von Prozesskostensätzen und deren Auswertung in der auftragsbezogenen Kalkulation.

4. Ein Industriebetrieb ermittelte im Monat Januar einen Rohstoffverbrauch lt. MES von 184 800,00 €.
   In der Kostenstellenrechnung werden für den gleichen Zeitraum 138 600,00 € Materialgemeinkosten für die Beschaffung von Rohstoffen ermittelt.
   Die Prozessanalyse des Hauptprozesses ergab folgende Ergebnisse:

Teilprozesse	Kostentreiber	Prozessmenge im Monat	Prozesskosten pro Monat	Prozesskostensatz
Angebote einholen, vergleichen, auswerten	Anzahl der Angebotspositionen	450	11 160	
Materialbedarf ermitteln	Anzahl der Teile	2 000	18 800	
Bestellungen durchführen	Anzahl der Teile	2 500	34 000	
Termine überwachen	Anzahl der Bestellungen	900	4 680	
Material annehmen	Anzahl der Lieferscheinpositionen	1 800	39 600	
Bestände einpflegen	Anzahl der Rechnungspositionen	2 200	16 500	

a) Ermitteln Sie
   aa) die Summe der Kosten leistungsmengeninduzierter Prozesse,
   ab) die Summe der Kosten leistungsmengenneutraler Prozesse,
   ac) die Prozentkostensätze,
   ad) den Zuschlagssatz für die Materialgemeinkosten in der Zuschlagskalkulation der Vollkostenrechnung,
   ae) den Zuschlagssatz für die leistungsneutralen Kosten in der Prozesskostenrechnung.

b) Kalkulieren Sie mithilfe der Ergebnisse der Prozesskostenrechnung die Materialkosten für einen Kundenauftrag, für den die notwendigen Rohstoffe im Werte von 14 200,00 € bezogen wurden. Dabei wurden folgende Teilprozesse ausgeführt:

Teilprozesse	Kostentreiber	Prozessmenge	Prozesskosten
Angebote einholen, vergleichen, auswerten	Anzahl der Angebotspostionen	3	
Materialbedarf ermitteln	Anzahl der Teile	15	
Bestellungen durchführen	Anzahl der Teile	15	
Termine überwachen	Anzahl der Bestellungen	1	
Material annehmen	Anzahl der Lieferscheinpositionen	3	
Bestände einpflegen	Anzahl der Rechnungspositionen	15	

5 Target Costing (Zielkostenrechnung) als Kostenmanagementsystem

LS 37

In der Frühstückspause trifft sich Rudolf Heller mit Daniela Schaub. Ihm raucht der Kopf: „Plankostenrechnung, Prozesskostenrechnung, ganz schön kompliziert. Und nun soll ich auch noch die Berichte der Außendienstmitarbeiter analysieren. Unsere Kunden beklagen sich, dass unsere Produkte zu teuer sind. Angeblich hätten sie zu viele Funktionen, die ohnehin niemand nutzen würde und die nur Kosten verursachen."

Arbeitsaufträge

- Erläutern Sie die geschilderte Problematik aus der Sicht der Kunden und aus der Sicht der Sommerfeld Bürosysteme GmbH.
- Zeigen Sie Lösungsmöglichkeiten auf, preiswertere Produkte mit kundengemäßen Eigenschaften zu produzieren.

5 Target Costing (Zielkostenrechnung) als Kostenmanagementsystem

Markt- und Kundenorientierung vor Produktentwicklung

Im weltweiten Wettbewerb wird es immer schwieriger, **Produkte für einen anonymen Markt** zu entwickeln und abzusetzen. Dabei ist die Gefahr sehr groß, dass die Produkte **Eigenschaften** haben, die von den Kunden nicht gewünscht sind, ihnen also keinen oder nur geringen **Nutzen** bringen.

Aber auch die Produkteigenschaften, die von Kunden nicht gewünscht werden, verursachen **Entwicklungs-** und **Produktionskosten**, die das Produkt unnötig verteuern.

Im Vorfeld der Produktentwicklung und bei der Produktion wird somit versucht, die Kosten für ein Produkt zu minimieren, indem das Produkt nur solche Eigenschaften haben wird, die auch vom Markt honoriert werden.

Damit ist **Target Costing** weniger ein selbstständiges Kostenrechnungssystem als vielmehr ein Kostenmanagementsystem, das auf die Kosten der Produktentwicklung, der Produktion und des Absatzes strategisch Einfluss nimmt. Mit Target Costing wurde also ein Kostenplanungs-, Steuerungs- und Kontrollprozess entwickelt.

Aufbau der Zielkostenrechnung – Target Costing

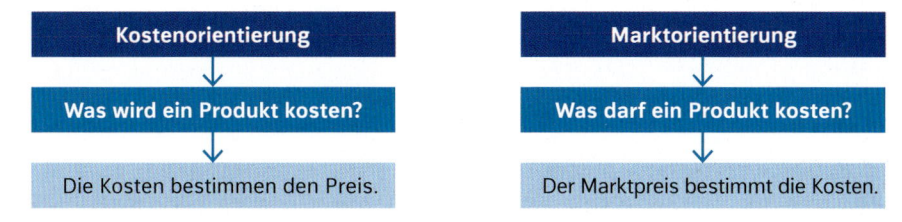

Kostenorientierung	Marktorientierung
↓	↓
Was wird ein Produkt kosten?	Was darf ein Produkt kosten?
↓	↓
Die Kosten bestimmen den Preis.	Der Marktpreis bestimmt die Kosten.

Zielpreis (Target Price)

Ausgangspunkt der Kalkulation ist der **am Markt erzielbare Verkaufspreis**, der vom Kunden aufgrund seiner **Zielvorgaben** und seiner **Nutzenschätzung** vorgegeben wird.

Beispiel: Die Flughafenverwaltung „Hongkong" wünscht die Ausgestaltung der gesamten Räume für die Flugabfertigung mit 10 000 Stück der Tubis Polsterbank, Gestell eloxiert, zum Einzelpreis von 1 900,00 €.

Zielvorgaben und Nutzenschätzung werden durch Produkteigenschaften konkretisiert. Der Kunde gibt also vor, welche Gebrauchseigenschaften er erwartet und welche für ihn kaufentscheidend sind.

Für Anbieter gilt es nun herauszufinden, welchen Wertanteil am Zielpreis der Kunde den einzelnen Eigenschaften beimisst **(Conjoint-Analyse)**. Daraus wird deutlich, welche Eigenschaften für die Kaufentscheidung besonders wichtig sind.

Zielpreis und **Produkteigenschaften** werden in **direkten Verhandlungen** festgelegt oder mittels **Marktforschungsmethoden**, wie z. B. Kunden- und Expertenbefragungen, ermittelt.

Beispiel: In direkten Verhandlungen mit der Flughafenverwaltung „Hongkong" über die Ausgestaltung des gesamten Flughafens mit der Tubis Polsterbank, Gestell eloxiert, werden folgende Produkteigenschaften und deren Bedeutung für die Kaufentscheidung ermittelt:

Produkteigenschaften	Kundengewichtung (Einfluss auf Kaufentscheidung)
Lebensdauer/Haltbarkeit/Belastbarkeit	38 %
stabile Verankerung und leichte Austauschbarkeit	22 %
Reinigungsmöglichkeit der Polster/getrennte Austauschbarkeit	16 %
Kombinationsmöglichkeiten zu Sitzecken	14 %
Sitzgefühl/ergonomische Eigenschaften	7 %
Recycling/Entsorgung	3 %
	100 %

Unter Berücksichtigung des Zielpreises und der vom Kunden geforderten subjektiven Eigenschaften und der vom Hersteller festgelegten objektiven Eigenschaften gestaltet die Sommerfeld Bürosysteme GmbH ihr Produktangebot.

Zielgewinn (Target Profit) und Zielkosten (Target Costs)
Der Anbieter muss darauf achten, dass er durch den Zielpreis seinen **Zielgewinn** (Unternehmungsrendite) erzielt.

Beispiel: Die Sommerfeld Bürosysteme GmbH will mit einem Gewinnzuschlag von 18,75 % kalkulieren.

Zielpreis:	1 900,00 € – 118,75 %
Zielkosten:	100 % – 1 600,00 €
Zielgewinn:	18,75 % – 300,00 €

Im Rahmen der Prozesskostenrechnung werden 150,00 € für Verwaltung und Vertrieb ermittelt. Daraus lässt sich eine Kostenvorgabe von 1 450,00 € für die Herstellung ableiten.

Diese Kostenvorgabe darf nicht überschritten werden, wenn der Zielgewinn nicht gefährdet werden soll. Kernproblem der Zielkostenrechnung ist also die Zuordnung erlaubter Kosten auf die Bereiche der Leistungserstellung und auf die gewünschten Produkteigenschaften.

Drifting Costs (Selbstkosten/Prognosekosten)
Den Zielkosten werden die Selbstkosten lt. Plankostenrechnung bei gegebenen Produktionsbedingungen (Material, Fertigungsverfahren u. a.) gegenübergestellt.

Target Gap (Ziellücke)
Sind die Selbstkosten größer, muss die Kostenlücke durch Senkung der Kosten bei der Produktentwicklung, der Materialbeschaffung, der Produktion und beim Vertrieb geschlossen werden, z. B. durch Verwendung anderer Materialien oder durch Verfahrensänderungen bei der Fertigung und beim Vertrieb (Rationalisierung) oder durch Orientierung an preiswerteren Produkten von Mitbewerbern (Marktanpassung) oder durch Änderung des Produktnutzens.

Allerdings ist darauf zu achten, dass Kostensenkungen nur dann von Erfolg gekrönt sind, wenn das Produkt den Anforderungen der Kunden entspricht und die gewünschten Eigenschaften besitzt.

Zielkostenspaltung zwecks Zielkostensteuerung
In der Conjoint-Analyse wurden die vom Kunden oder Markt geforderten Produkteigenschaften und deren relative Wertschätzung am Gesamtmarkt ermittelt. Sie zeigt, welche Produkteigenschaften entscheidend für die Kaufentscheidung sind. Sie drücken aber auch

aus, dass der Kunde bereit ist, für hoch eingeschätzte Eigenschaften mehr zu zahlen als für niedrig eingeschätzte. Für die Herstellung bedeutet dies, dass der Anteil der Herstellkosten zur Realisierung der einzelnen Produkteigenschaften mit der relativen Wertschätzung in Einklang zu bringen ist.

Hilfsmittel hierzu ist die Zielkostenspaltung, mit der die Gesamtkosten auf die einzelnen Produkteigenschaften, Funktionen und Teile umgelegt werden.

Mit der Kostenspaltung sollen **Vorgabedaten** erkannt werden, die bei der Produktentwicklung, der Konstruktion und Fertigung einzuhalten sind. Sollte das nicht möglich sein, muss rechtzeitig ein **Produktredesign** vorgenommen werden, um nicht gefragte, aber kostenintensive Leistungen zu reduzieren. Ebenso sind die Kosten, deren relativer Anteil im Verhältnis zum relativen Nutzenwert zu hoch ist, zu senken. Schon in der Entwicklungsphase ist über alternative Materialien, die Möglichkeit des preiswerten Zukaufs von Fertigteilen, Rationalisierung im Fertigungsprozess nachzudenken.

Die Vorgehensweise der Zielkostenrechnung lässt sich also folgendermaßen zusammenfassen:

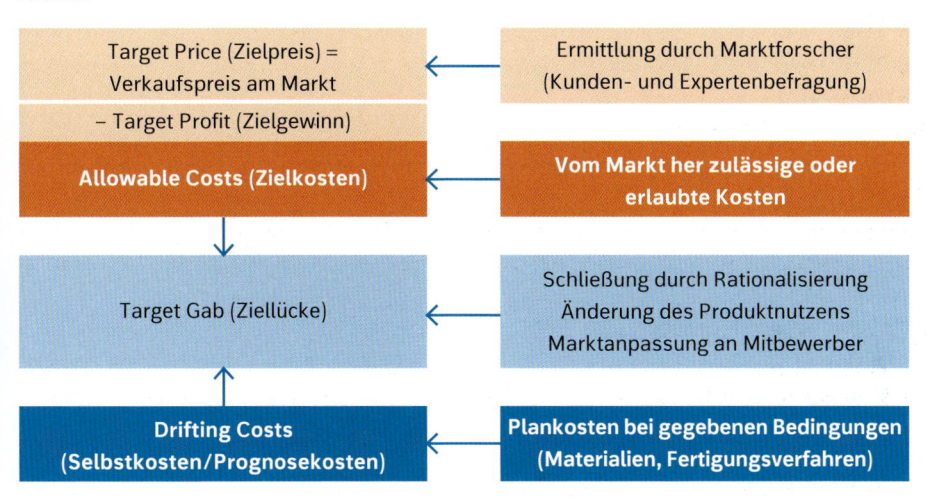

Target Price (Zielpreis) = Verkaufspreis am Markt − Target Profit (Zielgewinn)	Ermittlung durch Marktforscher (Kunden- und Expertenbefragung)
Allowable Costs (Zielkosten)	Vom Markt her zulässige oder erlaubte Kosten
Target Gab (Ziellücke)	Schließung durch Rationalisierung Änderung des Produktnutzens Marktanpassung an Mitbewerber
Drifting Costs (Selbstkosten/Prognosekosten)	Plankosten bei gegebenen Bedingungen (Materialien, Fertigungsverfahren)

Beispiel: Die Zielkostenspaltung zur modifizierten Tubis Polsterbank, Gestell eloxiert, ergab folgendes Bild:

Produkteigenschaften	Kosten in €	Kostenanteil in %
Lebensdauer/Haltbarkeit/Belastbarkeit	650,00	44,83
stabile Verankerung und leichte Austauschbarkeit	250,00	17,24
Reinigungsmöglichkeit der Polster/getrennte Austauschbarkeit	180,00	12,41
Kombinationsmöglichkeiten zu Sitzecken	150,00	10,34
Sitzgefühl/ergonomische Eigenschaften	140,00	9,66
Recycling/Entsorgung	80,00	5,52
	1 450,00	100,00

Vergleicht man Kunden- und Kostengewichtung wird deutlich, dass die Kunden nicht unbedingt den Produkteigenschaften mit den höchsten Kosten auch den höchsten Nutzenwert beimessen.

Zielkostenindex

Durch Division der Kundengewichtung durch den Kostenanteil wird deutlich, bei welchen Produkteigenschaften pro Euro Kosten der vergleichsweise höchste Nutzenwert beim Kunden erzielt wird. Dieser sogenannte **Zielkostenindex** zeigt also, wo Kosten eingespart werden können, ohne dass die Produkteinschätzung seitens der Kunden sich verschlechtert.

Produkteigenschaften	Kundengewichtung in %	Kostenanteil in %	Zielkostenindex
Lebensdauer/Haltbarkeit/Belastbarkeit	38,0	44,83	0,85
stabile Verankerung und leichte Austauschbarkeit	22,0	17,24	1,28
Reinigungsmöglichkeit der Polster/getrennte Austauschbarkeit	16,0	12,41	1,29
Kombinationsmöglichkeiten zu Sitzecken	14,0	10,34	1,35
Sitzgefühl/ergonomische Eigenschaften	7,0	9,66	0,72
Recycling/Entsorgung	3,0	5,52	0,54

Zusammenfassung

Target Costing (Zielkostenrechnung) als Kostenmanagementsystem
- *Markt- und Kundenorientierung* vor Produktentwicklung

- *Zielorientierung* statt Kostenorientierung

- *Aufbau der Zielkostenrechnung*
    Target Price (Zielpreis)
  – Target Profit (Zielgewinn)
  = Target Costs (Zielkosten)
  – Drifting Costs (Selbstkosten/Prognosekosten)
  – ±Target Gab (Ziellücke)

- *Zielkostenplanung und -steuerung*
    – *Conjoint-Analyse zur Ermittlung* der vom Kunden gewünschten Produktionseigenschaften und deren relativer Wertschätzung
    – Kostenspaltung zur Ermittlung der **Kostenanteile, die die einzelnen Produkteigenschaften verursachen**
    – *Ermittlung der Zielkostenindices* zur Ermittlung von Kosteneffizienz und Einsparungsmöglichkeiten
    – Der Zielkostenindex gibt den **Nutzenwert pro € Kosten** an.

Aufgaben

1. Erläutern Sie den Aufbau der „Zielkostenrechnung".
2. Erläutern Sie „Zielkostenplanung" und „Zielkostenspaltung" im Target Costing.
3. Erläutern Sie „Conjoint-Analyse" und ihre Bedeutung im Rahmen der Preispolitik.
4. Ein Fahrrad-Hersteller stellt einen rückläufigen Umsatz des Herrenrades „Wind" fest, das für 495,00 € verkauft wird. Die Selbstkosten werden einschließlich der Kosten der Grundausstattung (Gestell, Räder mit Bereifung, Sattel) mit 440,00 € kalkuliert. Eine Marktuntersuchung ergibt, dass vergleichbare Markenräder ca. 40,00 € preiswerter angeboten werden.

    a) Erläutern Sie Probleme des Herstellers und schlagen Sie Maßnahmen vor.
    b) Eine Kundenbefragung ergab, dass grundsätzlich die zu üppige Ausstattung kritisiert wird. Sie macht das Fahrrad zu teuer.
       Zeigen Sie mögliche Maßnahmen der Zielkostenrechnung auf.
    c) Eine Gegenüberstellung von Kosten- und Kundennutzengewichtung der Einzelteile der Ausstattung ergab folgendes Bild:

Ausstattung	Kosten in €	Kundennutzengewichtung in %
Tacho	24,00	18
Spiegel	6,00	5
Kettenschutz	9,00	7
Stoßdämpfer	32,00	8
8-Gang-Schaltung	28,00	17
Pulsmessgerät	48,00	9
Luftpumpe	22,00	13
Wasserflasche	15,00	10
Gepäckträger	16,00	11
Gepäcktaschen	20,00	9

    ca) Erstellen Sie eine Tabelle, aus der Nutzen- und Kostengewichtung sowie Zielindizes hervorgehen.
    cb) Werten Sie die Ergebnisse zur marktgerechteren Produktgestaltung aus.

Wiederholungs- und Prüfungsaufgaben zu Lernfeld 4

1. Kennzeichnen Sie die angebenden Kostenarten mit einem **V**, wenn Sie variabel sind und mit einem **F**, wenn sie über einen bestimmten Zeitraum als fix zu bezeichnen sind!

    a) Materialkosten
    b) Löhne für Akkordarbeiter
    c) Raummiete
    d) Abschreibungen
    e) Verpackungskosten für die hergestellten Produkte
    f) Gehälter der Werkstattmeister

2. Wie verlaufen die fixen Stückkosten bei sinkender (steigender) Kapazitätsauslastung?

    a) degressiv
    b) konstant
    c) progressiv
    d) linear
    e) proportional

3. Die Produktion von Bürostühlen auf einem Fertigungsautomaten verursacht folgende Kosten:

   - monatliche Miete einschließlich Wartung 3 150,00 €
   - monatliche Gehaltskosten für die Überwachung des Automaten 2 800,00 €
   - Verbrauch von Fertigungsmaterial 22,40 € je Stuhl
   - Lohnkosten pro Stuhl: 8,30 €

   Die maximale Fertigungskapazität des Automaten beträgt 500 Stück monatlich. Der Listenverkaufspreis für einen Stuhl liegt bei 45,90 €.

   a) Ermitteln Sie die kurzfristige Preisuntergrenze je Stuhl.
   b) Ermitteln Sie den Deckungsbeitrag je Stück.
   c) Ermitteln Sie die monatliche Produktionsmenge bei einer Kapazitätsauslastung von 75 %.
   d) Ermitteln Sie die Gesamtkosten bei einer Kapazitätsauslastung von 75 %.
   e) Ermitteln Sie die Stückkosten bei einer Kapazitätsauslastung von 75 %.
   f) Ermitteln Sie die fixen Stückkosten bei einer Kapazitätsauslastung von 100 %.
   g) Ermitteln Sie die Gewinnschwelle und benennen Sie die Stückzahl, ab der das Unternehmen Gewinn machen würde.

4. Kennzeichnen Sie die richtigen Aussagen mit einer (1) und die falschen Aussagen mit einer (9).

   a) Bei Erträgen aus der Vermietung einer Lagerhalle handelt es sich um Grundleistungen.
   b) Die Abgrenzungsrechnung weist die neutralen Erträge und Aufwendungen eines Unternehmens aus.
   c) Bei einer Spende für wohltätige Zwecke handelt es sich um einen neutralen Ertrag.
   d) Grundkosten fallen in KLR und FiBu in gleicher Höhe an.
   e) Die FiBu ermittelt das Betriebsergebnis.
   f) Neutrales Ergebnis = Unternehmensergebnis – Betriebsergebnis

5. In einem Betrieb werden die Kostenstellen „Material", „Fertigung I", „Fertigung II", „Verwaltung" und „Vertrieb" geführt.

   Die Stromkosten des Betriebes belaufen sich auf 106 470,00 €; die Verteilung auf die einzelnen Kostenstellen erfolgt nach dem entsprechenden Verbrauch:

   - Material: 48 000 kWh
   - Fertigung I: 150 000 kWh
   - Fertigung II: 178 000 kWh
   - Verwaltung: 96 000 kWh
   - Vertrieb: 35 000 kWh

   Ermitteln Sie
   a) den Preis für eine kWh in Cent,
   b) die auf die Kostenstelle „Material" entfallenden Stromkosten,
   c) den prozentualen Anteil der Stromkosten, der auf die Kostenstelle „Fertigung II" entfällt.

6. Welche Kosten können Sie verursachungsgemäß genau den Kostenstellen zuordnen?

   a) Kostenstellengemeinkosten
   b) Normalgemeinkosten
   c) Kostenstelleneinzelkosten
   d) Einzelkosten
   e) unternehmensbezogene Fixkosten

7. Die Kosten- und Leistungsrechnung Ihres Unternehmens weist für den Monat August folgende Gesamtdaten auf: Verbrauch von Fertigungsmaterial 480 000,00 €, Materialgemeinkosten 48 000,00 €, Fertigungslöhne 210 000,00 €, Fertigungsgemeinkosten 189 000,00 €, Verwaltungsgemeinkosten 136 515 00 €, Vertriebsgemeinkosten 72 808,00 €, Netto-Verkaufserlöse 1 460 000,00 €.

Innerhalb der Rechnungsperiode wurde mit folgenden Normalkosten und Normalgemeinkostenzuschlagsätzen kalkuliert: Verbrauch von Fertigungsmaterial 450 000,00 €, Fertigungslöhne 210 000,00 €, Materialgemeinkostenzuschlagsatz 12 %, Fertigungsgemeinkostenzuschlagsatz 85 %, Verwaltungsgemeinkostenzuschlagsatz 18 %, Vertriebsgemeinkostenzuschlagsatz 7 %.

Ermitteln Sie das Betriebs- und das Umsatzergebnis und weisen Sie nach, ob es im Monat August zu Kosten- über- bzw. Kostenunterdeckungen gekommen ist.

8. a) Berechnen Sie den Maschinenstundensatz und den Restgemeinkostenzuschlagssatz.
b) Kalkulieren Sie die Kosten in der Dreherei für einen Auftrag, der Fertigungslöhne in Höhe von 200,00 € verursacht und den Drehautomaten für 0,75 Stunden in Anspruch nimmt.
c) Ermitteln Sie den Maschinenstundensatz, wenn die Ist-Beschäftigung 300 (350) Stunden beträgt.

Kostenarten	Zahlen der KLR	Fertigungshauptstellen Maschinenplatz „Drehautomat"		
		maschinenabhängige FGK		Restgemeinkosten
		variabel	fix	
Hilfsstoffaufwand	9 000,00	9 000,00	–	–
Brenn-/Betriebsstoffe	6 000,00	4 000,00	1 000,00	1 000,00
Hilfslöhne	40 000,00	10 000,00	20 000,00	10 000,00
Gehälter	10 000,00	–	–	10 000,00
soziale Abgaben	5 000,00	1 000,00	2 000,00	2 000,00
Fremdinstandhaltung	8 000,00	–	6 000,00	2 000,00
Büromaterial	1 500,00	–	500,00	1 000,00
Betriebssteuern	3 000,00	–	1 000,00	2 000,00
Mieten/Pachten	20 000,00	–	10 000,00	10 000,00
kalk. Zinsen	30 000,00	–	25 000,00	5 000,00
kalk. Abschreibung	100 000,00	–	75 000,00	25 000,00
Summe	**232 500,00**	**24 000,00**	**140 500,00**	**68 000,00**
Umlage E-Werk		20 740,00		2 000,00
Zwischensumme				
Umlage Fuhrpark		–	–	–
Zwischensumme				
Umlage Konstr.büro			15 897,50	10 000,00
Zwischensumme				
Umlage Werkzeugm.		25 056,50	10 000,00	10 000,00
Summe Gemeinkosten		**69 796,50**	**166 397,50**	**90 000,00**
			236 194,00	
	Zuschlagsgrundlage:	315 Maschinenstd.		500 000,00
	Maschinenstd.-Satz:			

Lernfeld 5

Leistungserstellungsprozesse planen, steuern und kontrollieren

→ 📄 **1** Die Abhängigkeit des Leistungsprogramms vom
LS 38   Absatz und den Zielen der Unternehmung
         darstellen

Frühstückspause – Daniela Schaub und Rudolf Heller studieren die neuesten Meldungen in der Tageszeitung. „Schau, in Bonn wird ein großes Kongresszentrum gebaut, hier sollten wir uns um einen Auftrag bemühen!" bemerkt Rudolf Heller. Daniela Schaub ist skeptisch: „So ein Projekt auszustatten, übersteigt doch unsere Kragenweite!" „Glaube ich nicht, Sommerfeld hat doch auch vor einigen Jahren den Großflughafen in Hongkong komplett ausgestattet", widerspricht Rudolf Heller.

Arbeitsaufträge

- Erstellen Sie mithilfe eines Büroraumes in Ihrem Ausbildungsbetrieb eine Auflistung der notwendigen Einrichtungsgegenstände.
- Verschaffen Sie sich einen Überblick über die eventuellen Dienstleistungen, die von dem Auftragnehmer eines Großprojektes erwartet werden.
- Erläutern Sie die anfallenden Aufgaben und die möglichen Ziele bei der Fertigung von Produkten.

Leistungserstellungsprozesse

Leistungserstellungsprozesse stellen bereit:

Güter	Dienstleistungen	Rechte
z. B. Aufstellung von vier Kopierern der Copytec GmbH in der Verwaltung der Sommerfeld Bürosysteme GmbH	z. B. regelmäßige Wartung der Kopierer durch die Copytec GmbH	z. B. Kopieren externer Unterlagen für innerbetriebliche Zwecke gegen jährliche Gebühr an die Schutzgemeinschaft „Wort und Bild"

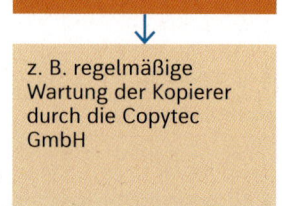

1 Die Abhängigkeit des Leistungsprogramms vom Absatz und den Zielen der Unternehmung darstellen

Die betrieblichen Kernprozesse eines Unternehmens zielen in der Regel auf die **Fertigung bestimmter Produkte**. In **Käufermärkten** muss sich ein Unternehmen Wettbewerbsvorteile gegenüber der Konkurrenz verschaffen und alles tun, um die Kunden zufriedenzustellen. Dies macht das Angebot von Dienstleistungen unerlässlich.

Beispiel: Der Kernprozess der Sommerfeld Bürosysteme GmbH umfasst die Herstellung von Einrichtungssystemen. Dies beinhaltet vor allem die Fertigung von Bänken, Stühlen, Sesseln und Regalsystemen für den gewerblichen Bereich. Kommt es zu einer Auftragserteilung für die Einrichtung des Kongresszentrums, so wird man nicht nur umfangreiche Dienstleistungen wie das Aufmaß für die Einrichtung, den Transport und die Montage übernehmen müssen. Sicherlich wird auch eine Beratung zur Beleuchtung erwartet.

Grundlage für die betrieblichen Kernprozesse ist das Erzeugnisprogramm.

Erzeugnisprogramm:
beinhaltet die Produkte, welche ein Unternehmen aufgrund der vorhandenen Kapazität herstellen kann.

Fertigungsprogramm:
legt fest, welche Erzeugnisse tatsächlich in welchen Mengen in einem bestimmten Zeitraum gefertigt werden sollen.

Da sich die Fertigung nach den Anforderungen des Absatzes richtet, ist das Fertigungsprogramm in der Regel kleiner als das Erzeugnisprogramm.

Absatzprogramm: → LF 10
enthält Angaben darüber, welche Erzeugnisse in welchen Mengen in oder zu einer bestimmten Zeit verkauft werden sollen.

Erzeugnisprogramm, Fertigungsprogramm und Absatzprogramm können deckungsgleich sein oder erheblich voneinander abweichen.

Fertigungsprogramm = Absatzprogramm

Die einzelnen Programme sind in der Regel dann deckungsgleich, wenn es sich um eine Einproduktunternehmung handelt, deren Produkt nicht lagerfähig ist.

Beispiele:
- Ein Kraftwerk produziert Strom, der zeitgleich abgesetzt wird.
- Ein Unternehmen fertigt Frischbeton, der in kurzer Zeit ausgeliefert werden muss.

Fertigungsprogramm > Absatzprogramm
Dies bedeutet, dass nicht alle von der Unternehmung hergestellten Erzeugnisse verkauft werden. Einzelne Erzeugnisse werden lediglich für den Eigenbedarf produziert.

Dies ist notwendig, wenn

- geeignete Anbieter für bestimmte Betriebsausrüstungen wie Sondermaschinen oder Spezialwerkzeuge fehlen,
- nur die Eigenfertigung den gewünschten Qualitätsstandard garantieren kann,
- logistische Probleme wie ein fehlender Vertriebsweg oder fehlende Transporteinrichtungen den Weiterverkauf bestimmter Erzeugnisse erschweren.

Beispiele: Die Sommerfeld Bürosysteme GmbH produziert die Betriebsstoffe Wasserdampf und Strom durch Verbrennung von Abfällen lediglich für den Eigenbedarf.

Absatzprogramm > Fertigungsprogramm
Nur ein Teil des Absatzprogramms wird selbst hergestellt; einzelne Erzeugnisse werden als Handelsware geführt.

Mögliche Gründe hierfür können sein:

- Es fehlen Patente bzw. Lizenzen für die Herstellung dieser Produkte.
- Es fehlen geeignete Maschinensysteme.
- Die eigene Kapazität ist überlastet.
- Die Kosten des Fremdbezuges sind geringer als die Kosten der Eigenfertigung.

Beispiel: Die Sommerfeld Bürosysteme GmbH lässt die Confair Pinnwand fremdfertigen, weil die Beschaffungskosten geringer sind als die eigenen Herstellkosten. Diese Pinnwand ist jedoch ein notwendiges Ergänzungsprodukt im Rahmen der Produktgruppe „Konferenz".

> **PRAXISTIPP!**
>
> *Nicht alle produzierten Teile und Produkte werden abgesetzt; nicht alle verkauften Teile und Produkte werden selbst produziert.*

Aufgaben im Rahmen der betrieblichen Leistungserstellung

> *Aufgaben:*
> sind Beschreibungen der **notwendigen Maßnahmen** zur Erreichung von Zielen.

Jede betriebliche Aufgabe muss auf ein bestimmtes Ziel gerichtet sein. Aufgaben ohne Ziele ergeben in der Regel keinen Sinn. Die Grundaufgabe bei der Leistungserstellung- nämlich verkaufsfähige Erzeugnisse für den Absatz bereitzustellen, beinhaltet die Phasen Planung, Steuerung oder Durchführung und Kontrolle- Aus diesen Phasen ergeben sich die verschiedenen Teilaufgaben für die Leistungserstellung.

1 Die Abhängigkeit des Leistungsprogramms vom Absatz und den Zielen der Unternehmung darstellen

Planung
Sie bezieht sich auf die Vorbereitung von Aufgaben und deren Durchführung, um die festgelegten Ziele zu erreichen.
- Festlegung der Produktionsziele
- Bereitstellung der notwendigen Mittel wie Arbeitskräfte, Maschinen und Material
- Ablauf bzw. Vollzug der Fertigung

Steuerung
Sie gewährleistet, dass Fertigungsaufträge in geplanter Weise durchgeführt und Störungen schnell beseitigt werden.
- Sicherung der Fertigungsbereitschaft
- Veranlassung der Fertigung
- Überwachung der Fertigung
- Beseitigung von auftretenden Störungen

Kontrolle
Sie liefert Auskunft, ob die gesteckten Ziele erreicht worden sind und bietet Anlässe zur Verbesserung von Produkten und Prozessen.
- Produktivität
- Qualität
- Kapazitätsauslastung
- Kosten

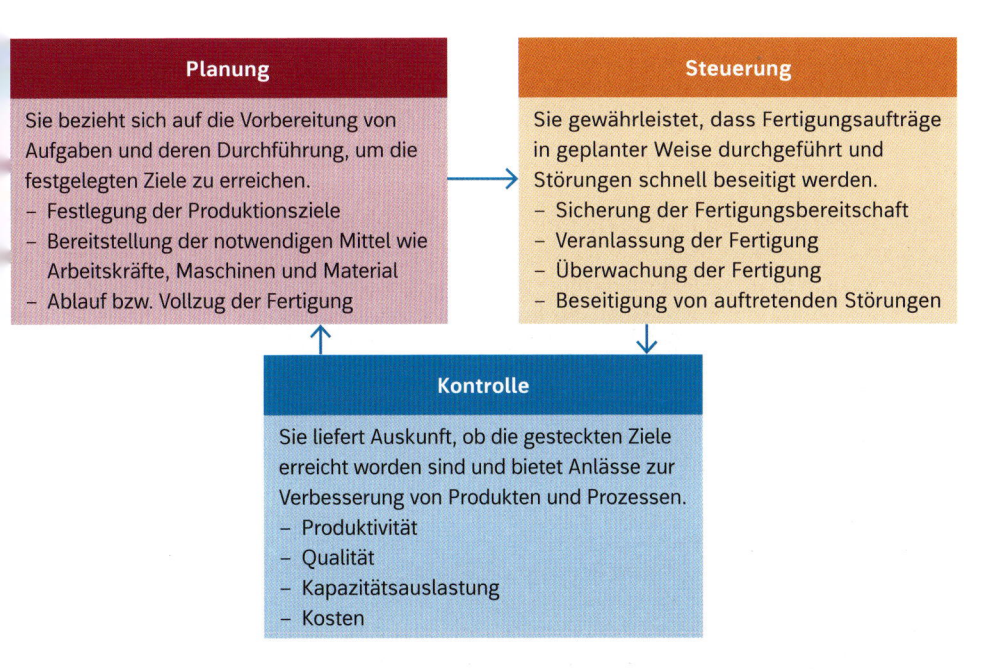

PRAXISTIPP!

Fast jedes Thema im Unterricht (z. B. die Beschaffungswirtschaft) oder jede Aufgabe im Unternehmen (Anbieten eines Englischkurses für Mitarbeiter) lässt sich in diese drei Phasen gliedern. Nutzen Sie diese Gliederungshilfe beim Lernen und beim Bearbeiten von Aufgaben in Klassenarbeiten und Prüfungen.

Ziele bei der betrieblichen Leistungserstellung

Wirtschaftlichkeit
Die Produktion muss sich ausrichten am ökonomischen Prinzip, und zwar einerseits zur Einsparung knapper volkswirtschaftlicher Ressourcen und andererseits zur Kostensenkung oder Leistungssteigerung. Bei einem gegebenen Mitteleinsatz soll ein Maximum an Leistung erzielt oder aber eine vorgegebene Leistung mit einem geringstmöglichen Mitteleinsatz realisiert werden. → **LF 2**

Reduzierung der Herstellkosten
Die Herstellkosten ergeben sich aus den anfallenden Materialkosten, den Fertigungslöhnen, der Maschinennutzung und der Kapitalbindung in den gefertigten Erzeugnissen. Bereits bei der Planung von Fertigungsaufträgen wird man versuchen, durch eine entsprechende Losgröße, d. h. eine in sich einheitliche Fertigungsmenge, den anteiligen Fertigungsaufwand für ein Erzeugnis zu verringern. Erfordert eine größere Losgröße eine Einlagerung von Erzeugnissen, so muss man allerdings die zusätzliche Kapitalbindung berücksichtigen.

Hohe Kapazitätsauslastung und optimale Maschinenbelegung
Die steigenden Anschaffungskosten für einzelne Maschinensysteme führen zu hohen Abschreibungen und machen deshalb eine optimale Maschinenbelegung erforderlich,

damit Leerkosten vermieden werden. Für eine optimale Maschinenbelegung ist eine exakte Arbeits- und Zeitplanung notwendig. Nicht nur die zeitliche Auslastung ist wichtig, auch die richtige Maschine muss für die Fertigung ausgewählt werden. Wird eine technisch hochwertige Maschine ohne Produktivitätsvorteil für ein relativ einfaches Verfahren genutzt, entstehen versteckte Leerkosten.

Kurze Durchlaufzeiten zur Liquiditäts- und Produktivitätssteigerung
Die eingesetzten Werkstoffe binden Kapital, das mit jeder Fertigungsstufe zunimmt und möglichst schnell in die Unternehmung zurückfließen soll. Hieraus ergibt sich die Forderung nach einer kurzen Durchlaufzeit für die einzelnen Aufträge. Kurze Durchlaufzeiten verringern die Kapitalbindung und stärken damit die Liquidität der Unternehmung. Sie leisten auch einen erheblichen Beitrag zur Produktivitätssteigerung, indem in der gleichen Zeit mehr Erzeugnisse hergestellt werden können. Liegezeiten erhöhen die Durchlaufzeit und sind deshalb möglichst zu vermeiden.

Termineinhaltung
Terminstörungen führen zu inner- und außerbetrieblichen Problemen. Werden sie innerbetrieblich aufgefangen, so entstehen durch Überstunden, Sonderschichten oder Losteilung hohe Kosten, die über den Auftrag nicht immer gedeckt werden können. Führt die Terminstörung zu einem Lieferungsverzug, so muss mit einer Konventionalstrafe oder sogar einem Kundenverlust gerechnet werden.

Beispiel: So bildeten fehlende Kabelbäume des neuen Großflugzeugs A 380 den Auslöser für eine große Krise beim Unternehmen Airbus und der Muttergesellschaft EADS. Lieferverzögerungen von 6 bis 8 Monaten waren die Folge und zusätzliche Kosten von zwei Milliarden Euro. Durch den Imageschaden sank der Aktienkurs um ein Drittel und viele Arbeitnehmer fürchteten um ihren Arbeitsplatz.

Qualitätssicherung
Weisen die ausgelieferten Produkte Mängel auf, so entstehen dem Unternehmen erhebliche Kosten durch eine Nachbesserung, zu gewährende Preisnachlässe oder Ersatzlieferungen. In manchen Fällen muss das Unternehmen sogar mit einem Schadenersatzanspruch rechnen. Anschlussaufträge bzw. Wiederholkäufe des Kunden sind nicht mehr zu erwarten. Das Produkt erleidet einen Imageverlust, der nur unter großen Anstrengungen behoben werden kann.

Die **Ziele bei der Leistungserstellung** sind kein Selbstzweck. Sie dienen der Verwirklichung von **Absatzzielen**, die wiederum den **Unternehmenszielen** untergeordnet sind.

Besteht das Unternehmensziel darin, den Marktanteil zu erhöhen, so muss der Absatz über größere Mengen und niedrige Preise gefördert werden. Dies geht nur, wenn bei der Leistungserstellung die Produktivität erhöht wird und die Herstellkosten gesenkt werden.

Soll die Position des Unternehmens langfristig abgesichert werden, so müssen die bei den Kunden vorhandenen Präferenzen für die Produkte des Unternehmens erhalten bleiben. Dies erfordert bei der Leistungserstellung die Einhaltung von Terminen und die Wahrung des Qualitätsstandards.

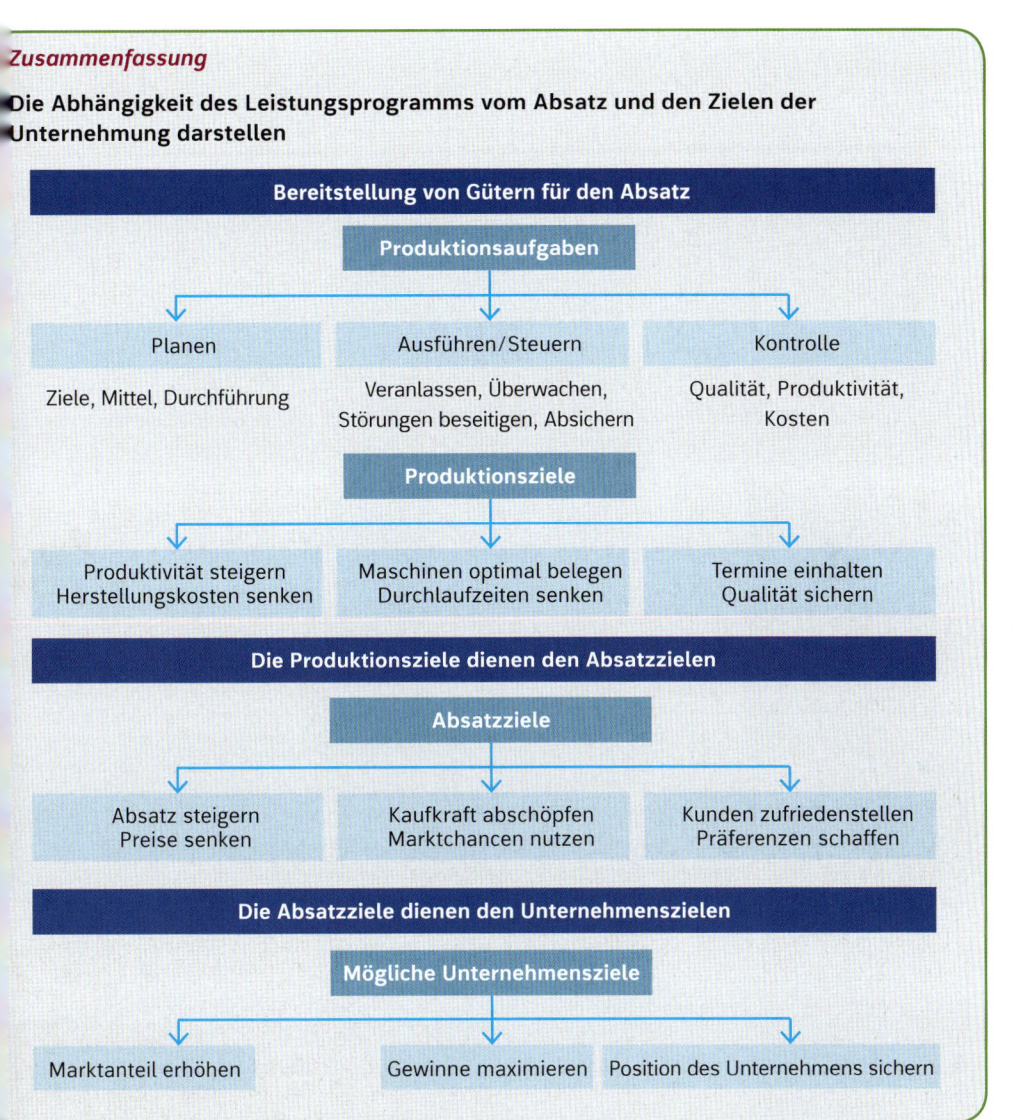

1 Die Abhängigkeit des Leistungsprogramms vom Absatz und den Zielen der Unternehmung darstellen

Zusammenfassung

Die Abhängigkeit des Leistungsprogramms vom Absatz und den Zielen der Unternehmung darstellen

Bereitstellung von Gütern für den Absatz

Produktionsaufgaben

- **Planen**: Ziele, Mittel, Durchführung
- **Ausführen/Steuern**: Veranlassen, Überwachen, Störungen beseitigen, Absichern
- **Kontrolle**: Qualität, Produktivität, Kosten

Produktionsziele

- Produktivität steigern, Herstellungskosten senken
- Maschinen optimal belegen, Durchlaufzeiten senken
- Termine einhalten, Qualität sichern

Die Produktionsziele dienen den Absatzzielen

Absatzziele

- Absatz steigern, Preise senken
- Kaufkraft abschöpfen, Marktchancen nutzen
- Kunden zufriedenstellen, Präferenzen schaffen

Die Absatzziele dienen den Unternehmenszielen

Mögliche Unternehmensziele

- Marktanteil erhöhen
- Gewinne maximieren
- Position des Unternehmens sichern

Aufgaben

1. Bei der Bereitstellung von Dienstleistungen unterscheidet man Pre-Sales-Serviceleistungen, kaufbegleitende Serviceleistungen und After-Sales-Serviceleistungen

    a) Formulieren Sie entsprechende Beispiele.
    b) Begründen Sie jeweils die Notwendigkeit der genannten Dienstleistungen.

2. Ein bisher unbekannter Lieferer bietet der Sommerfeld Bürosysteme GmbH einen neuen Textilbezug aus Mikrofasern an. Dieser Textilbezug soll für das Auspolstern von Bürodrehstühlen besonders geeignet sein. Stellen Sie einen Fragenkatalog zusammen, der die fertigungstechnischen Gesichtspunkte beim Einsatz des neuen Werkstoffes berücksichtigt.

3. Da die Belastung mit Energiekosten ständig steigt, soll die Energiebereitstellung für die nächsten Jahre neu überdacht werden. Erläutern Sie drei Überlegungen, die eine Industrieunternehmung anstellen muss, wenn für die Versorgung ihrer Produktionsbereiche verschiedene Energiearten zur Auswahl stehen.

4. Sie sind Mitarbeiter/-in im Betriebsbüro von Herrn Weselberg, dem Leiter der Produktion der Sommerfeld Bürodesign GmbH, und für alle kaufmännischen Tätigkeiten, die bei der Fertigungsorganisation anfallen, mitverantwortlich. Hierzu zählt auch die Lackiererei, die aus drei geschlossenen Werkstätten mit Absauganlagen besteht. Eine Werkstatt ist mit drei Lackierautomaten (LA1 bis LA3) ausgestattet, eine Werkstatt wird zum manuellen Lackieren genutzt und ist mit sechs Spritzpistolen (LM1 bis LM6) verschiedener Bauart und Größe ausgestattet. Für die Trocknung der lackierten Teile wird die dritte Werkstatt (T50) mit einer Trockenkammer benutzt.

a) In den nächsten Tagen sollen unter anderem vier Aufträge bearbeitet werden, für die dieselben Anlagen notwendig sind. Die Aufträge erfordern die folgende Belegung:

Auftrag A	40 Minuten	LA1, danach
	40 Minuten	T50, danach
	30 Minuten	LM3, danach
	10 Minuten	T50
Auftrag B	60 Minuten	LA1, danach
	20 Minuten	T50

Auftrag C	40 Minuten	LM3, danach
	20 Minuten	LA1, danach
	40 Minuten	T50
Auftrag D	40 Minuten	LM3, danach
	10 Minuten	T50

Aus Kostengründen ist für die Aufträge die kürzeste Durchlaufzeit zu planen. Ermitteln Sie, nach wie vielen Minuten die vier Aufträge frühestens ausgeführt sind. Benutzen Sie dafür das folgende Schema in der bereits begonnenen Weise.

Anlage/Zeit	10	20	30	40	50	60	70	80	90	100	110	120	130	140	150	160	170	180	190
LA1			A																
LM1																			
T50																			

b) Erläutern Sie neben der Realisierung einer kurzen Durchlaufzeit drei weitere Ziele im Rahmen der Fertigung.

c) Aufträge wie der Auftrag D kommen sehr häufig vor. Ein Lackierer hat einen Verbesserungsvorschlag eingereicht. Durch diesen Vorschlag können jetzt vier Aufträge dieser Art in 2 Stunden und 30 Minuten erledigt werden.

ca) Ermitteln Sie den Anstieg der Arbeitsproduktivität in Prozent.

cb) Führen Sie drei Maßnahmen an, die zur Erhöhung der Arbeitsproduktivität geführt haben können.

d) Überprüfen Sie mithilfe der folgenden Angaben, ob durch den Anstieg der Produktivität die Wirtschaftlichkeit der Lackiererei sich ebenfalls erhöht hat.

Zeitpunkt	Anteil der Lackiererei an der innerbetrieblichen Wertschöpfung in €	Summe der Kostenstellenkosten der Lackiererei in €
Vorher	180 000,00	120 000,00
nachher	240 000,00	192 000,00

e) Der Wettbewerb zwingt zu einer kontinuierlichen Verbesserung der Produkte und Fertigungsprozesse. Erläutern Sie 5 Schritte in einer logischen Abfolge bei der Suche nach einer Verbesserung von Arbeitsergebnissen (z. B. des Lackauftrages auf eine Tischplatte).

2 Fertigungsorganisation und Fertigungsverfahren unterscheiden und bewerten

2.1 Kapazität und Beschäftigung

Frau Farthmann erhält am 2. Mai einen Anruf ihrer ehemaligen Schulfreundin, der Innenarchitektin Kirsten Lutz, die mit der Einrichtung von 50 Büroräumen im GAP Center Düsseldorf beauftragt wurde. Durch erhebliche Baumängel verzögerte sich die Fertigstellung. Die Einrichtung soll nun möglichst schnell erfolgen, damit die Mieter wie vertraglich vereinbart zum 1. Juli einziehen können.

Eine Rückfrage bei Herrn Weselberg, dem Leiter der Produktion, ergibt, dass die Kapazitätsreserven für diesen Auftrag vorhanden sind und mit einer Fertigungszeit von 21 Tagen zu rechnen ist. Der Auftrag soll daher angenommen werden.

Herr Kunze, der unter anderem für die Polsterei zuständig ist, bleibt skeptisch. Zwei Polsterer und ein Zuschneider haben zum 30. Mai gekündigt, sodass hier sicherlich ein Engpass entstehen wird.

Die Überwindung des Engpasses sei mit hohen Kosten verbunden, die nur durch entsprechende zusätzliche Erlöse zu rechtfertigen seien.

Arbeitsaufträge

- Erläutern Sie die Rechtslage, wenn der Auftrag nicht termingemäß ausgeführt wird.
- Beschreiben Sie, wovon die Kapazität eines Maschinenplatzes und das gesamte betriebliche Fertigungsvermögen abhängen.
- Verschaffen Sie sich einen Einblick in die entstehenden Kosten, ihre Beziehungen zueinander und ihren Einfluss auf den Gewinn.

Kapazität

Unter der **Fertigungskapazität** versteht man das Leistungsvermögen eines Betriebes, einer Anlage oder eines Maschinenplatzes. Die Fertigungskapazität gibt eine Antwort auf die Frage:

- Was kann ein Betrieb, eine Maschine oder ein Mitarbeiter
- in welchen Mengen
- in einer bestimmten Zeiteinheit herstellen?

Einflussgrößen auf die Fertigungskapazität

Art der Betriebsmittel
Neue Maschinen sind meist technisch ausgereifter als ältere Maschinen. Aber auch sie können einen Leistungsabfall aufweisen, wenn sie stark abgenutzt sind oder ihre Betriebsbereitschaft durch eine nachlässige Wartung gefährdet ist. Entscheidend ist besonders die Eignung für das notwendige Arbeitsverfahren und den zu bearbeitenden Werkstoff. Vielfach werden bei neuen Produkten oder dem Einsatz neuer Materialien Maschinen weiter genutzt, weil sie noch nicht abgeschrieben sind oder das Kapital für notwendige neue Investitionen fehlt.

Mitarbeiter
Auch die Fähigkeiten der Mitarbeiter bestimmen die Kapazität eines Betriebes.

Hierzu zählen besonders ihre Ausbildung und ihre Berufserfahrung. Neben der Leistungsfähigkeit spielt der Leistungswille eine große Rolle. Leistungsgerechte Entlohnung und ein angenehmes Arbeitsklima stärken die Arbeitsmotivation und fördern hiermit die Produktivität des gesamten Betriebes.

Organisation des Fertigungsablaufes
Da die Fertigung in der Regel in einzelnen Arbeitsschritten erfolgt, ist es wichtig, die hierfür notwendige Hardware, d. h. Maschinen und Transportmittel, und die notwendige Software, dies sind die erforderlichen Informationen, aufeinander abzustimmen. Sonst entstehen Fertigungsengpässe, die die Kapazität herabsetzen und zu unwirtschaftlichen Liegezeiten von Teilen oder sogar ganzen Baugruppen führen.

Kapazitätsbegriffe

Technische Kapazität	Sie beinhaltet das oberste Leistungsvermögen einer Anlage und ist Ausgangspunkt für die Ermittlung des tatsächlich nutzbaren Kapazitätsangebotes und möglicher Kapazitätsreserven.
	Beispiel: Der Motor einer Nähmaschine ermöglicht bis zu 3 500 Stiche in der Minute. Die zu fertigenden Polsterteile sollen mindestens 7 Stiche pro Zentimeter Naht aufweisen. Dies ergibt eine technische Kapazität von (60 · 3 500) : 7 = 30 000 cm oder 300 m Naht pro Stunde.
Maximale Kapazität	Berücksichtigt man bei der Kapazitätsberechnung alle begrenzenden Einflüsse wie arbeitsfreie Sonntage, tarifliche Arbeitszeitbeschränkungen, notwendige Reparaturen und Wartung, so erhält man die maximale Kapazität bei der Belegung einer Maschine.

2 Fertigungsorganisation und Fertigungsverfahren unterscheiden und bewerten

	Beispiel: Eine Nähmaschine kann bei der Sommerfeld Bürosysteme GmbH bei einem Einschichtbetrieb maximal 10 Stunden eingesetzt werden. Für den Wechsel und Transport des Nähgutes, den Austausch von Nadel und Faden muss ein Zeitbedarf von 30 % angesetzt werden. Dies ergibt eine Maximalkapazität von (300 Meter/Std. − 30 %) · 10 Std. = 2 100 m Naht pro Schicht. Der Polsterbezug bei der „Tubis Posterbank" weist laut Arbeitsplan Nähte in einer Gesamtlänge von 60 m auf. Somit können täglich maximal 35 Polsterbezüge für diese Polsterbank vernäht werden.
Optimale Kapazität (Betriebsoptimum, s. S. 528)	Hierunter versteht man die Ausbringungsmenge mit den niedrigsten Stückkosten. Relativ kleine Ausschussmengen und eine vergleichsweise geringe Abnutzung der Maschinen und Werkzeuge sind Kennzeichen einer optimalen Kapazitätsauslastung.
	Beispiel: Arbeitet die Nähmaschine über längere Zeit mit einer Geschwindigkeit von 3 500 Stichen in der Minute, so führt dies zu Störungen beim Fertigungsablauf. Der Greifer verbiegt sich, die Nadel wird krumm, durch seine übermäßige Abnutzung stockt der Transporteur und gratig werdende Fadenführungsösen führen zu einem ständigen Reißen des Fadens.
Normalkapazität	Dies ist die aus Vergangenheitswerten ermittelte, durchschnittlich vorhandene und damit nutzbare Kapazität unter Berücksichtigung der speziellen betrieblichen Bedingungen wie Krankenstand, Fluktuation, Maschinenausfall oder Materialeignung. Für die Arbeitsvorbereitung beinhaltet die Kenntnis der Normalkapazität eine der wichtigsten Planungsgrundlagen für die Festlegung des Fertigungsprogramms. Sie wird daher ständig und meist automatisch über SAP-Programme festgehalten und aktualisiert.
	Beispiel: Die Nähmaschine befindet sich seit vier Jahren im Einsatz, einzelne Maschinenteile sind sehr stark abgenutzt, z. B. ist die Stichplatte durch Nadeleinstiche sehr stark beschädigt. Die Störungen, vor allem das Fadenreißen, nehmen zu. Die im SAP-Programm aufgezeichneten Istwerte ergaben für den 120. Produktionskalendertag 26 Polsterbezüge 130. Produktionskalendertag 28 Polsterbezüge 150. Produktionskalendertag 21 Polsterbezüge Normalkapazität: 75 : 3 = 25 Polsterbezüge pro Produktionskalendertag
Effektive Kapazität	Die an einem bestimmten Fertigungszeitpunkt tatsächlich zur Verfügung stehende Kapazität bezeichnet man als effektive Kapazität. Während die Normalkapazität die Basis bildet für die Fertigungsplanung, d. h. die Vorbereitung der Fertigung, beinhaltet die effektive Kapazität die Basis für die Fertigungssteuerung, d. h. die eigentliche Durchführung der Fertigung. Je größer die Übereinstimmung zwischen den beiden Kapazitäten ist, umso geringer ist der Aufwand der Fertigungssteuerung. Meist ist die effektive Kapazität jedoch geringer oder größer als die Normalkapazität.

Der Beschäftigungsgrad als Maßstab für die Kapazitätsauslastung

Der Beschäftigungsgrad beinhaltet die **Auslastung der Normalkapazität**.

$$\text{Beschäftigungsgrad} = \frac{\text{genutzte Kapazität (tatsächlich hergestellte Erzeugnisse)} \cdot 100}{\text{Maximalkapazität (Menge der herstellbaren Erzeugnisse)}}$$

Er besitzt einen erheblichen Einfluss auf die Nutz- und Leerkosten. Je höher der Beschäftigungsgrad ist, um so größer sind **die Nutzkosten** und um so geringer sind **die Leerkosten** eines Maschinenplatzes.

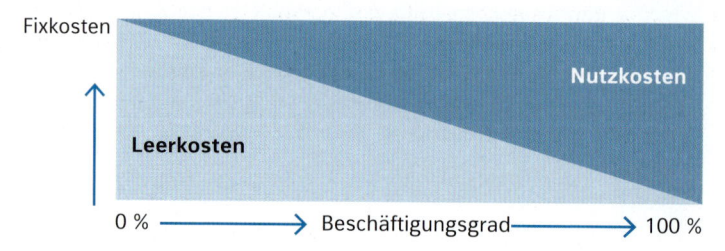

Beschäftigungsgrad und Absatzschwankungen

Das Fertigungsprogramm entscheidet über die Auslastung der verschiedenen Maschinenplätze. Die Fertigungsprogrammplanung ist jedoch selten autonom, sondern muss sich meist den Gegebenheiten des Absatzes anpassen.

Produktion und Absatz verlaufen synchron (Synchronisation)

Bei dieser Methode folgt die Produktionsmenge dem Absatz. Es besteht nur ein geringer zeitlicher Vorlauf oder Nachlauf im Rahmen der produzierten Mengen. Diese Methode ist vor allem zweckmäßig bei verderblichen Waren, denn sie müssen direkt nach der Produktion abgesetzt werden. Die Vorteile sind geringe Kapitalbindungskosten und geringe Lagerrisiken.

Beispiele: Milch, Joghurt, Eiscreme

Allerdings muss die Kapazität sehr hoch ausgelegt werden, damit auch Auftragsspitzen bewältigt werden. Die Kapazität wird selten im optimalen Bereich gefahren. Im Auftragstief sind die Leerkosten und damit die anteiligen fixen Kosten sehr hoch. Bei einem Auftragshoch sind wiederum die variablen Kosten sehr hoch – bedingt durch Überstunden oder einen höheren Ausschuss.

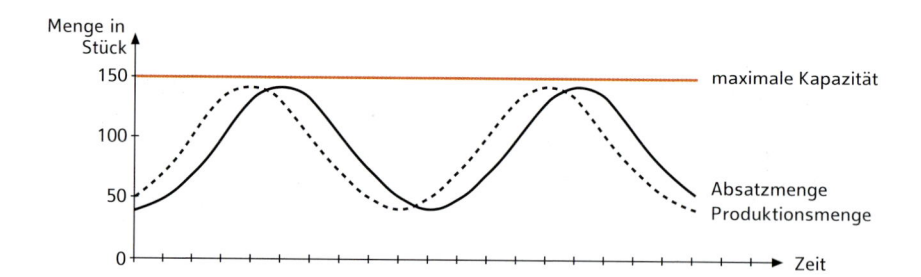

Die Produktion emanzipiert sich vom Absatz (Emanzipation)

Hier erfolgt eine gleichmäßige Produktion, die sich an den voraussichtlichen Jahresabsatzmengen orientiert.

Beispiel: Standardsteine für den Hausbau: Im Winter sinkt der Absatz, die Produktionsmenge ist größer als die Absatzmenge, es findet eine Produktion auf Lager statt. Im Frühjahr und Sommer steigt der Absatz, dann werden Lagerbestände abgebaut.

Die Kapazität kann niedriger ausgelegt werden, dies erspart Investitionen und hiermit notwendige Abschreibungen, d. h., die fixen Kosten werden gesenkt. Die Produktion kann im optimalen Kapazitätsbereich gefahren werden, d. h. mit den Mengen, die die geringsten Stückkosten verursachen. Es entstehen keine Leerkosten oder progressive variable Kosten für die Bewältigung von Auftragsspitzen. Allerdings müssen höhere Kapitalbindungskosten in den Lagervorräten und Lagerrisiken einkalkuliert werden.

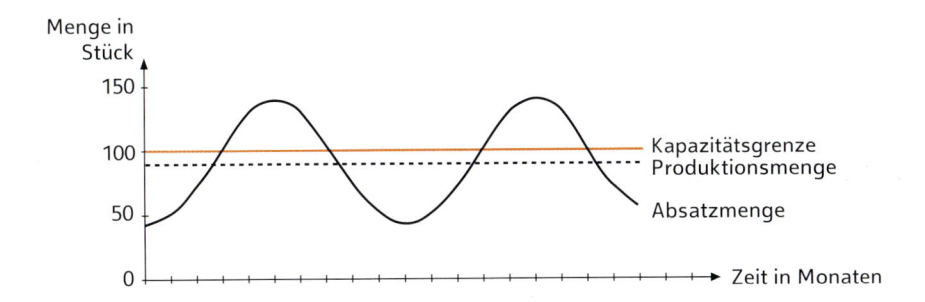

Die Produktion folgt stufenweise dem Absatz (stufenweise Anpassung)

Bei geschlossenen Fertigungssystemen, die nur beschränkt teilbar sind und mit einer Mindestkapazität gefahren werden müssen, wird bei einem Auftragsanstieg eine Anlage zugeschaltet und bei einem abnehmenden Auftragspolster eine Anlage wieder abgeschaltet.

Beispiele: Brennöfen für Fliesen, Thomasbirnen für die Stahlherstellung

Im Auftragstief wird teilweise auf Lager produziert, im Auftragshoch werden vorhandene Lagerbestände abgebaut. Die Kapazität muss nicht so hoch ausgelegt werden wie bei einer **Synchronisation**. Durch die Inaktivierung von Anlagen werden Bereitschaftskosten wie Energie und Wartungsaufwand eingespart. Im Vergleich zu einer Synchronisation entstehen jedoch höhere Lagerkosten. Auch müssen die Abschreibungen für die inaktivierten Anlagen auf die anderen Anlagen umgelegt werden, d. h., es entstehen höhere anteilige fixe Kosten.

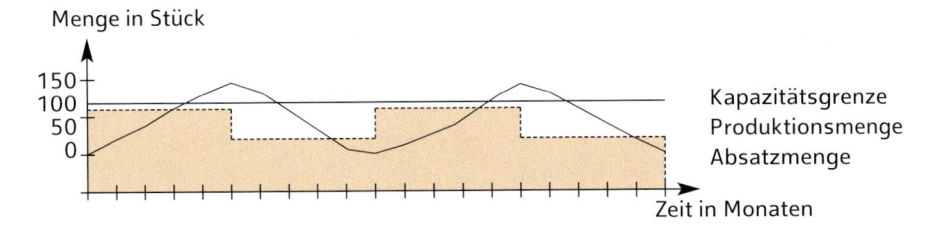

Kosten und Beschäftigungsgrad

→ LS 39

Gesamtkosten:
Die **gesamten Kosten** (K) einer Fertigung ergeben sich aus den **gesamten fixen** (K_f) und den **gesamten variablen** Kosten (K_v).

$$K = K_f + K_v$$

Beispiele: In der Schreinerei der Sommerfeld Bürosysteme GmbH können bei voller Auslastung jährlich bis zu 20 000 Tische im Rahmen des Programms 840 hergestellt werden. Hierbei ergeben sich je nach Beschäftigungsgrad die folgenden Kosten:

Beschäftigungsgrad	Menge in Stück	K_f in €	K_v in €	K_g in €
0	0	2 000 000,00	0	2 000 000,00
25 %	5 000	2 000 000,00	1 000 000,00	3 000 000,00
50 %	10 000	2 000 000,00	2 000 000,00	4 000 000,00
75 %	15 000	2 000 000,00	3 000 000,00	5 000 000,00
100 %	20 000	2 000 000,00	4 000 000,00	6 000 000,00

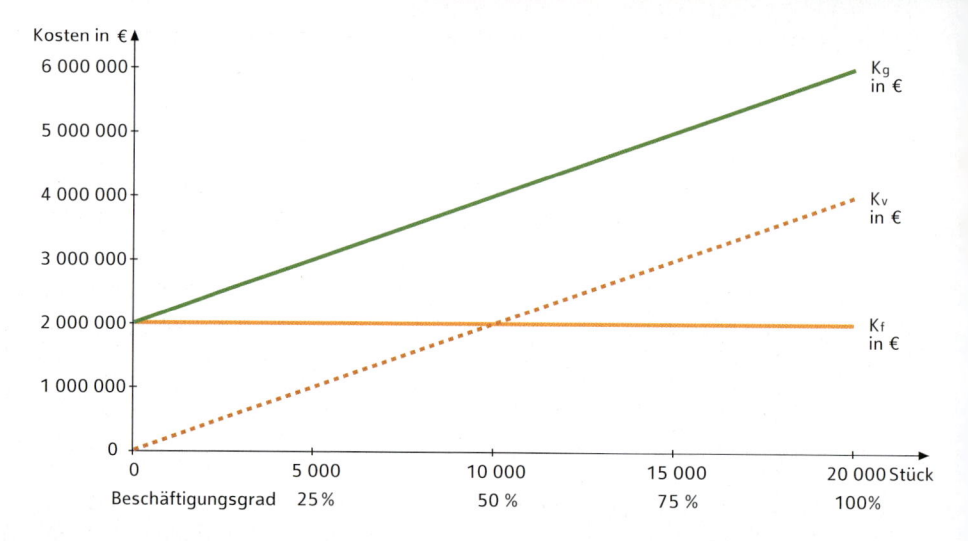

Fixe Gesamtkosten

Dies sind Kosten, die vom Beschäftigungsgrad unabhängig sind wie die Abschreibungsbeträge für die Maschinen bei linearer oder degressiver Abschreibung, Fremdkapitalzinsen, Leasingraten für gemietete Maschinen, sowie die Gehälter der Meister.

> **PRAXISTIPP!**
>
> *Industrieunternehmen versuchen besonders, die Fixkosten zu senken, weil sie die Handlungsfähigkeit eines Unternehmen einschränken.*

Erweitert man die Kapazität, so steigen die fixen Kosten sprunghaft an. Man spricht dann von sprungfixen oder auch **intervallfixen Kosten**.

Beispiel:

Menge in Stück	fixe Kosten in €	intervallfixe Kosten in €
10 000	2 000 000,00	
20 000	2 000 000,00	
20 001	2 200 000,00	200 000,00
30 000	2 200 000,00	—

Beispiel:

Menge in Stück	fixe Kosten in €	intervallfixe Kosten in €
10 000	2 000 000,00	
20 000	2 000 000,00	
20 001		2 200 000,00
30 000		2 200 000,00

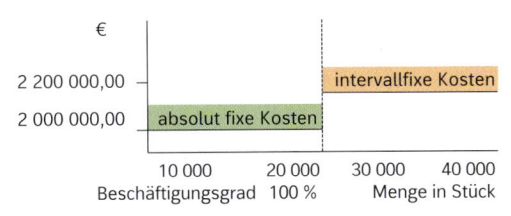

Fixe Stückkosten
Dividiert man die fixen Gesamtkosten durch die Ausbringungsmenge, so erhält man die fixen Stückkosten. Diese Kosten verlaufen mit steigendem Beschäftigungsgrad degressiv, d. h. fallend (Gesetz der Massenproduktion).

PRAXISTIPP!
Wegen dieser Stückkostendegression versuchen Industriebetriebe in der Regel, ihre Ausbringungsmenge zu steigern, um ihren Gewinn zu steigern oder aber Preise knapper kalkulieren zu können.

Menge in Stück	fixe Gesamtkosten in €	fixe Stückkosten in €	Menge in Stück	fixe Gesamtkosten in €	fixe Stückkosten in €
0	2 000 000,00		12 000	2 000 000,00	167
2 000	2 000 000,00	1 000	14 000	2 000 000,00	143
4 000	2 000 000,00	500	16 000	2 000 000,00	125
6 000	2 000 000,00	333	18 000	2 000 000,00	111
8 000	2 000 000,00	250	20 000	2 000 000,00	100
10 000	2 000 000,00	200			

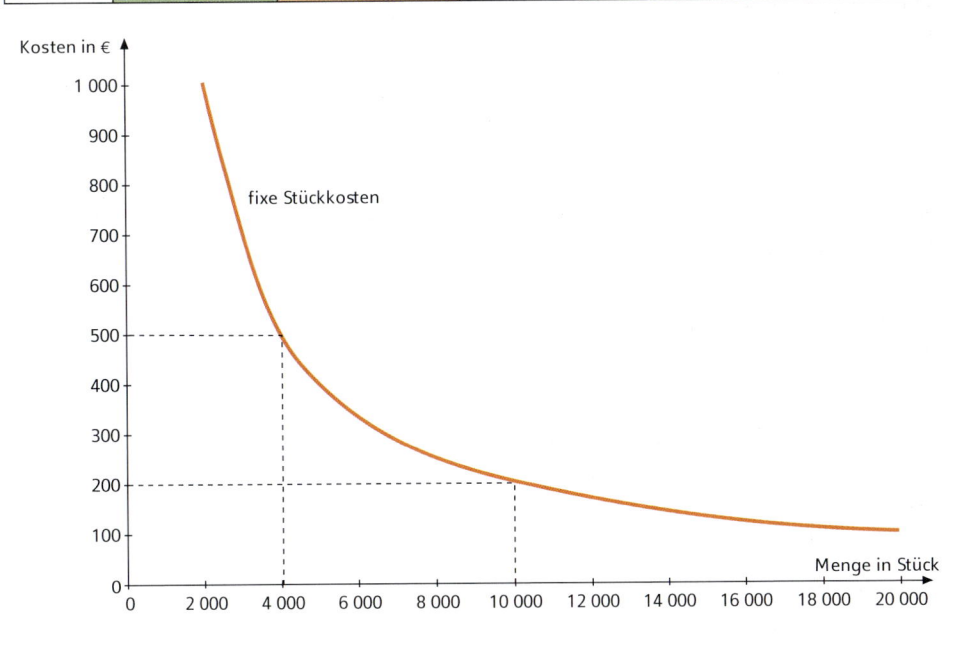

Variable Gesamtkosten

Dies sind Kosten, die vom Beschäftigungsgrad abhängig sind wie der Materialverbrauch, zu zahlende Fertigungslöhne bei Akkordlöhnen, der Energiebedarf für die Maschinen oder die Abschreibungen nach Leistungseinheiten.

Beispiel:

Menge in Stück	variable Kosten in €
0	0
5 000	1 000 000,00
10 000	2 000 000,00
15 000	3 000 000,00
20 000	4 000 000,00

> **PRAXISTIPP!**
>
> Nutzen Sie zur Aufbereitung der Kosten ein Tabellenkalkulationsprogramm.

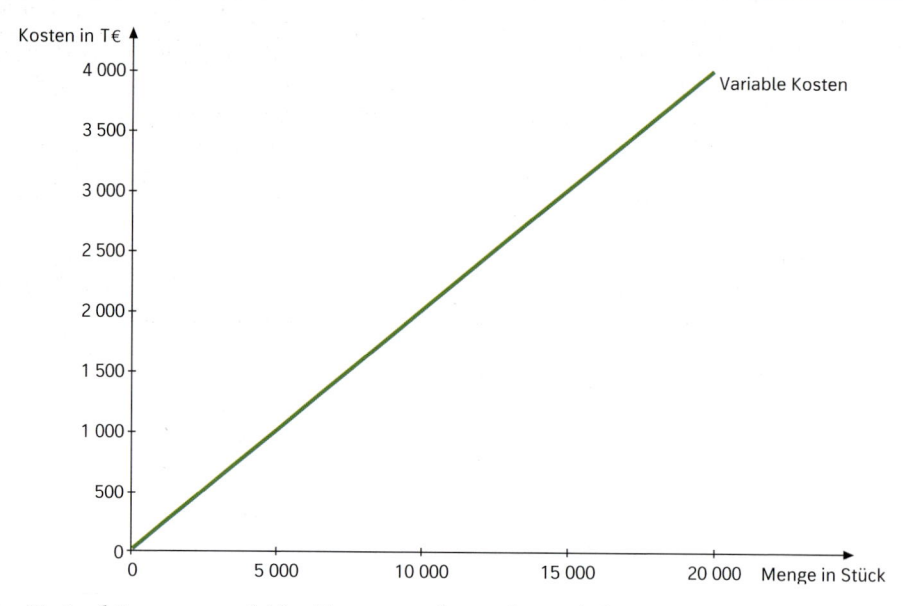

Fixe Kosten können zu variablen Kosten werden und umgekehrt. Dies ist der Fall, wenn statt der linearen Abschreibung eine Abschreibung nach Leistungseinheiten gewählt wird oder Maschinen und Personal in größerem Umfang geleast werden. Durch flexible Arbeitszeitmodelle können ebenfalls die fixen Kosten zulasten der variablen Kosten gesenkt werden.

Variable Stückkosten

Dividiert man die variablen Gesamtkosten durch die Ausbringungsmenge, so erhält man die variablen Stückkosten.

- Die variablen Stückkosten können mit steigendem Beschäftigungsgrad **konstant** sein.

   Beispiele: Fertigungslöhne im Rahmen von Normalschichten, Energieverbrauch der Maschinen, Prüfkosten bei einer Hundert-Prozent-Prüfung

- Die variablen Stückkosten können mit zunehmender Ausbringungsmenge **degressiv**, d. h. fallend, verlaufen.

    Beispiele: innerbetriebliche Transportkosten, Material- und Zeiteinsparung nach Einübung und Wiederholung von Arbeitsgriffen, Materialkosten bei Mengenrabatten

- Die variablen Stückkosten können bei einem zunehmenden Beschäftigungsgrad auch **progressiv**, d. h. ansteigend, verlaufen.

    Beispiele: Mehrarbeitszuschläge, Nachtzuschläge, hoher Ausschuss durch Übermüdung bei Mehrarbeit oder Maschinenverschleiß durch Maschinenüberlastung

Die variablen Stückkosten besitzen eine große Bedeutung für die Teilkostenkalkulation (vgl. S. 475 ff.). Sie bilden kurzfristig die **Preisuntergrenze**. Der Preis eines Produktes oder der Erlös eines Auftrages muss wenigstens die variablen Stückkosten decken. Nachfolgende Aufträge können unter Umständen die Deckung der fixen Kosten übernehmen.

→ LF 4

Beispiel:

Prüfmenge (Hundertprozentprüfung)	Prüfkosten pro Einheit in €	Einstellung des Maschinensystems Losgröße	Rüstkosten pro Einheit in €	Fertigungslöhne	Lohn pro Stunde in €
100	2,00	100	10,00	Normalschicht	14,00
1 000	2,00	1 000	1,00	Nachtschicht	17,50
2 000	2,00	2 000	0,50	Sonderschicht	21,00
5 000	2,00	5 000	0,20	Feiertagsschicht	35,00

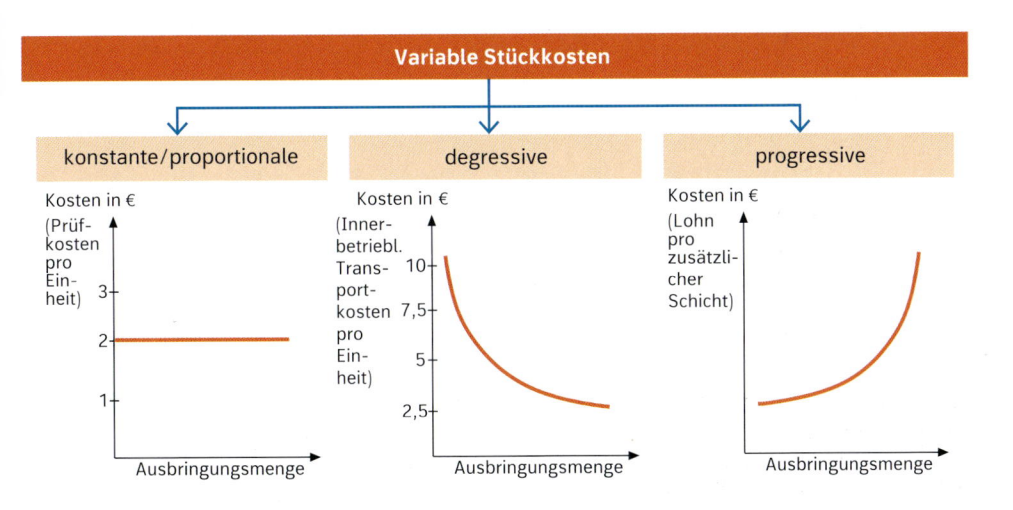

Variable Stückkosten

konstante/proportionale	degressive	progressive

Kosten in € (Prüfkosten pro Einheit) — konstant bei 2, Ausbringungsmenge

Kosten in € (Innerbetriebl. Transportkosten pro Einheit) — fallend von 10 über 7,5 und 5 auf 2,5, Ausbringungsmenge

Kosten in € (Lohn pro zusätzlicher Schicht) — ansteigend, Ausbringungsmenge

PRAXISTIPP!

Die meisten Berechnungen gehen zur Vereinfachung von konstanten variablen Kosten pro Stück aus.

Betriebsoptimum (Optimale Kapazität)

Das Betriebsoptimum (vgl. S. 521) liegt bei der Ausbringungsmenge, bei der die gesamten Stückkosten, d. h. die Summe aus den ständig fallenden stückfixen Kosten und den ab einer gewissen Menge ansteigenden variablen Stückkosten, am niedrigsten ist.

Beispiel:

Menge	fixe Stückkosten	variable Stückkosten	gesamte Stückkosten
0			
2 000	1 000,00 €	200,00 €	1 200,00 €
4 000	500,00 €	200,00 €	700,00 €
6 000	333,00 €	200,00 €	533,00 €
8 000	250,00 €	190,00 €	440,00 €
10 000	200,00 €	173,00 €	373,00 €
12 000	167,00 €	158,00 €	325,00 €
14 000	143,00 €	147,00 €	290,00 €
16 000	125,00 €	140,00 €	265,00 €
18 000	111,00 €	142,00 €	253,00 €
20 000	100,00 €	158,00 €	258,00 €

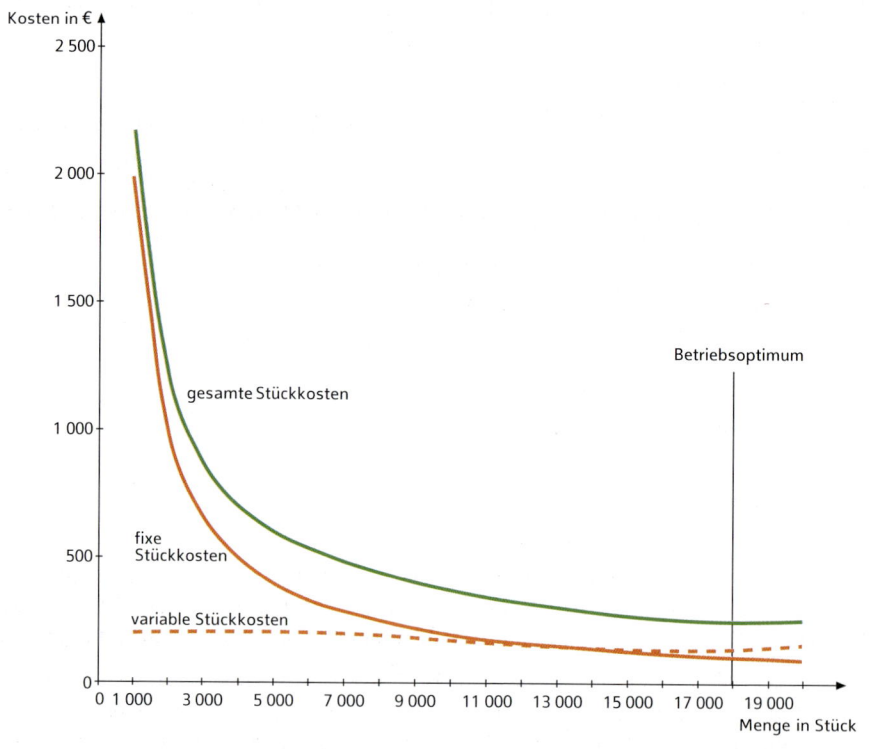

Sind die variablen Stückkosten konstant, dann befindet sich das Betriebsoptimum an der Kapazitätsgrenze, da die gesamten Stückkosten mit zunehmender Ausbringung abnehmen.

Gewinnschwelle (Break-even-Point)

Die Gewinnschwelle, man nennt sie auch **Nutzenschwelle** oder **Break-even-Point**, beinhaltet die Ausbringungs- und Absatzmenge, bei der die **Kosten gleich den Erlösen sind**. Die nächste Produktions- und Absatzeinheit bringt einen Gewinn.

Der Erfolg einer Absatzeinheit ergibt sich aus der Differenz zwischen dem Stückerlös bzw. dem Preis je Einheit und den gesamten Stückkosten. Da die fixen Stückkosten bei einer geringen Stückzahl sehr hoch sind, bedarf es einer gewissen Absatzmenge, bis ein Stückgewinn zu verzeichnen ist.

Beispiel:

Menge	fixe Gesamt-kosten in €	variable Gesamtkosten in €	Gesamtkosten in €	Gesamterlös in €	Verlust (–), Gewinn (+) in €
0	2 000 000,00	0	2 000 000,00	0	– 2 000 000,00
5 000	2 000 000,00	900 000,00	2 900 000,00	2 500 000,00	– 400 000,00
10 000	2 000 000,00	1 800 000,00	3 800 000,00	5 000 000,00	+ 1 200 000,00
15 000	2 000 000,00	2 700 000,00	4 700 000,00	7 500 000,00	+ 2 800 000,00
20 000	2 000 000,00	3 600 000,00	5 600 000,00	10 000 000,00	+ 4 400 000,00

Geht man davon aus, dass die variablen Stückkosten konstant sind, so lässt sich der Break-even-Point über eine einfache Gleichung berechnen:

Gewinnschwelle: $E = K$
$E = p \cdot m$ E = Erlöse p = Preis oder Stückerlös m = Absatzmenge
$K = K_f + (k_v \cdot m)$ K = gesamte Kosten K_f = gesamte fixe Kosten
     k_v = variable Stückkosten m = Absatz-/Produktionsmenge

Gleichung für die Ermittlung der Gewinnschwelle $p \cdot m = K_f + (k_v \cdot m)$

Beispiel: $p = 500\ €$ $K_f = 2\ 000\ 000\ €$ $k_v = 180\ €$
     $500\ m = 2\ 000\ 000 + 180\ m$
     $320\ m = 2\ 000\ 000$
     $m = 6\ 250\ Stück$
     Gewinn entsteht ab 6 251 Stück

Gewinnmaximum

Unterstellt man, dass die variablen Kosten pro Einheit konstant sind, dann verlaufen die Gesamtkosten linear. Nach dem Erreichen des Break-even-Points öffnet sich die Schere zwischen den Gesamtkosten und den Erlösen immer mehr. Dies bedeutet, dass die Gewinne bis zur Kapazitätsgrenze steigen. Das **Gewinnmaximum** liegt dann an der **Kapazitätsgrenze**.

Durch den zunehmenden Kapitalbedarf für die Finanzierung von Anlagen und die hiermit verbundenen Abschreibungen nehmen die fixen Kosten in allen Industriebereichen ständig zu, während die variablen Kosten durch Personalabbau, Flexibilisierung der Arbeitszeiten und damit den Wegfall von Mehrarbeitszuschlägen und Schichtzulagen sowie eine EDV-unterstützte Materialausbeute kaum noch einen progressiven Verlauf aufweisen. Da die anteiligen fixen Kosten mit zunehmender Ausbringungsmenge sinken und die variablen Kosten pro Einheit weitgehend konstant sind, kann man in den meisten Fällen einen **linearen Gesamtkostenverlauf** unterstellen.

Beispiel:

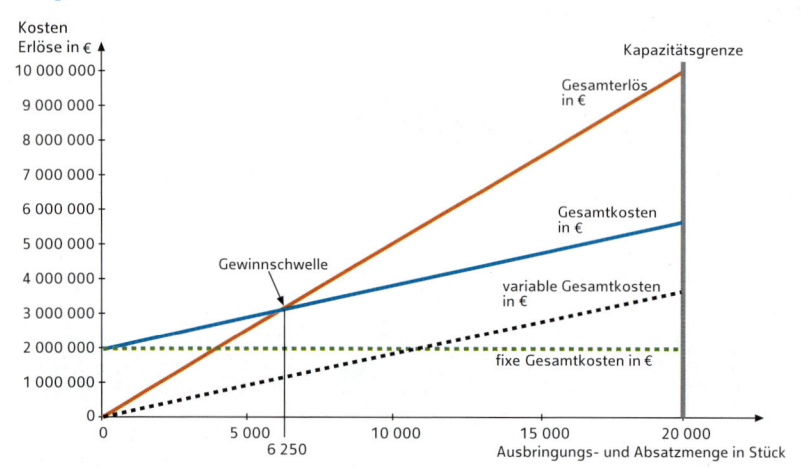

Je höher die Fixkostenbelastung ist, umso später erreicht man die Gewinnschwelle bzw. den Break-even-Point. Ist die voraussichtliche Absatzmenge relativ klein, so kann der Break-even-Point nur durch eine Fixkostenentlastung oder durch entsprechend hohe Preise schneller erreicht werden.

Für die Entwicklung und Markteinführung eines neuen Produktes bedeutet dies, dass bei einer Kapazitätserweiterung große Vorsicht geboten ist, damit die zusätzlichen fixen Kosten nicht zu einem großen Risiko werden und den Weg bis zur Erreichung des Break-even-Points verlängern. Durch eine Einbeziehung der vorhandenen Anlagen und eine möglichst geringe Fertigungstiefe (vgl. S. 537 ff.) kann die Verlustphase schneller überwunden werden.

Beispiel:
Picto Drehstuhl

Preis	$p = 443{,}00\ €$	$p = 443{,}00\ €$	$p = 443{,}00\ €$
fixe Kosten	$K_f = 29\,340{,}00\ €$	$K_f = 39\,120{,}00\ €$	$K_f = 48\,900{,}00\ €$
variable Kosten pro Einheit	$k_v = 280{,}00\ €$	$k_v = 280{,}00\ €$	$k_v = 280{,}00\ €$

Break-even-Point

$BP(m) = 180$ Einheiten $BP(m) = 240$ Einheiten $BP(m) = 300$ Einheiten

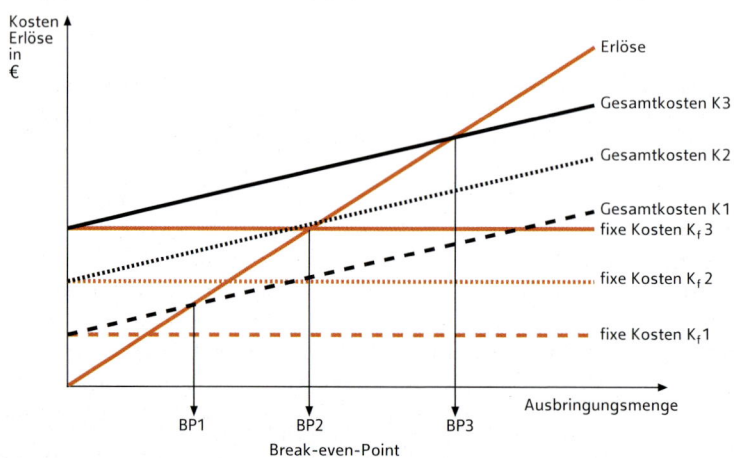

Zusammenfassung
Kapazität und Beschäftigung

Kapazität

Fertigungsvermögen einer Maschine, einer Maschinenstraße, einer Werkstatt oder des ganzen Betriebes in einer bestimmten Zeiteinheit

Einflussgrößen

Betriebsmittel	Arbeitnehmer	Organisation
Eignungsgrad Modernität Betriebsbereitschaft	Fähigkeiten Motivation Einsatzflexibilität	Aktualität der Informationen Planungssicherheiten Fertigungsengpässe

maximale Kapazität	optimale Kapazität	Normalkapazität	effektive Kapazität
höchstmögliche Ausbringungsmenge unter Berücksichtigung aller begrenzenden Einflüsse	kostengünstigste Ausbringungsmenge, d. h. die Menge mit den niedrigsten Stückkosten	durchschnittliche sich aus Vergangenheitswerten ergebende verplanbare Kapazität	tatsächliche zum Fertigungsbeginn vorhandene Kapazität (in der Fertigungssteuerung)

Fixkosten — Nutzkosten — Leerkosten

0 % — Beschäftigungsgrad — 100 %

Beschäftigungsgrad und Absatzschwankungen

Fertigung synchron zum Absatz	Fertigung emanzipiert vom Absatz	Fertigung stufenweise dem Absatz angepasst
– schwankender Beschäftigungsgrad – geringe Lagerkosten jedoch – hohe Kapazitätsauslegung – Leerkosten im Absatztief – höhere variable Stückkosten im Absatzhoch	– konstanter Beschäftigungsgrad – hohe Lagerkosten jedoch – niedrigere Kapazitätsauslegung – Fertigung im optimalen Kapazitätsbereich	– gestaffelter Beschäftigungsgrad – unter Umständen Optimum zwischen den Lagerkosten und Leerkosten für die ungenutzte Kapazität

Beschäftigungsgrad und Kosten		
fixe Kosten – unabhängig vom Beschäftigungsgrad **fixe Stückkosten** – sinken mit dem Beschäftigungsgrad	**variable Kosten** – abhängig vom Beschäftigungsgrad **variable Stückkosten** – können fallen – können konstant sein – können ansteigen	**Gesamtkosten** – Summe aus den fixen und variablen Kosten **gesamte Stückkosten** – Summe aus den fixen Stückkosten und den variablen Stückkosten

Aufgaben

1. Im Rahmen der Produktgruppe „Warten und Empfang" fertigt die Sommerfeld Bürosysteme GmbH die Tubis Hockerbank und die Tubis Polsterbank. Die Produkte bewegen sich je nach Ausstattung in einer Preisklasse zwischen 2 050,00 € und 2 895,00 €. Die Fertigung erfolgt auftragsorientiert, d. h., die Produktion folgt dem Absatz. Die mögliche Jahreskapazität liegt bei 24 000 Einheiten. Der durchschnittliche Auftragswert pro Einheit liegt bei 2 400,00 €. Die jährliche Fixkostenbelastung beträgt 20 160 000,00 €. Der durchschnittliche Absatz betrug im vergangenen Jahr:

Produkt	1. Quartal	2. Quartal	3. Quartal	4. Quartal	Jahresabsatz
Tubis Hockerbank in Stück	2 000	4 000	3 000	1 000	10 000
Tubis Polsterbank in Stück	900	1 800	1 200	500	4 400

   a) Suchen Sie nach einer Begründung für die auftragsorientierte Fertigung der Tubis-Produkte.
   b) Nennen Sie 5 Einflussgrößen auf die Kapazität des Betriebes.
   c) Erläutern Sie unter Berücksichtigung ihres Einflusses auf die Stückgesamtkosten die Begriffe maximale und optimale Kapazitätsauslastung.
   d) Berechnen Sie den durchschnittlichen Beschäftigungsgrad bei den genannten Produkten.
   e) Ermitteln Sie die fixen Stückkosten unter Berücksichtigung der aktuellen Auftragslage.
   f) Stellen Sie fest, wie hoch die fixen Stückkosten bei voller Kapazitätsauslastung wären.
   g) Berechnen Sie die vorhandenen Leerkosten bedingt durch die mangelnde Kapazitätsauslastung.

2. Um die Fixkosten zu senken, erwägt die Geschäftsleitung der Sommerfeld Bürosysteme GmbH eine emanzipatorische Fertigung der Tubis-Produkte, d. h., die Fertigung soll gleichmäßig, weitgehend losgelöst von den Absatzschwankungen durchgeführt werden. Gleichzeitig soll ein Abbau der Maximalkapazität auf eine jährlich mögliche Stückzahl von 16 000 Einheiten erfolgen.

   a) Erläutern Sie zwei mögliche Probleme, die mit dem Kapazitätsabbau verbunden sind.
   b) Suchen Sie nach einer Begründung dafür, dass die Unternehmensleitung die Maximalkapazität nicht auf den ermittelten Jahresabsatz von 14 400 Einheiten festlegt.
   c) Stellen Sie fest, welche zusätzlichen Kosten jetzt durch die emanzipatorische Fertigung entstehen.

3. Die Sommerfeld Bürosysteme GmbH stellt die Fußgestelle mithilfe von fünf mechanischen Biegemaschinen in der Schlosserei her. Die bisherigen Herstellkosten pro Fußgestell betragen 40,00 €. Der Anteil der variablen Kosten liegt bei 26,00 €, davon entfallen auf die Materialkosten 11,00 € je Stück. Die gesamten fixen Kosten belaufen sich auf 168 000,00 € im Jahr.

Durch die Anschaffung einer NC-gesteuerten Biegemaschine würden sich die gesamten fixen Kosten um 40 000,00 € jährlich erhöhen, die Lohnkosten könnten allerdings durch die Einsparung von vier Arbeitnehmern in der Schlosserei um 20 % gesenkt werden.

a) Überprüfen Sie, ob sich die Anschaffung der NC-gesteuerten Biegemaschine unter Berücksichtigung der bisherigen Ausbringungsmenge lohnt.
b) Falls sich die Anschaffung rein rechnerisch nicht lohnt – suchen Sie nach anderen Argumenten, die für eine Anschaffung dieser Maschine sprechen.
c) Ermitteln Sie die Ausbringungsmenge, bei der die Kosten für die beiden Maschinensysteme gleich sind.
d) Stellen Sie fest, um wie viel Stück die Ausbringungsmenge erhöht werden muss, wenn bei einem Einsatz der NC-gesteuerten Biegemaschine die Herstellkosten auf 38,00 € gesenkt werden sollen.

4. Im vergangenen Abrechnungszeitraum wurden für den Confair Armlehnstuhl folgende Zahlen ermittelt:

produzierte u. verkaufte Menge in Stück	fixe Kosten in €	variable Kosten in €	Erlöse in €
208	20 160,00	40 290,00	65 728,00

Ermitteln Sie

a) den Beschäftigungsgrad, wenn im vergangenen Abrechnungszeitraum die Kapazität 320 Stück betrug,
b) um wie viel Stück im Abrechnungszeitraum die Produktionsmenge über/unter dem Break-even-Point lag,
c) den maximalen Gewinn bei voller Ausnutzung der vorhandenen Kapazität,
d) um wie viel Stück sich der Break-even-Point verschiebt, wenn zur besseren Kapazitätsausnutzung der Preis auf 300,00 € je Stück gesenkt wird.

Zahlreiche weitere Aufgaben zu diesem Themenbereich finden Sie in LF 4 auf den Seiten 417 ff.

2.2 Fertigungsprogrammbreite und Fertigungstiefe

Daniela Schaub wurde von Frau Farthmann gebeten, am Donnerstag für eine Abteilungsleiterbesprechung Protokoll zu führen. Die Besprechung findet auf Wunsch von Herrn Bast statt. Als Leiter der Abteilung Controlling ist er der Ansicht, dass das derzeitige Fertigungsprogramm zu breit und zu tief sei. Gleichzeitig fordert Herr Bast, dass der Anteil der konkreten Kundenaufträge zugunsten von Lageraufträgen reduziert wird, weil diese nur 20 % des Umsatzes ausmachen, jedoch 80 % des Arbeitsaufwandes für die Fertigung verursachen.

„Na ja," denkt sich Daniela Schaub, „damit ich die Diskussion verstehe und im Protokoll auch nichts falsch mache, muss ich mich wohl vorher kundig machen."

Arbeitsaufträge

- Erläutern Sie den Begriff Fertigungsprogramm.
- Ermitteln Sie Orientierungspunkte für die Planung des Fertigungsprogramms.
- Beschreiben Sie die Vor- und Nachteile eines breiten Fertigungsprogramms und einer großen Fertigungstiefe.

Zusammensetzung des Fertigungsprogramms

→ LF 6 Ausgangspunkt ist zunächst der **Primärbedarf**. Der Primärbedarf beinhaltet die Produkte und ihre Mengen, die in einer bestimmten Zeitperiode für den Absatzmarkt gefertigt oder beschafft werden müssen. Er wird auch Marktbedarf genannt.

Der Primärbedarf kann umfassen

- Fertigerzeugnisse,
- verkaufsfähige Baugruppen als Zubehörteile für den Verkauf an Geschäftsfreunde,
- Einzelteile und Baugruppen für den Kundendienst,
- Handelswaren.

Aus dem Primärbedarf und Eigenbedarf ergibt sich das **Fertigungsprogramm**, d. h. die zu produzierenden Erzeugnisse nach Art und Menge für bestimmte Fertigungsperioden.

Beispiel: Fertigungsprogramm der Sommerfeld Bürosysteme GmbH

Produkt		April Einheiten	Mai Einheiten	Juni Einheiten
831/5	Cubis Polstersessel	30	40	38
830/10	Cubis Tisch	25	30	32
890/6	Cana Polsterbank	16	18	23
900/1	Ceno Besucherstuhl	250	260	255

Auftragsbezogene Fertigung

In der Regel steht der Primärbedarf für eine bestimmte Fertigungsperiode fest. Selbst im Rahmen der Großserienfertigung hat das Produkt meist schon einen Käufer.

Gründe für eine auftragsbezogene Fertigung sind

- individuelle Kundenwünsche,
- mangelnde Lagerfähigkeit der Produkte,
- eine hohe Kapitalbindung im Produkt,
- schnelle technische oder modische Veränderungen
- und damit eine Verkürzung des Produktlebensalters.

Eine auftragsbezogene Fertigung erfordert

- einen schnellen Rückgriff auf die notwendigen Werkstoffe,
- kurze Durchlaufzeiten oder
- die Einwilligung in längere Lieferzeiten durch den Kunden,
- flexible Arbeitszeiten bei der Belegschaft.

Die Probleme der Auftragsfertigung bestehen vor allen Dingen in einer optimalen Maschinenbelegung bzw. Kapazitätsauslastung und in der Auftragsterminierung.

Produktion für den anonymen Markt
Handelt es sich um weitgehend homogene Produkte, an die keine differenzierten Kundenwünsche gestellt werden und die keinen kurzfristigen Veränderungen unterworfen sind, so kann eine Produktion auf Lager, d. h. für den anonymen Markt, zweckmäßig sein. Auf diese Weise können Zeiten ausgefüllt werden, in denen eine Auftragslücke besteht. Gleichzeitig senkt man durch eine größere Fertigungsmenge die Herstellkosten

Beispiel: Ceno Besucherstuhl, Bestell-Nr. 900/1, Listenverkaufspreis 170,00 €

In manchen Fällen ist man gezwungen, auf Lager, d. h. für den anonymen Markt, zu produzieren, und zwar dann, wenn die Rohstoffe nur zu einem bestimmten Zeitpunkt beschaffbar sind.

Beispiel: Eine Zuckerfabrik, die aus den von September bis November angelieferten Zuckerrüben Zucker herstellt. Der ernteabhängige Beschaffungsschwerpunkt erfordert eine Produktion auf Lager.

Auch Absatzschwerpunkte können zu einer Produktion auf Lager zwingen.

Beispiel:
- Ein Unternehmen, das Feuerwerkskörper herstellt und dessen Absatz zu 80 % im Dezember liegt, muss einen großen Teil der Produktion vorverlegen, damit es im Dezember die große Nachfrage unverzüglich erfüllen kann.
- In einer ähnlichen Situation befindet sich der Hersteller von Sonnenmilch. Auch er wird einen gewissen Vorlauf in seiner Produktion vornehmen, um die große Nachfrage in den Sommermonaten zu befriedigen.

Erfolgt eine Produktion für den anonymen Markt, d. h. auf Lager, so bilden Absatzprognosen die Grundlage für die Einschätzung des Primärbedarfs.

> *Absatzprognosen:*
> *beinhalten Aussagen über die zukünftige Entwicklung von Marktgegebenheiten wie Käuferverhalten, Konkurrenzsituation, Produktentwicklung, Preisentwicklung u. a. Absatzprognosen können sich ergeben, indem von dem Absatz vergangener Perioden auf den Absatz der kommenden Perioden geschlossen wird.*

Die gewonnenen Ergebnisse werden in vielen Branchen abgerundet und ergänzt durch

- gezielte Kundenbefragungen,
- Vorbestellungen,
- Messeergebnisse,
- Ergebnisse auf Testmärkten,
- die Entwicklung auf vor- oder nachgelagerten Märkten.

Fertigungsprogrammbreite

> *Unter der **Fertigungsprogrammbreite** versteht man die Anzahl der verschiedenen Produkte und ihre Ausführungen, die ein Unternehmen im eigenen Hause herstellt.*

Beispiele: aus der Sommerfeld Bürosysteme GmbH

Produkte	Bänke	Stühle	Tische
Ausführungen	Hockerbank Polsterbank Polsterliege	Drehstuhl Drehsessel Freischwinger	Büro-/Schreibtische Konferenztische Systemtische

Unter dem **Gesichtspunkt der Fertigungsprogrammbreite** kann man die folgenden Unternehmungen unterscheiden:

- Einproduktunternehmungen ohne Produktdifferenzierung

    Beispiel: Kraftwerke

- Einproduktunternehmungen mit Produktdifferenzierung

    Beispiel: Zuckerfabrik

- Mehrproduktunternehmungen mit Produktdifferenzierung

    Beispiel: Möbelfabrik, z. B. Sommerfeld Bürosysteme GmbH

Die Unternehmungen können somit ein enges oder breites Fertigungsprogramm aufweisen.

Ein enges Fertigungsprogramm	Ein breites Fertigungsprogramm
⊕ bietet Spezialisierungsvorteile, d. h. sinnvolle Möglichkeiten der Automatisierung ⊕ verringert den Rüstaufwand bzw. die Loswechselkosten ⊕ vermeidet Konkurrenz im eigenen Hause zwischen eigenen Produkten ⊕ vereinfacht die Arbeitsvorbereitung ⊕ erleichtert die Kostenerfassung und -zuordnung ⊕ reduziert die notwendigen Materialbestände	⊖ bietet die Möglichkeit unterschiedlichen Kundenbedürfnissen gerecht zu werden ⊖ streut das Risiko bei einem Nachfrageausfall, erleichtert Kapazitätsanpassungen bei saisonalen Nachfrageschwankungen **Beispiel:** Präparate gegen Kopfschmerzen im Sommer und Grippepräparate im Winter ⊖ führt unter Umständen zu erheblichen Zusatzgewinnen durch einen lukrativen Nachmarkt **Beispiel:** Druckerpatronen für die gefertigten Drucker, Kontrastflüssigkeit für Katheder ⊖ senkt die anteiligen Vertriebskosten, wenn das Programm die gleiche Zielgruppe anspricht **Beispiel:** Waschmaschinen, Trockner, Staubsauger u. a. über den Handel für die Hausfrau/den Hausmann ⊖ fördert die bessere Ausnutzung des auf dem Markt geschaffenen Imagepotenzials **Beispiel:** neben Bekleidung von Boss nun auch Parfum von Boss

Einflussgrößen auf das Fertigungsprogramm

Was ein Unternehmen in welchen Mengen in einer bestimmten Fertigungsperiode, z. B. in der 22. bis 25. KW, herstellt, darüber entscheiden **konkret**:

Kunden	Kapazitätsbelastung	Kosten/Erlöse/Gewinn
vorhandene Kundenaufträge	Ähnlichkeit von Aufträgen	Durchlaufzeiten angelaufener Aufträge
Größe des Auftrages	Materialengpässe	Deckungsbeitrag
Bonität des Kunden	Maschinenengpässe	
Dringlichkeit von Aufträgen	Umstellaufwand	

Fertigungstiefe

> Die Fertigungstiefe beinhaltet die Anzahl der Fertigungsstufen, die ein Produkt im eigenen Unternehmen durchläuft.

PRAXISTIPP!

Je höher der Anteil der selbst gefertigten Teile und Baugruppen, desto größer die Fertigungstiefe. In der Automobilindustrie liegt die Fertigungstiefe zum Teil schon bei unter 20 %.

Beispiel: Fertigungsstufen gepolsterter Armlehnen aus Holz: Jede Fertigungsstufe kann von dem eigenen oder einem fremden Unternehmen geleistet werden.

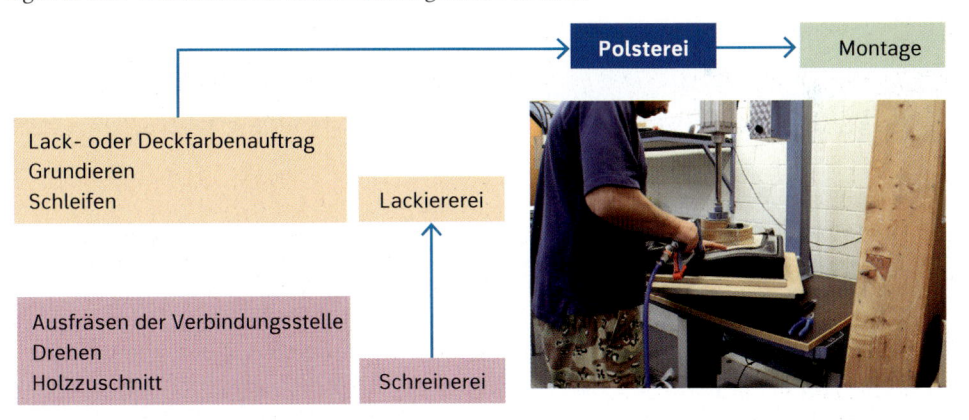

Die Wahl der Fertigungstiefe

Die Wahl der Fertigungstiefe ist zunächst eine strategische Grundentscheidung.

Beispiel: Verzichtet die Sommerfeld Bürosysteme GmbH auf eine eigene Schreinerei und Lackiererei, so kann später im Rahmen eines Kapazitätsabgleichs keine Arbeitskräfteversetzung zwischen diesen Fertigungsstellen vorgenommen werden. Für die Arbeitsvorbereitung entfällt die Entscheidung zwischen Fremdbezug und Eigenfertigung bei den notwendigen Armlehnen.

Die strategische Grundentscheidung kann lauten:

Was wir selber machen können, machen wir auch selbst.
Diese Entscheidung beinhaltet ein Streben nach Unabhängigkeit, Sicherheit und Qualitätsautonomie.

Wir machen nur das, was wir am besten können.
Durch eine „schlanke" Produktion möchte man mit einem geringen Investitionsaufwand eine hohe Produktivität und Flexibilität erreichen.

Einflussgrößen auf die Entscheidung zwischen Eigenfertigung und Fremdbezug

Fremdbezug	• weil selbst technisch nicht machbar *Beispiel:* Furnierholz (Esche und Buche aus den USA) • weil der Investitionsaufwand für die Eigenfertigung zu hoch ist *Beispiel:* Spanplatten für Tischplatten • weil zeitweiser und/oder geringer Bedarf vorhanden ist *Beispiel:* Leisten für Stellwände
Eigenfertigung	• weil freie Kapazitäten vorhanden sind *Beispiel:* Herstellung der Sitzschalen aus Sperrholz in der eigenen Schreinerei • weil die eigene Qualität besser ist *Beispiel:* Herstellung der Stuhl- und Tischgestelle durch die eigene Schlosserei, damit keine Schweißnasen das Design beeinträchtigen • weil das Teil in großen Mengen in fast allen Produkten vorkommt *Beispiel:* Fußgleiter

Die kritische Menge

Die kritische Menge ist die Menge, bei der die Kosten der Eigenfertigung sich mit den Kosten des Fremdbezuges decken. Ab der nächsten Einheit lohnt sich rein rechnerisch die Eigenfertigung. Die Kosten des Fremdbezuges ergeben sich aus dem zu zahlenden Preis und der Menge, die beschafft werden muss. Diese Kosten sind grundsätzlich variabel. Besteht kein Bedarf an einem bestimmten Teil, so entstehen auch keine Kosten. Die Kosten der Eigenfertigung enthalten zunächst fixe Kosten für die Bereitstellung der notwendigen Maschinen oder die Gewinnung des notwendigen Know-hows. Hinzu kommen variable Kosten, d. h. Kosten, die von der Bedarfsmenge abhängig sind, wie der Materialaufwand und die Löhne der beschäftigten Arbeitnehmer. Entscheidet man sich für die Eigenfertigung, so ist der Fixkostenanteil bei kleinen Mengen sehr hoch, sodass die gesamten Stückkosten in der Regel die Kosten des Fremdbezuges übersteigen. Bei großen Mengen kann die Eigenfertigung kostengünstiger sein, weil im Preis des Zulieferers Verwaltungs- und Vertriebskosten sowie Gewinne einkalkuliert sind.

Beispiel: Kostenvergleich zwischen Eigenfertigung und Fremdbezug für Fußrollen.

Einkaufspreis je Rolle:	5,00 €
variable Stückkosten bei Eigenfertigung:	3,40 €
fixe Kosten bei Eigenfertigung:	8 000,00 €

2 Fertigungsorganisation und Fertigungsverfahren unterscheiden und bewerten

Rechnerische Lösung

> Kosten des Fremdbezuges = Kosten der Eigenfertigung
> Bezugspreis/Einstandspreis · Menge = fixe Kosten + (variable Stückkosten · Menge)

Beispiel: 5,00 € · x = 8 000,00 € + (3,40 € · x) | Hinweis: nach x auflösen!
x = 5 000 Stück

Tabellarische Lösung

Menge in Stück	Gesamtkosten bei Eigenfertigung in €	Stückkosten bei Eigenfertigung in €	Gesamtkosten bei Fremdbezug in €	Stückkosten bei Fremdbezug in €
0	8 000,00		0,00	
1 000	11 400,00	11,40	5 000,00	5,00
2 000	14 800,00	7,40	10 000,00	5,00
3 000	18 200,00	6,07	15 000,00	5,00
4 000	21 600,00	5,40	20 000,00	5,00
5 000	25 000,00	5,00	25 000,00	5,00
6 000	28 400,00	4,73	30 000,00	5,00

PRAXISTIPP!

Formulieren Sie in Klassenarbeiten und Prüfung immer einen Antwortsatz.

Beispiel: Aus der Tabelle/Rechnung kann man erkennen, dass bei einer Bedarfsmenge von 5 000 Stück die Kosten des Fremdbezuges den Kosten der Eigenfertigung entsprechen. Bei einer geringeren Menge ist der Fremdbezug günstiger, bei einer größeren Menge (ab 5001 Stück) lohnt sich die Eigenfertigung.

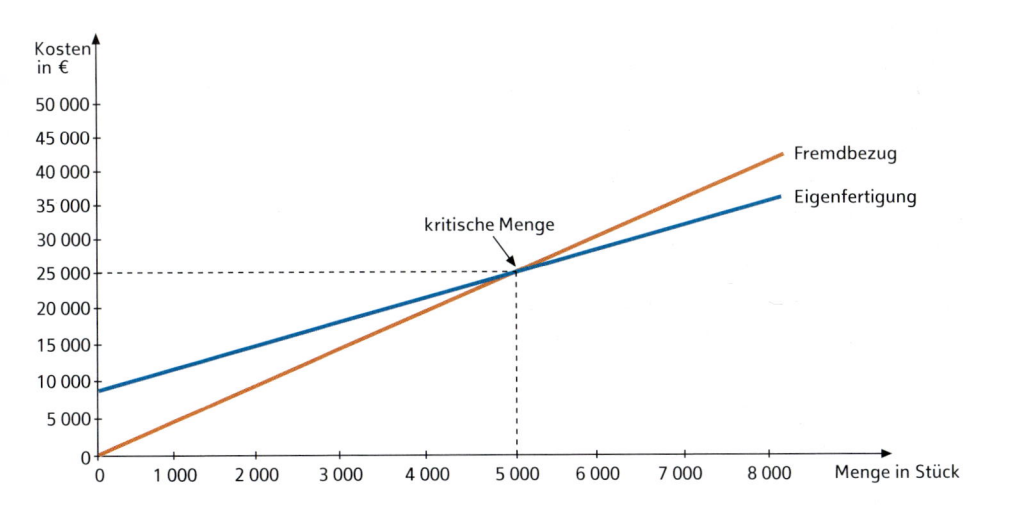

Argumente für und gegen Fremdbezug

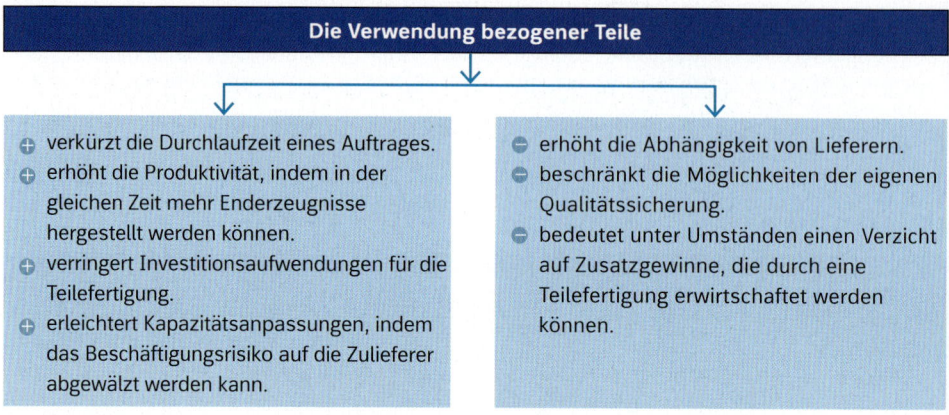

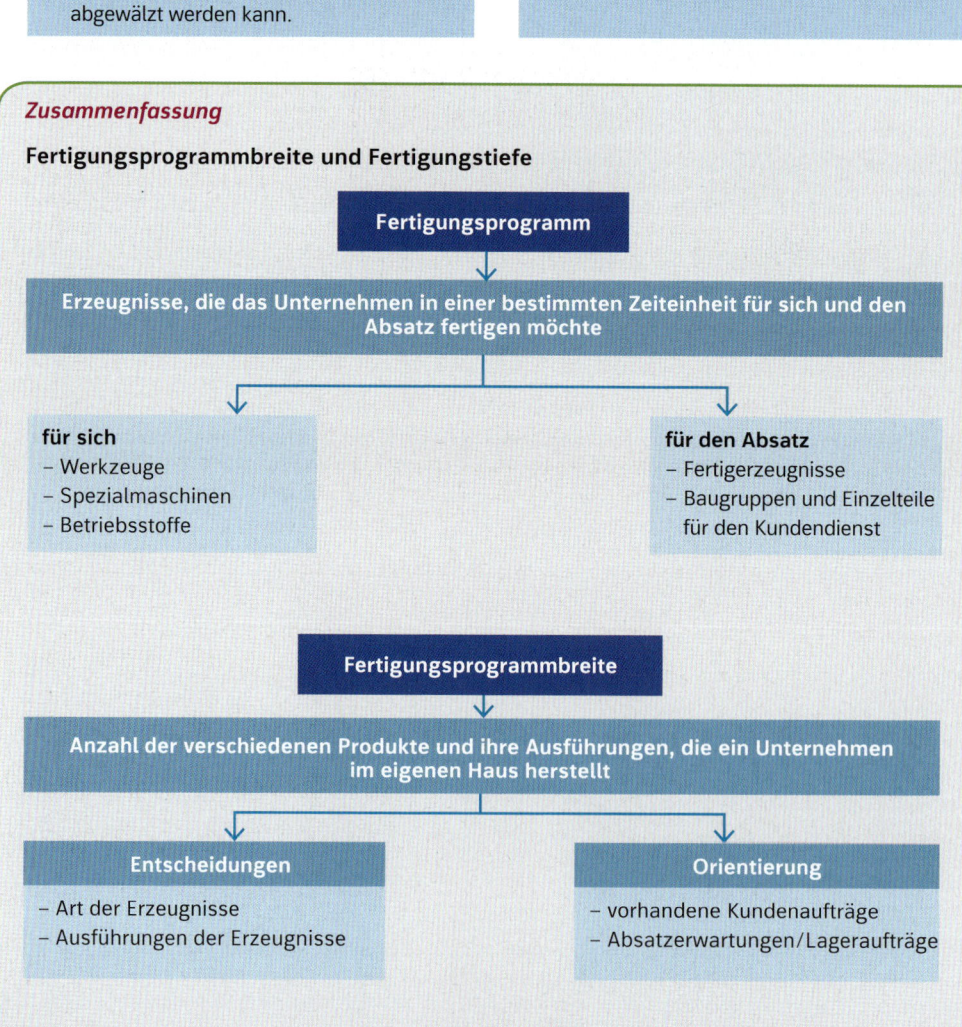

Die Verwendung bezogener Teile

- ⊕ verkürzt die Durchlaufzeit eines Auftrages.
- ⊕ erhöht die Produktivität, indem in der gleichen Zeit mehr Enderzeugnisse hergestellt werden können.
- ⊕ verringert Investitionsaufwendungen für die Teilefertigung.
- ⊕ erleichtert Kapazitätsanpassungen, indem das Beschäftigungsrisiko auf die Zulieferer abgewälzt werden kann.

- ⊖ erhöht die Abhängigkeit von Lieferern.
- ⊖ beschränkt die Möglichkeiten der eigenen Qualitätssicherung.
- ⊖ bedeutet unter Umständen einen Verzicht auf Zusatzgewinne, die durch eine Teilefertigung erwirtschaftet werden können.

Zusammenfassung

Fertigungsprogrammbreite und Fertigungstiefe

Fertigungsprogramm

Erzeugnisse, die das Unternehmen in einer bestimmten Zeiteinheit für sich und den Absatz fertigen möchte

für sich
- Werkzeuge
- Spezialmaschinen
- Betriebsstoffe

für den Absatz
- Fertigerzeugnisse
- Baugruppen und Einzelteile für den Kundendienst

Fertigungsprogrammbreite

Anzahl der verschiedenen Produkte und ihre Ausführungen, die ein Unternehmen im eigenen Haus herstellt

Entscheidungen
- Art der Erzeugnisse
- Ausführungen der Erzeugnisse

Orientierung
- vorhandene Kundenaufträge
- Absatzerwartungen/Lageraufträge

Fertigungstiefe

Anzahl der Fertigungsstufen, die ein Produkt im eigenen Unternehmen durchläuft

Eigenfertigung
- keine geeigneten Zulieferer
- Unabhängigkeit
- Qualitätssicherung nach eigenem Standard
- evtl. geringere Herstellkosten, bedingt durch größere Mengen

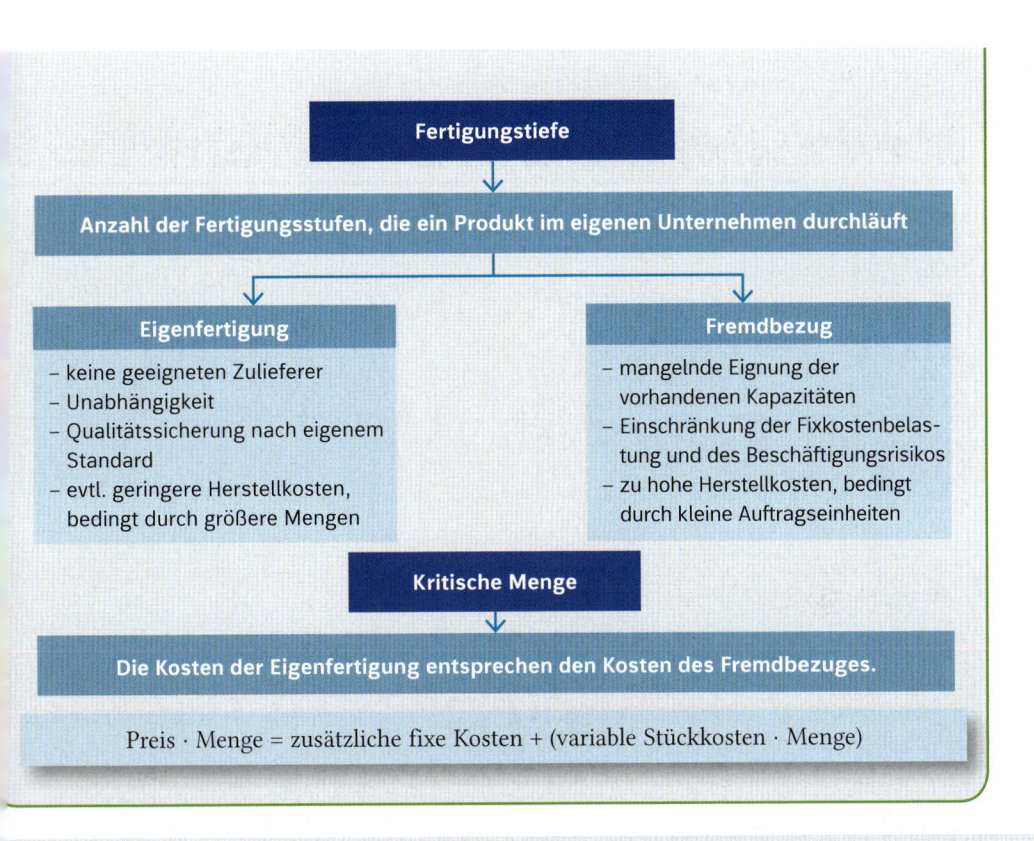

Fremdbezug
- mangelnde Eignung der vorhandenen Kapazitäten
- Einschränkung der Fixkostenbelastung und des Beschäftigungsrisikos
- zu hohe Herstellkosten, bedingt durch kleine Auftragseinheiten

Kritische Menge

Die Kosten der Eigenfertigung entsprechen den Kosten des Fremdbezuges.

Preis · Menge = zusätzliche fixe Kosten + (variable Stückkosten · Menge)

Aufgaben

1. Erläutern Sie die Begriffe Fertigungsprogrammbreite und Fertigungstiefe. Finden Sie Gemeinsamkeiten und stellen Sie Unterschiede heraus. Beschreiben Sie anschließend die Fertigungsprogrammbreite und die Fertigungstiefe in Ihrem Ausbildungsbetrieb und bringen Sie Beispiele aus Ihrem Betrieb.

2. Führen Sie eine Internetrecherche zur unterschiedlichen Fertigungstiefe in Industrieunternehmen und zur Entwicklung der Fertigungstiefe in der Industrie durch. Stellen Sie stichpunktartig die Hauptgedanken der Beiträge unter den folgenden Links gegenüber.

   https://www.vdi-nachrichten.com/fokus/die-krux-mit-der-fertigungstiefe/

   https://www.produktion.de/technik/warum-unternehmen-auf-eine-hohe-fertigungstiefe-setzen-125.html

   https://www.igmetall-berlin.de/aktuelles/meldung/vorausschauende-industriepolitik-nicht-nur-incoronazeiten/
   (Falls ein Link nicht mehr unterstützt wird, forschen Sie mit einer Suchmaschine nach einer neuen Quelle. Geben Sie bei Ihrer Zusammenfassung auch die Internetquelle an.)

3. Stücklistenauflösung und Verkauf ergaben im vergangenen Jahr für die Sommerfeld Bürosysteme GmbH den folgenden Bedarf an Gasdruckdämpfern für die Herstellung des „Modus Drehsessels":

Jan./Febr.	390 Einheiten	Juli/Aug.	380 Einheiten
März/April	410 Einheiten	Sept./Okt.	400 Einheiten
Mai/Juni	400 Einheiten	Nov./Dez.	420 Einheiten

Der Bezugs-/Einstandspreis betrug 40,00 €/ Stück. Die Beschaffung erfolgte jeweils für zwei Monate, wobei Bestellkosten von 100,00 € anfielen. Bei einer Eigenfertigung würden zusätzliche Betriebsbereitstellungskosten von 40 000,00 € entstehen und variable Kosten von 21,00 € pro Stück.

a) Überprüfen Sie, ob für die Bürodesign GmbH eine Eigenfertigung rein rechnerisch sinnvoll ist.
b) Klären Sie weitere Aspekte, die bei der Entscheidungsfindung zu beachten sind.

4. Die Geschäftsleitung der Sommerfeld Bürosysteme GmbH beabsichtigt unter dem Konzept Lean Production ein Outsourcing der Schreinerei. Sie soll an ein ortsansässiges Unternehmen veräußert werden. Die notwendigen Sitzschalen und Rückenlehnen für die Ceno-Stühle werden dann von diesem Unternehmen fertigungssynchron fremdbezogen. Der Rahmenvertrag sieht einen vorläufigen Bezugs-/Einstandspreis von 5,00 € für die Sitzschalen und von 7,00 € für die Rückenlehnen vor. Durch den Verkauf der Schreinerei erfolgt eine Fixkostenentlastung von monatlich 23 000,00 €. Die variablen Kosten pro Sitzschale betrugen bisher 1,50 € und für die Rückenlehne 2,00 €. Der Absatz an Ceno-Stühlen betrug im vergangenen Jahr 24 000 Einheiten.

a) Erklären Sie die Grundidee von „Lean Production".
b) Überprüfen Sie, ob das geplante Outsourcing für die Sommerfeld Bürosysteme GmbH sich kostenmäßig lohnt.

Weitere Aufgaben zu diesem Themenbereich finden Sie in LF 4 auf den Seiten 481 (5.), 482 (9.) und 483 (10.).

2.3 Fertigungsverfahren

Daniela Schaub ist zurzeit in der Verkaufsabteilung eingesetzt. Sie erhielt den Anruf eines Kunden, der nach einem Zahnarztstuhl fragte, weil er seine Praxis neu einrichten möchte. Eine Rückfrage bei Herrn Kraus, dem Vertriebsleiter der Sommerfeld Bürosysteme GmbH, ergibt, dass ein solcher Stuhl bisher vom Unternehmen nicht hergestellt und angeboten wurde. Zahnarztstühle seien Spezialanfertigungen und kein Serienprodukt. Der Stückpreis bewege sich einschließlich des notwendigen Zubehörs bei etwa 45 000,00 €. Durch den begrenzten Kundenkreis sei die Fertigung für die Sommerfeld Bürosysteme GmbH uninteressant.

Arbeitsaufträge

- Suchen Sie nach einer Begründung für den hohen Preis von Spezialanfertigungen.
- Klären Sie die Unterschiede zwischen den verschiedenen Fertigungsverfahren.
- Verfassen Sie eine Übersicht über die Vor- und Nachteile der einzelnen Fertigungsverfahren.

Nach der Anzahl der in einem Fertigungsvorgang hergestellten Erzeugnisse und ihrer Gleichartigkeit unterscheidet man verschiedene Fertigungsverfahren. Man nennt sie auch **Fertigungstypen**.

Einzelfertigung

Von einem Erzeugnis wird nur eine Einheit hergestellt – die Stückzahl bzw. Losgröße ist 1. Das Erzeugnis beinhaltet ein individuelles, nicht vertretbares Produkt.

Beispiele: Schiffe, Großtransformatoren, Generatoren, Spezialwaggons, Brücken oder Aufzüge

Die Fertigung erfolgt aufgrund von Kundenaufträgen (Auftragsfertigung). Bei der Fertigung werden vorwiegend Facharbeiter und Universalmaschinen eingesetzt. Die Erzeugnisse werden in Werkbankfertigung (vgl. S. 550), Werkstättenfertigung (vgl. S. 550) oder im Rahmen einer Baustellenfertigung (vgl. S. 554 f.) hergestellt.

Einzelfertigung ...

Vorteile:	Nachteile:
⊕ erfordert in der Regel einen verhältnismäßig geringen Kapitalbedarf für die Betriebsmittelausstattung,	⊖ bedingt allerdings häufig lange Durchlaufzeiten, hierdurch ergibt sich eine geringere Produktivität,
⊕ ist auf die Berücksichtigung von Sonderwünschen eingestellt, daher sehr flexibel,	⊖ verursacht hohe Personalkosten durch den Einsatz von Facharbeitern,
⊕ unterliegt einem begrenzten Wettbewerbsdruck, weil häufig nur für eine bestimmte Marktnische produziert wird, in der wenige Anbieter existieren und wegen der speziellen Kundenwünsche ein enger Kundenkontakt notwendig ist.	⊖ erschwert eine gleichmäßige Kapazitätsauslastung, weil die Anschlussaufträge nicht immer auf den Fertigstellungstermin des aktuellen Auftrages folgen.

Besteht das Produkt aus verschiedenen Baugruppen und Einzelteilen, die auch in anderen ähnlichen Produkten eingesetzt werden, so können viele Schwierigkeiten im Rahmen der Einzelfertigung gemildert werden.

Bei einem Auftragstief werden solche Teile und Baugruppen, die mehr oder weniger in allen Erzeugnissen vorkommen – man nennt sie auch **Gleichteile** – in größerer Stückzahl auf Lager produziert. Hierdurch verbessert man die gleichmäßige Kapazitätsauslastung. Gleichzeitig werden die Stückkosten dieser Teile und Baugruppen gesenkt. Kommt ein neuer Auftrag, so müssen nur noch die notwendigen **Varianten** gefertigt werden, wodurch sich auch die Durchlaufzeit des angenommenen Auftrages erheblich verkürzt.

Serienfertigung

Ein Produkt wird in einer begrenzten Auflage in mehreren Ausführungen hergestellt, die Losgröße liegt bei 2 bis n. Die Ausführungstypen unterscheiden sich **wesentlich** voneinander, d. h., zwischen ihnen besteht **ein loser Verwandtschaftsgrad**.

Beispiele: Bodenstaubsauger, Handstaubsauger, Industriestaubsauger

Die Fertigung der verschiedenen Ausführungstypen erfolgt meist zeitlich parallel auf verschiedenen Maschinenstraßen oder nach einem erheblichen Rüstaufwand nacheinander auf dem gleichen Maschinensystem.

Serienfertigung ...

Vorteile:	Nachteile:

⊕ führt zur **Kostendegression**, wenn
  – die Nutzung der gleichen Produktionsanlagen und des gleichen Vertriebsnetzes möglich ist,
  – ein großer Teil der Baugruppen in den verschiedenen Ausführungen identisch ist,
⊕ erlaubt die Befriedigung unterschiedlicher Kundenwünsche.
	⊖ erhöht den Kapitalbedarf für den Bau zusätzlicher Maschinenstraßen,
	⊖ bedingt erhebliche Umstellungskosten für den Anlauf einer neuen Serie,
	⊖ schafft unter Umständen Konkurrenz im eigenen Hause, d. h., der Kunde kauft die Ausführung A oder B, aber nicht A und B.

Sortenfertigung

Ein Produkt wird in einer begrenzten Auflage in mehreren Ausführungen hergestellt, die Losgröße ist 2 bis n. Zwischen den einzelnen Ausführungen besteht **ein enger Verwandtschaftsgrad**. Die Verwandtschaft der einzelnen Ausführungen ist durch den **gleichen Ausgangsrohstoff** und/oder **das gleiche Verfahren** bedingt.

Die Fertigung der einzelnen Ausführungen erfolgt meist zeitlich nacheinander auf dem gleichen Maschinensystem.

Beispiel: Die PR-Abteilung der Sommerfeld Bürosysteme GmbH bezieht von der Sektfabrik Brüderlein GmbH für Weihnachtspräsente an ihre Kunden Sekt und hat die Auswahl zwischen den folgenden möglichen Sektsorten:

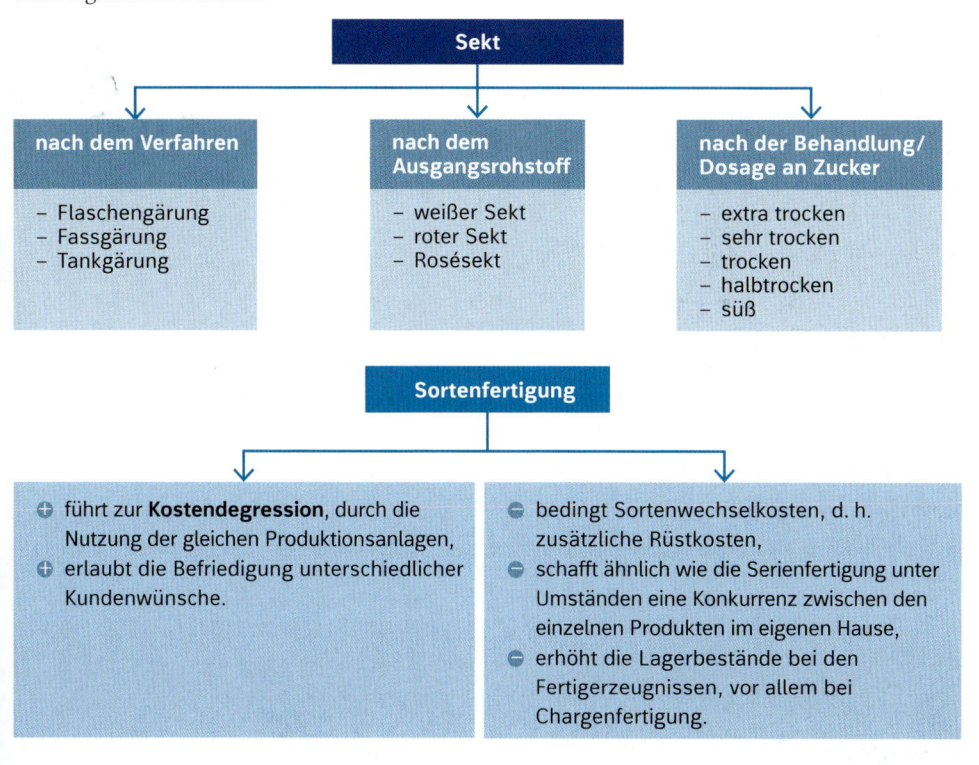

```
                            Sekt
        ┌────────────────────┼────────────────────┐
nach dem Verfahren    nach dem              nach der Behandlung/
                      Ausgangsrohstoff      Dosage an Zucker

– Flaschengärung      – weißer Sekt         – extra trocken
– Fassgärung          – roter Sekt          – sehr trocken
– Tankgärung          – Rosésekt            – trocken
                                            – halbtrocken
                                            – süß
```

Sortenfertigung

⊕ führt zur **Kostendegression**, durch die Nutzung der gleichen Produktionsanlagen,
⊕ erlaubt die Befriedigung unterschiedlicher Kundenwünsche.

⊖ bedingt Sortenwechselkosten, d. h. zusätzliche Rüstkosten,
⊖ schafft ähnlich wie die Serienfertigung unter Umständen eine Konkurrenz zwischen den einzelnen Produkten im eigenen Hause,
⊖ erhöht die Lagerbestände bei den Fertigerzeugnissen, vor allem bei Chargenfertigung.

Beispiele:
– Zahnbürsten – hart, mittelhart, weich
– Sonnenmilch – Sonnenschutzfaktor 6, 8, 12
– Picto Drehstuhl ohne Armlehnen, Picto Drehstuhl mit Armlehnen
– Picto Drehstuhl mit Textilpolsterung, Picto Drehstuhl mit Lederpolsterung

Partie- und Chargenfertigung

Von der **gewollten** und **planbaren** Sortenfertigung ist die zwangsweise entstehende Sortenfertigung zu unterscheiden.

Bei manchen Erzeugnissen erzielt man nur gleiche Produkteigenschaften, wenn der eingesetzte Rohstoff aus derselben Lieferung stammt.

Partie:
eine in sich einheitliche Lieferung eines ganz bestimmten Rohmaterials

Beispiele:
– Baumwolle, Ernte 2010 aus Ägypten, für die Herstellung von Textilien
– Weine, Jahrgang 2011 aus der Charente, für die Herstellung von Sekt oder eines Aperitifs
– Ziegenfelle aus Marokko für die Fertigung von Polsterleder
– Ton von der Tongrube x und der Erdschicht y für die Herstellung von Fliesen

Da die Liefermengen in der Regel begrenzt sind und somit das Einsatzmaterial einen Engpass darstellt, bleiben zwei mögliche Entscheidungen:

- Man **limitiert** die **Fertigungsmenge**.

    Beispiele: Hochlandkaffee ausschließlich aus Kenia

- Man **mischt** das Einsatzmaterial mit anderen Materialien.

    Beispiele: Kaffeemischungen, Teemischungen, Tabakmischungen, Mischgewebe, Stahllegierungen

> *Charge:*
> *das Beschickungsgut für einen bestimmten Herstellungsprozess*

In manchen Fällen lässt sich der Herstellungsvorgang nicht in gleicher Weise oder unter gleichen Bedingungen wiederholen, z. B. in Öfen oder Mischmaschinen. Gleiche Produkteigenschaften besitzen deshalb nur die Erzeugnisse, die von der gleichen Beschickung/Charge stammen.

Beispiele: Teppichboden, Tapeten oder Fliesen

Probleme der Partie-/Chargenfertigung sind

- Verärgerung von Kunden bei Abweichungen trotz eindeutigen Hinweisen in den Lieferbedingungen,
- hohe Lagerbestände, die nach jeder neuen Charge für Nachkäufe gebildet werden müssen,
- hohe Abschreibungen für unverkäufliche Restbestände.

Massenfertigung

Ein Produkt wird in großen Mengen ohne zeitliche Begrenzung hergestellt – die Losgröße ist theoretisch unendlich. Die Fertigung erfolgt in einem stets gleichbleibenden Fertigungsprozess.

Beispiele: Zündhölzer, Mineralwasser

Neben der einfachen Massenfertigung findet man auch eine **mehrfache** oder **simultane** Massenfertigung, indem verschiedene Ausführungen eines Produktes auf eigenständigen Maschinenstraßen hergestellt werden.

Beispiele: Briefpapier und Kopierpapier, Zitronen- und Orangenlimonade

Typisch für die Massenfertigung ist, dass die Produktion „auf Lager" erfolgt, d. h. für den anonymen Markt. Die Arbeitszerlegung und der Mechanisierungsgrad sind sehr hoch. Fließfertigung und automatisierte Fertigung bestimmen den Fertigungsablauf (vgl. S. 552).

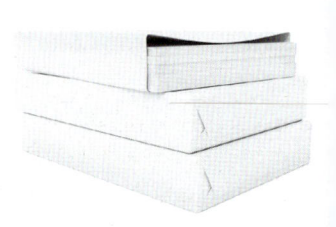

```
                    ┌─────────────────────────┐
                    │   Massenfertigung ...   │
                    └─────────────────────────┘
                       ↓                    ↓
```

Vorteile:	Nachteile:
⊕ ermöglicht durch die großen Stückzahlen eine Arbeitszerlegung und Automatisierung und damit kurze Durchlaufzeiten und eine hohe Produktivität,	⊖ ist meist sehr unflexibel bei Nachfrageschwankungen und einem Nachfragewechsel bedingt durch das enge Produktionsprogramm und spezialisierte Produktionseinrichtungen,
⊕ bringt eine enorme Kostendegression durch die Verteilung der fixen Kosten auf die hohen Stückzahlen,	⊖ untersteht dem Druck der fixen Kosten durch den großen Kapitaleinsatz; bei einem Nachfragerückgang erhöhen sich die fixen Stückkosten.
⊕ garantiert durch weitgehende Automatisierung eine gleichbleibende Produktqualität.	

Kuppelproduktion

Manchmal fallen im Herstellungsprozess neben dem Hauptprodukt zwangsläufig Nebenprodukte an.

Beispiele:

Materialeinsatz	Steinkohle
	Rohöl
Hauptprodukte	Koks
	Benzin, Schweröl, Heizöl (Diesel)
Nebenprodukte	Gas, Teer
	Flüssiggas

Beispiele: Starr ist z. B. das Mengenverhältnis bei der Elektrolyse von Wasser. Der Output von Wasserstoff und Sauerstoff ist aufgrund der chemischen Zusammensetzung (H_2O) fest vorgegeben und nicht variierbar. Bei der Hydrierung von Erdöl lassen sich jedoch durch einen unterschiedlichen Druck die Mengenverhältnisse in gewissen Grenzen lenken bzw. verändern. Je nach Bedarf gewinnt man z. B. aus dem Ausgangsrohstoff 55 % Benzin und 40 % Heizöl bzw. Diesel oder 40 % Benzin und 55 % Heizöl.

Probleme der Kuppelproduktion sind

- die Erhaltung der Produktqualität bei lenkbaren Mengenverhältnissen,
- die Optimierung des Absatzes entsprechend den Produktionsbedingungen,
- die Kostenverteilung auf Haupt- und Nebenprodukte.

Viele Nebenprodukte wurden früher als Abfall behandelt und keiner oder einer Sonderentsorgung zugeführt. Gas wurde einfach abgefackelt oder Verschnitt wanderte in den Müllcontainer. Die zunehmenden Kosten für die Sonderentsorgung und das gestiegene Umweltbewusstsein förderten eine Weiterverwendung.

Lernfeld 5: Leistungserstellungsprozesse planen, steuern und kontrollieren

Beispiele: Lederreste werden zu Lederfaserpappen gepresst, Holzreste zu Sperrholz; Rübenschnitzel und Biermaische dienen als Tierfutter. Auch bei der Hähnchenproduktion werden die Innereien zu Tierfutter verarbeitet, die Füße exportiert man als Delikatesse nach China.

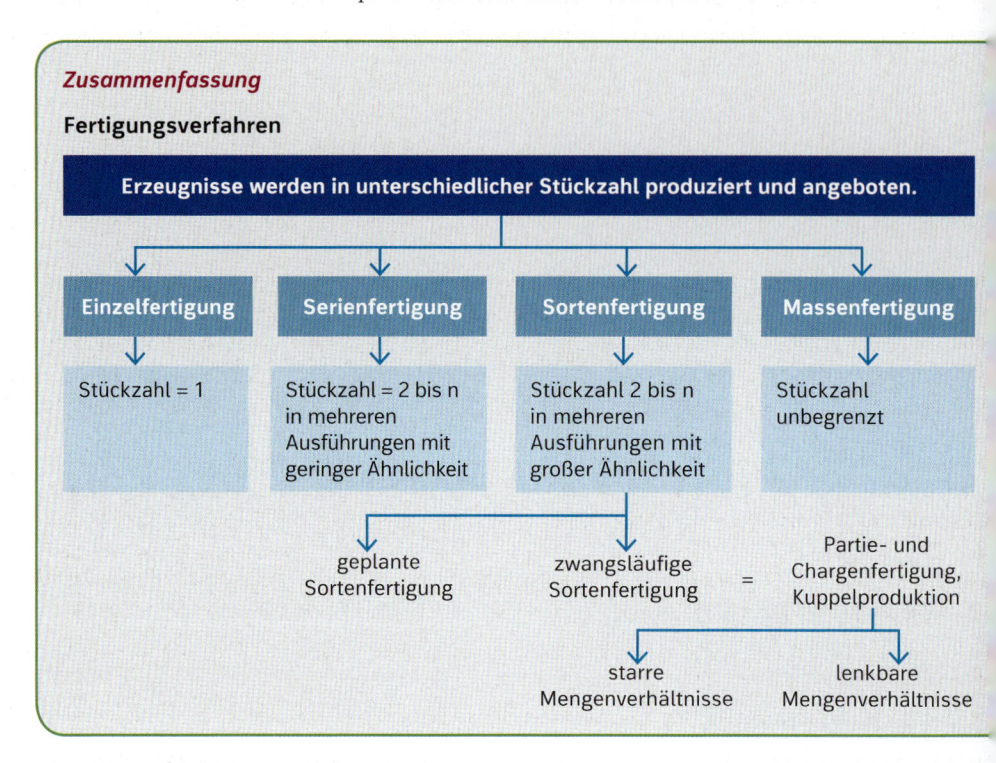

Zusammenfassung

Fertigungsverfahren

Erzeugnisse werden in unterschiedlicher Stückzahl produziert und angeboten.

Einzelfertigung	Serienfertigung	Sortenfertigung	Massenfertigung
Stückzahl = 1	Stückzahl = 2 bis n in mehreren Ausführungen mit geringer Ähnlichkeit	Stückzahl 2 bis n in mehreren Ausführungen mit großer Ähnlichkeit	Stückzahl unbegrenzt

- geplante Sortenfertigung
- zwangsläufige Sortenfertigung = Partie- und Chargenfertigung, Kuppelproduktion
- starre Mengenverhältnisse
- lenkbare Mengenverhältnisse

Aufgaben

1. *Erläutern Sie die möglichen Vorteile der Einzelfertigung.*
2. *Suchen Sie nach Möglichkeiten zur Verringerung der Durchlaufzeit bei der Einzelfertigung.*
3. *Beschreiben Sie das Dilemma der Produktkonkurrenz bei der Serien- und Sortenfertigung.*
4. *Erläutern Sie die Probleme der Partie- und Chargenfertigung.*

2.4 Organisationsformen der Fertigung

Rudolf Heller sollte fehlende Belege in der Produktion abgeben. „Da kam man kaum noch durch, überall lagerte Material, dass die sich da überhaupt noch zurechtfinden", so sein Kommentar zu Daniela Schaub. „Soweit ich weiß", meinte Daniela, „hat die Geschäftsführung das Problem schon erkannt. Da man mit der bisherigen Organisation der Fertigung unzufrieden ist, wurde bereits eine Unternehmensberatung beauftragt, den Fertigungsfluss zu untersuchen." „Und, gibt es bereits Ergebnisse?", fragte Rudolf Heller.

„Na klar!", so die Antwort von Daniela. „Die Mitarbeiter der Unternehmensberatung stellten fest, dass bei der Durchlaufzeit von Aufträgen im Durchschnitt nur 10 % auf die Bearbeitungszeiten entfallen, jedoch 90 % durch Transport-, Liege- und Rüstzeiten beansprucht werden sowie durch einen gelegentlichen Material- und Informationsstau bedingt sind. Produktiv sind wir also nicht! Deshalb soll die Fertigung völlig neu organisiert werden."

Arbeitsaufträge

- Stellen Sie fest, wie die Fertigung von Erzeugnissen organisiert werden kann.
- Vergleichen Sie die einzelnen Organisationstypen unter Berücksichtigung der Gesichtspunkte Flexibilität, Produktivität, Kapitalbedarf und Aufwand an Arbeitsvorbereitung.

Der Ablauf der Fertigung kann nach verschiedenen Gesichtspunkten organisiert werden. Ähnlich wie bei der Aufbauorganisation einer Unternehmung kann man hier die Kriterien **Verrichtung** und **Objekt**, aber auch Raum und Zeit unterscheiden. → LF 6

Je nachdem, wie die einzelnen Arbeitsplätze und Anlagen angeordnet sind, spricht man von einem bestimmten **Organisationstyp** der Fertigung. So folgt die Werkstättenfertigung als Organisationstyp dem Prinzip der Verrichtungszentralisation, während die Fließfertigung eine Objektzentralisation beinhaltet. Die verschiedenen Organisationstypen schließen nichteinander aus, sondern ergänzen sich. Welcher Organisationstyp angewandt wird, dies ist häufig eine Frage des technischen Verfahrens, der Losgröße, der Variantenvielfalt, der gewünschten Verantwortlichkeit und Flexibilität.

Einzelarbeitsplätze

Erfolgt die Durchführung der Fertigung an Einzelarbeitsplätzen – man spricht dann auch von **Werkbankfertigung** –, so wird das Erzeugnis, die Baugruppe oder das Einzelteil komplett an einem Arbeitsplatz durch einen bestimmten verantwortlichen Arbeitnehmer hergestellt oder zumindest zusammengebaut.

Beispiele: Montage eines Schaltschrankes, die Bearbeitung von Edelsteinen, die Herstellung von Mustern und Modellen

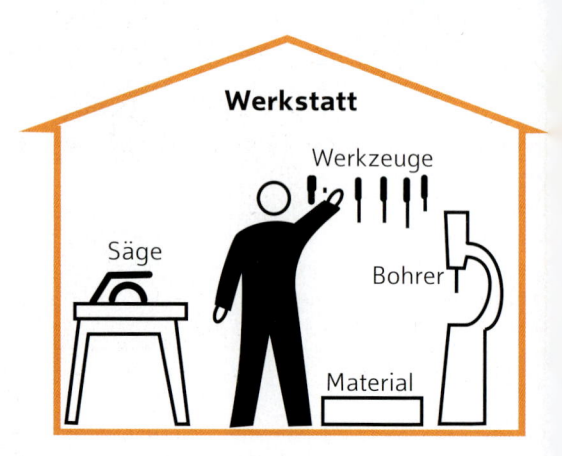

Für die Durchführung der Fertigung zählen die Alleinverantwortlichkeit für das Produkt, handwerkliches Können, Geschicklichkeit und unter Umständen sogar zusätzliche eigene Ideen zur Lösung nicht planbarer Fertigungsprobleme. Der Bedarf an maschinellen Hilfsmitteln ist meist beschränkt, es überwiegt die Handarbeit.

Beispiel: Bei der Endkontrolle wird festgestellt, dass der Zwickrand bei einer Polstergarnitur teilweise lose ist und nachgeklammert werden muss. Um den Fertigungsfluss nicht zu belasten, verzichtet man auf eine Rückführung in die Polsterei. Die Beseitigung des Fehlers erfolgt an einem Einzelarbeitsplatz bzw. in einer gesonderten Werkstatt durch einen besonders qualifizierten Arbeitnehmer.

Werkstättenfertigung

Arbeits- und Maschinenplätze mit **gleichartigen Verrichtungen** werden räumlich in sogenannten Werkstätten zusammengefasst.

Beispiele:
- **abgeleitet vom Grundverfahren**: Dreherei, Stanzerei, Polsterei, Zuschneiderei, Lackiererei
- **abgeleitet vom handwerklichen Grundberuf**: Schlosserei, Schreinerei

Das zu bearbeitende Produkt wandert je nach Bearbeitungsgrad von Werkstatt zu Werkstatt, mal eine Werkstatt überspringend, mal eine andere wiederholend. An den einzelnen Arbeitsplätzen überwiegt der Einsatz von Universalmaschinen und qualifizierten Fachkräften. Der Transport erfolgt manuell oder durch Gabelstapler und Kräne.

Beispiele: Die Zargen für den stapelbaren Kendo Stuhl werden in der Schlosserei (1) zugeschnitten, in der Schweißwerkstatt mit den übrigen Fußgestellteilen verschweißt (2), in der Lackiererei wird das Gestell verzinkt und lackiert (3), in der Schlosserei werden die Befestigungsbohrungen am Fußgestell für den Sitz vorgenommen (4), dann wandert das Fußgestell zur Montage (5).

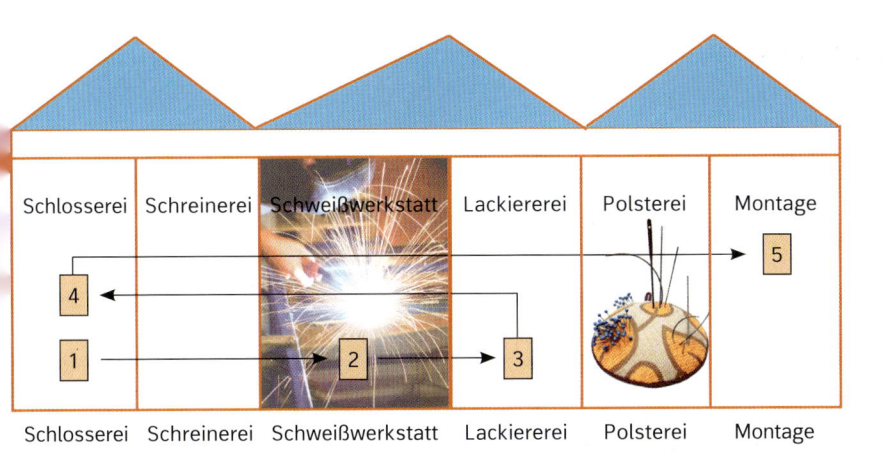

| Schlosserei | Schreinerei | Schweißwerkstatt | Lackiererei | Polsterei | Montage |

(Ablaufschema: 1 → 2 → 3 → Polsterei → 5 Montage; 4 ← Schlosserei)

Obwohl die Werkstättenfertigung eine der ältesten Organisationsformen darstellt, findet man sie auch heute noch in fast allen industriellen Bereichen der Fertigung. Auch der fertigungstechnisch ausgereifte Automobilbau wendet in der Vorfertigung von Karosserien noch die Werkstättenfertigung an, indem die Karosserieteile in gesonderten Werkstätten ausgestanzt und in großen Presshallen ausgepresst werden.

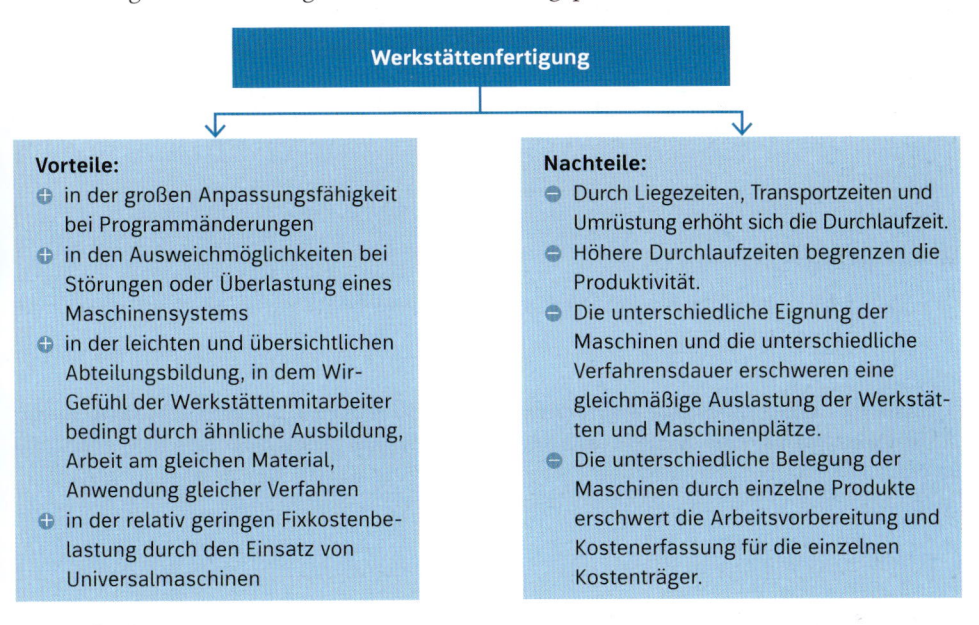

Werkstättenfertigung

Vorteile:
- in der großen Anpassungsfähigkeit bei Programmänderungen
- in den Ausweichmöglichkeiten bei Störungen oder Überlastung eines Maschinensystems
- in der leichten und übersichtlichen Abteilungsbildung, in dem Wir-Gefühl der Werkstättenmitarbeiter bedingt durch ähnliche Ausbildung, Arbeit am gleichen Material, Anwendung gleicher Verfahren
- in der relativ geringen Fixkostenbelastung durch den Einsatz von Universalmaschinen

Nachteile:
- Durch Liegezeiten, Transportzeiten und Umrüstung erhöht sich die Durchlaufzeit.
- Höhere Durchlaufzeiten begrenzen die Produktivität.
- Die unterschiedliche Eignung der Maschinen und die unterschiedliche Verfahrensdauer erschweren eine gleichmäßige Auslastung der Werkstätten und Maschinenplätze.
- Die unterschiedliche Belegung der Maschinen durch einzelne Produkte erschwert die Arbeitsvorbereitung und Kostenerfassung für die einzelnen Kostenträger.

Reihenfertigung

Die Maschinenplätze sind nach der für das Erzeugnis notwendigen Arbeitsfolge angeordnet, d. h., die Fertigung erfolgt nach dem **Objektprinzip**, es fehlt jedoch die genaue zeitliche Abstimmung zwischen den einzelnen Arbeitsvorgängen. Man bezeichnet diese Art der Fertigung auch als **Straßenfertigung** oder **Linienfertigung**.

Je nach Produkt können einzelne Arbeitsplätze gewechselt oder sogar übersprungen werden. Durch die Anordnung der Maschinenplätze nach dem Produktionsablauf verringern sich die Transportwege und verkürzt sich die Durchlaufzeit. Durch Spezialmaschinen für die Durchführung bestimmter – häufig auftretender – Arbeitsschritte wird dieser Effekt noch verstärkt.

Diese Form der Fertigung erlaubt die Herstellung größerer Serien eines Erzeugnisses in kurzer Zeit, ohne dass die notwendige Reaktionsfähigkeit auf Produktveränderungen verloren geht.

Beispiele:
- Schuhe, Textilien, Kleinmöbel, Baugruppen als Gleichteile für unterschiedliche Produkte
- Die Nachfrage nach mit Leder gepolsterten Drehstühlen hat bei der Sommerfeld Bürosysteme GmbH erheblich zugenommen. Daher soll die Herstellung der Lederpolsterung als Reihenfertigung organisiert werden. Die vier notwendigen Teilabläufe wie Lederteile ausstanzen (1), Brennkanten anbringen (2), Lederteile vernähen (3) und Sitze auspolstern (4) sollen räumlich hintereinander geschaltet werden.

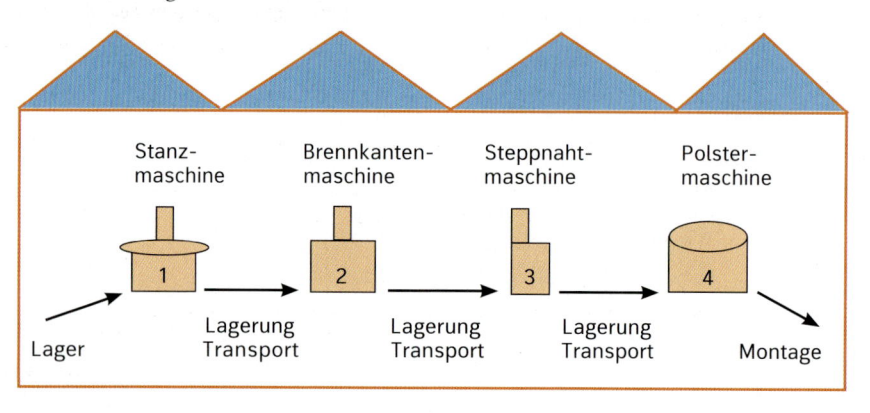

Fließfertigung

Die Fließfertigung ist durch zwei Prinzipien gekennzeichnet:

> **Objektprinzip:**
> Der für **ein** Produkt notwendige Arbeitsprozess wird bis in die kleinsten Arbeitsschritte zerlegt, die hierfür erforderlichen Arbeitsplätze richten sich ausschließlich nach der technischen Abfolge für die Herstellung des Produktes.

> **Flussprinzip:**
> Arbeitsplätze und Anlagen sind nach einer festen Reihenfolge der Bearbeitung hintereinander angeordnet.

In der chemischen Industrie ist die Abfolge durch die notwendigen chemischen Reaktionen und ihre Zeiten weitgehend vorgegeben. In anderen Industriezweigen, vor allem im Fahrzeugbau, wird der Arbeitsfluss durch Transportbänder und die Vorgabe von Taktzeiten für die Durchführung einzelner Arbeitsschritte bei der Planung der Fertigung strukturiert und optimiert. Man bezeichnet diese Art der Fertigung deshalb auch als **organisierte Fließfertigung** oder **Fließbandfertigung**.

Durch den Wegfall von Liegezeiten und die Nutzung von Transportzeiten für die Durchführung von Arbeitsschritten, die häufig mithilfe von Spezialwerkzeugen und Spezialmaschinen ohne Rüstaufwand ausgeführt werden, ergibt sich im Vergleich zur Reihenfertigung eine weitere Verkürzung der Durchlaufzeit und wiederum eine Steigerung der Produktivität.

Allerdings wächst der Kapitalbedarf für Bereitstellung der notwendigen Maschinen. Die hierfür anfallenden Abschreibungen erhöhen die Fixkostenbelastung, wodurch sich die Mengenabhängigkeit verstärkt. Der Break-even-Point wird in der Regel erst bei größeren Stückzahlen erreicht. Durch den Einsatz von Spezialmaschinen und den starren Fertigungsablauf wird die Reaktion auf Kundenwünsche und Marktveränderungen erschwert.

Beispiel: Wegen der großen Stückzahl werden bei der Sommerfeld Design GmbH die Tischplatten für das Programm 840 in Fließbandfertigung hergestellt. Hierbei werden die Tischplatten jeweils in 15 Sekunden aus Spanplatten ausgestanzt; dann werden die Kanten in der gleichen Zeit abgerundet; der Kleber wird aufgetragen; das Furnier wird aufgepresst, lackiert und anschließend wird der Lack UV-gehärtet. Der gesamte Arbeitsvorgang dauert nur 90 Sekunden.

Sechs Arbeitsschritte laufen nacheinander ab und sind nach 90 Sekunden abgeschlossen.

Tischplatte ausstanzen	Kanten abrunden	Kleber auftragen	Furnier aufpressen	Klarlack aufspritzen	Klarlack UV-härten	
○	○	○	○	○	○	Transportband
15 Sek.	15 Sek.	15 Sek.	15 Sek.	15 Sek.	15 Sek.	

Gruppenfertigung

Um die Nachteile der Fließbandfertigung auszugleichen, wenden viele Unternehmen die Gruppenfertigung an. Es handelt sich dabei um eine Kombination aus Werkstätten- und Fließfertigung. Unterschiedliche Maschinen für die Bearbeitung einer kompletten Baugruppe oder eines Teils werden hierfür räumlich zusammengefasst und wiederum nach dem Fließprinzip angeordnet, wobei die Reihenfolge der Bearbeitung grundsätzlich flexibel bleibt. Einzelne Arbeitsvorgänge werden von mehr oder weniger autonomen **Arbeitsgruppen** auf einer **eigenständigen Fertigungsinsel** komplett durchgeführt.

Beispiele: die Herstellung des Fußgestelles, der Polstersitze oder die Montage der Stühle, Sessel und Tische

Die Arbeitsgruppe verfügt über die notwendigen, häufig sehr unterschiedlichen Maschinenplätze, organisiert eigenständig den Materialabruf, die Maschinenbelegung und das Arbeitstempo. Die Gruppenmitglieder wechseln nach Bedarf oder gegenseitiger Abstimmung ihre Arbeitsplätze. Der Gruppenleiter oder die Gruppe als Team übernehmen somit für den Fertigungsauftrag die notwendigen Planungs-, Steuerungs- und Kontrollaufgaben.

Durch die Eigenverantwortlichkeit der Gruppe steigt die Arbeitsmotivation und damit die Produktqualität.

Der Arbeitsplatzwechsel innerhalb der Gruppe verhindert Arbeitsmonotonie und fördert die Eignung für unterschiedliche Arbeitsverfahren sowie die Aufgeschlossenheit zur Lösung von Fertigungsproblemen, die sich aus neuen ungewohnten Fertigungsaufträgen ergeben können.

Dies eröffnet die Chance für die wirtschaftliche Fertigung sehr unterschiedlicher Produkte, selbst in kleinen Stückzahlen, und die Anpassung an Sonderwünsche von Kunden.

Beispiel:

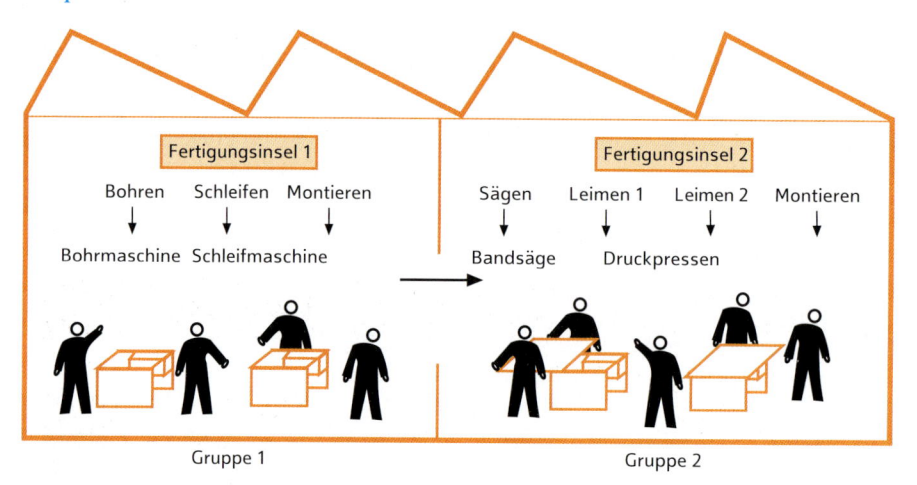

```
Fertigungsinsel 1                    Fertigungsinsel 2
Bohren  Schleifen  Montieren    Sägen   Leimen 1  Leimen 2  Montieren
  ↓         ↓                     ↓         ↓         ↓
Bohrmaschine Schleifmaschine    Bandsäge      Druckpressen

        Gruppe 1                         Gruppe 2
```

Baustellenfertigung

Durch den zunehmenden Konkurrenzkampf sind viele Unternehmen gezwungen, ihren Kunden umfangreiche Serviceleistungen anzubieten. Es genügt nicht, dass ein Erzeugnis im eigenen Hause gefertigt wird. Die Kunden fordern auch, dass das Produkt vor Ort aufgestellt, installiert und in Betriebsbereitschaft gebracht wird. Gleichzeitig steigen die Sachmängelhaftungsansprüche, die in vielen Ländern der EU einen Zeitraum von zwei und mehr Jahren umfassen. In der Baubranche beträgt dieser Zeitraum laut VOB (Verdingungsordnung für das Baugewerbe) 5 Jahre. Dies führt häufig zu umfangreichen Reparaturen, die nur am aufgestellten Produkt vorgenommen werden können. In manchen Fällen fordern die Kunden die Nachrüstung eines Produktes auf den neuesten Stand der Technik, die wiederum nur vor Ort, d. h. beim Kunden, durchgeführt werden kann. In allen Fällen handelt es sich um einen standortgebundenen Fertigungsablauf, den man als Baustellenfertigung bezeichnet.

Beispiele: Aufstellung von 50 Tubis Hockerbänken mit eloxiertem Gestell im Wartebereich des Düsseldorfer Flughafens, Ausbesserung von 200 Polsterstühlen in der Kölner Philharmonie

Die Baustellenfertigung weist viele **Ähnlichkeiten mit der Gruppenfertigung** auf. Auch hier sind meist bestimmte Arbeitsgruppen für den gesamten Fertigungsablauf verantwortlich. Sie steuern den Fertigungsablauf, lösen auftretende Probleme selbst und übernehmen sogar die Fertigungskontrolle.

Bei der Baustellenfertigung erfolgt die Leistungserstellung an einem bestimmten Ort. Arbeitskräfte, Betriebsmittel und Werkstoffe müssen zur Baustelle transportiert werden (Raumzentralisation).

Die **Probleme** der Baustellenfertigung zeigen sich vor allem:

- in dem hohen Rüstaufwand, der sich durch die Einrichtung und den Abbau der Baustelle ergibt,
- in dem Zeitdruck und der notwendigen Koordinierung mit anderen beteiligten Arbeitspartnern,
- in der notwendigen Abschirmung der Umgebung bei der Vornahme von Arbeitsabläufen,
- in der Beschränkung des Maschineneinsatzes bedingt durch die räumlichen Verhältnisse,
- in der häufigen Abhängigkeit von Witterungsverhältnissen.

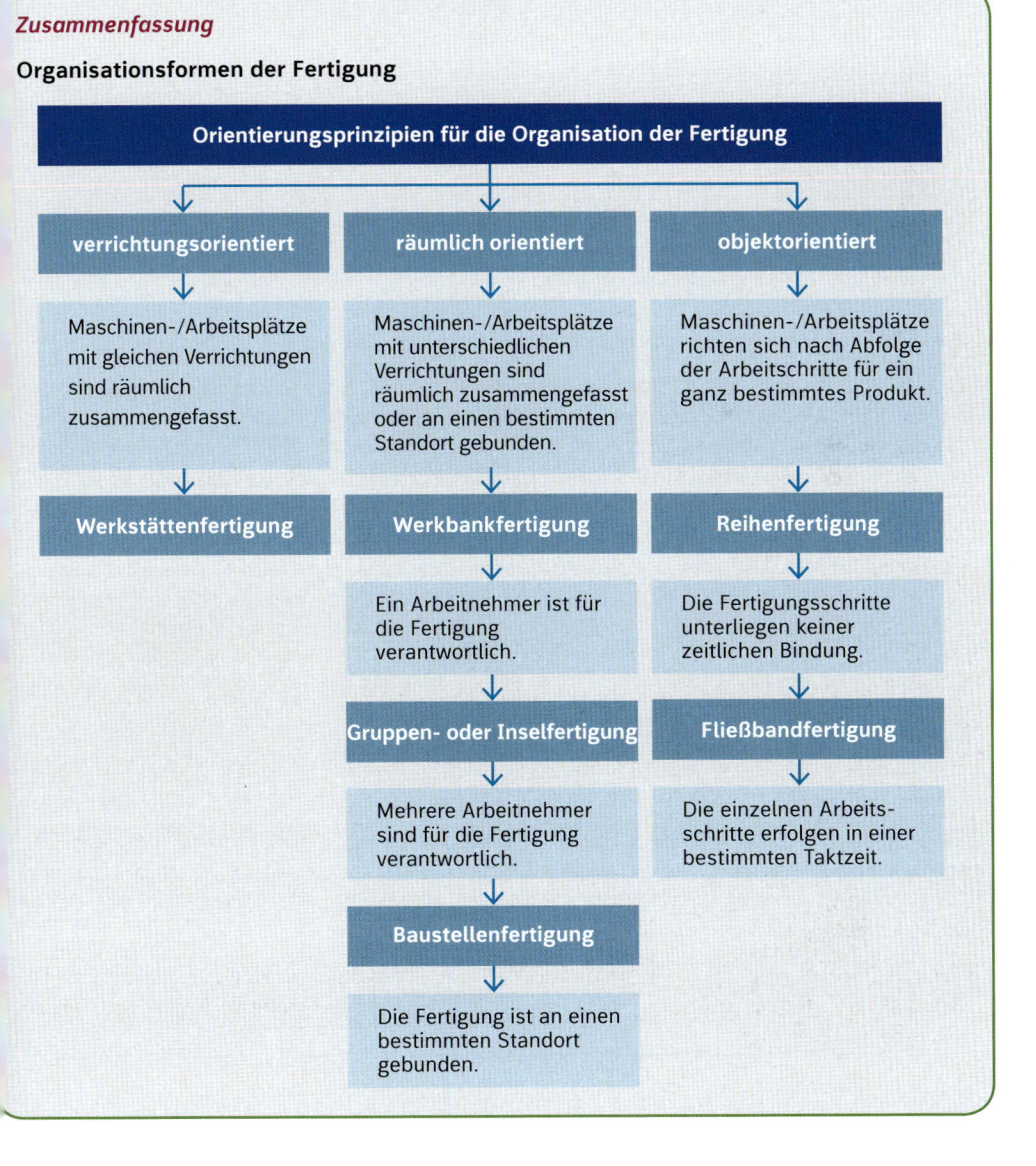

Zusammenfassung

Organisationsformen der Fertigung

Orientierungsprinzipien für die Organisation der Fertigung

- **verrichtungsorientiert**: Maschinen-/Arbeitsplätze mit gleichen Verrichtungen sind räumlich zusammengefasst.
  - **Werkstättenfertigung**

- **räumlich orientiert**: Maschinen-/Arbeitsplätze mit unterschiedlichen Verrichtungen sind räumlich zusammengefasst oder an einen bestimmten Standort gebunden.
  - **Werkbankfertigung**
    - Ein Arbeitnehmer ist für die Fertigung verantwortlich.
  - **Gruppen- oder Inselfertigung**
    - Mehrere Arbeitnehmer sind für die Fertigung verantwortlich.
  - **Baustellenfertigung**
    - Die Fertigung ist an einen bestimmten Standort gebunden.

- **objektorientiert**: Maschinen-/Arbeitsplätze richten sich nach Abfolge der Arbeitschritte für ein ganz bestimmtes Produkt.
  - **Reihenfertigung**
    - Die Fertigungsschritte unterliegen keiner zeitlichen Bindung.
  - **Fließbandfertigung**
    - Die einzelnen Arbeitsschritte erfolgen in einer bestimmten Taktzeit.

Lernfeld 5: Leistungserstellungsprozesse planen, steuern und kontrollieren

Aufgaben

1. Sie sind Mitarbeiter/Mitarbeiterin der Arbeitsvorbereitung bei der Sommerfeld Bürosysteme GmbH. Zur Fertigung der Fußgestelle für den Stapelstuhl Piano liegt Ihnen der folgende Arbeitsplan und eine unvollständige Übersicht über den Fertigungsablauf vor.

Arbeitsplan Nr.: 500-20.0102-08		Auftragsmenge: 200 Stück		Datum: 04.08.		Blatt 1 von 1	
Benennung: Artikel Nr. 301/03				Zeichnungs-Nr.: 20.01.02-08.3			
Werkstoff: Rundrohr Stahl 16 x 1,5				Losgröße: 200 Stück			
Kosten-stelle	Arb.-folge	Arbeitsgang	Arbeitsplatz	Zeitvorgabe in Minuten		Lohn-gruppe	Bemer-kungen
				tr	te		
105	1	Teile auf Länge sägen	Metallsägemaschine	10	2,2	3	
273	2	Teile 2 x biegen und abkanten	Biegemaschine	8	1,2	3	
273	3	Teile bohren 2 x 7 mm	Ständerbohrer	8	1,0	3	
312	4	Bohren für Stapelstopf	Horizontalbohrer	8	3,0	3	
155	5	Vorder- und Hinterfuß verschweißen	Schweißplatz	12	4,3	5	
312	6	Schweißnähte säubern	Schleifmaschine	7	2,0	3	
704	7	Festigkeit überprüfen	Prüfplatz	7	1,3	5	
800	8	Abliefern an Lager					

Übersicht zum Fertigungsablauf für die Fußgestellfertigung Typ 301/03 (noch unvollständig)

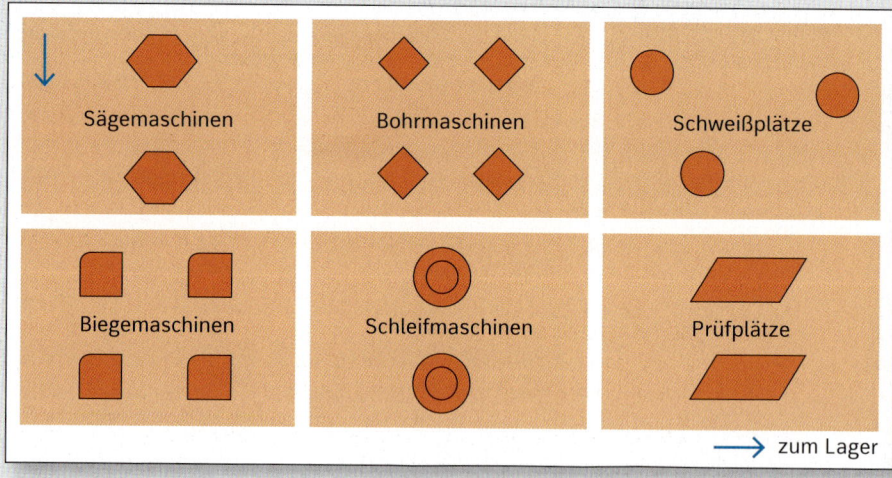

a) Vervollständigen Sie die oben abgebildete Übersicht zum Fertigungsablauf unter Berücksichtigung des abgebildeten Arbeitsplans, indem Sie den Materialfluss mit Pfeilen eintragen.
b) Sie sollen den gewählten Organisationstyp für die Fußgestelle beurteilen.
   ba) Stellen Sie fest, welcher Organisationstyp der Fertigung hier zu finden ist.
   bb) Beschreiben Sie drei Merkmale des gewählten Organisationstyps der Fertigung.
   bc) Führen Sie zwei Vorteile und zwei Nachteile dieses Organisationstyps der Fertigung an.

c) Berechnen Sie die Auftragszeit in Stunden für die im Arbeitsplan angegebene Auftragsmenge.
d) Sie planen eine Umstellung der Produktion auf die Gruppenfertigung.
  da) Erklären Sie, welche zwei wesentlichen Veränderungen sich bei der Umstellung ergeben.
  db) Führen Sie zwei Vorteile der Gruppenfertigung an.
  dc) Erörtern Sie zwei Probleme, die sich durch die Umstellung für die Unternehmensleitung ergeben können.
e) Sie sollen die Mitarbeiter in die Gruppen einteilen.
Führen Sie drei Aspekte an, die Sie bei der Zusammenstellung der Gruppen berücksichtigen müssen.

2. Die Sommerfeld Bürosysteme GmbH produzierte bisher das Conrack Regalsystem unter den folgenden Bedingungen:

  – Jahreskapazität   96 000   Stück
  – derzeitige Monatsproduktion, die voll abgesetzt wird 7 600   Stück
  – Fertigungsmaterial   95,00   €/Stück
  – Fertigungslöhne   45,00   €/Stück
  – variable Gemeinkosten   30,00   €/Stück
  – fixe monatliche Gesamtkosten   130 000,00 €
  – Verkaufspreis   220,00   €

Die Fertigung des Regalsystems erfolgt in Werkstättenfertigung, wobei der Einsatz von Universalmaschinen überwiegt. Um wettbewerbsfähig zu bleiben, stellt die Geschäftsführung Überlegungen an, den Fertigungsprozess teilweise oder ganz nach dem Flussprinzip zu organisieren. Bei ihrer Entscheidung steht die Unternehmensleitung vor folgender Kostensituation:

	variable Stückkosten proportional in €	fixe Gesamtkosten im Monat in €
Entscheidung A – Reihenfertigung	125,00 €	265 000,00 €
Entscheidung B – Fließbandfertigung	85,00 €	793 000,00 €

a) Berechnen Sie den derzeitigen Beschäftigungsgrad des Unternehmens.
b) Ermitteln Sie die Gewinnschwelle unter Berücksichtigung der bisherigen Bedingungen.
c) Stellen Sie fest, ab welcher Menge der Übergang vom derzeitigen Verfahren zur Reihenfertigung sinnvoll ist.
d) Überprüfen Sie, ob sich unter den vorhandenen Bedingungen – derzeitige Monatsproduktion 7 600 Stück – der Übergang zur Fließbandfertigung lohnt.
e) Stellen Sie die positiven und negativen Auswirkungen einander gegenüber, mit denen bei einem Übergang von der Werkstättenfertigung zur Fließbandfertigung zu rechnen ist.

3. Suchen Sie nach einer Begründung dafür, dass selbst Großbetriebe, z. B. im Automobilbau, nicht auf die Werkstättenfertigung verzichten.

4. Bei der Produktgestaltung und im Bereich Design nimmt das Angebot an Einzelarbeitsplätzen zu, indem Unternehmen sogenannte Telearbeitsplätze einrichten.
  a) Beschreiben Sie einen möglichen Telearbeitsplatz.
  b) Untersuchen Sie die Vor- und Nachteile aus der Sicht des Arbeitgebers und des Arbeitnehmers.

5. Beschreiben Sie die Baustellenfertigung und zeigen Sie mögliche Probleme dieser Fertigung auf.

6. Erläutern Sie, durch welche Prinzipien die Fließbandfertigung gekennzeichnet ist.

2.5 Technisierung der Fertigung

Rudolf Heller konnte bei einem Besuch in der Lackiererei feststellen, dass einzelne Sitzflächen aus Holz immer noch manuell, d. h. mit einem Pinsel, lackiert werden. Dies erscheint ihm nicht sehr zeitgemäß und veranlasst ihn zu bestimmten Fragen an Herrn Weselberg, der für die Produktion zuständig ist.

Arbeitsaufträge

- Suchen Sie nach einer Begründung für die Notwendigkeit von Handarbeit.
- Beschreiben Sie einzelne Bereiche, in denen die Automatisierung zweckmäßig ist, auch wenn die Kosten unter Umständen dagegen sprechen.
- Untersuchen Sie das Verhältnis zwischen den fixen und variablen Kosten beim Einsatz von manuellen, maschinellen und automatisierten Verfahren.

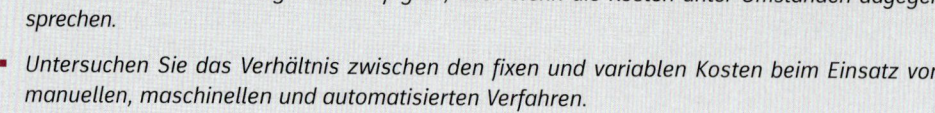

Handarbeit

Handarbeit oder manuelle Fertigung liegt dann vor, wenn der Mensch die Energie für die Durchführung des Arbeitsablaufes liefert und den Arbeitsschritt steuert und kontrolliert. Die Gründe für Handarbeit können technischer, wirtschaftlicher oder ästhetischer Art sein. Technische Gründe zwingen zur Handarbeit, wenn der Fertigungsablauf nicht programmierbar ist. Das zu bearbeitende Werkstück und die Bewegungsabläufe ändern sich mit jedem Fertigungsauftrag.

Beispiele: das Nachschleifen von Armlehnen aus Holz, die Ausbesserung eines eingerissenen Polsters

Bestehen mehrere Fertigungsalternativen, z. B. die Möglichkeit einer manuellen und maschinellen Auspolsterung von Sitzflächen, so entscheiden meist die Losgröße und der Rüstaufwand über die Wahl des Verfahrens. Bei geringen Stückzahlen wählt man die manuelle Fertigung, um den hohen Rüstaufwand bei maschineller Fertigung zu umgehen. Ästhetische Gründe oder Imagegründe liegen dann vor, wenn sich durch die Handarbeit eine gewisse Individualität des Produktes ergibt.

Beispiele: das Bemalen einer Glasur bei Porzellan oder die Anfertigung von handgeschmiedetem Schmuck

Mechanisierung

Erfolgt die Durchführung des Arbeitsvorganges durch motorisierte Maschinen, wobei der Mensch die Reihenfolge und Größe der notwendigen Bewegungen steuert und das Arbeitsergebnis kontrolliert, so spricht man von Mechanisierung.

Beispiele: Die Polsterteile werden nicht mit einer Schere ausgeschnitten, sondern mithilfe einer pneumatisch arbeitenden Stanze ausgestanzt. Die Einzelteile werden nicht mit einer Handnadel vernäht, sondern mithilfe einer elektrisch angetriebenen Nähmaschine zusammengesteppt.

Die Maschinen liefern die notwendige Energie und entlasten damit den Menschen von schwerer körperlicher Arbeit. In vielen Fällen arbeiten die Maschinen auch genauer, vor allem gleichmäßiger als der Mensch.

Beispiele: der Lackauftrag mithilfe einer Handspritzpistole statt mit einem Lackierpinsel

Durch den Einsatz von Maschinen werden die Abläufe beschleunigt, was wiederum die Fertigungsdauer verkürzt und damit die Produktivität und Fertigungskapazität des Betriebes erhöht. Allerdings steigt auch die Fixkostenbelastung durch den zusätzlichen Kapitalbedarf für die Anschaffung der notwendigen Maschinen, und die Anpassungsfähigkeit an Verfahrens- oder Materialänderungen nimmt ab.

Beispiele: So kann man eine Steppstichmaschine nicht ohne Weiteres auf einen Kettenstich umrüsten oder zum Vernähen von Leder statt bisher von Textilien einsetzen.

Automatisierung

Übernehmen die Maschinen nicht nur die Durchführung des Arbeitsschrittes sondern auch Steuerungs- und Kontrollaufgaben, so erreicht die Fertigung die ersten Stufen der Automatisierung. Die Automatisierung kann einen Maschinenplatz, eine Maschinenstraße oder sogar den gesamten Fertigungsvorgang umfassen.

Bei der Automatisierung eines Maschinenplatzes kommen NC-Maschinen (Numerical Control) und CNC-Maschinen (Computerized Numerical Control) zum Einsatz. Bei **NC-Maschinen** wird nach Eingabe eines materiellen Datenträgers ein einmal gestartetes Steuerungsprogramm ohne die Möglichkeit der Änderung abgearbeitet. **CNC-Maschinen** verfügen über einen Rechner, über den direkt an der Maschine Einfluss auf das Steuerungsprogramm genommen werden kann.

Beispiele: Bei der Sommerfeld Bürosysteme GmbH fertigt die CNC-gesteuerte Biegemaschine komplette Seitenteile für das Fußgestell aus Stahl oder Aluminium. Über ein Steuerungsprogramm misst die Maschine die notwendige Materiallänge ab, stanzt den Rohling, legt den Winkel für die Biegungen fest, biegt die einzelnen Winkel mit einer dem Material angemessenen Kraft und entsorgt das fertige Seitenteil aus der Maschine

Durch **DNC-Systeme** (Direct Numerical Control) werden mehrere Bearbeitungsmaschinen miteinander verkettet und gesteuert. Über einen Zentralrechner kann auf die einzelnen Rechner an den Maschinenplätzen Einfluss genommen werden.

Beispiel:

CNC-Biegemaschine	Transport-roboter	CNC-gesteuerte Bohrmaschine	Transport-roboter	CNC-gesteuerte Lötanlage
Biegen der Seitenteile	Transport zum Ständerbohrer	Bohrungen für Sitz und Rücken	Transport zur Lötanlage	Löten der Seiten und Zargen zum Gestell

Fehlen automatische Transportsysteme, d. h., arbeiten mehrere numerisch gesteuerte Maschinen unverkettet zusammen, so spricht man von **Fertigungszellen**. Der Schwerpunkt liegt in der Automatisierung der Hardware, indem zum Beispiel die Maschine selbsttätig einen Werkzeugwechsel vornimmt, wenn ein neuer Arbeitsvorgang ansteht.

> **PRAXISTIPP!**
>
> *Ein einfacher Transportroboter, der nur ein Werkstück von einer zur nächsten Maschine weiterreicht, kostet ca. 20 000 €. Er amortisiert sich in weniger als einem Jahr.*

Sind die einzelnen Bearbeitungsmaschinen durch automatische Transport- und Speichersysteme miteinander verbunden, reagieren sie auf einen gegenseitigen Informationsaustausch, so bildet die Software, d. h. die Kommunikation zwischen den Maschinen, den Schwerpunkt der Automation. Man spricht dann auch von einem flexiblen Fertigungssystem, abgekürzt **FFS-Fertigung**.

Die Automatisierung ist dann zweckmäßig, wenn sich Arbeitsvorgänge bedingt durch große Stückzahlen, in denen ein Produkt hergestellt wird, ständig wiederholen. Die Automatisierung kann auch sinnvoll sein, wenn Abläufe eine hohe Präzision erfordern oder mit großen Gefahren für den Arbeitnehmer verbunden sind.

Beispiele: Schweißroboter, die die Schweißpunkte beim Zusammenbau einer Karosserie setzen, Handhabungsroboter in der Lackiererei oder in einem Atomkraftwerk

Nicht nur die Qualität der Verarbeitung wird erhöht sondern auch Ausschuss und Verschnitt werden reduziert.

Beispiel: So entlastet eine sensorgesteuerte Spritzanlage den Arbeitnehmer nicht nur von gefährlichen Dämpfen der flüchtigen Lösungsmittel, sie erfasst auch exakt die Umrisse des Werkstückes, sodass kein Tropfen Farbe verschwendet wird. Gleichzeitig garantiert sie einen gleichmäßigen Auftrag der Deckschicht.

Die Automatisierung von Fertigungsanlagen bedingt allerdings einen hohen **Kapitalbedarf** und mit der Kapitalbindung eine enorme **Fixkostenbelastung** der Fertigung. Mehr denn je besteht der Zwang zur Massenproduktion, damit die fixen Stückkosten sinken. Die Anpassungsfähigkeit an wesentliche Produktveränderungen oder völlig neue Produkte wird erschwert. Gleichzeitig steigt die **Gefahr von Störungen**, die den Fertigungsablauf beeinträchtigen.

Beispiel: Störungen, z. B. in der Frequenzstabilität der elektrischen Energie von 1 %, können ein ganzes Fertigungssystem beeinträchtigen oder stilllegen.

Arbeitsauftrag

Informieren Sie sich mithilfe einer Suchmaschine und den Suchbegriffen „Hackerangriffe auf Industrieanlagen" sowie „Stuxnet" und „Überlastung Stromnetze" über die Anfälligkeit von Fertigung sowie Stromnetzen.

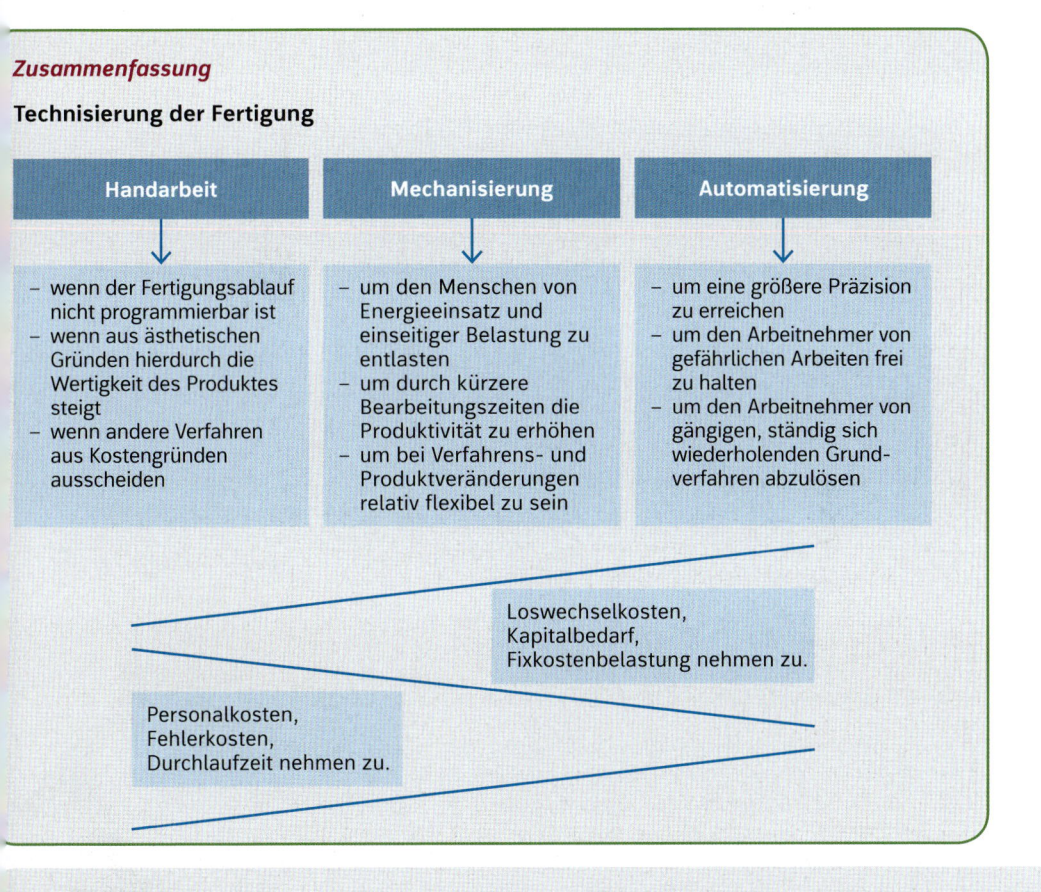

Zusammenfassung

Technisierung der Fertigung

Handarbeit	Mechanisierung	Automatisierung
– wenn der Fertigungsablauf nicht programmierbar ist – wenn aus ästhetischen Gründen hierdurch die Wertigkeit des Produktes steigt – wenn andere Verfahren aus Kostengründen ausscheiden	– um den Menschen von Energieeinsatz und einseitiger Belastung zu entlasten – um durch kürzere Bearbeitungszeiten die Produktivität zu erhöhen – um bei Verfahrens- und Produktveränderungen relativ flexibel zu sein	– um eine größere Präzision zu erreichen – um den Arbeitnehmer von gefährlichen Arbeiten frei zu halten – um den Arbeitnehmer von gängigen, ständig sich wiederholenden Grundverfahren abzulösen

Loswechselkosten, Kapitalbedarf, Fixkostenbelastung nehmen zu.

Personalkosten, Fehlerkosten, Durchlaufzeit nehmen zu.

Aufgaben

1. In vielen Bereichen der Fertigung ist der Anteil der Handarbeit unerwartet hoch.

   a) Suchen Sie in Ihrem Ausbildungsbetrieb nach solchen Bereichen.
   b) Versuchen Sie für jeden gefundenen Anwendungsbereich eine Erklärung zu finden.

2. Ein bestimmtes Produkt kann sowohl manuell als auch maschinell gefertigt werden. Bei der manuellen Fertigung betragen die Kosten für die Ausstattung des Arbeitsplatzes 500,00 € für einen bestimmten Zeitraum. Der Stundenlohn beträgt zur Zeit 20,00 €. Die

Fertigungszeit für ein Stück beträgt 60 Minuten. Bei der maschinellen Fertigung betragen die Kosten für einen Arbeitsplatz 5 000,00 €. Die Fertigungszeit für ein Stück beträgt 15 Minuten. Ermitteln Sie, ab welcher Stückzahl bei gleichem Stundenlohn kostengünstiger gefertigt werden kann.

3. Der Absatz eines Geschäftsfreundes der Sommerfeld Bürosysteme GmbH, und zwar die Sopur GmbH, die Rollstühle herstellt, ist im letzten Jahr von 10 000 auf 8 000 Stück zurückgegangen.
Betriebliche Situation:
Durchschnittspreis   500,00   €/Stück
Variable Stückkosten   317,08   €/Stück
Fixkosten   1 500 000,00   €/Jahr

a) Ermitteln Sie
   1. den Gewinn/Verlust bei einem Absatz von 8 000 Stück,
   2. den Absatz zur Erreichung des Break-even-Points.

Rationalisierungsinvestitionen könnten die Produktivität erhöhen und die variablen Stückkosten um ca. 25 % senken. Eine Erhöhung der Fixkosten und eine Personalfreisetzung wären allerdings nicht zu umgehen. Eine gleichzeitige Preissenkung um 10 % würde nach einer Marktanalyse eine Absatzerhöhung um 2 000 Stück bewirken.

Betriebliche Situation nach evtl. Rationalisierung:
Variable Stückkosten   234,95   €/Stück
Erhöhung der Fixkosten um   500 000,00   €/Jahr

b) Ermitteln Sie
   1. den Gewinn/Verlust bei einem Absatz von 10 000 Stück,
   2. den Absatz zur Erreichung des Break-even-Points.
c) Erläutern Sie unabhängig von Ihrer rechnerischen Lösung mehrere Gesichtspunkte, die eventuell die Entscheidung über die Rationalisierungsinvestition negativ beeinflussen.

4. Der Einsatz automatisierter Fertigungssysteme, vor allem von Handhabungsrobotern, nimmt immer mehr zu. Die notwendige Software ist hierbei erheblich teurer als die Hardware.

a) Erstellen Sie einen Katalog von Argumenten für die Automatisierung von Fertigungsabläufen.
b) Finden Sie eine Begründung für die hohen Kosten bei der Erstellung der notwendigen Software.

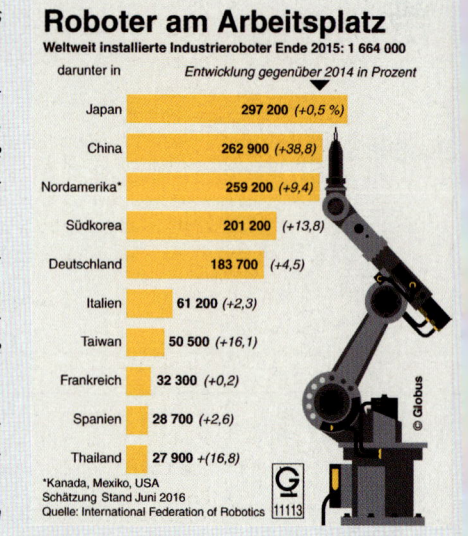

Roboter am Arbeitsplatz
Weltweit installierte Industrieroboter Ende 2015: 1 664 000

darunter in — Entwicklung gegenüber 2014 in Prozent

Land	Anzahl	Veränderung
Japan	297 200	(+0,5 %)
China	262 900	(+38,8)
Nordamerika*	259 200	(+9,4)
Südkorea	201 200	(+13,8)
Deutschland	183 700	(+4,5)
Italien	61 200	(+2,3)
Taiwan	50 500	(+16,1)
Frankreich	32 300	(+0,2)
Spanien	28 700	(+2,6)
Thailand	27 900	+(16,8)

*Kanada, Mexiko, USA
Schätzung Stand Juni 2016
Quelle: International Federation of Robotics

2.6 Optimale Losgröße

→ 📄
LS 39

Für einen Kunden sollen 30 Tubis Polsterbänke gefertigt werden. „Dann fertigen wir doch direkt 50 Bänke", meint Herr Weselberg. Für Rudolf Heller ist diese Entscheidung unverständlich. Nach seiner Ansicht dauert die Fertigung doch länger und es entstehen unnötige Lagerkosten. „Nein", erklärt Herr Weselberg, „ein Los von 50 Einheiten ist einfach besser bzw. für uns wirtschaftlicher."

Arbeitsaufträge

- Stellen Sie fest, wie man die optimale Werkstattlosgröße berechnen kann.
- Suchen Sie nach Gesichtspunkten und Tatbeständen, die häufig zu einer Abweichung von der optimalen Werkstattlosgröße führen.
- Beschreiben Sie den Einfluss einer feststehenden Losgröße auf die Auswahl des Fertigungsverfahrens.

Ein Los beinhaltet die Anzahl der Fertigungseinheiten für einen Fertigungsgang, ohne dass die Maschine oder Maschinenstraße umgerüstet wird.

Einflussgrößen auf die Losgröße

Verfügbare Zeit	Ist eine kurze Durchlaufzeit erwünscht, muss das Los klein gehalten werden. Eventuell erfolgt ein Lossplitting (vgl. S. 612), d. h., der Auftrag wird geteilt und die einzelnen Teillose werden parallel auf ähnlichen Maschinenplätzen gefertigt. Die Durchlaufzeit sinkt, die Rüstkosten steigen.
Höhe der Rüstkosten	Bei aufwendigen Rüstarbeiten (vgl. S. 590) wird man ein möglichst großes Los bilden, um die anteiligen Rüstkosten zu senken. Unter Umständen werden verschiedene Fertigungsaufträge zu einem Werkstattauftrag bzw. zu einer Ablauffamilie zusammengefasst. Die anteiligen Rüstkosten sinken, die Liegezeiten für einzelne Aufträge und damit ihre Durchlaufzeiten steigen.
Umfang der Kapitalbindung	Enthalten die Werkstücke eine hohe Kapitalbindung, z. B. Bohrer aus Platin, so wird man kleine Lose bilden. Unter Umständen sind hier Kundenauftrag und Fertigungslos identisch, weil die Lagerzinsen bei einer höheren Stückzahl zu hoch wären.
Gängigkeit des Erzeugnisses	Handelt es sich bei dem Erzeugnis um einen jederzeit absetzbaren Standardartikel oder um eine Baugruppe, die in allen Ausführungen des Enderzeugnisses vorkommt, so neigt man zu größeren Losen.
Beschäftigungslage	Bei einem Auftragshoch besteht die Tendenz zu kleineren Losen, um die Kapazität für weitere Aufträge frei zu halten. Bei einem Auftragstief wird auf Lager produziert, um Leerkosten zu vermeiden.

Lagerfähigkeit	Besitzen die Erzeugnisse eine begrenzte Lagerfähigkeit, so neigt man zu kleinen Losen, damit nicht zu hohe Abschreibungen für den Verderb der Ware vorgenommen werden müssen.
geplanter Jahresbedarf	Eine große Rolle spielt der voraussichtliche Jahresbedarf bei der Festlegung von Fertigungslosen. Je größer der Bedarf eingeschätzt wird, um so eher wird man sich für größere Fertigungslose entscheiden.

Berechnung der optimalen Losgröße

Optimale Werkstattlosgröße:
die Fertigungsmenge, bei der die Summe aus Rüst- und Lagerkosten in einem bestimmten Planungszeitraum ein Minimum bildet

PRAXISTIPP!
Nutzen Sie zur Berechnung der optimalen Losgröße ein Tabellenkalkulationsprogramm.

Steigt die Fertigungsmenge, so nehmen die **Lagerhaltungskosten** zu. Ein großer Teil der gefertigten Halb- oder Enderzeugnisse muss zunächst gelagert werden und verursacht hierdurch Kapitalbindungskosten, erhöhte Abschreibungen bedingt durch einen Werteverlust, der sich aus einer modischen oder technischen Veralterung ergeben kann oder durch einen Preisverfall. Gleichzeitig steigen die Lagerkosten durch höhere Aufwendungen für Energie, Bestandspflege, den notwendigen Verwaltungsaufwand, Versicherungsprämien und die Bereitstellung des Lagerraumes. Diese Kosten sind **auflagenvariabel**. Dies bedeutet: Je mehr eingelagert werden muss, um so höher sind die Kosten.

Andererseits entstehen durch die Produktion einer bestimmten Fertigungsmenge sogenannte **Rüstkosten**. Dies sind Kosten, die sich aus der Vorbereitung und Nachbereitung der notwendigen Fertigungsabläufe für die Herstellung eines Teiles, einer Baugruppe oder eines Endproduktes ergeben, unabhängig davon, wie groß auch immer die gefertigte Menge sein mag. Diese Kosten sind also auflagenfix. Die **auflagenfixen** Kosten umfassen die Bereitstellung der notwendigen Belege für die Durchführung der Fertigung, die Einrichtung der Maschinen, die Bereitstellung der Werkzeuge für die Durchführung ganz bestimmter technischer Verfahren, die Vornahme von Arbeitsanweisungen, in vielen Fällen auch die **Prüfkosten**. Je größer die Fertigungsmenge bzw. das Los ist, um so geringer sind hier die anteiligen Kosten, wenn die Prüfung sich auf Stichproben beschränkt.

Die optimale Losgröße kann man über die Losgrößenformel oder tabellarisch ermitteln.

Berechnung nach der Losgrößenformel

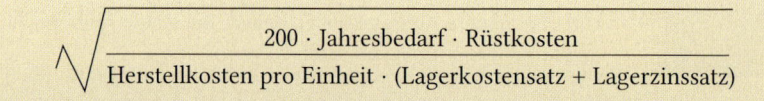

$$\sqrt{\frac{200 \cdot \text{Jahresbedarf} \cdot \text{Rüstkosten}}{\text{Herstellkosten pro Einheit} \cdot (\text{Lagerkostensatz} + \text{Lagerzinssatz})}}$$

Beispiel: Die Sommerfeld Bürosysteme GmbH rechnet für das laufende Kalenderjahr mit einem Absatz von 30 000 Stapelstühlen. Die Material- und Fertigungskosten werden mit 25,00 € angesetzt. Die Rüstkosten betragen 750,00 €. Bei den Lagerhaltungskosten sind 10 % für die Lagerkosten und 5 % Zinsen für das gebundene Kapital zu berücksichtigen.

$$\sqrt{\frac{200 \cdot 30\,000 \cdot 750}{25 \cdot (10 + 5)}} = 3\,464{,}1 \text{ Stück}$$

Tabellarische Berechnung

Beispiel:

Anzahl der Lose	Fertigungsgröße in Stück (Losgröße)	Herstellwert in €	Lagerbestand in €	Lagerhaltungskosten in €	Rüstkosten in €	Summe aus Lager- und Rüstkosten in €
1	30 000	750 000,00	375 000,00	56 250,00	750,00	57 000,00
2	15 000	375 000,00	187 500,00	28 125,00	1 500,00	29 625,00
3	10 000	250 000,00	125 000,00	18 750,00	2 250,00	21 000,00
4	7 500	187 500,00	93 750,00	14 062,00	3 000,00	17 063,00
5	6 000	150 000,00	75 000,00	11 250,00	3 750,00	15 000,00
6	5 000	125 000,00	62 500,00	9 375,00	4 500,00	13 875,00
7	4 286	107 150,00	53 575,00	8 036,00	5 250,00	13 286,00
8	3 750	93 750,00	46 875,00	7 031,00	6 000,00	13 031,00
8,66	3 464	86 605,00	43 303,00	6 495,00	6 495,00	12 990,00
9	3 333	83 333,00	41 667,00	6 250,00	6 750,00	13 000,00
10	3 000	75 000,00	37 500,00	5 625,00	7 500,00	13 125,00
11	2 727	68 182,00	34 091,00	5 114,00	8 250,00	13 364,00
12	2 500	62 500,00	31 250,00	4 688,00	9 000,00	13 688,00

PRAXISTIPP!

Denken Sie unbedingt an die Angabe der jeweiligen Einheit nach jeder Rechnung (Stück, Meter, Kilogramm etc.) und an den Antwortsatz (auf ganze Stück aufrunden).

Aus dem Beispiel ist zu erkennen, dass die optimale Losgröße wesentlich von den folgenden Einflussgrößen abhängt:
- dem geplanten Jahresbedarf,
- den Herstellkosten und damit dem im Lager gebundenen Kapital,
- der Höhe der anfallenden Rüstkosten,
- den Lagerkosten und den zu kalkulierenden Zinsen für das gebundene Kapital.

Beispiel:

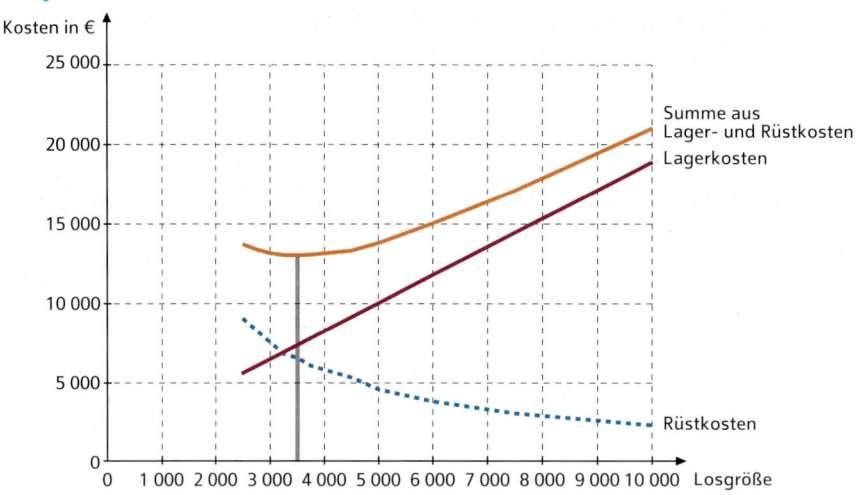

Kosten in €

- 25 000
- 20 000 — Summe aus Lager- und Rüstkosten
- Lagerkosten
- 15 000
- 10 000
- 5 000
- Rüstkosten
- 0 1 000 2 000 3 000 4 000 5 000 6 000 7 000 8 000 9 000 10 000 Losgröße

Einfluss der Losgröße auf die Auswahl des Fertigungsverfahrens

Steht die zu fertigende Losgröße aufgrund eines ganz bestimmten Kundenauftrages fest, so hat sie häufig einen erheblichen Einfluss auf die Auswahl des Be- oder Verarbeitungsverfahrens. Bei einem kleinen Los, d. h. einer geringen Anzahl von Produkten, neigt man zu einem Einsatz manueller oder mechanisierter Verfahren, weil bei ihnen der Rüstaufwand geringer ist.

Bei einem großen Los lohnt sich der Einsatz automatisierter Verfahren, auch wenn hier der Rüstaufwand erheblich höher ist. Durch die weitaus kürzere Bearbeitungszeit für eine Produkteinheit sinken die variablen Kosten pro Einheit, vor allem die Lohnkosten.

Beispiel: Bei der Sommerfeld Bürosysteme GmbH soll ein Los von 50 Tischplatten im Rahmen der Produktgruppe „Konferenz", und zwar für die Contis Systemtische 530, grundiert und lackiert werden. Die folgenden Verfahren sind möglich und stehen der Arbeitsvorbereitung im Rahmen der verfügbaren Kapazität zur Auswahl.

Kostenstelle-Nr.	Arbeitsgang	Rüstkosten in €	Fertigungskosten in € pro Einheit · 50 Einheiten		Gesamt in €
8261	Streichen	15,00	8,00	400,00	415,00
8270	Spritzen	35,00	4,00	200,00	235,00
8320	Plüschen	90,00	3,00	150,00	240,00
8440	Tauchbad	180,00	2,00	100,00	280,00
8490	Spritzroboter	300,00	1,00	50,00	350,00

Abweichungen von der optimalen Losgröße

Im Alltag ist es der Arbeitsvorbereitung nicht immer möglich, optimale Losgrößen zu bilden oder eine vorgegebene Losgröße der optimalen Fertigungsmöglichkeit zuzuordnen. Handelt es sich um einen Eilauftrag, so wird man den Auftrag teilen und in kleineren Losen an gleichartigen Maschinenplätzen parallel fertigen. Hierdurch verdoppeln sich die Rüstkosten, die Durchlaufzeit wird jedoch erheblich verkürzt. Ähnlich ist die Situation, wenn ein Maschinenplatz einen Engpass darstellt, der für verschiedene Fertigungsaufträge benötigt wird und nicht durch einen Auftrag längere Zeit blockiert werden darf.

Befindet sich das Unternehmen in einer auftragsschwachen Zeit, so besteht wiederum eine Tendenz zu größeren Losen, um die vorhandene Kapazität auszulasten. Die ansteigenden Lagerkosten werden dann in Kauf genommen.

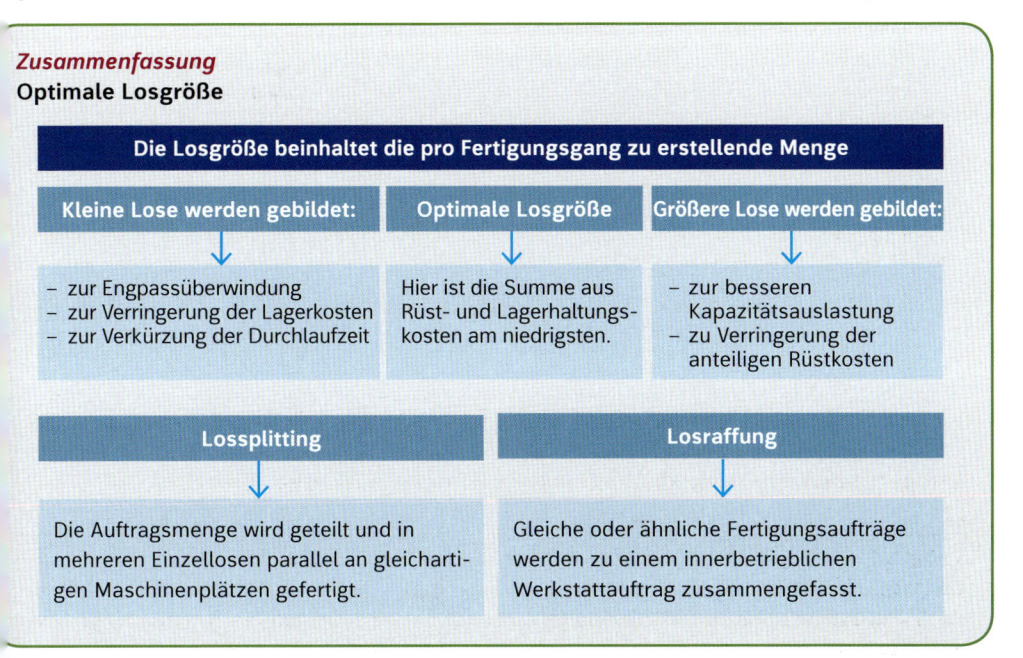

Zusammenfassung
Optimale Losgröße

Die Losgröße beinhaltet die pro Fertigungsgang zu erstellende Menge

Kleine Lose werden gebildet:	Optimale Losgröße	Größere Lose werden gebildet:
– zur Engpassüberwindung – zur Verringerung der Lagerkosten – zur Verkürzung der Durchlaufzeit	Hier ist die Summe aus Rüst- und Lagerhaltungskosten am niedrigsten.	– zur besseren Kapazitätsauslastung – zu Verringerung der anteiligen Rüstkosten

Lossplitting	Losraffung
Die Auftragsmenge wird geteilt und in mehreren Einzellosen parallel an gleichartigen Maschinenplätzen gefertigt.	Gleiche oder ähnliche Fertigungsaufträge werden zu einem innerbetrieblichen Werkstattauftrag zusammengefasst.

Aufgaben

1. Der Vertrieb der Sommerfeld Bürosysteme GmbH rechnet in diesem Jahr mit einem Absatz von 48 000 Kendo Stühlen. Für die Festlegung der Losgröße dient die nachstehende Tabelle. Die Lagerkosten pro Stück betragen 10,00 €.

Losgröße (Stück)	Rüstkosten in €	Ø Lagerbestand (Stück)	Lagerkosten der Kendo Stühle in €	Gesamtkosten in €
12 000	12 000,00			
10 000	14 400,00			
8 000	18 000,00			
6 000	24 000,00			
5 000	28 800,00			
4 000	36 000,00			
3 000	48 000,00			

a) Stellen Sie fest, bei welcher Menge nach dieser Tabelle die optimale Losgröße liegt. Nehmen Sie Ihre Berechnungen auf einem separaten Blatt vor.
b) Stellen Sie den Verlauf der obigen Rüst-, Lager- und Gesamtkosten grafisch dar und kennzeichnen Sie die optimale Losgröße.
c) Geben Sie an, wie sich mit steigender Stückzahl pro Los die Rüstkosten pro Stück und die Lagerhaltungskosten pro Stück verhalten.

2. Die Sommerfeld Bürosysteme GmbH hat im abgelaufenen Kalenderjahr jeweils monatlich und in Einzellosen das Fußkreuz für die folgenden Produkte produziert:

   Produkt-Nr. 203/3   Picto Besucherstühle   1 000 Stück
   Produkt-Nr. 206/8   Picto Drehstuhl   3 000 Stück
   Produkt-Nr. 207/3   Picto Freischwinger   2 000 Stück

   Für die genannten Produktteile sind die folgenden Kosten in € angefallen:

Produkt-Nr.	Materialkosten in €	Fertigungskosten in €	Loswechselkosten in €
203/3	25,00	23,00	1 440,00
206/8	40,00	26,00	1 485,00
207/3	27,00	23,00	607,50

   Die Kostenrechnung kalkuliert mit einem Lagerkostensatz von 12 % und einem Lagerzinssatz von 6 %.

   a) Überprüfen Sie, ob man bei den einzelnen Produktteilen optimale Losgrößen aufgelegt hat.
   b) Erläutern Sie jeweils drei Einflussgrößen auf die auflagefixen Kosten und auf die auflagevariablen Kosten.
   c) Beschreiben Sie fünf Sachverhalte, die eine Abweichung von der optimalen Losgröße bedingen können.

3. Bei der Bildung von Fertigungsaufträgen kommt es häufig zu einem Lossplitting, manchmal aber auch zu einer Losraffung. Beschreiben Sie die genannten Maßnahmen und suchen Sie nach einer Begründung für ihre Zweckmäßigkeit.

4. Suchen Sie ein Gespräch mit dem/der Leiter/-in der Fertigungssteuerung in Ihrem Ausbildungsbetrieb. Klären Sie mit ihm/ihr verschiedene Fertigungsalternativen in Abhängigkeit von der Losgröße.

3 Produktentstehung und -auflösung beschreiben

Auf der Suche nach einer neuen Marktlücke schlägt Herr Kunze, der als Abteilungsleiter für die Produktentwicklung zuständig ist, im Rahmen einer Abteilungsleiterbesprechung die Herstellung eines speziellen Chefsessels vor, der mit integrierten Elektronikelementen ausgestattet sein soll, zum Beispiel mit einer Freisprechanlage, einem elektronischen Terminplaner und einem komfortablen Rückenmassagegerät.
Die Kolleginnen und Kollegen sind von dieser Idee zunächst nicht begeistert, vor allem Herr Kraus vom Vertrieb und Herr Effer, Abteilungsleiter für den Bereich Rechnungswesen, äußern ihre Bedenken.

Arbeitsaufträge

- Sammeln Sie Argumente für und gegen diese Idee.
- Suchen Sie nach den notwendigen Anforderungen an einen Chefsessel.

- Erläutern Sie verschiedene Möglichkeiten, die sich der Sommerfeld Bürosysteme GmbH bieten, die notwendigen Informationen zu beschaffen, um eine richtige Entscheidung zu treffen.
- Formulieren Sie eine anschauliche Produktbeschreibung.

Marktdaten als Planungs- und Entscheidungsgrundlage

Um das Risiko von Fehlentscheidungen zu verringern, muss der Einführung eines neuen Produktes eine intensive **Marktforschung** vorangehen. Hier ist zunächst zu klären, ob überhaupt ein Bedarf für ein neues oder das geplante Produkt besteht. Viele Märkte weisen einen hohen Sättigungsgrad auf. Der Bedarf nimmt hier sogar ab.

→ LF 10

Ausgangspunkt ist das geschätzte **Marktpotenzial**. Dies ist der maximal mögliche Absatz auf einem Markt für eine bestimmte Absatzperiode. Das Marktpotenzial lässt sich häufig aufgrund demografischer Entwicklungen oder durch einen Trend auf vor- oder nachgelagerten Märkten bestimmen.

Beispiele:

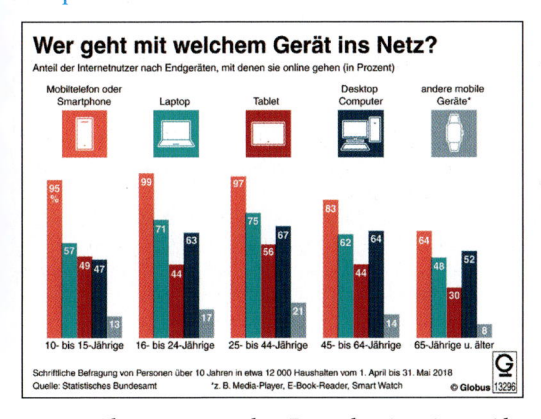

- Die sinkende Geburtenrate reduziert das Marktpotenzial, d. h. die möglichen Absatzmengen im Bereich der Spielwaren, Kinderbekleidung oder Kindermöbel.
- Die steigende Anzahl von Rentnern erhöht den Bedarf an Seniorenreisen oder Seniorenwohnungen.
- Durch die Zunahme der Unternehmensgründungen steigt der Bedarf an Chef-Drehsesseln.

Mit dem Marktpotenzial muss das **Marktvolumen** verglichen werden. Unter dem Marktvolumen versteht man die gesamte Absatzmenge der Branche in einer Absatzperiode. Stimmen Marktpotenzial und Marktvolumen überein, so besteht eine **Marktsättigung** oder ein **Marktdurchdringungsgrad** von 100 %. Ein neues Produkt hat nur dann eine Chance, wenn es alte Produkte verdrängen kann.

Soll durch eine **Produktidee** ein neuer Markt erschlossen werden, so muss dieser Markt fassbar sein, damit man die Bedürfnisse der Käufer klar festlegen kann, voraussichtliche Absatzmengen einschätzen kann und zweckmäßige Marketinginstrumente wie eine zielgerichtete Werbung einsetzbar sind.

Beispiel für den Chef-Drehsessel:

Unternehmensgründungen (Marktpotenzial)		Absatz Chef-Drehsessel (Marktvolumen)	Marktdurchdringung
Jahr	x 531 000	318 600	60 %
Jahr	y 528 000	369 600	70 %
Jahr	z 550 000	412 500	75 %

Häufig benutzt man **demografische** Merkmale wie Alter, Geschlechtszugehörigkeit, Bildung, Beruf oder Einkommen für die Festlegung der potenziellen Käufer. In zunehmendem Maße wird jedoch das Kaufverhalten als Kriterium für die Abgrenzung von Märkten benutzt. Man spricht hier von sogenannten **psychografischen** Kriterien wie konservativ oder progressiv, korrekt oder sportlich, funktionell oder verspielt. Hier ist es sehr schwer, den Bedarf für ein neues Produkt einzuschätzen.

Beispiel: Zunehmend werden Unternehmen auch von Frauen gegründet. Deshalb soll ein Schreibtisch für die junge-sportlich-modische Unternehmerin entworfen und eingeführt werden. Jung und Unternehmerin sind Kriterien, die man zunächst demografisch, d. h., in Zahlen eingrenzen kann. Sportliche und modische Aspekte beim Kaufverhalten kann man jedoch zahlenmäßig nicht berechnen. Zudem können sich auch ältere Unternehmerinnen jung fühlen und ein entsprechendes Kaufverhalten zeigen.

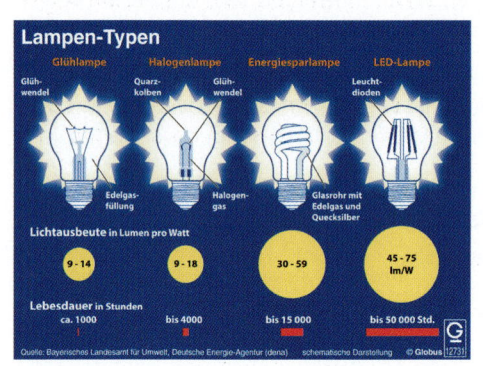

Manche Unternehmen suchen bei der Produktgestaltung nach einer **Marktnische**, das heißt nach einem Markt, der zwar klein ist, aber augenscheinlich Wachstumspotenzial aufweist. Hier muss die Frage geklärt werden, ob ausreichende Absatzzahlen realisiert werden können, damit die fixen Kosten für die Produktentwicklung und Markteinführung gedeckt werden können. Allerdings ergibt sich hier meist der Vorteil einer **monopolistischen Konkurrenzsituation**. Dies bedeutet, dass man weitgehend Alleinanbieter ist und eine relativ autonome Preispolitik betreiben kann.

Beispiel: Entwicklung eines speziellen Büroschreibtisches für Menschen mit Behinderungen, z. B. blinde Arbeitnehmer

Bisweilen bieten konkrete Anlässe einen Beweggrund für einen „Schnellschuss" bei der Produktinnovation. Der Bedarf ist erkennbar, die Kaufargumente sind vermittelbar und damit die Marktchancen offensichtlich. Die Marktbeständigkeit ist jedoch kurz oder ungewiss, d. h., die Produktlebensdauer kann nicht eingeschätzt werden. Dies erschwert den Einsatz einer geeigneten Preisstrategie. Ist der Preis zu hoch, so findet das Produkt nur wenige Abnehmer; ist der Preis zu niedrig, so werden durch eine zu kurze Produktlebensdauer die fixen Kosten nicht gedeckt.

Beispiel: spezielle Brillen für die Betrachtung einer Sonnenfinsternis

Häufig haben gerade junge Unternehmer hervorragende Produktideen, die jedoch nicht verwirklicht werden können, weil ihnen der Markteintritt nicht möglich ist. Dies kann durch eigene Unzulänglichkeiten bedingt sein, indem das notwendige Kapital fehlt, Risikokapital nicht beschaffbar ist oder ein Vertriebsnetz für das Produkt nicht vorhanden ist. Vielfach ist der Markt aber schon geschlossen, indem bestimmte Unternehmen sich den Markt teilen und Außenseitern keine Chance lassen. Dies ist erst recht der Fall, wenn **staatliche** Monopole den Markt beherrschen.

Beispiele:
– Entwicklung eines neuen Betriebssystems, obwohl Microsoft weitgehend den Markt beherrscht
– Genehmigung zur Einrichtung eines privaten Wasserversorgungsunternehmens in der Gemeinde

Manchmal sind neuen Produktideen bei der Verwirklichung keine funktionellen Grenzen gesetzt, d. h., die technische Machbarkeit ist gegeben. Die Realisierung scheitert jedoch an dem ungünstigen Verhältnis zwischen den Kosten und dem erzielbaren Preis. Dies gilt vor allem für solche Fälle, bei denen ein altes Produkt durch ein neues Erzeugnis ersetzt werden soll. Für diese alten Produkte besitzen die Käufer bestimmte Preisvorstellungen. Wenn nun die neuen Produkte erheblich über dem Preis der alten Produkte liegen und die zusätzlichen Produktvorteile nicht ins Auge stechen, dann sind die vorhandenen Kaufhemmnisse nur sehr schwer zu überwinden.

Beispiel: Entwicklung von Wasserbetten mit Massagevorrichtungen

Produktentwicklung

Quellen für eine Produktentwicklung

Nicht alle neuen Produkte sind wirklich neu. Häufig wird das Know-how anderer Unternehmen durch den **Erwerb von Lizenzrechten** übernommen oder durch eine **Unternehmensbeteiligung** erworben.

Dies stellt man besonders bei elektronischen Geräten fest, die vielfach zu 90 % baugleich sind. Eine Begründung für die Baugleichheit liegt auch darin, dass bei der Entwicklung und Konstruktion von Produkten bestehende Normen, Sicherheitsvorschriften und gesetzliche Auflagen eingehalten werden müssen.

Beispiel: Ein Drehstuhl muss nach den gesetzlichen Vorschriften fünf Rollen aufweisen. Diese Vorschrift ist auch bei der Entwicklung neuer Produkte nicht zu umgehen.

Nimmt man die schöpferische Qualität der Produktidee als Maßstab oder den Innovationsgrad, den ein neues Produkt aufweist, so kann man folgende Unterscheidungen machen:

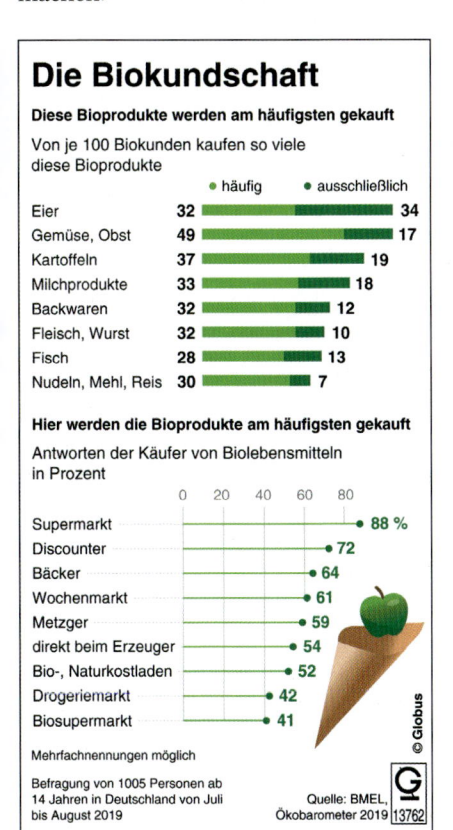

Die Biokundschaft

Diese Bioprodukte werden am häufigsten gekauft

Von je 100 Biokunden kaufen so viele diese Bioprodukte

• häufig   • ausschließlich

	häufig	ausschließlich
Eier	32	34
Gemüse, Obst	49	17
Kartoffeln	37	19
Milchprodukte	33	18
Backwaren	32	12
Fleisch, Wurst	32	10
Fisch	28	13
Nudeln, Mehl, Reis	30	7

Hier werden die Bioprodukte am häufigsten gekauft

Antworten der Käufer von Biolebensmitteln in Prozent

	%
Supermarkt	88
Discounter	72
Bäcker	64
Wochenmarkt	61
Metzger	59
direkt beim Erzeuger	54
Bio-, Naturkostladen	52
Drogeriemarkt	42
Biosupermarkt	41

Mehrfachnennungen möglich

Befragung von 1005 Personen ab 14 Jahren in Deutschland von Juli bis August 2019

Quelle: BMEL, Ökobarometer 2019

Me-too-Produkte

Dies sind reine Nachahmungen. Das Produkt unterscheidet sich von bisherigen Produkten nicht in der Produktsubstanz, sondern nur im Produktäußeren und ggf. im Preis. Das Produkt ist **nur ein neues Produkt für das Unternehmen**, jedoch nicht für den Markt.

Anlass für die Produkteinführung sind häufig abgelaufene Patente der Konkurrenz, sodass das Produkt ohne Rücksicht auf hohe Entwicklungskosten hergestellt werden kann und deshalb auch sehr preiswert angeboten werden kann. Gleichzeitig geht man davon aus, dass der Markt noch nicht ausgeschöpft ist.

Beispiele: das x-te Grippepräparat, die x-te Zahnbürste, der x-te Drehstuhl mit einer Gasfedertechnik

Adaptive (intelligente) Nachahmungen

Das Produkt knüpft an Trendbewegungen in anderen Produktbereichen an und soll vorherrschende Kaufmotive ansprechen. Solche vorherrschenden Kaufmotive können das Streben nach Schlankheit, Gesundheit, Natürlichkeit, Energieeinsparung oder Sicherheit sein.

Beispiele:
- Biokost, Biohäuser, Biomöbel
- Cola light, Schoko light, Konfitüre light

Quasi-neue Produkte

Dies sind neuartige Produkte, die aber an bestehende Produkte anknüpfen und häufig neue Verwendungsmöglichkeiten erschließen. Im Unterschied zu Me-too-Produkten bieten sie zusätzliche oder andersartige Leistungsvorteile im Vergleich zu den bestehenden Produkten. Manchmal werden die Unternehmen auch zu solchen Innovationen gezwungen, wenn der Gesetzgeber bestimmte Materialien verbietet oder bestimmte Konstruktionen vorschreibt.

Beispiele: Farben ohne Lösungsmittel, Waschmittel mit einer Kindersicherung, Energiesparlampen, Seniorenhandys

Echte Innovationen

Hier handelt es sich um originäre Produkte, die es bisher so nicht gab. Anlass für die Produktenwicklung sind neue Ideen, der technische Fortschritt oder Kundenbedürfnisse, die bisher nicht vorlagen.

Beispiele: Handschuhwärmer, Fußwärmer

Bereiche der Produktentwicklung

Produktkonzept

Gute Produktideen scheitern häufig an einem schlechten Produktkonzept. Dies bedeutet, dass die Leistungen, die Wirkungen und Auslobung des Produktes zueinander passen und eine glaubwürdige **Einheit** bilden müssen.

Beispiel: Zu einem guten Menü gehören ein passender Wein und eine ansprechende Tischdekoration.

Durch ein neues Produkt sollen Bedürfnisse befriedigt werden, die bestehende Produkte nicht erfüllen oder erfüllen können. Das Ziel müssen nicht immer **Leistungsvorteile** sein, es können auch **Preisvorteile** gegenüber bestehenden Produkten sein. Ausgangspunkt für die Entwicklung ist jedoch zunächst die Funktionalität des Produktes, d. h., es muss den **Grundnutzen** stiften, den der Käufer von ihm erwartet und soll eine bestmögliche Eignung für den vorgesehenen Verwendungszweck aufweisen.

Beispiele für den Grundnutzen:

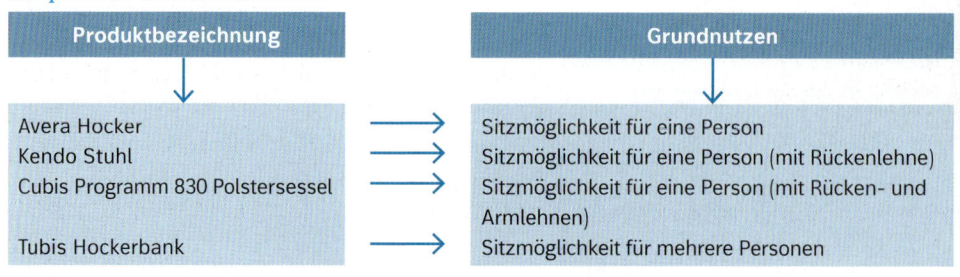

Produktbezeichnung	Grundnutzen
Avera Hocker	Sitzmöglichkeit für eine Person
Kendo Stuhl	Sitzmöglichkeit für eine Person (mit Rückenlehne)
Cubis Programm 830 Polstersessel	Sitzmöglichkeit für eine Person (mit Rücken- und Armlehnen)
Tubis Hockerbank	Sitzmöglichkeit für mehrere Personen

Die Festlegung der funktionalen Eigenschaften

Die funktionalen oder leistungsbezogenen Eigenschaften eines Produktes ergeben den messbaren Grund- und Zusatznutzen des hergestellten Erzeugnisses. Sie bilden die objektiven Leistungsvorteile oder auch Nachteile des neuen Erzeugnisses im Vergleich zu den vorhandenen Erzeugnissen. Für den Verkäufer bieten sie eine Grundlage für sachliche Verkaufsargumente.

Beispiel: Bei der Gestaltung eines Stuhles haben das verwendete Material, der Konstruktionsaufbau und die Art der Verstrebung einen wesentlichen Einfluss auf die folgenden Eigenschaften:
- den Grad der Eignung für den vorgesehenen Verwendungszweck (Kinderstuhl, Küchenstuhl, Wohnzimmerstuhl, Stapelstuhl für öffentliche Veranstaltungen),
- das Gewicht, die Pflegebedingungen und Lebensdauer,
- die Standfestigkeit und Tragfähigkeit,
- die Einreiß- und Abriebfestigkeit der Polsterung.

Bei der Entwicklung eines neuen Produktes muss das **Produktprofil** festgelegt werden. Die Festlegung des Produktprofils beinhaltet die Ist-Fähigkeiten bzw. Leistungen, die das hergestellte Produkt für den Verwender und auf dem Markt erbringen soll. Aus einem Katalog möglicher Leistungen und Anforderungen werden die gewünschten und machbaren Leistungen herausgefiltert und ihr Ausprägungsgrad bei der Entwicklung des neuen Produktes festgelegt. Das absolut Machbare scheitert vielfach an konkurrierenden Leistungsmerkmalen und an den Kosten.

Beispiel: Soll die Sitzfläche eines Stuhls besonders kratzfest oder abriebfest sein, so muss sie mit einem Kunststofflack überzogen werden, dies erhöht wiederum den späteren Entsorgungsaufwand. In ähnlicher Weise können das gewünschte leichte Gewicht und die notwendige Standfestigkeit miteinander konkurrieren.

Festlegung der ästhetischen Eigenschaften

Bei fast allen Produkten sind nicht nur die funktionalen Eigenschaften von Bedeutung, sie sollen auch eine gewisse Wirkung auf die Sinne ausüben und damit den Kaufanreiz erhöhen. Hierbei spielt das Auge eine große Rolle, aber auch der Geruchs- und Tastsinn.

Beispiel: Die Entwicklung eines neuen Pkw beschränkt sich nicht nur auf die Technik sondern auch auf einen spezifischen Geruch für den Neuwagen. In eigenen Versuchsabteilungen werden Duftbausteine zu einer Geruchskomposition zusammengestellt, die der Neuwagen ausstrahlen soll.

Über die Anmutung des neuen Produktes auf den Käufer entscheiden die ästhetischen Eigenschaften. Sie sind in der Regel nicht messbar und unterliegen der subjektiven Wertschätzung. Dennoch besitzen sie bei weitgehend homogenen Produkten eine große Bedeutung.

Beispiel: Ein Stuhl muss nicht nur leicht, sicher, strapazierfähig, bequem, sondern auch schön sein. Was für den Einzelnen schön ist, ergibt sich aus den Wirkungen von Formen und Farben. Solche Eindrücke können sein:

Formwirkungen	Farbwirkungen
robust – zierlich	warm – kalt
streng – verspielt	dezent – auffallend
schlank – bauchig	konservativ – progressiv
schlicht – verziert	harmonisch – extravagant

Festlegung der symbolischen Eigenschaften

Die symbolischen Eigenschaften personifizieren meist das Produkt, d. h., dem Produkt werden menschliche Eigenschaften zugeordnet, wie besonders sportlich, zuverlässig, männlich, gediegen oder naturverbunden. Herkunft und Produktname spielen hier eine große Rolle. Mit dem Namen wird in der Regel eine ganz bestimmte Zielgruppe angesprochen.

Beispiele:

Produkt	Produktname
Kinderstuhl	„Bambi" aus finnischem Kiefernholz
Seniorenstuhl	„Bismarck" aus deutscher Eiche
Küchenstuhl	„Claudia" aus französischem Eibenholz

Erzeugnisgliederung und Erzeugnisauflösung

Möglichkeiten für den Konstruktionsaufbau

Die Art der Ausführung und die räumliche Anordnung von Teilen und Baugruppen zu einem Produkt nennt man **Konstruktion**. Konstruktiv kann man Produkte so gestalten, dass sie lange halten und Reparaturen möglich sind. Man nennt solche Konstruktionen **Langzeitkonstruktionen**. Das Gegenteil beinhalten **Wegwerfkonstruktionen**. Verliert das Produkt durch den Gebrauch oder einen Mangel seine Leistungsfähigkeit, so muss man es wegwerfen.

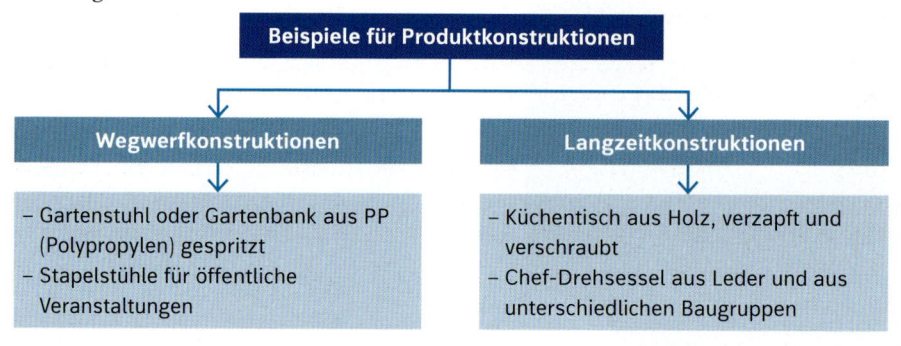

Beispiele für Produktkonstruktionen

Wegwerfkonstruktionen	Langzeitkonstruktionen
– Gartenstuhl oder Gartenbank aus PP (Polypropylen) gespritzt – Stapelstühle für öffentliche Veranstaltungen	– Küchentisch aus Holz, verzapft und verschraubt – Chef-Drehsessel aus Leder und aus unterschiedlichen Baugruppen

Argumente für die verschiedenen Konstruktionsarten

Wegwerfkonstruktionen	Langzeitkonstruktionen
⊕ kostengünstig in der Herstellung ⊕ hygienisch bezogen auf Verwendung und Pflege ⊕ größere Nachfrage und Wiederholkäufe durch die kurze Produktlebensdauer	⊕ längere Produktlebensdauer durch Reparaturmöglichkeiten ⊕ umweltfreundlich durch Müllvermeidung ⊕ größeres Produktimage für den Käufer ⊕ Zusatzgewinne durch Ersatzteilgeschäfte

Neben der geplanten Lebensdauer eines Produktes spielt bei der Konstruktion die Bauweise eine wichtige Rolle: Hier unterscheidet man zwischen Komplettbauweise und Baugruppenweise.

Bei der **Komplettbauweise** besteht das Teil oder Erzeugnis aus einem zusammenhängenden Baukörper.

Beispiel: Man kann das Fußgestell eines Sessels in einem Arbeitsgang mithilfe einer Rohrbiegemaschine formen. Das Fußgestell kann aber auch aus Einzelteilen hergestellt werden, die miteinander verzapft, verschweißt, gelötet, verschraubt oder vernietet werden.

Bei **Einweg- oder Wegwerfkonstruktionen** wird häufig das gesamte Produkt in Komplettbauweise hergestellt.

Beispiel: Einweggeschirr, Einwegspritzen oder Gartenstühle

Bei der **Baugruppenbauweise** lassen sich die Teile austauschen.

Beispiel: die Sitzschale eines Stuhles oder die Gleiter bei einem Drehstuhl

Die Austauschbarkeit von Teilen oder Baugruppen ist dann besonders sinnvoll, wenn sie verschleißgefährdet und damit reparaturanfällig sind.

Einen weiteren Schritt im Hinblick auf die Austauschbarkeit bildet die **Baukastenbauweise**. Hier werden einzelne Funktionen des Produktes von trennbaren und damit auswechselbaren Baugruppen oder Teilen erfüllt. Durch eine Vereinheitlichung der Passflächen ist es möglich, zur Erfüllung einer bestimmten Funktion zwischen einzelnen Baugruppen zu wählen. Auf diese Weise kann man auf der Basis einer beschränkten Anzahl von Baugruppen eine Vielzahl von verschiedenen Produktausführungen anbieten. Um spezifische Kundenwünsche zu erfüllen und Kosten zu sparen, wird die Baukastenbauweise zunehmend auf verwandte oder ergänzende Produkte übertragen.

Beispiel: Soll ein Konferenzraum eingerichtet werden, so wünscht der Kunde Tische, Stühle und Rednerpult in einem ähnlichen Design.

Neue interdisziplinäre Wissenschaften wie die **Bionik** (aus „Biologie" und „Technik") befassen sich damit, Konstruktionsvorlagen und Funktionsweisen in der Natur, z. B. beim Vogelflug, in technische Anwendungen zu übertragen, z. B. bei der Konstruktion von Tragflächen von Flugzeugen.

Die **Adaptronik** (aus „adaptiv" und „Elektronik") beschäftigt sich mit sich selbst anpassenden Systemen und „intelligenten" Materialien.

Sehr ansprechend findet sich das Prinzip der Bionik hier erklärt:

www.um.baden-wuerttemberg.de

unter dem Suchkriterium „Bionik" und „Naturpatente".

Zur Adaptronik siehe

https://www.adaptronik.fraunhofer.de/de/about.html

Stücklisten und Konstruktionszeichnungen

Unter einer **Stückliste** versteht man die Aufzeichnung der Rohstoffe, Teile und Baugruppen eines bestimmten Erzeugnisses. Sie enthält Angaben über die Art oder Beschaffenheit und die notwendige Menge des Einsatzmaterials. Stücklisten werden aus der Struktur, d. h., dem Aufbau eines Erzeugnisses abgeleitet.

LS 42

Beispiel:

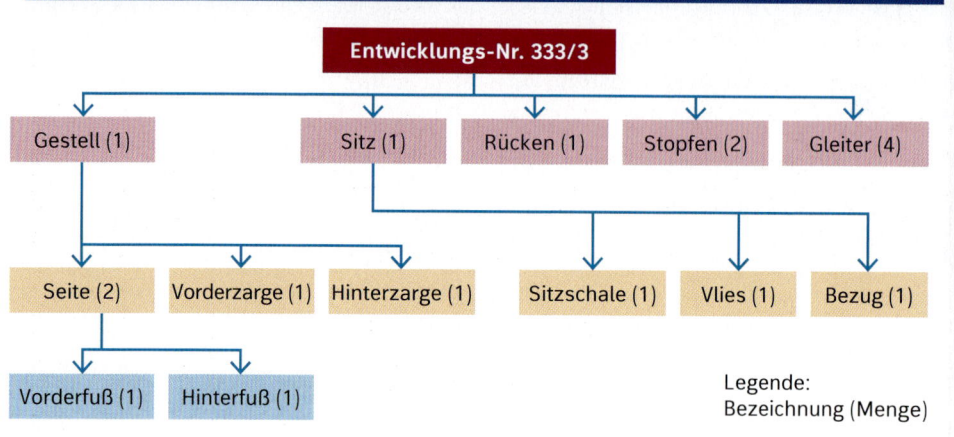

Mögliche Erzeugnisstruktur für einen neuen Stapelstuhl der Sommerfeld Bürosysteme GmbH – Rücken aus einer Polypropylen-Schale – Sitz textilgepolstert

```
                        Entwicklungs-Nr. 333/3
    ┌───────────┬──────────────┬──────────┬──────────┬──────────┐
 Gestell (1)   Sitz (1)    Rücken (1)  Stopfen (2) Gleiter (4)
    │          │              │
    ├──────────┼──────────┐   │
 Seite (2) Vorderzarge(1) Hinterzarge(1)  Sitzschale (1)  Vlies (1)  Bezug (1)
    │
    ├──────────┐
 Vorderfuß (1) Hinterfuß (1)
```

Legende: Bezeichnung (Menge)

Mengenübersichtsstückliste

Bezeichnung	Anzahl
Gestell	1
Sitz	1
Seitenteile	2
Rücken	1
Stopfen	2
Gleiter	4
Vorderzarge	1
Hinterzarge	1
Sitzschale	1
Vlies	1
Bezug	1
Vorderfuß	2
Hinterfuß	2

→ LS 42

Beispiel: Mengenübersichtsstückliste für den Stapelstuhl Nr. 333/3
Die Mengenübersichtsstückliste enthält nur die **Teile und Baugruppen des Erzeugnisses mit den entsprechenden Mengenangaben**. Sie zeigt nicht die Zusammensetzung der Baugruppen. So können die Einzelteile der auf Lager befindlichen Baugruppen bei der **Nettobedarfsplanung** nicht berücksichtigt werden. Die Mengenübersichtsstückliste eignet sich daher nur für einfache Erzeugnisse, die aus Einzelteilen bestehen. In der Regel wird diese Stückliste für die Kalkulation der Materialkosten ausreichen.

Dispositionsstückliste

Dies ist eine Mengenstückliste, die die **Art der Materialbereitstellung** festlegt, und zwar unter dem Gesichtspunkt Eigenfertigung oder Fremdbezug.

Kaufteile werden in einer K-Liste geführt, eigengefertigte Teile in einer F-Liste. Dieser Unterscheidung kann man bereits in der Mengenübersichtsstückliste gerecht werden, indem Kaufteile mit der Materialnummer 0 und eigengefertigte Teile mit 1, 2, 3 bis n in der ersten Ziffer beginnen.

Strukturstückliste

Die Strukturstückliste enthält den **Bedarf an Baugruppen und Einzelteilen in den einzelnen Fertigungsstufen**. Hier wird die Zusammensetzung der Baugruppen durch eine Einrückung der untergeordneten Baugruppen ersichtlich; dies erlaubt eine klare Berechnung des Nettobedarfs von Einzelteilen, auch wenn sich ganze Baugruppen auf dem Lager befinden. Liegt der Zeitpunkt für eine bestimmte Fertigungsstufe fest, so kann man unter Berücksichtigung der Vorlaufverschiebung für die Beschaffungszeit eines notwendigen Kaufteiles den Bestellzeitpunkt für dieses Teil exakt ermitteln.

Beispiel: Strukturstückliste für den Kendo Stuhl stapelbar Nr. 333/3

Fertigungsstufe			Materialnummer	Materialbezeichnung	Menge
1			200	Gestell	1
	2		210	Seite	2
		3	211	Vorderfuß	1
		3	212	Hinterfuß	1
	2		305	Vorderzarge	1
	2		310	Hinterzarge	1
1			400	Sitz	1
	2		500	Sitzschale	1
	2		701	Polstervlies	1
	2		750	Stoffbezug	1
1			300	Rücken	1
1			612	Stopfen	2
1			610	Gleiter	4

Dispositionsstufenstückliste
Sie verdichtet den gesamten Bedarf an einem Teil oder an einer kompletten Baugruppe auf die niedrigste Fertigungsstufe.

Beispiel: Kommt das Teil T1 3 x in der Fertigungsstufe 1, 2 x in der Fertigungsstufe 2, 1 x in der Fertigungsstufe 3 vor, so erscheinen 6 Teile T1 in der Dispositionsstufe 3. Auch hier ergibt sich unter Berücksichtigung der Vorlaufverschiebung für die Beschaffungszeit ein wirtschaftlicher Bestellzeitpunkt.

Baugruppenstückliste
Die Baugruppenstückliste enthält **alle Teile und Untergruppen einer Baugruppe**, z. B. eines Stuhlgestells oder eines Lagers bei einem Drehsessel. Neben Informationen über Art und Menge der Einzelteile, enthält sie auch Angaben über die Fertigungsstufe, auf der die Baugruppenmontage erfolgt. Wegen ihrer guten Überschaubarkeit dient die Baugruppenstückliste vor allem als Arbeitsunterlage in der Fertigung.

Konstruktionszeichnungen
Eine Aufgabe der Konstruktionsabteilung besteht nicht nur in der Entwicklung des Produktes sondern auch in der **Produktdokumentation**, das heißt in der **Darstellung des Produktes**. Die Darstellung eines Erzeugnisses kann **bildlich**, **gegenständlich** oder **beschreibend** erfolgen.

Die bildliche Darstellung des Erzeugnisses erfolgt in der Regel mithilfe von Konstruktionszeichnungen. Im Unterschied zu einer Skizze, die durchaus einer Konstruktionszeichnung vorangehen kann, werden bei einer Konstruktionszeichnung bestimmte Normen für die Darstellung eingehalten. Diese Normen legen zum Beispiel klare Richtlinien fest für die Benutzung bestimmter Schriftarten, Linienarten oder die Darstellung verschiedener Projektionen bzw. Ansichten des Erzeugnisses.

Durch die genormte Konstruktionssprache ist es allen Beteiligten möglich, mithilfe einer Konstruktionszeichnung den Aufbau des Produktes, die Verbindung zwischen Einzelteilen und Baugruppen, die Abmessungen der einzelnen Elemente und die notwendigen Funktionsanforderungen zu erkennen.

Beispiel: So enthält eine Konstruktionszeichnung für einen Bürodrehstuhl nicht nur die Außenmaße der einzelnen Teile wie Sitzfläche und Rückenlehne, die Art der Gleiter- oder Rollenausführung, sondern auch die Verstellbereiche für die Höheneinstellung des Sitzes und der Rückenlehne. Der Konstruktionszeichnung sind auch Aussagen über die Belastbarkeit des Stuhles zu entnehmen.

Konstruktionszeichnungen sind von Bedeutung für

- die Angebotserstellung, vor allem bei einer Einzelanfertigung,
- die Durchführung der Fertigung,
- statische Berechnungen,
- die Anwendung von Prüfverfahren,
- die Patent- und Gebrauchsmusteranmeldung.

Muster

Unter einem Muster versteht man die **gegenständliche** Darstellung eines Erzeugnisses. Häufig sind Skizzen oder Zeichnungen nicht aussagefähig genug, vor allem wenn die Anmutung, d. h. die ästhetischen Eigenschaften eines Erzeugnisses, beurteilt werden soll.

Beispiele: Besteck, Textilien, Schuhe, Porzellan

Dient ein Muster gleichzeitig zur Erprobung der Produkteigenschaften, so bezeichnet man diese Erzeugnisausführung als **Prototyp**.

Arbeitsanweisungen

Bei manchen Produkten lässt sich die Zusammensetzung des Erzeugnisses weder bildlich noch gegenständlich darstellen. Dies ist vor allem in der chemischen Industrie der Fall. Hier bilden Arbeitsanweisungen eine **beschreibende Ergänzung zu den Rezepturen**, die die Zusammensetzung des Erzeugnisses angeben. Diese Arbeitsanweisungen beschreiben, in welcher Reihenfolge die einzelnen Rohstoffe zugegeben werden müssen und welche Einwirkgrößen bei den einzelnen Prozessen einzuhalten sind wie Temperaturen oder Rührgeschwindigkeiten.

In vielen Bereichen der Fertigung findet man Arbeitsanweisungen auch als **Ergänzung zu Arbeitsplänen**, indem sie einzelne Arbeitsvorgänge näher beschreiben, die im Arbeitsplan sehr kurz und allgemein aufgeführt sind. In diesem Fall dienen die Arbeitsanweisungen nicht nur der **Produktdokumentation** sondern auch der **Prozessdokumentation**. Die Dokumentation von Verfahrensanweisungen gehört zu den 20 notwendigen Elementen für eine erfolgreiche **Zertifizierung** des Unternehmens nach ISO 9000 ff.

➔ **LF 6**

Beispiele: Herstellung von Farben, Kunststoffen oder Arzneimitteln

Ablauf der Produktentwicklung

Von der Produktidee bis zur Markteinführung: Prozess der Produktinnovation im Zeitablauf	Forschung	Grundlagenforschung (z. B. Hochschulen)		Angewandte Forschung	
	Produktidee	Ableitung aus unbefriedigten Kundenwünschen	Einsatz von Kreativitätstechniken	Maßnahmen zum Schutz von Forschungsergebnissen und Produkteigenschaften	
	Produktplanung	Produktdefinition	Produktgestaltung	Lastenheft Pflichtenheft	Produktforschung
	Produktkonstruktion	Konkretisierung durch Unterlagen (Konstruktionszeichnung, Stücklisten etc.)	Modellbau	Bau von Prototypen erste Erprobungen an Prototypen	
	Produkterprobung	Entwicklung/ Anpassung von Fertigungsverfahren	Nullserie	ausgiebige Tests/ Zulassungsverfahren	
	Produktherstellung	Fertigung absatzfähiger Erzeugnisse	Verbesserung der eingesetzten Fertigungsverfahren	umfangreiche Vorbereitung der Markteinführung	
	Markteinführung	Beginn des Verkaufs der Erzeugnisse	vielfältige Marketingunterstützung		

Beispiel: Prozess der Produktinnovation am Beispiel eines Fahrradanhängers:

Produktidee: Wunsch vieler Eltern nach einem leichten, faltbaren Fahrradanhänger

Forschung: Radstand und Kippverhalten; Einwirkung der Kräfte beim Bremsen

Produktgestaltung:
- Kundenwünsche: Sicherheit, Komfort, leichte Handhabung
- Wünsche der Geschäftsleitung: Möglichkeit kostengünstiger Diversifikation, z. B. als Buggy, Hundeanhänger, Lastenanhänger

Konstruktion:
- Aufgaben: Erarbeitung des Produktkonzeptes und Produktdokumentation, z. B. mit Universalkupplung, Schiebegriff und Buggyrad, Zweisitzer
- Sitzbreite: 53 cm, Fußraumtiefe: 51 cm, Kopfhöhe: 60 cm, Sitz: Sitzbank mit Polsterauflage 3-Punkt-Gurt, L · B · H: 86 cm · 78 cm · 98 cm, L · B · H gefaltet: 86 cm · 65 cm · 34 cm, Gewicht/Zuladung: 13 kg/40 kg, Rahmen: Stahlrahmen, Aluminium-Aufbau, Boden: Kunststoffwanne, Laufradgröße: 47-305/16 · 1,75

Erprobung:
- Fertigung eines Prototypen zur Überprüfung der Produkteigenschaften
- Fertigung einer Nullserie zur Erprobung des Produktionsablaufes

Im **Lastenheft** werden alle Anforderungen an das neue Produkt gesammelt. Dazu gehören sowohl Kundenanforderungen, Vorgaben der Geschäftsleitung als auch Produktionsanforderungen. Diese können noch widersprüchlich sein. Das **Pflichtenheft** beseitigt diese Widersprüche. Es umfasst die Kundenanforderungen, die auch aus Sicht des eigenen Unternehmens umgesetzt werden sollen und auch technisch machbar sind. Diese Produkteigenschaften und Zielvorgaben gelten für die weiteren Planungsschritte.

Während es bei der Herstellung eines **Prototyps** darum geht, die Produkteigenschaften zu testen, dient die Herstellung einer Nullserie dazu, zu überprüfen, ob die Fertigungstechniken und -verfahren in der Lage sind, die Herstellung unter realistischen Bedingungen zu bewältigen. In der Regel werden die Erzeugnisse der Nullserie nicht verkauft.

Die in der Übersicht oben dargestellten Phasen sind nicht trennscharf. Sie überlappen sich zum Teil und stehen in engen Wechselwirkungen zueinander. Stellt sich beispielsweise bei den ersten Erprobungen von Prototypen heraus, dass diese die Anforderungen nicht erfüllen, führt dies zu erneuter Produktforschung, Veränderungen des Pflichtenheftes und der Dokumentation. In allen Phasen ist das Prinzip der **Nachhaltigkeit** zu beachten. Umweltaspekte sollen gleichberechtigt mit sozialen und wirtschaftlichen Gesichtspunkten berücksichtigt werden. Zukunftsfähiges Wirtschaften bedeutet also, nachfolgenden Generationen ein intaktes ökologisches, soziales und ökonomisches Gefüge zu hinterlassen.[1]

Zu erfolgreichen Produktinnovationen der letzten Jahre siehe:

https://www.sueddeutsche.de/digital/apple-innovationen-1.3132783

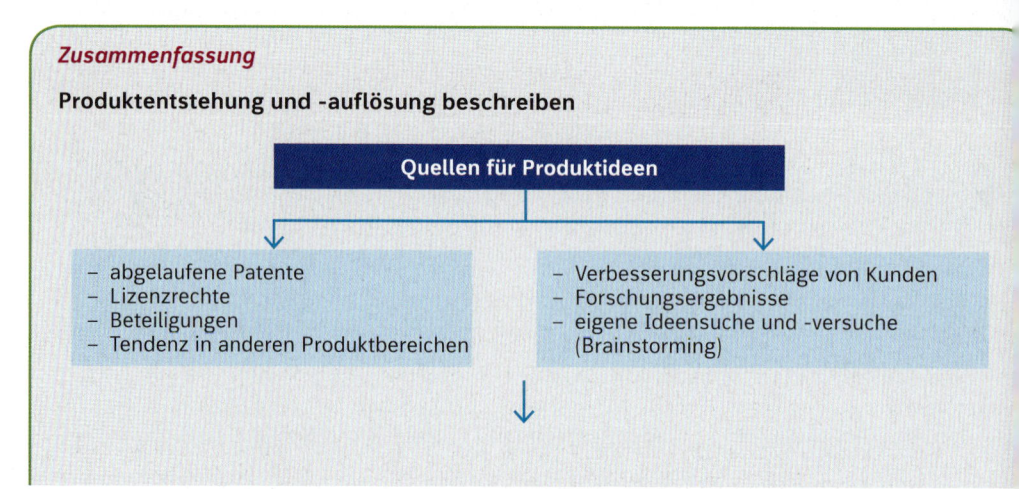

Zusammenfassung

Produktentstehung und -auflösung beschreiben

Quellen für Produktideen

- abgelaufene Patente
- Lizenzrechte
- Beteiligungen
- Tendenz in anderen Produktbereichen

- Verbesserungsvorschläge von Kunden
- Forschungsergebnisse
- eigene Ideensuche und -versuche (Brainstorming)

---

[1] Vgl. Lexikon der Nachhaltigkeit (online), abgerufen am 06.12.2020 unter www.nachhaltigkeit.info/artikel/definitionen_1382.htm.

3 Produktentstehung und -auflösung beschreiben

wirtschaftliche Voraussetzungen für die Realisierung einer Produktidee
- ausreichender Bedarf (unausgeschöpftes Marktpotenzial)
- Chance für einen Markteintritt
- Möglichkeiten zur Markterfassung
- eine gewisse Marktbeständigkeit
- kostendeckende und gewinnbringende Preise
- geeignete und sichere Beschaffungsquellen für die notwendigen Materialien

Anforderungen an die Produktgestaltung

technische Anforderungen
- optimale Eignung für den vorgesehenen Verwendungszweck
  - Materialeignung
  - Konstruktionseignung
  - bestmöglicher Sicherheitsstandard
- Einhaltung bestehender Normen
- Einhaltung gesetzlicher Vorschriften
- Möglichkeit der Einbeziehung vorhandener Anlagen in die Fertigung

ökologische Anforderungen
- Verzicht auf knappe und nichtreproduzierbare Rohstoffe
- Vermeidung einer Gesundheits- und Umweltbelastung
- energiesparende Herstellung und Verwendung
- Langlebigkeit
- Recyclingfähigkeit

mögliche Anforderungen an das Produktkonzept – Einheit von Produkt, Verpackung, Name –

sachliche Ansprüche, z. B.
- Haltbarkeit
- Pflegeleichtigkeit
- Reparierbarkeit

ästhetische Ansprüche, z. B.
- ansprechende Farben
- weiche Formen
- angenehmer Geruch

symbolische Ansprüche, z. B.
- Überlegenheit
- Hochwertigkeit
- Sportlichkeit

Erzeugnisdarstellung

| Konstruktionszeichnungen Stücklisten | Muster Modelle | Beschreibungen Formeln |

Aufgaben

Im 1. Quartal des kommenden Jahres sollen Pilotensitze gefertigt werden, die für den Einbau in einen Konferenzwagen oder in Wohnmobile eine neue Alternative bilden.

a) Führen Sie 5 Phasen in einer schlüssigen Reihenfolge an, die für das neue Produkt von der Produktfindung bis zur Umsetzung in der Fertigung notwendig sind.
b) Erläutern Sie jeweils zwei wirtschaftliche, technische und ökologische Anforderungen an den neuen Pilotensitz, die dieser bei der Herstellung und/oder Verwendung erfüllen sollte.
c) Beschreiben Sie zwei Risiken, die mit der Entwicklung und Einführung des neuen Produktes verbunden sind.

2. Zur Herstellung der Pilotensitze werden zwei neue Fertigungssysteme benötigt, die nacheinander durchlaufen werden. Hierfür liegen die folgenden Zahlen vor:

	Fertigungssystem 1	Fertigungssystem 2
Jährliche Nutzungsmöglichkeit bei Einschichtbetrieb in Std.	1 800	1 800
Erforderliche Belegungszeit für einen Pilotensitz in Minuten	50	40
Fixe Kosten pro Jahr in €	30 000,00	45 000,00
Variable Kosten pro Maschinenstunde in €	90,00	72,00

a) Berechnen Sie die jährliche Kapazität der einzelnen Maschinensysteme in Produkteinheiten.
b) Die Summe der Fertigungskosten aus den beiden Kostenstellen soll pro Einheit der Betrag von 173,00 € nicht überschreiten. Ermitteln Sie die kritische Menge für die Realisierung dieser Zielvorgabe.
c) Die Arretierung der Armlehnen erfolgt durch einen neu entwickelten Verschlussmechanismus, für den der gewerbliche Rechtsschutz beantragt wurde. Erkundigen Sie sich nach den Vorteilen dieser Maßnahme.

Weitere Aufgaben zur Erzeugnisstruktur und Mengenübersichtsstückliste finden Sie auf den Seiten 659 ff. (10., 11. und 17.).

4 Produktionsplanung und -steuerung, Rahmenbedingungen und Verfahren kennenlernen

4.1 Arbeitsstudien

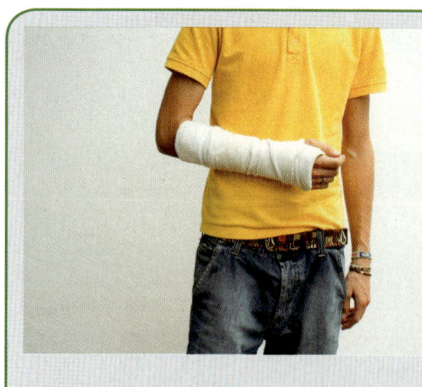

Daniela Schaub ist zurzeit in der Personalabteilung eingesetzt und mit der Anfertigung der Abwesenheitsquote für den vergangenen Monat beschäftigt. „Na ja", stellt sie fest, „die Krankheitsquote in der Metallwerkstatt ist besonders hoch. Woran das wohl liegen mag?" Neugierig fragt sie bei Herrn Wolf, dem technischen Leiter der Sommerfeld Bürosysteme, nach.
Herr Wolf klagt ihr sein Leid: „Nicht nur die hohe Krankheitsquote ist mein Problem. Ständig kündigt irgendein Mitarbeiter. Und wenn mal alle da sind, geschieht mit Sicherheit wieder ein Unfall. Eine Besserung ist nur durch eine völlige Neugestaltung der Arbeitsplätze und Abläufe zu erreichen."

Arbeitsaufträge

- Suchen Sie nach einer umfassenden Begründung für die hohe Fluktuationsrate und die hohe Krankheitsquote bei den Mitarbeitern in der Metallwerkstatt.
- Beschreiben Sie eine mögliche Vorgehensweise bei der Vornahme von Arbeitsablaufstudien.
- Entwickeln Sie einen Katalog mit Schlüsselfragen für die Analyse der Arbeitsbedingungen und Arbeitsabläufe in der Metallwerkstatt.

Arbeitsablaufstudien

Die Lösung einer Aufgabe, dies betrifft insbesondere die Fertigung eines Produktes, erfordert bestimmte Abläufe, die zeitlich nacheinander erfolgen müssen oder parallel liegen können. Soweit Entscheidungsmöglichkeiten bei der Festlegung von Abläufen bestehen, sollten diese eine logische Struktur aufweisen, d. h., sachlich und organisatorisch begründet sein.

Die Ziele von Arbeitsablaufstudien umfassen deshalb vor allem die folgenden Bereiche:

Wirtschaftlichkeit von Abläufen verbessern	Hier gilt es vor allem, den Durchlauf des Werkstückes zu beschleunigen, um die Kapitalbindung möglichst kurz zu halten. Gleichzeitig sollen die vorhandenen Maschinensysteme optimal genutzt werden.
Zweckmäßige Arbeitsanweisungen erstellen	Solche Arbeitsanweisungen sind dann notwendig, wenn das Unternehmen eine Zertifizierung nach ISO 9001 ff. anstrebt oder bereits zertifiziert ist und eine regelmäßige Überprüfung der Einhaltung von Arbeitsanweisungen durch externe Auditoren erfolgt (vgl. S. 627 ff.).
Menschengerechte Arbeitsabläufe	Sie müssen die menschlichen Fähigkeiten und Bedürfnisse berücksichtigen. Eine zu hohe Beanspruchung soll vermieden werden. Dies erhöht die Arbeitssicherheit und Arbeitnehmerzufriedenheit, fördert aber auch die Vermeidung von Arbeitsfehlern, die die Produktqualität beeinträchtigen können (vgl. S. 617 ff.).

Für die Untersuchung und Beschreibung von Arbeitsabläufen ist eine Gliederung in Abschnitte notwendig. So kann man einen Gesamtablauf in Teilabläufe, Ablaufstufen und einzelne Vorgänge untergliedern. Der Gesamtablauf erfordert in der Regel mehrere **Teilabläufe**, die entweder parallel vorgenommen werden können oder an eine technische Abfolge gebunden sind.

Beispiel: Fußgestell, Sitzfläche und Rückenlehne eines Stuhles können parallel gefertigt werden. Die Montage kann jedoch erst nach ihrer Fertigung erfolgen.

> *Ablaufstufen:*
> sind Abschnitte eines Teilablaufs, die eine in sich geschlossene Folge von verschiedenen Vorgängen umfassen und eine strenge technische oder wirtschaftliche Abfolge bedingen.

Beispiel: Für die Herstellung des Fußgestells müssen zunächst die Teile ausgestanzt werden, erst dann können sie miteinander verschweißt werden. Technisch und wirtschaftlich ist es sinnvoll, das Fußgestell erst zum Schluss zu lackieren oder zu galvanisieren.

> *Vorgänge:*
> sind Arbeitsabläufe, die bei der Erfüllung einer bestimmten Arbeitsaufgabe an einem Arbeitsplatz anfallen.

Beispiele: Arbeitszeichnungen lesen, Maschine einstellen, Maschine abschmieren, Bohrwerkzeug einpassen, Bohren, Werkstück überprüfen, Werkstück an einem Lagerplatz ablegen

Beispiel: für Arbeitsabläufe bei der Sommerfeld Bürosysteme GmbH:

Gesamtablauf	Teilabläufe	Ablaufstufen	Vorgänge
Herstellung eines Stuhls	Fertigung des Fußgestells	Stanzen der Seitenteile	
			Bearbeiten
	Fertigung der Sitzfläche	Verschweißen der Teile	Transportieren
			Warten
	Fertigung der Rückenlehne	Bohrungen vornehmen	Prüfen
	Montage des Stuhles	Fußgestell lackieren	Lagern

Um einen Arbeitsablauf zu untersuchen, bedient man sich häufig eines **Arbeitsablaufbogens**, der die wichtigsten Vorgänge auflistet.

Bei diesen Grundvorgängen unterscheidet man zur Vereinfachung fünf Möglichkeiten für das, was bei einem Ablauf geschieht. Die einzelnen Möglichkeiten werden durch ein bestimmtes Symbol sichtbar.

Beispiel: Arbeitsablaufdiagramm

Fertigung von Winkeln bei Werkstättenfertigung

Lfd. Nr.	Ablaufabschnitt	O	□	x	∇	D	Zeitaufwand (Min.)
1	Material (Bleche) abholen			x			14,0
2	Blech nachmessen				x		55,0
3	Blech biegen	x					631,0
4	Winkel prüfen				x		42,0
5	Winkel ablegen, warten					x	138,0
6	Transport zu Bohrmaschine Nr. 02		x				50,0
7	an Bohrmaschine abstellen, warten					x	112,0
8	Bohren	x					694,0
9	Winkel auf Palette ablegen, warten					x	122,0
10	Transport zur Schleifmaschine Nr. 12		x				47,0
11	...						

Symbolerklärung: O = Bearbeiten □ = Transport x = Lagern ∇ = Prüfen D = Verzögerung
Arbeitsfolgedarstellung (Ausschnitt)

Man unterscheidet mehrere Ursachen für Unterbrechungen bzw. „Warten":

- **verfahrensbedingte** Unterbrechungen

    Beispiele: Auskühlen von Schweißstellen, Aushärten lackierter Teile

- **dispositionsbedingte** Unterbrechungen

    Beispiel: Wartezeiten von Einzelaufträgen bedingt durch die Bildung von Ablauffamilien oder Teilefamilien, um Rüstkosten zu sparen (vgl. S. 590)

- **störungsbedingte** Unterbrechungen

  Beispiele: Warten auf Material, fehlende Zeichnungen, Energieausfall

- **persönlich bedingte** Unterbrechungen

  Beispiele: Raucherpause des Arbeitnehmers, private Handyanrufe

Arbeitsplatzstudien

Viele nationale und übernationale Rechtsvorschriften, z. B. das Arbeitsschutzgesetz oder die Bildschirmarbeitsverordnung, verpflichten Arbeitgeber, den Gesundheitszustand der Beschäftigten nicht zu gefährden und für eine maximale Sicherheit am Arbeitsplatz zu sorgen.

Neben den gesetzlichen Vorschriften gibt es zahlreiche betriebliche Gründe, die ein Wohlbefinden der Arbeitnehmer am Arbeitsplatz rechtfertigen, z. B. die Steigerung der Arbeitsmotivation, die Verringerung der Fluktuation oder die Verhütung von Fehlern im täglichen Arbeitsablauf.

Diesen Zielsetzungen dient zunächst die **ergonomische** Arbeitsplatzgestaltung. Die vom Menschen geforderten Arbeitsbewegungen sollen der natürlichen Bewegungsrichtung entsprechen und im günstigsten Bewegungsbereich ausgeführt werden können, indem sie die durchschnittlichen Körpermaße berücksichtigen. Dies betrifft vor allem drei Bereiche: → LF 1

- den **Greifraum**,
- den **Sehraum**
- und die **Belastung von Körperkräften** unter Berücksichtigung verschiedener Arbeitswinkel und Körperhaltungen.

Eine zunehmende Bedeutung gewinnt in unserer Zeit die psychologische Gestaltung der Arbeitsplätze. Der Arbeitsplatz soll nicht nur das körperliche Wohlbefinden fördern, sondern auch geistig-seelische Bedürfnisse befriedigen. Solche Bedürfnisse beinhalten die ästhetische Gestaltung des Arbeitsplatzes mit anregenden oder beruhigenden Farben, die Ausstattung mit Blumen oder persönlichen Gegenständen, den Verzicht auf sichtbare Symbole für eine Rangordnung. Stattdessen fördert man das Wirgefühl der einzelnen Arbeitsgruppen durch einheitliche Kleidung und Informationsplakate, die Hinweise auf die Leistungen einer Gruppe oder des ganzen Betriebes geben.

Gesetzliche Grundlagen für die Gestaltung der Arbeitssicherheit

Zahlreiche Gesetze und Verordnungen zwingen den Arbeitgeber zu der Verpflichtung, die körperliche und seelische Unversehrtheit der Arbeitnehmer zu garantieren. Hierzu zählen: → LF 1

Gewerbeordnung (GewO)	§ 120a verpflichtet den Arbeitgeber grundsätzlich dazu, den gesamten Betrieb und Betriebsablauf so zu gestalten, dass der Arbeitnehmer gegen Gefahren für Leben und Gesundheit geschützt wird.

Arbeitsschutzgesetz (ArbSchG)	§ 3 legt die Grundpflichten des Arbeitgebers fest. Gleichzeitig bestimmt er, dass der Arbeitgeber die Kosten des Arbeitsschutzes zu tragen hat. § 15 verpflichtet die Arbeitnehmer zu allen Handlungen und Unterlassungen, die dem eigenen Unfallschutz und dem der anderen Mitarbeiter dienen.
Beschäftigtenschutzgesetz (BSchG)	§ 1 und § 2 regeln die Pflicht des Arbeitgebers und von Vorgesetzten, ihre Mitarbeiter vor sexueller Belästigung zu schützen.
Unfallverhütungsvorschriften der Berufsgenossenschaften	Die Berufsgenossenschaften als Träger der gesetzlichen Unfallversicherung erlassen konkrete Vorschriften, die der Unfallverhütung in den einzelnen Industriezweigen dienen. Beispiel: Keine Handschuhe an Maschinen mit drehenden Teilen wie Bohrmaschinen oder Kreissägen

PRAXISTIPP!
Weitere Hinweise zur Gestaltung von Arbeitsplätzen finden Sie im Internet unter www.vbg.de.

Maßnahmen zur Steigerung der Arbeitssicherheit

- Regelmäßige Funktionsüberprüfungen unfallträchtiger Maschinen und Arbeitsgeräte

    Beispiel: Inhalte einer Funktionsüberprüfung für einen Gabelstapler bei der Sommerfeld Bürosysteme GmbH

Gabelstapler		
Fahrzeug allgemein - Beleuchtung - Bremslicht - Warneinrichtung (Hupe)	**Fahrwerk** - Betriebs- und Feststellbremse - Lenkungsspiel	**Hubeinrichtung** - Hydrauliksystem - Lastkette - Gabelführung/Zinken

- Bedienerschulung und Kontrolle des Sicherheitsverhaltens

    Beispiel: Bedienungsanweisungen für Gabelstapler bei der Sommerfeld Bürosysteme GmbH

    - Vor Aufnahme von Lasten ist die Feststellbremse anzuziehen.
    - Das Lastaufnahmemittel ist in die tiefste Stellung zu fahren.
    - Die Gabelspitzen müssen nach unten zeigen.
    - Gabelstapler dürfen nur mit zurückgeneigtem Hubmast gefahren werden.

- Das Lastaufnahmemittel darf nicht höher als bodenfrei gefahren werden.
- Beim Befahren von Flächen mit Gefälle oder Steigung muss die Last stets bergseitig geführt werden.
- Lasten dürfen nicht abgestellt werden in Verkehrs- und Fluchtwegen, vor Sicherheitseinrichtungen (Feuerlöscher, Fluchttüren u. a.).

- Anbringung von Gefahrenhinweisen, Gebots- und Verbotsschildern

Beispiele:

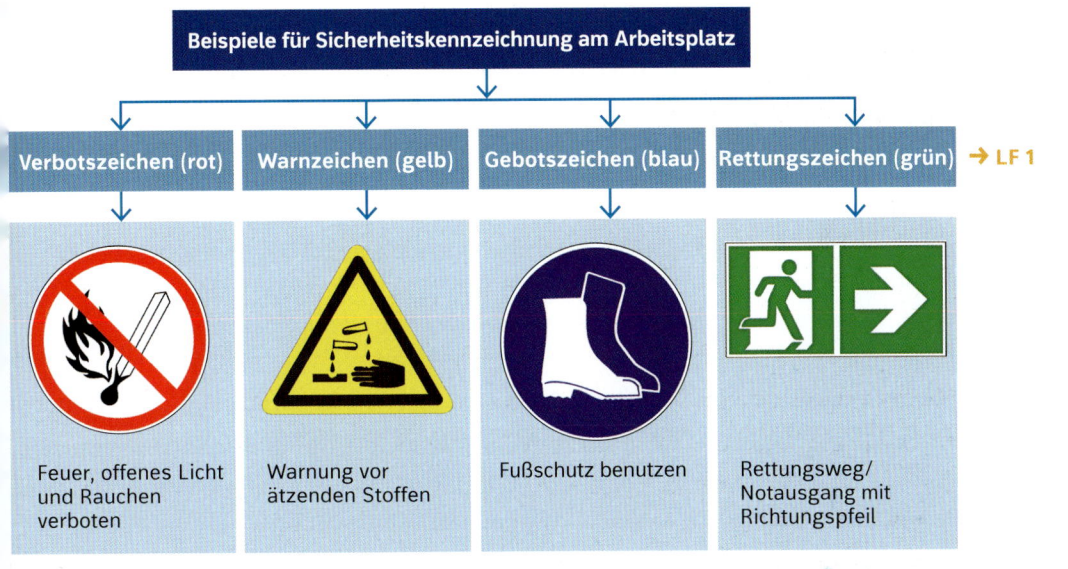

Beispiele für Sicherheitskennzeichnung am Arbeitsplatz			
Verbotszeichen (rot)	Warnzeichen (gelb)	Gebotszeichen (blau)	Rettungszeichen (grün)
Feuer, offenes Licht und Rauchen verboten	Warnung vor ätzenden Stoffen	Fußschutz benutzen	Rettungsweg/ Notausgang mit Richtungspfeil

→ LF 1

- Das Tragen von Schutzausrüstungen

  Beispiel: Verfahrensanweisungen für die Behandlung und das Tragen von Schutzbrillen bei der Sommerfeld Bürosysteme GmbH in der Schlosserei

  Auswahl zweckmäßiger Schutzausrüstungen
  - gasdichte Schutzbrille bei Feinstaub bis Korngröße 5 µm
  - anliegende Schutzbrille bei Grobstaub Korngröße über 5 µm
  - Schutzbrille mit Seitenschutz bei starker Stoßbelastung, z. B. bei einer spanabhebenden Fertigung oder spanloser Bearbeitung

  Regelmäßige Kontrolle und Instandsetzung der Schutzausrüstungen
  - Reinigung und sorgfältige Lagerung der Schutzbrillen
  - Beseitigung und Ersatz von Schutzbrillen, deren Gläser blind geworden sind oder bei denen die Festigkeit der Bügel oder Halteschlaufen nachgelassen hat

  Unterweisung und Kontrolle beim Trageverhalten
  - regelmäßige Informationen über den zweckmäßigen Einsatz der verschiedenen Schutzbrillen
  - Durchführung praktischer Übungen beim Einsatz der verschiedenen Schutzbrillen
  - Stichprobenkontrollen zum Trageverhalten

Überwachungsorgane für die Arbeitssicherheit

→ LF 1 Für die Einhaltung der Unfallschutzmaßnahmen und die Beratung des Arbeitgebers mit dem Ziel, die Arbeitssicherheit im Betrieb zu erhöhen, sind zahlreiche Institutionen verantwortlich.

Arbeitszeitstudien

Rahmenbedingungen für die Gestaltung der Arbeitszeit

→ LF 1 Die Gestaltungsmöglichkeiten für die Arbeitszeit werden durch die **arbeitsrechtlichen** Rahmenbedingungen, insbesondere durch das **Arbeitszeitgesetz** (ArbZG) eingeschränkt.

§ 3 ArbZG	Die werktägliche Arbeitszeit kann maximal von 8 auf 10 Stunden erhöht werden, wenn innerhalb von 6 Monaten ein Durchschnitt von 8 Stunden gewährleistet ist.
§ 4 ArbZG	Ruhepausen müssen im Voraus geregelt sein und bei einer Arbeitszeit von mehr als sechs bis neun Stunden mindestens 30 Minuten betragen.
§ 5 ArbZG	Die Arbeitnehmer müssen nach Beendigung der täglichen Arbeitszeit eine ununterbrochene Ruhezeit von mindestens 11 Stunden haben.
§ 9 ArbZG	An Sonn- und Feiertagen herrscht grundsätzlich Arbeitsruhe.

Neben den gesetzlichen Rahmenbedingungen sind bei der Gestaltung der Arbeitszeit auch **arbeitswissenschaftliche** Gesichtspunkte zu berücksichtigen:

- So dienen mehrere kleine Pausen eher dem Abbau der Ermüdung als eine große Pause.
- Die Nachtschicht sollte kürzer als die normale Tagschicht sein.
- Bei Wechselschichten hat sich ein Vorwärtswechsel als günstig erwiesen, das heißt, zuerst sollte in der Früh-, dann in der Spätschicht und anschließend in der Nachtschicht gearbeitet werden.
- Auf jede Nachtarbeitsfolge sollten mindestens zwei freie Tage folgen.

Bedeutung von Arbeitszeitstudien

Die anfallenden Zeiten bei der Durchführung der notwendigen Abläufe besitzen für viele betriebliche Bereiche eine große Bedeutung.

Vielfach sind sie

- Grundlage für die Lohnabrechnung und die Beurteilung des Arbeitnehmers,
- Ausgangspunkt für die Planung der Maschinenbelegung und Berechnung der Durchlaufzeit,
- Grundlage für die Kalkulation der Fertigungslöhne und Maschinenkosten.

Bei der Untersuchung von Zeiten unterscheidet man die Auftragszeit und Belegungszeit. Die **Auftragszeit** bezieht sich auf den Zeitbedarf für den Menschen. Die Belegungszeit bezieht sich auf den Zeitbedarf für die Maschine. Bei der Belegungszeit müssen zum Beispiel Erholzeiten nicht berücksichtigt werden. Im Einzelnen ist mit folgenden Zeiten zu rechnen:

- Rüstzeiten für die Vorbereitung und Nachbereitung der notwendigen Bearbeitungsverfahren,

4 Produktionsplanung und -steuerung, Rahmenbedingungen und Verfahren kennenlernen

- Ausführungszeiten für die einzelnen Fertigungsschritte,
- notwendig anfallende Liegezeiten,
- Prüfzeiten nach der Fertigung von Einzelteilen und Baugruppen sowie des Enderzeugnisses,
- die Zeit für sonstige Ablaufarten, z. B. für den innerbetrieblichen Transport.

Die Ergebnisse der Zeitplanung lassen auf die **Durchlaufzeit** schließen. Die Durchlaufzeit ist der Zeitbedarf von der Auftragsfreigabe bis zur Versandbereitschaft des Fertigungsauftrages bzw. Erzeugnisses. Falls kein Arbeitsschritt mit dem anderen parallel erfolgen kann, ergibt sich die Durchlaufzeit aus der Summe der oben genannten Zeiten.

Untersuchungsaspekte im Rahmen von Arbeitszeitstudien

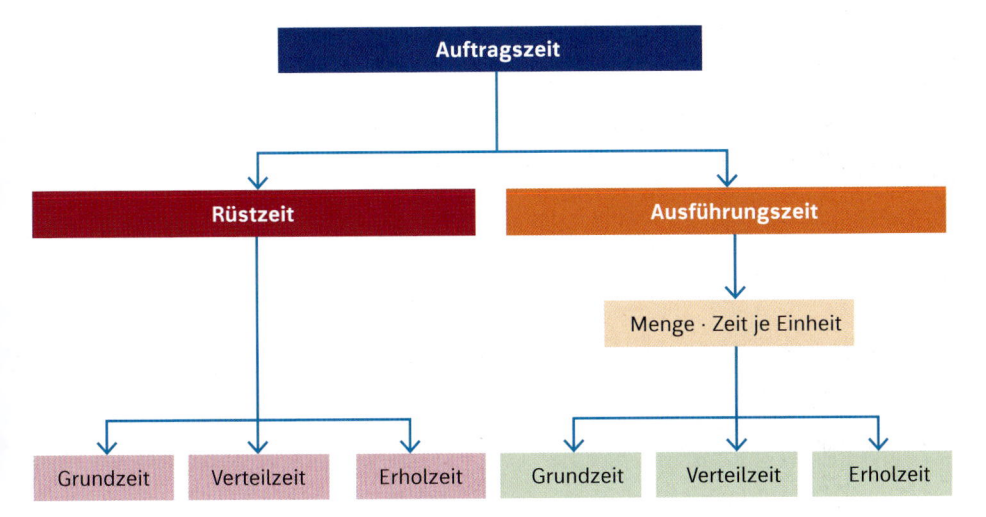

```
                    Auftragszeit
                   /            \
              Rüstzeit         Ausführungszeit
                                      |
                              Menge · Zeit je Einheit
           /     |      \           /      |       \
      Grundzeit Verteilzeit Erholzeit  Grundzeit Verteilzeit Erholzeit
```

Auftragszeit
Sie ist eine Sollzeit, die sich aus der Summe von Rüstzeit und Ausführungszeit ergibt und dem Menschen zur Erledigung eines Fertigungsauftrages mit der Losgröße x vorgegeben wird.

Die Sollzeit berücksichtigt den Aspekt der **Normalleistung** (100 %), d. h., die Ausgangspunkte sind:

- ein durchschnittliches Alter des Arbeitnehmers,
- ein gewisser Grad der Einarbeitung,
- normale Betriebsbereitschaft der Maschine,
- Eignung der Maschine für das Arbeitsverfahren.

Das Verhältnis zwischen der tatsächlichen Leistungsmenge und der Normalleistung spiegelt sich im **Leistungsgrad** eines Arbeitnehmers wider; er kann über oder unter 100 % liegen.

Beispiel: Mehrmalige Messungen haben ergeben, dass ein Polsterer für die Auspolsterung der Sitzfläche des Modus Besucherstuhls bei der Sommerfeld Bürosysteme GmbH durchschnittlich vier

Minuten benötigt. Herr Müller, ein junger und besonders motivierter Arbeitnehmer, fertigt 18 Polsterungen in der Stunde.

Normalleistung 15 Polsterungen in 60 Minuten
tatsächliche Leistung 18 Polsterungen in 60 Minuten
Leistungsgrad = (tatsächliche Arbeitsleistung · 100) : Normalleistung
Leistungsgrad = (18 · 100) : 15 = 120 %
Herr Müller zeigt einen Leistungsgrad von 120 %.

Auf den **Leistungsgrad** eines Arbeitnehmers haben Einfluss

- der Grad der Einübung, z. B. ob eingearbeitet oder noch ungeübt,
- das persönliches Befinden zu verschiedenen Zeiten,
- der Grad der Zufriedenheit mit der Entlohnung,
- die Modernität des Arbeitsverfahrens,
- die Atmosphäre im Team, wenn der Ablauf durch eine Arbeitsgruppe erfolgt.

Beispiel: So sinkt der Leistungsgrad der Arbeitsgruppe erheblich bei der Montage der Modus Drehsessel bei der Sommerfeld Bürosysteme GmbH, wenn der langjährige Mitarbeiter und Gruppenleiter Schneider im Urlaub ist oder wegen Krankheit fehlt und durch einen Mitarbeiter aus der Schreinerei ersetzt werden muss.

Der Leistungsgrad kann im Rahmen der Zeitaufnahme nur **geschätzt** werden, weil jede Leistung personenbezogen unterschiedlich ist. Wie weit der Leistungsgrad über oder unter der Normalleistung liegt, ist nicht exakt, d. h., rein rechnerisch bestimmbar.

Rüstzeit
Sie ist die Sollzeit für die Vorbereitungen und Nacharbeiten, die für die Ausführung eines **bestimmten** Fertigungsauftrages anfallen. Die Rüstzeit fällt pro Auftrag nur einmal an.

Beispiel: Für den Modus Drehsessel sollen 100 Polsterbezüge aus Leder ausgestanzt werden. Hierzu muss der Arbeitnehmer zunächst das notwendige Material vom Lager abrufen, Zeichnung und Fertigungsauftrag lesen, die Stanze abschmieren, das erforderliche Stanzmesser im Handlager finden, die Schärfe des Stanzmessers überprüfen, das Stanzmesser in die Stanzmaschine einspannen und dann die Stanzmaschine einschalten. Nachdem die 100 Polsterteile ausgestanzt sind, muss die Stanzmaschine wieder ausgeschaltet werden. Das Stanzmesser wird wieder demontiert und zum Handlager zurückgebracht. Der Arbeitsvorgang endet mit einer Reinigung der Stanzmaschine von Verschnittresten. Im Rahmen von Arbeitszeitstudien wurde hierfür ein Zeitbedarf von 24 Minuten ermittelt.

Ausführungszeit
Im Gegensatz zur Rüstzeit ist sie die Sollzeit für die Durchführung des Arbeitsprozesses, und zwar bezogen auf eine bestimmte Menge.

Beispiel: Dauert der Stanzvorgang für das Ausstanzen eines Polsterbezuges eine Minute, so benötigt der Arbeitnehmer für das eigentliche Ausstanzen der 100 Polsterbezüge eine Ausführungszeit von 100 Minuten. Die gesamte Auftragszeit beträgt dann 124 Minuten.

Grundzeit
Sie ist eine Sollzeit für die **planmäßige** Durchführung eines Arbeitsablaufes. Die **Rüstgrundzeit** ist z. B. die Zeit für die Vorbereitung und Nachbereitung eines Arbeitsvorganges, die planmäßig – und damit planbar anfällt.

Beispiel: Der Transport des Stanzmessers vom Handlager zum Arbeitsplatz, das Einspannen des Stanzmessers in die Stanzmaschine, die Entfernung des Stanzmessers nach Beendigung des Arbeitsvorganges und die Reinigung der Stanzmaschine sind regelmäßig anfallende Arbeitsschritte, für die der Arbeitnehmer bei der Sommerfeld Bürosysteme GmbH eine Rüstgrundzeit von 20 Minuten erhält.

Die **Ausführungsgrundzeit** ist die Sollzeit für die Durchführung eines Arbeitsprozesses bezogen auf die Mengeneinheit 1, die regelmäßig und damit planbar anfällt.

Beispiel: Hierzu zählen die Auflage des Materials, ob Leder oder Textil, auf den Stanztisch, die Auslösung des Stanzvorganges und die Entfernung des ausgestanzten Teiles vom Stanztisch. Hierfür erhält der Arbeitnehmer bei der Sommerfeld Bürosysteme GmbH eine Zeitvorgabe von 50 Sekunden für jedes Polsterteil.

Verteilzeit

Sie ist die Sollzeit, die zusätzlich zur planmäßigen und planbaren Grundzeit anfällt, und dient zum Ausgleich von **unplanbarem** Zeitaufwand, mit dem man aus Erfahrung immer wieder rechnen muss, wie für Materialstockung, Maschinenausfall, Werkzeugbruch. Die Berechnung erfolgt in der Regel als prozentualer Zuschlag auf die Grundzeit.

Beispiel: Beim Rüsten der Stanzmaschine kann es vorkommen, dass das erforderliche Stanzmesser Grate aufweist oder die notwendige Schärfe fehlt und es deshalb nachgeschliffen werden muss. Dies ist ein Zeitbedarf, der nicht regelmäßig anfällt, mit dem man aber rechnen muss.

Von **sachlicher Verteilzeit** spricht man, wenn die Sollzeit in einem unmittelbaren Zusammenhang mit der Erfüllung der Arbeitsaufgabe steht, wie bei einem Werkzeugbruch. Unter **persönlicher Verteilzeit** wird ein Zeitaufwand verstanden, der außerplanmäßig durch den Menschen verursacht wird, wie die Befriedigung eines körperlichen Bedürfnisses.

Erholzeit

Sie ist eine Sollzeit, die zum Ausgleich und zum Abbau von Ermüdung, bedingt durch die Durchführung eines Arbeitsablaufes, gewährt wird. Die Erholzeit wird wie die Verteilzeit als Zuschlag zur Grundzeit berechnet. Ablaufbedingte Wartezeiten werden in der Regel mit der Erholzeit verrechnet.

Beispiel: Bei der Sommerfeld Bürosysteme GmbH erhält der Arbeitnehmer an der Stanzmaschine eine Verteilzeit von 10 % und eine Erholzeit von 10 % jeweils auf die Grundzeit, weil ablaufbedingte Wartezeiten nicht gegeben sind. So ergibt sich insgesamt eine Rüstzeit von 24 Minuten und eine Zeit je Einheit von 60 Sekunden.

Möglichkeiten für die Ermittlung von Auftragszeiten

Auftragszeiten können auf sehr unterschiedliche Weise ermittelt werden. Handelt es sich um einmalige Arbeitsvorgänge, so wird man die Zeiten schätzen. Ähnlich wird man verfahren, wenn Sonderaufträge vorliegen. Man unterscheidet subjektive und objektive Schätzungen. Bei einer **subjektiven Schätzung** liegen keine Erfahrungswerte vor. Die Gefahr des Verschätzens ist groß.

Beispiel: Die Sommerfeld Bürosysteme GmbH erhält den Auftrag, 500 Sessel in der Kölner Philharmonie auszubessern und mit einem neuen Polster zu versehen. Der Zeitbedarf für die Durchführung der Demontage, die Entpolsterung der Sessel und den Neubezug kann nur grob geschätzt werden.

Bei **objektiven Schätzungen** geht man von ähnlichen Arbeitsvorgängen aus.

Beispiel: Der Picto Drehstuhl wurde bisher mit einem Textil gepolstert. Aufgrund eines besonderen Kundenwunsches soll eine preiswerte Ausführung aus Synthetics gefertigt werden. Für die Abläufe kann man weitgehend auf die bisherigen Erfahrungen zurückgreifen.

Vielfach lassen sich die Auftragszeiten **berechnen**, und zwar dann, wenn die beeinflussbaren Zeiten bei einem Arbeitsvorgang gering sind und die Maschine weitgehend das Arbeitstempo bestimmt.

Beispiel: In der Schreinerei der Sommerfeld Bürosysteme GmbH sollen 25 Bretter, je 250 cm lang, beidseitig gehobelt werden, wobei immer nur ein Brett durch die Maschine laufen kann.

$$\text{Ausführungsgrundzeit} = \frac{m \cdot L \cdot I}{100 \cdot u} \qquad \text{Ausführungsgrundzeit} = \frac{25 \cdot 250 \cdot 2}{100 \cdot 10} = 12{,}5 \text{ min}$$

Hierbei bedeutet:
m   die Anzahl der Bretter (z. B. 25)
L in cm   die Länge eines Brettes (z. B. 250 cm)
I   die Anzahl der Durchläufe je Brett (z. B. 2)
u in m/min   die Vorschubgeschwindigkeit der Maschine (z. B. 10 m/min)

Am verbreitetsten ist die Methode des **Messens**. Ein Zeitnehmer misst den Zeitbedarf für einen Arbeitsvorgang bei verschiedenen Arbeitnehmern und zu verschiedenen Tageszeiten. Gleichzeitig schätzt er den Leistungsgrad des jeweiligen Arbeitnehmers. Der gemessene Istwert wird je nach Leistungsgrad des Arbeitnehmers nach oben oder unten korrigiert. Der Mittelwert aus den korrigierten Istzeiten ergibt dann die Normalleistung.

Beispiel: Bei der Zeitaufnahme durch den REFA-Mitarbeiter der Sommerfeld Bürosysteme GmbH ergeben sich beim Ausstanzen eines Polsterteils folgende Werte:

Messung	Ergebnis	geschätzter Leistungsgrad	Normalzeit
1. Messung:	40 Sekunden	110 %	44 Sekunden
2. Messung:	45 Sekunden	100 %	45 Sekunden
3. Messung:	40 Sekunden	115 %	46 Sekunden

Häufige Gründe für eine Überschreitung von Auftragszeiten
- Fehler bei der Berechnung der einzelnen Zeiten,
- mangelnde Berücksichtigung des Leistungsgrades beim Messen,
- unterschiedlicher Leistungsquerschnitt der Maschinen,
- unterschiedliche Betriebsbereitschaft der Maschinen,
- erhebliche Materialstockungen oder Maschinenausfall.

4 Produktionsplanung und -steuerung, Rahmenbedingungen und Verfahren kennenlernen

Zusammenfassung

Arbeitsstudien

Arbeitsstudien sind arbeitswissenschaftlich begründete Methoden zur Untersuchung von Arbeitsvorgängen zum Zweck einer optimalen Arbeitsgestaltung.

Arbeitsstudien dienen als

Planungsgrundlage
- für die Durchlaufzeit
- für die Maschinenbelegung
- für die Kostenentstehung

Rationalisierungsgrundlage
- für die Optimierung des Materialflusses
- für die ablaufgerechte Gestaltung von Betriebsmitteln
- für die Auswahl geeigneter Mitarbeiter
- für die Vorgabe zweckmäßiger Arbeitsanweisungen

Humanisierungsgrundlage
- für die menschengerechte Gestaltung von Arbeitsplätzen und Betriebsmitteln
- für die menschengerechte Gestaltung von Arbeitsabläufen
- für die Erhöhung der Arbeitssicherheit

Arbeitsstudien beinhalten

Arbeitsablaufstudien
- gliedern einen Arbeitsablauf in Teilabläufe, Ablaufstufen, Arbeitsvorgänge
- zerlegen Arbeitsvorgänge bis in kleinste Bewegungselemente
- erfassen Bearbeitungsabläufe, Transportabläufe, Verzögerungsabläufe, Prüfabläufe, Lagerabläufe

Arbeitsplatzstudien
- untersuchen den Arbeitsplatz nach ergonomischen und psychologischen Gesichtspunkten
- ermitteln das zumutbare Greif- und Sichtfeld sowie den notwendigen Bewegungsspielraum
- erfassen die Gedächtnisbelastung, die Aufmerksamkeitsbelastung, die Verantwortungsbelastung
- ermitteln die Umweltbelastung bzw. mögliche Gefährdungen

Arbeitszeitstudien
- ermitteln den Zeitbedarf für einzelne Arbeitsvorgänge durch Schätzen, Berechnen, Messen oder Übernahme von vorhandenen Planzeiten
- beziehen sich auf Grundzeiten, Verteilzeiten, Erholzeiten, Wartezeiten, Rüstzeiten, Ausführungszeiten

Für die Entlohnung haben ferner Arbeitswertstudien eine große Bedeutung.

Aufgaben

1. Obwohl zwei neue Polsterer durch die Sommerfeld Bürosysteme GmbH eingestellt wurden, bildet die Polsterei nach wie vor einen Engpass in der Fertigung. Auf Anregung von Herrn Weselberg, der für die Produktion und eine kontinuierliche Verbesserung der Produktionsprozesse verantwortlich ist, wurde eine neue Polstermaschine angeschafft, um die Produktivität zu erhöhen. Da sich durch den Einsatz dieser Polstermaschine auch der Arbeitsablauf ändert, wurden neue Arbeitsstudien durchgeführt. Mehrere Zeitaufnahmen führten zu dem folgenden Ergebnis:

Auszug aus dem Zeitaufnahmebogen für das Polstern einer Sitzfläche	
Istzeit (in Sekunden)	Leistungsgrad (in %)
104	115
108	110
116	105
126	95
130	90
117	105

Für den Arbeitsplan sind folgende Zeiten vorgesehen:

Rüstzeit	Grundzeit in Sekunden	Zeit je Einheit	Grundzeit in Sekunden
Arbeitsvorgänge		Arbeitsvorgänge	
– Zeichnung lesen	60	– Vlies greifen und einlegen	20
– Polstermaschine justieren	120	– Leder greifen und auf das Vlies legen	20
– Polstermaschine einstellen	20	– Leder fixieren	20
– Polstermaschine ausstellen	20	– Leder klammern	40
– Polstermaschine reinigen	40	– gepolsterte Sitzfläche ablegen	20
Verteilzeit: 50 %	Erholzeit: 10 %	Verteilzeit: 15 %	Erholzeit: 10 %

a) Ermitteln Sie anhand der vorliegenden Ist-Zeitmessungen und Leistungsgradschätzungen die durchschnittliche Soll-Grundzeit für das Polstern einer Sitzfläche.
b) Begründen Sie, warum man bei Zeitmessungen den Leistungsgrad eines Arbeitnehmers schätzen muss.
c) Berechnen Sie mithilfe der Angaben im Arbeitsplan
   ca) die Rüstzeit,
   cb) die Zeit je Einheit,
   cc) die gesamte Auftragszeit für eine Serie von 120 Sitzflächen.
d) Nennen Sie drei Bereiche, für die Auftragszeiten von Bedeutung sind.
e) Erläutern Sie den Unterschied zwischen Auftragszeit und Belegungszeit.

2. Im Rahmen der Produktgruppe „Warten und Empfang" bildet der folgende Arbeitsplan bei der Sommerfeld Bürosysteme GmbH die Grundlage zur Fertigung von Gestell und Platte für den Tisch aus dem Programm 840.

4 Produktionsplanung und -steuerung, Rahmenbedingungen und Verfahren kennenlernen

Arbeitsplan Nr.: 83.11...-01	Auftragsmenge: 600	Datum: 14.08...		Blatt: 1 von 1			
Benennung: Schreibtisch „Esche natur"		Zeichnungs-Nr.: 11.06...3					
Werkstoff: Holzspanplatte/Furnier Esche		Abmessungen/Modell-Nr. 844/1		Losgröße: 600 Stück			
Kostenstelle	Arb.-folge	Arbeitsvorgang	Arbeitsplatz	Werkzeug	Rüstzeit in min	Ausführungszeit in min	Lohngruppe	Bemerkung
11	1	Auf Länge sägen	Sägemaschine 1		110'	0,8'	4	
11	2	Auf Breite sägen	Sägemaschine 2		110'	0,7'	4	
11	3	Aussparung sägen	Bandsäge		50'	1,2'	4	
15	4	Verbindungslöcher bohren	Bohrmaschine	Schablone 83	30'	2,5'	3	
52	5	Zwischenkontrolle	Prüfplatz 1	Bohrlehre	20'	1,2'	4	
36	6	Kleber auftragen	Arbeitsplatz 1		80'	0,6'	3	
36	7	Furniere auflegen	Arbeitsplatz 1		10'	0,9'	3	
48	8	Platten pressen	Furnierpresse		50'	1,3'	3	
37	9	Gestelle montieren	Montageplatz 1		120'	2,3'	3	
52	10	Gestelle kontrollieren	Prüfplatz 2		20'	1,8'	4	
80	11	Gestelle lagern	Zwischenlager			0,5'	3	

a) Ermitteln Sie die Auftragszeit für die Fertigung von 600 Einheiten.
b) Überprüfen Sie die nachstehende Anordnung der Arbeitsplätze unter Berücksichtigung des Arbeitsplanes, um festzustellen, welcher Arbeitsplatz falsch angeordnet ist. Korrigieren Sie diesen Arbeitsplatz unmittelbar in der Abbildung.

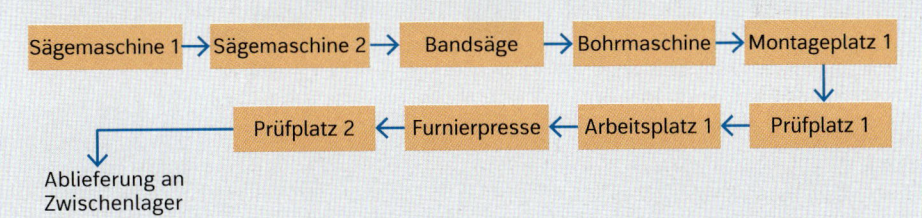

Sägemaschine 1 → Sägemaschine 2 → Bandsäge → Bohrmaschine → Montageplatz 1
↓
Ablieferung an Zwischenlager ← Prüfplatz 2 ← Furnierpresse ← Arbeitsplatz 1 ← Prüfplatz 1

c) Die Herstellung der Tische erfolgt in Reihenfertigung. Führen Sie zwei Vorteile der Reihenfertigung gegenüber der Werkstättenfertigung und der Fließbandfertigung an.
d) Bestimmen Sie, nach welcher Form die Mitarbeiter der Arbeitsfolgen 1–11 entlohnt werden und erläutern Sie diese kurz.
e) Der Mitarbeiter Kempe ist für diesen Auftrag am Montageplatz 1 (Arbeitsfolge 9) eingesetzt. Ermitteln Sie mithilfe der folgenden Lohntabelle den Bruttolohn für diesen Auftrag über 600 Stück.

Lohngruppe	Akkordrichtsatz €/Stunde
1	12,67
2	13,04
3	13,41
4	14,16
5	14,90
6	17,14
7	Zeitlohn

3. Durch einen Maschinenausfall ist bei den Aufträgen A bis D mit einer Terminverzögerung zu rechnen. Die Zeitlücke soll durch eine Umdisposition der Fertigung ausgeglichen werden. Für Herrn Weselberg bieten sich zwei Möglichkeiten an, und zwar, die Fertigungslose zu splitten oder eine überlappende Fertigung anzuordnen (siehe auch S. 612).

   a) Erklären Sie, was man unter Lossplitting und unter einer überlappenden Fertigung versteht.
   b) Nennen Sie jeweils zwei Nachteile der genannten Möglichkeiten.

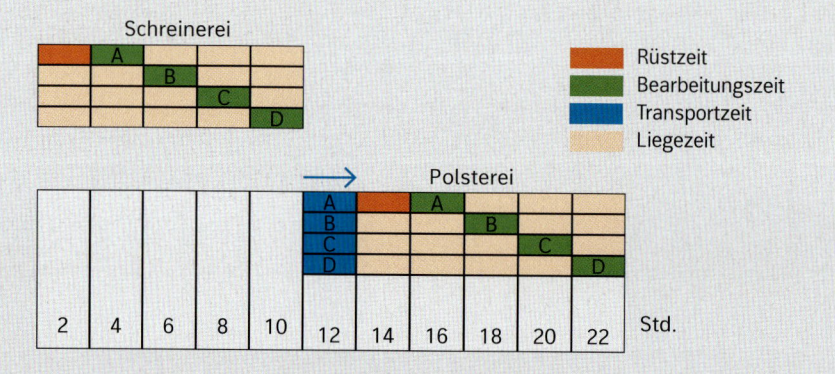

   c) Die Aufträge A bis D durchlaufen die Schreinerei und Polsterei als einheitliches Los, d. h. sie werden erst nach vollständiger Erledigung weiter transportiert.
   ca) Ermitteln Sie den Umfang der Liegezeit für den Auftrag D.
   cb) Berechnen Sie den Zeitbedarf, auf den man bei überlappender Fertigung die Durchlaufzeit reduzieren kann.

4. Rainer Kunze, Leiter der Produktentwicklung bei der Sommerfeld Bürosysteme GmbH, hat eine neue Verordnung der EU-Kommission auf seinem Schreibtisch. Nach dieser Verordnung ist der Zusatz von Blei in Zukunft beim Verlöten in allen EU-Staaten verboten. Nach einer weiteren Recherche stellt Herr Kunze fest, dass dieses Verbot außerhalb der EU nur noch für Kalifornien gilt. Zwar ist ein Ersatz von Blei durch einen vermehrten Anteil von Zink und Kupfer möglich, dennoch bringt die Umstellung einen erheblichen Arbeitsaufwand. Zur Problemlösung soll eine Projektgruppe gebildet werden, der Sie als Mitarbeiter/Mitarbeiterin angehören. Entwerfen Sie eine Skizze für einen Report, der fünf notwendige Überlegungen/Veränderungen aufzeigt.

4.2 Fertigungsplanung

Rudolf Heller beginnt einen neuen Ausbildungsabschnitt und hat seinen ersten Arbeitstag im Büro der Arbeitsvorbereitung. Erstaunt steht er vor den Terminleisten mit den vielen Balkendiagrammen, die fast eine ganze Wand einnehmen. „Blickt man da noch durch?", ist seine erstaunte Frage an Herrn Weselberg. Herr Weselberg lächelt: „Na klar, zudem ist dies nur die zeitliche Grobplanung für die aktuellen Aufträge. Ein Drehstuhl kann aus 80 Einzelteilen bestehen, und alles muss zueinander passen!" „Und wenn etwas nicht passt?", will Rudolf Heller wissen. „Dann müssen wir es passend machen oder der Auftrag hat Verspätung, und Verspätungen machen unter Umständen den ganzen Fahrplan kaputt!"

Arbeitsaufträge

- Stellen Sie fest, welche Planungsarbeiten der Ausführung eines Auftrages vorangehen müssen.
- Beschreiben Sie die Inhalte eines Arbeitsplanes.
- Erklären und bewerten Sie die verschiedenen Möglichkeiten der Terminierung.
- Erläutern Sie mögliche Hilfsmittel für eine exakte Terminplanung und ihre zweckmäßige Anwendung.
- Erläutern Sie Möglichkeiten der Kapazitätsabstimmung.

Arbeitsplanung

Aufgaben der Arbeitsplanung

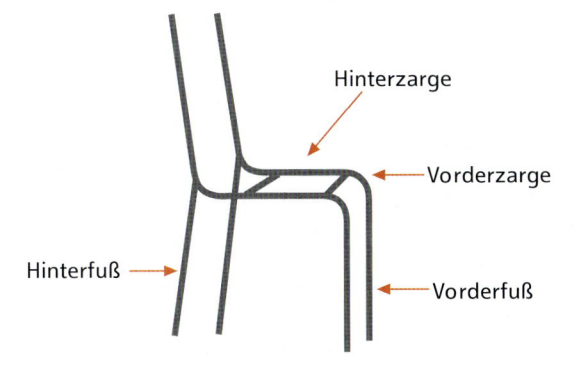

Die Aufgabe der Arbeitsplanung besteht darin, die zur Fertigung eines Teiles, einer Baugruppe oder Enderzeugnisses notwendigen Arbeitsvorgänge zu ermitteln. Gleichfalls stellt die Arbeitsplanung fest, welche Vorgänge schrittweise hintereinander erfolgen müssen und welche Arbeitsvorgänge parallel geschaltet werden können. Die Ergebnisse der Arbeitsplanung werden in **Arbeitsplänen** festgehalten.

Beispiel: Arbeitsvorgänge für die Herstellung eines Fußgestells aus Alu-Rohr für den Ceno „Piano"

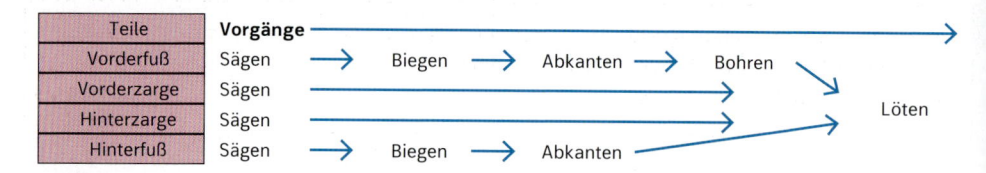

Teile	Vorgänge				
Vorderfuß	Sägen →	Biegen →	Abkanten →	Bohren ↘	
Vorderzarge	Sägen →				Löten
Hinterzarge	Sägen →			↗	
Hinterfuß	Sägen →	Biegen →	Abkanten ↗		

Die Arbeitsplanung beschränkt sich nicht nur auf die Auflistung der für ein Erzeugnis notwendigen Arbeitsvorgänge, sie legt auch fest, welche Fertigungsverfahren für eine bestimmte Fertigungsmenge zu wählen sind, welche Alternativen bei einem Maschinenengpass einen technischen und wirtschaftlichen Ausweg bieten und mit welchen Zeiten bei den einzelnen Vorgängen zu rechnen ist.

Beispiel: Für die Herstellung der Seitenteile des Staplers „Piano" gibt es zwei Alternativen. Hinterfuß und Rückenlehnenbefestigung bilden eine Einheit oder Vorderfuß und Rückenlehnenbefestigung bilden eine Einheit. Für die Verbindung von Vorderfuß und Hinterfuß gibt es wiederum zwei Alternativen. Sie kann durch Schweißen oder Löten erfolgen.

Alternative A für die Herstellung des Seitenteils

Löten oder Schweißen

Hinterfuß

Vorderfuß

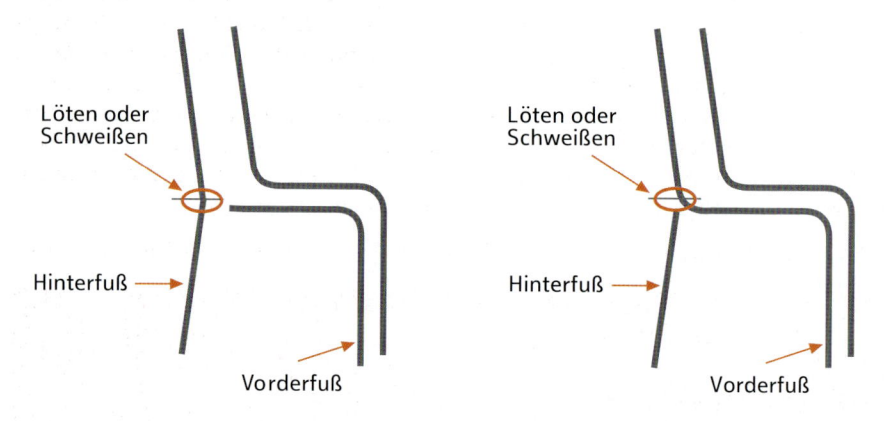

Alternative B für die Herstellung des Seitenteils

Löten oder Schweißen

Hinterfuß

Vorderfuß

Für die Herstellung von Vorderfuß und Hinterfuß können wiederum mehrere Alternativen in Frage kommen.

Die Entscheidung für eine bestimmte Alternative hängt in der Regel von der Losgröße ab.

Beispiel: Fertigungsalternative A für die Herstellung des Vorderfußes

Fertigungsverfahren maschinelles Sägen → maschinelles Biegen → Abkanten → Schweißen
bis Losgröße 100
Fertigungsalternative: Stanzen manuelles Löten

Fertigungsalternative B für die Herstellung des Vorderfußes

Fertigungsverfahren ab Losgröße 101 Fertigungsalternative:	CNC-gesteuert in einem Arbeitsgang auf Länge schneiden und biegen → Abkanten → Schweißen maschinelles Löten

Kostenstelle	328	**Arbeitsgangnummer**	00193
Maschinenfaktor	2,5 €/Min.	**Rüstzeit**	ca. 15 Min.
Standort	Schlosserei	**Losgröße**	ab 25
Maschinen-Nr.	L/501	**Status**	aktiv (betriebsbereit)
Arbeitsgang	maschinelles Löten	**Fertigungsalternativen**	A = Kostenstelle 329 B = Kostenstelle 340

Aufbau und mögliche Inhalte eines Arbeitsplanes

Arbeitspläne beschreiben den einzelnen Arbeitschritt, das notwendige Material, das zweckmäßige Betriebsmittel, die geeigneten Werkzeuge und die Sollzeit für die Durchführung des Arbeitsvorganges. Arbeitspläne müssen **Outputdaten** enthalten, d. h. Angaben über die zu fertigende Menge oder Stückzahl, **Inputdaten**, d. h. Angaben über das zu verwendende Material, den Materialverbrauch und eventuell über die Arbeitswerte, d. h. Angaben über den notwendigen Eignungsgrad des Arbeitnehmers und damit die zu vertretenden Lohnkosten für den Arbeitsschritt. Gleichzeitig enthalten die Arbeitspläne **Ablaufdaten**, d. h. Informationen darüber, welcher Arbeitsgang, an welchem Maschinenplatz, mit welchen Werkzeugen und in welcher Zeit durchzuführen ist.

Beispiel: Für den Picto Drehstuhl, Bestell-Nr. 205/3, sind 100 Polsterbezüge aus Textil auszustanzen.

Outputdaten	
Artikelnummer/Teilenummer	205/3//055
Artikelbezeichnung	Sitzbezug M5
Fertigungsgrößen/Einheiten:	100 Stück

Inputdaten	
Materialnummer	750
Materialbezeichnung	Stoff Alina
Materialbedarf/-verbrauch	0,389 m²

Ablaufdaten	
Tätigkeitsnummer	8220
Arbeitsgangbezeichnung	Zuschnitt
Kostenstelle/Maschinenplatz	045 01
Werkzeuge	Stanzmesser SM 153
Rüstzeit und Ausführungszeit	24/100 Min.
Varianten bzw. Alternativen für den Ablauf	mit MS-Schere ausschneiden

Arbeitspläne bilden die Basis für die Erstellung notwendiger Arbeitsbelege wie Materialentnahmescheine, Lohnscheine, Termin- und Prüfkarten. Sie erleichtern der Fertigungssteuerung die Auftragsterminierung und Maschinenbelegung. Die Kalkulation ermittelt aufgrund der Arbeitspläne die Belastung des Erzeugnisses mit Material-, Maschinen- und Lohnkosten.

Terminplanung

Aufgaben der Terminplanung

Termintreue und kurze Lieferzeiten beinhalten wesentliche Anforderungen zur Erhaltung der Wettbewerbsfähigkeit eines Unternehmens. Dies erfordert eine exakte Planung von Anfangs- und Endterminen für die Fertigung eingegangener Aufträge, die Festlegung von Eckterminen für die Fertigung und Montage von Baugruppen und die Bereitstellung der notwendigen Einzelteile.

Hilfsmittel für die Terminplanung

Aus den Zeiten in den Arbeitsplänen ergibt sich die voraussichtliche Durchlaufzeit für die Fertigung eines Erzeugnisses oder eines bestimmten Fertigungsauftrages. Unter Berücksichtigung zugesagter Liefertermine und zur Vermeidung einer unwirtschaftlichen Kapitalbindung wird man im Rahmen einer Termingrobplanung den Zeitraum für die Auftragsfreigabe und die Liegezeit nach Auftragsfertigstellung festlegen. Die Berechnung der Anfangs- und Endtermine kann unter Verwendung der **Netzplantechnik** erfolgen. Hierbei werden für jeden Vorgang im Rahmen eines Auftrages die frühesten Anfangs- und Endtermine, die Bearbeitungszeit und die Pufferzeit berechnet. Die Pufferzeit ergibt sich aus der Differenz zwischen den frühesten und spätesten Anfangs- bzw. Endterminen.

Beispiel: 500 Stapelstühle Modell „Piano" sollen von der Sommerfeld Bürosysteme GmbH für eine Festspielhalle gefertigt werden. Arbeitsablaufstudien und Erfahrungswerte der Vergangenheit ergeben die folgenden Vorgänge, ihre Abhängigkeiten und den voraussichtlichen Zeitbedarf in Tagen:

Vorgangsliste

Vorgangsnr.	Vorgangsbezeichnung	Zeitaufwand in Tagen	Vorgänger	Nachfolger
1	Auftragsplanung	2	–	2, 3, 5, 6, 8
2	Seitenteile biegen, bohren, löten	6	1	4
3	Zargen stanzen	3	1	4
4	Fußgestell schweißen	9	2, 3	9
5	Sitzschale pressen	4	1	7
6	Polsterbezug herstellen	6	1	7
7	Sitz polstern	6	5, 6	9
8	Rückenlehne schäumen	6	1	9
9	Montage	3	4, 7, 8	10
10	Verpackung	1	9	–

Jeder Vorgang in einem Netzplan wird durch einen Vorgangsknoten dargestellt:

FAZ			FEZ
Vorgang Nr.	Tätigkeit		
Dauer	Gesamtpuffer		Freier Puffer
SAZ			SEZ

mit:

FAZ – Frühester Anfangszeitpunkt
FEZ – Frühester Endzeitpunkt
SAZ – Spätester Anfangszeitpunkt
SEZ – Spätester Endzeitpunkt

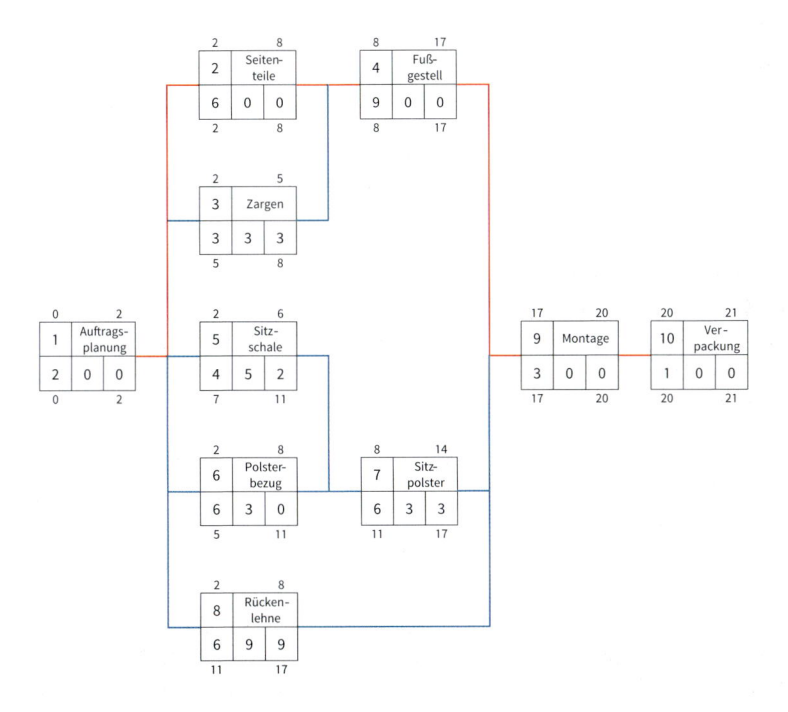

4 Produktionsplanung und -steuerung, Rahmenbedingungen und Verfahren kennenlernen

	2	8	8	17				
	2 Seitenteile		4 Fußgestell					
	6	0	0	9	0	0		
	2	8	8	17				

(Netzplan-Diagramm mit Vorgängen: Auftragsplanung, Seitenteile, Fußgestell, Zargen, Sitzschale, Polsterbezug, Sitzpolster, Rückenlehne, Montage, Verpackung)

```
Gesamtpuffer = SAZ – FAZ
               oder
               SEZ – FEZ

Freier Puffer = FAZ Nachfolger – FEZ Vorgänger
```

Betrachtet man die Vorgänge 1, 2, 4, 9 und 10, so stellt man fest, dass die frühesten und spätesten Zeitpunkte gleich sind. Zeitreserven sind somit nicht vorhanden. Dies bedeutet, dass die Verzögerung eines Vorganges zu einer Verzögerung des gesamten Fertigungsauftrages führt. Die Verbindung dieser Vorgänge bzw. Knoten wird deshalb als **kritischer Weg** bezeichnet.

Vorgänge, die nicht auf dem kritischen Weg liegen, haben eine Zeitreserve bzw. Pufferzeit. Verlängert sich hier ein Vorgang, so muss dies nicht zu einer Verlängerung der gesamten Durchlaufzeit führen.

Der **Gesamtpuffer** beinhaltet die Zeitspanne zwischen frühester und spätester Lage eines Vorganges. Der **freie Puffer** umfasst die Zeitspanne, um die ein Vorgang gegenüber seiner frühesten Lage verschoben werden kann, ohne die früheste Lage anderer Vorgänge zu beeinflussen. So beträgt der Gesamtpuffer des 5. Vorganges fünf Tage; der freie Puffer nur zwei Tage.

Für die Terminplanung kann auch ein **Balkendiagramm** benutzt werden. Die einzelnen Vorgänge werden unter einer Zeitachse in Balkenform dargestellt. Für einfache Erzeugnisse wird diese Form der Terminplanung sicherlich genügen. Handelt es sich um ein Erzeugnis, das aus unterschiedlichen Baugruppen besteht, so ist ein Netzplan vorzuziehen, weil hier die Abhängigkeiten und Zeitreserven besser erkannt werden können.

Lernfeld 5: Leistungserstellungsprozesse planen, steuern und kontrollieren

> **PRAXISTIPP!**
>
> Bei der Erstellung von Großprojekten sind Balkendiagramme ungeeignet. Sie lassen nicht einwandfrei erkennen, dass bestimmte Vorgänge von bestimmten anderen Vorgängen abhängig sind. Auch weckt das Balkendiagramm den Eindruck eines kontinuierlichen Ablaufs. In der Praxis kommt es aber auf die Einhaltung von Terminen – Anfangs- und Endterminen – an. Dem tragen Netzpläne besser Rechnung.

Beispiel: Bezogen auf das vorangehende Beispiel (vgl. S. 600) ergibt sich mithilfe eines Balkendiagramms bei Rückwärtsterminierung die folgende Darstellung:

Vorgangsdauer in Tagen																					
Vorgangsbezeichnung	1	2	3	4	5	6	7	8	9	10	11	12	13	14	15	16	17	18	19	20	21
1 Auftragsplanung	■																				
2 Seitenteile fertigen		■	■	■																	
3 Zargen stanzen					■	■															
4 Fußgestell schweißen							■	■	■												
5 Sitzschale pressen										■	■										
6 Polster zuschneiden												■	■								
7 Sitz polstern														■	■						
8 Rückenlehne fertigen																■	■				
9 Montage																		■	■		
10 Verpackung																					■

Möglichkeiten der Auftragsterminierung

> **Vorwärtsterminierung:**
>
> Bei der Vorwärtsterminierung wird mit der Fertigung aller Teile zum gleichen Starttermin begonnen. Dies hat zur Folge, dass viele Teile zwischengelagert werden müssen, bevor man mit der Montage der Baugruppen und des Endproduktes beginnt. Hierdurch erhöht sich die Kapitalbindung. Zeitverzögerungen können jedoch eher aufgefangen werden.

Beispiel: Bei der Sommerfeld Bürosysteme GmbH besteht der Systemtisch Contas aus zwei Baugruppen (B1 und B2) sowie einem Einzelteil (T10). Die Baugruppe B1 besteht aus vier Einzelteilen (T1, T2, T3, T4) und die Baugruppe B2 aus drei Einzelteilen (T6, T7, T8). Bis zum Ende des 170. Fabrikkalendertages sollen 50 Systemtische gefertigt werden. Die von der Arbeitsvorbereitung ermittelte Durchlaufzeit beträgt mindestens acht Tage. Man beginnt mit der Fertigung aller Einzelteile am 163. Fabrikkalendertag.

Fabrikkalendertage

	163	164	165	166	167	168	169	170	171	172
	Ebene 2			Ebene 1			Ebene 0			
T1				B1						
T2										
T3										
T4										
T6				B2						
T7										
T8										
T10										
Montage										
Kontrolle										

> **Rückwärtsterminierung:**
> Bei der Rückwärtsterminierung haben die Teile und Baugruppen den gleichen Endtermin. Es entfallen eine ganze Reihe von Liegezeiten. Dies reduziert die Kapitalbindungskosten. Treten Störungen auf, so ist jedoch die Gefahr größer, dass Liefertermine nicht eingehalten werden können.

Beispiel: Bei einer Rückwärtsterminierung werden die Teile und Baugruppen des Systemtisches 530 unter Beachtung der notwendigen Vorlaufverschiebung erst gefertigt, wenn sie für die Teilemontage und Endmontage gebraucht werden. Hieraus ergeben sich sehr unterschiedliche Anfangstermine.

Fabrikkalendertage

163	164	165	166	167	168	169	170	171	172
Ebene 2			Ebene 1			Ebene 0			
		T1	B1						
	T2								
T3									
	T4								
		T6		B2					
			T7						
		T8							
			T10						
Montage									
Kontrolle									

Möglichkeiten der Kapazitätsabstimmung

Kapazitätsangebot und Kapazitätsnachfrage stimmen selten überein. Deshalb ist man in der Arbeitsvorbereitung gezwungen, eine Kapazitätsabstimmung durch einen Kapazitätsabgleich und/oder eine Kapazitätsanpassung vorzunehmen.

Leistungsfähige SAP-Programme, die alle wesentlichen Daten und Kennziffern über die vorhandenen Maschinen und Arbeitsplätze enthalten, verarbeiten und ständig aktualisieren, sind hierbei eine wesentliche Hilfe bei der Ermittlung des Kapazitätsangebotes. Gleichzeitig sind in diesen Programmen die Arbeitspläne für die verschiedensten Abläufe gespeichert und die freigegebenen Aufträge festgehalten. Auf diese Weise erhält der Arbeitsplaner sehr schnell einen Einblick in den Stand von aktivierten Aufträgen und in die Belegung der vorhandenen Kapazität.

Kapazitätsangebot und Kapazitätsnachfrage können ständig miteinander verglichen werden.

Kapazitätsabgleich

Die Abstimmung zwischen dem Kapazitätsangebot und der Kapazitätsnachfrage erfolgt durch Umschichtungen im Rahmen der vorhandenen Kapazitäten. So können Mehr- oder Minderbedarf durch eine **zeitliche Umschichtung**, d. h. ein Verschieben oder Vorziehen von Fertigungsaufträgen, abgebaut werden. Voraussetzung hierfür ist, dass der Fertigungsvorgang nicht auf dem kritischen Weg liegt (vgl. S. 601) und somit eine Zeitverzögerung die Durchlaufzeit des Gesamtvorganges nicht beeinträchtigt.

Mehr- oder Minderbedarf werden häufig auch durch **personelle Umsetzungen** ausgeglichen.

Beispiel: Ein Arbeitnehmer arbeitet morgens in der Schlosserei und nachmittags in der Polsterei. Besteht eine flexible Wochenarbeitszeit, z. B. eine 30- bis 40-Stunden-Woche, so kann diese dem Kapazitätsbedarf angepasst werden.

Mehr- oder Minderbedarf können auch durch ein Ausweichen auf andere Betriebsmittel abgeglichen werden. Voraussetzung für diesen **technologischen Abgleich** ist, dass die Produktkalkulation die Kosten des höherwertigen Verfahrens zulässt.

Beispiel: Dies ist der Fall, wenn bei einer Kapazitätslücke im Bereich Schweißen ein Teil der Gestelle nicht geschweißt, sondern gelötet wird.

Kapazitätsspielräume

Mehr- oder Minderbedarf kann auch durch eine Ausnutzung von vorhandenen Kapazitätsspielräumen abgedeckt werden. Die Grenzen für die Normalkapazität werden durch eine Beseitigung einzelner Engpässe verschoben.

Beispiel: Der Mehrbedarf für den Ablauf Schweißen wird durch Überstunden, Sonderschichten, Reaktivierung von Arbeitsreserven (ehemalige Auszubildende, Rentner), Personalleasing oder eine Fremdvergabe ausgeglichen.

Kapazitätsanpassung

Besteht eine kontinuierliche Lücke zwischen dem Kapazitätsangebot und der Kapazitätsnachfrage, so sollte eine Kapazitätsanpassung vorgenommen werden.

4 Produktionsplanung und -steuerung, Rahmenbedingungen und Verfahren kennenlernen

Kapazitätsanpassung = Erhöhung oder Verminderung der produzierten Menge durch:

Zeitliche Anpassung

Veränderung der Arbeitszeiten
- Überstunden
- Wochenendarbeit
- Kurzarbeit
- Zusatzschichten

Quantitative Anpassung

Änderung der Anzahl der eingesetzten Produktionsfaktoren
- Zu- od. Abschalten von Maschinen
- Einstellung oder Entlassung von Arbeitskräften
- Anschaffung oder Verkauf von Maschinen

Intensitätsmäßige Anpassung

Veränderung der Arbeitsgeschwindigkeit von Produktionsfaktoren
- z. B. Erhöhung oder Senkung der Drehzahl von Maschinen
- Veränderung der Arbeitsgeschwindigkeit von Mitarbeitern durch Akkordlohn oder Zeitlohn

---

Zusammenfassung

Fertigungsplanung

Tätigkeiten, die der Vorbereitung des Fertigungsprozesses dienen

Arbeitsplanung

- Zerlegung von Fertigungsaufträgen in einzelne Arbeitsvorgänge und Fertigungsschritte
- Ermittlung der notwendigen technischen Abfolge und möglicher Parallelität von Arbeitsschritten
- Ermittlung des Zeitbedarfs für die einzelnen Arbeitsvorgänge
- Festlegung technisch machbarer und kostengünstiger Fertigungsverfahren

Ziel: kostengünstige Fertigung

Terminplanung

- Festlegung frühester und spätester Anfangs- und Endtermine für die Fertigung von Einzelteilen, Baugruppen und die Endmontage
- Ermittlung des kritischen Weges, auf dem keine Zeitverzögerungen auftreten dürfen
- Festlegung von Kapazitätsreserven aufgrund freier Puffer an einzelnen Maschinenplätzen

Ziel: Termineinhaltung

Kapazitätsplanung

Kapazitätsangebot → ← Kapazitätsnachfrage

Ziel: optimale Maschinenbelegung

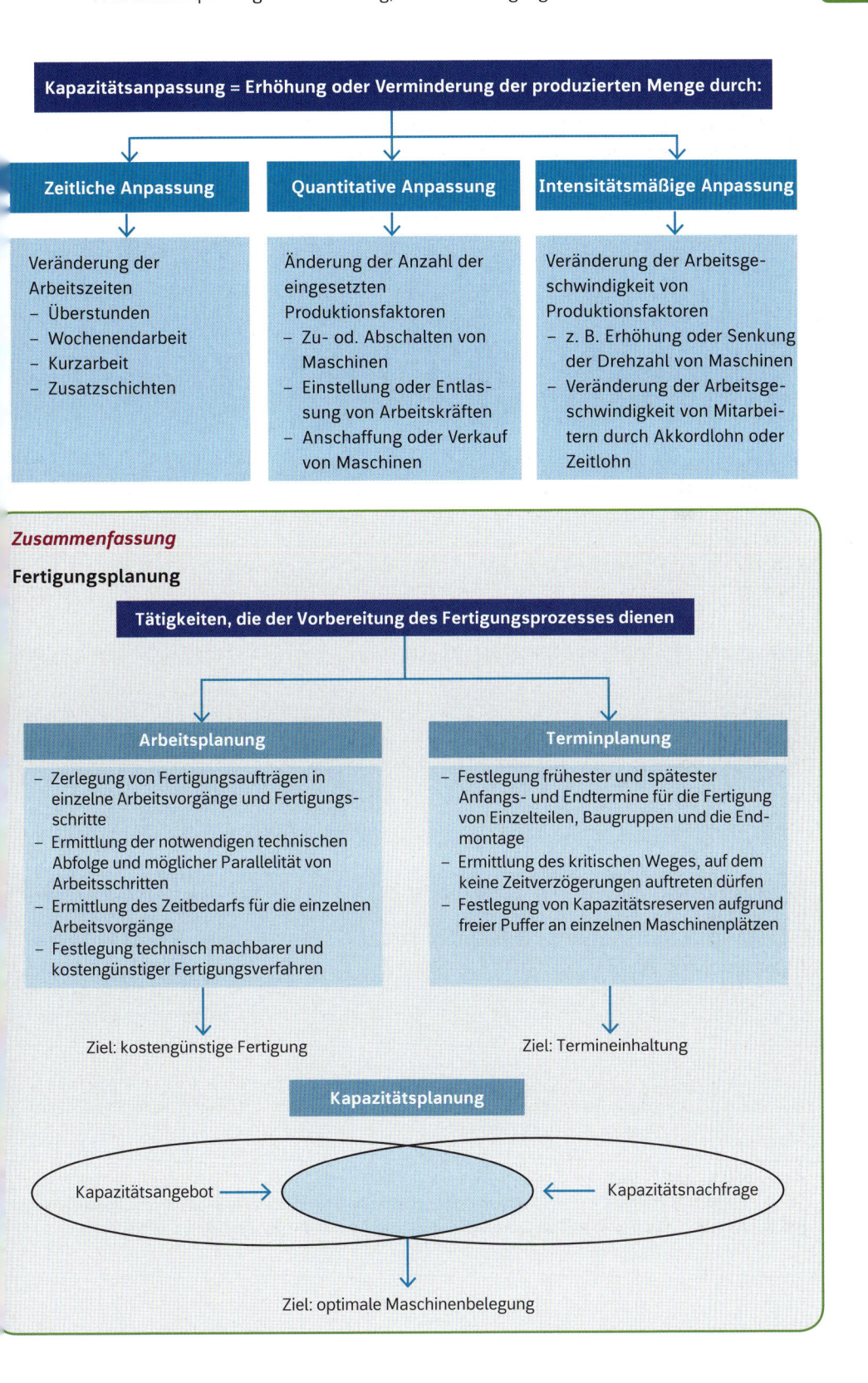

Aufgaben

1. Ein Auftrag über 50 Confair Armlehnstühle soll gefertigt werden. Ihnen liegt der folgende Netzplan vor.

   a) Ermitteln Sie
      - aa) die frühesten Anfangs- und Endzeiten,
      - ab) die spätesten Anfangs- und Endzeiten,
      - ac) den kritischen Weg.

   b) Errechnen Sie die Anzahl der Zeiteinheiten, um die sich der Auftrag verzögert, wenn sich
      - ba) Vorgang 4 um zwei Zeiteinheiten,
      - bb) Vorgang 6 um zwei Zeiteinheiten verzögert.

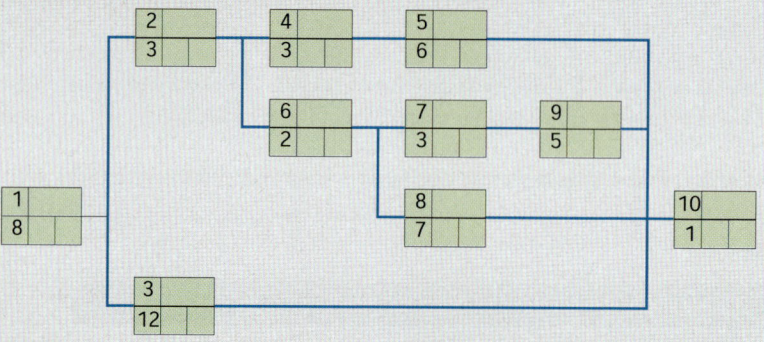

Legende der Angaben in den einzelnen Vorgängen/Knoten:

FAZ		FEZ
Vorgang Nr.	Tätigkeit	
Dauer	Gesamtpuffer	Freier Puffer
SAZ		SEZ

mit:
FAZ – Frühester Anfangszeitpunkt
FEZ – Frühester Endzeitpunkt
SAZ – Spätester Anfangszeitpunkt
SEZ – Spätester Endzeitpunkt

2. Erklären Sie die Beziehung zwischen einem freien Puffer, dem Gesamtpuffer und dem kritischen Weg.

3. Vergleichen Sie die Vorteile eines Netzplanes mit den Vorteilen eines Balkendiagramms.

4. Zeigen Sie Probleme auf, die sich bei der Nutzung folgender Möglichkeiten zur Beseitigung eines Engpasses eventuell ergeben:

   a) Überstunden,
   b) Personal- und Maschinenleasing,
   c) befristete Einstellung von Personal,
   d) Fremdvergabe.

5. Für einen Großauftrag zur Herstellung von Conrack Regalsystemen werden bei der Sommerfeld Bürosysteme GmbH in der Schreinerei zusätzlich zur bisherigen Kapazitätsplanung im Monat März 200 Stunden benötigt. In der Schreinerei arbeiten sechs Arbeitnehmer mit einer durchschnittlichen monatlichen Arbeitszeit von 160 Stunden. Der bisherige Kapazitätsbedarf beträgt 664 Stunden.

   Ermitteln Sie unter Berücksichtigung des Großauftrages die voraussichtliche prozentuale Auslastung der Schreinerei im Monat März.

4.3 Fertigungssteuerung

Die Auszubildenden der Sommerfeld Bürosysteme GmbH nahmen in der vergangenen Woche an einer Betriebsführung teil, um den Fertigungsablauf ihres Ausbildungsbetriebes kennenzulernen. Zu ihrem Erstaunen konnten sie feststellen, dass fast alle Maschinen und Arbeitsplätze mit Aufträgen belegt waren. Herr Weselberg, der für die Organisation der Produktion und somit auch für die Fertigungssteuerung zuständig ist, erklärte den Auszubildenden, dass dies nicht selbstverständlich sei: Bei der Fertigungssteuerung gleiche kein Tag dem anderen. Keine andere Stelle im Betrieb müsse täglich mehr Probleme lösen und improvisieren als die Fertigungssteuerung.

Arbeitsaufträge

- Stellen Sie fest, nach welchen Gesichtspunkten eine Maschinenbelegung vorgenommen werden kann.
- Suchen Sie eine Antwort auf die Frage, woher der einzelne Arbeitnehmer weiß, was er zu tun hat und wie er es zu tun hat.
- Begründen Sie die Notwendigkeit einer ständigen Arbeitsfortschrittskontrolle und erläutern Sie verschiedene Möglichkeiten für ihre Durchführung.

Die Fertigungsplanung legt lediglich den Rahmen für die Durchführung der Fertigung fest. Die Aufgabe der Fertigungssteuerung besteht darin, die konkret vorhandenen Betriebsaufträge zu realisieren. Die Fertigungssteuerung legt im Detail und unter Berücksichtigung der tatsächlich vorhandenen Einzelkapazitäten den Fertigungsablauf für einen Fabrikkalendertag oder mehrere Schichten fest. Ausgangspunkte sind die Vorgaben der Fertigungsplanung, Eckpunkte sind die aktuell verfügbaren Kapazitäten.

PRAXISTIPP!

Vorhandene Kalenderdaten signalisieren, dass Sie sich in der Fertigungssteuerung befinden. Die Umwandlung eines Kundenauftrags in einen Fertigungsauftrag zeigt den Übergang von der Fertigungsplanung zur Fertigungssteuerung.

Auftragsneustrukturierung

Häufig ist die Fertigungssteuerung gezwungen, die geplanten Aufträge neu zu strukturieren.

Ein Arbeitsrückstand bei aktiven Aufträgen, d. h. von Aufträgen, die sich bereits in der Bearbeitung befinden, kann z. B. bei einem neuen Auftrag zu kleineren Losen als vorgegeben zwingen, d. h., die Fertigungssteuerung muss den Auftrag splitten. Kleinere Lose erfordern wiederum andere Verfahren, damit die anteiligen Rüstkosten vertretbar sind.

Beispiel: Laut Fertigungsplan sind bei der Sommerfeld Bürosysteme GmbH die Fußgestelle für das Modell Picto bei einer Losgröße bis 100 Einheiten manuell zu löten. Erst ab 101 Einheiten lohnt sich der höhere Rüstaufwand für ein maschinelles Löten. Obwohl ein Fertigungsauftrag 200 Einheiten umfasst, muss ein manuelles Löten vorgenommen werden, weil die maschinelle Lötanlage bedingt durch einen Arbeitsrückstand bei einem vorhergehenden Auftrag noch belegt ist.

Die Kapazitätsüberlastung eines Maschinenplatzes kann dazu führen, dass ein anderes Fertigungsverfahren gewählt werden muss, auch wenn dies höhere Kosten verursacht.

Beispiel: In der Schlosserei der Sommerfeld Bürosysteme GmbH fehlen am 51. Fabrikkalendertag zwei Arbeitnehmer. Laut Fertigungsplan sind die Seitenteile für das Modell Picto maschinell zu biegen. Der Engpass in der Schlosserei veranlasst den verantwortlichen Meister, Herrn Braun, dazu, die Seitenteile CNC-gesteuert biegen zu lassen, damit die Montage der Stühle am nächsten Tag fristgerecht erfolgen kann.

	Fertigungsplanung	**Fertigungssteuerung**
Fabrikkalendertag	51	51
Fertigungsauftrag	00/51/204	00/51/204
Produkt	Modell Picto	Modell Picto
Fertigungsgröße	200 nett	200 nett
Verfahren	Seitenteile maschinell biegen →	Seitenteile CNC-gesteuert biegen
	Gestelle maschinell löten →	Seitenteile manuell löten
		Zargen schweißen
	Sitzschalen lackieren	Sitzschalen lackieren
	Rückenlehne beizen	Rückenlehne beizen

Maschinenbelegung und Termindisposition

Bei der Vornahme der Maschinenbelegung besteht häufig die Situation, dass mehrere Fertigungsaufträge in dem gleichen Zeitraum erledigt werden sollen, und die vorhandene Kapazität dies nicht zulässt. Für diese Fälle sind Anweisungen erforderlich, in welcher Reihenfolge die Aufträge auszuführen sind. Durch Prioritätsregeln soll eine gewisse Willkür bei der Maschinenbelegung bzw. Reihenfolgeplanung vermieden werden; meist entscheiden mehrere Kriterien über die Maschinenbelegung.

Beispiel:

Auftrag	Auftrag in Stück	Verkaufspreis €/Stück	variable Kosten €/Stück	Kapazitäts-beanspruchung in Stunden		Deckungsbeitrag pro Stück	
				je Stück	je Auftrag	absolut in €	relativ in €
FA1	60	156,00	100,00	0,8	48	56,00	70,00
FA2	80	138,00	108,00	0,4	32	30,00	75,00
FA3	100	122,00	98,00	0,3	30	24,00	80,00
FA4	20	180,00	140,00	0,8	16	40,00	50,00

Relativer Deckungsbeitrag	Der Deckungsbeitrag beinhaltet die Differenz zwischen dem Verkaufspreis und den variablen Kosten. Der relative Deckungsbeitrag berücksichtigt zusätzlich die Kapazitätsbeanspruchung durch das Produkt und damit seine Fertigungszeit. Hiernach ergäbe sich die Reihenfolge FA3, FA2, FA1 und FA4
Verspätungsregel	Es wird zuerst der Betriebsauftrag gefertigt, der den größten Terminverzug hat. Auf diese Weise versucht man, die Einhaltung von Lieferterminen sicherzustellen und Konventionalstrafen zu vermeiden. Gute Kunden sollen nicht verärgert werden.
KFZ-Regel	Der Betriebsauftrag mit der kürzesten gesamten Fertigungszeit wird vorgezogen. Hierdurch können häufig Stillstandszeiten an Maschinenplätzen vermieden werden. Das gebundene Kapital fließt schneller zurück. FA3 und FA4 würden hiernach zuerst gefertigt.
FIFO-Regel	Diese Regel beinhaltet, dass die Aufträge in der Reihenfolge eingeplant werden, wie sie angenommen wurden (first in, first out). Der Planungsaufwand ist hier relativ gering. Besitzt die Unternehmung wenige Kunden und sind dies Kunden, die miteinander in einem ständigen Kontakt stehen, so wird auf diese Weise eine zeitliche Benachteiligung und damit eine Kundenverärgerung verhindert.
Rüstzeitregel	Die Betriebsaufträge werden so hintereinander eingeplant, dass der Umstellungsaufwand an den Maschinen minimiert wird. Auf diese Weise wird die Gesamtdurchlaufzeit der Fertigungsaufträge reduziert. Dieses Verfahren ist dann sinnvoll, wenn in den Aufträgen viel Kapital gebunden ist und kurze Lieferfristen erreicht werden sollen.

Durchlaufzeitensyndrom

Durch die unbedachte Annahme von Eilaufträgen entsteht häufig das sogenannte Durchlaufzeitensyndrom, indem andere Aufträge terminlich verschoben werden müssen. Dadurch werden wieder neue Eilaufträge verursacht, die Planungssicherheit nimmt immer mehr ab und ein hoher Anteil der Fertigungsaufträge kann nicht mehr termingerecht gefertigt werden. Die Folge sind höhere Durchlaufzeiten und somit auch höhere

Fertigungskosten. Eilaufträge sollten daher nur in einem begrenzten Maße angenommen werden, wobei die entstehenden Opportunitätskosten durch den Eilauftrag gerechtfertigt sein müssen. Unter **Opportunitätskosten** versteht man im weiteren Sinne den entgangenen Gewinn, wenn auf die Chance einer wirtschaftlicheren Alternative verzichtet wird.

> **PRAXISTIPP!**
>
> Ein Kapazitätsabgleich durch Terminverschiebungen bildet in der Regel eine schlechte Lösung für Terminprobleme. Hier bieten sich meist bessere Möglichkeiten für eine Durchlaufzeitverkürzung an, z. B. eine Überlappung zwischen Vorgänger und Nachfolger, Fremdvergabe oder eine Sonderschicht. Es besteht ein Zielkonflikt zwischen den kurzen Durchlaufzeiten und einer hohen Kapazitätsauslastung **(Dilemma der Ablaufplanung)**. Die Kapazität einer Maschine lässt sich am besten auslasten, wenn immer mehrere Werkstücke auf die Bearbeitung warten. Dies wirkt sich jedoch auf die Durchlaufzeit negativ aus.

Auftragsfreigabe

Ergibt die Verfügbarkeitsüberprüfung, dass die zur Durchführung der notwendigen Arbeitsvorgänge benötigten Werkzeuge und das erforderliche Material für den Auftrag vorhanden sind, so kann der Auftrag freigegeben werden. Gleichzeitig müssen die notwendigen Belege wie Materialentnahmescheine, Lohnscheine, Arbeitspläne, Arbeitsanweisungen, Arbeitszeichnungen, Prüf- und Terminkarten vorliegen.

Bei der Verwendung von SAP-Programmen wird von der Fertigungsplanung in der Regel ein Zeitraum für die Fertigungsfreigabe vorgegeben. Dieser Zeitpuffer berücksichtigt den zugesagten Liefertermin, die Durchlaufzeit des Auftrages und eine Sicherheitszeit. Der Fertigungssteuerung und den teilautonomen Arbeitsgruppen in der Produktion wird dann überlassen, wann sie innerhalb dieses Zeitpuffers mit dem Auftrag beginnen.

Die Terminierung erfolgt in vielen Betrieben mithilfe eines Fabrik- oder Werkskalenders. Er stellt eine fortlaufende Nummerierung der Arbeitstage dar. Dadurch besteht die Möglichkeit, gleich große Planungszeiträume zu bilden, ohne eine aufwendige Umrechnung der Samstage, Sonntage und Feiertage vornehmen zu müssen.

Auftragsveranlassung

Steht nun endgültig fest,
- was
- in welcher Menge
- an welchen Maschinenplätzen
- wann gefertigt werden soll,

so werden die Fertigungsdaten in die erforderlichen Belege eingetragen und diese den betroffenen Fertigungsstellen ausgehändigt oder mittels PPS übermittelt.

Je nach Auftrag können sehr unterschiedliche Belege notwendig sein, z. B. Materialentnahmescheine, Werkzeugentnahmescheine, Zeichnungen, Prüfkarten u. a. Einer der wichtigsten Belege ist allerdings der Lohnschein:

Beispiele:

Lohnschein-Nr.:	75559/01	Fertigungsmenge:	10
Produkt-Nr.:	020/6974	Fertigungstermin:	05-04
Produkt-Bezeichnung:	4320 Gestell	Kostenstelle:	330
	Traverse verschweißt	Rüstzeit:	10,0 Min
Arbeitsnummer:	8512	Ausführungszeit:	35,0 Min
Arbeitsgangbezeichnung:	Schweißen Traverse	Geldakkord:	11,25 €
Arbeitsfolge:	01.		

Der Lohnschein gibt dem Arbeitnehmer Auskunft darüber, welche Zeit ihm für den Fertigungsauftrag gutgeschrieben wird – bzw. was ihm der Fertigungsauftrag einbringt. Die Lohnscheine bilden damit eine Grundlage für die Berechnung seines Bruttolohns. Da sich die Lohnscheine den einzelnen Produkten bzw. Fertigungsaufträgen zuordnen lassen, bieten sie auch eine wesentliche Hilfe für die Auswertung der Lohnkosten, die bei einem bestimmten Auftrag angefallen sind. Hat der Arbeitnehmer den vorgesehenen Arbeitsgang beendet, so schiebt er den Lohnschein mit dem maschinenlesbaren Balkencode in den Scanner an seinem Arbeitsplatz. Dies signalisiert der Fertigungssteuerung, dass der Arbeitsvorgang beendet ist und der Maschinenplatz mit einem neuen Auftrag belegt werden kann.

Auftragsverfolgung und Auftragskontrolle

Eine sehr wichtige Aufgabe der Fertigungssteuerung besteht in der Arbeitsfortschrittskontrolle bzw. Auftragsüberwachung. Die ausgegebenen Belege beinhalten Sollwerte (vgl. S. 600 f.), die im Fertigungsablauf unterschritten oder überschritten werden können.

Beispiel: Beim Schweißen der Traversen – vergleiche Lohnschein-Nr. 75559/01 – ergaben sich die folgenden Abweichungen:

	Sollwerte	Istwerte	Abweichungen	Ursachen für Abweichungen
Produkt-Nr.:	020/6974	020/6974		
Produkt-Bezeichnung:	4320 Gestell	4320 Gestell		
Arbeitsgangnummer:	8512	8512		
Arbeitsgangbezeichnung:	Schweißen Traverse	Schweißen Traverse		
Fertigungsmenge:	10	8	2	fehlende Traversen
Fertigungstermin:	05-04	05-04		
Rüstzeit:	10,0 Min	20,0 Min	10,0 Min	fehlende Elektroden
Ausführungszeit:	35,0 Min	40,0 Min	5,0 Min	Gasflasche leer Schweißnasen durch eine ungeschickte Handbewegung

Die Istwerte können erheblich von den Sollwerten abweichen, und zwar bedingt durch

- unvollständige Fertigungsunterlagen,
- fehlendes Material,
- Mängel in der Materialeignung,

- falsch berechnete Vorgabezeiten,
- Steuerungsfehler,
- Arbeitsfehler,
- Werkzeugbruch,
- Energieausfall.

> **PRAXISTIPP!**
>
> Damit man in der Fertigungssteuerung auf Abweichungen reagieren kann, sind rechtzeitige Rückmeldungen durch die einzelnen Maschinenplätze notwendig. Dies kann über Bildschirmgeräte, Terminkarten, spezielle Rückmeldekarten oder über die Abgabe der Lohnscheine mit den tatsächlichen Fertigungsdaten geschehen.

In der Regel besitzt die Fertigungsteuerung ein Reservoir von Alternativen, um die aufgetretenen Störungen zu beseitigen.

Kürzere Auftragszeiten durch Auftragssplitting und überlappende Fertigung

Ist abzusehen, dass Terminzusagen gegenüber Kunden nicht eingehalten werden können, kann im Rahmen der Fertigungssteuerung entschieden werden, dass der Auftrag gesplittet wird. Ein Teil der zu produzierenden Menge (auch Los genannt) wird dabei auf einer zusätzlichen Maschine parallel gefertigt. Nachteil ist, dass dabei zusätzlich Rüstzeiten und Rüstkosten anfallen. Diese Lösung wird auch Lossplitting genannt.

Folgende Abbildung veranschaulicht das Lossplitting:

Fertigung eines Auftrages über 10 000 Stück, der einen Tag Rüstzeit erfordert sowie 10 Tage Bearbeitungszeit auf einer einzigen Maschine. Die Fertigstellung erfolgt am 11. Tag, somit ist eine Auslieferung an den Kunden nach elf Tagen möglich.

Maschine 1: | Rüsten (1 Tag) | Bearbeitung (10 Tage) |

Fertigung desselben Auftrages gleichzeitig auf zwei Maschinen bei Lossplitting:

Maschine 1: | Rüsten (1 Tag) | Bearbeitung (5 Tage) |

Maschine 2: | Rüsten (1 Tag) | Bearbeitung (5 Tage) |

Die Fertigstellung erfolgt am 6. Tag, somit ist eine Auslieferung an den Kunden nach sechs Tagen, also deutlich schneller möglich. Die Kundenzufriedenheit steigt bei zeitkritischen Aufträgen. In der Fertigung wird dies jedoch durch eine insgesamt höhere Durchlaufzeit für den gesamten Auftrag (2 mal 6 Tage) und damit längere Maschinenbelegung (12 Tage gegenüber 11 Tagen) erkauft.

Bei der überlappenden Fertigung werden fertiggestellte **Teilmengen** eines Auftrags bereits zur nächsten Maschine gebracht und dort bearbeitet, bevor die komplette Auftragsmenge fertiggestellt ist. Dies führt zu zusätzlichen Transportzeiten und -kosten.

Zusammenfassung

Fertigungssteuerung

Sie sorgt für die reibungslose Durchführung von aktuell vorliegenden, terminierten Fertigungsaufträgen

Die Durchführung erfolgt auf der Basis des Istzustandes der vorhandenen Kapazitäten und ihrer Belegung zum Zeitpunkt der Freigabe eines Auftrages.

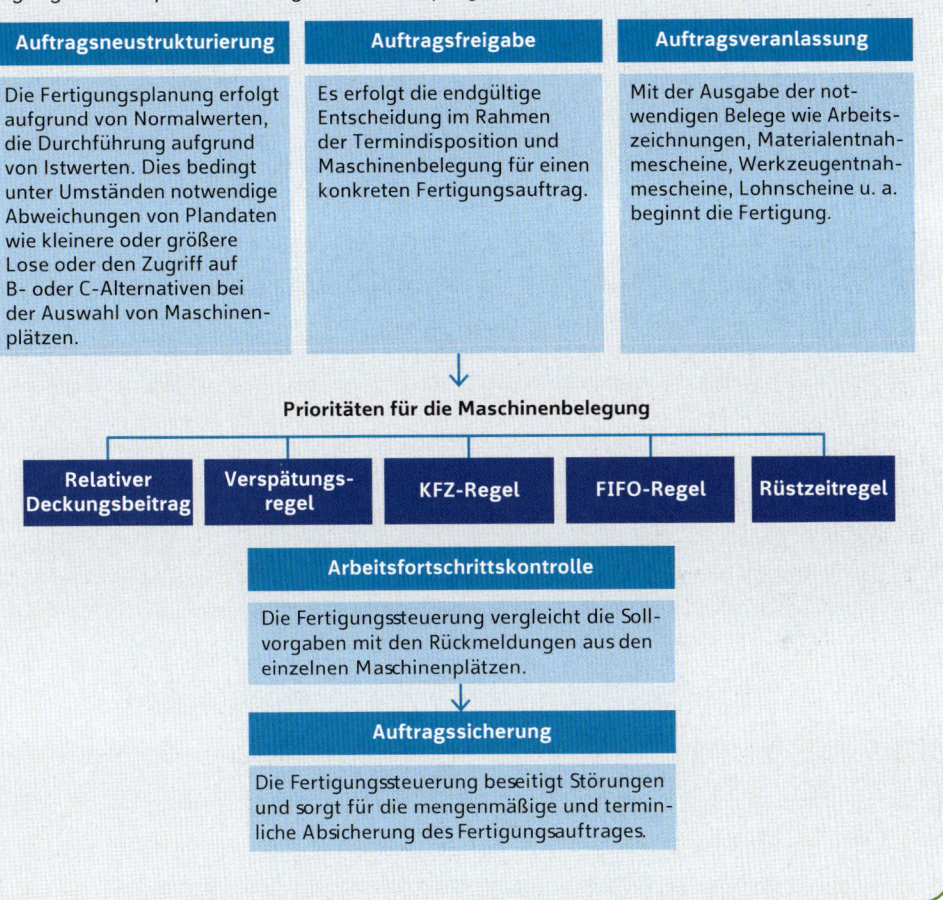

Auftragsneustrukturierung	Auftragsfreigabe	Auftragsveranlassung
Die Fertigungsplanung erfolgt aufgrund von Normalwerten, die Durchführung aufgrund von Istwerten. Dies bedingt unter Umständen notwendige Abweichungen von Plandaten wie kleinere oder größere Lose oder den Zugriff auf B- oder C-Alternativen bei der Auswahl von Maschinenplätzen.	Es erfolgt die endgültige Entscheidung im Rahmen der Termindisposition und Maschinenbelegung für einen konkreten Fertigungsauftrag.	Mit der Ausgabe der notwendigen Belege wie Arbeitszeichnungen, Materialentnahmescheine, Werkzeugentnahmescheine, Lohnscheine u. a. beginnt die Fertigung.

Prioritäten für die Maschinenbelegung

| Relativer Deckungsbeitrag | Verspätungsregel | KFZ-Regel | FIFO-Regel | Rüstzeitregel |

Arbeitsfortschrittskontrolle

Die Fertigungssteuerung vergleicht die Sollvorgaben mit den Rückmeldungen aus den einzelnen Maschinenplätzen.

Auftragssicherung

Die Fertigungssteuerung beseitigt Störungen und sorgt für die mengenmäßige und terminliche Absicherung des Fertigungsauftrages.

Aufgaben

1. Im Monat Februar sollen an 20 Arbeitstagen 700 Einheiten des Stapelstuhls Piano gefertigt werden. Die Fertigung erfolgt im Einschichtbetrieb durch eine autonome vierköpfige Arbeitsgruppe im Rahmen einer Fünftagewoche und 40 Stunden pro Woche.

    Die Fertigungslohneinzelkosten pro Stuhl wurden mit 40,00 € kalkuliert. Die Lohnkosten pro Stunde und Arbeitnehmer betragen 35,00 €. Am Montag, 21. Februar, stellt der Leiter der Fertigungssteuerung vor Beginn der Schicht fest, dass bisher 455 Stühle gefertigt wurden. Der Auftrag muss am Dienstag, den 1. März, ausgeliefert werden.

a) Beurteilen Sie den Arbeitsfortschritt mithilfe des unten stehenden Ausschnittes aus einem Kalenderblatt.
b) Überprüfen Sie die Kostensituation bezogen auf die Richtigkeit der Lohnkostenvorkalkulation.

Februar					
Woche	5	6	7	8	9
Mo		7	14	21	28
Di	1	8	15	22	
Mi	2	9	16	23	
Do	3	10	17	24	
Fr	4	11	18	25	
Sa	5	12	19	26	
So	6	13	20	27	

2. Nach längeren Verhandlungen ist es der Sommerfeld Bürosysteme GmbH gelungen, einen englischen Großhändler als neuen Kunden zu gewinnen. Am 18. Februar bestellt dieser Kunde 400 Ceno Besucherstühle zur Lieferung spätestens Ende März, wenn möglich früher. Zusätzlich zum Auftrag des Neukunden liegen zur Produktion im Monat März Aufträge über 1 800 Stapelstühle vor. Eine weitere Nachfrageverstärkung zeichnet sich für die folgenden Monate ab. Daher stellt die Sommerfeld Bürosysteme GmbH Überlegungen an, nicht mehr nur auftragsorientiert, sondern auch auf Vorrat zu fertigen.

a) Erläutern Sie drei Vorteile einer vorratsorientierten Fertigung.
b) Für einen Stapelstuhl benötigt man laut Stückliste 2,60 m von dem Stahl-Rundrohr 1,6 mm · 1,5 Zoll. Der Produktionsleiter empfiehlt, einen Zusatzbedarf von 5 % zu berücksichtigen. Die offenen Bestellungen werden am 28.02. eintreffen. Berechnen Sie den Materialbedarf für den Monat März.

Lagerbestandsdatei	
Rohstoff	Rundrohr 1,6 · 1,5
Lagerbestand lt. Inventur	600 m
Sicherheitsbestand	300 m
Offene Bestellungen	1 000 m
Nettobedarfsrechnung für März	
Primärbedarf (Stühle)	
Sekundärbedarf (m)	
Zusatzbedarf (m)	
= Bruttobedarf (m)	
Lagerbestand (m)	
= verfügbarer Lagerbestand	
= Nettobedarf (m)	

c) Berechnen Sie die Zeit in Stunden, die für die Ausführung des Auftrages insgesamt benötigt wird.

Arbeitsplan: Ceno Besucherstuhl		Menge: 1 Einheit
Maschine	Rüstzeit in Minuten	Stückzeit in Minuten
U2	40	2 Minuten 18 Sekunden
S2	80	1 Minute
S3	40	1 Minute 6 Sekunden
S1	120	3 Minuten 18 Sekunden
U1	40	1 Minute 6 Sekunden
Endmontage	200	5 Minuten 30 Sekunden
Die Bearbeitungsreihenfolge ist zwingend einzuhalten.		

d) Sie sollen das frühestmögliche Datum ermitteln, zu dem die Stühle für den Neukunden fertig sein können. Lasten Sie den Auftrag des Neukunden in den nachstehenden Maschinenbelegungsplan ein, indem Sie die Maschinenbelegung jeweils mit einem Kreuz eintragen. Gehen Sie dabei von einer Vorwärtsterminierung aus. 0 = belegt.

			Maschinenbelegungsplan für den Monat März														
Tag	Di	Mi	Do	Fr	Mo	Di	Mi	Do	Fr	Mo	Di	Mi	Do	Fr	Mo	Di	Mi	Do
Datum	01	02	03	04	07	08	09	10	11	14	15	16	17	18	21	22	23	24
Std.	8 8	8 8	8 8	8 8	8 8	8 8	8 8	8 8	8 8	8 8	8 8	8 8	8 8	8 8	8 8	8 8	8 8	8 8
U1	0 0	0 0	0 0		0 0	0		0 0	0 0									
U2		0 0	0 0	0 0	0 0	0												
S1			0 0	0 0	0 0	0 0			0 0									
S2	0 0	0 0	0 0															
S3	0 0	0 0	0 0	0														
Mont.	0 0	0 0	0 0	0 0	0 0	0 0	0 0	0 0										

3. Da es in der Lackiererei insbesondere durch die Annahme von Zusatzaufträgen öfter zu Engpässen kommt, soll die Anlage LK1 der Lackiererei durch einen neuen computergestützten Lackierautomaten, und zwar die Anlage LK2 ersetzt werden. Durch die neue Anlage würden pro Jahr 30 000 Rahmen lackiert werden können. Die neue Anlage LK2 würde Fixkosten in Höhe von 400 000,00 € verursachen und läge bei voller Kapazitätsauslastung bei einer Gesamtkostenhöhe von 1 150 000,00 €. Für die bisher genutzte Lackieranlage LK1 liegen Ihnen folgende Daten vor:

Fixkosten   150 000,00 €
variable Stückkosten   50,00 €
Kapazität pro Jahr   15 000 Stück

Entscheiden Sie, ob die neue Anlage angeschafft werden sollte.

4. Erläutern Sie die KFZ-Regel, die Rüstzeitregel und das Durchlaufzeitensyndrom.

5. Beschreiben Sie, was man unter Auftragsfreigabe versteht.

6. Der Freischwinger „Picto", Bestell-Nr. 207/3, wurde bisher in einem durchschnittlichen Los von 500 Einheiten hergestellt. Durch die zunehmende Nachfrage erwägt die Geschäftsführung den Bau einer eigenständigen Fertigungsstraße, auf der das genannte Modell ausschließlich hergestellt werden soll.

Modellreihe „Picto"	Listenverkaufspreis in EUR	variable Kosten in EUR	Kapazitätsbelastung pro Einheit in Stunden	monatliche Absatzmenge
Bestell-Nr. 203/3 Picto Besucherstuhl	403,00	235,00	1,2	300
Bestell-Nr. 205/3 Picto Drehstuhl	443,00	256,00	1,7	250
Bestell-Nr. 206/8 Picto Drehstuhl	638,00	338,00	2,5	160
Bestell-Nr. 207/3 Picto Freischwinger	293,00	203,00	1,0	500

Im Rahmen der vorhandenen Kapazität stehen monatlich 1.650 Betriebsstunden für die Modellreihe zur Verfügung.

a) Stellen Sie fest, welche Fertigungsverfahren bei der Modellreihe zu finden sind.
b) Klären Sie die Vor- und Nachteile dieser Fertigungsverfahren.
c) Überprüfen Sie die vorhandene Kapazitätsauslastung.
d) Erstellen Sie eine Rangfolge für das Fertigungsprogramm nach dem relativen Deckungsbeitrag.
e) Suchen Sie nach kurzfristigen Lösungen für Bewältigung eines eventuellen Fertigungsengpasses.

Weitere Aufgaben zum relativen Deckungsbeitrag finden Sie in LF 4 auf den Seiten 481 (7.) 482 (8.), 483 (12.) und 484 (14.).

5 Durch Controlling die Leistungserstellung absichern

5.1 Prozesse auf dem Weg zur Qualitätssicherung

Werner Wolf repräsentiert eine Ein-Mann-Abteilung. Als Qualitätsbeauftragter und Stabsstelle ist er der Geschäftsführung unmittelbar verantwortlich. Aufgrund eines Hilferufes an Frau Farthmann sollen die Auszubildenden Schaub und Heller kurzfristig Herrn Wolf bei seiner Arbeit unterstützen.
Er und der ganze Betrieb stehen nämlich im Augenblick kopf, weil ein externes Audit des QM-Systems durch den TÜV Rheinland ansteht. Die Dokumentenpflege wird von den Abteilungen und Mitarbeitern leider nicht immer so ernst genommen, wie es sein sollte. Stichproben zur Überprüfung der Einhaltung von Verfahrensanweisungen sind deshalb unerlässlich, damit das Audit positiv ausfällt. Aus Zeitgründen wird nicht immer gemessen, wenn gemessen werden sollte, oder eine Maschine abgeschmiert, wenn der Wartungsplan es vorsieht.
Zudem beschäftigt Herrn Wolf seit einigen Tagen ein zweites Problem: Im Rahmen der Neugestaltung des Düsseldorfer Flughafens erfüllte die Sommerfeld Bürosysteme GmbH einen Großauftrag für die Lieferung von 50 Hockerbänken Modell „Tubis", die im Wartebereich aufgestellt wurden. Bereits nach einigen Wochen wiesen einige Bänke erhebliche Verschleißerscheinungen auf. Die Lackierung der Schweißstellen begann abzublättern und bei einigen Bänken bildeten sich Risse an den Schweißnähten. Eine Bank zerbrach unter der Belastung eines älteren Ehepaares, wobei ein Unfall nur durch die Aufmerksamkeit von nebenstehenden Passanten verhindert wurde. Die Flughafenleitung ist sehr verärgert und droht der Sommerfeld Bürosysteme GmbH entsprechende Konsequenzen an.

Arbeitsaufträge

- Klären Sie den Unterschied zwischen einer Stabsstelle und einer Instanz.
- Begründen Sie die Notwendigkeit einer umfassenden Anlagen- und Qualitätssicherung.
- Suchen Sie nach den möglichen Ursachen der aufgezeigten Qualitätsprobleme.
- Erstellen Sie einen Katalog von möglichen Maßnahmen zur Qualitätssicherung.
- Erläutern Sie den Einsatz und die Zweckmäßigkeit verschiedener Kontrollverfahren.

Nach dem japanischen Qualitätswissenschaftler Ishikawa sind bei Problemlösungen immer vier Aspekte zu untersuchen, die von ihm in dem sogenannten **Fischgrätenmodell** dargestellt wurden. Danach können Qualitätsprobleme ihren Ursprung bei den eingesetzten Maschinen oder Anlagen, dem verwendeten Material, dem verantwortlichen Arbeitnehmer oder bei der Auswahl des Verfahrens haben.

```
Maschinen        Material
    ↘              ↘
    ↗              ↗                    →   Ursachen für Probleme
Arbeitnehmer    Verfahren                    Ansätze für Lösungsmöglichkeiten
```

Beispiel: Probleme bei einem Lackauftrag können entstehen durch einen zu geringen Druck in der Spritzpistole, zu große oder ungereinigte sowie teilweise verstopfte Düsen, eine zu geringe Fließfähigkeit der Farbe, falsche Handbewegungen des Arbeitnehmers, z. B. zu geringer Abstand zum Werkstück, zu kurze Wartezeiten bis zum zweiten Spritzvorgang.

→ LS 42

Anlagenkontrolle und Anlagensicherung

Anlagenkontrolle und Anlagensicherung sind Grundvoraussetzungen für den reibungslosen Ablauf der Fertigung und die Sicherung der Produktqualität. Dies ist vor allem die Aufgabe der Instandhaltung.

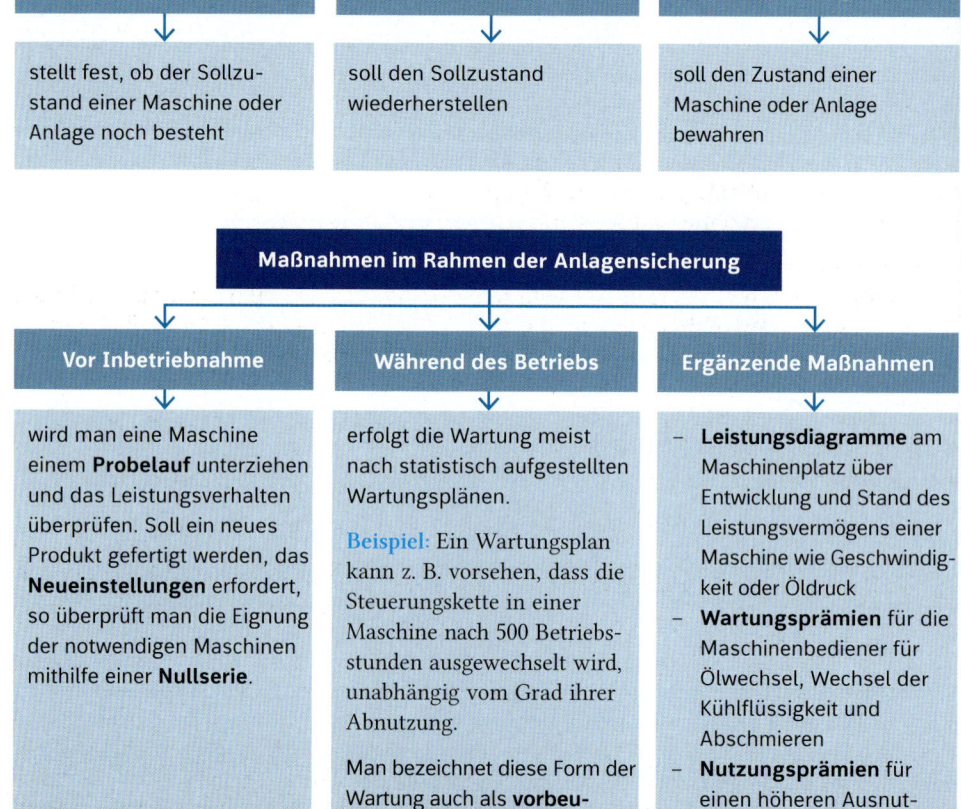

Aufgaben der Instandhaltung nach DIN 31051

Inspektion	Instandsetzung	Wartung
stellt fest, ob der Sollzustand einer Maschine oder Anlage noch besteht	soll den Sollzustand wiederherstellen	soll den Zustand einer Maschine oder Anlage bewahren

Maßnahmen im Rahmen der Anlagensicherung

Vor Inbetriebnahme	Während des Betriebs	Ergänzende Maßnahmen
wird man eine Maschine einem **Probelauf** unterziehen und das Leistungsverhalten überprüfen. Soll ein neues Produkt gefertigt werden, das **Neueinstellungen** erfordert, so überprüft man die Eignung der notwendigen Maschinen mithilfe einer **Nullserie**.	erfolgt die Wartung meist nach statistisch aufgestellten Wartungsplänen. **Beispiel:** Ein Wartungsplan kann z. B. vorsehen, dass die Steuerungskette in einer Maschine nach 500 Betriebsstunden ausgewechselt wird, unabhängig vom Grad ihrer Abnutzung. Man bezeichnet diese Form der Wartung auch als **vorbeugende Instandhaltung.**	– **Leistungsdiagramme** am Maschinenplatz über Entwicklung und Stand des Leistungsvermögens einer Maschine wie Geschwindigkeit oder Öldruck – **Wartungsprämien** für die Maschinenbediener für Ölwechsel, Wechsel der Kühlflüssigkeit und Abschmieren – **Nutzungsprämien** für einen höheren Ausnutzungsgrad der Maschine

Entscheidungen im Rahmen der Anlagenwartung

Wartung durch:

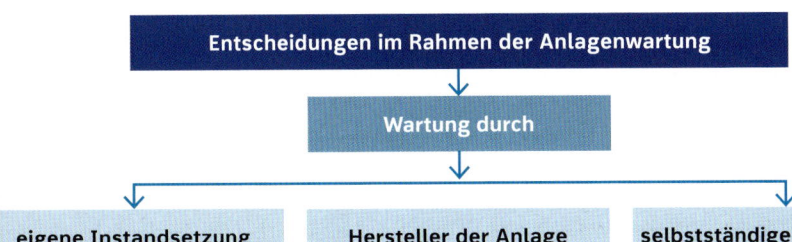

eigene Instandsetzung
Dies garantiert eine schnelle Wiederinbetriebnahme der Maschinen. Man kann davon ausgehen, dass nur wirklich abgenutzte Teile ausgewechselt werden.

Beispiel: Filter- und Siebwechsel, ein fälliger Ölwechsel und das Abschmieren der Maschine werden häufig durch die Bediener der Maschine selbst vorgenommen.

Hersteller der Anlage
Kostengünstige Wartungsverträge sollen für spätere Anschlussaufträge sorgen. Für eine Wartung durch den Hersteller spricht, dass er seine Maschine besonders gut kennt und somit Verschleißerscheinungen exakter abschätzen kann. Er besitzt in der Regel spezielle Kontrollgeräte, sodass die Gefahr eines plötzlichen Ausfalls reduziert werden kann.

Beispiel: die komplette Demontage für den Austausch einer Baugruppe

selbstständige Dienstleister
bei ähnlichen Anlagen, z. B. die verschiedenen Pumpen in einem Wasserwerk. Der Wartungsvorgang entbindet den Betrieb von der Ersatzteilhaltung und fixen Kosten einer eigenen Instandsetzungsabteilung.

Beispiel: Wenn Reparaturen wie das Schweißen undichter Rohranlagen oder die Reinigung von Gasbehältern nur durch autorisierte Fachkräfte vorgenommen werden dürfen oder diese Reparaturen nur mithilfe besonderer Vorrichtungen wie Kränen oder Hebebühnen möglich sind.

Notwendigkeit der Anlagenüberwachung
Eine planmäßig und ohne Zeitdruck ausgeführte Instandhaltung

- senkt die Leerkosten infolge von Maschinenstillstand,
- reduziert mögliche Fehlerfolgeschäden im Maschinensystem, und kann zu den Zeiten durchgeführt werden, in denen nicht produziert wird (vorbeugende Instandhaltung)
- verhindert Improvisationen als Folge von Maschinenstillstand,
- erleichtert die Termineinhaltung,
- fördert eine gleichmäßige Produktqualität,
- hemmt den Leistungsabfall einer Anlage,
- verhindert Unfälle.

Hier gilt der bekannte Spruch aus dem Alltag:

> Ein Ölwechsel zur rechten Zeit ist preiswerter als ein notwendiger Motorwechsel!

Qualitätskontrolle und Qualitätssicherung

Qualitätsmerkmale

Qualität:
Die Qualität gibt damit an, in welchem Maße ein Produkt (Ware oder Dienstleistung) den bestehenden Anforderungen entspricht. Gemeint sind objektiv messbare Merkmale wie z. B. Länge, Breite, Gewicht und Materialspezifikationen.

- Qualitätsmerkmale ergeben sich zunächst aus der **Produktbezeichnung**.

Beispiel: Bezeichnet man ein Produkt als Stuhl, so muss dieses Produkt ein Fußgestell, eine Sitzfläche und Rückenlehne aufweisen.

- Die Produktmerkmale werden meist durch eine Fülle von **DIN-Normen** ergänzt.

Beispiel: Handelt es sich z. B. um einen Bürodrehstuhl, so muss die Sitzfläche nicht nur drehbar sein, sondern nach DIN 4551 mindestens eine verstellbare Sitzhöhe zwischen 42 und 50 cm aufweisen.

- Zu den DIN-Normen kommen noch **Sicherheitsvorschriften** des Staates.

Beispiel: So muss das Fußgestell bei einem Bürodrehstuhl fünf Beine bzw. Rollen aufweisen, während bei einem normalen Stuhl vier Beine genügen.

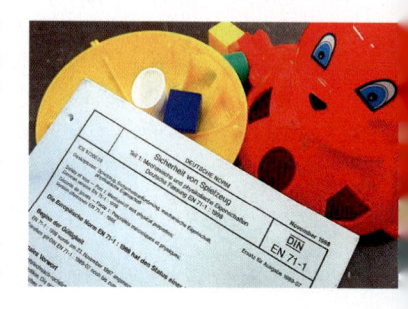

- In vielen Fällen ergänzen zusätzliche **eigene Werksnormen** und **Kundenvorgaben** den vorgegebenen Qualitätsrahmen.

Beispiel: So können die Werksnormen engere Toleranzen für eine Fehlerklassifizierung vorsehen als sie allgemein üblich sind, z. B. ob die Größe einer Schweißnase bei einem Fußgestell noch toleriert werden kann oder nicht. Die Kundenvorgaben können z. B. Anforderungen an die Pflegeleichtigkeit oder Abriebfestigkeit des Stoffbezuges beinhalten.

- Die Beschreibung von Qualitätsmerkmalen reicht hierbei nicht aus. Eine Qualitätssicherung kann nur erfolgen, wenn eindeutige Vorschriften für die Messbarkeit und Prüfung von Qualitätsmerkmalen vorliegen.

Beispiel: Wünscht ein Kunde eine besonders abriebfeste Lederpolsterung bei einem Drehstuhl, so muss dieses Leder nach einer Branchennorm einen Abrieb von mindestens 50 000 Reibungen aushalten, bevor durch die Reibung ein Loch entsteht.

Attributsmerkmale:
Qualitätsmerkmale, bei denen man nur unterscheiden kann, ob sie vorhanden sind oder nicht

Beispiel: Eine Glühbirne brennt oder brennt nicht.

Variable:
Merkmale, die mehr als nur Ja-Nein-Antworten bei ihrer Beurteilung zulassen

- Zur Beurteilung von variablen Merkmalen müssen Sollwerte vorgegeben werden.

Sollwert:
der von der Fertigung anzustrebende Ausprägungsgrad des Merkmals

Beispiel: Damit ein Polsterstoff bei einer größeren und längeren Beanspruchung nicht reißt, sollte er eine gewisse Höchstzugkraft aufweisen, die je nach verwendeter Garnart zwischen 15 und 28 CN (Centinewton) liegen muss. Ähnliches gilt für die Dehnung des Stoffes. Damit der Stoffbezug nicht faltig und unansehnlich wird, sollte das Dehnungsverhalten unter Höchstzugkraftbeanspruchung möglichst nicht mehr als 10 % betragen.

- Durch die Angabe von Grenzwerten wird häufig festgelegt, in welchem Maße Abweichungen nach unten oder oben von dem Sollwert noch akzeptabel sind. Den Bereich zwischen dem oberen und unteren Grenzwert nennt man dann **Toleranz**. Die Angabe von Toleranzen ist dann notwendig, wenn bei dem eingesetzten Material unterschiedliche Ausprägungen einer bestimmten Eigenschaft nicht zu verhindern sind.

Beispiele: Werden Holz oder Spannplatten gestapelt, so weisen die einzelnen Einheiten durch ihren unterschiedlichen Kontakt mit dem Raumklima auch einen unterschiedlichen Feuchtigkeitsgehalt auf. Hier wird man dann Toleranzen für den Feuchtigkeitsgehalt festlegen, z. B. einen Grenzbereich zwischen 8 und 9 %.

Mängel und Fehler → LF6
Der Begriff Mangel ist ein juristischer Begriff.

> *Mangel:*
> beinhaltet die Nichterfüllung einer vertraglich vereinbarten Forderung im Hinblick auf den beabsichtigten Gebrauch eines Erzeugnisses.

Der Begriff Fehler ist nach DIN EN ISO 9000:2015 weiter zu fassen.

> *Fehler:*
> liegt dann vor, wenn eine festgelegte Forderung nicht erfüllt wird, unabhängig davon, ob diese Forderung für den Verwendungszweck wichtig ist oder nicht.

Beispiel: So müssen Schlieren oder Kratzer im Lack keinen Mangel darstellen, weil sie die Gebrauchsfähigkeit des Erzeugnisses nicht beeinträchtigen, wohl aber einen Fehler, wenn sie die Optik des Produktes schmälern.

Bereiche im Rahmen der Qualitätssicherung
Das Ziel der Qualitätssicherung besteht vornehmlich darin, potenzielle Fehlerquellen so früh wie möglich zu erkennen, damit sie gar nicht erst wirksam werden können. Die Qualitätssicherung umfasst die Bereiche:

Qualitätsplanung
Die Qualitätsplanung bestimmt die konkreten Qualitätsziele, die bei der Fertigung der einzelnen Produkte erreicht werden sollen. Sie legt den Vollkommenheitsgrad für einen Auftrag oder ein einzelnes Produkt fest.

Beispiel: Wenn 1 000 Stühle gefertigt werden, so wird man in der Regel eine gewisse Ausschussquote in Kauf nehmen, weil ansonsten der Aufwand an Prüfung und für Fehlerverhütung viel zu hoch wäre, um ein 100 Prozent gutes Ergebnis zu erreichen.

Die Qualitätsplanung entscheidet auch im Einzelfall über die notwendigen Qualitätsmerkmale und ihre Ausprägung.

Beispiel: Dürfen z. B. die Schweißnasen sichtbar sein oder nicht – wenn ja, welche Größe kann toleriert werden und welche nicht mehr?

Qualitätssteuerung

Das Ziel der Qualitätssteuerung besteht darin, Fehler zu verhüten, zum Beispiel durch die folgenden Maßnahmen:

- **Ermittlung kritischer Materialien oder Teile bei der Konstruktion eines Produktes:** Kritische Materialien sind solche Werksstoffe, die eine geringere Eignung des Erzeugnisses für den vorgesehenen Verwendungszweck zur Folge haben können.

    Beispiele: Wird ein Polsterbezug aus Synthetics gewählt, so erreicht man eine gewisse Pflegeleichtigkeit der Sitzfläche, die Einreißgefahr ist jedoch größer als bei Leder. Dies erfordert einen größeren Kantenabstand der Nähte. Besitzt dieses Synthetics eine Deckschicht aus PUR (Polyurethan), so ist das Material weicher, anschmiegsamer, leichter und entsorgungsfreundlicher als PVC, jedoch nicht so kratzfest wie PVC.

- **Feststellung der Eignung des eingesetzten Fertigungsverfahrens:** Fehler entstehen häufig durch eine mangelnde Eignung des gewählten Fertigungsverfahrens und der eingesetzten Betriebsmittel.

    Beispiel: Werden Polsterteile miteinander vernäht, so muss die Stärke der Nähnadel optimal auf die Stärke des Polstermaterials und die Stärke des Fadens abgestimmt sein, damit es beim Vernähen nicht zu einem Fadenreißen kommt oder später die Naht aufreißt, weil die Spannung der Naht zu hoch ist, die Einstiche zu groß sind oder die Stichverbindung von Ober- und Unterfaden nicht in der Mitte des Nähgutes liegt.

    Je kontinuierlicher und beherrschbarer ein Fertigungsprozess abläuft, umso geringer kann in der Regel der Prüfaufwand gehalten werden.

- **Festlegung qualitätsrelevanter Arbeitsanweisungen:** Arbeitsanweisungen beschreiben die qualitätsrelevanten Arbeitsschritte. Qualitätsrelevante Arbeitsanweisungen können sich bis zur Verpackung und zum sachgerechten Transport der Erzeugnisse erstrecken, um Schäden beim Versand zu verhindern.

    Beispiel: Wie viele Stiche soll eine Naht pro Zentimeter aufweisen? So rechnet man bei einem Textil durchschnittlich mit 7 Stichen pro cm. Verringert man die Stichzahl, so spart man Arbeitszeit und reduziert den Fadenverbrauch. Die Festigkeit der Naht nimmt allerdings auch ab.

- **Festlegung von Prüfplänen:** Prüfpläne legen fest, wann und welche Prüfungen vorzunehmen sind.

    Beispiel: Bei der Sommerfeld Bürosysteme GmbH ist die Funktion der Gasfeder vor dem Einbau zu überprüfen. Die Gängigkeit der Lenkrollen ist jedoch erst nach Fertigstellung des Drehstuhles zu kontrollieren, weil sie nach der Montage schnell ausgewechselt werden können.

- **Festlegung von Prüfanweisungen:** Prüfanweisungen legen fest, wie zu prüfen ist, z. B. eine Sichtkontrolle oder eine messende Prüfung mithilfe eines bestimmten Prüfgerätes.

    Beispiel: Dehnungsvermögen und Elastizität der Zugfeder werden bei der Sommerfeld Bürosysteme GmbH maschinell überprüft und gemessen. Die Überprüfung des Polsterbezuges erfolgt durch eine Sichtkontrolle, um Webfehler festzustellen.

- **Festlegung der Prüfmittel und Prüfmittelüberwachung:** Prüfmittel sind Vorrichtungen oder Hilfsmittel, mit denen man ein Qualitätsmerkmal überprüfen kann. Man unterscheidet hier Messgeräte, die eine quantitative Aussage erlauben, und Lehren, die nur eine qualitative Aussage möglich machen. Lehren sind speziell vorgefertigte

Prüfmittel, mit denen man das Werkstück schnell überprüfen kann, jedoch nur mit dem Ergebnis zu groß oder zu klein, zu dick oder zu dünn, d. h. gut oder schlecht.

Beispiel: Sollen die Schutzrohre für die Gasfeder einen Durchmesser von 40 mm und eine Länge von 120 mm aufweisen, so kann man das Vorhandensein dieser Anforderungen durch ein Metermaß exakt messen. Man kann aber auch eine Lehre ansetzen, die auf dieses Maß eingestellt ist.

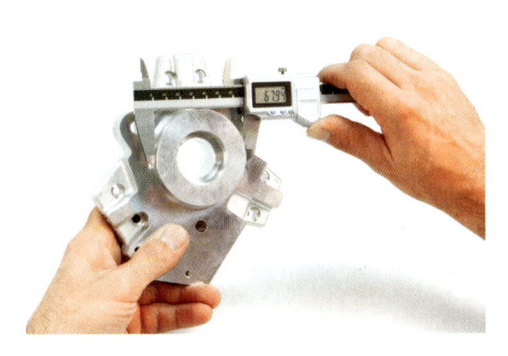

Kontrollverfahren

Hundert-Prozent-Kontrolle

Bei dieser Prüfung werden alle Einheiten oder Stücke eines Fertigungsloses überprüft. Die Überprüfung kann sich auf ein kritisches Merkmal beziehen oder auf mehrere wesentliche Qualitätsmerkmale.

Beispiel: Die Prüfung kann sich darauf beschränken, ob die Gasfeder eines Drehstuhls funktioniert oder nicht funktioniert. Sie kann aber auch weitere Merkmale wie die Geschwindigkeit beim Hoch- und Tieffahren des Drehstuhls oder das Geräuschverhalten umfassen.

In der Regel sind die Kosten einer solchen umfangreichen Kontrolle sehr hoch, sodass ihr Einsatz nur bei technisch hochwertigen Produkten gerechtfertigt ist.

Beispiele: Fahrzeugbau, optische Geräte wie Kameras, ein Behandlungsstuhl für eine Zahnarztpraxis.

> **PRAXISTIPP!**
>
> *Eine Hundert-Prozent-Prüfung ist notwendig, wenn es sich um Sicherheitsteile handelt und Qualitätsmerkmale über Menschenleben entscheiden können.*

Beispiele: Autoräder, die keine Haarrisse aufweisen dürfen; Injektionsflüssigkeiten, die keine Schweißpartikel enthalten dürfen, die beim Zuschweißen der Ampullen entstehen können.

Eine Vollprüfung ist auch zweckmäßig bei hochwertigen Produkten, die aus vielen Teilen und Baugruppen bestehen, die ineinandergreifen, wobei die mangelnde Funktion eines Bauteiles unter Umständen das gesamte Produkt zerstört.

Beispiele: Fehler in der Ankerwicklung eines Transformators, eine zu hohe Amperezahl von elektrischen Absicherungen in Schaltschränken oder Relais, unsachgemäße Fundamente beim Bau einer Brücke

Sinnvoll ist die Hundert-Prozent-Kontrolle grundsätzlich auch in den Fällen, wo durch eingesparte Prüfkosten überproportionale Fehlerkosten entstehen können.

→ LS 42

Beispiel: Der Ausfall oder die Fehlreaktionen eines Steuerungselementes in einer NC-Maschine können bei der Sommerfeld Bürosysteme GmbH zu einem Produktionsausfall oder zu einem erheblichen Ausschuss führen. Dies zwingt den Hersteller zu einer Hundert-Prozent-Überprüfung, bevor das Element eingebaut wird.

Stichprobenkontrolle

Häufig entspricht der Aufwand im Rahmen einer Hundert-Prozent-Kontrolle nicht den hierdurch eingesparten Fehlerkosten. Deshalb prüft man nur eine beschränkte Anzahl von Erzeugnissen aus einem Fertigungslos. Diese Menge nennt man auch **Prüflos**. Damit die gewonnenen Informationen Rückschlüsse auf die Beschaffenheit der gesamten Fertigungsmenge zulassen, ist es notwendig, dass eine ausreichende Zahl von Prüfeinheiten der Fertigungsmenge entnommen wurde und diese möglichst die Eigenschaften der gesamten Fertigungsmenge widerspiegelt.

Diese Anforderung ist automatisch bei der **Chargenfertigung** (vgl. S. 546) gegeben.

Beispiele: Entnimmt man einer Mischtrommel 10 Grippepräparate oder 100 g Farbe, so spiegelt die herausgenommene Prüfmenge die Eigenschaften der restlichen Fertigungsmenge wider.

Eine Vollprüfung wäre völlig unwirtschaftlich. Zudem werden die Prüfstücke bei der Überprüfung im Labor zerstört und sind daher für den Absatz unbrauchbar. Dies gilt für fast alle Erzeugnisse in der Lebensmittelindustrie (**zerstörende Prüfung**).

Die Durchführung **statistischer Qualitätskontrollen** ist meist problemlos und spart erhebliche Kosten. Die Hauptschwierigkeiten liegen in der Bestimmung der Stichprobe und in der Bestimmung der Eingriffsgrenzen. Die Stichprobe muss die Wahrscheinlichkeit, mit der ein Fehler auftreten kann, berücksichtigen. Die Eingriffsgrenze entscheidet eventuell über die Brauchbarkeit oder Unbrauchbarkeit des gesamten Bedarfs- oder Fertigungsloses, aus der die Stichprobe gezogen wurde. Bei der statistischen Qualitätskontrolle unterscheidet man statische und dynamische Qualitätskontrollen. Bei der **statischen Qualitätskontrolle** ist die Stichprobe immer gleich.

Beispiel: Bei einer Bedarfsmenge von 500 Zugfedern werden jeweils immer 30 Zugfedern überprüft, und zwar unabhängig von der Fehlerquote.

Bei der **dynamischen Qualitätskontrolle** richtet sich der Stichprobenumfang nach dem bisherigen Vollkommenheitsgrad bzw. der bisherigen Fehlerquote des überprüften Materials.

Beispiel: 50 Zugfedern aus einem Los von 500 Zugfedern wurden überprüft mit dem Ergebnis 0 Fehler. Die zweite Bedarfsmenge führt bei der Überprüfung zu dem gleichen Ergebnis. Die dritte Bedarfsmenge wird deshalb überhaupt nicht überprüft. Die vierte Bedarfsmenge wird wieder überprüft, ergibt jedoch bei einer Stichprobe von 30 Einheiten drei Fehler. Die fünfte Stichprobe wird deshalb auf 100 erhöht und ergibt 10 Fehler. Nun besteht die Frage, ob eingegriffen werden muss oder nicht, z. B. ob die gesamte Bedarfsmenge noch eingesetzt werden darf, ob der Lieferant zu rügen ist oder sogar gewechselt werden muss. Wurden die Zugfedern selbst gefertigt, so ist der Fertigungsablauf zu überprüfen und eventuell zu ändern.

Qualitätskosten

Aufwendungen, die durch das Qualitätswesen verursacht werden, nennt man Qualitätskosten. Hierbei unterscheidet man drei Kostenaspekte.

```
                    Qualitätskosten
           ┌───────────────┼───────────────┐
           ▼               ▼               ▼
       Prüfkosten   Fehlerverhütungskosten   Fehlerkosten
```

> **Prüfkosten:**
> Sie beinhalten Aufwendungen, die zur Feststellung von Fehlern entstehen.

Beispiele: Personalkosten der Prüfer, Anschaffung und Instandhaltung von Prüfgeräten, Betriebskosten der Prüfstellen, Produktionsunterbrechungen bedingt durch Prüfungen, Unbrauchbarkeit der bei der Prüfung zerstörten Erzeugnisse

Die Höhe der Prüfkosten wird von den folgenden Faktoren beeinflusst:

- **Prüfungsumfang**: So werden die Kosten bei einer **Vollprüfung** erheblich höher sein als bei einer **Stichprobenprüfung**. Es sei denn, dass automatisierte Prüfgeräte eingesetzt werden können.

- **Prüfungsort**: Hierbei ist zu unterscheiden, ob die Prüfung am Arbeitsplatz stattfindet oder an einer gesonderten Prüfstelle. Erfolgt die Prüfung am Arbeitsplatz, so entstehen keine zusätzlichen Transport- und Liegezeiten. Die Durchlaufzeit ist kürzer. Andererseits kann der Aufwand für die Bereitstellung von Prüfmitteln höher sein.

- **Prüfungsart**: Bei der Durchführung von Prüfungen unterscheidet man die **Variablenprüfung** und die **Attributskontrolle**. Wird eine notwendige Eigenschaft des Erzeugnisses gemessen, so bezeichnet man diese Prüfung als Variablenprüfung. Die Qualität gilt als gewahrt, wenn der Messwert innerhalb der festgelegten Toleranz liegt. In der Regel nimmt eine solche Prüfung eine gewisse Zeitdauer in Anspruch und bedarf aufwendiger Prüfmittel. Kostengünstiger ist die Attributskontrolle, bei der nur das Vorhandensein oder Nichtvorhandensein einer Eigenschaft geprüft wird. Man bezeichnet sie auch als Gut-oder-Schlecht-Prüfung. Häufig erfolgt sie als **Sichtkontrolle**.

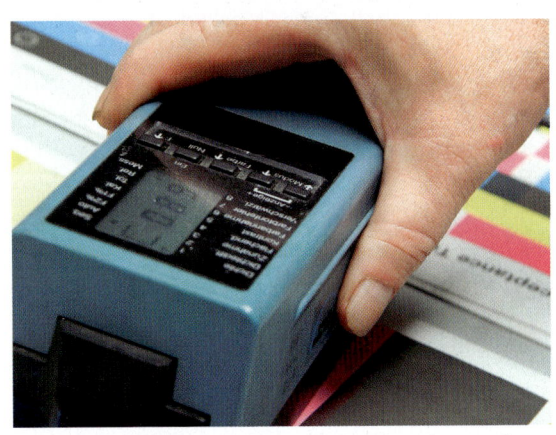

- **Prüfer**: Normalerweise erfordert das Wesen einer Prüfung, dass niemand sich selbst kontrolliert, so dass eine Eigenprüfung ausscheidet. Dieser Grundsatz wird jedoch nicht immer eingehalten, weil die Eigenprüfung dann sinnvoll sein kann, wenn hierdurch erhebliche Prüfkosten eingespart werden und das Verantwortungsbewusstsein der Arbeitnehmer oder Fertigungsgruppe gestärkt werden soll. **Fremdprüfungen** durch eine interne oder externe Prüfstelle sind nicht zu umgehen, wenn umfangreiche Prüfmittel notwendig sind und spezielle Fachkenntnisse für die Durchführung des Prüfungsablaufs vorhanden sein müssen.

Zwischen dem Prüfungsaufwand und der Fehlerquote oder dem Vollkommenheitsgrad eines Produktes besteht zunächst kein ursächlicher Zusammenhang. Unabhängig vom Umfang einer speziellen Prüfung kann sich als Ergebnis eine hohe oder niedrige Fehlerquote ergeben. Werden jedoch im Gesamtablauf der Fertigung mehrere Prüfstellen bei einzelnen Teilabläufen zwischengeschaltet, so steigt der Prüfaufwand und die Folgewirkungen von Fehlern, die in frühen Teilabläufen bereits vorhanden sind, nehmen ab. Hier gilt: Je später ein Fehler entdeckt wird, desto größer werden die Kosten, die er verursacht.

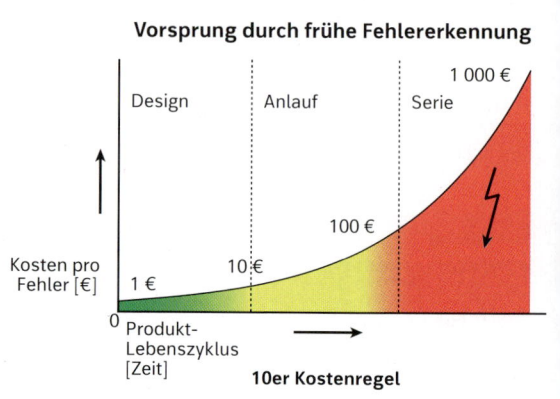

> **Fehlerverhütungskosten:**
> Dies sind alle Aufwendungen für Maßnahmen, die das Entstehen von Fehlern vermeiden sollen und das Beseitigen von Fehlerquellen zum Ziel haben.

Beispiele: Lieferantenüberwachung und -beurteilung, Qualitätsschulung und -motivation der Mitarbeiter, Optimierung der angewendeten Fertigungsverfahren, Entwicklung zweckmäßiger Prüfgeräte, Erstellung von Prüfvorschriften

Je größer der Aufwand ist, der für die Fehlerverhütung eingesetzt wird, desto geringer sind voraussichtlich die Fehlerkosten bzw. die Chance, das ein fehlerhaftes Produkt den Betrieb verlässt.

> **Fehler(folge)kosten:**
> Dies sind Kosten, die durch Fehler an einem Teil, an einer Baugruppe oder am Enderzeugnis verursacht werden.

Beispiele: Ausschuss, Nacharbeit, Preisminderungen bei dem hergestellten Erzeugnis, Entsorgungskosten, Garantieleistungen bei Kundenreklamationen, Schadenersatz im Rahmen einer Produkthaftung.

Zwischen den Fehlerverhütungskosten und den Fehlerkosten besteht eine erhebliche Wechselwirkung. Wird ein hoher Aufwand für die Fehlerverhütung angesetzt, so sinken die Fehlerkosten. Andererseits ist mit hohen Fehlerkosten zu rechnen, wenn die Fehlerverhütung vernachlässigt wird.

Beispiel: Bei der Sommerfeld Bürosysteme GmbH verhalten sich die Fehlerkosten bei der Produktgruppe „Warten und Empfang" weitgehend umgekehrt proportional zur Fehlerquote. Die Fehlerverhütungskosten steigen jedoch in dem Bereich zwischen einem Vollkommenheitsgrad von 80 und 100 % überproportional an, sodass eine Null-Fehler-Quote nur bei den kritischen Teilen angestrebt wird wie bei der Funktion von Gasfedern und der Festigkeit von Schweißnähten. Kleine Lackschäden wie Kratzer im Lack oder Schweißnasen an nicht direkt sichtbaren Stellen werden jedoch toleriert.

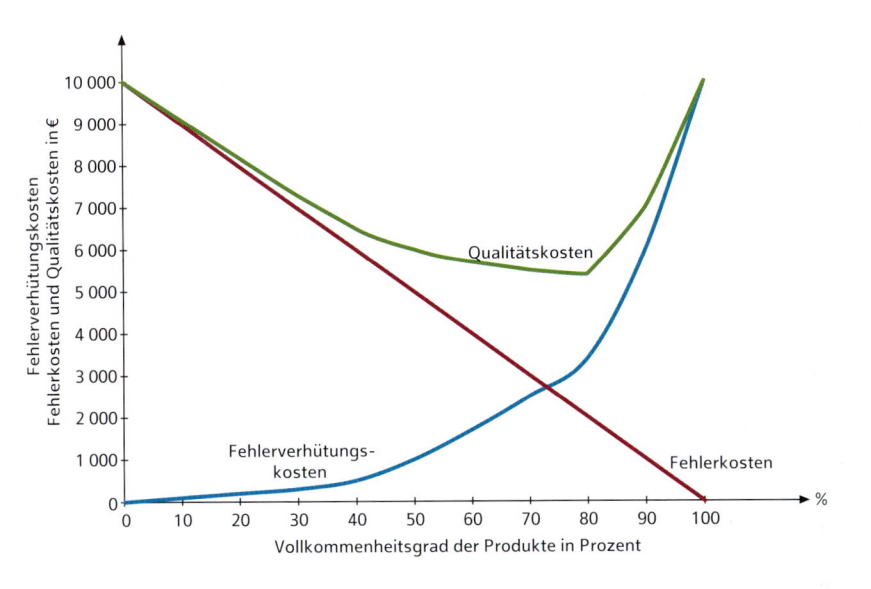

Vollkommenheitsgrad der Produktgruppe „Warten und Empfang"	10 %	20 %	30 %	40 %	50 %	60 %	70 %	80 %	90 %	100 %
Fehlerquote	90 %	80 %	70 %	60 %	50 %	40 %	30 %	20 %	10 %	0 %
Fehlerverhütungskosten monatlich in €	100	200	300	500	1 000	1 700	2 500	3 400	6 000	10 000
Fehlerkosten monatlich in €	9 000	8 000	7 000	6 000	5 000	4 000	3 000	2 000	1 000	0
Qualitätskosten monatlich in €	9 100	8 200	7 300	6 500	6 000	5 700	5 500	5 400	7 000	10 000

Optimale Fehlerquote

Sie beinhaltet, dass nicht unbedingt ein Vollkommenheitsgrad von 100 Prozent anzustreben ist, sondern eine gewisse Fehlerquote in Kauf zu nehmen ist. Das Ziel einer Null-Fehler-Produktion erfordert einen solchen Aufwand an Fehlerverhütung und Prüfung, der durch die eventuell eingesparten Fehlerkosten nicht gerechtfertigt ist. Die optimale Fehlerquote ergibt sich dann dort, wo die Summe der gesamten Qualitätskosten am niedrigsten ist. Die Frage nach der optimalen Fehlerquote ergibt sich allerdings nicht bei der Fertigung von Sicherheitsteilen, sondern nur für Fehler mit begrenzten Folgeschäden, z. B. für nebensächliche Fehler oder Schönheitsfehler.

Beispiel: Die angeführte Tabelle zeigt, dass in der Produktgruppe „Warten und Empfang" ein Vollkommenheitsgrad von 80 Prozent anzustreben ist, weil hier die Summe aus Fehlerverhütungskosten und Fehlerkosten ein Minimum ergibt. Gewisse Mängel wie Kratzer oder kleine Blasen im Lack wird man nicht völlig ausschließen können. Bei den Schweißnähten der Tubis Polsterbänke wird jedoch mithilfe einer Röntgenanlage eine Hundertprozentprüfung vorgenommen, um Haarrisse auszuschließen.

Qualitätsmanagementsysteme (QM-Systeme)

Durch den zunehmenden Konkurrenzkampf zwischen den einzelnen Unternehmen, der durch die Globalisierung der Märkte noch verstärkt wird, nimmt der Stellenwert der

Qualitätssicherung in allen Branchen zu. Wird die Qualitätssicherung zur „Chefsache", d. h. zu einem wichtigen Bestandteil von Führungsaufgaben, so liegen die ersten Ansätze für ein Qualitätsmanagement vor.

> **Qualitätsmanagement (QM):**
> Nach DIN EN ISO 9000:2015 beinhaltet der Begriff alle organisatorischen Maßnahmen, die der Verbesserung der Prozessqualität, der Leistungen und damit den Produkten jeglicher Art dienen. Qualitätsmanagement ist eine Kernaufgabe des Managements.

Die Normenreihe **DIN EN ISO 9000 ff.** spricht Empfehlungen zum Aufbau von Qualitätsmanagementsystemen (QM-System) aus und legt die Mindestanforderungen an die Aufbau- und Ablauforganisation des Unternehmens sowie die Nachweisführung fest, vor allem wenn eine Zertifizierung angestrebt wird oder erhalten bleiben soll.

→ LF6 Beispiel: So soll nach **DIN EN ISO 9001**[1] das Qualitätsmanagementsystem über 20 wichtige Inhalte bzw. Verfahrensanweisungen Auskunft geben:

01 Verantwortung der Leitungsorgane
02 Einführung und Fortführung eines QM-Handbuches mit QM-Verfahrensanweisungen
03 Verfahren zur Vertragsprüfung
04 Designlenkung (Konstruktion und Entwicklung)
05 Lenkung von Dokumenten und Daten
06 Verfahren bei der Durchführung der Beschaffung
07 Lenkung der vom Kunden bereitgestellten Produkte
08 Kennzeichnung und Rückverfolgung von Produkten
09 Lenkung von Produktionsprozessen
10 Durchführung von Prüfungen
11 Überwachung von Prüfmitteln
12 Kennzeichnung des Prüfstatus von Produkten
13 Lenkung fehlerhafter Produkte
14 Korrektur- und Vorbeugungsmaßnahmen
15 Innerbetrieblicher Transport, Lagerung, Verpackung und Versand
16 Lenkung von Qualitätsaufzeichnungen
17 Verfahren für die Durchführung interner Qualitätsaudits
18 Schulung der Mitarbeiter
19 Verfahren für die Wartung beim Kunden
20 Anwendung statistischer Methoden

Je nach Betrieb oder Produkt kann ein QM-System verschieden ausgestaltet sein.

DIN EN ISO 9001	Die Qualitätssicherung umfasst alle Bereiche vom Design über Entwicklung, Produktion, Montage bis zur Wartung.
DIN EN ISO 9004	EN ISO 9004 stellt einen Leitfaden bereit, der sowohl die Wirksamkeit als auch die Effizienz des Qualitätsmanagementsystems betrachtet
DIN EN ISO 19011	Diese Norm enthält eine Anleitung zur Durchführung von Audits für Qualität- und Umweltmanagementsysteme.

Beispiel: Die Sommerfeld Bürosysteme GmbH ist schon seit vielen Jahren nach ISO EN 9001 zertifiziert. Im Rahmen dieser Zertifizierung hat sie sich dazu verpflichtet, langlebige Produkte herzustellen und auf ein zeitloses Design zu achten. Um die angestrebten Qualitätsziele zu erreichen, wird permanent auf eine entsprechende Konstruktions- und Fertigungsqualität geachtet. Hierzu wurde eine Stabsstelle „Qualitätsmanagement" eingerichtet, die der Geschäftsführung direkt angegliedert ist.

---

[1] Die neueste Fassung aus 2015 lautet: DIN EN ISO 9001:2015.

Unter www.wirtschaftslexikon.gabler.de finden Sie unter dem Stichwort „Total Quality Management" ein weiteres unternehmensumfassendes Qualitätskonzept sowie den Unterschied zu Qualitätsmanagementsystemen.

Audits   → LF6

Die Zertifizierung der verschiedenen Systeme erfordert, dass in regelmäßigen Abständen die Wirksamkeit des QM-Systems durch sogenannte Audits überprüft und nachgewiesen wird. Durch ein **Audit** werden Richtigkeit und Vollständigkeit der vorhandenen Vorschriften, ihre Darlegung und Bekanntheit bei den Mitarbeitern sowie ihre Durchführung und Einhaltung überprüft. Ein Audit kann durch interne oder externe Auditoren durchgeführt werden.

Zur Zertifizierung eines QM-Systems oder eines Öko-Managementsystems muss von einer anerkannten Organisation, z. B. dem TÜV, ein Systemaudit durchgeführt und dies als angemessen beurteilt worden sein.

> **PRAXISTIPP!**
>
> *Weitere Informationen zum Qualitätsmanagement finden Sie im Internet unter www.aachen.ihk.de unter dem Suchbegriff „Qualitätsmanagement".*

Mit dem **Öko-Audit** wird festgestellt, ob das Managementsystem alle Gefahrenquellen berücksichtigt, die notwendigen Anweisungen dokumentiert hat und die entsprechenden Vorschriften in allen betroffenen Bereichen eingehalten werden. Das Öko-Audit ist in zunehmenden Maße eine Voraussetzung für die Verlängerung von Betriebserlaubnissen in bestimmten Gefahrenbereichen.

Ablauf Öko-Audit

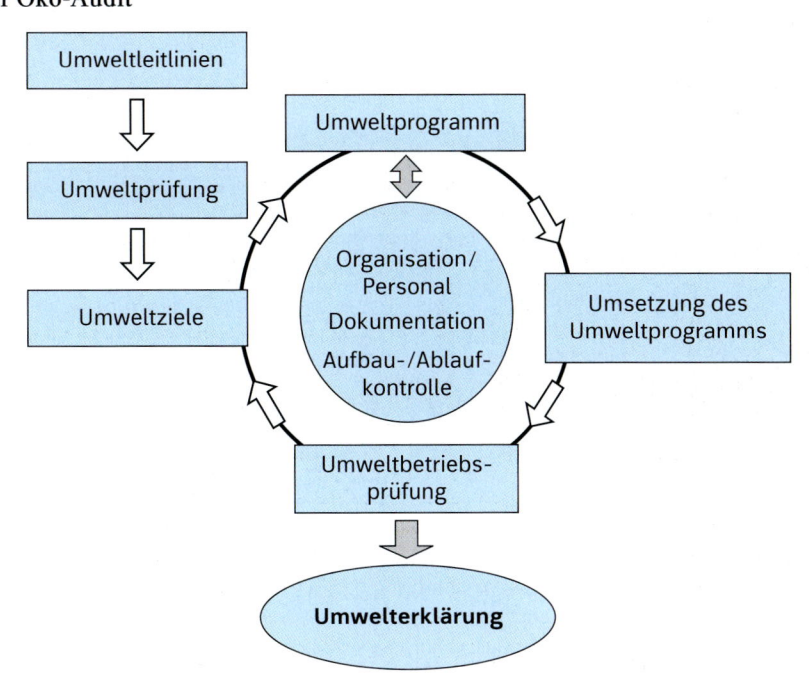

Weitere Ansätze des Qualitätsmanagements

Ansatz	Erläuterung
Total Quality Management (TQM)	TQM ist eine langfristig angelegte Qualitätsphilosophie, die alle Unternehmensteile und Wertschöpfungsphasen umfasst. Ziel ist die Erfüllung der Kundenerwartungen, was die Qualität der Produkte, Dienstleistungen sowie Abwicklung von Vorgängen angeht. Das Besondere ist, dass auch Mitarbeiter und Abteilungen im eigenen Unternehmen als Kunde angesehen werden sollen und zufriedenzustellen sind. Weitere Kernpunkte: – Bei Routinearbeiten gilt das Null-Fehler-Prinzip, Fehler im innovativen Bereich werden dagegen als Lernquelle gesehen. – Eigenverantwortung (Prinzip des internen Kunden) – Kernkompetenzen (Ausbau von Stärken und Erfolgspositionen des Unternehmens). – TQM wird von der Unternehmensleitung initiiert und geführt. **Beispiel:** In der Sommerfeld Bürosysteme GmbH ist Herr Werner Wolf Qualitätsbeauftragter. Sein Aufgabengebiet umfasst die Planung, Durchsetzung und Kontrolle aller Maßnahmen zur Sicherung der Qualitätsstandards im Unternehmen. Dabei wird sowohl auf die Qualität der abzusetzenden Produkte als auch die eingesetzten Arbeitsverfahren und die vorhandenen betrieblichen Prozesse geachtet.
Kaizen	Die japanische Kaizen-Philosophie ist in ihrem Kern beschrieben durch den Satz: „One step forward by 100 people is better than 100 steps forward by a single leader." Es geht darum, als Organisation ständige Veränderungen zu akzeptieren, um flexibel auf den Wandel der Umwelt reagieren zu können. Die Veränderung wird als ständiger Verbesserungsprozess betrachtet. Die Verbesserung bezieht dabei sowohl Produkte als auch alle Unternehmensteile und -vorgänge ein. Wichtig ist dabei die Annahme, dass nachhaltige Verbesserungen nur in der Gruppe (Team) erreichbar sind. Kaizen setzt auf die Politik der kleinen, aber stetigen Schritte.

Vergleich Kaizen mit Innovation

	Kaizen	Innovation
Effekt	langfristig und andauernd, aber undramatisch	kurzfristig, aber dramatisch
Tempo	kleine Schritte	große Schritte
Zeitlicher Rahmen	koninuierlich und stetig	unterbrochen und befristet
Erfolgschance	gleichbleibend hoch	abrupt und unbeständig
Vorgehensweise	Kollektivgeist, Gruppenarbeit, Systematik	individuelle Ideen und Anstrengungen
Devise	Erhaltung und Verbesserung	Abbruch und Neuaufbau

Aufgrund gesellschaftlicher und kultureller Unterschiede ist Kaizen nicht direkt auf deutsche Unternehmen übertragbar. Hier hat sich ein entsprechender Ansatz herausgebildet: **KVP (Kontinuierlicher Verbesserungsprozess)**, bei dem westliche Besonderheiten von Unternehmen berücksichtigt werden.

Möglichkeiten zur Qualitätssteigerung

Qualitätszirkel
Es handelt sich um die Einrichtung einer Arbeitsgruppe mit Mitarbeitern aus den betroffenen Bereichen, die in regelmäßigen Besprechungen während der Arbeitszeit auf freiwilliger Basis qualitätsrelevante Vorschläge machen.

Beispiel: Bei der Sommerfeld Bürosysteme GmbH erfolgt die Produktentwicklung in Projektarbeit. Die Projektgruppen sind zumindest zeitweise aus Mitarbeitern der verschiedensten Verantwortungsbereiche zusammengesetzt. So fließen von Anfang an die Kompetenzen aus Beschaffung, Vorrichtungsbau, Logistik und Produktion in den Entwicklungsprozess ein.

Qualitätsprämien
Die Mitarbeiter erhalten eine zusätzliche Vergütung, wenn die Fehlerkosten bedingt durch Ausschuss oder Nacharbeit bisherige Erfahrungswerte unterschreiten.

Beispiel: Die Mitarbeiter der Sommerfeld Bürosysteme GmbH erhalten neben ihrem Grundlohn eine Prämie von bis zu 50 % des normalen Stundenlohnes. Diese Prämie richtet sich je zur Hälfte nach positiven persönlichen Qualifikationen wie Flexibilität und Teamfähigkeit des einzelnen Mitarbeiters und nach dem mengenmäßigen und qualitativen Leistungsgrad der Fertigungsgruppe. Sinken die Fehlerkosten bedingt durch den Rückruf von Produkten oder die Nachbesserungen beim Kunden unter den Normalwert, erhält die Gruppe eine Qualitätsprämie.

Qualität im Kopf
Hinweisschilder an den einzelnen Arbeitsplätzen weisen die Arbeitnehmer auf die Bedeutung der Qualitätssicherung für die Sicherung ihrer Arbeitsplätze hin.

Beispiele:
- Nur durch Qualität sichern wir die Zukunft des Unternehmens!
- Die Kunden vergessen den Preis, die Qualität jedoch nicht!
- Wir waren gestern gut, morgen sind wir noch besser!
- Nicht wir, sondern der Kunde zahlt den Lohn!

Automatisierte Prüfverfahren
Sie unterliegen nicht der Ermüdung und dem Konzentrationsverlust, mit denen bei manuellen Verfahren gerechnet werden muss.

Beispiel: So können Einschüsse, dies sind sehr kleine Blasen im Stahl, durch Ultraschall festgestellt werden. Ähnliches gilt für Haarrisse in Aluminium, die durch das Auge kaum aufgedeckt werden können, jedoch durch eine Röntgenbestrahlung eindeutig sichtbar werden.

Qualitätsregelkarten
Sie enthalten die verschiedenen Messwerte bei einzelnen Fertigungsabläufen und können durch statistisch ermittelte Warn- und Eingriffsgrenzen die Entscheidung über Gut oder Schlecht erheblich erleichtern.

Beispiel: Bei der Sommerfeld Bürosysteme GmbH wird jede Spanplatte vor dem Auftrag des Furniers auf ihren Gehalt an Feuchtigkeit untersucht. Die Messwerte gehen von dem Messinstrument online zu einem Rechner, der die Messwerte festhält. Liegen die Messwerte zwischen 6 und 8 % an Feuchtigkeit, so besteht kein Anlass zu einem Eingriff. Übersteigen mehrere Prüfwerte den Normalbereich, d. h., liegen sie über 8 %, so besteht ein Grund zu erhöhter Vorsicht. Ergibt sich dreimal ein Messwert, der über 8,5 % liegt, so fordert der Rechner zu einem Eingriff auf, d. h., alle restlichen Spanplatten werden für die Fertigung gesperrt und noch einmal nachgetrocknet.

Vorbeugende Instandhaltung

Durch Inspektion und Wartung der eingesetzten Maschinen nach festen Wartungsplänen können häufig Bearbeitungsfehler vermieden werden. Ähnliches gilt für den vorzeitigen Austausch von Werkzeugen oder Lehren, die einer mechanischen Beanspruchung unterliegen (vgl. S. 618 ff).

Materialanalysen

Aus Kostengründen werden häufig Materialien eingesetzt, die weder den Anforderungen der angewandten Fertigungsverfahren noch der späteren Beanspruchung durch den Kunden genügen.

Bedeutung des Qualitätswesens

Das Qualitätswesen besitzt eine große Bedeutung

- für die Sicherung der Wettbewerbsfähigkeit der Unternehmung,
- für den Ruf des Unternehmens und seine Vertrauenswürdigkeit bei den Kunden,
- für die Sicherheit von Menschenleben und den Schutz der Umwelt,
- für die Einsparung von Herstellkosten, indem Nacharbeit und Ausschuss vermieden werden,
- für die Verringerung von Garantieleistungen, indem Reklamationen von Kunden abnehmen.

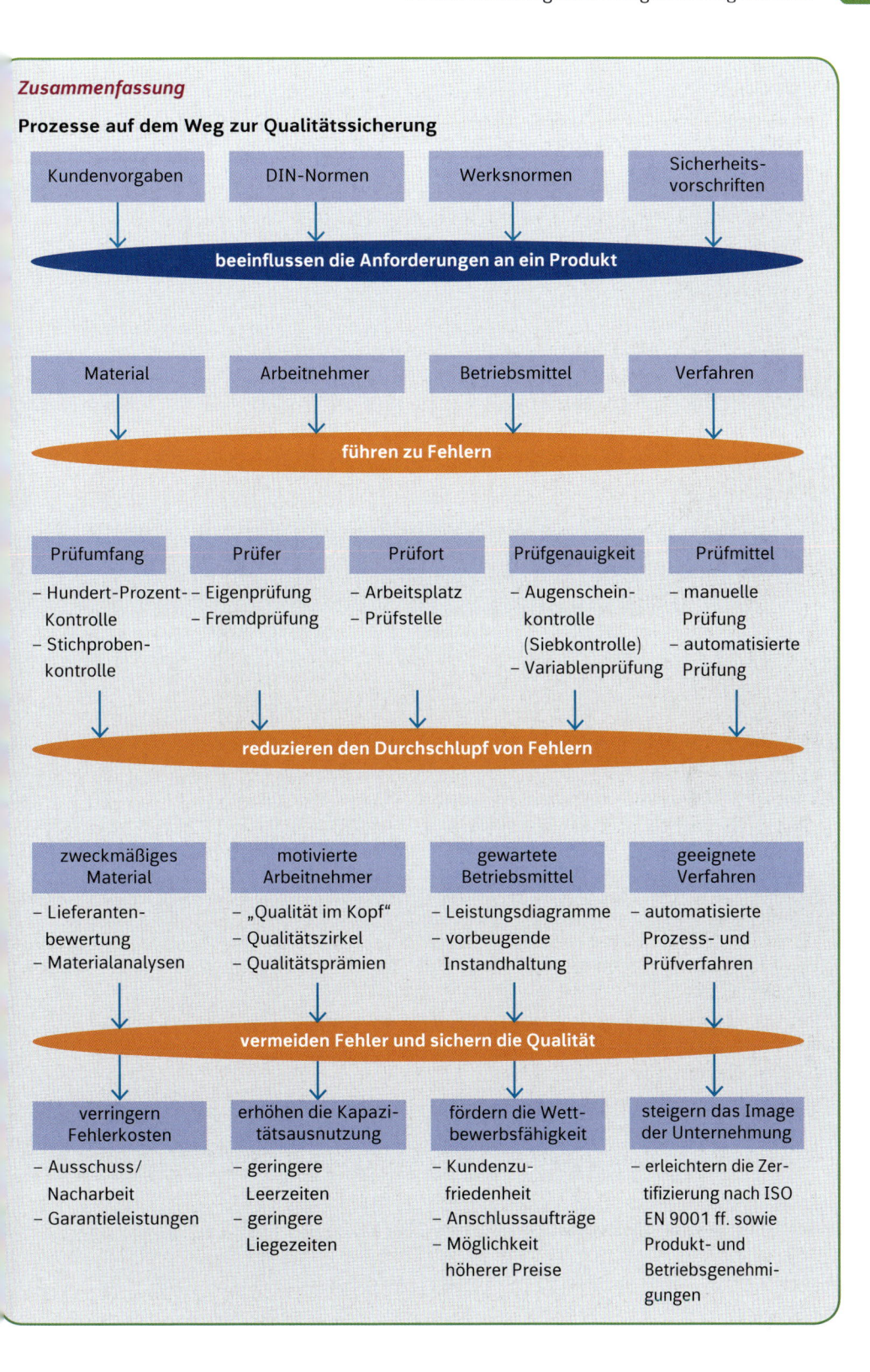

Zusammenfassung
Prozesse auf dem Weg zur Qualitätssicherung

| Kundenvorgaben | DIN-Normen | Werksnormen | Sicherheitsvorschriften |

↓ **beeinflussen die Anforderungen an ein Produkt** ↓

| Material | Arbeitnehmer | Betriebsmittel | Verfahren |

↓ **führen zu Fehlern** ↓

Prüfumfang
- Hundert-Prozent-Kontrolle
- Stichprobenkontrolle

Prüfer
- Eigenprüfung
- Fremdprüfung

Prüfort
- Arbeitsplatz
- Prüfstelle

Prüfgenauigkeit
- Augenscheinkontrolle (Siebkontrolle)
- Variablenprüfung

Prüfmittel
- manuelle Prüfung
- automatisierte Prüfung

↓ **reduzieren den Durchschlupf von Fehlern** ↓

zweckmäßiges Material
- Lieferantenbewertung
- Materialanalysen

motivierte Arbeitnehmer
- „Qualität im Kopf"
- Qualitätszirkel
- Qualitätsprämien

gewartete Betriebsmittel
- Leistungsdiagramme
- vorbeugende Instandhaltung

geeignete Verfahren
- automatisierte Prozess- und Prüfverfahren

↓ **vermeiden Fehler und sichern die Qualität** ↓

verringern Fehlerkosten
- Ausschuss/Nacharbeit
- Garantieleistungen

erhöhen die Kapazitätsausnutzung
- geringere Leerzeiten
- geringere Liegezeiten

fördern die Wettbewerbsfähigkeit
- Kundenzufriedenheit
- Anschlussaufträge
- Möglichkeit höherer Preise

steigern das Image der Unternehmung
- erleichtern die Zertifizierung nach ISO EN 9001 ff. sowie Produkt- und Betriebsgenehmigungen

Aufgaben

1. Störungen in der Fertigung können bedingt sein durch Werkstoffe, Betriebsmittel, Arbeitskräfte. Nennen Sie jeweils

   a) zwei Beispiele für derartige Störungen,
   b) je eine Maßnahme zur Vermeidung der genannten Störungen.

2. Die Sommerfeld Bürosysteme GmbH fertigt unter anderem die Stehstuhlstütze Quickship. Ein Schwerpunkt im Fertigungsablauf ist nach dem Zuschneiden das Vernähen der Polsterteile. Da in der Vergangenheit verbogene und stumpfe Nadeln häufig zu Fadenrissen führten und damit zu Ausschuss, Nacharbeit und Reklamationen von Kunden, wurde von der Qualitätssicherung eine Analyse mit dem Ergebnis durchgeführt, dass ein vorzeitiger Austausch der Steppnadeln die Fehlerquote erheblich sinken lässt. Der folgende Auftrag soll daher optimiert werden: Ein Großhändler hat 200 Stehstuhlstützen zur Auslieferung Ende März bestellt. Die Herstellkosten betragen ausschließlich der Qualitätskosten 40 000,00 €. Der Austausch der Steppnadeln verursacht jeweils 60,00 € Kosten. (Gehen Sie davon aus, dass das durch Fehler beeinträchtigte Zwischenprodukt nicht weiter verwendet werden kann. Weitere Folgekosten werden nicht berücksichtigt.)

Steppnadel-wechsel	Fehler-verhütungs-kosten	übrige Herstell-kosten	Fehler-quote	Fehler-kosten	Summe der Qualitäts-kosten
0	0,00 €	40 000,00 €	3,20 %	1 280,00 €	1 280,00 €
1			1,60 %		
2			0,80 %		
3			0,40 %		
4			0,20 %		
5			0,10 %		

   a) Ergänzen Sie die Tabelle und ermitteln Sie die optimale Fehlerquote.
   b) Beschreiben Sie den Verlauf der Fehlerverhütungskosten und den Verlauf der Fehlerkosten.
   c) Die Geschäftsführung plant die Einführung eines Qualitätszirkels zur Verbesserung des Qualitätsstandards ihrer Produkte. Erklären Sie die Einrichtung eines Qualitätszirkels.
   d) Für manche Unternehmen ist nicht die optimale Fehlerquote, sondern eine Nullfehlerquote entscheidend. Nennen Sie hierfür mehrere Gründe.

3. Die folgende Tabelle zeigt die Ausfallstunden bedingt durch Maschinenstörungen in verschiedenen Werkstätten der Sommerfeld Bürosysteme GmbH.

   a) Ermitteln Sie die Summe der Ausfallkosten für den Monat Mai.
   b) Errechnen Sie den Wertanteil der einzelnen Kostenstellen/Maschinenplätze an den Ausfallkosten.
   c) Bilden Sie einen Aktionsplan aufgrund einer ABC-Analyse für die Anlagenüberwachung.

Kostenstelle/Anlage	Ausfallstunden im Monat Mai	Belegungsfaktor pro Minute in €
0300 Sägen	12	1,5
0600 Biegen	11	4,5
0750 Bohren	36	1,0
0850 Schweißen	14	2,0
0875 Löten	27	2,5

5.2 Sicherung der Termineinhaltung

Die Geschäftsleitung der Sommerfeld Bürosysteme GmbH hat die Abteilungsleiter des Unternehmens zu einer dringenden Mitarbeiterbesprechung eingeladen, um den Kostenanstieg der letzten Monate zu erörtern. Vor allem dem Vertrieb wird vorgeworfen, dass die Kosten erheblich höher seien, als sie im Rahmen der Budgetplanung eingeschätzt wurden. Herr Kraus, zuständig für den Vertrieb, begründet diesen Sachverhalt mit der Tatsache, dass alleine 500 000,00 € für Eilfrachten angefallen seien, um Terminzusagen an die Kunden einzuhalten und eventuelle Konventionalstrafen zu vermeiden.

Arbeitsaufträge

- Suchen Sie nach möglichen Ursachen für eine Terminverzögerung.
- Beschreiben Sie wirksame Maßnahmen zur Vermeidung von Terminverzögerungen.

Neben der Qualität besitzen die Zuverlässigkeit und Wirtschaftlichkeit einen entscheidenden Einfluss auf den Markterfolg eines Unternehmens. Der weltweit wachsende Konkurrenzdruck zwingt dazu, Qualität und Zuverlässigkeit so kostengünstig wie möglich anzubieten. Durch eine Optimierung aller Bereitstellungsprozesse können zusätzlich Einsparungen erzielt werden, die zu höheren Gewinnen führen und damit die Chance für Neuinvestitionen erhöhen.

Mögliche Ursachen	Mögliche Auswirkungen
für/von Terminverzögerungen	
– Überschätzung der eigenen Kapazität	– zusätzliche Leerkosten durch Maschinenstillstand
– leichtfertige Terminzusagen, um einen Auftrag zu erhalten	– zusätzliche Rüstkosten durch einen Wechsel auf einen Ersatzauftrag
– eine unvorhersehbare Materialverknappung	– Kostendifferenzen bedingt durch einen Deckungskauf oder den Einsatz von höherwertigem Substitutionsmaterial
– Schlechtleistung, Fehlteile bei der Beschaffung	– Überstundenzuschläge bedingt durch Mehrarbeit
– eine lückenhafte Arbeitsvorbereitung	– Eilfrachten, die zur Beschleunigung des Versands anfallen
– Maschinenausfall, unplanmäßiger Ausschuss, Streik der Mitarbeiter	– zu zahlende Konventionalstrafen bei einer verspäteten Auslieferung
	– Imageverluste bei den Kunden

→ LF6

Maßnahmen zur Vermeidung von Terminverzögerungen

Eine Maßnahme zur Vermeidung von Terminverzögerungen beinhaltet die **vorbeugende Terminüberwachung**. Sie beginnt bereits bei der Beschaffung der notwendigen Materialien, indem Lieferanten zur Pünktlichkeit ermahnt werden. Der Einkäufer steht in einem engen telefonischen Kontakt zu seinem Partner bei dem entsprechenden Lieferanten und lässt ihn nicht an der Dringlichkeit der Lieferung zweifeln. Großunternehmen unterhalten bei ihren Systemlieferanten einen „Key Accounter", der einen umfassenden Einblick in die Produktion des Partners hat und so eventuelle Störungen bereits im Vorfeld erkennen kann. Darüber hinaus können vertragliche Bedingungen zur Rechtzeitigkeit der Beschaffung beitragen, zum Beispiel ein **Fixkauf** oder die Vereinbarung einer **Konventionalstrafe**.

Ähnliche Maßnahmen können im Bereich der Fertigung eingesetzt werden. Durch entsprechende Hinweistafeln wie „Der Kunde zahlt unseren Lohn, wir schulden ihm dafür Qualität und Pünktlichkeit" werden die Mitarbeiter zur Termineinhaltung angeregt. **Zeitersparnis- oder Termineinhaltungsprämien** bieten gleichzeitig einen finanziellen Anreiz für die Mitarbeiter. Um Produktionsstockungen zu vermeiden, führen viele Unternehmen eine **ABCK-Analyse** durch. Hierbei sind **K-Teile** solche Materialien und Teile, deren Fehlen unweigerlich den Arbeitsfortschritt hemmt. Sie können nicht kurzzeitig beschafft werden oder durch ein auf dem Lager befindliches Substitutionsmaterial ersetzt werden. Ihre Bevorratung muss daher mit einem besonderen Augenmerk erfolgen.

Die Einhaltung von Terminen konkurriert häufig mit dem Bestreben nach einer optimalen Maschinenbelegung. Um diesen beiden Zielen gerecht zu werden, werden bei der Festlegung der Durchlaufzeit für einen Auftrag bewusst **Pufferzeiten** eingeplant. Pufferzeiten erhöhen jedoch die Dauer der Kapitalbindung. Deshalb ist es wichtig, dass diese Pufferzeiten in einem umgekehrten Verhältnis zur Höhe der Kapitalbindung stehen.

Beispiel: Einplanung von Pufferzeiten bei der Herstellung des Picto Besucherstuhls bei der Sommerfeld Bürosysteme GmbH

Fertigungsstufe:	6	5	4	3	2	1
Arbeitsablauf:	Stanzen der Seitenteile	Fertigung des Fußgestells	Fertigung der Sitzfläche	Fertigung der Rückenlehne	Montage des Stuhles	Endkontrolle, Verpackung
Kapitalbindung in €	20,00	40,00	110,00	170,00	190,00	200,00
Pufferzeit in Tagen	5	4	3	2	0	0

Zusammenfassung

Sicherung der Termineinhaltung

- Anlagen-, material- und arbeitsbedingte Störungen sowie Dispositionsfehler führen zu Terminverzögerungen.
- Vorbeugende Terminüberwachung, Vereinbarung von Konventionalstrafen für Lieferanten, ABCK-Analyse und Pufferzeiten erleichtern die Termineinhaltung.

Aufgaben

1. Die Hotelkette Ebis bestellte bei der Sommerfeld Bürosysteme GmbH für die Ausstattung ihrer Konferenzräume 100 Systemtische. Der Vertrieb fragt an, wann die Tische ausgeliefert werden können. Die Fertigungszeit für einen Tisch wird folgendermaßen veranschlagt, wobei die Rüstzeit für den Auftrag insgesamt 100 Minuten beträgt.

Nr.	Fertigungsschritte Konferenztisch „Logo"	Fertigungszeit pro Stück in Zeitminuten	Bemerkungen
1	Montage Rahmengestell	13	
2	Zuschnitt Rohrfüße	5	
3	Lackierung Gestell und Füße	32	
4	Zuschnitt Tischplatte	21	parallel zur Lackierung
5	Endmontage	12	
6	Qualitätskontrolle	5	
7	Verpackung	4	

Die Produktion kann am 9. Oktober mit der Fertigung beginnen. Auslieferungen erfolgen grundsätzlich am Arbeitstag nach der Fertigstellung. Die tägliche Arbeitszeit beträgt bei der Sommerfeld Bürosysteme GmbH von Montag bis Freitag 8 Stunden. Ermitteln Sie den Fertigstellungstermin und den frühestmöglichen Auslieferungstermin.

Oktober						
Mo	Di	Mi	Do	Fr	Sa	So
						1
2	3	4	5	6	7	8
9	10	11	12	13	14	15
16	17	18	19	20	21	22
23	24	25	26	27	28	29
30	31					

2. Eine Industrieunternehmung hat mit einem Kunden einen Liefertermin vertraglich vereinbart, der für die Fertigung noch 34 Arbeitstage offen lässt. Bei Lieferverzögerung fällt eine Konventionalstrafe nach folgender Übersicht an:

Überschreitungen in Tagen		Konventionalstrafe je T/€		Konventionalstrafe gesamt in T/€	
1	5	100,00	120,00	100,00	540,00
2	6	100,00	120,00	200,00	660,00
3	7	100,00	150,00	300,00	810,00
4		120,00		420,00	

Eine Verkürzung der Durchlaufzeit des Auftrags ist bei den folgenden Vorgängen in der vorgesehenen Reihenfolge möglich und verursacht entsprechende Beschleunigungskosten.

Ermitteln Sie mithilfe des folgenden Lösungsschemas die gesuchten Euro-Beträge und erläutern Sie je einen Grund, der für eine Beschleunigung und gegen eine Beschleunigung des Vorgangs D spricht.

Beschleunigung	Beschleunigung 2 Tage Vorgang A		Beschleunigung 2 Tage Vorgang B		Beschleunigung 2 Tage Vorgang C		Beschleunigung 1 Tag Vorgang D	Gesamt
	41. Tag	40. Tag	39. Tag	38. Tag	37. Tag	36. Tag	35. Tag	
Beschleunigungskosten je Tag (T/€)	50,00	50,00	60,00	60,00	70,00	70,00	330,00	
Konventionalstrafe je Tag (T/€)								
Ersparnis je Tag (T/€)								

6 Maßnahmen zur kontinuierlichen Verbesserung von Fertigungsprozessen und Produkten berücksichtigen

Die beiden Auszubildenden Daniela Schaub und Rudolf Heller wurden gebeten, bei der Betreuung des Ausstellungsstandes der Sommerfeld Bürosysteme GmbH während der Möbelfachmesse in Köln mitzuwirken.
Hier mussten sie manche Frage der interessierten Händler und der übrigen Besucher beantworten. Viele Gesprächspartner waren von der Funktionalität und dem Design der Ausstellungserzeugnisse angenehm überrascht, andere wiederum empfanden eine gewisse Eintönigkeit in der Formgebung und Farbgestaltung. Die beiden Auszubildenden machte diese Kritik betroffen. Von Herrn Kraus, dem Vertriebsleiter, hörten sie nur die Antwort: „Auch wir müssen rationalisieren."

Arbeitsaufträge

- Interpretieren Sie umfassend und mithilfe von Beispielen den Begriff „Rationalisierung".
- Sammeln Sie Argumente für die Notwendigkeit einer ständigen Suche nach Rationalisierungsreserven.
- Erstellen Sie einen Katalog möglicher Rationalisierungsmaßnahmen, die sich auf die Produkte beziehen.
- Suchen Sie nach Möglichkeiten der Kosteneinsparung bei der Durchführung von Fertigungsprozessen.
- Beschreiben Sie die Vorteile von CIM und PPS-Systemen im Rahmen der Auftragsabwicklung.

Die Notwendigkeit zur Rationalisierung

Dem Streben nach Rationalisierung liegt das **ökonomische Prinzip** zugrunde. Es bezeichnet ein Handeln nach dem Maximalprinzip oder dem Minimalprinzip.

Maximalprinzip:
bedeutet, dass mit einem gegebenen Aufwand eine höchstmögliche Leistung erzielt werden soll.

Minimalprinzip:
besagt, dass eine vorgegebene Leistung mit möglichst geringem Aufwand realisiert wird.

Überträgt man diese Forderungen auf die Ziele von Rationalisierungsmaßnamen, so liegt dann eine Rationalisierung vor, wenn aufgrund einer bestimmten Maßnahme mit der vorhandenen Fertigungskapazität ein **Mengeneffekt** erzielt wird oder aber die bisherige betriebliche Leistung mit einem geringeren Aufwand erreicht wird, d. h., dass sich ein positiver **Kosteneffekt** einstellt.

Beispiel: Die Geschäftsleitung der Sommerfeld Bürosysteme GmbH erwägt die Anschaffung einer Etikettieranlage zur Beschleunigung der Versandabwicklung. Der Arbeitsablauf wurde bisher von zwei Arbeitnehmern vorgenommen, die insgesamt 6 200,00 € an monatlichen Personalkosten verursachen und monatlich etwa 4 960 Etikettierungen einschließlich der Datenerfassung vornehmen. Die Lohnkosten pro Etikettierung betragen demnach 1,25 €. Die Etikettieranlage ersetzt einen Arbeitnehmer und erlaubt eine Kapazitätsausweitung auf 9 300 Vorgänge, bedingt allerdings monatliche Kosten von 4 340,00 €. Bei der bisherigen Beschäftigungslage lohnt sich die Anschaffung der Etikettieranlage nicht, weil die gesamten Kosten pro Ablauf auf 1,50 € steigen. Zu berücksichtigen ist jedoch der Mengeneffekt. Sind mehr als 5 952 Etikettierungen im Monat vorzunehmen, dann lohnt sich der Einsatz der Etikettieranlage.

Der Kosteneffekt einer Maßnahme kann nicht immer rein rechnerisch belegt werden. Neben den offenen Kosten sind auch versteckte bzw. nicht kalkulierbare Kosten bei einem Maßnahmenvergleich zu berücksichtigen. Selbst wenn die Kosten bei zwei Verfahren rechnerisch gleich sind, kann die Wahl eines der Verfahren eine Rationalisierung bedeuten, wenn hierdurch eine größere Flexibilität erreicht wird. Im weiteren Sinne kann man dann von einer Rationalisierung sprechen, wenn eine Maßnahme eine Verbesserung im Hinblick auf die Unternehmensziele verspricht.

Beispiel: Für die Anschaffung der Etikettieranlage spricht nicht nur die Erhöhung der verfügbaren Kapazität, sondern auch die Ausschaltung von Risiken, die mit dem Einsatz eines Mitarbeiters verbunden sind, wie die Lohnfortzahlung im Krankheitsfalle oder ein besonderer Kündigungsschutz bedingt durch soziale Gegebenheiten in der Person des Arbeitnehmers.

Verschärfter Wettbewerb

Durch die **Globalisierung** der Märkte besteht heute für viele Unternehmen die Notwendigkeit, weltweit, d. h. überall und zu jeder Zeit, präsent zu sein. Selbst wenn ein Unternehmen nicht an einem bestimmten Auftrag interessiert ist oder die Chance, den Zuschlag von dem Kunden zu erhalten, denkbar gering ist, wird man dennoch ein Angebot abgeben, um damit seine Präsenz zu zeigen und um den vorhandenen Bekanntheitsgrad zu erhöhen.

Dies erfordert nicht nur eine 24-stündige Bereitschaft der EDV-Abteilung, sondern auch einen schnellen Rückgriff auf die notwendigen technischen Daten für einen Auftrag, die ein Kunde unter Umständen per E-Mail anfordert.

Die Globalisierung der Märkte ist nicht nur eine Folge der **fortschreitenden Informationstechnologie**, sondern auch der zunehmenden Marktöffnung, die im vergangenen Jahrhundert durch den Zerfall der Planwirtschaften eingeleitet wurde. Diese Länder haben häufig einen erheblichen Rückstand im Lohnniveau und können deshalb preisgünstiger anbieten als die herkömmlichen Industrieländer.

Beispiel: Die Sommerfeld Bürosysteme GmbH muss seit einigen Jahren nicht nur mit Anbietern aus Italien konkurrieren, sondern auch mit jungen Unternehmen aus der Tschechischen Republik, Polen und Estland. Diese Unternehmen haben durch das weitaus geringere Lohnniveau einen erheblichen Kostenvorsprung, den die Sommerfeld Bürosysteme GmbH nur durch einen höheren Qualitätsstandard ausgleichen kann.

Neben den räumlichen Veränderungen verstärkt auch ein **Beschleunigungseffekt**, der bei der Produktgestaltung und Marktsättigung zu beobachten ist, den Wettbewerbsdruck. Viele Märkte sind durch eine Großserienfertigung sehr schnell gesättigt. Gleichzeitig verdoppeln sich der technische Fortschritt und das Wissen in einem Zeitraum von drei Jahren. Bei den Konsumgütern besitzen viele Produkte nur ein Lebensalter von vier Jahren. Nur Unternehmen, die hier flexibel reagieren, ständig an **Innovationen** arbeiten und mit kurzen Entwicklungszeiten aufwarten können, haben auf Dauer eine Überlebenschance.

Steigende Kundenansprüche

Der Wettbewerbsdruck schafft einen **Käufermarkt**, d. h., die Kunden können höhere Ansprüche an das Produkt und die Lieferbedingungen stellen. Erfolgt der Vertrieb über den Handel, so sind drei Tendenzen festzustellen. Der Umfang der Einzelaufträge nimmt ab, weil der Handel nicht mehr bereit ist, das volle Absatzrisiko zu tragen, und die Kosten der Lagerhaltung scheut. Für ein Industrieunternehmen bedeutet dies, dass flexibel in kleineren Losen produziert werden muss. Gleichzeitig erwartet der Handel von seinen Lieferern ein **größeres Lieferprogramm**, das nicht nur das Grundprodukt in den verschiedensten Ausführungen und Preislagen enthält, sondern auch alle Produkte, die eine Verbundwirkung zu diesem Produkt aufweisen. Man bezeichnet diese Produkte auch als Komplementärartikel. Ein dritter Aspekt ist der steigende **Preisdruck**. Die Konzentration im Handel hat in vielen Branchen so stark zugenommen, dass nur noch wenige Filialisten den gesamten Markt beherrschen. Erfolgt der Vertrieb direkt an den Endkunden, so steigt der **logistische Aufwand**. Die Beratungs- und Servicefunktionen des Handels entfallen. Diese Nachteile müssen durch montage- und servicefreundliche Produkte ausgeglichen werden, die eine möglichst hohe statische und dynamische Qualität aufweisen. Das heißt, die Einhaltung von Qualitätsanforderungen muss nicht nur zum Zeitpunkt der Auslieferung garantiert sein, sondern auch möglichst die gesamte Lebensdauer des Produktes umfassen.

Gesetzliche Auflagen

Genügte früher die Einhaltung deutscher Normen und Sicherheitsvorschriften, so müssen nach dem **Gerätesicherheitsgesetz (GSG)** alle Rechtsgrundlagen der EU bei der Entwicklung, Gestaltung und Anwendung von Anlagen, Maschinen, Geräten, Ausrüstungen und deren Hilfsmittel, die dem gewerblichen und allgemeinen Gebrauch dienen, den Richtlinien der EU entsprechen. Alle Produkte, für die innerhalb der EU harmonisierte Sicherheitsvorschriften bestehen, müssen die **CE-Kennzeichnung** (europäisches Konformitätszeichen) aufweisen. Dieses Zeichen ersetzt alle bisher gültigen Sicherheitskennzeichen. Hierbei genügt nicht nur die Anbringung des CE-Zeichens am Gerät, die Konformitätserklärung muss auch der Lieferung beigefügt sein. Der Hersteller muss die Einhaltung der Konformität dokumentieren und jederzeit nachweisen können. Nicht nur die Zunahme von Normen und Sicherheitsvorschriften zwingt zu einer Rationalisierung, sondern auch eine steigende Tendenz bei den Gerichten, den Schadenersatzforderungen von Kunden zu entsprechen. Nach dem **Produkthaftungsgesetz** haftet der Hersteller auch für Schäden durch unverschuldete Fehler am Produkt und dies bis zu zehn Jahre nach dem Inverkehrbringen des Produktes. Ein vertraglicher Ausschluss dieser Haftung ist nicht möglich bzw. nicht rechtswirksam.

Europäische Union

Interne Gründe für Rationalisierung

Rationalisierung erfordert meist einen Aufwand an neuen Ideen, zusätzliche Arbeit und Zeit sowie die Bereitstellung finanzieller Mittel. Dies bedingt, dass im Alltag unzumutbare betriebliche Situationen oder Störungen häufig den Anstoß zu einer Rationalisierung geben. Solche Impulse können von den folgenden Bereichen ausgehen:

Erzeugnisplanung	Die Entwicklungszeiten sind zu lang, die Versuchskosten sind zu hoch. Das neue Produkt weist erhebliche „Kinderkrankheiten" in der Einführungsphase auf.
Material	Die Fertigung beklagt sich über einen hohen Ausschuss oder eine erhebliche Nacharbeit bei der Bearbeitung von Material. Die Kunden reklamieren die mangelnde Zuverlässigkeit oder Eignung des Materials während der Produktverwendung.
Bedarfsbereitstellung	Fehlteile, Fehlzeichnungen, unklare Arbeitsanweisungen und Fehleinschätzungen von Auftragszeiten führen zu ständigen Terminüberschreitungen.

Fertigungsablauf	Die Rüstzeiten sind zu lang, der Rüstaufwand ist zu hoch. Steuerungsprobleme erschweren die Erfassung und Korrektur von Istwerten während der Bearbeitung. Offensichtlich gibt es technologisch bessere Verfahren.
Mitarbeiter/Organisation	Es fehlen Facharbeiter. Krankheit und Unfälle bewirken einen hohen Personalausfall. Die vorhandenen Mitarbeiter sind nicht motiviert. Unklare Kompetenzen und lange Entscheidungswege verzögern die Durchführung von Arbeitsabläufen.

Maßnahmen auf dem Weg zur Produktoptimierung

Häufig bieten sich große Rationalisierungsreserven bereits durch eine entsprechende Gestaltung des Produktes an.

Materialauswahl

Die Materialauswahl entscheidet nicht nur über die späteren Eigenschaften des Produktes sondern auch über Art und Umfang der notwendigen Fertigungsverfahren sowie die Kosten einer späteren Entsorgung. Bei der Entwicklung und Konstruktion von Produkten ergibt sich hier häufig ein Optimierungsproblem. Benutzt man natürliche Werkstoffe wie Holz, Leder oder Stahl, so sinken die Kosten der Entsorgung, der Aufwand an notwendigen Bearbeitungsabläufen ist jedoch sehr hoch. Umgekehrt bieten die Kunststoffe erhebliche Möglichkeiten, Verfahren abzukürzen und zu automatisieren. Der Entsorgungsaufwand ist jedoch erheblich, besonders dann, wenn mehrere Kunststoffe miteinander verbunden sind und bei der Entsorgung getrennt werden müssen.

Beispiele: Die Sitzfläche eines Stuhles kann eine Sitzschale aus Sperrholz oder aus Polyurethan (PUR) aufweisen. Sperrholz muss in mehreren Arbeitsgängen geformt, dann lackiert und der Lack mit UV-Licht gehärtet werden. Eine Sitzschale aus PUR kann in einem Arbeitsgang geschäumt werden.

Große Vorteile ergeben sich dann, wenn es möglich ist, den **Materialverbrauch zu standardisieren**, d. h., wenn der Materialbedarf für ein Produkt klar definiert wird oder werden kann. Dies ermöglicht eine realistische Kostengrundlage und erleichtert ein späteres Controlling bezogen auf die Wirtschaftlichkeit des Materialverbrauchs. Gleichzeitig ergeben sich erhebliche logistische Vorteile bei der innerbetrieblichen Lagerung, dem Transport und der Einrichtung der Maschinen. Durch eine Harmonisierung von Lagereinheit, Transporteinheit und Verbrauchseinheit werden erhebliche Kosten eingespart.

Beispiel: Die gefertigten Tischplatten haben eine Länge von 140 cm und eine Breite von 70 cm. Dies entspricht einer Fläche von 0,98 m^2. Wird für den Lackauftrag eine einheitliche Grammatur von 1 kg festgesetzt – unter der Grammatur versteht man den Farbauftrag pro m^2 in kg – so kann der Lackverbrauch exakt kalkuliert werden. Besteht ein Los in der Regel aus 20 Tischplatten, so ist es zweckmäßig, dass auch die Farbeimer nicht mehr als 20 kg enthalten. Gleichzeitig sollte der Vorratsbehälter der Spritzpistole für diese Füllmenge ausreichen.

Normung

Unter Normung versteht man die Vereinheitlichung von Einzelteilen durch eine Festlegung von Größen, Abmessungen, Form, Farbe oder bestimmten Qualitätseigenschaften.

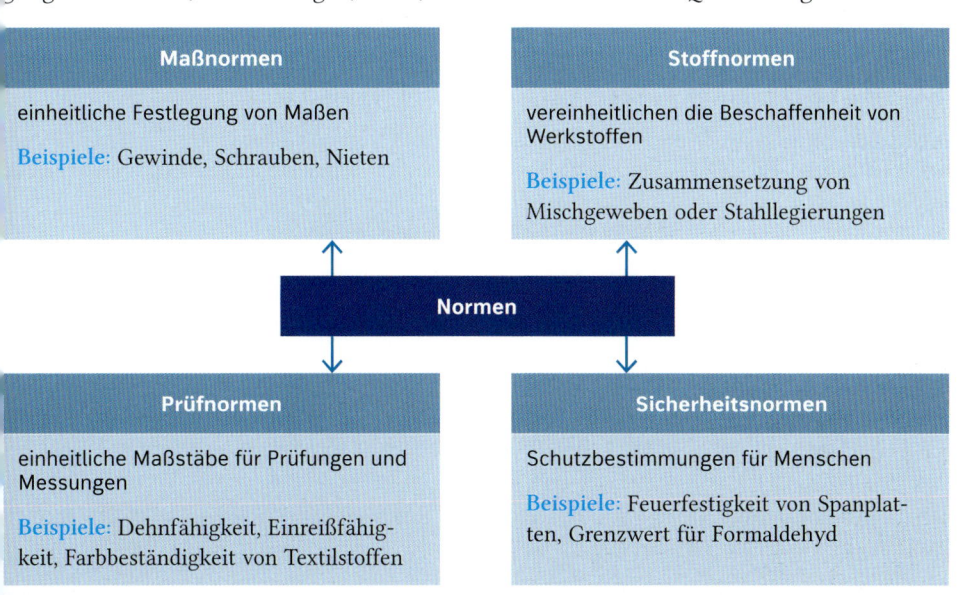

Maßnormen	Stoffnormen
einheitliche Festlegung von Maßen	vereinheitlichen die Beschaffenheit von Werkstoffen
Beispiele: Gewinde, Schrauben, Nieten	Beispiele: Zusammensetzung von Mischgeweben oder Stahllegierungen

Normen

Prüfnormen	Sicherheitsnormen
einheitliche Maßstäbe für Prüfungen und Messungen	Schutzbestimmungen für Menschen
Beispiele: Dehnfähigkeit, Einreißfähigkeit, Farbbeständigkeit von Textilstoffen	Beispiele: Feuerfestigkeit von Spanplatten, Grenzwert für Formaldehyd

Normung

⊕	⊖
beschleunigt die Beschaffung, weil die Kurzbezeichnungen eine schnelle Verständigung ermöglichen und die Lieferung von Normteilen meist aus Lagervorräten erfolgt,	beengt die Konstruktion bei der Entwicklung und Formgebung neuer Produkte,
reduziert die Beschaffungskosten, weil Normteile von den Lieferanten meist in hohen Stückzahlen für einen breiten Abnehmerkreis gefertigt werden,	führt dazu, dass individuelle Kundenwünsche nicht immer berücksichtigt werden können,
senkt die Kapitalbindungskosten, indem Lagerbestände abgebaut werden können,	führt zu einem Verzicht auf einen Nachmarkt, indem Ersatzteile oder Werzeuge von den Kunden auch von Konkurrenten bezogen werden können,
erlaubt den Einsatz standardisierter Mess- und Prüfeinrichtungen,	kann zu höheren Kosten führen, wenn die eingesetzten Normteile bezogen auf den vorgesehenen Verwendungszweck überdimensioniert sind, weil sie so ausgelegt sind, dass sie der jeweils höchsten Beanspruchung gerecht werden.
senkt die Rüstkosten, weil viele Maschinen auf genormtes Material abgestimmt sind.	

Typung

Typung:
die Vereinheitlichung von zusammengesetzten Erzeugnissen bezogen auf Größe, Abmessungen und bestimmte Leistungsmerkmale

Hierbei unterscheidet man eine innerbetriebliche und überbetriebliche Typung. Bei der innerbetrieblichen Typung sind einzelne Baugruppen bzw. Aggregate und Endprodukte so standardisiert, dass sie miteinander kombiniert werden können. Dies erlaubt eine Beschränkung auf wenige Ausführungen einer Baugruppe oder eines Enderzeugnisses.

Beispiele: Die Schubladen passen sowohl in die gefertigten Aktenschränke als auch in Bürotische. Die gefertigten Einzeltische können als Set zu einem Konferenztisch zusammengestellt werden.

Eine überbetriebliche Typung entsteht durch eine Kooperation branchengleicher Unternehmen, deren Produkte sich ergänzen oder aber eine gewisse Passform zu vor- oder nachgelagerten Produkten aufweisen sollen.

Beispiele: Küchenmöbel müssen so konstruiert werden, dass später das notwendige Spülbecken, die Wasserarmatur und die Elektrogeräte ihren Platz finden. Bei der Fertigung von Innentüren müssen die Normen für die gewünschte Türtype, z. B. Höhe 200 cm, Breite 87,5 cm, Stärke 4 cm eingehalten werden, damit beim Rohbau die notwendigen Außenmaße bestimmt werden können, aber auch später entsprechende Türbeschläge zu finden sind.

Da die Vereinheitlichung von zusammengesetzten Erzeugnissen weitgehend von Normen bestimmt wird, sind hier die gleichen Vor- und Nachteile zu finden. Zusätzlich erlaubt die Typung

- eine Beschränkung auf wenige Produkte und Produktausführungen,
- die Fertigung größerer Lose und damit eine weitere Senkung der anteiligen Rüstkosten,
- den Einsatz von genormten, häufig selbst gefertigten Standardwerkzeugen und Prüfmitteln,
- eine größere Flexibilität bei einer kurzfristigen Entscheidung zwischen Eigenfertigung und Fremdbezug.

Baukastensystem
Beim Baukastensystems besteht ein Erzeugnis aus Baugruppen, die nicht zwangsläufig verwendet werden müssen, sondern gegen andere ausgetauscht werden können. Eine wichtige Voraussetzung für die Anwendung des Baukastensystems ist, dass die einzelnen Baugruppen einheitliche Passflächen aufweisen.

Beispiel: Ein Schreibtisch besteht aus drei Baugruppen und einem Einzelelement: Schubladeneinheit, Monitor-Schiebeaufsatz und Tischplatte. Die Tischplatte kommt als „Gleichteil" in allen gewünschten Varianten vor und kann deshalb auf Lager produziert werden.

Der Rationalisierungseffekt besteht darin, dass

- gleichbleibende Bausteine in großer Stückzahl auf Lager gefertigt werden können,
- die auf Lager gefertigten Bausteine die Durchlaufzeit bei eingehenden Aufträgen erheblich verkürzen,
- bei der Durchführung von Garantieleistungen der Reparaturdienst erleichtert werden kann, indem bei defekten Teilen der ganze Baustein meist problemlos ausgewechselt wird.

Verfahrensbezogene Möglichkeiten der Rationalisierung

Auswahl steuerbarer Verfahren
Qualitätsmängel entstehen häufig dadurch, dass der Prozessablauf in der Fertigung nicht hundertprozentig lenkbar ist. Dies betrifft vor allem die Anwendung manueller und biologischer Verfahren. Hier findet man eine Erklärung dafür, dass ein Kuchen manchmal gelingt und beim nächsten Mal nicht.

Beispiele: Rohhäute können vor der Gerbung mithilfe von Hitze und der Entstehung von Bakterien aufgelockert werden. Hierdurch wird den Eiweißfasern Eiweiß entzogen und sie quellen auf. Es gibt jedoch keine Steuerungshilfe, die es ermöglicht, die Bakterien augenblicklich zu stoppen, sodass die Auflockerung beendet wird und somit das spätere Nappaleder noch eine ausreichende Einreißfestigkeit besitzt. Der Prozess kann nur nach den Erfahrungswerten des Gerbers gesteuert werden. Ähnliche Probleme hat ein Kellermeister, wenn er den Gärungsprozess bei einem Eiswein unterbrechen möchte, damit der Alkoholgehalt des Weines nicht zu hoch wird.

Biologische Verfahren sind meist schonender für das Material, bergen weniger Gefahren für die Umwelt und die Gesundheit des Menschen. Betrachtet man sie jedoch rein rechnerisch von der Kostenseite, so bedingen sie meist eine längere Durchlaufzeit, einen höheren Ausschuss und Nacharbeit.

Beispiel: Rohhäute können auch durch einen Äscher aufgelockert werden. Dies ist ein Gemisch aus Kalk und Schwefelnatrium, das die Eiweißfasern auflockert und dem Gewebe Eiweiß entzieht. Der Prozess ist durch eine entsprechende Dosierung sehr exakt steuerbar. Rückstände können jedoch nicht ausgeschlossen werden.

Einsatz von Beschleunigern
Ein großes Ziel bei Rationalisierungsmaßnahmen ist die Verkürzung der Durchlaufzeit. Dies bedingt eine Abkehr von herkömmlichen Verfahren. Bereits bei der Entwicklung von Produkten erfolgt die Erprobung von Produkteigenschaften nicht mehr in ihrer natürlichen Umwelt, sondern in Simulatoren, die die Ansprüche an ein Produkt verdichten und damit die Entwicklungszeit verkürzen. Für die einzelnen Verfahrensabläufe in der Fertigung ergeben sich ähnliche Möglichkeiten.

Beispiele: Lacke und Holz werden nicht mehr in der Luft getrocknet, sondern in Heißluftkammern. Die Aushärtung von Lacken erfolgt durch eine UV-Behandlung und nicht durch Zeitablauf im Umgebungsklima.

Prozessüberwachung
Viele Zeiten können durch eine wirksame Prozessüberwachung eingespart werden. Sie umfasst die ständige Erfassung der Istwerte von aktiven Fertigungsverfahren, den Istzustand von sich in Bearbeitung befindenden Werkstücken, den Arbeitsfortschritt bei den Fertigungsaufträgen und die Maschinenbelegung. Je schneller Abweichungen von den Sollwerten erkannt werden und Korrekturmaßnahmen greifen, umso geringer sind Ausfallzeiten und Fehlerkosten. Häufig mangelt es an Kommunikation innerhalb eines Fertigungssystems, zwischen den einzelnen Fertigungssystemen und der Fertigungssteuerung.

Beispiele: Die Maschine erkennt selbsttätig einen Fehler, schaltet sich ab und steht für eine Weile still. Würde die Störung elektronisch an einen Leitstand weitergegeben, hier augenblicklich registriert und analysiert, so könnten wiederum elektronisch Korrekturmaßnahmen an das Maschinensystem angeordnet werden. Die Störung ist unter Umständen in einigen Sekunden behoben.

Ähnlichkeitsbildung

Durch die Zusammenfassung ähnlicher Aufträge zu einem Los oder zu einer Scheinserie können erhebliche Kosten eingespart werden. Hierbei werden Teile, die sich in der Endform ähneln, zu einer **Teilefamilie** zusammengefasst und gemeinsam gefertigt. Selbst wenn nur eine Ähnlichkeit in bestimmten Einzelheiten der Form besteht, kann die Zusammenfassung zu einem Los bzw. zu einer **Fertigungsfamilie** sinnvoll sein, wenn die einzelnen Erzeugnisse mehrere Arbeitsplätze oder Maschinensysteme im Ablauf gemeinsam haben. Die Möglichkeiten der Ähnlichkeitsbildung sind umso größer, je mehr gemeinsame konstruktive Merkmale die einzelnen Teile aufweisen.

Durch eine Ähnlichkeitsbildung, d. h. eine Zusammenfassung unterschiedlicher Aufträge zu einem Los, kann man vor allem die anteiligen Rüstkosten senken.

Beispiele: Bei der Sommerfeld Bürosysteme GmbH findet man die folgenden Formen für eine Ähnlichkeitsbildung:

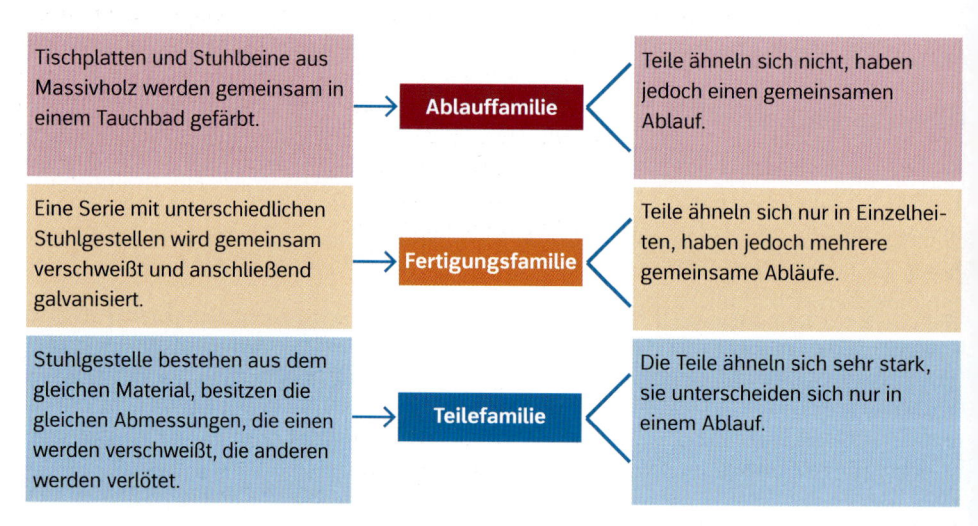

Tischplatten und Stuhlbeine aus Massivholz werden gemeinsam in einem Tauchbad gefärbt.	**Ablauffamilie**	Teile ähneln sich nicht, haben jedoch einen gemeinsamen Ablauf.
Eine Serie mit unterschiedlichen Stuhlgestellen wird gemeinsam verschweißt und anschließend galvanisiert.	**Fertigungsfamilie**	Teile ähneln sich nur in Einzelheiten, haben jedoch mehrere gemeinsame Abläufe.
Stuhlgestelle bestehen aus dem gleichen Material, besitzen die gleichen Abmessungen, die einen werden verschweißt, die anderen werden verlötet.	**Teilefamilie**	Die Teile ähneln sich sehr stark, sie unterscheiden sich nur in einem Ablauf.

Bildung von Fertigungsinseln

Eine Fertigungsinsel entsteht durch eine räumliche Zusammenfassung von Arbeitsplätzen und Maschinen mit unterschiedlichen Aufgaben bzw. Vorgängen, die zur Fertigung eines bestimmten Teilablaufes oder sogar einer Erzeugnisfamilie erforderlich sind.

Beispiele: Fertigung der Seitenteile für ein Fußgestell, Montage von Stühlen oder sogar die komplette Fertigung von Pinnwänden.

Die Bildung von Fertigungsinseln bildet einen konsequenten Abschluss von Rationalisierungsmaßnahmen, die mit der Vereinheitlichung von Einzelteilen und Baugruppen beginnen, die Ähnlichkeitsbildung fördern und damit eine wirtschaftliche Einrichtung von Fertigungsinseln ermöglichen. Nur wenn sich die Erzeugnisse möglichst ähnlich sind, können sie zu Gruppen zusammengefasst werden und dann weitgehend komplett durch eine Produktionsinsel bearbeitet werden.

Fertigungsinseln bieten

- kurze Transportwege und Transportzeiten, weil die meisten Transporte innerhalb der Insel stattfinden,
- eine einfache Fertigungssteuerung aufgrund der hohen Übersichtlichkeit des Ablaufs für die Mitarbeiter,
- eine hohe Anpassungsfähigkeit an kurzfristige Änderungen bei den Produktionsaufgaben,
- eine Identifizierung der Mitarbeiter mit „ihren" Produkten, weil sie am Gesamtablauf beteiligt sind,
- durch die Ähnlichkeit der Erzeugnisse geringe Umrüstzeiten.

Computerunterstützte Rationalisierungskonzepte

CAD = Computer-Aided Design

Konstruieren beinhaltet eine vorwiegend schöpferische Tätigkeit, die jedoch ohne ein umfangreiches Wissen über Normen, physikalische Zusammenhänge und bisher gemachte technische Erfahrungen nicht geleistet werden kann. Durch den Rechner können die Grundelemente des zu konstruierenden Produktes gespeichert werden. Erfolgt nun aufgrund eines bestimmten Kundenwunsches oder einer Programmänderung die Veränderung eines Grundelementes, so werden die übrigen Grundelemente automatisch durch den Rechner gradiert, d. h., der Veränderung angepasst. Handelt es sich um Neukonstruktionen, so bildet der Rechner einen hilfreicher Dialogpartner bei der Suche nach Lösungen, z. B. nach dem Motto: „Geht oder geht nicht" oder „wenn, dann". Im betrieblichen Alltag ist ein Verzicht auf CAD kaum noch möglich.

→ LS 43

Der Einsatz von CAD

- erlaubt eine erhebliche Verkürzung der Konstruktionszeiten und des Konstruktionsaufwandes,
- verringert die Gefahr von Konstruktionsfehlern,
- trägt zu einer erheblichen Senkung des Lagerbestandes an Ersatzteilen und Werkzeugen bei, weil eine rasche Nachfertigung möglich wird.

CAP = Computer-Aided Planning

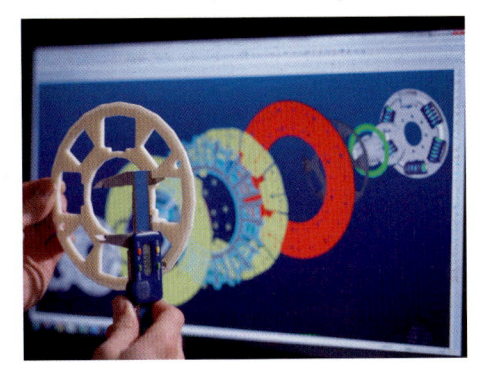

Über CAP können optimale Bearbeitungsverfahren und mögliche Alternativen für diese Verfahren ermittelt werden. Das Ergebnis sind konkrete Arbeitspläne für den speziellen Fertigungsauftrag. Hierbei greift das System auf vorhandene Standardarbeitspläne zurück. Einzelne Abläufe oder Ablaufstufen aus den gespeicherten Standardarbeitsplänen werden zu einem neuen Arbeitsplan zusammengesetzt, der dann um die spezifischen andersartigen Abläufe des Auftrages ergänzt wird. Über CAP erfolgt nicht nur die Bereitstellung der notwendigen Zeichnungen, Stücklisten und Arbeitspläne, sondern auch häufig die Ermittlung der erforderlichen Steuerungsfunktionen für die NC-Programmierung der Maschinen. Durch CAP wird der Aufwand bei der Belegerstellung erheblich verringert.

CAE = Computer-Aided Engineering
Bilden CAD und CAP eine Einheit, so spricht man von CAE. CAE bildet somit einen Oberbegriff für CAD und CAP. Entwicklung, Konstruktion und Fertigungsplanung erfolgen integriert und rechnerunterstützt.

Beispiel: Gibt der Konstrukteur auf seinem CAD-Arbeitsplatz ein Rundloch mit einem Durchmesser von 17,3 mm vor, bekommt er sofort die Anzeige, dass dieses Loch in 44 Hüben herzustellen ist und die Rundungsabweichung 0,3 mm betragen wird. Außerdem bekommt er den Hinweis, dieses Rundloch auf den Durchmesser 17 mm zu verkleinern, weil hierfür bereits ein Standardwerkzeug vorhanden ist.

CAM = Computer-Aided Manufacturing
Werden die über CAD gewonnenen Daten oder Informationen in Programme zur Maschinensteuerung umgesetzt oder sogar direkt in die Maschinensteuerung übertragen, so liegt eine computerunterstützte Fertigung vor. Hierbei genügt nicht, dass die Programme nur die Sollgrößen für die Bearbeitung vorgeben, sondern sie müssen auch die notwendigen Einwirkungsgrößen enthalten, falls eine Korrektur bei der Bearbeitung erfolgen muss. Die Maschinen selbst sind mit technischen Sinnesorganen wie Sensoren ausgestattet, die den Istzustand des zu bearbeitenden Objektes erkennen und an das Steuerungssystem melden, damit hier eventuelle Änderungen bei den Einwirkungsgrößen vorgenommen werden können.

CAQ = Computer-Aided Quality Assurance
Unter CAQ versteht man die rechnerunterstützte Qualitätssicherung. Auch im Qualitätswesen werden viele Aufgaben zunehmend mit Rechnerunterstützung durchgeführt oder sogar vollautomatisiert erledigt. Über den Rechner können geeignete statistische Methoden für die Qualitätskontrolle ausgewählt werden, die den Umfang des Prüfloses, Prüfzeit und Prüfstelle festlegen. Durch Einsatz von Röntgenstrahlen, Sensoren oder anderen fotomechanischen Prüfmitteln wird das Vorhandensein von Qualitätsmerkmalen vollautomatisch festgestellt. Dies erlaubt in vielen Fällen eine relativ kostengünstige Hundert-Prozent-Kontrolle. Abweichungen werden sofort in einen Regelkreis aufgenommen, der eine Korrektur in dem betroffenen Produktionsprozess veranlasst.

CIM = Computer Integrated Manufacturing
CIM beinhaltet die Zusammenfassung und Verknüpfung aller computerunterstützten Betriebs- und Unternehmensfunktionen zu einem einheitlichen Konzept. Um dies zu verdeutlichen, verwendet man hierfür auch den Begriff **CAI** (Computer-Aided Industry). Ein Ziel des CIM-Konzeptes ist es, eine Abstimmung zwischen dem **technischen Herstellungsprozess** und den damit verbundenen **betriebswirtschaftlichen Aufgaben (CAO = Computer-Aided Office)** zu erreichen. Hierzu ist es notwendig, zwischen den betriebswirtschaftlichen und technischen Gegebenheiten eine gemeinsame Datenbasis und Verbindung zu schaffen. CIM umfasst also die gesamte computerunterstützte Auftragsabwicklung von der Auftragsannahme bis zur Fertigstellung des Produktes.

Diagramm

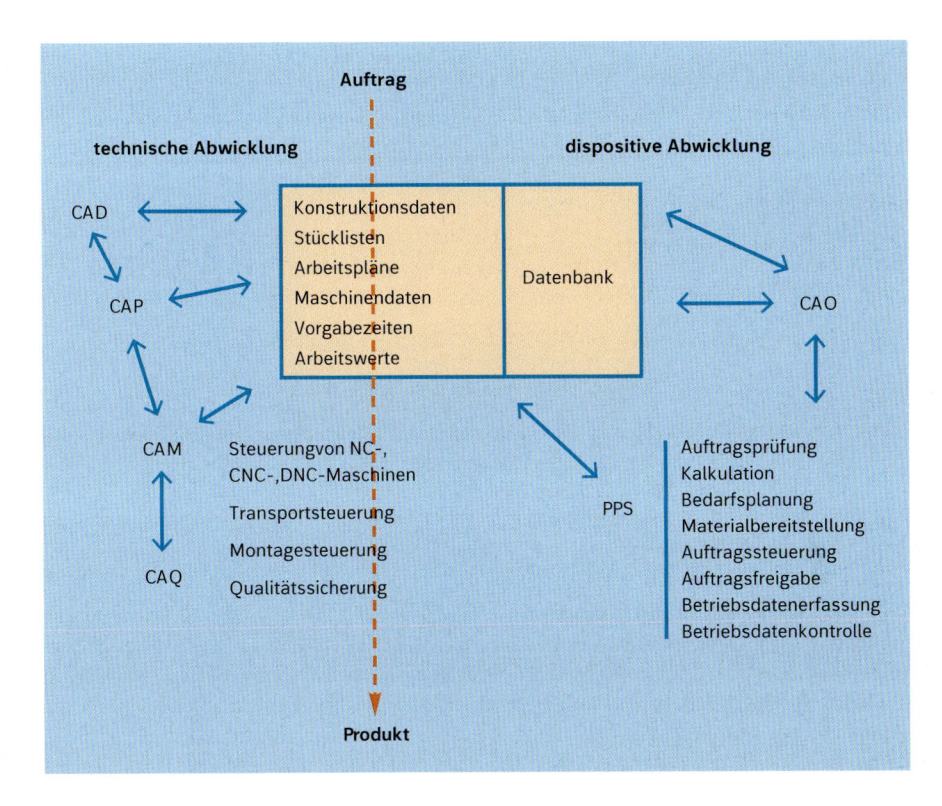

Auftrag → **Produkt**

technische Abwicklung:
- CAD ↔ Konstruktionsdaten, Stücklisten, Arbeitspläne, Maschinendaten, Vorgabezeiten, Arbeitswerte
- CAP ↔
- CAM ↔ Steuerung von NC-, CNC-, DNC-Maschinen; Transportsteuerung; Montagesteuerung; Qualitätssicherung
- CAQ

dispositive Abwicklung:
- Datenbank
- CAO ↔
- PPS: Auftragsprüfung, Kalkulation, Bedarfsplanung, Materialbereitstellung, Auftragssteuerung, Auftragsfreigabe, Betriebsdatenerfassung, Betriebsdatenkontrolle

Einsatz von PPS-Systemen

Rahmenbedingungen für die Gestaltung von PPS-Systemen

Unter dem Begriff **PPS** (Produktionsplanung und -steuerung) versteht man die rechnerunterstützte Planung und Steuerung des gesamten Fertigungsablaufes. Hierbei wird durch PPS eine Querschnittsaufgabe im Unternehmen übernommen, die sich besonders mit der Steuerung von Material- und Informationsflüssen befasst.

Kernaufgabe von **PPS-Systemen** ist das Zuordnen von Aufträgen entsprechend den vorhandenen Ressourcen an die beteiligten Organisationselemente wie Konstruktion/Entwicklung, Arbeitsvorbereitung, Lager, Materialdisposition, Einkauf, Fertigungsabteilungen und Qualitätskontrolle. Das PPS-System stimmt Nachfrage (Aufträge) und Angebot (Ressourcen) aufeinander ab. Durch PPS werden vor allem vier Fragen bereits vor dem Start der Produktion beantwortet: **Was** (Produkt), **wie viel** (Menge), **wann** (Zeitpunkt) und **wo** bzw. durch **wen** (Ressourcen) produziert werden soll.

Hierzu müssen durch das PPS-System die folgenden Rahmenbedingungen miteinander verknüpft sein:

Eckpunkte	Einflussgrößen
Produkt	• Fertigungsprogrammbreite (Art und Anzahl unterschiedlicher Produkte) • Erzeugnisstruktur (einfach oder komplex) • Teilevielfalt • Mehrfachverwendungsmöglichkeiten von Teilen

Eckpunkte	Einflussgrößen
Auftrag	• Art der Aufträge (Standardprodukte oder kundenindividuelle Lösungen) • Auftragsstruktur (wenige oder viele Kunden) • Auftragsschwankungen (konstant oder schwankend) • Änderungshäufigkeit freigegebener Betriebsaufträge
Ressourcen	• Mitarbeiter (Eignung, Flexibilität, Motivation, Zuverlässigkeit) • Fertigungsstruktur (Werkstättenfertigung oder Fließbandfertigung) • Betriebsmittel (Universalmaschinen, Spezialmaschinen, Engpassmaschinen) • Lieferanten (Anzahl, Nähe, Zuverlässigkeit) • Material (Qualität, Verfügbarkeit) • Informationen (Schnelligkeit, Aktualität, Visualität)
Prozesse	• Zuverlässigkeit und Beherrschbarkeit der technischen Prozesse • technische Zwangsverknüpfungen • alternative Prozessmöglichkeiten

PPS-Methoden

MRP (Material Requirements Planning)

MRP ist ein Stufenkonzept und beinhaltet eine sukzessive Top-Down-Planung. Hierbei berücksichtigt MRP weitgehend nur die materialwirtschaftlichen Aspekte. Ältere Systeme planen und arbeiten nach dem **Push-Prinzip (Bring-System)**. Durch bestimmte Prognosen versucht man zunächst die erwartete Nachfrage vorauszusagen und die entsprechenden Materialien unter Berücksichtigung der Vorlaufzeiten für die Produktion zu beschaffen. Die benötigte Menge an Material wird bereitgestellt, um die gewünschte Anzahl von Produkten zu fertigen.

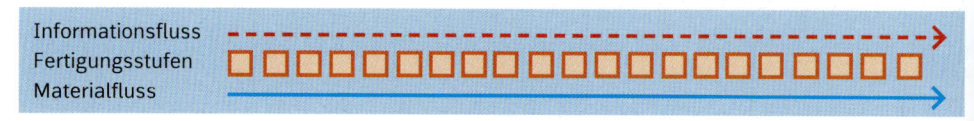

Kanban

Dieses spezielle Verfahren zur Produktionssteuerung beruht auf einer Rückwärtsverkettung der einzelnen Fertigungsstufen. Die nachfolgenden Fertigungsstufen geben einen Fertigungsauftrag an die vorherigen Produktionsstufen. Es handelt sich also um ein **Hol-Prinzip (Pull-Konzept)**. Die Auftragsmenge ist bei Kanban in der Regel fest vorgegeben. Der Termin ist immer sofort. Auf diese Weise werden hohe Zwischenlagerbestände vermieden. Wenn sich der Bedarf ändert, ändert sich auch die Geschwindigkeit, mit der die Kanban-Behälter in einem Produktionsbereich zirkulieren.

Die Anwendung des Kanban-Verfahrens erfordert eine flexible Produktionstechnik im eigenen Hause, vor allem muss die Produktion unterschiedlicher Teile an einem Arbeitsplatz möglich sein, damit die Arbeitsplätze ausgelastet sind und die Fixkosten pro Stück nicht zu hoch werden.

MRP II (Manufacturing Resource Planning)

Hier erfolgt eine durchgehende Abstimmung von der Produktionsgrobplanung bis zur Fertigungssteuerung. Es besteht ein **Rückkoppelungsmechanismus** zwischen Planungsebenen, der zu einer Neuberechnung von Planwerten führt, wenn auf den unteren Ebenen Engpässe bestehen. „What-if-Analysen" bieten eine Hilfe für die Reaktion auf das unterschiedliche Vorhandensein von Ressourcen und die augenblickliche Kapazitätsbelastung.

Beispiele: Dieses System findet seine Anwendung bei der Sommerfeld Bürosysteme GmbH und gibt Antworten darauf, ob bei Fehlteilen die Losgröße gesenkt werden soll oder bestimmte Substitutionsteile eingesetzt werden können, ob bei einem bestimmten Maschinenengpass ein anderes Fertigungsverfahren anzuwenden ist oder die Auswärtsvergabe sinnvoller ist, ob bei einem Auftragsrückstand die Durchlaufzeit durch Lossplitting oder eine überlappende Fertigung verkürzt werden soll.

Ein großer Vorteil von MRP II ist die Flexibilität dieses Konzeptes, da auf veränderte Rahmenbedingungen ohne Zeitverzögerung reagiert werden kann. Der Nachteil besteht in dem umfangreichen Datenmaterial, das ständig auf dem neuesten Stand gehalten werden muss.

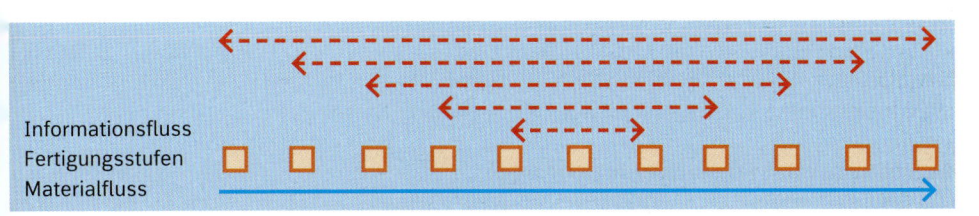

OPT (Optimized Production Technology)

Ein großer Nachteil von MRP und teilweise auch von MRP II ist, dass man sich um Kapazitätsengpässe kaum kümmert.

Bei der Einzel- oder Kleinserienfertigung, die häufig eine sehr unterschiedliche Auftragsstruktur aufweist, überwiegt die Werkstättenfertigung. Werkstätten und Maschinenplätze besitzen meist eine sehr unterschiedliche Outputkapazität. Hier ist die Anwendung des OPT-Verfahrens sinnvoll. Bei dem OPT-Verfahren erfolgt eine Orientierung an den Engpässen des gesamten Produktionssystems mit dem Ziel ihrer optimalen Ausnutzung. Engpässe werden gesucht, verbessert bzw. vermieden. Die Optimierung des Materialflusses steht im Vordergrund und nicht das Ziel einer möglichst hohen Kapazitätsauslastung.

Lean Production als ganzheitliche Rationalisierungsmaßnahme

Ebenso wie das CIM-Konzept bezieht Lean Production das gesamte Unternehmen ein. Die „schlanke" Produktion richtet sich gegen jegliche Art von Verschwendung und kombiniert dabei zahlreiche Einzelmaßnahmen, z. B. das Herunterfahren von Beständen durch Just-in-time, den Abbau von Hierarchieebenen, die Eigenverantwortlichkeit der Mitarbeiter, das Kanban-Prinzip, Maßnahmen zur Qualitätssteigerung sowie die Reduzierung der Fertigungstiefe. Effizientes Wirtschaften bei kurzen Reaktionszeiten soll hierdurch erreicht werden. Oberstes Ziel ist jedoch die Kundenorientierung.

Lean Production

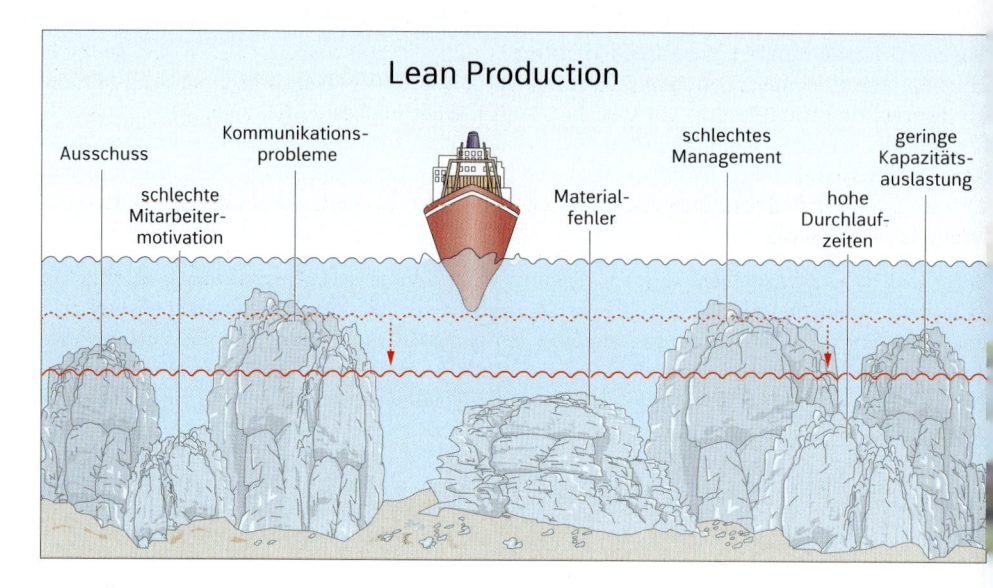

Bildbeschriftung: Ausschuss; Kommunikationsprobleme; schlechte Mitarbeitermotivation; Materialfehler; schlechtes Management; hohe Durchlaufzeiten; geringe Kapazitätsauslastung

Informieren Sie sich über Lean Production auch unter

www.wirtschaftslexikon.gabler.de sowie

www.lean-production-expert.de/lean-production/7-verschwendungsarten.html

Beurteilung von Rationalisierungserfolgen

Der Rationalisierungserfolg hängt entscheidend davon ab, inwieweit die einzelnen technischen und dispositiven Aufgaben bei der Auftragsabwicklung miteinander verknüpft sind und die Automatisierung bzw. der Rechnereinsatz sich nicht auf bestimmte Inseln beschränkt.

Den Erfolg einer Rationalisierungsmaßnahme kann man anhand der folgenden Größen und anhand der Kennzahlen auf den S. 180 und 181 messen:

Durchlaufzeit

Werden zum Beispiel durch eine Automatisierung des Materialflusses **Wartezeiten vermieden** und durch einen automatischen Werkzeugwechsel **Rüstzeiten gesenkt**, verringert sich insgesamt die Durchlaufzeit für einen Fertigungsauftrag. Hierdurch erhöht sich der Ausnutzungsgrad der vorhandenen Fertigungsanlagen und damit die Produktivität.

Beispiel: Betrug die Durchlaufzeit vorher 20 Minuten und beträgt sie nach Durchführung der Rationalisierung nur noch 5 Minuten, so wurde eine Senkung von 75 % erreicht. Die Produktivität ist um 300 % gestiegen.

Materialverbrauch

Wurde die Geometrie für ein Einzelteil berechnet und die Materialnutzung durch den Rechner optimal festgelegt, so kann in vielen Fällen **erheblicher Verschnitt eingespart** werden. Auch hier muss eine Interaktivität zwischen dem Konstrukteur oder Designer und der Beschaffung gegeben sein, wenn wirksame Erfolge erzielt werden sollen.

Beispiele: Der Designer gibt für ein Drehstuhlpolster einen Flächenbedarf von 0,50 · 0,60 m vor. Die gelieferten und auf dem Lager befindlichen Stoffbahnen besitzen eine Breite von 2,10 m. Sofort erscheint die Anzeige, dass die Polsterteile in der Breite nebeneinander auszustanzen sind. Gleichzeitig macht das System den Vorschlag, die Länge auf ein Maß von 0,525 m zu reduzieren, um den Verschnitt zu reduzieren. Oder durch den Einsatz einer Plotteranlage wird der Planverbrauch an Stoff für einen Polsterbezug von 0,40 m² auf 0,32 m² gesenkt. Dies beinhaltet eine Materialeinsparung von 20 %.

Materialbestand

Durch eine **Beschränkung auf wenige Normteile** wird der Bestand an Materialien und Werkzeugen gesenkt.

Beispiel: Wurden bisher 20 verschiedene Schraubenabmessungen aus 10 verschiedenen Werkstoffen verwendet, so ergibt dies 200 verschiedene Schraubenarten. Reduziert man die Anzahl der Abmessungen auf 10, so verringert man nicht nur die Materialbestände sondern auch den notwendigen Bedarf an Werkzeugen. Der Bestand an Material und Werkzeugen kann um 50 % gesenkt werden.

Personalbedarf

Rationalisierungseffekte werden besonders häufig am Personalbedarf gemessen. Durch eine **Verringerung des Personalbedarfs** sinken die Personalkosten und Personalwagnisse, die sich durch Krankheit, Unfälle, Streik und gesetzliche Auflagen wie Ansprüche auf Kündigungsschutz, Elternzeit oder Teilzeitarbeit ergeben.

Beispiel: Durch die Anschaffung einer vollautomatischen Biegemaschine wird der Personalbestand in der Schlosserei von 18 auf 15 Arbeitnehmer reduziert, dies entspricht einer Personaleinsparung von 16,6 %. Da pro 16 Arbeitsplätze (6 von 100) ein Schwerbehinderter eingestellt werden muss, entfällt zusätzlich diese Verpflichtung. Gleichzeitig werden erhebliche Personalkosten eingespart.

Just in case (Gerüstet sein für alle Fälle)

Rationalisierungsmaßnahmen sollten nicht nur unter dem Gesichtspunkt der **Produktivität und Wirtschaftlichkeit** betrachtet werden. Auch eine Erhöhung der Flexibilität ist als Erfolg zu werten. Das Leistungsniveau in der Steuerungs-, Maschinen- und Transporttechnik hat inzwischen einen solchen Stand erreicht, dass Fertigungsstraßen sehr schnell auf neue Produkte umgestellt werden können.

Beispiele: Stühle aus Polyurethan können mithilfe einer Extrusionsanlage vollautomatisch hergestellt werden. Durch den Einsatz unterschiedlicher Werkzeuge (Formen) ist die Fertigung einer Vielzahl von Varianten möglich. Für die Fertigung von Holzstühlen sind dagegen völlig andere Maschinen notwendig.

Zusammenfassung

Maßnahmen zur kontinuierlichen Verbesserung von Fertigungsprozessen und Produkten berücksichtigen

- *Normung, Typung* und *Baukastenbauweise* erhöhen durch einheitliche und gleichbleibende Bausteine die Produktivität bei der Materialnutzung und verkürzen die Durchlaufzeit.
- *Fertigungsfamilien* und *Fertigungsinseln* senken durch eine Zusammenfassung von Aufträgen und Abläufen die Herstellkosten.
- *Automatisierte Erkennungs- und Einwirkgrößen* garantieren die Stabilität von Fertigungsprozessen.
- *CIM-Konzepte* koordinieren die technischen mit den betriebswirtschaftlichen Aufgaben mithilfe einer umfassenden Rechnerunterstützung. Sie erleichtern und beschleunigen die Auftragsabwicklung.

- **PPS-Systeme** zielen auf eine optimale Vernetzung von Informations- und Materialflüssen bei der Planung und Steuerung der Fertigung. Durch die ständige Aktualisierung von Daten erleichtern sie die Anpassung der Auftragsstruktur an die vorhandenen Ressourcen und umgekehrt.
- **Die Beurteilung von Rationalisierungserfolgen** kann anhand der Sachverhalte Durchlaufzeit, Materialverbrauch, Materialbestand, Personalbestand, Produktivität, Flexibilität und Wirtschaftlichkeit erfolgen, siehe hierzu auch die Kennzahlen auf S. 180 und 181.

Aufgaben

1. Die Sommerfeld Bürosysteme GmbH erreichte im vergangenen Jahr bei den Materialkosten eine Einsparung von 10 %. Berechnen Sie unter Berücksichtigung der folgenden Kosten- und Gewinnsituation die notwendige Umsatzsteigerung in Prozent, um über den Absatz das gleiche Betriebsergebnis zu erzielen.

Materialkosten	40 %
Fertigungskosten	35 %
Verwaltungs- und Vertriebskosten	15 %
Gewinn	10 %

2. Zur Optimierung des Materialeinsatzes können sogenannte Wertanalysen vorgenommen werden. Hierbei vergleicht man den Grad der Funktionserfüllung durch eine bestimmte Materialart mit den entstehenden Kosten. Wählen Sie unter Berücksichtigung der folgenden Daten eine geeignete Materialart.

Materialarten für die Herstellung einer Sitzmulde	Materialkosten in € je Einheit	Haltbarkeit Rang	Gewicht Rang	Fertigungseignung Rang	Kundenakzeptanz
Holz	8,00	1	2	2	3
Stahlblech	6,00	3	1	1	1
Polypropylen	4,00	2	3	3	2

3. Geräte, Fahrzeuge und Maschinen enthalten in den Bedienungsanleitungen vielfach Abkürzungen, die auf bestimmte Normen hinweisen, zum Beispiel: DIN, EN, CE, ANSI. Beschreiben Sie den Geltungsbereich dieser Normen.

4. Die Zusammensetzung und Formate von Papier sind seit Jahrzehnten genormt. Dies bringt erhebliche Vorteile für die Hersteller, den Handel und alle, die Büroartikel verwenden.
   a) Beschreiben Sie die verschiedenen Papierformate.
   b) Erstellen Sie hierzu eine Liste von Komplementärprodukten, die auf diesen Normen aufbauen.

5. Beschreiben Sie das Bild zur Lean Production auf S. 652 und leiten Sie daraus Aussagen zur Funktionsweise von Lean Production ab.

Wiederholungs- und Prüfungsaufgaben zu Lernfeld 5

1. Die Geschäftsleitung der Sommerfeld Bürosysteme GmbH ist der Meinung, die Produktionskosten für die Herstellung der Systemtische seien zu hoch, und erwägt, die Produktion einem ausländischen Geschäftspartner zu übertragen, dessen Fertigungskosten pro Einheit nur 125,00 € betragen würden.

   a) Berechnen Sie die aktuellen Fertigungskosten je Tisch, wenn die Rüstzeit 400 Zeitminuten und die Fertigungszeit 110 Zeitminuten je Tisch betragen, die optimale Losgröße bei 40 Einheiten liegt und der Fertigungsstundensatz 70,00 € beträgt.

   b) Im ersten Halbjahr wurden in 750 Arbeitsstunden 375 Tische und im zweiten Halbjahr in 820 Arbeitsstunden 451 Einheiten hergestellt. Prüfen Sie rechnerisch, um wie viel Prozent die Produktivität gestiegen oder gefallen ist.

   c) Beurteilen Sie unter Berücksichtigung Ihrer Lösungen zu a) und b) und zwei zusätzlicher Argumente, ob eine Produktionsverlagerung ins Ausland sinnvoll ist.

2. Da die Nachfrage nach Stapelstühlen erheblich zugenommen hat, fordert Herr Weselberg, der Leiter der Fertigung bei der Sommerfeld Bürosysteme GmbH, die Umsetzung mehrerer geplanter Maßnahmen.

   a) Zunächst soll die Produktion der Fußgestelle von der Werkstättenfertigung auf eine Inselfertigung umgestellt werden. Erläutern Sie drei Argumente, die für eine Umstellung auf die Inselfertigung sprechen können.

   b) Für die Realisierung der Inselfertigung ist die Anschaffung eines zusätzlichen Biegeautomaten notwendig. Die Geschäftsführung ist nur bereit, dieser Investition zuzustimmen, wenn eine Amortisationszeit von 5 Jahren eingehalten werden kann.
   Berechnen Sie anhand der folgenden Daten die Amortisationszeit für den neuen Biegeautomaten und begründen Sie, ob die von der Geschäftsführung vorgegebene Bedingung erfüllt wird.
   Anschaffungskosten: 320 000,00 €
   Geplante Nutzungsdauer: 8 Jahre
   Abschreibung: linear
   Zusatzgewinn pro Jahr: 40 000,00 €

   c) Für die Beschaffung eines neuen Biegeautomaten steht ein Angebot der Maschinenbau AG Mannheim in der engeren Wahl. Hierzu liegen die folgenden Daten vor:

   Geplante Produktions-/Absatzmenge: 40 000 Ceno-Stühle im Jahr
   laut Stückliste jeweils 2 × Vorderfuß und 2 × Hinterfuß
   Für den zur Auswahl stehenden Biegeautomaten ist die Betriebsmittelzeit je Einheit t_{eB} = 1 Min./4 Füße
   Betriebsmittel-Rüstzeit t_{rB} = 300 Min./5 000 Füße
   (Alle 5 000 Stück muss die Maschine abgerüstet, gewartet und wieder aufgerüstet werden.)
   Ermitteln Sie die erforderliche Belegungszeit für Herstellung von 40 000 Ceno-Stühlen im Jahr in Minuten.

   d) Gleichzeitig soll geklärt werden, ob die erforderliche Belegungszeit durch die verplanbare Belegungszeit abgedeckt wird. Hierzu sind die folgenden Daten zu berücksichtigen:
   Arbeitszeit je Schicht 8 Stunden, Schichtzahl pro Tag 1,
   Arbeitstage pro Jahr 204, zeitlicher Nutzungsfaktor 0,875 pro Schicht.
   Berechnen Sie die verplanbare Belegungszeit und stellen Sie fest, ob eine Unter- oder Überdeckung vorliegt.

   e) Erläutern Sie drei mögliche Ursachen für die Überdeckung eines Maschinensystems.

3. Die Geschäftsleitung erwägt die Anschaffung der von Herrn Weselberg gewünschten Biegeanlage, die automatisch Aluprofile auf die notwendige Länge zuschneidet und in die gewünschte Form biegt. Hierdurch könnte der Einsatzbedarf von Arbeitskräften reduziert werden, weil die Abläufe Zuschneiden, Transport, Lagern und Biegen durch einen einzigen Prozess ersetzt werden. Nehmen Sie mithilfe der unten stehenden Daten einen Kostenvergleich vor.

	bisherige mechanische Fertigung	geplante automatisierte Fertigung
jährlicher Kapazitätsbedarf	1 600 Betriebsstunden	1 600 Betriebsstunden
Anschaffungskosten	200 000,00 €	320 000,00 €
jährliche Wartung und Energie	6 600,00 €	9 600,00 €
jährliche kalkulatorische Zinsen	4 %	4 %
Nutzungsdauer	8 Jahre	8 Jahre
Abschreibung	linear	linear
Personalbedarf	3 Mitarbeiter	2 Mitarbeiter
mtl. Lohn je Mitarbeiter	2 800,00 €	2 800,00 €
Lohnzusatzkosten	75 %	75 %

4. Die Geschäftsführung der Sommerfeld Bürosysteme GmbH hat einer Inselfertigung bei den Fußgestellen zugestimmt. Die Gestelle sollen in Zukunft durch eine Arbeitsgruppe gefertigt werden, die über drei Maschinenplätze verfügt. Zur Herstellung eines Fußgestells werden Alu-Profile auf Länge gestanzt, zu einem Vorder- und Hinterfuß gebogen, mit Verbindungsbohrungen versehen und anschließend miteinander verlötet.

a) Berechnen Sie mithilfe der folgenden Daten die täglich realisierbare Kapazität an Fußgestellen.

Ablauf	Biegen	Bohren	Verlöten
Betriebsmittel	Biegeautomat	Bohrmaschine	Lötanlage
Ausführungszeit in Minuten	0,5	1,5	2,5
verplanbare Minuten bei Einschichtbetrieb	450	450	450

b) Um die Kapazität der Gestellfertigung zu erhöhen und den Materialfluss zu beschleunigen, soll die vorhandene Lötanlage LA durch eine neue leistungsfähigere Anlage LN ersetzt werden. Durch die neue Anlage würden pro Jahr 61 200 Gestelle verlötet werden können. Die neue Anlage LN würde Fixkosten in Höhe von 220 320,00 € verursachen und läge bei voller Kapazitätsauslastung bei einer Gesamtkostenhöhe von 403 920,00 €. Für die bisher genutzte Lötanlage LA liegen Ihnen folgende Daten vor:

Fixkosten: 183 600,00 €; variable Stückkosten: 5,00 €
Kapazität pro Jahr: 36 720 Stück

ba) Entscheiden Sie, ob die neue Anlage angeschafft werden sollte.
bb) Begründen Sie Ihre Entscheidung mit mehreren Argumenten.

5. In der Polsterei der Sommerfeld Bürosysteme GmbH wurde bisher in zwei Schichten gearbeitet. Die Arbeitszeit je Schicht betrug 8 Stunden. Die Verteilung von Frühschicht (F), Spätschicht (S) und freien Tagen ergab z. B. für die beiden Arbeitnehmer A und B den folgenden Einsatzplan:

	Mo	Di	Mi	Do	Fr	Sa	So	Mo	Di	Mi	Do	Fr	Sa	So	Mo	Di	Mi	Do	Fr	Sa	So
A	F	F	F	F	F			S	S	S	S				F	F	F	F	F		
B	S	S	S	S				F	F	F	F	F			S	S	S	S			

Die Geschäftsführung hat mit dem Betriebsrat eine neue Arbeitszeitregelung vereinbart. Die Arbeitszeit je Schicht beträgt 9 Stunden. Um die erforderliche Wochenarbeitszeit der Mitarbeiter zu erreichen, werden bei Bedarf zusätzliche Schichten eingeplant. Zur Umsetzung dieser Vereinbarung wird C als weiterer Arbeitnehmer eingestellt. Die folgende Tabelle zeigt den neuen Einsatzplan.

	Mo	Di	Mi	Do	Fr	Sa	So	Mo	Di	Mi	Do	Fr	Sa	So	Mo	Di	Mi	Do	Fr	Sa	So
A	F	F	F	F					S	S	S				S	S			F	F	
B			S	S	S			S	S			F	F		F	F	F	F			
C	S	S			F	F		F	F	F	F						S	S	S		

a) Ermitteln Sie die Veränderung der Maschinenlaufzeit anhand der vorstehenden Einsatzpläne für die nächsten drei Wochen.
b) Suchen Sie neben dem Kapazitätseffekt nach weiteren Gründen, die die Geschäftsführung zu dieser Änderung veranlasst haben könnten.
c) Beschreiben Sie die Vor- und Nachteile dieser Veränderung aus der Sicht der Arbeitnehmer.

6. Das nachstehende Schaubild stellt den Materialfluss einer Industrieunternehmung dar, von der die Sommerfeld Bürosysteme GmbH Alurohrprofile bezieht. Die Unternehmung arbeitet in einem kontinuierlichen 3-Schicht-Betrieb. Ermitteln Sie anhand des Schaubilds (Ausbringungsverluste bleiben unberücksichtigt; zusätzliche Lagervorräte bestehen nicht)

a) für Anlage 1 die zu erwartende effektive Ausbringung je Stunde,
b) für einen Zeitraum von 30 Produktionstagen
   ba) die zur Verfügung stehenden Produktionsstunden,
   bb) die Menge, die mit Anlage 1 hergestellt werden kann,
   bc) die Menge, die mit Anlage 2 hergestellt werden kann,
   bd) die höchstmögliche Menge, die von Produkt A hergestellt werden kann,
c) unter der Voraussetzung, dass innerhalb der genannten Zeit von Produkt A 380 000 t und von Produkt B 240 000 t hergestellt werden, die höchstmögliche Menge, die von Produkt C hergestellt werden kann.

1. Produktionsstufe

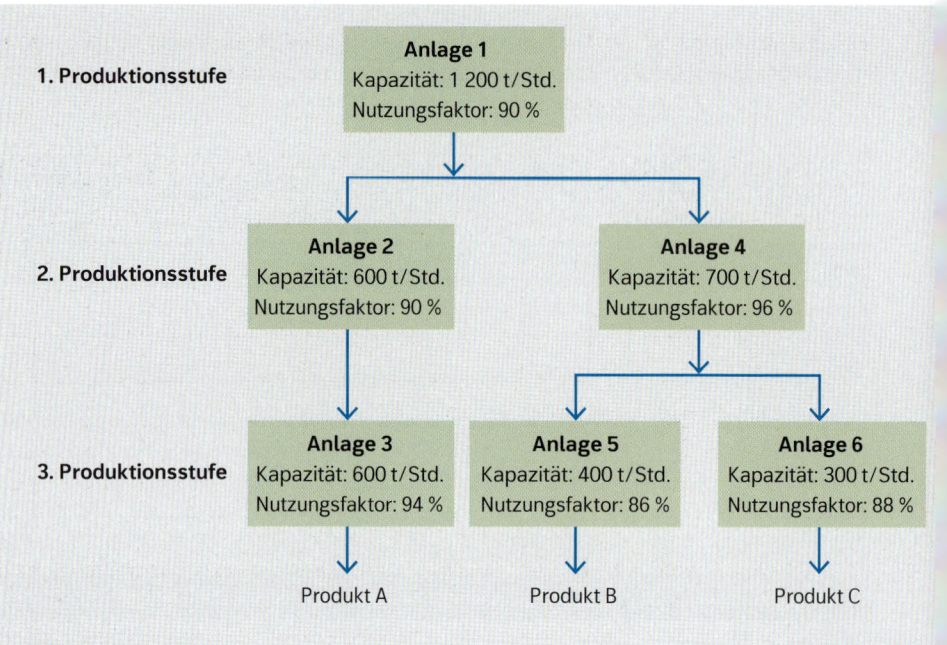

Anlage 1
Kapazität: 1 200 t/Std.
Nutzungsfaktor: 90 %

2. Produktionsstufe

Anlage 2
Kapazität: 600 t/Std.
Nutzungsfaktor: 90 %

Anlage 4
Kapazität: 700 t/Std.
Nutzungsfaktor: 96 %

3. Produktionsstufe

Anlage 3
Kapazität: 600 t/Std.
Nutzungsfaktor: 94 %

Anlage 5
Kapazität: 400 t/Std.
Nutzungsfaktor: 86 %

Anlage 6
Kapazität: 300 t/Std.
Nutzungsfaktor: 88 %

Produkt A   Produkt B   Produkt C

7. Für die Durchlaufzeit eines Auftrags auf einer Maschine ergibt sich folgender Zeitbedarf in Dezimalminuten:

Rüstzeit: 150   Bearbeitungszeit: 1 200

Der Gesamtauftrag kann nur in drei gleichen Teilzeiten und Teilmengen zeitversetzt ausgeführt werden, da die Maschine zwischenzeitlich für die Fertigung anderer Produkte beansprucht wird. Berechnen Sie

a) die Durchlaufzeit für eine Teilmenge in Dezimalminuten,
b) die gesamten Lohnkosten des Auftrags bei zeitversetzter Produktion und einem Stundensatz von 30,00 €,
c) die Mehrkosten im Vergleich zur ungeteilten Fertigung.

8. Die Arbeitsvorbereitung einer Industrieunternehmung hat die Aufträge A6 bis A8 einzuplanen.

Auftragsnummer	Priorität Dringlichkeit	Maschine Nummer	Fertigungszeit in Tagen
A6	3	IV	2
		V	1
		I	3
A7	1	V	4
		III	3
		II	4
		IV	3
A8	2	III	6
		IV	5
		V	2

Bei den Aufträgen A6 und A7 besteht eine zwingende Reihenfolge der Maschinenbelegung. Planen Sie die Maschinenbelegung, indem Sie die jeweilige Auftragsnummer in den beigefügten Maschinenbelegungsplan eintragen.

Maschinenbelegungsplan													
Datum	04-23	04-24	04-25	04-26	04-27	04-30	05-02	05-03	05-04	05-07	05-08	05-09	05-10	05-11
Maschine Nr.													
I	A4	A4	A3										
II													
III	A5	A5	A5										
IV													
V													

9. In einer Industrieunternehmung ergibt sich für die Herstellung eines verkaufsfähigen Produkts P folgende Erzeugnisstruktur:

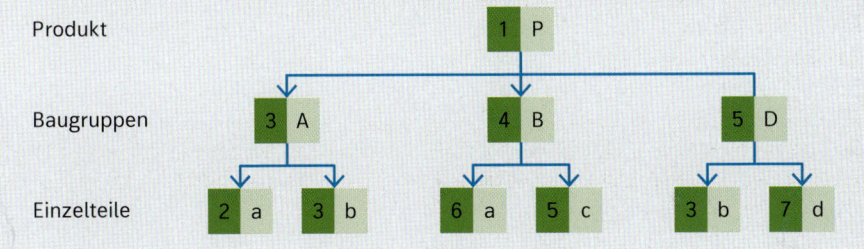

Produkt: 1 P

Baugruppen: 3 A, 4 B, 5 D

Einzelteile: 2 a, 3 b, 6 a, 5 c, 3 b, 7 d

a) Erstellen Sie die entsprechende Mengenstückliste.
b) Führen Sie anhand der erstellten Mengenstückliste und der unten stehenden Inventurdaten eine Verfügbarkeitsprüfung durch, indem Sie für die Einzelteile a bis d den jeweils disponierbaren Bestand ermitteln.

Einzelteile	Effektiver Bestand (Stück)	Reservierter Bestand (Stück)	Bestellbestand/bestellte Menge (Stück)	Disponierbarer Bestand (Stück)
a	500	500	200	
b	600	400	100	
c	300	0	100	
d	400	300	0	

c) Erläutern Sie – unabhängig von Ihrer Lösung zu c) – zwei Maßnahmen, die ergriffen werden müssen, wenn sich für die Einzelteile a bis d Fehlbestände ergeben.

10. Sie sind als Auszubildende/-r in der Fertigungsabteilung der Sommerfeld Bürosysteme GmbH eingesetzt. Für das Produkt „Hockerbank eloxiert" liegt Ihnen als Auszug die folgende Erzeugnisstruktur vor.

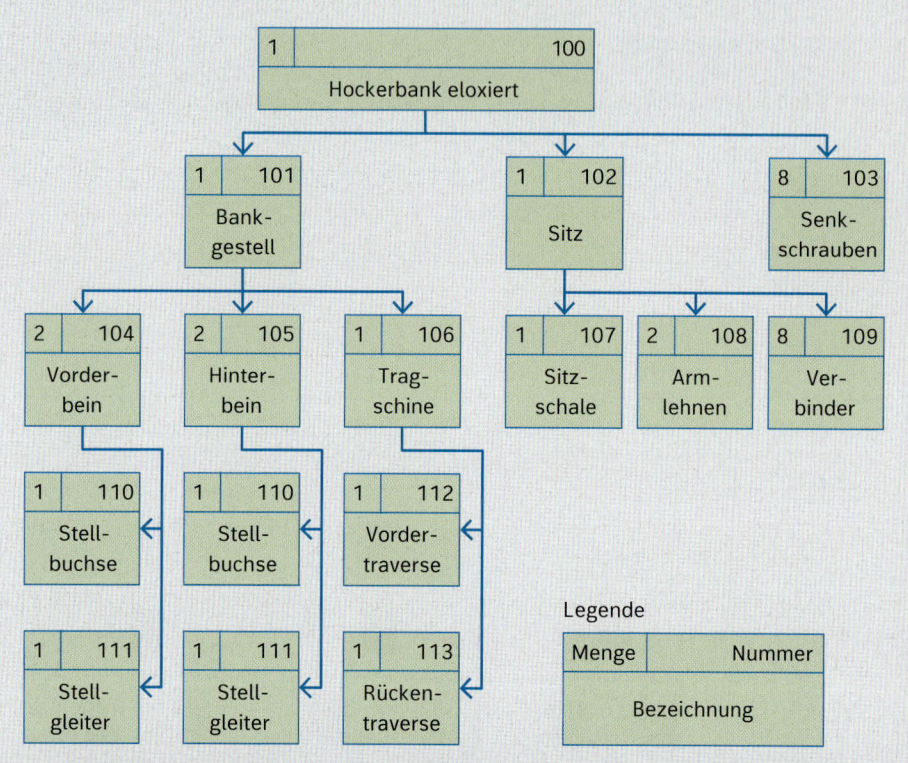

a) Überprüfen Sie die folgende Mengenstückliste und korrigieren Sie eventuelle Fehler.

Nr.	Bezeichnung	Menge/Stück	Nr.	Bezeichnung	Menge/Stück
101	Bankgestell	1	108	Armlehnen	2
102	Sitz	1	109	Verbinder	8
103	Senkschrauben	8	110	Stellbuchse	2
104	Vorderbein	2	111	Stellgleiter	2
105	Hinterbein	2	112	Vordertraverse	1
106	Tragschiene	1	113	Rückentraverse	1
107	Sitzschale	1			

b) Errechnen Sie mithilfe des folgenden Arbeitsplans die Auftragszeit in Stunden für die Fertigung der benötigten Sitzmulden.

c) Zur Beschleunigung der Durchlaufzeit erwägt man den Fertigungsauftrag in zwei Teillose zu splitten und diese Lose parallel zu fertigen. Ermitteln Sie den durch diese Maßnahme erzielten Zeitgewinn.

d) Begründen Sie die Angabe einer Mindestlosgröße für die Fertigung der Sitzmulden.

Arbeitsplan Nr.: 107/4			Datum: 30.11...		Blatt: 1 von 1
Benennung: Sitzschale „eloxiert"			Mindestlosgröße: 20 Stück		
Werkstoff: Stahlblech					
Kosten-stelle	Arb.-folge	Vorgang	Arbeits-platz	Zeitvorgaben in Zeitminuten	
				tr (Rüstzeit)	te (Ausführungszeit)
031	1	Rohform ausstanzen	Stanzerei	12,0	3,0
302	2	Lochmuster ausstanzen	Stanzerei	12,0	3,0
303	3	Rohform entgraten	Schleiferei	8,0	5,0
304	4	Rohform polieren	Schleiferei	8,0	7,0
305	5	Sitzmulde pressen	Presserei	9,0	4,0
306	6	Sitzmulde eloxieren	Lackiererei	11,0	8,0

11. Im vergangenen Abrechnungszeitraum wurden bei der Sommerfeld Bürosysteme GmbH für den Confair Armlehnstuhl folgende Zahlen ermittelt:

produzierte und verkaufte Menge	208 Stück	fixe Kosten	20 160,00 €
Erlöse	65 728,00 €	variable Kosten	40 290,00 €

Ermitteln Sie

a) den Beschäftigungsgrad, wenn im vergangenen Abrechnungszeitraum die Kapazität 320 Stück betrug,
b) um wie viel Stück im Abrechnungszeitraum die Produktionsmenge über/unter dem Break-even-Point lag,
c) den maximalen Gewinn bei voller Ausnutzung der vorhandenen Kapazität,
d) um wie viel Stück sich der Break-even-Point verändert, wenn zur besseren Kapazitätsausnutzung der Preis auf 300,00 € je Stück gesenkt wird.

12. Kostendruck und die Sicherung der Wettbewerbsfähigkeit zwingen die Sommerfeld Bürosysteme GmbH zu einer ständigen Suche nach Möglichkeiten einer kontinuierlichen Verbesserung der Produkte und Fertigungsprozesse. So arbeitet das Unternehmen seit drei Jahren mit einem PPS-System auf der Grundlage von SAP. Angestrebt ist in Zukunft ein CIM-Konzept, um die Durchlaufzeit von Aufträgen zu senken. Im Rahmen einer SCM-Strategie befindet sich ein Mitarbeiter des Unternehmens bei dem indischen Zulieferer von Lederhäuten mit der Aufgabe, den Qualitätsstandard zu verbessern. Erklären Sie die Merkmale eines CIM-Konzepts.

13. Die monatliche Kapazität eines Fertigungsbetriebs für ein bestimmtes Produkt liegt bei 6 000 Stück. Bei einer Kapazitätsauslastung von 80 % betragen die Gesamtkosten 165 000,00 €. Um das Verhältnis von fixen und variablen Kosten zu ermitteln, wurde eine Kostenanalyse bei einer Auslastung von 70 % durchgeführt. Dabei betrugen die Gesamtkosten 150 000,00 € (unterstellt werden proportional verlaufende Kosten). Der Verkaufspreis liegt bei 35,00 €/Stück.

a) Ermitteln Sie
   aa) die variablen Stückkosten,
   ab) die fixen Gesamtkosten,
   ac) die Gewinnschwelle.
b) Erläutern Sie zwei Gründe, warum eine Industrieunternehmung auch unterhalb der Gewinnschwelle kurzfristig weiterproduziert.

14. In einer Industrieunternehmung wurden in der Qualitätskontrolle folgende Daten ermittelt:

Fehlerquote (%)	Fehlerkosten (€)	Fehlerverhütungs- und Prüfkosten (€)
0	0,00	1 000,00
1	140,00	710,00
2	280,00	510,00
3	440,00	370,00
4	580,00	270,00
5	720,00	220,00
6	860,00	170,00
7	1 000,00	140,00

a) Erläutern Sie den Zusammenhang zwischen der Fehlerquote einerseits und der Entwicklung der Fehlerverhütungs-/Prüfkosten andererseits und ermitteln Sie die Fehlerquote, die unter Kostengesichtspunkten optimal ist.
b) Nennen Sie drei typische Fehlerkosten.
c) Erläutern Sie zwei Gründe, von der kostenoptimalen Fehlerquote abzuweichen.

15. Die Erzeugnisstruktur eines Produkts wird durch folgenden Strukturbaum abgebildet:

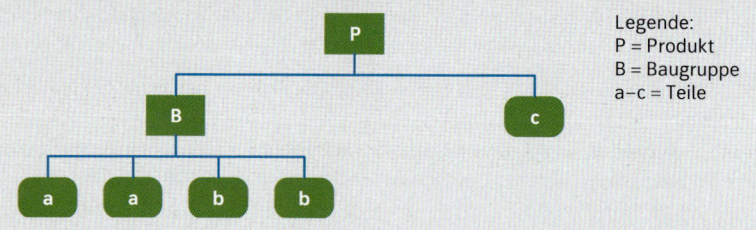

Legende:
P = Produkt
B = Baugruppe
a–c = Teile

Die Produktionszeiten in Minuten für die Erstellung der einzelnen Teile sind der folgenden Tabelle zu entnehmen:

Teile \ Maschine	M1	M2	M3	M4	M5	EM
a	0,5	–	1,25	0,5	0,75	
b	0,5	–	0,75	0,5	0,5	
c	–	1,0		0,5	0,5	
					–	1,0

Die Arbeitsgänge der einzelnen Teile sind auftragsweise an den Maschinen (M1 bis M5) in der dargestellten Reihenfolge zu verrichten. Mit der Endmontage (EM) kann erst begonnen werden, wenn alle Teile für das Produkt gefertigt wurden. Die Produktion der einzelnen Teile kann unabhängig voneinander erfolgen (Transport- und Liegezeiten bleiben unberücksichtigt).

a) Die Unternehmung fertigt in Form der Werkstättenfertigung. Erläutern Sie dieses Fertigungsverfahren.
b) Ein Kunde bestellt 120 Produkte.
   Ermitteln Sie anhand einer Mengenstückliste den Teilebedarf für diesen Auftrag.
c) Ermitteln Sie mithilfe des folgenden Arbeitsblattes den frühestmöglichen Fertigstellungstermin; verwenden Sie zur Kennzeichnung von Feldern die Muster aus der Legende.

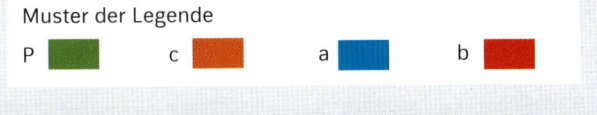

Muster der Legende

P ▇ (grün)   c ▇ (orange)   a ▇ (blau)   b ▇ (rot)

Stunde / Maschine	1	2	3	4	5	6	7	8	9	10	11	12	13	14	15	16	17	18	19	20	21	22	23	24	25	26	27	28	29	30
M1																														
M2																														
M3																														
M4																														
M5																														
EM																														

16. Qualitätssicherungssysteme gewinnen in Industrieunternehmungen eine zunehmende Bedeutung.

a) Erläutern Sie Gründe, die die Errichtung eines Qualitätssicherungssystems in einer Unternehmung erfordern.
b) Beschreiben Sie drei Möglichkeiten für eine Verbesserung des Qualitätsstandards.

Sachwortverzeichnis

A

Abgrenzungsrechnung 387
Ablauffamilie 646
Absatzleistungen 383, 431
Absatzprognosen 535
Absatzprogramm 513
Abschlussfreiheit 115
Abschlussprüfung 67, 166
Abschreibung 347
Abschreibungsplan 348
Abteilungsbildung 198
Abweichungsanalyse 492
Abzugskapital 398
Adaptronik 575
Agio 160
Akquisitions- und Angebotsprozesse 218
Aktienarten 161
aktivierte Eigenleistungen 383
Aktivitäten 205, 226
Aktivkonten 288
Aktiv-Passiv-Mehrung 282
Aktiv-Passiv-Minderung 282
Aktivtausch 280
Anderskosten 394
Anfechtung 118
Anlagensicherung 618
Anlagenüberwachung 619
Anlagevermögen 260, 271
Annahme 111
Antrag 111
Äquivalenzziffern 444
Arbeitsablaufdiagramm 584
Arbeitsablaufstudien 583
Arbeitsanweisungen 578
Arbeitsfortschrittskontrolle 611
Arbeitsgerichtsbarkeit 95
Arbeitssicherheit 585
Arbeitsplänen 578, 597
Arbeitsplanung 597
Arbeitsplatzstudien 585
Arbeitsproduktivität 181
Arbeitsschutzgesetz (ArbSchG) 77, 586
Arbeitsschutzrecht 76
Arbeitssicherheitsgesetz 77
Arbeitsstättenverordnung 77

Arbeitsvertrag 112
Arbeitszeit 71, 74
Arbeitszeitgesetz 74, 588
Arbeitszeitstudien 588
arglistiger Täuschung 119
Audits 629
Aufbauorganisation 195
Aufgabensynthese 196
Aufhebungsvertrag 65
auflagenfixen Kosten 564
Aufsichtsrat 86, 153, 161
Auftragsbezogene Fertigung 534
Auftragsfreigabe 610
Auftragssplittung 612
Auftragsterminierung 602
Auftragsveranlassung 610
Auftragsverfolgung 611
Auftragszeiten 588, 591
Aufwandskonten 316
Ausbildender 61
Ausbilder 61
Ausbildungsberufsbild 66
Ausbildungsbetrieb 58
Ausbildungsdauer 66
Ausbildungsmittel 63
Ausbildungsordnung 61, 66
Ausbildungsrahmenplan 67
Ausbildungsvertrag 61
Ausführungszeit 590
Ausgleichsabgabe 75
Außenhandelsbetrieb 54
Auswertung von Gruppenarbeitsprozessen 27
Auszubildender 61
automatische Transportsysteme 560
Automatisierung 559

B

Balkendiagramm 601
Baugruppen 644
Baugruppenbauweise 575
Baugruppenstückliste 577
Baukastensystem 644
Baustellenfertigung 554
Benchmarking 193

Bereichsfixkosten 470
Berufsausbildungsvertrag 113
Berufsbildungsgesetz 61
Berufsgenossenschaft 75
Berufsschulbesuch 72
Berufsschule 58
Berufsschulpflicht 59
Berufung 96
Beschäftigtenschutzgesetz (BSchG) 586
Beschäftigungsabweichungen 455, 490, 492
Beschäftigungsgrad 416, 521
Beschäftigungsverbote und -beschränkungen 73
Beschlussverfahren 96
Beschränkt geschäftsfähig 100
Beschwerde 96
Besitz 106
Bestandsmehrung 361, 365, 366
Bestandsminderung 359, 368
Bestandsorientierte Erfassung 328
Betreuer 101
Betrieb 52
Betrieblich außerordentliche Erträge 384
Betrieblicher Ausbildungsplan 67
Betriebsabrechnungsbogen 424
Betriebsbezogene Abgrenzungsrechnung 389
Betriebsergebnis 388, 389
Betriebsfremde Erträge 383
betriebsnotwendiges Kapital 398
betriebsnotwendiges Vermögen 398
Betriebsoptimum 521, 528
Betriebsratswahlen 81
Betriebsstoffe 261
Betriebsvereinbarung 82
Betriebsverfassungsgesetz 80
Betriebsversammlung 82
Bilanz 252, 268, 269
BilMoG 247
Bionik 575
Blockunterricht 59

Brainstorming 31
Break-even-Analyse 467
Break-even-Point 466, 529
Buchführungspflicht 248
Buchinventur 252
Buchungssatz 293
Bürgschaftsvertrag 113
Businessplan 137
Business-process-reengineering 195
Business (Process) Reengineering (BPR) 194

C
CAD = Computer Aided Design 647
CAE = Computer Aided Engineering 648
CAM = Computer Aided Manufacturing 648
CAQ = Computer Aided Quality Assurance 648
CE-Kennzeichnung 641
Chargenfertigung 545, 624
Chemikaliengesetz 77
CIM = Computer Integrated Manufacturing 648
CNC-Maschinen 559
Conjoint-Analyse 505
Controlling 485
cost drivers 499

D
Darlehensvertrag 112
Debitorenkonten 310
Deckungsbeitrag 465, 467, 475, 609
Deckungsbeitragsrechnung 465
Degressive Kosten 415
deklaratorisch 123, 133
Deliktsfähigkeit 102
Depotstimmrecht 164
Dienstleistungsbetriebe 52, 54
Dienst- oder Arbeitsverhältnis 101
Dienstvertrag 113
Digitalisierung 191
Dilemma der Ablaufplanung 610
Direct Costing 469, 470
Dispositionsstückliste 576

Divisionskalkulation 442
Dokumentation 578
Doppelte Buchführung 298
Drifting Costs 506
Drittelbeteiligungsgesetz 86
Drittelparität 86
duale Berufsausbildung 58
Durchlaufzeit 207, 516, 589, 652
Durchlaufzeitensyndrom 609

E
echte paritätische Mitbestimmung 87
Eigenfertigung 477, 538
Eigenkapital 264, 270
Eigenkapitalquote 272
Eigenkapitalrentabilität 180
Eigentum 106
Eigentumsübertragung 106
Einliniensystem 196
Einpersonen-GmbH 151
Einseitige Rechtsgeschäfte 111
einstufige BAB 424
einstufige Divisionskalkulation 442
Einstufiger Betriebsabrechnungsbogen 425
Einzelfertigung 543
Einzelgeschäftsführungsbefugnis 143
Einzelhandelsbetrieb 54
Einzelkaufleute 247
Einzelunternehmung 136
Einzelvertretungsmacht 143
Elektronische Form 116
Emanzipation 522
empfangsbedürftige Rechtsgeschäfte 111
Entnahmerecht 144
Ereignis 231
Ereignisgesteuerte Prozessketten (EPK) 231
ergonomische Arbeitsplatzgestaltung 585
Ertragskonten 319
Erweiterter mehrstufiger Betriebsabrechnungsbogen 426
erwerbswirtschaftliche Betriebe 54

Erzeugnisauflösung 574
Erzeugnisfixkosten 470
Erzeugnisgliederung 574
Erzeugnisgruppenfixkosten 470
Erzeugnisprogramm 513
Erzeugnisstruktur 576
Europäischer Betriebsrat (EBR) 83
Europäisches Recht 94
Explosionsschutzverordnung 77
externe Prozesse 209
Exzerpt 38

F
Fachkompetenz 57
Feedback 26
Fehler 621
Fehlerkosten 625
Fehlerquote 627
Fehlerverhütungskosten 625
Fertige Erzeugnisse 262
Fertigungsfamilie 646
Fertigungsgemeinkosten 422
Fertigungsgemeinkostenzuschlagssatz 433
Fertigungshauptkostenstellen 421
Fertigungshilfskostenstellen 421
Fertigungsinsel 553, 646
Fertigungskapazität 520
Fertigungsplanung 607
Fertigungsprogramm 513, 534
Fertigungsprogrammbreite 535
Fertigungssteuerung 607
Fertigungsteuerung 612
Fertigungstiefe 537
Fertigungstypen 543
Fertigungsverfahren 543
Fertigungszellen 560
Finanzbuchhaltung (FiBu) 243
Finanzgerichtsbarkeit 95
Finanzierung 272
Firma 125
Firmenarten 126
Firmenausschließlichkeit 127
Firmenbeständigkeit 127
Firmengrundsätze 126
Firmenklarheit 126
Firmenöffentlichkeit 127
Firmenwahrheit 126
Fischgrätenmodell 617

Sachwortverzeichnis

Fixe Kosten 414
Fixkauf 636
Fixkosten 524
Fixkostenbelastung 560
flexiblen Fertigungssystem 560
Fließbandfertigung 552
Fließfertigung 552
Flussprinzip: 552
Formkaufmann 125
Forschung 579
Fremdbezug 477, 538
Fremdprüfungen 625
Funktionen 211
Funktionsorganisation 198
Funktionsorientierung 202

G

Gefahrstoffverordnung 77
Gegenstände 39
Gemeinkostenzuschlagssatz 432
Gemeinwirtschaftliche Betriebe 54
Geometrisch-degressive Abschreibung 350
Gerätesicherheitsgesetz (GSG) 641
Geräte- und Produktsicherheitsgesetz 77
Gerichtsbarkeiten 95
Geringwertige Wirtschaftsgüter 352
Gesamtbetriebsräte 83
Gesamtkapitalrentabilität 180
Gesamtproduktivität 181
Geschäftsanteilen 152
Geschäftsfähigkeit 99
Geschäftsführer 153
Geschäftsführung 139, 153
Geschäftsjahr 247
Geschäftsprozessmodelle 231
Geschäftsunfähigkeit 99
Gesellschafterversammlung 153
Gesellschaftsvertrag 112
Gesetzesrecht 91
Gestaltungsfreiheit 115
Gesundheitliche Betreuung 73
Gewerbeordnung (GewO) 585
Gewinn 323
Gewinnmaximum 529
Gewinnschwelle 466, 467, 529

Gewinn- und Verlustrechnung 323
Gewinnziel 179
Gewohnheitsrecht 91, 94
gezeichnetes Kapital 160
Gläubigerschutz 246
Globalisierung 640
GmbH 151
GmbH & Co. KG 157
Goldenen Bilanzregel 272
Größenklassen 165
Großhandelsbetrieb 54
Grundbuch 308
Grundkapital 160
Grundkosten 381, 394
Grundnutzen 572
Grundsätze ordnungsmäßiger Buchführung 248
Grundstoffindustrie 53
Grundzeit 590
Gruppenarbeit 23, 31
Gruppenfertigung 553
Gutgläubiger Eigentumserwerb 107
GuV-Konto 323
GwG 353
GWG-Pool 353

H

Haftung 142
Handarbeit 558
Handelsgesetzbuch 123
Handelsregister 131
Handlungskompetenz 57
Handwerksbetriebe 53
Handwerkskammer 66
Hardware 224
Hauptbuch 309
Hauptprozess 498
Hauptversammlung 161
Hebelprozesse 215
Herstellkosten 515
Herstellkosten der Produktion 433
Herstellkosten der Rechnungsperiode 433
Herstellkosten des Umsatzes 433
Hilfskostenstellen 422
Hilfsstoffe 261
Hol-Prinzip (Pull-Konzept) 650

Humankompetenz 57
Hundert-Prozent-Kontrolle 623

I

Immobilien 105, 106
Industrie- und Handelskammer 66
Informationsbeschaffung 37
Informationsgesellschaft 204
Informationsprozesse 205
Informationssuche 41
Innerbetriebliche 431
Innovationen 572
Innovationsprozesse 216
Inputs 205
Instandhaltung 618, 632
Interne Prozesse 209
Internet 40, 223
intervallfixen Kosten 524
Inventar 252, 260, 265
Inventur 252, 254
Inventurdifferenzen 359
Investitionsgüter 53
Investitionsgüterindustrie 53
Irrtum 118
Istkosten 422, 427, 437, 454
Istkostenrechnung 455
Istkostenzuschlagssätze 454

J

Jahresabschluss 246
Jugendarbeitsschutzgesetz 71
Jugend- und Auszubildendenvertretung 84
Juristische Personen 102
just in time (jit) 193

K

Kaizen 630
Kalkulatorische Abschreibungen 395
Kalkulatorische Kosten 394
Kalkulatorische Miete 400
kalkulatorischen Abschreibungen 397
Kalkulatorischer Unternehmerlohn 402
Kalkulatorische Wagnisse 398, 399
Kalkulatorische Zinsen 397

Sachwortverzeichnis

Kanban 650
Kapazität 416, 520
Kapazitätsabgleich 604
Kapazitätsabstimmung 604
Kapazitätsanpassung 604
Kapazitätsauslastung 515
Kapazitätsgrenze 529
Kapitalerhöhung 161
Kapitalgesellschaften 151, 247
Kapitalrücklage 160
Kapitalstruktur 271
Käufermarkt 191, 513, 640
Kaufmann 123, 246
Kaufmannseigenschaft 123
Kaufvertrag 112
Kernkompetenzen 192
Kernprozesse 513
Key Accounter 636
Key Accounts 199
KG 145
Kleinbetragsrechnungen 339
Kleingewerbetreibende 124
Kommanditist 145
Komplementär 145
konstitutiv 123
Konstruktion 574, 579
Konstruktionszeichnungen 575, 577
Konsumgüter 53
Konsumgüterindustrie 53
Kontengruppe 307
Kontenklasse 307
Kontenrahmen 306
Kontrollverfahren 623
Konventionalstrafe 636
Konzernbetriebsräte 83
Körperliche Inventur 252
Kosten 381
Kostenabweichungen 455, 490
Kostenartenrechnung 378, 379, 387
Kostenstellen 420
Kostenstelleneinzelkosten 423, 424
Kostenstellengemeinkosten 423, 424
Kostenstellenrechnung 378, 379
Kostenträger 431
Kostenträgereinzelkosten 413

Kostenträgergemeinkosten 412
Kostenträgerrechnung 379, 431
Kostenträgerstückrechnung 431, 436, 469
Kostenträgerzeitrechnung 431, 432, 469
Kostentreiber 499
Kostenüberdeckung 455
Kosten- und Leistungsrechnung (KLR) 243
Kostenunterdeckung 455
Kreditorenkonten 310
kritische Menge 538
kritischer Weg 601
Kundenbeziehungsprozesse 216
Kundenorientierung 195
Kündigung des Ausbildungsverhältnisses 65
Kuppelproduktion 547
Kurswert 161
kurzfristige Preisuntergrenze 475

L

Lagerhaltungskosten 564
Lagerleistungen 383
langfristige Preisuntergrenze 475
Lastenheft 580
Lean Production 651
Leerkosten 522
Lehrpläne 58
Leihvertrag 112
Leistungen 383
Leistungsabschreibung 350
Leistungsgrad 589
leistungsmengeninduzierte Prozesse 499
leistungsmengenneutrale Prozesse 499
Leistungsprozesse 205
Lernkartei 42
Lernorte 58
Lernplakat 43
Lineare Abschreibung 349
Liquidität 180, 272
Liquiditätsabgestimmte Preisuntergrenze 475
Logistikprozesse 216

Lohnschein 611
Losgröße 563

M

Mängel 621
manuelle Fertigung 558
Marktanteils 180
Marktdurchdringung 569
Marktforschung 569
Marktnische 570
Marktpotenzial 569
Marktsättigung 569
Marktvolumen 569
maschinenabhängigen Fertigungsgemeinkosten 441
Maschinenbelegung 608
Maschinenstundensatz 441
Maschinenstundensatzrechnung 439
Maschinenverordnung 77
Massenfertigung 546
Materialauswahl 642
Materialentnahmeschein 328
Materialgemeinkosten 422
Materialgemeinkostenzuschlagssatz 433
Materialprozesse 205
Materialverbrauch 642, 652
Maximalprinzip 639
Mechanisierung 559
Mehrliniensystem 197
mehrstufige BAB 424
Mehrwert 336
Mehrwertsteuer 336
Mengenübersichtsstückliste 576
Methoden für die Gruppenarbeit 30
Methodenkompetenz 57
Me-too-Produkte 571
Mietvertrag 112
Mindestnennwert 160
Mindmapping 34, 38
Minimalprinzip 639
Mitarbeiter 225
Mitbestimmung auf der Ebene der Unternehmensleitung 86
Mitbestimmungsgesetz 86
Mitbestimmungsrechte 83
mittelbarer Besitzer 106

Sachwortverzeichnis

Mitwirkungsrechte 83
Mobilien 106
Montanmitbestimmungsgesetz von 1951 87
morphologische Kasten 32
Muster 578
Mutterschaftsgeld 74
Mutterschutzgesetz 73

N
Nachhaltigkeit 580
Nachkalkulation 437
Nachleistungen 401
Nachschusszahlungen 153
Nacht- und Schichtarbeiter 74
Natürliche Personen 99
Netzplantechnik 600
neutrale Aufwendungen 380
neutrale Erträge 383
neutraler Aufwand 382
Neutrales Ergebnis 388, 389
Nichtigkeit 117
Nichtkaufleute 247
nicht vertretbare Sachen 105
Normalkapazität 521
Normalkosten 454
Normalkostenrechnung 454, 455
Normalkostenzuschlagssätze 455
Normalleistung 589
Normteile 653
Normung 643
Notarielle Beurkundung 117
Nullserie 579
Nutzenschwelle 529
Nutzkosten 522

O
Objektives Recht 92
Objektprinzip 551
Öffentliche Beglaubigung 116
Öffentlicher Glauben 133
Öffentliches Recht 92
OHG 142
Öko-Audit 629
Ökologische Ziele 181
ökonomisches Prinzip 639
Operative Ziele 182
Opportunistische Prozesse 215

Opportunitätskosten 610
Optimale Fehlerquote 627
Optimale Kapazität 521, 528
Ordentliche Gerichtsbarkeit 95
Organisation 225
Organisationsformen der Fertigung 549
Organisationsmodelle 198
Organisationsstrukturen 195
Outputs 205

P
Pachtvertrag 112
paritätische Mitbestimmung 86
Partie 545
Passivkonten 288
Passivtausch 281
periodenfremde Erträge 384
Permanente Inventur 253
Personalakte 81
Personengesellschaften 137, 141
Pflichten des Ausbildenden 63
Pflichten des Auszubildenden 64
Pflichtenheft 580
Pläne 189
Planfertigungslohn 488
Plangemeinkosten 488
Plankosten 422, 487, 490
Plankostenrechnung 487
Plankostenverrechnungssatz 489, 490
Planpreise 487
PPS-System 649
Präsentation 45
Preisabweichungen 455, 492
Preisdruck 640
Preisuntergrenze 465, 527
Primärbedarf 534
Prioritätsregeln 608
Privatrecht 93
Probezeit 65
Probleme 30
Produktdokumentation 577
Produktentwicklung 571, 579
Produkterprobung 579
Produktgestaltung 579
Produkthaftungsgesetz 641
Produktidee 569, 579

Produktinnovation 579
Produktionsgüter 53
Produktivität 180
Produktkonstruktion 579
Produktkonzept 572
Produktoptimierung 642
Produktprofil 573
Progressive Kosten 415
Proportionale Kosten 415
Prototyp 578, 580
Prozessbreite 222
Prozessdimensionen 221
Prozesshierarchie 209
Prozesskategorien 214, 216
Prozessketten 208
Prozesskosten 501
Prozesskostenrechnung 497
Prozesskostensatz 500
Prozesslandschaften 217
Prozesslänge 221
Prozessnetze 208
Prozessor 205, 207
Prozessorientierung 202
Prozess-Schritte 206
Prozess-Sicht 236
Prozess-Struktur 233
Prozesstiefe 222
Prozessüberwachung 645
Prozessvarianten 222
Prüfanweisungen 622
Prüfkosten 625
Prüfpläne 622
Prüfung 165
Prüfverfahren 631
Publizität 165
Publizitäts- und Prüfungspflichten 155
Puffer 601
Pufferzeiten 636
Push-Prinzip (Bring-System) 650

Q
Qualität 619
Qualitätskontrolle 624
Qualitätskosten 625
Qualitätsmanagement 628, 629
Qualitätsmanagementsysteme 627
Qualitätsmerkmale 619, 620

Qualitätsplanung 621
Qualitätsprämien 631
Qualitätssicherung 516, 621
Qualitätssteigerung 631
Qualitätssteuerung 622
Qualitätszirkel 631

R
Rechnungslegung 165
Rechte 105
rechtserzeugend 133
Rechtsfähigkeit 99
Rechtsform 137
Rechtsgeschäfte 110
Rechtsnormen 91
Rechtsobjekte 105
Rechtsordnung 91
Rechtsquellen 91
Rechtssubjekte 99
Reihenfertigung 551
Reinvermögen 260, 264
relativer Deckungsbeitrag 475
Rentabilität 180
Restgemeinkosten 440
Revision 96
Richtlinien 58
Rohstoffe 261
Rückwärtsterminierung 603
Ruhepausen 72, 74
Ruhezeit 74
Rüstkosten 563
Rüstzeit 590

S
Sachen 105
Sachleistungsbetriebe 52
Sachtexte 38
Sachziel 179
Satzung 151
Scheingeschäfte 118
Schenkungsvertrag 112
Scherzgeschäfte 118
Schlüsselprozesse 215
Schlüsselqualifikation 57
Schnittstellen 208, 227
Schriftform 116
Schulden 263
Schutzausrüstungen 587
Schwerbehindertenschutz 75

Sektoren 51
Serienfertigung 544
Sicherheitskennzeichnung 587
Sitzungen 82
Software 225
Sollkosten 427, 490
Sondereinzelkosten 413
Sonn- und Feiertagsarbeit 75
Sortenfertigung 544
sozialer Arbeitsschutz 71
Soziale Ziele 181
Sozialgerichtsbarkeit 97
Sozialkompetenz 57
Spartenorganisation 199
Sprecherausschuss 81
sprungfixe Kosten 414
Stabliniensystem 197
Stabsstelle 197
Stakeholder 186
Stammkapital 152
Stelle 196
Stellenbeschreibung 196
Stellenbildung 196
Stellenplan 196
Stichprobenkontrolle 624
Stichtagsinventur 253
Strategische Ziele 182
Strukturstückliste 576
Stückkostendegression 525
Stückliste 575
stufenweise Anpassung 523
Subjektives Recht 92
Suchmaschinen 41
Supportprozesse 213
Support- und Serviceprozesse 212
Synchronisation 522

T
Target Costs 506
Target Gap 506
Target Price 505
Target Profit 506
technischer Arbeitsschutz 75
Teilefamilie 646
Teilprozesse 498, 500
Teilzeitunterricht 59
Termineinhaltung 516

Terminplanung 600
Terminverzögerungen 636
Testat 166
Textform 116
Total Quality Management (TQM) 630
Typung 643

U
Übergreifende Prozesse 216
überlappende Fertigung 612
Umlaufvermögen 261, 271
Umsatzergebnis 454
Umsatzrentabilität 180
Umsatzsteuer 335
Umsatzsteuer-Identifikationsnummer 340
Umsatzsteuervoranmeldung 340
Umsatzsteuerzahllast 336, 337
Unbeschränkt geschäftsfähig 101
Unfallverhütungsvorschriften 76
Unfertige Erzeugnisse 261
unmittelbarer Besitzer 106
Unternehmen 52
unternehmensbezogene Abgrenzungsrechnung 388
Unternehmensentwicklungsprozesse 217
Unternehmensergebnis 388
Unternehmensgründung 136
Unternehmenskultur 187
Unternehmensleitbild 187
Unternehmensphilosophie 184
Unternehmensplanung 189
Unternehmensregister 131
Unternehmensstrategie 188
Unternehmergesellschaft (haftungsbeschränkt) 156
Unternehmerpersönlichkeit 136
Unternehmerwagnis 399
Unternehmungsfixkosten 470
Unterstützende Prozesse 215
Urlaub 72
Urteilsverfahren 96

V

Variable Kosten 414, 526
Verbrauchsabweichungen 455, 492
Verfahrensformen der Arbeitsgerichtsbarkeit 95
Verfassungsgerichtsbarkeit 95
Vergütung 64
Verkäufermarkt 191
Verkürzung der Ausbildungszeit 65
Verlängerung der Ausbildung 66
Verlust 323
Vermögensstruktur 271
Verrechnungspreise 400
Verteilzeit 591
Verträge 111
Vertragsfreiheit 115
Vertretbare Sachen 105
Vertretung 139
Vertriebsgemeinkosten 422
Verwaltungsgemeinkosten 422
Verwaltungsgerichtsbarkeit 95
Verwaltungs- (VwGKZ) und Vertriebsgemeinkostenzuschlagssätze 433
Virtuelle Unternehmen 193, 194
Vollkostenrechnung 462, 468
Vorgesellschaft 160
Vorkalkulation 436
Vorkostenstellen 422
Vorlaufverschiebung 576
Vorleistungen 401
Vorstand 161
Vorsteuer 335
Vorsteuerüberhang 338
Vortrag 47
Vorwärtsterminierung 602

W

Wahl des Betriebsrates 81
Wartung 618, 632
Werkbankfertigung 550
Werklieferungsvertrag 113
Werkstättenfertigung 550
Werkvertrag 113
Wertschöpfung 336
Wertschöpfungsprozesse 210
Wettbewerbsverbot 143
widerrechtlicher Drohung 119
Wiederbeschaffungswert 395
Wiederholung 42
Willenserklärung 110
wirtschaftliche Ziele 179
Wirtschaftlichkeit 515
Wirtschaftlichkeitsfaktor 435
Wirtschaftsausschuss 82

Z

Zeitlich verlegte Inventur 253
zeitraumneutrale Anwendungen 382
zeitraumneutrale Einträge 384
Zertifizierung 578, 629
Zeugnis 64
Ziele 178
Zielharmonie 182
Zielkonflikt 182
Zielkostenindex 508
Zielsystem 182
Zusammengesetzter Buchungssatz 293
Zusatzkosten 394
Zuschlagsgrundlagen 432
Zuschlagskalkulation 437
Zustimmung 100
Zuverlässigkeit 635
Zweckaufwand 382, 394
zweistufige Divisionskalkulation 443
Zwischenprüfung 67

Bildquellenverzeichnis

Bergmoser + Höller Verlag AG, Aachen: 60.1, 84.1, 85.1, 89.1, 156.1.
Bitkom, Berlin: 77.1.
bopicture, Neuhausen: 35.1.
Brauner, Angelika, Hohenpeißenberg: 652.1.
Bundesinstitut für Berufsbildung (BIBB), Bonn: 40.1.
dreamstime.com, Brentwood: Oleksandr Kalinichenko 543.2.
Europäische Kommission, Brussels: 641.1.
Foto Stephan – Behrla Nöhrbaß GbR, Köln: 10.1, 22.1, 22.2, 23.1, 30.1, 31.1, 37.2, 44.1, 45.1, 47.1, 51.1, 56.1, 58.1, 61.1, 71.1, 80.1, 91.1, 105.1, 115.1, 130.1, 136.1, 141.1, 151.1, 159.1, 178.1, 184.1, 188.1, 190.1, 202.1, 210.1, 214.1, 220.1, 230.1, 240.1, 244.1, 251.1, 252.1, 260.1, 268.1, 276.1, 287.1, 298.1, 305.1, 315.1, 322.1, 327.1, 333.3, 358.1, 365.1, 375.1, 380.1, 387.1, 393.1, 410.1, 420.1, 430.1, 453.1, 461.1, 473.1, 485.1, 496.1, 504.1, 512.1, 519.1, 543.1, 563.1, 568.1, 597.1.
fotolia.com, New York: 29mokara 76.9; Aaron Kohr 400.1; adisa 347.1; akf 64.1; Alterfalter 623.1; Andre Bonn 98.1; andreas reimann 573.1; Andrey Popov 166.1; Balin 558.2; Baloncici 560.1; bilderzwerg 76.1, 76.11, 587.4; chungking 48.1; contrastwerkstatt 216.1; createur 76.4, 76.14; creAtive 110.1; Dark Vectorangel 76.10, 76.13, 587.1; deltapic 26.1; dragon_fang 335.1; Dreef 559.1; elxeneize 182.1; endostock 635.1; fotomek 516.1; gilles lougassi 350.1; Gina Sanders 111.2, 516.2, 631.1; goldencow_images 551.1; haitaucher39 257.2; Industrieblick 607.1; Ingo Bartussek 632.1; LaCatrina 76.12; M.Jenkins 558.1; Marco281 165.1; Mareen Dietrich 582.1; Martina Berg 131.1; Matthias Krüttgen 587.3; mearicon 111.1; Michael Shake 133.1; Ohrauge 413.1; Oli_ok 625.1; Petair 150.1; Peter Atkins 533.1; photoGrapHie 636.1; pst 58.2; Rainer Worms 608.1; Ramona Heim 586.1; RGtimeline 624.1; Robert Kneschke 360.1; Roman Levin 153.1; RRF 254.1; Ruslan A. Kuzmenkov 255.1; sashpictures 76.3; Simon Coste 100.1; Stanislav Tatarnikov 323.2; T. Michel 76.2, 76.5, 76.6, 76.7, 76.8, 76.15, 76.16; th-photo 54.1; ThinMan 551.2; ultramarin 122.1; unknown 513.1; uwimages 645.1; vege 74.1; vektorisiert 587.2; womue 38.1; Xandronico 617.1; XtravaganT 57.1.
Galas, Elisabeth, Schwelm: 11.1, 11.2.
Google Inc., Hamburg: 41.1.
Infografik Pilavas Heller, Menden: 96.1.
iStockphoto.com, Calgary: xyno 125.1.
Oberverwaltungsgericht für das Land Nordrhein-Westfalen, Münster: 132.1.
Orangefluid Gbr, Detmold: 3.1, 167.1, 486.2.
Picture-Alliance GmbH, Frankfurt/M.: dpa-infografik 24.1, 569.1, 570.1, 571.1; dpa-infografik GmbH 334.1, 562.1; Hase, Tobias 160.1; Image Source/Monty & Liz Rakusen 647.1; ZB 620.1.
Shutterstock.com, New York: Popova Valeriya 105.2.
stock.adobe.com, Dublin: 233.1, 234.1; BillionPhotos.com 546.1; Countrypixel 246.1; DNY3D 546.2; dusk 224.3; Fittipaldi, Mercedes 580.1; industrieblick Titel, Titel; Kenishirotie 224.1; Kzenon 92.1; MP2 544.1; Originoo Stock 231.1; Photographee.eu 224.4; pressmaster Titel, Titel; stockphotograf 544.2; THINK b 560.2.
vario images, Bonn: 224.2.
Wilkening + Hahne GmbH & Co.KG, Bad Münder: 18.1, 18.2, 18.3, 18.4, 18.5, 18.6, 18.7, 18.8, 18.9, 19.1, 19.2, 19.3, 19.4, 19.5, 19.6, 19.7, 19.8, 19.9, 19.10, 316.1, 536.1, 536.2, 536.3, 537.1, 549.1, 623.2, 638.1, 642.1.

Wir arbeiten sehr sorgfältig daran, für alle verwendeten Abbildungen die Rechteinhaberinnen und Rechteinhaber zu ermitteln. Sollte uns dies im Einzelfall nicht vollständig gelungen sein, werden berechtigte Ansprüche selbstverständlich im Rahmen der üblichen Vereinbarungen abgegolten.